KB024629

반고(班固) 평전

국립중앙도서관 출판시도서목록(CIP)

반고평전 / 지은이: 천치타이, 자오용춘 ; 옮긴이: 정명기
. -- 서울 : 다른생각, 2013
p. ; cm

원표제: 班固评传
원저자명: 陈其泰, 赵永春
원서의 총서표제: 中国思想家评传丛书
중국어 원작을 한국어로 번역
ISBN 978-89-92486-20-0 93990 : ₩50000

반고(인명)[班固]
전기(인물)[傳記]

991.2-KDC5
920.051-DDC21 CIP2013028114

반고(班固) 평전

천치타이(陳其泰) · 자오용춘(趙永春) 지음
정명기 옮김

다른생각

반고 평전

초판 1쇄 인쇄 2013년 12월 15일
초판 1쇄 발행 2013년 12월 27일

지은이 | 천치타이(陳其泰)·자오융춘(趙永春)
옮긴이 | 정명기
펴낸이 | 이재연
편집 책임 | 이재연
본문 및 표지 디자인 | 박정미

펴낸곳 | 다른생각
주소 | 서울 종로구 창덕궁 3길 3 302호
전화 | 02-3471-5622
팩스 | 02-395-8327
이메일 darunbooks@naver.com
등록 제300-2002-252호(2002. 11. 1)

ISBN 978-89-92486-20-0 93990

값 50,000원

《중국 사상가 평전 총서(中國思想家評傳叢書)》 서문(序文)

광야밍(匡亞明)[1)]

위대한 중화 민족은 5천 년간 이어져 온 끊임없는 굴곡과 발전의 과정에서, 도도히 굽이쳐 동쪽으로 흐르는 장강(長江)처럼, 드높은 기세로 수많은 어려움들을 돌파하고 전진해 왔다. 그리고 현재는 다시 참신한 면모로 웅대(雄大)한 모습이 뛰어나게 세계 여러 민족들 사이에 우뚝 서 있다. 이는 인류 역사에서 기적이라 할 만하다. 이 기적을 만들어 낸 데에는 여러 가지 원인들이 있겠지만, 그 중에서 매우 중요한 한 가지는, 바로 우리 중국에 살고 있는 근면하고 용감하며 지혜로운 각 민족의 인민들이 장기간에 걸친 생산 활동·사회 활동·사유(思惟) 활동과 대외교류 활동 및 외세의 침략에 항거하고 격퇴하는 과정에서, 생동감 있고 멈추지 않는 내재된 사상적 활력을 핵심으로 갖추고 있는 우수한 전통 사상 문화를 점진적으로 창조·축적·발전시켜 왔다는 점이다. 이는 위대하고 견고한 정신적 지주이자, 중국 내 여러 민족들의 응집력과 생명력의 원천이며, 역사가 우리에게 남겨

---

1) 역자주 : 광야밍(1906~1996년)의 본명은 광제위(匡潔玉)로, 중국의 사상사(思想史) 연구가이자 교육가이다.

준 전 세계의 염황자손(炎黃子孫)[2]이 자부심으로 삼을 만한, 매우 소중한 보물이다.

당연히 세계 각국의 서로 다른 전통문화와 마찬가지로, 중화 민족의 사상 문화 전통 중에도 정화(精華)라고 불릴 만한 가치 있는 것들이 있으며, 또한 쓸모없는 것들도 있다. 그러므로 전면적으로 긍정하거나 혹은 전면적으로 부정하는 것은 옳지 않다. 또한 수박 겉핥기식으로 대충 이해하거나, 입에서 나오는 대로 함부로 떠벌리거나, 혹은 우물쭈물하면서 나아가지 못하거나, 무관심하게 방치해 두는 것도 또한 옳지 않다. 마땅히 정중하고 엄숙한 태도로 전통문화에 대해 실사구시(實事求是)의 과학적 연구와 분석을 진행해 나가야 할 것이며, 그 정화는 취하고 쓸모없는 것은 버리면서 전통문화라는 보물을 계승하고 발양(發揚)하는 것이, 중국을 부흥시킴과 동시에 인류 문명의 발전에 이바지하는 길이다. 인류 역사 발전의 연속성은 바로 끊임없이 불필요한 것들을 버리고 정화를 취하며, 조상들의 업적을 이어받아 발전시키고 개혁하고 창신(創新)하는 과정에서 실현되는 것이다. 계승은 발전하기 위한 것이니, 발전은 계승과 불가분의 관계이다. 민족 허무주의(虛無主義)와 복고주의(復古主義)는 모두 역사 발전의 변증법에 위배되는 것이다.

현재 중국은 4개 현대화[3]를 향해 새롭게 계승하고 발전해 나아가

2) 역자주 : 염제(炎帝)와 황제(黃帝)의 자손이라는 뜻이다. 염제와 황제는 중국의 건국 신화에서 한민족(漢民族)의 선조들이다. 따라서 '염황자손'은 한족, 즉 중국인을 가리킨다.

3) 역자주 : 1980년대 이후 농업, 공업, 국방, 과학 기술 등 4대 분야의 현대화 정책을 가리킨다.

는 데 매진하는 중요한 시점에 있다. 계승이란 바로 민족의 우수한 전통을 이어가는 것이며, 발전이란 바로 사회의 현대화를 건설하는 것이다. 이에 따라 중국의 전통 사상 문화에 대해 광범위하면서도 깊이 있고 체계적 연구를 진행해 나가면서, 나쁜 것들을 버리고 좋은 것들을 취해야 한다는 요구를 실현해야 한다. 이는 지속적으로 계승하고 발전시켜 가면서 반드시 완성해야만 하는 긴박한 임무이다. 나는 이것이 중국 내 각 민족의 인민들, 특히 문화계·학계·이론계(理論界)에 속해 있는 사람들의 거부할 수 없는 책임이라고 생각한다. 그러나 시간적으로 5천 년 이상에 달하고, 내용상으로도 인문과학, 자연과학 등의 영역들에 속해 있는 전통 사상 문화에 대해서는 장차 어떻게 착수해 나가야 할 것인가? 마오쩌둥(毛澤東) 주석은 일찍이 1938년에 "공자(孔子)에서 쑨원(孫文)에 이르기까지, 우리는 마땅히 총정리해야만 하며, 이를 진귀한 유산으로 계승해야 한다."[4]라고 했는데, 이는 탁월하면서도 현실적인 건의이다. 공자에서 쑨원에 이르기까지의 2천 년은 중국 역사상 사상 문화가 가장 풍부했던 시기이므로, 만약 이 시기의 역사를 총정리한다면, 그것은 바로 기본적으로 5천 년 동안의 전통 사상 문화의 주요한 내용을 총정리하는 것이다. 그러나 그것이 당연히 전부는 아니다. 공자 이전과 쑨원 이후에 대해서도 별도로 연구를 할 만한 가치가 있다. 때문에 나는 우선, 시간적으로 공자에서 시작하여 쑨원에서 끝맺으며, 방법상으로는 〈중국 사상가 평전 총서(中國思想家評傳叢書)〉(이하 〈총서〉라고 함)라는 형식을 취하여, 이 임

4) 毛澤東, 「中國共産黨在民族戰爭中的地位」, 『毛澤東選集』 第2卷, 人民出版社 1952년, 제522쪽.

무의 시작으로 삼는 것이 최선이라고 생각했다. 〈총서〉는 역사상 각각의 시기·각각의 영역·각각의 학문 분야(문학·역사·철학·경제·교육·농업·공업·의학·정치 등등)에서 걸출한 성취가 있는 인물들 중 200여 명을 선정하여, 전기(傳記)의 주인공으로 삼았다(일반적으로 한 사람을 한 권의 전기로 삼았지만, 몇몇 경우는 두 사람 혹은 두 사람 이상이 하나의 전기에 포함되기도 했다). 그리고 각각의 전기 주인공들에 대한 평가와 서술을 통해, 각 측면들로부터 서로 다른 시기·서로 다른 영역에서 대표성이 있는 인물들이 갖고 있는 사상의 생명력과 업적들을 펼쳐냈다. 그리하여 미세한 것들을 분명하게 드러냄과 더불어, 구체적인 것들부터 일반적인 것들에 이르기까지 그 단계의 역사에서 중국 전통 사상 문화의 총체적 면모를 그려냈다. 그리고 그것들의 긍정적인 요인과 부정적인 요인의 주요 내용을 보여줌으로써, 단도직입적으로 본질에 접근하고, 사람들이 기꺼이 비판적으로 계승하여, 옛것을 오늘날을 위해 이용하는 데 편리하도록 했다. 또한 한층 더 전면적이고 체계적으로 중국의 전통문화를 총정리하기 위한 기초를 닦을 수 있도록 했다. 마오쩌둥 주석이, 위에서 인용한 건의를 제안한 이후, 반세기 동안 많은 전문가와 학자들이 이미 각 방면에서 많은 일들을 했지만, 이 임무의 전면적인 완성이라는 측면에서 말하자면 아직도 턱없이 부족하여, 여전히 깊이와 넓이 면에서 지속적인 노력이 요구된다. '고견(高見)을 끌어내기 위한 시도[拋磚引玉]'[5]로서의 이 〈총서〉는, 이러한 계속된 노력으로 응당 완성해야 하는 작업의 일부분이다. 〈총

5) 역자주 : 글자 그대로의 뜻은 '벽돌을 던져 구슬을 끌어내다'인데, 곧 다른 사람의 고귀한 의견을 듣기 위해 먼저 자신의 미숙한 의견을 제시하는 것을 의미한다.

서〉는 모두 200권이며, 약 4천만 자(字)로, 1990년부터 출간하기 시작하여 향후 10~15년 사이에 모두 출간할 예정이다.

이 〈총서〉를 '중국 사상가 평전(中國思想家評傳)'이라고 이름 지은 까닭은, 주로 중국 전통 사상 문화 가운데에서 핵심은 살아 움직이며 멈추지 않는 내재된 사상의 활력이라는 것을 고려했기 때문이다. 그런데 역사적 사실도 반복적으로 증명해 주듯이, 대체로 각기 다른 시대와 다른 영역이나 학문 분야에서 성취를 이룬 사람들은 대부분 그 당시의 역사 조건 하에서, 자각했든 혹은 자각하지 못했든 간에 해당 영역에서 사물 발전의 법칙을 인식하여 장악한 날카로운 사상을 갖추고 있었던 사람들이다. 그들이 획득한 성취의 크기는, 사상적으로 이러한 법칙을 인식하고 반영한 정도가 어떠했는가에 달려 있다. 사상이라는 것은 결코 '선험(先驗)'적인 것이 아닌데도, 그것이 이러한 법칙들을 반영하고 장악할 수 있는 까닭은, 주로 사회적 실천을 통해, 그리고 이전 세대 사람들의 사상적 성과에 대한 참조와 계승을 통해서이다. 사상은 일단 형성되면, 거꾸로 일정 정도까지 실천에 대해 결정을 내리는 지도적인 작용을 한다. 한유(韓愈)는 "행동은 깊게 생각하는 데에서 이루어지고, 제멋대로 하는 데에서 훼손된다.[行成於思, 毁於隨.]"[6]라고 했으며, 레닌은 "혁명 이념이 없으면 곧 혁명 운동이 있을 수 없다."라고 말했다. 이 말들은, 비록 그들이 속해 있던 시대와 지지하는 입장이 서로 같지 않고, 해결하려는 문제의 성격 또한 서로 같지 않았지만, 바로 인식론 가운데 사고와 행동, 그리고 이론(사상을 고도로 개괄한 것)과 실천의 관계에 대해 말하자면, 확실히

6) 韓愈, 「進學解」, 中華書局 『四部備要』 東雅堂本 『韓昌黎全集』 卷12 제3쪽.

상통하는 점이 있는바, 이들은 모두 사상이 실천에 대해 갖는 지도적인 의의와 작용을 강조하고 있다는 점이다. 그래서 우리는 '중국 사상가 평전'이라고 이름을 정했는데, 이는 바로 문제의 핵심을 장악하여, 한눈에 훤히 들여다볼 수 있는 사상의 각도에서 역사 인물을 평가하고 서술함으로써, 각각의 전기 주인공들이 그가 처해 있던 시대의 구체적인 상황 하에서, 어떻게 그가 종사하던 영역에서의 어려움을 극복하고, 재능을 펼쳤으며, 성공을 거두고, 공헌했는지를, 사상의 깊은 곳에서부터 그 내막을 통찰하려는 것이다. 역사상 각 시대에 풍부한 사상으로 인해 그와 관련된 방면에서 성취를 이룩한 인물이, 직접 자신의 사상적 관점을 서술한 논저(論著)들은 비록 적지 않다. 그렇지만 훨씬 많은 것은 바로 그 사상이 실천(이전 세대의 사람들과 다른 사람들의 실천 경험의 섭취를 포함하여)에서 비롯되었을 뿐만 아니라, 또한 자신의 창조적인 실천 가운데에 스며들어, 그 자신의 업적과 공로에 집중적으로 응축되어 있지만, 논저를 남기지는 않은 경우이다. 또 다른 몇몇 사람들은 반대로 단지 저작만 남겼을 뿐 다른 공적이 없다. 이들에 대해서 말하자면, 그들이 남긴 저작들이 바로 당연히 그들의 위대한 업적이자 공로이다. 만약 한 사람의 사상을 논술하면서 그의 업적(저작을 포함하여)을 관련시키지 않는다면, 반드시 근거 없는 추상으로 흐를 것이다. 마찬가지로 만약 단지 한 사람의 구체적인 업적만을 말하면서 그의 사상 활동과 결합시키지 않는다면, 또한 반드시 현상의 나열에 지나지 않을 것이다. 사상을 평가하는 것과 업적을 평가하는 것, 이 둘 가운데 어느 것 하나도 버릴 수는 없다. 끊임없이 실천하는 가운데 풍부하고 심화된 사상의 활력은 바로 언제나 주도적 작용을 하는 요인인데, 이 요인을 강조하여, 사람들로 하여금 그것을 직시하고 되돌아보며 사색하게 하는 것, 이것이 바로 우리들의 취지이자 목표이다. 당연히 사상과 사상가, 사상가와 실천가는 모두 구별되면서도 또한 관련이 있는 서로 다른 개념이므로, 이것을 소홀히 하는 것은 옳지 않다. 〈총서〉의 주안점은 바로 이 양자의 연계와 결합에 두었다. 어떻게 양자가 매우 잘 연계되고 결합되도록 하면서, 또한 그 사상의 활력을 분석하는 데에 심혈을 기울일 것이다. 또 각각 어느 정도 분량의 편폭을 차지하도록 할 것이며, 혹은 어떠한 방식으로 표현해야 할 것인가에 대해서는, 마땅히 〈총서〉의 저자 스스로가 전기 주인공의 구체적인 상황에 따라 창조적으로 적절하게 안배할 것이다.

… (중략) …

중국 전통 사상 문화를 연구하고 총정리하는 데에서, 특히 〈총서〉를 저술할 때와 관련하여, 나는 아래의 몇 가지 점들을 특별히 중시해야 한다고 생각한다.

첫째, 실사구시(實事求是)의 원칙을 견지하는 것이다. 실사구시는 과학적인 실천과 이론 연구에서 지켜야 할 대원칙이다. 객관적 정황을 확실히 파악해야만, 비로소 정확한 인식과 판단을 얻어 낼 수 있다. 전자를 '실사(實事)'라 하고, 후자를 '구시(求是)'라 하는데, 이 두 가지가 결합된 것을 '실사구시'라고 부른다. 어떤 일이 실재에 근거하지 않는다면, 그것은 곧 과장이거나 날조일 것이다. 정황을 분명하게 파악하기 위해서는 반드시 그 정황에 대한 본질과 현상·전체와 일부·진실과 거짓·정교함과 조잡함을 구분해 내고, 정리하고, 취사선택해야 한다. 이렇게 해야만 비로소 정황에 대한 실질을 파악하여, '실사'

가 요구하는 것에 도달할 수 있다. 그런 다음 더 나아가 분석하고 연구함으로써, 사물 본래의 고유한 진면목을 찾아 내야 하며, 주관적인 억측에 의한 허상을 만들어 내서는 안 된다. 더불어서 그것이 사람들의 이익이나 인류의 역사가 나아가는 방향에 부합하는지 그렇지 않은지, 또 과학·기술·문화 예술의 발전 법칙에 부합하는지 그렇지 않은지를 검증해야 한다. 이렇게 해야만 비로소 정확한 인식과 판단을 얻을 수 있으며, '구시'의 요구에 도달할 수 있다. 실사구시는 학문을 하는 기본적 방법이며, 모든 전기 주인공들의 공(功)·과(過)와 시(是)·비(非)에 대한 공정한 평가를 내리기 위해 필요한 전제이다. 시대와 장소를 가리지 않고, 역사적 인물에 대해 지나치게 높거나 지나치게 낮은 불공정한 평가를 내리는 것은 대부분 실사구시의 원칙을 견지하지 못하기 때문이다.

둘째, 비판 계승의 원칙을 견지하는 것이다. 과학적인 학설은 곧 비판적 학설인데, 이 비판은 계승하고 발전하며 창신하기 위한 것이다. 이것은 바로 우리가 실사구시의 기초 위에서, 전기(傳記) 주인공들의 업적과 사상 가운데 긍정적인 요인들을 계승 발양하고, 또한 그 부정적인 요인들을 비판하고 제거하도록 요구한다. 모든 전기 주인공들의 업적과 사상 속에는 애국주의(愛國主義)·민주 의식·과학적 견해·예술적 창조 및 간난과 분투·극기봉공(克己奉公)·진리 추구 정신 등과 같은 것들이 체현되어 있다. 즉 역사가 전진하는 데 필요한 요구에 부합하는 '입덕(立德)'·'입공(立功)'·'입언(立言)'[7] 등의 방면들에서 뚜렷한

7) 역자주 : 사람이 살아 있는 동안 이루어야 할 세 가지 큰 일들을 가리킨다. 즉 '덕을 세우고', '공을 세우고', '후세에 모범이 될 만한 훌륭한 말을 남기는 것'이다.

성취를 이루는 등 긍정적인 요소들은 반드시 열정적으로 계승하고 발양해야 하며, 아울러 현재와 긴밀히 결합하여 그것들로 하여금 사람들의 마음속에 깊이 들어가 하나의 기풍으로 자리 잡도록 해야 한다. 모든 봉건적 미신·전제적 독재·우매하고 낙후된 것들·민족의 존엄을 잃게 하고 과학적 진보에 위배되는 것 등과 같은 부정적인 요인들은 반드시 과학적이고 합리적인 관점에서 비판하여, 지금도 여전히 미치고 있는 부정적인 영향을 제거하고, 부정적인 요인들이 철저한 비판을 거친 후 유익한 교훈으로 삼아야 한다. 또 모든 긍정적인 요소들과 부정적인 요소들이 서로 뒤섞여 있는 것은, 더욱 진지하게 정리하고 지양함으로써, 그 긍정적인 요인들은 발양하고 부정적인 요인들은 배제해야 한다. 우리들은 차근차근 절실하고 진지하게 모든 전기 주인공들의 사상과 업적들 중에서 소중한 긍정적인 요인들을 찾아내어, 그것들이 전국의 각 민족 인민들이 현재 종사하고 있는, 지난날의 과업을 계승하여 앞날을 발전시켜 나가는 위대한 역사적 작업의 구성 부분이 되도록 힘써 추구했다.

셋째, '백화제방(百花齊放)'·'백가쟁명(百家爭鳴)'의 원칙을 견지하는 것이다. '백화제방'과 '백가쟁명'은 학문의 민주성을 발양하고 학문의 번영을 촉진하는 정확한 원칙이자 거대한 동력이다. 전자는 '제(齊)'자를 강조하고, 후자는 '쟁(爭)'자를 강조하는데, 이는 학문에서의 평등·민주와 자유라는 두 가지의 다른 상태를 나타내는 것이다. 전자가 강조하는 것은 통일과 화합이며, 후자가 강조하는 것은 차이와 논쟁이다. 이 두 가지 상태는 또한 끊임없이 상호 촉진하고 상호 보충 및 전화(轉化)하는 지속적인 발전과 상승의 과정에서 통일된다. '백화제방'·'백가쟁명'의 원칙은 평전을 집필할 때 구체적으로 실현되었는데, 마땅히 '제방(齊放)'과 '쟁명(爭鳴)'에서부터 출발하여, 중국을 비롯한 세계 각국에서 여러 시기에 작성된 전기 주인공들에 관한 서로 다른 평가들을 종합하여, 객관적인 존재에 부합하는 정확한 것은 취하고, 객관적인 존재에 위배되며 사실이 아닌 것은 배제하였다. 그런 다음에, 자신의 독립된 사고 과정을 통해 형성되었거나 이전 세대 사람들을 따랐거나 혹은 이전 세대 사람들을 뛰어넘는 한 사상가의 말을 창조적으로 제시했다. 동시에 전체 〈총서〉의 각 평전들에 대해서 말하자면, 모두 공통성과 개성이 있어 통일되기도 하고 구별되기도 하는 문제가 있다. 그것은 바로, 한편으로는 작자가 응당 '실사구시'·'비판 계승'과 '백화제방'·'백가쟁명'이라는 몇 가지 점들을 모두의 공통성(통일과 공통의 인식)으로 삼았다는 것이다. 다른 한편으로, 각 평전에 대한 구상·구조 및 문장의 작성[문체·문풍(文風)·문학적 재능 등]은, 곧 주로 작자의 창조적인 사유(思惟) 노동 및 아속공상(雅俗共賞)[8]의 문장 표현 예술의 성과로, 이는 작자의 개성(구별)이므로, 일률적인 획일성을 강요하지도 않았고 그럴 수도 없었다는 것이다. 평전의 작자들은 모두 충분히 자유롭게 자신의 개성을 발양하면서, 전기 주인공들 하나하나에 대해 평론하고 서술하는 가운데, 그 긍정적인 요인들을 찾아내고 드러내려는 데 노력을 기울여, 그것들로 하여금 변화하고 있는 중국의 새로운 사회 건설을 위한 실천과 혼연일체가 되도록 했다. 그리하여 그 내용을 풍부하게 하고, 그 발전을 촉진하도록 했으며, 결코

8) 역자주 : 학식이 있고 문화 수준이 높은 고상한 사람이나 그렇지 않은 평범한 사람 누구나가 함께 감상하고 즐길 수 있는 것을 말한다.

전기 주인공들의 사상 업적에 대한 일반적인 해석에만 머무르지는 않았다.

나는 이상의 세 가지로써, 〈총서〉가 따랐던 주요한 지도 사상을 대략적으로 표현할 수 있었다고 생각하지만, 또한 그 밖의 사상과 방법들을 이용하여 얻어 냈던 가치 있는 연구 성과들도 배제하지 않았다.

〈총서〉를 간행하는 일에 관심과 지지를 보내 주었던 모든 단체와 개인들에게 감사드리며, 특히 〈총서〉의 명예고문과 학술고문들께 감사드린다. 그들의 열정적인 관심·지지와 지도 덕분에 〈총서〉를 간행하는 일이 순조롭게 진행될 수 있었다. 평전을 집필하는 일을 맡아 주신 여러 연령층의 학자들께도 깊은 감사를 드린다. 그들은 모두 엄격하고 진지한 학문 태도로써, 학문에 대해서, 민족에 대해서, 역사에 대해서 책임 있는 연구 성과를 이루어 냈으며, 또한 지금도 이루어 내고 있다. 그들의 적극적인 협력이 없었다면 〈총서〉를 간행하는 일은 시작부터 불가능했을 것이다. 〈총서〉의 부(副)주편과 중국사상가연구중심(中國思想家硏究中心)·남경대학교출판사는, 〈총서〉의 계획을 제정하는 데에서 국내외 학자들을 초대하고 연결해 주었으며, 원고의 심사와 결정 및 기획·편집·출판 등의 방면들에서도 갖가지 어려움들을 극복하고 많은 작업들을 해주었다. 그들의 근면한 노고 덕분에 〈총서〉가 예정했던 계획대로 출판될 수 있었다.

현재 〈총서〉가 출판되기 시작했는데, 나는 나이가 80살이 넘은 노인이지만, 스스로 사명감에 쫓겨 오랫동안 가다듬어 온 구상이 마침내 많은 사람들의 지지와 합작으로 결실을 맺게 된 것을 보니, 너무 감격하여 마치 청년 시절로 돌아간 듯하여, "노년이 임박했음을 알지 못하는[不知老之將至]"[9] 기쁨을 체험하고 있다. 더불어 이와 같이 기쁜 마음은 〈총서〉의 마지막 한 권이 세상에 나올 때까지 간직하려고 한다.

… (중략) …

국내외 학자들과 각계 인사들의 아낌없는 가르침과 질정(叱正)을 진심으로 바라마지않으며, 이것으로 서문을 삼는다.

1990년 10월 7일

9) 역자주 : 『안자춘추(晏子春秋)』「내편잡하(內篇雜下)」에 나오는 말이다.

내용 소개

동한(東漢) 시기의 저명한 사학자인 반고(班固)는 기전체(紀傳體) 단대사(斷代史)인 『한서(漢書)』를 성공적으로 저술했는데, 이는 전통 사학(史學)의 확립을 상징한다. 이 책은 상세하고 충분한 역사적 사실에 기초를 두고 있으며, 더불어 수많은 고증과 분석을 통해, 반고가 처했던 시대적 배경·반고의 생애·반고가 저술한 『한서』의 우여곡절의 과정과 탁월한 역사 인식, 그리고 반고 사학의 장구(長久)한 영향력을 체계적으로 서술하고 있다. 특히 반고의 '옛날을 숭상하고 지금의 것을 부정하는 풍조[崇古非今]'에 반대했던 정치 사상, 개혁을 중시하고 인재와 인심의 향배를 중시했던 치국(治國) 사상, '인간사[人事]'를 중요하게 여겼던 '천인(天人) 관계(關係)' 사상, '실록(實錄 : 사실 그대로를 기록함-역자)' 정신을 크게 발양하고, 역사적 경험과 교훈을 총괄하는 데 주의를 기울였던 사학(史學) 사상 및 학문의 원류를 고찰하고 학술 체계의 사상을 구축하는 것을 중요시했던 것 등과 같은 여러 방면들에서의 공헌을 깊이 있게 연구하고 토론했다. 전체 책의 구조가 합리적이고, 논리가 엄밀하며, 논증이 전면적이고, 내용은 대부분이 개척해 낸 것으로, 새로운 견해들이 많이 나타날 뿐 아니라, 또한 문장이 간결하고, 말이 유창하여, 가독성(可讀性)이 매우 뛰어나다.

일러두기

1. 이 책에 언급되는 인명(人名)은 두 가지로 표기하였다. 즉 중국 신해혁명(辛亥革命, 1911년) 이전 시기에 주로 활동했던 인물의 이름은 한글식 독음(讀音)으로 표기했고, 신해혁명 이후에 태어나거나 주로 활동했던 인물은 한어병음방안(漢語拼音方案)에 따라 중국어 발음으로 표기했다.

2. 각주에 나오는 출전(出典)의 제목이나 저자의 이름에 대한 표기 원칙은 다음과 같다. 즉 고서나 고문헌들은 한글로 제목이나 저자를 표기한 다음 ( ) 속에 한자를 병기했으며, 이미 한 번 나온 문헌이나 저자는 가급적 한글로만 표기하는 것을 원칙으로 하였다. 반면 근·현대 문헌의 제목이나 저자 이름은 한자로만 표기하는 것을 원칙으로 했다.

3. 이 책의 한문 원문 인용문 가운데에 있는 『 』, 「 」 등과 같이 현대에 우리가 사용하는 구두 부호들은 번역자가 독자들의 편의를 위해 표기한 것으로, 원문과는 다른 것이다.

반고(班固) 평전 | 차례

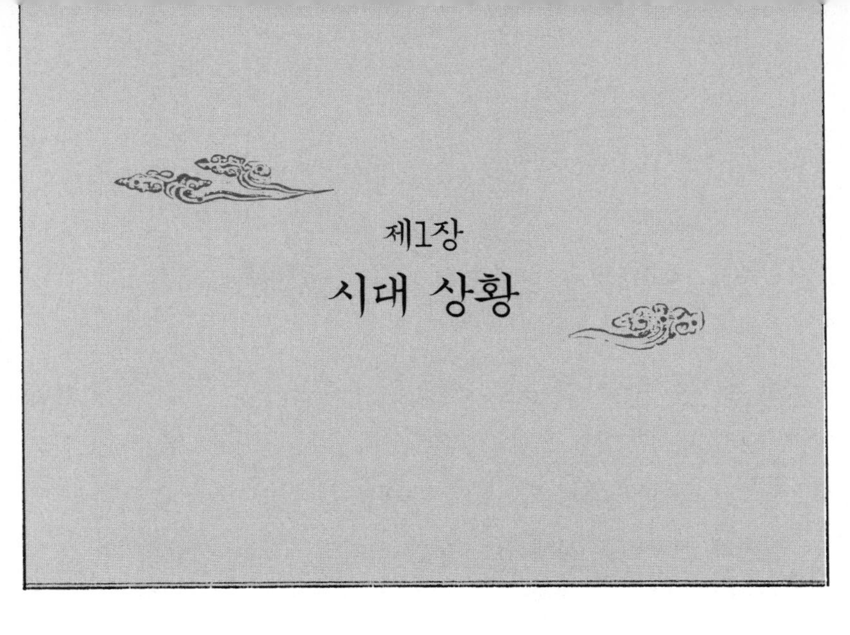

사람들은 흔히 "시대가 영웅을 만든다."라고 말한다. 걸출한 인물의 성장은 시대의 영향 및 육성과 떼어 놓을 수가 없다. 동한(東漢) 시기의 저명한 사학자(史學者)이자 사상가인 반고(班固)는 그 비범한 창조력으로 사마천(司馬遷)의 거대한 그림자 속에서 벗어나, 후세에 훌륭한 명성을 떨치는 기전체(紀傳體) 단대사(斷代史)인 『한서(漢書)』를 저술하여, 새로운 역사서 체제를 창조했으며, 동시에 자신만의 독특하면서도 큰 영향력을 가진 역사 인식을 형성했다. 우리는 이와 같은 반고의 성취를 단지 반고의 개인적 재능에만 귀결시켜서는 안 되며, 사실은 그의 비범한 창조력은 바로 시대의 토양 속에 깊게 뿌리박고 있었다.

『사기(史記)』와 『한서』는 비범한 대작들이며, 모두 국가가 흥성했던 시기에 편찬되었다는 공통점이 있다. 『사기』는 서한(西漢)이 전성기를 누리던 무제(武帝) 시대에 편찬되었으며, 『한서』는 동한의 국력이 강성했던 명제(明帝)·장제(章帝) 시대에 편찬되었다. 동한 초기의 강성한 국력은 바로 반고가 발휘한 창조력의 원천이었다.

1. 동한 초기의 강성한 국력

반고가 태어나고 『한서』를 집필했던 시대는, 바로 동한 사회의 생기가 넘치던 시기였다. 동한의 개국 황제인 광무제(光武帝) 유수(劉秀)[1]는 통일된 국가를 다시 세웠으며, 경제를 회복하고 통일을 공고히 하는 일련의 조치들을 채택하여, 동한 초기의 국가가 강성해지는 기초를 다졌다. 이후 명제·장제가 이러한 추세를 계속 이어가면서, 당시의 국력을 강성하게 했다.

(1) 황조(皇朝)의 통일과 정치 개혁

서한 후기, 토지의 겸병이 심해지자 많은 평민들이 토지를 잃고 노비로 전락했으며, 사회적 모순이 급격히 악화되었다. 왕망(王莽)은 서한 정권을 탈취한 이후, 토지 겸병과 노비 급증의 사회 문제를 해결하기 위해 제도 개혁을 진행했다. 그러나 그가 실행했던 일부 경제적 조치들은 경제 발전의 법칙을 위배했으며, 인재의 등용 방식도 부당

---

1) 『후한서(後漢書)』 권1 상(上) 「광무제기(光武帝紀)」에는, "세조(世祖) 광무황제(光武皇帝)는 이름이 수(秀)이며, 자(字)는 문숙(文叔)이고, 남양(南陽)의 채양(蔡陽) 사람으로, 고조의 9세손이다. 경제(景帝)가 장사정왕(長沙定王) 발(發)을 낳았다. 발은 용릉절후(舂陵節侯) 매(買)를 낳았으며, 매는 울림태수(鬱林太守) 외(外)를 낳았고, 외는 거록도위(鉅鹿都尉) 회(回)를 낳았으며, 회는 남돈령(南頓令) 흠(欽)을 낳았고, 흠은 광무를 낳았다.[世祖光武皇帝諱秀, 字文叔, 南陽蔡陽人, 高祖九世之孫也, 出自景帝生長沙定王發. 發生舂陵節侯買, 買生鬱林太守外, 外生鉅鹿都尉回, 回生南頓令欽, 欽生光武.]"라고 기재되어 있다.

한데다 정부 기구가 부패하는 등, 사회 문제를 해결하기는커녕 오히려 사회 모순을 격화시킴으로써, 결국 적미(赤眉)·녹림(綠林)의 봉기를 유발시켰다. 농민군이 왕망 정권에 반대하여 연달아 승리를 쟁취하는 상황에서, 한나라 고조(高祖) 유방(劉邦)의 9세손인 유수는 유씨(劉氏) 황실의 통치를 회복한다는 목적을 마음에 품고, 반(反)왕망의 대열에 합류했다. 유수는 반왕망 투쟁 중에 세력을 끊임없이 확대하여, 건무(建武) 원년(서기 25년) 6월에 정식으로 황제를 칭하여 한나라 정권을 다시 세우고, 도읍을 낙양(洛陽)에 정했는데, 역사에서는 이를 '동한(東漢)'이라고 부른다.

유수는 이후 10여 년 동안 차례로 어양(漁陽)에 웅거(雄據)하던 팽총(彭寵)·진군(秦郡)의 진풍(秦豐)·제(齊)나라 일대의 장보(張步)·여강(廬江)의 이헌(李憲)·천수(天水)의 외효(隗囂)·파촉(巴蜀)의 공손술(公孫述) 등을 평정하여 전국 통일의 대업을 완수했다.

광무제 유수가 동한을 세운 이후, 제일 먼저 고려한 것은 어떻게 하면 황실과 통일을 공고히 할 수 있을까 하는 것이었다. 그는 군사적 수단에 의지하여 천하를 얻었으며, 군사 방면에 탁월한 재능이 있어 곤양대첩(昆陽大捷)[2] 등의 유명한 전투를 지휘한 적이 있었다. 태자 유장[劉莊 : 즉 훗날의 명제(明帝)]은 이 점을 잘 알고, 일찍이 광무제에게 전장에서 공략하는 요령을 물어본 적이 있었다. 광무제는 이 말을 듣더니 바로 눈살을 찌푸리며 대답하기를, "옛날 위나라 영공(靈公)이 진을 치는 방법을 묻자, 공자(孔子)께서는 대답하지 않으셨으니, 이는

2) 역자주 : 왕망의 신(新)나라를 무너지게 한 결정적 전투이다. 광무제는 이 전투에서 5천 명의 군대로 10만 명에 달하는 왕망의 군대를 무찔렀다고 한다.

네가 관여할 바가 아니다.[昔衛靈公問陳(陣), 孔子不對, 此非爾所及.]"[3]라고 했다. 유수는 군사에 대해 이야기하는 것을 바라지 않았고, 또한 태자 유장이 전쟁에 마음을 쓰는 것도 원치 않았다는 것은, 광무제 유수가 다시 전란이 일어나는 것을 원치 않는다는 것을 말해준다. 그는 일련의 조치들을 채택하여 분열과 할거의 국면이 다시 재현되는 것을 피하고, 동한 조정의 통일 대업을 유지해 나가려고 했다.

동한 황조의 통일을 보장하기 위해, 광무제는 서한 말년에, "위로는 위엄이 서지 않고, 아래에서는 나라의 명령을 농단하며[上威不行, 下專國命]", 황제가 권위를 잃고, 세력이 강한 신하들이 정치를 좌지우지 했던 교훈을 거울로 삼아, "공신(功臣)들을 물러나게 하고 문관들을 등용하는[退功臣而進文吏]" 조치를 단행함으로써, 중앙집권을 강화했다. 광무제는 그를 따라 전국 각지에서 전쟁을 치르고 전투에서 공을 세운 많은 공신들을 제후(諸侯)에 봉했다. 명제 때에는 낙양 남궁(南宮)의 운대(雲臺)에 영원히 기념해야 할 공신 28명의 초상화를 그리게 하고, 그들을 '운대이십팔장(雲臺二十八將)'이라고 불렀다. 이렇듯 광무제와 명제는 그들을 후하게 대접하고 높은 지위를 주었다. 그러나 광무제는 한나라 고조가 공신들에게 관직을 주어서 정치를 하게 했던 것과는 반대로, 공신들에게 실권이 있는 직책을 주지 않았고, 그들이 군사를 주관하고 정치에 참여하는 것을 허락하지 않음으로써, 이들이 공적(功績)에 의지하여 권력을 남용하지 못하게 했다. 동한 초기에는 단지 소수의 제후들, 예를 들어 고밀후(高密侯) 등우(鄧禹)·고시후(固始侯) 이통(李通)·교동후(膠東侯) 가복(賈復) 등 '삼후(三侯)'는 광

3) 『후한서』 권1 「광무제기」를 참조하라.

무제와 더불어 국가 대사를 논의하기도 했으나[4], 그 밖의 제후들은 일부 변경의 장수가 된 경우를 제외하고는 대부분 도성에 머물면서 제후로서 황제를 배알할 수 있었을 뿐이다.

외척들에 대해, 광무제는 또한 왕망이 외척의 신분으로 정권을 찬탈했던 교훈을 거울삼아 최대한 제한을 가했다. 그는 외척들에 대해 경제 방면에서는 최대한 대우를 했지만, 정치 방면에서는 그들이 정치에 참여하는 것을 허락하지 않았고, 그들에게 높은 지위를 주지도 않았다. 마원(馬援) 같은 사람은 공이 매우 컸지만, 그가 외척이었기 때문에 심지어 '운대이십팔장' 가운데에도 들지 못했다. 당시 외척이 받을 수 있는 관직은 구경(九卿)으로 제한되어 있었다. 명제는 또한 후궁을 배출한 집안은 "제후에 봉해지거나 정치에 참여할 수 없다.[不得封侯與政.]"라고 명확히 명령을 내려 규정했다.

종실(宗室)에 대해, 명제는 또한 엄격한 제한을 가했다. 명제의 친누나인 관도공주(館陶公主)는 일찍이 명제에게 그녀의 아들을 낭관(郎官)에 봉해 주도록 요청했으나, 명제는 관직의 수여를 허락하지 않고, 단지 관도공주에게 많은 돈을 주는 것으로 답했을 뿐이다. 이 일로 인해, 명제는 또한 특별히 여러 신하들에게 관직 수여를 허락하지 않은 이유를 다음과 같이 설명했다. "낭관이란 위로는 열수(列宿)[5]에 해당하고, (임지에-역자) 나가서는 백 리(里)를 관장하는데, 그에 적합하지 않은 이가 그 자리에 있게 되면, 곧 백성들이 재앙을 입게 되니, 그렇게 할 수 없다.[郎官上應列宿, 出宰百里, 有非其人, 則民受其殃, 是以難

4) 『후한서』 권17 「가복전(賈復傳)」.

5) 하늘에 있는 무수한 별, 특히 28수(宿)를 가리킨다. 이는 낭관이 황제를 보좌하는 것이 마치 28수의 별들이 북극성을 중심으로 운행하는 것과 같음을 비유한 것이다.

之.]"[6] 즉 분명하게 말하기를, 낭관의 직위는 결코 하찮은 것이 아니니, 낭관은 도성에서는 황궁의 경비를 책임지는 요직이며, 지방에서는 곧 현령(縣令)에 해당하기 때문에, 만약 이 직위가 감당할 수 없는 사람에게 남용된다면, 백성들이 재앙을 당하게 된다고 했다.

중앙집권을 강화하기 위해, 행정체제상으로 광무제 유수는 최대한 '삼공(三公)'의 권력을 제한했는데, "비록 삼공을 두었지만, 정사(政事)는 대각(臺閣)[7]에 귀속시켰다.[雖置三公, 事歸臺閣.]" 그는 진(秦)·한(漢) 이래로 권력이 황제 다음이었던 승상(丞相)·태위(太尉)·어사대부(御史大夫) 등 '삼공'을 사도(司徒)·태위(太尉)·사공(司空)으로 개명하고, 최대한 예우하여, 이름의 뜻에서는 그 지위를 더없이 높였지만, 권력은 서한의 승상·태위·어사대부에 크게 미치지 못했고, 실제 권력은 중조(中朝)[8]의 상서대(尙書臺)로 옮겨갔다. 광무제는 동한을 세운 이후, 원래 소부(少府)에 속해 있던 상서(尙書)의 권력을 한층 더 확대하고, 아울러 점차 그것을 조정을 총괄하는 최고 기구로 발전시켜 나갔다. 이를 총칭하여 상서대라 했고, 또는 중대(中臺)라고도 불렀으며, 상서령(尙書令)과 상서부사(尙書仆射)를 두어 최고 관원(官員)으로 삼았다. 상

6) 『후한서』 권2 「현종효명제기(顯宗孝明帝紀)」.

7) 역자주 : 상서성(尙書省)의 별칭이다.

8) 역자주 : 상서(尙書)나 상시(常侍) 같은 황제의 가까운 측근들 중 일부를 선발하여 구성한 궁중의 정책 결정 그룹을 가리키며, '내조(內朝)'라고도 한다. '외조(外朝)'와 서로 대비하여 부르는 이름인데, "대사마(大司馬)·좌우전후장군(左·右·前·後將軍)·시중(侍中)·상시·산기(散騎)·제리(諸吏)가 중조를 구성하였다. 승상 이하 녹봉 6백 석까지가 외조를 이룬다." '中'과 '外'는 황제가 거주하는 궁전에 대해 상대적으로 일컫는 말로, 내조의 관원들은 비교적 자유롭게 궁전을 출입할 수 있었으며, 황제의 좌우에서 보필할 수 있었을 뿐 아니라, 또한 궁중에서 근무할 수 있었던 반면, 외조의 관원들은 곧 이러한 특권이 없었다.

서대 아래에는 육조(六曹)을 설치하여, 육조상서(六曹上書)가 구체적인 사안들을 나누어 관장하게 했다. 광무제는 신임하는 이들을 '삼공' 혹은 '녹상서사(錄尙書事)'[9]로 선출했으므로, 사실상 황제 자신이 직접 상서대의 정무(政務)를 지휘하는 것과 다를 바 없었다. 이와 같은 조치들은 신하들의 권력을 약화시키고, 황제의 권한을 매우 강화했다.

지방 정권 방면에서, 광무제는 지방 행정기구의 폐지를 추진하여, 군국(郡國)들을 10여 개로, 현(縣)·읍(邑)·도(道)·제후국(諸侯國)을 400여 개로 통폐합하고, 관리(官吏)의 숫자를 크게 감소시켰다. 또 전란으로 인해 인구가 크게 감소한 변경 지역에 대해서는, 건무(建武) 21년(서기 45년)에 관리들을 파견하여, 먼저 임시로 군수(郡守)·현령(縣令)의 직위를 주어 흩어진 인구를 모으고 생산력을 회복하도록 했다. 광무제는 해학적인 말투로 이 관원들에 대해 말하기를, 예로부터 『춘추(春秋)』에 있는 "소왕(素王)"[10]이라는 말에 빗대어, 당시 군(郡)에 인구는 없는데, 군수와 현령 등의 관리를 먼저 두었으니, 그들은 정말로 허울뿐인 "소왕(素王)"이라고 했다. 동시에 또한 변경에 둔전(屯田)[11]을 설치하고, 그 곳에 다른 지역의 죄수들을 보내 생산 활동에 종사하게

9) 역자주 : 녹(錄)은 '총관(總管)'을 의미한다.

10) 역자주 : 제왕(帝王)은 아니지만 제왕의 덕은 갖춘 사람을 가리킨다. 이로부터 공자나 노자 같은 성인을 일컫는 말로 전화했다. 즉 실질적으로 통치하는 직책에 오르지는 못했지만, 그에 해당하는 능력이나 덕을 갖춘 사람을 의미한다. 여기에서는 왕 또는 지방관의 지위에 있지만 다스릴 백성이 없는 상황을 지칭하고 있다.

11) 역자주 : 중국의 역대 봉건 왕조들이 백성들을 조직하여 국유지를 개간하여 농사를 짓도록 한 생산 조직 형태이다. 군둔(軍屯)과 민둔(民屯)으로 나뉘는데, 군둔이 주(主)를 이루었다. 한나라 무제는 원수(元狩) 4년(기원전 119년)에 흉노를 정벌한 후, 국토의 서쪽 지역에 대규모 둔전을 설치했는데, 이것은 바로 변방(邊方) 둔전이다.

하여, 변경 지역의 경제를 발전시켰다.[12)]

중앙의 지방에 대한 통제를 강화하기 위해, 광무제는 내지(內地)의 군[內郡 : 국(國)]들에 있는 지방병(地方兵)을 폐지했는데, 건무 6년(서기 30년)에 명령을 내려 각 군(郡)들에 있던 도위(都尉)를 철폐하도록 했고, 아울러 군의 태수에게 그 직무를 맡아 보도록 했다. 그리고 지방에서 매년 병사들을 선발하여 훈련시켰던 '도시(都試)'를 중지하게 하고, 지방의 하급 무관들에 대해서는 모두 무장을 해제하고 농업에 종사하도록 하는 조치를 취했다. 군에 소속된 지방병을 폐지한 이후, 국가의 군대는 언제나 농민과 죄수들로부터 모집하여 구성되었으며, 지휘권은 완전히 중앙과 황제의 수중에 집중되었다.

광무제는 공신들을 억제함과 동시에, 특별히 유생(儒生)들 중에서 인재를 선발하는 것을 중시했다. 일찍이 건무 5년(서기 29년)에, 통일전쟁이 아직 끝나지 않았지만, 광무제는 바로 태학(太學) 건립에 착수하고, 박사(博士)를 설치하여 경학(經學)을 전수하게 했다. 지방에는 학교를 설립하여 통치계급이 필요로 하는 인재를 길러 냈다. 당시에는 주로 어질고 효성스럽고 청렴한 사람을 추천받아 등용하거나[察舉孝廉], 초야에 있는 사람이나 하급 관리들 중 재능 있는 사람들을 예를 갖추고 불러들여 벼슬을 주거나, 현명하고 방정(方正)한 사람·직언을 잘하는 사람·수재(秀才)·경전에 밝은 사람 등의 과목에 따라 인재를 선발했다. 광무제는 또한 산림(山林)에 은거하거나, 왕망이 재위할 때 벼슬을 하지 않은 사람들을 다방면으로 찾아, 후한 예를 갖추고 초

12) 『속한지(續漢志)』「군국지(郡國志)」에 근거하여, 응소(應劭)의 『한관(漢官)』에서 인용했다.

빙하여 천하의 인심을 얻었다.

광무제는 각급 관리들에 대한 관리를 강화하기 위해, 감찰을 매우 중시했다. 그는 주(州)를 일급의 단위로 삼고, 감찰구역을 점차 군(郡) 이상 일급의 지방정권 성격을 갖춘 행정구역으로 높여 나갔는데, 주(州)의 자사(刺史)는 감찰의 직능을 갖추고 있었을 뿐만 아니라, 여러 군들을 통괄하는 직능을 갖춘 장관이기도 했다. 자사가 관리를 탄핵할 때는, 다시 삼공(三公)의 심의를 필요로 하지 않고 바로 면직시킬 수 있었다. 광무제는 또한 중앙에 어사대(御史臺)를 설치하여, 어사대의 중승(中丞)으로 하여금 감찰을 담당하도록 했다. 또 수도에는 사예교위(司隸校尉)를 설치하여, 삼공 이하 백관(百官)들 및 삼보(三輔)[13]·삼하(三河)·홍농(弘農) 7군(郡) 등지의 지방 관리들을 책임지고 규찰하도록 했다.

광무제가 동한을 세웠던 초기에는 관리들의 기풍(氣風)이 바로잡혀 있었다. 조정과 지방 관원들은 대부분 황제가 직접 선임한데다, 엄격한 감찰을 받았기 때문에, 관리들은 독직(瀆職)을 하거나 공무에 태만할 수가 없었다. 대관(大官)들에 대해 광무제는 감찰을 더욱 엄격하게 했다. 건무 15년(서기 39년)에 각 주(州)와 군(郡)들에 조서를 내려, "경작지의 넓이 및 호구의 나이를 철저히 조사하고, 또한 녹봉이 2천석 이상인 고급 관리들 중 사사로운 이익을 꾀하거나 업무를 공정하게 처리하지 않은 자들을 엄격하게 조사하도록[檢核墾田頃畝及戶口年紀, 又考實二千石長吏阿枉不平者]" 하여, 고급 관리들의 불법행위에 대해

13) 역자주 : 서한 때에는 원래 수도(首都) 및 그 부근 지역을 다스리던 세 명의 관리를 가리켰으며, 훗날에는 이들 세 명의 관리가 관할하던 지역을 가리켰다. 수(隋)·당(唐) 이후에는 '보(輔)'라고 불렀다.

중점적으로 조사하여 처리했다. 이듬해 여러 군의 태수들이 경작지의 기재를 누락한 죄상이 드러나자, 광무제는 크게 노하여 십여 명을 사형에 처했다.

광무제는 비록 각급 관리들에 대한 요구가 비교적 엄격했지만, 또한 관리들을 대단히 잘 보살피기도 했는데, 특히 비교적 하급 관리들에 대해서 그러했다. 그는 고급 관리들의 녹봉을 삭감하고, 하급 관리들의 녹봉을 인상하는 조치를 실행하여, 각급 관리들의 수입을 조절하고, 관리들의 적극성을 이끌어 냈다. 건무 26년(서기 50년)에, "명령을 내려 백관(百官)의 녹봉을 인상하도록 했다. 녹봉이 천 석을 넘는 관리들은 서한 때보다 녹봉이 줄었으며, 녹봉이 6백 석 이하인 관리들은 서한 때보다 녹봉이 인상되었다.[詔有司增百官奉. 其千石已上, 減於西京舊制, 六百石已下, 增於舊秩.]"[14] 바로 뤼쓰멘(呂思勉[15])과 같은 사학자는 그의 저서 『진한사(秦漢史)』에서 다음과 같이 말하고 있다. "(광무) 황제는 하급 관리들에게 역시 매우 친근하게 대했다. 이전 시대에 대신(大臣)·근신(近臣)들에게는 관대하고 하급 관리·멀리 있는 신하들에게는 친근하지 않게 대했으며, 감찰하는 관리들이 책임을 게을리 했고, 그들이 백성을 학대했다고 들었던 것과는 전혀 달랐다. 그리하여 그 다음의 영평(永平)[16] 시대를 열 수 있었으니, 하나같이 동경(東京)의 치세[17]를 칭찬하지 않던가."[18]

---

14) 『후한서』 권1 「광무제기(光武帝紀)」.

15) 역자주 : 뤼쓰멘(1884~1957년)은 중국의 역사가로, 『白話本國史』·『史籍與史學』 등의 저서들을 남겼으며, 1949년 이후에는 화동사범대학(華東師範大學)의 교수를 역임했다.

16) 역자주 : 명제(明帝)의 연호.

17) 역자주 : 동한 초기 시대를 의미한다. 동한의 수도 낙양은 서한의 수도 장안(長安)

명제(明帝)도 또한 관리들의 기풍을 바로 세우는 데 주의를 기울였다. 그는 관리들이 공무를 실행한 실적을 조사하는 것을 아주 중요시했으며, 더불어 이에 근거하여 상을 주거나 징계를 내렸다. 그 결과 영평 연간에 관리들의 기풍이 아주 좋아졌다. 그는 일찍이 조칙을 내려, 각 지방의 자사(刺史)들에게 공무를 실행한 실적이 우수한 관원들을 추천하고, 또 그 성적이 가장 나쁜 자를 문책하여 상부에 보고하도록 했다. 이 조치들이 효과가 있었기 때문에, 역사서들에서는 이를 표창하고 있는데, 명제의 법 집행이 매우 엄격하여, 당시 청탁에 의지하거나 요행으로 승진한 사람들이 이전 시대에 비해서 크게 감소했다. 명제 본인은 또한 형법(刑法)에도 매우 밝아서, 형벌 선고를 담당한 판관(判官)들은 감히 사사로이 법률을 왜곡하는 행위는 할 수 없었다. 이로 인해 "죄의 실상을 파악하여 처벌을 하니, 선고(宣告)를 내리는 것이 이전 시대의 10분의 2 정도였다.[斷獄得情, 號居前代十二.]", 이는 안건의 심사가 매우 정확하여 억울하게 옥살이를 하는 사람들이 비교적 적었던 까닭에, 유죄를 판결 받은 사람이 이전 시대의 단지 10분의 2에 불과했다는 것을 말해준다. 그리하여 역사가들은 "吏稱其官, 民安其業.[관리들이 그 직책에 적합하니, 백성들은 자신의 생업을 편안히 하였다.]"[19]이라는 여덟 글자로 명제 시대에 관리들의 기풍이 잘 확립되어 있었던 것을 찬양했다. 장제(章帝)는 건초(建初) 원년(서기 76년)에 조칙을 내려, 관리를 추천할 때에는 반드시 그 공무를 실행한 실적을 철저하게 심사하도록 하여, 직책을 담당할 수 없는 사람들에

보다 동쪽에 있었으므로 동경(東京)이라고 불렀다.

18) 呂思勉, 『秦漢史』, 제9장 제1절.

19) 『후한서』 권2 「현종효명제기(顯宗孝明帝紀)」.

게 관직이 남용되는 것을 막았다. 그 후에 또한 여러 차례 하부 기관들에 조칙과 명령을 내려, 형벌을 남용하고 관리와 백성이 서로를 고발하는 나쁜 풍조를 바로잡도록 했다. 더불어 관리들이 사사로운 탐욕으로 인해 법률을 왜곡하고, 형법의 집행에 정당한 수단과 방법을 사용하지 않는 부정한 행위들에 대해서도 엄격하게 문책했다. 그러나 장제 재위 기간에 그의 외척들이 총애를 등에 업고 세력을 팽창해 나갔으며, 그들의 사치와 방종이 비할 데 없이 심해져, 이미 억제하기 어려운 지경에 이르렀다. 장제가 비록 여러 차례 조칙을 내려 문책했음에도 불구하고, 이 문제를 해결하지는 못했다. 장제의 제위 후기에 이르러, 외척인 두씨(竇氏)와 마씨(馬氏)는 이미 엄청난 세력을 형성했다. 동한은 건국 이래로 상승과 강성의 길을 50~60년간 유지하고 있었지만, 중국의 역대 왕조들이 종래부터 갖고 있었던 사회 모순도 또한 점차 격화되어 갔다.

(2) 사회 경제의 회복과 발전

광무제는 평민 출신으로, 어려운 고통을 감내해 가며 왕조의 창업을 이루어 낸 개국 황제였다. 그는 서한 황실의 한 계열로서 소원(疏遠)한 종친이었는데, 이 때문에 그는 왕망에 반항하고 군웅이 할거하는 형세 속에서 어느 정도는 사람들을 끌어 모을 수 있는 힘을 갖게 되었다. 그러나 그가 최후에 여러 호적수들을 격파할 수 있었던 까닭은, 주로 그가 지휘했던 전략과 그가 시행한 정책 때문이었다. 광무제의 아버지 유흠(劉欽)은 한낱 여남군(汝南郡) 남돈현(南頓縣)의 현령이었는데, 그가 9세일 때 고아가 되어, 숙부인 유량(劉良)의 집에서 자랐다. 『후한서』 「광무제기(光武帝紀)」에서는 그에 대해 말하기를, "성품이 농사일에 부지런했다[性勤於稼穡]."라고 했는데, 이는 그가 어렸을 때 일찍이 농업 생산 활동에 참가한 적이 있어, 백성들의 생활과 사회 실상에 대해서 상당히 잘 이해하고 있었음을 말해준다. 특히 이후 그는 고통스러운 전쟁을 경험했으며, 서한 말엽부터 왕망의 '신정(新政)'[20]에 이르는 시기에 민중들이 생존해 나가기 어려웠던 엄중한 사회 현실에 대해서도 절실하게 체험했다. 그래서 그는 민중들의 질고(疾苦)에 아주 관심이 많았으며, 근검하고 절약할 것을 제창(提唱)하고, 민력(民力)을 시급히 회복시킬 것[與民休息][21]을 강조하여, 경제를 발전시켰다.

역사서의 기록에 따르면, 광무제 본인은 매우 절약을 강조하여 "몸에 걸친 옷은 보통 흰색이었으며, 색이 있어도 짙지 않았고, 귀로는 정(鄭)·위(衛) 지방의 음악을 듣지 않았으며, 손에는 주옥(珠玉)과 같은 사치품을 소지하지 않았고, 궁방(宮房)에는 사사로운 애정을 주지 않았으며, 측근들에게 치우친 은총을 베풀지 않았다.[身衣大練, 色無重采, 耳不聽鄭·衛之音, 手不持珠玉之玩, 宮房無私愛, 左右無偏恩.]"라고 한다. 건무 13년(서기 37년)에는 외국에서 광무제에게 하루에 천 리를 갈 수 있는 명마(名馬)와 수백 금(金)의 가치가 있는 보검을 선물로 보내왔다. 광무제는 이것을 받은 후, 바로 이와 같은 진귀한 보물에는 전

20) 역자주 : 왕망이 정권을 탈취한 후 그의 정권을 '신(新)'이라 명명하고, 아울러 유가 사상으로 지도했으며, 일련의 정치·경제·사회의 변혁을 시작했는데, 이를 역사에선 '왕망의 신정(新政)'이라 부른다.

21) 역자주 : '與民休息'의 의미는 장기간의 전란이 끝난 후, 조세를 줄이고 생산 활동을 촉진시켜 민력을 회복시키는 것을 의미한다.

혀 흥미를 갖고 있지 않다고 밝히고는, 천리마를 보통의 마구간으로 보내 다른 말들과 함께 수레를 끌게 했으며, 보검은 말을 타는 병사에게 주어 차고 다니게 했다. 그는 황궁에서 원림(園林)과 연못을 관리하는 관원들을 해직하고, 황제가 많은 인원을 이끌고 밖에 나가서 사냥하던 규정과 관례를 없애 버렸다. 그는 손수 지방 관리들이 보낸 문서들에 회답을 했는데, 이 때 좁은 나무판 위에 일률적으로 열 줄의 작은 글자로 썼다. 이렇게 자신이 직접 힘써 실천함으로써, 관원들에게 근검절약을 제창했다. 그는 항상 공경(公卿)과 대신(大臣)들을 궁중의 정사를 처리하는 곳에 모이게 하여, 그들로 하여금 자유롭게 각자가 알고 있는 각지 민중들의 생활과 습속(習俗)을 이야기하도록 했는가 하면[22], 또한 함께 유가(儒家)의 전적(典籍)들 중에 백성들의 노고를 애석하게 여기거나, 관리가 된 이가 직책에 최선을 다한 교훈 등과 관련이 있는 부분들을 함께 송독(誦讀)하며 배우기도 했으며, 어떤 때에는 밤늦게까지 토론을 하기도 했다.[23]

광무제는 민중의 고통에 관심을 갖고 민력을 회복시키는 것을 중요하게 생각하여, 전국을 통일할 무렵부터 차례로 경제 발전에 도움이 되는 중대한 조치들을 취했는데, 이 조치들은 효과적으로 사회 모순을 완화하고 생산의 발전을 촉진시켰다.

서한 말기에, 죄인의 가족이 노비가 되는 법이 부활하여, 한 사람이 죄를 지으면 전체 가문이나 본인의 가족이 모두 연루되어 노비가 되었다. 전란 중에는 많은 평민들이 군인이나 호족들에게 노략질을

22) 『후한서』 권76 「순리열전(循吏列傳)」을 참조하라.
23) 『후한서』 권1 「광무제기」를 참조하라.

당하여 노비로 팔려 가기도 했으며, 또한 많은 농민들이 재산이 없어서 노비가 되기도 했다. 노비 숫자의 급격한 증가는 당시 매우 심각한 사회문제였을 뿐만 아니라, 사회적 생산관계의 부분적인 후퇴이기도 했다. 광무제는 이에 대해서 일련의 조치들을 취했다. 건무 2년(서기 26년)에는 비록 전쟁으로 매우 바쁜 상황이었지만, 광무제는 명령을 내려, 노략질로 인해 노비로 팔려 간 사람들이 자유민 신분을 회복하도록 허락했다. 이후 건무 6년(서기 30년)부터 건무 14년(서기 38년)까지, 그는 다섯 번에 걸쳐 노비를 해방하는 명령을 반포했다. 그 명령들에서는 왕망이 나라를 다스리던 시절에 하급 관리나 백성들로서 노비가 되어 서한의 법률에 부합하지 않은 경우, 청(靑)·서(徐)·농(隴)·촉(蜀) 등 봉건 할거(割據) 세력들이 있던 구역에서 약탈당하여 노비로 팔린 경우, 백성들이 기근과 전란을 만나 처자(妻子)를 팔아먹는 바람에 노비가 되고 가족들을 떠나야만 했던 경우는, 일률적으로 노비 신분을 면해 주어 서인(庶人)이 되도록 규정했다. 노비의 주인이 만약 이러한 노비들을 해방하지 않으면, 서한의 '매인법(賣人法)'과 '약인법(略人法)'에 따라서 죄를 다스렸다. 건무 11년(서기 35년)에는 1년 동안에 연속으로 세 차례나 조서를 내려, 노비를 죽인 자는 감형(減刑)[24]을 하지 않고, 노비에게 자작(炙灼)[25]을 행한 사람은 법률에 따라 처

24) 역자주 : 고대 중국의 형법은 신분에 따라 차등을 두어 적용되었다. 같은 죄를 지어도 신분이 높고 국가에 공이 있는 사람은 감형을 하고, 신분이 낮은 사람은 중하게 처벌하도록 되어 있었다. 또한 자신보다 신분이 높은 사람에게 범죄를 저질렀을 때는 가중 처벌하고, 자신보다 신분이 낮은 사람에게 범죄를 저질렀을 때는 감형하도록 규정되어 있었다.

25) 역자주 : 뜨겁게 달궈진 물체를 이용하여 사람에게 화상을 입히고 고통을 주는 가혹행위를 가리킨다.

벌하고, 자작을 당하지 않은 노비는 서민(庶民)이 되도록 했으며, 노비가 일반인에게 상해를 입혔을 때는 저잣거리에서 극형에 처하도록 규정한 법률을 폐기했다. 다음해 3월, 서북(西北)·서남(西南) 지역에서 백성들이 약탈을 당해 노비로 팔려간 엄중한 현상을 해결하기 위해 반포한 칙령은 더욱 철저했다. 즉 "농(隴)과 촉(蜀) 지역의 백성들 중에 약탈을 당하여 노비가 된 자가 스스로 소송을 했을 경우, 형벌을 담당하는 관리가 아직 판결하지 않았다고 해도, 모두 노비 신분을 면해 주어 서인(庶人)이 되도록 한다.[詔隴·蜀民被略爲奴婢自訟者, 及獄官未報, 一切免爲庶人.]"[26]라고 했다. 광무제는 연달아 조령(詔令)을 내려, 동한 정권이 건립되던 시기에 민심을 얻었을 뿐만 아니라, 동시에 구(舊) 생산관계의 잔재가 부활하는 것을 막고, 봉건적 생산관계의 성장을 보호했는데, 이는 농업 생산력의 발전을 촉진하는 유력한 조치들이었다.

광무제는 대규모 농민 반란이 일어났던 교훈을 받아들였으며, 또한 장기간에 걸친 전란을 경험하여, 당시 시급히 해결해야 할 것이 바로 백성들의 인력(人力)과 재력(財力)을 회복시키는 것임을 알고 있었으므로, 생산 활동을 장려하고, 절약을 제창했다. 북방을 통일하는 과정에서 그는 문제(文帝) 시기의 구제도를 부활시키고, "10분의 1을 조세로 바치던 제도[什一之稅]"를 고쳐 "30분의 1을 조세로 바치는 제도[三十稅一]"로 개정하여, 각종 세금의 징수를 경감했다. 또한 백성들이 과거에 사용하는 데 익숙했던 오수전(五銖錢)을 부활하여, 왕망이 제도를 고침으로써 빚어진 화폐의 혼란 국면을 바로잡았다. 그는 조정

26) 『후한서』 권1 「광무제기」.

에서 항상 대신들과 더불어 백성들의 고통에 대해 토론했으며, 백성들의 부담을 가볍게 해주고, 민력을 정비하여 회복시킬 수 있는 방법을 탐구했다. 사마표(司馬彪)의 『속한지(續漢志)』·『백관지(百官志)』와 『군국지(郡國志)』에 따르면, 광무제는 관료와 관청 기구들을 합병하고, 남는 인원들을 감축하여, 해마다 엄청난 비용을 절감했다고 한다.

광무제는 즉위한 다음 '유도(柔道 : 부드럽고 온건한 정책-역자)'로 천하를 다스리겠다고 선포했다. '유도'는 사회 각 계층과 계급들에 대해 부드럽고 온건한 정책을 실행하는 것을 의미하는데, 동한 전기의 가벼운 세금·형벌의 감면·백성들에게 공전(公田)을 빌려주는 것 등의 정책을 포함하고 있었다. 광무제는 큰 세력을 형성하고 있던 대지주들의 지지로 황제의 자리에 오를 수 있었기 때문에, 그는 즉위한 다음 대지주들의 이익을 보호하는 데 주의를 기울였으며, 그들의 경제적 요구를 최대한 만족시켜 주려고 했다. 그러나 광무제는 정권의 안정과 공고화를 위해, 이러한 대지주들에 대해 일부 제한을 가하기 시작했으며, 그들이 주요 권력 등을 장악하는 것 또한 허락하지 않았다. 이후 대지주들이 수단과 방법을 가리지 않고 토지를 겸병하며, 갖은 방법으로 탈세를 하자, 많은 농민들이 토지를 잃고 점차 노비로 전락했으며, 또한 국가의 재정과 세수(稅收)에도 영향을 미침으로써, 사회 모순도 점차 증가했다. 건무 15년(서기 39년)에, 광무제는 통치 질서를 공고히 하고, "농지와 주택이 제한을 초과하는 것[田宅逾制]"과 토지·호구(戶口)를 속이는 심각한 현상을 겨냥하여, 전국에 보편적으로 토지와 호구를 조사하는 '탁전(度田)' 활동을 벌이도록 명령했다. 명령이 하달된 다음, 지방 관리들은 "대다수가 속임수를 써서 정확하게 조사하지 않거나[多爲詐巧, 不務實核]"[27], 또는 "힘 있는 이들은 우대하고, 약한 이들을 침탈했으며[優饒豪右, 侵刻羸弱]", 일반 귀척(貴戚)이나 관료 및 세가호족(世家豪族)의 토지나 호구에 대해서는 감히 건드리지도 못하면서, 농민에 대해서는 탁전의 명목으로, "오두막집이나 촌락[廬屋里落]"까지도 경작지로 측량하여 많은 농민들의 원망을 샀으니, "백성들은 탄식하고 원망하며, 길을 막고 호소했다.[百姓嗟怨, 遮道號呼.]"[28] 그 결과 각지의 농민들이 기의(起義)하며 반항했고, 군국(郡國)들에서 큰 세력을 형성하고 있던 자들이 이 틈을 이용하여 반란을 일으키려고 했다. 이에 대해 광무제는 서로 다른 대책을 채택했는데, 농민의 반항에 대해서는 분열을 진행시키면서 진압했고, 세력이 큰 호족들에 대해서는 탁전을 부실하게 했던 하남윤(河南尹) 장급(張伋) 등 10여 명의 군수들을 사형에 처한 뒤, 명령을 내려 탁전을 중지하도록 함으로써, 횡포한 지주들에게 양보했다.

광무제의 '탁전'은 비록 실패했지만, 그는 횡포한 자들이 토지를 무한히 점유하는 것을 제한하는 조치를 힘껏 도모하여, 사회 경제의 발전에도 상당한 영향을 미쳤다. 그가 '유도'로 천하를 다스리려던 생각은 비록 많은 제한이 있었지만, 당시 사회 질서를 안정시키는 데에 일정한 작용을 했다.

명제(明帝)와 장제(章帝)의 성격 특징은 각자 달랐는데, 명제는 법령의 엄격함과 공정함을 특히 중요하게 여겼으므로, 매번 조정의 신하들에게 엄격하게 처벌할 것을 강조하여, 너무 자세하고 성가시게 조

27) 『후한서』 권1 「광무제기」 주(注)에서 『동관기(東觀記)』를 인용했다.
28) 『후한서』 권22 「유륭전(劉隆傳)」.

사했다. 반면 장제는 후세 사람들에게 '관대한 사람[長者]'이라고 불릴 정도로, 법의 집행이 엄격하지 않았으므로, 그의 통치 시기에 외척 세력이 형성되었다. 그러나 그들이 취했던 정책의 경향에 대해 말하자면, 명제와 장제가 통치했던 30년 동안은 모두 광무제가 생산 발전을 촉진하고 국력을 강화했던 치국 방침을 계속 받들어 시행했다. 경제를 발전시키는 것을 중시했던 방침과 정책들은 주로 다음과 같은 몇 가지 방면들에서 이루어졌다.

첫째는 생산 활동을 장려하는 것이었다. 명제는 즉위하고 얼마 지나지 않아서, 잇달아 명령을 내려, 각급 관원들이 책임지고 농업과 잠업(蠶業)을 권장하고, 농사짓는 때를 놓치지 않게 하며, 특히 백성들의 생산 활동을 어지럽히지 말도록 했다. 그는 또한 각 군국(郡國)들에 방치되어 있는 공전(公田)을 빈민들에게 경작하도록 나누어 줌으로써, 농민과 토지의 결합을 촉진하여, 농업 경제 발전에 중요한 역할을 했다.

장제가 등극한 해에 큰 가뭄이 발생하자, 그는 연속으로 네 차례나 조령(詔令)을 내려, 다음과 같이 규정했다. 즉 재해가 일어난 지역에는 조세[田租]를 면제해 주고, 창고에 있는 양식을 풀어 재해를 입은 백성들을 구제할 것이며, 봄에 농사를 지을 때, 가난하고 생산 능력이 없는 자들에게 돈을 빌려주되, 또한 그 금액을 한 번에 넉넉히 주고, 적은 액수로 몇 차례에 나누어 주지 말도록 함으로써, 농사일이 바쁠 때 경작에 방해받지 않도록 할 것이며, 또 유민(流民)들이 고향에 돌아가도록 돕기 위해, 관부(官府)에서는 여행 비용을 지급하고, 길을 따라 있는 관정(官亭)에서 숙식 제공을 책임질 것 등이었다. 이러한 사항들을 모두 각 지역에서 가장 높은 직급을 맡은 관리들이 직접 관장하고, 자사(刺史)들이 확실히 감독하여, 가난한 백성들이 이탈하는 것을 막고, 하급 관리들과 세력이 있는 자들이 농간을 부려 침탈하지 못하도록 했다. 몇 차례의 조령들 중에서 재난을 구제하고 생산력을 회복하는 것에 관한 규정들은 모두 매우 상세하고 세밀했다. 이로부터 장제가 백성들의 상황에 대해 상당히 이해가 깊었음을 알 수 있다. 장제는 원화(元和) 연간(84~87년-역자)에 다시 한 번 조령을 내려, 각 군국들의 경작지가 없는 농민들을 다른 곳의 경작지로 이사하게 하고, 아울러 이들에게 식량·종자·농기구 등을 제공하도록 했으며, 각지에 주인이 없는 경작지는 가난한 백성들이 농사를 짓도록 공급하고, 5년 동안 세금을 면제해 주도록 했다. 명제·장제가 시행한 이와 같은 생산력 회복을 위한 조치들은, 이 시기로 하여금 "나라가 두루 안정되고, 인구가 증가했으며[遠近肅服, 戶口增殖]", "부역과 조세를 줄여 주어, 사람들이 그 혜택을 입도록 하여[平徭簡賦, 而人賴其慶]"[29], 중국 봉건 사회의 발전 시기에 경제 발전이 또 한 번의 절정에 이르게 했다.

둘째는 절약을 제창하고, 신중하게 정치를 한 것이다. 명제는 즉위한 첫 해에 일찍이 여러 차례 조칙을 내려 정사(政事)에 많은 폐단이 있음을 열거하고, 스스로를 엄격하게 책망하면서 또한 말하기를, "정사에 폐단이 매우 많은 까닭에 백성들의 분노가 대단히 크지만, 그야말로 관리들이 올린 장주(章奏)에는 도리어 한결같이 공(功)을 노래하며 덕을 칭송하고 있으니, 지금 이후로 만약 다시 고의로 과도하게

29) 『후한서』 권3 「숙종효장제기(肅宗孝章帝紀)」.

칭송하는 것들이 있으면, 상서(尙書)에서 그러한 장주를 아래로 돌려 보내고 위로 보고하지 말도록 하여, 특별히 아첨하고 말을 꾸미기 좋아하는 이들이 스스로 뜻한 바를 이루었다고 생각하지 않게 하라.[因政事存在弊端太多, 百姓很有怨氣, 可是, 官吏的章奏却一味歌功頌德, 今後若再有故意過分稱譽的, 就由尙書把章奏壓下來不予上報, 別讓那些專會諂媚的人自以爲得計.]"라고 했다. 봉건 제왕이 자신을 질책하고 신하들에게 아첨하지 말도록 확실히 명령하는 것은 참으로 드문 일이다. 그는 또한 아랫사람들에게 "다투어 분수에 넘치게 사치하는[競爲奢靡]" 누습(陋習)을 없앨 것을 명령했다. 장제는 밖으로 순수(巡狩)를 나갈 때, 일찍이 명령을 내려 길을 따르는 관원들의 수를 줄이고, 행차를 간소하게 하여, 백성들을 귀찮게 하거나 방해하지 않으려 했다.

셋째는 황하(黃河)를 치수(治水)하고, 수리사업을 크게 일으킨 것이다. 동한 초기의 국력이 강성했음을 보여주는 상징적인 사건은, 바로 거대한 인력을 동원하여 황하를 치수한 것이다. 서한 평제(平帝) 연간에, 황하의 제방이 붕괴되어 그 물길이 남쪽으로 이동했으며, 강물이 대량으로 변거(汴渠)[30]로 유입되면서 수십 개의 현(縣)들이 물에 잠겼다. 서한 말년에 사회가 동요하고, 동한 초년에는 회복하는 데 바빴으므로, 장기적으로 수로의 건설에 역량과 정력을 쏟아 부을 수 없었다. 게다가 하북(河北)의 관료지주들은 자신들의 전원(田園)이 홍수 피해를 당하지 않도록 하기 위해, 주변 지역들의 지대가 낮아져 구렁이 되는 것에 대해서는 개의치 않고, 있는 힘을 다해 변거의 치수를 저

30) 역자주 : 중국 고대의 황하와 회하(淮河)를 연결하는 골간이 되는 운하이다. 변하(汴河) 또는 통제거(通濟渠)라고도 하며, 전체 길이는 650킬로미터에 이른다.

지했는데, 이로 인해 장기간의 수해가 발생하게 되었다. 한나라 명제 시기에 이르러서야 비로소 국가가 역량을 갖추어 황하를 치수할 수 있었다. 명제는 또한 치수를 잘하는 왕경(王景)과 왕오(王吳)를 임용하여 준의거(浚儀渠)[31]를 건설함으로써, 다시는 수해가 나지 않도록 했다. 영평(永平) 12년(서기 69년)에 명제는 또 왕경과 왕오를 임용하여, 황하와 변거를 수리했다. 그들은 수십만 명의 사람들을 동원하여 수로(水路)를 수리하고, 제방을 쌓았으며, 흙이 퇴적된 곳을 개통시키고, 수문(水門)을 만들어서 물의 흐름을 제어할 수 있게 했다. 더불어 황하와 변수(汴水)의 흐름을 나누어, 황하가 변수를 침범하지 않게 함으로써 수해를 제거하여, 황하가 범람했던 지역의 넓은 토지에 농사를 지을 수 있게 했다. 공사가 끝난 후 명제는 황하 주변의 새로 생긴 농경지를 빈민들에게 나누어 주었으며, 지방의 호족들이 세력에 의지하여 토지를 침탈하지 못하도록 했다.[32] 이와 같은 황하의 수리는 동한 전기에 북방 지역의 농업 발전을 촉진시킨 대사건이었다.

이 시기에 관동(關東) 지역부터 장강(長江) 이남 지역까지 지속적으로 일군(一群)의 피지(陂池)[33]들에 고여 있는 물을 경작지로 끌어가는 관개(灌漑) 공사를 크게 벌였다. 주요한 것들로는 여남태수(汝南太守) 등신(鄧晨)이 허양(許揚) 등을 보내 홍열피[鴻隙陂 : 지금의 하남성(河南省) 여남현(汝南縣)과 식현(息縣) 사이에 있음]를 수리한 것, 남양태수(南陽太

31) 역자주 : 옛 낭탕거(狼湯渠)로서, 황하의 물을 동쪽으로 끌어들여 준의현(浚儀縣)까지 흐르게 한 운하이다.

32) 『후한서』 권2 「현종효명제기(顯宗孝明帝紀)」.

33) 역자주 : 큰 연못이나 보(洑)와 같이 지대가 낮은 땅에 많은 물이 고여 있는 곳을 가리킨다.

守) 두시(杜詩)가 피지를 수리한 것, 어양태수(漁陽太守) 장감(張堪)이 호노[狐奴 : 지금의 북경시(北京市) 순의현(順義縣)]에서 수로를 통해 밭에 물을 끌어댄 것 등이 있다. 장제 때에는 여강태수(廬江太守) 왕경이 작피[芍陂 : 지금의 안휘성(安徽省) 수현(壽縣)]의 수리와 복구를 주관했고, 장우(張禹)는 포양피(蒲陽陂)의 수리와 복구를 주관했다. 강남(江南)의 회계(會稽)와 파촉(巴蜀) 지역의 관개 사업 또한 눈에 띄게 바뀌었다. 이들 수리 시설의 건설은 모두 농업 생산의 발전에 이로운 것들이었다.

동한이 막 건립되었을 때 사회가 파괴된 상황은 사람들을 깜짝 놀라게 할 정도였으니, "국내의 인민들 중에서 파악하여 헤아릴 수 있는 사람은 고작 10명 중 2~3명뿐이었다. 변경에는 사람이 없어서 조용했으며, 남아 있는 사람이 아무도 없었다.[海內人民, 可得而數, 裁十二三. 邊垂蕭條, 靡有孑遺.]" 전란으로 인해 중국 대륙의 호구(戶口) 가운데 10명 중 2~3명만이 살아 남았으며, 경작지는 황폐해져 잡초만 자랐고, 변경의 군(郡)들에는 거의 사람의 자취가 끊겼다. 광무제·명제·장제가 생산력을 회복시키는 유력한 조치들을 취하자, 명제 영평 9년(서기 66년)부터 12년(서기 69년)에 이르는 기간에, "해마다 풍년이 들어[歲比登稔]" 풍작을 이루었으니, 당시 곡물의 가격은 한 곡(斛)[34]당 고작 30전(錢) 아래까지 떨어졌다. 동한 건국 초기에는 들판에 곡식이 없고, 쓸쓸하고 피폐하여 파괴된 광경뿐이었지만, 이 때에 이르러서는 양식이 풍부하고, 소와 양들이 들판에 널려 있었다. 이처럼 동한의 경제는 발전을 거듭하여 최고의 전성기에 이르렀다.

34) 역자주 : 1곡(斛)은 10두(斗)이다.

(3) 흉노(匈奴)를 평정하고 서역에 사절로 나가다.

첫째, 흉노의 격파

서한 말년에, 원제(元帝)는 후궁이었던 평민 출신의 왕장[王嬙 : 왕소군(王昭君)]을 흉노의 호한야선우(呼韓邪單于)에게 시집보내, 다시 흉노와의 우호 관계를 수립했다. 왕망이 신(新)나라를 세운 이후, 흉노의 선우에 대한 대우를 낮추었으며, 아울러 오환(烏桓) 등 소수민족들이 흉노에게 조공하는 것을 저지하자, 흉노와 중원 정권의 모순이 격화되었다. 광무제 유수는 전국을 통일하는 전쟁을 벌일 때, 사신을 보내 흉노와 우호 관계를 맺으려 했으나 성공하지 못했다. 통일 전쟁이 끝난 후 동한의 조정은 국경 지역의 충돌을 피하기 위해, 변경에 있는 정양군[定襄郡 : 지금의 내몽골 허린거얼(和林格爾)의 서북 지역]·안문군[雁門郡 : 지금의 산서성(山西省) 삭현(朔縣)의 동남 지역]·대군[代郡 : 지금의 산서성 양고(陽高)의 서남 지역]·상곡군[上谷郡 : 지금의 하북성(河北省) 회래(懷來)의 동남 지역] 등의 지역들에 사는 백성들을 내지(內地)로 이주시켰다. 그리하여 흉노의 좌부(左部)도 곧 국경 안쪽 지역에 옮겨와 거주할 수 있게 되었다. 건무(建武) 20년(서기 44년)에는 흉노가 상당군[上黨郡 : 지금의 산서성 장치(長治)의 서남 지역]·부풍군[扶風郡 : 지금의 섬서성(陝西省) 흥평(興平)의 동남 지역]·천수군[天水郡 : 지금의 감숙성(甘肅省) 통위(通渭)의 서북 지역] 등의 지역들에까지 한층 더 진출하여, 동한 조정에 심각한 위협이 되었다.

이후 흉노는 매년 가뭄과 병충해 등의 피해를 입어, 매우 많은 사람과 가축들이 죽었다. 동쪽의 오환이 이 기회를 틈타 쳐들어오자,

흉노는 이로 인해 심각한 손실을 입었다. 천재지변과 외적의 침입이라는 타격을 입게 되자, 흉노 내부에서도 정권을 탈취하려는 내분이 발생했으며, 결국 남부(南部)와 북부(北部)로 분열되었다. 건무(建武) 24년(서기 48년)에 남흉노는 동한의 조정에 속국이 되기를 요청하면서, 스스로 신하로 칭하고 복종하겠다는 의사를 표시해 왔다. 동한 정부는 중랑장(中郎將) 단빈(段彬) 등을 남흉노에 사절로 보냈으며, 오원[五原 : 지금의 내몽골 바오터우[包頭] 서부 지역]의 서쪽 변경 80리 되는 곳에, 남흉노 선우의 근거지를 세우는 데 도움을 주었다. 동한 조정은 매년 흉노에게 많은 양의 재물·소와 양·식량 등을 보냈으며, 상호간에 평화적인 우호 관계를 지속해 나갔다.

북흉노는 처음에 세력이 비교적 약해, 멀리 막북(漠北)[35]으로 이주했다. 이후 세력이 점차 강성해지자, 동한의 하서(河西)와 북방의 군현(郡縣)들을 자주 침입하고, 남흉노와 한인(漢人)들을 상대로 노략질을 했으며, 더불어 서역을 장악했다. 그러나 오래지 않아 북흉노는 정령(丁零)·선비(鮮卑)·남흉노의 협공을 받았으며, 또한 서역 국가들의 반격을 받아 세력이 약해졌고, 부족들은 뿔뿔이 흩어졌다. 동한은 하서(河西) 4군(郡)의 안정을 보장받고, 또한 서역과의 교통을 회복하기 위해, 명제 영평 16년(서기 73년)에 봉거도위(奉車都尉) 두고(竇固) 등을 보내 고궐(高闕)·주천(酒泉)·거연(居延)·평역(平域) 등 네 방면에서 북흉노를 무찌르고, 천산(天山)과 포류해[蒲類海 : 지금의 신강(新疆) 위구르 자치구의 바리쿤(巴里坤) 호수]까지 추격하여, 이오려성[伊吾廬城 : 지금의

35) 역자주 : 지금의 내몽골 자치구 일부와 몽골 및 그 이북 지역까지 포함하는 광대한 지역을 가리킨다.

신강 위구르 자치구의 하미(哈密) 서쪽]을 점령했으며, 그 곳에 의화도위(宜禾都尉)를 설치하고, 관리·군사·둔전(屯田)을 두었다. 그 이듬해에, 두고와 경충(耿忠)이 또 군사를 모아 차사후부(車師後部)와 차사전부(車師前部)의 왕들을 무찌르고, 다시 서역도호(西域都護)를 설치하여, 북흉노와 서역의 관계를 단절시켰다. 화제(和帝) 영원(永元) 원년(서기 89년)에, 동한은 또한 시중(侍中) 두헌(竇憲)을 거기장군(車騎將軍)으로 삼아 다시 북흉노를 공격했다. 한나라 군대와 남흉노는 연합 작전을 펴서 계락산[稽落山 : 지금의 몽골 캉아이산(杭愛山)의 남쪽 줄기]에서 북흉노를 대파했다. 반고는 이 때 나이 58세였는데, 그는 두헌 등을 따라 국경 밖 3천 리까지 진군했으며, 연연산[燕然山 : 지금의 캉아이산]에서 「봉연연산명(封燕然山銘)」을 지어, 공적을 돌에 새긴 뒤 돌아갔다. 2년 후에 두헌 등은 다시 금미산[金微山 : 지금의 신강 위구르 자치구의 아얼타이산(阿爾泰山)]에서 북흉노를 대파하고, 북흉노 선우의 어머니인 연지(閼氏)[36]를 사로잡았다. 그리하여 북흉노의 세력은 크게 손상을 입어, 어쩔 수 없이 서쪽으로 이주하여 몽골 고원을 떠났다. 이리하여 동한은 마침내 흉노의 위협에서 벗어나게 되었다.

둘째, 반초(班超)가 서역에 사절로 나가다.

동한 초기에 서역의 여러 나라들이 다시 한나라에 귀속되자, 천산남로(天山南路)와 천산북로(天山北路)의 교통이 회복되어 잘 통하게 되었는데, 이는 바로 반초가 세운 혁혁한 공로였다. 그는 동한의 국력을

36) 역자주 : '연지(閼氏)'는 이름이 아니라 흉노의 왕인 선우(單于)의 배우자를 가리키는 호칭이다.

배경으로 삼아, 서역에서 갖은 고초를 겪으면서 동한과 서역 지역의 교류 및 서역 지역의 경제 문화 발전을 촉진시키기 위해 중요한 공헌을 했다.

서한의 장건(張騫)이 서역과 교류한 이후, 서역의 각 나라들은 한나라와 줄곧 군신(君臣) 관계를 유지해 왔다. 서한 말기에, 서역에 대한 통치가 약해지자, 서역은 55개의 작은 나라들로 분열되었다. 게다가 왕망이 신(新)나라를 건립한 이후에 소수민족들을 멸시하여 사회적 분쟁을 불러일으켰다. 흉노는 당시 사회 질서가 혼란한 틈을 타서, 다시 새로 서역을 정복했다. 그 중 천산북로에 있는 나라들은 흉노의 지배를 받았으며, 천산남로에 있는 나라들은 흉노의 도발과 함께 끊임없는 내홍(內訌)에 휩싸였다. 흉노는 서역 지역에서 과중한 세금을 걷고, 그 백성들을 능멸하여, 서역 사람들에게 심각한 재난을 가져다 주었다.

동한 정권이 수립된 이후, 차사전부[지금의 신강 위구르 자치구의 투루판(吐魯番)]·선선국[鄯善國 : 지금의 신강 위구르 자치구의 루어치앙(若羌)]·언기국[焉耆國 : 지금의 신강 위구르 자치구의 앤치(焉耆) 서남 지역] 등 18개 나라들에서 자식들을 한나라 조정에 입시(入侍)[37]시켰으며, 더불어 진귀한 보물들을 바치면서, 한나라 조정이 서역에 도호(都護)를 파견하여 서역 각국의 안전을 지켜 줄 것을 요청했다. 이후에도 여러 번 동한 정부에 도호를 파견해 줄 것을 요청했다. 광무제는 민력(民力)을 재정비하여 국가의 역량을 축적하는 당면한 국가적 사업에 집중했기 때문에, 서역 각 나라들의 요청을 들어줄 수 없었다. 서역 각 나라들

37) 역자주 : 대궐에 들어가 임금을 알현하는 일.

은 동한 정권의 보호를 받을 수 없게 되자, 차사(車師)·선선(鄯善)·구자(龜玆) 등 서역의 여러 나라들이 잇달아 흉노에 복속되었다.

명제 시기에 동한이 흉노를 공격하여 승리함에 따라, 영평 17년(서기 74년)에 다시 서역도호(西域都護)를 설치했으며, 또한 차사후부[지금의 신강 위구르 자치구의 치타이(奇臺)]에 무교위(戊校尉)를 설치하고, 차사전부에 기교위(己校尉)를 설치했다. 두고는 가사마(假司馬)[38] 반초가 포류해 전투에서 많은 공을 세웠기 때문에, 그의 재능을 매우 높게 평가하여, 바로 그를 서역의 각 나라들에 사절로 파견했다.

반초는 반고의 동생으로, 어려서부터 장건의 서역 원정을 동경해 왔으며, 결국 붓을 던지고 군대에 투신했다. 그는 서역에 사절로 나가라는 명을 받자, 종사(從事) 곽순(郭恂) 등 36명을 데리고 서역의 천산남로에 있는 여러 나라들에 도착했다. 그들은 우선 선선국에 도착했는데, 선선국의 왕이 처음에는 열렬히 환영했으나 이후 냉담하게 돌변했다. 반초가 이상하게 생각하여 알아보니, 북흉노의 사신이 이 때 또한 선선국에 도착해 있어서, 선선국은 공황 상태에 빠져, 어찌 해야 할지 모른 채 갈팡질팡하고 있었다. 반초는 결단을 내린 후, 칠흑 같은 어둠을 틈타 화공을 가하여 북흉노의 사신 일행 100여 명을 사살했다. 선선국은 이에 크게 놀라, 한나라에 귀속할 것을 결정했다. 이어서 반초는 우전국[于闐國 : 지금의 신강 위구르 자치구의 허티엔(和田)]에 도착했는데, 이 곳에서 반초는 유언비어를 퍼뜨려 백성들을 현혹하고 한나라와 화친을 맺는 것을 반대하는 무사(巫師)들을 죽여, 전체 우전국을 뒤흔들자, 우전국의 왕은 즉시 명령을 내려 이 곳에 주

---

38) 역자주 : 관직 앞에 붙는 '가(假)'는 대리(代理) 혹은 임시의 직책임을 나타낸다.

재하면서 감호(監護)하던 흉노의 사자(使者)를 죽이고, 한나라에 복속되었다. 당시 북흉노의 세력은 상당히 강하여, 천산북로에 있는 구자국[龜玆國 : 지금의 신강 위구르 자치구의 쿠처(庫車)]에 세력을 뿌리내려, 천산남로에 있는 여러 나라들을 압박했는데, 소륵[疏勒 : 지금의 신강 위구르 자치구의 카스(喀什)]·고묵[姑默 : 지금의 신강 위구르 자치구의 원수(溫宿)·아커수(阿克蘇) 일대]·온숙[溫宿 : 지금의 신강 위구르 자치구의 우스(烏什)] 등의 나라 국왕들은 모두 구자국에서 옹립한 사람들이었다. 반초가 소륵국에 도착한 뒤, 구자국에서 세운 왕을 폐위하고 예전 왕의 조카를 왕으로 옹립하자, 소륵국의 백성들이 크게 기뻐했다. 반초는 대단히 복잡한 형세 하에서, 초인적인 용기와 지모(智謀)로써, 또한 동한에서 파견 나온 지원군의 지지(支持)를 받아, 북흉노를 남도(南道) 제국(諸國)[39]의 세력에서 일소(一掃)하고, 서역 지역에서 한나라

39) 역자주 : 한대(漢代)에 서역(西域)이라 하면 광의(廣義)와 협의(狹義)의 두 가지 개념이 있었다. 광의의 서역은 오늘날의 옥문관(玉門關)·양관(陽關)(둘 다 지금의 감숙성 서부북에 있음)의 서쪽 지역을 가리키는데, 천산(天山)의 남북을 거치고, 총령(蔥嶺 : 파미르 고원)을 넘어, 중앙아시아·남아시아·서아시아·유럽 및 아프리카에 이르는 광대한 지역을 가리킨다. 협의의 서역은, 주로 중국 신강성(新疆省)에 있는 천산의 남쪽과 북쪽·총령의 동쪽·옥문관과 양관의 서쪽 지방을 가리킨다. 이 지역에는 소국(小國)들이 빼곡하게 난립해 있었는데, 이들을 일러 '36국'이라 했으며, 후에는 다시 50여 개국이 되었고, 한나라에서 총령 서쪽 지역으로 통하는 교통의 요충지였다. 당시 총령 서쪽의 제국들과 왕래하는 길은 남도(南道)와 북도(北道)의 두 길이 있었다. 남도의 나라들로는 선선(鄯善)·야강(婼羌)·차말(且末)·소완(小宛)·정절(精絕)·융로(戎盧)·구미(拘弥)·거륵(渠勒)·우전(于闐)·피산(皮山)·사차(莎車) 등이 있었으며, 모두 지금의 곤륜산(昆侖山) 북쪽·타리무하(塔里木河) 남쪽에 있었는데, 사차(지금의 신강성 사차)에서 서쪽으로 총령을 넘어가면, 대월지(大月氏)·대하(大夏 : 지금의 아프가니스탄 북부)·안식(安息 : 지금의 이란) 등과 통했고, 여기에서 남쪽으로 가면 신독(身毒 : 지금의 인도)과 통할 수 있었다. 북도의 나라들로는 소륵(疏勒)·위두(尉頭)·온숙(溫宿)·고묵(姑墨)·구자(龜玆)·오루(烏壘)·거리(渠犂)·언기(焉耆)·위리(尉犁)·위수(危須)·산국(山國) 등이 있었는데,

의 권위와 명성을 다시 새롭게 일으켜 세웠다.

영평 18년(서기 75년)에 한나라 명제가 세상을 떠나자, 두고는 군대를 이끌고 한나라로 돌아갔다. 언기국·구자국은 이 기회를 틈타 서역도호 진목(陳睦)을 죽이고, 고묵국과 연합하여 소륵국으로 공격해 들어갔다. 흉노와 차사국(車師國)도 또한 군사를 일으켜 무교위·기교위를 공격했는데, 반초는 반탁성(盤橐城)을 혼자의 힘으로 견고하게 지켰다. 형세가 변하자, 동한은 장기 둔병(屯兵) 계획을 취소하고, 서역도호와 무교위·기교위를 폐지하여, 반초를 한나라로 불러들였다. 소륵·우전 등의 나라들은 반초가 떠나고 나면 흉노의 지지를 받는 구자국이 합병할 것을 두려워하여, "반초가 탄 말의 다리를 서로 부둥켜안고[互抱超馬脚]" 반초를 만류하여 한나라로 돌아가지 못하게 했다. 반초는 민심이 이와 같음을 보고, 소수의 군사밖에 없는 상황에서도 의연하게 서역에 머물기로 결심하고, 말머리를 돌려 소륵국으로 돌아갔다. 그는 첩첩이 쌓인 어려움을 극복하고, 소륵·우전 등의 나라들을 단결시켰으며, 민심을 어지럽히는 이들을 숙청하여, 다시 남도의 형세를 안정시켰다. 건초(建初) 3년(서기 78년)에, 반초는 소륵·우전·강거(康居)·구미(拘彌) 등의 나라들을 연합시켜, 북도의 고묵국을 무찔렀다. 이어서 반초는 장제(章帝)에게 글을 올려, 서역의 여러 나라들은 절대 다수가 한나라로 기울어 있다고 지적하면서, 만약 병력을 집중하여 흉노에 의존하고 있는 구자국을 격파하고, 군대를 보내 친

모두 지금의 천산 남쪽·타리무하 북쪽에 있었으며, 소륵에서 서쪽으로 총령을 넘으면, 대완(大宛)·강거(康居 : 지금의 중앙아시아 아모 동쪽 및 바얼카스 서쪽 지역)·엄채(奄蔡 : 대략 지금의 카스피해 일대) 등의 나라들과 통했다.

(親)한나라 인사이자 시자(侍子)[40]로 한나라에 머물고 있는 백패(白覇)를 안전하게 보호하여 자기 나라로 돌려보내 왕에 즉위시킨다면, 서역의 형세를 안정시킬 수 있고, 변경을 공고히 할 수 있다고 했다. 장제는 반초가 서역에서 공을 세울 수 있을 것이라고 믿고, 마침내 서간(徐幹)을 "가사마(假司馬)로 삼고, 이형(弛刑)[41]의 처분을 받은 죄수들 및 지원자 천여 명을 반초에게 보냈다.[爲假司馬, 將弛刑及義從千人就超.]"[42] 건초 9년(서기 84년)에 반초는 동한에서 온 군사들의 지원을 받고, 소륵국·우전국의 연합군을 일으켜, 구자국에 귀속되어 있던 사차국(莎車國)을 공격했다. 원화(元和) 4년(서기 87년)에 반초는 또한 우전국에서 2만 5천 명의 군대를 일으켜, 다시 사차국을 침공했는데, 구자국의 왕은 5만 명의 군사를 모아 사차국을 지원하여, 쌍방이 힘든 싸움을 한 끝에 반초는 마침내 북도의 연합군을 무찌르고 사차국을 압박하여 한나라에 투항하게 했다. 화제(和帝)가 즉위한 해에 흉노의 주력이 서쪽으로 옮겨가자, 서역의 형세는 동한에게 유리하게 변화했다. 영원(永元) 3년(서기 91년)에 서역 북도의 구자·고묵·온숙 등의 나라들이 서로 동한에게 귀속되어, 서역의 대다수 나라들이 흉노의 통치에서 벗어났다. 그리하여 동한은 반초를 서역도위(西域都尉)로 삼고, 서간을 장사(長史)로 삼았으며, 다시 무교위·기교위를 설치하여 서역의 형세를 더욱 더 공고히 했다.

40) 역자주 : 옛날에 속국의 왕이나 제후가 아들을 궁궐에 들여보내 곁에서 천자를 모시면서 문화를 배우게 했는데, 이렇게 파견된 아들을 가리킨다. 일종의 볼모로서의 역할을 했다.

41) 역자주 : 각종 형구(刑具)의 구속에서 벗어난 죄인들을 가리킨다.

42) 『후한서』 권47 「반초전(班超傳)」.

반초는 사마(司馬) 요광(姚光)과 함께 한나라에 시자로 와 있던 백패를 호송하여 구자국으로 돌아오게 하고, 구자국을 협박하여 우리다(尤利多) 왕을 폐위시키고 백패를 즉위시켰으며, 더불어 반초가 직접 구자국에 주둔했다. 영원 6년(서기 94년)에는 언기(焉耆) 등의 나라들이 한나라에 귀속하여, 북도는 완전히 개통되었으며, 서역의 50여 개 나라들은 전부 한나라에 복속되었다.

반초는 영원 14년(서기 102년)에, 동한의 수도 낙양으로 돌아왔다. 반초는 거의 30년간 서역에서 활동하면서, 서역의 여러 나라들이 흉노의 억압에서 벗어나는 것을 돕고, 서역의 각 나라들과 중원의 관계를 회복하여, 서북 변경 지역과 내지(內地)의 정치·경제·문화의 교류를 촉진시켰다. 그리고 다시 중앙아시아·서아시아 및 유럽으로 가는 길을 개통하여, '실크로드[絲綢之路]'를 다시 막힘없이 지나갈 수 있도록 했는데, 이는 중국과 서역의 경제 문화 교류의 발전에 중요한 공헌을 했다.

동한의 명제 시기에 흉노와 서역에 대한 투쟁에서 하나하나 승리를 거두어 가던 형세 하에서, 동북·서남 지역의 개척에서도 중요한 진전을 이루었다. 요동태수(遼東太守) 제융(祭肜)은 한나라에 귀순한 선비족(鮮卑族)의 수령인 편하(偏何)로 하여금 적산오환(赤山烏桓)을 격파하게 하여, 서쪽의 무위[武威 : 지금의 감숙성(甘肅省) 중부 지역-역자], 동쪽으로는 현토(玄菟)[43]에 이르는 국경 밖의 여러 민족들이 모두 복속해 왔다. 이후 서남 지역의 이민족인 애뢰(哀牢)[44]의 왕 유모(柳貌)가 그 곳의 백성 5만여 호(戶)를 이끌고 한나라에 복속해 왔다. 문산(汶

43) 역자주 : 고조선(古朝鮮) 영토에 설치했던 4군(四郡)의 하나.

44) 역자주 : 지금의 운남(雲南)·면전(緬甸) 북부 지역에 있던 옛 나라로, 서남 지역의 이민족인 복인(濮人) 계통이다.

山)[45] 서쪽의 백랑(白狼)·반목(槃木) 등 100여 개의 나라들도 신하를 칭하며 조공을 바치겠다는 뜻을 나타냈다.

오랜 세월 동안 중원 정권의 북방을 위협하던 흉노가 격파되고, 많은 소수민족 정권들이 복속해 온 것은 동한 초기의 국력이 강성했다는 상징이 되었는데, 역사서에서 "천하가 안정되고, 모든 일들이 평안했다.[天下淸靜, 庶事咸寧.]"라고 찬미한 것이 바로 이 강성한 조대(朝代)를 두고 한 말이다.

양한(兩漢)[46] 시대의 중국 사회는 뚜렷하게 상승하고 성장하던 시기였는데, 서한의 문제(文帝)·경제(景帝)·무제(武帝) 시대와 동한의 광무제(光武帝)·명제(明帝)·장제(章帝) 시대는, 이 시기의 두 차례 국운이 상승한 최고 전성기였다. '문제와 경제의 치세[文景之治]'와 무제 시기의 성세(盛世)가 없었다면, 사마천의 『사기』는 세상에 나오지 못했을 것이며, 동한 초기의 경제 발전과 안정된 환경이 없었다면, 반고의 『한서』와 같이 기백이 웅대한 대작은 완성되지 못했을 것이다.

2. 유학(儒學)의 정통화(正統化)[47]와 미신의 성행

(1) 유학의 정통화

유학은 춘추 시대의 공자(孔子)가 세운 학파로, "요(堯)·순(舜)을 본

45) 역자주 : 지금의 사천성(四川省) 무문(茂汶)의 강족(羌族) 자치현(自治縣) 북쪽 지역.

46) 서한(西漢, 기원전 202~8년)과 동한(東漢, 25~220년)은 각각 전한(前漢)과 후한(後漢)이라고도 불린다. 이 둘을 함께 일컬어 양한이라고 한다.

47) 역자주 : 이 책의 중국어판 원본에서 '正宗' 혹은 '正宗化'라는 용어가 사용되고 있는데, 그 의미는 '올바른 종파의 계통'이라는 것으로, 한국어 번역에서는 '정통'

받아 서술하고, 문왕(文王)·무왕(武王)을 본받아 밝힘[祖述堯舜, 憲章文武]"[48] 으로써, '예악(禮樂)'과 '인의(仁義)'를 숭상하고, '충서(忠恕)의 도(道)'를 제창하는 것을 주요 내용으로 삼으며, 정치적으로는 '덕치[德治, 즉 예치(禮治)]'와 '인정(仁政)'을 주장하며, 논리·도덕·교육을 중시한다. 당시에 유학은 단지 백가쟁명(百家爭鳴) 중의 일개 학파에 불과했으며, 비록 날이 갈수록 많은 사람들의 관심을 끌기는 했지만 독보적인 지위를 차지하지는 못했다. 진(秦)나라가 육국(六國)[49]을 통일하고, 박사관(博士官)을 설치했는데, 많게는 70명에 달했으니, 제자백가는 모두 박사를 세울 수 있었으며, 당연히 유가도 그 안에 포함되었다. 후에 진시황은 방사(方士) 유생(儒生)들이 경서[詩書]들을 인용하여, "옛것을 숭상하고 현재의 것을 비하한다[崇古非今]"는 구실로, '분서갱유(焚書坑儒)'를 하도록 명령하여, 사학(私學)을 엄격히 금지했으며, 오직 법(法)만을 교화의 수단으로 삼도록 허락하고, 관리들을 스승으로 삼는 법가(法家) 사상만을 진나라의 유일한 통치사상으로 확정했다. 서한 초기에는, 진나라가 법을 가장 존귀한 것으로 삼고 형벌을 너무 급하게 행사함으로써 단명하고 멸망한 교훈을 거울삼아, 법가 사상을 채용하지 않고, 도가(道家) 사상을 중시했다. 서한의 무

혹은 '정통화'라고 표현하였다(제6장 제6절 등). 완전히 적확한 번역 용어는 아니지만 더 마땅한 표현을 찾기가 어려웠기 때문이다. 원문대로 '정종' 혹은 '정종화'라고 할 경우 오히려 이해를 어렵게 할 수도 있다고 판단되어, 우리가 흔히 쓰는 말 중 가장 유사한 표현을 선택하였다.

48) 역자주 : 『예기(禮記)』「중용(中庸)」에 나오는 "仲尼祖述堯舜, 憲章文武"라는 문장을 인용한 말이다.

49) 역자주 : 전국 시대에 할거하던 제후국들 가운데, 진(秦)나라를 제외한 제(齊)·초(楚)·연(燕)·한(韓)·조(趙)·위(魏) 등 여섯 나라를 가리킨다.

제(武帝)가 즉위한 지 얼마 안 되었을 때, 조관(趙綰)·왕장(王臧)이 유학을 제창한 까닭에, 비로소 방정(方正)하고 현량(賢良)하며 문장과 학문에 조예가 깊은 선비들을 받아들였다. 원광(元光) 원년(기원전 134년)에 무제는 각지의 방정하고 현량하며 문장과 학문에 조예가 깊은 선비들을 장안(長安)으로 불러, 친히 정치에 관한 계책을 물었다. 동중서(董仲舒)는 그 대책(對策)에서 지적하기를, 『춘추(春秋)』의 '대일통(大一統)'[50]은 바로 "천하의 변하지 않는 법칙이며 고금(古今)의 보편타당한 도리[天地之常經, 古今之通誼]"라고 하면서, 정치적으로는 제후들의 세력을 축소하고, 국가는 천하를 하나로 묶는 것을 확실히 하여, 사해(四海)로 하여금 "신하로 삼아야 한다[來臣]."라고 주장했다. 그는 정치적으로 통일을 유지하려면, 사상적으로도 마땅히 통일을 해야 하는데, 지금은 "스승마다 도(道)가 다르고, 사람마다 의론이 다르며[師異道, 人異論]", 백가(百家)의 말들은 종지(宗旨)가 모두 달라서, 통치자의 사상이 일치하지 않도록 하여, 법제(法制)가 자주 변하게 되니, 백가는 따르기에 적합하지 않다고 생각했다. 그리하여 그는 "육예(六藝)[51]에 속하지 않는 여러 가지 것들과 공자의 가르침이 아닌 것은, 모두 그 도(道)를 끊어서 사용하거나 발전하지 못하게 해야 합니다. 사

50) 역자주 : 대일통(大一統)에서 대(大)는 높임의 뜻이며, 일(一)은 가장 위대한 사람, 즉 천자(天子)를 의미한다. 그러므로 '일통(一統)'이란 천하의 제후들이 천자의 지배를 받는 것을 의미한다. 후에는 이 때문에 봉건 왕조가 전국을 통치하는 것을 대일통이라고 하였다.

51) 역자주 : 원래 '육예'란 중국 고대의 유학이 학생들에게 배우도록 요구한 여섯 가지의 기본 재능을 가리키기도 하며, 또한 육경(六經)을 가리키기도 한다. 여기에서는 후자를 표현한 것이다. 참고로 그 여섯 가지 재능이란 예(禮)·악(樂)·사(射)·어(御)·서(書)·수(數)이다.

특(邪慝)하고 편벽된 말들이 사라진 뒤에야 기강이 묶여 하나가 될 수 있고, 법도가 밝아질 수 있으며, 백성들이 따라야 할 바를 알게 될 것입니다.[諸不在六藝之科孔子之術者, 皆絕其道, 勿使竝進. 邪辟之說滅息, 然後統紀可一而法度可明, 民知所從矣.]"[52]라고 건의했다. 또한 "백가를 축출하고 오직 유술(儒術 : 유가의 학술-역자)만을 숭상해야 합니다.[罷黜百家, 獨尊儒術.]"라고 주장했다. 동중서는 정치적으로 대일통에 필요한 사상·통치 정책을 제출하여 무제의 칭찬을 받았다. 그리하여 유가의 오경(五經)을 다루지 않는 태상박사(太常博士)는 모두 쫓겨났으며, 황로(黃老)·형명(刑名) 등 백가의 이론들은 관학(官學)에서 배척당했다. 유생들은 이전에 없던 극진한 대우를 받았으며, 유학은 마침내 통치자가 제창하는 독존적인 저명(著名)한 학파가 되었다.

한나라 무제가 유술만을 받들자, 유학은 시간이 흐를수록 황제가 사상과 문화를 통제하는 도구가 되었다. 유학을 받드는 자들은 『춘추』를 근거로 재판을 해야 한다고 주장하면서, 유술을 이용하여 법률을 억지로 보기 좋게 꾸몄는데, 그 수법은 더욱 더 직접적으로 통치와 밀착되었다. 선제(宣帝)가 즉위한 다음에는 유학의 정통화가 새로운 단계로 접어들었는데, 무제 시대에 황제가 직접 정치에 대한 계책을 물어보던 데에서, 황제가 직접 경문의 뜻이 같고 다름을 결정하는 단계까지 발전했다.

한나라 무제가 "백가(百家)를 축출하고, 오직 유가(儒家)의 학술만을 숭상한" 이후, 유학의 전수가 매우 번성하는 국면이 나타났다. 박사(博士)의 관학(官學)에서 경학의 박사가 완비되어 있었을 뿐만 아니

52) 『한서』 권56 「동중서전(董仲舒傳)」.

라, 경학의 사승(師承)의 차이로 인해, 하나의 경전에 여러 학파가 있게 되었으며, 여러 학파들은 또한 분리되거나 통합되고 혹은 흥성하거나 폐기되면서, 경전 해석에서 차이를 보였다. 이 문제를 해결함으로써 경전 해석의 권위를 보증하고, 유가 학설을 한 걸음 더 통일시켜 사상 통치를 강화하기 위해, 선제 감로(甘露) 3년(서기 51년)에 석거각회의(石渠閣會議)를 개최했다. 이 회의에서는 "여러 유학자들을 불러 오경의 같고 다름을 강의하도록 했는데, 태자태부(太子太傅) 소망지(蕭望之) 등은 그 의론을 판단한 다음 상주했고, 황제는 직접 판단하여 즉석에서 판결했다.[詔諸儒講五經同異. 太子太傅蕭望之等平奏其議, 上親稱制臨決焉.]"[53] 이 회의에서는 주로 『춘추공양전(春秋公羊傳)』과 『춘추곡량전(春秋穀梁傳)』의 경전 뜻의 같고 다름과 우열(優劣)을 토의했다. 이 회의에서 공양학자(公羊學者) 엄팽조(嚴彭祖)가 한 편을 대표하고, 곡량학자(穀梁學者) 윤경시(尹更始)·유향(劉向)이 다른 한 편을 대표하여 서로 변론했다. 저명한 유학자 소망지와 박사 관원 시수(施讎)·임존(林尊)·주감(周堪) 등 11명이 경전의 뜻을 인용하여 공평하게 토의했으며, 선제가 직접 토론장에서 판결했다. 그 결과 곡량전(穀梁傳) 학파가 승리하여 박사로 세워졌다. 이 회의는 황제가 직접 경전 해석의 차이를 판결하는 선례를 남겼다. 석거각 회의 이후, 유학은 한 걸음 더 발전하여, 성제(成帝) 시기에는 박사 제자(弟子 : 학생-역자)가 무제 때의 50명에서 3천 명으로 증가했다.

서한의 성제 때에는, 관원들을 전국에 파견하여 도서를 수집함과 더불어, 유향·유흠(劉歆)·임굉(任宏) 등 아주 뛰어난 학자들에게 명령

53) 『한서』 권8 「선제기(宣帝紀)」.

을 내려 황가(皇家)의 도서를 교열하여 정본(定本)을 쓰도록 했다. 유흠은 명령을 받고 황가의 도서를 교감(校勘)하는 과정에서, 서한의 박사들이 사용하던 경서는 늙은 유학자들이 구술(口述)하여 전수한 것에 근거한 것이며, 당시에는 일반적으로 예서(隸書)로 씌어진 것을 사용했는데, 민간에서는 여전히 진(秦)나라 이전의 고문자(古文字)로 씌어진 경서들을 사용하고 있다는 것을 발견했다. 그는 고문으로 된 『춘추좌씨전(春秋左氏傳)』·『일례(逸禮)』 39편(篇)·『일서(逸書)』 16편을 발견했다고 발표하고, 더불어 이 책들을 학관(學官)에 세울 것을 요청했다. 이후 유가 경학(經學)에는 금문경(今文經)과 고문경(古文經)의 두 유파가 나타났으며, 경서를 전수하는 풍조가 더욱 흥성했고, 경전 해석의 차이도 더욱 뚜렷해졌다.

광무제 유수는 동한 왕조를 세우고, 서한 정권이 유학 사상을 통치 사상으로 삼았던 방법을 완전히 계승했으며, 더욱 유학을 숭상했다. 명제(明帝)가 즉위하자, 유교와 경전들을 더욱 존중하여, 황제가 벽옹(辟雍)[54]에 엄숙히 앉아서 직접 경전의 뜻을 강의했으며, 경사(經師)들은 손에 유가 경전을 들고 황제 앞에서 토론하고 논쟁을 벌였는데, 관리·유생과 평민들은 주위에 둘러서서 그 광경을 보고 들었다. 『후한서』「유림전(儒林傳)」의 기록에 따르면, 사람 수가 억만(億萬 : 사람

54) 역자주 : 고대 중국에 설치했던 일종의 관학(官學)으로, 귀족의 아들들을 위한 교육기관이다. 여기에서 그들은 귀족에게 요구되는 각종 기예들, 예컨대 예의·음악·춤·송시(誦詩)·글짓기·활쏘기·말 타기·수레 타기 등을 배웠으며, 또한 성(性) 교육도 포함되어 있었다. 귀족의 자제들은 10세부터 성 안의 '소학(小學)'에서 기숙하며 생활했고, 15세가 되면 성 밖 교외의 '벽옹'에 진학했다. 즉 그들은 10세부터 외부에 나가 배웠으며, 20세가 되면 관례(冠禮)를 하여 성년임을 나타냈는데, 그 중간의 10년은 집을 떠나 밖에서 집체 생활을 해야 했다.

이 많음을 형용한 것으로, 정확한 숫자는 아님)이었으며, 규모의 크기가 전에 없던 정도였다고 한다. 이처럼 황제가 "바르게 앉아 스스로 경전을 강의하고, 여러 유생들이 경전을 손에 들고 그 앞에서 묻고 논쟁한[正坐自講, 諸儒執經問難於前]" 형식은, 바로 임금과 신하가 "함께 경전의 뜻을 바로잡는[共正經義]" 형식인데, 이는 황제가 유생들을 매우 중요하게 여겼음을 나타내 준다.

장제(章帝) 때에는, 경학(經學) 발전 과정에서 고문경과 금문경의 논쟁 이외에도, 경서(經書)와 위서(緯書)의 분리가 나타나서, 경전의 해석이 더욱 더 번잡해졌으며, 해석의 차이가 갈수록 커졌다. 따라서 경전의 뜻을 통일하고, 학자들이 지키고 따라야 할 것을 만들기 위해, 장제는 서한의 선제가 실행했던 석거각 회의를 모방하여 건초(建初) 4년(서기 79년)에 직접 백호관(白虎觀)에서 회의를 주관하고, '오경'의 같은 점과 다른 점을 강론했다. 이 때의 어전(御前) 경학 회의는 몇 개월에 걸쳐 진행되었으며, 회의에 참가한 이들은 태상(太常) 이하 "장(將)·대부(大夫)·박사(博士)·의랑(議郎)·낭관(郎官) 및 여러 유생과 학생들이었는데", 이육(李育)·위응(魏應)·순우공(淳于恭)·반고·가규(賈逵)·양종(楊終)·정홍(丁鴻)·환욱(桓郁)·누망(樓望) 등이 참가했다. 회의에서 오관중랑장(五官中郎將) 위응이 황제의 뜻을 받들어 문제를 제기했으며, 시중(侍中) 순우공이 여러 유생들을 대표하여 황제에게 상주하고, 장제가 직접 판결했다. 이 회의에서 반고의 신분은 사신(史臣)으로, 장제의 명을 받들어 "그 곳에서 있었던 일들을 모아서 기록하는[撰集其事]"[55] 회의 기록의 정리자였다. 이들을 정리한 결과가 바로

55) 『후한서』 권40 「반고전(班固傳)」.

『백호통의(白虎通義)』라는 책이다.[56]

한나라 장제가 경전 해석을 직접 판결한 것은, 그가 황제·교주(教主) 겸 종사(宗師)의 신분으로서, 국가 권력·등급 제도·기본 윤리 등과 관계된 유교 경전의 의미에 대해, 이해(理解)의 표준과 실행의 법칙을 제정한 것이다. 허우와이루(侯外廬, 1903~1987년-역자) 선생은 이에 대해 말하기를, "경전의 뜻을 통일한 후에, 그것은 '영원히 세상 사람들이 지켜야 할 법칙으로서[永爲世則]' 통치 계급의 지배 사상이 되었으니, 다시 다른 의견을 낼 수 없었다."[57]라고 말했다. 이로부터 유학의 정통화[正宗化]와 독존적인 지위는 정치 권력을 통해 최종적으로 확정된 이래, 오로지 유술(儒術)만을 숭상하는 풍조는 새로운 정점으로 발전했다.

(2) "천하에 도참을 선포하다[宣布圖讖於天下]."

동한 왕조를 건립한 다음, 유수(劉秀)와 그 계승자들은 사상 통치를 강화하기 위해 참위신학(讖緯神學)을 힘써 제창하여, 한층 더 경학(經學)을 신학화(神學化)했으며, 더불어 공식적인 통치 사상으로 확정했다.

56) 『후한서』「장제기(章帝紀)」에서 이르기를, 백호관에 모여서 회의를 하고 "오경의 같은 점과 다른 점을 강론하고 토의하여[講議五經同異]", "『백호의주』를 지었다.[作『白虎議奏』]"라고 했다. 『후한서』「반고전」에서는 『백호통덕론(白虎通德論)』을 지었다고 하며, 『수서(隋書)』「경적지(經籍志)」에서는 『백호통(白虎通)』을 지었다고 하고, 『신당서(新唐書)』·『구당서(舊唐書)』에서는 『백호통의(白虎通義)』를 지었다고 했다. 어떤 이는 『백호통덕론』·『백호통』·『백호통의』는 모두 같은 책이며, 『백호의주』는 백호관 회의 중에 황제에게 올린 글과 황제의 비답(批答) 등을 편집하여 만든 1차 자료서로서, 나중에 반고가 이 책을 정리하여 비로소 『백호통의』라는 책을 완성했다고 주장한다.

57) 侯外廬, 『中國思想通史』 제2권, 227쪽, 人民出版社 1957년판.

첫째, 도참(圖讖)의 성행

참위(讖緯)는 일종의 저속한 경학과 맹목적인 신학(神學) 신봉의 혼합물이다. 참(讖)은 또한 참기(讖記)라고도 하며, 이는 신비한 예언을 가리키는데, 이런 종류의 신비한 예언을 널리 퍼뜨리는 작품들 중에는 왕왕 그림도 있고 글도 있었기 때문에, 도참(圖讖)이라고도 부른다. 가장 오래된 참위서(讖緯書)는 「하도(河圖)」와 「낙서(洛書)」이다. 도참 신학을 제창하는 이들은 그 신비함을 드러내기 위해 왕왕 참서(讖書)에다가 특수한 장식을 하기도 했는데, 왕망의 「금궤서(金匱書)」·유수의 「적복부(赤伏符)」 등이 그러한 것들이며, 또 어떤 것은 특수한 색으로 물을 들이기도 했는데, 「하도」와 「낙서」는 녹색으로 물들였다. 그래서 도참은 또한 부명(符命) 혹은 부록(符籙)이라고도 한다. 도참은 대부분 위서와 섞여 있다. 위서는 종교나 미신의 관점에서 경서를 해석한 것으로, 이런 종류의 해석은 공자를 빙자하기도 한다. 그 중에는 비록 천문·역법 등 자연과학 방면의 지식이 포함되기도 하지만, 주요한 내용은 모두 맹목적으로 신봉하는 신학일 뿐만 아니라, 그것이 이어져 내려오면서 갈수록 신비하고 어지러운 요망한 말들로 가득 차게 되었으며, 또한 참(讖)과 합쳐져 하나가 되었다.

도참의 기원은 아주 오래되었다. 고대에는 과학 지식이 발달하지 못했고, 자연의 변화·인간사의 변화·국가가 흥하고 망하는 원인에 대해 이해하지 못했으므로, 이들이 모두 신비로운 요소들에 의해 지배를 받는다고 결론지었다. 전해지기로는, 진시황 때 연(燕)나라 사람 노생(盧生)이 바다에 들어가 신선을 구하고 도서(圖書)를 얻었는데, 그 위에 "亡秦者胡也[진(秦)을 망하게 하는 자는 '호(胡)'이다]."[58]라는 몇 글자가 씌어 있었다고 한다. 이것이 바로 비교적 오래된 일종의 참언(讖言)이다. 이와 유사한 도참들이 진(秦)·한(漢) 교체기에 출현했다. 그러나 한나라 전기와 중기에는 일반적으로 정치인들과 학자들은 참언을 그다지 많이 인용하지 않았다. 서한 말년에 이르러서 참위가 크게 성행했는데, 이것은 당시 사회의 위기가 급격히 증가하고 정국이 요동치던 상황이 사회사상에 반영된 것이다.

왕망은 한나라로부터 정권을 탈취하는 과정에서, 참언을 만들어 내는 것이 그의 중요한 수단이었다. 성제(成帝) 때에는 계급 모순이 가중되면서 사회적 위험 징후가 자주 나타나자, 진시황 말년 때와 같이 인심이 요동치는 상황이 다시 나타났다. 그리하여 정치적 성격을 띤 참언들이 시대적 요구에 따라 생겨났다. 제나라 사람 감충가(甘忠可)가 「포원태평경(包元太平經)」을 만들어 신비한 예언을 하기를, 적정자(赤精子)가 인간 세상에 내려오니, 한나라 황실은 다시 명을 받아야 한다고 했다. 애제(哀帝) 때에는 왕망의 세력이 이미 형성되어 서한 정권을 탈취하려는 야심을 노골적으로 드러내자, 감충가의 제자인 하하량(夏賀良)은 이러한 점을 간파하고, 교묘하게 기회를 틈타 사리사욕을 취해 나갔다. 그는 계속하여 스승이 만들어 낸 '적정자가 인간 세상에 내려오니, 한나라 황실은 다시 명을 받아야 한다.'라는 참언을 널리 퍼뜨리고 다녔다. 왕망은 바로 이것을 이용하여 애제에게 '다시 천명을 받는다[再受命]'고 선포하도록 협박했으며, 스스로 '진성유태평황제(陳聖劉太平皇帝)'라고 칭했는데, 이 매우 이상한 칭호는 바로 천하가 왕망에게로 귀속할 것이라는 뜻을 은연중에 내포하고 있

58) 『사기(史記)』 권6 「진시황본기(秦始皇本紀)」.

다. 왜냐하면 왕망은 스스로 순(舜)의 후예라고 말했는데, 순은 성(姓)이 진(陳)이기 때문이다. 이후 참언은 왕망의 그 정치적 야심을 실현시키려는 기도와 함께 그 다음 단계로 발전했다. 왕망은 '안한공(安漢公)'[59]이 된 것에 만족하지 못하고 있었는데, 조정의 신하들은 황제에게 상주하여 말하기를, 무공현(武功縣)의 현장(縣長)인 맹통(孟通)이 우물을 팔 때 하얀 돌멩이 하나가 나왔는데, 위쪽은 둥글고 아래쪽은 네모나며, 돌 위에는 "告安漢公爲皇帝(안한공이 황제가 될 것임을 알린다)."라는 일곱 자의 붉은 글씨가 씌어 있었다고 했다. 이리하여 왕망은 '가황제(假皇帝)'가 되었으며, 군신(群臣)들은 그를 '섭황제(攝皇帝)'라고 불렀다.

왕망이 섭정한 지 3년이 되었을 때(서기 8년), 종실(宗室)인 광요후(廣饒侯) 유경(劉京)은 황제에게 글을 올려 말하기를, '제군(齊郡) 임치현(臨淄縣) 창흥정(昌興亭)의 정장(亭長 : 지방관의 관직명-역자)인 신당(辛當)이 일찍이 신비한 꿈을 꾸었는데, 꿈속에서 신인(神人)이 그에게 말하기를, "나는 하느님의 사자(使者)이다. 하느님께서 나로 하여금 정장에게 알리라고 하시기를, '섭황제가 마땅히 진짜 황제가 될 것이다.'라고 하셨다. 만약 나를 믿지 못하겠거든, 이 정(亭)의 가운데에 마땅히 새로운 우물이 있을 것이다."라고 했다. 다음날 일찍 보니 과연 정의 가운데에 뜻밖에도 100척 깊이의 새로운 우물이 있었다. 거기장군(車騎將軍) 천인호(千人扈)는 또한 파군(巴郡)에서 석우(石牛)를 발견했다고 말했으며, 대보속(大保屬) 장홍(臧鴻)은 상주하기를, 부풍(扶風)에서 옹

---

59) 역자주 : 공(公)은 고대 중국의 작위들 중 하나로, 제왕(帝王) 이하 5등급의 작위 가운데 최고 등급이었다. 그 밑으로 후(侯)·백(伯)·자(子)·남(男)이 있었다. 안한공은 한나라 때 오로지 왕망 혼자만이 올랐던 작위이다.

석(雍石)을 발견했는데, 이것들은 이미 모두 헌납해 와서 미앙궁(未央宮) 앞에 진열해 놓았다고 했다. 왕망이 말하기를, 자신이 사람을 보내서 살펴보게 했을 때, 갑자기 광풍(狂風)이 불더니 석우 앞에 동부(銅符)[60] 비단그림[帛圖]이 나타났는데, 그 위에 "하늘이 황제를 임명하는 부신(符信)을 만들었으니, 이를 바치는 자는 제후에 봉해질 것이다. 하늘의 명을 받들어, 신명을 행하라.[天造帝符, 獻者封侯. 承天命, 用神令.]"라고 씌어 있었다고 했다. 이리하여 왕망은 다시 하늘의 명령을 따라 '섭황제(攝皇帝)'에서 '섭(攝)'자를 없앴으며, 신하들은 곧바로 그를 '황제(皇帝)'라고 칭했다. 이렇게 되자 왕망이 제위에 오르는 데에는 단지 마지막 한 가지 절차만을 남겨 놓게 되었다. 광한군(廣漢郡) 사람인 애장(哀章)은 왕망의 마음을 헤아리고는 바로 두 개의 구리 상자를 만들어서, 첫 번째 상자 위에는 '天帝行璽金匱圖(천제행새금궤도)'[61]라고 썼고, 다른 상자 위에는 '赤帝行璽某傳予黃帝金策書(적제행새모전여황제금책서)'[62]라고 썼는데, 이는 하느님이 명령을 내려, 적제(赤帝) 유방(劉邦)이 마땅히 황제(黃帝)에게 옥새를 전하도록 했다는 것을 나타내고 있다. 하늘이 내린 글[天書] 속에는 또한 왕망이 진정한 천자(天子)가 되어야 한다고 씌어 있었다. 또 대신(大臣) 11명의 이름도 있었는데, 애장 본인도 그 중 한 명이었다. 이렇게 하여 왕망은 참언을 사용하여 천자의 지위에 올랐으며, 국호를 '신(新)'이라고 했다. 애장은

---

60) 역자주 : 한나라 때에 황제가 명령을 내리거나 관리를 임명할 때 쓰는 부신(符信)을 가리킨다.

61) 역자주 : 행새(行璽)는 황제가 명령을 내릴 때 사용하는 인장(印章)이다.

62) 역자주 : 적제(赤帝)는 한나라 고조(高祖) 유방(劉邦)을 가리킨다. 황제(黃帝)는 왕망(王莽)을 가리킨다. 오행(五行) 이론에 따르면, 적(赤)의 시대가 끝나면 황(黃)의 시대가 온다고 했다.

국장(國將)에 임명되었으며, '미신공(美新公)'에 봉해졌으니, 당시 국사(國師)와 가신공(嘉新公)에 봉해진 유흠(劉歆)과 더불어 똑같이 상공(上公)[63]의 반열에 올랐다.[64]

도참은 왕망이 한나라를 멸망시키고 스스로 제위에 오르는 과정에서 기적과도 같은 역할을 하게 되자, 당시에 다음과 같은 보편적 사회적 심리가 조성되었다. 즉 누구든지 도참에 부합되기만 하면, 누구나 천명에 부합하는 '진명천자[眞命天子]'라는 것이었다. 이러한 생각은 논쟁의 여지 없이 사람들의 지지를 받았다. 서한 말기에 군웅(群雄)들이 들고일어나던 국면에서, 유수(劉秀)와 그 주변 사람들은 왕망의 이와 같은 수법을 배워서, 참언을 만들어 이용함으로써 유수를 신비화했다. 유수가 군대를 일으킬 때 남양(南陽) 사람 이통(李通)은 바로 참언을 만들어 내어, "유씨(劉氏)가 다시 일어서고, 이씨(李氏)가 돕는다.[劉氏復起, 李氏爲輔.]"라고 했는데, 유수는 이로 인해 군사를 일으켰다. 3년간의 정복 전쟁을 거치면서, 유수는 이미 중원 지역에서 중국을 통일할 가장 유망한 세력이 되었지만, 그도 또한 반드시 도참의 도움을 받고서야 비로소 강대한 호소력을 갖출 수 있었다. 수하의 장령(將領)들은 그가 황제가 되기를 권했지만, 그 자신은 아직 머뭇거리고 있을 때, 먼저 장안(長安)에 가 있던 그의 동창(同窓)인 강화(强華)는 관중(關中)에서 「적복부(赤伏符)」를 가지고 왔는데, 거기에는 다음

63) 역자주 : '상공'이란, 삼공(三公) 이상의 고위 관료들을 가리킨다. 서한 시기에는 대사(太師)·태부(太傅)·태보(太保)를 일러 삼공이라 했으며, 동한 시기에는 단지 태부 한 사람만 있었고, 상시적으로 있던 관직은 아니었으며, 일반적으로 황제가 처음 즉위했을 때, 조정을 총괄하는 역할을 했다.

64) 『한서』 권99 「왕망전(王莽傳)」을 참조하라.

과 같이 씌어 있었다. "유수가 군사를 일으켜 부도(不道)한 이들을 사로잡으니, 사방의 오랑캐[四夷]들이 구름같이 몰려들어 야만적으로 싸우게 되고, '4·7의 시기'[65]에 '화(火)'의 기운을 받은 자가 주인이 되리라.[劉秀發兵捕不道, 四夷雲集龍鬪野, 四七之際火爲主.]" 유수의 부하들은 이 기회를 틈타 크게 여론을 조성했는데, 그것은 '천명을 받은 징표[受命之符]'이고, 화덕(火德)의 기운을 받았다고 하면서, 이 세 구절의 참언을 이용하여 유수가 황제가 되는 것은 바로 천명에 따르는 것이라고 선포했다. 그리하여 유수는 정식으로 제위에 올랐으며, 여러 신들에게 축원하는 축문(祝文)에는 치밀하게 수정한 참언을 다음과 같이 당당하면서도 성대하게 썼다. "유수는 군사를 일으켜 부도한 이들을 사로잡고, 묘금(卯金)은 덕을 닦아 천자가 되었다.[劉秀發兵捕不道, 卯金修德爲天子.]" '卯金'은 바로 '劉'자를 가리키는 것으로, 유씨(劉氏)가 황제가 될 것이라는 예언을 명확하게 설득하여, 사람들의 마음을 선동하는 데에 편리했다.

둘째, 광무제(光武帝)가 "천하에 도참을 선포하다.[宣布圖讖於天下.]"

도참은 유수가 공손술(公孫述)과 대적할 때도 사용되었는데, 그들 사이에는 군사를 동원한 전투뿐만 아니라, 도참의 싸움도 있었다. 공손술도 왕망과 유수를 모방하여, 촉(蜀) 지방에서 황제를 칭하면서 참언을 인용했다. 예를 들어 「녹운법(錄運法)」에서는 "지금의 황

---

65) 역자주 : 4·7은 4에 7을 곱한 28을 가리킨다. 한나라의 고조 유방이 나라를 세우고부터 유수가 군대를 일으킬 때까지의 228년을 의미한다.

66) 역자주 : 오행(五行) 이론에서 한(漢)나라는 '불의 덕[火德]'으로 세워졌다고 한다. 여기에서는 한나라 황실의 종친인 유수를 가리킨다.

제를 폐하고 공손씨(公孫氏)를 세운다.[廢昌帝, 立公孫.]"[67]라고 했고, 「괄지상(括地象)」에서는 "황제 헌원씨(軒轅氏)가 천명(天命)을 받았는데, 공손씨가 잡았다.[帝軒轅受命, 公孫氏握.]"[68]라고 했으며, 「원신계(援神契)」에서는 "서쪽의 태수(太守)가, 묘금(卯金)을 벌할 것이다.[西太守, 乙卯金.]"[69]라고 했다. 그는 또한 중원 지역에 서신을 보내 이러한 참언들을 퍼트렸다. 유수는 이에 대해 매우 걱정하면서, 이러한 참언들이 '인심을 미혹시킬 것[惑動人心]'을 두려워했다. 그리하여 그는 이러한 참언들을 자신에게 유리하게 해석해 내는 방법을 채용했다. 그는 공손술에게 편지를 보내 말하기를, "도참에서 말하는 '공손(公孫)'은 바로 한나라의 황제를 가리킨다.[圖讖所言'公孫', 是指漢皇帝.]"라고 했다. 이리하여 원래 공손씨가 황제가 될 것이라는 참언들은 또한 유수가 빼앗아, 그 자신을 돕는 보물로 바꿔 버렸는데, 그는 편지의 끝부분에 스스로를 '공손황제(公孫皇帝)'라고 칭하는 낙관을 함으로써, 한 차례 도참 대 도참의 싸움을 연출했다.

도참의 지위는 건무(建武) 32년(서기 56년)에 절정에 도달했다. 이 때 광무제의 나이가 62세였다. 그는 정월에 재계(齋戒)할 때, 밤에 「회창부(會昌符)」를 읽고, 참위가 한나라 조정의 생존과 안녕에 중대한 작용을 한다고 강하게 느꼈다. 그는 호분중랑장(虎賁中郎將) 양송(梁松)에게 명령을 내려, 참위 중에 '구세수명(九世受命 : 아홉 황제가 천명을 받

---

67) 역자주 : '창(昌)'은 같은 운(韻)의 '당(當)'의 뜻으로 쓰기도 한다.

68) 역자주 : 헌원씨란 황제(黃帝)를 가리킨다. 황제는 희씨(姬氏) 성(姓)이지만[일설에는 공손씨(公孫氏)라고도 한다.], 헌원의 언덕[軒轅之丘]에 거주하여 헌원씨(軒轅氏)라고도 불린다.

69) '을(乙)'은 '알(軋)'과 같다. '묘금(卯金)'은 유수를 가리킨다.

음-역자)'과 관련이 있는 말['구세(九世)'란, 유방(劉邦)부터 유수(劉秀)까지의 9대를 가리킨다.]들을 수집하도록 하여, 만년(晩年)에 크게 한번 현양(顯揚)하려고 했다. 그는 줄곧 절약하고 검소할 것을 주장하면서 봉선(封禪)을 행하지 않았지만, 이 때에는 한나라 무제(武帝)와 마찬가지로 태산(泰山)에 올라 천지에 제사를 지내기로 결정했다. 그는 이 때의 봉선을 이용하여 태산 정상의 돌에 참위와 관련한 내용을 새기도록 함으로써, 그가 흠정(欽定)한 81편의 참위에 권위적인 지위를 부여했다. 그 글들에서는 또한 절반 가까운 분량의 글들을, 참위서(讖緯書)들 중에서 '구세수명'과 관련이 있는 신비로운 말들을 상세하게 인용했으며, 더불어 "하도(河圖)·낙서(洛書)의 천명이 있은 다음에, 경참이 전했다[河·雒命後, 經讖所傳]"·"천명(天命)을 받아 중흥했다[受命中興]"·"신령스러움과 상서로움을 계승했다[以承靈瑞]" 등의 말들도 사용하여, 동한의 조정을 위해 겹겹이 신성한 빛깔을 더했다. 특히 도참을 '경참(經讖)'이라고 불렀는데, 이는 또한 그처럼 요사스럽고 망령된 말들이 이미 유가의 '경전(經典)'과 같은 지위를 얻게 되었다는 것을 말해준다. 당시 설한(薛漢)이라는 사람은 참위를 전업으로 삼았는데, 그가 가르치는 제자들이 수백 명에 달했다.

셋째, 도참으로 국가 대사를 결정하다.

광무제의 제창으로 말미암아 동한 초기의 몇 십 년간은 대부분의 국가 대사들이 도참으로 결정되었다. 그러한 사례들로는 다음과 같은 것들이 있다.

우선, 대신(大臣)의 임명을 결정했다. 광무제는 도참 중에 "손함(孫

咸)이 북방의 오랑캐를 정벌한다[孫咸征狄]."라는 구절을 읽었는데, 마침 그의 부하 중에 손함이라는 자가 있자, 그를 평적장군(平狄將軍)에 임명하고, 대사마(大司馬)의 일을 맡도록 했다. 광무제는 「적복부」 중에 "왕량(王梁)이 위(衛)나라 땅을 다스려 '현무(玄武)'가 된다[王梁主衛作玄武]."라는 구절을 읽었다. 당시 야왕령(野王令)[70]이 왕량이었는데, 전국 시대 말기에 위(衛)나라는 이 곳으로 천도했으며, "현무는 수신(水神)의 이름이고, 사공(司空)은 수(水)·토(土)와 관련된 직책이다.[玄武水神之名, 司空水土之官.]"라고 하자, 광무제는 바로 왕량을 대사공(大司空)에 임명했다.[71] 윤민(尹敏)은 광무제의 명을 받들어 참위서(讖緯書)를 교정하는 일을 맡았는데, 그는 참위 중에 이름이 있으면 순식간에 고관이 될 수 있다는 것을 알게 되자, 위서에서 글자가 빠진 곳에 다음과 같은 한 구절을 첨가했다. "군자[君]가 입[口]이 없으면, 한나라의 대신이 된다.[君無口, 爲漢輔.]"[72] 그러나 생각지도 못하게 광무제가 그의 글씨체라는 것을 알아챘으므로, 그가 고관이 되려는 꿈은 실현되지 못했으나, 벌을 받지는 않았다.[73] 동한 초기의 공신(功臣)들인 운대이십팔장(雲臺二十八將 : 30쪽 참조-역자)도 도참과 무관할 수 없었다. 그래서 안제(安帝) 때에는 또한 조서를 내려 그들이 "참기(讖記)에 징험이 있음[讖記有徵]"을 확인하고, 그들에게 특별한 영예를 하나씩 더

---

70) 역자주 : 야왕(野王)은 옛 지명으로, 춘추(春秋) 시대에는 진(晉)나라, 전국(戰國) 시대에는 한(韓)나라에 속했으며, 지금의 하남성(河南省) 심양(沁陽)에 해당한다. 야왕령은 야왕 지역을 다스리는 관직명이다.

71) 『후한서』 권22 「경단전(景丹傳)」·「왕량전(王梁傳)」.

72) 역자주 : '君無口'는 '君'에 '口'가 없는 '尹'자를 우회적으로 표현한 것이다. '윤(尹)'은 바로 윤민(尹敏)을 가리킨다.

73) 『후한서』 권79 「유림전(儒林傳)」.

해 주었다.[74]

다음은, 황제의 공덕을 논하여 결정했다. 장제(章帝)와 신하들은 명제(明帝)의 묘호(廟號)를 상의했는데, 특히 그가 "총명하고 생각이 깊으며, 덕이 높고, 도참에 매우 밝았다.[聰明淵塞, 著在圖讖.]"라는 점을 찬양했다. 이는 「하도(河圖)」에서 말하고 있는 "「도(圖)」가 세상에 나온 시대로부터 9대(代)가 지나면 하늘이 열려 밝아지고, 또 다른 전적(典籍)들을 받아 쓰게 되며, 10대(代)가 되면 빛이 나게 된다.[「圖」出代, 九天開明, 受用別典, 十代以光.]"라고 말한 것을 가리켰다. 또한 「괄지상」에는, "10대의 예악(禮樂)은, 화려함과 우아함이 함께 드러난다.[十代禮樂, 文雅竝出.]"라는 구절도 있다. 유방(劉邦)에서부터 유수(劉秀)까지가 9대(代)이며, 거기에 명제를 더한 것이 바로 10대(代)이다. 이처럼 황제가 찬양받을 만한지 아닌지도 반드시 도참으로 평가하여 결정했다.[75]

또한 한 시대의 의례(儀禮)와 관련된 대사도 결정했다. 건무 26년(서기 50년)에 남흉노·오환(烏桓)이 항복해 오자, 대사공(大司空) 장순(張純)·태상(太常) 환영(桓榮) 등과 같은 사람들이 칠경(七經)[76]의 참언에 따라 벽옹(辟雍)과 명당(明堂)을 세울 것을 청하자, 광무제는 바로

---

74) 『후한서』 권5 「효안제기(孝安帝紀)」.

75) 『후한서』 권3 「숙종효장제기(肅宗孝章帝紀)」.

76) 역자주 : 예로부터 떠받들던 일곱 가지 유가의 경전들로, 시대에 따라 일치하지 않았다. 동한 때의 『일자석경(一字石經)』에서는 『역경(易經)』·『시경(詩經)』·『서경(書經)』·『의례(儀禮)』·『춘추(春秋)』·『공양(公羊)』·『논어(論語)』라고 했으며, 『후한서』 「장순전(張純傳)」에서는 『시경』·『서경』·『의례』·『악경(樂經)』·『역경』·『춘추』·『논어』라고 했고, 송나라 유창(劉敞)의 『칠경소전(七經小傳)』에서는 『서경』·『시경』·『주례(周禮)』·『의례』·『예기(禮記)』·『공양』·『논어』라고 했다. 또 청나라 강희(康熙)의 『어찬칠경(御纂七經)』에서는 『역경』·『서경』·『시경』·『춘추』·『주례』·『의례』·『예기』라고 했다.

허락했다. 명제 영평(永平) 3년(서기 60년)에는 조서를 내려 말하기를, 『상서(尚書)』「선기령(璇璣鈐)」에서 말하고 있는 "황제가 한(漢)에서 나오면, 덕이 널리 퍼지고 음악을 지어 '予'라고 이름 짓는다.[有帝漢出, 德洽作樂名予.]"라는 말을 근거로 하여, 교묘(郊廟)의 음악인 「대악(大樂)」을 「대여악(大予樂)」으로 개명하고, 악관(樂官)도 대여악령(大予樂令)이라고 부르기로 결정하여, 도참과 합치되게 했다. 이 일은 원래 조충(曹充)의 건의에서 비롯된 것인데, 조충과 그의 아들 조포(曹褒)는 명제와 장제 때에 참언을 잡다하게 인용함으로써 예(禮)를 제정하는 권위자가 되었다. 조포는 장제 때에 일찍이 〈오경(五經)〉의 참기(讖記 : 참언-역자)를 이용하여 숙손통(叔孫通)이 제정한 한나라의 예의(禮儀)를 바로잡았으며, 다시 『한례(漢禮)』 150편(篇)을 새로 편찬했다. 이후에 적포(翟酺)·윤민(尹敏)이 반대하여 실행되지는 못했다. 장제 때 번숙(樊儵)과 공경(公卿)들이 교사(郊祀)[77]의 예의(禮儀)를 제정했는데, 참기를 이용하여 〈오경〉의 이설(異說)들을 수정했다. 장제 때 사분력(四分曆)의 조령(詔令)을 반포하여 시행했는데, 이 또한 참언들을 인용하여 근거로 삼은 것이었다.[78]

도참과 유가의 경전은 서로 의존하면서 서로 뒤섞였다. 처음에는 금문학(今文學)을 하는 학자들은 그다지 참언을 인용하지 않았으나, 금문경(今文經)에 신학(神學)과 관련된 내용이 풍부한데다 황제가 도참을 제창(提唱)하자, 금문경학자들 대부분이 도참을 믿게 되었다. 그

77) 역자주 : 고대에 교외에서 하늘과 땅에 제사지낸 것을 가리키는데, 남쪽 교외에서는 하늘에 제사지내고, 북쪽 교외에서는 땅에 제사지냈다. 교(郊)는 나라의 큰 제사[大祀]를 가리키며, 사(祀)는 여러 제사들[群祀]을 가리킨다.

78) 『속한지(續漢志)』 권7 「제사(祭祀) 상(上)」을 참조하라.

들은 "다투어 도참과 위서를 배우고, 더불어 다시 요사스러운 말들을 덧붙였으며[爭學圖緯, 兼復附以妖言]"[79], 심지어 "교묘하게 속이는 작은 재주를 갖고 있거나 점이나 방술(方術)에 종사하는 사람들[巧慧小才伎數之人]"까지도 또한 "도참과 관련된 글들을 점점 늘려가면서, 참기를 사칭했다[增益圖書, 矯稱讖記]."[80] 명제 때에는 조칙을 내려 동평왕(東平王) 유창(劉蒼)에게 〈오경〉의 장구(章句)를 바로잡게 했는데, 명제는 그에게 일률적으로 참언에 의거하도록 명령했기 때문에, 경학은 점차 도참과 서로 뒤섞이게 되었다.

고문경학(古文經學)은 처음부터 도참을 믿지 않았으므로, 금문경학을 하는 유학자들로부터 이단시되어 배척당했다. 건무(建武) 원년에 상서령(尙書令) 한흠(韓歆)은 상소를 올려, 고문경(古文經)인 『비씨역(費氏易)』·『춘추좌씨전(春秋左氏傳)』의 박사를 설치하자고 제안했다. 금문경인 『양구역(梁丘易)』 박사 범승(范升)은 『춘추좌씨전』이 공자의 문하에서 나오지 않았고, 사승(師承) 관계도 없으며, 더구나 선대의 황제들이 학관(學官)에 설치한 선례가 없다고 하면서, 학관에 설치하는 것을 극력 반대했다. 그리하여 한대(漢代)에 있었던 금문경학과 고문경학의 두 학파 간에 『춘추좌씨전』을 학관에 설치하는 문제를 둘러싸고 다시 한 번 논쟁이 고조되었다. 범승은 황제에게 올리는 글에서 말하기를, 고문경학은 "이단(異端)이 다투어 앞으로 나아가는 것[異端競進]"이라고 공격하고, "『비씨역』·『춘추좌씨전』의 두 학문은, 근본이 되는 스승이 없으며, 잘못되거나 다른 것이 많다.[費左二學, 無有

79) 『후한서』 권59 「장형열전(張衡列傳)」.
80) 『후한서』 권28 「환담전(桓譚傳)」.

本師, 而多反異.]"[81]라고 하면서, 유수에게 『비씨역』과 『춘추좌씨전』의 두 학문을 폐기하여 축출해야 한다고 강력히 권했다. 비록 유수는 『춘추좌씨전』의 학문을 학관에 설치하려고 준비하고 있었지만, 금문경학파에서 『춘추좌씨전』 등 고문경학을 정통 신학에 반대하는 '이단'이라고 보면서 더욱 크게 반대하자, 중도에 그만두고 말았다. 이후 고문경학파들은 고문경학이 학관에 세워지지 않는 주된 원인이 "도참을 잘 알지 못하기[不曉圖讖]"[82] 때문이라는 것을 깨닫고, 학관에 세워지기 위해서는 반드시 도참으로 전향해야 한다고 생각했다. 그리하여 가규(賈逵)가 『춘추좌씨전』을 박사에 설치하는 문제로 논쟁할 때 제시한 한 가지 중요한 이유는, 바로 『춘추좌씨전』이 도참에 부합한다는 것이었다. 그 결과 금문경학의 『춘추공양전(春秋公羊傳)』을 이겼다. 가규는 말하기를, '〈오경〉은 모두 한나라의 황제 유씨(劉氏)가 요(堯)임금의 후예라는 참언을 증명하지 못하는데, 오로지 『춘추좌씨전』에만 확실히 기록되어 있다. 기타 경서들에서는 모두 요(堯)임금이 불의 덕[火德]이라는 근거를 찾을 수 없는데, 오직 『춘추좌씨전』에서만 찾아볼 수 있다. 만약 요임금이 불의 덕이라는 것을 증명하지 못한다면, 한나라가 반드시 붉은색을 숭상해야만 하는 것을 증명할 수 없다.'라고 했다. 가규가 내린 결론은 다음과 같았다. 즉 '『춘추좌씨전』은 도참과 함께 발명된 것이며, 실제로 매우 많은 면에서 이롭기 때문에, 박사를 세워야 할 충분한 이유가 있다.'라는 것이었다. 명제 때 황제가 직접 『백호통의(白虎通義)』를 판단하여 결정한 것

81) 『후한서』 권36 「범승전(范升傳)」.
82) 『후한서』 권36 「가규전(賈逵傳)」.

은 유가의 경서와 도참서(圖讖書)들이 한데 혼합되고 서로 뒤섞이게 했다. 청대(淸代)의 학자 장술조(莊述祖)는 이에 대해 전문적으로 연구했는데, 그는 다음과 같이 주장했다. 즉 『백호통의』라는 책은 "참기(讖記)를 널리 퍼뜨리고, 위서와 경서를 끌어들여 증거로 삼아, 광무제는 「적복부」로써 즉위했으며, 그 후에는 영대(靈臺)에서 교사(郊祀 : 77쪽 참조-역자)를 지냈는데, 이는 모두 도참으로 결정한 것이니, 당시의 풍조가 나아가던 바와 같았다. 때문에 이 책은 교사·사직(社稷)·영대·명당(明堂)·봉선(封禪)을 논하면서, 모두 드러나지 않게 참위의 학문을 포괄하고 있고, 더불어 도참서들을 종합하여, 황제의 기호에 부합한 것이다.[傳以讖記, 援緯證經, 光武以「赤伏符」即位, 其後靈臺郊祀, 皆以讖決定, 風尙所趨然也. 是故書論郊祀·社稷·靈台·明堂·封禪, 悉隱括緯侯, 兼綜圖書, 附世主之好.]"[83] 장술조의 이 말은 매우 타당하다. 황제가 참위를 좋아했고, 더불어 당시의 풍조에 부합한 결과, 『백호통의』 중에 교사·사직·영대·명당·봉선 등의 전례(典禮)를 논하면서 모두 경서와 참위를 결합했다. 백호관회의(白虎觀會議) 이후, 금문경과 고문경의 학자들은 모두 참위의 미신을 널리 퍼뜨리는 방면으로 점차 일치되게 나아갔으며, 두 학파는 또한 점차 합류되면서, 고문경학과 금문경학의 장기간에 걸친 논쟁도 따라서 점점 잦아들었다.

(3) 소박한 '이성(理性) 정신'을 발양하다.

서한 후기부터 동한 초기에 이르기까지, 참위와 미신의 성행은 중

83) 장술조(莊述祖), 「백호통의고서(白虎通義考序)」. 『진예환문초(珍藝宦文鈔)』 권5를 보라.

국 사상사에서 침체기를 조성했다. 그러나 동시에 중국의 학문은 공자(孔子) 이래로 소박한 이성 정신이 풍부한 우수한 전통도 또한 검증받음과 더불어 새로운 발전을 이루었다. 『논어』에서는, "공자께서는 괴이한 일·힘쓰는 일·어지러운 일·귀신에 대해서는 말씀하지 않으셨으며[子不語怪·力·亂·神]", "귀신을 공경하지만 멀리해야 하고[敬鬼神而遠之]", "사람 섬기기를 잘 못하고서, 어찌 귀신을 섬길 수 있는가.[未能事人, 焉能事鬼.]"[84]라고 했다. 공자의 인문주의적인 경향은 매우 뚜렷했다. 그는 『춘추(春秋)』를 정리할 때, "특이한 일들을 계통적으로 기록했지만 의견을 밝혀 쓰지는 않았는데[記異而說不書]"[85], 즉 이는 특이한 현상을 단지 기억만 할 뿐 미신의 설법(說法)을 사용하여 널리 알리지 말라는 것으로, 인간사[人事]의 시각에서 역사를 기록하는 것을 중시하고, 주관적인 억측을 반대했다. 그러므로 『논어』에서 또한 말하기를, "많이 듣고 의심나는 것은 제외하고, 그 나머지는 신중히 말했으며[多聞闕疑, 愼言其餘]", "억측하지 않으며, 장담하지 않으며, 고집부리지 않으며, 이기적이지 않았다.[毋意, 毋必, 毋固, 毋我.]"[86]라고 했다. 이 시기에 견식이 있던 학자들은 이러한 우수한 전통을 계승하여, 참위나 미신과 같이 요망한 말들에 대해서는 배척하고 비판했다. 그 중에 가장 유명한 이들은 환담(桓譚)·장형(張衡) 그리고 왕충(王充)이었다.

환담은 서한 말기에 낭관(郎官)에 임명되었는데, 왕망이 정권을 잡았을 때 그는 뛰어난 절개를 나타내며, 왕망에게 아첨하여 잘 보이려

84) 각각 『논어(論語)』의 「술이(述而)」·「옹야(雍也)」·「선진(先進)」편(篇)을 보라.
85) 『사기』 권27 「천관서(天官書)」.
86) 각각 『논어』의 「위정(爲政)」·「자한(子罕)」편을 보라.

고 하지 않았다. 광무제 유수가 동한 왕조를 건립한 후, 대사공(大司空) 송홍보(宋弘保)가 추천하여 의랑급사중(議郎給事中)에 임명되어, 항상 정사(政事)를 계획하고 협의하는 일에 참여했다. 그는 일찍이 광무제에게 글을 올려 다음과 같이 도참을 날카롭게 비판했다. "선왕(先王)들이 기술(記述)한 바를 살펴보면, 모두 인의(仁義)와 정도(正道)를 근본으로 삼았으며, 기괴하고 허망한 일이 있지 않았고[觀先王之所記述, 咸以仁義正道爲本, 非有奇怪虛誕之事]", "교묘한 지혜와 조그마한 재주와 술수를 가진 사람들이, 도참과 관련된 글들을 점점 늘려가면서, 참기(讖記)를 사칭함으로써, 남을 속이고 미혹시키며 재물을 취하고, 세주(世主)를 속여 그릇된 방면으로 인도하고 있으니, 어찌 그들을 억누르고 멀리하지 않을 수 있겠습니까![今諸巧慧小才伎數之人, 增益圖書, 矯稱讖記, 以欺惑貪邪, 詿誤人主, 焉可不抑遠之哉!]" 그는 도참을 널리 퍼뜨리는 자들이 사용하고 있는 것은 사람들을 속이는 수단이라고 지적하면서, 광무제가 "소인 무리들의 곡설(曲說)을 물리치고, 오경(五經)의 바른 뜻을 서술하여, 부화뇌동하는 속된 말들을 줄이고, 사람들과 통할 수 있는 좋은 계략들을 두루 갖추며[屛群小之曲說, 述五經之正義, 略雷同之俗語, 詳通人之雅謀]", 참위의 간사한 말들을 버리고, 망언을 일삼는 소인들을 배척하여, 유가 경전의 바른 길로 돌아오기를 바랐다. 환담은 또한 말하기를, 왕망이 참위를 숭상하고 믿었으며, 그가 죽을 때까지도 그는 부명(符命)을 안고 놓지 않았지만, 그를 멸망의 운명에서 구해 주지는 못했다고 했다. 그리고 왕망이 실패한 것은, 그가 "정치를 할 때 선(善)하지 않아서, 천하의 사람들로부터 배반을 당한[爲政不善, 見叛天下]" 것일 뿐이지, 결코 무슨 하늘의 뜻이 있었던 것은 결코 아니라고 했다. 그래서 환담은 주장하기를, 오직 "나라를 다스리는 방도에 유익한 것은, 사람들의 마음을 모아 일을 해결할 수 있는 옳은 방법을 얻는 것입니다.[有益於政道者, 以合人心而得事理也.]"라고 했다.[87] 광무제는 이 글을 다 읽어 보고는 매우 불쾌해 했다고 한다. 중원(中元) 원년(서기 56년)에, 광무제는 신하들에게 영대(靈臺)를 설치할 장소에 대해서 건의하도록 조령을 내렸는데, "광무제가 환담에게 말하기를, '나는 이를 도참으로 결정하고자 하는데, 어떠한가?'라고 했다. 환담은 말없이 한참 있다가 말하기를, '신(臣)은 도참을 읽지 않습니다.'라고 했다. 광무제가 그 까닭을 묻자, 환담은 다시 '도참은 경전이 아닙니다.'라고 극언(極言)했다.[帝謂譚曰, '吾欲以讖決之, 何如?' 譚默然良久, 曰, '臣不讀讖.' 帝問其故, 譚復極言讖之非經.]" 도참은 유가의 경전에 위배되는 요망하고 사특(邪慝)한 말에 불과하다고 말한 것이다. 광무제는 이 말을 듣더니 크게 노하여, "환담은 성현을 비하하고 법을 어겼다[桓譚非聖無法]."라고 호되게 꾸짖으면서, 당장 그를 끌고 가서 목을 치라고 명령했다. 환담은 황제를 향해 바닥에 머리가 땅에 닿도록 조아리면서 사죄했는데, 이 때 머리가 깨져서 피가 흘러내리자 광무제의 화가 겨우 풀렸다고 한다. 비록 죽을죄를 용서받았지만, 죄를 면할 수는 없어서 육안[六安 : 지금의 안휘성(安徽省) 육안현(六安縣)] 군승(郡丞)으로 강등되었다. 그리하여 백발이 성성했던 이 늙은 학자는 마침내 화병을 얻게 되어, 임지(任地)로 가는 길에 병으로 세상을 떠났다.[88] 이처럼 환담은 감히 공개적으로 도참에 반대

87) 『후한서』 권28 「환담전(桓譚傳)」.

88) 이상의 인용문들은 모두 『후한서』 권28 「환담전」을 보라.

한 사람답게, 그로 인해 화를 당하는 것도 두려워하지 않는 대담하고 식견 있는 인물이었다.

저명한 사상가 왕충은 논리적인 이치로 도참의 허무맹랑함을 반박했다. 왕충은 환담을 매우 존경했는데, 이들은 모두 도참을 반대했다는 점에서 일치했다. 왕충은 『논형(論衡)』에서 참위설을 비판하면서 이렇게 말했다. "참서(讖書)나 신비로운 글들은 멀리서도 아직 일어나지도 않은 것을 볼 수 있다고 하지만 공허하고 애매할 뿐이며, 아직 존재하지 않은 것을 미리 볼 수 있다고 하지만 풍문을 듣고서 알 수 있었던 것들이다. 기이하고 괴이하고 신령스러운 것들은 보통 사람의 입으로 말할 수 있는 바가 아니다.[讖書秘文, 遠見未然, 空虛暗昧, 豫睹未有, 達聞暫見, 卓譎怪神, 若非庸口所能言.]" 즉 참위서들에서 미래를 사전에 알 수 있다고 하는 것은 모두 터무니없고 괴이한 논법일 뿐이며, 완전히 일반적인 이치를 위배한 것이라고 지적했다. 그는 예를 들었는데, 참언에서 "공자께서 세상을 떠나려 하실 때, 참서를 남기면서 말씀하시기를, '알 수 없는 어떤 한 남자가 스스로를 진시황(秦始皇)이라 하였는데, 나의 집에 와서 나의 침상에 걸터앉아 나의 옷들을 뒤집어엎고, 사구(沙丘)에 이르러 죽는다.'라고 했다.[孔子將死, 遺讖書曰, '不知何一男子, 自謂秦始皇, 上我之堂, 踞我之床, 顚倒我衣裳, 至沙丘而亡'.]"라는 것이 그것이다. 실제로 진시황은 37세 10월에 유람을 떠났는데, 회계(會稽)에서 북쪽을 돌아, 해안을 따라 가다가 낭아(琅玡)를 지나, 북쪽으로 노(勞)·성(成)에 이르며, 또한 서쪽을 돌아 평원진(平原津)에 이르렀을 때 병을 얻어, 사구에 도착하여 죽었다. 따라서 왕충은 반박하면서 말하기를, "노(魯)나라 땅에 오지도 않았는데, 참기에서는 무엇을 보고는 진시황이 노나라에 왔다고 하는가?[既不至魯, 讖記何見而云始皇至魯?]"라고 했다. 그는 더 나아가 참위가 허무맹랑하다는 것을 논리적으로 논증했다. 즉 무릇 판단과 예언을 하려면, 모두 이미 있는 사실에 근거해야 하며, "옛날의 것에서 비롯되어 근거한 바가 있을 것이다.[緣前因古, 有所據狀.]"라고 했다. 같은 이치로 성인(聖人)이 화(禍)와 복(福)을 판단한 것도, 또한 반드시 "사물의 실마리를 헤아려서 유사한 일들을 추론하고, 시작을 탐구하여 끝을 바라보았으며, 일반 백성들의 일에서부터 시작하여 조정의 대사(大事)를 논하고, 분명한 것들로부터 분명치 않은 것들을 살폈다.[揆端推類, 原始見終, 從閭巷論朝堂, 由昭昭察冥冥.]"[89]라고 했다. 아무런 증거도 없이 예언을 하면, 단지 허망한 말만을 지어 낼 수 있을 뿐이다. 참위서에서 말한 공자의 예언인 "알 수 없는 어떤 한 남자" 운운한 것들이 바로 이러한 부류이다.

장형은 동한의 화제(和帝)·안제(安帝)·순제(順帝) 때 사람으로, 그는 글을 올려 참위에 대해 주장하기를, "허망하고 성인의 법도가 아니며[虛妄, 非聖人之法]", 참위에서 주장하는 것은 사람들이 공통적으로 알고 있는 역사 사실과 서로 어긋난다고 비난했다. 예를 들어 『상서(尙書)』에는 우(禹)임금이 치수(治水)를 했다고 기재되어 있지만, 「춘추참(春秋讖)」은 멋대로 "공공(共工)[90]이 물을 다스렸다[共工理水]."라고 하며, 익주(益州)의 설치는 분명히 무제(武帝) 때의 일인데도, 「춘추원명포(春秋元命包)」에서는 도리어 춘추 시대에 "따로 익주(益州)가 있었다

89) 이상의 인용문들은 모두 왕충(王充)의 『논형(論衡)』 「실지(實知)」를 보라.

90) 역자주 : 중국의 고대 신화에 나오는 서북 지역의 신(神)으로, 홍수를 일으킨다고 한다. 일설에는 요(堯)임금의 신하이며, 국가에 해를 끼쳐 서북 지역으로 유배당했다고도 한다.

[別有益州].”라고 하니, 모두 근거도 없이 날조한 것임을 알 수 있다고 했다. 장형은 또한 지적하기를, 도참이 미래를 예견할 수 있다고 하지만, 순제가 폐위된 다음 다시 제위에 오르게 된 일은 어찌하여 미리 알지 못했느냐고 지적했다. 따라서 장형은 이렇게 결론을 내렸다. “이는 모두 세상을 속이고 사람들을 기만함으로써 권세와 지위를 탐하는 것으로, 진실과 거짓이 분명하니, 그것을 하지 말도록 단속해야 한다.[此皆欺世罔俗, 以昧勢位, 情僞較然, 莫之糾禁.]” 또한 “화공(畵工)에 비유하자면, 개와 말을 잘 그리지 못하면서 귀신과 도깨비 그리기를 좋아하는 것이며, 진실로 실재 사물을 그리는 것은 어려워하니, 거짓이 끝이 없다. 마땅히 도참을 거두어서 깊숙이 감추고, 일제히 금지하여 이를 끊어 버려야만, 곧 옳고 그름이 현혹되는 바가 없어지고, 전적(典籍)들도 결점이 없게 된다.[譬猶畵工, 惡圖犬馬而好作鬼魅, 誠以實事難形, 而虛僞不窮也. 宜收藏圖讖, 一禁絕之, 則朱紫無所眩, 典籍無瑕玷矣.]”[91] 장형은 역사적 사실과 논리성으로 도참을 비판하고 논박하여, 실사구시(實事求是)와 이지(理智)적인 태도를 뚜렷이 드러냈는데, 이는 그가 자연과학 방면에서 위대한 성취를 이루었던 것과 내재적인 연관성이 있다.

이상에서 알 수 있듯이, 동한 초기에 의식 형태 영역에서의 추세는, 한편으로 음양(陰陽)과 미신(迷信)·도참과 사설(邪說)들이 성행했고, 다른 한편으로는 통치자가 사상 문화에 대해 통제를 끊임없이 강화해 나갔으며, 이 두 가지가 서로 결합하면서 사상사(思想史)의 침체기를 조성했다. 의식 영역에서의 이러한 추세는, 봉건 전제 군주의 지배체제 강화 및 봉건적 토지의 사적(私的) 소유의 발전과 서로 표리(表

91) 이상의 인용문들은 모두 『후한서』 권59 「장형열전(張衡列傳)」을 보라.

裏) 관계를 맺고 있었다. 유가의 정통 사상과 미신은 결합하고 섞이면서, 봉건 질서의 법전화(法典化) 및 봉건 사상의 신학화(神學化)를 상징하는 일종의 '국교(國敎)'를 형성했다. 이런 종류의 도참이나 사설들의 범람과 봉건적인 정통 사상의 법전화가 지배적인 지위를 차지하고 있을 때, 어떤 사람들은 이러한 사상적 속박을 받아들이지 않고 대담하게 참위와 미신 사상에 대해 타격을 가하고 비판을 가했다. 반고는 바로 이 시대에 살았으므로, 그의 사상도 자연스럽게 유학의 정통화와 참위 미신 사상의 영향을 받았으니, 그 위에 시대의 낙인이 찍히게 되었다. 그러나 동시에 반고는 참위 미신 사상을 반대하는 소박한 이성(理性) 정신의 영향을 받았으며, 특히 환담·왕충의 사상은 그에게 큰 영향을 미쳤는데, 이는 곧 반고가 참위 미신 사상을 반대한 주요한 원인이었다.

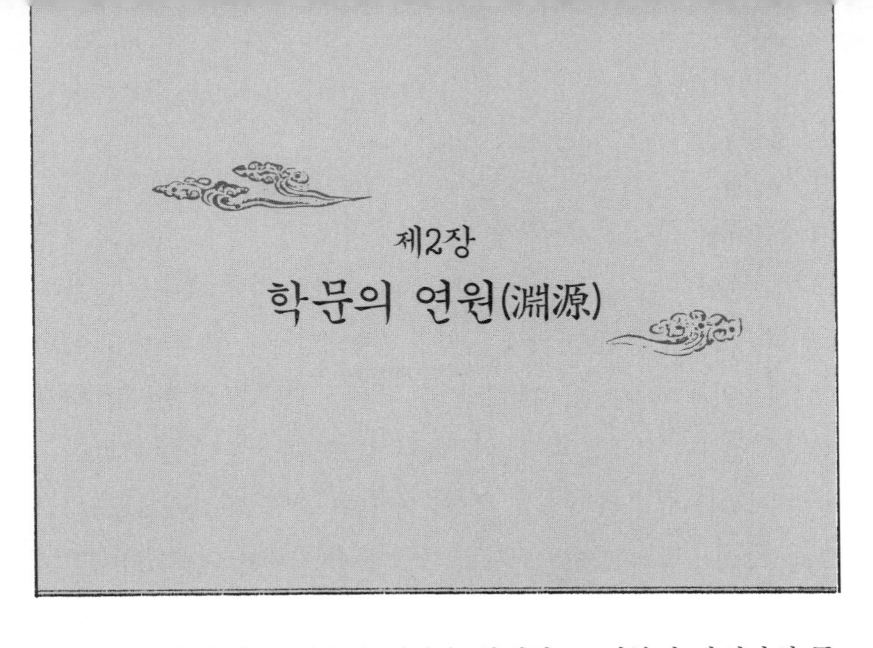

제2장
학문의 연원(淵源)

반고가 『한서』라는 걸출한 저작을 완성하고, 더불어 자신만의 독특한 사상과 학문 체계를 형성할 수 있었던 것은, 동한(東漢) 초기의 국력이 강성했던 시대적 조건 이외에도, 또한 사마천(司馬遷)의 역사 저술이라는 우수한 전통과 반씨(班氏) 가학(家學)에서 받은 영향도 있었다.

1. 사마천이 역사를 저술한 우수한 전통

사마천은 서한(西漢)의 무제(武帝) 시대에 살았는데, 그가 저술한 불후의 저작인 『사기(史記)』는 중국 전통 사학(史學)의 기초를 다졌다. 사마천의 위대한 공헌은, 우선 새로운 사서(史書) 편찬 체제, 즉 후세의 역사가들이 찬양하는 '기전체(紀傳體)'를 처음으로 창조했다는 점이다. 이 새로운 역사 편찬 체제는 본기(本紀)·표(表)·서(書)·세가(世家)·열전(列傳)의 다섯 부분으로 이루어져 있다. '본기'는 역사서 전체의 강령(綱領)으로, 원월(年月)에 따라 제왕(帝王)의 언행과 업적 및 각 시기의 중대한 역사적 사건들을 기술하고 있다. 그 중 선진(先秦) 시기의 각 편(篇)들은 조대(朝代)에 따라 집필되었으며, 진대(秦代)와 한대(漢代)의 각 본기들은 제왕에 따라서 편성되었는데, 항우(項羽)·여후(呂后)는 비록 황제는 아니었지만, 두 사람은 모두 한때 천하를 지배했기 때문에 본기에 포함시켰다. '표'는 세표(世表)·연표(年表)·월표(月表)로 나뉘는데, 표의 형식을 채용하여 인물·작위(爵位)·세계(世系 : 집안의 혈통이나 족보-역자)와 역사적 사실 등을 간략히 기재했다. '서'는 각종 전장(典章 : 한 나라의 제도와 문물-역자) 제도와 그 연혁을 서술하고 있는데, 그 내용은 예악(禮樂) 제도·역법(曆法)과 천문(天文)·사회와 경제·강과 하천의 공사 및 지리(地理) 등을 다루고 있다. '세가'는 제후국의 역사를 기재한 것으로, 개국공신들의 공훈과 작위·특수한 지위에 올랐던 인물들의 사적(事迹)도 포함하고 있으며, 진승(陳勝)과 같은 농민 기의(起義)의 우두머리들도 또한 사마천에 의해 '세가'에 포함되었다. '열전'은 바로 전기의 형식으로써 사회의 각 방면에서 활동한 인물들의 사적을 기재하고 있다. 전체적으로 보면 본기와 열전을 위주로 하는데, 이 때문에 기전체(紀傳體)라고 부르게 되었다. 이러한 기전체 역사서가 만들어진 이후, 『한서』 이래 역대의 '정사(正史)'들은 모두 이를 받들어 모방했다. 역대의 역사가들은 사마천의 이 비범한 창조에 대해 찬사를 아끼지 않았으니, 정초(鄭樵)[1]는 말하기를, "백대(代)가 내려오도록, 사관(史官)은 그 법(法)을 바꿀 수 없었으며, 학

1) 역자주 : 정초(1104~1162년)는 송대(宋代)의 역사가이다. 그의 저서로는 『통지(通志)』·『협제유고(夾漈遺稿)』·『이아주(爾雅注)』·『시변망(詩辨妄)』 등이 있다.

자들은 그 책을 버릴 수 없었다.[百代而下, 史官不能易其法, 學者不能舍其書.]"[2]라고 했다. 조익(趙翼)[3]은 말하기를, "사마천은 고금을 참작하여, 책의 대의(大意)에서 본보기를 세웠고, 전체 역사[全史]를 만들어 냈으며[司馬遷參酌古今, 發凡起例, 創爲全史]", "이 체제가 한번 정해지고 나서부터, 역대 역사 저작자들은 끝내 그 범위를 벗어날 수 없었으니, 참으로 역사가들의 최고의 법칙이 되었다.[自此例一定, 歷代作史者, 遂不能出其範圍, 信史家之極則也.]"[4]라고 했다. 그리하여 사마천은 '중국 사학(史學)의 아버지'로 우러러 받들어졌다.

『사기』는 종적(縱的)으로는 고금을 관통하여, 상고 시대의 전설인 오제(五帝)로부터 '당시의 황제'인 한나라 무제에 이르기까지 모든 역사를 총괄했으며, 그 변화를 서술했다. 횡적(橫的)으로는 정치·경제·군사·전장 제도·학술과 문화·인물의 활동·천문과 지리·강과 하천의 공사·의약(醫藥)과 복서(卜筮) 및 민족들 간의 관계·중국과 외국의 관계 등을 기재했다. 한마디로 말하자면, 『사기』는 당시 중국인들의 사회와 생활에 관계된 각각의 영역들을 모두 역사 고찰의 범위 안에 두었다. 이렇게 함으로써 이전 역사의 협소한 한계에서 벗어나, 당시의 객관적인 조건이 허용하는 범위 내에서 최대한 사회사적(社會史的)으로 풍부한 내용들을 그려냈다. 이는 중국뿐만 아니라 세계 사학사(史學史)에서도 중대한 의의가 있다. 량치차오(梁啓超)는 일찍이 말하

2) 정초, 『통지(通志)』 「총서(總序)」.
3) 역자주 : 조익(1727~1814년)은 청대(淸代)의 문학가이자 역사가이다. 『입이사예기(廿二史禮記)』·『해여총고(陔餘叢考)』·『구북시초(甌北詩鈔)』·『구북시화(甌北詩話)』 등의 저서들을 남겼다.
4) 조익, 『입이사예기』 권1 「각사예목이동(各史例目異同)」.

기를, 『사기』가 "사회 전체를 역사의 중추(中樞)로 삼았기 때문에, 국민(國民)의 역사를 잃지 않았다.[以社會全體爲史的中樞, 故不失爲國民的歷史.]"[5]라고 평가했다.

사마천 자신이 제시한 역사 서술의 종지(宗旨)는, "하늘과 사람의 관계를 궁구(窮究)하고, 과거와 현재의 변화를 꿰뚫어 알며, 일가(一家)의 말을 이루는 것[究天人之際, 通古今之變, 成一家之言]"[6]이었다. 이 세 가지 항목들 중에서 "과거와 현재의 변화를 꿰뚫어 아는 것[通古今之變]"이 그 핵심인데, 『사기』에서 이 종지를 매우 훌륭하게 실현했다. 사마천은 뛰어난 문장으로 옛날부터 자신이 살았던 시대까지의 역사를 기술했는데, 특히 명백히 다른 역사 시기가 오랜 시간의 흐름 안에서 어떻게 '변화[變]'했는지, 그 중에서도 흥성하고 쇠퇴하는 변화의 이치는 무엇인지를 탐구하여 고찰하려 했다. 따라서 그는 또한 "근원을 따져보고 결말을 살폈으며, 흥성을 살피고 쇠퇴를 관찰하여[原始察終, 見盛觀衰]", "그 성패와 흥망의 이치를 고찰[稽其成敗興壞之理]"[7]하고자 했다고 명확하게 제시했다. 그는 조대(朝代)가 바뀌고 국가가 흥망성쇠하는 근본적인 원인은 바로 정치의 성패와 인심의 득실에 있다고 예리하게 결론지었다. 그는 구체적이고 생동감 넘치게 주(周)나라의 흥기는 민중의 지지를 얻었기 때문이라고 논술하여, 상(商)나라에서 주나라로 바뀌는 역사적 변화의 실질을 정확하게 파악했다. 「진시황본기(秦始皇本紀)」편(篇)의 끝부분에서, 그는 진나라의 폭정에 대해 강력하게 폭로했으며, 더불어 가의(賈誼) 등이 논한 말을 다시 인용하

5) 梁啓超, 『中國歷史硏究法』.

6) 『한서』 권62 「사마천전(司馬遷傳)」.

7) 『사기』 권130 「태사공자서(太史公自序)」 및 『한서』 권62 「사마천전」을 보라.

여 진나라의 폭정이 어떻게 인민들의 반항을 열화(烈火)와 같이 격발시켰는지를 평술(評述)했다. 「항우본기(項羽本紀)」와 「고조본기(高祖本紀)」의 두 편에서 그는 서로 비교하는 방법을 사용하여, 항우는 일관되게 살육 정책을 실행한 까닭에 실패했고, 유방(劉邦)은 언제나 민심을 얻으려고 했기 때문에 성공했다는 준엄한 이치를 명시(明示)함으로써, 초(楚)나라에서 한(漢)나라로 바뀌는 국면의 역사적 동인(動因)에 대해, 다음과 같이 매우 진보적인 의의가 있는 명확한 대답을 도출해 냈다. 즉 정치가 맑고 깨끗하여, 백성들의 생존·의식주의 풍요로움·발전에 대한 절실한 요구를 만족시킴으로써, 백성들의 진정한 지지를 얻을 수 있었는데, 이것이 바로 한나라가 흥기했던 이유라는 것이다. 사마천은 또한 다시 한 번 '피폐한 나라를 떠맡아 모두 바꾼다[承敝通變].'라는 명제(命題)를 제시하여, 정치 변혁이 어떻게 국가로 하여금 강대(强大)하게 하고, 사회를 곤경에서부터 벗어나게 했는지에 관한 역사적 경험을 치밀하게 논술했다. 그는 상앙(商鞅)의 변법(變法)이 성공한 것에 대해 이렇게 말했다. "실행한 지 10년이 되자, 진나라 백성들은 크게 기뻐하여, 길에 물건이 떨어져 있어도 주워 가는 이가 없었고, 산에는 도적이 없어졌으며, 집집마다 살림이 부족함 없이 풍족했고 인구가 충분했으며[行之十年, 秦民大悅, 道不拾遺, 山無盜賊, 家給人足]", "향읍은 크게 안정되었고[鄕邑大治]", "상앙이 진나라에 와서 산 지 5년이 되자, 진나라 사람들은 부강해졌으며, 천자가 제사를 지내고 나서 고기를 효공(孝公)에게 내리자, 제후들은 모두 효공에게 경하(敬賀)를 드렸다.[居五年, 秦人富强, 天子致胙於孝公, 諸侯畢賀.]"[8] 「태사공자서(太

8) 『사기』 권68 「상군열전(商君列傳)」.

史公自序)」에서 「상군열전(商君列傳)」을 저술한 취지를 논술하면서, 다음과 같이 상앙의 변법에 대해 더욱 높은 평가를 내렸다. "상앙이 위(衛)나라를 떠나 진(秦)나라로 가자, 그 술책을 밝힐 수 있게 되어, 효공을 강한 패자로 만드니, 다음의 왕들도 상앙의 법을 준수했다.[鞅去衛適秦, 能明其術, 强霸孝公, 後遵其法.]"[9] 서한이 건국되고 나서 관대한 보살핌의 정치가 진나라의 잔혹한 폭정을 대체한 중대한 변혁에 대해, 또한 서한 사회가 이전 시대에 비해서 큰 진보를 이룬 것에 대해, 사마천은 여러 차례 적확(的確)한 논술을 펼쳤다. 더욱 가치 있는 것은, 그가 성공적으로 "흥성을 살피고 쇠퇴를 관찰함으로써[見盛觀衰]", 겉으로 보기에는 기세가 등등하고 찬양의 소리가 가득하던 '성세(盛世)' 중에도, 숨겨져 있는 위기를 드러내 주었다는 것이다. 그는 각종 현상들을 통해, 사회 변화의 전환점을 정확하게 파악했는데, 무제 후기의 시기가 겉으로 보기에는 '성세'였지만, 실제로는 생산 기반이 붕괴되고 재정이 바닥났으며, 사회가 동요하는 심각한 위협이 숨어 있었다는 것을 날카롭게 드러내 보였다. 아울러 규칙성·법칙성이라는 높은 수준까지 인식을 끌어올렸는데, 이는 바로 사마천이 고금의 역사 변동에 대해 확실히 비범한 통찰력을 갖추고 있었다는 것을 말해 준다.

사마천은 "하늘과 사람의 관계를 궁구(窮究)할 것[究天人之際]"을 제시했는데, 이는 하늘과 사람 사이의 안정과 혼란 및 흥성과 쇠망의 관계를 탐구하려는 것이었다. 당시에는 하늘과 사람의 관계에 이상한

---

9) 역자주 : 상앙은 변법을 통해 국가를 강성하게 만들었지만 백성들의 신망은 얻지 못했다. 상앙이 나중에 억울한 누명을 쓰고 사형을 당했을 때, 오히려 기뻐하는 이들이 많았다고 한다. 사마천도 상앙을 평가하면서 이 점을 지적하기도 했다.

현상이 돌출하면, 사상가들과 정치가들의 비상한 관심을 끌었다. 우리는 『한서』 「동중서전(董仲舒傳)」에 기재되어 있는 한나라 무제의 책문(策問)[10]과 그에 대한 동중서의 대답인 「천인삼책(天人三策)」에서 알 수 있듯이, 무제와 '당시 유학의 대가[一代儒宗]'였던 동중서는 모두 일부러 천인감응(天人感應)설과 황권신수(皇權神授)설[11]을 제창했으며, 천명(天命)이나 귀신(鬼神)·음양오행 등의 미신 사상으로 충만해 있었다. 사마천은 태사령(太史令)으로서 천문역법(天文曆法)을 담당했으므로, 천문학에 대해 정교하고 심오하게 연구한 적이 있었다. 과학 수준의 한계로 인해, 그도 또한 하늘과 사람이 서로 감응하는 관계가 있다고 인식했으니, 그것은 결코 이상한 것이 아니었다. 사마천의 매우 뛰어난 점은, 그는 사람들이 보편적으로 하늘의 뜻[天意]이나 신령(神靈)에 젖어 있던 시대에, 오히려 감응(感應)이나 재앙과 상서(祥瑞)에 관한 미신적인 논리에 대해 유보와 회의를 표시했으며, 또한 총체적으로는 '인간사[人事]'가 근본적인 작용을 한다고 강조했다는 것이다. 사마천은 전국 시대 이래로 점성술사들이 권력자들의 요구에 영합하

10) 역자주 : 한대에 천거된 관리나 백성이 황제가 묻는 계책에 대해 답한 후, 그 수준에 따라 높고 낮은 관직을 제수하던 제도이다. 책문에는 이른바 '대책(對策)'과 '사책(射策)'의 두 가지가 있었다. '대책'이란, 정사(政事)나 혹은 경문(經文)의 뜻 등에 대한 문제를 간책(簡策)에 쓰는 것으로, 과거 응시자에게 발급하여 답을 쓰게 한 것이다. '사책'은 바로 문제 추첨식 시험과 유사한 것으로, 응시자가 여러 문제들을 향해 화살을 이용하여 던지고, 아울러 화살이 적중한 어려운 문제를 해석하는 것이다.

11) 역자주 : 천인감응설, 즉 "하늘과 사람이 감응한다"는 것은, 군주가 어진 행동을 하는지 그렇지 않은지의 여부에 따라서 하늘이 그에 상응하는 복(福)과 화(禍)를 내린다는 것이다. 황권신수설은, 황제의 권한은 신이 부여하는 것으로, 신만이 황제를 심판할 수 있으므로, 백성들은 황제를 거역할 수 없다는 주장을 가리킨다.

여 끊임없이 그 수법을 바꾸어 온 것에 대해 강하게 비판하면서, "괴이하고 바르지 못하며 아첨하고 돈과 권력에 영합하는 무리들이 이로부터 일어났으니, 그 숫자를 헤아릴 수 없다.[怪迂阿諛苟合之徒自此興, 不可勝數也.]"라고 했다. 그는 하늘의 뜻[天意]과 인간사[人事] 중 어느 것이 더 중요한가 하는 문제에 대해, 이렇게 결론을 내렸다. "나라의 임금이 강대(强大)하고, 덕이 있는 자는 창성할 것이며, (반대로 임금이-역자) 약소(弱小)하고, 거짓으로 꾸미는 자는 망할 것이다. 가장 중요한 것은 덕을 닦는 것이며, 그 다음은 정치를 잘하는 것이며, 그 다음은 백성들의 구제를 잘하는 것이며, 그 다음은 신에게 제사를 잘 지내 재앙을 물리치는 것이며, 그 다음의 것은 없다.[國君强大, 有德者昌, 弱小, 飾詐者亡. 太上修德, 其次修政, 其次修救, 其次修禳, 正下無之.]"[12] 그가 강조한 것은 임금의 행위와 정치의 맑고 깨끗함이었으며, 치국의 방침(즉 德)과 방법(즉 政)을 가장 중요한 지위에 놓고, 하늘에 기도하는 것은 그다지 좋은 방법이 아니라고 했다. 이러한 점에서 본다면, 사마천은 '천인감응'과 "하늘의 뜻이 인간사를 결정한다[天意決定人事]."라는 신학적 관점·'황권신수설' 등은 정면으로 부정했다고까지도 말할 수 있다. 그는 「봉선서(封禪書)」 전편(全篇)에서, 무제가 귀신이나 미신에 탐닉하여 방사(方士)들의 속임수에 빠졌지만, 도리어 무제는 이를 알지 못한 것에 대해 날카롭게 풍자했다. 중요한 점은 『사기』 전체에서 기록하고 있는 중대한 역사적 사건들은, 모두 역사적 사실에서 출발했으며, 인간사의 각도에서 흥망성쇠의 경험을 총괄했는데, 이것이 바로 사마천이 하늘과 사람의 관계를 논하면서 가장 본질(本

12) 이상의 인용문들은 모두 『사기』 권27 「천관서(天官書)」를 보라.

質)로 삼은 것이다.

"일가(一家)의 말을 이룬다[成一家之言]."라는 것은, 사마천이 역사를 저술한 목적이다. 중국 사학사(史學史)에서 그는 첫 번째로 꼽히는 역사가이자, 또한 성공적으로 "일가의 말을 이룬" 인물이다. 『사기』는 원래 『태사공서(太史公書)』라고 불렸는데, 이 책명은 그것이 단순한 하나의 역사서가 아니라, 『맹자(孟子)』·『순자(荀子)』와 마찬가지로 역사와 사회의 현실 문제에 대해 자신만의 독자적 견해를 말하려고 했다는 것을 나타내 준다. 그는 역사를 총괄함으로써, 민중의 의지가 국가의 흥망성쇠에 대해 결정적인 작용을 한다는 것을 강조했다. 마찬가지로 현실의 사회 정치 문제에 대해서도, 그는 평민 계급의 요구를 반영했는데, 특히 '백성을 편안하게 하는 것[安民]'과 '어진 인재를 등용하는 것[任賢]'을 중시했다. 그는 정치가 맑고 깨끗하며, "덕으로써 백성을 교화하고[以德化民]", "백성들로 하여금 게으르지 않게 하며[使民不倦]", "천하가 풍요로워지는 것[海內殷富]"을 간절히 바랐다. 사마천은 분명히 한나라 무제의 뛰어난 재능과 웅대한 지략 및 나라에 큰 공을 세운 것을 찬양했지만, 무제 시기 정치의 어두운 면에 대해, 예를 들어 해마다 군대를 일으켜 백성들에게 괴로움을 준 것·미신에 탐닉한 것·사치와 낭비 등에 대해서는 사실에 근거하여 그대로 서술했으며, 은폐하거나 꾸미지 않았다. 특히 「흉노열전(匈奴列傳)」에서는, 무제가 실행한 정책의 잘못에 대해 대담하고 두려움이 없이 비판하여, 매우 강한 힘을 지니고 있다. 사마천은 이릉(李陵) 사건 때문에 굴욕당하고 형을 받은 이후에도, 여전히 국가의 안위와 관련된 중대 문제에 대해 용감하게 건의하여, 정직한 역사학자의 엄숙한 책임감과 위대한 인격을 충분히 나타내 주었다. 사마천은 "일가의 말을 이룬다."라는 뜻을 세웠는데, 그는 역사적 사실과 사회 현상에 충실한 기초 위에서, 자신의 독자적인 견해를 용감하게 제시하고, 자신의 정치적 이상을 기탁했다. 이는, 그가 다른 사람들은 이루려고 엄두를 내기도 어려운 탁월한 견해를 갖추었고, 『사기』 전체가 영원한 생명력을 갖는 정교하고 심오한 이치가 담겨 있는 곳이며, 대대로 진보적인 역사가들이 또한 이로부터 거대한 정신적 역량을 섭취함으로써, 『사기』를 배우고 익혀야 할 전범(典範)으로 삼았다.

특별히 큰 비중을 두어 다루어야 할 가치가 있는 것은, 사마천의 선명한 '대일통(大一統)'의 민족관(民族觀)이 역사에서 비할 수 없이 귀중한 사상적 자산이 되었다는 점이다. 중화 민족은 예로부터 특정한 역사적 사건·지리적 요인·문화적 요인이 작용하여, 오랜 기간에 걸쳐 각 민족들 간에 교류가 끊임없이 강화되고, 민족 융합이 끊임없이 추진되었으며, 국가 통일 수준이 끊임없이 발전하는 객관적인 추세가 진행되어 왔으며, 중원 민족과 주변 민족들 사이에 연결된 유대(紐帶)가 갈수록 견고하고 강력해져, 거대한 구심력을 형성했다. 사마천은 『사기』에 기록하기를, 중화 민족이 예로부터 끊임없이 통일의 추세를 강화해 왔다고 했다. 『사기』의 첫 편인 「오제본기(五帝本紀)」에는 다음과 같이 기재되어 있다. 즉 헌원(軒轅) 시기에, 제후들은 서로 침략하고 정복했다. 황제(黃帝)는 침략해 온 제후 염제(炎帝)를 물리치고, 또한 "전란을 일으키고 자신의 명령을 듣지 않는[作亂不聽帝命]" 치우(蚩尤)를 잡아 죽였다. "그러자 제후들이 모두 헌원을 받들어 천자(天子)로 삼았는데[而諸侯咸尊軒轅爲天子]", 이가 바로 황제이다. 또 "천하에 따르지 않는 자들이 있으면, 황제는 쫓아가서 그들을 정복했으며, 평정당한 이들은 그 곳을 떠났다.[天下有不順者, 黃帝從而征之, 平者去之.]" 사마천은 「오제덕(五帝德)」 등 유가 경전과 전설 자료들에 근거하여 이 부분의 역사를 정리해 냈으며, 황제를 '천자'로 칭했는데, 분명한 것은 후세(後世)에 "천자가 천하를 호령하는[天子號令天下]" 통일 국면이 전설 시대에 투영되었다는 것이다. 사마천은 또한 전설 속의 전욱(顓頊)·제곡(帝嚳)·요(堯)·순(舜)부터 하(夏)·상(商)·주(周)에 이르기까지의 고대 제왕들은 모두 공통의 조상인 황제로부터 나왔다고 정리해 냈다. 사회사(社會史)의 각도에서 보면, 이와 같이 잘 정비된 옛 왕들의 계통은, 의심할 여지없이 후세 사람들이 가공하여 만들어 낸 것이지만, 그것은 바로 후세 사람들의 통일에 대한 소망을 반영하고 있다. 이에 대해 궈모러(郭沫若) 같은 이는 다음과 같이 말했다. "오제(五帝)[13]와 삼왕(三王)[14]이 일가(一家)이고, 모두 황제의 자손이라는 것은 완전히 사람들이 만들어 낸 것이다. 그것은 중국 통일 전후[즉 진(秦)나라 전후]에 각 씨족들의 영역(領域)을 제거하기 위해 생겨난 대일통(大一統)의 요구였다."[15] 사마천은 또한 춘추 시대의 각 제후국들을 위해 '세가(世家)'를 확정했는데, 춘추 시대의 각 제후국들은 형제 혹

---

13) 역자주 : 중국의 역사에서 전설상의 다섯 성군(聖君)들인 황제·전욱·제곡·요·순을 가리킨다.

14) 역자주 : 중국 역사에서 성군(聖君)으로 꼽히는 하(夏)·상(商)·주(周) 삼대(三代)의 세 왕들을 가리키는데, 문헌마다 약간 차이가 있다. 첫째는 하나라 우(禹)임금, 상나라 탕(湯)임금, 주나라 무왕(武王)을 지칭하는 것이며, 둘째는 주나라 무왕 대신 문왕(文王)을 포함시키는 것이고, 셋째는 상나라 탕왕과 함께 주나라 무왕과 문왕을 포함시키는 것도 있다.

15) 『郭沫若全集』 歷史編 1, 222~223쪽, 人民出版社 1982년판.

은 친척 관계에 있었음을 밝혀 냈다. 즉, 노(魯)·진(晋)·채(蔡)·위(衛)·정(鄭) 등의 나라들은 모두 원래 주(周)나라 왕실의 인물들이 대를 잇고 있으며, 연(燕)·진(陳)·기(杞)·초(楚)·월(越) 등도 모두 황제의 후손들이었다. 고대의 형초(荊楚)[16]는 "만(蠻 : 남방의 오랑캐를 일컫는 말-역자)"이었으며, 동남 지역에 치우친 오(吳)도 낙후된 사람들로 간주되었으나, 사마천은 도리어 "내가 『춘추(春秋)』의 고문(古文)들을 읽어 보니, 중국의 우(虞)[17]와 형만(荊蠻)[18]·오(吳)나라는 형제라는 것을 알았다.[余讀『春秋』古文, 乃知中國之虞與荊蠻·句吳, 兄弟也.]"[19]라고 말했다. 이리하여 『사기』에 「흉노열전(匈奴列傳)」·「남월열전(南越列傳)」·「동월열전(東越列傳)」·「조선열전(朝鮮列傳)」·「서남이열전(西南夷列傳)」·「대완열전(大宛列傳)」을 두었으며, 광활한 지역을 배경으로 중원 정권을 주변 민족들이 둘러싸고 있는 질서정연한 그림을 묘사해 냈다. 의심할 여지 없이, 사마천은 각 소수민족들 모두가 황제의 후손이라고 말했는데, 이는 정확한 것이 아니지만, 그가 논술한 대일통의 민족관은 오히려 진리와 지혜의 빛을 영원토록 발하고 있다.

『사기』는 또한 걸출하고 거대한 문학 작품이기도 하다. 『사기』는 독자들로 하여금 '영원한 매력'을 느끼게 하는데, 이는 고도의 문학적

---

16) 역자주 : 옛 구주(九州)의 하나로, 지금의 형주(荊州) 지역에 있던 춘국(椿國)을 가리킨다.

17) 역자주 : 우(虞)는 순(舜)의 성(姓) 또는 순이 다스린 나라의 이름이라고 한다. 즉 이 말은 초(楚)나라와 오(吳)나라를 세운 이들이 순과 혈연 관계에 있었다는 것을 의미한다.

18) 역자주 : 고대의 중원(中原) 지역 사람들이 초(楚)·월(越)이나 남방 사람들을 낮추어 일컫던 말이다.

19) 『사기』 권31 「오태백세가(吳太伯世家)」.

기법을 운용하여 역사를 기술했으며, 수많은 살아 있는 것처럼 생동적인 인물 형상들을 묘사하고 있기 때문이다. 사마천이 역사 인물을 묘사하면서 가장 성공적인 부분은, 역사 자료들을 안배하고 취사선택함으로써, 흡인력 있는 고사의 줄거리를 형성하고, 일반적인 서술을 피했으며, 인물들을 모순이 충돌하고 긴장감 넘치는 장면 속에 놓이게 하여, 그 인물의 정신적 풍모와 성격의 특징을 최선을 다해 묘사한 점이다. 『사기』의 언어 운용은 높은 성취를 이루었는데, 표현력이 대단히 풍부하고, 구성 방식이 원활하며, 어휘의 사용이 적확하고 응축되고 세련되며 생동감이 넘친다. 그래서 루쉰(魯迅)은 『한문학사강요(漢文學史綱要)』에서 칭찬하면서 말하기를, 『사기』는 "역사가의 절창(絕唱)을 잃지 않았으며, 운(韻)이 없는 「이소」이다.[不失爲史家之絕唱, 無韻之「離騷」.]"라고 했다.

사마천은 평생 동안 심혈을 기울여, 이전에 있던 모든 문헌과 사료(史料)들을 망라하여 『사기』라는 거대하면서도 풍부하고 상세한 중화 민족의 정확한 역사서를 저술했다. 그리하여 사람들이 이에 대해, 중국 역사학을 전에 없던 높은 수준으로 끌어올렸으며, 역사 저술이 더 이상의 영광스러울 수 없는 '명산(名山)'과도 같은 사업을 완성했다고 찬탄(讚嘆)하게 했으며, 이로 인해 역대의 뜻이 있는 자들이 서로 경쟁적으로 역사서를 저술하도록 끌어들였다. 사마천의 역사 저술이라는 우수한 전통은 반고에게 깊은 영향을 미쳤으니, 『한서』의 저술은 바로 반고가 사마천의 사업을 계승하여 발양시킨 결과물이었다.

2. 반씨(班氏) 가문

반고의 저서인 『한서』는 사마천의 역사 저술이라는 우수한 전통을 계승한 것일 뿐만 아니라, 동시에 유서 깊은 가학(家學)에 연원(淵源)을 두고 있다.

반고의 조상은 서한 때에는 변경의 부호(富豪)였으며, 이후 유학의 세가(世家)가 되어 한나라 성제(成帝)로부터 대량의 황가(皇家) 장서의 부본(副本)들을 하사받기도 했다. 그들의 가족은 지조와 절개의 정신이 굳었으며, 또한 축적된 깊은 학문적 소양이 있었다. 반씨의 자제들은 이러한 짙은 문화적 분위기 속에서 성장했다.

(1) 반씨의 조상들

반고의 조상들은 초(楚)나라 사람인 약오(若敖)에까지 거슬러 올라갈 수 있다. 반고의 기록에 따르면, "반씨의 선조는 초나라 왕실과 동성(同姓)이었다.[班氏之先, 與楚同姓.]"[20] 『춘추좌전(春秋左傳)』의 기록에서는, 초나라의 약오는 운(鄖)나라의 여자와 결혼하여 투백비(鬭伯比)를 낳았다고 한다. 약오가 세상을 떠난 후, 투백비는 어머니를 따라 운나라로 돌아갔는데, 그 곳에서 운자(鄖子)의 딸을 사랑하게 되고, 그녀와 사통(私通)하여, 훗날 영윤(令尹)이 된 자문(子文)을 낳았다. 자문은 갓 태어나자마자 초나라의 큰 호수인 운몽택(雲夢澤) 주변에 버려졌다. 그 때 호랑이를 만났는데, 호랑이는 그를 잡아먹지 않았을 뿐만 아니라, 도리어 젖을 먹여 길러서 그가 살아갈 수 있도록

20) 『한서』 권 100 「서전(敍傳)」.

했다. 운자가 밖에서 사냥을 하다가 이 광경을 보고는, 너무나 무서워서, 집에 돌아가 부인에게 이야기했는데, 운자의 딸은 그제야 투백비와 사통했으며 또한 아기를 낳은 사정을 사실대로 털어놓았다. 운자의 부인은 이 아기가 큰 운수를 타고났다는 것을 알고는, 딸이 그 아기를 데려와 키울 것을 허락했으며, 더불어 투백비를 사위로 맞았다. 초나라 사람들은 젖을 '곡(穀)'이라고 했고, 호랑이를 '어석(於檡)'[또는 어토(於菟)라고 했음]이라고 했으므로, 이 아기의 이름이 '곡어석(穀於檡)'이 되었다. 후에 자라서 자(字)를 갖게 되었을 때는 '자문'이라고 불렸는데, 자문은 후에 초나라의 영윤[즉 재상(宰相)]이 되어, 초나라의 군사와 정치의 대권(大權)을 장악했다. 사료(史料)의 기록에서 알 수 있듯이, 당시의 초나라는 자신들의 언어가 있어, 화하(華夏)[21]와는 달랐기 때문에, 당시 중원 사람들은 초나라 사람들을 만이(蠻夷) 등 소수민족으로 취급했으며, 당시 만이의 문화는 중원 문화와는 달리 비교적 낙후되었다고 생각했다. 그러나 사실은 영윤 자문과 같은 초나라 사람들은 비교적 높은 문화적 수준을 지니고 있었는데, 그는 초나라를 다스리는 정치적 업적이 뛰어났을 뿐만 아니라, 고상한 도덕적 지조도 보여 주었다. 공자는 일찍이 영윤 자문의 사상이 매우 고상하다고 지적하면서, 그의 사상이 유가(儒家)의 '충(忠)'·'인(仁)'·'의(義)' 등의 사상에 부합한다고 생각했다. 『논어』「공야장(公冶長)」에는

21) 역자주 : '화하'라는 말이 최초로 보이는 문헌은 주(周)나라 때의 『상서(尙書)』「주서(周書)」'무성(武成)' 편이다. 본래는 주나라가 서주(西周) 시기에 자신들을 부르던 말로, 사이(四夷) 즉 동이(東夷)·남만(南蠻)·서융(西戎)·북적(北狄)과 구별하는 말이었다. 후에는 다시 중국 전체의 영토를 포괄하는 말이었으며, 따라서 중국을 가리키는 옛 명칭이 되었다.

다음과 같은 일이 기록되어 있다. 즉 자장(子張)이 공자에게 묻기를, "영윤이었던 자문은 세 번이나 영윤이 되었으나 기뻐하는 기색이 없었고, 세 번이나 영윤에서 물러났으나 노하는 기색이 없었습니다. 그리고 전임 영윤으로서 했던 일을 반드시 새로 부임하는 영윤에게 일러주었습니다. 어째서입니까?[令尹子文三仕爲令尹, 無喜色, 三已之, 無慍色. 舊令尹之政, 必以告新令尹. 何如?]"라고 했다. 이에 공자는 대답하기를, "충성스럽기 때문이다[忠矣]."라고 했다. 이는 춘추 시대에 영윤 자문은 이미 매우 칭송받고 있었음을 말해 준다.

초나라 말에 따르면, 호랑이는 또한 '반(班)'이라고도 하는데, 후에 영윤 자문의 아들은 '투반(鬬班)'이라는 이름을 갖게 되었으며, 투반도 또한 초나라의 영윤이 되었다.

투반은 아들 극황(克黃)을 낳았는데, 벼슬이 잠윤(箴尹)에 이르렀다. 잠윤 극황은 조부(祖父)의 '성실하고 순후한[忠厚]' 훌륭한 기질을 이어받았다. 『좌전(左傳)』의 기록에 따르면, 투백비의 또 다른 아들인 사마(司馬) 자량(子良)이 낳은 아들인 투초(鬬椒)는 부귀를 탐하여, 초나라의 최고 권력을 탈취할 음모를 꾸며 반란을 일으켰는데, 그 결과 초나라 왕에게 피살당했다. 이 때 잠윤 극황은 제(齊)나라에 사신으로 갔다가 임무를 마치고 돌아오고 있었는데, 그가 송(宋)나라를 지나가고 있을 때, 투초가 반란을 일으켜 피살되었다는 소식을 알게 되었다. 그러자 어떤 사람이 그에게 초나라로 돌아가지 말 것을 권유하면서, 투초와 연루되어 목숨을 잃는 일을 피하라고 했다. 이에 잠윤 극황은, "임금의 명령을 저버리고 어찌 다른 누군가에게 명령을 받는단 말인가? 임금은 하늘이니, 하늘로부터 벗어날 수 있는가?[棄君之命, 獨

誰受之? 君, 天也, 天可逃乎?]"라고 말했다. 그는 엄숙한 태도로 귀국하여 제나라에 사신으로 갔던 일을 보고하고는, 더불어 자신은 투초와 친족 관계이니, 자발적으로 관부(官府)에 가서 벌을 받겠다고 했다. 초나라 왕은, "자문이 초나라를 안정시켰음을 고려하고[思子文之治楚國]", 또한 영윤 자문이 일찍이 투초를 죽여야 한다고 주장했던데다, 잠윤 극황은 투초의 반란과 전혀 상관이 없었기 때문에, "자문의 후손이 없으면, 어찌하여 선(善)을 권하겠는가?[子文無後, 何以勸善?]"라고 말하면서, 극황이 계속하여 원래의 직책을 맡도록 하고, 그의 이름을 '생(生)'으로 바꾸게 했다. 자문·투반·극황에 이르는 3대(代)는 맡은 직책에 성실했고, 최선을 다하는 모범적인 성품을 갖고 있었으니, 반씨(班氏) 일가의 후손들에 대해 매우 큰 영향을 미쳤다.

(2) 변경(邊境)의 부호(富豪)

진시황(秦始皇)이 대군을 이끌고 초나라를 멸망시키자, 영윤 자문의 일부 후손들은 북방의 변경 지역인 진(晋)·대(代) 사이[22]로 이주했으며, 이 때부터 '반(班)'을 성(姓)으로 삼았다.

진시황 말년에 천하가 크게 혼란스러워지자, 반고의 7대조(代祖)인 반일(班壹)은 난리를 피해 누번[樓煩 : 지금의 산서(山西) 안문(雁門)]으로 이주했다. 그는 지리적 조건을 이용하면 큰돈을 벌 수 있다는 것을 깨닫고, 변경 지역에서 정성을 다하여 목축업에 종사했다. 과연 그는 크게 성공을 거두었는데, "말·소·양이 수천 마리의 무리를 이루어[致馬牛羊數千群]", 많은 말·소·양들을 소유하는 대목장의 주인이 됨으

22) 역자주 : 지금의 중국 산서성(山西省) 북부 지역.

로써, 반씨 집안은 이 때부터 많은 재산을 소유하게 되었다. 서한 초기에 '무위이치(無爲而治)'[23] 정책을 실행하여, 많은 백성들에 대한 금령(禁令)들이 취소되자, 반일은 이 기회를 이용하여 집안을 강하게 일으켜 세웠으며, "재물로 변경 지역에서 으뜸가는[以財雄邊]" 변경의 부호가 되었다. 그러자 그 지역의 인민들을 그를 매우 선망하여, 이름을 지을 때 모두 반일을 모방하여 '일(壹)'자를 많이 사용했다.

반일의 아들 반유(班孺)는 의협심이 넘치는 사람으로, 주군(州郡)에서 많은 사람들로부터 칭송을 받아 '임협(任俠)'[24]으로 불렸다. 반유의 아들 반장(班長)은, 북방의 변경에 살았던 반씨의 조상들 가운데 처음으로 벼슬길에 오른 사람이었는데, 벼슬이 상곡[上谷 : 지금의 하북성(河北省) 회래(懷來) 동남 지역]의 군수(郡守)에 이르렀다. 반장의 아들 반회(班回)는 자신이 살던 군(郡)에서 '무재(茂才)'[25]로 천거되어, 장자[長子 : 지금의 산서(山西) 장자(長子)]의 현령(縣令)이 되었으며, 그 지역에서 또한 많은 공적을 쌓았다.

반회의 아들 반황(班況)은 반고의 증조부인데, '효렴(孝廉)'[26]으로 천

---

23) 역자주 : 성인(聖人)의 덕이 커서, 아무 일을 하지 않아도 유능한 인재를 저절로 얻어 천하가 잘 다스려짐을 이르는 말이다. 여기에서는 진시황의 억압적인 정책에 반대되는 유연한 정책의 시행을 의미한다.

24) 역자주 : 용감하며 의협심이 넘치고, 어려운 이들을 잘 돕는 사람을 의미한다.

25) 역자주 : 수재(秀才)를 의미한다. 당시의 황제였던 광무제(光武帝)의 이름이 '수(秀)'였기 때문에, 피휘(避諱)하기 위하여 '무재(茂才)'로 바꾸었다. 중국 역사에서 이와 같은 사례는 상당히 많다. 그리고 그 당시에는 과거 제도가 없었기 때문에, 벼슬길에 나가기 위해서는 반드시 누군가의 추천을 받아야만 했다.

26) 역자주 : 한대(漢代)의 관리 등용 제도 가운데, 효행이 뛰어나거나 청렴하거나 현명하거나 경학에 뛰어나거나 덕행을 갖춘 자들을 지방관들로부터 천거받아 임용하는 제도가 있었는데, 이를 '찰거효렴(察擧孝廉)'이라 한다.

거되어 낭관(郎官) 벼슬을 제수했으며, 이로 인해 벼슬길에 나갈 수 있었다. 공(功)이 있었기 때문에, 그는 상하[上河 : 지금의 영하회족자치구(寧夏回族自治區) 내에 있는 황하(黃河)] 지역의 농도위(農都尉)가 되어 농업 생산 등의 일을 담당했는데, 업적이 뛰어나, 중앙 관리 조직의 심사에서 해마다 우수한 평가를 받았기 때문에, 조정에 들어가 좌조(左曹)의 월기교위(越騎校尉)로 승진했다.

서한 성제(成帝) 초기에, 반황의 딸이 입궁(入宮)하여 황제의 총애를 받아, 첩여[婕妤 : 비빈(妃嬪)들 중에서 첫 번째 등급인 소의(昭儀)의 바로 다음 품계]에 봉해지자, 반씨 집안도 따라서 외척으로 지위가 상승했으며, 대단한 권세를 누리게 되었다.[27] 반첩여(班婕妤)는 황제의 총애를 받았으나 예(禮)에 어긋나지 않았으며, 언제나 성제에게 국가의 대사를 중히 여기고, 여자에 대한 사사로운 정과 같은 즐거움에 빠지지 말 것을 간언(諫言)했다. 『한서』 「외척전(外戚傳)」에서는 기록하기를, "성제가 후궁(後宮)에서 놀다가, 시험 삼아 반첩여와 함께 가마에 타고 싶다고 말하자, 반첩여가 사양하면서 말하기를, '옛 그림들을 보면 성현

---

27) 서한 말년에, 곡영(穀永)이 황제에게 글을 올려 말하기를, "건시(乾始)·하평(河平) 연간(기원전 32~기원전 25년)에 허씨(許氏)와 반씨(班氏)가 황제의 총애를 받게 되자 조정을 뒤흔들었으며, 사방(四方)에 위세가 대단했습니다. 황제가 그들에게 상을 내림이 한없이 많아, 궁궐의 창고가 텅 비었습니다.[建始·河平之際, 許·班之貴, 傾動前朝, 熏灼四方, 賞賜無量, 空虛內藏.]"라고 했다. 이어서 곡영은 또한 황제에게 올린 글에서 말하기를, "여자의 총애가 지극한 것은 좋아해서는 안 됩니다. 지금의 임금께서는 연회를 베풀지 않음이 없으니 이전에 비해서 10배가 됩니다.[女寵至極, 不可尙矣, 今之後起, 無所不饗, 什培於前.]"라고 했다. 반고는 『한서』 「서전(敍傳)」에서, 위에서 언급한 내용을 해석하기를, 곡영의 이 이야기는 주로 당시의 황후인 조비연(趙飛燕)과 첩여 이평(李平)의 두 집안 외척을 지적하려고 쓴 것이라고 했다.

(聖賢)과도 같은 임금에게는 항상 명신(名臣)들이 곁에 있었으며, 삼대(三代)[28]의 마지막 왕들은 자신이 총애하는 여자가 같이 있었습니다. 지금 같이 가마에 타고 싶어 하시는 것은 삼대의 마지막 왕들과 닮은 점이 없다 할 수 있겠습니까?'라고 했다.[成帝遊於後庭, 嘗欲與婕妤同輦載, 婕妤辭曰, '觀古圖畫, 賢聖之君皆有名臣在側, 三代末主乃有嬖女, 今欲同輦, 得無近似之乎?']"라고 되어 있다. 즉 반첩여는 성제에게 하(夏)나라의 걸왕(桀王)·은(殷)나라의 주왕(紂王)·주(周)나라의 유왕(幽王)을 닮지 말고, 마땅히 정사에 관심을 가져 현명한 군주가 될 것을 권했다. 태후(太后)가 이 이야기를 듣고 매우 높이 평가했는데, 칭찬하면서 말하기를, "옛날에는 번희(樊姬)[29]가 있었고, 지금은 반첩여가 있구나.[古有樊姬, 今有班婕妤.]"라고 되어 있다. 반첩여는 문학적 재능이 매우 뛰어나 시(詩)와 부(賦)를 잘 지었으며, 항상 "『시경(詩經)』 및 「요조(窈窕)」·「덕상(德象)」·「여사(女師)」편(篇)을 암송하여[誦『詩』及「窈窕」·「德象」·「女師」之篇]", 자신의 지향(志向)을 토로하고 더불어 황제를 권계(勸誡)했는데, 이로 인해 반첩여는 후궁들의 존경을 받았다.

반황은 늙어서 은퇴할 때 성제로부터 많은 하사품을 받았는데, 몇 차례에 걸쳐 받은 것들을 합하면 엄청난 액수에 달했다고 한다. 이때 반씨 집안은 변경에서 장안성(長安城) 교외인 창릉[昌陵 : 처음에는 현(縣)을 설치했지만, 나중에 취소함]으로 이사하여 살았으며, 호적도 장안성에 두었다.

---

28) 역자주 : 하(夏)·은(殷)·주(周)의 세 왕조를 가리킨다.

29) 번희는 초나라 왕이 총애하던 후궁이다. 전해지는 말에 따르면, 초나라 왕이 사냥하는 것을 좋아하자, 번희는 초나라 왕에게 간언하기 위해, 금수(禽獸) 고기를 먹지 않았다고 한다.

반황에게는 반백(班伯)·반유(班斿)·반치(班穉) 등 세 아들들이 있었다. 그들은 모두 귀족 자제의 신분이었기 때문에, 순조롭게 벼슬길에 나아갈 수 있었다. 그들 세 형제를 시작으로, 반씨 가족은 또한 유학 세가(世家)가 되었다.

(3) "지조와 절개가 굳건한[志節慷慨]" 유사(儒士)

반고의 먼 조상인 영윤(令尹) 자문(子文)은 비록 공자에게 "충성스럽다[忠]."라고 칭찬을 받았지만, 뛰어난 학식이나 정치적 경륜을 가진 유사(유학자-역자)는 아니었다. 북쪽에 살았던 선조들이 목축업으로 큰돈을 벌었으나, 유교 경전을 열심히 읽지는 않았다. 사실상 반씨 가족이 유학 세가가 된 것은 반백(班伯)에서부터 시작되었다.

반백은 반고의 큰할아버지인데, 그는 어려서 서한 후기의 유학자이자 저명한 대신이었던 사단(師丹)으로부터 『시경』을 배워서 유명한 유학자가 되었으며, 더불어 정권을 장악하고 있던 대장군(大將軍) 왕봉(王鳳)으로부터 찬사를 받았다. 왕봉이 한나라 성제에게 반백이 인품과 학식이 모두 뛰어난 인재라고 추천했으므로, 황제가 직접 주관하는 연회에 불려가 만날 수 있었다. 반백은 용모가 준수하고, 시와 글을 낭독할 때 억양과 맺고 끊음이 정확하여 법도에 어긋나지 않았으므로, 성제는 매우 칭찬하면서 그를 중상시(中常侍 : 궁정에 출입하며 황제의 시중을 드는 직책)에 임명했다. 당시 한나라 성제는 독서에 흥미가 있어서, 대신인 정관중(鄭寬中)·장우(張禹)로 하여금 아침저녁으로 금화전(金華殿)에서 『상서』·『논어』를 강의하게 했으며, 특별히 반백도 함께 그 강의를 듣도록 배려했다. 반백은 매우 열심히 배웠는데, 금화전에서 강의를 듣고 대의(大義)를 이해한 다음에도 여전히 만족하지 못하고, 다시 이름난 유학자 허상(許商)과 함께 깊이 토론하여 학문에 큰 진전이 있었다. 이 기간 동안 반백은 봉거도위(奉車都尉 : 황제가 타는 수레를 관리하는 관원)로 승진했다. 몇 년 후, 금화전의 경전 강의가 중지되자, 반백은 특별히 다른 일이 없으면서도, 매일 같이 당시 큰 권세를 누리고 있던 왕씨(王氏)와 허씨(許氏)의 두 외척 자제들과 같이 있게 되자, 마음이 편치 않았다.

반씨의 선조는 반일(班壹) 이래로 몇 대를 거치면서 북방 변경 지방에서 생활했는데, 그로 인해 반백도 또한 '지조와 절개가 굳건한' 호탕한 기질을 갖추게 되어, 몇 차례에 걸쳐 흉노(匈奴)에 사신으로 보내줄 것을 조정에 요청했다. 반씨 가족의 이와 같은 '호방하고 의협심이 강한 기개[任俠]'의 특징은, 후에 반고·반초(班超) 형제에게도 매우 큰 영향을 끼쳤으니, 반고는 만년에 대군을 따라 흉노를 정벌하러 떠났으며, 반초는 서역에서 큰 공을 세웠다. 성제 하평(河平) 연간(기원전 28~기원전 25년)에, 흉노의 선우(單于)가 장안(長安)에 와서 한나라 황제를 알현할 때, 성제는 반백을 파견하여 그 사절들을 변경에서 영접하게 했다. 당시 정양군[定襄郡 : 지금의 내몽골 후허하오터(呼和浩特) 남쪽 지방]의 양대 성씨(姓氏)의 가문들은 서로 사적인 원한을 갚으려고, 무리를 모아 군부(郡府)의 관아를 습격하고 관리들을 살상했다. 반백은 흉노의 사자를 영접하는 도중에 이와 같은 일이 발생했다는 것을 알고, 즉시 조정에 보고했으며, 또한 자원해 나서서 1년 동안만 정양군의 태수(太守)에 임명해 달라고 요청했다. 이리하여 성제는 정식으로 그를 정양태수(定襄太守)에 임명했다. 정양군의 각계각층 인사들은 귀족의 자제가 어린 나이에 뜻을 얻고자 하여 스스로를 추천하여 군(郡)에서 발생한 사태를 평정하러 온다는 소식을 들었다. 그들은 이 젊은 태수가 반드시 강압적인 수단으로 소요 사태를 진압할 것이라고 생각하여, 순식간에 분위기가 긴장되고 인심이 흉흉해졌다. 그러나 예상과는 달리, 반백은 수레에서 내려 부임하자마자, 먼저 군에서 일찍이 반씨 가족의 몇 대 조상들과 교류가 있었던 그 지역 세가(世家)의 어른들을 모두 군의 대당(大堂)에서 영접했는데, 매일 정성스럽게 초대하여 스스로를 후배라고 칭하면서 공손하게 예를 다했다. 이렇게 하자 전체 군의 인심이 순식간에 안정을 찾기 시작하여, 두려워하는 마음이 사라졌다. 초대받은 어른들은 대부분이 그 지역의 유명 인사들이었고, 또한 과거에 반씨 집안과 교분을 나누어 우의가 있었는데, 지금 반백이 태수가 되어 이와 같이 예를 갖추어 대하자 모두 감동을 받은 것이었다. 그리하여 그들은 술자리에서 앞 다투어 반백을 도울 계책을 생각해 냈고, 소요 사태를 일으킨 주모자를 잡아서 죄를 다스림으로써 변경의 안정을 되찾아 달라고 건의했으며, 아울러 자발적으로 소요 사태를 일으킨 주모자들이 숨어 있는 곳을 알려 주었다. 반백은 이 이야기를 들은 후, 연달아 어른들에게 공손하게 감사를 표시하면서, "이는 제가 가르침을 주신 어르신들께 바라던 바였습니다![是所望於父師矣!]"라고 대답했다. 즉 공손하게 이 어른들에게, 그것이 바로 자신이 동네 어른들에게 가장 바라던 바였다고 밝혔다. 그리하여 즉시 현(縣) 내의 고위 관리들을 소집하여 상의하고, 잘 훈련된 수하들을 선발하여, 수색과 체포를 각각 분담해 나갔다. 또한 실마리를 찾아 차근차근 진상을 밝혀 가면서, 그 지역의 난동을 일으킨 자들이 숨어 있는 곳을 찾아내어, 고작 10여 일 만에 난동을 일으킨 자들을 일망타진했다. 그리하여 전체 군에는 위아래를 막론하고 두려워하여 순종하지 않는 사람이 없었고, 반백이 비범한 지혜와 기백을 지녔다고 칭찬해 마지않았다. 반백이 정양군을 1년 동안 다스려 탁월한 업적을 남기자, 조정에서는 그를 도성으로 불러들였다. 반백은 임지(任地)를 옮기라는 명을 받고, 도성으로 돌아가기 전에 반씨 조상들의 분묘를 벌초하게 해 달라고 부탁하여 효도를 다했다. 이에 황제는 특별히 어명을 내려 군과 현의 관원들로 하여금 이에 참가하도록 하여, 반씨 가문을 중시하고 있다는 것을 표현했다. 반백은 반씨 일족들을 모아 놓고 친소(親疏) 정도와 멀고 가까움에 따라서 상을 주느라고 적지 않은 돈을 썼다. 북방 변경 지역의 장로들은 반백이 이처럼 효도하는 일을 중시하여 성대히 행하는 모습을 보고는 오랫동안 잊을 수 없었다. 뜻밖에도 반백이 도성으로 돌아오던 도중에 감기에 걸렸는데, 장안에 도착한 후 한나라 성제는 그를 시중(侍中) 광록대부(光祿大夫)에 임명하고는, 특별히 집에서 요양하도록 분부를 내렸다.

그 때, 반씨 집안에 불리한 새로운 상황이 발생했다. 즉 반첩여가 황제로부터 총애를 잃자, 그녀로 하여금 황태후를 봉양하도록 했고, 이평(李平)을 첩여(婕妤)에 봉하고, 조비연(趙飛燕)을 황후에 봉했다. 이는 반백에게 큰 타격이었으므로, 그는 아예 병을 핑계로 장기간의 휴가를 내고 문밖에 나가지 않았다. 매우 오랜 시간이 지나자, 한나라 성제는 직접 반백의 집으로 가서 병문안을 했는데, 실제로는 반백의 병세에 대한 진상을 알아 보려는 것이기도 했다. 반백은 크게 불안하여, 감히 다시는 요양한다는 말을 하지 못했고, 할 수 없이 맡은 일을 하게 되었다.

당시 조정의 대권을 장악하고 있던 대장군 왕봉이 죽고, 한나라 성제는 부평후(富平侯) 장방(張放)과 정릉후(定陵侯) 순우장(淳于長) 등 두 사람을 총애하기 시작했다. 그러자 그들은 온갖 방법을 동원하여 향락을 탐하고자 하는 성제의 욕망을 만족시켰는데, 언제나 성제가 귀족 자제로 변장한 후 궁궐을 떠나 법석을 떨면서 놀도록 했다. 또 궁중에서 큰 잔치를 벌이고는, 황제·조비연·이평·궁녀들과 장방 등의 사람들이 함께 술을 마시고 즐겁게 놀면서 미친 듯이 큰 소리를 질러댔다. 궁중에는 한 폭의 병풍이 걸려 있었는데, 그 위에는 은나라 주왕(紂王)이 술을 마시면서 크게 취하여 달기(妲己)를 안고 즐겁게 노는 모습이 그려져 있었다. 반백은 최근에야 문밖을 나섰기에, 처음으로 그러한 장면을 보았는데, 한나라 성제는 곧 병풍 위의 그림을 가리키면서 그에게 물었다. "주왕의 무도(無道)함이 이 지경에 이르렀단 말인가?[紂爲無道, 至於是乎?]" 반백은 잠시 생각하더니 이렇게 대답했다. "『상서(上書)』에서 이르기를, '부인(婦人)의 말을 채용했다.'라고 했는데, 어찌 조정에 오만방자함이 있었겠습니까? 온갖 악한 것들이 이것에 귀착됨을 말한 것이지, 이와 같이 심하지는 않았습니다. [『書』云'乃用婦人之言', 何有踞肆於朝? 所謂衆惡歸之, 不如是之甚者也.]" 성제가 또 말했다. "만약 이와 같지 않았다면, 이 그림은 어찌 경계하는 것인가?[苟不若此, 此圖何戒?]" 그러자 반백이 다시 대답했다. "'술에 빠져 헤어나지 못하자', 미자(微子)[30]가 은나라를 떠날 것을 고한 까닭이

30) 역자주 : 상(商)나라 왕인 제을(帝乙)의 장자(長子)이자, 마지막 왕인 주왕(紂王)의

며, '술에 취해 소리지르자[式號式謼]' 「대아(大雅)」에서 탄식한 까닭입니다. 『시경(詩經)』과 『상서(尙書)』가 음란함을 경계한 것은, 그 근원이 모두 술에 있습니다.['沈湎於酒', 微子所以告去也, '式號式謼,' 「大雅」所以流連也. 『詩』·『書』淫亂之戒, 其原皆在於酒.]" 반백은 이처럼 경서의 말을 빌려 완곡하게 한나라 성제에게 '술에 빠져 헤어나지 못하거나', 향락을 탐해서는 안 되며, 마땅히 국가 대사를 중히 여기고, 성실히 정사를 돌봐야 한다고 간언했다. 한나라 성제는 반백의 말을 듣고는, 마치 감동한 듯이 탁식하며 말했다. "내가 오랫동안 반백을 보지 못했는데, 오늘에야 다시 바른 말을 듣는구나![吾久不見班生, 今日復聞讜言!]"[31] 성제는 이렇게 반백이 경전을 이용하여 간언하고 권계(勸誡)한 것에 대해 높이 평가했다.

장방 등의 사람들은 이 광경을 보고, 스스로 흥이 깨졌다는 것을 알고는 황급히 핑계를 대며 자리를 떴다. 성제도 흥취를 잃었기 때문에 술자리를 물리도록 분부했다. 이 사건은 마침 장신궁(長信宮)의 여관(女官)이 궁궐에 와서 일을 보다가 목격했고, 따라서 밖에 널리 알려졌으며, 또한 황후의 귀에까지 전해졌다.

후에 성제가 태후를 만났을 때, 태후가 눈물을 흘리면서 그에게 말하기를, '반시중(班侍中 : 즉 반백)은 본래 대장군 왕봉이 추천한 자로, 덕성(德性) 또한 훌륭하니, 너는 그를 부당하게 대해서는 안 된다. 장방 같은 사람은 좋지 않으니, 너는 응당 그를 궁중에 두어서는 안 되

이복형으로, 상나라가 멸망한 뒤 주(周)나라 성왕(成王)에 의해 송(宋)의 제후에 봉해졌다. 비간(比干)·기자(箕子)와 함께 상나라 말기의 '세 명의 어진 인물[三仁]'로 꼽힌다.

31) 이상 인용문들은 모두 『한서』 권100 「서전(敍傳)」을 보라.

며, 마땅히 그를 자신의 봉지(封地)로 돌려보내야 한다.'라고 했다. 성제는 태후의 말을 듣고는, 당장 그렇게 하겠다는 의사를 표시했다. 그러나 성제는 이 조치를 취했지만, 사실 그의 환심을 샀던 장방을 아까워하는 마음이 있었기 때문에, 장방을 떠나보낸 지 며칠 만에 다시 궁궐로 돌아오게 했다. 태후는 이 일을 듣고는 다시 관여했는데, 외척인 허상(許商)과 대신인 사단(師丹)을 광록대부(光祿大夫)에 봉하여 자문에 응하는 책임을 맡도록 했다. 또한 반백을 수형도위(水衡都尉)로 승진시켜 상림원(上林苑)을 관장함과 더불어, 황실의 재물을 보관하고 돈을 주조하는 등의 일을 관장하게 하여, 그로 하여금 지위와 명망이 가장 높으면서도 과거에 자신을 맡아 가르쳤던 스승인 허상·사단과 함께 황제를 보위하도록 했으며, 그들과 마찬가지로 2천 석의 녹봉을 받도록 했다. 이는 삼공[三公 : 승상(丞相)·태위(太尉)·어사대부(御史大夫)] 이외의 가장 높은 관직이니, 태후는 반백을 매우 중용한 것이다. 반백·허상·사단 등 세 사람이 마음을 합쳐 정사를 돕자, 궁중에도 약간씩 기율이 바로잡히기 시작했다. 승상 적방진(翟方進)의 거듭된 주청(奏請)을 통해, 결국 장방은 장안(長安)으로 쫓겨났다. 대단한 권세를 누리며 총애를 받던 장방이 도성에서 쫓겨난 것은 당시에 확실히 큰 사건이었는데, 반백이 그 큰 사건에서 역할을 한 것이다.

반백이 병으로 세상을 떠났을 때, 그의 나이는 겨우 38세였다. 그는 비록 외척의 신분이었지만, 사악한 세력에 의지하지 않고 자신의 견식과 기백으로 정치를 논했으니, 성제 시대의 조정 신하들 중에서 그는 모든 면에서 칭찬을 받을 만한 점을 지니고 있었다. 그는 또한 유가 경전에 나오는 도리를 인용하여 향락에 빠져 있던 성제를 직접 마주하고 간언할 수 있었다. 이러한 점들은 반고에게 모두 영향을 미쳤다.

(4) 명을 받아 황가(皇家)의 장서(藏書)를 교열하다.

반고의 둘째 큰할아버지인 반유(班斿)는 학자로서, 어려서부터 고생하며 열심히 공부하여, 청년이 되었을 때에는 "박학(博學)하고 뛰어난 재주를 가진 것[博學有俊材]"으로 널리 알려졌다. 좌장군(左將軍) 사단(師丹)은 그의 재주와 학문을 높게 평가했으며, 특별히 그가 현량(賢良)하고 방정(方正)하다고 추천했다. 반유는 조정에 대책(對策 : 95쪽 역자주 10) 참조-역자)을 올려, 성제의 높은 평가를 받았으며, 그 결과 의랑(議郎)에 임명되었다. 한대(漢代)에 낭관(郎官)은 입신과 출세의 시작이었는데, 고정된 이름이 없었고, 그 숫자도 천여 명에 달했다. 낭관은 주로 궁정의 문을 지키는 책임을 맡았고, 황제의 어가(御駕)가 출입할 때 수레와 말을 충당했으며, 3백 석부터 6백 석까지의 녹봉을 받았다. 의랑은 다른 낭관들에 비해 약간 높은 지위였다. 반유는 업무 처리가 성실하여, 매우 빨리 간대부(諫大夫)·우조중장랑(右曹中將郎)으로 승진했으며, 더불어 저명한 문헌학자인 유향(劉向)과 함께 비각(秘閣)의 장서(藏書)들을 교감하고 정리하도록 명을 받았다. 그는 겸허하고 학문을 좋아했으며, 책을 교열하는 일에 성실하여, 짧은 시간에 동료들의 찬사를 받았으며, 무릇 황제에게 교서(校書) 등의 업무에 대해 보고해야 하는 것은 모두 반유가 책임지고 상주(上奏)했다. 반유가 황가의 풍부한 장서들을 교열하는 일에 참가한 것은 학술적으로 볼 때 큰 사건이라고 할 수 있다. 이 작업 과정에서 단련을 거치면서, 반유는 자신의 역사·문화에 대한 지식을 대단히 풍부하게 하여, 학문이 깊고도 넓은 유학의 명사(名士)가 되었으며, 또한 황제가 읽어야 할 책들을 골라 제공했다. 이후 황제와 마주할 기회가 갈수록 잦아지자, 황제는 그를 더욱 깊이 이해하게 되었다. 특히 그의 깊고도 넓은 학문은 급속하게 황제의 환심을 샀다. 성제는 그의 학문을 칭찬하고 장려하기 위해, 그에게 황실 장서의 부본(副本)들을 하사하도록 명령했다. 당시 조정에서는 황실의 장서를 매우 귀중하게 여겼기 때문에 절대로 함부로 밖에 내보내지 않았다. 『한서』「선원육왕전(宣元六王傳)」에는, 한나라 원제(元帝) 때 동평사왕(東平思王)[32] 유우(劉宇)가 황제를 알현하러 와서, 일찍이 그에게 제자백가들의 글과 『태사공서(太史公書)』[33]를 하사해 주도록 글을 올려 요청했다고 기록되어 있다. 원제는 왕봉(王鳳)을 불러 의논했는데, 왕봉은 엄정한 태도로 황제에게 보고하기를, '한 나라의 역사서를 어찌 제후왕(諸侯王)[34]이 소유할 수 있단 말입니까? 동평왕

---

32) 역자주 : 한나라 선제(宣帝)의 셋째아들 유우는 기원전 52년 10월에 봉지(封地)를 받고 동평왕이 되었다. 그가 재위한 지 33년 만에 세상을 떠나자, 그의 아들 유현(劉玄)이 왕위를 계승하여 동평왕이 되었고, 유우에게는 동평사왕(東平思王)이라는 시호를 내렸다. 여기에서는 동평국의 왕을 지칭하는 일반명사인 '동평왕'과 구분하기 위해 유우를 지칭하는 시호를 사용하였다.

33) 역자주 : 『사기』의 본래 이름이다.

34) 역자주 : 제후는 중국에서 고대에 중앙 정권이 분봉(分封)한 각 나라들의 군주를 통틀어 일컫는 말이다. 주대(周代)에는 공(公)·후(侯)·백(伯)·자(子)·남(男) 등 다섯 등급이 있었고, 한대(漢代)에는 왕(王)·후(侯)의 두 등급이 있었다. 주나라 제도에서는 제후는 명의상 왕실의 정령(政令)에 복종해야 했으며, 왕실에 조공하고, 업무를 보고하며, 각종 역(役)에 복무하고, 왕실을 위해 출병하는 등의 의무가 있었다. 한나라 때에는 제후국을 황실에서 재상이나 장관을 파견하여 다스렸고, 왕과 후는 단지 각종 세금을 거두어 먹고 살아갈 뿐이었다.

(東平王)은 알현하러 왔으면, 마땅히 군신의 의리를 알아야 하며, 예에 어긋나는 말을 해서는 안 됩니다'라고 했다. 『태사공서』에는 천하를 탈취하는 전략과 계책이 기록되어 있고, 또한 천하의 형세와 요충지들이 기재되어 있어, 만약 그가 이 책을 갖게 되면 후환(後患)이 없으리라고 장담할 수 없다는 것이었다. 그리하여 원제는 동평왕의 요구를 거절했다. 황제는 종실(宗室)에게도 제자백가들의 글과 『태사공서』를 주지 않았지만, 국가 장서의 부본들을 반유에게 주었으니, 이는 의심할 여지없이 황제가 반씨 집안에 대해 가장 큰 은전(恩典)과 신임을 베푼 것이다. 이 때 하사받음으로써, 반씨 가문은 많은 진귀한 책들을 소유하게 되었으며, 또한 반표(班彪)·반고 부자의 저술을 위한 매우 유리한 문헌적 조건을 갖추게 되었다. 이처럼 반유의 재주는 출중했으나, 수명이 길지 못하여, 비교적 일찍 세상을 떠났다.

(5) '바르고 곧으며 완고한' 성품

반황(班況)의 막내아들 반치(班穉)는 반고의 조부(祖父)인데, 그는 세 명의 형제들 중에서 '바르고 곧으며 완고한[方直自守]'[35] 성품과 일처리가 신중한 특징을 지니고 있었다.

반치는 청년 시절에 낭관(郎官)으로 벼슬길에 올라, 황문랑(黃門郎) 중상시(中常侍)에 임명되어, 황궁 안에서 근무했으며, 황제의 시중을 들면서 명령을 전달하는 일을 담당했다. 그는 법도에 따라서 일을 처리했으며, 감히 황제 측근이라는 지위를 이용하여 멋대로 일을 처리하는 법이 없었다. 성제(成帝)가 만년에 친아들이 없자, 정도왕(定陶王)

35) 『한서』 권100 「서전(敍傳)」.

을 태자로 삼으려고 생각했는데, 그 생각을 확정하지 못하여 몇 차례 사람을 보내 가까운 신하들의 의향을 물었다. 신하들은 모두 찬성했지만, 오직 반치만은 명확한 태도를 표시하지 않았다. 성제가 세상을 떠난 후 정도왕이 즉위했는데, 그가 애제(哀帝)이다. 애제는 반치가 자신을 옹립하여 제위에 오르게 하는 데 적극적이지 않았기 때문에, 곧 그를 강직(降職)시켜, 그로 하여금 지방으로 가서 서하속국도위(西河屬國都尉)를 맡도록 했지만, 곧 광평군(廣平郡) 태수(太守)로 승진시켰다.[36]

이 시기는 바로 서한 말기의 정국이 요동치던 시기로, 조금이라도 신중하지 못할 경우 정치의 소용돌이 속으로 말려들었다. 반유와 반치가 어렸을 때, 왕망(王莽)은 같은 외척 자제였으므로, 이들은 비교적 절친한 친구였다. 당시의 황제인 한나라 평제(平帝)는 9세의 어린 아이였으므로, 형식적으로는 태후(太后)가 섭정하여 국정을 맡고 있었지만, 사실은 왕망이 대권을 조종하고 있었다. 군신(群臣)들은 일찍이 왕망이 한나라 황실을 찬탈할 야심을 갖고 있다는 것을 알고 있었기 때문에, 모두 다투어 왕망에게 아부했으며, 거짓으로 상서로운 일이 있었다고 보고하여, 태평성세라는 허상을 만들어 냈다. 반치는 원래 정직하여, 왕망에게 아부하여 거짓으로 상서로운 일을 꾸며 내는 것을 원치 않았다. 당시 낭아군(琅玡郡) 태수(太守) 공손굉(公孫閎)도 이와 같아서, 상서로운 일을 보고하지 않았을 뿐만 아니라, 도리어 자연재해가 있었다고 보고했다. 왕망의 심복이자 대사공(大司空)인 견풍(甄豐)은 자기 부하들을 광평(廣平)과 낭아(琅玡)의 두 군(郡)으로

36) 이는 『후한서』 권40 「반표열전(班彪列傳)」에 의거한 것이다. 『한서』 권100 「서전」에 따르면 '광평상(廣平相)'이라고 했다.

보내, 광평군의 관리들이 거짓으로 상서로운 일이 있었다고 보고하도록 획책하여, 상서로운 일이 있었는데도 반치는 일부러 숨겼다고 무고(誣告)했다. 또한 낭아군의 관리들로 하여금 자연재해의 실정을 숨기도록 지시하고, 공손굉이 '성정(聖政)'에 위해(危害)를 가했다고 고발하여, 반치와 공손굉이 엄중한 처벌을 받도록 준비했다. 이 때 태후가 나서서 반씨 가문을 위해 왕망에게 사정하면서 말하기를, "덕(德)과 아름다움을 널리 알리지 않은 것은, 마땅히 재해를 말한 것과는 다르게 벌해야 합니다.[不宣德美, 宜與言災害者異罰.]"[37]라고 했다. 태후는 또한 반치가 반첩여의 남동생이라는 것을 알았으므로, 그에게 관대한 조치를 취해 주도록 왕망에게 요청했으며, 또한 '만약 반치를 징벌한다면, 나는 크게 상심(傷心)할 것이오!'라는 의사를 표시했다. 태후의 요청에 의해, 반치는 재앙을 면했으나, 공손굉은 죽임을 당했다.

반치는 비록 죽음은 면했지만, 그는 이 일로 인해 두려움을 느껴 황제에게 글을 올려 벌을 면하게 해준 것에 대해 감사를 표시하였다. 그리고 태수(太守)의 관인(官印)을 반환하면서, 연릉원(延陵園)으로 가서 능원(陵園)을 관리하는 낭관이 되고 싶다고 하자, 태후는 그의 요구를 받아들였다. 그리하여 반씨 집안은 왕망이 제위를 찬탈하여 황제를 칭하던 기간에 지위가 매우 낮아졌다. 겉으로는 이것이 반씨 가문에게 큰 손실이었지만, 반씨 가문은 이로 인해 또한 화(禍)가 도리어 복(福)이 되어, 왕망이 패망했을 때 왕망과는 아무것도 연루되지 않을 수 있었다. 반치가 "바르고 곧으며 아첨하지 못하는[方直不阿]" 성품을 갖고 있었기 때문에, 반씨 가문은 보전될 수 있었다.

---

37) 『한서』 권100 「서전」.

(6) 유가(儒家)와 도가(道家)의 사상 경향을 함께 수용해 나가다.

반씨 가문은 비록 유학의 세가(世家)였지만, 다른 학파들의 사상을 결코 배척하지 않았으며, 함께 받아들이고 배워 가는 특징을 지니고 있었다. 반유의 아들 반사(班嗣)가 바로 이 방면에서 전형적인 모습을 보여 주었다.

반사는 반고의 당백부(堂伯父)이면서, 동시에 "당대(當代)에 이름을 떨친[顯名當世]" 학자였다. 반사는 반고의 아버지인 반표(班彪)와 나이가 비슷했으므로, 어려서부터 같이 공부했으나, 학문적인 취향은 매우 달랐다. 반사는 어려서부터 유교 사상의 교육의 받았으나, 유교 사상을 받아들임과 동시에 또한 당시 사회에서 유행하던 도가 사상의 영향도 받아, 노자(老子)·장자(莊子)의 학문을 매우 좋아했다.

환담(桓譚)은 당시에 매우 이름난 학자였으며, 반씨 집안과는 교우 관계가 있었다. 그는 일찍이 반사에게 장자의 책을 빌려 주자, 반사는 그를 한바탕 비꼬면서 말하기를, 장자의 포부는, "성스러움을 끊고 지혜를 버리며, 수행하여 깨달음을 얻고 자신의 본성을 보존하며, 마음을 깨끗하게 하고 욕심을 버려서, 자연(自然)에 귀의(歸依)하며, 오직 자연을 스승과 벗으로 삼는 것이니, 세속에서 일을 하는 사람이 할 수 있는 것은 아니네. 깊은 골짜기에서 낚시를 하면 만물도 그 뜻을 어지럽히지 못할 것이며, 외진 언덕에서 세상을 피해 산다면 천하도 그 즐거움을 변화시키지 못할 것이네.[絕聖棄智, 修生保眞, 淸虛淡泊, 歸之自然, 獨師友造化, 而不爲世俗所役者也. 漁釣於一壑, 則萬物不奸其志, 栖遲於一丘, 則天下不易其樂.]"라고 했다. 그는 공자와 성인(聖人)의 학문이라는 그물에 걸려서 사상이 속박당하기를 원치 않으며, 또한 교만하고 횡포한 군주가 던져 놓은 미끼를 냄새 맡으며 혹사당하고 싶지 않다고 했다. 그래서 "구속당하지 않고 마음 가는 대로 하면서, 담소하는 사람은 얻는 것은 없지만 이름이 알려지기 때문에, 소중하다네.[蕩然肆志, 談者不得而名焉, 故可貴也.]"라고 했다. 또한 말하기를, "지금 자네는 이미 인의(仁義)의 굴레에 꿰어 있고, 명성의 고삐에 묶여 있으며, 주공(周公)·공자의 전철을 따라가고, 안회(顔回)·민자건(閔子騫)이 도달했던 경지로 치달으면서, 세교(世敎)에 얽매여 있는데, 어찌 장자의 도를 사용하여 스스로 광채를 내면서 세상의 주목을 받으려고 하는가?[今吾子已貫仁誼之羈絆, 系名聲之繮鎖, 伏周·孔之軌躅, 馳顔·閔之極摯, 旣系攣於世教矣, 何用大道爲自眩曜?]"라고 했다. 즉 이 말의 뜻은, 그대와 같이 이미 주공·공자의 학설을 따라가면서 세속적 관념에 연루되어 있는데, 구태여 또 장자의 학설을 채워 넣어 자신을 과시하려고 꾸며대느냐는 것이다. 반사는 또 말하기를, "옛날에 한단(邯鄲)의 걸음걸이를 배운 사람은, 그것을 흉내도 내지 못하면서, 또한 자신의 옛 걸음걸이도 잃어 버려, 결국은 기어서 돌아갔다네! 아마도 이와 같았으므로, 나아갈 수 없었을 것이네.[昔有學步於邯鄲者, 曾未得其彷彿, 又復失其故步, 遂匍匐而歸耳! 恐似此類, 故不進.]"라고 했다. 즉 그는 『장자』에 나오는 '한단지보(邯鄲之步)'의 고사를 빌려, 환담이 이미 유가의 충실한 신도임에도 또한 도가 사상을 배운다면, 마치 한단의 걸음걸이를 배운 것과 마찬가지로 새로운 걸음걸이를 배우지도 못할 뿐만 아니라, 혹시라도 심지어 자신의 원래 걸음걸이마저 잃어 버릴 것을 걱정하고 있다. 그러면서 환담에게 노자·장자의 도가 사상을 배우지 말 것을 권했다.[38]

38) 이상 인용된 글들은 모두 『한서』 권100 「서전」을 보라.[반사의 이 말은, 유가와 도

반사의 이 의론(議論)은, 한나라 무제 이후 유교만을 국가가 공인하여 존숭하던 것에 대해 불만을 가지고 있었기 때문에, 유가 사상에 대해 맹렬히 비난하고, 도가 사상에 대해서는 열렬히 찬양하고 있다. 의심할 여지없이, 유가 사상이나 혹은 도가 사상을 절대적으로 숭배하는 것은 모두 옳지 않으며, 마땅히 두 사상의 정화(精華)를 받아들이고 가치가 없는 것들은 버리면서, 서로 흡수하고 보충하는 것이 옳은 것이다. 반사의 의론은 겉으로는 확실히 약간 과격하고 편파적인 면이 있지만, 유가 사상만을 존숭하는 것이 가장 성행하던 시대에 노자와 장자의 사상에 주의를 기울여야 한다고 제시한 것은 또한 상당한 의의가 있었다. 이와 같이 다른 사상을 함께 수용하고 함께 배우는 것을 중요시한 생각은 반고에게도 일정한 영향을 미쳤다.

이상에서 알 수 있듯이, 반씨의 가족들은 반고의 조부(祖父) 세대와 당백부(堂伯父)인 반사에 이르기까지 이미 다양한 방면의 전통을 가지고 있었다. 그 첫째는, 반고의 조부 세대는 어려서부터 유가 경전을 열심히 공부하여, 학문적으로도 매우 깊은 조예가 있었으며, 더불어 집안에 풍부한 장서(藏書)를 보유하고 있었기에, 서한(西漢)과 동한(東漢)의 교체 시기에 유학의 세가가 되었다는 것이다. 둘째는, 반씨 가문은 유교를 열심히 공부하기 시작하면서부터, 당시의 유명한 학자들과 친밀한 관계를 맺고 빈번히 왕래했으며, 그 영향을 받아 반씨 가문은 학술적 분위기가 더욱 농후해졌다는 것이다. 셋째는, 반씨 가문은 비록 유학으로 집안을 일으켜 세웠지만, 결코 도가 등 다른 학

가의 길은 완전히 다르기 때문에, 유가를 공부한 사람이 도가를 공부하는 것은 도움이 되지 않는다는 것을 의미한다. 이는 도가가 유가와 대등하면서도 차별되는 또 다른 길임을 전제하고 있다.-역자]

파들의 사상을 배척하지 않았으며, 함께 수용하고 배우는 학문적인 특징을 갖추고 있었다는 것이다. 넷째는, 장기간의 변경(邊境)에서의 생활로, 가문의 구성원들 중 많은 사람들이 "지조와 절개가 굳건하고[志節慷慨]" "호방하고 의협심이 강한 기개[任俠]"의 정신을 형성했다는 것이다. 반고의 조부 세대부터, 반씨 가문의 자제들은 어려서부터 이와 같은 학술적 분위기가 농후한 곳에서 성장했고, 또한 변경의 일에도 관심이 많아, 무(武)를 숭상하는 호방하고 의협심이 강한 기개의 정신을 지니고 있었다. 이와 같은 우수한 전통은 반표·반고 부자(父子)가 삶의 진로를 선택하는 데에 직접적인 영향을 미쳤다.

3. 반표(班彪)의 학술 사상 및 그것이 반고에 미친 영향

반표는 반치(班穉)의 아들이자 반고의 아버지로, 자(字)는 숙피(叔皮)이며, 서한 평제(平帝) 원시(元始) 3년(서기 3년)에 태어났다. 반표가 독서를 하며 학문을 닦던 시대에, 왕망(王莽)이 서한 정권을 탈취하여 신(新)나라를 세웠는데, 반씨 가문은 이미 정치적으로 중요한 지위를 차지하지 못하고 있었지만, 집안에 장서와 재산은 오히려 매우 풍부했다. 이는 반표가 좋은 교육을 받을 수 있는 환경을 제공해 주었으며, 또한 반표의 아버지 세대의 인맥으로 인해 당대(當代)의 학자들 대부분과 교류할 수 있었기에, 자연스럽게 반표 등 반씨 가문의 사람들은 시야가 넓어졌다. 반고는 이에 대해서 일찍이 스스로 자랑스러워하며 이렇게 말했다. "집에는 하사받은 서적들이 있었으며, 안으로는 재산이 넉넉하여, 옛것을 좋아하는 선비가 멀리서부터 찾아왔는데, 아버지와 교분이 있었던 양웅(揚雄)을 비롯해서 집에 오지 않은 이들이 없었다.[家有賜書, 內足於財, 好古之士自遠方至, 父黨揚子雲以下莫不造門.]"[39] 즉 황제에게 하사받은 장서들 있었으며, 경제적으로도 풍요로웠기 때문에, 학식이 있는 사람들이 멀리서부터 찾아왔는데, 아버지 세대의 친구인 양웅 등 유명 인사들이 늘 손님으로 찾아왔다. 이러한 학자풍의 집안 분위기는 반고에게 매우 큰 영향을 미쳤다.

(1) "오직 성인(聖人)의 도(道)인 다음에야 마음을 다하다[唯聖人之道然後盡心]."

반표는 비록 사촌형인 반사(班嗣)와 함께 공부하고 함께 성장했으나, 그의 학술 사상은 오히려 반사와 큰 차이가 있었다. 반사는 유가사상을 공부하면서 동시에 점점 노자(老子)와 장자(莊子)의 도가(道家)사상으로 기울었던 반면, 반표는 당시의 "오직 유술(儒術)만을 숭상[獨尊儒術]"하는 사상에 깊은 영향을 받아, 완전히 유학 사상을 신조의 원칙으로 삼았으며, "오직 성인(聖人)의 도(道)인 다음에야 마음을 다했다.[唯聖人之道然後盡心焉.]"[40] 그는 "황로사상(黃老思想)[41]을 숭상하고 〈오경(五經)〉을 소홀히 하는[崇黃老而薄五經]" 것에 반대하고, "〈오경〉의 법도(法度)가 될 만한 말에 의지하고, 성인의 시비(是非)와 함께해야 한다.[依五經之法言, 同聖人之是非.]"[42]라고 주장했다. 왕망 말년에 나

39) 『한서』 권100 「서전」.

40) 『한서』 권100 「서전」.

41) 역자주 : 황로사상은 황제(黃帝)와 노자(老子)의 사상이라는 의미로, 도가(道家) 사상을 가리킨다. 사실 황제는 도가 사상과 그다지 관련이 없지만, 유교가 요(堯)·순(舜)을 추앙하는 것에 영향을 받아, 황제를 전면에 내세우게 되었다.

42) 『후한서』 권40 「반표열전(班彪列傳)」.

타나기 시작한 사회적 대혼란 시기에도, 반표는 유학 사상을 원칙으로 삼아, 형세를 관찰하고 행동을 이끌어 나갔다.

(2) 외효(隗囂)에게 할거(割據)를 포기하도록 권유하다.

왕망은 본래 당시 심각했던 사회 모순을 해결하고 고대의 전적에 의거하여 '제도 개혁[改制]'을 진행해 나가려고 했지만, 그는 갖가지 역사 발전의 법칙에 어긋나는 조치들을 채택했으며, 그 결과 사회문제를 해결하기는커녕, 도리어 중대한 사회적 혼란을 불러일으키고 말았다. 게다가 폭정(暴政)과 가혹한 수탈에 천재지변까지 겹치자, 전국적으로 농민들의 대반란을 불러일으켜, 서기 23년에 왕망의 신(新)나라는 멸망했다. 그로부터 2년 후, 유수(劉秀)는 하북(河北) 지역에서 황제에 즉위했으며, 곧 낙양(洛陽)에 도읍을 정하고, 봉기한 적미군(赤微軍) 잔당을 소탕하여, 중원의 대부분 지역을 장악했다. 이 때는 아직 전국이 통일을 이루지 못해, 각지에는 여전히 많은 할거(割據) 세력들이 존재하고 있었다. 그 중 가장 큰 세력은 농서(隴西) 지역을 장악한 외효(隗囂)와 촉(蜀) 지역을 장악한 공손술(公孫述)이었다.

외효는 자신의 세력을 키워 한 지역을 장악하려는 목적을 위해, "겸손하고 공손하며 선비들을 아끼는[謙恭愛士]" 모습으로 가장했다. 그리하여 경시제(更始帝) 유현(劉玄)이 농민 반란군인 적미군에게 패배하고, 옛 수도인 장안(長安)과 그 주변 지역의 상류층 인사들이 그에게 귀순해 왔을 때, 외효는 그들을 모두 환영했으며, 더불어 그들을 친구처럼 접대하고 교류했으므로, 좋은 평판을 얻었다. 이리하여 반표는 전란을 피해 농서 지방으로 가서 외효에게 의탁했다. 당시 군웅(群雄)들은 서로 싸우고 있어, 천하가 혼란스러웠는데, 보통사람들은 정세가 어떤 방향으로 흘러갈 것인지 예측하지 못한 채, 단지 관망하면서 망연자실해하고 있었다. 외효는 내심 공손술과 연락하여 서로 천하를 할거하려고 생각했지만, 정세의 흐름에 대해서 또한 매우 곤혹스러워하고 있었다. 그런데 삼보(三輔 : 35쪽 참조-역자) 지역의 명사(名士)인 반표가 의탁해 온 것을 알고, 외효는 매우 기뻐하면서, 즉시 25세에 불과하던 반표에게 천하의 형세에 대한 의견을 물어 보았는데, 반표의 대답은 그가 비범한 식견을 갖고 있음을 다시 한 번 보여 주었다.

외효는 반표에게, "옛날 주(周)나라가 멸망하고 전국(戰國)이 함께 싸우자 천하가 분열되었으며, 여러 세대가 지난 다음에야 안정되었소.[往者周亡, 戰國竝爭, 天下分裂, 數世然後乃定.]"라고 하면서, 지금의 형세를 보면 천하가 전국 시대와 같은 분열의 국면으로 되돌아가는 것은 아니냐고 물었다. 더불어 그가 "좋은 운세를 이용하여 차례로 흥기하여[乘運迭興]" 패업(霸業)을 이룩하려 한다는 뜻을 나타내 보였다. 그러면서 반표가 자신을 도와 분석해 주면, 성공할 수 있지 않겠느냐고 권유했다.

반표는 유가(儒家)의 '대일통(大一統)' 사상을 추종했으므로, 외효가 분열을 일으켜 할거하는 것에 반대했다. 그리하여 그는 단도직입적으로 말했다. "주나라가 망하고 흥한 것은 한나라와는 다릅니다. 옛날에 주나라는 5등급의 작위를 두었으며, 제후들은 법령을 따랐는데, 근본은 이미 쇠미해지고 지엽(枝葉)이 강대해졌기 때문에, 말류(末流)들이 방종하게 구는 일이 있게 되어, 그 세력이 그와 같았습니다. 한나라 황실은 진(秦)나라의 제도를 이어받아, 군현(郡縣)을 아울러 설치하니, 군주는 독단적으로 할 수 있는 위세가 있었지만, 그를 따르는 신하들은 백 년의 권세가 없었습니다. 그런데 성제(成帝) 때에 이르러 외척(外戚)에 의지하게 되고, 애제(哀帝)·평제(平帝)는 제위 기간이 짧아, 나라의 후사가 세 번이나 끊기는[43] 재앙이 위에서 일어났지만, 그 해악이 다음 대에까지 미치지는 못했습니다. 때문에 왕망이 높은 지위에 올라 조정을 마음대로 전횡하고 제위를 찬탈했지만, 백성에 근본을 두지 못했습니다. 그리하여 즉위한 다음, 천하가 절망하여 탄식하지 않는 자가 없었으며, 10여 년 동안 나라 안팎으로 소요가 일어났는데, 멀리서나 가까이에서 동시에 함께 일어났으며, 거짓으로 칭하는 자들이 구름처럼 나타나, 모두 유씨(劉氏)를 칭했으니,[44] 서로 모의하지 않았음에도 모두 같은 말을 하고 있었습니다. 바야흐로 지금 영웅호걸들 중에 각 주(州)를 차지하고 있는 자들은, 모두 아무도 전국 시대 칠국(七國)의 위업을 자산으로 갖지 못하고 있습니다. 『시경(詩經)』에 이르기를, '위대하신 상제(上帝)께서는 위엄 있게 세상에 임하시어, 사방을 살펴보시고 백성들의 고통을 구제했다'고 했습니다. 지금 백성들이 모두 한나라를 구가하며 그리워하고 있고, 유씨를 우러러보고 있음은, 이미 알 수 있습니다.[周之廢興與漢異. 昔周立爵五等, 諸侯從政, 本根既微, 枝葉强大, 故其末流有縱橫之事, 其勢然也. 漢家承秦之制, 竝立郡縣, 主有專己之威, 臣無百年之柄, 至於成帝, 假借外家, 哀·平短

43) 역자주 : 성제·애제·평제는 모두 자신의 아들들이 제위를 계승하지 못했음을 가리킨다.

44) 역자주 : 왕망에 대항하여 반란을 일으킨 녹림군(綠林軍)과 적미군(赤眉軍)은 각각 한나라 황실의 후손인 유현(劉玄)과 유분자(劉盆子)를 끌어들여 옹립하고 황제를 칭하도록 했다.

祚, 國嗣三絕, 危自上起, 傷不及下. 故王氏之貴, 傾擅朝廷, 能竊號位, 而不根於民. 是以即眞之後, 天下莫不引領而嘆, 十餘年間, 外內騷擾, 遠近俱發, 假號雲合, 咸稱劉氏, 不謀而同辭. 方今雄桀帶州城者, 皆無七國世業之資. 『詩』云, '皇矣上帝, 臨下有赫, 鑑觀四方, 求民之莫.' 今民皆謳吟思漢, 鄉仰劉氏, 已可知矣.]"[45] 반표는 당시의 상황과 춘추전국 시기에 제후들이 할거하던 것과는 매우 다르다는 것을 날카롭게 분석했다. 그는 진(秦)·한(漢) 이래로 중앙집권 제도를 실시하여, 지방에는 군(郡)·현(縣)을 보편적으로 설치했고, 황제는 대권을 손에 쥐고서 군·현의 관리들을 수시로 임명하고 파면할 수 있었으므로, 조정에 대항하는 세력이 장기간에 걸쳐서 형성될 수 없었으며, 조정이 지방에 대해 효과적으로 통제할 수 있었다고 강조했다. 그리고 왕망이 한나라 황실을 찬탈한 이후, 비록 혼란한 국면이 조성되었지만, 이러한 혼란은 단지 상층부 정치권력의 변화에 한정되었을 뿐, 사회생활의 근본은 오히려 손상을 입지 않았다고 했다. 또한 백성들은 유씨(劉氏)가 "하늘이 내린 진정한 천자[眞龍天子]"라고 믿고 있어서, 각지에서 기의한 병사들은 서로 약속하지 않았음에도 불구하고 모두 유씨의 깃발을 들고 호소했기 때문에, 왕망이 매우 일찍 멸망했다고 말했다. 그리고 지금 비록 군웅(群雄)들이 할거하는 국면이 출현했지만, 이것은 단지 일시적인 것일 뿐인데, 왜냐하면 그 호걸들은 모두 전국 시대 칠웅들이 장기간 한 지역을 통치했던 것 같은 기반이 없기 때문이라고 했다. 반표는 이상의 근거들을 들어서 외효에게 할거를 포기할 것을 권고했다. 반표의 이와 같은 분석은, 당시의 역사 발전의 형세에 부합될 뿐만 아니라,

45) 『한서』 권100 「서전」.

또한 유가의 대일통 사상 및 그가 "한나라의 덕을 선양할 것[宣揚漢德]"을 주장하여 유씨를 추대하자는 사상에도 부합되었으니, 그의 먼 앞날을 내다보는 탁월한 식견을 드러내 보였다.

반표의 이러한 주장에 대해, 외효는 만족하지 못하여, "선생께서 주나라와 한나라의 형세를 말씀하셨는데, 옳습니다. 그러나 어리석은 백성들이 유씨를 부르는 것에 익숙한 까닭에, 한나라가 부흥할 것이라고 말씀하신 것은 사실과 다릅니다! 옛날 진(秦)나라는 사슴으로 나라가 멸망했으며,[46] 유계(劉季)[47]는 뒤쫓아 천하를 차지했는데, 이때의 백성들이 한나라라는 것을 알았겠습니까?[先生言周·漢之勢, 可也. 至於但見愚民習識劉氏姓號之故, 而謂漢家復興, 疏矣! 昔秦失其鹿, 劉季逐而掎之, 時民復知漢乎?]"[48]라고 말했다. 이처럼 외효는 주나라·한나라의 형세가 같지 않다는 반표의 주장에는 동의했지만, 천하가 유씨에게 귀속할 것이라는 분석에는 동의하지 않았다. 그는 반표의 권고를 듣지 않고, 계속 분열하여 할거하겠다는 입장을 고수했으며, 심지어 기

---

46) 역자주 : 지록위마(指鹿爲馬)의 고사(故事)를 가리킨다. 진나라 시황제(始皇帝)가 죽자, 환관(宦官) 조고(趙高)는 유서를 위조하여 태자 부소(扶蘇)를 죽이고, 어린 호해(胡亥)를 세워 2세 황제(皇帝)로 삼았다. 현명한 부소보다 어리석은 호해가 다루기 쉬웠기 때문이다. 조고는 어리석은 호해를 교묘히 조종하여, 승상 이사(李斯)를 비롯하여 그 밖의 많은 구신(舊臣)들을 죽이고, 자신이 승상이 되어 조정의 실권을 장악했다. 게다가 조고는 신하들 가운데 자기를 반대하는 이들을 가려내기 위해, 호해에게 사슴을 바치면서 말이라고 말했다. 이를 본 신하들 중에 '아니다'라고 부정하는 사람이 있었는데, 조고는 이들을 기억해 두었다가 모두 죽여 버렸다. 그 후 조정에는 조고의 말에 반대하는 사람이 하나도 없게 되었다. 그러나 조고가 이와 같이 조정을 장악하면서 실정(失政)을 저질렀기 때문에, 곧바로 대규모 농민 반란이 일어났으며, 이 때문에 진나라는 멸망했다.

47) 역자주 : 한나라 고조(高祖) 유방(劉邦)을 가리킨다.

48) 『한서』 권100 「서전」.

상천외하게도 유방처럼 천하를 장악하려고 했다.

(3) 「왕명론(王命論)」을 저술하여, 천하가 장차 유씨에게 통일될 것이라는 생각을 천명하다.

반표는 자신이 진심으로 권고했음에도 외효가 받아들이지 않아, 천하가 다시 장기간 혼란에 빠지고, 분쟁이 끊이지 않는 것을 보고, 곧바로 「왕명론」을 지었다. 그리고 한 걸음 더 나아가 그는 천하가 장차 유씨(劉氏) 차지가 될 것이라는 생각을 천명했다. 반표는 유방이 천하를 통일할 수 있었던 원인은, 주로 "천명(天命)에 부응하고 민심에 따랐기[應天順民]" 때문이라고 생각했다. 그는 유방이 제업(帝業)을 이룩할 수 있었던 것은, 천명이 그에게 주어져, "제위(帝位)에 오르라는 천명이 있었는데[神器有命]", 천명에 이르기를 "유씨가 요(堯)의 제위를 이을 것이며, 유씨의 세보(世譜)는 『춘추(春秋)』에 기록되어 있다.[劉氏承堯之祚, 氏族之世, 著乎『春秋』.]"[49]라고 했으며, 일찍이 "신모(神母)가 밤에 울부짖음으로써, 적제(赤帝)가 천자(天子)가 될 상서로운 징조(徵兆)를 나타냈다.[神母夜號, 以章赤帝之符.][50]"라는 도참(圖讖)있었기

49) 『한서』 권100 「서전」. 이는 『좌전(左傳)』에 있는, "사회(士會)가 진(晉)나라에 돌아왔는데, 그 곳에 머물러 살던 자들이 유씨가 되었다.[士會歸晉, 其處者爲劉氏.]"라는 기록을 가리킨다. [사회(士會)는 춘추 시대 진(晉)나라 대부(大夫)인 범무자(范武子)를 가리킨다. 범무자는 요(堯)의 후손으로 알려져 있다.-역자]

50) 역자주 : 유방이 길을 가다가, 길을 막고 있는 뱀을 베었는데, 그 날 밤 그 곳에서 어떤 여자[신모(神母)가 인간 여자로 변한 모습]가, 적제자(赤帝子)가 백제자(白帝子)를 죽였다고 슬피 울다가 갑자기 사라졌다는 이야기를 가리킨다. 이 이야기는 적제자인 유방이 백제자를 죽임으로써 천자(天子)가 될 운명을 스스로 차지하게 되었음을 의미한다. 일설에 따르면, 이 이야기는 유방이 정치적 필요에서 적색을 숭상하던 초(楚)나라의 전통적 풍속을 이용하여 스스로 적제자라 칭하고, 적제자

때문이라고 했다. 또한 말하기를, 유방이 천하를 얻을 수 있었던 원인은 다섯 가지가 있는데, "첫째는 요(堯)의 후손이기 때문이며, 둘째는 모습에 기이함이 많았기 때문이며, 셋째는 뛰어난 무용이 입증되었기 때문이며, 넷째는 관대하고 청명(淸明)하면서 어질고 자비로웠기 때문이며, 다섯째는 사람을 잘 임용하여 부릴 줄 알았기 때문이다.[一曰堯之苗裔, 二曰體貌多奇異, 三曰神武有徵應, 四曰寬明而仁恕, 五曰知人善任使.]"라고 했다. 반표의 논술에서 알 수 있듯이, 그는 주로 '천명에 부응하는 것[應天]'과 '민심에 따르는 것[順民]'의 두 방면에서 유방이 천하를 얻은 원인을 분석했다. '하늘의 명령에 부응한다'는 관점에서 보면, 반표 또한 도참 등 미신의 주장을 이용하여, 유방이 평민의 신분에서 제위에 오르고, 한 평의 땅도 소유하지 못했었지만 천하를 갖게 된 것은 상제(上帝)의 의지였다고 견강부회하게 말했다. 의문의 여지없이, 반표가 미신의 주장을 이용하여 유방이 천하를 얻은 원인을 설명한 것은 정확하지 않은 것이다. 그러나 당시 사람들은 모두 천명을 믿었으며, 통치자 또한 자신을 신성화(神聖化)하기를 원하여 도참을 이용해 민중을 현혹했다. 이 때문에 억지로 천명을 갖다 붙이는 논법을 이용하여 가장 쉽게 사람들로 하여금 믿게 했다. 당시 각지에서 왕망에 반항하는 세력들은 모두 유씨를 이용하여 사람들에게 호소하거나, 혹은 도참을 이용하여 민중들을 속였다. 농민 반란군들 가운데 주력이었던 녹림군(綠林軍)이 먼저 서한 황실(皇室)의 유현(劉玄)을 경시제(更始帝)로 옹립했으며, 또 다른 농민 반란군의 주력 세력인

가 백제자를 베었다는 기이한 이야기를 조작한 것이라고 한다. 그리고 이를 세상에 알리기 위해, 항상 붉은 깃발을 사용했다고 한다. 자세한 내용은 장정명(張正明) 지음, 남종진 옮김, 『초문화사(楚文化史)』, 389쪽(동문선, 2002년)을 참조하라.

적미군(赤微軍)은 처음에는 경시제를 받들었지만, 이후에는 군중(軍中)에서 몰락한 황실의 후손인 15세의 유분자(劉盆子)를 찾아내어 황제로 삼았다. 외효는 천수(天水)에서 군대를 일으킬 때, 서한 황실을 계승한다고 사람들에게 호소하면서 말하기를, "고조(高祖)의 옛 제도를 존중하고, 문제(文帝)의 유덕(遺德)을 실행하는데, 이에 따르지 않는 자가 있으면 군대로 평정할 것이다.[尊高祖之舊制, 修孝文之遺德, 有不從命, 武軍平之.]"[51] 등등이라고 했다. 그 때문에 반표는 사람들이 자신의 생각을 받아들이게 하기 위해, 그도 또한 도참을 억지로 끌어들여, 천하는 장차 유씨에게 통일되어 가는 추세라고 설명한 것이다.

반표는 '천명에 부응한 것'의 관점에서 유방이 천하를 통일한 원인을 설명했을 뿐만 아니라, 더욱 중요한 것은 바로 '민심에 따른 것'의 관점에서 유방이 천하를 통일한 원인을 분석한 것이다. 그는 특히 유방이 "관대하고 청명하면서 어질고 자비로우며[寬明而仁恕]", "사람을 잘 임용하여 부릴 줄 안 것[知人善任使]"을 강조했는데, 이는 바로 사람이 하는 일의 성패(成敗)라는 관점에서 한나라 고조 유방이 천하를 얻은 원인을 분석한 것이다. 반표는, 유방이 주위의 문신(文臣)과 무장(武將)들이 역할을 잘 발휘하도록 하고, 시기와 형세를 잘 살펴 정확한 의견을 청취할 수 있었고, 군신(君臣)과 상하(上下)가 협력하여 승리를 쟁취한 것과 같이, 사람이 하는 역할의 요인들에 뛰어났다는 점을 대단히 중시했다. 그는 이렇게 생각했다. 즉 "이에 더하여 믿음으로 일을 잘 도모했고, 다른 사람의 말을 듣기를 잘했으며, 선한 일을 보면 마치 미치지 못한 것 같이 했고, 사람을 부리는 것은 자기 몸

51) 『후한서』 권13 「외효공손술열전(隗囂公孫述列傳)」.

을 쓰듯이 했으며, 충고를 따르기는 물이 흘러가듯이 했고, 시세를 따르는 것은 메아리 음향(音響)이 따라오듯이 했으며, 먹던 음식을 뱉어 가면서 장량(張良)의 계책을 받아들였으며[52], 발을 씻는 것을 멈추고 역이기(酈食耳)의 말에 읍(揖)을 하며 경의를 표했으며[53], 보초의 말을 듣고 고향을 그리워하는 마음을 버렸으며, 사호(四皓)[54]를 높이고 자기 아들의 직위를 박탈했으며, 군진(軍陣)에서 낮은 직위에 있던 한신(韓信)을 발탁했으며, 망명해 온 진평(陳平)을 거둬들이는 등, 영웅들이 힘을 펼치고, 여러 책략들은 남김없이 모두 파악했는데, 이것이 바로 고조의 큰 지략이었으므로 제업(帝業)을 이루었다.[加之以信誠好謀, 達於聽受, 見善如不及, 用人如由己, 從諫如順流, 趣時如嚮赴[55], 當食吐哺, 納子房之策, 拔足揮洗, 揖酈生之說, 寤戍卒之言, 斷懷土之情, 高四皓之名, 割肌膚之愛, 擧韓信於行陣, 收陳平於亡命, 英雄陳力, 群策畢擧, 此高祖之大略, 所以成帝業也.]" 그는 이와 같은 몇 가지 항목들이 바로 고조가 성공할

---

52) 역자주 : 현명한 군주는 현인(賢人)을 얻기 위해, 귀한 손님이 오면 머리를 감다가도 물이 흐르는 머리를 움켜쥐고 맞이하며, 음식을 먹다가도 입 안에 있는 음식을 뱉어 내고서 맞이한다는 의미의 사자성어인 악발토포(握髮吐哺)를 인용한 말이다.

53) 역자주 : 역이기가 유방을 만나러 갔을 때, 유방은 침상에 앉아 두 여자에게 발을 씻기게 하고 있었다. 그러자 역이기가 절을 올리는 대신, "패공(沛公)께서 진(秦)나라를 토벌하실 의향이 있으시다면 걸터앉은 채로 어른을 접견해서는 안 될 것입니다."라고 말했다. 이에 유방은 발 씻는 것을 멈추게 하고 예를 갖추었다고 한다.

54) 역자주 : 당시 상산(商山)에 살았던 네 명의 명사(名士)들인 동원공(東園公)·하황공(夏黃公)·녹리선생(甪里先生)·기리계(綺里季)를 가리킨다. 이들의 수염과 눈썹이 모두 하얗기 때문에 사호(四皓)라고 불렀다. 유방이 이들을 등용하려 했으나 아무도 나오지 않았다. 그러나 태자를 폐하자, 이들이 모두 스스로 찾아와 벼슬에 올랐다고 한다.

55) 역자주 : '嚮赴'의 '嚮'은 '響'과 같다. 따라서 '嚮赴'란 메아리의 음향이 곧바로 원래 소리에 따라오는 것을 의미한다.

수 있었던 '원대한 지략[大略]'이었다고 강조하여, 사실상 사람의 힘이 라는 요인이 승리를 쟁취한 주된 측면이라는 것을 인정했다. 비교해 보면, 반표는 미신적인 주장을 매우 두루뭉술하게 표현하면서, 유방의 정치 책략과 간언을 받아들이고 사람을 쓰는 데 뛰어났음을 논술한 것은 오히려 매우 구체적이고 충분하여, 당연히 또한 더욱 설득력을 강화했다.

반표가 「왕명론」을 지은 의도는, 천하가 반드시 장차 통일로 향해 갈 것이라는 역사 발전의 추세를 설명함으로써, 천하를 할거하는 호걸들이 광무제(光武帝) 유수(劉秀)를 추대하도록 권하려는 데 있었다. 그래서 그는 바로 「왕명론」에서 이와 같은 할거세력들에게, "구차하게 권세와 이익을 탐하여, 주제넘게 분별없이 행동하면[苟昧於權利, 越次妄據]", "곧 반드시 집안을 보존해 가는 주인이 상(喪)을 당하여, 하늘이 정해 준 수명을 채우지 못하고, 다리가 부러지는 흉한 일을 당하거나, 도끼로 주살당할 것이다.[則必喪保家之主, 失天年之壽, 遇折足之凶, 伏斧鉞之誅.]"[56]라고 말했다. 후에 농서(隴西)와 촉(蜀)에서 할거하던 외효와 공손술의 양대 세력이 평정되고, 광무제가 전국을 통일했으니, 반표의 미래를 내다보는 탁월한 견해는 사실로 증명되었다.

(4) 두융(竇融)에게 광무제 유수를 추대하도록 권하다.

반표는 비록 「왕명론」을 저술했지만, 외효는 전혀 그의 권고를 듣지 않을 것이고, 결코 농서 지역의 점거를 포기하지 않으리라는 것을 알았다. 그리하여 반표는 화(禍)를 피하고, 또 자신의 미래를 위

56) 이상의 「왕명론」을 인용한 것들은 모두 『한서』 권100 「서전」을 보라.

해, 농서 지역을 떠나 하서(河西)에 도착하여 대장군(大將軍) 두융에게 투항했다. 이 때부터 반씨(班氏)와 두씨(竇氏)의 두 집안 간에 긴밀한 관계가 시작되었으며, 반고의 일생에 중대한 영향을 미치게 되었다.

두융은 부풍(扶風)의 안릉[安陵 : 지금의 섬서(陜西) 함양(咸陽) 서북 지역] 출신으로, 반표와는 동향(同鄕)이었다. 왕망 말년에 천하가 큰 혼란에 빠지자, 두융은 처음에 경시제(更始帝)에게 의탁했으며, 장액속국도위(張掖屬國都尉)에 임명되었다. "부임해 와서, 용맹한 자들과 친분을 맺고, 토착민들[羌虜][57]을 회유하여 자신에게로 모이게 하여, 그들의 환심을 크게 얻었으며, 하서 사람들은 모두 그를 따랐다.[既到, 撫結雄傑, 懷輯羌虜, 甚得其歡心, 河西翕然歸之.]" 경시제가 실패한 이후에, 두융은 주천태수(酒泉太守) 양통(梁統)·금성태수(金城太守) 사균(厙鈞)·장액도위(張掖都尉) 사포(史苞) 등에 의해 '행하서오군대장군사(行河西五郡大將軍事)'로 추천되었다. 두융은 자신이 있는 곳이 중원의 혼란스러운 지역으로부터 떨어져 있는 유리한 조건을 이용하여, 이 곳 터전을 착실하게 관리하고 운영했는데, 역사 기록에서는 그가 "다스림이 또한 관대하고 화목하여, 위아래가 서로 친했으며[政亦寬和, 上下相親]", "병사와 말을 기르고, 전투와 활쏘기를 익혔다.[修兵馬, 習戰射.]"[58]라고 했다. 이처럼 두융의 통치 구역이 내부적으로 안정을 찾아, 생산이 발전하고, 병력이 증강되었으며, 밖으로는 곧 이민족들을 위무하는 데 주의를 기울여, 세력이 급속도로 강대해졌다.

반표가 자신에게 투항하자, 두융은 크게 기뻐하면서, "스승과 벗

57) 역자주 : '강로(羌虜)'는 서방의 오랑캐를 일컫는 말로, 지금의 소수민족인 강족(羌族)을 가리킨다.

58) 『후한서』 권23 「두융열전(竇融列傳)」.

을 대하는 도리로써 그를 대했으며[接以師友之道]"[59], 무릇 대사(大事)를 처리할 때에도 모두 먼저 그에게 가르침을 구했다. 당시 외효는 두융과 연합하여 자신의 할거세력을 강대하게 만들려고 생각하여, 변사(辯士) 장현(張玄)을 하서에 파견하여 두융에게 이렇게 말했다. 즉 "경시제가 정권을 세운 일은 이미 이루어졌는데, 머지않아 다시 멸망할 것이니, 이는 같은 성씨가 다시 흥하지 못했던 징험이며[更始事業已成, 尋復亡滅, 此一姓不再興之效]", 지금 "호걸들이 각축을 벌이고 있는데, 자웅(雌雄)이 판가름되지 않아, 각각 한 지방들을 차지하고 있으니[豪傑競逐, 雌雄未決, 當各據其土宇]", 병력에 의지하여 한 지역에 할거하고 있다가, "농(隴)·촉(蜀)과 더불어 합종(合從)[60]한다면, 최선의 경우 전국(戰國) 시대의 여섯 나라[六國]처럼 될 수 있고, 최악의 경우라도 위타(尉佗)[61]처럼 실패하지는 않을 것입니다.[與隴·蜀合從, 高可爲六國, 下不失尉佗.]"라고 했다. 장현의 말을 듣고 두융은 머뭇거리면서 어찌해야 좋을지 판단이 안 서자, 곧 반표 등 사람들을 불러 상의했다. 반표가 말하기를, 이렇게 혼란스런 때에는 "하늘이 제왕이 될 사람에게 내리는 징조를 관찰하고 인간사를 살피는 일[觀符命而察人事]"을 잘 해야 하는데, "한나라는 요(堯)의 운세를 계승했으니[漢承堯運]", 유수

59) 『후한서』 권40 「반표열전(班彪列傳)」

60) 역자주 : 남북(南北)으로 동맹(同盟)한다는 뜻으로, 전국 시대의 소진(蘇秦)이 주장했던 외교(外交) 이론(理論)의 하나이다. 즉 서쪽의 강국이었던 진(秦)나라에 대항하여, 남북(南北)의 한(韓)·위(魏)·조(趙)·연(燕)·제(齊)·초(楚)의 여섯 나라가 동맹하여 대항해야 한다고 했던 주장을 일컫는다.

61) 역자주 : 남월왕(南越王) 조타(趙佗, ?~기원전 137년)를 가리킨다. 조타가 세운 남월은 지금의 베트남 북부와 광동(廣東) 일대에 걸쳐 있었으며, 당시 실질적인 독립국이었다.

는 장차 당연히 황제가 될 것이며, 일찍이 이미 도참에서 보았듯이, 천명(天命)에 부합한다고 했다. 그러면서 또한 만약 '인간사[人事]'라는 관점에서 이를 논하더라도, 당시 황제를 칭하는 사람들 중 유수가 차지하고 있는 낙양(洛陽)의 땅이 가장 넓고, 군대가 가장 강하며, 군령도 또한 가장 엄격하고 공정하니, 반드시 통일의 대업을 완수할 수 있을 것이라고 했다. 이처럼 반표는 두융에게 외효의 말을 듣지 말고, 마땅히 유수를 받들어야 한다고 건의했다. 두융은 일 처리가 신중하고 세심한 사람이었는데, 반표의 말을 듣고는 망설이지 않고 즉시 장사(長史) 유균(劉鈞)을 낙양으로 보내 "글을 올리고 말을 바치면서[奉書獻馬]"[62], 유수를 황제로 받들겠다는 의사를 표시했다.

이 때 광무제 유수도 두융을 끌어들임으로써 외효를 멀리하려고 생각하여, 또한 사자(使者)를 하서에 보냈는데, 양쪽의 두 사자들이 도중에 서로 만나서 함께 낙양으로 돌아오자, 이를 본 광무제는 매우 크게 기뻐하면서 즉시 두융을 양주목(梁州牧)에 임명했다. 반표의 지략에 따라 두융이 광무제에게 복속했는데, 이는 당시의 정국에 매우 큰 영향을 미쳤다. 만약 두융이 외효·공손술과 함께 연합했다면, 반드시 유수에게 큰 골칫거리가 되어, 천하 통일의 과정에 영향을 미쳤을 것이다. 그러나 두융이 유수에게 복속하면서, 외효는 동서 양쪽 방면에서 적을 맞이하게 되었으며, 유수는 농서와 촉의 두 지역 할거 세력들에 대한 전략적인 지위를 크게 강화할 수 있었다. 그래서 광무제는 두융에게 답하는 「제조행하서오군대장군사·속국도위(制詔行河西五郡大將軍事·屬國都尉)」라는 조서에서 칭찬하면서, 수고스럽겠지만

62) 『후한서』 권23 「두융열전」.

장군이 "변경 하서(河西)의 다섯 군(郡)들을 지켜, 병사와 말을 날쌔고 강해지게 하며, 창고가 물자로 가득 채워지게 하고, 백성들은 재물이 넉넉해지고 번영하도록 하여, 바깥으로는 곧 이민족들을 막고, 안으로는 백성들에게 은혜를 베풀도록 하라.[鎭守邊(河西-인용자)五郡, 兵馬精强, 倉庫有蓄, 民庶殷富, 外則折挫羌胡, 內則百姓蒙福.]"라고 당부했다. 지금 익주(益州)에는 공손술이 있고, 천주(天水)에는 외효가 있어, 각각 한 방면에서 웅거하며 지키고 있고, 나(광무제 유수-역자)와 그들 두 부대의 가장 강대한 세력이 지금 서로 싸우고 있는바, "권력이 장군에게 있으니, 그대의 일거수일투족이 형세를 좌우하여, 곧 전체적인 형세에 중대한 영향을 미칠 것이오.[權在將軍, 擧足左右, 便有輕重.]"라고 하여, 당시의 상황에서는 사실상 두융의 일거수일투족이 실제로 전체 형국에 중대한 영향을 끼친다고 여겼다. 그리하여 두융이 투항해 온 것은 중대한 의의가 있음을 충분히 인정하고, 크게 칭찬한 다음, 그가 하서 지방에서 외효를 견제해 주도록 부탁했다.

건무(建武) 8년(서기 32년)에, 광무제는 대군을 이끌고 외효를 정벌했는데, 두융은 군대를 이끌고 고평[高平 : 지금의 감숙성(甘肅省) 고원현(固原縣)]에서 광무제의 대군과 합류하여, 광무제로 하여금 서부의 할거 세력을 평정하도록 함으로써 정국을 안정시켰다.

그 후 광무제는 두융을 안풍후(安豐侯)에 봉하고, 그를 수도 낙양으로 초대했다. 광무제는 두융이 올린 장주(章奏)의 문장이 매우 우아하여 일찍이 좋아했는데, 두융을 만나자 "장주를 올리는 일은, 누가 그 일에 참여했는가?[所上章奏, 誰與參之?]" 하고 물었다. 두융이 대답하기를, "모두 저의 종사(從事)인 반표가 한 일입니다.[皆從事班彪所爲.]"라고 했다. 광무제는 이에 반표의 재능을 크게 칭찬하면서 직접 만나보고는, 사예(司隸)에게 그를 무재(茂才)로 천거하게 하여, 서현(徐縣) 현령(縣令)에 임명했다. 후에 반표는 병으로 인해 현령을 사임했다.

(5) 끊임없이 왕래하고 관리(管理)를 강화하는 민족 대책을 제시하다.

반표는 이후에 또 부름을 받아 사도연(司徒掾)[63]이 되었다. 비록 직위가 낮은 미관말직에 불과했지만, 그는 국가에 큰일이 있을 때마다 합당한 해결책을 내놓았다. 특히 소수민족과의 관계를 어떻게 처리할 것인지에 관한 정책의 건의는 조정에서 매우 중요시했다.

오환족(烏桓族)은 중국의 소수민족들 중 하나인데, 일찍이 흉노족(匈奴族)에게 부림을 당하고 있었다. 동한(東漢) 초기에 오환이 흉노에서 내란이 발생한 기회를 틈타, 출병하여 흉노를 공격하여, 흉노를 북쪽으로 수천 리나 이동시킴에 따라, 막남(漠南 : 고비 사막의 남쪽 지역-역자)이 비게 되자, 이 때부터 오환은 흉노의 통제에서 벗어날 수 있었다. 광무제는 이 소식을 듣고 재물을 내리는 등 각종 수단들을 이용하여 오환 사람들을 불러들이려고 했다. 건무(建武) 25년(서기 49년)에 광무제의 부름을 받아 오환의 상층부 인물인 학단(郝旦) 등이 많은 부족을 이끌고 동한에 귀순해 오자, 조정은 그들의 추장(酋長)을 제후(諸侯)·왕(王)·군(君) 등에 봉했는데, 이들이 모두 81명이었다. 이리하여 오환족은 만리장성 이남에 있는 변방의 군(郡)들에 흩어져 살게 되었는데, 이들은 동한을 위해 흉노의 동정을 정찰하기도 했다. 오환이 비록 동한에 투항했지만, 반표는 북부 변경에 오환교위(烏桓

63) 역자주 : 사도(司徒)의 부관(副官)을 의미한다.

校尉)를 설치하여 만리장성 이남에 흩어져 살고 있는 오환인들에 대한 관리를 강화할 것을 건의했다. 광무제는 반표의 건의를 받아들여, 곡녕성[谷寧城 : 지금의 하북성(河北省) 선화현(宣化縣) 서북 지역, 혹은 만전현(萬全縣)이라고도 함]에 오환교위를 설치하여, 오환 및 선비족(鮮卑族)을 관리했다. 또한 오환교위는 변경 무역을 관리하여, 동한과 오환의 관계를 원만하게 잘 처리했으며, 민족 융합을 촉진했다.

흉노와 양한(兩漢) 사이에는 많은 전쟁이 있었기에, 응당 한나라와 흉노의 관계를 어떻게 처리해야 할 것인가의 문제는 동한의 정책을 결정하는 자들이 당면한 매우 중요한 문제였다. 건무(建武) 23년(서기 47년)에, 북흉노의 선우(單于)가 무위(武威)에 사신을 보내 한나라와 화친을 요청하자, 광무제는 대신들에게 토론하게 했는데, 찬성하는 이도 있고 반대하는 이도 있어서 의견이 통일되지 못했다. 그리하여 광무제는 무위태수(武威太守)에게, 차라리 회피하는 태도를 취하면서 흉노의 사신을 만나지 말도록 명령했다. 건무 28년(서기 52년)에, 북흉노는 다시 사신을 낙양에 보내 황제를 알현하게 하고는, "말과 가죽옷을 바치면서 거듭 화친을 요청했으며, 더불어 음악을 청했다.[貢馬及裘, 更乞和親, 幷請音樂.]" 광무제는 이를 어떻게 처리해야 할지 결정을 내리지 못하여, 또 삼부[三府 : 사도(司徒)·사마(司馬)·사공(司空)]로 하여금 이 일에 대해서 토론하게 했다. 반표는 이 당시 비록 사도연이라는 말직의 신분이었지만, 조정에 적극적으로 자신의 의견을 제시했다. 그는 흉노와 교류를 하지 않는 것은 결코 좋은 방법이 아니라고 생각했지만, 흉노가 이전에 속임수를 썼던 일들을 거울삼아서, 흉노와의 교류는 응당 특별히 신중해야 한다고 주장했다. 그는 구체적으로 다음과 같은 두 가지의 의견을 제시했다. 첫째는, 흉노의 사신을 접견하고 적당한 하사품을 내리되, 그 수량은 사신이 바친 예물의 가치에 상당하는 양과 같아야 한다는 것이었다. 둘째는, 서한 원제(元帝) 때 호한야선우(呼韓邪單于)와 한나라 조정이 우호 관계를 유지했던 고사를 다시 사신에게 들려주어, 그들로 하여금 한나라 조정이 관계 개선에 성의를 보이고 있음을 확실히 알게 해야 한다는 것이었다. 이는 대국(大國)의 예(禮)를 잃지 않으면서도, 또한 소수민족을 안무(按撫)하는 것이었다. 광무제는 반표의 의견이 일리가 있다고 생각하여, 그의 의견을 모두 받아들였다.

반표가 이민족과의 관계를 어떻게 처리할 것인가에 대한 문제에서 비교적 정확한 의견을 제시할 수 있었던 까닭은, 그의 가문도 마찬가지로 소수민족 출신이자[춘추전국 시대의 '초나라 사람(楚人)'들은 '남만(南蠻)'에 속하는 소수민족으로 여겨졌다.] 변경 지역의 사무에 익숙했던 것과 관계가 있었다. 반표가 이와 같이 소수민족과의 교류 및 관리를 강조했던 민족 사상은, 반고의 민족 사상 형성에 대해 중대한 영향을 미쳤다.

이후 반표는 관직에 있으면서 많은 정치적 업적을 남겼으므로, 사도연에서 망도장[望都長 : 망도(望都)는 지금의 하북성(河北省) 망도현(望都縣) 서쪽 지역]에 천거되었다. 그는 시종일관 공사(公事)에 최선을 다했으므로, "관리들과 백성들이 그를 매우 좋아했다[吏民愛之]." 건무 30년(서기 54년)에, 그는 관직에 있으면서 세상을 떠났는데, 당시 그의 나이 52세였다.

(6) 『사기후전(史記後傳)』을 저술하다.

반표는 "재주가 뛰어나며 글짓기를 좋아했다.[才高而好述作.]"라는 평가를 받았으며, "부(賦)·논(論)·서(書)·기(記)·주사(奏事)[64] 등 모두 9편[賦·論·書·記·奏事合九編]"[65]의 글들을 남겼다. 그 중에서 그가 저술한 『사기후전』은 그 영향력이 가장 컸으며, 반고가 저술한 『한서』의 전주곡이었다.

반표는 『사기후전』을 저술했는데, 그 가장 중요한 원인은 바로 중국 역사 저술의 우수한 전통과 사마천의 거대한 성취에 매료되었기 때문이었다. 『후한서』「반표전(班彪傳)」에는, 반표가 『사기후전』을 저술 할 때, "이전의 역사를 평가하고 장점과 단점을 따져 바로잡는[斟酌前史而譏正得失]" 한 편의 귀중한 문헌 자료인 「약론(略論)」을 지었다. 이 글에서 반표는 자신이 저술한 『사기후전』과 중국의 우수한 전통 및 사마천의 『사기(史記)』와의 관계를 밝혔다. 그는 「약론」에서 다음과 같이 말했다.

"당우삼대(唐虞三代)[66] 시기에, 『시경(詩經)』과 『상서(尙書)』가 지어졌으며, 그 시대에는 사관(史官)이 있어 전적(典籍)을 담당했는데, 그 후

---

64) 역자주 : 부·논·서·기·주사는 각각 중국의 문장 형식들을 말한다. '부'는 한대(漢代)에 사물이나 사건에 대해서 화려한 서술을 위주로 하던 문학 양식이다. '논'은 의론문(議論文)의 형식으로, 자신의 정치적인 견해나 철학적인 사상을 표현한 글을 말한다. '서'는 서간문(書簡文)을 의미한다. 그 중에서도 특히 황제에게 올리는 글은 표(表) 또는 주(奏)라고 했으며, 간혹 주사(奏事)라고도 했다. '기'는 잡기(雜記)인데, 여러 가지 사물들에 대해 기술한 것을 가리킨다.

65) 이상의 인용문들을 모두 『후한서』 권40 「반표열전(班彪列傳)」을 보라.

66) 역자주 : 당(唐)과 우(虞)는 각각 요(堯)와 순(舜)이 세웠다는 전설상의 나라들이며, 삼대는 하(夏)·은(殷)·주(周)를 가리키는바, 중국 역사가 시작된 초창기를 가리킨다.

제후들에 이르러서는 그 나라들마다 스스로의 역사가 있었다. 그러므로 『맹자(孟子)』에서는 '초(楚)나라의 『도올(梼杌)』, 진(晉)나라의 『승(乘)』, 노(魯)나라의 『춘추(春秋)』는 다 한가지'라고 했다. 노나라 정공(定公)과 애공(哀公) 연간에, 노나라의 군자(君子) 좌구명(左丘明)이 그 글들의 순서를 정하고 가려 모아서 『좌씨전(左氏傳)』 30편(篇)을 지었으며, 또한 이것과 서로 다른 내용을 저술하여 『국어(國語)』라고 불렀는데, 이것은 21편이었다. 이로부터 『승』과 『도올』의 일들은 점점 사라지게 되었으며, 『좌씨전』과 『국어』만이 세상에 드러나게 되었다. 또한 황제(黃帝) 이래 춘추 시대의 천자(天子)·왕(王)·공(公)·후(侯)·경(卿)·대부(大夫)까지를 기록하여, 이를 『세본(世本)』이라고 불렀는데, 모두 15편으로 되어 있다. 춘추 시대 이후, 일곱 나라[七國]들이 서로 다투었고, 진(秦)나라가 제후들을 병합했으니, 곧 『전국책(戰國策)』 33편이 되었다. 한나라가 세워지고 천하가 안정되자, 태중대부(太中大夫) 육가(陸賈)가 이 당시의 공적들을 기록하여 『초한춘추(楚漢春秋)』 9편을 지었다. 효무제(孝武帝 : 한나라 무제를 가리킴-역자) 때, 태사령(太史令) 사마천이 『좌씨전』·『국어』에서 채취하고, 『세본』·『전국책』을 산정(刪定 : 일부 문장이나 낱말을 첨삭하여 고침-역자)하고, 초(楚)·한(漢)을 비롯한 여러 나라들의 사건들에 근거하여, 위로는 황제부터 아래로는 기린(麒麟)을 얻을 때까지[무제(武帝) 태시(太始) 2년에 농수(隴首)에 올라서 하얀 기린을 잡았는데, 사마천의 『사기』 저술은 이 해에서 끝맺는다.-인용자]의 일들을, 본기(本紀)·세가(世家)·열전(列傳)·서(書)·표(表) 등으로 모두 130편을 지었는데, 그 중 10편은 사라지고 없다.[唐虞三代, 『詩』·『書』所及, 世有史官, 以司典籍, 暨於諸侯, 國自有史, 故『孟子』曰, '楚之『檮杌』, 晉之『乘』, 魯

之『春秋』, 其事一也.' 定哀之閑, 魯君子左丘明論集其文, 作『左氏傳』三十篇, 又撰異同, 號曰『國語』, 二十一篇, 由是『乘』·『檮杌』之事遂闇, 而『左氏』·『國語』獨章. 又有記錄黃帝以來至春秋時帝王公侯卿大夫, 號曰『世本』, 一十五篇. 春秋之後, 七國竝爭, 秦竝諸侯, 則有『戰國策』三十三篇. 漢興定天下, 太中大夫陸賈記錄時功, 作『楚漢春秋』九篇. 孝武之世, 太史令司馬遷採『左氏』·『國語』, 刪『世本』·『戰國策』, 據楚·漢列國時事, 上自黃帝, 下訖獲麟(武帝太始二年, 登隴首, 獲白麟, 司馬遷作『史記』止於此年), 作本紀·世家·列傳·書·表凡百三十篇, 而十篇缺焉.]"

위의 글은 중국 역사학이 낮은 수준에서 시작에서 가장 높은 단계로 발전해 간 과정을 간략하게 요약하여 개술(概述)하고 있다. 그 시작은 사관(史官)을 설립하여 관부(官府)의 문헌들을 맡아 보관하는 단계였는데, 하(夏)나라 때에는 태사(太史)[67] 종고(終古)가 있었고, 은(殷)나라 때에는 태사 향지(向摯)가 있었다고 전해진다. 주(周)나라 때에는 바로 태사 담(儋)이 있었다. "그 시대에 사관이 있어 전적을 담당한[世有史官, 以司典籍]" 것은, 이후 중국의 우수한 전통이 되었다. 이후 전적을 보관하고 관리하는 데에서 각 제후국들의 '국사(國史)'로 발전했는데, 이것들은 가장 간단한 형태의 연대순으로 씌어진 역사서였다. 이것이 바로 "그 후 제후들에 이르러서, 그 나라들마다 스스로의 역사가 있었던[暨於諸侯, 國自有史]" 단계이다.

『좌전(左傳)』의 완성은 바로 개인의 역사 저술의 출현을 상징하는 것으로서, 이후 『국어』·『초한춘추』를 거쳐 『사기』에 이르게 되며, 간단한 데에서부터 시작하여 복잡한 데로 나아갔다. 그리하여 마침내

---

67) 역자주 : 하·은·주 삼대(三代) 시기 사관(史官)의 직위명이다.

『사기』에서 볼 수 있듯이, 위로는 황제(黃帝)에서부터 시작하여 아래로는 태초(太初) 연간[68]에 이르기까지, 본기·세가·열전·서·표 등 다양한 체제를 포괄하는 거작(巨作)을 완성했다.

사마천의 『사기』가 비록 중국 역사학을 새로운 경지로 끌어올리기는 했지만, 『사기』가 기록한 내용은 무제(武帝) 태초 연간에 그치고, 이후의 기록은 없었으므로, 이에 대해서 만족하지 못하여, 많은 학자들이 "이어서 역사를 기록[續作]"하기 시작했다. 반표는, 이처럼 사마천의 뒤를 이어서 역사를 기록한 것들은 대부분 내용·사료 또는 문체가 모두 『사기』와 비교할 수 없이 "비루하고 속되다[鄙俗]"고 생각했다. 그래서 그는 중국 역사학의 우수한 전통을 계승하기로 결심하고, 『사기』의 「후전(後傳)」을 저술했다.

반표가 『사기후전』을 저술한 또 다른 이유는, 바로 그가 사마천의 『사기』에도 여전히 만족하지 못하는 곳이 있었기 때문이다. 그는 「약론」에서 사마천 『사기』의 좋은 점과 나쁜 점에 대해 다음과 같이 평론했다.

"사마천의 기록은 한나라 건국에서부터 시작하여 무제에서 끝나는데, 이것은 바로 그의 업적이다. 경전[經]에서 골라 취하고, 경전의 해설서[傳]들에서 그러모았으며, 여러 학파[百家]의 일들을 분산시켜 놓았는데, 매우 엉성하고 간략하여 그 본래의 것만 못하다. 또 많이 듣고 다양한 내용을 기록하는 것을 공(功)으로 삼고자 힘썼으므로, 논의(論議)가 얕고 충실하지 못하다. 그 학문을 논함은, 황제(黃帝)·노자(老子)를 숭상하고 〈오경(五經)〉을 소홀히 했으며, 또한 화식(貨殖)

68) 역자주 : 기원전 104년부터 기원전 101년까지의 연호이다.

을 서술하여, 인의(仁義)를 가볍게 여기고, 빈궁(貧窮)을 부끄럽게 여겼으며, 또한 유협(遊俠)을 좇아, 수절(守節)을 천하게 여기고 속된 공적을 귀하게 여겼으니, 이는 사마천의 큰 약점이자 도(道)를 상하게 한 것이며, 그 때문에 그는 극형(極刑)의 재앙을 당했다. 그러나 사리(事理)를 잘 서술했으며, 말재주가 뛰어나면서도 화려하지 않으며, 질박하면서도 저속하지 않아, '화려한 아름다움[文]'과 '꾸밈없는 질박함[質]'이 서로 균형을 이루고 있으니, 사마천은 뛰어난 사관(史官)의 재목이라 할 것이다. 진실로 사마천은 〈오경〉의 법도(法度)가 될 만한 말에 의지하고, 성인(聖人)의 시비(是非)와 함께했으며, 대의(大意)도 또한 그러했다. 그야말로 백가의 책들이 대체로 본받을 만하다. 『춘추좌씨전[左氏]』·『국어』·『세본』·『전국책』·『초한춘추』·『태사공서』와 같은 책들은, 현재에서 과거를 알게 해주며, 후세에 이전 시대를 관찰할 수 있게 해주니, 성인(聖人)의 눈과 귀라고 할 수 있다.[遷之所記, 從漢元至武以絕, 則其功也. 至於采經摭傳, 分散百家之事, 甚多疏略, 不如其本, 務欲以多聞廣載爲功, 論議淺而不篤. 其論術學, 則崇黃老而薄〈五經〉, 序貨殖, 則輕仁義而羞貧窮, 道遊俠, 則賤守節而貴俗功, 此其大敝傷道, 所以遇極刑之咎也. 然善述序事理, 辯而不華, 質而不野, 文質相稱, 蓋良史之才也. 誠令遷依〈五經〉之法言, 同聖人之是非, 意亦庶幾矣. 夫百家之書, 猶可法也. 若『左氏』·『國語』·『世本』·『戰國策』·『楚漢春秋』·『太史公書』, 今之所以知古, 後之所由觀前, 聖人之耳目也.]"

의심할 여지 없이, 반표는 사마천의 『사기』를 매우 높이 받들었는데, 그러지 않았다면 그가 『사기』를 본보기로 삼거나, 『사기』를 본받아 『사기후전』을 쓰지 않았을 것이다. 때문에 그는 "사마천의 저작은 고금의 자료들에서 채집하여 취하고, 경전과 그 주석서들을 통달하여, 매우 넓은 범위를 포함하고 있으며[遷之著作, 採獲古今, 貫穿經傳, 至廣博也]", "현재에서 과거를 알게 해주며, 후세에 이전 시대를 관찰할 수 있게 해주니, 성인의 눈과 귀라고 할 수 있다."라고 말했다. 이로써 알 수 있듯이, 그는 사마천의 성취를 매우 높게 평가했다. 그러나 반표는 또한 사마천이 황제와 노자를 숭상하고, 유협을 중시하고, '화식'을 중요하게 생각했던 관점에 대해서는 불만족스러움을 느꼈고, 이는 유가(儒家)의 정통 사상의 요구에 부합할 수 없으므로 마땅히 바로잡아야 한다고 생각했다. 이는 그가 『사기후전』을 저술한 또 다른 이유였다. 앞의 글에서 언급했던 동한 초기에 유학의 정통화가 진행되던 시대적 추세와 연결해 보면, 반표가 이와 같은 비판을 제기한 것은 결코 이상한 것이 아니었다.

역사서 편찬 체제에서는 반표도 또한 『사기』의 체제를 높게 평가했으나, 또한 충분히 완벽하지는 않다고 생각하여, 이를 기초로 하여 더욱 발전시켜야 한다고 주장했다. 그래서 그는 다음과 같이 말했다.

"사마천은 제왕(帝王)을 서술한 것을 곧 본기(本紀)라 했고, 공후(公侯)가 나라를 대대로 전수(傳受)한 것을 세가(世家)라 했으며, 경(卿)과 대부(大夫)와 사(士)들 중 뛰어난 사람들을 열전(列傳)이라고 했다. 또한 항우(項羽)·진섭(陳涉)[69]은 포함시켰으나, 회남왕(淮南王)·형산왕(衡山王)은 빠뜨렸으며, 세세한 내용들이 왜곡되어 있고, 조목을 나누어 분류한 원칙이 정해져 있지 못하다. 사마천의 저작은 고금의 자료들

---

69) 역자주 : 진섭(기원전 208~기원전 169년)은 곧 진승(陳勝)으로, 진(秦)나라 때 오광(吳廣)과 함께 농민들을 이끌고 기의(起義)한 농민군 지도자이다.

에서 채집하여 취하고, 경전과 그 주석을 통달하여, 매우 넓은 범위를 다루고 있다. 그러나 한 사람만이 오로지 맡아 하기에는 글이 중(重)하고 생각이 번잡(煩雜)한 까닭에, 책이 간행되었지만 빠진 부분이 있어 완전하지 못하며, 오히려 말이 넘치는 곳도 있어, 많은 부분들이 고르지 못하다. 이에 사마상여(司馬相如)를 기록하면서는, 그가 속한 군(郡)과 현(縣)을 거론했고, 그 자(字)도 밝혔으며, 소하(蕭何)·조무상(曹無傷)·진평(陳平)은 그들의 속관(屬官)들까지 밝혔으면서도, 동중서(董仲舒)에 이르러서는 같은 시대 사람인데도 그 자를 기록하지 않았다거나, 혹은 소속 현은 기록했으면서 군은 기록하지 않은 것은, 무심코 넘길 일이 아닐 것이다. 이 다음의 편(篇)들에서는 신중하게 그 일을 바로잡고, 그 문장을 가지런히 했는데, 세가(世家)는 그렇게 하지 못했고, 다만 기(紀)와 전(傳)만 그렇게 했다. 전(傳)에서 말하기를, '역사를 간략하게 하여 준칙(準則)을 보여주며, 평이(平易)하고 바르고 곧게 하는 것이 『춘추』의 이치이다.'라고 했다.[司馬遷序帝王則曰本紀, 公侯傳國則曰世家, 卿士特起則曰列傳. 又進項羽·陳涉而黜淮南·衡山, 細意委曲, 條例不經. 若遷之著作, 採獲古今, 貫穿經傳, 至廣博也. 一人之精, 文重思煩, 故其書刊落不盡, 尙有盈辭, 多不齊一. 若序司馬相如, 擧郡縣, 著其字, 至蕭·曹·陳平之屬, 及董仲舒竝時之人, 不記其字, 或縣而不郡者, 蓋不暇也. 今此後篇, 愼核其事, 整齊其文, 不爲世家, 唯紀·傳而已. 傳曰, '殺史見極, 平易正直, 『春秋』之義也'.]"[70]

반표의 『사기』 체제에 대한 이와 같은 논술에는, 옳고 그른 점과 좋

---

70) 위의 반표가 사마천의 『사기』에 대해 평론한 인용문들은 모두 『후한서』 권40 「반표열전(班彪列傳)」을 보라.

고 나쁜 점들이 같이 보인다. 사마천 본인은 「태사공자서(太史公自序)」에서 일찍이 그가 서로 다른 체제를 창립한 의도를 밝혔는데, 반표는 이를 한 번 정제하여, 세 가지의 서로 다른 체제들을 둔 의의와 작용에 대해 다음과 같이 간결하게 설명하고 있다. "제왕(帝王)을 서술한 것을 곧 본기(本紀)라 했으며, 공후(公侯)가 대대로 나라를 전수(傳受)한 것을 세가(世家)라 했고, 경(卿)과 대부(大夫)와 사(士)들 중 뛰어난 사람들을 곧 열전(列傳)이라고 했다.[序帝王則曰本紀, 公侯傳國則曰世家, 卿士特起則曰列傳.]" 이러한 표현 방법은 당(唐)나라의 역사학자 사마정(司馬貞)·유지기(劉知幾)에게 영감을 주었다.[71] 그러나 반표가 여기에서 비판한 "항우·진승은 포함시켰으나, 회남왕·형산왕은 빠뜨렸으며, 세세한 내용이 왜곡되어 있고, 조목을 나누어 분류한 원칙이 정해져 있지 못하다."라고 한 말은, 과도하게 체제에 집착했기 때문에 도출된 부정확한 평론이었다. 사마천은 항우를 본기에 넣고 진승을 세가에 넣었는데, 이는 그가 체제를 융통성 있게 운용한 성공적인 부분이다. 항우는 비록 제왕은 아니었으나, 진(秦)·한(漢) 교체기에 한 시대를 풍미한 인물이었다. 진승을 세가에 넣은 것은, 바로 "진나라가 잘 다스려지지 않았는데, 진섭(즉 진승-역자)은 입신출세했으며, 제후들은 난을 일으켜 천하가 전쟁으로 큰 혼란에 빠졌고, 마침내 진나라가 멸망했다. 천하의 발단은, 진섭이 반란을 일으키면서부터 시작되었기[秦失其政, 而陳涉發迹, 諸侯作難, 風起雲蒸, 卒亡秦族. 天下之端, 自涉發難]" 때문이었다. 사마천은 진승이 폭압적인 진나라에 반항하여 최초로 봉

71) 각각 『사기』의 「오제본기(五帝本紀)」·「오태백세가(五太伯世家)」·「백이열전(伯夷列傳)」에 사마정이 자세히 밝혀 주(注)를 붙인 것과 『사통(史通)』의 「육가(六家)」·「본기(本紀)」·「세가(世家)」·「열전(列傳)」 등의 편(篇)들을 보라.

기를 일으킨 역할에 대해 높이 평가했으며, 또한 진나라에 반대하여 봉기를 일으킨 것을 "걸(桀)과 주(紂)가 도(道)를 잃자 탕(湯)·무(武)가 나왔고, 주나라가 도를 잃자 『춘추』가 지어졌다.[桀·紂失其道而湯·武作, 周實其道而『春秋』作.]"[72]라는 사실과 함께 논했다.

반표는 이처럼 사마천의 저술 방법을 비판하면서, 실질(實質)을 궁구(窮究)하기도 했지만, 또한 군신(君臣)들의 등급의 의미에 집착하는 유학(儒學)의 정통사상으로 인해 이상한 방향으로 나아가기도 했다. 『사기』에 기술된 인물들 중 어떤 사람에 대해서는 그 자(字)를 기록하지 않았고, 어떤 사람에 대해서는 출신 현(縣)은 기록했으면서 군(郡)은 기록하지 않았다고 비판했는데, 그러한 것들이 물론 맞는 지적이기는 하지만, 그다지 중요하지 않은 자질구레한 것들에 속한다. 반표는 또한, 『사기』는 사마천이 개인적으로 저술한 역사이기 때문에, "한 사람만이 오로지 맡아 하기에는 글이 중(重)하고 생각이 번잡했던 까닭에, 책이 간행되었지만 빠진 부분이 있어 완전하지 못하다."라고 명확히 지적하여, 사마천이 저술하면서 겪었을 고충을 매우 세심하게 살폈다.

이상 두 가지 방면의 이유로 인해, 반표는 『사기후전』을 저술하기로 결심했으며, 그는 밤낮없이 노력을 기울였으나, 마침내 피로가 누적되어 병을 얻어, 겨우 65편(篇)[일설에는 100여 편이라고 함]만을 완성하고 세상을 떠났다.

반표는 비록 『사기후전』의 저술을 완성하지는 못했지만, 그의 역사식견과 역사 저술 작업은 확실히 반고에게 중요한 영향을 끼쳤다. 바

72) 『사기』 권130 「태사공자서」.

로 이와 같은 반표의 영향을 받아, 반고는 비로소 역사 연구에 몰두했으며, 아버지의 학문 사상을 받아들였고, 또한 그것을 한 걸음 더 발전시키고 심화시켰다. 그는 아버지의 역사 저술을 계승하고, 『사기후전』의 기초 위에서 마침내 『한서』라는 걸출한 역사학 저서를 편찬해 냈다. 현재 『한서』 가운데 「원제기(元帝紀)」·「성제기(成帝紀)」는 바로 반표의 원작(原作)이며, 「위현전(韋賢傳)」·「적방진전(翟方進傳)」·「원후전(元后傳)」의 찬어(讚語)[73]에는 또한 모두 "사도연 반표가 말하기를[司徒掾班彪曰]"이라고 썼으니, 이것도 반표의 글에서 나온 것들이다. 이는 반표의 학술 사상과 역사 저술 작업이 반고에게 미친 영향이 대단히 중요했다는 것을 충분히 말해 주는 것이다.

73) 역자주 : 일반적으로 어떤 인물이나 그의 공적에 대해서 찬미(讚美)하는 말을 의미한다. 기전체(紀傳體) 역사서에서는 인물의 행적을 서술한 다음, 마지막에 인물의 업적을 평가하는 말을 첨부했다.

반고는 아버지의 유지를 계승하고, 심혈을 기울여, 20여 년 만에 마침내 『한서(漢書)』라는 성공적인 역사서를 완성해 냄으로써, 중국 고대 역사학에서 영원히 기억될 만한 또 하나의 금자탑(金字塔)을 세웠다.

1. 개인적으로 『한서』를 저술하던 것에서 어명을 받고 역사를 편찬하기까지

(1) 가학(家學)을 계승하여, 낙양(洛陽)에서 학문을 탐구하다.

반고의 자(字)는 맹견(孟堅)이며, 부풍군(扶風郡) 안릉[安陵 : 지금의 섬서성(陝書省) 함양(咸陽) 동북 지역] 출신으로, 동한(東漢) 건무(建武) 8년(서기 32년)에 태어났다. 그는 어려서부터 유학 세가(世家)의 좋은 교육과 훈육(訓育)을 받았고, 또한 그 자신의 총명함과 배움에 대한 열의가 더해져, 이미 9세에 문장을 지었고, 시(詩)와 부(賦)를 능숙하게 암송했다. 당시 아버지 반표(班彪)는 이미 명성을 떨치던 학자였으므로, 많은 사람들이 찾아와 그를 스승으로 삼기도 하고, 그와 더불어 학문을 연구하기도 했다. 반고는 아버지와 교류하는 학자들의 영향을 받아 시야를 넓혔으며, 학업에도 큰 진전이 있었다. 이후 아버지 반표는 『사기후전(史記後傳)』을 계속하여 저술하는 데 뜻을 두고, 많은 양의 한(漢)나라 전적들을 읽기 시작했다. 이러한 아버지의 영향을 받아, 반고도 또한 한나라의 일들에 주의를 기울이기 시작했다. 이 당시 저명한 사상가인 왕충(王充)은 마침 청춘 시기를 맞이하고 있었으며, 회계(會稽)의 고향 집을 떠나 수도 낙양에 유학하고 있었다. 그는 반표의 높고 깊은 학문적 조예를 흠모했으며, 또한 반표에게 와서 예를 갖춘 뒤 그를 스승으로 삼고, 겸허하게 가르침을 구했다. 왕충은 반표의 역사 저술 사업에 대해 진정어린 경의를 표하고, 그의 저술이 태사공(太史公)·양웅(揚雄)과 필적할 만하다고 찬양했다. 그는 항상 반표의 집에서 가르침을 구했으므로, 그보다 나이가 다섯 살 어린 반고와도 점차 친해졌으며, 아울러 소년 반고의 재능과 지향(志向)에 대해서도 아낌없이 칭찬했다. 건무 20년(서기 44년)의 어느 날, 왕충은 반표의 집에 와서 가르침을 구했는데, 때마침 반고도 또한 객청(客廳) 안에 있었다. 그러면서 반표와 왕충이 한나라에서 있었던 역사적인 일들에 대해 토론하는 와중에 때때로 한두 마디씩 자못 식견이 있는 말을 하면서 참견했는데, 왕충은 이를 듣고 매우 놀라서, 자신도 모르게 반고의 등을 쓰다듬어 주었다. 그러면서 스승인 반표에게 말하기를, "이 아이는 반드시 한나라에서 있었던 일들을 기록하게 될 것입니다[此兒必記漢事]."[1]라고 했다. 그는 반고가 장차 반드시 한나라

1) 『후한서』 권40 「반고전(班固傳)」의 주(注)가 사승(謝承)의 『후한서』를 인용했다.(역

의 역사를 저술하여 편찬하는 중임(重任)을 완수하게 될 것이라고 생각한 것이다.

나이를 먹어 감에 따라, 반고는 유학 세가의 가정교육에 만족하지 못했다. 학문의 깊이를 더하기 위해, 반고는 16세에 낙양의 태학(太學)에 들어갔는데, 거기에서 매우 열심히 공부하여, 각종 경서와 전적(典籍)들에 통달하고, 유가는 물론이고 제자백가(諸子百家)의 학설들도 모두 깊이 연구했다. 그러면서 그들의 견해와 지식들을 중시하여, 결코 어떤 특정한 학설에 얽매이지 않았으며, 또한 글자의 발음과 뜻·세세한 주석과 해석에 머무르지 않았을 뿐만 아니라, 경전과 전적을 관통하는 대의(大義)를 알아 내려고 노력했다. 이는 그가 후에 한 시대를 풍미하는 뛰어난 역사가로 성장할 수 있었던 매우 중요한 조건이 되었다. 태학에서 반고는 최인(崔駰)·이육(李育)·부의(傅毅) 등 많은 사람들과 함께 공부했다. 반고의 성격이 너그럽고 온화하여, 사람들이 그에게 접근하기 쉬웠을 뿐만 아니라, 자신의 재능이 출중하다고 오만하지 않았으므로, 그는 동학들과 사림(士林)들의 칭찬을 받았다. 반표가 세상을 떠났을 때 반고는 겨우 23세에 불과했으나, 그는 이미 매우 높은 문화 교양과 저술 능력을 갖추고 있었다.

(2) 적극적으로 인재를 천거하다.

건무 30년(서기 54년)에 반표가 세상을 떠나자, 반고는 어쩔 수 없이 태학에서의 유학 생활을 마치고 낙양을 떠나 부풍군 안릉에 있는 고

자주 : 『후한서』는 일반적으로 남조(南朝) 송나라의 범엽(范曄)이 편찬한 역사서를 가리킨다. 그러나 그 이전에 사승·설형(薛瑩)·화교(華嶠)·사마표(司馬彪)·사침(謝沈)·원산송(袁山松)·장번(張璠) 등도 『후한서』를 편찬했다.)

향집으로 돌아왔다. 아버지의 죽음은 반고에게 큰 상실감을 안겨 주었다. 그는 『한서』「서전(敍傳)」에서 당시의 경험을 회고하고 있는데, 스스로 "약관의 나이에 혼자가 되었다[弱冠而孤]."[2)]라고 했다. 당시 반고는 아직 벼슬길에 나가지 않았고, 아버지는 생전에 관직이 그다지 높지 않았는데, 하루아침에 아버지가 세상을 떠나자, 집안은 곧 의지할 곳을 잃었다. 위로는 늙은 어머니가 있었고, 아래로는 남녀 동생들이 있었기에, 생계를 꾸려 가는 것이 곧 큰 문제였다. 반고는 이 때 자신의 운명을 스스로 장악하지 못하고, 평생 아무런 명성을 얻지 못할 수도 있다고 걱정했으며, 또한 신분 상승을 위해 노력하여 상류사회에 진입할 생각도 했다. 그는 「유통부(幽通賦)」에서 완곡하고 곡절 있게 그의 이와 같은 마음을 표현했다. 반고는 「유통부」의 첫머리에서 가학(家學)의 연원이 매우 오래되었으며, 문(文)·무(武)의 각 방면에서 명성을 얻었다고 기술(記述)했다. 그러나 "아아 의지할 곳 없이 막막하여라, 앞날이 콱 막히고 길이 없겠구나.[咨孤矇之眇眇兮, 將圮絕而罔階.]"라고 하여, 자신에게 이르러 가세(家勢)가 몰락하여, 앞날을 예측할 수 없음을 표현했다. 그런데 자신의 지향(志向)은 결코 개인의 영달을 구하는 것이 아니고, 조상들의 업적을 계승하려는 것이라고 하면서, "어찌 내 한 몸의 만족을 꾀하겠는가? 세업(世業)은 마음에 담아 둘 만한 것이거늘.[豈余身之足殉兮? 愇世業之可懷.]"[3)]이라고 기술했

2) 고대(古代)의 남자들은 20세에 관례(冠禮)를 올렸기 때문에, '약관(弱冠)'은 남자의 20세 또는 20세 전후의 나이를 가리키는 말로 쓰이게 되었다. 여기에서의 '약관'이라는 말은 20세 전후의 나이를 가리킨다.

3) 이상의 「유통부」를 인용한 글들은, 『한서』 권100 「서전(敍傳)」을 보라.[역자주 : "愇世業之可懷"라는 구절은 『문선(文選)』에 "違世業之可懷"라고 되어 있다. 안사고(顏師古)의 『한서』 주(注)에 따르면, '愇'는 '韙'와 같은 글자이며, '是'와 같은 뜻이라고

다. 그런 다음에 자신이 매우 어려운 지경에 있으며, 입신출세할 방도가 없고, 신세가 험한 골짜기에서 빠진 듯하여 전전긍긍하고 있음을 생생하게 묘사해 냈다. 밝은 앞날은 아련하게 존재하는데, 현실의 처지는 반대로 매우 험준하니, 때가 오기를 기다릴 수는 없었으며, 온 힘을 다해 일찍이 벼슬길에 나아가 성과를 쟁취하려고 했다.

「유통부」의 요지는 "목숨을 바쳐서라도 뜻을 이룬다[致命遂志]."라는 것으로, 그는 운명에 맞서 투쟁하여 벼슬길에 순조롭게 나아가거나 혹은 학문에서 성취를 이루려고 했는데, 이는 반고가 품고 있던 당시의 심정일 뿐만 아니라, 그가 일생 동안 열심히 추구한 것이기도 했다.

명제(明帝) 영평(永平) 원년(서기 58년)에, 명제 유장(劉莊)은 그의 친동생인 동평헌왕(東平憲王) 유창(劉蒼)을 표기장군(驃騎將軍)에 임명하고, 막중한 권한을 위임하여, 삼공(三公)보다 높은 지위를 부여했다. 더불어 특별히 그에게 40명의 보조관을 선발할 것을 허용했는데, 역사서에서는 이를 일컬어 "동각[東閣 : 빈객(賓客)을 성대히 접대하는 곳]을 열어 영웅들을 초청했다.[開東閣, 延英雄.]"[4]라고 했다. 반고는 동평왕(東平王)이 "동각을 열어 영웅들을 초청"하는 것은 성대한 행사라고 생각하여, 적극적으로 인재를 추천했을 뿐만 아니라, 자신의 식견과 재능을 드러내 보이기 위해, 즉시 동평왕에게 한 편의 「주기(奏記)」[5]를 지어서 올렸다.

그 「주기」에서, 반고는 먼저 자신은 다행히 국가가 맑고 바르게 다

했다.]

4) 『후한서』 권40 「반고전(班固傳)」.

5) 역자주 : 자신의 의견이나 주장을 적어 임금에게 올리는 글.

스려지는 시대에 살 수 있었다면서, 비록 몸은 낮은 신분에 속하지만 국가의 대사에 언제나 관심을 갖고 있다고 설명했다. 그리고 자신이 듣기로는, 황제로부터 중임(重任)을 부여받은 동평왕은 국가의 희망을 어깨에 짊어지고 있으며, 재능이 뛰어난 인물을 뽑아 막부(幕府 : 옛날에 장군이 전쟁 중에 업무를 보는 곳-역자)를 구성하려고 하자, "사방의 선비들이, 저고리와 바지를 뒤바꿔 입을[四方之士, 顚倒衣裳]" 만큼 서둘러서 의탁해 오고 있다고 했다. 그는 동평왕이 진정으로 재능이 있는 선비들을 선발할 수 있기를 원하며, 더불어 동평왕이 수도(首都) 부근의 인재들에게만 주의를 기울이지 말고, 먼 곳에 있거나 오랫동안 은거하면서 지낸 인재들에도 유의하여, 아무런 제한 없이 그들을 선발하기를 바란다고 했다. 그러면서 "장군(동평왕을 가리킴-역자)께서 마땅히 요(堯)임금과 은(殷)나라의 탕왕(湯王)의 인재 등용을 상고(詳考)하시고, 이윤(伊尹)과 고요(皐陶)가 추천받았던 일들을 살피셔서, 멀고 가까움에 편중되지 않으신다면, 숨어 있는 인재가 반드시 나타날 것이니[將軍宜詳唐·殷之擧, 察伊·皐之薦, 令遠近無偏, 幽隱必達]", 진정으로 "현명한 인재들을 모두 받아들이시고, 명석하고 지혜로운 이들을 거두어 모으시며, 나라를 위해 사람들을 얻으셔서[總攬賢才, 收集明智, 爲國得人]", 나라를 안정시키라고 했다.

그런 다음, 반고는 특별히 지금의 섬서성(陝西省)·감숙성(甘肅省) 지역의 "품행이 훌륭하고 재주가 뛰어난[殊行絶才]" 여섯 명의 인물들을 추천하면서 이렇게 말했다. 전(前) 사공연(司空掾) 환량(桓梁)은, "유학에 정통하기로 이름이 알려져 있고, 고을에서 제일가는 덕(德)이 있으며, 나이가 일흔 살이니 마음 가는 대로 행동해도 법도에 어긋나지 않을 것이며[6], 청묘(淸廟)에서 덕이 빛나는[7] 당대의 준재(俊才)입니다.[宿儒盛名, 冠德州里, 七十從心, 行不逾矩, 蓋淸廟之光暉, 當世之俊彦也.]"라고 하여, 그가 명망 높은 노학자(老學者)라고 했다. 또 경조좨주(京兆祭酒) 진풍(晉馮)에 대해서는, "결발(結髮)[8]할 때부터 수신(修身)을 하여, 흰머리가 되도록 법도에 어긋나지 않았으며, 옛날의 악(樂)과 도(道)를 좋아하고, 침착하여 말을 함부로 하지 않으며, 지조를 잘 지키고, 옛 사람의 미행(美行)을 따를지언정 시속(時俗)을 따르지 않으며[結髮修身, 白首無違, 好古樂道, 玄默自守, 古人之美行, 時俗所莫及]", 학문에 열중하여 지식이 많은 인재라고 했다. 또 부풍연(扶風掾) 이육(李育)에 대해서는, "경서(經書)에 밝고 행실이 돋보이며, 백여 명이나 되는 사람들을 가르쳤고, 고향을 떠나 객지인 두릉(杜陵)에서 거주했는데, 띠로 지붕을 이고 흙 계단이 있는 누추한 집에 살았습니다. 경조(京兆 : 수도인 장안 및 그 부근-역자)와 부풍(扶風)의 두 군(郡)에서 거듭 청했지만, 여러 차례 병을 핑계로 자리를 사양하여 떠났습니다. 옛것을 익혀 새로운 것을 알며, 논의(論議)가 사리에 통달하여

6) 역자주 : 공자는 나이 70세에 "從心所慾不踰矩.[마음 내키는 대로 해도 법도에 어긋나지 않는다.]"라고 했다. 이 말은 공자처럼 나이가 70세가 되면 마음 내키는 대로 해도 법도에 어긋나지 않을 자질을 갖추게 된다는 뜻으로, 여기에서 유래된 '종심(從心)'은 그 자체가 나이 70을 대신 일컫는 말로 쓰인다.

7) 역자주 : 『시경(詩經)』「주송(周頌)」에, "於穆淸廟, 肅雝顯相, 濟濟多士, 執文之德.[아아, 아름답고 장엄한 태묘(太廟)에, 엄숙하고 온화하며 빛이 나는 대신(大臣)들과 수없이 많은 선비들이 문왕(文王)의 덕(德)을 지니고 있구나.]"라는 구절이 있다. 이 중 '顯'이라는 글자에 대해, 정현(鄭玄)은 "'顯'은 빛이 나는 것이며, 보이는 것이다. ……제후(諸侯)들 중에 빛이 나고 선명하게 덕이 드러나 보이는 자가 와서 제사를 돕는다.[顯, 光也, 見也. ……諸侯有光明著見之德者來助祭.]"라고 주석했다.

8) 역자주 : 옛날에 남자가 15세에서 20세 사이에 머리를 묶었는데, 이것을 말한다. 여기에서는 어린 나이를 의미한다.

밝고, 청렴하면서 순결하며, 행동이 능히 올바르고 흠잡을 데가 없으니, 비록 이전 세대의 이름난 유학자이면서 나라에 중요한 일을 했던 위현(韋賢)·평당(平當)·공광(孔光)·적방진(翟方進)이라도 이보다 더 하지는 못했으며[經明行著, 敎授百人, 客居杜陵, 茅室土階. 京兆·扶風二郡更請, 徒以家貧, 數辭病去. 溫故知新, 論議通明, 廉淸修絜, 行能純備, 雖前世名儒, 國家所器, 韋·平·孔·翟, 無以加焉]", 경학에 밝고 지행(志行)이 고상한 인재라고 했다. 경조독우(京兆督郵) 곽기(郭基)에 대해서는, "고을에서 효행이 매우 뛰어나며, 경학은 한 학파를 이루었고, 정무(政務)의 업적은 매우 뛰어난 공(功)이 있으니[孝行著於州里, 經學稱於師門, 政務之積, 有絕異之效]", 효행·경학·정사(政事)의 세 가지 방면에서 모두 뛰어난 인재라고 했다. 양주종사(凉州從事) 왕옹(王雍)에 대해서는, "몸에 변장자(卞莊子)[9]의 절개를 지니고 있고, 학문으로써 자신을 꾸미고 있으니, 양주(凉州)의 벼슬아치들 중에서, 마땅히 왕옹에 앞설 만한 이가 아직 없으며[躬卞嚴之節, 文之以術藝, 凉州冠蓋, 未有宜先雍者也]", 용감한 성격과 높은 학문을 갖춘 인재라고 했다. 홍농공조(弘農功曹) 사은숙(史殷肅)에 대해서는, "학문에 통달하고 견식이 넓으며, 재능이 월등히 뛰어나, 시(詩) 삼백 수(首)를 외우니, 사신이 되어 가면 임무를 잘 수행할 수 있을 것[達學洽聞, 才能絕倫, 誦詩三百, 奉使專

9) 역자주 : 『논어』「헌문(憲問)」편에 "자로(子路)가 "어떤 사람을 '완성된 사람 [成人]'이라 합니까?"라고 묻자, 공자는 "장무중(臧武仲)의 지혜, 공작(公綽)의 청렴, 변장자(卞莊子)의 용맹, 염구(冉求)의 기예를 지니고 있으면서 '예(禮)'와 '악(樂)'으로 치장하고 있으면 '완성된 사람'이라 할 만하다."라고 말씀했다.[子路問成人, 子曰, 若臧武仲之知, 公綽之不欲, 卞莊子之勇, 冉求之藝, 文之以禮樂, 亦可以爲成人矣.]"라는 구절이 있다. 여기에서 언급된 네 사람은 모두 노(魯)나라 출신으로 평판이 매우 좋은 사람들이었다.

對]"[10]이라고 하여, 학식이 깊고 넓으며 외교적 응대에 적합한 인재라고 했다.

반고가 적극적으로 인재를 추천한 것은, 나라에서 진정으로 재능이 있는 인물을 뽑고, 그들이 국가 건설에 이바지하기를 원해서였으며, 동시에 암암리에 자기 자신을 추천하려는 의도도 담겨 있었다. 반고의 자기 추천은 성공을 거두지 못했지만, 그가 인재로 추천하여 건의한 것은 오히려 대부분 동평왕 유창에게 채택되었다. 예컨대 이육 같은 이는 반고가 그 때 추천했기 때문에 낙양에서 유명해지자, 귀척(貴戚)들이 서로 다투어 그와 친하게 지내려고 했다.[11] 반고 본인은 비록 채용되지 못했지만, 그가 쓴 그 「주기」로 인해 그의 재능과 인재에 대한 생각을 뚜렷이 나타내 보였으며, 여전히 사회에 상당한 영향을 미쳤고, 아울러 그가 『한서』를 쓰는 데 일정하게 인재에 대한 사상의 기초를 다질 수 있었다.

(3) 개인적인 『한서』 저술

아버지가 세상을 떠나 생계가 곤궁해지자, 반고는 하는 수 없이 부풍군(扶風郡) 안릉(安陵)에 있는 고향집으로 돌아가서 살았다. 이로써 반고는 수도(首都)에서 벼슬하던 가문에서 향리(鄕里)에 거주하는 평민의 지위로 내려오게 되었는데, 이는 진취적인 그에게 큰 충격을 주었다. 그러나 그는 조금도 낙담하지 않고, 아버지가 이루지 못한 일을 계승하려는 결심을 세웠으며, 결코 바꾸지 않았다. 반고는, 아버지

10) 위에서 반고의 「주기설동평왕창(奏記說東平王蒼)」을 인용한 글들은, 모두 『후한서』 권40 「반고전」을 보라.

11) 『후한서』 권79 「유림열전(儒林列傳)」을 참조하라.

가 이미 저술한 『사기후전』의 일부분은 내용이 여전히 상세하게 갖추어지지 못했고, 구성도 여전히 고쳐 나갈 부분이 있으며, 또한 아버지가 저술하지 못한 부분은 다시 새로 계속해서 써야 한다고 생각했다. 그래서 그는 아버지가 이미 완성한 『사기후전』의 기초 위에, 집안에 소장되어 있는 풍부한 서적들을 이용하여, 정식으로 『한서』를 저술하는 생애를 시작했다.

영평(永平) 5년(서기 62년)에, 바로 반고가 전력을 다하여 『한서』를 저술해 나가고 있을 때, 어떤 이가 반고를 "사사로이 나라의 역사를 편찬하고 있다[私修國史]."라고 고발했다. 그리하여 반고는 체포되어 낙양에 있는 감옥으로 끌려갔으며, 그가 작성하던 원고들은 모두 관부(官府)의 조사를 받았다. 당시에 "사사로이 나라의 역사를 편찬하는" 행위는 엄격하게 금지되어 있었으며, 심지어 '국사(國史)'는 일반적으로 개인이 소유할 수 없었다. 한나라 원제(元帝) 때, 동평왕 유우(劉宇)가 황제에게 글을 올려 『태사공서(太史公書)』를 하사해 달라고 요구했으나 거절당한 일이 바로 이러한 사실을 증명해 준다.

반고는 외척(外戚)의 후손이며, 유학 세가의 자제였지만, 그 자신은 오히려 관등(官等)이 매우 낮은 낭관(郎官)마저도 아니었는데도, 이처럼 대담하게 감히 개인적으로 '국사'를 편찬하려고 했으니, 조정에서 엄격하게 금지한 사항에 저촉되지 않을 수 있었겠는가! 이 일이 있기 얼마 전에, 부풍군에서는 소랑(蘇朗)이라는 사람이 도참(圖讖)을 위조했다고 고발당하여, 체포되어 감옥에 갇힌 뒤, 곧바로 사형에 처해졌다. 이와 같은 형세에 직면하자, 반씨(班氏) 가문은 노소를 불문하고 매우 긴장하여, 반고가 분명히 큰일을 당할 것이라고 두려워했다. 반고의 동생 반초(班超)는 형을 구하기 위해 즉시 말을 타고 부풍군 안릉의 고향집에서 급히 수도 낙양으로 가서, 한나라 명제(明帝)에게 호소하는 글을 올려, 형의 억울한 죄를 면해 주려고 했다.

반고는 "사사로이 나라의 역사를 편찬했다"고 고발당하여, 감옥에 갇혔으므로, 장차 어떤 처벌을 받을지 알 수 없었을 뿐만 아니라, 더욱이 노모(老母)와 가족들의 안전도 걱정이었다. 그러나 그는 분명히 자신이 근본적으로 아무런 '죄(罪)'도 짓지 않았다고 생각했다. 그가 역사를 저술하기로 뜻을 세운 것은, 아버지의 유지(遺志)를 계승하기 위한 것일 뿐만 아니라, 또한 멀리 사마천(司馬遷)·유향(劉向)·양웅(揚雄) 이래 역사 저술의 전통을 이어가려는 것이었으며, 더욱이 "한나라의 덕[漢德]"을 선양(宣揚)하기 위한 것이었다. 서한(西漢)이 존속한 210여 년 동안 혁혁한 공(功)도 있었고, 또한 많은 폐정(弊政)도 있었는데, 그 흥망성쇠는 사람들을 개탄하게도 하고, 사람들을 계몽하기도 하므로, '한나라의 역사'를 저술하는 것은 바로 그 당시 학자들에게 주어진 책임이었다. 하물며 그 때는 왕망이 멸망한 지 40년이 지났으니, 더 이상 때에 맞추어 역사서를 저술하지 못한다면, 후대 사람들이 얻을 수 있는 역사 자료는 훨씬 적어지지 않겠는가! 그래서 그는 마침내 붓을 들어, 아버지가 이루지 못한 사업을 완성하기로 뜻을 세운 것이었다. 그런데 뜻밖에 무고를 당했으니, 만약 이번에 뚜렷한 이유 없이 사형에 처해진다면, 그처럼 부자 2대가 심혈을 기울여 온 모든 일들이 허사로 돌아가지 않겠는가! 그렇기 때문에 반고는 근심과 울분이 교차하고, 마음이 찢어질 듯이 아팠다.

반초는 말에 채찍질을 가하여 화음(華陰)을 거치고 동관(潼關)을 지나 낙양에 도착하여, 반고의 누명을 벗겨 주기 위해 상소(上疏)했다. 그리하여 한나라 명제는 이 안건을 중시하게 되었으며, 특별히 반초를 불러 만나서 실제 정황을 확인했다. 반초는 아버지와 형이 2대에 걸쳐 수십 년 동안 역사를 저술한 고충과 '한나라의 덕'을 선양하려 했던 의도를 한나라 명제에게 전부 알렸다. 이 때 부풍군수(扶風郡守)도 반고의 집 안에서 압수한 원고를 낙양으로 보내왔다. 명제는 원고를 읽어 보고는, 반고의 재능에 대해 놀랍다고 느꼈으며, 그가 쓴 원고는 분명히 대단한 작품이라고 칭찬하면서, 즉시 석방하도록 명령을 내리고 위로했다. 명제는 반고의 의향(意向)을 높이 평가하고, 그의 재능을 중시하여, 즉시 그를 수도에 있는 황가(皇家)의 교서부(校書部)로 불러 직책을 맡기고, '난대영사(蘭臺令史)'에 임명했다.[12)]

(4) 어명을 받아 역사를 편찬하다.

반고는 '난대영사'에 임명된 뒤, 가장 먼저 전(前) 수양현령(睢陽縣令) 진종(陳宗)·장릉현령(長陵縣令) 윤민(尹敏)·사예종사(司隷從事) 맹이(孟異) 등과 함께 공동으로 동한 광무제(光武帝)의 사적(事迹)을 기록한 「세조본기(世祖本紀)」를 공동으로 편찬하는 임무를 맡았다. 반고는 진종 등과 한마음으로 협력하여, 매우 빨리 「세조본기」의 편찬을 완수해 내어, 명제의 칭찬을 받았다. 반고는 「세조본기」를 편찬하는 과정에서 남다른 노력을 기울였기 때문에, 다시 승진하여 '낭관(郎官)'[13)]이

---

12) 『한관의(漢官儀)』의 기록에 따르면, 동한(東漢)에는 모두 여섯 명의 난대영사들이 있었으며, 녹봉은 1백 석에 달했고, 역사 기록과 관리들의 죄상을 찾아 황제에게 올리는 일 등을 담당했다고 한다.

13) 낭관은 양한(兩漢) 시대에 벼슬길로 나아가는 중요한 경로로, 의랑(議郎)·중랑(中

된 뒤, 황실의 도서를 정리하고 교감(校勘)하는 임무를 맡았다. 낭관은 한대(漢代)에 벼슬길을 처음 시작하는 자리인데, 반고의 직무는 책을 교감하는 것이었으므로, '교서랑(校書郎)'으로 불렸다. 그는 계속하여 광무제 시기의 역사적 사실을 편찬해 나갔으며, 또한 동한의 공신들·평림병(平林兵)·신시기의군(新市起義軍)[14] 및 공손술(公孫述)의 사적을 저술했는데, 이들은 모두 열전(列傳)과 재기(載記) 등 28편(篇)으로 이루어져 있다. 이렇게 하여 광무제 시기와 관련이 있는 기록들은 대체적으로 정리되었다. 『동관한기(東觀漢紀)』는 동한 왕조의 당대사(當代史)로, 명제 이후부터 장제(章帝)·안제(安帝)·환제(桓帝)·영제(靈帝)·헌제(獻帝) 등 역대 조정들에서 모두 계속하여 써 나갔는데, 반고는 바로 이 『동관한기』를 처음 집필하던 시기에 중요한 공헌을 함으로써, 역사 편찬의 새로운 전통을 열었다.[15]

郎)·시랑(侍郎)·낭중(郎中) 등으로 나뉜다. 인원은 천 명에 달했으며, 녹봉은 3백석 이상이었다.

14) 역자주 : 서기 17년에 왕광(王匡)·왕봉(王鳳) 형제가 녹림산(綠林山)에 근거하여 반란을 일으켰는데, 이를 녹림군(綠林軍)이라고 한다. 서기 22년에 녹림산에 전염병이 돌자, 녹림군은 근거지였던 녹림산을 떠나 두 갈래로 나뉘게 된다. 그 중에서 왕상(王常)·성단(成丹) 등이 이끄는 무리를 하강병(下江兵)이라 하고, 왕광·왕봉·마무(馬武) 등이 이끄는 무리는 신시병(新市兵)이라고 한다. 신시병이 수현(隋縣)을 공격할 때, 평림(平林) 출신의 진목(陳牧)·요담(廖湛)이 군대를 이끌고 신시병을 도왔는데, 이들을 평림병(平林兵)이라고 한다. 평림병에 가담했던 한나라 황실의 종친인 유현(劉玄)은 왕광 등에 의해 경시제(更始帝)로 추대되었다.

15) 동한의 역대 황제들을 거치면서 편찬된 『동관한기』는, 『수서(隋書)』 「경적지(經籍志)」의 기록에 따르면 모두 143권이라고 한다. 이후 송(宋)·원(元) 시대까지 전해지다가 더 이상 전해지지 않았다. 단지 범엽(范曄)의 『후한서(後漢書)』 및 『태평어람(太平御覽)』·『북당서초(北堂書抄)』와 같은 책들과 기타 기록들에서 단편적으로 인용한 글들만 남아 있다. 청(淸)나라 건륭(乾隆) 연간에 요지인(姚之駰)이 이와 같은 단편적인 글들을 모아서 8권의 책으로 만들었다. 후에 다시 새로 남아 있는 글들을 모아 24권이 되었다.

반고가 수도로 불려온 이후, 동생 반초와 어머니도 역시 함께 낙양에 왔는데, "집이 가난했으므로[家貧]", 반초는 "늘 관리들을 위해 책을 베껴 주는 품을 팔아 공양했다[常爲官傭書以供養]." 반고는 한나라 명제로부터 낭관에 임명된 이후, 관등은 비록 낮았지만 명제와 만날 기회는 점점 많아졌으며, 또한 반고의 문재(文才)가 매우 뛰어났으므로, 시간이 흐를수록 명제의 총애를 받았다. 어느 정도 시간이 지나자, 명제는 또한 관심 있게 그의 가정생활에 대해 물었는데, 어느 날 명제는 갑자기 예전에 낙양의 궁궐 앞에까지 와서 반고를 구하기 위해 과감하게 상소를 올리던 반초를 떠올리고는, 반고에게 물었다. "경의 아우는 어찌 지내는가?[卿弟安在?]" 그러자 반고는, "관리들을 위하여 책을 베끼는 일을 하고 있으며, 품삯을 받아 노모를 공양하고 있습니다.[爲官寫書, 受直以養老母.]"라고 대답했다. 명제는 반초의 용기와 변재(辯才 : 말솜씨-역자)를 매우 마음에 들어 했는데, 그가 아직도 임용되지 못한 것은 안타까운 일이라고 생각하고는, 곧바로 반초를 '난대영사(蘭臺令史)'에 임명했다.[16]

이 기간 동안 반고의 직급은 비록 낮았지만, 도리어 반고는 비교적 안정적인 생활을 할 수 있게 되었다. 더욱 중요한 것은 그가 황실의 풍부한 장서들을 접촉하고 이용할 수 있는 조건을 갖추게 된 것인데, 이는 그가 나중에 『한서』를 완성하는 데 중요한 조건을 제공해 주었다.

반고는 광무제 시기 군신(君臣)들의 사적을 편찬하는 동안에 탁월한 재능을 보여주었으므로, 명제로부터 높은 평가를 받았다. 한나라 명제는 반고가 혼자의 힘으로 한나라의 역사를 편찬하겠다는 원대한

16) 『후한서』 권47 「반초전(班超傳)」.

야망이 있다는 것을 감안하고, 또한 반고를 통해 '한나라의 덕[漢德]'이 한층 더 선양되기를 바랐으므로, 특별히 어명을 내려 그가 계속 역사서 저술을 완성도록 했다. 그리하여 반고는 개인적으로 『한서』를 편찬하는 대신 어명을 받아 역사를 편찬하게 되었는데, 이는 매우 중요한 전환으로, 『한서』의 완성에서 큰 추진력이 되었다. 이 때부터 반고는 비교적 안정적인 생활을 영위할 수 있었을 뿐만 아니라, 황실의 서적들을 제공받고 이용할 수 있었으며, 또한 명제의 뜻에 따라 그의 역사 저술이 합법성을 확인 받았으므로, 다시 핍박당할 것을 걱정하지 않게 되었다. 이러한 조건이 갖추어졌으므로, 반고는 역사 편찬 사업에 온통 몸과 마음을 투입하기 시작하자, 그 진행도 더욱 빨라졌다.

이 기간 동안에 반고는 또한 유명한 「양도부(兩都賦)」를 지었다. 동한 정권이 건립된 뒤, 낙양에 도읍을 정했다. 그렇지만 관중(關中) 지역의 나이 많은 신사(紳士 : 지방의 세도가-역자)와 구족(舊族)들은 여전히 서한 시기의 수도였던 장안(長安)의 활기찬 모습을 그리워하면서, 동한이 낙양을 도읍으로 정한 것은 잘못된 것이라고 여기고, 조정(朝廷)이 생각을 바꾸어 장안으로 다시 천도하기를 희망했다. 장안은 서한의 수도로서, 확실히 중요한 역할을 담당했다. 그러나 역사의 발전에 따라, 특히 서한 말년에 장안은 심각하게 파괴되었지만, 낙양은 오히려 동쪽의 중요한 도시로 급속히 발전하여, 점차 장안의 지위를 대신해 갔다. 이로 인해 낙양은 전국 통치의 중심지가 되었으며, 장안보다 수도로서 더욱 적합해졌다. 이 때 반고는 전력을 다해 『한서』를 집필하고 있었지만, 국가의 대사에 대해서도 여전히 관심을 갖고 있었다. 그는 천도(遷都)에 관한 논의는 민심을 요동시키기 쉬워서, 동한의 통치에도 이롭지 못하다고 생각했다. 그리하여 그는 특별히 「양도부」를 지어서 낙양에 수도를 정한 것이 적합하다는 것을 널리 알리고, 관중 지역 인사들의 시의에 적절하지 못한 주장을 반박하는 데 사용하여, 사람들의 혼란스러운 인식을 바로잡았다.

(5) 진(秦)나라의 멸망에 관한 정확한 인식

반고는 『한서』를 집필하는 기간에도, 항상 황제의 요구에 따라 일부 학술 문제에 관한 토론에 참가했다. 당시 조정은 역사적 경험이 주는 교훈을 총괄함으로써, 곧 당시의 행동을 지도하는 것을 매우 중요하게 여겼다. 영평(永平) 17년(서기 74년)에 한나라 명제는 조서를 내려 반고·가규(賈逵)·부의(傅毅)·두구(杜矩) 등을 황궁의 운룡문(雲龍門)에 소집하여, 그들로 하여금 『사기』「진시황본기(秦始皇本紀)」 가운데 태사공(太史公) 사마천이 쓴 찬어(贊語)에 부정확한 부분은 없는지 토론하도록 했다. 다른 학자들도 태감(太監) 조선(趙宣)을 통해 황제가 낸 문제를 전해 들었지만, 한동안 어떻게 대답해야 할지 잘 알지 못했다. 반고는 즉시 이 문제에 대하여 대답하기를, 「진시황본기」의 찬어에서, "만약 자영(子嬰[17])이 평범함 군주의 재능이라도 있었더라면, 단지 중원의 서쪽만이라도 유지할 수 있었을 것이므로, 진(秦)이 멸망하지 않았을 것이다.[向使子嬰有庸主之才, 僅得中佐, 秦未絕也.]"라고 했는데, 이 말은 잘못된 것이라고 했다. 태감 조선은 궁으로 돌아가서 이를 보고했는데, 다시 반고가 직접 궁궐에 와서 상세한 대답을

---

17) 역자주 : 진나라의 제3대 황제이다. 조고(趙高)는 제2대 황제 호해(胡亥)를 죽이고, 자영을 제3대 황제로 삼았다.

하라는 명제의 어명을 전달했다. 명제가 묻기를, "그대가 방금 대답하면서 전에 『사기』 「진시황본기」의 논찬(論贊)[18]에 잘못된 부분이 있다고 했는데, 그처럼 내가 낸 문제를 보자마자 금세 그와 같은 대답이 떠올랐단 말인가?"라고 했다. 반고가 대답하기를, "신(臣)은 원래 그것을 알고 있었을 따름입니다[臣素知之耳]."[19]라고 했다.

반고는 궁궐에서 돌아온 후에, 진나라의 멸망에 관한 자신의 인식을 한층 더 잘 설명하기 위해, 전문적인 한 편의 사론(史論)을 지었는데,[20] 후에 사람들은 이를 『사기』 「진시황본기」의 뒤에 첨부한 다음 「진기론(秦紀論)」이라고 이름을 붙였다. 그 글은 주로 사마천이 「진시황본기」의 논찬 가운데 가의의 「과진론(過秦論)」에서 인용한 한 구절이 적합하지 않은 말이라고 비판한 것이다. 「과진론」에서 인용한 한 구절이란 즉, "만약 자영이 평범한 군주의 재능이라도 있었더라면, 다만 중원의 서쪽만이라도 유지할 수 있었을 것이므로, 산동(山東)에서 비록 반란이 일어났다 하더라도, 진나라의 원래 영토는 보전할 수 있었을 것이고, 종묘(宗廟)의 제사도 끊어지지 않았을 것이다.[藉使子嬰有庸主之才, 僅得中佐, 山東雖亂, 秦之地可全而有, 宗廟之祀未當絕也.]"라는 것이다. 가의의 원래 의도에 따르면, 이것은 정치의 중요함을 강조하려 한 것이었다. 그러나 이 평가는 진나라의 2대에 걸친 통치가 민심이 떠난 고립무원의 형세를 이미 조성하고 있었음을 명백하게 간과하고 있다. 사마천은 논찬 속에 「과진론」을 인용했지만, 그는 이 표현이 부당하다는 점을 지적하지 않았다.

18) 역자주 : 사전(史傳)의 뒷부분에 저자가 덧붙이는 평론을 가리킨다.

19) 『사기』 권6 「진시황본기」. 『집해(集解)』를 인용했다.

20) 『문선(文選)』 권48에 실린 반고의 「전인서(典引序)」에 근거했다.

반고는, 진나라의 왕 자영이 유약하고 무능한데다, 또한 청명하지 않은 대신들이 보좌한 것이 진나라가 멸망하게 된 주요 원인이라고 말하는 것은 단지 표면적인 현상만을 본 것이며, 역사의 우연성만을 강조한 것일 뿐이라고 생각했다. 실제로 진시황의 포학한 통치가 이미 위기를 키워 왔는데, 진나라 제2대 황제에 이르러서 곧 이것이 극단으로 치달았으며, 더구나 민력(民力)을 더욱 남용하여 민중들의 부담을 가중시켰고, 또한 간신(奸臣) 조고(趙高)를 임용하여 극악무도한 정치를 한 것이 국가 멸망의 원인이었다. 반고는 진나라가 지리멸렬해진 형세를 묘사하면서, "황하(黃河)의 둑이 무너지면 다시 막을 수 없고, 물고기가 상하면 다시 온전해질 수 없다.[河決不可復壅, 魚爛不可復全.]"라고 했다. 실제로 자영이 제위를 계승한 직후 조고를 죽였지만, 초(楚)나라 군대가 이미 함양(咸陽)에 이르러서 공격해 오자 투항했다. 반고는 "진나라의 공적(功績)이 쇠했으며, 천하가 무너지고 와해되었으니, 비록 진나라에 주공(周公)의 재능을 가진 이가 있었다고 하더라도, 그 재능을 다시 발휘할 수 없었을 것이므로, 이를 특정한 시기의 임금 탓으로 돌리는 것은 잘못된 것이다. 세간에 전해지기로는 진시황이 죄악을 범하기 시작했고, 호해(胡亥) 때 극에 달했다고 하는데, 이는 이치에 맞는 말이다.[秦之積衰, 天下土崩瓦解, 雖有周旦之才, 無所復陳其巧, 而以責一日之孤, 誤哉! 俗傳秦始皇起罪惡, 胡亥極, 得其理矣.]"라고 결론을 내렸다. 즉 진나라의 멸망은 폭군이 오랫동안 백성들을 학대하는 정책을 실행한 필연적인 결과로서, 진나라 말년에 이르러 이미 필연적으로 멸망할 수밖에 없는 추세가 나타났으니, 즉 다시 총명한 통치자가 있었다 한들, 그 능력을 발휘할 수 없었을 것이라고 명확하게 지적했다. 이는 바로 진나라의 역사 발전이 멸망의 과정으로 치달을 수밖에 없었던 필연성을 드러내 보여주었다. 반고는, 사마천과 가의가 자영의 평범한 재능을 책망하면서, 그렇지 않았더라면 진나라의 원래 영토가 보전될 수 있었을 것이라고 한 논조는, "시세의 변화를 꿰뚫어보지 못하고[不通時變]", 표면적인 현상만을 본 것이라고 생각했다. 확실히 반고의 역사 인식이 가의와 사마천의 역사 인식보다 한층 더 높았음을 알 수 있다.

위의 의론(議論)에 기초하여, 또한 반고는 훗날 「전인(典引)」이라는 한 편의 글을 짓게 되었다. 그는, 이전 시대에 있었던 이런 종류의 글들은 모두 사람들을 만족시킬 수 없다고 생각했는데, 예를 들어 사마상여(司馬相如)의 「봉선문(封禪文)」은 문장이 화려하지만 체제는 규범에 부합되지 못하고, 후에 양웅(揚雄)이 지은 「극진미신(劇秦美新)」은 체제는 비록 격식에 부합되지만, 그 내용은 바로 왕망을 치켜세우고 있어 더욱 가치가 없다고 여겼다.[21] 그리하여 반고는 따로 「전인」을 지어 한나라의 공덕(功德)을 서술했다.

2. 포부를 굳게 지켜, 『한서』를 완성하다.

반고가 『한서』를 편찬한 것은 어명에 따른 일이었으므로, 그를 방해하는 사람은 없었지만, 역사 저술 사업은 필경 매우 고독한 작업이었다. 번영하는 사회를 맞이하여, 많은 학자들은 대부분 순조롭게 벼

21) 『후한서』 권40 「반고전(班固傳)」을 보라. 원문은 (반고가)"以爲相如「封禪」, 靡而不典, 揚雄「美新」, 典而不實."이다. 또한 『후한서』에는 반고가 「전인」을 지은 것을 장제(章帝) 때의 일에 포함시켰다.

슬길에 나아갔으며, 점점 출세 영달이 빨라져, 한 시절에 명성을 날렸다. 그런데 반고는 세상에 이름이 알려져 있지 않았으니, 그 쓸쓸함은 배가되었다. 이 때문에 그는 우울해지기도 하고, 실망하기도 했으며, 심지어 마음이 흔들리기도 했다. 그러나 이후 그는 많은 고통과 괴로움을 겪으면서도 의지를 굳게 다지고 끊임없이 자신을 채찍질하면서, 완고한 의지와 강인한 정신을 끝까지 발휘하여, 마침내 『한서』의 창작을 완성했다.

(1) 포부를 굳게 지키다.

서기 75년에 동한의 명제가 세상을 떠나고, 그의 아들 유달(劉炟)이 제위를 계승했으니, 그가 장제(章帝)이다. 다음해에 연호를 '건초(建初)'로 바꾸었다. 동한의 장제는 경학(經學)과 문장(文章)에 대해서 똑같이 깊은 흥미를 갖고 있었기 때문에, 반고는 더욱 신임을 얻어, 늘 황궁에 불려가서 황제와 함께 독서를 했다. 때로는 해가 졌는데도 군신(君臣)들이 토론을 하기도 했다. 장제가 매번 궁(宮)을 나가 순수(巡狩)할 때마다, 늘 반고가 수행하면서 시(詩)와 부(賦)를 바쳐 흥을 돋우었다. 또한 조정에 큰일이 있으면, 반고로 하여금 참석하여 공경대신(公卿大臣)들의 토론에 참가하게 하고, 그가 거리낌없이 의견을 발표하도록 했다.

반고는 비록 학식이 깊고 넓었던 관계로 황제에게 중시되었지만, 그의 마음은 도리어 우울했다. 왜냐하면 아버지 반표(班彪)가 당대 최고의 다재다능한 인재라고 사람들로부터 인정받기 시작한 이래, 그 자신도 조정에서 재능을 발휘하고 있었지만, 그의 지위는 도리어 가장 낮은 '낭관(郎官)'에 불과했기 때문이었다. 게다가 그의 나이 40세가 되었지만, 아직도 승진을 못하고 있었다. 그는, 일찍이 동방삭(東方朔)·양웅(揚雄)이 글을 써서 자신들이 소진(蘇秦)과 장의(張儀)가 살던 시대로 거슬러 올라갈 수 없음을 원망했던 일을 상기하면서, 곧 붓을 들어 「답빈희(答賓戱)」라는 글을 지었다.

이 글은 문답 형식으로 자신의 고민과 감개(感慨)를 토로했고, 또한 자신이 당연히 갖지 말아야 할 생각들과 번민들을 정면으로 반박했으며, 자기가 포부를 굳건히 지키면서, 이미 정해 놓은 목표에 따라 끊임없이 분투하도록 격려했다. 또 글 전체의 구상이 교묘하며, 서술은 격조가 고상(高尙)하고 온화하면서도 대범하며, 문장이 매우 화려한데다, 그 주장하는 이치가 매우 설득력이 있다.

반고는 먼저 손님이 주인을 조롱하는 다음과 같은 말을 빌려 이야기를 시작한다. "듣기에 성인(聖人)들은 하나로 정해진 의론이 있었고, 많은 선비들은 바뀌지 않는 명분이 있었지만, 또한 이름이 세상 사람들의 입에 오르내릴 따름이었소.[蓋聞聖人有壹定之論, 列士有不易之分, 亦云名而已矣.]" 즉 옛날의 성인과 재사(才士)들은 당시에 이름을 떨치기를 바라지 않는 사람이 없었으니, 공자가 여러 나라들을 주유(周遊)하면서 도처를 바삐 돌아다녔던 것은 바로 공명(功名)을 바라고, 생전에 명성을 떨치려고 했기 때문이었다는 것이다. 또 "도덕을 실천하고 평정을 유지하며 힘들여 이루려 하지 않는 것[取舍][22]이 옛 사람들이 가장 중요하게 여긴 것이었고, 글을 쓰는 것은 이전 세대의 많은

22) 역자주 : 「답빈희」를 주석(註釋)한 유덕(劉德)에 따르면, "'取'라는 것은 도덕을 시행하는 것이요, '舍'라는 것은 바라거나 기대지 않고 마음을 고요히 하면서 '무위(無爲)'를 실천하는 것이다.[取者, 施行道德, 舍者, 守靜無爲也.]"라고 했다.

성인들에게 그 다음의 일이었습니다.[取舍者昔人之上務, 著作者前列之餘事耳.]”라고 하여, 책을 저술하여 자신의 주장을 세우는 일은 시간이 남을 때나 하는 일에 지나지 않았다고 했다. 그리고 보아하니 당신은 지금, “다행히 제왕(帝王)의 시대를 만나, 몸에는 벼슬아치의 옷을 걸치니, 명예를 얻고, 도덕을 실천하고 숭배하며, 빼어난 글 솜씨를 떨친 지가 오래되었습니다. 그러나 마침내 머리와 꼬리를 펴고, 날개와 비늘을 휘저어, 진흙 웅덩이를 벗어나고, 바람과 구름을 뛰어넘어, 보는 사람들이 그 광경에 놀라고, 듣는 자는 그 위세에 벌벌 떨도록 만들지는 못한 것 같소.[幸游帝王之世, 躬帶冕之服, 浮英華, 湛道德, 彎龍虎之文, 舊矣. 卒不能摅首尾, 奮翼鱗, 振拔洿塗, 跨騰風雲, 使見之者景駭, 聞之者嚮震.]”라고 했다. 즉 주인에게 ‘당신의 재주는 이처럼 탁월하여 문장(文章)을 지으면 사람들에게 찬사를 받지만, 지위는 매우 낮으니, 언제 교룡(蛟龍)처럼 진흙이 가득한 연못에서 벗어나 하늘을 날아갈 것인가?’라고 물었다. 그에 더하여 ‘그대는 학문이 매우 뛰어난데다 집에서 독서를 열심히 하여, 사상은 우주를 비상(飛翔)할 만하고, 글을 지으면 그 필력(筆力)이 파도처럼 거세며, 글을 꾸미는 재주는 봄의 꽃처럼 화려하지만, 단지 붓끝에서만 재능을 보여줄 수 있을 뿐이니, 어디 조정에서 중요한 일을 모의하고 공훈(功勳)을 세우는 것에 비할 것인가!’라고 했다.

반고는 손님의 이 말을 통해, 자신의 마음속에 있는 모순의 세계, 즉 자신의 재능은 탁월하고 문장은 뛰어나지만, 처해 있는 지위는 그렇지 못하고 불공평하다는 것을 드러내 보였다. 역사를 저술하는 사업은 본래 상당히 고상한 일이기는 하지만, 사회 현실에서는 오히려 푸대접만 받으니, 사람들은 단지 권세 있는 인물들의 오만방자한 모습만을 볼 뿐, 누가 그의 재능이 출중하다고 칭찬해 줄 수 있겠는가! 이러한 사회 현실을 접하면서도 반고는 여전히 포부를 굳게 지켰는데, 그는 손님의 말에 이렇게 대답했다. "손님의 말은 바로 이른바 권세와 이익의 화려함을 언급하였을 뿐, 도덕의 실질에는 어두운 것입니다.[若賓之言, 斯所謂見勢利之華, 闇道德之實.]"라고 하여, 오직 권세와 이익만을 도모할 뿐, 원칙과 인품의 덕성이 더욱 중요하다는 것을 모른다고 했다. 그리고 전국 시대의 유사(遊士)들의 처지를 예로 들어 말했는데, 당시 왕실이 쇠약해지고, 각 나라들이 분쟁을 일으키자, 합종(合縱)과 연횡(聯橫)[23]을 주장하는 유능한 변사(辯士)들이 동시에 함께 일어났다. 이들은 시국의 복잡하고 급격한 변화에 편승하여, 다투어 나라의 임금들에게 아낌없이 말들을 쏟아내며 계책을 제시했는데, 당면한 위기를 해결하여 공을 세우면, 심지어는 평민의 신분에서 재상의 자리에 오를 수도 있어, 부귀영화를 누릴 수 있었다. 그런데 그런 사람들의 운명은 또한 어떠했는가? 그들은 "아침에는 영화를 누렸지만, 저녁에는 몰락하여 초췌해졌으니[朝爲榮華, 夕而焦瘁]", 눈 깜짝할 사이에 곧 재난이 닥쳐 왔다. 교양 있는 선비들은 또한 어떠했는가? "또한 공(功)은 실질이 없는 '허(虛)'를 가지고 세울 수 없으며, 명성은 거짓을 가지고 세울 수 없었기[且功不可以虛成, 名不可以僞立]" 때문에, 허영으로 공을 도모할 수 없었으며, 또한 거짓에 근거하여 명성을 얻을 수도 없었다. "이 때문에 공자는 떠다니는 구름과 같

23) 역자주 : 소진(蘇秦)의 합종설(合從說)과 장의(張儀)의 연횡설(聯橫說)을 의미한다. 합종설은 137쪽을 참조하라. 연횡설은 위의 여섯 나라들이 각각 진나라에 복종하여 나라의 평안을 도모하자고 주장한 것이다.

은 것에 마음을 두는 것을 반대했고,[24] 맹자는 호연지기를 길렀으며[是故仲尼抗浮雲之志, 孟軻養浩然之氣]", 결코 현실에 맞지 않는 습성에 매달리지 않았고, 실제에 부합하지 않는 것은 추구하지 않아, 자신의 도덕과 지향(志向)을 굳게 지켰다. "지금 한나라는 옛 폐단들을 씻어 내고, 가지런하지 못한 것들을 제거하고, 천자가 천하를 다스리는 강기(剛紀)와 대본(大本)을 넓혀, 복희씨(伏羲氏)·신농씨(神農氏) 때보다 나라의 근본이 공고해졌으며, 황제(黃帝)·요(堯)임금 때보다 나라의 법규가 널리 퍼졌습니다. 그 임금들의 천하는, 아름답고 왕성함이 태양과 같고, 위세는 신(神)과 같으며, 포용함은 바다와 같고, 길러 냄은 봄과 같습니다. 때문에 천지(天地)와 사방(四方) 안에서 근원(根源)을 같이하고 흐름을 함께하지 않음이 없고, 드러나지 않는 덕[玄德]을 입으며, 태화(太和)를 공경하고 숭상하니, 가지마다 잎이 무성한데, 이는 마치 초목(草木)이 산림(山林)에 심어지고, 새와 물고기가 냇물과 연못에서 길러지는 것과도 같아서, 이러한 기(氣)를 받은 것들은 번성하고, 이러한 시기를 놓친 것들은 쇠락하게 되었습니다. 이처럼 천지를 가지런히 하고 만물을 기르는데, 어찌 인간사에 후박(厚薄)함을 말할 수 있겠습니까?[方今大漢灑埽群穢, 夷險芟荒, 廓帝紘, 恢皇綱, 基隆於羲·農, 規廣於黃·唐. 其君天下也, 炎之如日, 威之如神, 函之如海, 養之如春. 是以六合之內, 莫不同原共流, 沐浴玄德, 稟卬太和, 枝附葉著, 譬猶草木之植山林, 鳥魚之毓川澤, 得氣者蕃滋, 失時者苓落. 參天地而施化, 豈云人事之厚薄哉?]"라고 했다. 즉 '당신은 황제의 공업(功業)이 빛나는 한나라에 살고 있으면서

---

24) 역자주 : 『논어』「술이(述而)」에는, "공자께서 말씀하시기를, '의롭지 못하면서 부유하고 귀한 것은, 나에게는 떠다니는 구름과 같다'고 하셨다.[孔子云, 不義而富且貴, 於我如浮雲.]"라는 말이 있다.

도리어 전국 시대의 도리를 꺼내고, 이전 시대의 뜬소문을 미화하면서 눈앞의 현실에 회의(懷疑)를 하고 있으니, 그것이야 말로 시의(時宜)에 너무 맞지 않습니다!'라고 했다. 반고는 이 글에서 주인이 답변하는 내용을 이용하여, 자신이 비록 낮은 지위에 있지만, 도리어 여전히 한나라의 공업을 찬양함과 아울러, 그 자신이 지조와 포부를 굳건히 지키고 있다는 심정을 토로했다.

그런 다음, 반고는 또한 손님의 묻는 말을 빌려 이렇게 제기했다. "상앙(商鞅)·이사(李斯)와 같은 무리는 주(周)나라를 쇠망하게 한 흉인(凶人)들인데, 이미 그들의 명운(命運)을 들어 본 적이 있습니다. 감히 묻건대, 상고(上古)의 선비들은 몸가짐으로 도(道)를 행하고, 세상을 보필하여 이름을 얻어, 후세의 사람들에게 언급될 만했는데, 이름을 얻지 못하고 잊혀질 따름이었단 말입니까?[若夫鞅·斯之倫, 衰周之凶人, 旣聞命矣. 敢問上古之士, 處身行道, 輔世成名, 可述於後者, 默而已乎?]" 즉 정확한 도리에 따라서 일을 하고 국가를 도울 수 있었으니, 그들의 명예로운 이름이 설마 세상에 알려지지 않을 수 있었겠느냐고 물었다.

이어서 주인의 대답은 상고 이래의 현인들을 높이 찬양했다. 예를 들면, 은(殷)나라 때에 판축(版築)에 종사하던 부열(傅說)이 발탁되고,[25] 주나라 때에는 물가에서 고기를 낚던 여상(呂尙)[26]이 중용되었

---

25) 역자주 : 부열은 은나라 고종(高宗) 무정(武丁) 때의 재상으로, 정치·군사·사상 방면에서 큰 업적을 쌓아서 '성인(聖人)'으로 추존(推尊)되었다. 전설에 따르면, 은나라 고종 무정이 꿈의 계시를 받아서 부암(傅巖)에서 노예 생활을 하던 부열을 재상으로 삼았다고 한다. 부열의 여러 가지 업적들 중에서, 특히 판축 공법을 발명한 것이 가장 유명한데, 이는 적은 노동력으로도 성곽을 쌓을 수 있는 방법이다.

26) 역자주 : 태공망(太公望)의 다른 이름이다. 여(呂)는 그의 조상이 받은 봉지(封地)의 지명이며, 원래 그의 성은 강씨(姜氏)이고, 상(尙)은 그의 이름이다. 강태공으로

는데, 그들은 모두 뛰어난 지혜를 가지고 있었고, 정세(政勢)를 통찰할 수 있어, 공훈을 세웠다. 한대(漢代) 이래로 육가(陸賈)가 『신어(新語)』를 짓고, 가의(賈誼)는 정론(政論)을 썼으며, 유향(劉向)은 많은 책들을 전체적으로 교열했고, 양웅(揚雄)은 『법언(法言)』·『태현(太玄)』과 같은 철학 저서들을 지었는데, 그들은 모두 당시에 군왕(君王)의 지위에 있던 사람들과 친근하여, 전대(前代)의 성현들과 철학자들의 깊고도 오묘한 도리(道理)들을 체험할 수 있었으며, 많은 책들을 폭넓게 읽고, 손에서 책을 놓지 않으며 열심히 연구했다. 이를 위해 잠을 자는 것과 밥을 먹는 것을 잊고, 심오한 학식을 갖춤에 따라, 비로소 완벽한 인격을 형성했으며, 걸출한 문장들을 써내자, 나라의 군주들이 그들의 건의를 채용했으므로, 후세에 명예로운 이름을 남길 수 있었다! 후세에 널리 알려진 사람들로는, 백이(伯夷)는 수양산(首陽山)으로 도피하여 차라리 굶어죽었으며, 유하혜(柳下惠)는 사사(士師)에 임명되었으나 세 번이나 면직되었고, 안회(顔回)는 누추한 곳에서 살면서 매우 가난했지만 그 안빈낙도(安貧樂道)의 즐거움을 바꾸려 하지 않았으며, 공자는 자신의 도가 행해지지 않는 현실을 탄식하면서 『춘추(春秋)』를 지었다. 그들은 "천하의 모든 곳에 명성이 가득했을 뿐만 아니라, 진정한 우리들의 사표(師表)이다.[聲盈塞於天淵, 眞吾徒之師表也.]"라고 했다. 주인은 또한 말하기를, "한 번 음(陰)했다가 한 번 양(陽)하는 것은 하늘과 땅의 법도(法度)이며, 화려함[文]과 질박함[質]을 모두 갖춘 것은 왕도(王道)의 기강(紀綱)이며, 같은 것이 있으면서도 다른 것이 있는 것은 성인(聖人)과 철인(哲人)의 도리입니다. 때문에 말

더 잘 알려져 있다.

하기를, 자신이 뜻한 바를 소중히 수행하고, 하늘의 부명(符命)을 지키며, 마음을 천운에 맡기고 자신을 공경하며, 도를 체득함이 많아지면, 신(神)도 또한 그것을 듣게 되니, 명성(名聲)이 그처럼 노력하는 이를 저버리겠습니까![一陰一陽, 天地之方, 乃文乃質, 王道之綱, 有同有異, 聖哲之常. 故曰, 愼修所志, 守爾天符, 委命共己, 味道之腴, 神之聽之, 名其舍諸!]" 라고 하여, 선비가 자신의 지향을 지키면 신명(神明)도 반드시 도울 것이라고 지적했다. 그리고 "손님께서는 또한 화씨의 옥[和氏之璧][27]이 형주(荊州)의 돌 사이에 감추어져 있고, 수후(隨侯)의 구슬[隨侯之珠][28]이 대합 속에 숨겨져 있었다는 것을 듣지 못했습니까?[賓又不聞和氏之

27) 역자주 : 『한비자(韓非子)』「화씨편(和氏篇)」에 나오는 고사이다. 전국 시대 때, 초(楚)나라에 변화(卞和)라는 사람이 있었는데, 그가 초산(楚山)에서 뛰어난 옥돌을 발견하여 여왕(厲王)에게 바쳤다. 여왕이 궁중의 옥공(玉工)을 불러 감정해 보도록 했는데, 그 결과 보통 돌멩이라고 했다. 여왕은 변화가 자기를 속이려 했다고 생각하여, 발목을 자르는 월형(刖刑)에 처했다. 또 여왕이 죽고 무왕(武王)이 즉위하자, 화씨는 다시 그 옥돌을 무왕에게 바쳤다. 무왕도 역시 그것을 감정하도록 한 뒤, 역시 변화가 자기를 속이려 했다고 생각하여 오른쪽 발목마저 자르게 했다. 무왕이 죽고 문왕(文王)이 즉위하자, 변화는 초산 아래에서 그 옥돌을 끌어안고 사흘 밤낮을 울었는데, 나중에는 눈물이 말라 피가 흘러내렸다. 문왕이 이 소식을 듣고 그를 불러 물었다. "천하에 월형을 받은 자들이 많은데, 어찌 그리 슬피 우느냐?" 그러자 변화는 "저는 발목을 잘려서 슬퍼하는 것이 아니라, 보옥(寶玉)을 돌이라 하고, 바른 선비에게 거짓말을 했다고 하여 벌을 내린 것이 슬픈 것입니다." 라고 대답했다. 이에 문왕이 그 돌을 반으로 잘라 보니 천하에 둘도 없는 명옥이 나왔다. 그리하여 이 옥으로 벽(璧)을 만들고, 그의 이름을 따서 '화씨지벽(和氏之璧)'이라고 했다.

28) '隨侯'는 '隋侯'라고도 한다. 『전국책(戰國策)』「초책(楚策) 4」·『회남자(淮南子)』「남명(覽冥)」에 나온다. 고유(高誘)는 『회남자』 주(注)에서 말하기를, "수후는 한수(漢水)에 있는 나라인 수(隋)의 희씨(姬氏) 성(姓)을 가진 제후이다. 수후가 큰 뱀이 상처를 입고 잘려진 것을 보고 약으로 다시 붙게 했는데, 후에 뱀이 강 가운데서 큰 구슬을 입에 물고 와서 보답했다. 그리하여 '수후의 구슬'이라고 한다."라고 했다.

璧韞於荊石, 隨侯之珠藏於蚌蛤乎?]"라고 하여, 많은 시간이 흐르도록 그 가치를 알아보는 사람이 없다고 하더라도, 생각지도 않게 그것이 머금고 있는 찬란한 빛은 화려한 색채를 드러내게 될 것이므로, 값으로 매길 수 없는 보물이 되어 천 년이 지나도 세상에 알려지게 될 것이라고 했다. 교룡(蛟龍)이 얕은 물에서 헤엄치고 있을 때, 물고기와 자라가 그를 희롱했지만, 교룡이 언젠가는 만 리(里)를 날아서 풍운(風雲)과 다투면서 하늘의 가장 높은 곳에 도달하게 될지도 모르는 일이다! 그러므로 큰 용(龍)은 먼저 진흙 연못에 있은 다음에야 높은 하늘을 날 수 있으며, 아름다운 구슬은 먼저 사람 눈에 띄지 않아야 비할 데 없이 귀중해지며, 덕행(德行)을 갖춘 선비는 그 존재가 알려지지 않은 다음에야 세상에 이름을 떨치게 된다. 사람은 또한 각자 뛰어난 점이 있는데, 자아(子牙)[29]와 사광(師曠)은 음악을 잘하여 거문고로 사람들의 귀를 즐겁게 해주었으며, 봉몽(逢蒙)은 활을 잘 쏘아 백발백중이었고, 노반(魯班)은 공예(工藝)에 뛰어났으며, 백락(伯樂)은 말을 잘 평가했고, 오획(烏獲)은 힘이 장사여서 천 근(斤)을 들 수 있었으며, 편작(扁鵲)은 약으로 병 고치기를 잘했고, 계연(計然)과 상홍양(桑弘羊)은 상업과 경제에 정통하여 많은 돈을 벌어들였다. 이러한 재주로 말하자면 나는 이들과 견줄 수 없지만, 나는 다른 것을 바라지 않으며, 이후에도 여전히 책을 읽고 문장을 지으면서 그 가운데에서 즐거움을 찾겠다고 말했다.[30]

「답빈희」의 전체 글은 복잡하고 함축적이며, 변화가 풍부하고, 감

29) 역자주 : 강상(姜尙), 즉 강태공(姜太公)의 자(字).

30) 이상의 「답빈희」를 인용한 글들은, 모두 『한서』 권100 「서전(敍傳)」을 보라.

정이 침울하다가 멈추고 급격히 바뀌며, 말하는 이치가 매우 유창하고 호탕하면서 그 의미가 심오하다. 이 뛰어난 작품은 매우 빨리 세상에 전해지게 되어, 장제(章帝)도 이 작품을 읽었는데, 반고의 재능에 감탄하지 않을 수 없었다. 또한 반고가 오랫동안 낮은 벼슬에 있었던 것은 매우 불합리한 일이라고 느껴, 반고를 곧 현무사마(玄武司馬)[31]에 발탁했다.

(2) 『백호통의(白虎通義)』를 편찬하다.

반고가 48세 되던 해[건초(建初) 4년, 서기 79년] 11월에, 동한의 조정에는 큰일이 있었다. 의랑(議郎) 양종(楊終)이 황제에게 글을 올려 말하기를, "지금 천하가 태평하니 학자들은 자신의 업(業)을 이루게 되었습니다. 그러나 장구(章句)를 따지는 무리들이 경전의 대체(大體)를 파괴하고 있습니다. 마땅히 석거각(石渠閣)에서 있었던 옛 일처럼, 영원한 세칙(世則 : 세상 사람들이 지켜야 할 법칙-역자)을 만드셔야 합니다.[方今天下少事, 學者得成其業, 而章句之徒, 破壞大體. 宜如石渠故事, 永爲世則.]"[32]라고 했다. 즉 당시 경학(經學)의 여러 학파들이 번성하여, 경전의 해석에 큰 차이가 생겨나자, 경학의 전파와 발전에 영향을 주고 있음을 지적한 것이다. 따라서 양종은 마땅히 서한(西漢)의 선제(宣帝)가 석거각회의(石渠閣會議)[33]를 소집한 것처럼, 권위 있는 학자들을 소

31) 현무(玄武)는 비빈(妃嬪)이 거처하는 궁궐의 문(門)들 중의 하나이다. 한나라의 제도에 따르면, 궁궐의 각 문들에는 사마(司馬)를 한 명씩 두었는데, 녹봉(祿俸) 천석(石)의 관직에 해당했다.

32) 『후한서』 권48 「양종전(楊終傳)」.

33) 석거각회의는 서한 선제 감로(甘露) 3년(기원전 51년) 3월에 소망지(蕭望之)·유향(劉向)·위현성(韋玄成)·설광덕(薛廣德)·시수(施讎)·양구림(梁丘林) 등의 대유학

집하고 오경(五經)을 강론하게 하여 경전의 뜻을 판단하여 확정해야 한다고 건의했다.

장제는 이 건의를 받아들이고, 명령하기를 "태상(太常)·장(將)·대부(大夫)·박사(博士)·의랑(議郞)·낭관 및 제생(諸生)과 제유(諸儒)들을 백호관(白虎觀)에 모이게 하여, 〈오경〉의 같고 다름을 강의했는데, 오관중랑장(五官中郞將) 위응(魏應)으로 하여금 토론할 문제를 만드는 것을 돕게 하고, 시중(侍中) 순우공(淳于恭)으로 하여금 상주(上奏)하게 했으며, 장제도 또한 직접 결정에 참가하여, 선제 감로(甘露) 연간의 석거각에서의 옛 일처럼 했다.[太常·將·大夫·博士·議郞·郞官及諸生·諸儒會白虎觀, 講議〈五經〉同異, 使五官中郞將魏應承制問, 侍中淳于恭奏, 帝親稱制臨決, 如效宣甘露石渠故事.]"[34] 회의에 출석한 사람들로는 반고, 박사 조박(趙博)·이육(李育), 의랑 양종, 낭관 가규(賈逵), 노양후(魯陽侯) 정홍(丁鴻), 광평왕(廣平王) 유선(劉羨)이 있었으며, 또한 태상(太常) 누망(樓望)·소부(少府) 성봉(成封)·둔기교위(屯騎校尉) 환욱(桓郁) 등도 있었는데, 이 회의는 한 달 이상이나 지나서야 비로소 마무리되었다. 양종은 회의 전에 어떤 사건에 연루되어 감옥에 갇히게 되자, 반고·조박·가규 등이 황제에게 글을 올려, 양종이 『춘추』를 매우 잘 알고, 학문이 넓고 깊으므로 그를 사면하여 회의에 참가하게 해달라고 요청했다. 양종 자신도 또한 글을 올려 자신의 억울함을 호소했으므로, 곧바로 벌금을 내는 것으로 죄를 대신하도록 허락받았으며, 그 결과 감

자들을 소집하여 ,석거각에서 『공양전(公羊傳)』과 『곡량전(穀梁傳)』에 담겨 있는 경의(經義 : 경서의 뜻-역자)의 우열(優劣)에 대해 강론하게 하고, 선제가 직접 판결을 내린 일을 말한다.

34) 『후한서』 권3 「숙종효장제기(肅宗孝章帝紀)」.

옥을 나와 회의에 참석할 수 있었다. 반고는 사관(史官)의 신분으로 회의에 출석했으며, 또한 회의 내용을 기록했다. 반고는 회의가 끝난 후에 장제의 뜻에 따라, 회의의 기록을 정리하여 『백호통의』를 저술했다.[35] 『백호통의』의 내용은 매우 잡다한데, 그 주요 내용은 주로 "음양오행(陰陽五行)을 이론의 기초로 삼아, 서한의 동중서(董仲舒) 이후의 금문경학(今文經學)과 애제(哀帝)·평제(平帝) 이후의 참위(讖緯)의 학문이 널리 주장한 군권신수설(君權神授說)·천인감응론(天人感應論)·선험적(先驗的) 인성론(人性論) 등에 대해 보충하고 총정리했다. 더불어 봉건 통치 질서를 유지하고 보호하는 국가 제도·군대와 형벌·예의(禮儀)에 관한 규정·인륜 관계 및 농업과 상업 등에 대해서도 체계적으로 규정하여, 국가 헌장(憲章)과 신학적(神學的) 법전(法典)의 의의(意義)를 갖춤으로써"[36], 참위설에 근거한 신학을 선양하는 전형적인 저작으로 간주되고 있다. 이 책의 내용은 주로 동한 조정의 의지를 반영하고 있으며, 반고의 사상을 완전히 대변하고 있는 것은 아니지만, 반고는 이 책의 정리와 저술에서 중요한 역할을 담당했다.

---

35) 『후한서』 권40 「반고전(班固傳)」에 따르면, "천자(天子)가 유생들을 모아서 오경을 강론하게 하고, 『백호통덕론(白虎通德論)』을 지었으며, 반고로 하여금 그 책을 편찬하게 했다.[天子會諸儒講論五經, 作『白虎通德論』, 令固撰集其書.]"라고 기록되어 있다. 즉 이 회의의 내용을 기록한 최초의 자료는 『백호통덕론』이며, 이를 반고가 다시 정리한 것이 『백호통의』[곧 『백호통(白虎通)』]이다. 『백호통덕론』은 후에 소실되었다. 또한 『후한서』 권79 「유림열전(儒林列傳)」에는, "건초(建初) 연간에 백호관에서 유생들이 모여서 경전 해석의 같고 다름을 상세하게 고찰했는데, 한 달이 지난 다음에야 끝났다. 장제는 직접 회의에 참석하여 판결을 내렸다. 석거각에서 있었던 회의 때와 같이 사신(史臣)에게 명을 내려, 통의를 저술하게 했다.[建初中, 大會諸儒於白虎觀, 考詳同異, 連月乃罷, 肅宗親臨稱制, 如石渠閣故事, 顧命史臣, 著爲通義.]"라고 기재되어 있다.

36) 『中國儒學百科全書』, 460쪽, 中國大百科全書出版社, 1997년판.

(3) 마침내 『한서』를 완성하다.

반고는 영평(永平) 원년(서기 58년)부터 시작하여, 위에서 언급했던 활동들 이외에는 주로 『한서』를 저술했는데, 건초(建初) 7년(서기 83년)[37]까지 25년의 세월에 걸쳐, 기본적으로 『한서』의 저술을 완성함으로써,[38] 부자(父子) 2대의 염원을 실현했다. 『한서』는 서한 시대의 전체

---

37) 여기에서는 진한장(陳漢章)의 주장을 채용했다. 『마반작사년세고(馬班作史年歲考)』를 보면, "반고는 『한서』를 25년 동안 썼는데, 영평 원년 무오년(戊午年)에 시작하여 건초 7년 임오년(壬午年)에 마쳤다. 반고는 영평 5년에 교서랑(校書郎)이 되어 궁궐에 들어갔으나, 『한서』의 저술은 이 해에 시작하지 않았다. 『후한서』 「반고전(班固傳)」에서는 천거 받아 낭관이 되어 황실의 비서(秘書)들을 교감하는 책임을 맡았는데, 황제는 이에 다시 그로 하여금 예전에 쓰던 『한서』를 완성하게 했다고 한다. 「가규전(賈逵傳)」에 따르면, 영평 연간에 낭관이 되어 반고와 같이 황실의 비서를 교감하는 책임을 맡았다고 되어 있다. 『한서』 「서전(序傳)」에는 영평 중(中)에 낭관이 되어 황실의 비서를 교감하는 책임을 맡았다고 되어 있다. 『한서』 「본전(本傳)」에서는, 반고가 영평 중(中)에 어명을 받았으며, 그로부터 20여 년이 지나 건초 연간에 완성했다고 한다. 영평 5년부터 건초 6년까지가 20년이며, 건초를 연호로 쓴 것은 8년 동안이다. 『사통(史通)』 「정사편(正史篇)」에는 20여(餘) 년 동안 저술하여 건초 '중(中)'에 이르러서 완성했다고 되어 있다. 만약 건초 6년에 완성했다면, 정확히 20년이기 때문에, '여(餘)'자가 있는 것이 옳지 않으며, 건초 8년에 완성했다면, 이 해는 건초 말년(末年)이므로, '중(中)'자를 쓴 것이 옳지 않다. 따라서 『한서』는 건초 7년에 완성되었으며, 반고는 이 해에 51세였다.[班固作『漢書』二十五年, 始永平元年戊午, 終建初七年壬午. 固以永平五年入校書, 而『漢書』之作不始是年也. 「傳」云遷爲郎, 典校秘書, 帝乃復使終前成所著書. 按, 「賈逵傳」永平中爲郎, 與班固典校秘書, 『漢書』 「敍傳」永平中爲郎, 典校秘書, 「本傳」又云自永平中受詔, 二十餘年, 至建初中乃成. 自永平五年至建初六年爲二十年, 建初止八年. 『史通·正史篇』曰二十餘年, 至建初中乃成. 若以建初六年成, 止二十年, 不當有餘, 以建初八年成, 在建初末, 不當曰'中', 故云『漢書』以建初七年成, 固是年五十一歲矣.]"라고 기재되어 있다.[『철학당초고(綴學堂初稿)』 권2, 광서간자간본(光緒間自刊本)]

38) 역자주 : 지금 우리가 볼 수 있는 『한서』는 반고가 저술한 부분에, 그의 동생 반소(班昭)가 8편(篇)의 표(表)에서 빠진 부분을 보충하고, 「천문지(天文志)」를 새로 지어 추가한 『한서』이다. 때문에 여기에서는 '기본적으로'라는 말을 썼다. 그리고 『한서』의 완성에서 반소의 역할을 강조하기 위해, 『한서』의 저자 를 '반고·반소'로 표

역사를 완전히 기록한 대작으로, 위로는 한나라 고조(高祖)부터 아래로는 왕망(王莽)이 멸망할 때까지 모두 230년의 역사를 포괄하고 있으며, 12편(篇)의 본기(本紀)·8편의 표(表)·10편의 지(志)·70편의 열전(列傳)을 포함하여 모두 100권으로 구성되어 있다.

『한서』는 기전체(紀傳體) 역사서로, '본기'와 '열전'이 그것의 주요 부분이다. '본기'는 책 전체의 강령(綱領)으로, 제왕(帝王)이 재위(在位)한 처음부터 끝까지, 그 기간의 정치·경제·군사·민족에 관련된 일들뿐만 아니라, 학술과 문화의 중대한 사건들까지도 열거했으며, 연대의 선후(先後) 순서에 따라 배열함으로써, 역사 발전의 줄거리를 명확히 알 수 있게 했다. '본기'는 또한 제왕의 성격 특징도 기록하고, 그가 실행했던 정책들의 좋고 나쁨을 평가하기도 했다. '표'는 이성제후왕표(異姓諸侯王表)·제후왕표(諸侯王表)·왕자후표(王子侯表)·고혜고후문공신표(高惠高后文功臣表)·경무소선원성공신표(景武昭宣元成功臣表)·외척은택후표(外戚恩澤侯表)·백관공경표(百官公卿表)·고금인표(古今人表)로 나뉘며, 괘선(罫線)으로 그린 표(表) 형식을 채용하여 인물·작위(爵位)·세계(世系)와 역사적 사건 등을 간결하게 열거했다. '지'는 율력지(律曆志)·예악지(禮樂志)·형법지(刑法志)·식화지(食貨志)·교사지(郊祀志)·천문지(天文志)·오행지(五行志)·지리지(地理志)·구혁지(溝洫志)[39]·예문지(藝文志)로 구성되어 있는데, 각종 전장(典章) 제도 및 그 연혁에 대해서 서술했다. '열전'은 곧 전기(傳記) 형식으로, 사회 각 방면 인물들의 사적(事迹)을 기재한 것인데, 구체적인 역사적 사건들을 통해,

---

기하는 경우도 있다.

39) 역자주 : 구혁(溝洫)은 논·밭에 난 수로(水路)를 의미한다.

각종 중대한 활동들을 그 사람들이 어찌하여 하게 되었으며, 사람이 역사의 주체라는 것을 알려주고, 또 인물의 사적에 대한 기록을 빌려, 사람들이 어떤 동기로 그런 활동을 했으며, 진행 과정에서는 또한 어떠한 변화가 있었고, 마지막에 어떠한 결과를 얻었으며, 그 사이에 어떤 경험과 교훈을 얻었는지 등을 보여주고 있다. 『한서』는 전체적으로 보면, '본기'와 '열전'을 주(主)로 하고, '지'와 '표'로 보완하는데, 이처럼 네 가지 체제를 배합함으로써, 사회 발전의 대략적인 줄거리를 보여주면서도 또한 사건의 활동 주체들을 서술하여, 서한 시대 전체의 흥망성쇠와 사회 변화의 기본적인 모습을 분명하게 반영해내고 있다.

3. 흉노(匈奴) 정벌에의 출정과 반소(班昭)의 계속된 역사 저술

반고는 만년(晩年)에 두헌(竇憲)을 따라 북쪽의 흉노 정벌에 참가했는데, 후에 두헌의 역모 사건에 연루되어 감옥에서 억울하게 죽었다. 그의 여동생 반소가 『한서』의 흩어진 유고(遺稿)들을 정리하여, 세상에 간행하여 배포하자, 점차 광범위하게 사회에 영향을 미쳤다.

(1) 두헌을 따라 흉노 북벌에 출정하다.

반고는 25년 동안 심혈을 기울여 『한서』를 완성했으나, 『한서』를 오랫동안 탈고(脫稿)하지 못했기 때문에, 광범위한 사회적 영향력을 갖지는 못했다. 반고는 주로 명성을 얻지 못한 채로 살고 있었는데, 만약 어느 정도 영향력 있는 말을 하여, 바로 일찍이 황제와 일부 인사들에게 총애를 받은 적이 있었지만, 또한 난대영사(蘭臺令史)·교서랑(校書郎)·현무사마(玄武司馬)와 같은 낮은 관직에 임용되었을 뿐이다. 그는 자신보다 재능이 뛰어나지 않은 이들이 너도나도 정치에 참여하면서 관직이 높아지고, 단번에 고관(高官)이 되는 것을 보고, 정말이지 보고만 있을 수 없었다. 때문에 반고도 또한 시기를 기다리면서 나라에 공을 세워 업적을 남길 기회를 노리고 있었다. 당시에는 군공(軍功)을 세우는 것이 자신의 염원을 실현할 수 있는 가장 좋은 길인데다, 반씨(班氏) 가문은 줄곧 변경의 여러 업무들과 접했던 경험이 있었으므로, 반고도 변경에서 큰 공을 세워 공명을 얻음으로써 재능을 펼쳐 보이려고 생각했다.

화제(和帝) 영원(永元) 원년(서기 89년), 반고의 나이 58세 때, 그는 어머니가 세상을 떠나자 관직에서 물러나 집에서 상중(喪中)의 예(禮)를 다하고 있었다. 그런데 두헌이 장군(將軍)에 임명되어, 그가 대군을 이끌고 흉노 정벌에 나선다는 소식을 듣고는, 곧 두헌의 밑에 들어가기로 결정하고, 대군을 따라 흉노 북벌에 참여했다.

광무제(光武帝) 때 두융은 '운대이십팔장(雲臺二十八將)'의 한 명으로, 혁혁한 공신의 권문세가가 되었다. 또한 명제(明帝)와 장제(章帝) 시기에는 두씨 가문의 세력이 더욱 흥성했다. 반고는 벼슬을 하려는 마음이 절실하여, 반씨와 두씨 가문이 동향(同鄕)인데다 대대로 집안끼리 교류가 있었다는 점을 이용하여 두씨 가문의 밑에 들어가기로 결정했다. 그러나 그는 이 때의 두씨 가문이 전횡(專橫)을 일삼아 이미 조정의 위협 세력이 되었다는 것을 깨닫지 못했다.

장제가 막 즉위했을 무렵, 두융의 증손녀가 황후(皇后)에 간택되자,

두헌은 황후의 친오빠라는 관계에 의지하여, 매우 빨리 호분중랑장(虎賁中郎將)[40]으로 승진했고, 권력이 커짐에 따라 그는 더욱 안하무인이 되어, 점점 다른 이의 재산을 강탈하기 시작했고, 갖은 악행을 저질렀다.

두헌은 일반 백성들을 괴롭혔을 뿐만 아니라, 심지어 감히 황제의 고모까지도 업신여겼다. 황제의 고모는 심수공주(沁水公主)라고 불렸는데, 낙양에 좋은 전원(田園)을 소유하고 있었다. 두헌은 권세를 이용하여 헐값에 이것을 빼앗았지만, 공주는 그의 위세 때문에 감히 그와 다툴 수 없었다. 어느 날 장제가 수레를 타고 출행(出行)하여, 심수공주의 전원을 지나다가, 흐뭇해하며 두헌에게 여기가 심수공주의 전원이라고 말했다. 그러자 두헌은 당시 우물쭈물하며 감히 황제에게 제대로 답변을 하지 못했다. 이후 장제가 마침내 심수공주의 전원을 두헌이 강탈했다는 사실을 알고는, 장제는 분노를 참지 못하고 두헌을 불러 문책했다. 장제는 두헌에게, '너의 수단은 듣는 사람으로 하여금 깜짝 놀라게 하는 것으로, 감히 황제의 고모를 능멸했도다. 분명한 것은 네가 이미 공주의 전원을 강탈했다는 것이며, 또한 조고(趙高)의 행태를 배워, "사슴을 가리켜 말이라고 하는 격이로다![指鹿爲馬!]"' "지금 공주가 능멸과 강탈을 당했는데, 하물며 일반 백성들에게는 어떠했겠는가![今貴主尙見枉奪, 何況小人哉!]"라고 했다. 그러면서 바로 두헌에게 일러 말하기를, "국가는 두헌을 헌신짝처럼 버릴 따름이다.[國家棄憲如孤雛腐鼠[41]耳.]"[42]라고 했다. 그에게 "지난 과오를 깊이

40) 역자주 : 호분중랑장은 한나라 때의 무관(武官) 관직명으로, 지금의 수도방위사령부 사령관에 해당하며, 국가의 보위를 책임지는 최고의 직위였다.

41) 역자주 : '고추부서(孤雛腐鼠)'는 어미 잃은 새끼 새와 죽어서 썩은 쥐를 가리키는

반성하도록[深思前過]” 요구하여, 지난날의 잘못들을 깊이 뉘우치고 철저히 고치도록 했다. 두헌은 자신이 큰 화를 입게 될 것을 알고, 두황후(竇皇后)에게 통사정을 하여 도움을 구했으며, 마침내 공주에게 전원을 돌려주고 곧바로 일을 무마했다.

장화(章和) 2년(서기 88년)에 장제가 세상을 떠나고, 화제(和帝)가 즉위했다. 화제는 당시 10세에 불과했으므로, 두태후(竇太后)가 섭정했다. 두헌은 황제의 외삼촌이었으므로, 곧바로 시중(侍中)에 임명되어 조정의 대권을 장악했다. 그의 동생 두독(竇篤)은 호분중랑장이 되었으며, 또 다른 동생 두경(竇景)과 조카 두괴(竇瓌)도 중상시(中常侍)에 임명되어, 형제와 숙질(叔侄 : 숙부와 조카-역자)이 “모두 직접 요직을 장악했다[皆在親要之地].” 따라서 모든 일들이 두헌의 뜻대로 처리되었으니, 그의 의도와 어긋나게 명망(名望) 높은 구신(舊臣)들이 상주(上奏)한 글들은 모두 배제되고, 오직 그의 말만이 태후에게 보고되었으며, “일들이 그의 의도대로 따르지 않는 게 없었다[事無不從].” 두헌은 횡포하게 전횡하여, 조정과 법률을 무시하고 마음대로 살인을 저지르기도 했다. 제상왕(齊殤王)의 아들 유창(劉暢)이 장제가 상(喪)을 당했을 때 입궁(入宮)하여 조문했는데, 그 기회에 두태후의 눈에 들어 궁궐 안에서 직위를 얻었다. 두헌은 유창이 태후의 총애를 받자, 그가 조정에서 전횡을 휘두르는 데 방해가 될 것을 염려하여, 자객을 보내 그를 암살했다. 후에 이 사실이 폭로되자, 두헌은 궁궐 안에 감금되어 처벌을 기다리게 되었다. 그러자 두헌은 당황하여, 자신이 군대를

말로, 전혀 쓸모없는 물건이나, 혹은 중용(重用)되었던 사람을 헌신짝처럼 버리는 것을 비유하는 말이다.

42) 『후한서』 권23 「두헌전(竇憲傳)」.

이끌고 북쪽의 흉노를 정벌하는 것으로 죽을죄를 대신하겠다고 요청했다. 이 때 마침 남흉노가 한나라 조정에 북흉노를 공격할 군대를 요청해 오자, 조정은 곧 두헌을 거기장군(車騎將軍)으로 임명하여, 대군을 이끌고 정벌하게 했다. 두헌이 북방의 흉노를 정벌하러 간 것은 이와 같은 상황에서 이루어졌다. 하지만 반고는 이러한 내막을 알지 못하고, 군대를 따라 원정에 나섰으며, 중호군(中護軍)에 임명되어 군중(軍中)의 회의에 참여했다.

원정군은 북쪽의 세 경로로 공격했는데, 두헌은 각 부장(部將)들과 흉노의 좌곡려왕(左谷蠡王)[43] 등을 파견하여 정예 기병 1만여 명을 이끌고 계락산[稽落山 : 지금의 몽골 달랑자드가드(Dalanjadgad) 서북 지역]에서 북흉노의 군대를 대파했다. 두헌과 부장들이 멀리 북쪽 변방에 3천여 리나 떨어져 있는 연연산[燕然山 : 지금의 몽골 캉아이(Khangai) 산맥]에 오르자, 반고가 「봉연연산명(封燕然山銘)」을 짓고, 돌에 새겨 공로를 기록했다. 반고는 또한 「두장군북정송(竇將軍北征頌)」을 지어, 두헌이 북쪽의 흉노를 정복한 것을 크게 찬양했다.

두헌은 군대를 철수한 다음 양주(涼州)에 주둔했다. 그 다음해에 북흉노의 선우(單于)는 크게 패한 이후 세력이 약해지자, 친왕(親王)[44]을 두헌에게 보내 동한의 황제를 알현하고 싶다고 통보해 왔으며, 사신을 보내 영접하러 올 것을 요청했다. 그러자 두헌이 황제에게 상주하여, 반고를 중호군(中護軍) 겸 중랑장(中郎將) 직무대행으로 삼아 파견하여, 사마(司馬) 양풍(梁諷)과 함께 수백 명의 기마병(騎馬兵)을 이

43) 역자주 : 좌곡려왕(左谷蠡王)은 흉노 귀족에게 내려지는 봉호(封號)이다. '谷'은 '鹿'으로 발음한다. 『진서(晉書)』에는 '谷'이 '奕'으로 표기되어 있다.

44) 역자주 : 친왕은 왕이 내리는 작위 중 가장 높은 것이다.

끌고 거연새[居延塞 : 지금의 감숙성(甘肅省) 어지나치(額濟納旗)]에서 영접하도록 요청했다. 그런데 마침 이 때 남흉노의 군대를 만나 북흉노가 패배했는데, 반고 일행은 사거해(私渠海 : 계락산 서북쪽)에 이르러서야, 북흉노는 이미 도주하여 돌아갔다는 사실을 알았다. 영원 3년(서기 91년)에, 두헌은 부장을 보내 다시 북쪽을 공격했는데, 이후 북흉노는 서쪽으로 이주했으며, 동한은 마침내 흉노의 위협에서 벗어났다.

(2) 억울한 누명을 쓰고 죽임을 당하다.

반고는 두헌의 흉노 북벌에서 돌아온 다음, 두헌의 막부(幕府)에 들어갔다. 이 때의 두헌은 흉노를 평정한 공으로 인해 그 위세와 명성을 크게 떨치자, 그를 따르는 심복들도 매우 많았으며, 관원(官員)들의 진퇴는 모두 그 혼자서 결정했으니, 조정의 신하들은 두려워 떨었으며, 그의 눈치를 살피면서 아부했다. 이러한 상황에서 상서복야(尙書僕射)[45] 정수(鄭壽)와 악회(樂恢)는 두헌에게 미움을 받았기 때문에 핍박을 받아 자살했다. 두헌의 세 동생들도 또한 위위(衛尉)·집금오(執金吾)·광록훈(光祿勛)[46] 등 요직들을 차지했으며, 두씨 가문에서 10여 명의 사람들이 성문교위(城門校尉)·장작대장(將作大匠)[47]·소부(少府)[48]

---

45) 동한 시기에 모든 정무(政務)는 상서성(尙書省)에 집중되었다. 상서령(尙書令)은 직접 황제가 내리는 모든 명령에 책임을 지고 총괄하는 가장 핵심적인 일을 했다. 상서복야는 상서령의 부관(副官)으로, 그 또한 중요한 지위였다.

46) 역자주 : 한대의 위위·집금오·광록훈은 모두 궁궐에서 호위를 책임지는 역할을 하는 무관(武官)들이었다.

47) 역자주 : 장작대장은 궁궐의 건축과 수리를 담당하던 관직이다.

48) 역자주 : 소부는 왕실에서 필요한 물품을 제조하거나 수집하는 일을 담당하던 관직이다.

등에 임명되었다. 그들은 도성에서 난폭하기 짝이 없었으며, 그들의 노복(奴僕)들은 제멋대로 백성들의 재산을 강탈하고, 백성들에게 해를 끼쳤으며, 양민 여자들을 빼앗기도 했다. 길거리에 있는 점포들에서는 두씨를 두려워하여, 그들을 보기만 하면 강도를 피하듯이 점포의 문을 닫고 몸을 피했다. 그들은 큰 권력을 장악하는 것으로 만족하지 못하고, 황제를 살해하여 최고 권력을 탈취하려고 생각했다. 영원 4년(서기 92년)에, 두헌의 심복인 등첩(鄧疊)과 두헌의 사위인 곽거(郭擧) 등이 궁궐에서 화제(和帝)를 살해할 음모를 꾸몄다. 화제는 그들이 음모를 꾸미고 있다는 사실을 알고, 우선 중상시(中常侍)[49] 정중(鄭衆)과 계책을 상의하여, 정중이 등첩과 곽거를 잡아서 참수(斬首)하고, 두헌 등에게 새로운 벼슬을 주어 그들을 봉지(封地)로 떠나게 한 다음 자살을 강요했다.

반고는 본래 두헌의 역모 사건과는 전혀 관련이 없었지만, 봉건 시대에는 한 사람이 죄를 지으면, 연루되는 범위가 매우 넓었기에, 반고는 두헌과 관계가 밀접했으므로 면직되었으며, 후에 또한 억울하게 감옥에 갇히게 되었다. 당시 낙양령(洛陽令) 종긍(種兢)은 반고 일가(一家)에 대해서 사적인 원한을 품고 있었다. 반고는 평소에 자제(子弟)들에 대해 엄하게 가르치지 않았기 때문에, 어떤 자제들은 법을 지키지 않아 지방 관리들은 골치를 앓고 있었다. 한번은 종긍이 출행(出行)을 하는데, 반고의 가노(家奴)가 술에 취해서 그의 수레와 부딪치자, 종긍의 수하(手下)들은 그를 밀치고 그에게 한바탕 훈계를 했지만,

49) 역자주 : 동한 시기에 황제의 명령을 전달하는 일을 담당하던 환관(宦官)으로, 권력이 막강했다.

그 가노는 여전히 정신을 차리지 못하고 욕설을 퍼부었다. 종긍은 크게 분노했지만, 두헌의 위세가 두려웠기 때문에 아무런 조치를 취하지 못하자, 이 때부터 마음속에 원한을 품게 되었다. 두헌의 역모 사건이 발생한 뒤, 이전에 두헌 집안에 드나들던 빈객(賓客)들이 하나씩 체포되어 고문을 당했는데, 종긍은 이 기회를 틈타 복수하기 위해 반고를 감옥에 가두었다. 옥리(獄吏)의 고문으로 고통스러워하다가, 중국 문화사(文化史)에서 걸출한 공헌을 남긴 바로 그 인물은 끝내 옥중에서 억울하게 죽었으니, 그의 나이 61세였다. 이 일이 있은 후, 화제는 조서(詔書)를 내려, 종긍이 사적인 원한을 공적인 수단으로 갚은 악랄한 방법을 꾸짖었으며, 아울러 반고를 죽인 옥리에게도 상응한 벌을 내려 사형에 처했다.

반고가 억울한 죽임을 당한 것은, 사람들로 하여금 그를 위해 동정의 눈물을 흘리게 했다. 그러나 그의 비극적인 죽음은 결국 또한 사람들에게 교훈을 남겨 주었다. 그는 세가(世家)의 자제로서, 재능을 가졌으면서도 펼칠 수 있는 기회를 만나지 못하자, 가정이 몰락해 가는 것을 두고 보지 못하여, 공명(功名)과 재부와 관록(官祿)에 대해 마음을 비우고 대처하지 못했는데, 이는 확실히 그의 성격적 약점이었다. 한 사람의 역사가로서, 그는 이전 시대 인물들의 대처가 잘되었거나 잘못된 점에 대해서는 늘 명확하게 보고 합당한 평가를 내릴 수 있었지만, 자신의 주변에 잠복해 있던 거대한 위험에 대해서는 오히려 통찰하지 못하고, 권세가 있는 세력에 의지함으로써 이러한 재앙을 맞이했다. 이는 그의 인식에서의 한계를 보여 줄 뿐만 아니라, 권세 있는 세력에 의지하는 것이 얼마나 위험한지도 말해 주고 있다.

(3) 반소(班昭)가 계속하여 역사를 저술하다.

반고는 기본적으로 『한서』를 저술한 후에, 곧 군대를 따라 흉노 북벌에 참가했으며, 그 후에 또 감옥에서 갑자기 죽었기 때문에, 저술의 초고가 산만하게 흩어져 한데 쌓여 있었을 뿐만 아니라, 또한 8개의 표(表)와 「천문지(天文志)」는 완성되지 못한 채로 남아 있었다.[50] 화제(和帝)도 또한 이 중요한 역사서를 매우 중시했으므로, 반고의 여동생인 반소에게 어명을 내려 책의 원고를 다시 새롭게 정리하고, 더불어 동관(東觀)[51]에 있는 황실(皇室) 장서들을 이용하여 완성하지 못한 부분을 정리하여, 가능하면 빨리 간행하도록 했다.

반소는 다른 이름이 희(姬)이며, 자(字)는 혜반(惠班)으로, 역사상 저명한 재녀(才女)이다. 그녀는 반고보다 17세가 어렸으며, 같은 군(郡)에 살던 조수[曹壽 : 자(字)는 세숙(世叔)]에게 시집갔는데, 세숙이 일찍 세상을 떠나자, 평생 과부로 수절했다. 그래서 사람들은 그녀를 가리켜 조세숙처(曹世叔妻) 또는 조대고(曹大家 : '大家'는 여자에 대한 존칭으로, '家'는 '姑'로 읽는다.) 등으로 불렀다. 반소는 어려서부터 좋은 가정교육을 받았고, '박학다재(博學多才)'하다고 칭송이 자자했으며, 「동정부(東征賦)」·「여계(女誡)」 등을 지었다. 반소는 어명을 받은 이후, 이 일

---

50) 이는 『후한서』 권84 「열녀전(列女傳)」 '조세숙처(曹世叔妻)'에 기록되어 있는 말에 근거한 것이다. 『사통(史通)』 권12 「고금정사(古今正史)」에도 같은 내용이 기재되어 있다. 『후한기(後漢紀)』 권19 「순제기(順帝紀)」에서는, "그 7개의 표(表)와 「천문지」는 기재만 되어 있고 책으로 존재하지 않았다[其七表及「天文志」有錄無書]."라고 했다. 또한 『수서(隋書)』 권32 「경적지(經籍志)」에서는, "그 10개의 지(志)들은 끝내 완성하지 못했다[其十志竟不能就]."라고 했다. 이처럼 각 기록들마다 내용이 다르다.

51) 역자주 : 동관은 동한 시기에 궁정 안에 있던, 공문서[檔案]·전적(典籍)을 보관하고 교서(校書) 및 저술을 하는 곳이었다.

에 매진하여 『한서』의 8개 표(表)를 완성했는데, 후에 나이가 많아서 체력이 한계에 이르자, 화제는 마속(馬續)에게 그녀의 「천문지」 저술을 돕도록 명령을 내렸다. 마속은 유명한 학자로, 저명한 경학대사(經學大師)인 마융(馬融)의 형이었다. 마속은 반소가 「천문지」를 완성할 수 있도록 도와, 서한 시대의 역사를 포괄하는 거대한 역사서는 마침내 완성될 수 있었다. 만약 반표(班彪)가 처음 시작한 때부터 『한서』가 마지막으로 완성되기까지의 햇수를 계산하면, 80년이 넘게 걸렸으며, 반표·반고·반소·마속 등 네 사람의 손을 거쳤는데, 이것은 또한 한 편의 사학(史學) 명저의 편찬이 얼마나 힘든지를 충분히 설명해 준다. 당연히 『한서』의 저술을 위해 평생 동안 심혈을 기울인 사람은 바로 반고이며, 때문에 그는 『한서』라는 그 거대한 저작의 저자로 공인되고 있다.

반소는 『한서』의 전파에도 공헌했다. 『한서』에는 많은 고문자(古文字)들이 있었으며, 또한 많은 전문적인 학문들을 포함하고 있었으므로, 그 책이 처음 전파되던 때에는 많은 사람들이 잘 이해하지 못했다. 화제는 또한 유명한 경학대사인 마융에게, 반소를 스승으로 삼아 "전각 아래에 엎드려 반소에게 해석을 전수받도록[伏於閣下, 從昭受讀]"[52] 명령했다. 반소의 가르침은 마융을 통해 다시 전수되어, 『한서』의 전파를 크게 촉진했다.

반소는 또한 동한의 유명한 등황후(鄧皇后 : 한나라 화제의 황후)의 스

52) 『후한서』 권84 「열녀전」 '조세숙처'에 기재되어 있다. 고대 사회에서는 남녀가 직접 가르침을 주고받을 수 없었다. 당시 반소의 나이는 40세 이상이었고, 마융은 20세 정도였으므로, 직접 얼굴을 마주보고 강의를 들을 수 없었으며, 다만 작은 전각 아래에서 책을 받들고 고개를 숙여 가르침을 받을 수 있을 뿐이었다.

승이기도 했다. 등황후는 어렸을 때부터 집에서 형제들과 같이 경전을 배웠으며, 집안 사람들은 그녀에게 '제생(諸生)'['수재(秀才)'라는 의미]이라는 별명을 붙여 주었다. 그녀가 궁에 들어간 후, 화제는 그녀가 독서를 좋아한다는 것을 알고, 반소에게 스승이 되어 달라고 요청하여, 그녀에게 경서를 가르치도록 했으며, 천문(天文)과 역수(曆數)[53] 등의 과학 지식도 배워 익히도록 했는데, 반소는 바로 이 때 '대고(大家)'라는 존칭으로 불렸다. 등황후가 반소로부터 받은 유학 교육은, 그녀가 나중에 정권을 잡는 데에 뚜렷한 영향을 끼쳤다. 화제가 세상을 떠나자, 제위를 계승한 상제(殤帝) 유륭(劉隆)은 태어난 지 백 일밖에 되지 않은 갓난아기였으므로, 등후(鄧后)가 곧 황태후의 신분으로 섭정했다. 상제가 그 다음해에 요절하자, 유호(劉祜)가 즉위하여 안제(安帝)가 되었는데, 그의 나이가 겨우 13세였으므로, 등태후가 계속 국정을 맡아 처리했다. 그녀는 정사를 맡아 처리하던 기간에 역사상 매우 큰 영향을 미친 하나의 사건을 처리했는데, 그것은 바로 무제(武帝) 이래로 점점 증가하던 음사(淫祠)[54]를 적지 않게 폐쇄한 것이었다. 등태후는, 귀신은 증명할 수 없으며, 음사는 복을 내려 주지 않는다고 생각했다. 그녀는 또한 조서를 내려 광무제(光武帝) 이래로 터무니없는 사건에 연루된 자들을 모두 석방하고, 그들에게 평민 신분을 회복시켜 주었다. 또한 궁궐 내부에서 대관(大官)·도관(導官)·상방(尙方)·내자(內者)[55] 등 진기하고 기이한 물품들의 생산을 주관하는 관원

---

53) 역자주 : 천체(天體)의 운행(運行)을 관측하여 시기와 계절을 추산하는 방법.

54) 역자주 : 국가에서 정하여 제사지내는 신(神)들 외에 사신(邪神)들을 제사지내는 사묘(祠廟)를 가리킨다.

55) 대관(大官) : 궁궐 안에서 음식을 주관하는 관원. 도관(導官) : 좋은 쌀을 골라 내

들을 줄이고, 각 군국(郡國)들에서 진상해 오는 사치품들을 모두 금지했다. 그래서 역사학자 뤼쓰멘(呂思勉) 선생은 등황후를 가리켜, "학식이 있는 황후[有學問的皇后]"라고 칭찬했다.

반씨(班氏) 일가는 동한 조정을 위해 매우 큰 공헌을 했다. 『후한서』에는 반씨 일가의 전기들을 수록하고 있는데, 반표(班彪)·반고(班固)·반소(班昭)·반초(班超)·반용(班勇) 등 다섯 사람의 전기가 있다. 반초는 붓을 잡는 대신 군대에 투신하여 동한의 명장(名將)이 되었다. 그는 서역에서 31년 동안이나 오랫동안 활동하면서, 흉노가 서역과 연합하여 한나라에 반대하려던 계획을 좌절시켜, 한나라의 서역 통치를 공고히 하고, 서역의 각 민족들의 안전 및 동서 간에 경제와 문화를 연결하는 '실크로드[絲綢之路]'의 원활한 소통을 보호했다. 이처럼 그의 공훈이 매우 탁월했기 때문에, 그는 '정원후(定遠侯)'에 봉해졌다. 그가 서역에서 이룬 혁혁한 전공(戰功)에 대해서는 이 책 제1장에서 이미 상세하게 논술했다. 반용은 반초의 아들로, 안제 때 서역장사(西域長史)에 임명되어, 5백 명을 이끌고 서역으로 가서 흉노 세력을 격퇴하고, 다시 서역으로 가는 길을 통하게 했으며, 하서(河西) 지역의 변경을 보호했다. 반용은 어려서부터 아버지를 따라 서역에 가서 성장했으므로, 서역의 법도·풍토·인정(人情)과 정치 상황에 대해 깊이 이해하고 있었으며, 『서역기(西域記)』를 지었는데, 이 책은 훗날 범엽(范曄)이 지은 『후한서』「서역전(西域傳)」의 중요한 근거가 되었다.

반씨 일가는 동한의 건국과 동한 초기 문화 사업의 발전 및 서역

어 제사에 공급하는 일을 담당하는 관원. 상방(尙方) : 도검(刀劍)과 각종 공예품 생산을 담당하는 관원. 내자(內者) : 궁궐의 휘장과 천막 등을 주관하는 관원.

을 관리하는 데 큰 공헌을 한 다섯 명의 뛰어난 인재들을 배출했는데, 이는 또한 중국 역사에서의 미담(美談)이기도 하다. 특히 반고가 『한서』를 저술한 것은 중국 문화사에서 큰 사건이었다. 『한서』는 당시 세인(世人)들로부터 중요한 저작으로 평가받아, 학자들이 서로 다투어 읽고 공부했을 뿐만 아니라, 빠른 속도로 전파되었다. 또한 깊은 영향을 미쳐, 역대로 지금까지 뛰어난 한 조대(朝代)의 훌륭한 역사서이자 학문의 보고(寶庫)라고 칭송되고 있다.

제4장

서한(西漢) 시대의 흥망성쇠에 대한 고찰

서한 왕조가 이룩했던 방대한 규모와 불후의 업적 및 흥성과 쇠퇴, 그리고 마지막에 왕망(王莽)에게 찬탈당한, 저 내용이 풍부하고 의미심장한 거대한 역사의 비상시국(非常時局)은 동한 초기의 사상가와 역사가 및 선비들에게 생각할 점들을 무한히 남겨 주었다. 진(秦)나라가 여러 세대에 걸쳐서 계획하고 건립했던 대규모의 통일 왕조가, 어찌하여 순식간에 여지없이 와해되었을까? 혼자서 만 명을 대적할 수 있는 힘을 가졌던 항우(項羽)는, 어찌하여 오강(烏江)에서 한탄하며 목숨을 끊었을까? 민간 출신의 유방(劉邦)과 그의 신하들은, 어찌하여 천하를 탈취할 수 있었을까? 서한의 통일 정권은 어떻게 2백여 년을 유지할 수 있었을까? 등등. 이와 같은 역사를 제때 기록하며, 그 흥망성쇠의 경험을 총괄하고 고찰하는 것은 당시 역사가들이 회피할 수 없는 책임이었다.

반고라는 탁월한 역사 인식을 갖추고 역사의 대세를 정확하게 파악했던 위대한 역사가는, 『한서』의 저술이라는 중대한 성취를 이루었는데, 이는 바로 규모는 방대하고 내용은 전면적으로 서한이라는 한 시대의 역사를 기록해 낸 것이다. 그는 동한 초기의 역사적 입장에 서서, 서한 왕조의 통일 국면을 열정적으로 찬양하고, 서한의 개국과 그 번영을 위해 공헌했던 인물들에 대해서 긍정적인 평가를 내렸으며, 그들의 역사적인 업적을 기록했다. 동시에 그는 '사실을 그대로 기록하는[實錄]' 필치로써 서한 봉건 통치의 어두운 면들을 드러냄으로써, 서한 시대 흥망성쇠의 경험과 교훈을 날카롭게 총괄하여 고찰했다.

1. 한(漢)나라의 건국

(1) 한나라는 어떻게 건국되었는가?

진나라는 오랜 기간의 투쟁을 통해 천하를 통일했으나, 급속히 붕괴하고, 진나라와 한나라 사이에 권력이 세 번이나 바뀌었으며, 각지의 영웅들이 끊임없이 중원을 차지하기 위해 다투었다. 진나라가 망하고 한나라가 세워진 이유에 대한 논술은, 사마천이 『사기』에서 매우 중요시했으며, 반고도 『한서』를 저술하면서 가장 먼저 답변하려고 한 문제였다. 사마천은 『사기』「진초지제월표(秦楚之際月表)」의 서문에서, 유방이 천하를 얻을 수 있었던 원인을 다음과 같이 기록했다. "그러나 제왕(帝王)의 대업이 왕성해져, 민간에서 일어나기 시작하자, 호걸들이 연합하여 진나라를 토벌했으니, 그 기세가 삼대(三代 : 夏·殷·周-역자)를 능가했다. 지난날 진나라의 금령(禁令)은 현자(賢者)들을 도와 환난을 제거하는 밑바탕이 되기에 족했을 따름이다. 따라서 분발하여 천하의 영웅이 되었거늘, 어찌 땅이 없어 왕이 못 된다고 하겠는가. 이것이 바로 그를 위대한 성인(聖人)이라고 전하는 것인가? 어찌 하늘의 뜻이 아니랴! 어찌 하늘의 뜻이 아니랴! 위대한 성인이 아니고서 어찌 이 어려운 시기에 천명을 받아 제왕이 될 수 있겠는가?[然王迹之興, 起於閭巷, 合從討伐, 軼於三代, 鄕秦之禁, 適足以資賢者爲驅除難耳. 故憤發其所爲天下雄, 安在無土不王. 此乃傳之所謂大聖乎? 豈非天哉! 豈非天哉! 非大聖孰能當此受命而帝者乎?]" 그는 이미 진나라의 폭정이 한나라가 일어날 조건을 준비해 주었다고 언급하면서, "어찌 하늘의 뜻이 아니겠는가!"라고 감탄했는데, 그 감탄 속에는 역사의 추세라는 의미가 포함되어 있었다. 그러나 그는 유방을 가리켜 황제가 될 천명을 받은 위대한 성인[大聖]이라고 일컬었는데, 이는 숙명론(宿命論)적인 요소를 포함하고 있다. 반고는 비록 한나라만을 떼어 내어 역사를 기록했지만, 결코 기존의 역사 서술 체제에 구애되지 않았다. 한나라가 일어난 원인을 분석할 때, 그는 이전의 역사를 거슬러 올라가면서, 역사 발전의 맥락 속에서 진실한 답안을 탐구했다. 『한서』「이성제후왕표(異姓諸侯王表)」의 서문에서 그는 다음과 같이 결론지었다. 즉 우(虞)와 하(夏)[1]가 세워진 것은, 수십 년간 "덕과 공을 쌓은[積德累功]" 결과이며, 상(商)나라의 탕왕(湯王)과 주(周)나라의 무왕(武王)은 이에 설(契)과 후직(后稷)[2]이 "인(仁)을 닦고 의(義)를 행하기를[修仁行義]" 10여 대(代)가 지난 이후에야 업적을 이룰 수 있었다. 또 진나라의 제업(帝業)은 먼저 양공(襄公)이 들고일어났고, 후에 문공(文公)·목

1) 역자주 : 중국의 전설적인 왕조들로, 우(虞)나라는 순(舜)임금이 세웠으며, 우(禹)임금이 이를 물려받아 하(夏)나라를 세웠다고 전해진다.

2) 역자주 : 설은 순임금의 신하로, 우임금의 치수(治水)를 도와 공을 세워, 상나라 왕에 봉해졌으며, 후직은 주나라의 선조로, 이름이 기(棄)이며, 농업을 전했다고 한다.

공(穆公)·헌공(獻公)·효공(孝公)·소양왕(昭襄王)·장양왕(莊襄王)을 거치면서 대대로 국가를 운영해 오다가, 시황(始皇)에 이르러서 천하를 합병할 수 있었다. 그러나 유방이 천하를 얻은 것은 역대 군주들과는 하늘과 땅만큼이나 다른데, “한 척(尺)의 땅도 갖지 못한 신분으로, 겨우 한 자루의 검(劍)만을 지닐 수 있었지만, 5년 만에 제업을 이루었다.[無尺土之階, 繇一劍之任, 五載而帝業.]” 어째서 그럴 수 있었을까? 이에 대해 반고는 다음과 같이 생각했다. 즉 진시황의 시대적 흐름을 거스르는 행위가 자신의 멸망을 가속화함에 따라, 유방이 신속하게 일어날 수 있는 조건을 마련해 주었다. 진시황은 원래 제후의 분봉(分封 : 천자가 제후에게 땅을 나누어 주는 것-역자)을 취소하고, 천하의 군대와 무기들을 없앴으며, 유학(儒學)을 금지시키는 등의 방법을 동원함으로써 통치를 공고히 하려고 했으나, 결과는 정반대로 백성들의 격렬한 반항을 불러일으켰다. 이처럼 유방이 “한 척(尺)의 땅도 갖지 못했지만 왕이 된[無土而王]”, 역사상 일찍이 없었던 이러한 새로운 구도는, 바로 정확하고 확실하게 밝혀 줄 수 있는 시대적 조건을 이용함으로써 완전히 해석해 낼 수 있었다. 반고는 ‘추세[勢]’라는 명제(命題)를 사용하여 이 문제에 대해 다음과 같이 개괄(概括)했다. “옛날에 있었던 왕조의 교체는 모두 성왕(聖王)의 여열(餘烈)[3]을 계승했는데, 지금 한나라는 홀로 진나라의 폐단을 거둬들였다. 금석(金石)에 새기는 것은 어려운 일이며, 마르고 시든 나무를 꺾는 것은 쉬운 일이니, 그 ‘추세’라는 것이 그러하다.[古世相革, 皆承聖王之烈, 今漢獨收孤秦之弊.

3) 역자주 : 원래는 조상들이 대대로 남겨 놓은 일을 의미하는데, 여기에서는 천자(天子)의 지위와 권위를 의미한다.

鐫金石者難爲功, 摧枯朽者易爲力, 其勢然也.]" 반고는 숙명론의 영향에서 완전히 벗어나, 역사의 추세로써 해석했으니, 확실히 사마천보다 좀 더 뛰어나며, 동시에 역사 발전의 진실에도 더욱 부합한다.

항우(項羽)의 초(楚)나라가 망하고, 한나라가 세워진 것은, 진나라와 한나라의 교체기에 있었던 또 하나의 중대한 비상사태였다. 항우는 귀족 출신으로, 당시 사람들에게 상당한 호소력이 있었으며, 본인 또한 용맹하고 전투에도 능한 맹장으로, 일찍이 각 지역의 제후(諸侯)들을 통일하여 서초패왕(西楚霸王)이 되었다. 유방은 단지 항우에 의해 봉(封)해진 소제후(小諸侯)인 한왕(漢王)에 불과할 따름이었다.[4] 그러나 그로부터 4년 뒤에는 완전히 바뀌어, 유방은 천자(天子)의 지위에 올랐고, 항우는 오강(烏江)에서 자결했다. 이 사건에 대해, 도참과 미신이 성행하던 시대에 살았던 반고가 오히려 사마천의 실록(實錄)의 정신을 계승하고 발양함으로써, 뛰어난 역사 인식을 드러냈다. 『한서』의 「고제기(高帝紀)」와 「진승항적전(陳勝項籍傳)」[5] 등의 글들에서 반고는 완전히 '인간사[人事]'의 각도에서 시작하여, 역사적 사실에 이르기까지 차분하게 잘잘못을 평가했다. 그러는 가운데에서 어렵지 않게 다음과 같은 그 주요 원인들을 발견해 냈다.

첫 번째 원인은 인심(人心)의 향배였다. 전쟁 중에 인심의 향배는 전쟁에서 승리를 거두는 관건이다. "도를 얻은 자는 번창하고, 도를

---

4) 역자주 : 진나라 말기에 일어난 대규모 반란은 명목상 항우의 지도를 받고 있었는데, 그는 진나라의 군대를 쳐부수고, 이전 전국 시대의 옛 귀족들을 복권시켰으며, 자신의 휘하에 있던 장수들에게 토지를 나누어 주면서 봉건 제도를 다시 시행했다. 이 때 유력한 반군 지도자였던 유방은 한왕(漢王)에 봉해졌다.

5) 역자주 : 항적(項籍)은 항우(項羽)의 본명이다.

잃은 자는 망한다.[得道者昌, 失道者亡.]"라는 말이 이를 잘 나타내 준다. 유방은 관대하고 어질며 도량이 큰 사람이었으며, 백성들을 위로하고 돕는 데 힘썼는데, 이는 그가 전쟁 중에 유리한 위치를 차지하는 데 도움이 되었다. 반대로 항우는 이러한 일에 소극적이었다. 기원전 208년, 당시 진나라 군대의 주력은 하북(河北)에 모여 있었는데, 서쪽으로부터 관중(關中)에 진격해 들어가면 진나라 군대의 주력과 만나는 것을 피할 수 있었다. 관중에 들어갈 사람을 선발하여 결정할 때, 대부분의 사람들이 모두 유방은 성격이 관대하고 덕망이 있으며 나이가 지긋한 사람이었지만, 항우는 포악하고 잔인무도했기 때문에, 유방을 파견하는 데 만장일치로 동의했다.[6] 이는 유방이 먼저 관중 지역으로 들어가기 위한 유리한 조건을 조성하여, 정치적으로 주도적인 위치를 차지했으며, 항우는 반대로 전력을 다해 필사적으로 싸우면서 힘들게 나아갈 수밖에 없었다. 유방은 관중에 들어간 다음

---

6) 역자주 : 당시의 황제는 의제(義帝)였는데, 그의 성(姓)은 미(羋), 씨(氏)는 웅(熊),[기본적으로 '성'은 조상의 출신을 의미하고, '씨'는 자손이 나누어진 것을 의미한다. 예를 들어, 조상이 속한 부족 이름은 '성'이 되고 부족 내부의 분파가 '씨'가 된다. 그러나 고대 사회에서는 이들을 혼용해서 쓰는 경우가 많았다. 주(周)나라 건국 공신인 태공망(太公望)의 경우 성(姓)은 강(姜), 씨(氏)는 여(呂)이다.] 이름은 심(心)이었다. 때문에 미심(羋心) 혹은 웅심(熊心)이라고 불렸다. 전국 시대 말기에 진(秦)나라에 억류되었다가 죽은 초(楚)나라 회왕(懷王)의 후손이다. 초나라가 멸망한 후에 양을 키우며 숨어 지냈지만, 기원전 208년 항량(項梁)과 항우(項羽)가 초나라를 다시 세우자 회왕(懷王)으로 옹립되었다가, 뒤에 의제가 되었다. 진나라를 무너뜨린 반란군의 명목상의 지도자(실질적 지도자는 항우)가 되었지만, 진나라가 멸망한 다음 항우에게 살해되었다. 의제는 누구든 "진나라의 수도 함양(咸陽)에 가장 먼저 입성하는 사람을 그 지역의 왕으로 삼겠다."라고 선언했다. 의제는 항우에 의해서 옹립되기는 했지만, 사실상 허수아비 역할밖에 하지 못했으므로, 이러한 상황에서 벗어나려고 했다. 그래서 유방을 통해 항우를 견제하기 위해, 유방에게 유리한 조건을 만들어 주려고 했던 것이다.

추호도 범죄를 저지르지 않았으며, 또한 약법삼장(約法三章)을 발표하여, "살인한 자는 죽이고, 사람을 상하게 하거나 도둑질을 한 자도 그에 상응하는 처벌을 했으며[殺人者死, 傷人及盜抵罪]", 진나라의 가혹한 법령들을 모두 폐지했다. 그리하여 "진나라 백성들이 크게 기뻐하여, 너도나도 다투어 소와 양과 술과 음식들을 들고서 군사들에게 바치면서[秦民大喜, 爭持牛羊酒食獻享軍士]", "오직 걱정하는 것은 패공(沛公)[7]이 진나라의 왕이 되지 않는 것일[唯恐沛公不爲秦王]" 정도였다. 그러나 뒤따라 관중에 들어온 항우는 일관되게 잔인하고 난폭한 정책들을 시행했는데, "병사들을 서쪽으로 데려가 함양(咸陽)을 파괴하고, 진나라의 항복한 왕인 자영(子嬰)을 죽였으며, 진나라 궁궐을 불태우고, 지나가는 곳마다 살육을 일삼았다. 그리하여 진나라 백성들은 그에게 크게 실망했다.[引兵西屠咸陽, 殺秦降王子嬰, 燒秦宮室, 所過無不殘滅. 秦民大失望.]"[8] 이 때문에 해하(垓下)[9]를 포위할 필요도 없이, 유방이 승리하고 항우가 패배할 것이라는 대세는 이미 매우 분명히 알 수 있었다.

두 번째 원인은, 인재를 적재적소에 채용하고, 주변의 간언(諫言)을 받아들인 점이다. 고조(高祖 : 유방-역자) 5년(기원전 202년)에, 유방은 낙양의 남궁(南宮)에서 여러 신하들과 주연(酒宴)을 베풀었는데, 참가한 모든 사람들에게 자신이 천하를 얻고 항우가 천하를 잃은 원인을 토론하게 했다. 대신들이 분분히 진언한 후, 유방이 총괄하면서 다음과 같이 말했다. 즉 비록 자신은 전쟁에서의 전략·후방에서

7) 역자주 : 유방이 왕이 되기 전의 칭호.

8) 『한서』 권1 「고제기(高帝紀)」.

9) 역자주 : 옛 지명으로, 지금의 안휘성 영벽현(靈璧縣) 동남쪽에 있는데, 유방이 이곳에 있던 항우를 겹겹이 포위하여 패배하게 했다.

의 병참·군대의 통솔과 전투에서는 장량(張良)·소하(蕭何)·한신(韓信)만 못했지만, 반대로 자신은 그들을 임용하고 지휘할 수 있었다. 그러나 항우는 수하에 걸출한 인물인 범증(范增)이 있었지만, 오히려 그의 말을 듣지 않았다. 이것이 그들 두 사람의 성패(成敗)의 관건이었다고 했다. 반고는, 한나라가 세워지고 또한 공고해질 수 있었던 것은 바로 많은 인재들의 도움을 받을 수 있었기 때문이었다는 것을 분명히 인식하고 있었다. 그는 『한서』 「역륙주류숙손전(酈陸朱劉叔孫傳)」[10]에서 칭찬하며 말하기를, "고조는 전쟁으로 천하를 평정했지만, 고위 관리들도 또한 지혜로운 말들을 해주면서, 함께 대업을 이루었다. 옛말에 이르기를, '낭묘(廊廟)에 쓰이는 재목(材木)은 하나의 나뭇가지가 아니며, 제왕(帝王)의 공(功)은 한 명의 책사가 꾸민 계략으로 이루어진 것이 아니다.'[11]라고 했는데, 맞는 말이다.[高祖以征伐定天下, 而縉紳之徒騁其知辯, 竝成大業. 語曰 '廊廟之材非一木之枝, 帝王之功非一士之略', 信哉!]"라고 했다. 유방은 인재를 적재적소에 잘 썼을 뿐만 아니라, 간언을 잘 받아들였고, 많은 사람들의 지혜를 모음으로써, 자신의 약한 세력을 점점 강하게 키워 나갔다. 『한서』 「고제기(高帝紀)」에는 곳곳에 유방이 간언을 잘 받아들인 사례들이 나온다. 예를 들어 서쪽에서 관중으로 들어가는 과정에서 그가 단지 문을 지키는 병졸에 불과했던 역이기(酈食其)의 건의를 받아들여 진류(陳留)를 공격했던 일, 진회(陳恢)의 건의를 받아들여 남양(南陽)의 항복한 태수(太守)를 후(侯)에

10) 역자주 : 역이기(酈食其)·육가(陸賈)·주건(朱建)·누경(婁敬)·숙손통(叔孫通)의 전기(傳記)를 말한다. 누경은 공(功)을 인정받아 황제로부터 유(劉)라는 성(姓)을 하사받았기 때문에, 유경(劉敬)이라고도 불린다.

11) 역자주 : 이 말은 『신자(愼子)』에 나온다.

봉한 결과, 이후에 거의 저항을 받지 않았던 일, 특히 함양을 공격하여 함락시킨 다음, 본래 "주색(酒色)을 좋아한다[好酒及色]"고 일컬어지던 유방이 부(富)와 미색(美色)의 유혹을 억제하고, 번쾌(樊噲)와 장량의 말을 따라 자신의 군대에게 함부로 행패를 부리거나 재물을 빼앗는 일 등을 절대로 하지 못하게 한 일, 초나라와 한나라가 전쟁을 벌이고 있던 와중에 중원으로 가는 잔도(棧道)를 불태운 일[12], 한신을 받아들여 대장군에 임명한 일, 홍구(鴻溝)에서 천하를 나눈 다음 또한 해하에서 항우를 포위 한 일 등등을 들 수 있다. 그가 하나하나 성공을 이루어 나간 것은 모두 다른 이들의 간언을 잘 받아들인 것과 밀접한 관계가 있었다. 이와는 반대로 항우는 자신의 능력을 과신하는 바람에, 자신을 따르는 현인(賢人)들이 재능을 발휘하지 못했는데, 이로 인해 그는 중요한 시기마다 때를 놓쳤고, 결국 실패를 향해 나아갔다. 반고는 「고제기」의 찬어(贊語) 전반부에서 말하기를, "원래 고조는 문장(文章)과 경적(經籍) 등을 배우지 못했지만, 타고난 성품이 총명하고, 계략이 뛰어났으며, 다른 이들의 말을 경청할 줄 알았고, 문지기와 수자리를 서는 병졸이라도 오랫동안 알던 사람처럼 대했다.[初, 高祖不修文學, 而性明達, 好謀, 能聽, 自監門戍卒, 見之如舊.]"라고 했는데, 이것은 바로 초나라와 한나라의 전쟁에서 승패의 원인을 정확하게 총괄한 것이다. 당연한 일이지만, 역사적 제약 때문에 반고는,

12) 역자주 : 본격적으로 항우와 전쟁을 벌이기 전, 서쪽 변경 지방에 머물고 있던 유방은 자신이 전쟁할 의사가 없다는 것을 보이기 위해 일부러 중원 지역으로 가는 길목에 있던 잔도(낭떠러지의 난간이나 절벽과 절벽 사이에 나무로 가설하는 좁은 통로나 다리)를 불태웠다. 그러나 그로부터 1년도 채 지나지 않아 잔도를 복구했는데, 잔도가 채 복구되기도 전에 다른 길을 이용하여 중원으로 진격하여 항우의 허를 찔렀다.

유방이 지주계급의 새롭게 발전된 역량을 대표하고 있었으므로, 필연적으로 구(舊)귀족 세력을 대표하는 항우 세력을 이길 수밖에 없었다는 역사 발전의 필연성을 인식할 수는 없었다.

(2) 혼란 상태를 수습하여 바로잡다.

진나라와 한나라의 교체기에 해마다 거듭되는 전란을 겪고 나서, 고조가 마주한 것은 온통 만신창이가 되어 방치된 채 손질을 기다리고 있는 국가였다. 당시 사회 경제는 극도로 피폐해져, 농민들 중 많은 사람들이 떠돌이가 되었으며, 도시의 인구는 감소하고, 상업은 침체되었다. 또 투기 상인들의 매점매석으로 물가가 크게 뛰어, 서한의 국고는 텅텅 비고, 재정이 어려워졌다. 역사에서 기록하기를, "천자(天子)부터 수레를 끄는 네 마리의 털색이 같은 말[鈞駟]을 갖출 수 없었으며, 장상(將相)들은 소가 끄는 수레를 타기도 했고, 일반 백성들의 창고는 비어 있다.[自天子不能具鈞駟, 而將相或乘牛車, 齊民無蓋藏.]"[13]라고 했다. 이와 같은 국면이 어떻게 반전되었을까? 『사기』가 다져 놓은 기초 위에서, 반고가 쓴 글에서는 먼저 서한의 개국(開國) 상황을 다음과 같이 기록하고 있다. "한나라가 건국된 것은, 고조 자신이 뛰어난 무용의 재능을 갖추었고, 마음을 너그럽고 어질게 행함이 돈독하여, 영웅들을 모두 자신에게 복종시킴으로써, 진나라와 항우를 멸망시켰다. 소하와 조참(曹參)에게 문관(文官)의 일을 맡기고, 장량과 진평(陳平)의 계책을 사용했으며, 육가(陸賈)와 역이기의 언변을 빌리고, 숙손통(叔孫通)이 만든 의례(儀禮)를 밝히니, 문(文)과 무(武)가 서로 조화를 이루어, 원대한 지

13) 『사기』 권30 「평준서(平準書)」.

략이 행해졌다.[漢興, 高祖躬神武之材, 行寬仁之厚, 總攬英雄, 以誅秦·項. 任蕭·曹之文, 用良·平之謀, 騁陸·酈之辯, 明叔孫通之儀, 文武相配, 大略舉焉.]"[14] 또 "천하가 이미 안정되자, 소하에게 명하여 차례대로 율령을 만들고, 한신에게 군법을 펼치게 하고, 장창(張蒼)에게 도량형을 정하게 하고, 숙손통에게 예의(禮儀)를 제정하게 했으며, 육가에게 『신어(新語)』를 짓게 했다. 또한 공신들과 더불어 부절(符節)을 쪼개어 서약(誓約)하고, 쇠에 붉은색 글씨로 써서, 금궤와 석실에 넣어 종묘에 간직했다. 비록 시간이 넉넉하지는 않았지만, 그 규모는 크고 원대했다.[天下旣定, 命蕭何次律令, 韓信申軍法, 張蒼定章程, 叔孫通制禮儀, 陸賈造『新語』, 又與功臣剖符作誓, 丹書鐵券, 金匱石室, 藏之宗廟. 雖日不暇給, 規摹弘遠矣.]"[15] 반고는, 고조가 현명하고 유능한 인재를 등용하여 적시에 나라를 다스리는 방책을 전환했다고 생각했다. 즉 진나라의 많은 가혹한 법률들을 폐지했으며, 백성들에게 부역을 줄여 휴식을 주고, 백성들을 안무(按撫)했으며, 생산력을 회복시키고, 봉건 의례 제도를 다시 세우는 등의 정책을 시행하여, 지주계급의 통치 질서가 다시 새롭게 안정을 찾을 수 있게 하자, 국가가 점차 정상 궤도에 올랐는데, 이것이 바로 서한 정권이 오랫동안 안정되었던 근본 원인이라고 생각했다. 그는 『한서』에서 이와 같은 전환의 의의가 강한 갖가지 조치들을 상세히 기술했다.

먼저, 생산력을 회복시킨 것이다. 초나라와 한나라의 전쟁이 끝나자마자, 유방은 곧바로 생산의 회복에 업무의 중점을 두었다. 그 주요한 조치들은 다음과 같다. 첫째, "병사들을 모두 해산하여 집으로 돌

14) 『한서』 권23 「형법지(刑法志)」.
15) 『한서』 권1 「고제기(高帝紀)」.

려보내고[兵皆罷歸家]", "공로(功勞)가 있는 자들에게 밭과 집을 준 것[以有功勞行田宅]"을 들 수 있다. 둘째, "백성들이 이전에 산야(山野)에 모여서 거주하여, 호적을 기재하지 못했는데, 지금은 천하가 이미 안정되었으니, 각각 원래 살았던 현(縣)으로 돌아가, 예전의 직위와 밭과 집을 회복하도록 했다.[民前或相聚保山澤, 不書名數, 今天下已定, 令各歸其縣, 復故爵田宅.]" 셋째, "백성들이 배가 고파 스스로 자신을 팔아 다른 사람의 노비가 된 자들은, 모두 노비의 신분을 면하고 서인(庶人)이 되게 했다.[民以飢餓自賣爲人奴婢者, 皆免爲庶人.]"[16] 넷째, "법을 간략하게 하여 금지하던 것들을 줄였으며, 조세를 경감하여, 수확의 15분의 1만 세금으로 내도록 했다.[約法省禁, 輕田租, 什五而稅一.]"[17] 이와 같은 조치들은 한편으로 노동력과 토지를 결합시키고, 조세를 경감하여, 농민들의 생산에 대한 적극성을 촉진시켰으며, 또 다른 한편으로는 한나라 이전부터 있었던 지주들의 기득권을 승인하여, 사회적 생산을 안정시키는 데 유리했다. 또한 전쟁에 참여했던 군인들에 대해서는 공을 따져서 상을 내림으로써, 많은 이들이 군공(軍功)으로 인해 지주의 신분으로 상승하여, 통치계급의 기반을 확대했다. 유방이 채용한 이러한 조치들은 때맞춰 사회 질서를 안정시켜, 생산력의 회복을 보장했다.

다음은 예의와 법률을 제정한 것이다. 한나라가 막 건국되었을 때, 많은 신하들이 군대에서 공을 세워 출세한 사람들이었으므로, 예의가 부족했다. 이 때문에 그들은 대전(大殿)에서 공을 다투면서 칼을

16) 이상 인용문들은 모두 『한서』 권1 「고제기」를 보라.
17) 『한서』 권24 「식화지(食貨志)」.

뽑아 기둥을 치기도 하고, 온통 떠들어 대기도 했다. 진나라의 박사(博士)였던 숙손통은 그래서 자발적으로 나서서, 새 조정을 위해 새로운 예의를 세우려고 했다. 그는 30여 명의 제자들을 인솔하여 장안(長安)의 교외에서 짚으로 허수아비를 만들어 놓고, 조정의 예의를 연출하여 유방과 신하들에게 예의를 가르쳤다. 이에 유방이 황제의 존귀함을 깨닫게 되자, 숙손통을 태상(太常)에 봉하여, 국가의 예의를 책임지게 했다.

한나라 초기에, 원래의 약법삼장(約法三章)은 이미 국가 운영에는 맞지 않다는 것이 분명해졌기 때문에, 유방은 승상 소하에게 명하여 진나라의 법보다 완화된 구장률(九章律)을 제정하여, 임시로 반포(頒布)하여 시행하던 약법삼장을 대체했으며, 아울러 각급 관리들에게 법을 받들어 시행하도록 요구했다. 즉위한 지 7년째 되던 해(기원전 200년)에는 다음과 같은 조서를 내렸다. "감옥의 피의자들은 관리들이 어떤 경우에라도 함부로 판결하지 말 것이며, 죄가 있는 자들은 오래 되었더라도 기간에 상관없이 처벌할 것이며, 죄가 없는 자들은 옛날의 일과 연루시켜 판결하지 말도록 하라. 지금부터 현(縣)과 도(道)의 관부(官府) 감옥에 있는 피의자들은, 2천 석의 녹봉을 받는 관리들의 관할 하에 심문하게 하고, 2천 석의 녹봉을 받는 관리들이 이를 맡아서 그 죄명을 판결하도록 하라. 판결할 수 없는 자들은 모두 정위(廷尉)[18]에게 이관(移管)하게 하며, 정위가 또한 이를 맡아 판결하도록 하라. 정위가 판결할 수 없을 때는, 삼가 서류 형태를 갖추어 황제에게 상주(上奏)할 것이며, 그에 첨부하는 것들도 마땅히 율령(律令)

18) 역자주 : 진(秦)·한(漢) 시기에 사법(司法)을 담당하는 최고 관원.

에서 정한 격식대로 하여 보고하도록 하라.[獄之疑者, 吏或不敢決, 有罪者久而不論, 無罪者久繫不決. 自今以來, 縣道官獄疑者, 各讞所屬二千石官, 二千石官以其罪名當報之. 所不能決者, 皆移廷尉, 廷尉亦當報之. 廷尉所不能決, 謹具爲奏, 傳所當比律令以聞.]"[19] 이렇게 법률과 사법 질서를 힘써 바로잡았으니, 참으로 기특한 일이었다.

마지막으로는 백성들에게 휴식을 취할 수 있도록 한 지도사상이다. 유방은 무력으로 천하를 얻었으며, 또한 여전히 무력으로 천하를 다스리려고 생각했다. 지식인 출신이었던 육가는 시간이 나는 대로 유방 앞에서 『시경(詩經)』과 『서경(書經)』의 내용을 언급하면서, 천하는 "말 위에서('무력으로'라는 의미-역자) 얻을 수 있지만[馬上得之], "말 위에서 다스릴 수[馬上治之]"는 없으며, "오랜 기간 동안 유지할 수 있는 책략[長久之計]"을 위해서는 반드시 "문(文)과 무(武)를 같이 사용해야 한다[文武竝用]"고 정중하게 유방을 설득하여, 제때에 나라를 다스리는 계획과 책략들을 고쳐 나갔다. 그 후 그는 또한 『신어』라는 책을 써서, 시기적절하게 진나라가 멸망한 경험을 정리했는데, "일이 번잡해질수록 천하는 더욱 어지러워지며, 법이 많아질수록 간악한 이들이 더 많아지고, 군대가 많아지면 적들도 많아진다. 진나라는 다스리지 않으려고 하는 것이 없었지만, 실패한 것은 바로 행동거지가 난폭한 것이 많았고 형벌에서 매우 극악한 것을 사용했기 때문이다.[事逾煩天下愈亂, 法逾滋而奸逾熾, 兵馬益設而敵人逾多. 秦非不欲爲治, 然失之者乃擧措暴衆而用刑太極故也.]"라고 했다. 정치의 주요 원칙은 마땅히 '자연(自然)'을 본받아 무위(無爲)로써 다스려야 하며, 백성들에 대해서는 마땅

---

19) 『한서』 권23 「형법지(刑法志)」.

히 부역과 세금을 줄여야만 비로소 나라가 오랫동안 안정될 수 있다고 지적했다. 당시 육가가 이 책의 내용을 한 편(篇)씩 상주할 때마다, 고조는 그를 매우 칭찬했으며, 좌우 대신들도 이에 찬성했다. 서한 초기에 행해졌던 많은 조치들은 바로 이러한 정신을 구현한 것으로, 이는 서한 초기의 '황로무위(黃老無爲)'[20] 정치사상의 기초를 형성했다.

(3) 소하(蕭何)가 계획하고 조참(曹參)이 따르다.

고조가 직접 나라를 다스린 기간은 길지 않았으며, 황제의 지위에 오른 지 불과 몇 년 만에 세상을 떠났다. 그러나 그는 비범한 견식(見識)을 지녔으며, 사람을 잘 알아보고 적재적소에 임용하는 데 뛰어난 황제였는데, 세상을 떠나기 전에 이미 후대의 황제에게 유익한 조치를 취해 놓았다. 그것은 바로 소하의 뒤를 이어 조참으로 하여금 혜제(惠帝)를 보좌하게 한 것이었다. 조참은 '무위' 사상의 신봉자이면서 이를 적극적으로 실천하려고 한 사람으로, 일찍이 이 방법으로 옛 제(齊)나라 지역을 다스려 좋은 효과를 거둔 적이 있었다. 그는 승상이 된 다음, "큰일을 하는 데에서 바꾸는 것이 없었으며, 하나같이 모두 소하의 법령을 따랐다.[擧事無所變更, 一遵何之約束.]" 그래서 백성들은 찬양하여 노래하기를, "소하가 법을 만들었는데, 이를 외우기가 '일(一)' 자(字)를 그리는 것처럼 쉬웠고, 조참이 이를 대신하여 잘 지켜 그르치지 않았네. 그것을 깨끗한 마음으로 사심 없이 실행하니, 백성들은 편안하기가 한결같네.[蕭何爲法, 講若畫一, 曹參代之, 守而勿失.

---

20) 역자주 : 황제(黃帝)와 노자(老子)를 받들고 무위(無爲)를 강조하는 사상으로, 바로 도가(道家) 사상을 가리킨다.

載其淸淨, 民以寧一.]"[21]라고 했다. 그는 또한 신중하게 관리들을 선발했는데, 덕망이 있고 점잖으며 나이가 지긋한 사람들을 관리에 임용했으며, 대사(大事)에 특히 주의를 기울이고, 세세한 부분까지 가혹하게 요구하지 않았다. 소하가 계획하고 조참이 계승하여, 황로사상이 정식으로 국가를 운영하는 지도사상이 되었기에, 백성들에게 부역을 줄여 휴식을 주는 정책이 철저히 집행될 수 있었다고 할 수 있다. 이처럼 지속성 있는 정치는 백성들의 경제력이 회복할 수 있는 중요한 담보조건이다.

혜제와 여후(呂后)[22]가 나라를 다스렸던 15년 동안에, 백성들을 동원하는 대규모 부역은 매우 적었다. 혜제는 몇 차례 농민들을 징발하여 장안성(長安城)을 건설했는데, 매번 기간이 1개월을 넘지 않았으며, 그것도 겨울철의 농한기에만 이루어졌다. 또한 지속적으로 가혹한 법령들을 가볍게 해 나갔는데, 예를 들어 혜제 4년(기원전 191년)에 "관리들과 백성들을 불편하게 하는 법령들을 줄이고, 협서율(挾書律)[23]을 폐지했다.[省法令妨吏民者, 除挾書律.]"[24] 그리고 여후 원년(기원전 187년)에는 "삼족죄(三族罪)[25]와 요언령(妖言令)[26]을 폐지했다.[除三族罪·

21) 『한서』 권39 「소하조참전(蕭何曹參傳)」.
22) 역자주 : 고조(高祖) 유방(劉邦)의 정비(正妃).
23) 역자주 : 진(秦)나라의 형법으로, 몰래 서적을 보관한 자를 처벌하도록 규정한 법률이다.
24) 『한서』 권2 「혜제기(惠帝紀)」.
25) 역자주 : 한 사람이 죄를 지으면 죄인을 사형에 처할 뿐만 아니라, 죄인의 삼족(三族)을 같이 사형에 처하는 것을 의미한다. 그러나 삼족의 범위에 대해서는 여러 견해가 있다. 부족(父族)·모족(母族)·처족(妻族)이라고도 하고, 부모(父母)·형제(兄弟)·처자(妻子)를 가리킨다고도 한다.
26) 역자주 : '요언(妖言)'이란 황제가 듣기에 귀에 거슬리거나 황제의 과실을 논하는

妖言令.]"[27] 여후는 또한 굴욕을 참아가며 흉노와 화친을 유지하는 정책을 집행했는데, 이것이 바로 고조 이래로 백성들에게 휴식을 주는 정책이었으며, 이로 인해 사회 경제가 지속적으로 발전했다.[28] 『한서』「고후기(高后紀)」에서는 이 시기에 국가를 다스린 황태후(皇太后)인 여후에 대해서 다음과 같이 찬양했다. "혜제와 고후(高后)[29]의 시대에는 천하가 전국 시대의 고통에서 벗어났으며, 군신(君臣)들이 모두 무위(無爲)를 실천하려 했기 때문에, 혜제도 또한 그렇게 했다. 고후가 나라를 다스리면서, 자신이 거처하는 궁을 나서지 않았지만, 천하는 안정되었으며, 형법을 드물게 사용하여, 백성들은 농사일에 힘쓰고, 의식(衣食)이 풍부해졌다.[孝惠·高后之時, 海內得離戰國之苦, 君臣俱欲無爲, 故惠帝拱己, 高后女主制政, 不出房闥, 而天下晏然, 刑法罕用, 民務稼穡, 衣食滋殖.]"

말들을 의미한다. 일반 백성들이 황제의 귀에 거슬리는 말을 했을 경우에 참수형에 처하는 법령을 가리킨다.

27) 『한서』 권3 「고후기(高后紀)」.

28) 역자주 : 항우를 무찌르고 중원(中原)을 통일한 유방은, 흉노 정벌에 나섰다가 크게 패하고 흉노에 잡혀 억류되었다. 이 때 막대한 양의 재물을 바쳤을 뿐만 아니라, 굴욕적인 화친조약을 맺어야만 했다. 게다가 유방이 세상을 떠나고 여후가 실권을 잡았을 때, 흉노의 선우(單于)는 여후에게 청혼을 가장한 굴욕적인 내용의 편지를 보내왔다. 그러나 당시 서한의 군사력으로는 흉노를 이길 방법이 없었기 때문에, 예의를 갖추어 정중하게 거절하는 편지와 공물(貢物)을 바쳐야만 했다. 이후에도 흉노는 서한을 상대로 지속적인 공세를 취했고, 그 때마다 서한은 상당량의 공물을 바쳤다. 이와 같은 상황은 무제가 흉노 원정을 단행할 때까지 계속되었다.

29) 역자주 : 고후의 본명은 여치(呂雉)이며, 앞에서 언급했던 여후(呂后)를 가리킨다.

2. 문제(文帝)와 경제(景帝)의 치세[文景之治]

(1) 문제와 경제의 치세

유학이 국가의 정통 학문이 된 시기에 살았던 반고는, 그가 역사를 서술하는 기준은 성인(聖人)이 말한 옳고 그름을 옳고 그름으로 삼는 것이었다. 유가 사상의 관념이 그의 사상 속에 깊게 자리하고 있으면서, 구체적인 역사적 사실에 대한 인식과 평가 속에서 구현되어 나타났다. 유가의 이상적인 정치는 '인정(仁政)'을 실시하는 것으로, 부역과 세금을 가볍게 하고, 백성들에게 농사 짓는 때를 놓치지 않게 하며, 교화로써 백성들을 육성하는 것이다. 이와 같은 정치에 대한 긍정과 지지 및 역사 발전의 대세(大勢)에 대해 가슴으로부터 이해한 탁월한 식견으로 말미암아, 반고는 구체적인 역사적 사실들로부터 '문제와 경제의 치세[文景之治]'라는 역사적 개념을 개괄해 냈으며, 아울러 『한서』 「경제기(景帝紀)」의 찬어(贊語)에서 다음과 같이 높이 찬양했다. 즉 "주(周)나라와 진(秦)나라의 폐단은 법망이 촘촘하고 법의 조문(條文)들은 꼼꼼하고 엄준했지만, 백성들이 법을 어기는 것을 완전히 막을 수 없었다. 한(漢)나라가 일어나, 번거롭고 가혹한 법령들을 없애고, 백성들이 쉴 수 있도록 했다. 문제 때에 이르러서는 공손하고 검소함을 더했으며, 경제는 선왕의 업적을 잘 준수하자, 5, 6십 년 사이에 풍속이 바뀌어, 백성들도 양순하고 인정이 두터워졌다. 주나라에 성왕(成王)과 강왕(康王)이 있었다면, 한나라에는 문제와 경제가 있었으니, 얼마나 아름다운가![周秦之敝, 罔密文峻, 而奸軌不勝. 漢興, 掃除煩苛, 與民休息. 至於孝文, 加之以恭儉, 孝景遵業, 五六十載之間, 至於移風易俗, 黎

民醇厚. 周云成康, 漢言文景, 美矣!]" 그는 서한(西漢)의 문제·경제 시기를 세인(世人)들이 칭찬하는 서주(西周)의 성왕·강왕의 시대와 서로 필적할 만큼 아름다웠다고 하면서, 문제·경제의 시기는 역사에서 정치가 맑고 밝았으며, 백성들의 생활이 안정되고 생업에 종사할 수 있었던 좋은 시대였으므로, "문제와 경제의 치세[文景之治]"라고 부를 만하다고 생각했다.

이처럼 문제와 경제의 시기에 대한 총체적인 견해를 형성해 냄에 따라, 반고는 이 시기가 민중에게 유리했고, 사회 발전에 유익한 중요한 조치들이 이루어졌다고 진지하게 결론지었다. 그리하여 후세 사람들에게 한 조대의 명군(明君)들이 어떻게 몸소 모범을 보였으며, 어떻게 민생에 관심을 기울였고, 어떻게 백성들로 하여금 농사 짓는 때를 놓치지 않게 했는지를 분명하게 보여주었다.

반고는 『한서』에서 생산 활동 방면을 장려한 역사적 사실들을 매우 많이 증보(增補)했다. 예를 들어, 문제는 전원(前元)[30] 2년(기원전 178년) 정월에 조서를 내려 말하기를, "농사는 천하의 근본이니, 자전(藉田)[31]을 열고, 짐(朕)이 몸소 농사를 지어서, 종묘(宗廟) 제사에 제수(祭

30) 역자주 : '전원(前元)'·'후원(後元)' 및 '중원(中元)'은 중국 역사학에서의 학술 용어이다. 한나라 무제가 연호(年號)를 공식적으로 사용하기 이전에, 역사가들은 일반적으로 제왕의 이름을 이용하여 연대를 기록했다. 한나라 문제 때에는, 사관(史官)들이 연대를 두 단계로 나누어 기록했는데, 전(前) 단계를 '전원'이라 하고, 후(後) 단계를 '후원'이라고 했다. 그러다가 한나라 경제 때에는 세 단계, 즉 '전원'·'중원'·'후원'으로 나누어 연대를 기록했다. 이것들은 연호가 아니지만, 훗날의 연호와 비슷하게 사용되었다. 따라서 똑같이 '전원'이나 '후원'이 붙은 연대라도 서기(西紀)로 환산한 연대가 제각기 다르게 나타나는데, 이는 잘못된 것이 아니다.

31) 역자주 : 옛날 중국에서 천자(天子)와 제후(諸侯)들이 백성들을 징발하여 경작하던 밭을 가리킨다. 매년 봄을 맞아 밭갈이를 하기 전에, 천자와 제후들이 자전을

需)를 올릴 것이다. 백성들 중에 현관(縣官)에게 종자와 식량을 빌려서 갚지 못하거나 갚아야 할 것을 준비하지 못하여 처벌받은 자들은 모두 사면한다.[夫農, 天下之本也, 其開藉田, 朕親率耕, 以給宗廟粢盛. 民讁作縣官及貸種食未入·入未備者, 皆赦之.]"라고 했다. 문제는 직접 자전에서 농사를 지었으며, 또한 죄로 인해 관부(官府)에 끌려온 자들을 사면하여, 이들이 고향에 돌아가 농사일에 힘쓰도록 했다.

전원 12년(기원전 168년)에는 조서를 내려 말하기를, "백성들을 이끄는 길은 근본에 힘쓰는 데 있다. 짐이 친히 천하의 농사를 실천한 지 지금까지 10년이 되었지만, 들[野]은 더 개간되지 않았으며, 올해는 곡식들이 제대로 여물지 않아 백성들은 굶주리는 형색이 있는데, 이는 농사일을 하는 이들이 아직도 부족하며, 관리들이 더욱 힘쓰지 않았음이다. 내가 조서를 여러 번 내려 해마다 백성들이 농사일을 하도록 권했지만, 그 효과가 나타나지 않은 것은, 관리들이 나의 명을 힘써 받들지 않은데다, 백성들에게 권함이 명확하지 않아서이다. 또한 우리 농민들이 심한 고충을 겪고 있으나, 관리들이 이들을 잘 살피지 못하니, 장차 어찌 권할 수 있겠는가? 이에 농민들에게 올해 조세의 반을 하사하노라.[道民之路, 在於務本. 朕親率天下農, 十年於今, 而野不加辟, 歲一不登, 民有飢色, 是從事焉尙寡, 而吏未加務也. 吾詔書數下, 歲勸民種樹, 而功未興, 是吏奉吾詔不勤, 而勸民不明也. 且吾農民甚苦, 而吏莫之省, 將何以勸焉? 其賜農民今年租稅之半.]"라고 했다. 이처럼 백성들을 이끌고 지도하는 근본 방침은 농업을 권장하는 데에 있음을 강조했다. 그러면서 전국에, 황제 본인이 10년 동안 농업을 장려하여 얻은 효과에 대해

직접 경작함으로써, 농업을 중시한다는 것을 보여 주었다.

매우 만족하지 못하고 있음을 밝히고, 각 지방 관리들이 농업과 잠업(蠶業) 그리고 나무 심는 행동을 독려하는 데에 힘쓰지 않았고, 백성에게 분명하게 권장하지 않은 것을 꾸짖으면서, 확실하게 개선할 것을 요구했다. 그리고 그 해의 조세를 반으로 줄인다고 선포했다.

문제는 조서에서 또한 말하기를, "부모에게 효도하고 형제간에 우애가 있는 것은 천하의 도리에 잘 따르는 것이다. 농사에 힘쓰는 것은 사람이 살아가는 근본이다. 삼로(三老)[32]는 뭇 백성들의 스승이다. 청렴한 관리는 백성의 귀감이다. 짐은 이를 잘 실천한 몇몇 대부(大夫)들의 행실을 매우 가상히 여기고 있다. 지금 1만 가구가 되는 현(縣)들은, 명령에 응한 적이 없다고 하니, 어찌 진실로 인정(人情)이 있다고 하겠는가? 이는 관리들이 어진 사람을 천거하는 도(道)를 아직 갖추지 못한 것이다. 알자(謁者)[33]를 보내, 삼로와 효도하는 자[孝者]들에게는 비단 5필씩을 내리고, 형제간에 우애가 있는 자[悌者]와 농사에 힘쓰는 자[力田]들에게는 2필씩을 내리며, 청렴한 관리들에게는 녹봉 200석 이상부터 100석마다 비단 3필씩을 내릴 것이다. 더불어 백성들에게 생활에 불편한 것이 무엇인지를 묻고, 호구(戶口)의 숫자에 따라 삼로(三老)·효제(孝悌)·역전(力田)을 고정적으로 선발하여, 각각 그들로 하여금 그 의미를 권도(勸導)하게 함으로써 백성들을 인도하게 하라.[孝悌, 天下之大順也. 力田, 爲生之本也. 三老, 衆民之師也. 廉吏, 民之表

32) 역자주 : 고대 중국에서 백성들의 교화를 담당하던 지방 관리이다. 전국 시대 위(魏)나라에 삼로가 있었고, 진(秦)나라 때에는 고을[鄕]에 삼로를 두었으며, 한나라는 현(縣)에 추가로 삼로를 두었고, 동한 이후에는 군(郡)에도 삼로를 두었다. 그리고 같은 기간에는 나라에도 삼로가 있었다.

33) 역자주 : 알자는 춘추전국 시대에 군주를 보좌하며 명령을 전달하는 일 등을 맡아보던 사람이다. 서한 시대에는 70여 명이 있었다고 한다.

也. 朕甚嘉此二三大夫之行. 今萬家之縣, 云無應令, 豈實人情? 是吏擧賢之道未備也. 其遣謁者勞賜三老·孝者帛人五匹, 悌者·力田二匹, 廉吏二百石以上率百石者三匹. 及問民所不便安, 而以戶口率置三老·孝悌·力田常員, 令各率其意以道民焉.]"라고 했다. 이처럼 농사일에 힘쓰고 청렴한 정치를 하는 사회적 분위기를 온 힘을 다해 제창했는데, 효제(孝悌 : 부모에게 효도하고 형제간에 우애가 있는 것)가 사회를 유지하는 근본 이념이며, 농사일에 힘쓰는 것이 민중들의 생활의 근본이며, 청렴한 관리는 백성들의 귀감이고, 삼로는 백성들의 스승이라고 생각했다. 문제는 이와 같은 인재들과 관리들을 크게 칭찬하고 장려했다. 그리고 모든 만 호 이상의 현(縣)들에서는 힘써서 이러한 인재들을 추천하도록 하고, 방해하지 못하도록 했다. 또한 관리들을 보내 각 지역의 부모에게 효도하고 형제간에 우애가 있는 자들·농사에 힘쓰는 자들·나이 많은 노인들·청렴한 관리들을 위로하고 그들에게 비단을 주었으며, 그들에게 백성들이 불편하다고 느끼는 점이 무엇인지를 말하도록 요청했다. 또한 호구의 숫자에 따라 규정된 인원의 말단 관리들을 배치하여, 그들로 하여금 정성을 다해 민중들을 교육하고 지도하도록 했다.

전원 13년(기원전 167년) 2월에는 조서를 내려 말하기를, "짐이 몸소 온 나라에 농사를 앞장서 행함으로써 종묘에 제수(祭需)를 올리고, 황후는 직접 누에를 쳐서 제복(祭服)을 바쳐, 그 예의(禮儀)를 갖출 것이다.[朕親率天下農耕以供粢盛, 皇后親桑以奉祭服, 其具禮儀.]"라고 했다. 6월에는 다시 조서를 내려 전국에 전조(田租)를 면제해 주었다.

후원(後元) 원년(기원전 163년)에는 조서를 내려 말하기를, "근래 수년간 비교적 작황이 좋지 못한데다, 또한 홍수·가뭄·질병의 재난이 있었기에, 짐은 그것이 매우 걱정스럽도다. 그러나 어리석고 영민하지 못하여, 그 허물을 잘 알지 못하고 있다. 생각건대, 짐의 정치에 잘못된 점이 있거나, 행실에 잘못이 있었는가? 그리하여 천도(天道)를 따르지 못하고, 지형상의 유리함을 혹 깨닫지 못했으며, 세상일에 불화가 많았고, 귀신에게 공손하지 않음을 떨쳐 버리지 못했단 말인가? 어찌 이런 지경에 이르렀단 말인가? 백관(百官)들에게 주는 봉록을 혹시 낭비했거나, 쓸데없는 일이 혹시 많지는 않았는가? 어찌하여 백성들의 식량이 부족하단 말인가! 대체로 토지를 헤아려 보면 더 적어지지 않았고, 백성들의 숫자를 헤아려 보면 더 늘지 않았으며, 인구에 따라 농지를 계량해 보면, 그것이 옛날보다 오히려 많아졌는데, 식량이 턱없이 부족한 것은, 그 허물이 어디에 있단 말인가? 그렇지 않다면 백성들 중에 말업(末業)[34]에 종사하여 농사를 해치는 자가 많고, 술을 빚어 곡식을 낭비하는 자가 많거나, 육축(六畜)[35]에게 먹이는 것이 많은 것인가? 이러한 크고 작은 여러 가지 도리들 중에서, 나는 아직 확실한 것을 찾지 못했다. 승상과 여러 제후들과 2천 석 이상의 녹봉을 받는 관리들과 박사(博士)들이 함께 이를 의논하여, 백성들을 도울 수 있는 방안이 있으면, 뜻에 따라 먼 앞날을 보고 깊이 생각하여 감추는 것이 없도록 하라.[間者數年比不登, 又有水旱疾疫之災, 朕甚憂之. 愚而不明, 未達其咎. 意者朕之政有所失而行有過與? 乃天道有不順, 地利或不得, 人事多失和, 鬼神廢不享與? 何以致此? 將百官之奉養或費, 無用之事或多與? 何其民食之寡乏也! 夫度田非益寡, 而計民未加益, 以口量地, 其於古猶

34) 역자주 : 옛날에는 공업이나 상업 등을 말업이라고 하여 천하게 여겼다.
35) 역자주 : 옛날의 여섯 가지 주요 가축들로, 소, 말, 양, 닭, 개, 돼지를 가리킨다.

有餘, 而食之甚不足者, 其咎安在? 無乃百姓之從事於末以害農者蕃, 爲酒醪以靡穀者多, 六畜之食焉者衆與? 細大之義, 吾未能得其中. 其與丞相列侯吏二千石博士議之, 有可以佐百姓者, 率意遠思, 無有所隱.]"[36]라고 했다. 이처럼 정책을 시행하는 과정에서 과실이 없었는지를 다시 한 번 스스로 되물으면서, 백성들이 먹을 식량이 여전히 매우 부족하다고 생각했다. 그러면서 어디에 문제가 있는지를 찾아 내어, 2천 석 이상의 녹봉을 받는 관리들과 박사들로 하여금 토론한 다음 답변을 달라고 요구했다.

경제는 전원 원년(기원전 156년) 정월에, 조서를 내려 농민들이 땅이 넓고 인구가 적은 곳으로 이주하여 생산 활동에 종사하는 것을 허락했다. 또한 조서를 내려, 지방관들이 농업과 잠업을 열심히 권장하고, 많은 나무를 심도록 독려했다.

같은 해 7월에는, 조서를 내려 관리들 중에 공무에 관련한 일로 밖에 나가서 향응을 제공받아 규칙을 어긴 자·물건을 싸게 사들인 뒤 비싸게 판 자·뇌물을 받은 자들을 각각 처벌했다.

후원 2년(기원전 142년) 4월에는, 조령(詔令)을 반포하여 말하기를, "(옥석으로 만든 기물 위에-역자) 화려하게 무늬를 조각하고 새기는 것은 농사를 해치는 것이며, 비단에 수를 놓고 정미(精美)한 직물을 만드는 것은 여자의 일(길쌈이나 바느질을 가리킴-역자)을 해치는 것이다. 농사를 해치는 것은 굶주림의 근본이며, 여자의 일을 해치는 것은 추위를 느끼게 하는 근원이다. 대저 백성들에게 굶주림과 추위가 함께 왔음에도 망하지 않은 경우는 드물었다. 짐이 친히 농사를 짓고, 황후가 몸소 누에를 쳐서, 종묘(宗廟)에 제수(祭需)와 제복(祭服)을 바침으로

36) 이상 인용문들은 모두 『한서』 권4 「문제기(文帝紀)」를 보라.

써 천하를 선도(先導)하고, 각지에서 보내오는 진상품을 받지 않을 것이며, 태관(太官)[37]의 인원을 줄이고, 각종 부역을 덜어 주어, 천하의 모든 이가 농사와 누에치기에 힘쓰도록 하여, 평소에 비축해 두었다가, 재해를 대비하고자 한다. 강한 자가 약한 자의 것을 빼앗지 말고, 숫자가 많은 쪽이 숫자 적은 쪽에 대해 난폭하게 굴지 않으며, 늙은 이들은 천수를 누리고, 어린 고아들이 장성할 수 있도록 할 것이다. 올해 작황이 좋지 못해 백성들의 양식이 매우 부족한데, 그 허물은 어디에 있는가? 아마도 속여서 스스로 관리라고 칭하고,[38] 그 관리들이 뇌물을 받은 것으로 장사를 하며, 백성들의 재물을 빼앗고, 만민(萬民)을 침탈하기 때문일 것이다. 현승(縣丞)은 수령인데, 법을 어기면서 도적들과 더불어 도적질을 하니, 뭐라 할 말이 없도다. 2천 석 이상의 녹봉을 받는 관리들로 하여금 여러 관리들을 다스리도록 하여, 관리의 본문을 다하지 못하고 그것을 어지럽히는 자들은 승상(丞相)이 심문하여 그 죄를 묻도록 하라. 이를 천하에 선포하니, 짐의 뜻을 분명히 알도록 하라.[雕文刻鏤, 傷農事者也, 錦繡纂組, 害女紅者也. 農事傷則飢之本也, 女紅害則寒之原也. 夫飢寒竝至, 而能亡爲非者寡矣. 朕親耕, 后親桑, 以奉宗廟粢盛祭服, 爲天下先, 不受獻, 減太官, 省徭賦, 欲天下務農蠶, 素有

---

37) 역자주 : 황실에서 사용할 각종 물품과 황제가 주관하는 연회(宴會)에 필요한 물품을 공급하는 일을 담당하는 관리.

38) 역자주 : 이 부분의 해석에 대해서는 의견이 분분하다. 대표적으로 장안(張晏)은 "다른 사람을 속이는 것을 관리의 일로 삼았다[以詐僞人爲吏也]."라고 했고, 신찬(臣瓚)은 "법이란 이른바 구부러진 것을 곧게 바로잡고 나서야 관리 노릇을 하는 사람을 삼는 것이다[律所謂矯枉以爲吏者也]."라고 했다. 이에 안사고(顔師古)는 이러한 설들은 모두 틀렸다고 하면서, "단지 속여서 관리라고 자칭하는 것을 말했을 뿐이다[直謂詐自稱吏耳]."라고 했다. 여기에서는 안사고의 설을 기준으로 했다.

畜積, 以備災害. 强毋攘弱, 衆毋暴寡, 老耆以壽終, 幼孤得遂長. 今歲或不登, 民食頗寡, 其咎安在? 或詐僞爲吏, 吏以貨賂爲市, 漁奪百姓, 侵牟萬民. 縣丞, 長吏也, 奸法與盜盜, 甚無謂也. 其令二千石各修其職, 不事官職耗亂者, 丞相以聞, 請其罪. 布告天下, 使明知朕意.]"[39] 라고 했다. 경제는 이 조령에서, 예로부터 농업을 중시했으며, 부역을 줄였지만, 백성들의 식량과 축적된 재물은 여전히 부족하다고 했다. 관리들 중에는 속이고, 뇌물을 받고, 백성들의 것을 빼앗는 등의 간악한 행위를 하는 자들이 있음을 지적하면서, 2천 석 이상의 녹봉을 받는 관리들이 솔선수범하여 공무를 중히 여기고 직분을 지킬 것과, 승상은 철저하게 소속 관원들에 대해 검사와 감찰을 진행하도록 요청했다.

이와 같은 조치들을 효과적으로 집행함에 따라, 문제와 경제 시기에 곧 한나라의 국력이 강성해지는 기초를 다졌다. 특히 문제는 언제나 후대의 정치가들과 역사가들에게 칭송을 받았는데, 이는 매우 일리가 있는 것이다. 그는 재위 기간에 또한 다른 이들의 간언(諫言)을 듣는 것과 근검절약하는 것을 대단히 중시했다. 기록에 따르면, "매번 조회할 때마다 낭관(郎官)이 상주하는 글을 올렸는데, 수레를 타고 가다가도 멈추고서 그것들을 받지 않음이 없었다. 그 말이 쓸 만하지 않아도 그대로 두었으며, 그 말이 채용할 만하면 좋다고 말하지 않는 적이 없었다.[每朝, 郎官者上書疏, 未嘗不止輦受. 其言不可用, 置之, 言可采, 未嘗不稱善.]"[40] 그래서 문제 시기에는 신도가(申屠嘉)·가의(賈誼)·조조(晁錯)·가산(賈山)·장석지(張釋之)·풍당(馮唐) 등 황제에게 감히 직

39) 『한서』 권5 「경제기(景帝紀)」.

40) 『한서』 권49 「원앙조조전(爰盎晁錯傳)」.

간(直諫)을 하는 인물들이 나왔다. 문제는 또한 근검절약을 중시한 황제로 유명한데, 재위한 23년 동안 궁실(宮室)·정원·수레 등을 모두 늘리지 않았다. 한번은 문제가 노대(露臺)를 지으려고 장인들을 불러서 계산을 해보았더니, 약 1백 금(金)의 비용이 필요했다. 그러자 문제가 말하기를, "1백 금은 보통 사람 열 가구의 재산이다. 나는 선대 황제들의 궁실을 물려받으면서도 항상 두렵고 부끄러워했는데, 어찌 노대를 지을 수 있겠는가![百金, 中人十家之産也. 吾奉先帝宮室, 常恐羞之, 何以臺爲!]"라고 했다. 노대를 짓는 비용이 많이 들었기 때문에 짓지 않았다. 문제 본인은 언제나 검은색의 두툼한 비단옷을 입었으며, 그가 총애하던 신부인(愼夫人)도 또한 비교적 짧은 옷을 입어, 땅에 끌리지 않도록 했고, 방 안에 치는 휘장에는 색실로 수를 놓지 않아, "돈후(敦厚)하고 소박하게 보임으로써, 천하를 선도했고[以示敦樸, 爲天下先]", "패릉(霸陵)[41]을 축조할 때 모두 기와로 짓고, 금(金)·은(銀)·동(銅)·석(錫) 등으로 꾸미지 않았고, 산에 의거함으로써, 봉분을 돋우지 않았다.[治霸陵, 皆瓦器, 不得以金銀銅錫爲飾, 因其山, 不起墳.]"[42] 당연히 한나라 문제는 형벌을 경감했지만, 일부는 단지 조령(詔令)의 문장에만 그친 것이었고, 실제로는 오히려 모든 경형(輕刑)들이 무겁게 판결되었다. 그래서 반고의 비판을 받았다.[43] 문제는 또한 간사한 신하인 등통(鄧通)을 총애하여, 그에게 상을 내릴 때마다 엄청난 액수의

41) 역자주 : 문제의 능(陵)을 말하는데, 파릉(灞陵)이라고도 한다.

42) 『한서』 권4 「문제기」의 찬(贊).

43) 반고는 『한서』 권23 「형법지(刑法志)」에서 비평하기를, "겉으로는 경형(輕刑)의 명목이었지만, 안으로는 사실상 사람을 죽였다.[外有輕刑之名, 內實殺人.]"라고 하여, 문제가 형벌을 경감한다고 말한 이후에도 형벌이 여전히 무거웠음을 비판하였다.

돈을 하사했으며, 또한 그에게 구리 광산을 하사하기도 했는데, 그가 스스로 화폐를 주조하는 것을 허락했기 때문에, 천하에 그가 만든 화폐가 넘쳐났다. 문제는 또한 한때 귀신을 맹신했으며, 오초(吳楚) 7국의 난(亂)[44]이 일어났을 때, 경제는 대신(大臣) 조조(鼂錯)를 죽였다. 이러한 일들은 또한 모두 문제와 경제 시기 정치에서의 어두운 면들이었다.

(2) 통일과 분열

서한 초기에는 역사적 조건의 제한 때문에 건립한 것이 군(郡)과 국(國)을 병행하는 지방 행정 제도였다. 번국(藩國)들은 군사·재정·행정에서 중앙 정부에 대해 매우 큰 독립성을 지니고 있었다. 번국 세력들의 발전은 통일 제국에게 위협이 되었다. 동시에 그들은 또한 전국시대 이래 역사의 발전 과정이, 국부적인 통일에서 전면적인 통일로 끊임없이 매진해 가는 과정에서 하나의 중대한 문제였다. 반고는 이 문제를 날카롭게 포착하여, 새로운 시대의 입장에 서서, 중앙 정부와 번국들 간에 있었던 투쟁의 처음부터 끝까지를 상세하게 서술했는데, 그 평가 속에서 뛰어난 역사 인식을 보여주었다.

『한서』「제후왕표(諸侯王表)」 서문에서, 번국 세력이 서한에 대해 국가적 위협이 되었다는 것을 인정하면서 다음과 같이 논술했다. "번국들 가운데 큰 것은 여러 주(州)와 군(郡)들에 걸쳐 있거나 겹쳐져 있었으며, 연이어 있는 성(城)들이 수십 개씩이나 되었고, 궁실이나 백관

44) 역자주 : 한나라 경제 때, 오(吳)·초(楚)·조(趙)·제남(濟南)·치천(淄川)·교서(膠西)·교동(膠東) 등 일곱 제후국들이 연합하여 일으킨 반란이다.

(百官)의 편제는 수도(首都)의 제도와 같았으며[藩國大者夸州兼郡, 連城數十, 宮室百官同制京師]", "작게는 주색에 빠져 거칠게 행동하고 법을 지키지 않았으며, 크게는 황제를 배반하고 방자하게 맞섰는데[小者淫荒越法, 大者睽孤橫逆]", 이처럼 세력이 너무 커져 통제가 불가능해지자, 조정에 중대한 위협이 되었다. 서한 조정과 번국 세력들이 투쟁해 온 주요한 단계에 대해 반고는 다음과 같이 정확하게 정리했다. "문제는 가생(賈生)의 의견을 채용하여 제(齊)나라와 조(趙)나라를 나누었고, 경제는 조조(晁錯)의 계책을 받아들여 오(吳)나라와 초(楚)나라를 제거했다. 무제는 주보언(主父偃)의 계략을 채용하여 추은령(推恩令)[45]을 내려, 제후국의 왕들이 제후국의 영지(領地)를 자제들에게 나누어 주어 제후로 삼을 수 있게 함으로써,[46] 제후들을 축출하거나 승진시키지 않고서도, 번국들은 스스로 분해되었다.[文帝采賈生之議分齊·趙, 景帝用晁錯之計削吳·楚. 武帝施主父之册, 下推恩之令, 使諸侯王得分戶邑以封子弟, 不行黜陟, 而藩國自析.]" 이 말은 요점을 간결하게 제시하고 있는데,

45) 역자주 : 추은령은, 한나라 무제가 제후왕들의 세력을 약화시키기 위해 반포한 중요한 법령이다. 서한은 문제와 경제 때부터, 어떻게 하면 나날이 팽창하는 제후왕들의 세력을 제한하고 약화시킬 것인가가 줄곧 봉건 황제가 직면한 엄중한 문제였다. 문제 때, 가의(賈誼)는 회남왕(淮南王)과 제북왕(齊北王)의 모반 사건을 거울삼아, 일찍이 「치안책(治安策)」이라는 글에서, "제후들을 많이 세워서 그 힘을 약화시키십시오[衆建諸侯而少其力]."라는 건의를 올렸다. 그 구체적인 방법은, 제후왕들로 하여금 각각 몇 개의 나라로 나누도록 하여, 제후왕의 자손들이 순차적으로 봉토를 불하받도록 함으로써, 땅을 효율적이고 합리적으로 이용할 수 없도록 했으며, 봉토가 광대하지만 자손이 아직 어린 자는, 곧 임시로 국호를 정하여, 그 자손이 성장하기를 기다린 다음 봉토를 나누어 주도록 했다. 이것이 추은령의 요지이다.

46) 역자주 : 이전에는 제후국을 다스리는 왕의 지위를 장자(長子)만이 상속할 수 있었는데, 무제는 제후국 왕들의 여러 아들들에게 제후국의 영토를 나누어 상속하도록 정했다.

역사적 실제 상황까지 언급하고 있어, 후세 사람들이 서한의 번국 문제를 논술하는 데 가장 권위 있는 근거가 되고 있다. 『한서』의 「가의전(賈誼傳)」·「조조전(晁錯傳)」에는, 그들이 문제와 경제에게 번국 세력들을 제거해야 한다고 주장한 내용이 상세하게 기재되어 있다. 명백히 이것들의 대부분은 반고가 의도적으로 그렇게 한 것으로서, 우리들로 하여금 이 문제의 중요성을 알게 해줄 뿐만 아니라, 또한 당시의 중대한 사건들의 전후 관계를 엿볼 수 있게 해준다. 반고는 이미 총체적으로 번국들이 결국은 반드시 반란을 일으킬 것이라고 간파하기는 했지만, 그는 또한 번국의 역사적 작용을 완전히 부정하지도 않았는데, 이는 또한 번국 문제의 복잡성을 보여주는 것이다. 번국이 특정한 역사 시기에 긍정적인 작용을 했던 것에 대해 다음의 두 가지를 인정했다. 첫째, 반고는 서한 초기에 분봉(分封)된, 황제와 성(姓)이 같은 제후국의 왕들이 일정한 시기 동안은 한신(韓信)·팽월(彭越) 등과 같이 황제와 성이 다른 제후국의 왕들을 통제하는 작용을 했다고 생각했다. 그는 다음과 같이 말했다. "한나라가 세워진 초기에, 천하가 새로 평정되었으므로, 황제와 동성(同姓)인 이들은 많지 않아[漢興之初, 海內新定, 同姓寡少]", "왕의 자제(子弟)들을 높여서, 크게 아홉 나라들을 열었다.[尊王子弟, 大啓九國.]" 또 "고조(高祖)의 창업은 시간이 충분하지 못하여 완성되지 못한 상태였다. 혜제(惠帝) 또한 나이가 어려서 고후(高后)인 황태후가 섭정하였지만 천하는 편안하고 안정되었으며, 미친듯이 날뛰는 무리들이 일으키는 근심을 없애고, 마침내는 여씨(呂氏) 일족들이 일으킨 어지러움을 제거하였으며, 태종[太宗 : 문제(文帝)-역자]이 대업을 이룬 것 또한 제후들에게 의지한 것이었다.[高

祖創業, 日不暇給, 孝惠享國又淺, 高后女主攝位, 而海內晏如, 亡狂狡之憂, 卒折諸呂之難, 成太宗之業者, 亦賴之於諸侯也.]"[47] 둘째, 친밀한 번국들이 소원한 번국들을 견제할 수 있었다. 가의가 번국인 진(陳)나라의 위협을 원망하는 상소문을 올려, 번국으로써 번국을 견제하는 구체적인 방법을 제시했다. 회남왕(淮南王) 유장(劉長)의 반란 사건이 발생한 이후, 가의는 문제에게 건의하여 황제의 아들 유무(劉武)를 양(梁)나라의 왕에 봉하고, 양나라가 회하(淮河) 이북과 황하(黃河) 이남의 넓은 지방을 차지함으로써, 제(齊)나라와 조(趙)나라를 제어하고, 오(吳)나라와 초(楚)나라를 견제하는 작용을 하도록 했다. 반고는, 경제 3년에 오초(吳楚) 7국의 난이 일어났을 때, 바로 이 양나라 왕이 군대를 이끌고 저항했기 때문에 비로소 반란이 빠른 속도로 진압될 수 있었음을 특별히 명확하게 기록하고 있다. 반고는 또한 「서전(敍傳)」에서 「가의전」의 내용을 개괄하면서, 그 요지를 다음과 같이 기록하고 있다. "번병(藩屛 : 나라를 지키는 변방의 감영이나 병영, 즉 여기에서는 번국들을 가리킴-역자)을 건설함으로써, 변방을 강하게 지켰으며, 오나라와 초나라의 합종은 가의의 지략에 의지하여 막았다.[建設藩屛, 以强守圉, 吳楚合從, 賴誼之慮.]" 반고의 이 사건에 대한 평가에서, 반고가 역사 발전을 변증법적으로 다루고 있으며, 소박한 유물론적인 요소를 갖추고 있었다는 것을 알 수 있다.

이상 언급했던 내용들은 역사의 대세에 대한 정확한 인식에 기반을 두고 있는 것으로, 반고는 사마천보다 더 공정하게 조조의 주장이 번국을 제거하는 데에 공헌한 바를 평가했다. 조조는 경제 시기에 서

47) 『한서』 권14 「제후왕표(諸侯王表)」

한의 조정이 번국들에 대해 단호하게 투쟁했던 사실을 대표하는 핵심적인 인물이다. 그는 이로 인해 장차 목숨을 잃는 화(禍)를 당할 것이라는 것을 분명히 알고 있었으면서도 전혀 동요하지 않았다. 사마천은 비록 『사기』「조조열전(晁錯列傳)」에서 그가 번국을 제거하자고 건의한 것이 "만세(萬世)의 이로움[是萬世之利]"이라고 했지만, 전체적으로는 그의 주장이 갖고 있는 적극적인 작용을 긍정하지 않으면서 이렇게 말했다. "조조가 가령(家令) 벼슬을 하고 있을 때, 여러 차례 간언했지만 받아들여지지 않았는데, 나중에 권력을 농단하면서 많은 것들이 바뀌었다. 제후들이 반란을 일으켰을 때, 급히 바로잡아 구원하지 않고, 개인의 사사로운 원수를 갚으려고 했으나, 도리어 자신을 죽게 만들었다. 속담에서 말하기를, '옛날의 법을 바꾸면 상리(常理)를 어지럽히게 되어, 죽지 않더라도 곧 망한다'고 했는데, 아마도 조조 같은 사람들을 일컫는 말이 아니겠는가.[晁錯爲家令時, 數言事不用, 後擅權, 多所變更. 諸侯發難, 不急匡救, 欲報私仇, 反以亡軀. 語曰'變古亂常, 不死則亡', 豈錯等謂邪.]" 반고는 사마천 자신의 서로 모순되는 견해를 바로잡았으며, 그 가운데 정확한 부분을 흡수함과 더불어 더욱 발전시켰다. 『한서』「조조전」에서는 그의 행적을 상세하게 서술했으며, 또한 그가 했던 말과 주장들을 한 편(篇)에 수집함으로써, 봉건 사회가 발전해 가던 시기에 원대한 식견을 가지고 있던 한 정치가가 국가의 이익을 위해 위험을 무릅쓰는 것을 마다하지 않았던 소중한 정신을 표현해 냈다.

3. 무제(武帝) 시기의 태평성세

무제 시기는 서한의 국력이 매우 강성했던 단계였다. 무제는 54년 동안(기원전 140~기원전 87년) 재위하면서, 안으로는 나라를 크게 발전시키고, 밖으로는 이민족들을 정벌하여, 고도의 전제적인 중앙집권을 확립했을 뿐만 아니라, 영토도 유례가 없을 정도로 확대하였다. 이 시기는 또한 서한이 장기간 안정을 유지하고, 앞 시대를 이어받아 새로운 단계로 발전해 나아가는 중요한 단계였다. 반고는 뛰어난 글 솜씨로, 의기양양하고 도도하게 발전하고, 많은 인재가 배출되었으며, 적극적이고 진취적인 정신으로 충만했던 이 시기를 설득력 있고 생생하게 서술했다. 글의 서술은 「무제기(武帝紀)」를 중심으로 하고, 「식화지(食貨志)」·「교사지(郊祀志)」·「사마천전(司馬遷傳)」·「동중서전(董仲舒傳)」 등 20여 편을 보조로 삼았는데, 그 분량이 전체의 5분의 1을 차지한다. 그는 사회사상·정치·민족일통에서의 태평성세를 전면적으로 서술하면서, 무제의 웅대한 책략을 긍정함과 동시에, '실록(實錄 : 사실대로 기록함-역자)'의 필치로 사회에 존재하던 첨예한 모순들을 폭로했다.

(1) 대일통(大一統)

황로무위사상(黃老無爲思想)의 지도를 받고 있던 서한 초기는, 60여 년 동안의 발전을 거쳤기 때문에 이미 옛날과는 비할 바가 아니었다. 『한서』「식화지」는 이에 대해서 다음과 같이 기록하고 있다. "무제가 막 즉위했을 때까지 70년 동안 나라에는 큰일이 없었고, 홍수와 가뭄을 겪지 않았으므로, 백성들은 물자가 넉넉하여 집집마다 풍족했고, 모든 마을의 창고들은 가득 찼으며, 궁궐의 창고에도 재물이 남아돌았다. 수도에는 돈이 너무 많아, 돈꿰미가 썩어도 바꿀 수가 없을 지경이었다. 태창(太倉)[48]에는 묵은 곡식이 가득하여, 넘쳐나는 곡식은 밖에다 쌓아 놓았는데, 썩어서 먹을 수가 없었다. 백성들이 다니는 거리에도 말들이 있었고, 밭고랑 사이에서 무리를 이루었으니, 암말을 타고 다니는 자들은 배척당해 모임에 참석하지도 못했다.[49][至武帝之初七十年間, 國家無事, 非遇水旱, 則民人給家足, 都鄙廩庾盡滿, 而府庫餘財. 京師之錢累百巨萬, 貫朽而不可校. 太倉之粟陳陳相因, 充溢露積於外, 腐敗不可食. 衆庶街巷有馬, 阡陌之間成群, 乘牸牝者擯而不得會聚.]" 이처럼 사회 경제적 역량은 충분히 풍족했다. 그러나 다른 한편으로, 무위이치(無爲而治)[50]는 또한 정치에서의 연약하고 무기력함도 충분히 뚜렷하게 드러냈다. 즉 첫째, 제후국 왕들의 세력이 중앙의 정권을 위협했다. 경제 때 '7국(國)의 난'을 평정하고, 제후국의 제도를 개혁한 이후, 무제 때에 이르러서는 제후국 왕들의 세력이 예전 같지 않았다. 그러나 그들은 여전히 무시할 수 없는 지방 세력이었으며, 전제주의적인 중앙집권에 장애물이었다. 많은 제후국의 왕들은 교만하고 사치스러우며 음흉하고 방탕하게 굴며, 봉건 법제를 파괴했다. 어떤 제후국의 왕은 중앙 정부에서 파견한 관리들을 해치기도 했는데, "교서(膠西)는 소국(小國)이었지만, 2천 석의 녹봉을 받는 관리를 죽이고 해친 경우

---

48) 역자주 : 수도에 있는 곡물 저장 창고를 가리킨다.

49) 역자주 : 원래 사람이 타고 다니는 기마용 말은 힘이 세고 키가 큰 수말을 이용했으며, 가난하여 수말을 구할 수 없는 사람들만이 번식용으로 기르던 암말을 타고 다녔다.

50) 역자주 : 무위이치란, 성인(聖人)의 덕이 매우 커서 아무 일을 하지 않아도 유능한 인재들이 모여들어 나라가 저절로 잘 다스려지는 것을 가리킨다.

가 매우 많았다.[膠西小國, 而所殺傷二千石甚衆.]" 조(趙)나라 왕 팽조(彭祖)는 "즉위한 지 60여 년 동안, 재상과 녹봉이 2천 석 이상인 관리들이 만(滿) 2년을 넘기지 못했는데, 함부로 벌을 내려 쫓아냈으며, 잘못이 큰 자는 죽이고 작은 자에게는 형벌을 내렸다. 때문에 녹봉 2천 석의 관리들이 과감하게 다스릴 수 없었으며, 조나라 왕이 권력을 마음대로 휘둘렀다.[立六十餘年, 相二千石無能滿二歲, 輒以罪去, 大者死, 小者刑. 以故二千石莫敢治, 而趙王擅權.]"[51] 이처럼 제후들의 번국 세력은 여전히 왕권을 통일하는 데 위협이 되었다. 둘째, 지방에서 권세를 믿고 포악하게 구는 많은 호족들이 나타났는데, 그들은 종족이 강대하여, 시골에서 권세를 부리며 백성들을 탄압했다. 동시에 또한 봉지를 가진 귀족들만큼이나 부유한 '소봉(素封)'[52] 가문들도 대량으로 출현했는데, 자신들의 재력에 의지하여 직위가 높은 벼슬아치들과 교류하면서, 신분에 맞는 예제(禮制)를 무시하고 지키지 않았다. 셋째, 흉노족의 침입과 약탈이 서한 왕조의 안전에 중대한 위협이 되었다. 한나라 초기에 흉노와 타협하고 양보한 것만으로 결코 변경을 안정시킬 수는 없었는데, 문제와 경제 때 흉노는 여러 차례 변경을 침입했으며, 어떤 때는 수도 장안(長安)까지 위협했다. 마지막으로는, 한나라 초기에는 경제(經濟) 건설에 몰두하여, 예악(禮樂) 제도까지 살필 겨를이 없었기 때문에, 역법(曆法)·정삭(正朔 : 달력-역자)·복색(服色)[53] 등과 같

51) 『한서』 권53 「경십삼왕전(景十三王傳)」

52) 역자주 : '소봉'이라는 말은 사마천의 『사기』 「화식열전(貨殖列傳)」에 처음 등장하는데, 벼슬에 나아가지는 않았지만 넓은 전원(田園)을 소유하고 있어, 그 수입이 제후들에 비할 만한 자들을 가리킨다.

53) 역자주 : 옛날에는 관등이나 신분에 따라 옷의 색깔이나 옷에 새기는 문양이 달랐는데, 이를 가리킨다.

은 중요한 것들은 대부분 진(秦)나라의 제도를 답습했으므로, 사회적으로 권력과 재력은 귀하게 여겼지만, 봉건 등급 질서는 엉성했다. 이리하여 무위이치의 방법으로는, 무제가 혁혁한 업적을 이루어 가고자 하는 원대한 야망을 실현하기 어려웠다. 때문에 황로사상을 독실하게 믿고 실행했던 두태후(竇太后)가 사망한 후에, 무제는 가장 먼저 사상과 문화 방면에서부터, 제국 통일을 실현시키기 위한 많은 조치들을 시작했다.

1) 백가(百家)를 배척하고, 유교(儒教)만을 숭상하다.

원광(元光) 원년(기원전 134년)에, 무제는 조서를 내려 말하기를, "짐이 듣기에 옛날 요순(堯舜) 시대에는 의관(衣冠)을 구분하였으니[54] 백성들이 죄를 짓지 않았고, 해와 달이 세상을 비추는 것처럼 무사공평(無私公平)하게 나라를 다스리니, 백성들이 순종하고 따르지 않음이 없었다고 한다. 주(周)나라의 성왕(成王)과 강왕(康王) 시대에는 형벌이 있었음에도 백성들이 죄를 짓지 않으니 쓸 일이 없었으며, 그 덕이 조수(鳥獸)에게까지 미쳤고, 교화가 천하에 두루 미쳤다고 한다. 바다 밖의 숙신(肅愼), 북발(北發)과 거수(渠搜), 저족(氐族)과 강족(羌族)이 또한 복속해 왔다고 한다. 게다가 성신(星辰) 중에 혜성(彗星)이 없었고, 일식(日食)과 월식(月食)이 발생하지 않았으며, 산과 언덕은 무너지지 않았고, 시내와 골짜기는 막히지 않았으며, 기린(麒麟)과 봉황(鳳凰)이 교외의 들판과 숲에서 살았고, 하도낙서(河圖洛書)가 출현하

54) 역자주 : 옛날에 중국에서는 특이한 복식(服飾)으로 다섯 가지 형벌을 상징하여, 징계를 받았음을 드러나게 했는데 이를 가리킨다.

기도 했다고 한다. 아아! 어떻게 나라를 다스림이 이러한 경지에 이를 수 있단 말인가! 지금 짐이 수확한 곡물을 종묘에 바치고, 밤잠을 설쳐 가며 이리저리 궁구하고 생각해 보았으나, 마치 깊은 물을 건너가는 방법을 모르는 것처럼 전혀 알 수 없었다. 아름답고도 위대하구나! 어떻게 나라를 다스려야 선대 황제들의 위대한 업적과 큰 덕을 빛낼 수 있을 것이며, 위로는 요순과 나란히 하고, 아래로는 삼왕(三王 : 99쪽 참조-역자)에 필적할 수 있을 것인가! 짐이 슬기롭고 영민하지 못하여 덕을 널리 펼 수 없음은, 이미 선비들과 대부(大夫)들이 보고 들었을 것이다. 현량(賢良)한 이들은 고금(古今) 왕조(王朝)들이 행했던 대사(大事)들의 본체를 훤히 알고 있으니, 이들이 제기하는 책략을 받아들이고 자세히 물어서, 모두 글로 써서 의견을 말하도록 하고, 이것들을 책에 기록하면, 짐이 그것들을 직접 살펴볼 것이다.[朕聞昔在唐虞, 畫象而民不犯, 日月所燭, 莫不率俾. 周之成康, 刑措不用, 德及鳥獸, 教通四海. 海外肅愼, 北發渠搜, 氐羌來服. 星辰不孛, 日月不蝕, 山陵不崩, 川谷不塞, 麟鳳在郊藪, 河洛出圖書. 嗚呼, 何施而臻此與! 今朕獲奉宗廟, 夙興以求, 夜寐以思, 若涉淵水, 未知所濟. 猗與偉與! 何行而可以章先帝之洪業休德, 上參堯舜, 下配三王! 朕之不敏, 不能遠德, 此子大夫之所睹聞也. 賢良明於古今王事之體, 受策察問, 咸以書對, 著之於篇, 朕親覽焉.]"[55]라고 했다. 조서에서는 그가 "위로는 요순과 나란히 하고, 아래로는 삼왕에 필적하고" 싶어 하는 웅대한 소망을 나타냈으며, 동시에 현량한 대부들이 그가 실행할 수 있도록 하는 데 효과적인 이론적 근거를 제공해 줄 것을 간절히 희망했다.

55) 『한서』 권6 「무제기(武帝紀)」.

바로 이와 같은 특수한 역사적 상황에서, 동중서(董仲舒)는 「천인삼책(天人三策)」을 써서 뛰어난 재능을 드러냈다. 거기에서 제시된 대책의 핵심적인 논점은 다음과 같다.

"『춘추(春秋)』의 대일통(大一統)이라는 것은 하늘과 땅의 영원히 변하지 않는 법칙이며, 예나 지금이나 지키고 따라야 할 도리입니다. 지금의 스승들은 가르치는 도(道)가 서로 다르고, 사람들마다 논의하는 것이 다르며, 백가(百家)마다 규율과 도리가 다르고, 뜻도 같지 않으니, 위에서는 일관된 기강과 준칙(準則)을 유지해 나가지 못하고, 법제(法制)가 여러 번 변하여, 아래에서는 지켜야 할 것을 알지 못합니다. 그래서 제가 생각하기로는 모든 육예(六藝)에 속하지 않는 것과 공자의 학문이 아닌 것들은, 모두 그 도(道)를 끊어서 사용하거나 발전하지 못하게 해야 합니다. 사특(邪慝)하고 편벽된 말들이 사라진 뒤에야, 기강이 묶여 하나가 될 수 있어 법도가 밝아질 수 있으니, 백성들이 따라야 할 바를 알게 될 것입니다.[春秋大一統者, 天地之常經, 古今之通誼也. 今師異道, 人異論, 百家殊方, 指意不同, 是以上亡以持一統, 法制數變, 下不知所守, 臣愚以爲諸不在六藝之科, 孔子之術者, 皆絕其道, 勿使竝進. 邪辟之說滅息, 然後統紀可一而法度可明, 民知所從矣.]"[56)]

그가 백가를 배척하고 오로지 유학만을 숭상할 것을 건의하자, 무제가 이를 받아들였다. 왜냐하면 동중서의 유학은 이미 초기 유학의 단순한 반복이 아니었고, 전국 시대 이후에 나타난 음양오행론(陰陽五行論)·도가(道家)·법가(法家) 등을 흡수하여, 임금의 권한은 신(神)이 내렸다는 '대일통'과 '삼강오상(三綱五常)'을 특징으로 하는 새로운 유

56) 『한서』 권56 「동중서전(董仲舒傳)」.

학을 형성했기 때문이다. 그가 고취한 군주의 절대 영도권(領導權)은 무제의 웅대한 뜻과 딱 맞아떨어졌다. 유학만을 숭상하여 사상 문화 방면에서 황로사상을 부정했는데, 이는 무제가 이후에 많은 공적들을 세우는 데 가장 중요한 선결 과제였다. 반고는 예리하게 이와 같은 변화를 파악하여, 「동중서전(董仲舒傳)」 속에 「천인삼책」의 내용을 기록했다. 사마천과 비교하여 말하자면, 반고는 역사의 맥락을 확실히 파악하고 있었다고 할 수 있다.

한나라 무제는 유학의 독존적인 지위를 확립하기 위해 다음과 같은 조치들을 시행했다. 첫째, 전면적으로 유학화(儒學化)된 교육을 추진했다. 건원(建元) 5년(기원전 136년)에 오경박사(五經博士)를 설치하고, 후에 박사가 될 제자원(弟子員)[57]을 두었다. 그리고 중앙에는 태학(太學)을 설립하고, 지방의 관학(官學)들로는 각각 학(學)·교(校)·서(序)를 두어, 유학의 경전을 교과서로 삼았다. 둘째, 유학과 관련이 있는 관리 등용 제도를 실행했다. 무제는 동중서가 제안한, "여러 제후들과 군수(郡守) 및 녹봉 2천 석 이상의 관리들로 하여금 각각 그 하급 관리들과 백성들 중에서 현명한 자들을 선발하게 하고, 그 중에서 해마다 두 명을 선발하여 숙위(宿衛)[58] 벼슬을 주십시오.[使諸列侯·郡守·二千石各擇其吏民之賢者, 歲貢各二人以給宿衛.]"[59]라는 건의를 받아들여, 효성스럽고 청렴한 사람들[孝廉]을 선발하는 찰거(察擧) 제도를 확립해 나갔다. 그런데 몇몇 군국(君國)들에서는 힘써 실행하지 않았으므로, 원삭(元朔) 원년(기원전 128년-역자)에 조서를 내려 녹봉 2천 석 이

57) 역자주 : 제자원은 태학(太學)에 입학한 사람들을 말한다.
58) 역자주 : 궁중에서 숙직하며 황제를 경호하는 관직을 말한다.
59) 『한서』 권56 「동중서전」.

상의 관리와 박사 등이 인재를 등용하는 데 힘쓰지 않는 상황을 호되게 질책했다. 아울러 녹봉 2천 석 이상의 관리들이 "효(孝)를 다하는 사람을 천거하지 않는 것은 어명을 받들지 않은 것이니, 마땅히 불경죄로 다스릴 것이다. 청렴한 사람을 살펴서 찾지 않는 것은 직무를 다하지 못한 것이므로, 마땅히 파면할 것이다.[不擧孝, 不奉詔, 當以不敬論. 不察廉, 不勝任也, 當免.]"[60]라고 했다. 이렇게 함으로써 찰거 제도의 실행을 독촉했다. 그리고 박사 제자원들은 매년 시험을 치렀는데, "일 년 동안 모두 항상 시험을 보아, 한 가지 과목 이상을 통달할 수 있게 했으며, 글과 학문을 보충하고 예전의 부족했던 점들을 바로잡을 수 있게 했다. 그리고 시험에서 높은 점수를 받은 사람은 낭중(郎中)으로 삼았는데, 태상(太常)은 그들의 명단을 황제에게 올렸다. 만약 남들보다 월등히 뛰어난 수재(秀才)가 있으면, 그 때마다 이름이 알려지도록 했다.[一歲皆輒課, 能通一藝以上, 補文學掌故缺, 其高第可以爲郎中, 太常籍奏. 即有秀才異等, 輒以名聞.]"[61] 유가에서는 사람이 해야 할 일들 중에서 효를 근본으로 삼고, 관리를 임용하는 데에서는 정무의 청렴(淸廉)함을 주요한 것으로 삼도록 강조했으므로, '효렴(孝廉)'을 잘 실천하는 사람은 유가 사상에 부합하는 인재였다. 또한 유학이 관직으로 나아가는 입신양명의 수단이 된 뒤, 전국적으로 유학을 배우는 사람들이 떼를 지어 몰려들었다. 셋째, 공무에 충실하고 법을 준수하는 관리들이 백성들을 교화한 것이다. 그와 같이 유학을 공부하여 등용된 관리들이 정치의 한 방면을 담당했을 때, 그 정책은 『논어』에

60) 『한서』 권6 「무제기」.
61) 『한서』 권88 「유림전(儒林傳)」.

서 말한 정치의 원칙인 "부지(富之)", "교지(敎之)", "사무송(使無訟)"[62]을 구현했으며, 관리이자 또한 스승으로서 백성들을 교화하는 중대한 사명도 함께 갖게 되었다. 여기에서 교화란 바로 유교의 삼강오상과 충(忠)·효(孝)·제(悌) 등의 사상을 보급한 것이다. 이처럼 관리들이 모범을 보이고 교화 작용을 함에 따라, 유학은 민간으로 더욱 깊숙이 스며들었다.

무제는 이상의 조치들을 시행함으로써, 유학이 중국의 정치·경제 및 의식 형태에서 독보적인 지위를 확립하게 했으며, 사상을 통일하려는 의도를 사상이 통일[一統]하는 현실로 바꾸어, 그가 이후 일련의 시책들을 실시하기 위한 튼튼한 이론적 기초를 제공했다.

2) 중앙집권을 강화하다.

첫째, 승상(丞相)의 권력을 약화시켰다. 서한 초기의 관제(官制)는 기본적으로 진(秦)나라의 낡은 제도를 답습했다. 한나라 고조 유방은 공신들을 승상으로 삼아, 승상의 지위와 명망이 매우 높았으므로, 황제에게 감히 아무런 거리낌 없이 말했을 뿐만 아니라, 심지어 감히 해서는 안 될 말까지도 했다. 무제가 즉위한 후에 승상인 전분(田蚡)은 교만하고 방자하여, "그가 사람을 추천하거나 한 가문을 일으켜 세우면 녹봉 2천 석의 지위까지 올려 놓을 수 있었으니, 권력이 황제

62) 역자주 : '부지(富之)'와 '교지(敎之)'는 『논어』「자로(子路)」에 나오는 말이다. 공자가 위(衛)나라에 갔을 때 염구(冉求)가 수레를 몰았는데, 공자는 염구에게 위나라 백성들의 숫자가 많다고 하면서, 백성이 많은 다음에는 "그들을 부유하게 만들어야 하고[富之], 부유해진 다음에는 가르쳐야 한다[敎之]."라고 말했다. '사무송(使無訟)'은 『논어』「안연(顔淵)」에 나오는 말로, 선정(善政)으로 세상이 태평하여 백성들 사이에 시비나 송사(訟事)가 없도록 함을 말한다.

를 능가했다.[薦人或起家至二千石, 權移主上.]" 무제가 한 번은 화를 내면서 그에게 말하기를, "그대의 관리 채용은 아직 끝나지 않았는가? 나도 관리를 임명하려 하네.[君除吏盡未? 吾亦欲除吏.]"[63] 라고 했다. 무제가 승상의 권력을 약화시킨 것은 황제의 권력을 강화하는 중요한 첫걸음이었다. 원삭(元朔) 5년(기원전 124년)에 무제는 공손홍(公孫弘)을 승상에 임명했는데, 공손홍은 "벼슬이 없던 상태[布衣]"에서 기용되었기 때문에 조정에 인맥이 없었으며, 다만 황제의 명령에 따를 뿐, 감히 황제의 뜻을 거스르지 못했다. 무제는 뒤이어 엄조(嚴助)·주매신(朱買臣)·주보언(主父偃) 등을 발탁하여 그들의 본 직책 이외에 별도로 시중(侍中)·상시(常侍) 등의 직책을 추가로 수여했다. 그들의 지위는 매우 낮아서, 대개 녹봉이 5~6백 석 정도였지만, 그들은 황제가 거처하는 궁궐을 출입할 수 있었으며, 좌우에서 시중을 들고, 자문에 응하면서, 국정에 참여했다. 황제의 서찰(書札)을 담당하던 상서(尙書)는 장주(章奏 : 상소문-역자)를 출납(出納)하면서 권력을 행사했다. 이들은 점차 조정 내부에서 정책결정기구를 형성했으며, '중조(中朝)'라고 불렸는데, 승상을 우두머리로 하는 정무기관인 '외조(外朝)'와 서로 맞서, 실제로는 승상을 견제하여 권력을 약화시키는 역할을 했다.

둘째, 자사(刺史)를 설치했다. 지방 관리들에 대한 감독을 강화하기 위해, 무제는 전국을 13개의 감찰 구역으로 나누고, 이들을 13주부(州部)라고 불렀으며, 각 주부마다 자사 한 명씩을 두었다. 자사는 매년 8월에 자신이 관할하는 군국(郡國)들을 순시(巡視)하면서, "정치의 상황을 살펴, 무능한 사람을 면직하고 유능한 사람을 승진시켰고, 억

63)『한서』 권52「전분전(田蚡傳)」.

울한 옥살이하는 이들을 구제했는데, 여섯 가지 항목에 따라 책임을 물었다.[省察治狀, 黜陟能否, 斷治冤獄, 以六條問事[64].]" 여섯 가지 항목들 중 하나는 세력이 강한 집안이나 지방의 권세가들을 감찰하는 것이었으며, 나머지 다섯 가지는 군국의 수상(守相)[65]들을 감찰하는 것이었다. 무제는 또한 사예교위(司隸校尉)를 설치하여 삼보[三輔 : 경조(京兆 : 수도와 그 주변 지역-역자)·풍익(馮翊)·부풍(扶風) 지역]와 삼하[三河 : 하동(河東)·하서(河書)·하남(河南) 지역]와 홍농군(弘農郡)을 책임지도록 했는데, 그 권한은 그 지역의 자사와 비슷했다.

---

64) '육조문사(六條問事)'란 감찰관이 관리들을 감독할 때 의거하는 준칙을 말한다. 한나라 무제 때 처음 시행되었으며, 그 내용은 다음과 같다.

1조. 세력이 강한 집안이나 시골의 권세 있는 집안의 경작지와 집의 크기가 규정을 뛰어넘으며, 자신의 강대함에 의지하여 약한 이들을 괴롭히며, 다수로써 소수를 괴롭히는 것.

2조. 녹봉 2천 석 이상의 관리가 조서(詔書)를 받들지 않고, 전장(典章) 제도를 존중하여 받들지 않으면서, 공적인 의무를 저버리고 사사로이 이익을 추구하며, 조서에 의지하여 개인의 이익을 지키고, 백성들의 이익을 침해하며, 세금을 거두는 데에서 규정을 지키지 않는 것.

3조. 녹봉 2천 석 이상의 관리가 증거가 불충분하여 판결을 내리기 어려운 송사에 대해 풍문을 듣고 판결하여 사람을 죽게 하거나, 화가 나면 마음대로 형벌을 내리고, 기분이 좋으면 규정을 따르지 않고 상을 주거나, 괴롭히고 트집을 잡으면서 백성들의 재산을 빼앗아 백성들에게 고통을 안겨 주거나, 산이 무너지고 돌이 갈라지며 흉조가 있을 것이라는 유언비어를 퍼트리는 것.

4조. 녹봉 2천 석 이상의 관리가 하급 관리를 채용할 때 불공정하고, 구차하게 아부하는 이를 아끼면서, 현인들을 멀리하고 어리석은 이들을 총애하는 것.

5조. 녹봉 2천 석 이상 관리의 자제가 권세에 의지하여 사람 구금하도록 청탁하는 것.

6조. 녹봉 2천 석 이상 관리가 공적인 의무를 저버리고 악한 이들을 비호하며, 세력이 강한 이들에게 아부하는 것. 또 뇌물을 주고받아 정식 법령을 약화시키는 것.

65) 역자주 : 군국의 우두머리인 군수(郡守)나 제후왕(諸侯王)의 승상을 가리키는데, 안사고는 주(注)에서, "수(守)는 군수이고, 상(相)은 제후상(諸侯相)이다.[守, 郡守也, 相, 諸侯相也.]"라고 했다.

자사와 사예교위의 설치는 중앙 정부의 지방에 대한 통제를 강화하여, 중앙을 강화하고 지방을 약화시키는 뚜렷한 작용을 했다.

셋째, 중앙의 군사력을 강화했다. 서한 초기의 군사 제도 하에서는, 중앙과 지방과 변경의 모든 부서(部署)들이 병력을 소유할 있었다. 그러나 도성(都城)의 안팎에는 강한 군대가 없었다. 황제의 군권(軍權)에 대한 절대적인 통제를 강화하기 위해, 원정(元鼎) 원년(기원전 116년)에 무제는 둔기(屯騎)·보병(步兵)·월기(越騎)·장수(長水)·사성(射聲)·호분(虎賁)·호기(胡騎) 등 7교위(校尉)를 새로 창설하여, 수도에 상주하도록 했다. 7교위는 모두 원래 있던 중루교위(中壘校尉)의 지휘 하에 있었기 때문에, 이들을 모두 합쳐 8교위라고 부르기도 했다. 건원(建元) 3년(기원전 138년)에 무제는 기문군(期門軍)을 창설했고, 태초(太初) 원년(기원전 104년)에는 우림군(羽林軍)를 설립했는데, 이들은 삼보 지역과 농서(隴西)·천수(天水) 등 6군(郡)에 거주하는 "양가(良家)의 자제[良家子]"들을 뽑아 인원을 충당했으며, 낭중령(郎中令)이 관장하여 숙위에 대비했다. 무제는 후에 또한 전쟁에 참가했다가 전사한 자들의 자손들을 우림군의 군중에서 양육하면서 군사훈련을 시켰는데, 이들을 우림고아(羽林孤兒)라고 불렀으며, 이렇게 함으로써 숙위의 역량을 강화했다.

8교위와 우림군의 창설로 인해, 황제는 숫자도 많고 전투력도 강한 군대를 장악함으로써 황권(皇權)을 더욱 강화했다.

넷째, 분열 세력을 약화시켰다. 무제 시기에 제후들은 비록 예전처럼 강대하고 통제가 힘들지는 않았으나, 일부 왕국(王國)들은 여전히 "연이어 있는 성들이 수십 개이며, 땅의 넓이가 천 리(里)에 달해[連城

數十, 地方千里]"[66], 중앙 정권을 위협했다. 원삭(元朔) 2년(기원전 127년)에, 무제는 주보언(主父偃)의 건의를 받아들여 추은령(推恩令 : 227쪽 참조-역자)을 내림으로써, 제후국의 왕들이 '사사로운 은혜[私恩]'를 베푸는 것을 허락하여, 제후왕의 땅을 자신의 많은 자제들에게 나누어 주고 제후로 삼을 수 있도록 했다. 서한의 제도에 따르면 이러한 후국(侯國)들은 군(郡)에 예속되었으며, 그 지위는 현(縣)과 비슷했다. 이렇게 제후들이 다스리던 왕국들은 후국들로 쪼개졌으므로, 곧 제후들의 왕국은 축소되고 조정의 직할지는 확대되었다. 추은령이 내려진 뒤, 왕국들은 자제들에게 식읍을 나누어 주어야만 했기 때문에, 제후왕들의 "지자(支子 : 맏아들 이외의 아들-역자)와 서자(庶子)도 모두 '후(侯)'가 되었으므로[支庶畢侯]"[67], 서한 왕조는 "제후들을 쫓아내거나 승진시키지 않으면서 왕국들이 스스로 나누어지게 만들었다[不行黜陟而王國自析]." 무제는 또한 「좌관율(左官律)」과 「부익법(附益法)」을 반포했는데, 전자는 제후국의 관리들을 '좌관(左官)'이라고 규정하고, 지위는 일반 관원들보다 낮게 함으로써, 이들을 차별했다. 그리고 후자는 선비들과 제후왕들의 교류를 제한했다. 이러한 조치들을 취한 뒤부터, "제후들은 오직 생활을 위한 조세(租稅)만 거둘 수 있을 뿐, 정치에는 참여할 수는 없었으며[諸侯惟得衣食租稅, 不與政事]"[68], 그들 가운데 주류 혈통과 먼 자들은 보통의 부유한 사람들과 별로 다를 것이 없었다.

제후왕의 문제가 해결된 후에도, 전국에는 아직 백여 명의 제후들

---

66) 『한서』 권64 「주보언전(主父偃傳)」.
67) 『한서』 권15 「왕자후표(王子侯表)·서(序)」.
68) 『한서』 권14 「제후왕표(諸侯王表)·서」.

이 있었다. 서한의 제도에 따르면, 매년 8월에 음주대전(飮酎大典)을 거행했으며, 이 때 제후왕과 제후들은 제사에 쓸 '술과 금[酎金]'을 바쳐 제사를 도왔다. 원정(元鼎) 5년(기원전 112년)에, 무제는 제후들이 바친 술과 금의 품질이 부족하다는 명목으로, 106명에 달하는 제후들의 작위를 삭탈(削奪)했다. 그 밖의 여러 가지 이유들로 인해 작위를 삭탈당한 제후들이 적지 않았다.

3) 경제(經濟)의 통제를 강화하다.

무제는 계속하여 여러 차례 변경의 각 이민족들과 전쟁을 치르면서, 많은 재화를 소모했다. 문제(文帝)와 경제(景帝) 시기에 국고에 축적해 놓았던 재화도 모두 써 버렸다. 원수(元狩) 연간(기원전 122~기원전 117년-역자)에, 무제는 상인들은 관리가 될 수 없다는 금령(禁令)을 깨고, 대규모 염상(鹽商)인 동곽함양(東郭咸陽)과 대규모 야철가(冶鐵家)인 공근(孔僅)을 대농승(大農丞)에 임명하여 소금과 철에 관련된 일을 관할하도록 했으며, 낙양 지역 상인의 아들인 상홍양(桑弘羊)을 치속도위(治粟都尉)에 임명하여 대사농(大司農)의 일을 관할하도록 했다. 그들은 전제 정권에 의지하여, 화폐 통일의 조치를 추진하고, 소금과 철의 관리(管理)와 균수(均輸)[69] 제도 및 평준(平準)[70] 제도를 확립했다.

69) 역자주 : 서한 때 실시한 일종의 재정(財政) 정책으로, 원래의 의미는 "힘들고 편안함을 고르게 하고, 공물 수송을 편하게 한다.[齊勞逸而便貢輸.]"라는 것이다. 당시 각 군국(君國)들은 모두 그 지역에서 생산되는 특산품들을 진상품으로 황실에 바쳐야 했다. 그런데 그 과정에서 폐단이 많았다. 우선 농민들이 운수(運輸)를 담당했으므로 백성들의 고충이 심했고, 장기간 운송 과정에서 품질이 변질되어 가치가 크게 떨어지는 경우가 많았다. 그래서 그 지방에서는 좋은 특산품이었을지라도, 궁중에 도착했을 때 다른 지방에서 생산된 같은 종류의 특산품에 비해 하품에 속

화폐의 통일 : 한나라 초기부터 민간에서 화폐를 주조하는 것을 허용했다. 여러 제후왕들이나 거상(巨商)들은 폭리를 취하기 위해, 사적으로 품질이 떨어지는 화폐를 주조했는데, 이는 사회적 생산과 교환에 좋지 않은 영향을 미쳤을 뿐만 아니라, 지방의 분열 세력을 조장했다. 원정(元鼎) 4년(기원전 113년)에, 무제는 군국(郡國)들의 화폐 주조 권한을 취소하고, 수형도위(水衡都尉)에 소속된 종관(鍾官)·변동(辨銅)·균수(均輸)의 삼관(三官)[71]에게 특명을 내려 새로운 화폐인 오수전(五銖錢)을 책임지고 주조하도록 하고, 사적인 주조를 엄격히 금지하도록 명령했다. 새로운 화폐의 품질이 높았으므로, 몰래 화폐를 주조해서는 이득을 얻을 수 없었으므로, 화폐 제도는 비교적 오랜 기간 동안 안정되었다. 화폐의 통일로 인해 국가의 경제적 역량이 강화되자, 전제주의 중앙집권적 정치 제도도 경제적인 담보를 획득했다.

소금과 철의 관리 : 소금 생산지에 염관(鹽官)을 두고, 소금을 굽는 '뇌분(牢盆)'을 설치한 다음, 사람들을 모집하여 소금을 생산하고,[72]

하는 경우가 있었다. 때문에 다음과 같이 그 방식을 바꾸었다. 즉 각 군(郡)에 균수관(均輸官)을 두어 품질이 특별히 뛰어난 것만을 황실까지 운송하였으며, 일반 진상품은 더 이상 운송하지 않았다. 그리고 그 지역의 균수관이 인근의 가격이 높은 지역에 싣고 가 판매하기도 했으며, 진상품을 그 지역의 가격에 따라 현금으로 바꾸거나, 혹은 생산량이 많아 가격이 싼 상품을 가격이 높은 지역에 싣고 가 팔기도 했다. 이렇게 함으로써 진상품을 운송해 갈 때 발생하는 손실을 줄일 수 있었을 뿐만 아니라, 백성들의 부담을 줄이면서 재정 수입도 증가시킬 수 있었다.

70) 역자주 : 중국의 봉건 시대에 정부에서 취했던 정책으로, 가격이 비쌀 때 방출하고, 가격이 쌀 때 매수하여, 시장의 가격을 안정시켰던 일종의 물가 조절 방식을 말한다.

71) 일설에 따르면, 삼관이 종관·변동·기교(伎巧)라고도 한다.

72) 역자주 : 당시 중국에서는 염전(鹽田)을 만들 수 있는 지형과 기후를 갖추고 있는 곳이 드물었기 때문에, 염전을 통한 소금 생산은 그다지 많지 않았다. 때문에 당시

그것을 관청에서 수매하여 판매했다. 철을 생산하는 지역에는 철관(鐵官)을 두어 채굴·야금(冶金)·주조(鑄造) 등을 관리하고, 철기(鐵器)를 판매했다.

균수법 : 대농령(大農令)을 각지에 균수관(均輸官)으로 파견하여, 전국 각지로부터 수도[京師]로 물품을 수송하는 것을 담당하게 한 것은 물론이고, 생산지에서 다른 지역으로 운반하여 판매한 뒤, 다시 판매한 지역에서 다른 물품을 구매하여 다른 지역에다 팔았다. 이렇게 여러 지역들을 전전하며 교환한 다음, 마지막엔 관중(關中) 지역에서 필요로 하는 화물들을 장안(長安)으로 운송함으로써, 군국들이 공물을 수송하면서 낭비가 매우 심했던 현상을 제거했으며, 또한 관부(官府)는 중간에서 이윤을 취할 수 있도록 했다.

평준법 : 대농령을 수도에 평준관(平準官)으로 두고, 수도로 운송해 오는 화물들을 접수하여, 장안의 시장 가격이 등락하는 상황에 따라, 값이 오르면 이를 판매하고 값이 내리면 사들여, 수요와 공급을 조절함으로써 시장을 통제했다.

산민(算緡)과 고민(告緡) : 원수(元狩) 4년(기원전 119년)에, 상인과 수공업자는 모두 반드시 정부에 재산 내역을 신고하도록 규정했으며, 규정에 따라 정부에 재산세를 납부하도록 했다[이를 '산민'이라고 한다-역자]. 그리고 원정(元鼎) 3년(기원전 114년)에는 '고민'을 명령하여, 재산 신고를 제대로 하지 않은 이들을 고발하도록 독려했으며, 아울러 규정을 위반한 상인에게 몰수한 재산의 절반을 고발인에게 지급하도록

에는 암염(巖鹽)을 물에 녹인 뒤 끓여 수분을 증발시킨 다음 소금을 얻거나, 바닷물을 끓여서 소금을 얻는 방법을 주로 사용하였다.

규정했다. 이 때문에 고발자가 전국에 두루 퍼져, 국고는 충실해질 수 있었으나, 또한 상인들은 심각한 타격을 받았다.

4) 나라 밖 일과 이민족[四夷]

강대한 국력을 바탕으로, 무제는 주변 소수민족들에 대해 군대를 사용했는데, 그 중 일부는 안전을 유지 보호하고 생산을 보장하기 위한 것이었으며, 다른 일부는 변방을 개척하고 영토 확장의 요구를 만족시키려는 것이었다. 그 중에서 주요한 것은 흉노(匈奴)와의 전쟁으로, 서역 여러 나라들과 우호 관계를 맺으려는 것이었다.

한나라 초기 이래로, 흉노가 통치하는 지역은 동쪽으로는 조선(朝鮮)의 변경에서부터, 몽골 고원을 가로질러, 서쪽으로는 저족(氐族)·강족(姜族)과 서로 접했고, 남쪽으로는 오르도스(Ordos : 河套)[73]와 진북(晉北)·섬북(陜北) 일대에까지 확대되었는데, 그 국력이 강대하여 항상 서한의 변경 지역을 침탈했다. 무제는 원광(元光) 2년(기원전 133년) 이후부터 여러 차례 흉노를 공격했는데, 그 중 영향력이 비교적 큰 것은 세 차례 있었다. 첫 번째는 원삭(元朔) 2년(기원전 127년)에, 장군 위청(衛靑)·이식(李息)이 운중(雲中)[74]에서 출격하여, 북쪽으로 고궐(高闕)에 도착한 다음, 우회하여 농서(隴西)에 이르렀으며, 오르도스 일대를 탈환함으로써, 장안(長安)에 대한 흉노의 직접적인 위협에서 벗

73) 역자주 : 오르도스는 황하(黃河)가 북쪽으로 크게 굽어 흘렀다가 다시 남쪽으로 굽어 흐르는 지역으로, 지금의 영하회족자치구(寧夏回族自治區)와 그 주변 지역에 해당한다.

74) 역자주 : 원래는 전국(戰國) 시기의 조(趙)나라 땅이었으며, 진(秦)나라 때 군(郡)을 설치했다. 지금의 내몽골 투오케투오(托克托)현 동북쪽에 위치한다.

어날 수 있었다. 한나라는 이 곳에 삭방군[朔方郡 : 지금의 내몽골(內蒙古) 바오터우(包頭) 서북 지역]을 설치하고, 10만 명의 백성들을 이주시켰다. 두 번째는 원수(元狩) 2년(기원전 121년) 봄에, 무제는 표기장군(驃騎將軍) 곽거병(霍去病)에게 흉노를 공격하라고 명령하자, 곽거병은 군사를 이끌고 흉노의 국경 안쪽으로 천 리(里)까지 진격하여, 흉노 휴도왕(休屠王)의 제천금인(祭天金人)[75]을 빼앗아 왔다. 그 해 여름에 곽거병은 북쪽으로부터 출격하여 흉노의 우부(右部)에 큰 타격을 가했는데, 흉노는 수만 명의 인명을 잃었으며, 이를 계기로 흉노는 내부 분열이 일어나, 흉노의 혼야왕(渾邪王)이 휴도왕을 죽인 뒤 4만여 명을 이끌고 한나라에 복속해 왔다. 세 번째는 원수 4년(기원전 119년)에, 위청과 곽거병이 기병 10만 명을 이끌고 흉노를 공격했다. 이 전쟁을 치른 후, 흉노는 주력(主力)을 서북쪽으로 멀리 이동했으며, 한나라의 군대는 삭방군 서쪽으로 장액(張掖)·거연(居延) 사이의 거대한 땅을 차지하여, 하서주랑(河西走廊)[76]의 안전을 보장하게 되었다. 여러 차례의 큰 전쟁을 겪은 다음, 흉노의 국력은 크게 약화되어, 서역 여러 나라들에 대해서도 영향력을 상실했을 뿐만 아니라, 동쪽으로 발전해 나갈 힘도 없어졌다. 그리하여 서한이 건국된 후 백여 년 만에 중원(中原) 북부의 농업 지역은 흉노의 위협에서 기본적으로 벗어나게 되었다.

무제는 서역의 여러 나라들과 연합하여 흉노를 공격하기 위해, 건원(建元) 3년(기원전 138년)에 장건(張騫)을 서역에 사절로 파견했다. 장

---

75) 역자주 : 구리로 주조한 사람 형상이다. 훗날 이로 인해 중국에 불상이 전해지기 시작했다고 와전되었다.

76) 역자주 : 하서주랑은 대체로 지금의 난주(蘭州)에서 돈황(敦煌)에 이르는 길로서, 길이는 약 900km, 폭은 2~3km에서 100km에 이르는 좁고 긴 평지를 가리킨다.

건은 서역에 사절로 파견되어 장장 10여 년 동안 갖은 고난과 위험을 다 겪었는데, 비록 기대했던 목표를 실현하지는 못했지만, 서역 각 나라들의 상황을 잘 이해하게 되어, 오랫동안 흉노로 인해 단절되었던 동서간의 관계가 다시 새롭게 통하도록 했다. 이 때문에 반고는 장건을 위한 전문적인 전기를 수록했다. 원수 4년에 장건은 다시 서역에 사절로 나갔는데, 이후부터 서한과 서역의 교류는 빈번해졌다. 서역으로 통하는 길이 항상 원활하게 잘 통하도록 보장하기 위해, 원봉(元封) 3년(기원전 108년)에 한나라의 장군 왕회(王恢)는 경기병(輕騎兵)을 이끌고 누란(樓蘭)을 공격하여 격파했으며, 조파노(趙破奴)는 군대를 이끌고 고사(姑師)를 공격했다. 서한은 황가(皇家)의 종실(宗室)인 세군(細君)을 공주(公主)로 삼은 후 오손(烏孫)의 왕과 결혼시켜 화친함으로써, 오손과의 관계를 공고히 했다. 무제는 대완(大宛)[77]의 한혈마(汗血馬)를 얻기 위해 이광리(李廣利)를 보내 두 차례나 대완을 공격했다. 이후 서한 조정은 윤대[輪臺 : 지금의 신강(新疆) 위구르자치구 쿠쳐(庫車) 동쪽]·거리[渠犁 : 지금의 신강 위구르자치구 쿠얼르(庫爾勒) 서남쪽] 등지에 군대를 주둔시키고 둔전(屯田 : 33쪽 참조-역자)을 실시했으며, 사자교위영호(使者校尉領護)를 두어 이들을 관리했는데, 이는 서한이 서역에 행정기구를 설치한 최초의 사례이다.

(2) 웅대한 재능과 원대한 지략을 지닌 한나라 무제

반고는 서한 중기의 전에 없던 태평성세가 한나라 무제의 웅대한

---

77) 역자주 : 고대에 중앙아시아 지역에 있던 국가로, 지금의 우즈베키스탄에 해당한다. 대완마라는 명마(名馬)로 유명했다.

재능 및 원대한 지략과 밀접한 관계가 있다고 생각했다. 무제는 형식에 구애받지 않고 인재를 등용했으며, 만년(晩年)에는 제때에 시행착오를 바로잡을 수 있게 되어, 혁혁한 공을 세웠을 뿐만 아니라, 진(秦)나라가 망한 전철을 다시 밟지 않을 수 있었다.

1) 폭넓게 천하의 인재를 불러 모으다.

한나라 초기에 백성들의 부역(賦役)이 줄고 생활이 안정됨에 따라, 무제는 많은 재부(財富)를 축적하게 되었는데, 그는 그의 부친·조부와는 달리 원대한 이상과 포부를 품고 있었다. 그리하여 그는 "이른 아침에 일어나 모색하고, 밤에 잘 때도 심사숙고하면서[夙興以求, 夜寐以思]", 자신의 업적과 덕행이 "위로는 요순(堯舜)에 버금가고, 아래로는 삼왕(三王 : 99쪽 참조-역자)과 견줄 만하게[上參堯舜, 下配三王]" 하려고 했다. 이러한 원대한 포부를 실현하기 위해, 무제는 천하의 선비들을 널리 불러 모아, 자신이 업적을 세우는 것을 돕도록 명령을 내렸다. 반고는 「공손홍복식아관전(公孫弘卜式兒寬傳)」의 논찬(論贊)에서 다음과 같이 잘 설명하고 있다. 즉 공손홍(公孫弘)·복식(卜式)·아관(兒寬) 등 세 사람은 승상(丞相)·어사대부(御史大夫)라는 높은 지위에 올랐지만, 원래는 돼지나 소를 기르거나 취사를 담당하던 신분에 불과했다. 이처럼 비천한 출신들이 "그 때를 만나지 못했다면[非遇其時]" 높은 지위에 오를 수 있었겠는가? 확실히 이것은 바로 시대가 인재를 만든 경우이다.

무제가 즉위한 지 얼마 지나지 않아, 일찍이 여러 차례 대규모로 재능 있는 선비들을 모집하여 등용했는데, 앞에서 서술했던 찰거효렴(察擧孝廉) 제도를 확립한 것 이외에도, 또한 격식에 얽매이지 않고 현명하고 재능 있는 선비들을 선발하여 임용했다. "황제는 문(文)과 무(武)에 통달한 이들을 채용하려고 했었는데, 인재를 구하는 것이 마치 만족할 만한 수준에 도달하지 않은 것 같이 하였다.[上方欲用文武, 求之如不及.]" 그리하여 "뭇 선비들이 이를 동경했으며, 뛰어난 재능을 갖춘 이들이 더불어 세상에 나오게 되었다. 한나라가 인재를 얻음은 이 시기에 가장 왕성했다.[群士慕向, 異人竝出. 漢之得人, 於玆爲盛.]" 시대가 많은 인재들을 필요로 하자, 인재들도 또한 대규모로 출현했다. 당시 각 방면에서 비범한 재능을 갖춘 인물들은 각자 자신의 재능과 지혜를 발휘했다. 예를 들어 유학의 대사(大師)인 동중서·공손홍·아관, 인재를 추천한 한안국(韓安國)·정당시(鄭當時), 법령을 제정한 조우(趙禹)·장탕(張湯), 문학가인 사마천·사마상여(司馬相如), 천문(天文)과 역산(曆算) 분야의 당도(唐都)·낙하굉(洛下閎), 음악가인 이연년(李延年), 재정 전문가인 상홍양(桑弘羊), 외교가인 장건(張騫)·소무(蘇武), 그리고 대장군인 위청(衛青)·곽거병(霍去病) 등이 그들로, 매우 유명한 이들만 해도 수십 명에 달했다. "위에서 좋아하는 것이 있으면, 아래에서는 반드시 그것을 본받는데[上之所好, 下必效之]", 이와 같은 시대적 분위기에서 많은 대신(大臣)들은 인재를 추천하는 데 열심이었다. 한안국은 무제 때 어사대부(御史大夫)가 되었는데, 그의 사람됨은 일의 대체(大體)를 파악하는 데 능숙했으며, 세상사에 통달했고, 인재 추천을 잘했다. "추천했던 모든 청렴한 선비들은 자신보다 현명한 자들이었다. 양(梁)나라에서 호수(壺遂)·장고(臧固)를 추천했는데, 그 때에 이르러 모두 천하의 명사(名士)가 되었다.[所推擧皆廉士賢於己

者. 於梁擧壺遂·臧固, 至它, 皆天下名士.]"[78] 정당시는 무제 때의 대신이었는데, 그는 특별히 문지기에게 훈계하기를, "손님이 오면, 신분의 귀천에 상관없이 문 밖에서 머물게 하지 말라.[客至, 亡貴賤亡留門下者.]"[79]라고 한다. 그는 자신의 집안에 재물을 모으지 않았으며, 모든 봉록(俸祿)을 손님을 접대하는 데 썼다. 그리고 매번 조정에서 무제를 알현하고, 사적으로 이야기할 기회가 있을 때마다 반드시 무제에게 인재를 추천하려고 했다.

반고가 생각하기에는, 이와 같은 인물들에게 의지했기 때문에, 무제의 시대에 국력이 매우 강성할 수 있었으며, "때문에 큰 업적을 세울 수 있었고, 제도에서도 문덕(文德)을 남길 수 있었으니, 후세(後世)는 이에 미치지 못했다.[是以興造功業, 制度遺文, 後世莫及.]"[80] 바로 이처럼 뛰어난 인재들의 보좌에 의지해, 무제는 비로소 원대한 야망을 실현할 수 있었다. 반고는 무제에 대한 찬어(贊語)에서, "무제는 처음 즉위하여 다른 황제들과 달리 백가(百家)를 축출하고, 〈육경(六經)〉을 드러내 밝혔으며, 나아가 국내의 인재들에게 자문을 구하고, 재능과 학식이 뛰어난 인재들을 추천받아, 그들과 더불어 공을 세웠다. 태학(太學)을 세우고 교사(郊祀)[81]를 잘 지냈으며, 책력[正朔]을 개정하고, 역수(曆數)를 정했으며, 음률(音律)을 조화시키고, 시(詩)와 음악을 지었으며, 봉선(封禪)을 세우고, 많은 신(神)들에게 예(禮)를 다했으며, 주나

78) 『한서』 권52 「한안국전(韓安國傳)」.

79) 『한서』 권50 「정당시전(鄭當時傳)」.

80) 『한서』 권58 「공손홍복식아관전(公孫弘卜式兒寬傳)」.

81) 역자주 : 교제(郊祭)라고도 하며, 옛날에 하늘과 땅에 제사지내는 것을 가리킨다. 동지(冬至)에는 남쪽 성 밖[南郊]에서 하늘에 제사를 지냈으며, 하지(夏至)에는 북쪽 성 밖[北郊]에서 땅에 제사를 지냈기 때문에 붙여진 이름이다.

라 천자를 계승하고, 예악(禮樂)과 제도를 선포했으니, 분명하게 기록할 만하다.[孝武初立, 卓然罷黜百家, 表章〈六經〉, 遂疇咨海內, 擧其俊茂, 與之立功. 興太學, 修郊祀, 改正朔, 定曆數, 協音律, 作詩樂, 建封禪, 禮百神, 紹周后, 號令文章, 煥然可述.]"[82]라고 했다. 하나하나의 모든 성공 사례들마다, 뛰어난 재능을 발휘한 비범하고 탁월한 선비들과 관계되지 않은 경우가 없었다.

2) 폐정(弊政)과 만년의 회개(悔改)

무제는 그 "웅대한 재능과 원대한 지략[雄才大略]"으로 서한의 강성함을 최고 수준으로 이끌었지만, 그 가운데에는 또한 일정한 사회적 문제도 내포하고 있었는데, 이는 특히 무제 후기에 이르러 사회적 동요와 불안을 조성했다. 반고는, 무제 후기에 사회적 불안 요소가 증가한 것은 주로 무제 시기의 폐정에서 비롯되었다고 생각했다. 반고는 당시에 있었던 폐정에 대해서 분석하고 개괄했는데, 주요한 것들로는 다음과 같은 세 가지였다. 첫째는 형벌이 너무 남용되고, 처벌이 지나치게 가혹했던 것이며, 둘째는 여러 해 동안 계속된 원정으로 국고를 소모하게 되자, 백성들에 대한 수탈이 가중된 것이며, 셋째는 귀신을 맹목적으로 신봉하고 사치를 일삼으며 안락함을 즐기니, 돈을 물 쓰듯 함이 도를 넘어섰던 것이다. 이러한 폐정이 사회적 동요를 불러일으켰다.

무제는 상과 벌이 분명하다는 장점이 있었으나, 그는 또한 법을 집행함이 가혹하여, 언제나 혹리(酷吏)를 중용했기 때문에, 백성들에게

---

82) 『한서』 권6 「무제기(武帝紀)」.

재난을 안겨 주었다. 반고는 지적하기를, 당시 형률(刑律)이 지나치게 많고 감옥에 간힌 사람들도 매우 많았다고 하였다. 무제 때에 혹리를 임용했는데, 장탕·조우 같은 이들이 법을 제정했으며, 그 결과 법률 조항들이 갈수록 번잡하고 많아졌다. 율령(律令)이 359장(章)으로 증가했는데, 이 중에 사형(死刑)을 규정한 법률 조문(條文)만도 409개 조(條)였으며, 1882개 항(項)으로 나뉜다. 이 중에서 사형에 해당하는 죄목을 규정한 것이 무려 1만 3472항목이나 되었다. 율령 조항을 열거한 것과 관련된 문서들이 방에 가득 쌓여 있었으므로, 이를 전문적으로 정리하는 일을 담당한 사람들조차도 모두 살펴볼 방도가 없었다. 그리하여 군국(郡國)들에서는 법령을 일관되게 인용하도록 통일시킬 방법이 없어져, 왕왕 죄질은 서로 같으면서도 판결은 다른 경우들이 있었다. 간사한 관리들은 이것을 이용하여 뇌물을 받아먹고 법을 어겼는데, 죽을죄를 지은 사람의 목숨을 살리려고 하면 죽을죄를 면할 수 있는 조문을 인용했고, 반대의 경우에는 무거운 형을 판결하는 조문을 인용하여 사람을 사형에 처하기도 했으므로, 식견 있는 선비들은 이에 대해 모두 뼈저리게 가슴아파했다.[83]

반고는 또한 지적하기를, 두주(杜周)가 정위(廷尉)에 임명되자, 감옥에 수감된 죄인들의 숫자가 놀랄 만큼 많아졌는데, 녹봉 2천 석 이상을 받던 고관대작들로서 옥중에 수감되었던 신구(新舊) 수인(囚人)들만 한데 합쳐도 거의 100명이나 되었다고 했다. 그리고 주(州)와 군(郡)에서 정위에게 보고하는 큰 사건들이 1년에 천여 건이 되었다고 했다. 큰 사건일 경우에는 연루된 사람이 수백 명에 달했고, 작은 사건

83) 『한서』 권23 「형법지(刑法志)」를 참조하라.

이라고 하더라도 연루된 사람이 수십 명이나 되었다. 몰래 정탐하여 탐문하고 취조했는데, 멀리는 수천 리 밖에 있는 범인들이 관련되기도 했고, 가깝게는 수백 리까지 관련되었다. 죄인을 취조할 때에는 억지로 고발자가 말한 죄명을 인정하도록 강요하고, 만약 그 죄를 인정하지 않으면 매를 때려 인정하게 했다. 때문에 백성들은 소환하여 심문한다는 소식을 들으면, 순식간에 도망쳐서 숨어 버렸다. 어떤 사건은 사면령이 하달된 지 몇 년이 지나도록 여전히 명확하게 조사가 이루어지지 않았다. 정위 및 수도에 있는 관아에는 조정의 공문에 따라 체포하여 감금한 사람들이 6~7만 명에 달했고, 관리들이 따로 잡아들인 사람들이 10여만 명에 달했다.[84] 반고는, 이와 같이 형벌이 남용되고 무고한 백성들을 감옥에 잡아 가두면, 반드시 혼란과 반항을 불러일으키게 된다고 생각했다.

반고는 비록 무제가 흉노를 물리쳐 서한 정권을 공고히 하고, 국가의 통일을 확보하여, 중요한 역할을 했다고 인정했지만, 동시에 또한 무제가 "밖으로는 이민족들을 다스리고, 안으로는 공적을 세워 이롭게 하면서, 부역과 비용도 또한 함께 늘어나, 백성들이 근본(농업-역자)을 버리게 되자[外事四夷, 內興功利, 役費竝興, 而民去本]", "천하의 재물이 바닥나, 사람들이 다시 서로 잡아먹게 되었다.[天下虛耗, 人復相食.]"[85]라고 생각했다. 무제는 여러 해에 걸쳐 정벌에 나서면서, 건장한 남자들이 대량으로 출정했고, 또한 더 많은 사람들을 식량 보급을 위해 징발하자, 많은 재부가 소모되어 정상적인 농업 생산에 나

84) 『한서』 권59 「장탕전(張湯傳)」과 권60 「두주전(杜周傳)」을 참조하라.
85) 『한서』 권24 「식화지(食貨志)」.

쁜 영향을 미쳤으며, 농민의 부담을 가중시켰다. 그리하여 농민들은 무거운 요역과 세금 착취를 감당할 방도가 없게 되자, 도처에 떠돌게 되어, 사회적 동요를 불러일으켰다.

장기간의 정벌로 국고가 바닥나자, 군수품과 국가의 재정 수요를 확보하기 위해, 무제는 다음과 같이 명령을 내렸다. 즉 범죄자라도 돈을 내면 죄를 사면해 주고, 변경으로 식량을 운송하는 사람들에게 벼슬을 주어도 좋다고 했으며, 또한 소금과 철의 생산과 술을 판매하는 일을 다시 관청에 귀속시키도록 했다. 이러한 것들을 실행한 결과, 독직(瀆職)과 뇌물 수수가 공공연히 이루어지고, 사기와 투기 행위가 악화되어, 사회적 혼란을 불러일으켰다. 반고는 공우(貢禹)의 말을 인용하여, 이에 대해 날카롭게 논술했는데, 이는 우리들이 무제 시기의 폐정을 이해하는 데 중요한 사상적 자료이다. 공우는 이렇게 말했다. "무제가 처음에 천하를 다스리게 되자, 어진 사람을 존중하고 선비들을 임용했으며, 수천 리에 이르는 땅을 개척하고 변경을 넓히자, 스스로 공이 크고 위세를 떨쳤다고 생각하여, 마침내는 자신이 하고 싶은 대로 했다. 그런데 자신의 씀씀이에 만족하지 못하자, 이에 임시 변통의 수단을 시행하여, 법을 어긴 자들로 하여금 재물을 내고 죄를 면하게 하고, 곡식을 납입하는 자들을 관리에 임명하도록 하니, 천하가 사치하게 되었고, 관리들은 문란해지고 백성들은 가난해졌으며, 도적들이 더불어 일어나고, 떠도는 자들이 많아졌다. 군국(郡國)들은 그 벌을 받을까 두려워하여, 곧 붓글씨에 민첩하고 장부 기재에 능숙하여 능히 상부(上府)를 속일 수 있는 자들을 선발하여 중요한 직책에 임명했다. 또 법을 어기는 이들이 헤아릴 수 없이 많아지자, 곧 용맹하여 능히 백성들을 협박할 수 있는 자를 채용하여, 가혹한 폭력으로써 아랫사람들을 위력으로 굴복시키는 자로 하여금 중요한 자리를 차지하게 하였다. 때문에 의롭지 못하면서 재물이 많은 자들이 세상에서 이름을 얻었고, 거짓말을 하고 문서를 거짓으로 보기 좋게 잘 꾸미는 자들이 조정에서 높은 지위에 올랐으며, 패악하고 불순하며 사나운 자들이 관직에서 높은 자리에 올랐다. 그리하여 세상 사람들이 모두 말하기를, '뭣하려 부모님께 효도하고 형제간에 우애할 것인가? 재물이 많으면 명예를 얻을 수 있거늘. 뭣하려 예의를 갖추겠는가? 문서를 잘 꾸며내면 벼슬을 할 수 있거늘. 뭣하려 근신해야 하는가? 무섭고 사나우면 벼슬자리에 오를 수 있거늘.'이라고 했다. 때문에 묵형(墨刑)[86]이나 의형(劓刑)[87]을 당하고 머리를 깎이고 목에 항쇄(項鎖)를 채워야 할 자들이 오히려 팔을 걷어붙이고 세상을 다스렸으며, 행실은 비록 개돼지와 같더라도, 집안이 부유하고 권세가 있으며 위세가 대단하면, 이를 어질다고 여길 따름이었다. 그리하여 벼슬에 있으면서 부를 축적하는 자를 영웅호걸이라고 여겼고, 간악한 짓을 하면서 이익을 얻는 자를 장사(壯士 : 기개 있고 용감한 사람-역자)라고 여겼는데, 이를 형이 그의 동생에게 권하고, 아버지가 그의 아들에게 권했으니, 세상의 도덕이 무너짐이 이에 이르게 되었다. 그 원인을 살펴보면, 모두 법을 어겨도 재물을 바치고 죄를 면할 수 있었고, 인재를 구할 때 진정한 현인을 얻지 못했으며, 군국의 재상과 장관들이 재물의 이익을 취했음에도, 이들을 처벌하지 않았기 때문이다.[武帝始

86) 역자주 : 옛날의 형벌 중 하나로, 이마에 죄인을 상징하는 글자를 새기는 형벌.
87) 역자주 : 코를 베는 형벌.

臨天下, 尊賢用士, 闢地廣境數千里, 自見功大威行, 遂從耆欲, 用度不足, 乃行壹切之變, 使犯法者贖罪, 入穀者補吏, 是以天下奢侈, 官亂民貧, 盜賊竝起, 亡命者衆. 郡國恐伏其誅, 則擇便巧史書習於計簿能欺上府者, 以爲右職, 奸軌不勝, 則取勇猛能操切百姓者, 以苛暴威服下者, 使居大位. 故亡義而有財者顯於世, 欺謾而善書者尊於朝, 悖逆而勇猛者貴於官. 故俗皆曰, '何以孝弟爲? 財多而光榮. 何以禮義爲? 史書而仕宦. 何以謹愼爲? 勇猛而臨官.' 故黥劓而髡鉗者猶復攘臂爲政於世, 行雖犬彘, 家富勢足, 目指氣使, 是爲賢耳. 故謂居官而置富者爲雄桀, 處奸而得利者爲壯士, 兄勸其弟, 父勉其子, 俗之壞敗, 乃至於是! 察其所以然者, 皆以犯法得贖罪, 求士不得眞賢, 相守崇財利, 誅不行之所致也.]"[88]

반고는 공우의 분석이 매우 일리가 있다고 생각했는데, 그것은 바로 무제가 여러 해 동안 계속하여 정벌에 나서고, 더불어 스스로 변경을 개척하여 공을 세웠다고 믿어, 하고 싶은 대로 했으며, 국가 재정이 곤란할 때 마음대로 한나라 초기의 법령들을 바꾸고, 온 나라가 사치하는 풍조를 조성하여, 관리들이 법을 어기고 기강이 문란해졌으며, 민중들은 빈곤해져 수많은 사람들이 도주하여 떠돌았다는 것이다. 각 지방의 군국들에서는 조정의 검열과 징수에 대처하지 못할 것을 두려워하여, 공문과 보고서를 허위로 날조하는 짓을 잘하는 사람들을 선발하여 중요한 직무를 담당하게 했다. 또 각종 사건들이 빈번하게 발생하자, 천성이 흉폭하여 백성들에게 엄혹하고 가혹한 사람들을 찾아서 높은 관직의 일을 담당하게 했다. 그리하여 사회적으로 인품과 덕성이 나쁘면서도 돈과 재산이 많은 사람들이 나타나 세상에 이름을 날렸고, 거짓말을 잘하고 허위문서를 잘 만드는 사람들

88)『한서』 권72「공우전(貢禹傳)」

이 조정에서 존경받았으며, 흉포하고 법도를 지키지 않는 사람들이 관리로 중용되었다. 그래서 형벌을 받고 감옥에 갇혀 있던 사람들이, 다시 의기양양하게 관청으로 돌아와 큰 권한을 장악했으며, 품행은 마치 개돼지와 같아도 단지 돈과 권세만을 갖고 있으면, 곧 도처에서 마음대로 행동할 수 있었고, 또한 칭찬을 받고 선망의 대상이 되었다. 이렇게 되자, 관리가 되어 부정을 저지르고 부를 그러모은 사람들이 그렇게 여겨지지 않았으며, 법을 어기고 투기(投企)를 하여 재산을 모은 사람들은 수완이 뛰어난 것으로 인정되었으니, 형이 동생에게 권장하고 아버지가 자식들에게 가르치면서, 모두가 이와 같은 행위를 부추기자, 사회적 기풍이 갈수록 악화되었다. 반고는, 이와 같은 부패한 사회적 분위기는 바로 무제가 여러 해 동안 계속하여 정복 전쟁에 나섰고, 세금 징수를 가중시키는 등의 폐정을 저질렀기 때문에 조성된 것이라고 생각했다.

무제는 일생 동안 귀신의 맹목적 숭배에 탐닉했는데, 반고는 『한서』「무제기(武帝紀)」에 기재하기를, 원수(元狩) 원년(기원전 122)부터 후원(後元) 2년(기원전 87년)에 무제가 세상을 떠나기까지, 그가 귀신을 모신 사당에 가거나 순행(巡行)을 하거나 봉선(封禪)을 한 것이 모두 29차례였으며, 그 중에 멀리 순행하여 제사를 지낸 것이 모두 13차례에 달한다고 했다. 원봉(元封) 원년(기원전 110년)에는 동쪽으로 순행을 가서 태산(泰山)에서 봉선하고, 발해(渤海) 근처에 비석을 세우고 돌아오기까지 무려 4개월이 걸렸다고 한다. 원봉 5년(기원전 106년)에는, 겨울부터 시작하여[태초(太初) 연간에 역법을 개정하기 전까지는, 매년 10월을 그 해의 시작으로 삼았음] 봄 4월까지 태산에 봉선하고 돌아왔는데, 기간이 5개월이나 걸렸다. 매번 밖으로 나가서 제사를 지내고 순행할 때마다, 모두 대규모의 사람과 말들을 거느리고 갔으며, 그가 가는 길목에 있는 관부(官府)들은 관리들과 백성들을 동원하여 길을 닦고, 선물을 바치고, 영접하고 전송하는 데 민력(民力)·재력(財力)·물력(物力)을 무수히 낭비했다. 무제는 또한 신선(神仙)과 방사(方士)들을 임용하고, 그들에게 많은 상을 주었는데, 난대(欒大)에게 상을 내린 것만 해도 한 번에 10만 금을 주었다고 한다. 무제의 생활은 매우 음란하고 낭비가 심했는데, 반고는 공우의 말을 인용하여 말하기를, 무제는 "미녀 수천 명을 취하여 후궁으로 삼았다.[多取好女至數千人, 以塡後宮.]"[89]라고 했다. 반고는, 무제가 향락에 탐닉했고, 돈을 물 쓰듯이 했기 때문에 문제(文帝)와 경제(景帝) 시기에 축적해 놓았던 거액의 재물들을 탕진했다고 생각했다.

반고는 지적하기를, 위에서 언급한 갖가지 폐정들이 사회적 모순을 격화시켰다고 했다. 무제 통치 시기의 후기에는, 각지에서 농민 폭동이 일어났는데, 남양(南陽)에서는 매면(梅免)·백정(百政)이, 초(楚)나라에서는 단중(段中)·두소(杜少)가, 제(齊)나라에서는 서발(徐勃)이, 연(燕)나라와 조(趙)나라 사이에서는 견로(堅盧)·범주(范主) 등이 폭동을 일으켰다. 이러한 폭동의 규모는 크게는 수천 명, 작게는 수백 명이 가담했으며, 성읍(城邑)을 점령하고 무기고의 병기를 탈취했다. 무제는 혹리(酷吏)들을 파견하고, 군대를 동원했으나, 몇 년의 시간이 지나서야 진압할 수 있었다.

격렬한 사회적 모순에 직면하자, 무제는 만년(晩年)에 두 가지 선택

89) 『한서』 권72 「공우전」.

을 해야 했다. 계속하여 군대를 일으키고 백성들을 부릴 것인가, 아니면 군대를 거두고 백성들을 평안하게 하여 위기를 구할 것인가가 그것이었다. 무제는 현명하게도 후자를 선택했다. 정화(征和) 4년(기원전 89년)에, 어떤 사람이 "호구마다 백성들에게 세금 30전씩을 더 거둬들여 변방에서 사용할 비용을 원조하십시오[益民賦三十助邊用]."라고 건의했으며, 상홍양(桑弘羊) 등의 사람들도 또한 군졸을 뽑아 윤대(輪臺) 동쪽 일대에 강력한 둔전을 설치함으로써 서역을 위협해야 한다고 상주(上奏)했다. 무제는 계속하여 군대를 일으키고 백성을 동원하는 것을 원치 않았으므로, 윤대에 둔전을 설치하자는 안건을 빌려, 진정으로 자기가 이미 저질렀던 과오를 책망하는 조서를 내렸다. 이 조서에서 그는 이전에 군대를 일으켜 원정에 나서면서 백성들에게 고통을 안겨 준 과오를 인정하면서, "마땅히 지금은 가혹한 폭정을 금지하고, 번잡한 세금을 없애며, 근본인 농업에 힘쓰고, 말을 기르는 자에게 부역을 면제해 줌으로써, 빠진 것을 채워 넣고, 나라의 방비에 부족함이 없도록 하는 데 힘쓸 따름이다.[當今務在禁苛暴, 止擅賦, 力本農, 修馬復令, 以補缺, 毋乏武備而已.]"라고 했다. 또 "이로부터 다시는 출병하지 않았다. 그리고 승상 차천추(車千秋)를 부민후(富民侯)로 삼아, 백성들을 편안하게 하여, 백성들을 부유하게 하는 데 마음을 썼다.[由是不復出軍. 而封丞相車千秋爲富民侯, 以明休息, 思富養民.]"[90] 무제는 또한 '고민령(告緡令)'을 폐지하고, 조과(趙過)를 수속도위(搜粟都尉)로 삼아 대전법(代田法)을 추진하여, 농업 생산을 발전시켰다. 반고는, "무제가 말년에, 정벌을 한 일을 후회하고[武帝末年, 悔征伐之

90) 『한서』 권96 「서역전(西域傳)」.

事]"[91], 정책을 바꾼 것에 대해 극구 칭찬했다. 훗날 송대(宋代)의 역사가인 사마광(司馬光)은 반고의 논점을 기초로 하여 더욱 발전시켰는데, 그는 무제가 저지른 갖가지 폐정들은 그의 통치 말년에 사회 위기를 불러일으켜 거의 진(秦)나라 말기와 같았으나, 무제는 만년에 이를 고쳤기 때문에, 망한 진나라의 실책이 있었지만, 진나라와 같은 멸망의 화를 면할 수 있었다고 했다.[92]

4. 소제(昭帝)와 선제(宣帝) 시기의 중흥

한나라 무제는 만년에 잘못을 바로잡아, 서한의 통치를 다시 안정과 발전의 길로 접어들게 했는데, 소제와 선제 시기에는 지속적으로 병력을 줄이고 농업에 힘쓰는 노선으로 나아갔으므로, '중흥(中興)'의 국면이 나타났다. 반고는 『한서』의 「소제기(昭帝紀)」·「선제기(宣帝紀)」·「곽광김일제전(霍光金日磾傳)」·「장안세전(張安世傳)」·「두연년전(杜延年傳)」·「공손유전왕양채진정전(公孫劉田王楊蔡陳鄭傳)」[93]·「조충국전(趙充國傳)」·「왕길전(王吉傳)」·「위상병길전(魏相丙吉傳)」·「조윤한장전(趙尹韓張傳)」[94]·「유림전(儒林傳)」·「순리전(循吏傳)」·「흉노전(匈奴傳)」 등의 본기(本紀)와 열전(列傳)들에서 이 시기에 행해졌던 각각의 조치들을 기재했으며, 서한의 통치가 무제 후기의 사회적 동요에서 다시 새롭게 '중흥'

91) 『한서』 권24 「식화지(食貨志)」.

92) 『자치통감(資治通鑑)』 권22 「무제후원2년(武帝後元二年)」의 "신(臣) 사마광이 말하기를[臣光曰]"을 참조하라.

93) 역자주 : 공손하(公孫賀)·유굴리(劉屈氂)·전천추(田千秋)·왕흔(王訢)·양창(楊敞)·채의(蔡義)·진만년(陳萬年)·정홍(鄭弘)의 열전.

94) 역자주 : 조광한(趙廣漢)·윤옹귀(尹翁歸)·한연수(韓延壽)·장창(張敞)의 열전.

으로 나아가게 된 심오한 뜻을 드러내 보였다.

(1) 곽광(霍光)이 정치를 보좌하다.

반고는 『한서』「소제기(昭帝紀)」의 찬어(贊語)에서 곽광이 소제를 보좌했을 때를 다음과 같이 평가했다. 소제는 "무제가 행했던 사치와 여타 폐단 및 대규모 군사 원정의 뒤를 계승했으므로, 국내에 재화가 바닥났으며, 호구(戶口)도 반으로 감소했는데, 곽광은 당시 시급하게 요구되는 업무의 요체를 알아, 백성들의 요역을 가볍게 해주고 조세를 줄여 주었으며, 백성들을 휴식하게 했다. 시원(始元)·원봉(元鳳) 연간에 이르러서는 흉노와 화친하여, 백성들이 충실해졌다. 어질고 착하며 글과 학문에 뛰어난 인재를 등용하여, 백성들에게 힘들고 괴로운 바를 물었으며, 소금과 철에 대해 논의하고 술의 전매를 폐지했는데, 존호(尊號)를 '昭(밝게 빛나다)'라고 했으니, 또한 마땅하지 않은가![承孝武奢侈餘弊師旅之後, 海內虛耗, 戶口減半, 光知時務之要, 輕徭薄賦, 與民休息. 至始元·元鳳之間, 匈奴和親, 百姓充實. 擧賢良文學, 問民所疾苦, 議鹽鐵而罷榷酤, 尊號曰'昭', 不亦宜乎!]"

반고는 여기에서 명확하게 지적하기를, 소제 시기에 서한의 통치가 무제 말기의 "사치와 여타 폐단 및 대규모 군사 원정의 뒤에" 초래된 사회적 위기에서 벗어나 다시 안정과 발전의 길로 나아간 것은, 주로 소제를 위해 곽광이 정치를 보좌하면서, 백성들의 요역을 가볍게 해주고 조세를 줄여 주었으며, 백성들에게 휴식을 주고, 흉노와 화친하고, 소금과 철에 대해 논의하고 술의 전매 제도를 폐지하는 등의 정책을 폈기 때문이며, 이로 인해 매우 짧은 8~9년 동안에 큰 효과를 거둠으로써, 백성들의 삶이 충실해지는 국면이 나타났다고 했다.

곽광은 표기장군(驃騎將軍) 곽거병(霍去病)의 동생으로, 사람됨이 차분하고 면밀했으며, 언제나 조심스럽고 신중했다. 그는 궁궐에서 무제를 20여 년 동안 모시면서, 무제의 총애를 받았다. 기원전 87년에, 무제는 이미 말년에 이르자, 겨우 8세밖에 되지 않은 유불릉(劉弗陵)에게 제위를 양위하기로 결정하고, 곽광으로 하여금 정사를 보필하도록 했는데, 특별히 곽광을 대사마대장군(大司馬大將軍)으로 삼아, 군사와 정치 방면의 대권(大權)을 장악하게 했다.[95] 무제는 임종할 때 곽광에게 자신의 아들을 맡겼는데, 이후 몇 십 년 동안 정치와 관련된 중대함에 대해, 역사가들은 무제가 "임종하면서 적절한 사람을 얻어 후사의 안위와 보호를 부탁했다[顧托得人]."라고 일컬었다.

곽광이 소제를 보좌하여, 무제가 말년에 정책을 전환한 이후의 치국(治國) 방침들을 계속 실행함으로써, 효과적으로 사회 모순을 완화시키고, 위기가 고조되어 가던 추세를 억제했다.

우선 그는 부역과 세금을 가볍게 하여, 백성들에게 휴식을 주는 정책을 실행했다. 반고는 「소제기」에서, 이 시기에 생산을 중시하고 백성들의 고통을 덜어 준 일련의 조치들을 구체적으로 기재했다. 소제 시원(始元) 2년(기원전 85년) 3월에, "사자(使者)를 파견하여 가난한 백성들과 농사 지을 종자와 먹을 것이 없는 자들에게 대여해 주었다. 가을인 8월에는 조서를 내려 말하기를, '지난해에는 재해가 많았고, 올해는 누에치기와 농사가 해를 입었으니, 농사 지을 종사와 먹을 것을 빌려간 이들에게 빚을 거둬들이지 말 것이며, 백성들에게 올해의

95) 이상의 인용문들은 『한서』 권68 「곽광전(霍光傳)」을 보라.

전조(田租)를 거두지 말도록 하라.'[遣使者振貸貧民毋種·食者. 秋八月, 詔曰, '往年災害多, 今年蠶麥傷, 所振貸種·食勿收責, 毋令民出今年田租.']"라고 했다. 또 시원 4년 7월에는 조서를 내려 말하기를, "해마다 곡식이 잘 여물지 않아, 백성들이 식량이 부족하여, 떠돌면서 고용살이하는 이들도 다 돌아오지 못했으니, 예전에 백성들에게 말을 공출했으나 올해는 중지하고 공출하지 말도록 하라. 갖가지 녹봉을 받는 수도의 여러 관부(官府)의 인원은 또한 이를 감축하라.[比歲不登, 民匱於食, 流庸未盡還, 往時令民共出馬, 其止勿出. 諸給中都官者, 且減之.]"라고 했으며, 시원 5년에는 "천하의 정(亭)[96]들에서 어미 말을 길러 번식하도록 규정한 법 및 말과 노(弩 : 쇠뇌, 즉 석궁처럼 생긴 무기-역자)의 출관(出關)에 관한 규정[97]을 폐지했고[罷天下亭母馬及馬弩關]", 시원 6년 7월에는 "관부에서 술을 전매하는 제도를 폐지하고, 백성들에게 법률에 따라 스스로 보고하고 세금을 내도록 명했으며, 술을 팔 때 4전(錢)을 올리도록 했다.[罷榷酤官, 令民得以律占租, 賣酒升四錢.]" 원봉(元鳳) 원년(기원전 80년) 3월에는 "군국(郡國)들에서 의로운 일을 행한 자로 선발된 탁군(涿郡) 출신의 한복(韓福) 등 다섯 사람에게 비단을 하사했는데, 사람마다 50필씩을 주어 돌려보냈다. 조서를 내려 말하기를, '짐은, 관직의 일에 힘쓰면서도, 그들이 효도와 공경을 힘써 닦아 향리(鄉里)를

96) 역자주 : 한대(漢代)의 행정구역 단위이다. 한대에는 국(國)이나 군(郡)에 속한 1만 호(戶) 내외의 고을을 현(縣)이라고 했고, 이족(異族)이 사는 현을 따로 도(道)라고 했다. 현 아래에는 경(卿)과 정(亭)이 있었고, 정 밑에는 이(里)·십(什)·오(伍)가 있었다[5가(家)는 오(伍), 10가(家)는 십(什), 10십(什)은 1리(里)이다].

97) 역자주 : 『한서』를 주석한 안사고(顏師古)는 맹강(孟康)의 주장을 인용하여 말하기를, 말의 크기가 5척(尺) 6촌(寸)이고, 치아가 고르지 않거나, 노(弩)의 강도가 10석(石) 이하인 경우 출관하지 못하도록 규정했다고 한다.

가르치는 것을 애처롭게 여기노라. 군(郡)과 현(縣)들에서는 이들에게 언제나 정월(正月)에 양과 술을 내리도록 하라. 사망한 자가 있으면 의복과 이부자리 한 벌씩을 내리고, 양과 돼지를 잡아 제사를 지내도록 하라.'[賜郡國所選有行義者涿郡韓福等五人帛, 人五十匹, 遣歸. 詔曰, '朕閔勞以官職之事, 其務修孝弟以教鄕里. 令郡縣常以正月賜羊酒. 有不幸者賜衣被一襲, 祠以中牢'.]"라고 했다. 또 원봉 2년 6월에는 조서를 내려 말하기를, "짐은 백성들이 넉넉하지 못함을 가엾게 여겨, 지난해에는 조운(漕運) 3백만 석을 줄였다. 자못 짐의 수레를 끄는 말들과 원(苑)에서 기르는 말의 수를 줄여서, 변방의 군(郡)들과 삼보(三輔 : 35쪽 참조-역자)의 역마(驛馬)를 돕도록 하라. 군국들에서는 금년의 마구전(馬口錢)[98]을 거두지 말 것이며, 삼보와 태상군(太常郡)에서는 콩과 조를 조세로 거둬들이도록 하라.[朕閔百姓未贍, 前年減漕三百萬石. 頗省乘輿馬及苑馬, 以補邊郡三輔傳馬. 其令郡國毋斂今年馬口錢, 三輔·太常郡得以叔粟當賦.]"라고 했고, 원봉 3년 정월(正月)에는 "중모원(中牟苑 : 황실의 원림 중 하나-역자)을 폐지하여 빈민(貧民)들에게 나누어 주었다. 조서를 내려 말하기를, '지난번에 백성들이 수해(水害)를 입어 식량이 매우 부족하니, 짐은 쌀 창고를 비워 사자(使者)로 하여금 궁핍한 이들을 구휼하게 할 것이다. 원봉 4년까지 조운을 중지할 것이다. 원봉 3년 이전에 백성들에게 대여해 준 것들은, 승상(丞相)과 어사(御使)가 청하는 바가 아니라면, 변방의 군(郡)들에서 소를 하사받은 자들로부터 이를 강제로 거둬들이지 말도록 하라.'[罷中牟苑賦貧民. 詔曰, '乃者民被水災, 頗匱於食, 朕虛倉廩, 使使者振困乏. 其止四年毋漕. 三年以前所振貸, 非丞相御史所請, 邊郡受牛

98) 역자주 : 한대에 말을 기르는 농가에 특별히 부과하던 세금을 가리킨다.

者勿收責.']라고 했다.'" 원봉 4년 정월에는, "원봉 4년과 5년의 구부전(口賦錢)[99]을 거두지 말고, 원봉 3년 이전에 또 세금을 체납하고 내지 못한 자들에게는, 모두 세금을 거두지 말라.[毋收四年·五年口賦. 三年以前逋更賦未入者, 皆勿收.]"라고 했으며, 원봉 6월 정월에는 조서를 내려 말하기를, "무릇 곡식의 값이 내려가면 농민들이 손해를 입게 되는데, 지금 삼보와 태상(太常)에서 곡식의 값이 내려가고 있으니, 이들 지역에서는 콩과 조로써 금년의 조세를 거둬들이도록 하라.[夫穀賤傷農, 今三輔·太常穀減賤, 其令以叔粟當今年賦.]"라고 했다. 원평(元平) 원년(기원전 74년) 2월에는 "조서를 내려 말하기를, '천하는 농사와 누에치기가 근본이다. 근래에 쓰임을 줄이고, 불요불급한 관리들을 폐지했으며, 요역(繇役)을 줄이니, 농사짓고 누에를 치는 이들이 갈수록 많아졌지만, 백성들이 아직은 자급하지 못하고 있어, 짐은 이를 매우 애석하게 여기고 있으니, 구부전을 줄이도록 하라'라고 했다. 어떤 관아에서 13전(錢)을 줄여 달라고 주청하자, 황제께서 이를 윤허했다.[詔曰, '天下以農桑爲本. 日者省用, 罷不急官, 減外繇, 耕桑者益衆, 而百姓未能家給, 朕甚愍焉. 其減口賦錢.' 有司奏請減什三, 上許之.]"라고 했다.[100] 소제는 연달아 열 차례에 걸쳐 전조(田租)를 줄여 주고, 가난한 가구[戶]에게 양식과 종자를 빌려 주었으며, 군마(軍馬) 징발에 대한 부담을 면제해 주고, 의지할 곳 없는 늙은 환자들에게 의복을 하사했으며, 마구전과 구부전을 줄여 주고, 조운을 줄이거나 실시하지 않았으며, 관부(官府)의 불필요한 인원을 줄임으로써 민중들의 부담을 줄여 주는 등의 내

99) 역자주 : 한대에 14세 이하의 아동들을 대상으로 부과하던 인두세(人頭稅)를 가리킨다.

100) 이상의 인용문들은 모두 『한서』 권7 「소제기(昭帝紀)」를 보라.

용이 담긴 조령(詔令)을 내렸다. 반고는, 이러한 정책들이 실행됨으로써 비로소 붕괴가 임박했던 서한의 경제를 점차 회복시킬 수 있었으며, 마침내 서한의 통치 위기를 반전시켜 다시 상승의 국면을 나타나게 했다고 생각했다.

다음으로, 반고는 이 시기에 있었던 "소금과 철에 대해 논의하고, 관부에서 술을 전매하는 제도를 폐지한[議鹽鐵而罷榷酤]" 것에 대해 긍정적으로 평가했다. 시원(始元) 6년(기원전 81년) 2월에, 소제는 각 군국들이 천거한 현명하고 선량하며 학식이 높은 선비들을 소집한 뒤, 백성들의 애로사항을 반영하여, 소금과 철 및 관부에서의 술을 전매하는 제도를 논의했다. 이것이 바로 유명한 '염철회의(鹽鐵會議)'이다. 현명하고 선량하며 학식이 높은 선비들은 대장군 곽광(霍光)·승상 차천추(車千秋)의 지지를 받아 소금과 철을 관청에서 운영하는 제도 및 술을 관청에서 전매하는 제도를 폐지하자고 주장했다. 또한 무제 시기의 율령(律令)이 지나치게 복잡하고 죄명이 많아, 백성들로 하여금 저축하지 말도록 금지하니, 마음 놓고 생활할 수 없다고 지적했다. 그리하여 이듬해 7월에 술의 전매 제도를 폐지한다고 선포했다.[101] 이때부터 경제적 생산은 보다 느슨한 조건 하에서 이루어지게 되어, 수공업이 건강하게 발전하는 데 유리해졌다.

곽광은 소제를 보좌하면서 적극적으로 정책을 조정해 나갔는데, 상관걸(上官桀)과 그의 아들 상관안(上官安) 그리고 상홍양(桑弘羊) 및 연왕(燕王) 유단(劉旦) 등의 반대에 부딪쳤다. 그들은 곽광을 모해할 계획을 세우고, 어떤 사람으로 하여금 연왕 유단의 사자(使者)라고 칭

101) 『한서』 권24 「식화지(食貨志)」에 있는 환관(桓寬)의 「염철론(鹽鐵論)」을 참고하라.

하게 하고는, 연(燕)나라에서 장안(長安)의 궁궐에 글을 올리는 것처럼 하여, 다음과 같이 거짓으로 알렸다. 즉 곽광이 장안성(長安城) 밖으로 우림병(羽林兵)을 이동시켰으며, 또한 승상부(丞相府) 안에 교위(校尉)를 증설했는데, 곽광이 평소에 권력을 독점하고 있는 것을 생각해 보면, 그가 현재 그와 같이 하는 데에는 필시 음모가 있을 것이므로, 따라서 연왕 유단이 장안으로 가서 황제를 보호하고, 간신을 조사하여 처단할 것이라고 했다. 이 상서(上書)를 봉인하여, 곽광이 휴가를 신청한 날짜를 틈타, 상관걸을 통해 소제의 면전(面前)에서 전달했다.

소제는 비록 나이가 어렸으나, 그는 곽광을 의지하는 것이 중요하다는 것을 매우 잘 알고 있었기에, 곽광은 죄가 없다고 명확하게 지적했으며, 또한 명령을 내려 다음과 같이 말했다. "대장군은 충신이며, 선제(先帝)께서 부탁하여 짐을 보좌하고 있는데, 감히 이를 훼손하는 자가 있다면, 죄를 내릴 것이다.[大將軍忠臣, 先帝所屬以輔朕身, 敢有毁者坐之.]" 그리하여 상관걸과 연왕 유단 등이 곽광을 제거하려고 망상하던 음모를 좌절시키고, 강력하게 곽광을 보호했다. 그 후 상관걸 등의 무리들은 또한 곽광을 살해하고 소제를 폐위시키려고 획책했으나, 음모가 사전에 발각되어, 곽광은 상관걸·상관안·상홍양을 사형에 처했고, 연왕 유단은 자결했다.[102]

반고는, 소제가 곽광을 보호하고, 곽광도 또한 소제를 보호했는데, 이는 소제 시기의 정국을 안정시키는 데 중요한 작용을 했으며, '소제와 선제의 중흥[昭宣中興]' 국면이 출현할 수 있게 한 관건이었다고 생각했다.

102) 이상의 인용문들은 『한서』 권68 「곽광전(霍光傳)」을 보라.

(2) 선제의 치국(治國)

반고는 「선제기(宣帝紀)」의 찬(贊)에서 선제의 통치 시기를 다음과 같이 평가했다. "선제의 통치는 상(賞)과 벌(罰)이 공정하고 엄중하며 명실상부했다. 정사(政事)와 학식과 법률에 밝은 선비들은 모두 자신이 갖고 있는 능력에 정통했는데, 이는 기교가 뛰어난 장인들의 기계들에 이르기까지도 그러하였다. 원제(元帝)와 성제(成帝)가 재위한 동안에도 이러한 경향이 생생하게 이어져 내려오니, 또한 족히 관리들이 자신의 직분에 부합하였으며, 백성들은 자신의 생업을 안정시킬 수 있었다. 흉노가 분열하여 혼란이 일어나자, 망한 세력을 밀어내고 살아 남은 세력을 굳건히 지원하여,[103] 북쪽의 오랑캐에게 위력을 펼치니, 선우는 의로움을 흠모하여, 머리를 조아리며 번국(藩國)을 칭했다. 그 공은 선대(先代) 임금들을 빛내고, 업적이 후대에까지 이어졌으니, 중흥(中興)이라고 할 만하며, 그 공덕은 은(殷)나라의 창시자인 무정(武丁)이나 주나라 선왕(宣王)의 공덕에 비길 만하다.[孝宣之治, 信賞必罰, 綜核名實, 政事文學法理之士咸精其能, 至於技巧工匠器械, 自元·成年間鮮能及之, 亦足以知吏稱其職, 民安其業也. 遭値匈奴乖亂, 推亡固存, 信威北夷, 單于慕義, 稽首稱藩. 功光祖宗, 業垂後嗣, 可謂中興, 侔德殷宗·周宣矣.]"

이 논술은 선제 시기에 있었던 두 가지 방면의 성취를 종합하고 있다. 하나는 관리들의 공무 집행을 정비하고, 형(刑)의 집행을 공정하

103) 역자주 : 여타 선우(單于)들을 빨리 망하게 하고 호한야선우(呼韓邪單于)를 지원하여 흉노를 지배할 수 있도록 한 조치를 말한다. 호한야선우는 흉노에서 분란을 일으킨 다섯 명의 선우들 가운데 한 명으로서, 형인 질지선우(郅支單于)와 싸우고 패한 뒤 한나라에 항복하여 원조를 요청했다. 그는 질지선우가 서쪽으로 천도한 이후, 오늘날의 몽고에 걸쳐 있던 본토로 돌아가 한나라와 화친 관계를 맺고, 왕소군(王昭君)을 아내로 맞았다.

게 처리한 것이며, 다른 하나는 흉노와의 화친을 실현한 것이다.

반고가 생각하기에, 관리들의 공무 집행을 정돈하고 형의 집행을 공정하게 처리한 방면에서, 선제의 통치 방식은 상과 벌이 분명하여, 조금도 애매모호한 점이 없었으며, 말한 바와 행한 바의 두 가지를 결합시켜 관리들의 재직 기간 중의 치적을 고찰했는데, 이로 인해 성과가 탁월했다고 여겼다. 그리고 정사(政事)를 관리하고, 학문에 종사하고, 형벌을 담당하는 각 방면의 인재들은 모두 자신의 업무에 정통했으며, 공예 기술 방면에서도 또한 수준이 매우 높아서, 후에 원제와 성제 시기에는 더 이상 따라잡을 것이 거의 없었다고 생각했다.

확실히 선제는 관리들의 공무 집행을 매우 중시하여, 자신이 직접 통치하게 된 이후에, 폐정을 개혁하는 데 주의를 기울였으며, 관리들의 공무 집행의 정비를 더욱 강화하고, 관리들의 업무 효율을 끌어올리는 데에도 주의를 기울였다. 특히 지방 관리들의 선발·임용 및 관리(管理)를 중시했다. 반고는 『한서』「순리전(循吏傳)」에서 다음과 같이 지적했다. "(선제는) 곽광이 세상을 떠난 후 비로소 몸소 중요한 정무를 처리하게 되자, 온 정력을 다하여 다스렸으며, 5일에 한 번씩 정사에 대해 들었는데, 승상 이하 각급 관직을 받은 사람들을 나오게 했다. 자사(刺史)나 군수나 제후왕의 승상[守相] 등이 배알하러 오면, 그때마다 직접 만나서 물었으며, 그들이 온 까닭을 주의하여 살펴보고는, 물러간 뒤에는 그들의 행동을 따져 봄으로써 의심스러운 바를 다시 자문해 보았다. 그리하여 명분과 실질이 서로 부합하지 않는 것이 있는지, 있다면 그리 한 까닭이 무엇인지 반드시 알아냈다. 그는 항상 말하기를, '백성들이 그 마을에서 편안하게 살고, 탄식하고 근심하며 원망하는 마음을 가진 자가 없는 까닭은, 정치가 공평하고 재판이 공정하기 때문이다. 나와 더불어 이를 함께하는 자들은 오직 현명하고 어진 녹봉 2천 석의 관리들이다.'라고 했다. 그리하여 태수(太守)를 관리와 백성들의 근본으로 삼았으며, 태수가 자주 바뀌면 곧 아래의 백성들이 불안해하고, 백성들이 태수가 앞으로 오랫동안 재임할 것을 알면 속일 수가 없으니, 이에 그 교화(敎化)에 복종하게 된다. 따라서 녹봉 2천 석의 관리들은 다스림에 힘썼으므로, 늘 옥새가 찍힌 글로써 힘써 격려하면서 승진시키고 금품을 하사하거나, 또는 작위를 관내후(關內侯)[104]에 이르게 하여, 공경(公卿)들 중에 결원이 생기면, 곧 여러 사람을 선발하여 표창하고, 이들을 차례대로 등용하였다. 이렇게 한나라 때의 훌륭한 관리들로 인해 이에 성세(盛世)를 이루었으니, 중흥(中興)이라고 일컫는 것이다.[(宣帝)自霍光薨後始躬萬機, 厲精爲治, 五日一聽事, 自丞相以下各奉職而進. 及拜刺史守相, 輒親見問, 觀其所由, 退而考察所行以質其言, 有名實不相應, 必知其所以然. 常稱曰, '庶民所以安其田里而亡嘆息愁恨之心者, 政平訟理也. 與我共此者, 其唯良二千石乎!' 以爲太守, 吏民之本也, 數變易則下不安, 民知其將久, 不可欺罔, 乃服從其敎化. 故二千石有治理效, 輒以璽書勉勵, 增秩賜金, 或爵至關內侯, 公卿缺則選諸所表以次用之. 是故漢世良吏, 於是爲盛, 稱中興焉.]" 선제가 관리들의 공무 집행을 정비하기로 큰 결단을 내린 것에 대해 크게 칭찬하고 있는데, 그는 노력할 목표를 확정했으며, 또한 철저하게 실행할 수 있는 일련의 제도를 마련하여, 지난날을 뛰어넘는 좋은 성과를 거두었다고 했다. 선제는 확

104) 역자주 : 옛 작위명으로, 진(秦)·한(漢) 시기에 설치했으며, 20등급 중 제19급으로, 최고 등급의 작위인 철후(徹侯) 다음에 위치했다.

실히 온 힘을 다해 국가를 다스렸고, 승상 및 자사·군수 등 지방의 관리들에 대해서도 각각 명확한 요구를 했을 뿐만 아니라, 점검을 하여 때맞춰 도왔으며, 도리로써 이를 파악하고, 정(情)으로써 이를 움직였으며, 잘하면 상을 주고 못하면 벌을 주어, 사사로운 정에 치우치지 않음으로써, 관리들의 공무 집행이 청명(淸明)해질 수 있도록 보장했다. 반고는, 선제가 관리들의 공무 집행을 정비하여 뚜렷한 성과를 거두었기 때문에, 한나라 때 관리들의 공무 집행이 이전의 중요한 시기들보다 우수했으며, 이것이 중흥의 상징이라고 생각했다.

관리들의 공무 집행을 정비함과 동시에, 선제는 또한 특별히 형의 집행을 공정하게 처리하는 데에도 주의를 기울였다. 그는 무제 시기에 형벌과 법률을 엄격하게 집행하던 정책을 바꾸어 형벌을 가볍게 하는 정책을 실행했다. 지절(地節) 4년(기원전 66년)에는 '수닉법(首匿法)'[105]을 줄이도록 조서를 내려 다음과 같이 선포했다. "지금부터 자식이 부모의 죄를 은닉하거나, 아내가 남편의 죄를 은닉하거나, 손자가 조부모의 죄를 은닉하는 것은, 모두 처벌하지 않는다. 부모가 자식의 죄를 은닉하거나, 남편이 아내의 죄를 은닉하거나, 조부모가 손자의 죄를 은닉하는 경우는, 죄가 사형에 해당하는 경우, 모두 상부기관인 정위(廷尉)에게 보고하여 그 내막을 들어 보도록 요청하라.[自今子首匿父母, 妻匿夫, 孫匿大父母, 皆勿坐. 其父母匿子, 夫匿妻, 大父母匿孫, 罪殊死, 皆上請廷尉以聞.]" 그리고 형을 가볍게 집행하는 데에 주의를 기울였을 뿐만 아니라, 또한 신중하게 형벌을 집행하는 데에도 주의를 기울였다. 원강(元康) 4년(기원전 62년)에는 조서를 내려 말하기를,

105) 역자주 : 범인을 은닉한 자를 처벌하는 법.

"짐이 생각건대 늙은이들은 이가 빠지고 혈기도 쇠미한데다, 또한 난폭한 마음이 없으므로, 지금 만약 법에 저촉되어 감옥에 갇혀 있으면, 천명을 다하지 못하게 될 것이니, 짐은 이것이 매우 애석하다. 지금부터 모든 80세 이상의 사람들은, 무고(誣告)했거나 사람을 살상(殺傷)한 사람이 아니라면, 모두 처벌하지 말라.[朕惟耆老之人, 發齒墮落, 血氣衰微, 亦無暴虐之心, 今或罹文法, 拘執囹圄, 不終天命, 朕甚憐之. 自今以來, 諸年八十以上, 非誣告殺傷人, 佗皆勿坐.]"[106]라고 했다. 늙은이와 어린이는 마땅히 보살핌을 받아야 한다고 여겨, 일종의 인도주의 정신을 구현한 것이다. 선제는 또한 명령을 내려, 자신의 이름을 피휘(避諱)하지 않은 죄를 범한 사람들의 형사 처벌을 면하게 해주었다. 그는 또한 소송 사건의 판결에 대한 잘잘못을 관리들의 업무 평가 항목에서 중요한 내용으로 삼았다. 반고는, 이러한 조치들을 실행하여, 무제 말년에 대신들이 "안위는 알 수 없다[安危不可知]."라고 하던 공포스러운 국면을 바꿈으로써, 비교적 관대한 사회적 분위기를 출현시켜, 어느 정도 사회적 모순을 완화시켰다고 생각했다.

반고는, 선제의 두 번째 큰 업적은 바로 흉노와의 우호 관계를 실현한 것이라고 생각했다. 흉노 문제는 한나라 고조(高祖 : 유방-역자) 이래로 줄곧 서한의 조정을 곤란하게 하는 큰 문제였다. 고조는 '화친(和親)'의 방법을 실행하여 흉노와의 우호 관계를 수립했지만, 쌍방의 분쟁은 여전히 발생하고 있었다. 무제 때 시작한 흉노와의 전쟁이 서한과 흉노의 우호 관계를 무너뜨렸는데, 이는 흉노 백성들에게 재난을 초래했을 뿐만 아니라, 또한 한나라 백성들에게도 매우 큰 부담

106) 『한서』 권8 「선제기(宣帝紀)」.

을 안겨 주었다. 이로 인해 수많은 사람들이 모두 흉노와의 우호 관계를 계속 유지해야 한다고 주장했다.

선제 초기에, 흉노에서 내란이 발생하여 세력이 약화되었지만, 서한과의 충돌은 결코 완전히 중단되지 않았다. 원강(元康) 연간(年間)에 흉노는 군대를 파견하여 한나라가 차사국(車師國)[107]에 주둔시킨 둔전군(屯田軍)을 공격했지만, 쌍방 간에는 승부가 갈리지 않고 있었다. 선제는 장군 조충국(趙充國)과 상의한 뒤, 흉노가 이미 세력이 쇠약해진 것을 이용해 출격하여, 흉노가 감히 서역에서 한나라의 군대를 공격하지 못하도록 하자고 결정했다. 위상(魏相)은 흉노에 대해 계속 군대를 사용하는 것에 동의하지 않았는데, 특별히 글을 올려 다음과 같이 말했다. "신(臣)이 듣기에, 난국을 구하고 폭군을 주살하면, 이를 일러 의병(義兵)이라 하는데, 군대를 의롭게 사용하는 자가 임금이 될 수 있습니다. 적이 자기를 공격해 와서, 부득이하게 군대를 일으키는 것을 응병(應兵)이라 하는데, 군대가 응하면 이깁니다. 사소한 일로 다투어, 노여움을 참지 못하여 군대를 일으키는 것을 분병(忿兵)이라 하는데, 군대가 분노하면 패합니다. 사람이나 토지나 재산을 탐하여 군대를 일으키는 것을 탐병(貪兵)이라 하는데, 군대가 탐욕스러우면 격파당합니다. 나라가 크다고 이치를 거스르고, 백성이 많다고 자만하여, 적에게 위세를 보이려고 군대를 일으키는 것을 교병(驕兵)이라 하는데, 군대가 교만하면 멸망합니다. 이와 같은 다섯 가지는, 단순히 사람의 일이 아니라, 곧 하늘의 이치[天道]입니다. 근래에 흉노

107) 역자주 : 고대에 중앙아시아 동부에 있던 서역의 성곽국가들 중 하나로, 수도는 교하[交河 : 지금의 신강(新疆) 토노번(吐魯番) 서북쪽]였다.

가 늘 한나라에 선의(善意)를 가지고 있어, 한나라 백성들을 붙잡을 때마다 늘 이들을 돌려보냈고, 변경을 범하지 않았으니, 비록 둔전(屯田)을 두고 차사국에서 다투고 있지만, 의중(意中)에 한나라를 침범할 마음에까지 이르렀다고 볼 수는 없습니다. 지금 들어 보니 여러 장군들이 군사를 일으켜 그 곳에 쳐들어가야 한다고 하는데, 저는 이 군대가 어떠한 명분이 있는지 알 수 없습니다. 지금 변경의 군(郡)들은 궁핍하여 고생하고 있습니다. 아버지와 아들이 개와 양의 가죽으로 만든 옷을 같이 입고, 풀과 나물의 열매를 먹으면서, 늘 스스로 살아남을 수 없을까 두려워하고 있으므로, 군대를 동원하기는 어렵습니다. '전쟁이 있고 난 다음에는 반드시 흉년이 든다.'라는 말이 있는데, 이는 백성들이 그로 인해 근심하고 고통스러워하는 기색이 있으면, 음양의 조화를 상하게 한다는 것을 말하는 것입니다. 출병하여 비록 승리한다고 하더라도, 오히려 후환이 있어, 재해의 변고가 이로 인해 생겨날까 두렵습니다. 지금 군국(郡國)의 장관들 대다수가 충실하게 선발되지 못하고 있으며, 풍속은 더욱 경박해졌고, 홍수와 가뭄이 수시로 발생하고 있습니다. 금년의 통계를 살펴보면, 자제(子弟)가 부형(父兄)을 죽이고, 아내가 남편을 죽인 자가 모두 222명인데, 저는 이것이 작은 변고라고 여기지 않습니다. 지금 폐하의 좌우에는 이를 걱정하는 신하가 없고, 군대를 일으켜 멀리 있는 이민족에게 사소한 분노를 보복하려고 군대를 일으키려 하고 있으니, 아마도 공자께서 말한 '나는 계손(季孫)의 우환이 전유(顓臾)에게 있지 않고 나라 안[蕭牆]에 있을까 두렵도다.'[108]라는 것과 같을 것입니다.[臣聞之, 救亂誅暴, 謂之義

108) 역자주 : 『논어』「계씨(季氏) 제16」에 나오는 말로, 계씨가 전유국(顓臾國)을 치려

兵, 兵義者王. 敵加於己, 不得已而起者, 謂之應兵, 兵應者勝. 爭恨小故, 不忍憤怒者, 謂之忿兵, 兵忿者敗. 利人土地貨寶者, 謂之貪兵, 兵貪者破. 恃國家之大, 矜民人之衆, 欲見威於敵者, 謂之驕兵, 兵驕者滅. 此五者, 非但人事, 乃天道也. 間者匈奴嘗有善意, 所得漢民輒奉歸之, 未有犯於邊境, 雖爭屯田車師, 不足致意中. 今聞諸將軍欲興兵入其地, 臣愚不知此兵何名者也. 今邊郡困乏, 父子共犬羊之裘, 食草萊之實, 常恐不能自存, 難於動兵. '軍旅之後, 必有凶年', 言民以其愁苦之氣, 傷陰陽之和也. 出兵雖勝, 猶有後憂, 恐災害之變因此以生. 今郡國守相多不實選, 風俗尤薄, 水旱不時. 案今年計, 子弟殺父兄·妻殺夫者, 凡二百二十二人, 臣愚以爲此非小變也. 今左右不憂此, 乃欲發兵報纖介之忿於遠夷, 殆孔子所謂'吾恐季孫之憂不在顓臾而在蕭墻之內'也.]"[109]

위상은, 흉노가 차사국에서 둔전을 다투고 있지만, 결코 국경을 침범하지는 않았고, 사실은 흉노가 서한과는 우호 관계를 맺고 싶은 마음이 있으니, 우리는 마땅히 흉노와 평화적 교류 관계를 수립해야지, 출병(出兵)하여 흉노와 서로 다퉈서는 안 된다고 힘써 간언했다. 선제는 위상의 말이 이치에 부합한다고 여겼기 때문에, 흉노에 대해 군대를 쓰지 않았다.

신작(神爵) 2년(기원전 60년)에 흉노가 분열되어, 일축왕(日逐王)[110]이

고 할 때, 염유(冉由)와 계로(季路 : 자로)가 공자를 뵙고 이를 아뢰었다. 그러자 공자는 계씨가 안으로 백성들을 편안하게 하는 내치(內治)에는 신경을 쓰지 않고, 밖으로 전쟁을 일으킬 궁리나 하는 것을 비판하면서, 나라 밖의 전유국이 우환이 아니라, 내치의 소홀로 인해 나라 안에서 우환이 발생할까 염려된다고 타이르면서 한 말이다.

109) 『한서』 권74 「위상병길전(魏相丙吉傳)」.

110) 역자주 : 흉노 귀족의 봉호(封號)이며, 좌(左)·우(右)로 나뉜다. 지위는 좌·우현왕(左·右賢王)과 좌·우곡려왕(左·右谷蠡王) 다음이며, 좌·우온우제왕(左·右溫禺鞮王) 및 좌·우점장왕(左·右漸將王)과 함께 '육각(六角)'으로 불렸다. 이들 열

서한으로 귀순해 왔다. 감로(甘露) 원년(기원전 53년)에는 호한야선우(呼韓邪單于)가 서한에 귀순해 왔는데, 그를 따르는 부족 무리들이 음산(陰山) 부근으로 이동해 왔으며, 더불어 감로 3년(기원전 51년) 정월 초하루에는 장안(長安)에 가서 선제를 조정에서 알현할 것을 요청했다. 한나라 선제는 그에게 우호적인 태도를 취하여, 장안에서 호한야선우를 성대하고 장중하게 접대하고, 더불어 새수(璽綬 : 옥새와 옥새에 묶는 끈-역자)·관대(冠帶)·황금·금수(錦繡 : 수놓은 비단-역자)·명주와 솜 등을 주었으며, 그들로 하여금 고비 사막 남쪽의 광록새[光祿塞 : 지금의 내몽골 바오터우(包頭) 서북 지방]에서 살도록 하고, 또한 미곡(米穀) 3만 4천 곡(斛)[111]을 식량에 사용하도록 제공했다.

반고는 충분한 역사적 사실을 근거로 흉노의 호한야선우가 서한에 항복해 왔으며, 선제가 다시 흉노와 우호 관계를 수립한 것을 증명했다. 이는 한나라와 흉노의 관계에서 중요한 사건으로, 이 때부터 한나라와 흉노 사이에 오랫동안 계속되어 온 전쟁 관계를 끝맺고, 서한 후기의 60년에 달하는 평화 국면이 시작되었다. 이와 같은 안정된 외부 환경은, '소제와 선제의 중흥[昭宣中興]' 국면이 출현하는 데 매우 유리한 조건을 만들어 냈다.

반고는 『한서』에서 명확히 기록하기를, 선제가 사회 발전에 유리한 여러 가지 정책과 조치들을 실행할 수 있었던 것은, 그의 출신과 매우 깊은 관계가 있다고 했다. 선제는 무고(巫蠱)의 화(禍)[112]를 입어 자

명의 왕들은 모두 선우의 자제들로, 좌현왕이 항상 태자였던 것을 제외하고, 나머지 아홉 명의 왕들도 순서대로 선우의 자격을 가졌다.

111) 역자주 : 용량을 재는 단위로, 10말[斗]이 1곡(斛)이다. 즉 한 가마에 해당한다.

112) 역자주 : 무고란 고대의 민속 신앙이다. 이것을 이용하여 원한을 가진 사람에게

살한 위태자(衛太子)[113]의 손자로, 그의 부모도 또한 그 사건으로 죽임을 당하는 화를 입었다. 그래서 그는 태어난 지 얼마 안 된 갓난아이 때 강보에 싸인 채 감옥에 보내졌으며, 여러 번 병으로 죽을 뻔했으나, 다행히 동정심이 많은 옥관(獄官) 병길(丙吉)의 보살핌을 받고, 두 명의 친절한 여자 죄수가 유모가 되어 주어, 마침내 그 황제의 증손자를 재난 중에서도 살아날 수 있도록 했다.[114] 후에 선제는 액정(掖庭)[115]에 보내져 길러졌으며, 황족의 후손으로 인정받지 못하고, 단지

해를 가하는 무술이다. 그 기원은 먼 옛날부터 시작되었는데, 저주·인형 주술·독충 등을 포함한다. 기원전 92년에 병으로 눕게 된 무제(武帝)는, 그 원인이 무고 때문이라고 믿고, 강충(江充)에게 명하여 많은 사람을 옥사시켰다. 이 때 강충과 반목하고 있던 당시의 황태자인 위태자(衛太子) 유거(劉據)는 화가 자신에게 미칠 것을 두려워하여, 기원전 91년 7월에 선수를 쳐 먼저 강충을 체포하고, 군대를 일으켜 5일 동안 장안성(長安城)에서 시가전을 벌였으나, 실패하자 자살했다. 이 때 황후 위씨(衛氏)도 함께 자살했으며, 그 밖의 황손(皇孫) 두 명도 같이 살해되었다. 이듬해에 무제는 차천추(車千秋)의 상소를 통해 태자의 잘못이 없었음을 알고, 태자를 죽게 한 것을 후회했으며, 강충 일족을 참형에 처했다.

113) 역자주 : 본명은 유거(劉據, 기원전 128~기원전 91년)이다. 후궁인 위자부(衛子夫)와 한무제 사이에서 태어난 장자(長子)로, 여태자(戾太子)라고도 한다. 황제에 즉위한 지 얼마 되지 않아 위자부가 아들을 낳자 무제는 크게 기뻐하여, 원삭(元朔) 원년(기원전 128년)에 위자부를 황후로 삼았으며, 원수(元狩) 원년(기원전 122년)에는 유거를 태자로 삼았는데, 이 때 그의 나이 7세였다.

114) 역자주 : 이 일이 인연이 되어 병길(丙吉)은 나중에 승상(丞相)의 자리에 올랐다.

115) 액정은 궁중에 있던 방인데, 궁인들의 각종 사무를 관장하는 관서(官署)를 일컫는 말로 사용되기도 했다. 선제(宣帝)는 어렸을 때 허광한(許廣漢)과 함께 이 방에서 살았다. 허광한은 범죄를 저질러 궁형에 처해졌으며, 이후 환자승(宦者丞 : 액정 소속의 관리)이 되었으나, 다시 죄를 저질러 액정에서 노역(勞役)을 하는 처벌을 받았다. 이어서, 액정에서 염색을 하는 하급 관리[폭실색부(暴室嗇夫)라고 불렸다.]가 되었다. 선제는 잠시 그와 함께 지냈다. 허광한은 이 황제의 증손자가 고난을 받는 신세가 된 것을 동정하여, 그로 하여금 스승을 모시고 공부할 방도를 찾았으며, 이후에는 자신의 딸을 그와 결혼시켰다. 선제가 어린 시절에 겪었던 일들은 「선제기(宣帝紀)」·「무오자전(武五子傳)·여태자유거전(戾太子劉據傳)」·「외

한 사람의 평민으로 간주될 뿐이었다. 반고는 다시 강조하기를, "미천한 신분에서 지존(至尊)의 자리에 올랐으며, 여염(閭閻 : 일반 백성들이 거주하는 지역의 골목)에서 일어섰으므로 백성들의 고통을 알았고[由仄陋而登至尊, 興於閭閻, 知民事之艱難]"[116], "일반 백성들의 간사(奸邪)함도 알고, 관리가 다스리는 것의 좋은 점과 나쁜 점도 함께 알고 있었다.[具知閭里奸邪, 吏治得失.]"[117]라고 했다. 반고는 선제의 이와 같은 출신과 경력이 그가 제위에 올라 나라를 다스릴 때 행했던 정책들과 직접적인 관계가 있다고 생각했다. 이러한 견해는 매우 식견이 뛰어난 것이다.

선제에 대한 반고의 종합적인 견해는, 선제 시기의 성취가 이전 시대를 빛나게 하고 후세를 돋보이게 하기에 충분했으므로, 은(殷)나라 고종(高宗)[118]·주(周)나라 선왕(宣王)과 마찬가지로 중흥의 군주로 불릴 만하다는 것이었다. 이와 같은 평가는 역사와 실제로 부합하는 것이다.

5. 제국의 쇠락

서한 왕조는 전성기와 중흥을 거친 다음, 원제(元帝)·성제(成帝)·애제(哀帝)·평제(平帝) 시기에 이르러, 빠르게 쇠락의 길로 나아갔다. 반

척전(外戚傳)·허황후전(許皇后傳)」·「병길전(丙吉傳)」에 근거했다.

116) 『한서』 권89 「순리전(循吏傳)」 서(序).

117) 『한서』 권8 「선제기(宣帝紀)」.

118) 역자주 : 은나라 제23대 황제인 무정(武丁)의 묘호(廟號)로, 무정은 은나라를 강성하게 이끌었으므로, 역사에서는 이 시기를 '무정중흥(武丁中興)'이라고 일컫는다.

고는 『한서』의 「원제기(元帝紀)」·「성제기(成帝紀)」·「애제기(哀帝紀)」·「평제기(平帝紀)」·「소망지전(蕭望之傳)」·「공우전(貢禹傳)」·「포선전(鮑宣傳)」·「위현성전(韋玄成傳)」·「유향전(劉向傳)」·「유흠전(劉歆傳)」·「경방전(京房傳)」·「익봉전(翼奉傳)」·「이심전(李尋傳)」·「왕존전(王尊傳)」·「왕장전(王章傳)」·「개제갈유정손무장하전(蓋諸葛劉鄭孫毋將何傳)」·「광장공마전(匡張孔馬傳)」·「왕상사단부희전(王商史丹傅喜傳)」·「적방진전(翟方進傳)」·「곡영두업전(穀永杜鄴傳)」·「왕포전(王褒傳)」·「가연지전(賈捐之傳)」·「감연수전(甘延壽傳)」·「진탕전(陳湯傳)」·「단회종전(段會宗傳)」·「하무전(何武傳)」·「왕가전(王嘉傳)」·「사단전(師丹傳)」·「영행전(佞幸傳)」·「원후전(元后傳)」·「왕망전(王莽傳)」 등의 본기(本紀)와 열전(列傳)들에서 원제 이후 56년에 걸친 쇠락의 과정을 매우 사실적으로 기록하여, 서한이 쇠망의 길로 나아간 역사적 교훈을 진지하게 총괄해 냈다.

반고는, 서한이 쇠망의 길로 나아간 것은, 주로 권신(權臣)들의 정치 권력 독점과 전횡·바르고 곧은 말을 할 수 있는 통로의 막힘·관리들의 부패로 인해 사회적 모순이 격화되었기 때문이라고 생각했다.

(1) 권신(權臣)들의 정치 권력 독점과 전횡

반고의 역사 기록에는, 서한이 쇠락하고 멸망한 중요한 원인이 외척(外戚)·환관(宦官)·농신(弄臣 : 임금이 데리고 노는 신하-역자)들이 큰 권력을 장악하고, 정직한 관료들이 배제되었으며, 황제가 성격이 유약하거나 아니면 오로지 유흥에만 몰두했고, 혹은 즉위한 다음에 아무것도 할 수 없도록 마비당했거나, 혹은 세상물정을 모르는 어린 나이에 즉위했기 때문에, 권신들이 정치 권력을 독점하고 전횡을 일삼아, 정치가 날이 갈수록 암울하고 혼란해졌기 때문이었다고 분명하게 밝히고 있다.

소제(昭帝)와 선제(宣帝) 시기에, 서한은 비록 '중흥(中興)'의 국면이 나타났지만, 태평성세는 이미 종말을 고하는 단계에 이르렀으며, 선제 후기에는 권신들이 정권을 독점하고 전횡하는 어두운 그림자가 드리워지기 시작했다. 선제는 곽광(霍光)의 아들 및 상관걸(上官桀) 등의 세력을 타파하고, 외척인 허씨(許氏)·사씨(史氏)의 자제들을 임용했다. 허씨[허황후(許皇后)의 친정] 집안에서 세 명이 제후에 봉해졌으며, 사씨[선제의 조모인 사량제(史良娣)의 친정] 한 집안에서만 네 명이 제후에 봉해졌고, 또한 왕씨[王氏 : 선제의 어머니인 왕부인(王夫人)의 친정] 집안에서 두 명이 제후에 봉해졌다. 이들 세 집안의 외척들은 특별히 황제의 총애를 받았으며, 매번 거액의 상금을 하사받았다. 선제는 또한 이전의 근검절약을 잊어 버리고 사치와 향락을 일삼았으며, "자못 무제(武帝)의 고사(故事)를 배워, 궁실(宮室)·수레와 복장 등이 소제보다 화려했다.[頗修武帝故事, 宮室·車服盛於昭帝.]"[119] 선제는 또한 환관들을 임용하여 궁중의 대권을 장악했다. 이 때문에 사악한 세력들이 부각되었으며, 권신들이 정치 권력을 독점하고 전횡을 일삼는 단초가 열렸다.

반고는 원제(元帝)에 대해서 다음과 같이 객관적으로 평가했다. "재능과 기예가 많았고, 역사서를 좋아했다. 금슬(琴瑟)을 타고, 퉁소를 불며, 스스로 곡을 지어, 노래로 부르게 하였는데[多材藝, 善史書. 鼓琴瑟, 吹洞簫, 自度曲, 被歌聲]", "오묘하기가 이를 데 없었지만[窮極幼眇]",

119) 『한서』 권72 「왕길전(王吉傳)」.

국가를 다스리는 재능은 부족했으며, 특히 "우유부단하여, 선제(宣帝)가 이룩한 업적이 쇠미해졌다.[優游不斷, 孝宣之業衰焉.]"라고 했다.[120]

원제는 즉위한 초기에, 일찍이 대신인 소망지(蕭望之)와 주감(周堪)이 그가 태자(太子)일 때 스승이었으므로 특별히 우대했으나, 오히려 외척인 사고(史高) 등으로부터는 원한을 사게 되었다. 사고는 궁중의 환관인 석현(石顯)·홍모(弘慕)와 결탁하여 권력을 장악하고, 이들과 연합하여 소망지를 공격했는데, 그가 주감·유향(劉向)와 함께 '붕당(朋黨)'을 결성했다고 죄목으로 고발하여, 옥리(獄吏)에게 처벌을 맡겼다. 그러자 소망지는 분에 못 이겨 자살했다. 원제는 자신의 스승이 이미 세상을 떠났다는 소식을 듣고 통곡하며 눈물을 흘렸는데, 그는 이 일이 석현 등이 꾸민 일이라는 것을 마음속으로 알고 있었으나, 감히 규명하여 밝혀 내지는 못했다.[121] 이후에 원제는 사실상 이들에게 조종당하는 처지가 되어, 조정의 대권은 이미 환관과 외척의 수중으로 넘어갔다.

성제(成帝)가 즉위한 이후에는 상황이 더욱 악화되었다. 성제 본인은 하루 종일 행락만 즐기고 정사는 처리하지 않았다. 그는 어머니인 왕정군[王政君 : 원제(元帝)의 왕황후]의 오빠인 왕봉(王鳳)을 대사마대장군(大司馬大將軍)에 임명하여, 군사와 정치의 대권을 조종했으며, 또 다른 네 명의 외삼촌들인 왕담(王譚)·왕립(王立)·왕근(王根)·왕봉시(王逢時)를 같은 날에 제후로 임명했는데, 당시 이들은 '5후(五侯)'라고 불렸으며, 조정의 핵심 부문들을 장악했다. 그래서 반고는 「원후전(元

120) 『한서』 권9 「원제기(元帝紀)」의 찬(贊).

121) 『한서』 권78 「소망지전(蕭望之傳)」과 권36 「유향전(劉向傳)」을 참조하라.

后傳)」에서 분개하여 규탄하면서 다음과 같이 말했다. "왕씨의 자제들이 모두 경(卿)·대부(大夫)·시중(侍中)·제조(諸曹)[122]가 되니, 권세 있는 관직을 나누어 차지하여 조정에 가득했다.[王氏子弟皆卿大夫侍中諸曹, 分據勢官滿朝廷.]"[123] 양삭(陽朔) 원년(기원전 24년)에는 어떤 사람이 성제에게, 유향의 아들인 유흠(劉歆)이 "이치에 통달하여 남달리 뛰어난 재주가 있다[通達有異才]."라고 추천하자, 성제가 그를 불러서 만나보았는데, 그와 대화를 해보고 좋은 인상을 받은 성제는, 그를 "중상시(中常侍 : 궁중에서 황제를 따라다니면서 보좌하는 관리)로 삼으려고[欲以爲中常侍]" 불러서 관복을 갖추도록 했다. "벼슬을 내릴 때, 근신들이 모두 말하기를, '대장군(大將軍)께 아직 아뢰지 않았습니다.'라고 하자, 성제가 말하기를 '이와 같은 사소한 일을 어찌 구태여 대장군에게 알려야 하는가?'라고 했다. 그러자 좌우의 신하들이 머리를 조아리며 이에 대해 간쟁하였다.[臨當拜, 左右皆曰, '未曉大將軍', 上曰, '此小事, 何須大將軍?' 左右叩頭爭之.]" 성제는 할 수 없어, 부득이 사람을 시켜 왕봉에게 보고했는데, 과연 왕봉이 동의하지 않자, 이 일은 취소되었다.[124]

이로부터 얼마 지나지 않아, 경조윤(京兆尹) 왕장(王章)이 조정에 왕봉을 탄핵했다는 이유로 감옥에 갇혀 죽임을 당했으며, 왕장의 처자식들도 수천 리 밖에 있는 합포[合浦 : 지금의 광서(廣西) 합포]로 유배되었다. 이로 인해, 조정의 신하들은 누구도 감히 왕봉과 그 외척들을 똑바로 쳐다보지도 못했으며, 군국(郡國)들의 수상(守相 : 군수 및 제

122) 역자주 : 상서령(尙書令) 휘하의 모든 상서(尙書)들을 일컫는 말이다.
123) 『한서』 권98 「원후전(元后傳)」.
124) 『한서』 권98 「원후전」.

후와의 승상-역자)과 자사(刺史)의 임명도 모두 왕씨 일족들이 결정했다.[125] 서한의 정권은 사실상 이미 왕씨 집안의 수중에 쥐어진 물건이 되었다. 그래서 반고는 두업(杜業)이 애제(哀帝)가 즉위한 해에 올린 상소를 인용하여 다음과 같이 말했다. "왕씨가 세상의 권세를 장악한지 오래되자, 조정에는 강직한 신하가 없고, 종실(宗室)과 제후들은 미약하여, 갇혀 있는 죄수와 다를 바가 없었다.[王氏世權日久, 朝無骨骾之臣, 宗室諸侯微弱, 與繫囚無異.]"[126] 유씨(劉氏) 성을 가진 종실과 제후들뿐만 아니라, 황제까지도 포함하여 모두 사실상 죄수와 같은 신세가 되어 버렸다.

(2) "바르고 곧은 말을 할 수 있는 통로가 막히다[正直之路壅塞]."

서한이 멸망하게 된 또 다른 중요한 원인은, 황제에게 곧은 말로 거리낌없이 간언할 수 있는 길이 막히고, 정도(正道)를 걷는 신하들이 모함을 당하여, 사악한 세력이 더욱 기고만장하게 날뛰고, 제멋대로 행동하여 거리낌이 없었다는 것이다. 이것도 마찬가지로 반고가 서한 말기의 역사를 고찰하여 얻어 낸 정확한 인식이었다.

원제(元帝) 시기에 사예교위(司隷校尉)였던 제갈풍(諸葛豐)은 두 차례 상소를 올려, 당시 정치가 부패했으며, 바르고 곧은 말을 할 수 있는 통로가 이미 막혀 버렸다고 지적했다. 그는 상소에서 다음과 같이 말했다. "지금 천하는 크지만, 일찍이 절개를 지켜 정의롭게 죽을 수 있는 신하는 없으며, 모두 구차하게 영합하면서 자신의 안위만을 취하

---

125) 『한서』 권76 「왕장전(王章傳)」과 권98 「원후전」을 참조하라.

126) 『한서』 권60 「두주전(杜周傳)」.

고 있고, 서로 아첨이나 하면서, 사사로이 자기 개인이나 집안의 이익만을 생각하여, 나라의 정사를 잊고 있습니다. 간사하고 더러우며 탁한 기운이 올라가 하늘에 통하자, 재난이 여러 차례 나타나, 백성들이 고달파 하고 있습니다. 이는 신하들이 불충(不忠)한 결과이건만, 신하들은 진실로 이를 부끄러워하지 않고 있습니다.[今以四海之大, 曾無伏節死誼之臣, 率盡苟合取容, 阿黨相爲, 念私門之利, 忘國家之政. 邪穢濁溷之氣上感於天, 是以災變數見, 百姓困乏. 此臣下不忠之效也, 臣誠恥之亡已.]" 또한 "지금 남을 헐뜯어 출세하고, 바르고 곧은 말을 할 수 있는 길은 막혀 있으니, 충신들은 마음을 꺾게 되고, 지혜로운 선비들이 입을 막으니, 이것이 제가 두려워하는 것입니다.[今讒夫得遂, 正直之路壅塞, 忠臣沮心, 智士杜口, 此愚臣之所懼也.]"[127] 제갈풍은, 당시 구주(九州)로 이루어져 나라는 크지만, 절개와 정의를 지키기 위해 죽음도 두려워하지 않는 사람은 찾아볼 수 없고, 모두가 하나같이 구차하게 살아가거나, 권력이 있는 귀족에게 아부하거나, 무리지어 사사로운 이익을 도모할 뿐, 국가의 이익을 돌보지 않으니, 결국 하늘과 귀신이 노하여 백성들이 곤궁해졌다고 생각했다. 또한 만약 이와 같은 상황이 계속된다면, 곧 사악한 이들의 음모는 뜻한 대로 이루어져, 정의(正義)를 확대할 수 있는 길이 막히게 되니, 나라에 충성하는 이들이 절망을 느끼게 될 것이라고 지적했다. 반고는 제갈풍의 인식이 정확하다고 생각했다. 그러나 제갈풍이 직언한 말이 도리어 원제를 기분 나쁘게 했으므로, 먼저 제갈풍은 사예교위의 관직에서 파면되어, 성문을 관리하는 벼슬로 강등되었으며, 이어서 다시 면직되어 평민이 되었다.

127) 『한서』 권77 「제갈풍전(諸葛豐傳)」.

충성스럽고 정직한 이들이 피해를 입고, 사악한 세력들이 활개를 치게 되었으니, 이것은 서한이 빠른 속도로 쇠락하게 된 중요한 원인이었다.

당시 정직한 이들을 모함하는 수단은 다양했다. 성제(成帝)는 일찍이 백주대낮에도 정직한 조정의 신하들을 비밀리에 감금하기 시작했다. 간대부(諫大夫) 유보(劉輔)는 성제가 조비연(趙飛燕)을 총애하는 것에 반대했으며, 또한 그녀를 황후로 삼고 그녀의 아버지를 제후에 봉하는 것을 더욱 반대하였다. 그리고 특별히 상소를 올려 말하기를, 그렇게 하면 반드시 화를 입을지언정 이로울 게 없을 것이라고 지적했다. 성제는 유보의 이와 같은 간언을 듣지 않았을 뿐만 아니라, 도리어 그가 임금을 비방한다고 생각하여, 결국은 시어사(侍御史)[128]에게 명령하여 유보를 궁중에 있는 '액정비옥(掖庭秘獄 : 궁중에 있는 비밀 감옥)'에 그를 감금하도록 하고, 조정의 신하들은 이를 알지 못하게 했다. 좌장군(左將軍) 신경기(辛慶忌)·우장군(右將軍) 염포(廉褒)·광록훈(光祿勛) 사단(師丹)·태중대부(太中大夫) 곡영(穀永)이 이 사실을 들은 다음, 황제에게 글을 올려 말하기를, "신(臣)들이 듣기에 명군(明君)은 남의 말을 듣는 데 관용을 베풀고, 간쟁(諫爭)하는 관리를 숭상하며, 충언과 직언을 할 수 있는 길을 넓게 열어 두어, 뜻이 너무 커서 상규(常規)를 벗어나거나 고집이 지나치게 세어 지조가 굳은 말을 해도 벌하지 않았으니, 그런 다음에야 모든 관리들이 자리에 있으면서 충성을 다하는 데 온 마음을 기울이고, 후환을 두려워하지 않았습니

128) 역자주 : 어사대부(御史大夫) 아래의 벼슬로, 법을 따르지 않는 이들을 처벌하고 반란을 일으킨 자들을 진압하는 일 등을 담당했다.

다.[臣聞明王垂寬容之聽, 崇諫爭之官, 廣開忠直之路, 不罪狂狷之言, 然後百僚在位, 竭忠盡謀, 不懼後患.]"라고 하니, 유보는 멀지 않아 곧 다시 간대부에 발탁되었다. 유보는 "10일 동안 비밀감옥에 갇혀 있었는데[旬日之間, 收下秘獄]", 만약 그에게 작은 잘못이라도 있었다면, 당연히 황제는 조정의 신하들에게 양해를 구했어야 하고, 만약 그가 큰 죄를 저질렀다면 곧 마땅히 사법부(司法府)에 데려가 공개적으로 심리(審理)를 해야 했다. 그러나 신하들 모두가 오싹한 두려움을 느끼게 되어, 다시는 아무도 감히 정의를 위해 직언을 하는 사람이 없었다. 성제는 많은 사람들이 유보를 위해 사정하니 무턱대고 죽일 수 없게 되자, 다시 유보를 소부(少府)의 감옥으로 보냈으며, 사형에서 1등을 감형한 '귀신[鬼薪 : 종묘(宗廟)를 위해 땔나무를 채취하는 벌로서, 형기(刑期)는 3년임]'으로 판결했다.[129)]

반고는, 서한 말기에 "바르고 곧은 말을 할 수 있는 통로가 막혔기" 때문에, 애제(哀帝)·평제(平帝) 시기에 왕망(王莽)이 온갖 음모와 수단을 동원하여 차츰차츰 대권(大權)을 찬탈해 갔으나, 누구 한 사람 나서서 감히 이를 폭로하지 않았고, 오로지 그에게 아부하면서 비위를 맞추려 했다고 생각했다. 그래서 왕망이 의사를 내비치자 그 패거리들이 왕태후(王太后 : 王政君)에게 글을 올려, 왕망을 안한공(安漢公)에 봉하고, 그의 딸을 평제의 왕후(王后)로 삼았으며, 또한 그에게 새로 야전(野田) 2만 5,600경(頃)[130)]을 봉지(封地)로 더해 주고, 금 2만 근

129) 『한서』 권77 「유보전(劉輔傳)」을 참조하라.

130) 역자주 : 서한 시기에 1척(尺)은 23.1cm였다. 이를 기준으로 계산해 보면[1장(丈)은 10척(尺), 1무(畝)는 60평방장(平方丈)], 서한의 1무(畝)는 약 320㎡가 된다. 그리고 1경(頃)은 100무에 해당하므로, 왕망이 추가로 하사받은 토지의 면적은 약

(斤)을 포함하여 모두 2억(億) 전(錢)[131]을 하사해야 한다고 주장했다. 왕망이 거짓으로 새로운 야전을 받지 않자, 이 사건을 해결하기 위해, 황제에게 글을 올려 왕망이 새로운 야전을 거절하도록 해서는 안 되며, 다시 그에게 녹봉과 지위를 더 올려 주어야 한다고 요청한 자들이, 전후로 모두 48만 7572명[132]이나 되었으니, 이는 당시에 이미 바르고 곧은 말을 할 수 있는 사람이 없어졌으며, 권세 있는 자에게 아부하여 빌붙는 것이 이미 일종의 사회적 분위기가 되었다는 것을 말해 준다.

(3) 사회 모순의 격화

반고는 또한 서한이 멸망하게 된 세 번째의 중요한 원인은, 황족(皇族)과 권세 있는 귀족들의 사치가 극에 달하고, 백성들에 대한 착취가 잔혹했으며, 국가의 재부(財富)를 마구 낭비하고, 토지의 겸병(兼併)이 악화되자, 사회 모순이 끊임없이 격화됨으로써, 농민들이 살아갈 방도가 없어졌기 때문이라고 구체적으로 기술(記述)했다.

일찍이 원제 시기에, 공우(貢禹)는 상소를 올려 다음과 같이 지적했

819.2㎢가 된다. 이는 현재 서울특별시의 면적(605.25㎢)이나 싱가포르의 면적(693㎢)보다도 크다.

131) 역자주 : 이 엄청난 돈은 황제가 황후를 맞아들이는 예물이라는 명목으로 책정된 것이다. 왕망은 이 중 4천만 전(錢)만 받았고, 그 중 3300만 전은 자신과 인척 관계에 있는 집안들에 나누어 주었다. 이후 다시 황제로부터 2300만 전을 받아 결국 3천만 전을 자신이 소유했는데, 그 중 1천만 전을 자신의 친척들 중 가난한 이들에게 나누어 주었다고 한다. 때문에 결과적으로 왕망은 황제로부터 6300만 전을 받아 2천만 전을 소유하고, 주변에 4300만 전을 나누어 준 것이다. 『한서』 권99 「왕망전(王莽傳)」에 근거했다.

132) 『한서』 권99 「왕망전」을 참조하라.

다. 즉 천하의 백성들은 곤궁하여 고통을 겪고 있음에도, 황실은 도리어 사치하며 낭비하고 있다. 그리하여 산동(山東)의 세 곳에서 황궁을 위해 직물을 생산하는 장인들의 수가 수천 명에 달하며, 이를 위해 매년 수만 전(錢) 이상을 소비하고, 촉한(蜀漢) 지역에서는 후궁들을 위해 금기(金器)와 은기(銀器)를 생산하는 데 매년 또한 5백만 전을 소모한다. 또한 장안의 곳곳에 있는 이궁(離宮)들에는 관노예(官奴隸) 10만여 명을 나누어 배치했는데, 이들은 하루 종일 놀면서 아무 일도 하지 않으며, 그로 인해 소비되는 비용은 헤아릴 수 없다. "천하의 백성들이 크게 굶주려 죽는 자들[天下之民所爲大飢餓死者]"이 헤아릴 수 없이 많으며, "죽어도 장례를 치르지 못하여, 개와 돼지들의 먹이가 된다.[死又不葬, 爲犬猪食.]" 백성들은 이미 "사람들이 서로를 잡아먹는[人至相食]" 지경에 이르렀는데도, 황궁에서 기르던 대략 만 필(匹)이 넘는 말들은, 종일 "곡식만 먹어 대니[食粟]", 말이 너무 살이 쪄서 고통스러워하자, 또한 수많은 사람들로 하여금 매일 끌고나가 산책을 하게 하여, 말들이 소화시키는 지경이라고 했다. 이런 상황에 대해 그는 매우 분개하면서 말하기를, "임금이 하늘로부터 명을 받은 것은, 백성들의 부모가 됨인데, 정말이지 이와 같을 수 있단 말인가![王者受命於天, 爲民父母, 固當若此乎!]"[133]라고 했다. 당시 가연지(賈捐之)도 또한 말하기를, '관동의 백성들은 해마다 의지할 곳을 잃고 유랑하다가, 비참하게 외지에서 굶어죽고 있으며, 굶어죽은 시체들은 길 위에서 여기저기 흩어져 나뒹굴고 있다'고 했다.[134]

133) 『한서』 권72 「공우전(貢禹傳)」을 참조하라.
134) 『한서』 권64 「가연지전(賈捐之傳)」을 참조하라.

성제(成帝) 때, 외척인 사단(史丹)은 우장군(右將軍)에 임명되었는데, 상으로 받은 것이 모두 천 금(金)에 달했고, 노비들의 수가 백 명을 헤아렸으며, 첩을 수십 명이나 두어, 사치와 향락이 극심했다.[135] 또 다른 외척인 강양후(江陽侯) 왕립(王立)은 남양(南陽)에 100경(頃)이나 되는 땅을 무단으로 점거하고 있으면서도 '황무지 밭[荒田]'이라고 사람들을 속였는데, 사실 그 중에는 농민들이 이미 개간하여 농사짓던 곳이 적지 않았다. 그는 또한 물건을 중개하여 관부(官府)에 비싼 값에 팔았는데, 그 가격이 모두 시중(市中)의 가격보다 높았으며, 또한 초과하여 1억 전(錢) 이상을 수탈했다.[136] 승상(丞相) 장우(張禹)는 권세를 이용하여 400경(頃) 이상의 땅을 차지했는데, 모두 경수(涇水)와 위수(渭水) 근처에 있어, 물을 대기가 편리했고, 토질이 비옥하여 관중(關中) 지역에서 가장 좋은 농경지였다.[137] 애제(哀帝) 시기에는 간신 동현(董賢)을 총애하여, 그에게 2천여 경(頃)의 토지를 하사했다. 동현은 나이 22세에 대사마(大司馬)에 봉해져, 부자(父子)가 모두 공경(公卿)의 높은 관직에 올랐다. 상(賞)을 헤아릴 수 없이 많이 받아서, 그가 세상을 떠났을 때 그 재산을 몰수하여 판매 가치로 환산해 보니 무려 43억 전(錢)에 달했다.[138]

반고는 정치의 혼란과, 토지의 악질적인 겸병과 잔혹한 수탈 상황에 놓인 농민들의 비참한 처지에 대해 매우 동정했다. 그래서 그는 애제 때 간대부(諫大夫)였던 포선(鮑宣)이 황제에게 올린 글에서 농민

135) 『한서』 권82 「사단전(史丹傳)」을 참조하라.
136) 『한서』 권77 「손보전(孫寶傳)」을 참조하라.
137) 『한서』 권81 「장우전(張禹傳)」을 참조하라.
138) 『한서』 권86 「왕가전(王嘉傳)」과 권93 「동현전(董賢傳)」을 참조하라.

들에게는 '7망(亡)'과 '7사(死)'가 있다고 한 말을 이용하여, 사람들로 하여금 슬퍼서 눈물을 흘리게 하는 감동적인 논술을 했다. 포선은 말하기를, "무릇 백성들에게는 '7망'이 있으니, 음양이 조화롭지 못하여 홍수와 가뭄이 있는 것이 1망이고, 현관(縣官)들이 세금을 더욱 무겁게 부과하는 것이 2망이며, 탐욕스러운 관리가 공무와 아울러, 수탈을 그치지 않는 것이 3망이고, 세력이 강한 대성(大姓) 가문 사람들이 백성들을 가혹하게 착취하고 민력(民力)을 소모하면서도 만족하지 못함이 4망이며, 가혹한 관리의 착취와 요역(徭役)으로 인해 농사짓고 누에 치는 시기를 놓치는 것이 5망이고, 부락에서 도적 쫓는 북소리가 울리면 남녀 주민들이 길을 막아서는 것이 6망이며, 도적들이 협박하여 물건을 약탈하면서 백성들의 재물을 취하는 것이 7망이다. '7망'은 그나마 있을 수 있다 해도, 또한 '7사'도 있으니, 가혹한 관리가 백성을 때려서 죽이는 것이 1사이고, 형벌이 심각하여 죽는 것이 2사이며, 억울하게 모함을 당하여 죄를 뒤집어쓰고 죽는 것이 3사이고, 도적들이 마음대로 발호하여 죽는 것이 4사이며, 원수와 서로 싸워 죽는 것이 5사이고, 해마다 기아(飢餓)가 극심하여 죽는 것이 6사이며, 철따라 질병을 앓다가 죽는 것이 7사이다.[凡民有七亡, 陰陽不和, 水旱爲災, 一亡也, 縣官重責更賦租稅, 二亡也, 貪吏竝公, 受取不已, 三亡也, 豪强大姓蠶食亡厭, 四亡也, 苛吏繇役, 失農桑時, 五亡也, 部落鼓鳴, 男女遮迣, 六亡也, 盜賊劫略, 取民財物, 七亡也. 七亡尙可, 又有七死, 酷吏毆殺, 一死也, 治獄深刻, 二死也, 冤陷亡辜, 三死也, 盜賊橫發, 四死也, 怨讎相殘, 五死也, 歲惡飢餓, 六死也, 時氣疾疫, 七死也.]"라고 했다. 이 말은 서한 말년의 백성들이 처해 있던 심각한 재난 상황에 대해 깜짝 놀랄 만큼 집중적으로 폭로해 낸 것이다. 당시에는 홍수와 가뭄의 재해·관부(官府)의 과도하게 무거운 세금 징수·탐관오리들의 강탈과 착취·호족의 토지 겸병·과도하게 무거운 요역·상시적으로 노상(路上)에 내몰려 도적들을 체포해야 하는 일·도적들의 절도와 약탈 등 일곱 가지 폐단들이 농민들로 하여금 생산 활동에 종사하지 못하게 하여 밖으로 떠돌게 했다. 게다가 잔혹한 관리들의 구타와 학살·범죄에 대한 엄혹한 판결·억울한 누명을 쓴 죽음·도적들의 살인·원한으로 인해 서로 싸워 죽임·굶어죽음·질병이 유행해도 치료를 받지 못하고 죽음 등 일곱 가지 병폐들이 있어서 농민들로 하여금 살아갈 수 없도록 했다. 이 때문에 포선은 다음과 같이 총괄했다. "백성들은 일곱 가지 잃는 것[七亡]이 있으나 한 가지도 얻을 수 없으니, 나라가 안정되기를 바라기는 진실로 어려우며, 백성들은 일곱 가지 죽음[七死]이 있지만 한 번이라도 살아날 수 없으니, 형벌을 시행하지 않기를 바라는 것은 정말로 어렵다.[民有七亡而無一得, 欲望國安, 誠難. 民有七死而無一生, 欲望刑措, 誠難.]"[139]

반고는 포선의 분석에 동의하여, 백성들에게는 '7망'과 '7사'가 있으며, 사회 모순은 이미 매우 엄중한 지경에 이르렀기 때문에, 민중들의 반란과 기의(起義) 사건들이 잇달아 발생하고, 국가의 통치가 다시 안정을 찾지 못하게 만들었다고 여겼다.

반고는, 서한 말년에 권신(權臣)들이 권력을 독점하여 전횡을 일삼자, 바른 말을 하는 사람들이 배제되고 타격을 당했으며, 관리들이 부패하고, 계급 모순이 격화되어, 나라의 통치가 이미 위태로워졌다

139) 이상의 인용문들은 모두 『한서』 권72 「포선전(鮑宣傳)」을 보라.

고 생각했다. 평제(平帝) 시기에, 왕망은 사회가 요동치고 불안한 정국을 이용하고, 음모와 수단에 의지하여, 초시(初始) 원년(서기 8년)에 한나라를 대체하여 스스로 즉위하고 국호(國號)를 '신(新)'으로 바꾸었다. 왕망은 정권을 잡은 뒤, 옛 제도들에 근거하여 제도를 개혁한 결과, 더욱 커다란 혼란을 조성하여, 백성들은 한층 더 도탄에 빠졌으며, 마침내 적미(赤眉)·녹림(綠林)의 대대적인 봉기를 불러일으켰고, 왕망의 '신'나라는 이에 따라 멸망하고 말았다.

반고는 뛰어난 문장으로 서한의 역사라는 그림을 묘사해 냈는데, 진실하여 믿을 수 있고 내용이 풍부하며 견해(見解)가 치밀하면서도 타당한 역사서를 남겼다. 특히 서한의 흥망성쇠에 대해 진지하게 고찰했다. 그는 사람들에게 말하기를, 서한 왕조는 유방(劉邦)의 개국과 창업·문제(文帝)와 경제(景帝)의 치세를 거쳐 무제(武帝) 시기의 전성기에 이르렀으며, 또한 소제(昭帝)와 선제(宣帝)의 중흥을 겪고 난 다음, 마지막으로 쇠망의 길로 나아갔다고 했다. 서한 왕조가 존속한 총 214년 가운데, 고조(高祖)부터 선제에 이르는 158년 동안은 상승과 번영의 시기였다. 또한 이것은, 서한의 통치가 비교적 좋았던 시기가 전체의 4분의 3을 차지하며, 때문에 비로소 서한 시대에 위대한 성취가 이루어지도록 보증했다는 것을 말해 주는 것으로, 이는 중국 역사에서 특수한 의의를 갖는다.

반고는 서한 시대 역사의 흥망성쇠를 분석하면서, 주로 정치의 성공과 실패·인심의 향배·군주의 재능과 성격·인재의 선발·신하들이 자신에게 주어진 직무에 최선을 다했는가·경제 상황이 어떠했는가·주변 민족들과의 관계에 대한 처리가 타당했는가 등에 눈길을 돌렸다. 한마디로 말하자면 이는 곧 인간의 노력·정책 시행 및 그 효과의 측면에 착안하여 역사를 분석한 것으로, 근본적으로 귀신의 뜻이나 도참(圖讖) 등과 같은 요망하고 그릇된 주장들을 배척하고 부정한 것이다. 이러한 것들은 모두 그가 역사가로서의 진실을 추구하는 태도와 깊은 통찰력을 갖추고 있었다는 점을 충분히 나타내 주었으며, 후대의 위정자들과 역사가들 모두에게 매우 큰 교훈이 되었다.

제5장

새로운 역사 서술 체제의 확립

– 반고의 역사 편찬 사상

송대(宋代)의 정초(鄭樵)는 일찍이 말하기를, 반고가 "한(漢)나라의 역사만을 잘라내어 책으로 만든 것[斷漢爲書]"은 "막힘 없이 잘 이해한다는 의의를 상실한 것이며[失會通之旨]", "주(周)나라와 진(秦)나라에 이르기까지는 서로 관계가 없다는 것으로, 옛날과 지금 사이에 간격을 두고 있는 것이다. 고조(高祖)부터 무제(武帝)까지 대략 6세(世)의 앞부분은 모두 사마천(司馬遷)의 글을 훔쳤음에도 부끄럽게 여기지 않았다. 소제(昭帝)부터 평제(平帝)까지 무릇 6세는 가규(賈逵)와 유흠(劉歆)의 글에서 취했음에도, 다시 부끄러워하지 않았으며, 하물며 또한 조대고(曹大家 : 반고의 누이동생인 반소-역자)가 책을 마무리했으니, 곧 반고가 스스로 글을 쓴 것은 거의 없다. 왕왕 반고의 생각에서 나온 것은 「고금인표(古今人表)」[1]뿐이라고도 하는데, 그런 말을 하는 사람은 틀리지 않았다. 후세에 많은 사람들이 직접 책을 쓴다고 하면서, 입장이 다른 여러 사람들의 주장을 마구 뒤섞어 놓거나, 남의 글

1) 역자주 : 『한서』 권20 「고금인표」를 가리킨다.

을 빼앗거나, 자신을 속이고 남을 기만하고 있는데, 이는 모두 반고가 '용(俑 : 나무 인형)을 만드는 것[作俑]'[2] 같은 좋지 않은 선례를 남겼기 때문이다. 반고의 사업이라는 것이 이와 같은데도, 후세의 역사가들이 반고를 따라가기에 분주하여 쉴 틈이 없을 지경인데, 어찌 그들의 안목으로 얕고 깊음을 헤아릴 수 있겠는가! 사마천과 반고의 관계는 마치 용(龍)과 돼지의 관계와도 같은데, 어찌 모든 역사가들은 사마천을 버리고 반고의 방법을 사용하고 있단 말인가?[是致周秦不相因, 古今成間隔. 自高祖至武帝凡六世之前, 盡竊遷書, 不以爲慚. 自昭帝至平帝凡六世, 資於賈逵·劉歆, 復不以爲恥, 況又有曹大家終篇, 則固之自爲書也幾希, 往往出固之胸中者, 古今人表耳, 他人無此謬也. 後世衆手修書, 道傍築室, 掠人之文, 竊鍾掩耳, 皆固之作俑也. 固之事業如此, 後來史家奔走班固之不暇, 何能測其淺深! 遷之於固, 如龍之於猪, 奈何諸史棄遷而用固?]"[3]라고 했다. 정초는 사마천의 통사(通史) 편찬을 찬양하면서, 반고가 단대사(斷代史)를 편찬한 것을 지극히 폄하했다. 이는 완전히 편견에서 비롯된 이유 없는 비난으로, 역대의 많은 식견 있는 역사가들이 『한서』에 대해 높게 평가한 것과 뚜렷이 대조된다. 실제로 반고는 역사를 편찬하는 데에서 비범한 창조 정신을 갖고 있었으며, 탁월한 성취를 이루었다. 그는 역

---

2) 역자주 : 『맹자(孟子)』 「양혜왕장구(梁惠王章句) 上」에 나오는 말이다. 맹자는 양혜왕을 만난 자리에서, "공자(孔子)께서 '처음 나무 인형을 만든 사람은 그 자손이 끊길 것이다.'라고 말씀하셨는데, 이는 그가 사람의 형상을 만들어 (죽은 사람과 함께 묻는 데-역자) 썼기 때문입니다.[仲尼曰, 始作俑者, 其無後乎, 爲其象人而用之也. 仲尼曰, 始作俑者, 其無後乎, 爲其象人而用之也.]"라고 말했다. 이는 공자가 순장(旬葬)하는 풍습을 극도로 반대했음을 말해 주는 것인데, 이로부터 '용(俑)을 만든다[作俑]'라는 말은 좋지 않은 전례를 남긴 사람이나 그러한 경우를 비유하는 말로 사용되었다.

3) 정초(鄭樵), 『통지(通志)』 「총서(總序)」.

사를 저술하는 새로운 격식을 확립했고, 역사를 서술하는 체제에서도 중대한 진전을 이루었으며, 내용상으로도 특별한 보완과 창조가 있었다. 추호도 의심할 바 없이, 반고의 『한서』는 중국 역사학 발전에서 사마천이 지은 『사기(史記)』의 뒤를 잇는 또 하나의 우뚝 솟은 불후의 걸작이다.

1. 새로운 역사 저술 체제의 창립

(1) 『사기』의 속작(續作)

『사기』가 완성된 이후 사마천의 거대한 성공에 매료된 많은 학자들은 역사서를 편찬하는 것을 영원한 가치가 있는 저작(著作)을 남기는 것으로 간주하여, 너도나도 계속해서 역사서를 저술하는 작업을 진행했다. 『사기』의 완성에서부터 반고가 『한서』를 완성하기 전까지의 약 백 년 동안 17명의 학자들이 『사기』를 이어서 역사를 쓰는 데 종사했는데, 바로 저소손(褚少孫)·유향(劉向)·유흠(劉歆)·풍상(馮商)·위형(衛衡)·양웅(揚雄)·사잠(史岑)·양심(梁審)·사인(肆仁)·진풍(晉馮)·단숙(段肅)·김단(金丹)·풍연(馮衍)·위융(衛融)·소분(蕭奮)·유순(劉恂)과 반표(班彪)[4]가 그들이다. 그 중에서 저소손과 반고의 아버지인 반표가 가장 유명하다.

저소손은 서한의 원제(元帝)·성제(成帝) 시기에 박사(博士)가 되었는데, 그가 보충한 『사기』「삼왕세가(三王世家)」에서 『사기』를 보충하는

---

4) 유지기(劉知幾)의 『사통(史通)』 권12 「고금정사(古今正史)」를 참조하라. 또 『한서』 권30 「예문지(藝文志)」에는, "풍상이 『사기』의 뒤를 이어 7편의 글을 지었다.[馮商所續『太史公』七編.]"라고 기록되어 있다.

글을 쓴 동기를 다음과 같이 밝혔다. "신(臣)은 다행히 글과 학문으로 시랑(侍郎)이 될 수 있었는데, 태사공(太史公)의 열전(列傳)을 즐겨 읽었습니다. 그 열전 중에서 「삼왕세가」의 문사(文辭)가 볼 만하다고들 하는데, 그 세가(世家)를 구하려 했으나 끝내 얻지 못했습니다. 옛날이야기를 좋아하는 어르신으로부터 그가 봉해 놓은 책서(策書)[5]를 취하여 몰래 가져와, 그 곳에 기록된 사실들을 엮어 나열하고 이를 전하여, 후세 사람들로 하여금 현명한 군주의 뜻을 볼 수 있도록 했습니다.[臣幸得以文學爲侍郎, 好覽觀太史公之列傳. 傳中稱「三王世家」文辭可觀, 求其世家, 終不能得. 竊從長老好故事者取其封策書, 編列其事而傳之, 令後世得觀賢主之指意.]"[6] 지금의 『사기』에서 저소손의 작품들이 부분적으로 남아 있는 것들로는 또한 「건원이래후자연표(建元以來侯者年表)」·「외척세가(外戚世家)」·「전숙열전(田叔列傳)」·「귀책열전(龜策列傳)」 등이 있는데, 대부분은 사마천이 미처 알지 못했거나 혹은 기록하지 못한 역사 사실들을 보충해 넣은 것들이다.

동한 건무(建武) 연간에, 반표는 또한 『사기』를 보충한 『후전(後傳)』 65편(篇)을 지음으로써, 『사기』의 내용을 이어서 보충한 또 한 명의 유명한 인물이 되었다.

저소손부터 반표에 이르기까지, 이렇게 많은 학자들이 『사기』의 속작(續作)들을 저술했는데, 이는 『사기』의 성취가 학자들에게 매우 흡인력이 있었다는 것을 말해 주며, 또한 중국 역사학이 면면히 이어져온 전통을 드러내 보여 주지만, 동시에 이 시기의 역사 저술 작업

---

5) 역자주 : 책서란, 옛날에 역사 사실을 기록하는 데 항상 사용하던 간책(簡册)을 가리킨다.

6) 『사기』 권60 「삼왕세가(三王世家)」.

의 한계성을 드러내 보여 주는 것이다. 이렇게 많은 학자들의 '속작' 들 중에서, 저소손이 보충한 단락들이 『사기』에 덧붙여져 있어서 부분적으로 전해 올 수 있었던 것들과 반표가 이어서 쓴 일부 내용들이 『한서』에 남아 있어서 부분적으로 전해 올 수 있었던 것들을 제외하고는, 나머지 학자들이 이어서 쓴 글들은 일찍이 이미 파묻혀 버려 알려지지 않아, 사회에 큰 영향을 미치지 못했다. 이는 이 시기의 역사 저술 작업이 이미 곤란한 상황에 놓여 있었음을 말해 준다. 그 원인을 탐구해 보면 다음과 같다. 우선 몇몇 역사학자들에 대해 말하자면, 그들이 살던 시대는 역사 발전의 완정(完整)한 맥락 및 역사를 이해하고 인식할 수 있는 시간을 제공해 주지 못했다는 점이다. 다른 한편으로는, 바로 100여 년의 시간 동안, 학자들은 줄곧 새로운 역사 저술의 방도를 찾지 못하고, 그들이 자각했든 자각하지 못했든 간에 저술 작업을 사마천이 거둔 거대한 성취의 영향력 아래 두고서, 단지 사마천이 역사를 저술한 방식에 따라 수정하고 보완하기만 했을 뿐, 결코 새로운 역사서 체계를 확립할 필요를 느끼지 못했다는 점이다. 사마천이 확립한 역사 서술 방식은, 뜻밖에도 후대에 역사 서술에 대해 질곡으로 변해 버렸다. 만약 이 문제를 해결하지 못한다면, 바로 "역사 기록이 연속되어 끊이지 않도록 보존한다[保存歷史記載連續不斷]."라는 목적도 또한 이룰 수 없었다. 따라서 새로운 역사 저술의 체계를 세우는 것은, 곧 역사가들이 직면한 시급히 해결해야 할 난제(難題)가 되었다.

(2) 새로운 역사 저술 체제의 창립

반고는 자각적으로 역사학의 발전을 추동해 가야 한다는 사명을 떠안았는데, 그는 웅대한 기백으로 사마천이 지은 『사기』의 "과거와 현재를 꿰뚫어 안다[通古今]."라는 통사(通史) 체제를 타파하고, 역사 저술의 새로운 방식을 창립했다. 『한서』는 "한(漢)나라만을 잘라 내어 역사로 삼았는데[斷漢爲史]", 서한 왕조의 시작과 끝에 따라, 고조(高祖)에서부터 시작하여 왕망(王莽)으로 끝나는 한 시대를 총괄했는데, 처음부터 끝까지 완정하여, 역사를 기록하는 체계에서 중대한 진전을 이룸으로써, 역사학으로 하여금 사마천의 거대한 그림자에서 벗어날 수 있도록 했다. 이 거대한 저서의 탄생은, 마침내 역사학으로 하여금 저속한 단계를 뛰어넘어 다시 한 번 금자탑을 우뚝 세우도록 했다. 당대(唐代)의 저명한 역사 평론가인 유지기(劉知幾)는 이에 대해 매우 확실한 견해를 지니고 있었는데, 그는 반고가 표현해 낸 그와 같은 창조성은 대담하게 스스로 일가(一家)를 이룬 것이라고 평론했다.[7]

유지기는 통사 체제인 『사기』 이후에 단대사 체제인 『한서』가 출현한 것은, 사실상 역사학 발전의 객관적 요구였다고 생각했다. 그는 『사기』의 성취에 대해서 일찍이 매우 높게 평가했는데, 『사기』는 저술의 모범이며, 그 체제는 많은 내용을 담으면서도 신축성이 매우 풍부한 특징을 갖고 있다고 지적했다. 이와 동시에, 그는 사마천 이후에 역사를 저술했던 실제 경험들을 돌이켜보면서, 『사통(史通)』 「육가(六家)」에서 이 체제의 운용에 따른 장단점들에 대해 총괄했다. 그는 책을 만드는 데 따른 어려움과 독자들이 책을 읽는 효율성의 관점에

7) 유지기, 『사통(史通)』 권12 「고금정사(古今正史)」.

서, 『사기』의 통사 체제는 또한 대단히 큰 결함이 존재한다고 생각했다. 그것은 바로, 기재하는 내용의 맨 처음과 끝의 시간적 간격이 너무 멀어, 포괄하는 연대(年代)가 매우 길다는 점이다. 이와 같이 잡다한 내용들이 '기(紀)'와 '전(傳)'의 각 편(編)들에 분산되고, 다시 여기에 '서(書)'와 '표(表)'를 더하니, 필연적으로 조사하여 규명하는 것을 어렵게 만들 수밖에 없었다. 또 본래 한 왕조의 일을 이야기하는 것이지만, 서로 다른 장(章)과 편(篇)들에 분산되어 있으니, 그야말로 마치 북방의 호족(胡族)과 남방의 월족(越族) 사이처럼 수만 리나 떨어진 것과 같으며, 임금과 신하가 같이 참여한 일이지만, 마치 하늘의 삼성(參星)과 상성(商星)[8]처럼 멀리 떨어져 있는 격이었다. 이후 양(梁)나라 무제(武帝)가 이러한 통사 체제를 모방하여, 620권의 『통사(通史)』를 편찬했는데, 더욱 난잡했기 때문에, 독자들이 차라리 원래 있던 역사서를 읽으려 하고, 이 새로운 책을 읽으려 하지 않았다. 하물며 『통사』가 편성한 것은 그다지 많지 않았는데, 곧 유실된 것은 오히려 적지 않아, 정말이지 노력한 만큼 얻은 것이 없었으니, 이는 역사를 저술하는 사람들이 응당 깊이 경계해야 할 것이었다.

이어서 유지기는 『한서』가 한 조대만을 역사로 서술한 것의 장점을 다음과 같이 분석했다. 즉 그는 반고가 역사를 저술한 방법을 이렇게 기술했다. "이에 고조에서부터 잘라, 왕망까지의 모든 일들을, 12개

8) 역자주 : '삼성'이란 고대 중국의 28수(宿) 중 하나인 삼수(參宿)를 가리키는데, 이는 오리온자리의 일부를 가리킨다. '상성'은 고대 중국의 28수 중 심수(心宿)의 다른 이름인데, 이는 지금의 전갈자리의 일부를 가리킨다. 오리온자리는 겨울철의 대표적인 별자리이고, 전갈자리는 여름철의 대표적인 별자리로, 천구(天球) 상에서 서로 멀리 떨어져 있으므로 같은 하늘에서는 동시에 볼 수 없다.

의 기(紀)·10개의 지(志)·8개의 표(表)·70개의 열전(列傳)들로 삼아, 하나의 역사로 묶고, 제목을 『한서』라고 했다. 옛날 우(虞)나라와 하(夏)나라의 '전(典)'과 상(商)나라와 주(周)나라의 '고(誥)', 그리고 공자(孔子)가 지은 것들을, 모두 일러 '서(書)'라고 했다. 대저 '서'를 이름으로 삼은 것은, 옛날 일을 상고(詳考)하는 것을 성대(盛大)하게 일컬은 것이다. 그것(『한서』-역자)의 창조를 잘 살펴보면, 모두 자장(子長 : 사마천의 자-역자)을 따랐지만 「세가(世家)」를 두지 않았으며, 「서(書)」를 「지(志)」로 바꾸었을 따름이다. 동한 이후부터 작자들이 그대로 따르면서, 모두 그 명칭을 이어갔으며, 바뀐 것이 없었으나, 오직 『동관한기(東觀漢記)』가 '기(記)'라 했고, 『삼국지(三國志)』가 '지(志)'라고 했을 뿐이다. 그러나 비록 차이는 있지만, 체제는 모두 같았다. 예로부터 두루 살펴보니, 역사를 기록한 것들로, 『상서(尙書)』는 주나라의 일을 기록했는데 진(秦)나라 목공(穆公)에서 끝났으며, 『춘추(春秋)』는 노(魯)나라의 글들을 기록했는데 애공(哀公)에서 끝났고, 『기년(紀年)』[9]은 위(魏)나라의 멸망에까지 이르지 못했으며, 『사기』는 한나라의 시작만을 논하고 있을 뿐이다. 그런데 『한서』는 서한의 시작과 끝을 모두 구명(究明)했고, 유씨(劉氏)의 쇠망함과 흥성함을 궁구했으며, 한 시대를 모두 포괄하여 한 권의 책으로 편찬했다. 그 언어는 모두 정련(精練)되어 있으며, 기록된 일들은 거의 모두 치밀하게 갖추어져 있으므로, 학자들이 깊이 살펴 찾아보는 데에, 그 노고를 덜어 준다. 그래서 그로부터 지금에 이르기까지, 이 방도를 바꾸지 않았다.[乃斷自高祖, 盡於王莽, 爲十二紀·十志·八表·七十列傳, 勒成一史, 目爲『漢書』. 昔虞·夏之典, 商·周之誥,

9) 역자주 : 『죽서기년(竹書紀年)』을 가리킨다.

孔氏所撰, 皆謂之'書'. 夫以'書'爲名, 亦稽古之偉稱. 尋其創造, 皆準子長, 但不爲'世家', 改'書'曰'志'而已. 自東漢以後, 作者相仍, 皆襲其名號, 無所變革, 唯『東觀』曰'記', 『三國』曰'志'. 然稱謂雖別, 而體制皆同. 歷觀自古, 史之所載也, 『尙書』記周事, 終秦穆, 『春秋』述魯文, 止哀公, 『紀年』不逮於魏亡, 『史記』唯論於漢始. 如『漢書』者, 究西都[10]之首末, 窮劉氏之廢興, 包擧一代, 撰成一書. 言皆精練, 事甚該密, 故學者尋討, 易爲其功. 自爾迄今, 無改斯道.]"[11]

유지기는, 반고가 자신의 거작을 『한서』라고 이름 붙인 것은 옛날 공자가 엮어 만든 상고 시대의 문헌인 『상서』 등의 책들에 의거하여 확정한 위대한 명명(命名)이라고 생각했다. 그는, 동한 이래로 반고를 계승하여 나온 역사가들이 계속 이어졌으며, 또한 대부분은 자신이 지은 역사서를 '서(書)'라고 했는데, 단지 한두 사람만이 차별을 두어 이름을 지었지만, 그 체제와 방법은 모두 『한서』와 완전히 같다고 생각했다. 이전의 역사서들, 예를 들어 『상서』·『춘추』·『죽서기년(竹書紀年)』·『사기』 등은 여러 왕조의 일들을 기록한 것들도 있고, 어떤 것은 한 조대의 일만을 기록했지만 불완전했다. 오직 『한서』만이 시종일관하게 서한의 흥망을 기록했으며, 한 조대의 역사를 완전하게 포괄하고 있다. 그 내용은 매우 간결해야 했고, 그 체제와 구조는 매우 치밀해야 했다. 독자들이 서한의 역사적 사건들을 깊이 검토하고자 하면, 그 실마리가 분명하여 쉽게 효과를 거둘 수 있다. 그리하여 『한서』가

---

10) 역자주 : 한나라가 건립되고 처음에 장안(長安)에 도읍을 정했는데, 이를 서도(西都)라 하며, 역사에서 이 시대를 서한(西漢)이라 한다. 왕망에 의해 한나라의 국호가 잠시 '신(新)'으로 바뀌었다가 다시 '한(漢)'으로 국호를 되찾은 뒤, 낙양(洛陽)에 도읍을 정했는데, 이를 동도(東都)라 하며, 역사에서는 이 시대를 동한(東漢)이라 한다.

11) 유지기, 『사통(史通)』 권1 「육가(六家)」.

출간된 이래 지금까지, 한 시대만을 잘라 내어 역사로 삼는 방법은 줄곧 모방되어 왔으며, 결코 아무도 이를 바꿀 수 없었다고 생각했다.

유지기가 생각하기에, 『한서』 이후에 나온 역사서들, 즉 『동관한기』·『삼국지』 및 『후한서』·『송서(宋書)』·『남제서(南齊書)』·『위서(魏書)』를 포함하여, 당대(唐代) 초까지 씌어진 『양서(梁書)』·『진서(陳書)』·『북제서(北齊書)』·『주서(周書)』·『수서(隋書)』 등은, 앞뒤로 7백 년에 걸친 역사 저술을 경험하여 얻어 낸 것들이라고 여겼다. 장기간의 역사서 편찬과 전파의 실제적인 효과의 관점에서 볼 때, 한 조대만을 잘라내어 기록한 기전체(紀傳體) 역사서의 저자에 대해 말하자면, 통사(通史)를 쓰는 것처럼 어려움이 크지 않아, 질과 양을 높이는 데 유리하다. 그리고 독자에 대해 말하자면, 읽기가 또한 비교적 쉽다. 바로 이와 같은 이유로 인해, 『한서』의 뒤를 이어 단대사는 역대 역사가들에 의해 다투어 모방되었으며, "그로부터 지금에 이르기까지, 이 방도를 바꾸지 않았다.[自爾迄今, 無改斯道.]" 이는 단지 역사 저술이라는 하나의 방법의 문제일 뿐만 아니라, 더욱 중요한 것은 자신의 사상 체계와 역사 서술의 구조를 확립했다는 점이다. 『한서』라는 이 기전체 단대사 저작은, 『사기』의 체제를 계승한 것이면서도, 또한 후대에 매우 큰 영향을 미친 창조를 이룬 것이었으므로, 이후의 역대 역사서 편찬자들이 이 방법을 계속 사용하면서 바꾸지 않았다. 『삼국지』부터 『명사(明史)』에 이르기까지, 22개의 역사서들은 모두 반고가 "한 조대를 잘라내어 역사로 삼은[斷代爲史]" 방식을 모방한 것들이다. 중화민국(中華民國) 초(初)에 편찬된 『청사고(淸史稿)』에 이르기까지도 줄곧 예외가 없었다. 지금 우리들은 이 문제를 고찰할 때, 또한 당연히 이전 사람들에 비해 한 걸음 더 발전된 인식을 가져야 한다. 즉 그것은, 반고가 창립한 "한 조대를 잘라내어 역사로 삼은" 방식이, 중국의 고대 사회가 변화 발전해 오는 과정에서 왕조가 바뀌는 주기성(週期性)의 특징에 잘 부합했기 때문에, 비로소 2천여 년 동안 계속 사용되어 왔다는 것을 의미한다는 점이다.

2. 내용의 증보(增補)

반고는 단지 "한(漢)나라만을 잘라내어 역사로 삼는[斷漢爲史]" 새로운 역사 저술 체제를 창립했을 뿐만 아니라, 내용에 대해서도 많이 보충했다. 그는 사마천의 『사기』로부터 물려받은 것을 기초로 삼아, 서한 전기(前期)의 역사에 대해서 적지 않은 부분들을 고쳐 쓰고, 간결하게 다듬고, 위치를 이동하고, 내용을 증보했다. 또 서한 후기(後期)의 역사는 주로 반고가 계속 이어서 썼다. 『한서』의 내용은 풍부하고, 사회생활에 대한 반영도 매우 광범위하여, 정치·경제·군사·법률·민족에서부터 학술·풍속 등에 이르기까지 모두 진지하게 기록했으며, 수많은 주옥같은 자료들을 엄밀하고 합리적인 체제 속에 구성해 냈다.

(1) 뛰어난 보충

『한서』는 무제(武帝) 이전의 내용들 대부분을 『사기』에서 직접 채용했다. 남송(南宋)의 정초(鄭樵)는 이에 대해 매우 불만을 갖고 있었다. 정초는 '통사(通史)'를 써야 한다고 주장한데다, 또한 "한 조대만을 잘라 내어 역사로 삼는" 방식의 창시자인 반고의 취지와는 같지 않았던 까닭에, 그는 『한서』에 편견을 갖고 있었다. 게다가 그는 『한서』가 보충하고 수정한 내용들에 대해 진지하게 연구하지 않았기 때문에, 경솔하게 『한서』가 무제 이전의 내용들은 "모조리 사마천의 글을 훔쳤다[盡竊遷書]."라는 결론을 내렸는데, 이는 매우 타당하지 않은 것이다. 학술은 바로 천하의 공기(公器)로서, 옛날 사람들은 또한 역사서의 저술을 영원한 가치가 있는 작업이라고 간주했는데, 그들이 중요시한 것은, 만약 능력만 있다면 곧 당연히 가치 있는 저작을 써서, 그것이 후세에게 전해지도록 하고, 전(前) 시대 사람들의 유용한 글은, 이를 책 속에 채용하여 넣을 수 있다는 것이었다.[12] 그리고 또한 이전 세대가 이루지 못한 일은, 당연히 이어서 완성해야 한다는 것이었다. 『사기』가 성공적이며 기록이 정확한 역사인 이상, 반고는 『한서』를 저술하면서 한대(漢代) 전기(前期)와 관련이 있는 내용들을 사마천의 원문에서 직접 채용했는데, 이는 당시에는 매우 정상적인 일이었다. 만약 반고가 대단히 뛰어난 『사기』의 원문에서 손을 떼고, 자기가 새로 시작했다면, 그것이 오히려 이해하기 어려운 일이었다. 그래서 반고는 『사기』의 원문을 채용했는데, 이는 사마천의 성취를 긍정한 것이므로 이를 과도하게 비난해서는 안 된다.

실제로 『한서』에서 무제 이전의 내용들은 『사기』의 내용을 그대로

---

12) 『사기』는 『좌전(左傳)』·『세본(世本)』·『전국책(戰國策)』 등에 있는 책의 내용들을 채용했는데, 현존하는 『사기』 「예서(禮書)」는 『순자(荀子)』 「예론(禮論)」에 있는 글을 베꼈으며, 『사기』 「악서(樂書)」는 『예기(禮記)』 「악기(樂記)」에 나오는 글을 베꼈는데, 오랫동안 전해 내려오는 과정에서 사람들은 이러한 관습을 정상적인 것으로 여겼으며, 이것도 한 예이다.

이용했는데, 그렇다고 또한 결코 한 글자도 다르지 않게 그대로 옮겨 적은 것이 아니라, 적지 않게 고쳐 쓰고, 삭제하고, 위치를 옮기고, 증보하는 작업을 했다. 박재우(朴宰雨)[13] 선생의 통계에 따르면, 『한서』 100편(篇)과 『사기』 130편 가운데, 시간상으로 겹치는 부분은 『사기』가 74편이고, 『한서』가 73편인데, 『사기』의 "목록에는 있으나 책에는 없는[有錄無書]" 것 등을 제외하면, 실제로 『한서』의 61편이 『사기』의 67편을 그대로 이용했다. 그리고 『한서』가 『사기』의 문장을 답습하여 이용할 때, 대부분은 고쳐 쓰고, 삭제하고, 위치를 바꾸거나 증보했으며, 전문(全文)을 그대로 옮겨 적은 것은 매우 적다.[14]

『한서』는 『사기』에서 빠졌거나 생략된 내용들에 대해 뛰어나게 보충한 것들이 많다. 예를 들어 『한서』 「소하전(蕭何傳)」에는 곧 소하가 절체절명의 시기에 정확한 전략적 사상을 제시한 것을 보충하여, 한나라 초기 명신(名臣)의 영예를 돋보이게 했다.

한나라 초기의 여러 영웅들이 유방(劉邦)을 따라 대업(大業)을 이루는 과정에서, 소하는 공훈이 탁월한 인물이었다. 『한서』 「소하전」은, 소하가 초나라와 한나라가 서로 싸우는 절체절명의 시점에, 정세를 잘 살피고, 힘으로써 다수의 의견을 물리치고서, 유방을 위해 정확한 책략을 결정할 근거를 제공함으로써, 유방으로 하여금 돌이킬 수 없는 실패를 모면하게 한 역사적 사실을 기록하고 있다.

고조(高祖) 원년(기원전 206년)에, 유방은 초회왕(楚懷王)의 명령을 받고 동쪽에서 서쪽을 향해 관중(關中) 지역을 공격해 들어가, 진(秦)나

13) 역자주 : 한국외국어대학교 중국어과 교수이다.
14) 朴宰雨, 「『史記』·『漢書』 比較 研究」, 中國文學出版社 1994년판을 참조하라.

라 통치의 근거지를 분쇄하여 진나라가 멸망했음을 선포했다. 유방은 민심을 위무함으로써 관중 지역 백성들의 지지를 받았다. 원래 초회왕이 여러 장수들과 약속한 내용에 따르면, "먼저 관중으로 들어가서 진나라를 무찌른 사람을 그 지역의 왕으로 삼는다[先入關破秦者王其地]."라고 했으니, 유방이 관중의 왕이 되는 것은 당연한 이치였다. 항우(項羽)는 본래 하북(河北) 지방에서 싸우고 있었는데, 그는 유방이 이미 관중을 평정했다는 소식을 듣고 분노를 금치 못하여, 곧 대군을 이끌고 뒤따라와서 함곡관(函谷關)을 쳐부순 뒤, 무력을 이용하여 유방을 격파하려고 준비했다. 홍문(鴻門)에서 있었던 연회에서 한바탕 손에 땀을 쥐게 하는 암투를 벌이며 용맹을 겨룬 다음, 유방은 계책을 써서 위험을 벗어나, 패상(霸上)[15]에 있는 군영(軍營)으로 돌아가자, 항우가 유방을 제거하려던 목적은 달성되지 못했다. 이어서 항우는 함양(咸陽)에 진입하여 마구 방화와 살인과 약탈을 자행하면서, 진나라의 수도였던 함양을 폐허로 만들어 버렸으며, 더 이상 관중 지역에 관심을 갖지 않았다. 그리하여 그는 천하를 세력 있는 장수들에게 나누어 봉(封)하여, 전국(戰國) 시대와 같은 분열 국면의 방식으로 돌려 놓았는데, 이 때 모두 18명을 왕(王)에 봉하고, 자신을 '서초패왕(西楚霸王)'이라고 불렀다. 그는 유방에게 타격을 가하기 위해 온갖 지혜를 다 짜냈는데, 원래 초회왕이 여러 장수들과 함께 했던 약속을 어기고 유방을 '한왕(漢王)'에 봉하여, 그를 한중(漢中)·서촉(西蜀)의 외지고 궁벽한 곳으로 내쫓았다. 또한 관중을 셋으로 나누어, 장한(章

15) 역자주 : 즉 패상(灞上)으로, 지금의 서안시(西安市) 동쪽에 있으며, 패수(霸水) 서쪽의 고원 지대에 있어서 붙여진 이름이다.

邯)을 옹왕(雍王)에, 사마흔(司馬欣)을 새왕(塞王)에, 동예(董翳)를 적왕(翟王)에 봉함으로써, 항복한 진나라의 이들 세 명의 장수들을 이용하여 유방의 활로를 틀어막았다.

항우의 분봉(分封) 조치가 일단 선포되자, 유방과 그의 수하에 있던 장령들은 모두 이를 갈며 분노했다. 왜냐하면 초회왕이 여러 장수들과 했던 약속에 따라, 유방은 관중 점령에 가장 공로가 크다고 인정되었는데, 지금은 오히려 가장 먼 변방의 궁벽한 지방에 봉했기 때문으로, 어찌 이럴 수 있었단 말인가! 파촉(巴蜀)으로 가는 길은 매우 험하여, 이전의 진(秦)나라 때에는 권세를 갖고 횡포를 부리던 사람들을 강제로 이주시키거나 죄인들을 유배시키던 지방이었는데, 항우가 이렇게 한 것은 바로 유방의 수하에 있는 산동인(山東人)[16]들을 그 속에 가서 곤란을 겪다가 죽게 하려는 것이었다. 주발(周勃)·관영(灌嬰)·번쾌(樊噲)와 같이 용맹한 장수들은 모두 항우와 굳건히 싸울 것을 주장했고, 유방도 또한 어떻게 항우를 공격하여 이러한 원통한 마음을 풀 것인지를 궁리하고 있었다.

이 때, 유독 생각이 깊고 주도면밀한 소하만이 냉정한 두뇌를 가지고 있었다. 그는, 당시 항우는 40만 명의 대군을 보유하고 있었는데, 알려지기로는 백만 명이라고 했으며, 또한 막 거록(巨鹿)에서 큰 승리를 거두어 사기가 매우 높다고 생각했다. 반면 유방의 군대는 겨우 10만 명이었고, 알려지기는 20만이었으니, 이처럼 양쪽의 실력 차이가 매우 컸으므로, 그는 유방을 결사적으로 저지하면서 이렇게 말했다. "비록 한중(漢中)의 왕이 되는 것이 나쁘기는 하지만, 죽는 것보다

16) 진(秦)·한(漢) 시기에는 태행산(太行山) 동쪽 지역을 산동(山東)이라고 불렀다.

는 오히려 낫지 않습니까?[雖王漢中之惡, 不猶愈於死乎?]" 그러자 유방이 "어째서 죽는다고 하는가?[何爲乃死也?]" 하고 물었다. 소하가 말하기를, "지금 군대의 숫자가 항우보다 적으니, 백 번 싸우면 백 번 질 것인데, 죽지 않고 어쩌겠습니까? 『주서(周書)』에서 말하기를, '하늘이 준 것을 받지 않으면, 도리어 그 허물을 받는다.'라고 했습니다.[今衆弗如, 百戰百敗, 不死何爲? 『周書』曰, '天予不取, 反受其咎'.]"라고 하였다. 사람들이 말하기를 은하(銀河)를 '천한(天漢)'이라고 하는데, '천(天)'과 '한(漢)'이 한데 이어져 있으니, 하늘이 한왕(漢王)을 도우려 할 것이라는 식으로, 한중에 봉한 것은 좋은 조짐이라고 말했다. "대저 한 사람의 밑에서 몸을 굽힐 수 있어야, 천하를 다스리는 군주에게 믿음을 얻을 수 있으니, 탕왕(湯王)과 무왕(武王)이 그러했습니다. 신(臣)은 대왕(大王)께서 한중의 왕이 되시어, 그 곳 백성들을 길러 현인(賢人)이 되게 하며, 파촉(巴蜀)을 거둬들여 사용하고, 다시 삼진(三秦)을 평정하면, 천하를 도모하실 수 있습니다.[夫能詘於一人之下, 而信於萬乘之上者, 湯武是也. 臣願大王王漢中, 養其民以致賢人, 收用巴蜀, 還定三秦, 天下可圖也.]"[17] 유방은 소하의 말이 매우 일리가 있다고 생각하여, 그를 매우 칭찬했다. 이리하여 유방은 한중에 도착했고, 소하를 승상에 임명했다. 이어서 유방은 소하가 추천한 한신(韓信)을 대장군(大將軍)에 임명했다. 한신은 유방을 위해 진창(陳倉)을 기습하고, 삼진을 평정할 구체적인 계책을 세웠으며, 유방은 군사를 이끌고 동쪽으로 나아가 항우와 천하를 다투는 새로운 장을 전개했다. 소하의 전략 구상은 훗날 역사에 의해 정확했다고 증명되었다.

---

17) 『한서』 권39 「소하조참전(蕭何曹參傳)」.

『한서』「소하전」은 『사기』「소상국세가(蕭相國世家)」에 의거하여 썼지만, 위에서 언급한 내용은 오히려 『사기』 원문에는 없으며, 반고가 보충해 넣은 것이다. 이로 인해, 항우의 분봉(分封)에서부터 한왕이 다시 삼진을 평정하기까지의 사이에 있었던 가장 중요한 부분이 비로소 보충되었으며, 소하의 신중하고 주도면밀한 모습이 비로소 더욱 선명해져, 나중에 유방이 황제가 되어 논공행상(論功行賞)을 할 때, 소하가 1등(等)이 되었던 근거가 비로소 더욱 충분히 드러났다.

앞에서 언급한, 소하가 절체절명의 시점에 정확한 전략 구상을 제시했던 것 말고도, 우리들은 또한 열전에서도 반고가 『사기』에 없는 내용을 보충한 사례들을 찾아볼 수 있다. 예를 들어 「한신전(韓信傳)」에서는 이렇게 보충했다. 즉 유방이 한신에게 군대를 이끌고 위(魏)나라 왕 표(豹)를 공격하도록 명령하자, 한신은 위나라가 명장(名將)인 주숙(周叔)을 대장으로 삼은 것을 걱정하여, 곧 위나라 왕 표에게서 막 돌아온 역이기(酈食其)에게, "위나라에서 주숙을 대장으로 삼지 않았는가?[魏得毋用周叔爲大將乎?]"라고 물어 보았다. 역이기는 그에게 말하기를, 위나라 왕은 주숙을 임용하지 않았으며, 임용한 것은 백직(柏直)이라고 했다. 한신은 백직을 깔보며 말하기를, 백직은 "애송이 녀석일 뿐이니[豎子耳]", 한 방에 나가떨어질 거라고 했다. 그리하여 군대를 이끌고 대담하게 위나라를 공격했다. 또한 반고는 다음과 같이 보충했다. 즉 한신은 위나라 왕 표를 생포하고, 사람을 보내어 유방에게 다시 한 번 싸울 것을 청하면서, 다음과 같은 그의 방대한 계획을 제시했다. 즉 북쪽의 조(趙)나라 땅을 빼앗고, 동쪽으로 제(齊)나라를 치고, 초(楚)나라의 식량 이동로를 끊어 버린 다음, 유방과 형양(滎陽)

에서 대회전을 벌인다는 것이었다. 이것은 이후에 한신이 서한의 개국을 위해 세웠던 혁혁한 전공(戰功)을 이미 계획하고 있었다는 것을 말해 준다.

「초원왕전(楚元王傳)」에서 반고는 다음과 같이 보충했다. 즉 초나라 원왕(元王) 부자의 2대(代)는 『시경(詩經)』을 잘 알고 있었으며, 초나라 원왕인 유교(劉交) 본인이 또한 일찍이 『시경』에 주(注)를 달았으니, 이는 노(魯)나라 신공(申公)이 『시경』을 주석한 것과 같은 시기였다는 것이다.

「왕릉전(王陵傳)」에서, 『사기』의 원문은 다음과 같이 간단하게 기록되어 있다. 즉 여후(呂后)가 정사를 맡고 있을 때, 왕릉(王陵)이 우승상(右丞相)을 맡고 있었고, 진평(陳平)이 좌승상(左丞相)이었는데, 여후가 여러 여씨들을 왕(제후왕-역자)에 봉하려고 왕릉에게 묻자, 왕릉은 "그러면 안 됩니다[不可]."라고 대답했다. 진평에게 물었더니, 진평은 "그래도 됩니다[可]."라고 대답했다. 그러자 여후는 분개하여, 왕릉을 승상에서 파면했다고 하였다. 그런데 『한서』 권40 「왕릉전」에는 다음과 같이 보충되어 있다. 즉 여후가 왕릉에게 물으니 대답하기를, "고조(高祖) 황제께서 백마(白馬)를 죽여 그 피로써 맹약하시기를, '유씨(劉氏)가 아닌 자가 왕이 되면, 천하가 모두 그를 공격하라.'라고 하셨습니다. 지금 여씨를 왕에 봉하면, 맹약에 어긋납니다.[高帝刑白馬盟曰, '非劉氏而王者, 天下共擊之'. 今王呂氏, 非約也.]"라고 했다. 여후는 이 이야기를 듣더니 얼굴색이 침울해졌으며, 또한 좌승상 진평과 강후(絳侯) 주발(周勃)에게 물으니, 두 사람 모두 이렇게 대답했다. "고조께서 천하를 평정하시고, 자제들을 왕에 봉하셨으며, 지금 태후(太后)께서 천자를 대신하여 정사를 돌보시면서, 모든 여씨 동생들을 왕에 봉하시려고 하시는데, 안 될 것이 없습니다.[高祖定天下, 王子弟, 今太后稱制, 欲王昆弟諸呂, 無所不可.]"라고 대답했다. 태후는 이 이야기를 듣더니, 바로 얼굴에 가득 미소를 지었다. 대신들이 조정에서 해산하여 밖으로 나가기를 기다렸다가, 왕릉이 진평과 주발 두 사람을 무례하게 책망하면서 말하기를, "처음 고조와 함께 피를 마시면서 맹약을 할 때, 제군(諸君)들도 계시지 않았습니까? 지금 고조께서 세상을 떠나시고, 태후께서 여주(女主)가 되시어, 여씨들을 왕에 봉하려고 하시는데, 제군들은 제멋대로 아부하면서 맹약을 저버리려고 하니, 무슨 면목으로 지하에 계신 고조를 뵈려 하시오![始與高帝啑血而盟, 諸君不在邪? 今高帝崩, 太后女主, 欲王呂氏, 諸君縱欲阿意背約, 何面目見高帝於地下乎!]"라고 했다. 이에 진평이 말하기를, "조정에서 직언으로 간(諫)하는 것은 제가 당신보다 못하지만, 사직을 보전하고 유씨(劉氏)의 후사를 안정시키는 것은 당신이 저보다 못할 것입니다.[於面折廷爭, 臣不如君, 全社稷, 定劉氏後, 君亦不如臣.]"[18]라고 했다. 왕릉이 그의 말을 듣고는, 한동안 답을 할 수 없었다고 했다.

이외에도 『한서』「외척전(外戚傳)」에는 또한 후궁(後宮) 제도와 관계(官階 : 관등과 계급-역자) 등의 내용들을 보충했는데, 이는 현대인들이 서한의 역사를 연구하는 데 매우 중요한 것들이다. 요컨대 『한서』의 '열전(列傳)'들은 내용상에서 『사기』를 뛰어나게 보충했는데, 너무 많아 더 이상 하나하나 거론하지 않겠다.[19]

18) 『한서』 권40 「장진왕주전(張陳王周傳)」
19) 『한서』의 '열전'들에서 『사기』의 내용을 보충한 것에 대해서는, 조익(趙翼)의 『입이사찰기(廿二史札記)』 권2 「한서증사적(漢書增事迹)」을 참고할 만하다.

『한서』 '본기(本紀)'의 일부 내용들도 훌륭하게 보충한 것들이 매우 두드러진다. 예를 들어 『한서』 「고제기(高帝紀)」는 유방이 나라를 세우기 전후의 정령(政令 : 정치상의 명령이나 법령들-역자)들과 조치들에 대해 대단히 중요한 보충을 했다. 앞에서 이미 「소하전」이 고조(高祖) 원년(기원전 206년)에 한왕(漢王)이 되어 한중에 들어가기 전후에 소하 등의 대신들이 실행한 책략과 조치들을 보충한 것을 예로 들었다. 이것과 서로 대조해 보면, 반고는 「고제기」에도 상응하는 보충을 했음을 알 수 있다. "한왕은 항우가 약속을 어긴 것을 원망하여, 그를 공격하려고 했는데, 승상 소하가 간(諫)하자, 이를 그만두었다. 여름 4월에, 제후들은 각자 자신들의 나라로 물러갔다. 항우는 병졸 3만 명으로 하여금 한왕을 따르도록 했는데, 초(楚)나라 사람들과 제후국의 사람들 중 흠모하여 따라간 자들이 수만 명이었으며, 두남(杜南)에서 역(蝕)[20]으로 들어갔다. 장량(張良)이 작별을 하고 한(韓)나라로 돌아가자, 한왕은 그를 포중(褒中)까지 나와 전송했는데, 당부하면서 한왕에게 말하기를 잔도(棧道)를 불태워 제후들의 기습에 대비하고, 또한 항우에게 동쪽 지역에는 뜻이 없음을 보이라고 했다. 한왕이 남정(南鄭)에 이르자, 여러 장수들과 사졸(士卒)들이 모두 동쪽으로 돌아갈 것을 그리워하며 노래를 불렀는데, 이들 대부분은 길이 없어 돌아온 자들이었다. 한신은 치속도위(治粟都尉)였으며, 그도 또한 도망갔는데, 소하가 쫓아가서 그를 돌아오게 하고는, 한왕에게 추천하면서 말하기를, '반드시 천하를 다투고자 하신다면, 한신이 아니고서는 계책을 같이 모의할 만한 자가 없습니다.'라

20) 역자주 : 한중으로 들어가는 길목에 있는 골짜기 이름이다. 『한서』를 주석한 이기(李奇)는 이 글자의 발음이 '力'과 같다고 했다.

고 했다. 그러자 한왕은 재계(齋戒)를 하고 단장(壇場)을 설치하여, 한신을 대장군(大將軍)에 임명하고, 계책을 물었다. ……그러자 항우를 꾀하여 이길 수 있고, 삼진(三秦)을 쉽게 차지할 수 있는 계책을 말했다. 한왕은 매우 기뻐했으며, 한신의 계책을 듣고 나서, 여러 장수들에게 임무를 맡겼다. 소하는 한중에 남아서 파촉(巴蜀)의 조세를 거둬들여, 군대에 식량을 보급했다.[**漢王怨羽之背約, 欲攻之, 丞相蕭何諫, 乃止.** 夏四月, 諸侯罷戲下, 各就國. 羽使卒三萬人從漢王, 楚子·諸侯人之慕從者數萬人, 從杜南入蝕中. **張良辭歸韓, 漢王送至褒中, 因說**漢王燒絕棧道, 以備諸侯盜兵, 亦視項羽無東意. 漢王既至南鄭, 諸將及士卒皆歌謳思東歸, 多道亡還者. **韓信爲治粟都尉, 亦亡去, 蕭何追還之, 因薦於漢王, 曰, '必欲爭天下, 非信無可與計事者.' 於是漢王齋戒設壇場, 拜信爲大將軍, 問以計策. ……因陳羽可圖·三秦易竝之計. 漢王大說, 遂聽信策, 部署諸將. 留蕭何收巴蜀租, 給軍糧食.**]"[고딕체 글씨는 반고가 추가한 부분이다.] 확실히 반고는 이상과 같은 내용을 첨가하여, 이처럼 중요한 형세의 전환을 비로소 뚜렷하게 서술해 냈다.

반고가 『한서』「고제기」에 추가한 매우 가치 있는 내용들은 이것 말고도 매우 많다. 예를 들어 고제 2년(기원전 205년)에, "2월 계미(癸未)일에 백성들로 하여금 진(秦)나라의 사직(社稷)을 없애고, 한(漢)나라의 사직을 세우도록 했다. 은덕을 베풀면서, 백성들에게 작위를 주었다. 촉한(蜀漢)의 백성들은 군대에 동원되어 수고했으므로, 보상으로 2년 동안 조세를 면해 주었다. 관중(關中) 사람들 중에 병졸이 되어 군대에 종사한 사람은, 1년 동안 군역을 면해 주었다. 백성들 중에서 50세 이상인 자들 중, 수행(修行)을 했고, 많은 사람들을 잘 통솔할 수 있는 이들을 추천하여 삼로(三老)로 삼아, 고을[鄉]마다 한 명씩 두었다. 고을의 삼로들 중에서 한 명을 선발하여 현(縣)의 삼로로 삼아, 현령(縣令)·현승(縣丞)·현위(縣尉)와 더불어 일하면서 서로 가르치게 했고, 그 보상으로 삼로에게는 요역과 수자리 보는 일을 면제해 주었다. 매년 10월에는 술과 고기를 하사했다.[二月癸未, 令民除秦社稷, 立漢社稷. 施恩德, 賜民爵. 蜀漢民給軍事勞苦, 復勿租稅二歲. 關中卒從軍者, 復家一歲. 擧民年五十以上, 有修行, 能帥衆爲善, 置以爲三老, 鄕一人. 擇鄕三老一人爲縣三老, 與縣令丞尉以事相教, 復勿繇戍. 以十月賜酒肉.]"라고 했다. 이것들은 유방이 관중을 안정시키는 정치 질서를 확립하기 위해 채택했던 중요한 조치들이었다. 그리고 같은 해 "6월에, 한왕은 역양(櫟陽)으로 돌아왔다. 임오(壬午)일에 태자(太子)를 옹립했으며, 죄인들을 사면해 주었다. 제후의 아들들 가운데 관중에 있는 자들을 모두 역양에 모이게 하여 폐구(廢丘)에 물을 끌어대는 것을 지키도록 했는데, 폐구가 무너지자, 장한(章邯)이 자살했다. 옹주(雍州) 땅이 평정되고, 80여 개 현(縣)들이 하상군(河上郡)·위남군(渭南郡)·중지군(中地郡)·농서군(隴西郡)·상군(上郡)에 설치되었다. 사관(祠官)으로 하여금 천지(天地) 사방(四方)과 상제(上帝) 및 산천(山川)의 신들에게 제사지내게 하고, 때에 맞추어 제사를 지냈다. 관중에서 군대를 양성하여 변방으로 보냈다. 관중에 큰 기근이 발생하여, 쌀 1곡(斛)의 가격이 만 전(錢)이나 하자, 사람들이 서로를 잡아먹는 지경이었다. 그러자 백성들로 하여금 촉한에 가서 먹고살게 했다.[六月, 漢王還櫟陽. 壬午, 立太子, 赦罪人. 令諸侯子在關中者皆集櫟陽爲衛引水灌廢丘, 廢丘降, 章邯自殺. 雍地定, 八十餘縣, 置河上·渭南·中地·隴西·上郡. 令祠官祀天地四方上帝山川, 以時祠之. 興關中卒乘邊塞. 關中大飢, 米斛萬錢, 人相食. 令民就食蜀漢.]"라고 했다. 이는 항우가 관중에 배치해 두었던 세력을 마지막으로 섬멸하고, 새로운 행정 관리구역을 획정한 것, 그리고 북쪽의 흉노에 대한 방비 및 심각한 기근에 대해 채택했던 응급 조치를 기록한 것이다.

같은 해 8월에, 유방은 위(魏)나라 왕 표(豹)를 공격할 준비를 했는데, 먼저 역이기(酈食其)를 보내 항복을 권하면서 그 곳의 소식을 탐문했다. 그런 다음에 반고는 유방이 과단성 있게 정책을 결정했음을 기록했으며, 그의 판단의 예리함과 승리에 대한 자신감을 다음과 같이 생생하게 묘사해 냈다. "한왕(漢王)이 형양(滎陽)으로 가서 역이기에게 말하기를, '완곡하게 위나라 왕 표에게 가서 이르되, 항복을 하면 위나라 땅 만 호(戶)를 봉하여 살아갈 수 있도록 하겠다.'라고 전하라 했다. 역이기가 가서 전했으나, 표는 듣지 않았다. 한왕이 한신을 좌승상(左丞相)으로 삼고, 조참(曹參)·관영(灌嬰)과 더불어 같이 위나라를 공격했다. 역이기가 돌아오자 한왕이, '위나라의 대장이 누구이더냐?'라고 물었다. 역이기가 대답하기를, '백직(柏直)입니다.'라고 했다. 한왕이 말하기를, '그는 입에서 아직도 젖내가 나는 놈이니, 한신을 당할 수 없다. 기병(騎兵)을 통솔하는 장수는 누구인가?'라고 물었다. 그러자 '풍경(馮敬)입니다'라고 대답했다. 한왕은 이르기를, '그는 진(秦)나라 장수 풍무택(馮無擇)의 아들로, 비록 현명하기는 하지만 관영을 당하지 못한다. 보병(步兵)을 통솔하는 장수는 누구인가?'라고 물었다. 역이기는 '항타(項它)입니다.'라고 대답했다. 한왕은 말하기를, '그는 조참을 당해 낼 수 없다. 나는 걱정하지 않아도 되겠구나.'라고 했다. 9월에 한신 등이 표를 사로잡아 형양으로 보냈다. 위나라 땅을 평정하고, 그 곳에 하동군(河東郡)·태원군(太原郡)·상당군(上

黨郡)을 설치했다. 한신은 사람을 보내 병사 3만 명을 청하여, 북쪽의 연(燕)나라와 조(趙)나라를 빼앗고, 동쪽의 제(齊)나라를 공격하고, 남쪽 초(楚)나라의 식량 보급로를 차단하려고 했다. 한왕은 군사를 주었다.[漢王如滎陽, 謂酈食其曰, '緩頰往說魏王豹, 能下之, 以魏地萬戶封生.' 食其往, 豹不聽. 漢王以韓信爲左丞相, 與曹參·灌嬰俱擊魏. 食其還, 漢王問, '魏大將誰也?' 對曰, '柏直.' 王曰, '是口尙乳臭, 不能當韓信. 騎將誰也?' 曰, '馮敬.' 曰, '是秦將馮無擇子也, 雖賢, 不能當灌嬰. 步卒將誰也?' 曰, '項它.' 曰, '是不能當曹參. 吾無患矣.' 九月, 信等虜豹, 傳詣滎陽. 定魏地, 置河東·太原·上黨郡. 信使人請兵三萬人, 願以北擧燕趙, 東擊齊, 南絕楚粮道. 漢王與之.]"[21]

고조 5년(기원전 202년)에 유방은 황제에 즉위한 후, 조서를 내려 예전에 형산왕(衡山王) 오예(吳芮)가 진(秦)나라에 반대하는 싸움에 참가한 공이 있다며 칭찬하고 장려하여, 장사왕(長沙王)에 봉했다. 또한 조서를 내려 예전에 월왕(粤王) 무제(亡諸)[22]를 민월왕(閩粤王)에 고쳐 봉했다.

같은 해, 유방은 낙양(洛陽)을 도성(都城)으로 삼았다. 5월에는 병사들을 해산하여 집으로 돌려보냈다. 유방은 계속하여 농업 생산을 장려하도록 명령을 내리면서, 다음과 같이 규정했다. 첫째, 함곡관(函谷關)으로 진입하여 진나라를 멸망시킨 관동(關東) 사람이 관중에 남아 백성이 되기를 원하면, 요역(徭役)을 12년 동안 면해 주고, 관동으로 돌아갈 경우에는 요역을 6년 동안 면해 준다. 둘째, 원주민들로서 전란을 피해 산과 들로 도망쳤던 사람들을 원적지로 돌아가도록 권유

21) 『한서』 권1 「고제기(高帝紀)」.

22) 역자주 : 『사기』에는 '無諸(무제)'라고 표기되어 있다.

하고, 다시 새로이 호적에 편입된 민호(民戶)들에게는 그들의 작위·농경지·주택을 회복시켜 주어, 생산 활동에 종사하도록 하며, 관리들은 이들을 학대하지 말라. 셋째, 원래 배가 고파 스스로 팔려가 노비가 된 자들은, 서민(庶民)의 신분을 회복시켜 준다. 넷째, 군대의 하급 관리나 병졸들 중 죄를 짓지 않은 자들로서, 작위가 없는 자들이 있으면 일률적으로 작위를 대부(大夫)로 올려 주고, 원래 대부였던 자들은 작위를 한 등급 올려 주며, 이 사람들은 또한 일률적으로 본인과 모든 가족들의 요역을 면제해 준다.

고조 11년(기원전 196년) 2월에, 연달아 두 가지 중요한 조령(詔令)을 내렸다. 첫 번째는, 조정이 세금 징수를 감면하려는 뜻을 가지고 있음을 천하에 공포하면서, 각 군(郡)들과 제후국들이 조정에 바치는 공물(貢物)에 대한 규정이 없기 때문에, 예물이 지나치게 많아져, 백성들에게 세금을 과중하게 징수한다고 지적했다. 그러면서 제후왕 등은 매년 10월에 조정에 공물을 바치도록 명령했고, 더불어 수량과 액수를 규정했다. 두 번째는, 각 군들과 제후국들에 현명하고 재능 있는 선비들을 천거하라는 조령을 내린 것인데, 그 취지는 다음과 같다. 즉 고대의 성왕(聖王)들 중에서 가장 위대한 이는 주(周)나라 문왕(文王)이고, 매우 명성과 인망이 높았던 패주(霸主)들 중에서 제(齊)나라 환공(桓公)을 넘어서는 이가 없었는데, 그들은 모두 현인들의 도움에 의지하여 그와 같은 성공을 거둘 수 있었다. 설마 고대에만 그와 같이 지혜롭고 능력 있는 선비들이 있었고, 지금은 없을 리가 있겠는가? 문제는, 만약 임금이 그들과 교류를 맺지 못한다면, 현명한 인재들도 또한 어찌 출세의 길이 있을 수 있겠느냐 하는 것이다. 나는 하늘의 도움을 받고 호걸들의 보좌에 의지하여 천하를 얻었으므로, 나는 오랫동안 천하를 편안하게 다스리기를 바라노니, 지금 나와 함께 천하를 안정시킬 현명하고 능력 있는 선비들이 얼마나 필요하겠는가! 현명한 사대부들 중 내가 하는 일에 기꺼이 협조하는 이가 있다면, 나는 그를 존경할 것이며, 그로 하여금 이름을 떨칠 수 있도록 할 것이다. 특별히 이를 천하에 포고하니, 많은 사람들은 모두 나의 뜻을 잘 알도록 하라. 각 군수(郡守)와 제후국의 제상들은 덕을 행하거나 재능이 있는 선비들을 찾아서 곧바로 상부에 보고하고, 그들을 설득하여 책임지고 잘 보살펴서 수도로 보내도록 하라는 내용이었다. 이 두 개의 조령들은 한나라 초기의 요역과 조세를 경감하는 방침을 담고 있으며, 한대에 인재를 천거하는 길잡이가 되었다.

같은 해 5월에는, 조서를 내려 남해위(南海尉) 조타(趙佗)가 백성들을 다스리는 일에 힘쓴 것을 칭찬하고 장려하여, 그를 남월왕(南越王)으로 세웠다.

12년(기원전 195년) 2월에는, 조서를 내려 노관(盧綰)[23]에게 협박당하여 반란에 협력했던 자들 중 항복하기를 원하는 자들에게는 관대한 처분을 내렸다.

이상 12항목의 내용들은 모두 『사기』「고제본기(高帝本紀)」에는 없으며, 반고가 보충해 넣은 것들이다. 이러한 행정 조치들은 한나라가

---

23) 노관(기원전 256~기원전 194년)은 유방과 동향 출신으로 절친한 친구였으며, 태어난 날도 같았다. 어릴 때는 유방과 같은 스승 밑에서 공부하기도 했다. 초나라와 한나라가 전쟁을 벌일 때는 관직이 태위(太尉)에 이르렀으며, 유방이 한나라를 건국했을 때는 연왕(燕王)에 봉해졌다. 한나라 11년(기원전 196년)에 진희(陳豨)와 함께 반란을 일으켰다가, 유방의 군대에게 공격을 받자 가족을 데리고 흉노로 도망쳤으며, 그 곳에서 기원전 194년(한나라 혜제 원년)에 63세를 일기로 사망했다.

개국한 이후 생산을 장려하고, 사회 질서를 안정시키고, 사방 변경의 문제를 처리하고, 인재를 선발하는 등의 방면들을 다루고 있어, 지금의 우리가 서한의 경제 발전·민족의 상황·제도의 변화 발전·사회 습속 등의 내용들을 고찰할 때, 모두 매우 중요시할 만한 가치가 있는 것들이다.[24]

『사기』에는 「혜제본기(惠帝本紀)」가 없고, 혜제가 재위하던 기간에 있었던 일들은 「여태후본기(呂太后本紀)」에 상세히 기록되어 있다. 사마천이 이렇게 한 의도는, 당시 혜제는 단지 허명(虛名)뿐이었고, 실권은 여태후가 장악하고 있었기 때문에, 실제 권력의 소유에 따라 처리하려는 것이었다. 그러나 기록에서는 혜제 시기와 관련이 있는 사적(事迹)들은 도리어 혜제의 기년(紀年)에 따랐으며, 그와 관련된 내용도 비교적 간략하고, 주로 여씨(呂氏) 집단의 흥망사를 기술하고 있어, 명칭은 비록 '기(紀)'이지만 실상은 '전(傳)'과 같았다. 반고는 『사기』에서 이와 같이 처리하는 것이 완전히 합당하지는 않다고 생각하여, 「혜제기(惠帝紀)」를 추가했는데, 이것이 기전체 역사서에서 '본기(本紀)'를 대강(大綱)으로 삼는다는 특성에 비추어 볼 때, 이치에 맞는 것이었다. 그리고 『한서』 「고후기(高后紀)」도 또한 삭제하고 개정하여, 전국적인 대사(大事)들을 더하고 보충함으로써, 진정한 '기(紀)'의 모습을 갖추었다.

---

24) 『사기』와 『한서』에 기록되어 있는 것들 중에서 서로 다른 부분들은, 또한 『사기』가 정확하고 『한서』가 틀린 것들도 있다. 예를 들어 장사국(長沙國)의 재상이었던 대후(軑侯)의 이름을 『사기』에서는 '이창(利倉)'이라고 했고, 『한서』에서는 이것을 고쳐서 '주창(朱倉)'이라고 했는데, 마왕퇴(馬王堆)에 있는 한나라 때의 묘(墓)에서 발견된 제후의 인장(印章)에는 바로 '이창'이라고 되어 있다.

『한서』「문제기(文帝紀)」에서는 문제의 정치적 업적들을 보여주는 조령들을 대량으로 보충했다. 예를 들면, 즉위 원년(기원전 179년)에 조서를 내려, 홀아비·과부·고아 등 곤궁한 사람들에게 돈을 빌려 주어 구제하도록 했으며, 또 조서를 내려 늙은이들을 잘 돌보도록 했다. 2년(기원전 178년)에는, 조서를 내려 자신이 친히 대신들을 인솔하여 농사를 짓겠다고 했으며, 또한 죄를 짓고 관부(官府)에 들어와 노역에 복무하는 자들을 고향으로 돌려보내 농사에 힘쓰도록 했다. 12년(기원전 168년)에는, 조서를 내려 농민들이 농사에 힘쓰고 나무를 심도록 권장하고, 조세를 감면해 주었다. 13년(기원전 167년)에는, 조서를 내려 농업과 잠업(蠶業)을 권장했다. 후원(後元) 원년(기원전 163년)에는, 조서를 내려 숨김없는 직언을 구했으며, 각 지방의 실정을 보고하도록 했다. 이상 보충된 내용들은 바로 한나라 문제(文帝)가 공손한 정치를 추구했고 역사상 저명한 황제가 된 것을 알게 하는 데 더욱 충분한 역사적 사실들을 제공해 줌으로써, 사람들로 하여금 믿고 수긍하도록 해준다. 『한서』「경제기(景帝紀)」는 본문 내용부터 끝부분의 찬어(贊語)에 이르기까지 모두 반고가 다시 쓴 것이다. 『한서』「무제기(武帝紀)」와 『사기』「효무본기(孝武本紀)」의 내용 또한 확연히 다른데, 이것도 당연히 반고가 직접 썼기 때문이다.[25] 이상의 내용을 통해, 『한서』의 '본기' 중에서 무제 이전의 6편(篇) 가운데 1편은 새로 썼고, 대대적으로 보충한 것이 2편, 줄여서 고쳐 쓴 것이 1편, 다시 쓴 것이 2편이라는 것을 알 수 있다. 이는 반고의 역사 저술 태도가 매우 엄숙하고

25) 현존하는 『사기』「효무본기」의 내용은 후세 사람들이 『사기』「봉선서(封禪書)」의 글을 쪼개서 편폭을 채워 넣은 것이다. 『한서』「무제기」는 무제가 재위했던 54년 동안에 실행한 정치의 대강(大綱)을 기록한 것으로, 기재한 내용이 매우 체계적이다.

진지했으며, 또한 반고가 수많은 중요한 자료들을 채집하여, 매우 훌륭하고 충실하게 가공했다는 것을 말해 주는 것이다. 따라서 『한서』의 이 부분들도 또한 마찬가지로 후세의 서한 역사를 연구하고 학습하는 사람들이 매우 중요시하고 있다. 이 부분만 보더라도, "모조리 사마천의 글을 훔쳤다[盡竊遷書]."라는 말이 사실과 얼마나 큰 차이가 있는지 알 수 있다.

『한서』에는 또한 수많은 조령(詔令)·주의(奏議 : 임금에게 상주하여 의견을 밝힌 글-역자)·시가(詩歌)·서독(書牘 : 편지-역자)·사부(辭賦) 등의 문장들을 보충했다. 우푸주(吳福助)[26] 선생의 통계에 따르면, 『한서』에 수록된 문장은 모두 1170편인데, 그 가운데 조령류가 571편이며(중복 32편), 주의류가 503편(중복 16편), 시가류가 70편(중복 1편), 서독류가 45편(중복 1편), 사부류가 19편이며, 기타 종류가 12편이 있다고 한다.[27] 『한서』에는 대량의 조령들을 보충했는데, 이는 우리가 당시의 치국 방침과 정책들을 이해하는 데 큰 도움을 준다. 또한 증보(增補)된 주의(奏議)들, 예를 들어 「가의전(賈誼傳)」에 있는 「치안책(治安策)」·「조조전(鼂錯傳)」에 있는 「삭번책(削藩策)」·「현량대책(賢良對策)」·「논귀속소(論貴粟疏)」, 그리고 「동중서전(董仲舒傳)」에 있는 「현량삼책(賢良三策)」 등은 모두 우리가 당시의 국가 정세 및 작자의 사상과 인격 등을 인식하는 데 큰 도움을 주는 중요한 자료들이다. 예를 들어, 『사기』의 「굴원가생열전(屈原賈生列傳)」에서 사마천은 단지 가의(賈誼)의 「조굴원부(弔屈原賦)」와 「복조부(鵩鳥賦)」만을 받아들였는데, 바로 이처럼 사마천

26) 역자주 : 대만 동해대학(東海大學)의 중문학과 교수.

27) 吳福助, 『漢書採錄西漢文章探討』, (臺北)文史哲出版社 1988년판을 참조하라.

의 글에서 가의는 곧 한낱 불만을 가득 품은 '재능이 있지만 때를 만나지 못한[懷才不遇]' 문인에 지나지 않았다. 그러나 『한서』에서는 가의의 「치안책」을 수록하여, 한 사람의 정치가이자 사상가로서의 가의가 비로소 부각되었다.[28] 『한서』에는 다수의 시가·서독 및 사부 등이 수록되어 있는데, 이것들은 모두 우리가 서한 시기의 문학 및 사회 풍모를 연구하는 데 중요한 자료들이다.

『한서』는 이와 같이 풍부하게 훌륭한 보충을 했는데, 이는 단지 정초(鄭樵)의 "모조리 사마천의 글을 훔쳤다."라는 말이 터무니없을 뿐만 아니라, 『한서』가 대단히 가치가 높은 중요한 저작이라는 것을 말해 주는 것이다.

(2) 편목(篇目)의 증설(增設)

『한서』에는 「혜제기(惠帝紀)」를 증설한 것 외에, 열전(列傳)들 가운데에도 편목을 증설한 것이 적지 않은데, 여기에 그 중 비교적 중요한 인물들을 열거해 보면 다음과 같다.

오예(吳芮)는 한나라 초기 제후왕들 중의 한 명이었는데, 그의 사적(事迹)은 진(秦)나라와 한(漢)나라 교체 시기의 장강(長江) 중류 지역의 역사와 관계가 있다. 『한서』에는 「오예전(吳芮傳)」을 두어 그의 사적을 기재하고 있다. 오예는 진나라 때 일찍이 번양[番陽 : 지금의 강서성(江西省) 파양(波陽) 동북 지역]의 령(令 : 그 지방의 최고 통치자-역자)이 되었으며, 번군(番君)이라고 불렸다. 그는 진나라 말기에 월(越)나라 사람들을 이끌고 봉기했으며, 더불어 부장(部將) 매도(梅鋗)에게 병사들을 통

28) 韓兆琦, 「『史記』·『漢書』比較硏究·序言」, 中國文學出版社 1994년판을 참조하라.

솔하여 유방을 따라 관중(關中)에 들어가도록 파견했는데, 항우가 제후들을 봉(封)할 때 오예를 형산왕(衡山王)에 봉했다. 한나라가 세워졌을 때에는 다시 장사왕(長沙王)에 봉해졌다.

『사기』에는 「제도혜왕세가(齊悼惠王世家)」라는 편목을 두어, 유방의 아들인 유비(劉肥)의 사적을 기록했는데, 유방의 여러 아들들 중 조(趙)나라의 은왕(隱王) 유여의(劉如意)·유왕(幽王) 유우(劉友)·공왕(共王) 유회(劉恢)·연(燕)나라의 영왕(靈王) 유건(劉建) 등 네 사람은 전기(傳記)가 따로 없고, 조나라 유왕 유우가 「초원왕세가(楚元王世家)」 안에 들어 있을 뿐이다. 이들은 모두 고조(高祖)의 아들들인데, 어찌 전기가 없을 수 있는가! 『한서』에서는 이 다섯 사람의 전기를 한데 합쳐서 합전(合傳)을 썼는데, 그것이 바로 「고오왕전(高五王傳)」이다.

경제(景帝)의 아들들 중에서 왕에 봉해진 사람은 13명이었는데, 『사기』에서는 어머니가 같은 사람들끼리 하나의 종(宗)으로 세워, 「오종세가(五宗世家)」를 기술했고, 『한서』는 13왕들을 모두 하나의 전(傳)으로 합쳐서 「경십삼왕전(景十三王傳)」을 기술했으며, 또한 내용면에서도 중요한 것들을 보충했다. 그 중에서 하간국(河間國)의 헌왕(獻王) 유덕(劉德)의 전기에서는 그와 학술의 관계를 자세하게 서술하고 있다. 즉 유덕은 학문을 중시했고, 고대의 전적(典籍)들을 소장하기를 좋아했으며, 그 태도가 매우 진지했고, 선본(善本)과 진본(眞本)을 대단히 중시했다. 만약 민간에 선본 서적이 있다는 소식을 들으면, 그는 곧 깔끔하게 쓸 수 있는 사람을 찾아서 잘 베껴 쓴 다음, 정본(正本)을 남겨 놓고 사본을 돌려주고, 별도로 황금이나 비단 등 귀중한 예물들을 보냄으로써, 수집하는 데 흡인하는 작용을 하게 했다. 이로 인해 각지의 학문하는 이들이 천 리를 멀다 하지 않고 그를 찾아와, 선조들이 물려준 전적들을 그에게 헌상했다. 오랜 기간 동안 전적들을 수집한 결과, 유덕이 얻은 진귀한 전적들은 조정에서 소장하고 있는 전적들과 거의 차이가 없었다. 당시 회남왕(淮南王) 유안(劉安)도 전적을 좋아했는데, 그가 수집한 서적들은 대부분 과장되고 교묘한 언사(言辭)들로 채워져 있는 것들이었으며, 하간국의 헌왕이 얻은 서적들은 대부분 유가(儒家)의 전적들, 예를 들어 『주례(周禮)』·『상서(尚書)』·『예기(禮記)』·『맹자(孟子)』 등이었고, 또한 『노자(老子)』도 있었다. 그는 유학을 높이 받들어, 자신의 왕국에 『모시(毛詩)』 박사(博士)·『좌씨춘추(左氏春秋)』 박사를 설치했다. 그의 활동들은 처음부터 끝까지 모두 유가의 예악(禮樂)과 의식(儀式)에 따라 진행되었는데, 산동(山東) 각지의 유생(儒生)들 중 많은 이들이 그의 명성을 흠모하여 그를 찾아갔다.[29] 이 기록은 서한 전기에 유학이 상승하는 추세에 있었음을 명확하게 보여 주고 있어, 학술사적으로 매우 중요한 자료이다. 노(魯)나라의 공왕(恭王) 유여(劉餘)의 전기에서, 반고는 다음과 같이 기재하고 있다. "공왕은 처음에 궁궐을 짓기를 좋아하여, 공자의 옛집을 헐고 자신의 궁궐을 확장했는데, 종경(鐘磬)과 금슬(琴瑟)의 소리가 들려오자, 감히 다시 헐지 못했으며, 그 벽 속에서 고대의 문자로 기록된 경전을 얻었다.[恭王初好治宮室, 壞孔子舊宅以廣其宮, 聞鍾磬琴瑟之聲, 遂不敢復壞, 於其壁中得古文經傳.]"[30] 이는 고문 경전과 관련한 중요한 자료이기 때문에, 한대(漢代)의 경학사(經學史)를 논하는 학자

---

29) 『한서』 권53 「하간헌왕유덕전(河間獻王劉德傳)」을 참조하라.
30) 『한서』 권53 「노공왕유여전(魯恭王劉餘傳)」.

들이 항상 인용하고 있다.

『한서』는 또한 「이릉전(李陵傳)」·「장건전(張騫傳)」·「소무전(蘇武傳)」 등을 추가로 기술했다. 원래 『사기』에서 이릉의 사적은 단지 「이광전(李廣傳)」의 뒤에 부가해 놓았으므로, 사적이 간략했다. 하지만 『한서』는 그의 전기를 따로 두고, 그의 전공(戰功) 및 이릉이 흉노에게 항복함으로써 일어난 파장을 상세하게 기술했으며, 사건의 전후 인과관계를 구체적으로 기록했다. 『사기』에서는 장건의 사적이 「위장군표기열전(衛將軍驃騎列傳)」의 뒤에 부가되어 있어, 단지 몇 마디만 언급하고 있으며, 그가 서역과의 교류를 통하게 했던 내용을 「대완전(大宛傳)」에 기록했다. 하지만 『한서』는 단독으로 「장건전」을 두어, 그가 응당 가져야 할 역사적 지위를 부여했다. 소무는 무제 때 흉노에 사신으로 갔었는데, "흉노에 19년 동안 체류하다가[留匈奴十九年]", 소제(昭帝) 시원(始元) 6년에야 장안으로 돌아왔으므로, 사마천은 소무의 상황을 충분히 이해할 수 없었다. 이는 곧 시간상으로 보아, 소무가 한나라로 돌아왔을 때는 사마천이 이미 세상을 떠났기 때문에, 『사기』에는 「소무전」이 없다. 그러나 『한서』에는 「소무전」을 기술하고 있는데, 충만한 감정으로 소무의 고상한 민족적 지조와 기개를 찬양함으로써, 천고(千古)의 명편(名篇)이 되었다.

『한서』는 또한 『사기』의 '8서(書)'를 기초로 하여, '10지(志)'를 두었는데, 「형법지(刑法志)」·「지리지(地理志)」·「예문지(藝文志)」·「오행지(五行志)」 등 네 개의 지(志)를 추가하여 한대(漢代)의 전장(典章) 제도를 더욱 상세하고 구체적으로 기록했다. 나머지 「율력지(律曆志)」·「예악지(禮樂志)」·「식화지(食貨志)」·「교사지(郊祀志)」·「천문지(天文志)」·「구혁지

(溝洫志)」 등 6편의 지(志)들은 곧 『사기』의 성과를 흡수하여 보충하고 발전시킨 것들이다. 『한서』에 포괄된 '10지'의 저술은, 반고가 중국 역사학에 또 하나의 중요한 공헌을 한 것이다. '10지'는 중국의 역사 이래 각종 제도의 변화 발전 과정을 체계적으로 기재하고 있는데, 광범위한 사회 각 부분들의 모습을 반영하고 있을 뿐만 아니라, 고대의 천문학·역법(曆法)·수리공정(水利工程) 등 자연과학 부문의 성취도 담고 있으므로, 감히 학술 문화계의 보물이라 할 수 있다. 근대 이래로, 『한서』 '10지'가 이룩한 성취는 줄곧 중국과 해외의 연구자들이 중시하고 있다. 바이서우이(白壽彝)[31] 선생은 이에 대해서 다음과 같이 주도면밀하게 평론했다. "반고는 서지체(書志體)[32]를 완성했으며", "반고는 역사학에서 관련 있는 학문 분야들의 연구를 위한 길을 개척했는데, 이는 매우 중요한 지위를 갖는 것이다. 그것은 정치제도사(政治制度史)·법률사(法律史)·경제사(經濟史)·수리공정사(水利工程史)·학술사(學術史)·역사지리학(歷史地理學) 등 각 분야들의 원류를 담고 있어, 창조적인 저작(著作)을 제공해 주었다. 10지의 범위는 한대(漢代)에 국한하지 않고, 예로부터 이어져 오는 전장 제도와 각종 전설을 포함한 모든 것들을 10지에 기록해 넣었다. 매우 많은 학문 분과들도 또한 모두 10지를 따라서 기록하기 시작한 것들이다. 양한(兩漢)과 그 이전의 전장 제도를 연구하려면, 반드시 『사기』의 '8서(書)'와 『한서』의 '10

31) 역자주 : 바이서우이(1909~2000년)는 회족(回族) 출신의 중국 역사학자로, 『中國通史綱要』·『史學概論』·『回族人物志』·『中國史學史教本』·『中國通史』 등의 저술들을 남겼다.

32) 역자주 : 역대 제도의 문물들에 관한 기록을 『사기』에서는 '서(書)'라고 했고, 『한서』는 '지(志)'라 했다. 본문의 '서지체'는 이와 같은 종류의 역사 기록을 가리키는 말이지만, 그리 널리 쓰이는 용어는 아니다.

지'를 읽어야 한다. 특히 '10지'를 분명히 알아야만, 비로소 후세의 전장 제도를 확실히 알 수 있다." 또한 말하기를, "10지를 보면, 봉건 통치 집단들이 어떤 작용을 했는지를 알 수 있다. 역사 저작의 내용을 바꾸는 데 유익한 부분들을 매우 많이 담고 있다."[33] 판원란(范文瀾)[34] 선생도 생각하기를, "『한서』의 정수(精髓)는 10지에 있으며", "10지의 규모는 대단히 커서, ……후세의 정사(正史)에 '지'와 '서'가 많이 있지만, 대부분 10지에 더하고 뺐을 뿐이다."[35]라고 했다.

서술의 합리성과 구성의 엄밀함을 위해, 『한서』는 또한 『사기』의 일부 편장(篇章)들의 내용을 조정했는데, 이는 반고가 구성의 안배와 자료의 취사선택에서 매우 뛰어난 재능이 있었음을 뚜렷이 보여 준다.

(3) 사마천에 비해 한 걸음 더 향상시키다.

어떤 부분들에서, 반고는 『사기』의 일부 편파적인 견해와 모순된 주장들을 바로잡았으며, 그것이 원래 갖고 있던 견해들 중에서 정확한 부분들을 흡수하여 더욱 향상시켰다.

예를 들어, 사마천은 「굴원가생열전(屈原賈生列傳)」에서 말하기를, "강[絳[36] : 주발(周勃)]·관영(灌嬰)·동양후[東陽侯 : 장상여(張相如)]·풍경

33) 白壽彝, 「司馬遷與班固」, 『司馬遷研究新論』 "代序", 河南人民出版社 1982년판을 보라.

34) 역자주 : 판원란(1893~1969년)은 절강성(浙江省) 소흥(紹興) 출신의 역사학자이다. 주요 저서들로는 『中國近代史』·『歷史考略』·『群經概論』·『水滸注寫景文鈔』·『文心雕龍注』·『太平天國革命運動』·『范文瀾史學論文集』 등이 있다.

35) 范文瀾, 『中國通史簡篇』(修訂本) 第2編, 245쪽, 人民出版社 1964년판.

36) 역자주 : 서한의 개국공신인 주발을, 한나라 고조(高祖)가 강후(絳侯)에 봉했으므로, 그를 일컫는 말이다.

(馮敬)과 같은 무리들이 온갖 해코지를 했는데, 이에 가생(賈生)[37]을 헐뜯으며 말하기를, '낙양(洛陽) 사람들은 나이가 어리고 학문도 일천한데, 오로지 권력을 전횡하여 모든 일에 분란을 일으킵니다.'라고 했다. 이에 천자(天子)도 나중에는 또한 그를 멀리하여, 그의 건의들은 채용되지 못했다.[絳·灌·東陽侯·馮敬之屬盡害之, 乃短賈生曰, '洛陽之人, 年少初學, 專欲擅權, 紛亂諸事.' 於是天子後亦疏之, 不用其議.]"라고 했다. 이 기록의 자간(字間)이나 행간(行間)에는, 사마천이 가의에 대해 '재능은 있지만 때를 만나지 못한[懷才不遇]' 것을 동정하는 마음이 가득하다. 그러나 반고는 『한서』「가의전(賈誼傳)」에서 말하기를, "문제(文帝)는 말없이 묵묵히 힘을 다해 실행하여 풍속을 바꿈으로써, 가의가 말한 책략들을 시행했다.[孝文玄默躬行以移風俗, 誼之所陳略施行矣.]"라고 했다. 그는, 가의가 제시한 정치적 견해들이 당시나 또는 약간 후에도 거의 모두 황제들에 의해 채용되었다고 생각했던 것이다. 반고는 가의에 대해서, "비록 공경(公卿)의 지위에 이르지는 못했지만, 때를 만나지 못한 것은 아니다.[雖不至公卿, 未爲不遇也.]"라고 말했다. 확실히 반고의 견해가 실제에 더욱 부합된다.

『한서』「조조전(鼂錯傳)」에서, 반고는 조조가 제후국들의 세력을 약화시켜야 한다고 주장한 것에 대해 더욱 공정하게 평가했다. 조조는 경제(景帝) 시기에 서한 조정이 번국(藩國)들에 대해 결연하게 투쟁한 핵심적인 인물들을 대표한다. 당시 오(吳)나라 왕 유비(劉濞)를 비롯한 제후왕들은 교만하고 횡포하며 불법을 저질렀고, 제(齊)나라의 도

37) 역자주 : 서한 초기의 정치가이자 문학가였던 가의(賈誼, 기원전 200~기원전 168년)를 가리킨다. 가태부(賈太傅)·가장사(賈長沙)라고도 부른다.

혜왕(悼惠王) 유비(劉肥)는 72개의 성(城)들을, 초(楚)나라 원왕(元王) 유교(劉交)는 40개의 성들을, 오(吳)나라 왕 유비는 50여 개의 성들을 점유했다. 오나라 왕 유비는 장강(長江)과 회수(淮水) 유역의 광대한 지역을 차지하고서, 오랜 기간 동안 병을 핑계로 장안(長安)에 와서 황제를 알현하지 않았다. 또한 그는 산을 파고 구리를 채굴하여 스스로 화폐를 주조하고, 바닷물을 끓여 소금을 생산함으로써, 많은 재부(財富)를 보유했으며, 각지의 간사하고 불법적인 무리들을 끌어들여 한데 규합했으므로, 조정에 대항하는 가장 큰 잠재적인 골칫거리가 되었다. 조조는 당시 어사대부(御史大夫)였는데, 위에서 언급한 상황을 매우 분명히 파악하고서, 경제에게 글을 올려 그것에 대해 날카롭게 분석했으며, 마지막으로 단호하게 번국들을 제거해야 한다고 주장했다. 즉 "지금 그들을 제거해도 반발할 것이고, 제거하지 않아도 반발할 것입니다. 그들을 제거하면, 그들의 반발도 급해지겠지만, 화(禍)는 작아집니다. 제거하지 않는다면, 그들의 반발은 늦어지겠지만, 화는 커질 것입니다.[今削之亦反, 不削亦反. 削之, 其反亟, 禍小, 不削之, 其反遲, 禍大.]"[38] 경제는 조정의 중앙 권력과 제후왕국의 할거세력들 간의 첨예한 모순을 과감하게 대해야지, 더 이상 악한 세력에게 관용을 베풀어 나쁜 짓을 계속하도록 조장해서는 안 되며, 반드시 과감한 조치를 취하여, 제후왕국 세력들이 더 이상 팽창하여 장차 더욱 큰 혼란을 조성하는 것을 피해야 한다는 것이었다. 조조는 이로 인해 자신이 죽임을 당하는 화를 입을 수 있다는 것을 잘 알고 있었지만, 조금도 동요하지 않았다. 결국 오(吳)·초(楚) 등 7국들이 군대를 동원하

38) 『한서』 권35, 「오왕유비전(吳王劉濞傳)」.

여 반란을 일으킨 위급한 형세에서, 조조는 경제의 잘못으로 죽임을 당했다. 이와 같은 비극적인 인물에 대해, 반고는 다음과 같이 공정하게 평가했다. "조조는 나라를 위한 백년대계에 대해서는 매우 예리했지만, 자신이 해를 입게 될 것은 보지 못했고[晁錯銳於爲國遠慮, 而不見身害]", "조조는 비록 하려던 일을 마무리하지는 못했지만, 세상은 그의 충정(忠情)을 슬퍼했다.[錯雖不終, 世哀其忠.]"[39]라고 하여, 조조가 예리하고 심각하게 국가의 안위를 염려하면서도, 자신이 해를 입을 것에 대해서는 생각하지 않았던 것을 긍정적으로 평가했으며, 그가 나라를 위해 충성을 다한 것은, 후세 사람들이 대대로 인정하고 있다고 했다.

우리가 『사기』와 『한서』에 수록된 조조의 전기를 한번 비교해 보면, 반고의 조조에 대한 평가는 사마천이 남긴 기록의 정확한 부분들은 채용하면서도 『사기』의 모순된 견해를 바로잡았다는 것을 발견할 수 있다. 『사기』 「조조열전(晁錯列傳)」은 끝부분의 논찬에서 이렇게 말하고 있다. "조조가 가령(家令) 벼슬을 하고 있을 때[경제(景帝)가 태자(太子)였을 때, 조조는 태자가령(太子家令)에 임명되었다는 것을 가리킨다.], 여러 차례 사안에 대해 말했지만 소용이 없었는데, 나중에 그가 권력을 휘두르게 되었을 때에는 많은 것들이 변했다. 제후들이 반란을 일으키자, 그 사태를 서둘러 바로잡아 구하려 하지 않고, 개인의 사사로운 원수를 갚으려고 하다가, 도리어 그로 인해 죽었다. 속담에서 말하기를, '예로부터 내려오는 관습을 바꾸고 상규(常規)를 어지럽히면, 죽지 않으면 곧 망하게 된다.'라고 했는데, 아마도 조조 같은 사람들을 가리키는 것이 아니겠는가![晁錯爲家令時, 數言事不用, 後擅權, 多所

39) 『한서』 권49 「원앙조조전(爰盎晁錯傳)」.

變更. 諸侯發難, 不急匡救, 欲報私仇, 反以亡軀. 語曰'變古亂常, 不死則亡', 豈錯等謂邪!]"라고 하여, 그가 번국들을 제거해야 한다고 주장한 것의 적극적인 작용을 긍정하지 않았다. 그와는 반대로 오초 7국이 난을 일으킨 것에 대해서는, 조조가 나라의 이익을 위해 그 사태를 바로잡아 구하려는 방법을 제시하지는 않고, 개인의 원수를 갚을 방법을 제시했다고 여겼으며, 또한 그가 제시한 방법은 "예로부터 내려오는 관습을 바꾸고 상규를 어지럽힌 것"이라고 비난했다. 분명히 이러한 평가는 모두 합당하지 않은 것이다. 그런데 사마천은 필경 객관적인 사실을 중시한 역사가였으므로, 그는 또한 「조조열전」에서 등공(鄧公)이 조조를 칭송하고 경제(景帝)를 비판한 말을 기재하여, 조조가 "지방을 약화시킴으로써 수도를 높이자[削地而尊京師]."라고 건의한 것은 "만 년 동안의 이익[萬歲之利]"이라고 칭찬하면서, 제후국들의 기반을 제거하고 감소시켜, 조정의 지위를 높이고 강화해야만 비로소 국가의 먼 장래의 이익에 부합된다고 했다. 그리고 「오왕비열전(吳王濞列傳)」에서, 사마천은 또한 조조가 "나라를 위해 먼 앞날을 깊이 헤아려 생각한 것[爲國遠慮]"을 칭찬했다. 이처럼 사마천의 조조에 대한 평가는 자체에서로 모순되는 부분이 나타난다. 반고는 사마천의 논점들 가운데 잘못된 부분을 바로잡고, 역사적인 실제에 부합하는 정확한 결론을 제시했는데, 이는 바로 사마천의 인식에 비해 확실히 향상된 것이다.

3. 엄밀하고 합리적인 체제

『한서』는 체제가 엄밀하고 정연하며 합리적이라는 뚜렷한 특징을 지니고 있으며, 합당한 체제를 이용하여 풍부한 역사적 지식들을 확실하게 담아 냈다. 또한 그것은 배열에 규칙이 있어 찾아볼 수 있고, 배려가 주도면밀하며, 처리가 타당하고, 동시에 내용의 필요에 따라 융통성 있게 처리하기도 했다.

(1) 총체적인 구조를 조정(調整)하다.

『한서』는 전체적인 구조에서 『사기』의 성취를 계승했으면서, 또한 시대적 조건의 변화에 따라 적당하게 조정하기도 했다.

사람들은 습관적으로 모두 『사기』를 일컬어 '기전체(紀傳體)'로 씌어진 최초의 작품이라고 하는데, 사실 그것은 다섯 가지 체제를 종합한 것이다. 그 다섯 종류의 체제란 바로 본기(本紀)·세가(世家)·열전(列傳)·서(書)·표(表)를 가리킨다. 유지기(劉知幾)의 해석에 따르면, 다섯 가지의 체제는 각자의 역할을 갖고 있다고 했다. 즉 '본기'는 큰 사건들을 총괄함과 동시에 천자(天子)의 지존(至尊)함을 나타내는 데 쓰이며, '세가'는 제후들의 역사적 사실을 기재하여, 그들이 나라를 세워 일가(一家)를 이룬 사실과 대를 이어 가는 과정 및 그 지위가 천자의 바로 다음이라는 것을 보여주는 데 쓰인다. '열전'은 신하들의 사적(事迹)을 기재하는 데 쓰여, '본기'와 서로 맞물려 있고, '서'는 국가의 법령 제도·조정(朝廷)의 기장(旗章)이나 전장(典章)·천문·지리·형법(刑法)·예악(禮樂)·풍토(風土)·산천(山川) 등등을 기재하는 데 쓰이며, 또한 본기와 열전에 빠진 부분을 보충해 주기도 한다. '표'는 인물·연대·세계(世系 : 조상으로부터 이어져오는 계보-역자)와 관직(官職) 등등을 열거하는 데 쓰인다.

이와 같은 체제의 장점을 평가하기 위해서는, 특별한 혜안(慧眼)을 갖추고서, 그 표면상의 오래되고도 농후한 봉건적인 색채를 꿰뚫어, 그것의 합리적인 핵심을 볼 것이 요구된다. '본기'는 연도 순서에 따라 국가의 대사(大事)들을 기재한 것이며, '열전'은 주요 인물들의 사적을 기재한 것이고, '서'는 전장 제도·예악·형법 등등을 기재한 것인데, 이와 같은 구성은 서로 다른 시각으로 역사의 진행 과정을 펼쳐 보이는 데 적합하며, 다음과 같은 이치에 부합된다. 즉 시간상으로 보면, 역사적 사건은 연대의 선후에 따라 발생하는 것이고, 역사는 또한 사람이 창조한 것으로서, 반드시 역사의 주체인 사람의 활동을 반영해 내야 하며, 또한 역사는 사회가 진전해 온 역사로서, 다양한 사회생활을 표현해 내야 한다는 것이다. 한 권의 역사서 안에, 서로 다른 시각에서 역사의 진행 과정을 관찰하고 반영해 낸다는 것은 쉬운 일이 아니다. 그런데 '기전체'는 오히려 당시의 조건에 근거하여 이 난제(難題)들을 훌륭하게 해결해 냈다. 왜냐하면 이 체제는 담아 낼 수 있는 용량이 매우 광범위하고 신축성이 뛰어나, 한 시대의 전체 역사를 구성해 내기에 족하기 때문이다. 그리하여 위대한 고대 역사가의 이 걸출한 창조물은, 후대 사람들로 하여금 경탄과 긍지를 느끼도록 하기에 충분했다. 오늘날의 역사가들도 또한 '기전체'의 이와 같은 장점들을 흡수하고, 더욱 개조하고, 새로운 시대적 내용을 주입하면서, 비판적으로 계승하는 기초 위에서 새롭게 창조해 나가고 있다. 당연히 '기전체'는 또한 농후한 봉건적 분위기를 띠고 있어, 그것은 천자보다 존귀한 사람은 없고, 수많은 사람들은 그를 떠받든다는 봉건적 계급 구조를 드러내 보여 주고 있는데, 이에 대해 우리는 비판하고 배제해야만 한다.

『한서』는 전체적인 구성에서 『사기』의 체제를 계승했으며, 동시에 시대적인 필요에 따라 개조했다. 첫째는 단대사(斷代史)를 확립한 것인데, 이 점에 대해서는 이미 앞에서 논술했다. 둘째로, 반고는 '세가(世家)'를 삭제했다. 그 이유는 매우 분명하다. 즉 춘추·전국 시기에는 각 제후국들이 있었고, 한나라의 문제(文帝)와 경제(景帝) 이전에는 제후왕들이 있었으므로, 사마천은 그들을 위해 '세가'를 두어, 그들의 지위가 천자의 바로 다음이고, 보통사람들보다 위에 있으며, 집안 대대로 전해질 수 있었다는 것을 나타내 주었다. 그러나 무제 이후로는, 이른바 제후는 단지 허명만 있었을 뿐, 실제로는 이미 세금을 거두어 살아가는 군국(郡國)들과 다를 바 없었으며, 춘추전국 시대와 같이 국가의 권력을 나누어 갖거나 서한 초기처럼 나라를 세워 대대로 물려주는 국면은 더 이상 존재하지 않았다. 그래서 반고는 '세가'를 삭제하고, 단지 '본기'·'열전'·'지'와 '표'만을 남겨 놓았는데, 이는 시대의 변화에 부합하는 적절한 방식으로, 통일국가 권력이 옛 할거(割據) 세력들에게 승리를 거둔 그 새로운 시대의 특징을 반영해 냈으며, 따라서 훗날 줄곧 역사 저술가들에 의해 변함없이 계속 사용되었다.

(2) 내용을 옮겨 배치하다.

『한서』에 있는 무제 이전 시대의 본기와 열전에 관련된 내용들은 대부분 『사기』의 기록을 채용했지만, 또한 체제상에서의 엄밀함을 고려하여, 어떤 내용들은 위치를 옮겨 더욱 적합한 편장(篇章) 속에 두었다. 예를 들어 『사기』는 항우(項羽)를 '본기'에 편성하여, 「고조본기

(高祖本紀)」의 앞에 두었는데, 이로 인해 초(楚)·한(漢) 전쟁과 관련 있는 많은 중요한 사건들이 모두 「항우본기」에 서술되어 있으며, 그 이후의 본기와 열전들에서는 간략하게 기록하거나 아예 빼버렸다. 『한서』는 첫 권의 제1편은 「고제기(高帝紀)」이고, 항우와 관련된 내용은 '열전'으로 바꾸어, 본기의 뒤에 두었다. 따라서 중대한 사건들은 반드시 「고제기」 속에 서술해야 했으므로, 반드시 항우편에서 빼다가 채워 넣어야만 했다. 그러한 사건들로는 다음과 같은 것들이 있다. 즉 홍문(鴻門)의 연회석상에서 유방(劉邦)이 위기를 모면한 일, 유방이 팽성(彭城)을 빼앗기고 패하여 후퇴하던 중에, 길에서 혜제(惠帝)와 노원공주(魯元公主)를 만나 같이 수레를 타고 도망한 일, 유방이 한신(韓信)과 팽월(彭越) 두 사람에게 군대를 이끌고 합류하여 함께 항우를 포위하도록 명령을 내렸는데, 이 두 사람이 군대를 출동시키지 않자, 유방이 장량(張良)의 계책을 채용하여, 두 사람에게 봉지를 나누어 주고 왕으로 삼고서야, 비로소 항우를 포위하게 했던 일 등이다.

'본기'는 나라의 군사·정치와 관련된 대사들을 기재하고, '열전'은 인물의 활동을 기재한다는 이 원칙에 근거하여, 반고는 『사기』 「여태후본기(呂太后本紀)」에 기재된 궁중의 암투들[여후(呂后)가 척부인(戚夫人)과 조(趙)나라 왕 유여의(劉如意)를 살해한 사건 등]을 모두 「외척전(外戚傳)」에 기재했다. 이렇게 함으로써 『한서』 「고후기(高后紀)」의 대강이 더욱 뚜렷해졌다.

오(吳)·초(楚) 7국이 난을 일으켰을 때, 원앙(爰盎)과 경제(景帝)가 대화를 나누었는데, 조조(晁錯)는 그 옆에 있었다. 경제가 원앙에게 어떤 좋은 계책이 있는지를 묻자, 원앙은 주변에 있는 사람들을 물러가게 해달라고 요청하여, 오직 조조만이 남게 되었다. 원앙은 또한 그의 계책은 "신하들이 알아서는 안 됩니다[人臣不得知]."라고 하자, 이때 조조가 비로소 화가 난 듯이 물러났다. 원앙은 조조의 목을 베어 천하에 사죄하도록 요청하자, 경제는 이에 실수하여 조조를 살해했다. 이 사건은 조조와의 관계가 더 직접적인데, 『사기』에서는 원래 「오왕비열전(吳王濞列傳)」에 기재되어 있었지만, 『한서』는 체제의 엄밀함을 고려하여 「조조전(鼂錯傳)」으로 옮겨 놓음으로써, 사건에 대한 기록이 더욱 짜임새 있고 명확해지게 했다.

(3) 합전(合傳)을 많이 두다.

『한서』 체제의 엄밀성은, 특히 70편에 달하는 열전(列傳)들의 배열에서 잘 구현되어 있는데, 역사적인 연관과 논리적인 연관의 두 가지를 서로 일치시킴으로써, 독자들이 학습하고 연구하는 데 대단히 편리하도록 해주었다.

『한서』의 열전은 대략 모두 337명의 인물들을 기재하고 있는데, 그 가운데 7편의 열전들[「유림전(儒林傳)」·「순리전(循吏傳)」·「혹리전(酷吏傳)」·「화식전(貨殖傳)」·「유협전(遊俠傳)」·「영행전(佞幸傳)」·「외척전(外戚傳)」]이 98명을 기재하고 있고, 그 밖의 열전들이 239명을 기재하고 있다. 이렇게 많은 인물들은 신분·지위가 각자 서로 다르고, 2백여 년의 시간에 걸쳐 분산되어 있으며, 서로 간격이 매우 먼 경우도 있다. 만약 한 사람 한 사람마다 하나씩의 열전을 두었다면, 매우 산만하게 흩어지게 되어, 아무런 실마리를 찾을 수 없었을 것이다. 이러한 결함을 피하기 위해, 반고는 (한 사람만을 다룬 열전인-역자) 전전(專傳)과 (여러 사람들을 한데 묶은 열전인-역자) 합전(合傳)을 결합하는 형식을 채용하여, 주도면밀하게 배치했다.

전전은, 기록하는 인물의 사적(事迹)이 많거나, 혹은 비교적 긴 편폭을 가진 의론(議論)이나 작품들을 기재해 넣었기 때문에 단독으로 열전을 둔 경우인데, 그 예로 「가의전(賈誼傳)」·「동중서전(董仲舒傳)」·「사마천전(司馬遷傳)」·「소망지전(蕭望之傳)」·「원후전(元后傳)」·「왕망전(王莽傳)」 등을 들 수 있다.

합전은, 인물들 간의 사적이 밀접하게 연관되거나, 혹은 인물의 신분이나 행위가 유사한 경우에, 그들을 한데 합쳐서 쓴 전기이다. 적게는 2~3명을 합친 경우도 있고, 많게는 7~8명을 합친 경우도 있다. 전자에 해당하는 경우로는, 「진승항적전(陳勝項籍傳)」·「소하조참전(蕭何曹參傳)」·「원앙조조전(爰盎鼂錯傳)」·「위청곽거병전(衛青霍去病傳)」·「위상병길전(魏相丙吉傳)」 등이 있다. 후자의 경우로는 「엄주오구주보서엄종왕가전(嚴朱吾丘主父徐嚴終王賈傳)」[40]·「공손유전왕양채진정전(公孫劉田王楊蔡陳鄭傳)」[41]·「왕공양공포전(王貢兩龔鮑傳)」[42]·「부상정감진단전(傅常鄭甘陳段傳)」[43] 등이 있다.

『한서』가 합전을 많이 둔 것은 매우 독창적인 것으로, 그 장점들은 다음과 같다. 첫째는 두서없이 흩어져 복잡해지는 것을 피할 수 있다

40) 역자주 : 엄조(嚴助)·주매신(朱買臣)·오구수왕(吾丘壽王)·주보언(主父偃)·서락(徐樂)·엄안(嚴安)·종군(終軍)·왕포(王褒)·가연지(賈捐之)의 합전.

41) 역자주 : 공손하(公孫賀)·유굴리(劉屈氂)·전천추(田千秋)·왕흔(王訢)·양창(楊敞)·채의(蔡義)·진만년(陳萬年)·정홍(鄭弘)의 합전.

42) 역자주 : 왕길(王吉)·공우(貢禹)·공승(龔勝)과 공사(龔舍)·포선(鮑宣)의 합전.

43) 역자주 : 부개자(傅介子)·상혜(常惠)·정길(鄭吉)·감연수(甘延壽)·진탕(陳湯)·단회종(段會宗)의 합전.

는 점이다. 『한서』에는 2백 명 이상의 인물들을 47개의 합전 속에 편성해 넣어, 요점이 명확하고 검색이 편리하다. 둘째는 현대적인 관점에서 볼 때, 합전을 둠으로써, 어떤 한 유형에 속하는 인물들의 행위와 사상의 특징을 부각시킬 수 있어, 사회적 정황을 반영하는 데 유리했다.

예를 들어, 엄조(嚴助)·주매신(朱買臣) 등 6명은, 정사(政事)를 논하는 글을 올림으로써 무제가 이들을 중시했는데, 그들을 한데 묶어 기술함으로써, 무제가 인재를 중시했다는 점을 드러내 보였다. [왕포(王褒)는 부(賦)를 잘 지어 선제(宣帝)의 총애를 받았으며, 가연지(賈延之)는 원제(元帝) 시기에 주애(珠崖)를 토벌할 것을 간(諫)하여, 그도 또한 중요한 의론을 남겼는데, 그 때문에 이 합전의 뒷부분에 덧붙여졌다.] 공손하(公孫賀)·양창(楊敞)·진만년(陳萬年) 등 8명은, 모두 무제 후기부터 원제 전기의 대신들로서, 승상(丞相)과 어사대부(御史大夫) 등에 임명되었으므로, 합전으로 통합했고, 왕길(王吉)과 공우(貢禹) 등 5명은 하나같이 청렴한 명성과 고매한 절개를 지니고 있었으므로, 한데 합쳐서 공통된 특색을 부각시켰다. 부개자(傅介子)·상혜(常惠)·정길(鄭吉)·감연수(甘延壽)·진탕(陳湯)·은회종(殷會宗) 등 6명은, 모두 소제(昭帝) 때 서역에 사절로 나가 공을 세웠으므로, 한데 합침으로써 서한 후기의 서역과의 관계 변화를 알 수 있게 했다.

전전과 합전을 어떻게 안배할 것인지에 대해, 반고는 매우 세심하게 고려했는데, 시간의 선후(先後) 관계와 인물의 유형을 함께 고려하여, 역사와 논리가 일치되는 방법을 실현해 냈다. 이에 대해 우리는 『한서』 권56부터 권69까지의 각 편(篇)들을 예로 들어 설명할 수 있다. 동중서(董仲舒)·사마상여(司馬相如)·공손홍(公孫弘)·아관(兒寬) 등의 인물들은 모두 유학이나 문학에서의 업적이 뛰어나 중용된 사람들이고, 그 뒤의 장탕(張湯)·두주(杜周)는 형법을 엄격하고 가혹하게 적용하여 유명한 사람들이었으며, 장건(張騫)·이광리(李廣利)의 활동은 흉노나 서역과 관련이 있으며, 주보언(主父偃)·서락(徐樂)·엄안(嚴安) 등의 사람들은 곧 상소를 올려 국경 밖의 이민족들과의 전쟁을 반대했으며, 그 다음으로 공손하(公孫賀)·유굴리(劉屈氂) 등은 무제 후기부터 소제·선제 시대까지 걸쳐서 활동했으며, 다시 이어지는 곽광(霍光)·김일제(金日磾)는 소제 때의 중신(重臣)들이고, 조충국(趙充國)은 선제 때의 대장군이었다. 이와 같은 배치는, 독자들이 인물들의 활동을 읽으면서 또한 역사의 전후 연관 관계를 잘 알 수 있도록 해준다. 이외에도 『한서』에는 또한 이민족의 역사를 기록한 3편의 '민족사전(民族史傳)'을 두었는데, 즉 「흉노전(匈奴傳)」·「서남이양월조선전(西南夷兩粵朝鮮傳)」·「서역전(西域傳)」이 그것이다. 「흉노전」은 상·하 2편으로 나뉘는데, 『사기』 「흉노열전(匈奴列傳)」에서 두만선우(斗曼單于)[44]를 비롯하여 이후 9명의 선우들의 사적에 관련된 기록을 채용하고, 아울러 이것을 삭제하거나 증보(增補)하거나 계속 이어서 완성했다. 『한서』 「흉노전」에는 묵돌선우[冒頓單于]가 여후(呂后)[45]에게 글을 보내고, 여후는 그에게 답장을 보낸 이야기를 추가하여 기록했다.[46] 태시(太始)

---

44) 역자주 : 선우(單于)란 흉노의 최고 지도자를 부르는 호칭인데, 두만선우는 제1대 선우이다.

45) 역자주 : 한나라 고조 유방의 황후이다.

46) 역자주 : 묵돌선우가 여후에게 보낸 편지의 내용은 다음과 같다. "외로운 군주는 소택(沼澤) 가운데에서 태어나 소와 말이 가득한 들판에서 컸으니, 자주 변경에 이르러 중국에서 노닐고 싶었소이다. 폐하도 홀로 되어, 독수공방 외로울 터이

원년(기원전 96년)에 차제후선우(且鞮侯單于)가 세상을 떠난 뒤의 내용은 반고가 이어서 썼는데, 반고가 쓴 부분이 『사기』에서 채용한 부분보다 훨씬 길다. 「서남이양월조선전」은 『사기』의 「서남이열전(西南夷列傳)」·「남월열전(南越列傳)」·「동월열전(東越列傳)」·「조선열전(朝鮮列傳)」을 합쳐서 한 편으로 만든 것으로, 문제(文帝)가 조타(趙佗)[47]에게 글을 내린 것 등의 내용을 추가하여 기록했으며, 소제 이후부터 왕망(王莽)까지의 역사적 사실들을 계속 이어서 썼다. 「서역전」은 상·하 2편으로 나뉘며, 서역 각 나라들의 형세를 서술하고 있는데, 『사기』「대완열전(大宛列傳)」에서 장건이 서역의 8개 나라들의 형세에 대해 말한 약간의 내용을 채용한 것을 제외하고는, 주로 반고가 다시 새로 쓴 것들로 되어 있다. 반고가 「서역전」을 창시함으로 인해, 이후의 정사(正史)들에서는 지금의 신강(新疆)과 그 서쪽 지역을 서역으로 삼았으며,

---

니 두 군주가 모두 즐겁지 않은 것 같소이다. 스스로 즐거워할 방법이 없으니 (우리 서로) 갖고 있는 것으로 갖지 않은 것을 바꾸는 것이 어떻겠소이까." 이 편지에 대해 서한 조정은 흉노의 선우가 청혼을 빙자하여 서한을 일방적으로 무시했다고 받아들였다. 그러나 당시 서한의 군사력으로는 흉노를 당해 낼 수 없었으므로, 여후는 "선우께서 우리나라를 잊지 않고 글을 내려 주시니, 우리는 그저 두렵기만 합니다. 물러나 가만히 생각해 보니, 저는 연로하고 기력도 쇠했으며, 머리와 이가 모두 빠졌고 걷기도 힘듭니다. 선우께서는 과히 허물치 마시고, 제게 그와 같이 힘든 일을 요구하지 말아 주십시오. 저희에게 죄가 없으니 마땅히 용서해 주시기 바랍니다. 대신 수레 2대와 말 2필을 보내 드리오니, 항상 타고 다니시는 데 사용하시기 바랍니다."라는 굴욕적인 답장을 보낼 수밖에 없었다.

47) 역자주 : 조타는 진정(眞定) 출신으로, 진(秦)나라 시황제(始皇帝)의 명에 따라 남해군 현령으로 파견되었다가, 진나라 말기에 발생한 혼란을 틈타 주변 일대를 통합하고, 독립하여 스스로 남월(南越) 무제(武帝)라고 칭했다. 그가 차지한 땅은 지금의 베트남 북부와 중국의 광동성(廣東省) 일대였으며, 조타는 현지인들의 협력을 얻기 위해서 현지의 풍습을 충실히 따랐다고 한다. 지금의 베트남에서는 조타를 찌에우 다(Triệu Đà)라고 부르고 있으며, 그가 세운 남월국을 자국의 역사로 인식하고 있다.

더불어 그와 관련된 열전을 두었다. 또한 그것은 당연히 있어야 하는 지위로 확정되어, 이미 통례(通例)가 되었을 정도로 그 영향이 대단히 컸다. 반고는 '민족사전'의 배열에 대해서도 또한 진지하게 고려했는데, 『사기』가 '민족사전'과 각 유형의 인물 열전들을 뒤섞어서 배열한 것과는 달리, 『한서』는 '민족사전'을 한 곳에 집중시켜, 책의 말미에 둠으로써, 더욱 규범적이고 정연해 보이게 했다.

(4) "한 조대를 잘라 내어 역사로 삼은 것[斷代爲史]"과 "과거와 현재를 꿰뚫어 아는 것[通古今]"

반고는 체제를 중시하면서도 또한 기존 관례의 특징을 지키는 데 구애되지 않았는데, 다음과 같은 데에서 나타나 있다. 즉 『한서』는 비록 한 조대를 잘라 내어 역사로 삼았지만, 어떤 곳에서는 오히려 또한 필요에 따라서 한대(漢代)의 제한을 뛰어넘어 "과거와 현재를 꿰뚫어 아는[通古今]" 형태로 서술했다. 『한서』 속에 있는 '10지(志)'['지(志)'와 '표(表)'의 기능을 함께 갖추고 있는 「백관공경표(百官公卿表)」도 마찬가지다.]는 바로 그런 방면의 본보기이다.

『사기』는 「예서(禮書)」·「악서(樂書)」·「율서(律書)」·「역서(曆書)」·「천관서(天官書)」·「봉선서(封禪書)」·「하거서(河渠書)」·「평준서(平準書)」 등 8서(書)를 두었으며, 『한서』는 이를 고쳐서 「율력지(律曆志)」·「예악지(禮樂志)」·「형법지(刑法志)」·「식화지(食貨志)」·「교사지(郊祀志)」·「천문지(天文志)」·「오행지(五行志)」·「지리지(地理志)」·「구혁지(溝洫志)」·「예문지(藝文志)」 등 10지를 두었다. 『한서』의 10지는 『사기』의 8서를 발전시켰는데, 먼저 편목(篇目)을 조정하고, 내용을 추가했다. 반고는 「예서」와 「악서」

를 합쳐 「예악지」로 했으며, 「율서」와 「역서」를 합쳐 「율력지」로 했고, 「천관서」·「하거서」·「평준서」·「봉선서」를 고쳐서 각각 「천문지」·「구혁지」·「식화지」·「교사지」로 했다. 반고는 이러한 편목들에 모두 새로운 중요한 내용들을 추가했다. 「예악지」와 「율력지」의 내용은 완전히 다시 썼는데, 「예악지」에는 한나라 초기의 숙손통(叔孫通) 이후 예의(禮儀)의 제정과 관련이 있는 언론(言論)들과 서한 초기에 교묘(郊廟)[48] 시가(詩歌)인 「안세방중가(安世房中歌)」 17수 및 무제 때의 악부(樂府) 가곡인 「교사가(郊祀歌)」 19수 등을 기재했다. 「율력지」에는 음률(音律)과 도량형 단위의 제정 및 역법의 변화를 기재했다. 「교사지」에는 소제·선제 이후 제왕들의 봉선(封禪)과 제사(祭祀) 활동을 계속해서 기록했으며, 통치자들이 미신 사상을 비판하고, 곡영(穀永) 등 여러 사람들이 음란한 제사의 폐지를 건의한 진보적인 주장도 기재했다. 그 다음으로 『한서』는 「오행지」·「지리지」·「형법지」·「예문지」를 새로 만들어, 전지체(典志體)가 반영하는 사회생활의 범위를 확대했다.

『한서』의 '10지'는 당시의 전장(典章) 제도를 자세하게 기록하고 있으며, 내용은 각종 다양한 전문적인 학술 영역을 다루고 있어, 경제사(經濟史)·법제사(法制史)·지리학사(地理學史)·수리공정사(水利工程史)·문헌학사(文獻學史) 등의 분과 학문들이 탄생되는 시발점이 되었다.

반고는 '한나라의 역사[漢史]'를 쓰려고 원했기 때문에, 그 역사의 상한(上限)은 자연스럽게 한나라 고조(高祖) 유방(劉邦)에서 시작했다. 그러나 역사 발전은 또한 앞과 뒤가 서로 연관되는 것이고, 더욱이

48) 역자주 : 옛날 천자가 천지(天地)에 제사지내는 교궁(郊宮)이나 조상들에게 제사지내는 종묘를 가리키기도 하며, 그 때 부르거나 연주하던 음악을 일컫기도 한다.

제도 및 사회와 관련된 내용들은 왕왕 죽 이어지기 때문에, 전후의 연계를 잘라 낼 수 없다. 한나라 때 어찌하여 이와 같은 상황이 되었는지를 설명하기 위해서는, 반드시 그 기원으로 거슬러 올라가야 한다. 역사가인 반고는 이와 같은 점을 매우 잘 알고 있었으므로, 그는 또한 자신의 저작을 위해 "과거와 현재를 꿰뚫어 알 것[通古今]"이 요구된다고 명확하게 제시했다. 이는 역사를 바라보는 관점의 각도에서 말하든, 아니면 역사서 형식의 융통성 있는 운용의 관점에서 말하든 간에, 모두 매우 의의(意義)가 있는 창조이며, 깊은 철리(哲理)를 담고 있다. 『한서』의 10지 가운데, 특히 「형법지」·「식화지」·「예문지」의 세 편이 이러한 면에서 가장 뛰어나다.

「형법지」에서는 한대의 형률(刑律)의 변천을 설명하기 위해, 맨 처음에 형법의 기원을 서술하고 있는데, 그에 따르면 원시인들의 사회에는 '집단[群]'과 '다툼[爭]'의 모순이 존재했다고 보았다. 당시의 인류는 흉악한 야수들이나 험난한 환경과 싸워 이겨 내기 위해, 반드시 집단의 힘을 이용할 수밖에 없었다. 그러나 무리지어 사는 집단이 획득할 수 있는 생필품은 크게 부족했기 때문에, 또한 '다툼'을 불러일으켰다는 것이다. 당시에는 도덕과 능력이 매우 뛰어난 사람이 사람들에게 추대 받아 군장(君長)이 되었는데, 그들은 사회의 질서를 유지하기 위해 한편으로는 '예(禮)'를 제정하여 존비(尊卑)의 등급을 확립해 갔으며, 다른 한편으로는 '형(刑)'을 제정하여 위엄과 처벌을 보여주었다. 이것이 바로 형법의 기원이라는 것이다.

형법의 기원을 서술한 다음에, 반고는 역대 형법의 변천에 대해 서술했다. 주대(周代)에 법률을 시행한 원칙은 다음과 같았는데, 즉 주나라 조정의 통치를 새로 받아들인 방읍(邦邑)들에는 비교적 가벼운 형률을 적용하고, 보통의 방읍들에는 일반적인 형률을 적용하며, 혼란한 방읍들에는 무거운 형벌을 적용했다고 한다. 주대의 일반적인 형법은 모두 5백 편의 조문(條文)들이 있었는데, 경형(黥刑 : 얼굴에 글자를 새기고 먹을 칠하는 형벌)·의형(劓刑 : 코를 베는 형벌)·궁형(宮刑 : 생식기를 거세하는 형벌)·월형(刖刑 : 발꿈치를 자르는 형벌)·대벽(大辟 : 머리를 잘라 죽이는 형벌)을 포함한 다섯 종류의 육체에 대한 형벌을 규정하고 있었다. 범죄에 대한 처벌은 다음과 같이 이루어졌다. 즉 머리가 잘리는 형벌에 처해지는 사람은 저잣거리로 끌려나와 목을 베였고, 얼굴에 글자를 새기는 형벌을 받은 자는 문을 지키게 했으며, 코를 베이는 형벌을 당한 자는 멀리 변방에 보내져 관문을 지키게 했고, 궁형에 처해진 자는 궁궐 안에서 심부름하게 했으며, 발꿈치가 잘리는 형벌에 처해진 자는 원림(園林)을 지키게 했다. 또 육체가 손상당하지 않는 벌을 받은 자들은 힘든 노동에 종사했는데, 그들은 모두 노예가 되었으며, 남자 노예는 고되고 힘든 일을 했고, 여자 노예는 절구에 쌀을 찧거나 불을 때는 일을 했다. 만약 부여받은 작위가 있거나 나이가 70세 이상이거나 영구치가 아직 나지 않은 아동들은, 모두 노예가 되는 것을 면해 주었다.

반고는 또한 다음과 같이 개략적으로 기술했다. 즉 주나라 말기에 사회 질서가 혼란해지자, 형벌의 조문이 3천 편으로 증가했다. 춘추시대에 정(鄭)나라의 자산(子産)은 백성들에게 법률을 공포했는데, 형률의 조문을 대정[大鼎] 위에 주조하여 새기자, 진(晉)나라 귀족 숙향(叔向)은 편지를 써서 그러한 방법에 반대했다. 숙향이 반대한 이유는, 백성들에 대해서는 단지 그들이 두려움을 느끼게 해야만 비로소 부릴 수 있는데, 만약 그들이 법률을 알게 하면, 더욱 분쟁이 일어날 것이라고 생각했기 때문이다. 자산은 곧 태도를 확고히 하면서 회신하기를, "나는 세상을 구하려는 것이다[吾以救世也]."라고 하여, 자신이 그렇게 하는 것은 세상을 구하기 위한 것이라고 여겼다. 전국 시대에 이르자, 형벌은 더욱 가중되어, 3족(族)을 연좌하고, 끓는 기름 솥에 사람을 집어넣는 등의 매우 잔혹한 형벌들이 증가했다. 진시황(秦始皇) 때에는, 더욱이 형벌을 치국(治國)의 유일한 수단이라고 간주하여, 전문적으로 형률을 잘 아는 관리를 임용하고, 황제가 직접 사건을 심리했는데, 낮에는 형을 판정하고, 저녁에는 사건과 관련된 문서를 열람하면서, 자신이 직접 기준을 정했다. 그리하여 매일 사건이 기록된 간독(簡牘)을 1석(石)[1석은 120근(斤)]을 반드시 읽어야 비로소 멈추고 휴식을 취했다. 그 결과 법률은 갈수록 번잡해지고 가혹해져, 죄를 범한 사람들이 한층 많아지자, 죄수복을 입은 사람들이 도로를 막고, 감옥이 각 성(城)과 진(鎭)들에 두루 생겨났으며, 마침내 백성들의 고통과 원한이 폭발하여 반항의 불길을 이룸에 따라, 포학한 진나라는 멸망했다.

확실히, 우선 한대 이전의 형벌들이 엄혹했다는 것을 돌이켜 보며 기술해야만, 독자들은 한대에 들어선 이후에 반포된 '약법삼장(約法三章)'이나 문제(文帝)가 육형(肉刑)을 폐지한 것 및 그와 관련한 여러 의론(議論)들의 의미에 대해 비로소 깊이 있게 이해할 수 있다. 여기에서 반고는 단대사(斷代史) 체제의 제한을 받지 않고, 융통성 있게 "과거와 현재를 꿰뚫어 알도록" 했는데, 그 효과는 대단히 큰 것이었다.

그것은 한대의 형법이 어떤 기초 위에서 변천해 왔는지를 설명해 주었음과 동시에, 그의 논술은 후세 사람들에게 한 권의 중국 형법사의 전형(典型)을 제공했다는 것을 말해 준다.

「식화지」는 『사기』 「평준서(平準書)」의 기초 위에서 발전한 것이다. 반고는 「식화지」 전체를 '식량[食]'과 '재화[貨]'의 두 부분으로 확대 보충했는데, 자신이 「식화지」를 쓴 취지를 다음과 같이 밝혔다. "그 처음에 백성들을 이루니, 식량과 재화가 오직 먼저였다. 땅을 쪼개어 여정(廬井)을 두고, 더불어 농지를 정하여, 10분의 1을 바치게 하니, 아래의 백성들이 부유해지고 위의 왕과 귀족들은 존귀해졌다. 장사를 하여 씀씀이를 풍족하게 하고, 교역을 하여 없는 것을 있게 했다. 화폐는 거북 등껍질과 조개껍질로부터 지금의 오수전(五銖錢)에 이르렀다. 고금의 일들을 대략적으로 요약하여 논술함으로써, 세상의 번영과 쇠퇴를 살펴보았다.[厥初生民, 食貨惟先. 割制廬井, 定爾土田, 什一供貢, 下富上尊. 商以足用, 茂(貿)遷有無. 貨自龜貝, 至此五銖. 揚榷古今, 監世盈虛.]"[49] 그리고 또한 말하기를, "식량이 풍족하고 재화와 화폐가 유통된 다음에야, 나라가 튼튼해지고 백성들이 부유해지며, 교화가 이루어진다.[食足貨通, 然後國實民富, 而敎化成.]"[50]라고 했다. 이는 반고가 농업의 생산(토지 문제를 포함하여) 활동과 상업의 교환 활동은 인류가 살아가는 근본이며, 또한 국가를 부강해지고 사회가 발전하는 기초라고 생각했다는 것을 말해 준다. 『사기』는 통사(通史)인데, 「평준서」는 오히려 단지 한대의 경제와 재정 정책들만을 기록했다. 『한서』 「식

49) 『한서』 권100 「서전(敍傳)」.

50) 『한서』 권24 「식화지」.

화지」는 한대의 각종 경제 제도들의 연원이 어디에 있는지를 보여 주기 위해, 상편(上篇)에서 우선 선진(先秦) 시대의 정전제(井田制)·이회(李悝)의 '토지의 생산성을 최대한 높이는 방안[盡地力之敎]'·관중(管仲)이 '경중지권(輕重之權)'[51]을 시행한 것 등의 경제 정책들을 서술했으며, 하편(下篇)에서는 먼저 주(周)나라와 진(秦)나라의 화폐 제도를 기재하여, "한나라만을 잘라 내어 역사로 삼은 것"과 "과거와 현재를 꿰뚫어 아는 것"을 결합시키는 문제를 비교적 잘 처리했다.

반고는 「예문지」에서, 서한 시대에 수집한 예로부터 전해 오는 전적(典籍)들을 596가(家)·13,269권으로 정리했으며, 아울러 그것들을 육예(六藝)·제자(諸子)·시부(詩賦)·병서(兵書)·술수(術數)·방기(方技) 등 여섯 가지 부류로 크게 분류하고, 각 부류들을 약간의 종(種)들로 분류했는데, 모두 38종이었다. "학문을 구분하여 분명히 하고, 그 원류를 조사하여 밝혀[辨章學術, 考鏡源流]", 각각의 큰 부류들 모두에 대해 그 원류를 논술하고, 그 장단점들을 총괄해 냈다. 또한 선진(先秦) 시대 제자백가들을 유(儒)·도(道)·음양(陰陽)·법(法)·명(名)·묵(墨)[52]·종횡(縱橫)·잡(雜)·농(農)·소설(小說) 등의 10가(家)로 분류하여, 선진 시대의 학문에 대한 분류 작업을 완성했다. 「예문지」는 학술 문화 방면에서 "과거와 현재를 꿰뚫어 알도록" 한다는 요구를 관철시킴으로써, 목록학사(目錄學史)에서의 모범적인 작품이 되었다.

이와 같이 그가 "과거와 현재를 꿰뚫어 알도록" 집필한 의도를 구

---

51) 역자주 : 상품과 화폐의 유통을 조절하고 물가를 통제하여 균형을 이루게 하는 것을 의미한다.

52) 이들 6가(家)는 사마담(司馬談)의 「논육가요지(論六家要指)」와 동일하지만, 그 순서는 약간 조정했다.

현해 낸 편장(篇章)들로는, 10편의 지들 가운데 또한 「율력지」·「예악지」·「교사지」·「지리지」·「구혁지」 및 「백관공경표(百官公卿表)」 등이 있다. 이 밖에 본기와 열전에 관련된 것들에서도 또한 필요에 따라 적절하게 "과거와 현재를 꿰뚫어 알도록" 하는 정신을 구현해 냈는데, 예를 들면 「흉노전(匈奴傳)」·「서남이양월조선전(西南夷兩越朝鮮傳)」·「서역전(西域傳)」 등 '민족사전(民族史傳)'들에서도 한대 이전의 기록들을 남겨놓은 것이 그것이다.

(5) '지(志)'와 '표(表)'를 함께 갖춘 절묘한 운용

『사기』에는 「삼대세표(三代世表)」·「십이제후연표(十二諸侯年表)」·「육국연표(六國年表)」·「진초지제월표(秦楚之際月表)」·「한흥이래제후왕연표(漢興以來諸侯王年表)」·「고조공신후자연표(高祖功臣侯者年表)」·「혜경간후자연표(惠景間侯者年表)」·「건원이래후자연표(建元以來侯者年表)」·「건원이래왕자후자연표(建元已來王子侯者年表)」·「한흥이래장상명신연표(漢興以來將相名臣年表)」 등 10표(表)가 있다. 『한서』는 『사기』의 10표를 기초로 삼아, 서한 이전의 각 연표들을 제거하고, 「이성제후왕표(異姓諸侯王表)」·「제후왕표(諸侯王表)」·「왕자후표(王子侯表)」·「고혜고후문공신표(高惠高后文功臣表)」·「경무소선원성공신표(景武昭宣元成功臣表)」·「외척은택후표(外戚恩澤侯表)」·「백관공경표(百官公卿表)」·「고금인표(古今人表)」 등 8표를 다시 새롭게 고쳐 썼는데, 그 가운데 「백관공경표」는 반고의 뛰어난 창조물이다.

『한서』 「백관공경표」는 매우 중요한 가치가 있는 부분인데, 그것은 "한나라만을 잘라 내어 역사로 삼은 것"과 "과거와 현재를 꿰뚫어 아는 것”을 서로 결합시킨 특징을 갖추고 있을 뿐만 아니라, 또한 ‘백관지(百官志)’와 ‘공경대신연표(公卿大臣年表)’의 역할도 겸비하고 있어, 후대의 역사 저술가들에게 대단히 큰 영향을 미쳤으며, 오늘날까지 우리들에게도 여전히 매우 유용하게 작용하고 있다.

「백관공경표」는 두 부분들이 서로 보완하고 도와서 이루어져 있다. 즉 앞면은 글로 서술되어 있는데, 진(秦)나라와 한나라부터 왕망(王莽)의 신(新)나라 때까지, 중앙에서부터 지방에 이르기까지의 관원(官員)들의 직제·담당 업무·소속 관원·봉록(俸祿)·명칭의 변경 및 권한의 변동 등을 종합적으로 서술하고 있다. 이는 반고의 뛰어난 창조의 결과물이다. 뒷면은 표(表) 형식으로 한나라 초기부터 멸망에 이르기까지, 중앙 정부 각 부문의 각 장관들이 재임한 연대의 처음과 끝을 열거해 놓았다. 『사기』「한흥이래장상명신연표」에는 단지 조정의 ‘삼공(三公)’ 및 그들이 재임한 연대의 처음과 끝만을 열거해 놓았을 뿐이다. 『한서』「백관공경표」는 경조윤(京兆尹) 등 14가지의 고위 직위 및 장군들을 각자 재임한 연도의 처음과 끝을 열거해 놓았으며, 9경(卿) 등 관원들의 재임 상황을 추가했다. 때문에 만약 우리가 어느 시기에 어떤 사람이 어떤 직무를 맡았었는지를 조사해 보려 하거나, 혹은 특정 시기에 동시에 고위 직무를 담당한 사람들이 누구였는지를 조사하고자 하면, 모두 일목요연하게 알 수 있다. 예를 들어, 만약 무제가 재위했던 54년 동안 어떤 사람들이 승상(丞相)에 임명되었고, 그들이 몇 년 동안 승상의 직위에 있었는지를 조사해 보면, 곧 다음과 같이 선후(先後)로 모두 12명이 있었다는 사실을 바로 알 수 있다. 즉 두영(竇嬰) 1년·허창(許昌) 4년·전분(田蚡) 4년·설택(薛澤) 7년·공손홍(公孫弘) 4년·이채(李蔡) 3년·엄청적(嚴靑翟) 3년·조주(趙周) 3년·석경(石慶) 9년·공손하(公孫賀) 12년·유굴리(劉屈氂) 1년(이 다음 1년은 승상이 임명되지 않았음)·차천추(車千秋) 3년이다.

반고의 「백관공경표」는 진나라와 한나라의 관제(官制)의 계통과 전반에 대해 종합적인 서술을 제공해 주고 있어, 우리는 전제 황권의 강화가 어느 정도에 이르렀는지를 명확하게 알 수 있다. 진나라와 한나라 시기 및 역대 관제에 따르면, 승상은 '삼공[三公 : 승상(丞相)·태위(太尉)·어사대부(御使大夫)를 합쳐서 삼공이라고 한다.]'의 으뜸이며, 그 직책은 "천자를 받들어 보좌하고 모든 기관들을 다스리는 것[掌丞天子助理萬機]"으로, 황제를 보좌하고 전국의 정무(政務)를 총괄하는 최고 행정장관이었다. 그러나 무제 때 대사마대장군(大司馬大將軍)의 직책을 임명하면서부터, 이들이 황제 본인과 친밀한 관계에 있었던 관계로, 이들의 권한이 승상을 능가하여 사실상 행정의 최고 권력을 장악하자, 승상의 직위는 반대로 이름만 있었을 뿐, 있으나마나 했다. 더욱이 황제는 승상이 통솔하는 정규 기관들 이외에도, 많은 근신(近臣)들을 시중(侍中)·중상시(中常侍)·급사중(給事中)·산기(散騎) 등등에 임명할 수 있었는데, 이들이 '중조관(中朝官)'을 구성함으로써, 승상을 우두머리로 하는 '외조관(外朝官)'을 견제하게 했다. 이는 곧, 황제가 전국의 행정기관 운영을 담보하는 관제에 대해 무시하는 태도를 취하여, 가장 중요한 문제를 자기 마음대로 바꾸고, 승상이 갖고 있던 최고 행정 권력을 취소시킬 수 있었으며, 이렇게 하여 황제는 또한 완전히 자신이 하고 싶은 대로 할 수 있었다는 것을 말해 준다. 그리하여 한나라 무제는 만년에 있었던 무고(巫蠱)의 화(禍)로 인한 충격으로 정사에 태만해지자, 황제가 승상의 자리를 1년씩이나 임명하지 않고 비워 놓았다. 승상이 없어도 업무들을 그대로 처리할 수 있었으므로, 승상은 전제 황권 아래에서 있으나마나 한 존재가 되었다. 이상이 관제에 대해 언급한 첫 번째 내용이다. 두 번째는, 진나라와 한나라의 관제는 '삼공' 말고도 또한 태상(太常)·낭중령(郎中令) 등을 합쳐 부르는 '9경(九卿)'이 있었다. 그리고 '9경'을 설립함으로써, 결국 6개 부문들은 직접적으로 황제나 황족을 위해 복무했다. 그 6개 부분들은 다음과 같다. 즉 태상은 종묘(宗廟)와 예의를 관장했다. 낭중령[혹은 광록훈(光祿勛)이라고도 함]은 궁전의 문을 관장했는데, 이는 궁정의 비서장(秘書長) 혹은 시위장(侍衛長)과 유사한 황제의 측근 관원이었으며, 소속 관원들로는 대부(大夫)·낭(郎)·알자(謁者) 및 기문(期門)·우림숙위관(羽林宿衛官)이 있었다. 대부의 숫자는 천 명에 달했으며, 자문에 응하는 책무를 맡았고, 낭의 숫자도 천 명에 달했으며, 모두 황제를 수행했는데, 평상시에는 궁중의 문을 관리하고, 황제의 행차에 필요한 수레와 말을 충당하는 등의 일을 했다. 이렇게 많은 사람들은 모두 낭중령의 책임에 속했다. 위위(衛尉)는 궁궐 문의 경비를 주관했다. 태부(太仆)는 황제의 거마와 말을 관리하는 일을 담당했다. 종정(宗正)은 황족과 관련한 사무를 담당했다. 소부(少府)는 황실에서 필요한 각종 특산물의 수집과 수공업 제품들의 생산을 관장했는데, 이는 황제의 "사부(私府 : 개인의 재화를 보관해 두는 일종의 사금고-역자)"였다.

이상 6개 부문들은 모두 오로지 황제나 황족을 위해 설치된 것들이었다. 이와 뚜렷하게 대조를 이루는 것은, 전국적인 범위의 농업·재정(財政) 등의 사무를 책임지고 관장한 것으로, 오직 치속내사[治粟內

史 : 나중에 대사농(大司農)으로 명칭을 바꾸었다.]라는 하나의 직무만을 설치했다는 것이다. 이것은 바로 봉건 전제 제도 하에서는 "짐이 곧 국가[朕卽國家]"여서, 황권이 절대화되었으며, 모든 국가 기구 및 모든 신민(臣民)들이 절대적으로 전제 군주의 명령에 복종하고, 전제 군주를 위해 충성을 다해야 했다는 것을 말해 준다. 이와는 반대로 경제적 생산 활동의 관리(管理)는 도리어 중요하지 않은 지위에 놓여 있었다.

『한서』 「백관공경표」에서 글로써 종합적으로 서술한 부분은, 그 역할이 곧 관제(官制)의 연혁을 논술하여 "과거와 현재를 꿰뚫어 알 수 있는[通古今]" 한 편(篇)의 '백관지(百官志)'나 마찬가지였다. 이로부터 시작되어, 이후 대부분의 '정사(正史)'들은 모두 '백관지' 또는 '직관지(職官志)'를 두게 되었다.

『한서』에 수록된 각 표(表)들은 『사기』의 각 표 체제를 모방했으며, 후세에도 깊은 영향을 끼쳤다. 이후의 '정사'들은 대부분 『사기』·『한서』를 본받아 모두 '표'를 두었다. 역사서들 속에는 '표'가 있는데, 이것도 또한 중국 전통 역사학이 창조한 것들 중 하나이다.

(6) '기(紀)'와 '전(傳)'의 체제를 겸비한 「왕망전(王莽傳)」

반고는 체제를 중시했으면서도 또한 선례에 구애되지 않은 특징은 또한 「왕망전」에도 나타나 있다.

왕망은 서한의 외척으로서 한나라를 양위 받아 황제를 칭하고, '신(新)'나라를 세웠는데, 후에 농민들의 대봉기가 일어나자 멸망하여 목숨을 잃었다. 동한 정권이 수립된 이후에는, 전국적으로 성토(聲討)당하여, 멸시받는 인물이 되었다. 반고는 당시의 정통[正宗] 사상의 영향을 받은데다, 또한 왕망이 세운 '신'나라를 하나의 정당한 왕조로 인정하지 않고 그를 한 사람의 난신적자(亂臣賊子)로 규정했기 때문에, 왕망을 '본기'에 편입시킬 수 없었으므로, 그에 관한 역사적 사건들을 '열전'의 가장 뒤에 한 편(篇)으로 낮추어 배치했다. 반고는 「왕망전」을 저술한 취지를 다음과 같이 말하고 있다. "아아, 너 적신(賊臣)은 한나라를 찬탈했으니 그 죄가 하늘에까지 넘쳐나고, 행실이 교만하기는 하(夏)나라의 걸왕(桀王)과 같았으며, 학정(虐政)이 모질기는 상(商)나라의 주왕(紂王)과 같았다. 거짓으로 황제(黃帝)나 요(堯)임금과 견주고, 전적(典籍)의 글을 속여서 칭하여, 수많은 사람들이 원망하고 귀신들이 분노하니, 이러한 악행은 도리어 죽음으로 돌아갔다. 그 악함이 모든 왕들보다 극심했으니, 그 간악하고 우매함을 궁구하노라.[咨爾賊臣, 簒漢滔天, 行驕夏癸, 虐烈商辛. 僞稽黃·虞, 繆稱典文, 衆怨神怒, 惡復誅臻. 百王之極, 究其奸昏.]"[53] 이는 곧 그러한 생각을 반영하고 있다.

왕망이 세운 '신'나라는 비록 제위를 찬탈한 천자가 황통을 이어받았지만, 그는 필경 한 조대(朝代)를 건립했으므로, 당연히 사실상의 황제에 올랐으며, 역사에 일정한 영향을 미쳤다. 이 때문에 이 인물을 어떻게 서술해야 할 것인가의 문제는, 바로 반드시 합당하게 해결해야 할 한 가지 난제(難題)였다. 반고는 비록 왕망의 사적을 '열전'에 편성하여 기록했지만, 실제로 이 「왕망전」은 오히려 '기'와 '전'의 기능을 겸비한 성공적인 작품이 되었다. 반고는 역사적 사실에 의거하여, 「왕망전」에 왕망이 세운 신나라의 연호(年號)와 기년(紀年)을 채용

53) 『한서』 권100 「서전(敍傳)」.

했으며, 연월(年月)의 시간 순서에 따라 신나라의 건립 및 정치·경제·군사·문화 등의 방면들에 걸친 제도와 실행한 정책들을 상세히 기술했으며, 이는 왕망이 패망한 때까지 이어졌다. 여기에 서술된 내용들은 전국적으로 영향을 미친 각종 중대한 사건들 및 전국의 정치·경제적 형세 등을 다루고 있는데, 이것은 사실상 '본기'의 체제이다. 동시에 반고는 또한 '열전' 체제의 요구에 따라, 왕망의 가세(家世)·출신(出身)·벼슬 경력[入仕]·한나라를 양위 받은 과정 및 왕망의 성격·행동 등의 내용들을 뒤섞어 가며 서술했다. 반고가 「왕망전」을 쓴 때는, 왕망 정권이 멸망한 지 30년 정도밖에 지나지 않아, 왕망의 신나라와 관련된 자료들이 매우 많았고, 복잡다단했으며, 자질구레하기가 말할 수 없었으므로, 반고는 '본기'와 '열전'을 서로 결합한 종합적인 체제를 채택함으로써, 이 문제를 비교적 잘 해결했다.

이 「왕망전」은 『한서』에서 분량이 가장 긴 편(篇)들 중 하나로, 그 편폭이 서한의 개국 황제를 다룬 「고제기(高帝紀)」와 맞먹으며, 집정했던 기간이 반세기를 넘는 「무제기(武帝紀)」의 두 배를 넘는다.[54] 반고는 객관적 사실을 서술하는 사이사이에 의론(議論)을 끼워 넣는 방식을 채택했는데, 수시로 많은 뛰어난 의론들을 추가해 넣음으로써, 기술된 사실들이 더욱 분명해지고, 표현하고자 하는 생각이 더욱 명백해지도록 했다. 예를 들어, 「왕망전」에서는 왕망이 한나라를 양위 받는 모든 과정을 사실대로 서술하고 있는데, 다음과 같다. 즉 왕망이 큰아버지인 왕봉(王鳳)과 고모인 원제(元帝)의 황후(皇后) 왕정군(王政君)

54) 역자주 : 「고제기」는 상·하 두 권이며, 「무제기」는 한 권이다. 이에 반해 「왕망전」은 상·중·하 세 권으로 이루어져 있다.

의 관계에 의지하여 궁정(宮庭)에 들어가, 한 걸음 한 걸음 승진했다. 또한 상을 받지 않거나 상을 받은 다음에는 많은 사람들에게 재물을 나누어주는 방식을 사용하여 인심을 샀다. 애제(哀帝)가 세상을 떠난 다음, 어린 평제(平帝)가 제위를 계승하자, 왕정군은 태황태후(太皇太后)의 신분으로 국정을 맡아 섭정했고, 왕망은 대사마(大司馬)의 신분으로 조정을 총괄하면서, 차츰 한나라 황제에게 '선양(禪讓)'하도록 협박했다. 그는 먼저 주공(周公)이 성왕(成王)을 보좌할 때 "흰 꿩이 나타나는 상서로운 조짐[白雉之瑞]"이 있었던 사실을 이용하여, "익주(益州)의 국경 밖에 있는 만이(蠻夷)가 흰 꿩을 바쳤다.[益州令塞外蠻夷獻白雉.]"라고 슬며시 돌려서 말하자, 뭇 신하들이 이를 빌미로 왕망에게 '안한공(安漢公)'이라는 칭호를 추가로 올려 봉(封)해 줄 것을 요청했다. 이어서 왕망은 또한 공경대신(公卿大臣)들과 백성들로 하여금 글을 올리도록 지시하여, 자신의 딸을 황후로 삼도록 요구했다. 진숭(陳崇)과 같은 사람들은 또한 글을 올려, 주공이 성왕을 보좌한 선례에 따라 왕망의 봉호(封號) 및 관호(官號)를 올려 주도록 요청하자, 왕망은 주공이 받았던 모든 봉호·관호 및 '구석(九錫)'[55]을 하사받았다. 이어서 왕망은 주나라 무왕(武王)이 병에 결려 위독해지자, 주공이 단(壇)을 쌓아 무왕의 회복을 비는 제사를 지내고, 아울러 금과 융단으로 만든 상자 속에 비장한 뜻을 담은 책서(策書)인 '금등지서(金縢之書)'를 바쳤던 뜻을 모방하여, 술에 독을 타서 평제가 병에 걸리게 했

55) 역자주 : '구석'이란 천자가 제후에게 하사하는 예기(禮器)이다. 이 예기를 제후에게 하사한다는 것은, 천자가 그 제후에게 가장 높은 수준의 예를 갖추어 대우한다는 의미를 담고 있다.

다. 그리고는 "책서(策書)를 만들어, 태치(泰畤)[56]에서 하늘의 명을 청했는데, 벽(璧)을 머리에 이고 규(圭)[57]를 손에 쥐고서, 황제 대신 자신이 대신 죽게 해달라고 기원했다. 자신이 대신 죽기를 바란다는 내용의 책서를 금등(金縢)에 담아 대전(大殿) 앞에 두고는, 여러 공경 대신들은 감히 말하지 말도록 일러 두었다.[作策, 請命於泰畤, 戴璧秉圭, 願以身代. 藏策金縢, 置於前殿, 敕令諸公勿敢言.]" 평제가 세상을 떠난 뒤, 왕망은 나이가 고작 두 살인 유영(劉嬰)이 제위를 계승하도록 선택하고는, 대신들로 하여금 상소를 올리도록 부추겨, "안한공이 섭정하여 다스리도록[安漢公居攝踐祚]" 요구하여, 마치 주공의 고사와 같이 했다. 이리하여 왕망은 마치 주공이 당시에 했던 것처럼, "천자의 제복(祭服)과 면류관(冕旒冠)을 착용하고, 문[戶牖] 사이에서 부의(斧依)[58]를 등진 채, 남쪽을 향해 조정의 여러 신하들을 보면서 정사(政事)에 대해 들었다. 왕망이 타는 수레가 출입할 때는 백성들의 통행을 금지했으며, 신하들과 백성들은 왕망 앞에서 '신첩(臣妾)'이라고 칭했으니, 모든 것이 천자의 의례(儀禮) 제도와 같았다.[服天子韍冕, 背斧依於戶牖之間, 南面朝群臣, 聽政事. 車服出入警蹕, 民臣稱臣妾, 皆如天子之制.]" 조회(朝會)를 할 때는 '가황제(假皇帝)'라고 칭했고, 신민(臣民)들은 그를 '섭

56) 역자주 : 천자(天子)가 하늘에 제사지내던 곳.

57) 역자주 : 벽(璧)과 규(圭)는 모두 고대의 예제성(禮制性) 옥기(玉器)로서, 벽은 얇게 고리 모양으로 만든 옥(玉)이다. 규는 위쪽 끝은 뾰족하고 아래는 세모나 네모 모양의 옥으로, 천자가 제후를 봉하거나 하늘에 제사지낼 때 사용했다.

58) 역자주 : '斧扆(부의)' 혹은 '屏扆(병의)'라고도 하며, 고대에 천자가 앉는 곳의 동서 출입문 사이에 설치해 놓았던 용구이다. 그 모양은 마치 병풍과 같았으며, 높이는 8척(尺)이었고, 붉은색 바탕이었으며, 그 위에 도끼 문양을 수놓았다. 주대(周代)에 처음으로 사용했다.

황제(攝皇帝)'라고 칭했으며, 갓 즉위한 유영을 일컫기를 "황태자라 하고, 어린아이 영이라고 불렀으며[皇太子, 號孺子嬰]", 아울러 연호(年號)를 '거섭(居攝)'으로 바꿨다. 왕망은 3년 동안 가황제로 있었는데, 가황제가 된 지 3년 뒤에 종실(宗室)인 유경(劉京)과 재동(梓橦) 사람인 애장(哀章) 등이 왕망에 영합하여, 요(堯)임금이 세상을 떠난 지 3년 뒤에 순(舜)임금이 제위를 이어받았다는 의미로 부명(符命)을 위조하여, 한나라 시대는 이미 끝났으니 가황제는 응당 진짜 천자가 되어야 한다고 선포했다. 이리하여 왕망은 곧 초시(初始) 원년(서기 8년)에 스스로 황제가 되어, 나라 이름을 '신(新)'으로 바꾸었고, 그 다음해에 연호를 '시건국(始建國)'으로 바꿨다. 이 때에 이르러, 왕망은 한나라를 선양 받는 모든 과정을 완성했다고 기록했다. 반고는 「왕망전」에서 왕망이 한나라를 선양 받은 모든 과정을 사실대로 기록했는데, 때때로 "진실을 숨기고 공명(功名)을 꾀하는 것이 이와 같았고[匿情求名如此]", "왕망이 상하(上下)의 여러 사람들을 위협하고 협박한 것은 모두 이런 식이었으며[莽之所以脅持上下, 皆此類也]", "위로는 태후(太后)를 미혹시키고, 아래로는 뭇사람들에게 진실하고 믿을 만하게 보이는 방법을 사용했으며[上以惑太后, 下用示信於衆庶]", "이에 자신을 따르는 자들을 발탁하고, 자신을 거스르고 한은 품은 자들을 살해했다.[於是附順者拔擢, 忤恨者誅滅.]"라는 등과 같은 비평들을 추가하여, 왕망이 매우 음흉한 모략을 부리려고 했던 진면목을 독자들 앞에 분명하게 폭로함과 동시에, 또한 우리가 역사에서 말하는 '선양(禪讓)'에 대해 더욱 깊이 이해할 수 있도록 해주었다. 명(明)나라 때의 학자인 능치륭(凌稚隆)은 일찍이 다음과 같이 평론했다. 즉 "왕망의 일은 번잡스럽고 자질구레하여 서술하기가 어렵기 때문에, 반고는 한 가지 일을 서술할 때마다 곧 한 구절의 말을 이용하여 마무리했는데, 예를 들면 다음과 같다. 즉 '호령(號令)을 바꾸는 것이 모두 이런 식이었다', '과장하여 말하는 것을 좋아하기가 이와 같았다', '신하들을 두려워하기가 이와 같았다', '제도가 번잡스럽기가 이와 같았다' 등등이다. 그리하여 매우 조리(條理)가 있으면서, 어지럽지 않았다.[莽事煩瑣難敍, 故班氏每敍一事則用一句收結, 如曰"其號令變易皆此類也", 曰"好爲大言如此", 曰"其畏懼臣下如此", 曰"制度煩碎如此". 殊有條而不紊.]"[59]라고 하여, 「왕망전」의 가치를 높게 평가했다. 이것은 바로, 「왕망전」은 확실히 '기(紀)'와 '전(傳)'의 체제를 겸비한 전범(典範)이라는 것을 우리에게 명확하게 보여준다.

4. 전통 역사학 확립의 상징

중화 민족은 풍부한 역사 감각을 가진 민족이다. 중국의 역사 기록은 매우 일찍 출현했는데, 갑골(甲骨)과 종정(鐘鼎)에 일을 기록한 것이 바로 그 시작이었다. 이후 『시경(詩經)』에는 고대 민족들의 활동을 반영한 사시(史詩)가 있으며, 『상서(尙書)』는 상(商)나라와 서주(西周) 초기의 정부측 문헌들을 보존하고 있다. 그러나 역사학이라는 긴 과정에서 보면, 이것들 모두 단지 사료(史料) 및 역사 문헌에 속할 뿐이다. 공자는 『춘추(春秋)』를 엮어 완성했는데, 그 가운데에는 역사적 사실·역사 관련 문헌들이 있을 뿐만 아니라, 책 전체를 일관하고 통

59) 능치륭, 『한서평림(漢書評林)』 권99, 「왕망전」.

괄하는 역사적 의의도 지니고 있기 때문에, 중국 역사학의 시작점이 되었다. 사마천은 불후의 대작인 『사기』를 저술하여, 중국 역사학의 초석을 다진 사람이 되었다. 이후 백여 년 동안 다시 많은 학자들이 『사기』의 속작(續作)들을 지었으나, 그것들은 단지 지엽적이고 산만한 것들이어서 세상에 널리 퍼지기 어려웠으므로, 역사학은 사실상 곤경에 빠지게 되었다. 당시 『사기』도 또한 폭넓게 전해지지 못했는데, 이는 서한의 종실인 동평왕(東平王)조차도 『사기』를 구할 수 없었다는 사실이 곧 이를 증명해 준다. 이 두 가지 난제(難題)들은, 반고가 『한서』를 저술했을 때에야 비로소 아주 잘 해결될 수 있었다.

반고는 사마천이 이룩한 역사학의 성취를 계승하고, 또한 자신의 창조력을 발휘하여, "한 조대만을 잘라내어 역사로 삼는[斷代爲史]" 새로운 체제를 창조적으로 확립했다. 이는 바로 중국의 고대 왕조들이 주기적으로 교체되던 특성과 서로 잘 부응함으로써, 이후의 역대 '정사(正史)'들의 편찬은 모두 그 체제를 답습했다. 따라서 거의 2천 년 동안 역사가들은 모두 『사기』와 『한서』를 역사 저술의 모범으로 여겨왔다. 『한서』는 비록 개인의 저작에 속하지만, 또한 국가의 지지 하에서 진행된 것으로, 어떤 의미에서 말하자면, 또한 이후 관(官)에서 반드시 사관(史官)들에게 역사를 편찬하도록 하는 단서를 열었다고도 할 수 있다.

반고가 역사를 저술하는 원칙과 법도는 더욱 분명해지고, 구도는 엄밀해졌다. 거침없이 내달리는 면에서는 사마천보다 못하지만, 체제가 가지런하고 합리적이어서, 더욱 쉽게 사람들로 하여금 본받아 배우도록 했다. 유지기(劉知幾)는 『사통(史通)』을 저술했는데, 그는 『사기』

와 『한서』를 모두 존숭(尊崇)했지만, 역사 저술 체제의 장단점에 대해 구체적으로 평가할 때, 그는 또한 종종 『한서』를 체제 운용이 적절한 전형이라고 찬양하곤 했다. 이는 「육가(六家)」·「논찬(論贊)」·「제목(題目)」·「인물(人物)」 등의 편(篇)들에 분명하게 반영되어 나타나 있다.[60] 반고는 『한서』를 '기(紀)'·'전(傳)'·'지(志)'·'표(表)'를 주요 내용으로 삼는 '기전체(紀傳體)'의 역사서로 집필하여, 더욱 완성도를 높였다. 사람들이 잘 알다시피 시간·인물·사건은 역사가 변화 발전하는 세 가지 요소이며, 이것들은 모두 역사를 기재하는 시각을 구성할 수 있다. 시간을 주요 관점으로 삼았으니, '본기(本紀)'가 있게 되었고, 인물을 주요 관점으로 삼았으니, '열전(列傳)'이 있게 되었으며, 사건을 주요 관점으로 삼았으니, 곧 '본기(本紀)'와 '열전(列傳)' 속에 섞어 넣었으며, 사건의 대강(大綱)은 '본기'에 서술하고, 사건의 구체적인 진행은 '열전'에 기재했다. 시간·인물·사건을 기재함으로써, 한 시기의 역사가 뼈대나 혹은 근육과 힘줄을 갖추었다고 할 수 있지만, 또한 반드시 대량의 전장(典章) 제도나 경제·문화 등 사회적 활동들을 선별하여 이

60) 「육가」편에서 『한서』를 높게 평가한 것은 이미 앞의 인용에서 보았다. 「논찬」편에 말하기를, "반고의 글은 유난히 온아(溫雅)하고, 이치가 합당하다. 그 글이 아름다워진 것은 전고[典誥 : 『상서(尙書)』의 「요전(堯典)」·「순전(舜典)」과 「탕고(湯誥)」·「강고(康誥)」 등과 같이 태고의 제왕들의 언행(言行)을 담은 기록, 혹은 일반적인 경서(經書)를 가리킨다.-역자]의 풍격을 갖추었기 때문으로, 의기양양하고 아름다우며, 참으로 읊조릴 만하다.[孟堅辭惟溫雅, 理多愜當. 其成美者, 有典誥之風, 翩翩奕奕, 良可詠也.]"라고 했다. 「제목」편에서는 『한서』의 열전 배치를 높이 평가하면서, "이 본받을 만한 작품을 보면, 족히 상세하게 살펴볼 만한 가치가 있다.[見此標格, 可足爲詳審.]"라고 했다. 「인물」편에서는, "반고는 한 시대를 한데 통합하여, 인륜대사에 이르렀으니, 이 또한 잘 갖추어졌다고 할 수 있다.[孟堅牢籠一代, 至於人倫大事, 亦云備矣.]"라고 했다.

것들의 관점에서 서술해야만, 비로소 뼈대 사이의 빈 공간을 채워 넣을 수 있게 되어, 역사 저작이 마침내 골격과 근육과 힘줄을 가질 수 있게 되고, 그리하여 또한 피와 살도 풍만해지게 된다. 『한서』는 '지(志)'와 '표(表)'의 체제를 완벽하게 갖추었기 때문에, 곧 역사서의 기재가 더욱 풍만해지도록 했다. 반고가 완벽하게 완성한 서지체(書志體)는 이후의 역대 정사(正史)의 전지(典志) 부분의 편찬에 대단히 큰 영향을 미쳤다. 『후한서(後漢書)』부터 『명사(明史)』까지 22부의 정사(正史)들 가운데, '지'가 있는 것은 모두 15부인데, 그것들의 편목(篇目)들이 갖추고 있는 전체적인 구도는 모두 『한서』를 그대로 따랐다. 어떤 것은 단지 편명(篇名)은 바꾸었지만 내용은 서로 같고, 어떤 것은 『한서』에서 어느 한 편의 '지' 가운데 일부분을 따로 떼어 냈을 뿐이며, 진정으로 새롭게 추가한 '지'는 숫자가 그다지 많지 않다. 당대(唐代)에 『통전(通典)』이 편찬된 뒤 많은 전지체(典志體)의 역사 저작들이 나왔지만, 사실인즉 이것들도 『한서』의 10지(志)를 확대 발전시킨 것들이다. 반고가 서지(書志) 체제를 완벽하게 완성하는 데 중대한 공헌을 했고 깊은 영향을 미쳤다는 사실은, 학계에서는 이미 일찍부터 정설로 되어 있었다.

『한서』는 중국 문화 속에 녹아 있는 소박한 이성(理性) 중시 전통을 확립하는 데에도 대단히 큰 공헌을 했다. 소박한 이성주의는 중국 문화에서 우수한 전통이다. 공자는 귀신에 대해 유보적인 태도를 취하면서, "귀신을 공경하기는 하지만 멀리해야 한다[敬鬼神而遠之]."라고 주장했다. 『춘추경(春秋經)』에는 일식(日食)·성운(星隕)·지진(地震)·겨울에 얼음이 얼지 않은 일 등 이상 현상들에 대해 기록되어 있지만,

이러한 일들을 빌려서 미신을 선양(宣揚)하지는 않았다. 따라서 사마천은 말하기를 "특이한 일들을 기록했지만 의견을 밝혀 쓰지는 않았다[紀異而說不書]."[61]라고 했다. 고대에는 과학이 발달하지 않아서, 사람들은 갖가지 자연계의 '특이한' 현상들의 원인을 해석할 수 없었으므로, 귀신이 일으키는 짓이라고 귀결시켰기 때문에, 고대인들은 미신적인 관념의 지배를 벗어나기가 대단히 어려웠다. 그러나 공자는 오히려 인간사[人事]를 중시하고 귀신을 경시했는데, 사실 이는 매우 비범한 의의를 갖는다. 사마천과 반고는 모두 미신적인 관념들과 행위들을 첨예하게 비판했고, 음양재이(陰陽災異)를 선양하는 방사(方士)와 유생들은 단지 요행히 추측으로 맞추는 것일 뿐이라고 생각했다. 특히 『한서』는 서한과 동한의 교체기에 미신이 성행하던 시대적 배경하에서 저술되었는데, 인문주의의 관점에서 출발하여 역사를 관찰하고 기록하였다. 따라서 역사학에서 소박한 이성주의 전통을 더욱 크게 강화하여, 요망한 관념이 민족의 영혼을 침식하는 것을 효과적으로 막아 낼 수 있는 항체(抗體)가 되었다. 이는 민족 문화가 이후에 어떤 길로 나아가야 할 것인가에 대해 중대한 관련이 있었다. 요약해서 말하자면, 공자가 창시하고 사마천이 기초를 다진 전통 역사학은, 『한서』가 성공적으로 편찬되어 그 지위를 확립함에 따라, 문화사(文化史)에서 매우 중요한 의의를 갖게 되었다.

61) 『사기』 권27, 「천관서(天官書)」.

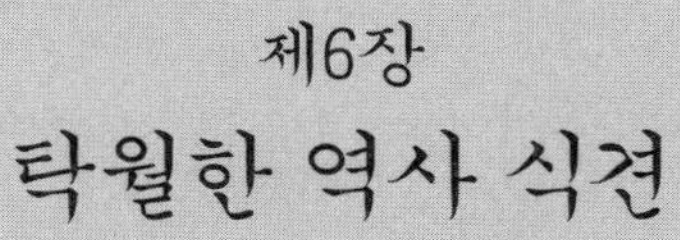

제6장
탁월한 역사 식견

유지기(劉知幾)는, 역사학자는 응당 '재주[才]·학문[學]·식견[識]'이라는 세 가지 장점을 갖추어야 한다고 하여,[1] 이미 역사가들의 폭넓은 지지와 찬사를 받았다. 이 기준에 따라 반고를 평가한다면, 그는 이미 매우 높은 수준의 '재주'와 '학문'을 갖추어, 많은 양의 역사 자료들을 장악하고 능숙하게 운용할 수 있는 기본 바탕 위에서, 새로운 역사 서술 체계를 창립했을 뿐만 아니라, 비범한 역사 인식도 갖추고 있었다. 그는 옛날로 되돌아가는 것[復古]에 반대하여, 발전적이고 진보적인 역사관을 갖추고 있었으며, 용감하게 붓을 쥐고 사실대로 기록하여, 역사학의 '실록(實錄)' 정신을 크게 발양했으며, 한대(漢代)의 업적을 선양하고, 역사학이 갖고 있는 교훈적 기능을 발휘하는 데 주의를 기울였다. 또 그가 저술한 역사 저작들은 광범위한 사회생활들을 반영하고 있으며, 백성들의 삶의 질고(疾苦)에 대해 관심을 기울였다.

1) 『신당서(新唐書)』 권132, 「유자현전(劉子玄傳)」.

1. 복고(復古)에 반대하고, 한나라의 업적을 선양(宣揚)하다.

과거에 『한서』를 평론할 때 상당히 유행했던 한 가지 견해는, 반고가 "한 조대만을 잘라 내어 역사로 삼았다[斷代爲史]."라는 것인데, 이는 곧 반고가 충실하게 한나라 학자들의 정통 사상을 옹호했다는 점을 강조하여 표현해 낸 것이다. 따라서 수많은 비평과 힐난들이 쏟아졌다. 사실 이러한 비난은 불공평한 것이다. 반고는 한나라 시대를 "여러 왕조들의 끝에 섞어 넣는 것[厠於百王之末]"에 불만을 느껴, 서한(西漢)만을 단독으로 하나의 역사로 편찬하려고 했으며, 비록 또한 정통 사상도 포함하고는 있었지만, 주요한 것은 그가 "한나라의 덕을 선양하고[宣揚漢德]", 한대의 역사 발전을 긍정하려 했다. 당시에 이처럼 한 것은, 바로 속유(俗儒 : 학문이 깊지 않은 평범한 유학자-역자)들이 옛것을 숭상하고 당시의 것을 비하하는 잘못된 관점을 논박하는 의의를 지니고 있었다. 그래서 『한서』가 "한 조대만을 잘라 내어 역사로 삼은" 것은, 역사를 서술하는 체제에서 중요한 진전을 이룬 것이었을 뿐만 아니라, 성공적인 역사학의 실천을 이용하여 시대적 요구에 답한 것으로, 역사가는 사회에 대해 높은 책임감이 있다는 사실을 분명하게 보여 주었다.

(1) 속유(俗儒)들이 옛것을 숭상하면서 지금의 것을 비하한 경향

서한 중·후기 이래 사회 모순이 격화함에 따라, 일부 속유들은 당시 사회 문제를 해결할 수 없게 되자, 곧 삼황오제(三皇五帝) 시기의 사회 제도를 선양하는 데 크게 힘을 기울이면서, 옛것만을 숭상하고 지금의 것을 비하하는 사조가 나타났다. 동한 시대에 이르러서도, 그러한 사조는 여전히 계속 확산되는 추세였다. 반고와 같은 시대에 살았던 저명한 학자인 왕충(王充)이 편찬한 『논형(論衡)』에서도, 우리는 당시 옛것을 숭상하고 지금의 것을 비하한[崇古非今] 경향이 얼마나 심각했는지를 알 수 있다.

『논형』에서는 속유들이 "옛것을 좋아하고 칭찬하면서 지금의 것을 폄하했던[好褒古貶今]" 갖가지 우스꽝스러운 표현들을 다음과 같이 열거해 놓았다. 첫째, 그들은 사람의 용모·체중(體重)과 수명(壽命)에서, 지금(반고가 살았을 당시를 말함-역자)의 사람들이 고대 사람들에 비해 보편적으로 추해지고 퇴화했다고 생각했다. 그들은, "옛날 사람들은 몸집과 키가 크고 잘생겼으며, 튼튼하고 장수하여 100살 정도 살 수 있었지만, 지금의 사람들은 키도 작고 못생겼으며, 오래 살지 못하고 일찍 죽는다고 말했다.[語稱上世之人侗長佼好, 堅强老壽, 百歲左右, 下世之人短小陋醜, 夭折早死.]"[2] 둘째, 그들은, 옛날 사람들은 지금의 사람들과 인품이나 도덕의 우열이 현저하게 달랐다고 생각했다. 그들은, "옛날 사람들은 심성이 질박(質樸)하고 꾸밈이 없어서 교화가 쉬웠는데, 지금의 사람들은 화려하게 꾸미고 경박하여 다스리기가 어렵다.[語稱上世之人質樸易化, 下世之人文薄難治.]"라거나, "옛날 사람들은 의(義)를 중요하게 여기고 일신의 안위를 가볍게 여겨, 충의(忠義)의 일을 마주하면, 죽음을 맞이할 것이 분명하더라도, 곧 반드시 끓는 물에 뛰어들고 예리한 형구(刑具)들을 향해 돌진했으며, 죽음을 한스럽게 여기

2) 왕충, 『논형』 권18 「제세편(齊世篇)」.

지 않았다. 때문에 홍연(弘演)[3]의 절개와 진부점(陳不占)[4]의 의리 등과 같은 일들을 많이 행했으며, 책들에 기록되어 있는 것들을 보더라도, 목숨을 잃거나 몸을 손상당한 경우가 매우 많아 한두 번이 아니었다. 지금 세상에는 이익만을 좇고 구차히 목숨을 이어 가며, 의(義)를 버리고 망령되이 이득을 취하며, 서로 의로써 힘쓰지 않으며, 서로 행동으로써 격려하지 않으니, 의로움이 자신에 의해 사라져도 그것이 해가 된다가 여기지 않으며, 행동거지로 인해 일을 그르치고도 그것을 두려워하지 않게 되었다.[上世之人重義輕身, 遭忠義之事, 得己所當赴死之分明也, 則必赴湯趨鋒, 死不顧恨. 故弘演之節, 陳不占之義, 行事比類, 書籍所載, 亡命捐身, 衆多非一. 今世趨利苟生, 棄義妄得, 不相勉以義, 不相激以行, 義廢身不以爲累, 行隳事不以相畏.]"[5]라고 말했다. 즉 옛날 사람들은 인의(仁義)를 실천하는 것을 중요하게 여기고, 개인의 이해득실을 가볍게 여겼으며, 충의에 부합되는 일을 마주하여, 자기가 응당 생명을 희생해야 할 때라고 여기면, 설령 끓는 물에 들어가고 불 위를 걷게 되더라도 조금도 후회하지 않았다는 것이다. 그러나 당시의 사람들은 오로지 이익만을 도모하고, 구차하게 살아 남아, 인의와 원칙을 버리고 제멋대로 이로운 것만 취하면서, 아무도 인의의 기준이나 고상하고

---

3) 역자주 : 춘추 시대 위(衛)나라의 충신이다. 적인(狄人)이 위나라를 공격하여 의공(毅公)을 죽이고는 그 살을 다 먹고 간만 남겨 두었는데, 외국에 사신으로 갔다가 돌아온 홍연은 이를 보고 의공의 간 앞에서 자기의 배를 가른 뒤 의공의 간을 넣고서 죽었다고 한다.

4) 역자주 : 춘추 시대 제(齊)나라의 충신이다. 최서(崔抒)가 제나라 장공(莊公)을 죽이자, 그 소식을 들은 진부점은 매우 위험하여 죽을 수도 있다는 주위의 만류에도 불구하고. 그 현장에 달려갔다가 죽임을 당했다.

5) 왕충, 『논형』 권18 「제세편」.

심오한 행위를 이용하여 서로 격려하지 않으니, 일을 망치고도 후회하지 않는다는 것이다. 셋째, 속유들은 고대와 근대의 정치적 업적이 서로 현저한 차이가 있다고 생각했다. 그들은 "흔히 말하기를, 옛날에는 성인(聖人)들의 덕이 도탑고, 다스림에서 공적이 매우 뛰어났다고 하여[語稱上世之時, 聖人德優, 而功治有奇]", 옛날에는 성인들이 통치하여, 도덕이 고상하고, 나라를 다스린 공적이 매우 탁월했으니, "높고 높구나, 그 공업을 이룩함이여! 빛나도다, 그 예악(禮樂)과 제도를 갖춤이여![巍巍乎其有成功也! 煥乎其有文章也!]"라고 했다. 그런데 진(秦)나라나 한(漢)나라 때에 이르러서는, "그 덕이 미약해지면서 무력을 시도하자, 무력을 사용하면서 교화는 적어졌다. 교화가 적어지자, 뚜렷한 효험을 서로 거둘 수 없었다.[其德劣而兵試, 武用而化薄. 化薄, 不能相逮之明驗也.]"라고 했다. 그들은, 당시의 사람들은 무력에 의지하여 싸우며, 도덕은 타락하고, 공적은 보잘것없으니, 모든 게 고대에 훨씬 못 미친다고 생각했다. 심지어 "화공(畵工)들도 옛날 사람 그리는 것을 좋아했으며[畵工好畵上代之人]"[6], 진나라와 한나라 인물들을 그리려 하지 않았는데, 왜냐하면 그들은 모두 권모술수에 의지하여 승리를 쟁취했으므로, 그들의 모습은 표현해 낼 가치가 없다고 생각했기 때문이라는 것이다. 왕충은 날카롭게 지적하기를, 이것은 속유들의 머릿속에는 고대(古代)를 맹목적으로 신봉하는 관점이 농간을 부리고 있으므로, 결국 그들로 하여금 옳고 그름이 뒤바뀐 관점을 낳게 했다고 말했다. 그들이 고대를 미화하는 것이 버릇이 됨에 따라, 언제나 들은 것은 맹목적으로 찬양하기를 좋아하면서도, 직접 눈으로 본 사

6) 왕충, 『논형』 권18 「제세편」.

실에 대해서는 오히려 안중에 두지 않았는데, "세상 사람들이 옛것을 존숭하면서 들은 것들을 칭찬하기를 좋아하여, 옛 사람들이 한 일은, 채소와 과일도 달고 맛있지만, 후대의 사람들이 새로 만든 것은, 꿀과 유락(乳酪)[7]이라도 맵고 쓰다고 했다.[俗好高古而稱所聞, 前人之業, 菜果甘甛, 後人新造, 蜜酪辛苦.]"[8] 즉 단지 옛 사람의 것이기만 하면, 보통의 채소나 과일조차도 달고 맛있다고 생각했지만, 반대로 만약 후세 사람이 새로 만든 것은, 순수하고 아름다운 꿀과 유락이라도 또한 씁쓸하고 떫으며 맛이 없다고 생각했다. 이로써 알 수 있듯이, 당시의 "옛것을 존숭하고 지금의 것을 비하하는[尊古卑今]" 사조는 대단히 심각했다.

(2) 왕충(王充)의 기대

당시 사람들의 머릿속에는 옛것을 숭상하고 지금의 것을 비하하는 의식이 뿌리 깊게 자리하고 있었기 때문에, 식견이 있는 인물들은 사회가 진보했다는 사실을 이용하여 반박함으로써, 시비를 잘 분별하지 못하여 나타나는 잘못을 일소할 필요가 있었다. 왕충은 세상 사람들의 관점과 뚜렷이 서로 반대되는 관점을 제기하면서 지적하기를, "한나라의 덕(德)이 요(堯)임금과 순(舜)임금의 시대보다 못하지 않다[大漢之德不劣于唐·虞也]."라고 지적했다. 즉 한나라의 공덕은 결코 요임금과 순임금 시대보다 못하지 않다고 생각했다. 그는 또 이렇게 말했다. "광무제(光武帝)가 용과 봉황처럼 일어나, 천하를 마치 떨

---

7) 역자주 : 유목민족들이 우유를 끓여 만드는 달콤한 음료.

8) 왕충, 『논형』 권13 「초기편(超奇篇)」.

어진 물건을 줍는 것처럼 취했는데, 어찌 은(殷)나라의 탕왕(湯王)이나 주(周)나라의 무왕(武王)에 미치지 못한다는 말인가?[光武皇帝龍興鳳擧, 取天下若拾遺, 何以不及殷湯·周武?]" 또 "지금의 황제께서는 광무제를 계승하고, 명제(明帝)의 뒤를 이었으며, 더욱 풍성하고 더욱 좋아져 작은 털끝만큼의 모자람도 없다. 위로는 어찌 순임금과 우(禹)임금에 미치지 못한다 할 것이며, 아래로는 어찌 성왕(成王)이나 강왕(康王)보다 못하다고 할 수 있단 말인가![方今聖朝承光武, 襲孝明, 有浸鄷溢美之化, 無細小毫髮之虧, 上何以不逮舜·禹, 下何以不若成·康!]"[9] 그는 또한 그 모습을 다음과 같이 비유했다. 즉 밤에 등불을 들어 올리면, 그 빛이 비추는 범위는 매우 분명히 분간할 수 있지만, 낮에 밝은 해가 하늘에 있어 햇빛이 두루 비칠 때에는, 빛이 도달하는 범위는 측량하기가 대단히 어렵다. 또 회하(淮河)와 제수(濟水)에서 배를 타고 가면, 물길이 굽었다는 것을 알 수 있지만, 일단 넓은 동해(東海 : 중국의 입장에서 동해이며, 한국에서는 서해이다-역자)로 나가면 아무도 남북의 방향을 명확하게 알 수 없다. 따라서 매우 광활한 범위에서는 가로와 세로를 계산할 수 없으며, 매우 깊은 연못은 깊이를 측정할 수 없다. 한나라의 공덕은 매우 깊고 넓어서, 마치 햇빛이 두루 비치는 것과 같고, 동해 바다와 같이 광대하다. 식견이 뛰어난 사람이어야 비로소 이러한 사실을 알 수 있지만, 식견이 낮은 사람은 반대로 한나라의 덕이 성대하다는 것을 알지 못한다.[10]

왕충은, 한나라의 공덕이 큰 것은 마치 햇빛이 세상을 두루 비추

9) 왕충, 『논형』 권18 「제세편」.

10) 왕충, 『논형』 권20 「수송편(須頌篇)」을 참조하라.

는 것과 같고, 동해 바다는 너무 넓어 측량할 수 없는 것과 같다고 했다. 이는 결코 의도적으로 사람들을 놀라게 하려는 주장이 아니었으며, 견고한 논거에 기초를 두고 있는 것이었다. 그는 "지금의 하늘이 바로 옛날의 하늘이지, 옛날의 하늘은 두터웠고 지금의 하늘은 엷은 것이 아니다.[今之天, 古之天也, 非古之天厚而今之天薄也.]"[11]라고 지적했다. 역사의 발전 과정을 보면, 속유들이 옛것을 숭배하고 지금의 것을 폄하한 논조와는 정반대로, 이른바 "이전 시대에는 꾸밈없이 질박했고, 나중 시대는 화려하고 경박하다.[上世樸質, 下世文薄.]"라는 것은, 실제로는 원시 상태에서 개화된 시대로 진입했다는 것을 말해 주는 것이다. 의(衣)·식(食)·주(住) 등 물질적인 생활의 측면에서 말하자면, "옛날의 사람들은 동물의 피를 마시고 가죽의 털까지도 먹었으며, 오곡(五穀)을 먹지 않았지만, 후세에는 땅을 파서 우물을 만들고, 땅을 일구어 곡식들을 심고, 우물물을 마시고 곡식을 먹었으며, 물과 불을 다스릴 수 있게 되었고[上世之民飮血茹毛, 無五穀之食, 後世穿地爲井, 耕土種穀, 飮井食粟, 有水火之調]", "상고 시대에는 바위 동굴 속에서 살았고, 짐승의 가죽을 입었지만, 후세에는 궁실(宮室)로 바뀌었으며, 비단으로 꾸몄다.[上古巖居穴處, 衣禽獸之皮, 後世易以宮室, 有布帛之飾.]"[12] 즉 원시인들은 음식을 익혀 먹을 줄 몰랐고, 짐승을 잡아서 가죽의 털과 피까지도 한꺼번에 먹었지만, 후대에는 우물을 파서 물을 마실 줄 알게 되었고, 오곡의 씨를 뿌려 심었으며, 불을 사용하여 음식물을 익혀 먹었다. 그리고 원시인들은 동굴에서 살면서 짐승의 가죽을

11) 왕충, 『논형』 권18 「자연편(自然篇)」.
12) 왕충, 『논형』 권18 「제세편」.

입었지만, 후대의 사람들은 집을 짓고 궁전을 세웠으며, 보기도 좋고 사용하기도 적당한 옷을 입게 되었다는 것이다. 이런 것들이 설마 거대한 진보가 아니란 말인가! 나아가 정치 공적의 측면에서 말하면서, 왕충은 이렇게 지적했다. 즉 서한과 동한의 건국자들은 모두 평민 출신으로 황제에 올랐는데, 당(唐)[13] · 우(虞)[14] · 하(夏) · 은(殷) · 주(周)나라와 비교하면, 이들이 흥기한 것은 모두 봉호(封號)를 물려받고, 봉토(封土) 내에서 여러 대를 이어 관할해 왔으며, 이것에 의지하여 크게 일어날 수 있었으니, 양한(兩漢)의 황제들이 흥기한 것이 더욱 우월한 것이다. 또 국력을 본다면, 한나라 때에 더욱 강성해져, 영토가 더욱 넓어졌는데, "황제(黃帝)는 탁록(涿鹿)에서 전쟁을 치렀고, 요(堯)임금은 단수(丹水)에 출사(出師)한 적이 있으며, 순(舜)임금 때에는 묘족(苗族)이 불복한 적이 있었고, 하(夏)나라 계(啓)[15] 때에는 유호(有扈)가 반란을 일으켰는바[黃帝有涿鹿之戰, 堯有丹水之師, 舜時有苗不服, 夏啓有扈叛逆]",[16] 모두 오랜 기간 동안의 전란을 거쳤지만, 한대(漢代)에는 오히려 이와 같은 일들이 발생한 적이 없었다. 또한 서주(西周) 때에는 융적(戎狄)[17]들이 주나라의 천자를 공격하는 일이 발생했었는데, 한나라 때에는 융적들이 도리어 스스로 복속하기를 원하여, 땅을 바치면서 조정에 귀순해 왔다. 이어서 저 멀고도 먼 서역의 총령(葱嶺 : 파미

---

13) 역자주 : 요(堯)임금이 세웠다는 전설상의 나라.

14) 역자주 : 순(舜)임금이 세웠다는 전설상의 나라.

15) 역자주: 우(禹)임금의 아들 백계(伯啓)를 가리킨다. 그는 우임금의 뒤를 이어 천자가 되었으며, 이후부터 중국 역사에서 제위를 세습하게 되었다.

16) 왕충, 『논형』 권19 「회국편(恢國篇)」.

17) 역자주 : 융(戎)은 서쪽의 오랑캐, 적(狄)은 북쪽의 오랑캐를 가리키는 말로, 합쳐서 오랑캐 일반을 일컫는 말로 쓰인다.

르 고원-역자)에 있는 여러 나라들마저도 한나라 조정에 귀속해 왔으니, 서로 비교해 보면, 도대체 어느 조대의 공덕이 크단 말인가? 어느 조대의 영토가 넓단 말인가?라고 했다. 왕충은 또 시(詩)와 같은 언어를 사용하여, 한대에 여러 민족들이 융합되고 천하가 한 가족처럼 된 국면을 다음과 같이 찬양했다. "옛날의 융적들이, 지금은 중국의 백성이 되었네. 옛날에 벌거벗었던 사람들이, 지금은 조복(朝服)을 입었네. 옛날에는 맨머리더니, 지금은 장보(章甫)[18]를 썼네. 옛날에는 맨발로 다니더니, 지금은 고석(高舃 : 신발을 가리킴)을 신고 다니네. 너럭바위를 옥토로 만들고, 걸왕(桀王) 같은 난폭한 자들을 선량한 백성으로 만들었으며, 다니기 힘든 험한 길을 평탄하게 하여 고르게 만들었고, 복종하여 따르지 않는 자들을 평범한 백성으로 만들었으니, 이것이 태평(太平)함이 아니고 무엇이란 말인가?[古之戎狄, 今爲中國, 古之裸人, 今被朝服, 古之露首, 今冠章甫, 古之跣跗, 今履高舃. 以盤石爲沃田, 以桀暴爲良民, 夷坎坷爲平均, 化不賓爲齊民, 非太平而何?]"[19]

속유들이 "옛것을 존숭하고 지금의 것을 비하하는[尊古非今]" 역사관의 오류를 파헤침으로써, 왕충은 당대(當代)의 역사 저작을 집필해야 할 필요를 총괄해 냈으며, "한나라를 선양한다[宣漢]"는 시대적 과제를 명확하게 제시했다. 이는 왕충의 견해가 더욱 심화된 부분이며, 또한 반고의 역사 저술과 가장 밀접하게 관련된 부분이다. 그는 예리하게 지적하기를, 이처럼 전도된 역사의 관점을 형성한 까닭은, 한대의 공훈과 업적이 선양되지 못했기 때문이라고 했다. 그는, "옛날의

18) 역자주 : '장보'는 은(殷)나라 때의 관으로, 공자가 이 관을 썼으므로, 이 관은 유학자들을 상징하는 관이 되었다.

19) 왕충, 『논형』 권19 「선한편(宣漢篇)」.

제왕(帝王)들이 큰 덕[鴻德]을 세우게 된 데에는, 반드시 그 큰 덕을 기록한 신하가 있었다. 칭송하며 기록하니, 그 큰 덕이 이에 드러나게 되고, 영원히 알려지게 되었다.[古之帝王建鴻德者, 須鴻筆之臣. 褒頌紀載, 鴻德乃彰, 萬世乃聞.]"[20]라고 생각했다. 그리하여 한나라의 공덕(功德)은 원래 매우 뛰어났지만, 아무도 우수한 저작을 써 내어 그것을 표창하지 않았기 때문에, 넓고 큰 덕을 광범위하게 전파할 수 없었으며, 오히려 위대한 한나라를 한낱 평범한 평판으로 떨어뜨렸으니, 이는 마땅히 속유들이 사실에 근거하여 논술하지 않은 탓으로 돌려야 한다고 생각했다. 그리고 당시의 일반인들이 어려서부터 송독(誦讀)하던 것은 삼대(三代)를 기록하고 찬양하는 책들로서, "아침저녁으로 공부하면서도, 한나라의 일을 기록한 책들은 보지 않고서 말하기를, 한나라는 열등하여 그럴 수 없다고 하니[朝夕講習, 不見漢書, 謂漢劣不若]"[21], 따라서 옛날의 것은 알아도 지금의 것은 알지 못한다. 당대(當代)의 학자들은 응당 이에 대해 책임을 져야 하는데, 그들은 옛날을 귀하게 여기고 지금의 것을 천하게 여기는 잘못된 습성에 빠져, "말께나 하는 사람[辨士]들은 곧 옛날 것들을 말하고, 문인들은 곧 먼 옛날의 것들을 썼으며, 가까이에 진귀한 것이 있어도 이를 말하지 않고, 지금 특별한 일이 있어도 기록하지 않았으니[辨士則談其久者, 文人則著其遠者, 近有奇而辨不稱, 今有異而筆不記]", 고대(古代)의 것들을 맹목적으로 신뢰하고, 지금의 것들을 천시했다. 한나라의 역사가 제때에 정리되어 기재되지 않고, 여전히 관부(官府)의 문서 단계에 머물러 있었으므

20) 왕충, 『논형』 권20 「수송편(須頌篇)」.
21) 왕충, 『논형』 권19 「선한편」.

로, 보통의 지식인들은 당시의 진보에 대해서 알 수 없었다. 그 결과 사정을 전도시켰으니, 반대로 상고(上古)[22] 시대의 성현(聖賢)들은 도덕이 고상하고 공덕이 위대하며, 당대(當代) 인물들의 품성은 저열하고, 그 공덕은 보잘것없다고 생각하게 되었다.[23] 한나라 시대의 업적이 이전 시대를 뛰어넘는데도, 일반적인 인식은 도리어 "지금의 것을 비하하는[卑今]" 관점으로 이처럼 커다란 대조를 보이자, 왕충은 한나라의 역사를 기록해야 한다는 절박한 필요를 통감했다. 따라서 학자들에게 "한나라의 업적을 선양하고[宣漢]", "나라를 확장시키는[恢國]" 책임을 다하라고 큰소리로 부르짖었다. 그는 일찍이 깊이 품었던 생각을 자신의 저작 속에서 이렇게 기록했다. "한나라가 학문이 넓은 사람으로 하여금 한나라의 일들을 책으로 써서 전하게 한다면, 그것이 바로 『상서(尙書)』·『춘추(春秋)』일 것이니, 유학을 하는 이들은 이것을 근본으로 삼고, 학문을 하는 이들이 이것을 익힌다면, 장차 예로부터 물려받은 여섯 개의 경전이 일곱 개가 될 것이다.[使漢有弘文之人, 經傳漢事, 則『尙書』·『春秋』也, 儒者宗之, 學者習之, 將襲舊六爲七.]" 즉, 만약 저술에 뛰어난 사람이 있어, 명저(名著)를 이용하여 한나라의 정치적 업적을 기록해 낸다면, 그 책의 가치는 곧 『상서』나 『춘추』와 함께 견줄 만할 것이며, 지식인들이 진지하게 송독하게 되어, 사람들이 중요하게 여겨 온 '육경(六經)'에 또 한 부가 더해질 것이고, "지금의 황제와 상왕(上王)에서부터 고조(高祖)까지는 모두 성제(聖帝)가 될 것[今上·上王至高祖皆爲聖帝矣]"[24]이니, 한나라 고조부터 당시의 황제[동한의

---

22) 역자주 : 중국의 역사에서 상(商)·주(周)·진(秦)·한(漢) 시대를 일컫는 말.
23) 왕충, 『논형』 권18 「제세편(齊世篇)」을 참조하라.
24) 왕충, 『논형』 권19 「선한편」을 참조하라.

명제(明帝)를 가리킴]까지의 모든 황제들은 사람들 마음속에서 곧 성왕(聖王)으로 기억될 것이라고 했다. 그는 또 말하기를, 만약 천 년이 지난 후에 사람들이 한나라 시대의 공적을 기록한 책을 보지 못한다면, 그 사람들은 이를 괴이하게 여길 것이라고 했다. 고대의 학문하던 사람들은 임금의 공적을 죽간(竹簡)과 비단 위에 모두 기록했고, 심지어 종정(鐘鼎)과 이기(彝器)[25]에도 글을 새기지 않았던가. 그러니 후세의 사람들은 마땅히 그들을 본받아야 하고, 당시의 문인들도 마땅히 이를 스스로 힘써야 한다고 하면서, 아울러 그러한 기대를 반고에게 기탁했다.

왕충은 "한나라를 선양할 것[宣漢]"을 온 힘을 다해서 주장했는데, 그의 저술인 『논형(論衡)』은 정론(政論)의 형식으로 한나라의 공덕을 선양한 작품이다. 책에서 직접적으로 한나라의 업적을 찬미한 편장(篇章)들로는, 「수송편(須頌篇)」·「회국편(恢國篇)」·「선한편(宣漢篇)」·「험부편(驗符編)」·「초기편(超奇篇)」·「제세편(齊世篇)」 등이 있다. 그래서 왕충은 반씨(班氏) 부자(父子)의 저술 사업에 대해 열렬하고 진심으로 높이 평가했다. 그는 주(周)나라 초기의 봉토(封土)를 하사 받은 제후들에 비유하면서, 반씨 부자가 학술 문화에서 차지하는 지위는 일반적인 대제후국들을 넘어서며, 천자를 보좌한 주공(周公)·소공(召公)과 왕실을 수호한 노(魯)나라·위(衛)나라[26]와 필적할 만하다고 여겼으며, 더불어 그들을 "매우 비범한[超奇]" 인물들로 평가하면서, 다음과 같이 찬양했다. "반표(班彪)는 『사기』를 이어서 100편(篇) 이상의 글들을

25) 역자주 : 제사 지낼 때 사용하는 각종 그릇들을 의미한다.
26) 역자주 : 노나라와 위나라는 모두 주나라의 제후국들로, 노나라는 지금의 산동성 남부에 위치했으며, 위나라는 지금의 하북성 남부와 하남성 북부에 위치해 있었다.

남겼는데, 상세하고 빠짐없이 사건을 기록했으며, 내용은 알기 쉬우면서도 이치가 잘 갖추어져 있다. 그 글을 본 사람들은 그 글이 최고라고 여겼으며, 사마천의 글을 그 다음이라고 여겼다. 반표의 아들 맹견[孟堅 : 반고의 자(字)-역자]은 상서랑(尙書郎)이 되었는데, 그의 글을 반표의 것과 비교해 보면, 단지 사방 5백 리 정도 크기의 제후국이 아니라, 그야말로 주공과 소공·노나라와 위나라의 의미를 갖는다.[班叔皮續『太史公書』百篇以上, 記事詳悉, 義淺理備. 觀讀之者以爲甲, 而太史公乙. 子男孟堅爲尙書郎, 文比叔皮, 非徒五百里也, 乃夫周召·魯衛之謂也.]"[27] 또한 말하기를, 『시경(詩經)』에는 「주송(周頌)」편이 있으며, 최근에는 반고가 「한송(漢頌)」을 지었는데, 반고와 자신은 역사를 보는 태도가 서로 같다고 했다.[28] 즉 반고가 저술한 『한서』를 「한송」으로 간주하고, 반고가 옛날의 습속이나 제도로 되돌아가는 것[復古]에 반대하는 역사 진보의 관점을 가진 것이 그 자신과 일치한다고 여긴 것이다.

(3) 복고(復古) 사상에 반대하다.

반고가 지은 『한서』의 많은 내용들은 대부분 복고에 반대하고 역사 발전을 찬양하는 진보적인 사상을 체현하고 있다. 아래에서 단지 『한서』 「왕망전(王莽傳)」만을 예로 들어, 이에 대해 간략하게 설명하고자 한다.

왕망의 개혁은 복고 사상을 지도 사상으로 삼고, 고대의 성현들을 본보기로 하여 진행한 것이었다. 반고는 「왕망전」에서 왕망이 실시했

27) 왕충, 『논형』 권13 「초기편(超奇篇)」.
28) 왕충, 『논형』 권20 「수송편(須頌篇)」을 참조하라.

던 개혁의 모든 과정을 상세하게 서술했으며, 그 배경·내용·과정 및 실패의 원인 등에 대해서도 상세하게 기록하고 분석했다. 그는 지적하기를, 왕망이 제도를 개혁할 때, 형세를 분석한 것은 물론이고, 각 항목들의 구체적인 조치들도 취했는데, 모두 고대 성현들을 본보기로 삼으려 했고, 모두 유가 경전에서 근거를 찾으려 했다고 말했다. 왕망은 "옛날의 일을 전념하여 연구하고[專念稽古之事]"[29], "새로운 것을 시작하고 만들어 낼 때마다, 반드시 옛날의 것들에 의지하고 경전의 문장에서 얻으려고 했다.[每有所興造, 必欲依古得經文.]"[30] 왕망이 진행한 일련의 개혁들은 모두 이와 같았다.

"왕전(王田)과 사속(私屬)"[31]은 왕망이 실행한 개혁의 중요한 내용이다. 그는 '왕전과 사속'의 법령을 반포하면서 다음과 같이 말했다. "옛날에는 여정(廬井)[32]에 8가구를 두고, 부부 한 쌍이 100무(畝)의 토지를 소유하며, 10분의 1을 세금으로 냈으니, 이는 곧 나라가 백성들을 부유하게 한 것이어서 칭송했다. 이는 요(堯)·순(舜)이 시행한 방도로서, 하(夏)·은(殷)·주(周) 3대 때에도 받들어 시행했다. 진(秦)나라는 무도(無道)하여, 무거운 세금을 부과하고 스스로 바치도록 하고, 백성들의 재력을 파탄내면서 극도로 욕심을 부리니, 성왕인 요·순이 실시

29) 『한서』 권99 「왕망전」.

30) 『한서』 권24 「식화지(食貨志)」.

31) 역자주 : 왕전(王田)은 천하의 토지를 가리키는 말이며, 사속(私屬)은 전국의 남녀 노비들을 가리키는 말이다.

32) 역자주 : 중국 고대의 토지 제도인 정전제(井田制)는 900무(畝)의 토지를 종횡으로 각각 3등분 하여 9구역으로 나누고, 8가구가 각각 100무씩의 토지를 경작했으며, 나머지 100무의 한 구역 중 20무를 공동의 거주 지역인 여사(廬舍)로 삼고, 나머지 80무는 공동 경작지로 삼았는데, 이 공동 거주 지역을 여정(廬井)이라고 했다.

했던 제도를 무너뜨리고 정전제(井田制)를 폐지했다. 그리하여 토지를 겸병하는 일이 일어나고, 탐욕스럽고 비루한 마음들이 생겨나, 세력이 강한 자들은 천 무 이상의 땅을 경작지로 보유하게 되었고, 힘없고 약한 자들은 송곳을 꼽을 만한 땅도 없게 되었다. 또한 노비를 거래하는 시장을 두고, 소나 말과 같이 울타리 안에 가두어 놓았는데, 백성과 신하들에게 이러한 일을 금지했음에도 그 명령을 전혀 지키지 않았다. 간학(奸虐)한 사람들은 인연(因緣)마저도 이익을 얻는 것으로 여기고, 심지어는 아내와 자식까지 약취하여 팔아넘기는 데에 이르렀으니, 천심(天心)을 거스르고 인륜을 어지럽혔으며, '하늘과 땅의 성품 중에 사람이 귀하다'는 뜻을 어긴 것이다. 『상서(尙書)』에 이르기를 '(맹세를 따르지 않으면-역자) 내가 너를 죽이겠다'고 했으니, 누구나 명령을 따르지 않은 자들은 후에 이렇게 죽임을 당했다. 한나라에서는 조세를 경감하여 30분의 1을 세금으로 거두었지만, 언제나 고쳐서 부과했으며, 몸이 허약한 늙은이들에게도 모두 거둬들였고, 재산이 많고 세력이 있는 사람들은 다른 사람의 땅을 침범하고서, 토지를 나누어 주었다고 거짓말을 하도록 겁박했다. 그 결과 명목상으로는 30분의 1을 세금으로 거둔다고 했지만, 실제로는 10분의 5를 거두었다. 그리하여 부자(父子)와 부부(夫婦)가 일 년 내내 농사를 지어도, 그 소득으로는 스스로 살아가기에 부족했다. 따라서 부자들은 개와 말에게 남아도는 곡식을 먹이면서, 교만하고 사악해졌으며, 가난한 자들은 술지게미나 쌀겨조차도 충분히 먹지 못하면서, 궁핍하고 간사해졌다. 이렇듯 모두가 죄를 짓게 되니, 형벌이 시행되어도 줄어들지 않았다. 내가 전에 천자(天子)의 일을 대신할 때, 처음으로 천하의 공전(公

田)에 정전제를 시행하도록 명령했는데, 때마침 벼농사가 잘 되자, 노비가 되기를 거부하고 반역하던 무리들도 볼 수 없게 되었다. 지금 천하의 토지를 '왕전(王田)'으로 이름을 바꾸고, 노비는 '사속(私屬)'이라고 부를 것이며, 모두 매매할 수 없다. 한 집에 남자의 숫자는 여덟 명을 넘을 수 없으며, 토지가 1정(井)을 넘는 자는, 남는 토지를 나누어 친척들이나 이웃 사람들에게 주어야 한다. 때문에 토지가 없는 자들도, 지금은 마땅히 토지를 받게 할 것이니, 제도를 따르라. 감히 정전제라는 훌륭한 제도를 위반하고, 법을 무시하면서 사람들을 미혹시키는 자들은, 변방으로 보내서 이매(魑魅)를 부리도록 할 것이니[33], 임금의 시조인 순(舜)임금의 고사와 같이 할 것이다.[古者, 設廬井八家, 一夫一婦田百畝, 什一而稅, 則國給民富而頌聲作. 此唐虞之道, 三代所遵行也. 秦爲無道, 厚賦稅以自供奉, 罷民力以極欲, 壞聖制, 廢井田, 是以兼幷起, 貪鄙生, 强者規田以千數, 弱者曾無立錐之居. 又置奴婢之市, 與牛馬同蘭, 制於民臣, 顓斷其命. 奸虐之人因緣爲利, 至略賣人妻子, 逆天心, 誖人倫, 繆於'天地之性人爲貴'之義. 『書』曰'予則奴戮汝', 唯不用命者, 然後被此辜矣. 漢氏減輕田租, 三十而稅一, 常有更賦, 罷癃咸出, 而豪民侵陵, 分田劫假. 厥名三十稅一, 實什稅五也. 父子夫婦終年耕芸, 所得不足以自存. 故富者犬馬餘菽粟, 驕而爲邪, 貧者不厭糟糠, 窮而爲奸. 俱陷於辜, 刑用不錯. 予前在大麓, 始令天下公田口井, 時則有嘉禾之祥, 遭反虜逆賊且止. 今更名天下田曰'王田', 奴婢曰'私屬', 皆不得賣買. 其男

33) 역자주 : 『좌전(左傳)』의 기록에 따르면, 요(堯)임금의 신하가 된 순(舜)은 요임금의 명령을 따르지 않는 부족인 혼돈(渾敦)·궁기(窮奇)·도올(檮杌)·도철(饕餮)을 각각 사예(四裔)라고 불리는 변방[유주(幽州)·숭산(崇山)·삼위(三危)·우산(羽山)]으로 추방했다. '이매'란 사람을 해친다는 상상 속의 동물이다. 이매를 부린다는 것은, 문명화가 되어 있지 않은 변방에 가서 거친 자연 환경을 개척해야 함을 의미한다.

口不盈八, 而田過一井者, 分餘田予九族鄰里鄉黨. 故無田, 今當受田者, 如制度. 敢有非井田聖制, 無法惑衆者, 投諸四裔, 以禦魑魅, 如皇始祖考虞帝故事.]"[34]

왕망은 상(商)나라와 주(周)나라 이래로 시행되던 정전제를 가장 이상적인 "성왕(聖王)의 다스림[聖王之治]"이라고 말하면서, 고대에 정전제를 실행함으로써 "나라가 백성들을 부유하게 해주어[國給民富]", 백성들의 폭넓은 칭찬을 받았다고 생각했다. 그런데 전국 시대에 이르러 상앙(商鞅)이 진(秦)나라의 법을 바꾸면서, '성왕'이 실행했던 정전제를 폐기하고, 토지의 매매를 허락하자, 토지 겸병이 확산되기 시작했고, 탐욕스러운 생각들 또한 생겨나기 시작했다. 한나라는 진나라의 제도를 계승하여, 이러한 "정전제를 폐지하는[廢井田]" 정책을 계속 실행한 결과, 토지의 겸병이 나날이 심해져서, 힘 있고 강한 자들은 천 무(畝)나 되는 땅을 차지했고, 약자들은 송곳을 꼽을 만큼의 땅조차도 없었으니, "부자들은 개와 말에게도 남아도는 곡식을 먹이는데[富者犬馬餘菽粟]", "가난한 자들은 술지게미나 쌀겨조차도 충분히 먹지 못했으며[貧者不厭糟糠]", 한 집안의 남녀노소가 일 년 내내 힘들게 농사를 지어도, 그 소득으로는 여전히 입에 풀칠도 할 수 없었다. 부잣집들은 또한 노비들을 많이 두고서 마음대로 사고팔았는데, 노비들의 생활은 소나 말과 다를 바가 없어서, 사회의 모순은 나날이 격화했다. 이에 왕망은 생각하기를, 이러한 사회의 폐단들이 생겨난 것은, 모두 정전제라는 훌륭한 제도를 폐지했기 때문에 조성된 것이라고 여겼다. 때문에 그는 당시 사회의 폐단을 벗어나려면, 바로 "요순(堯舜)의 도(道)[唐虞之道]"에 부합하는 "삼대(三代) 시기에 받들어

34) 『한서』 권99 「왕망전(王莽傳)」.

행했던[三代所遵行]" 정전제를 회복해야 한다고 생각했다.

왕망이 회복시키려고 한 정전제는, 완벽하게 주나라 천자의 "온 세상은 왕의 땅이 아닌 것이 없다.[普天之下, 莫非王土.]"라는 사상과 맹자(孟子)가 정전제에 대해 묘사한 내용에 따라 설계한 것이었다. 맹자는 일찍이 고대의 정전제에 대해서 충분히 사람들의 마음을 움직일 수 있을 만큼 감동적으로, 다음과 같이 논술했다. "사방으로 1리(里)씩을 井자 모양으로 나누면, 그 井자 모양은 900무(畝)가 되는데, 그 중 가운데 것은 공전(公田)이 된다. 여덟 가구들이 다 100무씩을 소유하고, 공전은 함께 경작하는데, 공적인 일[公事]을 마친 다음에야 감히 개인의 일[私事]을 할 수 있었으니, 이것이 야인(野人)과 구별되는 까닭이다.[方里而井, 井九百畝, 其中爲公田. 八家皆私百畝, 同養公田, 公事畢, 然後敢治私事, 所以別野人也.]"[35] 그리하여 왕망이 명령을 내리기를, 천하의 토지는 이름을 바꾸어 '왕전(王田)'이라 하고, 노비들은 '사속(私屬)'이라고 이름을 바꾸며, 이들 모두 매매해서는 안 된다고 했다. 또 한 집안에 남자가 8명을 초과할 수 없으며, 차지하는 토지는 1정(井)을 초과해서는 안 되고, 초과하는 부분은 친척들이나 이웃들에게 나누어 주도록 했다. 그리하여 토지를 갖고 있지 않은 사람들은 이 기준에 따라 토지를 점유할 수 있었다.

반고는, 토지 문제와 노비 문제는 확실히 서한 중기 이후에 발생한 심각한 사회 문제였으며, 왕망은 이 문제를 함께 시도하여 해결할 수 있을 것으로 보았다고 생각했는데, 이는 정확한 것이었다. 그러나 문제는, 그가 이러한 사회 모순을 해결하려는 방법을 완전히 '복고(復

---

35) 『맹자(孟子)』 「등문공(滕文公) 下」.

古)'적인 방법으로 채용했다는 점이었다. 심지어 '왕전과 사속에 관한 명령[王田私屬令]'을 거역한 사람들에 대한 처벌조차도 순임금을 모방하여, "멀리 변방으로 이주시켜, 이매(魑魅)를 부리도록[投諸四裔, 以禦魑魅]" 했으니, 이러한 방법은 시대에 그다지 맞지 않는 것이었다. 반고는 지적하기를, '왕전과 사속에 관한 명령'을 반포한 이후, 근본적으로 그 조치는 전혀 시행되지 못했으며, 그 결과 당시의 사회 폐단이 해결되기는커녕 오히려 더욱 가중되었다.

'왕전과 사속에 관한 명령'이 반포된 지 3년이 지난 후, 중랑(中郎)인 구박(區博)은 왕망에게 글을 올려 다음과 같이 충고했다. "정전(井田)이 비록 성왕(聖王)의 법이기는 하지만, 그것이 폐지된 지 오래되었습니다. 주(周)나라의 도(道)는 이미 쇠했으니, 백성들도 따르지 않습니다. 진(秦)나라는 나라의 법에 순종하는 백성들의 마음을 알아서 큰 이익을 얻을 수 있었습니다. 때문에 여정(廬井)을 없애고 밭두둑을 두어 농지로 만들었고, 여러 왕들과 제후국들도 이를 따랐으며, 지금까지 온 나라에서 그것을 버린 것을 싫어하는 이가 없습니다. 지금 민심을 거스르고, 천 년 동안 자취를 감추었던 제도를 회복시키려 한다면, 비록 요(堯)·순(舜)이 다시 되살아난다 해도, 100년 동안 지속적인 준비 없이는 시행할 수 없을 것입니다. 천하가 처음으로 안정되고, 모든 백성들이 새로 좇아 따르고 있으니, 정말이지 시행해서는 안 됩니다.[井田雖聖王法, 其廢久矣. 周道旣衰, 而民不從. 秦知順民之心, 可以獲大利也, 故滅廬井而置阡陌, 遂王諸夏, 訖今海內未厭其敝. 今欲違民心, 追復千載絕迹, 雖堯舜復起, 而無百年之漸, 弗能行也. 天下初定, 萬民新附, 誠未可施行.]" 즉 정전제가 비록 고대의 성왕이 실행했던 방법이고, 서주(西周)

시기의 번영에 대해 일정한 작용을 하기는 했지만, 주나라 말엽에 이르러서는 그러한 제도가 이미 역사 발전의 요구에 부적합해졌으며, 백성들은 정전제에 대해 이미 흥미를 느끼지 않게 되었다고 지적한 것이다. 그리고 상앙(商鞅)의 변법(變法)은 민심에 순응하여, 정전제를 폐지했고, 그 결과 큰 이익을 얻었으니, 진나라로 하여금 천하를 제패하게 했다는 것이다. 구박은, 상앙이 정전제를 폐지한 다음 실행한 토지 사유 제도는, 당시에 또한 시대에 뒤떨어진 것이 아니라고 생각했다. 그는 지적하기를, 왕망이 이미 자취를 감춘 지 매우 오래된 정전제를 회복시키려고 한 것은 민심에 위배되는 것이므로, 만약 요순이 다시 살아난다 해도, 이러한 제도는 다시 실행할 방법이 없다고 했다. 왕망은 구박이 올린 글을 보고는, 정전제를 부활한 것이 "백성들의 원망[民怨]"을 불러일으켰으며, 계속 시행할 방법이 없다는 것을 알게 되자, 어쩔 수 없이 "여러 가지 명칭을 갖고 있는 왕전을 경작하여 먹고사는 사람들은 모두 이를 팔 수 있으며, 이는 법으로 구속하지 말라. 사사로이 매매한 죄를 범한 일반 백성들은 또한 일절 처벌하지 말라.[諸名食王田, 皆得賣之, 勿拘以法. 犯私買賣庶人者, 且一切勿治.]"[36] 라고 명령을 내렸다. 즉 '왕전과 사속에 관한 제도' 개혁이 이미 실패했음을 선언했다. 반고는 일부러 구박이 올린 글과 왕망이 '왕전과 사속에 관한 명령'을 폐지한 것을 선택하여 이 때의 개혁들을 총괄함으로써, 왕망의 '복고' 사상 및 그 주장에 대해 철저하게 부정했다.

왕망의 화폐 개혁도 또한 '복고'의 정신에 따라 진행되었다. 반고는, 왕망이 거섭(居攝) 연간(서기 6~8년-역자)에 첫 번째로 화폐를 개혁할

---

36) 이상의 인용문들은 모두 『한서』 권99 「왕망전」을 보라.

때, 바로 "한나라의 제도를 바꾸어, 주나라 때 자전(子錢)과 모전(母錢)[37]이 서로 일정한 교환 비율을 이루었던 것을 근거로 다시 대전(大錢)을 만들었으며[變漢制, 以周錢有子母相權, 於是更造大錢]", "또한 계도(契刀)와 착도(錯刀)[38]를 만들었다[又造契刀·錯刀]."[39]라고 말했다. 왕망은 거섭 연간에 조정에서 자신을 주공(周公)이라도 되는 듯이 허풍을 떨었기 때문에, 주나라의 돈에 따라서 화폐도 개혁하려고 했다. 후에 왕망은 또한 여러 차례 화폐를 개혁했는데, 심지어 고대에 일찍이 이미 통용되지 않았던 거북의 등껍질과 조개껍질 등의 물건들을 다시 화폐로 유통시키려고 했다. 천샤오디(陳紹棣)의 고증에 따르면, 왕망이 개혁한 화폐는 그 종류와 형식을 모두 상고(上古) 시대의 것들을 모방했으며, 또한 돈에 새긴 문구도 선진(先秦) 시대의 유가(儒家) 경전에서 인용하거나, 혹은 주나라 때의 돈을 바탕으로 삼았다.[40] 왕망은 '복고'의 정신에 따라서 여러 차례 화폐 제도를 바꾸었는데, 화폐의 종류가 지나치게 많았고, 또 갑자기 발행했다가 갑자기 폐지하기도 하여, 화폐 제도에 혼란을 불러일으켰다. 백성들은 왕망이 발행한 화폐에 대해 전혀 신뢰하지 않았으며, 모두 개인적으로 한나라 때 통용되던 오수전(五銖錢)을 사용했는데, 왕망이 다시 더욱 엄격히 금

37) 역자주 : 고대 중국의 화폐 본위(本位)와 유통에 관한 이론이다. 즉 동시에 유통되는 두 종류의 화폐 중 한 종류를 표준으로 삼아, 다른 한 종류의 교환율을 확정할 수 있었던 제도를 말한다. 크고 무거운 것을 모전(母錢), 작고 가벼운 것을 자전(子錢)이라고 했다.

38) 역자주 : 계도와 착도는 고리가 달린 칼 모양의 돈으로, 길이는 2치[寸] 정도였다. 계도의 가치는 오백(五百)이었으며, 착도(錯刀)의 가치는 천(千)에 해당되었다.

39) 『한서』 권24 「식화지」.

40) 陳紹棣, 「試論王莽改幣」, 『中國史研究』 1983년 제2기.

지한 결과, 다음과 같은 상황이 조성되었다. 즉 "농업과 상업이 몰락하여 식량과 각종 재화들이 모두 피폐해지니, 백성들은 저잣거리에서 눈물을 흘리기까지 했다. 더불어 밭과 집과 노비를 사고팔거나 사적으로 돈을 주조하는 죄를 저질러 연루된 자들이, 제후와 경(卿)·대부(大夫)에서부터 서민에까지 이르렀으니, 죄를 저지른 자들은 헤아릴 수 없었다.[農商失業, 食貨俱廢, 民人至涕泣於市道. 及坐賣買田宅奴婢鑄錢抵罪者, 自諸侯卿大夫至於庶人, 抵罪者不可勝數.]"[41] 유통수단이 혼란해지자, 상업과 교역이 이루어질 수 없었으며, 농민들 또한 생산에 종사할 수 없게 되어, 사회 경제적 생활은 침체에 빠지고, 백성들은 길가에 앉아서 눈물을 흘릴 수밖에 없었다. 또한 밭·집·노비를 매매하거나 사적으로 화폐를 주조했다고 모함당하여, 죄를 범한 것으로 간주되어 감옥에 갇혔다. 이처럼 사회 모순이 더욱 격화되자, 왕망의 화폐개혁도 실패하게 되었다.

왕망이 시행한 '오균육관(五均六管)'도 또한 '복고'의 명분을 띤 것이었다. 그는 '오균사대(五均賒貸)'[42] 정책을 시행할 때 일찍이 조서를 내려 다음과 같이 말했다. "대저 『주례(周禮)』에는 사대(賒貸)가 있고, 『악어(樂語)』에는 오균(五均)이 있는데, 전하는 기록에는 각각 잘 관리되었다고 한다. 지금 사대를 시작하고, 오균을 펼치며, 이를 주관할 자들을 둔 것은, 백성들을 균등하게 하고, 겸병(兼幷)을 억제하고자 하는 바이다.[夫『周禮』有賒貸, 『樂語』有五均, 傳記各有斡焉. 今開賒貸, 張五

41) 『한서』 권99 「왕망전」.

42) 역자주 : 오균(五均)은 고대 중국의 물가 조절을 담당하던 관리를 말하며, 사대(賒貸)는 농민들에게 낮은 이자로 돈이나 식량 등을 빌려 주어 고리대의 횡포로부터 농민들을 보호하던 정책을 말한다.

均, 設諸斡者, 所以齊衆庶, 抑幷兼也.]"[43] 이를 통해 알 수 있듯이, 왕망이 시행한 '오균사대'는 『주례』와 『악어』의 정신에 따라 실시된 것이었다. 그리고 '육관(六官)'은 주로 한나라 무제(武帝)를 모방한 것이었다. 왕망이 시행한 '오균'은 장안(長安) 및 낙양(洛陽)·한단(邯鄲)·임치(臨淄)·완(宛)·성도(成都) 등의 대도시들에 오균사시사(五均司市師)를 설치하여, 시장을 관리하고, 정기적으로 그 지역의 물가를 평가하여, 상인들이 농민들을 과도하게 착취하거나 고리대금업자가 창궐하여 활동하는 것을 억제하려고 시도했으며, 또한 백성들이 장례식 등으로 인해 돈이 필요하거나 농사에 필요한 돈이 부족할 때, 이자를 면제해 주거나 또는 낮은 이자로 돈을 빌려 줄 수 있도록 규정했다. '육관'은, 나라가 소금·철·술을 전매하며, 정부가 돈을 주조하고, 주요 이름난 특산품들에 대해 세금을 거두고, 오균사대를 관장한 것을 가리킨다. '오균육관'은 결국 모두 실패로 끝나고 말았다. 반고는, 그 원인은 바로 맹목적으로 "옛것을 본받고[法古]", 이전 사람들을 따른 데 있다고 생각했다. 왕망은 무제가 상인들을 많이 이용했으며, 또한 일부 거상(巨商)들을 이용하여 이러한 조치들을 추진했다는 사실을 알고 있었다. 그러나 서로 유사한 조치들이 실제로 실행되는 과정에서 본래의 취지와는 전혀 달라져, 완전히 다른 결과가 나오기도 했다. 무제 때는 강대한 국가 권력에 의지하여, 기본적으로 이러한 임무를 맡은 상인들을 정권을 위해 복무하도록 통제할 수 있었지만, 왕망 때에는 임용된 상인들이 도리어 그 기회를 빌려 제멋대로 이익만을 추구하고, 백성들을 가혹하게 착취했는데, "역참의 수레를 타고 다니면서 이익

43) 『한서』 권24 「식화지」.

을 추구하여, 천하의 질서를 어지럽혔으며, 군(郡)과 현(縣)의 관리들과 사통하여, 장부를 조작하고 허위로 만들었으므로, 관청의 창고는 부실해지고, 백성들은 더욱 힘들었다.[乘傳求利, 交錯天下, 因與郡縣通奸, 多張空簿, 府臧不實, 百姓愈病.]"[44] 이처럼 직무를 맡은 상인들이 정부를 위해 일한다는 명분을 빌려, 공적인 일에만 이용해야 하는 역참의 수레를 타고 곳곳을 돌아다니면서, 지방 관리들과 서로 결탁하여, 한통속이 되어 불법을 저지르고, 거짓으로 보고하여 사취했으며, 국가의 재산을 훔쳤으니, 결국은 백성들이 손해를 입었다. 이리하여 이 개혁 조치들도 결국 추진되지 못했다.

왕망은 또한 "「주관(周官)」과 「왕제(王制)」의 글을 가지고[以「周官」·「王制」之文]" 중앙과 지방의 관직명과 군·현의 명칭 및 행정 구역의 이름을 바꾸었다. 예를 들어 "대사농(大司農)은 희화(羲和)라고 불렀으며, 나중에는 다시 납언(納言)이라고 했고, 대리(大理)는 작사(作士)라고 불렀으며, 태상(太常)은 질종(秩宗)이라고 불렀고, 대홍려(大鴻臚)는 전악(典樂)이라고 불렀으며, 소부(少府)는 공공(共工)이라고 불렀다.[大司農曰羲和, 後更爲納言, 大理曰作士, 太常曰秩宗, 大鴻臚曰典樂, 少府曰共工.]" 그리고 "군(郡)의 태수(太守)를 고쳐 대윤(大尹)이라고 불렀으며, 도위(都尉)는 태위(太尉)라고 불렀고, 현령장(縣令長)은 재(宰)라고 부른 것[改郡太守曰大尹, 都尉曰太尉, 縣令長曰宰]" 등이다. 「요전(堯典)」에 근거하여 바로 12주(州)의 경계를 나누었으며, 또한 「우공(禹貢)」을 근거로 9주(州)로 고쳤다. 후에는 "해마다 이름을 바꾸었는데, 한 군(郡)은 이름이 다섯 번씩이나 바뀌어[歲復變更, 一郡至五易名]", 사람들이 기억할 수

44) 『한서』 권24 「식화지」.

없게 되자, 조정에서 조서를 내릴 때마다 부득이 옛날의 이름으로 위에 주(注)를 달아야 했다. 그 예로 "진류(陳留)의 대윤(大尹)과 태위(太尉)에게 조서를 내린다. 익세(益歲)의 남쪽 지역은 신평(新平)에 부속시킨다. 신평은 옛날의 회양(淮陽)이다. 옹구(雍丘)의 동쪽 지역은 진정(陳定)에 부속시킨다. 진정은 옛날의 양군(梁郡)이다. 봉구(封丘)의 동쪽 지역은 치정(治亭)에 부속시킨다. 치정은 옛날의 동군(東郡)이다. 진류의 서쪽 지역은 기추(祈隧)에 부속시킨다. 기추는 옛날의 형양(滎陽)이다. 진류에는 이미 다시 군(郡)을 두지 않을 것이니, 대윤과 태위는 모두 황제가 있는 곳으로 오라.[制詔陳留大尹·太尉, 其以益歲以南付新平. 新平, 故淮陽. 以雍丘以東付陳定. 陳定, 故梁郡. 以封丘以東付治亭. 治亭, 故東郡. 以陳留以西付祈隧. 祈隧, 故滎陽. 陳留已無復有郡矣, 大尹·太尉, 皆詣行在所.]"가 그러한 것이다. 이렇게 극도로 큰 혼란이 조성되었다.

왕망은 또한 "한나라의 제후들 가운데에는 왕(王)을 칭하기도 하고, 사이(四夷)의 이민족들까지도 또한 그와 같이 하면서, 옛 법식[古典]에서 벗어난 것[漢氏諸侯或稱王, 至於四夷亦如之, 違於古典]"을, "제후왕(諸侯王)들의 호칭은 모두 공(公)이라고 부르고, 또 주변 이민족들이 왕이라고 참칭(僭稱)하는 것은 모두 후(侯)로 바꾸도록[諸侯王之號皆稱公, 及四夷僭號稱王者皆更爲侯]" 고쳤다. 예를 들면, "고구려(高句驪)[45]의 이름을 바꾸어 하구려(下句驪)라고 했으며[更名高句驪爲下句驪]", 고구려의 왕은 하구려후(下句驪侯)로 바꾸어 불렀다. 또한 흉노 선우(單于)의 이름을 바꾸어 "항노복우(降奴服于)"라고 불렀으며, "선우의 인장을 수여하면서, 한자(漢字)로 새겨진 인장의 글씨를 바꾸었는데, '새

---

45) 역자주 : 고구려(高句麗)를 가리킨다.

(璽)'를 없애고 '장(章)'이라고 부른 것[授單于印, 改漢印文, 去'璽'曰'章']"[46] 등등이다. 이리하여 각 소수민족들의 강력한 불만을 불러일으켰다.

왕망은 사회적 위기가 심각해지자, 이를 만회하려고 시도했다. 그러나 그의 '제도 개혁[改制]'은 오히려 이미 지나간 과거의 낡은 방법을 가지고 이미 변해 버린 현실에 억지로 적용시켰기 때문에, 당연히 실패할 수밖에 없는 운명이었다. 반고는, 왕망이 "옛날의 것을 우러러 받들려고 했으므로, 시의(時宜)에 맞지 않았다.[動欲慕古, 不合時宜.]"[47]라는 여덟 글자를 이용하여, 왕망의 제도 개혁이 실패한 원인을 정리했는데, 이는 대단히 탁월한 선견지명을 갖춘 수준 높은 개괄(概括)이었다.

(4) 한대(漢代)의 업적을 선양하다.

『태평어람(太平御覽)』 권603 「사전(史傳)」에는 다음과 같은 한 단락의 기록이 있다. "반표(班彪)는 사마천을 이어서 『후전(後傳)』 수십 편을 지었지만, 완성하지 못하고 세상을 떠나자, 명제(明帝)는 그의 아들 반고에게 이 작업을 계속하도록 명령했다. 반고는 사마천을 이어서 기록했는데, 이에 한나라는 역대 임금들의 끝을 잇게 되자, 그것은 옳지 않다고 여겼다. 한나라는 마땅히 하나의 역사로 독립시켜야 한다고 여겼기 때문에, 고조(高祖)부터 왕망에 이르기까지, 기(紀)·표(表)·지(志)·전(傳) 99편을 지었다.[班彪續司馬遷『後傳』數十篇, 未成而卒, 明帝命其子固續之. 固以史遷所記, 乃以漢代繼百王之末, 非其義也. 大漢當可獨立一史, 故自高祖, 至王莽, 爲紀·表·志·傳九十九篇.]" 『태평어람』의 주(注)에서

46) 이상의 인용문들은 모두 『한서』 권99 「왕망전」을 보라.

47) 『한서』 권24 「식화지」.

이 말은 이미 유실된 『후한서(後漢書)』에서 나온 것이라고 밝혔는데, 이 말을 기록한 사람은 반고의 의도를 매우 잘 이해하고 있었다.

시대는 발전하는 것이며, 역사 저술에 대한 필요도 시대에 따라 발전한다. 사마천이 역사서를 저술한 때는 막 한나라 전기(前期)부터 발전해 오고 있었는데, 그는 "과거와 현재의 변화를 꿰뚫어 알고[通古今之變]", 한나라를 역사가 진행하고 있는 과정 중에 놓고 고찰해 가면서, 최초로 한 편의 통사(通史)를 써 냈다. 동한(東漢) 초기에 이르자, 시대적 조건이 변하여, 역사가들의 임무는 서한(西漢) 시대의 역사를 처음부터 끝까지 완전하게 기록하는 것이었다. 반고는 이러한 역사 발전의 필요에 맞추어, 이 중요한 임무를 완수했으며, 또한 그가 제시한 "한나라의 업적을 선양한다[宣漢]"는 생각에 따라, 한나라 시대의 업적을 사실대로 기록하고 선양했는데, 이는 역사 진보의 추세에 부합하는 것이었다.

서한은 경제(經濟)·제도(制度)·문화(文化)의 방면들에서 탁월한 성취가 있었을 뿐만 아니라, 영토와 민족의 발전에서도 또한 이전 시대를 능가했다. 무제(武帝)와 선제(宣帝) 시기에는 한 걸음 더 나아가 현재 중국의 광활한 영토의 기초를 다짐으로써, 중화 민족의 주체로서의 한족(漢族)도 또한 이 시기에 형성되었으며, 아울러 직접 이 강성한 왕조의 이름을 따서 명명했다. 한나라 때에는 적지 않은 업적을 이룬 군주·현명한 대신(大臣)·용맹한 장군·뛰어난 사상가와 학자들이 있었는데, 그들은 일반 백성들이 종일 힘써 노력하는 기초 위에서, 한나라가 상승하고 강성함을 유지하는 국면이 반세기 이상 유지되도록 했다. 한나라 사람들은 매우 지혜로워, 국가의 정치에서의 잘

잘못과 역사의 교훈 및 군사·경제·문화 분야의 중대한 조치들에 대해 평가하는 데 뛰어났으며, "대의(大義)를 위해서는 비분강개했고[引大義慷慨]", 생각을 말하는 데 거리끼는 바가 적었으며, 중대한 문제에 대해서 감히 거리낌 없이 진언(陳言)을 했는데, 이것도 또한 당시 사회의 왕성했던 창조적 활력과 서로 부합되는 것이었다. 한나라 사람들의 비범한 업적과 뛰어난 의론들은, 2천 년이 지난 뒤에도 여전히 오늘날의 독자들로 하여금 찬탄과 공감을 불러일으키며, 더불어 그 가운데에서 귀중한 깨달음을 얻도록 해주고 있다. 반고는 이 모든 것들을 『한서』에 기록함과 동시에, 한나라가 진나라 말기의 전란과 처참한 파괴 속에서 강성한 조대(朝代)로 우뚝 선 역사적 공적을 진지하게 총괄함으로써, 한나라 때 이룩한 공적을 당시의 세상에 널리 알렸으며, 후대까지 대대로 전해지게 하여, 사람들이 역사의 진실을 알고, 역사는 진보한다는 믿음을 강화시키는 데 도움을 주었다. 그래서 『한서』라는 저작은 비록 우리들과 거의 2천 년 정도나 떨어져 있지만, 그것이 역사 저작의 사회적 기능을 발휘하여, 복고(復古)라는 퇴보적이고 잘못된 사상을 논박하는 데에서 거둔 걸출한 공헌은, 지금도 우리에게 여전히 소중한 깨우침을 주는 의의를 지니고 있다.

2. '실록(實錄)'의 정신을 발양(發揚)하다.

한 사람의 역사학자에 대해 말하자면, 진실한 역사 과정을 마주하고, 실제 사건에 근거하여 있는 그대로 써서, 후세 사람들이 믿을 만한 역사 기록을 남길 것인가, 아니면 시대적 분위기에 영합하고, 외부의 압력에 굴복하며, 고의적으로 역사적 진상을 왜곡하여, 당대의 사람들을 기만하고, 후세 사람들에게 잘못을 남길 것인가? 이는 역사가들의 식견과 책임감에 대한 최대의 시험이며, 또한 역사서의 가치를 저울질하는 근본적인 기준이다. 반고는 『한서』를 저술함으로써, 비록 한나라 시대의 업적을 선양했지만, 결코 원칙 없이 칭찬한 것은 아니며, 역사적인 사실에 의거하고 실사구시(實事求是)의 정신으로 한나라의 진보와 발전을 선양했다. 동시에 한나라 때의 폐단도 꺼리거나 감추지 않고 사실대로 기록함으로써, 『한서』가 진정으로 '실록(實錄)'의 정신을 발양한 '믿을 만한 역사서[信史]'가 되도록 했다.

(1) 『사기(史記)』에 대한 평가를 통해 뜻을 기탁하다.

중국의 전통 역사학은 춘추 시대의 동호(董狐)와 남사(南史)로부터 시작되었는데, 바로 그 때부터 꾸밈없이 사실대로 기록하는 우수한 전통이 형성되었다.[48] 사마천은 이 전통을 발양했으며, 반고는 사마

48) 『좌전(左傳)』 선공(宣公) 2년의 기록을 보면, 진(晉)나라의 조천(趙穿)이 진나라 영공(靈公)을 죽였다. 대부(大夫) 조순(趙盾)은 아직 국경을 넘지 않았다. 진나라의 태사(太史) 동호(董狐)는 "조순이 임금을 시해했다.[趙盾弑其君.]"라고 써서, 이를 조정에 알렸다. 진나라 태사의 이러한 기록은 공자로부터 높은 평가를 받았다. 공자는 이에 대해, "동호는 옛날의 뛰어난 역사가이다. 그의 기록하는 방법은 감춤이 없었다.[董狐, 古之良史也, 書法不隱.]"라고 말했다. 『좌전』 양공(襄公) 25년에는 또한 다음과 같이 기록되어 있다. 즉 제(齊)나라의 최저(崔杼)가 임금을 시해했는데, 태사가 기록하기를, "최저가 임금을 시해했다.[崔杼弑其君.]"라고 했다. 최저가 태사를 죽였는데도, 태사의 두 동생은 계속하여 같은 기록을 했다. 두 사람도 또한 모두 죽임을 당했다. 태사의 또 다른 동생이 계속하여 그 사실을 기록하자, 최저는 두려움을 느끼고 감히 다시 죽이지 못했다. 남사씨(南史氏)는 태사가 계속하여 죽임을 당했는데도, 조금도 두려워하지 않고 사책(史冊)을 들고 나아갔다. 그는 제나라에서 최저의 일을 태사의 막내 동생이 이미 역사책에 정식으로 기록했

천의 역사학을 평가할 때 이에 대해 매우 높이 평가했다. "유향(劉向)과 양웅(揚雄)은 여러 책들에 두루 통달했는데, 그들 모두 사마천은 우수한 역사가의 재목이라고 칭찬하기를, 사마천의 글은 사리(事理)를 잘 서술하고 있으며, 말솜씨가 뛰어나지만 화려하지 않고, 질박하지만 속되지 않았으며, 글이 숨김이 없고, 기록된 사실들은 틀림이 없으며, 근거 없이 찬미하지 않고, 나쁜 점을 숨기지 않았으니, 실록(實錄)이라 한다고 했다.[自劉向·揚雄博極群書, 皆稱遷有良史之材, 服其善序事理, 辨而不華, 質而不俚, 其文直, 其事核, 不虛美, 不隱惡, 故謂之實錄.]"[49] 이는 유향과 양웅이 사마천을 평가한 말을 인용한 것으로, 그는 사마천이 학문이 깊고 해박하며, 매우 뛰어난 역사 저술 재능을 지녀, 곡절이 많고 복잡한 역사적 사실을 서술하는 데 뛰어났다고 생각했다. 또 문사(文辭)가 풍부하지만 쓸데없이 화려하지 않고, 질박하지만 속된 기운이 없으며, 그의 문장은 강직하여 사람들에게 믿음을 주고, 역사적 사실을 정확하게 검증했으며, 기록된 인물들에 대해 좋은 점을 근거 없이 첨가하지 않았고, 또한 한 인물의 잘못된 점도 사실대로 드러냈기 때문에 '실록'이라고 생각했다.

역사를 저술하는 것은 역사의 진실과 서로 부합되는 '실록(實錄)'이어야 하는데, 이는 반고의 『사기』에 대한 평가일 뿐만 아니라, 동시에 이를 빌려 반고 본인의 지향점을 기탁한 것이기도 했다. 반고의 역사 저술은 확실히 이것을 기준으로 삼았으며, 『한서』에 기록된 내용은 거의 2천 년 동안 검증받아 왔다. 앞에서 말했듯이, 『한서』가 무제

다는 소식을 듣고 나서야 비로소 돌아갔다.

49) 『한서』 권62 「사마천전(司馬遷傳)」의 찬어(贊語).

(武帝) 이전의 역사적 사실들을 기재한 것은, 『사기』를 보충한 것이 많다. 그렇다면 어떤 보충일까? 반고는 이에 대해 중요한 사실을 분명히 밝힌 적이 있다. 즉 대체로 『사기』에 없는 자료는 결코 마음대로 첨가하지 않았으며, 반드시 확실한 근거가 있어야 비로소 추가하여 보충했고, 그렇지 않고 의심스러운 것은 보류해 두었다는 것이다. 『한서』「장탕전(張湯傳)」의 찬어(贊語)에서는 다음과 같이 말하고 있다. 즉 "풍상(馮商)은 말하기를, 장탕(張湯)의 선조가 유후(留侯)와 조상이 같다고 했지만, 사마천은 그러한 말을 하지 않았으므로, 기록하는 것을 보류했다.[馮商稱張湯之先與留侯同祖, 而司馬遷不言, 故闕焉.]" 풍상은 일찍이 『사기』를 보충하는 작업을 했던 사람인데, 그는 장탕의 선조와 유후 장량(張良)은 조상이 같다고 말했지만, 사마천은 이에 대해 결코 말을 한 적이 없었기 때문에, 반고는 마음대로 채택하여 넣지 않았다. 이를 통해, 반고가 『사기』를 얼마나 존중했으며, 자신의 태도도 또한 얼마나 신중했는지를 알 수 있다. 『한서』「동방삭전(東方朔傳)」에서 또한 말하기를, 동방삭은 해학과 익살스럽기로 유명한데, 이는 "후세의 호사가들이 기괴한 말들을 덧붙여 기록했기 때문이며[後世好事者因取奇言怪語附著之]", 고증해 본 결과 대체로 유향이 기록한 동방삭의 언행이 가장 믿을 만하고, "세상에 전해지는 이야기들은 모두 사실이 아니다[世所傳他事皆非也]."라고 했다. 이러한 사례들은 모두 반고가 역사 자료에 대해서 엄격하게 심사하여 결정했으며, 확실히 그가 '실록'의 정신을 발양했음을 증명해 준다.

(2) 종실과 외척의 잔혹함과 부패를 사실대로 기록하다.

『한서』는 한나라의 업적을 선양하려는 목적으로 저술된 것인데, 그렇다면 감히 한나라 시대의 어두운 면을 폭로할 수 있었느냐 없었느냐가 바로 반고가 '실록(實錄)'의 정신을 갖추었는지 그렇지 않은지에 대한 시금석(試金石)이 된다. 반고는 이에 대해서 긍정적인 답을 내놓았는데, 그는 "거짓으로 미화하지 않고, 나쁜 면을 감추지 않았으며[不虛美, 不隱惡]", 사실에 근거하여 있는 그대로 기록했다. 어떤 학자는 반고가 "한나라의 치부를 감추지 않았다[不爲漢諱]."[50]라고 칭찬했는데, 이는 매우 정확한 말이다. 고대 사회에서 종실(宗室)과 외척(外戚)은 매우 높은 지위를 차지하고 있었으며, 언제나 조정(朝廷)의 대표로 여겨졌다. 서한 시기에, 어떤 종실과 외척들은 생활이 부패했으며, 필사적으로 토지를 겸병하여, 사회적으로 토지의 겸병이라는 거센 풍조를 불러일으켰다. 반고는 한나라의 치부를 감추지 않고, 서한의 토지 겸병의 심각한 상황을 반복하여 정면으로 폭로했다. 『한서』 「식화지(食貨志)」에는 동중서(董仲舒)가 황제에게 아뢴 말이 기록되어 있는데, 동중서는 한나라에서도 여전히 진나라 때의 토지 겸병이 극심했던 국면이 계속되고 있다고 하면서, "부자들의 밭은 밭두둑이 계속 이어져 있고, 가난한 자들은 송곳을 세울 땅도 없습니다.[富者田連阡陌, 貧者無立錐之地.]"라고 아뢰었다. 때문에 그는 "백성들의 명의로 된 농지에 제한을 두는 것[限民名田]"을 실행하도록 건의했다. 즉 고위 관료들과 대지주들이 점유하는 토지의 한도를 규정하고, 이를 초

50) 冉昭德, 「班固與漢書」, 吳澤 主編, 『中國史學史論集』 第1冊, 上海人民出版社, 1980년판을 보라.

과할 수 없도록 하자고 건의했는데, 그 목적은 "넉넉하지 못한 이들을 구휼하고, 겸병하는 길을 막음으로써[以澹('贍'과 같은 의미-인용자)不足, 塞兼幷之路]", 대토지를 점유한 자들이 일부 농지를 포기하도록 하고, 농지가 없는 자들이 토지를 소유하고 농사를 지을 수 있도록 하여, 극단적으로 심각한 토지 겸병 문제를 완화시키려고 한 것이었다. 그러나 동중서의 건의는 아무도 거들떠보지도 않아, 당시에는 실행되지 못했다. 「식화지」에는 또한 다음과 같이 기록되어 있다. 즉 애제(哀帝)가 즉위하고, 사단(師丹)이 정치를 보좌했는데, 그는 다음과 같이 지적했다. "지금의 세상은 태평성대를 계승하여, 부호와 아전과 백성들은 재산이 엄청난 양을 헤아리지만, 가난하고 약한 사람들은 더욱 곤궁해졌다.[今世承平, 豪富吏民資數巨萬, 而貧弱愈困.]" 즉 대지주나 대상인들은 교묘한 수단이나 힘으로 빼앗았고, 농민들은 파산하여 농사 지을 땅이 없는 모순이 더욱 첨예화되었으며, 따라서 또한 토지의 소유를 제한하자고 건의했음을 말하고 있다. 『한서』「애제기(哀帝紀)」에도 황제가 조서를 내려 토지의 겸병이 심각함을 인정하여, 대지주들이 점유하는 토지가 30경(頃)을 초과해서는 안 된다고 요구했지만, 이는 호랑이에게 가죽을 내놓으라고 꾀는 것과 다를 바 없었으니, 절대로 이루어질 수 없었다. 토지 겸병이 더욱 악화되어, 마치 무너진 둑의 물처럼 통제할 방도가 없게 되자, 마침내 필연적으로 대규모 농민반란의 폭발을 초래했다.

반고는 『한서』에서 종실의 제왕(諸王)들과 외척 집단의 무절제한 사치와 극악무도함을 사정없이 폭로했다. 「경십삼왕전(景十三王傳)」에서는 한마디로 총괄하기를, "한나라가 건립되고, 평제(平帝)에 이르기까지, 제후왕(諸侯王)들이 백 명 이상이었는데, 대다수가 교만하고 음탕했으며 사람의 도리를 어겼다.[漢興, 至於孝平, 諸侯王以百數, 率多驕淫失道.]"라고 했다. 즉 서한이 존속한 210여 년간, 백 명 이상의 제후왕들은 대다수가 교만하고 사치를 일삼고, 주색에 빠져 도리를 돌아보지 않는 무리였는데, 숫자가 많았을 뿐만 아니라 해를 끼친 기간도 길었으니, 서한의 백성들이 얼마나 큰 화(禍)를 입었는지 알 수 있다. 그 가운데, 광천왕(廣川王) 유거(劉去) 같은 자는 "(사람을) 불에 태우거나 끓는 물에 집어넣었으며, 산 채로 가죽을 벗기고 살점을 도려 냈으며, 이를 만류하는 말을 하는 관리는 그 부자(父子)를 죽였다. 대략 16명의 무고한 이들을 죽였는데, 한 집안에서 모자(母子) 세 사람을 죽이기도 하여, 절의(節義)를 거스르고 도리(道理)가 끊어졌다.[燔燒亨('烹'과 같음-인용자)煮, 生割剝人, 距師之諫, 殺其父子. 凡殺無辜十六人, 至一家母子三人, 逆節絕理.]" 또 강도왕(江都王) 유건(劉建)은, 궁녀들 중에 잘못을 저지른 자라고 생각하면, "발가벗고 서서 북을 치도록 하거나, 혹은 나무 위에 올라가도록 했는데, 길게는 30일이 지난 다음에야 옷을 입을 수 있었으며[輒令裸立擊鼓, 或置樹上, 久者三十日才得衣]", "혹은 이리를 풀어 사람을 물어 죽이게 했는데, 유건은 이를 보면서 큰소리로 웃거나, 혹은 사람을 가두어 놓고 먹지 못하게 하여 굶겨 죽였다. 대략 무고하게 죽은 이가 35명이었다. 유건은 사람을 짐승과 교배시켜 자식을 낳게 하려고, 강제로 궁인(宮人)의 옷을 벗긴 채 사지를 붙들고, 숫양이나 개와 교미하게 했다.[或縱狼令嚙殺之, 建觀而大笑, 或閉不食, 令餓死. 凡殺不辜三十五人. 建欲令人與禽獸交而生子, 强令宮人裸而四據, 與羝羊及狗交.]"[51]

51) 이상의 인용문들은 모두 『한서』 권53 「경십삼왕전」을 보라.

그리고 제(齊)나라 왕 유종고(劉終古)는 자신이 총애하는 노복으로 하여금 시비(侍婢 : 곁에서 시중드는 여자 종-역자)를 겁탈하게 했으며, "유종고가 간혹 참여하기도 했는데, 대낮에 옷을 벗기고 엎드리게 한 다음, 개나 말과 교미시켰으며, 유종고가 직접 와서 구경하기도 했다.[終古或參與被席, 或白晝使裸伏, 犬馬交接, 終古親臨視.]"[52] 이처럼 듣는 사람을 깜짝 놀라게 할 만큼 추악한 죄행(罪行)들을, 모두 사람들이 필묵을 더럽혔다고 느낄 정도로 생생하게 기록해 나갔다. 그러나 반고는 조금도 주저하지 않고 모두 폭로했다.

「외척전(外戚傳)」에서 반고는 비할 데 없이 비분(悲憤)한 마음을 품고서, 외척 집단이 교만하고 사치하며 방종한 짓을 한 것들을 폭로해 나갔다. 그는, 외척 집단이 처가의 세력을 이용하여 높은 직위를 차지하고서, "온갖 부귀를 다 누리는 것은 공(功)을 세웠기 때문이 아니며[窮富貴不以功]", 교만하고 사치하며 방종하게 놀아나고, 흉악하고 잔인하며, 궁정의 후비(后妃)들이나 외척들 간에 총애와 권력을 다툼으로 인해, 서로 상대방을 사지로 내몰고, 심지어 독살하기도 하는 등 하지 못하는 바가 없었다고 생각했다. 무제의 진황후(陳皇后)는 무제의 고모인 관도공주(館陶公主)의 딸로서, 황후가 되어 10년 동안 총애를 받았지만 자식이 없었다. 후에 무제가 위자부(衛子夫)를 총애한다는 말을 듣고서, 질투하여 여러 차례 그녀를 죽이려고 했다. 나중에는 무녀(巫女)인 초복(楚服)으로 하여금 무술(巫術)을 사용해 저주하게 하여, 위자부에게 해를 가하려고 했다. 이것은 후비들 간에 계략을 꾸며 모함한 것이다. 소제(昭帝) 때에는, 또한 외척들이 정권을 탈

52) 『한서』 권38 「고오왕전(高五王傳)」.

취하려고 황제의 폐위를 기도한 사건이 발생했다. 소제는 겨우 8세 때 즉위했는데, 당시 좌장군(左將軍) 상관걸(上官桀)과 대장군 곽광(霍光)은 황제의 인척이어서, 마음대로 권세에 의지하여 고작 6세인 손녀를 소제의 황후로 삼았다(황후의 어머니는 곽광의 딸이었으므로, 이 6세짜리 황후는 또한 곽광의 외손녀이다). 이후 상관걸 부자(父子)는 곽광과 권력을 다투었는데, 결국 연(燕)나라 왕 유단(劉旦) 및 소제의 누나인 개장공주(蓋長公主)와 결탁하여 곽광의 암살을 기도하고, 소제를 폐위한 다음, 다시 상관걸을 황제로 세우려고 했다. 그런데 사건이 발각되어, 연나라 왕 유단과 개장공주는 자살했고, 상관걸 가문은 멸족(滅族)되었다.

이후 또다시 황후가 독살되는 참극이 발생했다. 선제(宣帝)가 막 즉위했을 때, 곽광의 부인인 현(顯)[그녀의 성(姓)은 알 수 없다.][53]은 오로지 자신의 딸인 성군(成君)을 출세시키려는 마음뿐이었는데, 손쓸 방법이 없어 고심하고 있었다. 선제의 허황후(許皇后)[54]가 임신 중에 병이 나자, 현은 궁중의 여의(女醫)와 결탁하여 허황후에게 독약을 먹여 죽이고, 현은 곽광의 권세에 의지하여 생각했던 대로 딸 성군을 황

---

53) 역자주 : 곽광의 부인인 현의 성(姓)이 알려지지 않았기 때문에, 일반적으로 곽현(霍顯)이라고 부른다.

54) 역자주 : 본명은 허평군(許平君)이다. 선제가 황제에 즉위하기 전에 결혼했다. 선제의 할아버지인 여태자(戾太子)와 그의 아버지는 모두 무제(武帝)의 의심을 받고 시달리다가, 부당한 체포 명령에 항거하여 반란을 일으켰지만, 실패하여 자살했다. 무제는 여태자가 죽은 후에 이를 후회했지만, 그의 증손자인 선제는 어린 시절에 황실의 일원으로 인정받지 못하고 민간(民間)에서 자라게 되었다. 선제가 황제에 올랐을 때, 그녀의 출신 신분이 낮다는 이유로, 중신들은 그녀가 황후의 자리에 오르는 데 반대했다. 그러나 선제는 모든 반대를 물리치고 결국 그녀를 황후로 맞았다.

후로 삼게 했다. 이후 곽광이 세상을 떠나자, 선제는 허황후의 아들을 태자로 삼았다[그가 바로 훗날의 한나라 원제(元帝)이다]. 현은 또한 분노하고 원망하여 피를 토하면서 말하기를, "이 민간(民間)에 있을 때 낳은 아들[55]을 어찌 태자로 세울 수 있는가? (내 딸이-역자) 만일 아들을 낳아도, 고작 제후왕이나 된단 말인가![此乃民間時子, 安得立? 即後有子, 反爲王邪!]"라고 했다. 그녀는 장래에 곽황후(霍皇后)가 아들을 낳아도 도리어 단지 제후왕밖에 될 수 없다는 것을 걱정하여, 곧 곽황후로 하여금 온갖 방법을 다하여 태자를 독살하도록 사주했다. 그리하여 곽황후는 여러 차례 태자를 불러 음식을 내렸으나, 그 때마다 보모가 모두 먼저 맛을 보는 바람에, 현과 곽황후 모녀의 계책은 이루어지지 못했다. 나중에 허황후를 독살한 내막이 점차 드러나면서, 곽씨(霍氏) 일가가 모반을 기도했다는 사실도 또한 발각되었다. 그리하여 곽씨 일가는 모두 죽임을 당했다.[56]

(3) 폐정(弊政)을 폭로하다.

반고는 설령 그가 크게 칭찬한 "문제(文帝)와 경제(景帝)의 치세[文景之治]" 시기에 대해서도 또한 당시의 폐정을 감추지 않고 폭로할 수 있었다. 「가산전(賈山傳)」에는 가산이 「지언(至言)」을 써서 문제에게 간언한 내용을 인용하여 수록하고 있다. 즉 문제가 나라를 다스리는 데에서 막 성취를 거두고는, 곧 향락에 탐닉하자, "재주와 덕이 뛰어

55) 역자주 : 선제와 허황후가 결혼하고 1년 뒤에 아들을 낳았다. 아들이 태어나던 해에 선제는 황제에 오르게 된다. 허황후가 독살당하기 전에 낳은 아이는 둘째아들이다.

56) 『한서』 권97 「외척전(外戚傳)」을 참조하라.

난 신하와 언행이 바른 곧은 선비들을 거느리고, 줄곧 그들과 더불어 매일 사냥이나 하고, 토끼와 여우나 잡으면서 대업(大業)을 망친다면, 천하의 희망이 사라질 것입니다.[從豪俊之臣, 方正之士, 直與之日日獵射, 擊兎伐狐, 以傷大業, 絕天下之望.]"라고 말했다. 「노온서전(路溫舒傳)」에서는 노온서가 쓴 「상덕완형소(尙德緩刑疏 : 덕을 숭상하고 형벌을 완화할 것을 촉구하는 상소-역자)」를 인용하여 수록했는데, 경제 시기에 억울하게 처벌받는 일이 도처에서 벌어졌고, 당시의 옥리(獄吏)들은 직위가 높고 낮음을 막론하고 모두 죄수들을 혹사했으며, "제멋대로 처리하는 경우가 심각하여, 잔인하고 포악하기가 말할 수 없다[專爲深刻, 殘賊而亡極]." 또 "형벌을 심하게 집행한 자들이 이름을 얻고, 공평하게 집행한 자들은 후환이 많았다. 따라서 옥리들은 모두 사람을 죽게 하려 했는데, 그 사람들을 미워해서가 아니라, 자신이 편안해지는 길이 다른 사람의 죽음에 있었기 때문이었다. 그리하여 죽은 이의 피가 저잣거리에 흘러 넘쳤고, 형벌을 받은 무리들이 어깨를 나란히 하고 서 있을 정도였으며, 사형을 당한 이도 1년에 만 명을 헤아리게 되었다.[深者獲公名, 平者多後患. 故治獄之吏皆欲人死, 非憎人也, 自安之道在人之死. 是以死人之血流離於市, 被刑之徒比肩而立, 大辟之計歲以萬數.]"라고 했다. 즉 가혹한 처벌로써 법 집행을 엄격히 했으므로, 처벌을 가혹하게 할수록 출세했고, 처벌을 공평하게 하면 오히려 후환을 초래했기 때문에, 옥리들은 범인이 사형에 처해지는 경우가 많으면 많을수록 좋다고 바랐으며, 이와 같은 옥리들의 직위가 곧 유지될 수 있었기 때문에, 사형에 처해지는 사람이 갈수록 많아졌다. 반고는 노온서의 말을 빌려서, 다음과 같이 매우 적절하게 지적했다. 즉 당시에 "천하의 근심은 감옥보다 심한 것이 없고, 법을 파괴하고 정도를 어지럽히며, 친한 사람들을 갈라 놓고 도의를 막는 것은, 옥리보다 심한 것이 없다.[天下之患, 莫深於獄, 敗法亂正, 離親塞道, 莫甚乎治獄之吏.]"[57]라고 하여, 당시의 법 집행과 형벌의 폐단에 대해 매정하게 폭로하고 있다.

무제(武帝)와 선제(宣帝) 시기는 서한의 "태평성세[盛世]"였다. 반고는 여전히 숨김없이 무제가 형벌을 남용했음을 폭로했다. 장탕(張湯)·두주(杜周)는 무제 때 앞뒤로 이어서 정위(廷尉)에 임명되어, 모두 가혹하게 형벌을 집행한 것으로 유명했다. 그들은 오로지 무제의 생각을 헤아려, "황제가 배척하는 자라고 생각되면, 그대로 그를 함정에 빠트렸으며, 황제가 풀어 주기를 원한다고 생각되면, 오랫동안 잡아 가두고 관대하게 심문하여 그들의 억울함을 드러내 보이고[上欲擠者, 因而陷之, 上所欲釋, 久繫待問而微見其冤狀]",[58] 다시 기회를 보아 가볍게 처분했다. 『한서』는 또한 무제가 백성들에게 세금을 무겁게 부과한 것도 폭로했는데, 결국은 3세짜리 어린아이에게까지 일부 구부[口賦 : 인두세(人頭稅)]를 바치도록 규정하여, 백성들로 하여금 부담할 수 없게 했다.[59] 「하후승전(夏侯勝傳)」과 「평준서(平準書)」에서는 무제가 해마다 정벌에 나서 국고(國庫)를 바닥내고 사람들을 대량으로 죽게 했다고 폭로했는데, 이는 앞에서 이미 설명했다. 반고는 선제 시기에 관리들의 공무 집행이 공명정대했다고 크게 찬양함과 동시에, 당시의 백성들 중 세력이 강한 자들이 나쁜 짓을 많이 한 것에 대해서도 사실대로 기록했다. 「혹리전·엄연년전(酷吏傳·嚴延年傳)」의 기록에 따르면, 선

57) 『한서』 권51 「노온서전」.

58) 『한서』 권60 「두주전(杜周傳)」.

59) 『한서』 권72 「공우전(貢禹傳)」을 참조하라.

제 시기에 탁군(涿郡)의 호족인 서고씨(西高氏)와 동고씨(東高氏)가 백성들을 압박하여 온갖 나쁜 짓을 저질렀으며, 수많은 불량배와 무뢰한들이 행패를 부리는 것을 비호했다고 하였다. 또 일단 사건이 발생해도, "고씨(高氏)의 집에 들어가면 관리들이 감히 쫓지 못했다. 날이 갈수록, 그들은 길에서 활을 당기거나 칼을 빼든 다음에 사람을 해치기도 하였으니, 그 어지러움이 이와 같았다.[輒入高氏, 吏不敢追. 浸浸日多, 道路張弓拔刃, 然後敢行, 其亂如此.]"라고 한다. 대낮에도 칼을 차고 다닐 수 있었다는 기록을 통해, 당시 사회 질서가 이미 매우 심각한 정도였다는 것을 알 수 있다.

반고는 "근거 없이 찬미하지 않고, 나쁜 점을 감추지 않는다[不虛美·不隱惡]."라는 원칙을 지도 방침으로 삼아, 서한의 업적을 찬양했을 뿐만 아니라, 또한 폐정을 사실대로 폭로했다. 이렇게 함으로써 비로소 『한서』는 믿을 만한 서한 시대의 역사가 되었으며, 후세 사람들로부터 "문장이 풍부하고, 그 사건들이 잘 갖추어져 있다.[其文贍, 其事賅.]"라고 높은 평가를 받게 되었다.

3. 정직함을 표창(表彰)하고, 사악함을 분노하여 꾸짖다.

반고가 『한서』를 편찬한 것은, 한나라의 업적을 선양하기 위해서였을 뿐만 아니라, 서한 시대의 역사적 경험과 교훈을 총괄하여, 후세 사람들에게 치국(治國)을 위한 참고 자료를 제공하기 위함이었다. 그는, 서한 시대에는 사람들의 이목을 끌 만큼 바르고 곧은 사람들이 많이 배출되었으며, 또한 야비한 탐관오리들도 많이 나타났다고 생각했다. 바르고 곧은 사람들에 대해, 반고는 그들의 이름을 청사(靑史)에 남도록 했으며, 사악한 무리들에 대해서는 그들이 더러운 이름을 천추에 남기도록 했다. 그리하여 그는 역사학이 정치의 참고 자료로서의 기능을 발휘하게 했을 뿐만 아니라, 인재를 양성하는 기능을 발휘하도록 했다. 이는 반고가, 『춘추(春秋)』와 『사기(史記)』가 역사의 거울로서의 기능을 발휘하도록 주의를 기울였던 기초 위에서, 한 걸음 더 발전시킨 역사 저술의 취지였다.

(1) 바르고 곧은 사람들의 이름이 청사에 길이 남도록 하다.

반고는 바르고 곧은 이들을 표창했는데, 그러한 행적이 충분히 두드러지는 정치가·군인·문학가 및 사상가들을 표창(表彰)하는 데 주의를 기울였을 뿐만 아니라, 보통의 바르고 곧은 사람들을 표창하는 데에도 주의를 기울였다. 만약 사회를 위해 좋은 일을 하기만 했으면, 지위가 높고 낮음에 상관없이 그들 모두를 표창하는 데 주의를 기울였다.

『논어(論語)』에는 다음과 같은 말이 있다. "중용을 행하는 사람을 얻어 함께하지 못한다면, 반드시 뜻이 지나치게 커서 상궤를 벗어난 사람[狂者]과 고집이 너무 세서 융통성이 없고 지조가 굳은 사람[狷者]과 함께할 것이다. 뜻이 지나치게 커서 상궤를 벗어난 사람은 나아가 취하려 하고, 고집이 너무 세서 융통성이 없고 지조가 굳은 사람은 하지 않는 바가 있기 때문이다.[不得中行而與之, 必也狂狷乎! 狂者進取, 狷者有所不爲.]"[60] 이 말의 뜻은, 만약 중용(中庸)을 수양하여 높은 경지

60) 『논어』 「자로(子路)」, 중화서국(中華書局) 『십삼경주소(十三經注疏)』본(本).

에 이른 이와 함께 도리를 논할 수 없다면, 곧 뜻이 지나치게 커서 상궤를 벗어난 사람이나 고집이 너무 세서 융통성이 없고 지조가 굳은 사람을 구하고 싶은데, 그들은 용감하게 나아가 취하거나 혹은 성격이 바르고 곧아서, 행위가 세속의 보통사람들과 다르므로, 범속하고 우매하며 완고한 사람들에 비해 훨씬 많은 도움이 된다는 것이다. 반고는 이렇게 "뜻이 지나치게 커서 상궤를 벗어난 사람과 고집이 너무 세서 융통성이 없고 지조가 굳은 사람"들을 매우 높게 평가했으며, 특별히 이러한 사람들의 생애와 행적을 전기로 기록하여 칭송했다.

반고가 역사를 저술하던 시기는, 유교(儒教)가 독존(獨尊)의 지위에 오른 지 이미 2백 년 정도 지났을 때로, 유교가 공식적인 통치사상이 되었을 때이다. 따라서 사람들은 필사적으로 경전을 교조적으로 외우고, 이것으로써 출세의 길을 얻도록 유인하고 부추긴 결과, 지식인들의 머리를 심각하게 속박하는 작용을 했다. 이처럼 저속한 경향이 모든 것을 뒤덮은 상황에서, 일부 학자들은 독자적으로 사고할 수 있었는데, 아무 일도 하지 않고서 관직을 차지한 채 녹봉(祿俸)만 타먹는 속유(俗儒)들을 비판하고, 독특한 견해와 강직한 성격을 지녔거나 과감하게 권세 있고 지위가 높은 자들과 투쟁하는 인물들을 칭찬했으니, 이 얼마나 갸륵한 일이란 말인가! 「양호주매운전(楊胡朱梅云傳)」에 기록한 내용은 모두 평민 출신과 높은 지위에 오르지 못한 사람들이며, 심지어 자신이 태어난 시골을 벗어나지 못하고 일생을 마친 인물도 있지만, 반고는 오히려 정중하게 그들의 꿋꿋하고 바르고 곧은 품격을 표창함으로써, 그들의 이름이 청사에 길이 남게 했다.

양왕손(楊王孫)은 나장(裸葬)[61]의 제창자이다. 그는 황로학설(黃老學

說)을 신봉했기 때문에, 그가 나장을 주장한 것은 바로 도가(道家)에서 말하는 "사물은 참된 것[眞]으로 돌아가는데, 형태도 없고 소리도 없으니, 이에 인정(仁情)과 부합한다.[物反歸眞, 亡形亡聲, 乃合人情.]"라는 이론적 색채를 지니고 있다. 더욱 중요한 것은, 그의 행동이 낭비하면서 후하게 장례를 치르는 좋지 못한 풍조를 고치기 위해 간소한 장례를 제창했다는 것이며, 따라서 그는 이렇게 말했다. "나는 나장을 함으로써, 장차 세상을 바로잡으려 한다. 후하게 장례를 치러도 죽은 이에겐 아무런 이로움이 없는데, 세상 사람들이 다투어 비싼 것을 사용하여, 재물을 낭비하고 돈을 다 써서, 이것을 땅속에서 썩힌다.[吾是以裸葬, 將以矯世也. 夫厚葬誠無益於死者, 而俗人競以相高, 靡財單幣, 腐之地下.]" 그는, 그처럼 경쟁적으로 화려하게 분묘(墳墓)와 관곽(棺槨)을 조성하고, 무덤에 각종 부장품을 넣어 두는 방식은, "죽은 자가 알 수 없고, 살아 있는 자식들에게는 아무런 이득도 안 되며[死者不知, 生者不得]", 사회적 부(富)를 크게 낭비하는 것이라고 생각하여, "쓸데없는 데에 공력을 기울이지 말고, 아무런 의미 없는 데에 재물을 낭비하지 말라.[不加功於亡用, 不損財於亡謂.]"라고 했으니, 이것이야말로 얼마나 지혜로운 행위인가! 반고는 양왕손이 이와 같이 시대의 폐단을 고쳐 간소한 장례를 치를 것을 주장한 것을 높이 평가하면서 말하기를, "양왕손의 뜻을 보면, 진시황보다 훨씬 현명하다.[觀楊王孫之志, 賢於秦始皇遠矣.]"[62]라고 말했다. 즉 양왕손을, 백성들의 노동력과 재물을 고갈시켜서 여산(驪山)에 묘를 축조하고, 진귀한 보물을 부

61) 역자주 : 장례를 치를 때 시체를 관에 넣지 않고 그냥 묻는 것을 가리킨다.
62) 『한서』 권67 「양호주매운전」의 찬(贊).

장했으며, 심지어 살아 있는 사람들까지 순장시킨 진시황에 비하면, 얼마나 더 현명한지 알 수 없다고 생각한 것이다.

호건(胡建)은 무제 때에 수군정승(守軍正丞)을 지냈는데, 매우 용감하게도 군기(軍紀)를 무너뜨리고 북군(北軍)[63]의 감시를 피해 사사로이 장사를 하여 이익을 꾀하던 감군어사(監軍御使)의 목을 벴기 때문에, 그의 이름이 온 장안(長安)에 유명해졌다. 소제(昭帝) 때는 위성령(渭城令)의 관직에 임명되어, 교만하고 사치를 일삼는 권세가들과 용감하게 투쟁했는데, 개장공주(蓋長公主)의 집에 숨어서 황후의 조부(祖父)인 상관걸(上官桀)의 비호를 받던 불량배를 체포했다. 이후 상관걸이 곽광(霍光)을 대신하여 권력을 휘두르자, 호건은 위협을 당해 자살했다. 반고는 호건이 "적을 맞아 과감히 결단하여, 무공이 밖으로 환히 빛났으며, 간사한 무리들의 목을 베어, 군대의 기강을 바로잡은[臨敵敢斷, 武昭於外. 斬伐奸隙, 軍旅不隊]"[64] 용감한 정신을 높이 평가함과 동시에, 또한 그가 훗날 권력의 위협을 받아 자살한 것을 애석해 했다.

주운(朱雲)은 의협(義俠)과 박사(博士)의 기질을 겸비한 호걸의 선비였다. 그는 평민 출신으로, 젊은 시절에는 의협으로 활동했으며, 40세 이후에는 박사 백자우(白子友)로부터 『역경』을 배웠고, 대유학자 소망지(蕭望之)로부터 『논어』를 배웠다. 화음수승(華陰守丞) 직위에 있던 가(嘉 : 성씨는 알 수 없음)는 일찍이 그를 조정에 적극적으로 천거했다. 그 이유는, 어사대부(御史大夫)라는 직책은 재상(宰相)을 보좌하는 매우 중요한 자리인데, 주운은 문(文)과 무(武)의 재능을 겸비하고 있으

63) 역자주 : 한나라 때의 상비군 주력(主力) 부대로, 수도를 방위하는 부대였다.
64) 『한서』 권67 「양호주매운전」의 찬(贊).

며, 사람됨이 충성스럽고 정직하면서도 또한 지모(智謀)를 갖추고 있었으므로, 그를 시험 삼아 어사대부에 임용하여 그의 재능을 발휘하게 할 수 있다고 생각했기 때문이다. 그러나 가의 천거는 이루어지지 못했으며, 또한 이로 인해 가는 권세가들의 질투를 받아 면직되었다. 이후 주운은 천거되어 오록충종(五鹿充宗)[65]과 함께 『역경』에 대해 토론했다. 오록충종은 관직이 소부(少府)[66]여서 권세가 대단했으므로, 다른 유생(儒生)들은 그의 세력을 두려워하여, 모두 그와 논쟁하지 못하고 피했다. 그래서 다른 사람들은 주운이 용감하면서 학문이 뛰어난 것을 알고 있었으므로, 그에게 의지하여 오록충종의 기세를 압도하려고 했는데, 변론의 결과 과연 오록충종이 당해 낼 수 없었다. 이로 인해 장안에는 다음과 같은 소문이 나돌았다. "오록[五鹿 : 성(姓)을 풀어 문자 그대로 '다섯 마리의 사슴'에 비유한 것임-역자]의 기세가 대단했지만, 주운이 그의 뿔을 꺾었다.[五鹿岳岳, 朱雲折其角.]"[67] 그리하여 주운은 박사를 제수했으며, 이후에는 현령(縣令)에 임명되었다. 그러나 권세가 집단의 원한을 사게 되어, 원제(元帝) 시기에는 핑계를 대고 평생 금고(禁錮)[68]하겠다고 선언하였다. 바로 그가 강직하고 아부할 줄 모르는 성격을 지녔기 때문에, 그는 감히 성제(成帝)와 공경대신(公卿大臣)들의 면전에서 황제에게 요구하기를, 검(劍)을 내려 자신으로 하여금 간신인 장우(張禹)의 머리를 베게 해 달라고 했다. 반고는,

---

65) 역자주 : 성(姓)이 오록(五鹿)이고, 이름이 충종(充宗)이다.

66) 역자주 : 9경(卿) 중 하나로, 전국 각지의 특산물 징수와 황실에 필요한 수공업 제품을 관장했으며, 일종의 황제의 개인 재산 관리자였다.

67) 『한서』 권67 「주운전(朱雲傳)」.

68) 역자주 : 관직에 나아가지 않고 벼슬을 하지 않는 것을 말한다.

주운의 이처럼 강압과 권력을 두려워하지 않는 정신을 높게 평가하여, 특별히 그의 전기를 써서 표창했다.

매복(梅福)은 성제 시기에 권세가들과 용감하게 투쟁했던 또 한 명의 훌륭한 인물이다. 그는 군문학(郡文學)[69] 출신으로, 일찍이 남창위(南昌尉)를 지냈으며, 나중에 관직을 떠나 고향으로 돌아갔다. 그 때 성제가 주색(主色)에 빠져 정사(政事)를 돌보지 않자, 대장군 왕봉(王鳳)이 권력을 휘둘렀다. 이에 경조윤(京兆尹) 왕장(王章)은 성제에게 권신(權臣)들이 정치를 농단하는 국면을 고쳐야 한다고 바르게 고했지만, 오히려 왕봉에게 핍박받아 죽임을 당했다. 이후 신하들은 감히 성제에게 바른말을 하지 못했다. 오로지 매복만이 용감하게 나서서 왕봉을 지적했으며, 아울러 또한 왕장이 억울하게 죽었음을 공개했다. 그는 일찍이 여러 차례 거듭 글을 올려 알렸는데도 아무런 반향이 없었지만, 여전히 낙담하지 않고 다시 글을 올려, 권신들이 나라를 농단하고 있으니, 반드시 장차 나라에 화를 초래할 것이라고 지적하기를, "세력이 임금을 능가하며, 권력이 임금보다 높아진 다음에야 막으려고 한다면, 또한 이미 막을 수가 없습니다.[勢陵於君, 權隆於主, 然後防之, 亦亡及已.]"라고 했다. 그러나 황제는 어리석고 무지하여, 이러한 선비들의 간언을 받아들이기를 거부했으며, 심지어 박해를 가하기까지 했다. 그리하여 매복의 말대로, "곧은 선비의 절개를 꺾고, 간언을 하는 신하의 혀를 묶으니, 신하들은 모두 그 잘못됨을 알면서도, 감히 그들과 다툴 수가 없게 되어, 천하가 말을 삼가게 되었으며,

---

69) 역자주 : 한나라 무제 때 "천하의 군국(郡國)들에 모두 학교관(學校官)을 세우라[天下郡國皆立學校官]."라고 칙령을 내려 설치했는데, 이를 군문학이라 불렀으며, 관할 지역의 교육 행정 사무를 맡도록 했다.

이것이 나라의 가장 큰 우환이었다.[折直士之節, 結諫臣之舌, 群臣皆知其非, 然不敢爭, 天下以言爲戒, 最國家之大患也.]"

매복은 이런 위험한 상황을 바로잡기 위해, 긍정적인 것과 부정적인 것의 양 방면으로부터 역사적 경험을 총괄하면서 다음과 같이 말했다. "옛날의 고조께서는 선한 것을 받아들이기를 마치 부족한 듯이 하셨고, 신하들의 간언(諫言)을 듣고서 그에 따름이 마치 반상(盤上)에 구슬을 굴리듯이 거침이 없으셨으며, 사람의 말을 듣고 그 능함을 찾지 않으셨고, 공(功)을 세운 사람을 등용하는 데는 그 평소의 모습을 따지지 않으셨습니다. 그리하여 진평(陳平)은 항우로부터 망명해 왔지만 주군을 위해 계책을 내놓았으며, 한신(韓信)은 군영에서 발탁되어 상장(上將)이 되었습니다. 따라서 천하의 선비들이 한나라로 구름처럼 모여들어, 기이한 계책들을 다투어 내놓았는데, 지혜로운 자들은 자신의 계책을 다 내놓았고, 어리석은 자들은 힘을 다해 꾀를 냈으며, 용감한 자들은 그 지조를 다했고, 겁이 많은 자들은 죽을 힘을 다했습니다. 이처럼 천하의 지혜를 모으고, 천하의 세력을 합쳤으니, 이리하여 진(秦)나라를 기러기의 털처럼 가뿐히 빼앗을 수 있었고, 초(楚)나라를 마치 줍듯이 취할 수 있었으며, 이러한 것들이 고조께서 천하의 적을 무찌를 수 있었던 까닭입니다. 문제께서는 대곡(代谷)에서 일어나셨으니,[70] 주공(周公)이나 소공(召公)과 같은 스승이 없었고, 이윤(伊尹)과 여상[呂尙 : 강태공(姜太公)을 가리킴-역자] 같은 신하들의 보좌를 받지 못했으나, 고조의 법을 따랐으며, 공손하고 검소하기까지 했습니다. 이 때가 되어서야 천하는 거의 평정되었습니다.[昔高

70) 역자주 : 문제는 황제가 되기 전에 이 지역의 제후왕(諸侯王)이었다.

祖納善若不及, 從諫若轉圜, 聽言不求其能, 擧功不考其素. 陳平起於亡命而爲謀主, 韓信拔於行陳而建上將. 故天下之士雲合歸漢, 爭進奇異, 知者竭其策, 愚者盡其慮, 勇士極其節, 怯夫勉其死. 合天下之知, 幷天下之威, 是以擧秦如鴻毛, 取楚若拾遺, 此高祖所以亡敵於天下也. 孝文皇帝起於代谷, 非有周召之師, 伊呂之佐也, 循高祖之法, 加以恭儉. 當此之時, 天下幾平.]" 또한 말하기를, "무제께서는 충성스러운 간언을 좋아하셨고, 이치에 맞는 말을 기뻐하셨으며, 청렴하고 재덕이 뛰어난 인재에 대해서는 기다리지 않고 벼슬을 내리셨고, 반드시 뛰어난 공이 아니더라도 상을 내리셨으니, 천하의 벼슬을 하지 않은 사람들이 각각 자신의 뜻에 힘쓰고 정성을 다하여 대궐에 나아가 스스로 재능을 뽐내며 써 주기를 바라는 이가 헤아릴 수 없었습니다. 그리하여 한나라는 현인들을 얻을 수 있었으며, 이에 융성했습니다. 또 무제께서는 그들의 계책을 듣고 사용하여, 나라가 태평할 수 있었습니다.[孝武皇帝好忠諫, 說至言, 出爵不待廉茂, 慶賜不須顯功, 是以天下布衣各厲志竭精以赴闕廷自衒鬻者不可勝數. 漢家得賢, 於此爲盛. 使孝武皇帝聽用其計, 升平可致.]"라고 했다. 매복은 이처럼 고조·문제·무제가 현명한 인재들을 임용하여 국가를 흥성하게 한 내용을 상세하게 논술했다. 또한 진나라가 언로(言路)를 막아 멸망에 이르게 된 엄중한 교훈을 인용함으로써, 진나라가 '비방(誹謗)'죄를 이용하여 용감하게 직언(直言)을 하는 선비들을 박해한 결과, 진왕(陳王)과 고조(高祖)가 진나라를 멸망시킬 수 있는 조건을 제공했다고 생각했다. 이에 대해 그는 생동감 넘치게 비유하기를, "태아검(泰阿劍)[71]을

71) 역자주 : 춘추전국 시대 초(楚)나라의 보물로 불린 전설적인 명검(名劍)이다. 통일 후 진시황의 손에 넘어갔으며, 진시황이 죽은 후 그의 무덤에 같이 묻혔다고 한다.

거꾸로 잡고서, 그 칼자루를 초나라에게 쥐어 주었다.[倒持泰阿, 授楚其柄.]"라고 했다. 이는 날카로운 칼을 거꾸로 잡고서 칼자루를 다른 사람의 손아귀에 넘겨 준 것과 같으니, 그처럼 멸망할 날이 멀지 않았다는 것이다. 그리하여 그는 역설하기를, "널리 살펴보고 또한 폭넓게 들으며, 가깝지 않은 사람이나 미천한 사람들과도 상의하고[博覽兼聽, 謀及疏賤]", "고조가 가셨던 길을 따라, 망한 진(秦)나라의 길을 막아야[循高祖之軌, 杜亡秦之路.]" 한다고 했다. 그러기 위해서는 즉시 선비와 백성들이 상소를 올려 국사에 대해 말하도록 격려하는 조치를 취하고, 그 내용이 채택된 자에게는 장려의 표시를 하도록 요구했는데, 만약 그렇게 하면 "곧 천하의 선비들이 분하고 답답한 마음을 발산하고, 충언(忠言)을 토해 내면서, 황제에게 좋은 계책들을 날마다 들려줄 것이니, 천하의 체계와 나라 안팎이 훤히 빛나 볼 수 있을 것이다.[則天下之士發憤懣, 吐忠言, 嘉謀日聞於上, 天下條貫, 國家表裏, 爛然可睹矣.]"[72]라고 했다. 즉 고명한 계책들을 수시로 들을 수 있어, 나라가 잘 다스려지기만 하면, 태평성세는 곧 도래할 것이라고 했다.

매복이 올린 글은 서한 후기에 매우 얻기 힘든 탁월한 정론(正論)이었다. 그러나 이 때는 왕씨(王氏)들이 권력을 휘두르고 조정이 문란한 상황이어서 이미 구제할 방법이 없었으므로, 이와 같이 담력과 식견이 넘치는 간언은 결국 채택되지 못했다. 이후 그는 집에서 두문불출하며 독서에 매진했으며, 만년에 집을 떠나 피신했다. 이는 매복 본인의 비극일 뿐만 아니라, 서한의 비극이기도 했다. 반고는, "매복의 문장은 「대아(大雅)」에 부합된다. 비록 노련하고 완숙함이 없어도 여전

72) 『한서』 권67 「매복전(梅福傳)」.

히 전범(典範)을 갖추고 있으며, 은나라의 주(紂)가 거울삼아 경계해야 할 일은 멀리 있지 않고, 귀감이 멀리 있지 않고, 이미 하나라에서 찾을 수 있었던 이치를 잘 드러냈다. 이처럼 좋은 점들을 잘 따라갔으니 시장을 출입하는 문처럼 혼란한 세상에도 천성(天性)을 잘 보존할 수 있었다.[梅福之辭, 合於「大雅」, 雖無老成, 尙有典刑,[73] 殷監不遠, 夏后所聞.[74] 遂從所好, 全性市門.]"[75]라고 생각했다. 이렇게 매복이 정의를 위해 올바른 말을 한 것에 대해 매우 높이 평가했다.

또한 운창(雲敞)은 열전 속에 간략하게 기재되어 있지만, 정의로운 일에 용감하게 행동한 그의 품격을 잘 드러냈다. 그는 유명한 유학자이자 박사(博士)였던 오장(吳章)의 제자이다. 오장은 왕망을 반대했기 때문에 요참(腰斬)[76]당했는데, 전에 그가 가르쳤던 천여 명의 사람들을 왕망은 모두 악인의 무리에 포함시켜 감금하고, 관직에 등용하지 못하도록 명령을 내리자, 제자들은 곧 뿔뿔이 이름을 바꾸고는 스스로 다른 스승의 문하로 빠져나갔다. 운창은 당시 대사도연(大司徒掾)의 직책을 맡고 있었는데, 오히려 스스로 오장의 제자라고 밝히면서, 그의 시체를 수습하여 매장했다. 그의 이러한 행위는 한때 장안(長安)에 미담(美談)으로 전해졌다. 반고는, 운창과 같이 의리를 중요하게 여

73) 역자주 : 『시경(詩經)』 「대아(大雅)」에 "雖無老成人, 尙有典刑.(비록 과거에 훌륭한 업적을 남긴 인재들은 없지만, 여전히 전범을 갖추고 있다.)"이라는 구절이 있는데, 이를 인용한 것이다.

74) 역자주 : "殷監不遠, 夏后所聞"의 원래 의미는, 은(殷)나라 주왕(紂王)이 거울로 삼아 경계해야 할 일은, 멀리 있지 않으며, 바로 앞 조대(朝代)인 하(夏)나라의 걸왕(桀王)이 나라를 망해먹은 데에서 찾아야 한다는 것이다. 즉 거울로 삼아 경계하고 교훈으로 삼아야 할 것은 가까운 데에 있다는 것을 비유하는 말이다.

75) 『한서』 권67 「양호주매운전」의 찬(贊).

76) 역자주 : 옛날 형벌의 하나로, 허리를 잘라 몸을 두 동강 내어 죽이는 형벌이다.

기는 선비는 마땅히 청사에 길이 이름을 남겨야 한다고 생각했기 때문에, 그의 열전을 기록하여 남겼다.

(2) 사악한 무리들의 악명을 후세에 남게 하다.

반고는, 용감하게 세속을 거부하고, 세력 있는 귀족들을 두려워하지 않으며, 기꺼이 신변에 화를 당할 것을 무릅쓰고, 정의를 위해 직언(直言)을 한 올곧은 선비들을 찬양함과 동시에, 뻔뻔하고 탐욕스럽고 야비한 무리들에 대해서는 곧 매정한 비판을 가했다. 『한서』「광장공마전(匡張孔馬傳)」에서는 바로 이익과 녹봉만을 추구하며, 탐욕스럽고 비열한 일부 고관들을 백일하에 폭로했다. 그 중에 광형(匡衡)·장우(張禹)·공광(孔光) 등 세 사람은 모두 서한 후기에 유가(儒家) 경전에 통달했기에 승상에 오른 사람들이며, 마궁(馬宮)은 왕망 시기에 대사도(大司徒)[77]를 지냈다. 반고는 그들을 전형(典型)으로 삼아, 유교가 독존(獨尊)의 지위에 오른 이후에 나타난 심각한 사회 문제들을 드러내 보였다. 유학이 출세를 위한 수단이 되자, 이로 인해 한 무리의 사람들은 단지 경전을 외우기만 하면서, 국가에 대해서는 티끌만큼도 책임감이 없는 인물들이 되었는데, 그들은 높은 지위를 차지하고 있었지만 단지 부귀영화만을 유지하려고 도모했다. 이리하여 반고는「광장공마전」끝부분의 찬어(贊語)에서 분개하여 다음과 같이 주장했다. 즉 광형·장우·공광·마궁 등의 사람들은 "모두 유학의 종사(宗師)로서 재상의 지위에 올랐으니, 유학자의 의관을 착용하고, 선왕(先王)의

---

77) 한나라 애제(哀帝) 시기에 승상을 대사도라고 고쳐 불렀으며, 왕망의 신(新)나라도 이 명칭을 그대로 사용했다.

말을 전하며, 그 너그럽고 온화한 성품을 지녀야 했으나, 그들은 모두 녹을 받아먹고 자리나 보전하면서 아첨만 했다. 그들이 옛 사람들의 발자취를 헤아린다면, 어찌 그리 방종할 수 있단 말인가![咸以儒宗居宰相位, 服儒衣冠, 傳先王語, 其醞藉可也, 然皆持祿保位, 被阿諛之譏. 彼以古人之跡見繩, 烏能勝其任乎!]" 이렇게 그는, 이런 사람들이 입으로는 경서를 외우고, 겉으로는 도덕군자인 체하면서도, 오로지 아첨하고 비위나 맞추는 것을 능사로 삼던 추태를 생생하게 그려 냈다.

광형은 원제(元帝) 시기의 승상으로, 일찍이 여러 차례 황제에게 글을 올렸는데, 모두 이상한 자연재해나 기이한 자연현상들[災異]을 폭넓게 논한 것에나 걸맞는 문장들이었다. 그는 대권(大權)을 장악한 환관 석현(石顯)을 두려워했는데, 오로지 그에게 미움을 살까 걱정하여, "감히 그의 뜻을 어기지 못했다.[不敢失其意.]" 그는 승상의 직위에 있으면서, 또한 4백 경(頃)에 달하는 전조(田租)를 속여서 거둔 적이 있었다. 그는 낙안후(樂安侯)에 봉해졌으며, 그의 봉지는 회양군(淮陽郡) 동현(僮縣) 낙안향(樂安鄕)에 있었다. 그런데 원래의 회양군 지도에는 낙안향의 남쪽 경계인 민백(閩佰)을 남쪽면에 잇닿아 있던 평릉백(平陵佰)[78]까지 포함시켜 그려져 있었다. 광형은 작위를 받은 다음, 이와 같은 사정을 분명히 알면서도 오히려 일부러 4년 동안 은폐했다. 회양군의 상계(上計)[79] 담당 관리들이 승상부(丞相府)에 잘못된 지도를 개정해 달라고 요구하자, 승상 직위에 있던 광형은 결국 자신의 의중을

78) 역자주 : '백(佰)'은 옛날 중국의 군대 편제 단위로서, 군인 백 명이 관할하면서 변방을 지키던 단위를 가리킨다.

79) 역자주 : '상계'는 한나라 때의 제도로서, 군국(郡國)들이 매년 회계 담당 관리들을 중앙에 올려 보내, 자기 군국의 회계에 대해 보고하던 제도이다.

심복에게 알린 뒤, 군의 관리들로 하여금 4백 경의 토지를 낙안향에 초과하여 편입시키도록 지시했다. 아울러 즉시 낙안향에 사람을 파견하여 과도하게 거둬들인 전조(田租) 천여 석(石)을 자신의 집으로 빼돌렸다. 이와 같은 사실이 밝혀졌을 때는, 마침 성제(成帝)가 즉위한 때를 맞이하여, 석현과 그의 추종자들이 곤경에 놓이게 되었다. 사예교위(司隸校尉) 왕존(王尊) 등이 이 기회를 틈타 황제에게 광형을 탄핵하여, 그가 "땅의 경계를 마음대로 바꾸어 토지를 훔친[專地盜土]"[80)] 죄를 폭로하자, 광형은 파면되었다.

장우는 성제 시기의 승상이었는데, 그의 행위는 더욱 악랄했다. 당시는 왕봉(王鳳)이 권력을 휘두르고 있었는데, 장우는 비록 승상의 직위에 있었지만 이를 바로잡으려 하지 않고, 여러 차례 황제에게 관직에서 물러날 것을 원하는 글을 올려 의도적으로 피하면서, 자신에게 화(禍)가 닥치지나 않을까 두려워하고 있었다. 장우는 겉으로는 신중하고 온후해 보였지만, 속마음은 반대로 매우 탐욕스럽고 방탕했다. 평상시에 재물을 그러모아, 농지를 4백 경(頃)이나 차지하고 있었는데, 이 토지들은 모두 경하(涇河)와 위하(渭河)의 양쪽 기슭에 있어, 토질이 비옥하고 관개(灌漑)가 편리한 좋은 농지였다. 그의 생활은 사치스럽고 호화로웠고, 큰 집에 살았으며, 뒤뜰에는 악대(樂隊)와 무녀(舞女)들이 늘어서 있었다. 장우는 이처럼 두 얼굴의 수법이 몸에 배어 있었는데, 제자들을 대할 때도 마찬가지였다. 소부(少府) 대숭(戴崇)과 대사공(大司空) 팽선(彭宣)은 모두 그의 제자들이었다. 팽선은 사람됨이 공손하고 검소하며 예의를 잘 지켰는데, 장우는 겉으로 그를

---

80)『한서』 권81「광형전(匡衡傳)」.

신임했지만, 마음속으로는 멀리하여, 팽선이 노스승을 찾아뵐 때마다 장우는 전청(前廳)에서 접대하면서, 적당히 경전에 대해 서로 이야기할 뿐이었다. 대승은 음주와 유흥을 즐겨하여, 장우는 속으로 그를 매우 좋아했으므로, 그가 찾아올 때마다 장우는 그를 후당(後堂)으로 데려가 술을 마셨으며, 시녀들을 동석시켜 공연을 하거나 음악을 연주하게 했으며, 밤이 늦어서야 헤어졌다. 그의 열전(列傳)에는 또한 특별히 장우가 병이 났을 때, 성제가 병문안을 온 기회를 틈타, 자신의 사위를 변방의 군(郡)에서 내지로 옮겨 줄 것을 청탁하고, 아들에게 벼슬을 요구했다는 내용을 기재함으로써, 입으로는 온통 경전의 뜻을 말하는 승상이면서도 마음속은 이기적이고 비열했던 그의 실체를 통쾌하게 폭로했다.

공광은 애제(哀帝) 때 승상에 임명되었으며, 평제(平帝) 때에는 대사도(大司徒)를 지냈다. 왕망은 권력을 농단하면서, 곧 이처럼 신망 있는 옛 재상들이나 유명한 유학자들을 협박하여 자기 수중의 도구로 삼아, 자신의 정적들에 대해 압박하고 박해를 가하려고 할 때마다 왕망 본인은 직접 전면에 나서지 않고, 먼저 상주문의 초안을 작성해 주고는, 공광으로 하여금 왕태후(王太后)에게 글을 올리도록 지시했다. 이를 이용하여 자신이 정권을 탈취하는 데 방해가 되는 인물들을 하나하나 제거해 나갔다. 마궁은 공광의 후임으로 대사도가 되었는데, 그도 또한 왕망의 수중에서 놀아나는 꼭두각시였다. 왕망이 황제가 된 뒤에, 이 꼭두각시를 태자사부(太子師傅)에 임명했다.

반고가 위에서 서술한, 이익과 벼슬에만 관심이 있는 유학자들의 모습은 오늘날에도 여전히 깊게 생각해 볼 가치가 있다. 그리고 우리들로 하여금 유교가 독존의 지위를 차지한 다음 신분이 높아진 이들이 어떤 인물들이었는지 분명히 알게 해준다. 이와 밀접한 관계가 있는 것은, 반고가 「유림전(儒林傳)」에서 지적하고 있듯이, 한나라 유학의 경학 전수(傳授)에서 누적된 폐단은, 경전의 본래 뜻에서 괴리되어 지리멸렬한 해설을 한 데 있었다. 그리하여 "하나의 경전에 대한 해설이 백여 만 자(字)나 되었으며, 유학에 통달했다는 대사(大師)들이 천여 명이나 되었다.[一經說至百餘萬言, 大師衆至千餘人.]"[81] 이처럼 마음대로 갖다 붙이고, 터무니없는 억지 주장을 했으니, 필연적으로 사람들을 잘못된 길로 인도하게 되었다. 따라서 백만 자가 넘는 글자를 이용하여 한 부의 경전을 해석한 번잡한 주석들은 일찍이 역사에서 도태되었으니, 조금도 애석할 것이 없다. 반고는 한 사람의 유학자로서, 유학의 참뜻을 분명히 밝히고, 초기 유학의 본래 모습을 계승할 줄 알았으니, 사리사욕을 채우는 데 몰두한 속유(俗儒)들 및 오로지 번잡한 주석을 다는 데만 몰두한 식견이 좁은 학자들과는 분명히 달랐다. 이는 오늘날 우리들이 유학의 변화 발전 과정을 되돌아볼 때, 역사상 나라를 다스리고 세상을 구제하며 유학의 참뜻을 널리 선양한 올곧은 유가(儒家)의 인물들을, 입으로는 인의(仁義)를 말하면서 마음속으로는 오로지 권세에 빌붙어 투기만을 일삼은 거짓 학자들 및 자질구레하고 잡다한 내용에 불필요한 미사여구나 늘어 놓고, 당면한 세상사를 분명히 밝혀 주지 못하는 장구(章句)에만 매달리는 서툰 유학자들과 어떻게 구분해 내고, 어떻게 논증하는 구체적인 분석을 하여, 이들이 서로 덮어 감추지 못하게 하고, 서로 뒤섞이지 않게 하는

81) 『한서』 권88 「유림전(儒林傳)」의 찬(贊)

것은, 대단히 깨우침을 주는 의미가 있는 것이다.

4. 탁월한 인재(人才) 사상

반고는 뜻이 지나치게 커서 상궤를 벗어난 사람[狂者]이나 고집이 너무 세서 융통성이 없고 지조가 굳은 사람[狷者]들의 전기를 써서, 관직에 있으면서 일은 하지 않고 녹봉만 타 먹으며 자리만 차지하고 있는 속유들을 비판했는데, 그 가운데에는 바로 탁월한 식견을 갖추고 맡은 직무에 용감한 참된 인재를 반드시 중시해야 한다는 소중한 관점을 포함하고 있다. 이러한 사상은 『한서』의 여타 편장(篇章)들 속에 더욱 많이 드러나 있다.

충실한 역사학자로서 반고는, 인재가 번성하고 재능 있는 선비들이 충분히 기능을 발휘할 수 있어야만, 비로소 제업(帝業)이 성공을 거둘 수 있고, 국가가 부강해질 수 있는 도리가 있게 된다고 분명하게 인식하고 있었다. 게다가 그 자신이 뛰어난 재능을 갖고 있었지만, 오랫동안 낭관(郎官)이라는 미천한 직위에 머물러 있었던 까닭에, 인재 문제에 대해 더욱 절실한 체험까지 했었다. 그는 젊은 시절에 재능 있는 선비들을 중시해야 한다는 확실한 견해를 분명히 보여 주었는데, 그 후 20년 동안의 역사에 대한 탐구와 본인의 생생한 체험을 통해, 그는 매우 탁월한 인재 사상을 형성했다.

(1) 시대의 형세가 영웅을 만든다.

반고는, 인재와 시대적 형세의 관계에 대해 예리하게 인식하고 있었는데, 이것이 바로 그의 인재 사상의 핵심이다. 그는, 무제(武帝) 시기에 수많은 인재들이 출현한 것은 시대의 형세가 그렇게 만들었다고 생각했다. 반고는 「공손홍복식아관전(公孫弘卜式兒寬傳)」의 찬(贊)에서 지적하기를, "공손홍(公孫弘)·복식(卜式)·아관(兒寬)은 모두 당대의 사표(師表)가 될 만한 재능과 도량을 지니고 있었지만, 고작 소인배 취급을 받았다면, 그들은 양이나 돼지 등 가축이나 기르고 살았을 것이다.[公孫弘·卜式·兒寬皆以鴻漸之翼困於燕爵,[82] 遠迹羊豕之間.]"라고 하여, 그들 세 사람은 무제 시기에 각각 승상(丞相)·어사대부(御史大夫)의 자리에 올랐지만, 모두 빈천한 신분 출신이어서, 그러한 자리에 오르지 못했다면 소·돼지를 기르거나, 아니면 주방일이나 하면서 살았을 것이라고 말했다. 그들은 이처럼 미천한 출신이었으니, "그 때를 만나지 못했다면, 어찌 이러한 자리까지 오를 수 있었겠는가?[非遇其時, 焉能致此位乎?]" 반고가 생각하기에, 이것은 바로 시대의 형세가 인재를 만든 결과였다. 한나라 초기에 백성들의 부담을 줄여 주어 생활을 안정시킴으로써 활력을 되찾게 해준 정책이 커다란 효과를 거둠에 따라, 무제 시대에 이르러서는 나라가 이미 엄청난 경제력을 갖추었으며, 충분한 힘을 발휘할 여지가 있었다. 당시에 마땅히 해야 할 두 가지 대사(大事)가 있었는데, 첫째는 변경을 개척하여 국가의 영토를 다지는 것이었으며, 둘째는 예의(禮儀)·정치(政治)·법률(法律) 등 일련의

82) 역자주 : 『한서』를 주석한 안사고(顔師古)에 따르면, '鴻漸之翼'은 『주역(周易)』 점괘(漸卦) 상구(上九)의 효사(爻辭)에 있는 "鴻漸於陸,其羽可以爲儀"라는 말에서 비롯된 것이라고 했다. 이 말은 점점 날아 올라 하늘까지 도달할 수 있는 큰기러기의 날개라는 뜻으로, 점차 높은 직위에 오를 수 있는 재능을 비유하는 말이라고 했다. 그리고 '困於燕爵'은 승진을 하지 못했다면, 제비나 참새 같이 높은 평가를 받지 못했을 것이라는 의미를 담고 있다고 했다.

제도들을 확립해야 하는 것이었다. 그리하여 "황제는 바야흐로 문(文)과 무(武)에 통달한 이들을 채용하려고 했는데, 인재를 구함이 마치 만족스럽지 못한 듯했다.[上方欲用文武, 求之如弗及.]" 이렇게 되자 "수많은 선비들이 사모하고 흠향했으며, 뛰어난 인재들이 줄줄이 배출되었으니[群士慕嚮, 異人竝出]", "한나라가 인재를 얻음은, 이 때에 가장 왕성했다.[漢之得人, 於玆爲盛.]" 시대가 많은 인재를 필요로 하자, 인재들이 대량으로 배출되었다. 당시 각 방면들에서 모두 비범한 인물들이 재능과 지혜를 발휘했는데, 예를 들어 유학의 대가들인 동중서(董仲舒)·공손홍·아관, 인재를 천거하는 데 능했던 한안국(韓安國)·정당시(鄭當時), 법령을 제정한 조우(趙禹)·장탕(張湯), 문학가들인 사마천(司馬遷)·사마상여(司馬相如), 천문역산가(天文曆算家)들인 당도(唐都)·낙하굉(洛下閎), 음악가인 이연년(李延年), 이재가(理財家)인 상홍양(桑弘羊), 외교가들인 장건(張騫)·소무(蘇武), 위대한 장군인 위청(衛靑)·곽거병(霍去病) 등, 모두 14개 방면에서 27명의 뛰어난 인재들을 발굴해 냈다.

이러한 인물들에 의지하여, 무제의 시대는 강성해졌다. "이리하여 수많은 업적들을 이루었고, 제도들을 기록하여 글로 남겼으니, 후손들은 이에 미칠 수 없었다.[是以興造功業, 制度遺文, 後世莫及.]"[83] 이 말에는, 걸출한 인재가 사회를 발전시킨다는 뛰어난 인식이 담겨 있다. 이러한 기본적인 인식은 『한서』의 다른 편장들에도 여러 차례 언급되어 있다. 「무제기(武帝紀)」의 찬어(贊語)에서 반고는, 많은 인재들을 발탁하여 등용한 것이 무제 시기에 성세(盛世)가 출현한 중요한 원인이라고 요약했다. 그리하여 다음과 같이 말하고 있다. "따라서 나라 안

83) 이상의 인용문들은 모두 『한서』 권58 「공손홍복식아관전」을 보라.

의 여러 사람들과 상의하여, 그 중에 재능과 학식이 뛰어난 인재들을 등용했으며, 그들과 더불어 공을 세웠다.[遂疇咨海內, 擧其俊茂, 與之立功.]" 「엄주오구주보서엄종왕가전(嚴朱吾丘主父徐嚴終王賈傳)」에서, 반고는 당시에 인재들이 무수히 많았는데, 국내외에 재능을 발휘해야 할 필요가 많아지자, 무제는 중대한 정사(政事)를 마주하게 되면 일부러 조정의 신하들 간에 논쟁을 벌이는 풍조를 형성하여, 그 가운데에서 인재를 찾아 냄과 동시에 그 사람이 재능을 모두 발휘할 수 있도록 하는 원칙에 따라 그러한 인재들을 사용해 갔다고 논술하고 있다. 이 합전(合傳)에 함께 수록되어 있는 사람들 중 앞쪽의 7명은, 바로 특별히 무제 시기에 국가의 중대한 정사를 논하는 데 뛰어났던 인물들을 전기로 쓴 것이다. 이 합전 속에는 전분(田蚡)과 엄조(嚴助)가 민월(閩越)을 정벌하는 문제에 대해 따져 물었던 내용을 기록하고 있다. 또 「공손홍전(公孫弘傳)」에는 공손홍과 주매신(朱買臣)이 북쪽에 성을 쌓는 것에 대해 벌인 논쟁이 기록되어 있으며, 「한안국전(韓安國傳)」에는 왕회(王恢)와 한안국이 흉노 정벌 원정을 오가면서 여러 차례 벌였던 논쟁 등을 기록하고 있다. 이러한 논쟁들을 통해 정확한 의견이 도출되어, 시정(施政) 방침의 확립 및 한나라의 성세(盛世)가 출현하는 데에 중요한 작용을 했다.

반고는 더 나아가 선제(宣帝) 시기에도 매우 많은 일들이 있었음을 논술하고 있는데, 즉 "큰 업적들을 정리하여 책으로 만들고, 또한 육예(六藝)를 강론했으며, 재주가 뛰어난 인재들을 불러 모아 선발했고[纂修洪業, 亦講論六藝, 招選茂異]", 당시 유학(儒學)·문장(文章)·군사·정치·지방행정 등의 방면에서 "공적이 있어서 세상에 드러난[有功績見述

於世]"[84] 인물들을 발굴해 냈다. 예를 들면 소망지(蕭望之)·양구하(梁丘賀)·하후승(夏侯勝)·엄팽조(嚴彭祖)·유향(劉向)·왕포(王褒)·장안세(張安世)·조충국(趙充國)·위상(魏相)·병길(丙吉)·우정국(于定國)·두연년(杜延年)·황패(黃霸)·왕성(王成)·공수(龔遂)·정홍(鄭弘)·한연수(韓延壽)·윤옹귀(尹翁歸)·조광한(趙廣漢)·엄연년(嚴延年)·장창(張敞) 등이 그들이다. "한나라의 우수한 관리들은, 이리하여 많아졌다.[漢世良吏, 於是爲盛.]"[85] 어째서 선제 때 청렴한 관리들이 많이 출현했을까? 반고는 「순리전(循吏傳)」의 서문에서 이에 대해 답하고 있는데, 그 이유는 선제가 일찍이 사회의 하층에서 생활했던 적이 있으므로, 관리들의 학대가 백성들로 하여금 고통을 당하더라도 호소할 데가 없게 만든다는 것을 알고 있었기 때문이었다고 했다. 그리하여 선제는 관리들의 공무 집행을 바르게 하고, 청렴함을 장려하려고 결심했으며, 그 결과 수많은 선비들이 글을 올려 관리들의 공무 집행을 변화 발전시키는 건의를 제출하여, 관가의 분위기에 뚜렷한 변화가 나타났기 때문이라고 했다.

종합해서 말하자면, 반고는 시대의 요구가 인물들을 만들어 내며, 그 인물들의 행위가 시대의 발전을 추동한다고 인식했는데, 문제를 완전히 시대의 변화라는 관점에서 논술했을 뿐만 아니라, 또한 수많은 개별적인 사례들로부터 공통된 이치를 개괄해 냄으로써, 한 군데에도 천명(天命)이나 미신(迷信) 의식이 섞여 있지 않다.

---

84) 『한서』 권58 「공손홍복식아관전」의 찬(贊).
85) 『한서』 권89 「순리전(循吏傳)」의 찬.

(2) 인재(人才)와 지리 환경

반고는 또한, 인재의 탄생은 지리 환경이 형성해 낸 객관적인 요구와 직접적으로 관계가 있다고 치밀하게 논술하면서, 진(秦)나라와 한(漢)나라 이래로 "산동(山東) 지방에서는 재상이 나오고, 산서(山西) 지방에서는 장군이 나왔다.[山東出相, 山西出將.]"라고 지적했다. 진나라의 장군 백기(白起)·왕전(王翦)과 서한 시대의 유명한 장군인 왕위(王圍)·감연수(甘延壽)·공손하(公孫賀)·부개자(傅介子)·이광(李廣)·이채(李蔡)·소건(蘇建)·소무(蘇武)·상관걸(上官桀)·조충국(趙充國)·염포(廉褒)·신무현(辛武賢)·신경기(辛慶忌) 등은 모두 산서 지방 출신이며, 모두 용감하게 잘 싸워 전공을 세우고 이름을 떨쳤다. 소씨(蘇氏 : 소건과 소무 부자-역자)와 신씨(辛氏 : 신무현과 신경기 부자-역자) 부자도 또한 모두 산서 출신으로, 절개를 지키며 흉노(匈奴)와 서강(西羌)에 사절로 나가 큰 공을 세운 인물들이다. 이들은 전쟁에 나가 공을 세워 이름을 떨친 사람들인데, 그 밖에도 헤아릴 수 없이 많다. 반고가 생각하기에, 무장(武將)들이 이 지역에서 집중적으로 배출된 까닭은, 천수(天水)·농서(隴西)·안정(安定)·북지(北地)와 같은 변방의 군(郡)들[지금의 감숙성(甘肅省) 동부와 섬서성(陝西省) 동북부 및 영하(寧夏) 동남부의 일부를 포괄한다.]이 지리적으로 강족(羌族)·흉노 같은 사나운 소수민족들과 인접해 있어서, 백성들이 무술을 연마하고 전투를 하는 분위기를 형성했으며, 말타기·활쏘기·무예 시합 등을 숭상했기 때문이라고 여겼다. 반고는 또한 『시경(詩經)』「진풍(秦風)」에 있는 다음과 같은 시구(詩句)를 인용하고 있다. 즉 "왕이 군대를 일으키면, 내 갑옷과 무기를 손질하여, 그대와 함께 나아가리.[王於興師, 修我甲兵, 與子皆('偕'와 같음-인용자)行.]”[86] 이는 산서 지방이 고대부터 이처럼 군비(軍備)를 중시하는 풍습을 형성해 왔으며, 그 때문에 또한 바로 이 지역들이 명장(名將)들을 길러 내는 요람이 되었다는 것을 말해 주고 있다. 반고는 또한, 진나라와 한나라 시기에 산동 지방에서 많은 재상(宰相)감 인재들이 나온 것은, 산동 지역이 유가(儒家)의 창시자인 공자의 고향으로, 그 곳이 유학의 발원지인 까닭에, 학문적 분위기를 짙게 띠고 있었으며, 이로 인해 학식이 풍부한 유학의 대사(大師)들이 많이 배양되어 나왔기 때문이라고 생각했다. 한나라 때 유학 사상이 매우 중시되는 형세 하에서, 산동 지역 출신의 유학 대사들이 재상이 된 것은 결코 이상할 것이 없는 일이었다. 반고는 지리 환경이 인재의 성장과 중요한 관련이 있다고 인식한 것은, 매우 식견이 뛰어난 것이었다.

(3) 인재에게 전적으로 책임을 묻지 않다.

“금 중에 완벽하게 붉은 것은 존재하지 않으며, 사람 중에 완벽한 사람은 없으니[金無足赤, 人無完人]”, 반고는 인재를 평가할 때, 인재의 우수한 점을 보았을 뿐만 아니라, 또한 인재의 부족한 점도 보았다. 그러나 그는 결코 인재에게 가혹한 요구는 하지 않았으며, 과실이 있는 인재에 대해서 정확한 평가를 했는데, 그 결점을 두둔하지도 않았고, 그 공적을 감추지도 않았다.

곽광(霍光)을 예로 들어 보면, 그는 어린 황제인 소제(昭帝)를 보좌하여, 무제(武帝) 이후의 정치 상황의 안정을 확보했으며, “소제와 선

86) 이상의 인용문들은 모두 『한서』 권69 「조충국신경기전(趙充國辛慶忌傳)」의 찬(贊)을 보라.

제(宣帝) 시기의 중흥[昭宣中興]"을 위한 기반을 다졌다. 이 때문에 반고는 그에 대해 다음과 같이 높게 평가했다. 즉 "앞 황제를 폐하고 새로운 황제가 등극하는 교체기에, 나라의 큰일을 맞이했지만 빼앗지 않고, 나라를 바로 세우고 사직을 안정시켰다. 소제를 보위하고 선제를 옹립했으며, 훌륭하게 천자를 보필했으니, 비록 주공(周公)과 아형(阿衡)이라 하더라도, 어찌 이보다 더 잘할 수 있었겠는가![處廢置之際, 臨大節而不可奪, 遂匡國家, 安社稷. 擁昭立宣, 光爲師保, 雖周公·阿衡, 何以加此!]" 이렇게 그의 공적을 표창함과 동시에, 반고는 또한 곽광이 중대한 과실을 저질렀음을 다음과 같이 확실하게 지적해 냈다. "배우지 못하고 계략이 없어, 큰 이치에는 어두웠다.[不學亡術, 闇於大理.]"[87] 이는, 곽광이 자신의 아내가 음모를 꾸미는 것을 막지 못했고, 이를 들어서 알고 난 뒤에도 자신이 연루될까 두려워하여 덮어 감췄으며, 본인도 또한 재물을 탐욕스럽게 취한데다, 자제들과 친속들을 임용하여 모두 큰 권력을 쥐게 했으므로, 마침내 그가 세상을 떠난 지 겨우 3년 만에 곧바로 곽씨 일족이 모두 죽임을 당하는 참극이 일어났던 사실을 가리키는 것이다. 이는 반고가 인재의 장점과 단점을 매우 합당하게 평가했다는 것을 말해 준다.

또한 진탕(陳湯)을 예로 들어 보면, 그는 선제 시기에 서역에서 이름을 떨친 인물이다. 그 때 흉노의 질지선우(郅支單于)와 서한 조정은 서로 적으로서 대치하고 있었는데, 한나라의 사신을 곤경에 빠뜨리거나 모욕을 주고 심지어 죽이기도 했다. 또한 서역으로 이동하여 사방에서 침범하면서 욕을 보이고 공격하여 살상을 일삼았으므로, 서역

87) 이상의 인용문들은 모두 『한서』 권68 「곽광김일제전(霍光金日磾傳)」의 찬(贊)을 보라.

의 각 나라들은 평안할 수 없었다. 그러자 낭관(郎官) 진탕은 용기를 내어 스스로 사신으로 나가겠다고 고하여, 서역부교위(西域副校尉)에 임명되었다. 그는 서역도호(西域都護) 감연수(甘延壽)와 함께 서역 여러 나라들의 지지를 얻어, 기묘한 계책을 이용하여 질지선우를 살해함으로써, 서역 각국들의 걱정거리를 해소했다. 반고는 유향(劉向)·곡영(穀永)·경육(耿育) 등의 말을 이용하여 진탕의 공을 다음과 같은 말로 칭찬했다. "천 년간 길이 남을 공을 세웠고, 영원한 안정을 확립했으며[立千載之功, 建萬世之安]", "10년 동안 사신이 붙잡히고 죽임을 당한 원한을 되갚고, 변방에서 근무하는 관리들의 묵은 치욕을 씻어 냈으며, 모든 이민족들에게 위세를 떨치고, 무력이 서역에 미쳤으니, 한나라가 건국된 이래 나라 밖을 정벌한 장수는 아직 없었다.[報十年之逋誅, 雪邊吏之宿恥, 威震百蠻, 武暢西海, 漢元以來, 征伐方外之將, 未嘗有也.]"라고 했다. 또한 나라에서 "용맹하고 뛰어나게 적을 사로잡은 신하는, 오직 진탕 한 사람뿐이었다![梟俊禽('擒'과 같음-인용자)敵之臣, 獨有一陳湯耳!]"[88]라고 칭찬하여, 그가 서한 시대에 서역에서 위용을 떨친 유명한 장수였다고 찬양했다. 그러나 이처럼 비범한 장군감의 인물이 오히려 높은 직위를 받지 못하고, 후에는 면직되어 하옥되었으며, 만년에는 돈황(敦煌)에 충군(充軍)[89]되었다. 반고는 지적하기를, 그 원인은 물론 석현(石顯)·광형(匡衡) 등의 사람들이 진탕이 공을 세운 것을 질투하여 중간에서 훼방을 놓은 것과도 관계가 있지만, 또한 진탕 본인도 재물을 탐한 치명적인 약점이 있었는데, 돈이나 재물을 받고 그

88) 『한서』 권70 「진탕전(陳湯傳)」.

89) 역자주 : 옛날 중국에서 시행한 유형(流刑)의 일종으로, 법을 어긴 자를 먼 변방에 보내 군역(軍役)이나 노역(勞役)을 담당하게 하던 제도이다.

사람을 위해 장주(章奏)를 올려 작위를 요구하거나 소송을 거는 일을 자주 하여, 여러 차례 사람들에게 꼬투리를 잡혔기 때문이라고 했다. 반고는 진탕의 과실을 정확하게 지적하면서 다음과 같이 말했다. "진탕은 성품이 방탕하고, 스스로 몸가짐을 단속하지 못하여, 마침내 곤궁해졌다.[陳湯儻蕩, 不自收斂, 卒用困窮.]"[90] 곽광의 경우와 마찬가지로 반고는 재능이 있으면서도 또한 과오도 있는 인물들을 합당한 지위에 놓고 평가할 줄 알았으며, 인재에게 지나친 요구를 하지 않았다.

이 밖에도 반고는 또한 인재 문제에 대해 논한 가치 있는 견해들을 많이 제시했다. 예를 들어 『예문유취(藝文類聚)』 권57에서는 반고의 다음과 같은 의론을 인용하고 있다. "신(臣)이 듣기에 황제(黃帝)는 도끼를 좋아하셨으며, 그 때문에 그 솜씨를 공교하게 할 수 있었습니다. 현명한 군주는 선비를 귀하게 여겼으며, 그 때문에 다스릴 수 있었습니다. 신이 듣기에 훌륭한 신하는 그 재목을 잘 측량하여 큰 집[大廈 : 나라를 비유한 말-역자]을 지었으며, 현명한 군주는 그 선비를 중하게 여겨 공적을 이루었다고 합니다. 신이 듣기에 가치를 결정하여 옥을 취한 자들 중에, 초나라 화씨(和氏)의 이름[91]은 없었으며, 가까이 있어 익숙하기 때문에 선비를 취한 자들 중에, 거백옥(蘧伯玉)의 공(功)을 이룬 자는 없었습니다. 때문에 여번(璵璠)[92]이 보물이 된 것은, 중개인의 술수로 이루어진 것이 아니며, 이윤(伊尹)과 여상(呂尙)이 임금을 보좌한 것은, 좌우에 있는 오래된 신하들이 아니었습니다. 신

90) 『한서』 권70 「부상정감진단전(傅常鄭甘陳段傳)」의 찬(贊).

91) 역자주 : 귀한 옥을 상징하는, 초나라 '화씨의 벽[和氏之璧]'을 가리킨다.

92) 역자주 : 춘추 시대 노(魯)나라의 계평자(季平子)가 얻었다는 아주 귀한 옥(玉)을 가리킨다.

이 듣기에 난봉(鸞鳳)은 여섯 개의 날개가 자라나서 구름을 뚫고 올라갈 수 있으며, 제왕(帝王)은 영웅의 도움을 받아 백성들을 다스린다고 합니다. 『주역(周易)』에서 말하기를, '대홍(大鴻)이 점차 땅에서 날아 오르니, 그 날개가 위의(威儀)가 있다'[93]고 했습니다. 신이 듣기에 말을 다루는 이가 신분이 낮다고 쓰이지 못하면, 곧 느린 말과 좋은 말이 같이 섞여 무리를 이루게 되고, 선비들이 자신의 직책을 얻지 못하면, 현명한 이와 어리석은 이가 구분되지 못한다고 합니다.[臣聞公孫愛其斧, 故能妙其巧. 明主貴其士, 故能成其治. 臣聞良臣度其材而成大厦, 明主器其士而成功業. 臣聞聽決價而資玉者, 無楚和之名, 因近習而取士者, 無伯玉之功. 故璵璠之爲寶, 非駔儈之術也, 伊·呂之爲佐, 非左右之舊. 臣聞鸞鳳養六翮以凌雲, 帝王乘英雄以濟民. 『易』曰, 鴻漸於陸, 其羽可以爲儀. 臣聞馬伏皁而不用, 則駑與良而爲群, 士齊僚而不職, 則賢與愚而不分.]"라는 의론 등이 그것이다. 이 논술은, 반고의 다음과 같은 몇 가지 열망들을 표현하고 있다. 첫째는 인재를 존중함으로써, 그가 가진 특기가 역할을 발휘할 수 있도록 하자는 것이다. 둘째는 인재를 등용하는 데에서 낡은 관점에 얽매여서는 안 되고, 사람을 관직에 등용하는 데에서 오로지 친숙한 사람만을 써서는 안 된다는 것이다. 셋째는 인재들이 많이 나와야 비로소 성세(盛世)가 도래한다는 것이다. 넷째는 인재가 쓰이지 못하고 묻혀 버리는 것은 매우 안타까운 일이라는 것이다. 이와 같은 인재에 대한 생각은 매우 가치 있는 것이다. 그러나 반고는 인재 문제에서 또한 보수적인 관점도 지니고 있었는데, 예를 들면 굴원(屈原)에 대

93) 역자주 : 현명한 이가 관직에 나아가 점차 승진할수록, 그가 재능을 발휘할 수 있는 여지가 그만큼 더 많아짐을 비유적으로 표현한 말이다.

한 다음과 같은 평가가 이를 말해 준다. "비록 현명하고 지혜로운 자질은 없었지만, 뛰어난 재주[妙才]를 가졌다고 할 만하다.[雖非明智之器, 可謂妙才矣.]"[94] 이는 반고가, 굴원이 초나라의 운명을 걱정했기 때문에 세상에 대해 분개하고 질시했던 감정을 이해하지 못했다는 것을 나타내 준다.

5. 광범위한 사회생활의 모습들을 반영하다.

역사학은 응당 많은 학문 분야들을 함께 받아들이는 정신을 지녀야 한다. 근래에 중국의 학계는 거듭 사회사(社會史)와 문화사(文化史) 연구를 강화하자는 목소리를 내면서, "오랫동안 형성되어 온, 역사 저작의 내용이 편협하고 풍격이 단조로운 상황을 변화시키려고"[95] 시도하고 있다. 일찍이 1900여 년 전의 반고가 이 점에 주의를 기울였던 것 같다. 그가 편찬한 『한서』는 바로 많은 학문 분야의 지식들을 포괄하고 있어, 내용이 '박식(博識)'한 본보기라고 역대 학자들 대부분으로부터 칭찬을 받았다. 남북조 시대의 저명한 역사학자이자, 『후한서(後漢書)』의 저자인 범엽(范曄)은 반고의 『한서』에 대해 매우 탄복했다. 그는 「감옥에서 여러 조카들에게 보내는 편지[獄中與諸甥侄書]」[그는 팽성왕(彭城王) 유의강(劉義康)의 모반에 참여했다고 고발당했기 때문에, 체포되어 투옥되었으며, 곧바로 죽임을 당했다.]를 써서 『한서』의 내용이 풍부함을 다음과 같이 극구 칭찬했다. "『후한서』를 완성하고 나서, 단서가

94) 『全後漢文』 卷25가 『楚辭』 王逸 注本을 인용했다.
95) 「把歷史的內容還給歷史」(評論員文章), 『歷史硏究』, 1987年 第1期.

된 모든 것들을 다시 한 번 볼 수 있었다. 고금(古今)의 저술들과 평론들을 자세히 살펴보니, 흡족한 것이 거의 없었다. 반고는 가장 유명한데, 원래 자기 마음대로 바꿔 놓은 예가 없으니[사마천의 통사(通史) 체제를 바꾸어 단대사로 체제로 기술한 것을 비판한 내용–역자], 좋고 나쁘다고 분별할 수가 없으나, 뒤쪽에 쓴 찬(贊)은 이치(理致)의 측면에서 거의 얻을 것이 없고, 오직 '지(志)'는 추앙할 만하다. 『한서』의 학문과 지식이 넓고 풍부함은 다른 저서들이 이에 미칠 수 없으니, 가지런히 바로잡고 다듬는다면 반드시 부끄러워하지 않아도 될 것이다.[旣造後漢, 轉得統緖. 詳觀古今著述及評論, 殆少可意者. 班氏最有高名, 旣任情無例, 不可甲乙辨, 後贊於理近無所得, 唯志可推耳. 博贍不可及之, 整理未必愧也.]"[96]
범엽은 『후한서』를 저술했기 때문에, 역사 저술들의 장점과 단점 및 그 수준의 높고 낮음에 대해서 매우 깊이 있게 이해하고 있었다. 그는, 고금(古今)의 역사 저작들 및 역사학자들의 평론들 중에 사람들을 만족시킬 만한 것은 매우 적고, 오직 반고의 『한서』만이 높은 평가를 받고 있으며, 그 내용이 풍부하고 상세하여, 다른 저서들은 그에 미치지 못한다고 생각했다. 이처럼 범엽은 『한서』의 학문과 지식이 넓고 풍부한 것을 매우 높게 우러러 받들었는데, 그것은 주로 『한서』가 광범위한 사회생활을 반영하고 있다는 점에 주목했기 때문이다.

분명히 『한서』의 내용은 매우 풍부하며, 반영하고 있는 사회생활의 내용들도 매우 광범위하다. 정치·경제·군사·법률 방면의 내용들뿐 아니라, 민족·국방·외교·학술 사상 방면의 내용들도 있다. 또 문학·종교 방면의 내용들도 있고, 천문·역법·지리·음률(音律)·수리(水利)

---

96) 『후한서』 부록(附錄), 범엽, 「獄中與諸甥侄書」.

공사 등 과학 기술 방면의 지식들도 있으며, 상층 인물들의 사회생활 뿐 아니라, 하층 인물들의 사회생활도 담고 있다. 또 관청의 번잡스러운 예의(禮儀)도 있으며, 사회의 의식주·생로병사(生老病死)·관혼상제(冠婚喪祭) 등의 풍속들도 기록되어 있다. 오늘날의 시각에서 본다면, 문과(文科)와 이과(理科)에 속하는 모든 내용들을 포괄하고 있다고 할 수 있어, 반고의 역사학 사상과 주장을 충분히 반영하고 있다.

『한서』의 정치·경제·천문·역법(曆法)·지리·문학 등의 방면들에 관련된 내용 및 그 사상들에 관해서는, 이미 다른 장에서 별도로 논술했으므로, 여기에서는 주로 반고가 민생(民生)의 질고(疾苦)에 대해 가졌던 관심·이민족들과의 우호 관계를 주장한 점·학문의 풍조 및 사회 풍속 등의 문제 및 그 사상을 간략히 분석하고 하나하나 논술하기로 한다.

(1) 민생(民生)의 질고(疾苦)에 관심을 갖다.

반고는 상류층 인물들의 생활에 관심을 가졌을 뿐만 아니라, 또한 하층 인물들의 생활에도 주의를 기울이고, 민생의 질고에 대해 매우 관심을 기울이고 있어, 상당히 '민중성(民衆性)'[97]을 지니고 있었다.

『한서』「손보전(孫寶傳)」에는, 손보가 성제(成帝) 시기에 지방에서 발생한 사건을 조사하여 처리했던 유명한 사례를 기재하고 있어, 역사학자가 민생의 질고에 대해 관심을 가졌음을 나타내 주고 있다.

홍가(鴻嘉) 연간(기원전 20~기원전 17년)에, 광한(廣漢) 지방[오늘의 사천성(四川省) 금당(金堂)·사홍(射洪) 일대]에서 백성들이 관리들과 호족들의

97) 역자주 : 원문의 '人民性'을 번역한 것이다.

탄압과 약탈을 견디지 못하여 어쩔 수 없이 항쟁을 일으키자, 그 지역의 관부(官府)에서는 그들을 모함하여 '도적(盜賊)'이라고 일컬었다. 그러자 조정(朝廷)에서는 손보를 익주자사(益州刺史)에 임명하여 그 사건을 처리하도록 보냈다. 손보는 사람됨이 정직했는데, 그가 광한에 도착하여 직접 조사하고 심문하여, 이른바 '도적' 문제가 발생한 주된 원인은 태수(太守) 호상(扈商)이 직무를 제대로 돌보지 않았기 때문에 초래되었다고 판단했다. 손보는 백성들을 안무(按撫)하는 데 주의를 기울였으며, 직접 산속에 들어가 사람들에게 말하기를, 여러분은 원래 '도적'이 될 뜻이 없었기 때문에, 우두머리를 비롯한 모든 사람들이 잘못을 뉘우치고 고향에 돌아가서 농사에 힘쓸 것을 황제가 윤허했다고 하여, 이 사건을 매우 빨리 수습했다. 이 일이 있은 후, 손보는 자신이 조정의 취지를 사칭했음(임의로 황제가 윤허했다고 한 것을 가리킴-역자)을 밝힌 뒤 처벌을 받겠다고 보고했다. 아울러 호상이 재난을 초래한 근원이라고 상주(上奏)하면서, 『춘추(春秋)』의 "단지 우두머리만을 처단한다[只誅首惡]."라는 경서의 뜻에 따라, 마땅히 그를 엄중하게 처벌해야 한다고 말했다. 호상은 외척인 왕음[王音 : 왕태후(王太后)의 동생으로, 당시 대사마(大司馬) 거기장군(車騎將軍)에 임명되어, 막강한 권력을 장악하고 있었다.]의 외손자였는데, 그는 권세에 의지하여 거꾸로 손보가 응당 처벌해야 할 우두머리를 놓아 주었다고 보고했다. 그러나 손보가 보고한 내용이 이유가 충분했으므로, 성제는 어쩔 수 없이 호상을 체포하여 투옥했다. 외척인 왕음은 은밀히 손보에게 보복을 가하여, 손보도 파면되었다. 그러자 익주(益州)의 관리들과 백성들은 분분히 상소를 올려, 손보가 사건을 수습하여 공을 세운 것을 찬양하고, 왕음이 손보를 제거하려고 마음먹고 있었다는 사실을 폭로했다. 성제는 여론에 밀려 하는 수 없이 명령을 거두어들였고, 다시 손보를 기주자사(冀州刺史)에 임명했다.

손보는 또한 백성들 소유의 농지가 권세가들에게 강탈당한 사건을 해결했다. 당시 그는 승상사직(丞相司直)에 임명되었는데, 외척 왕립[王立 : 그도 역시 왕태후의 동생으로 홍양후(紅陽后)에 봉해졌다.]이 남군(南郡) 태수 이상(李尙)과 결탁하여, 주민들이 호수 근처에 새로 개간한 땅을 강탈했으며, 또한 이를 이 지역의 관부(官府)에 팔아 넘겨 엄청난 돈과 재물을 챙겼다는 사실을 알게 되었다. 손보는 이 일을 알고 난 다음, 승상부(丞相府)의 관원들을 파견해 사건을 조사하여, 왕립과 이상이 사람들을 속이고 뇌물을 받은 행위를 철저히 밝혀 냈다. 이로 인해 이상은 사형에 처해졌고, 왕립은 황제의 외숙부였기 때문에 보호를 받기는 했지만, 또한 추문이 공개되어 평판이 나빠졌다.

얼마 후, 익주(益州)에서 또 소수민족이 반항하는 사건이 발생하자, 파촉(巴蜀)의 관부(官府)에서는 전혀 손을 쓰지 못했다. 손보는 그 전에 일어났던 사건을 능숙하게 처리하여 그 지역에서 명망이 높았으므로, 곧 다시 그를 파견하고, 광한태수(廣漢太守)에 임명했다. 그리하여 다시 한 번 백성들을 안무하는 정책을 펴서 그 사태를 신속히 수습했다.[98]

반고는 두 편의 합전(合傳)인 「개제갈유정손무장하전(蓋諸葛劉鄭孫毋將何傳)」과 「조윤한장양왕전(趙尹韓張兩王傳)」을 저술하여, 서한 후기에 손보처럼 용감하게 백성들을 위해 하명(下命)해 줄 것을 청한 많은 관

98) 『한서』 권77 「손보전(孫寶傳)」을 참조하라.

리들을 표창했다. 이러한 인물들로는 손보 이외에도 돋보이는 사람들로는 또한 개관요(蓋寬饒)·윤옹귀(尹翁歸)·하병(何竝) 등 세 사람이 있었다.

개관요는 선제(宣帝) 때, 처음에 태중대부(太中大夫)에 임명되어, 사신으로 나가 군국(郡國) 관리들의 공무 집행을 감찰하면서, 현명한 자들을 표창하고 나쁜 관리들을 파면했는데, 업무 성적이 매우 우수했다. 나중에 사예교위(司隸校尉)로 승진했는데, 권세에 의지하여 횡포를 부리는 자들을 엄하게 사찰하여 적발했다. 때문에 공경귀척(公卿貴戚) 및 군국의 관리들이 수도 장안(長安)에 오면, 감히 범법 행위를 하지 못하고 근신했다. 그리하여 당시 사람들은 "수도 장안이 맑아졌다[京師爲淸]."라고 칭찬하면서, 개관요 본인에 대해서는 "강직하고 절개가 빼어나며, 나라를 위해 헌신하는 데 뜻을 두었다.[剛直高節, 志在奉公.]"라고 찬양했다. 개관요는 언제나 권세가들이 권세에 의지하여 사람들을 기만하는 것을 미워했는데, 훗날 선제가 만년에 환관(宦官)들을 중용하는 것을 보면서, 그는 상소를 올려 다음과 같이 간언했다. "바야흐로 지금 성인들의 가르침[聖道]이 중단되고, 유술(儒術)이 행해지지 않아, 환관[刑餘][99]들이 주공(周公)과 소공(召公)을 대신하게 되니, 법률을 『시경(詩經)』과 『상서(尙書)』로 여기게 되었습니다.[方今聖道寢廢, 儒術不行, 以刑餘爲周召, 以法律爲『詩』·『書』.]" 즉 선제가 환관들을 임용한 것은 성왕(聖王)이 나라를 다스리는 정도(正道)를 폐기한 것이며, 공자의 학설을 실행하지 않고, 환관들을 주공이나 소공 같은 보

99) 역자주 : 원래 '刑餘'는 형을 받고도 목숨을 겨우 부지한 사람, 즉 전과자를 가리킨다. 이것이 다시 거세당한 환관들을 의미하는 말로 쓰이게 되었다.

국대신(輔國大臣)들로 삼았으며, 법률 조항을 『시경』·『상서』와 마찬가지로 중요하게 여겼다고 지적했다. 그는 또한 「한씨역전(韓氏易傳)」을 인용하여 다음과 같이 말했다. "오제(五帝)는 천하를 관(官)으로 여겼고, 삼왕(三王)은 천하를 집으로 여기셨습니다. 집으로 여겼으므로 아들에게 물려주셨고, 관으로 여겼기 때문에 현인(賢人)에게 물려주셨는데, 마치 사시(四時)가 운행하듯이, 공(功)을 세운 자가 세상을 떠났을 때, 그에 적합한 인물이 아니면 그 자리에 두지 않았습니다.[五帝官天下, 三王家天下, 家以傳子, 官以傳賢, 若四時之運, 功成者去, 不得其人則不居其位.]" 즉 선제가 국가를 한 집안으로 여겨서는 안 되며, 마땅히 현명하고 유능한 인재를 선발하여 활용하는 데 관심을 기울여야 한다고 건의했다. 개관요의 상주(上奏)는 선제의 불만을 샀으며, 조정의 신하들 중에서도 일부 사람들은 또한 이 기회를 틈타 그를 모함했다. 즉 개관요가 상주한 뜻은 황제가 제위를 그에게 양위하도록 하려는 것이라고 말했다. 이 때 간대부(諫大夫) 정창(鄭昌)은 용감하게 나서서, 글을 올려 개관요의 바르고 곧은 성품을 찬양하며 이렇게 말했다. 즉 "나라에 충신이 있으나, 간사한 무리들은 이들이 일어나지 못하게 합니다. 사예교위 개관요는 거처에서 편안함을 구하지 아니하고, 음식을 먹는 데에서 배부름을 구하지 않으며, 벼슬에 나아가서는 나라를 걱정하는 마음을 지녔고, 벼슬에서 물러나서는 죽음으로 절개를 지키는 의리를 가졌습니다.[國有忠臣, 奸邪爲之不起. 司隷校尉寬饒居不求安, 食不求飽, 進有憂國之心, 退有死節之義.]" 또한 "사찰하는 직책을 맡아, 올바른 도리로써 직무를 수행하여, 원한을 가진 사람이 많고 친한 사람이 적었으며, 글을 올려 국사(國事)에 대해 진언하고, 죄상을 추궁하여 중형에 처하기도 했는데, 신(臣)이 다행히도 대부(大夫)의 뒤를 따르게 되어, 관직이 간(諫)하는 것을 명칭으로 삼게 되었으니, 감히 말씀드리지 않을 수 없습니다.[職在司察, 直道而行, 多仇少與, 上書陳國事, 有司劾以大辟, 臣幸得從大夫之後, 官以諫爲名, 不敢不言.]" 즉 정창은, 개관요는 사예교위로서, 본래 그 직책은 바로 간사한 무리들을 감찰하는 것이었으니, 용감하게 사실대로 말했다고 여겼다. 그리하여 선제가 개관요처럼 충심으로 나라를 위하고 지조와 절개가 고상한 사람을 처벌해서는 안 된다고 요청했다. 그러나 선제는 이러한 주장에 아랑곳하지 않았다. 개관요는 분개하여 궁문(宮門) 아래에서 자살했으며, 많은 사람들 중 그를 동정하지 않는 이가 없었다.

개관요가 이처럼 용감하게 권세 있는 귀족들을 배척하고, 황제가 현명한 이들을 임용하지 않으면서 "그 직위를 자치해서는 안 되는[不得居其位]" 인물들을 임용한 것을 바르게 고한 것에 대해 반고는 매우 높게 평가하여, 논찬(論贊)에서 다음과 같이 칭찬했다. "개관요는 신하들을 맡아 살펴, 조정에 엄정하고 바른 기풍을 세웠으니, 비록 『시경』에서 말하는 '행동이 바르고 모범되어 나라의 사표가 되는 인물'이라 할지라도 그보다 더할 수는 없을 것이다.[蓋寬饒爲司臣, 正色立於朝, 雖『詩』所謂'國之司直'無以加也.]"[100] 『시경』의 이 구절은, 인품과 덕성이 고상한 인물이 국가의 올바른 원칙을 지키는 중임을 담당할 수 있다고 찬양한 것으로, 반고는 개관요가 그러한 중임을 담당하기에 부끄러움이 없다고 생각했다. 이와 같이 반고도 역사상 국가와 민중의 이익에 관심은 갖는 정직한 인물들과 똑같이 감정이 서로 통했다는

100) 이상의 인용문들은 모두 『한서』 권77 「개관요전(蓋寬饒傳)」을 보라.

것을 잘 말해 준다.

반고는 또한 풍부한 감정을 담은 필치로, 윤옹귀(尹翁歸)가 우부풍[右扶風 : 군수의 직위에 해당하며, 경기(京畿 : 수도인 장안 주변-역자) 서부, 즉 오늘날 함양(咸陽)·보계(寶鷄)를 관할했다.]에 임명되어, 횡포한 권세가들을 호되게 다스리고, 백성들을 편안하게 하는 정책에 힘쓴 일을 기록하고 있다. 즉 그가 "벼슬아치로서의 직분을 지키고 자신을 청렴하게 다스렸으니, 근세(近世)의 사표(師表)이다.[抱公絜('潔'과 같은 뜻-인용자)己, 爲近世表.]"[101]라고 찬양하면서, 윤옹귀와 같이 청렴하고 공무를 중시하는 사람이야말로 관리들의 귀감으로 불릴 만하다고 했다. 「개제갈유정손무장하전(蓋諸葛劉鄭孫毋將何傳)」이라는 합전에는, 영천(穎川) 지방의 부패한 관리인 종위(鍾威)가 자신의 형인 종원(鍾元)이 상서령(尙書令)이라는 위세에 의지하여 각종 비리를 저질렀으나, 하병(何竝)이 태수에 임명된 후 바로 종위를 체포함으로써, 백성들을 위해 해악을 제거한 역사적 사실이 기재되어 있다. 반고는 여기에서 하병이 윤옹귀와 같이 바르고 곧은 관리라고 칭찬했다.

반고가 백성들의 질고에 대해 관심을 기울인 것은, 『한서』의 다른 편(篇)들에도 많이 나타나 있다. 예를 들면 그는, 여러 차례 황제에게 글을 올려 봉건 정치의 부패로 인해 "사람들이 서로 잡아먹고[人至相食]", "자식이 태어나면 대수롭지 않게 죽이며[生子輒殺]", 농민은 "손과 발에 굳은살이 생기도록 일하여 곡조(穀租)[102]를 바쳤는데도, 또한 고세(槀稅)[103]까지도 냈으며, 향리(鄕吏)들까지 사사로이 이익을 추구하

101) 『한서』 권76 「조윤한장양왕전(趙尹韓張兩王傳)」.

102) 역자주 : 곡조란, 곡물 등의 생산품으로 내는 세금을 가리킨다.

103) 역자주 : 고세란, 수확한 뒤 남은 볏짚까지 세금으로 낸 것을 말한다.

여, 바치는 것을 감당할 수가 없다.[手足胼胝, 已奉穀租, 又出稾稅, 鄕部私求, 不可勝供.]"[104]라고 폭로한 공우(貢禹)와, 마찬가지로 애제(哀帝) 시기에 책을 써서, 농민들은 "일곱 가지 사유로 죽으니[七死] 하나가 살지 못한다[七死而無一生]."라고 목소리를 높여 질타한 포선(鮑宣)을 한데 묶어 전기로 엮었다. 거기에 내재되어 있는 연관성은 바로 이들이 용감하게 백성들의 질고를 해결하기 위해 목소리를 높였다는 점이다. 곡영(穀永)은 여러 차례 지적하기를, "백성들은 곤궁하고 세금은 무거워[百姓困·賦斂重]" 장차 재난이 일어날 것이라고 했으며, "백성들을 근본으로 삼는[以民爲基]"[105] 유가(儒家)의 민본사상(民本思想)을 선양하여, 반고로부터 높은 평가를 받았다. 이 밖에도 「형법지(刑法志)」 전체의 기본 사상은, 바로 한나라의 법률이 지나치게 가혹하여 백성들에게 심각한 피해를 미치고 있다고 비판한 것이다.

(2) 변방을 안정시키고 민족 우호를 주장하다.

반고는 『한서』에서 또한 군사·국방·민족·민족 관계 방면들에 관한 수많은 내용을 기록하고 있는데, 주로 「흉노전(匈奴傳)」·「서역전(西域傳)」·「동남이양월조선전(東南夷兩粵朝鮮傳)」 등 민족사전(民族史傳)들 속에 집중되어 있으며, 여타 '본기(本紀)'와 '열전(列傳)'들에도 곳곳에서 많이 보인다. 반고는 변방의 방어를 강화하는 기초 위에서, 각 변경의 민족들과 평화를 유지하고 우호적으로 왕래할 것을 주장했다.

'본기'와 '열전'들에는 군사 및 국방과 관계 있는 생생한 기록들이

---

104) 『한서』 권72 「왕공양공포전(王貢兩龔鮑傳)」.
105) 『한서』 권85 「곡영전(穀永傳)」.

많이 있다. 예를 들면 진(秦)·한(漢) 교체기에 있었던 항우(項羽)의 거록(巨鹿) 대전(大戰)·한신(韓信)이 정형(井陘)에서 배수진으로 승리한 전투·한신이 수공(水攻)으로 용저(龍且)를 물리친 전투·유방(劉邦)의 지휘 하에 성고(成皐)를 사수한 전투·한나라 군대가 해하(垓下)에서 포위하여 승리를 거둔 전투 및 작전을 지휘한 전략 사상에 대해, 그리고 경제(景帝) 시기에 오초(吳楚) 7국(七國)의 난을 평정한 것·무제(武帝) 시기에 흉노를 정벌한 군사 행위에 대해서는, 모두 『사기』의 내용을 채용하여 상세하게 기록하고 있다. 선제(宣帝) 시기에는 명장(名將) 조충국(趙充國)이 서강(西羌)을 평정하고, 서북 변경을 방어하여 큰 공을 세웠다. 처음에는 광록대부(光祿大夫) 의거안국(義渠安國)[106]이 어명을 받들어 서강에 사절로 갔는데, 결국 그의 잘못된 대응으로 인해 강족(羌族) 사람들이 하서주랑(河西走廊)에 들어왔다. 두 번째 사절로 나갔을 때에도, 또한 강족의 추장 30여 명을 함부로 죽였다. 그 결과 사태가 갑작스럽게 수습할 수 없을 정도로 돌변하여, 강족이 대규모로 공격해 와 살상을 저지르자, 의거안국은 부하 장수로 하여금 맞서 물리치도록 했지만 크게 패하고 말았다. 상황이 이렇게 되자, 70세가 넘은 노장 조충국은 자진하여 강족을 평정하겠다고 나섰다. 『한서』「조충국전」에는 그가 성공할 수 있었던 관건을 구체적으로 서술하고 있는데, 그것은 바로 그가 군사 방면의 계책에 능숙했을 뿐만 아니라, 변방 민족들의 정황을 잘 알고 있었다는 점이다. 그는 몇 가지 정확한 전략을 채택했는데, 먼저 그는 기습적으로 황하를 건너 하서(河

106) 역자주 : 성(姓)이 의거(義渠)인데, '의거'는 옛날 중국의 의거족(義渠族)의 족명(族名)이다. 의거족은 의거 지역에 거주했기 때문에 붙여진 이름으로, 오늘날의 감숙성(甘肅省) 경양(慶陽) 및 경수(涇水) 일대에 해당한다.

西) 지역에 진입하여, 유리한 군사적 요충지를 차지했다. 그리고 파병할 때에는 적의 동태를 정찰함과 동시에, 병사들에게 관심을 기울이고 사기를 북돋워 주면서, 갑작스럽게 출격하지 않고, 견고하게 지키면서 변화를 기다렸다. 그는 반란을 주도한 강족의 선령부(先零部) 추장과 강족의 다른 부족들을 구분하여, 후자에 대해서는 안무(按撫)하는 정책을 펴서 강족 각 부락들의 맹약을 해체시킴으로써 선령부 추장을 고립시켰다. 그 다음으로, 신무현(辛武賢)이 병사들을 나누어 출격하여 강족을 멀리 쫓아내자고 제안했을 때, 조충국은 이 제안을 반박했다. 당시 선제와 대다수의 대신들은 조충국의 계책을 이해하지 못하여 그에게 압력을 가했으나, 또한 연속으로 세 차례 글을 올려 신무현과 자신의 계략의 장·단점에 대해 분석했다. 그리하여 마침내 황제와 조정 대신들의 지지를 얻을 수 있었다. 조충국은 유리한 시기와 지형을 이용하여 선령부를 공격했으며, 한부(罕部)의 강족들에 대해서는 안무 정책을 실시하여, 한부 등 여러 부족들을 줄줄이 복속시켰다. 마지막으로 조충국은 하서(河西) 지방의 좋은 토지와 수리 조건을 이용하여 둔전(屯田)을 실행함으로써, 국경에 주둔하며 방어할 수 있었을 뿐만 아니라, 멀리 식량을 수송하는 데 겪는 어려움을 해결하자, 1년 뒤에는 강족의 반란 사건이 평정되었다. 성제(成帝) 시기에 이르러, 사람들이 조충국의 공을 여전히 매우 존경하자, 조정에서는 양웅(揚雄)에게 명을 내려 조충국의 초상화를 그리고 찬어(贊語)를 쓰도록 했다. 그 내용은 "적을 정확하게 헤아려 승리를 거두었으니, 그의 위세와 지략은 당해 낼 수 없었다.[料敵制勝, 威謀靡亢.]"[107]라는 것이었

107) 『한서』 권87 「양웅전(揚雄傳)」.

다. 반고가 기록한 조충국의 서강 평정 책략은 매우 큰 영향을 미쳤으니, 사람들은 모두 줄곧 이를 『한서』의 명편(名篇)으로 간주했다.

민족과 민족의 관계는 한(漢)나라 시대의 중대한 문제였으므로, 『한서』에는 민족과 민족의 관계에 대해 광범위하게 기록하고 있으며, 이는 중국 역사학의 우수한 전통을 뚜렷이 보여 준다.

반고는 『한서』에서 민족 우호를 명확하게 주장했는데, 이러한 주장은 「남월전(南粤傳)」에 두드러지게 반영되어 있다. 「남월전」의 전반부는 『사기』 「남월왕조타열전(南越王趙佗列傳)」[108]에서 내용을 취했지만, 반고는 중요한 내용을 보충했다. 즉, 문제(文帝)와 남월왕 조타(趙佗)가 서로 편지를 교환한 내용을 기록했는데, 이것으로써 역사학자인 반고는 변경의 이민족들과의 관계를 안정시킬 것을 주장하는 깊은 뜻을 표현해 냈다. 문제가 육가(陸賈)를 두 번째로 남월에 사신으로 파견할 때, 특별히 간곡한 태도와 겸손하고 온화한 문장으로 다음과 같은 편지를 써서 보냈다. "황제는 삼가 남월왕에게 안부를 묻노니, 심히 마음과 정성을 다하고 있습니다. 짐은 고황제[高皇帝 : 고조(高祖) 유방(劉邦)-역자] 후궁의 아들로서, 변방으로 쫓겨나 대(代) 지방에서 번국(藩國)을 받들었는데, 길이 멀고 여러 사정에 의해서 전혀 알지 못하고 있었으므로, 편지를 보내지 못했습니다. 고황제께서 신하들을 남기고 세상을 떠나셨고, 혜제(惠帝)께서도 세상을 떠나시자, 고후(高后)께서 스스로 국사를 돌보셨는데, 불행히도 결점이 있었습니다. 날이 가도 고질병은 수그러들지 않았으니, 다스림이 혼란하고 포악하였습니다. 게다가 여러 여씨(呂氏)들은 변고를 일으키고 법을 어지럽혔

108) '越(월)'과 '粤(월)'은 서로 통용되는 글자이다.

는데, 혼자서 마음대로 할 수 없자, 그들의 성씨인 여씨를 혜제의 후사(後嗣)로 삼았습니다. 그러나 종묘의 신령들과 공신들의 힘에 의지하여, 그들을 곧 주살(誅殺)했습니다. 짐은 왕후(王侯)로서 관용을 베풀 수 없는 이 문제들을 다스리자니 일어서지 않을 수 없었고, 이제야 막 즉위하였습니다. 전에 들으니, 왕께서 장군인 융려후(隆慮侯)에게 편지를 남겨, 부모와 형제를 구하시고, 장사국(長沙國)의 두 장군들을 파면하기를 청한다고 했습니다. 짐은 왕의 편지대로 장군 박양후를 파면했으며, 부모형제가 정말로 안정을 취하고 있는지 이미 사람을 보내 그를 위문했으며, 왕의 조상들 묘소도 보수했습니다. 지난날 왕께서는 변경에서 군대를 일으켜 침략을 멈추지 않았다고 들었습니다. 그 때의 장사국은 고통을 당했으며, 남군(南郡)은 그 중에서 특히 심했으니, 비록 왕의 나라에게도, 어찌 이로움만 있었겠습니까! 반드시 많은 병사들이 죽었을 것이고, 좋은 장수와 관리들이 부상을 당했을 것이며, 과부가 된 아내나 고아가 된 자식과 홀로된 부모까지, 하나를 얻고 열을 잃었으니, 짐은 그 딱한 사정을 참을 수 없습니다. 짐은 영토에 서로 침입해 들어온 것을 바로잡으려고 관리들에게 물었는데, 관리들이 말하기를, '고황제께서 장사(長沙) 땅을 경계에 둔 까닭입니다.'라고 하니, 짐이 마음대로 바꿀 수가 없었습니다. 관리들이 말하기를, '왕께서 얻은 땅은 크다고 하기에는 부족하며, 왕께서 얻은 재산은 부유하다고 하기에는 부족하여, 복령(服嶺)[109] 이남은 왕께서 스스로 다스리게 되었다.'라고 했습니다. 비록 그러하지만 왕께

109) 역자주 : 지금의 광동성(廣東省)과 강서성(江西省)의 경계에 있는 대유령(大庾嶺)을 의미한다. 문제가 조타에게 보낸 글에는 '복령(服領)'으로 표기되어 있다. 이 말은 지금의 광동성 일대를 남월국 이 전부 장악했음을 의미한다.

서는 황제[帝]를 칭하고 있습니다. 두 황제가 나란히 존립하면서, 사신을 태운 수레 한 대도 그 길을 지나가지 못하니 다투는 것입니다. 다투면서 양보하지 않고 있는데, 어진 사람은 그러지 않습니다. 원컨대 왕과 나누어 이전의 우환을 없애고, 마침내 지금부터는 예전과 마찬가지로 사신이 오가도록 하고 싶습니다. 때문에 육가를 사신으로 보내 왕께 짐의 뜻을 알리니, 왕께서도 또한 이를 받아들여, 침입하지 않기를 바랍니다. 상등 솜옷 50벌, 중등 솜옷 30벌, 하등 솜옷 20벌을 왕께 보냅니다. 원하노니 왕께서도 즐겁게 들으시고 근심을 푸시어, 이웃인 우리나라에 사신을 보내 주시기 바랍니다.[皇帝謹問南粵王, 甚苦心勞意. 朕, 高皇帝側室之子, 棄外奉北藩於代, 道里遼遠, 壅蔽樸愚, 未嘗致書. 高皇帝棄群臣, 孝惠皇帝即世, 高后自臨事, 不幸有疾, 日進不衰, 以故誖暴乎治. 諸呂爲變故亂法, 不能獨制, 乃取它姓子爲孝惠皇帝嗣. 賴宗廟之靈, 功臣之力, 誅之已畢. 朕以王侯吏不釋之故, 不得不立, 今即位. 乃者聞王遺將軍隆慮侯書, 求親昆弟, 請罷長沙兩將軍. 朕以王書罷將軍博陽侯, 親昆弟在眞定者, 已遣人存問, 修治先人冢. 前日聞王發兵於邊, 爲寇災不止. 當其時長沙苦之, 南郡尤甚, 雖王之國, 庸獨利乎! 必多殺士卒, 傷良將吏, 寡人之妻, 孤人之子, 獨人父母, 得一亡十, 朕不忍爲也. 朕欲定地犬牙相入者, 以問吏, 吏曰'高皇帝所以介長沙土也', 朕不得擅變焉. 吏曰'得王之地不足以爲大, 得王之財不足以爲富, 服領以南, 王自治之.' 雖然, 王之號爲帝. 兩帝竝立, 亡一乘之使以通其道, 是爭也, 爭而不讓, 仁者不爲也. 願與王分棄前患, 終今以來, 通使如故. 故使賈馳諭告王朕意, 王亦受之, 毋爲寇災矣. 上褚五十衣, 中褚三十衣, 下褚二十衣, 遺王. 願王聽樂娛憂, 存問鄰國.]"[110]

110) 『한서』 권95 「서남이양월조선전」.

이 편지에서 문제는 황제의 높은 신분으로 사람을 압박하지 않고, 먼저 겸허하고 공손하게 자신을 소개하면서, 평등하게 사람을 대하는 성의를 보였다. 그런 다음에 조타에게 이르기를, 한나라 조정은 그가 하북(河北)에 남겨 놓은 고향의 형제들을 진심으로 전력을 다해 보살피고 있으며, 조타가 관심을 가지고 있는 조상의 묘소들은 이미 사람을 보내 보수했다고 밝혔다. 문제는, 전쟁이 단지 한나라와 남월 서로에게 손해만 될 뿐이어서, "하나를 얻고 열을 잃으니[得一亡十]", 얻을 수 있는 것은 지극히 작지만 그 해로움은 엄청나게 크다고 의미심장하게 설명하고 있다. 따라서 국가의 안녕이라는 목적에서 출발하기를 바라면서, 조타가 예전처럼 한나라와 서로 사신을 교환할 것을 요구했다. 문제의 이와 같은 성의가 마침내 조타로 하여금 진심을 기울이도록 함에 따라, 그는 다시 영원히 서한 조정의 번속(藩屬)이 될 것을 맹세했다. 조타는 문제에게, 그가 황제를 칭한 것[稱帝]은 오해에서 비롯된 것으로, 그 첫째 이유는 그가 조상의 묘소가 파괴되었다는 말을 들었고, 둘째는 장사국의 왕이 중간에서 자신을 중상모략했다고 의심했기 때문에, 군대를 보내 장사국의 변경을 공격한 것이라고 했다. 아울러 "황제를 칭한 것은 혼자서 우스갯소리로 해본 것으로[稱帝號自娛]", 농담 삼아 한 것이지 결코 진심으로 한나라에 대항한 것은 아니라고 해명했다.[111] 문제와 조타는 또한 서로 예물을 교환했는데, 문제는 당시로서는 매우 귀중한 솜옷 백 벌을 선물했으며, 조타는 남월의 특산품인 백벽(白璧 : 흰 옥-역자)·물총새[翠鳥]·무소뿔

111) 역자주 : 조타가 칭제(稱帝)를 포기한 것은 한나라를 상대로 하는 외교에 한정되어 있었다. 그는 국내 및 남방의 이민족들을 상대할 때는 여전히 황제를 칭했으며, 사실상 독립을 유지하고 있었다. 이를 외왕내제(外王內帝)라고 한다.

[犀角] 등을 선물했다.

반고는 문제가 안무(按撫) 정책을 취한 것은, 변경의 민족 관계를 잘 처리한 모범적인 사례라고 보았다. 그는 「서남이양월조선전」의 찬어(贊語)에서 말하기를, "변방의 세 방면을 개척한 것은, 모두 일을 잘 처리하는 신하들로부터 비롯되었다. 본래 서남이(西南夷)의 평정은 당몽(唐蒙)·사마상여(司馬相如)로부터 시작되었으며, 동월과 남월의 평정은 엄조(嚴助)·주매신(朱買臣)이 시작했고, 조선의 평정은 섭하(涉何)[112]로부터 비롯되었다. 부강한 시대를 맞이하여 성공을 거둘 수 있었으나, 이미 많은 노력을 기울인 다음에야 가능했다. 문제가 조타를 위무한 것을 살펴보니, 그것이야 말로 옛날의 이른바 '떨어져 있는 자를 예로써 부르고, 멀리 있는 자를 덕으로써 감싼' 것이로다![三方之開, 皆自好事之臣. 故西南夷發於唐蒙·司馬相如, 兩粵起嚴助·朱買臣, 朝鮮由涉何. 遭世富盛, 動能成功, 然已勤矣. 追觀太宗填撫尉佗, 豈古所謂'招攜以禮, 懷遠以德'者哉!]"라고 하여, 무제가 서남이·동월과 남월·조선에 대해 정복 전쟁을 벌여, 비록 효과를 거두기는 했지만, 많은 대가를 치렀다고 비판했다. 반고는 서로를 비교하면서, 문제가 조타를 안무한 방법이야말로 옛날 사람들이 말한 "떨어져 있는 자를 예로써 부르고, 멀리 있는 자를 덕으로써 감싼다.[招攜以禮, 懷遠以德.]"라는 정신에 부합한다고 생각했다. 즉 예절과 은덕(恩德)으로 이민족들을 끌어안음으로써 우호 관계를 실현했는데, 이것이 바로 반고가 가지고 있던 민족사상의 주된 측면이었다.

112) 역자주 : 위만조선과 한나라의 전쟁은, 위만조선에 사신으로 갔던 섭하가 성과를 거두지 못하고 귀국하던 중 국경에서 배웅 나온 위만조선의 장수를 살해한 일에서부터 시작되었다. 그 결과 고조선은 멸망하였다.

「흉노전(匈奴傳)」 및 흉노와 관련이 있는 기전(紀傳 : 본기와 열전-역자)들 가운데, 반고는 흉노족 및 흉노와 한나라의 관계에 대해 기재하면서, 그가 변방을 적극적으로 방어하는 기초 위에서 흉노와의 우호를 더욱 강화해 가기를 희망한다는 주장을 표현해 냈다.

『한서』 「소망지전(蕭望之傳)」에서는 찬양하는 태도로 다음과 같은 사건을 기재했다. 즉 선제(宣帝) 오봉(五鳳) 연간에 흉노가 대란을 맞이하자, 조정의 신하들 가운데 많은 사람들이 제안하기를, 흉노가 오랫동안 한나라에 해가 되었으니, 바로 이 기회를 틈타 공격하여 그들을 멸망시키자고 했다. 선제는 대유학자이자 어사대부(御士大夫)인 소망지에게 이에 대한 대책을 묻자, 소망지는 『춘추(春秋)』를 근거로 인용하면서, 『춘추』에는 진(晉)나라 대부 사개[士匃 : 범선자(范宣子)를 가리키며, 匃는 丐와 같다.]가 군대를 이끌고 제(齊)나라를 공격한 사실을 기록하고 있는데, 제나라 영공(靈公)이 죽었다는 소식을 듣고 군대를 철수했으며, 『춘추경(春秋經)』은 진나라 군대가 다른 사람의 위기를 틈타 행동하지 않았음을 칭찬하고 있다고 소개했다.[113] 때문에 소망지는 "은혜는 효자를 따르게 하기에 족하며, 도리(道理)는 제후들을 움직이기에 족하다.[恩足以服孝子, 誼足以動諸侯.]"라고 생각했다. 그는 말하기를, "이전에 선우(單于)[114]는 사이가 좋아져 우애 있게 지내고 싶어하여 사신을 보내 화친을 구했습니다. 이에 온 나라가 이를 흔연히 받아들였으며, 이민족들도 이 소식을 듣지 않음이 없었습니다.[前單于慕化鄉善稱弟, 遣使請求和親, 海內欣然, 夷狄莫不聞.]"라고 하였다. 즉 흉

113) 『춘추경』 양공(襄公) 19년을 참조하라.

114) 역자주 : 허려권거선우(虛閭權渠單于, ?~기원전 60년)를 가리킨다.

노의 선우가 한나라에 귀속되기를 바라고 화친을 요청하자, 천하의 백성들이 흔연히 찬성했는데, 이러한 상황에서 군대를 일으켜 공격하는 것은 정의롭지 않다고 생각했다. 마땅히 사자(使者)를 파견하여 조문을 하고, 그 내부에 한나라와 우호 관계를 맺고자 하는 무리들을 도우면서, 지금과 같이 여전히 약세 지위의 역량에 머물게 하고, 이렇게 확실히 감동을 느끼게 하여, 그들이 한나라에 귀속해 오도록 촉진해야 한다고 말했다.[115] 선제는 결국 소망지의 의견을 받아들였으며, 군대를 보내 호한야선우(呼韓邪單于)가 흉노 내부를 안정시키도록 도왔다. 이로 인해 호한야선우가 결연하게 한나라에 복속해 오도록 하였다. 반고는 특히 한나라와 흉노가 화해한 뒤 북방 변경에서 60년 동안이나 평화롭고 안정된 상태가 지속된 것을 찬양하면서, "이 때에는 변방의 성(城)들이 해가 저물어서야 문을 닫았고, 소나 말을 들판에 풀어 놓았으며, 3대 동안 개가 경계하여 짖지 않았고, 백성들도 전쟁에 동원되지 않았다.[是時邊城晏閉, 牛馬布野, 三世無犬吠之警, 黎庶無干戈之役.]"[116]라고 했다.

반고는 한나라가 흉노와 우호 관계를 맺어야 한다고 주장했지만, 이로 인해 변경의 방위를 해제하는 것은 반대했다. 흉노와 한나라가 우호 관계를 맺은 이후 호한야선우가 한나라 조정에게 혼인 관계를 요구하자, 원제(元帝)는 궁녀 왕소군(王昭君)을 그에게 시집보냈으므로, 호한야는 한나라 황실의 사위가 되었다. 이리하여 그는 원제에게 제안하기를, "상곡(上谷)의 서쪽부터 돈황(敦煌)까지의 지역을 방위하

115) 『한서』 권78 「소망지전」을 참조하라.
116) 『한서』 권94 「흉노전」.

여, 이를 영원히 전해 주기를 원하오니, 청컨대 변경을 수비하는 관리와 병사들을 철수하여, 천자의 백성들을 쉬게 해주십시오.[願保塞上谷以西至敦煌, 傳之無窮, 請罷邊備塞吏卒, 以休天子人民.]"[117]라고 하여, 자신이 한나라의 북쪽 변경의 수비를 돕고 싶다는 뜻은 나타냈으며, 아울러 장성(長城)을 지키는 병졸들을 철수할 것을 요청했다. 조정의 많은 사람들은 모두, 한나라가 오랜 기간 동안 변경을 수비하고 있기 때문에, 백성들이 이미 요역(徭役)으로 힘들어 하고 있으므로, 수비를 중단하는 것은 매우 잘된 일이라고 느끼고 있었다. 낭중(郎中) 후응(侯應)은 변방의 사무에 대해서 잘 알고 있었지만 오히려 단호히 반대했는데, 그는 다음과 같이 분석했다. 즉 흉노는 주(周)나라와 진(秦)나라 이래로 끊임없이 마구 기습을 가해와 심각한 위협이 되었다. 그러나 무제 시대에 흉노의 군사력을 막북(漠北)으로 몰아내고, 더 아나가 장성까지 건설했으며, 이후에도 끊임없이 보강하여 변방의 방위 체계를 형성하자, 변경이 비로소 평온해질 수 있었다. 그런데 만약 장성을 쌓아 변경을 지키는 방위 체계를 해체해 버린다면, 그것은 곧 음산(陰山) 지역이라는 유리한 군사적 요충지를 잃게 되어, 중원(中原) 땅을 흉노의 공격에 드러내 놓는 것이다. 그렇게 하는 것은 과거의 비통한 교훈을 잊어 버리는 것이라고 했다. 또한 말하기를, 이전에 이미 외성(外城)을 해체해 버렸고, 현재는 단지 봉화(烽火)로 경계하는 체제만 남겨 놓고 있는데, 이것은 가장 최소한도의 방위 수단이라고 했다. 장성을 건립하기 위해 백여 년 동안 엄청난 인력(人力)과 물력(物力)을 동원했는데, 만일 오늘날 하루아침에 훼손해 버린다면, 이후에 갑작스

117) 『한서』 권94 「흉노전」.

례 변고가 생겨 다시 새로 수리하려 할 때, 참으로 얼마나 많은 시간 동안의 노력을 들여야 하는지 알 수 없다. 일시적으로 요역을 줄이기 위해, 그와 같은 매우 잘못된 결정을 내려서는 절대로 안 된다는 것이었다. 후응의 이처럼 정확한 건의는 선제에 의해 채택되었다.

왕망(王莽)의 시대에, 장군 엄우(嚴尤)는 왕망이 함부로 군대를 동원해 흉노를 공격하는 것에 반대했다. 왕망은 흉노에게 모욕을 주어, 선제 시기 이래로 60년간 이어져 온 변경의 평화를 깨뜨렸다. 왕망이 황제로 자처한 다음에는, 30만 대군을 징발하여, 각자 300일 동안 먹을 군량을 지니고, 동시에 10개 방면으로 출병하여, 흉노를 완전히 몰아내자고 제안했다. 장군 엄우는 당시 뛰어난 두뇌를 가졌으며, 용감하게 말할 수 있는 보기 드문 인물이었다. 그는 지적하기를, 이와 같은 계획은 역사상 들어 본 적이 없으며, 만약 그렇게 한다면 온 나라를 소란하게 하고, 백성들의 원성이 들끓게 하며, 죽어나는 병사와 가축들은 헤아릴 수 없게 되어, 결국 실패할 수밖에 없을 것이라고 했다.[118] 왕망은 엄우의 계책을 듣지 않고, 대군을 징발하고 군량을 운송하여, 천하에 소란을 불러일으켰다. 그리하여 장병들은 변경에서 오랫동안 고립되어 있다가, 수많은 사람들이 죽었다. 반고는 엄우의 주장을 높게 평가한 반면, 왕망이 흉노에게 여러 차례 모욕을 주고 속이고 침입하여 욕보임으로써 화친의 국면을 깨뜨려, 흉노가 한나라와 다시 전쟁을 일으키자, 서역이 와해됨으로써, 한나라는 오랫동안 유지해 왔던 서역과의 교통이 이 때 단절된 것에 대해 호되게 질책했다.

반고는 「흉노전」의 논찬(論贊)에서 한 단락의 의론(議論)을 썼는데,

118) 이상 후응과 엄우의 말들은 『한서』 권94 「흉노전」을 참조하라.

여기에서 흉노에게 모욕적인 언어를 사용하여, 한족(漢族) 중심주의의 심각한 편견을 드러냈다. 이는 그의 민족사상에 담겨 있는 취약한 일면이다. 그러나 실제로 일을 처리하는 과정에서, 반고는 오히려 또한 그가 민족 우호를 강력히 주장하는 탁월한 식견을 뚜렷이 드러내 보였다. 동한 장제(章帝) 건초(建初) 4년(서기 79년)에, 북흉노의 선우(單于)가 남흉노에 포위되어 고립되자, 동한 조정에 사신을 보내 예물을 바치면서, 화친하여 우호적으로 지낼 것을 요청했다. 이에 장제는 여러 신하들을 소집하여 대책을 논의했다. 대신들 가운데 어떤 사람은 단호히 반대했는데, 그들은 주장하기를, 흉노는 거짓으로 상대를 속이는 나라이니, 속으로는 가까이할 마음이 없으므로, 만약 화친을 허락한다면 아마도 "북쪽 이민족의 시기하고 의심하는 계략[北狄猜疑之計]"에 걸려 드는 것이라고 했다. 당시 현무사마(玄武司馬)였던 반고는 이와 상반되는 주장을 했다. 그는, 한나라 건국 이래 흉노의 한나라에 대한 태도는 비록 변화무쌍했지만, 조정은 지금까지 우호 관계의 대문을 걸어 잠그고 대치 상태로 만든 적은 없었으며, "거절하여 물리친 적이 없었고, 그들과 더불어 교류하지 않았던 적이 없었다.[未有拒絕棄放, 不與之交接者也.]"라고 생각했다. 그는 광무제(光武帝)와 명제(明帝)가 여러 차례 신하들의 엇갈리는 의견들을 배제하고 신중하게 생각한 뒤, 잇달아 사자(使者)를 파견하여 우호를 체결한 역사적 경험을 제시했다. 이로부터 그는 다음과 같은 결론을 내렸다. 즉 지금 오환(烏桓)이 이미 스스로 복속해 왔으며, 서역의 강거(康居)·월지(月氏)와는 다시 우호 관계를 맺었고, 북흉노가 화친을 청해 오는 등, 동·서·북 세 방향의 소수민족들이 모두 화친을 원하고 있다. 이는 무력으로 압박을 가하여 굴복시킨 것이 아니니, 이것이 바로 국가의 행복이다! 나는 반드시 사자를 파견하여 우호 관계를 맺어야 한다고 생각한다. 멀게는 곧 선제(宣帝) 때 있었던 우호 관계를 계승하고, 가깝게는 곧 광무제와 명제가 관계를 유지해 온 방법을 서로 계승하고 있는데, 설마 상대방이 속이려 든다고 의심하여 북흉노의 선량한 바람을 배신할 수 있단 말인가? 흉노와 관계를 단절하는 것은 결코 이롭지 않으며, 서로 우호 관계를 유지해야 해로움이 없어지는데, 이것이야말로 길고 멀리 볼 때 유리하다. 만약 흉노의 세력이 강성해져 큰 위협이 된 다음, 그 때 다시 우호 관계를 맺으려고 한다면, 때는 너무 늦을 것이다![119]

반고의 분석은 눈앞의 이익과 일시적인 호오(好惡)에 휩쓸리지 않고, 장기적인 이익을 고려한 것이었다. 이와 같이 민족 간의 우호를 중시하고 소수민족에 대한 경계도 늦추지 않으면서, 민족 관계를 비교적 잘 처리한 사상은 후세에 긍정적인 영향을 미쳤다.

(3) 학문의 변화 발전과 그 풍조(風潮)

학술 활동은 사회의 중요한 한 방면으로, 반고는 『한서』에서 학술의 변천에 대해 풍부한 기록을 남겨 놓았다. 그는 「유림전(儒林傳)」의 서문에서 지적하기를, 고조(高祖) 때에는 "아직 지방에 학교를 세우는 일을 활발하게 하지 않았으며[未皇庠序之事]", "문제(文帝)는 본래 형명(刑名)[120]의 말을 좋아했고, 경제(景帝)는 유학자들을 임용하지 않았으

119) 『후한서』 권40 「반고전(班固傳)」을 참조하라.

120) 역자주 : 형명지학(刑名之學)의 줄임말로, 전국(戰國) 시대에 한비자를 중심으로 유행했던 학설이다. 법으로써 나라를 다스려야 하며, 신상필벌(信賞必罰)해야 한

며, 두태후(竇太后)는 또한 황로사상(黃老思想)[121]을 좋아했다.[孝文本好刑名之言, 及至孝景, 不任儒, 竇太后又好黃老術.]" 또한 말하기를, "한나라가 건국되었을 때 『주역(周易)』을 가르친 것은 치천(淄川)에 살던 전생(田生)이며, 『상서(尙書)』를 가르친 것은 제남(濟南)에 살던 복생(伏生)이었다. 『시경(詩經)』을 가르친 것은, 노(魯)나라에서는 바로 신배공(申培公)이며, 제(齊)나라에서는 곧 원고생(轅固生)이고, 연(燕)나라에서는 곧 한태부(韓太傅)였다. 『예기(禮記)』를 가르친 것은 곧 노나라의 고당생(高堂生)이었다. 『춘추(春秋)』를 가르친 것은 제나라에서는 바로 호무생(胡毋生)이고, 조(趙)나라에서는 곧 동중서(董仲舒)였다. 또 두태후가 세상을 떠나고, 무안군(武安君) 전분(田蚡)이 승상이 되었는데, 그가 황로사상이나 형명사상과 같은 백가(百家)의 학설들을 축출하자, 문학(文學)까지 영역을 넓혀 공부하는 유학자들이 백 명을 헤아리게 되었다. 공손홍(公孫弘)이 『춘추』를 배워 익힘으로써 승상이 되고 제후에 봉해지자, 천하에 공부하는 선비들이 줄을 잇는 것이 시골의 풍속이 되었다.[漢興, 言『易』自淄川田生, 言『書』自濟南伏生, 言『詩』, 於魯則申培公, 於齊則轅固生, 燕則韓太傅, 言『禮』, 則魯高堂生, 言『春秋』, 於齊則胡毋生, 於趙則董仲舒. 及竇太后崩, 武安君田蚡爲丞相, 黜黃老·刑名百家之言, 延文學儒者以百數, 而公孫弘以治『春秋』爲丞相封侯, 天下學士靡然鄕風矣.]"라고 했다. 이렇게 한나라 초기에는 황로사상을 숭상했으며, 이어서 황로사상을 존숭하던 것이 오로지 유학만을 존숭하는 것으로 바뀌고, 또 유학이 신격화(神格化)한 이후의 학문 풍조 등에 대해서까지도 모두

다고 주장했다.

121) 역자주 : 황제(黃帝)와 노자(老子)의 사상을 가리키는 것으로, 즉 도가사상(道家思想)을 말한다.

상세하고 구체적으로 기술함으로써, 후세 사람들이 한대의 학문과 사상의 발전을 이해하도록 하는 데 중요한 단서가 되었다.

한나라 초기에는 황로 학설이 성행했다. 경제(景帝) 때에는 유생(儒生) 박사(博士)이던 원고생과 황로 학생이던 황생(黃生)이 경제 앞에서 논쟁을 벌였는데, 경제는 황생의 편을 들었다. 두태후[경제(景帝)의 어머니]는 황로 학설을 매우 좋아했다. 그녀는 원고생을 불러, 그에게 『노자(老子)』에 대한 견해를 이야기하게 했다. 원고생이 말하기를, "이는 노복(奴僕)들의 말일 뿐입니다[此家人言耳]."라고 했다. 이 말의 뜻은, 즉 이 책은 노복 같은 사람들이 한 말일 뿐이라는 것이다. 두태후는 이 말을 듣더니 크게 노하여 말하기를, "어찌 사공(司空)의 성단서(城旦書)를 들고 있단 말인가![安得司空城旦書乎!]"[122]라고 했다. 이 말의 의미는, '네가 손에 들고 있는 『시경』이니 『상서』니 하는 책들은 고작 범죄나 기록한 책이란 말인가!'라는 것이다. 그녀는 노발대발하며 원고생을 돼지 우리에 집어넣어 멧돼지와 싸우게 했다. 황제는 태후가 크게 화를 내면서 그와 같이 하는 것은 원고생을 처벌하기 위해서라는 것을 알았는데, 사실 원고생은 단지 자신의 관점에 대해 말했을 뿐이고, 죄를 지은 것은 아니었으므로, 곧 몰래 원고생에게 날카로운 칼 한 자루를 건네 주었다. 원고생은 그 날카로운 칼을 들고 돼지 우리에 들어가서 돼지의 급소를 정확히 찌르자, 돼지는 비명을 지르면서 땅바닥에 나동그라졌다. 두태후는 이 모습을 보고 아무 말도 할 수

---

122) 역자주 : 사공(司空)은 소송이나 감옥을 담당하는 관직을 가리키며, 성단(城旦)은, 낮에는 적을 방어하고 밤에는 성을 쌓는 벌을 받은 죄수를 가리킨다. 따라서 성단서(城旦書)는 형법(刑法)을 기록한 책을 가리킨다. 이로부터 '사공성단(司空城旦)'은 유교 경전들을 비하하여 일컫는 별명 중 하나가 되었다.

없었으며, 또한 다시는 다른 구실을 찾아 그를 괴롭힐 방도가 없게 되었다.[123] 이 사건은 경제 시기에 황로가(黃老家)와 유가(儒家)가 격렬하게 투쟁했던 상황을 반영하고 있다.

무제가 즉위하자, 유학을 제창하고 백가(百家)를 축출했다. 특히 『춘추경(春秋經)』은 다시 의식 형태의 영역에서 최고의 권위를 갖게 되었는데, 마치 '성경(聖經)'의 지위를 가진 듯했다. 동중서는 전력을 다해 『춘추경』의 '대의(大義)'를 추론하여 연역해 내고, 아울러 이를 음양오행사상과 서로 결합함으로써, 한 시대를 대표하는 대유학자가 되었다. 공손홍은 『춘추』의 경전 내용을 인용하여 황제에게 치국에 대한 책략을 제시함으로써, 평민의 신분에서 단번에 승상이라는 높은 지위에 올랐다. 무제는 또한 태자에게 『춘추』를 배우도록 했다. 그리하여 『춘추』는 조정의 대사를 결정짓는 근거가 되었으니, 그야말로 최고 법률 조문의 작용을 했다.

무제 건원(建元) 6년(기원전 135년)에, 고조(高祖)의 능원(陵園)과 요동(遼東)의 고조묘(高祖廟)에서 차례로 화재가 발생했다. 이에 동중서는 황제에게 글을 올려, 이는 하늘이 조정에게 패역(悖逆)하고 법을 지키지 않는 제후왕들에 대해 타격을 가해야 한다는 뜻을 보여 주는 것으로 여겨진다고 했다. 그가 제시한 근거는 다음과 같았다. 즉 『춘추』는 정사(政事)를 처리하는 지침서인데, 큰 재이(災異)나 큰 사건이 일어나면 모두 『춘추』에서 비슷한 기록을 찾아내어, 그 정신의 실질을 이해한 다음, 『춘추』의 원칙에 따라 처리할 수 있으며, 이에 대해 어떤 의심도 할 수 없다는 것이었다. 그는 지적하기를, 『춘추』에 이와 유사

123) 『한서』 권88 「유림전(儒林傳)」을 참조하라.

한 화재 사건의 기록이 두 번 있는데, 그 첫 번째는 노(魯)나라 정공(定公) 2년(기원전 508년) 5월의 "두 도관(道觀)에 불이 났다[兩觀火]."라는 기록이고, 두 번째는 노나라 애공(哀公) 3년(기원전 492년) 5월의 환공(桓公)·장공(莊公) 때 "두 궁(宮)에 불이 났다[兩宮火]."라는 기록이라고 했다. 이 기록들에 대해 동중서는 다음과 같이 해석했다. 즉 두 도관과 두 궁궐은 모두 "분수에 넘치게 호사스러운 것[僭禮之物]"으로, "천재(天災)라는 것은, 아마도 예(禮)에 어긋나는 신하를 제거하라는 것[天災之者, 若曰, 僭禮之臣可去]"이며, 또한 "귀한 것을 불태워 의롭지 못한 것을 없앤다[燔貴而去不義]"는 말과 마찬가지라고 했다. 그리고 이것은 모두 노나라에게 반란을 일으킨 귀족인 계씨(季氏)를 엄벌에 처하도록 경고한 것이라고 했다.[124] 지금 고조의 능원과 고조묘에서 발생한 화재의 성격이 바로 이와 똑같다는 것이다. 그러면서 하늘은 바로 마치 폐하에게 다음과 같이 경고하는 것 같다고 했다. 즉 지금 국가에는 또한 중요한 문제가 있으니, 황제는 종실의 친척들 중에 가장 국가의 법과 기강을 지키지 않은 자들에 대해 용서치 말고 그들을 죽여야 하며, 이는 바로 마치 요동에 있는 고조묘를 불태워 없애 버린 것과 같다는 것이다. 이처럼 『춘추』의 내용에서 근거를 찾아내어 무제를 일깨우기를, 반역을 일삼고 법을 지키지 않는 제후왕들을 과감하게 처단해야 하며, 하늘의 뜻을 위배해서는 안 된다고 했다. 당시의 무제는 이 주장을 결코 즉각 채택하지 않았다. 원삭(元朔) 6년(기원전 123년)에, 회남왕(淮南王)과 형산왕(衡山王)이 반란을 도모하자, 교동왕(膠東王)과 강도왕(江都王)은 이 음모에 협력했는데, 모두 계

124) 『한서』 권27 「오행지(五行志)」를 참조하라.

획이 탄로나 죽임을 당했다. 그러자 무제는 동중서가 전에 상주(上奏)했던 말을 생각해 내고는 그 정확함에 탄복하면서, 『춘추』가 바로 중요한 의문들을 결정하고 중대한 정책을 결정하는 근거가 된다고 강하게 믿게 되었다. 그리고 곧 동중서의 제자인 여보서(呂步舒)에게 천자가 하사한 부월(斧鉞)[125]을 지니게 하고 파견하여, 회남왕 모반 사건을 조사하여 처벌하도록 했는데, 그에게 『춘추』의 뜻에 따라 "외지에서 독자적으로 판단하여 결정하고[專斷於外]", 사건에 대해 먼저 상부의 지시를 기다릴 필요가 없이, 돌아와서 보고하도록 했다. 무제는 전적으로 이렇게 처리하는 것이 적절하다고 생각했다.[126] 이는 바로 서한 시기에 『춘추』를 이용하여 사건을 판결한 유명한 사례이다.

당시 『춘추』는 또한 태자(太子)인 것처럼 행세하며 혼란을 일으킨, 다음과 같은 긴급한 사건을 처리하는 데에도 지침으로 사용되었다.

소제(昭帝)가 즉위한 해(기원전 86년)에, 성(姓)이 장씨(張氏)인 한 남자가, 새 황제의 나이가 어려 위엄이 부족한 틈을 타, 위태자[衛太子 : '여태자(戾太子)'라고도 함-역자]를 사칭하고 다녔다. 당시 위태자는 호현(湖縣)에서 자살한 지 5년이나 지났지만, 사람들은 그가 누명을 쓰고 죽은 것에 대해서 동정하고 있었으므로, 어떤 사람들은 또한 위태자가 살아나 외지를 떠돌고 있다는 소문을 내고 있었다. 위태자를 사칭하는 자는 이 기회를 틈타, 소가 끄는 수레를 타고 장안(長安)의 거리에 나타났다. 이 소식이 전해지자, 일시에 궁궐 안팎을 뒤흔들어 놓았다. 황제는 2천 석 이상의 녹봉을 받는 공경(公卿)과 장군(將軍)들

125) 역자주 : 임금을 상징하는 작은 도끼와 큰 도끼를 말하며, 황제로부터 권한을 위임받은 사람은 그 징표로서 이를 소지했다.

126) 『한서』 권27 「오행지」를 참조하라.

로 하여금 가서 어찌된 일인지 판단하도록 명령을 내렸고, 장안의 벼슬아치와 수만 명의 백성들은 구경하려고 몰려들었다. 우장군(右將軍)은 직접 병사를 이끌고 황궁(皇宮)을 호위하여, 큰 혼란이 일어나는 것을 방지했다. 승상(丞相)과 어사(御史)는 그저 길거리에 멍하니 서서, 어떻게 처리해야 할지 모르고 있었다. 당시 경조윤(京兆尹) 전불의(雋不疑)는 『춘추』에 정통하기로 유명했는데, 그는 즉시 현장으로 가서 휘하의 관리들에게 사칭하는 자를 잡아들이라고 명령을 내렸다. 이 때 어떤 사람이 저지하면서 말하기를, 지금 그가 진짜 태자인지 가짜 태자인지 아직 분명히 알 수 없는데, 잘못 잡아들였다가 큰 화를 당할 필요가 없다고 했다. 이에 전불의는 즉시 『춘추』를 인용하여 다음과 같이 대답했다. "여러분들이 위태자에 대해 무엇을 걱정할 게 있겠소. 옛날 위(衛)나라 태자 괴외(蒯聵)는 명령을 어기고 도망갔는데, 그의 아들 첩(輒)이 공(公)의 자리에 오르자 위나라에 들어오지 못했으며, 이는 『춘추』에 기록되어 있소. 위태자는 선제(先帝 : '앞 황제'라는 뜻으로, 위태자의 아버지, 즉 한나라 무제-역자)에게 죄를 지었는데, 도망가서 죽지 않고 지금 스스로 나타났다 해도, 이는 여전히 죄인일 뿐이오.[諸君何患於衛太子! 昔蒯聵違命出奔, 輒距而不納, 『春秋』是之. 衛太子得罪先帝, 亡不即死, 今來自詣, 此罪人也.]" 이 말은, 『춘추경』에 기록되어 있기를, 위나라 태자 괴외는 명령을 어기고 도망가자, 나중에 즉위한 임금 첩(輒)은 곧 그가 귀국하는 것을 허락하지 않았는데, 『춘추경』은 이를 긍정적으로 평가하고 있다는 의미이다.[127] 마찬가지로

127) 위나라 태자 괴외가 도망친 후, 나중에 진(晉)나라가 그를 위나라로 돌려보내려고 했지만, 새로 임금이 된 그의 아들 첩이 이를 거절했다. 『공양전(公羊傳)』의 해석에 따르면, 『춘추경』은 첩이 거절한 행동이 옳다고 판단했다.

지금 위태자는 선대의 황제에게 죄를 지었으며, 설령 도망가서 죽지는 않았다고 하더라도, 지금 죄인이 도망쳐 왔으니, 때맞춰 그를 붙잡은 것이다! 『춘추』라는 최고의 권위를 내세워 혼란한 상황을 곧바로 진정시켰으므로, 공경대신들은 더 이상 다른 말을 하지 못했고, 위태자를 사칭한 사람은 즉시 감옥에 갇혔다. 전불의는 『춘추』에 근거하여 이처럼 의외의 소동을 과감하게 처리함으로써, 소제(昭帝)와 대장군 곽광(霍光)에게 큰 칭찬을 받자, 다른 신하들도 그를 모방하려고 했으며, "경전의 내용을 이용하여 대의(大義)에 밝아졌다[用經術明於大誼]."[128]

심지어 한나라와 흉노가 우호 관계를 추진하는 과정에서도, 『춘추』는 또한 중요한 근거로 사용되었다.

선제(宣帝) 오봉(五鳳) 연간에, 마침 흉노에서 대란(大亂)이 일어나자, 조정의 신하들 중 대부분의 사람들은 주장하기를, 흉노가 오랫동안 한나라를 위협했는데, 지금 바로 그 내란을 틈타 군대를 보내 멸망시키자고 했다. 선제는 이에 어사대부(御史大夫) 소망지(蕭望之)에게 계책을 묻자, 소망지는 이렇게 말했다. 즉 『춘추』에 기록하기를, 진(晉)나라의 범선자(范宣子)가 군대를 이끌고 제(齊)나라를 침략했을 때, 제나라 왕이 죽었다는 소식을 듣자, 군대를 이끌고 돌아왔다고 했으며, 범선자가 "상을 당한 나라를 공격하지 않은[不伐喪]" 방법은 『춘추』에서 긍정적인 평가를 받았다. 그 이유는, 그렇게 하는 것이 예(禮)에 부합되며, 제나라 왕의 승계자로 하여금 존경하며 복종하도록 할 수 있고, 또한 다른 제후왕들을 감동시키기에 충분하기 때문이다. 그러한

128) 『한서』 권71 「전불의전(雋不疑傳)」을 참조하라.

이치는 현재에도 적용된다. 또 이전에 흉노의 선우(單于)가 한나라에 스스로 복속되기를 원하면서 화친을 청하자, 온 나라의 백성들이 모두 기뻐했다. 그런데 지금 만약 공격한다면, 이는 의롭지 못한 행동이다. 그러니 마땅히 사자(使者)를 보내 조의(弔意)를 표하고, 힘이 약한 새로운 선우가 국가를 안정시키도록 돕는다면, 그들은 반드시 스스로 복속되려 할 것이라고 했다. 선제는 이 의견에 따라, 군대를 파병하여 새로 즉위한 호한야선우(呼韓邪單于)가 나라를 안정시키도록 돕자,[129] 과연 평화로운 상황이 도래했다. 이는 소망지가 『춘추』를 인용하여 민족의 안녕과 평온을 촉진한 좋은 사례이다.

무제 시기부터 선제 초년까지 『춘추』의 가르침을 이용하여 중대한 정치적 사안을 결정한 것은, 모두 『춘추』 내부의 세 학파 학설들 중에서 『공양전(公羊傳)』 학파의 학설 해석에 따랐기 때문에, 공양학(公羊學)이 크게 성행했다. 그런데 선제 감로(甘露) 원년(기원전 53년)에 이러한 상황은 바뀌었다. 선제는 본래 위태자 유거(劉據)의 손자였는데, 그가 듣기로, 위태자가 비록 무제의 뜻에 따라 『공양전』을 배워 통달했지만, 몰래 『곡량전(穀梁傳)』을 공부했으며, 또한 그것을 좋아했다고 하였다. 일부 대신(大臣)들도 선제에게 '곡량학(穀梁學)'을 활성화할 것을 권했다. 선제는 공양학과 곡량학 두 학파의 학자들을 불러 각자 해설하도록 했으며, 스스로 비교해 본 다음, 그는 『곡량전』에 호감을 가졌다. 그리하여 선제는 곡량학파를 육성하려고 마음먹었다. 그는 원강(元康) 연간부터 준비를 시작했는데, 열 명의 낭관(郎官)들을 선발하여, 곡량학파 학자인 채천추(蔡千秋)와 강공(江公)으로 하여금 그들

129) 『한서』 권78 「소망지전(蕭望之傳)」을 참조하라.

을 위해 강의하도록 했다. 10년 동안의 교육을 받은 다음, 이 낭관들은 모두 『곡량전』에 통달할 수 있었다. 그리고 감로 원년에 선제는 그 유명한 석거각회의(石渠閣會議)를 소집하여, 『공양전』과 『곡량전』의 같은 점과 다른 점을 평론하고, 각 학파의 학자 다섯 명씩이 나와서 변론하고 대답하도록 했다. 그리고 대유학자인 소망지[이 당시에는 태자태부(太子太傅)의 직위에 있었다.]와 오경박사(五經博士)들이 평가하고 의논하도록 명령했는데, 이들 중 다수가 곡량학파 학자들이 강의한 내용이 이치에 맞다고 평가했다. 이 때부터 곡량학이 또한 번성했다. 이 회의는 한나라의 학문에 매우 큰 영향을 미쳤는데, 동한의 명제(明帝) 때에도 이 선례를 본받아 백호관회의(白虎觀會議)를 소집했다.[130)]

애제(哀帝) 때에는 학문 풍조에서 또한 새로운 추세가 나타났다. 당시 왕망(王莽)은 대사마(大司馬)를 맡고 있었는데, 유흠(劉歆)은 왕망에 빌붙었으며, 또한 그의 사회적 지위를 이용하여, 『좌전(左傳)』·『모시(毛詩)』·『고문상서(古文尚書)』 등 고문 경전들의 학술 성망(聲望)을 높이려고, 학관(學官)을 세우자고 주장했으며, 아울러 한 편의 유명한 『이양태상박사서(移讓太常博士書)』를 지었다. 유흠의 주장은 애제와 왕망의 지지를 얻었다. 이로부터 고문학파와 『공양전』이 주로 대표하는 금문학파의 2천 년에 이르는 논쟁을 불러일으켰다.

반고가 『한서』에 기록한 이와 같은 역사적 사실들은, 오늘날 우리들이 서한 사회를 이해하고 중국의 학술사(學術史)·사상사(思想史)·문화사(文化史)를 연구하는 데에 대단히 귀중한 가치를 지니고 있다.

---

130) 『한서』 권88 「유림전(儒林傳)」을 참조하라.

(4) 사회 풍속

반고는, 역사학은 반드시 당시의 정치·경제 및 문화를 반영해야 할 뿐만 아니라, 마땅히 당시 사람들의 각종 생활 풍습도 반영해야 한다고 생각했다. 그래서 그는 『한서』에 사회 풍속과 관련된 많은 자료들을 기재해 놓았는데, 사람들의 의식주는 물론이고, 생로병사·관혼상제에 관련한 내용들도 있으며, 반고는 이러한 모든 것들에 대해서 당연히 중요하게 여겼다. 특히 혼인 관계와 당시 부녀자들의 상황을 반영하고 있는 자료들도 있어, 우리들이 한나라의 여인들과 결혼 풍속을 이해하는 데 큰 도움을 준다. 반고의 기록에서, 우리는 당시의 결혼에서 가문을 중요하게 여기지 않았다는 것을 알 수 있는데, 이는 남북조 시대의 결혼 풍습과는 전혀 다른 점이다. 이는 위자부(衛子夫)[131] 남매의 결혼으로 증명할 수 있다.

위자부는 바로 무제의 황후이다. 그녀의 출신은 빈천했는데, 어머니인 위온(衛媼)[132]은 무제의 손위 누이인 평양공주(平陽公主)[133] 집의 노비였으며, 위자부 본인은 평양공주 집에 속해 있는 가녀(歌女)였다. 당시 무제는 즉위한 지 여러 해가 지났지만, 황후가 아이를 낳지 못했다. 한번은 무제가 패상(霸上)[134]에서 신에게 제사를 지내고, 궁으로 돌아

131) 역자주 : 이름은 알 수 없으며, 단지 자부(子夫)라고만 알려져 있다.

132) 역자주 : '媼'은 나이 많은 여자를 뜻한다. 즉 '위온'은 이름이 아니라 '위씨 집안의 할머니'라는 의미이다.

133) 평양공주는 무제의 큰누이로, 원래는 양신공주(陽信公主)라고 불렸다. 평양후(平陽侯) 조수(曹壽)에게 시집갔으므로, 또한 '평양공주' 혹은 '평양주(平陽主)'라고도 불렸다.

134) 역자주 : '패상(灞上)'이라고도 하는데, 오늘날의 서안시(西安市) 동쪽에 있으며, 패수(霸水)의 서쪽 고원 지대에 있어서 붙여진 이름이다.

오는 길에 평양공주의 집에서 휴식을 취하게 되었다. 평양공주는 그녀가 사전에 잘 준비해 놓은 미녀들로 하여금 무제의 시중을 들게 했는데, 무제는 좋아하지 않았다. 술을 마실 때, 평양공주는 가녀로 하여금 황제 앞에 나아가 흥을 돋우게 했는데, 무제는 한 번 보고는 위자부를 매우 좋아했다. 무제가 휘장을 두른 헌거(軒車)에서 휴식을 취하자, 수레에 함께 타고서 시중을 들었다. 무제는 휴식을 마치고 나서, 매우 기뻐하며 평양공주에게 금 천 근을 하사했다. 평양공주는 마음속으로 알아차리고는, 기꺼이 인심을 써서 무제에게 보고한 뒤 위자부를 궁궐에 들여보냈다. 위자부가 입궁하기 위해 수레에 올라타자, 평양공주는 그녀의 등을 어루만지면서, 그녀가 궁궐에 들어가면 스스로 잘 알아서 처신하라고 신신당부했으며, 또한 "귀하게 되면 서로 잊지 말기 바란다.[卽貴, 願無相忘.]"라고 말했다. 위자부가 입궁한 지 1년 이상이 지나도록 무제는 그녀를 잊고 있었다. 무제가 소유한 궁인(宮人)들을 한 번 선택하고는, 더 이상 이용하지 않고 방치해 둔 많은 궁인들을 내쫓으려 할 때에야, 위자부는 비로소 무제를 다시 만날 수 있었다. 그녀는 슬프게 울면서 무제에게 궁을 나가게 해달라고 요구하여 무제의 동정을 불러일으켰고, 이리하여 무제의 총애를 받아 임신까지 하게 되자, 그녀의 신분은 점점 높아졌다. 후에 위자부는 태자 유거(劉據)를 낳았고, 황후에 봉해졌다.[135] 일개 가녀에서 황후가 되었으니, 이는 남북조 시기의 문벌 제도 하에서는 상상도 할 수 없는 일이었다.

위자부의 남동생 위청(衛靑)의 혼인도 비교적 특별했다. 위청은 어려서 양(羊)을 길렀고, 커서는 평양공주의 집에서 말[馬]을 관리하는

135) 『한서』 권97 「외척전(外戚傳)·효무위황후전(孝武衛皇后傳)」을 참조하라.

노비로서, 전문적으로 공주가 타는 말 시중을 들었다. 위자부가 연달아 부인(夫人)이 되고 황후가 되면서, 위청도 더불어서 신분이 높아졌다. 이후 위청은 흉노 정벌에 군공(軍功)을 세워 대장군(大將軍)에 봉해졌다. 이 때 평양공주의 남편인 조수(曹壽)가 갑자기 병에 걸려 원래의 봉읍(封邑)으로 돌아가자, 평양공주는 따로 남편을 택해야 했다. 그녀는 사람들에게 "여러 제후들 중에서 누가 현자(賢者)인가?[列侯中誰賢者?]" 하고 물었다. 그러자 사람들이 모두 그녀에게 대답하기를, 대장군이 가장 좋다고 했다. 평양공주는 웃음을 지으면서 이렇게 말했다. "그는 우리집 출신으로, 항상 말을 몰며 나를 따라다녔던 사람인데, 어찌 그럴 수 있겠는가?[此出吾家, 常騎從我, 奈何?]" 다시 말하면, 그는 자기 집에서 말을 몰던 노비로, 이전에는 언제나 자신이 오기를 기다리며 말을 관리하던 사람인데, 어떻게 그럴 수 있겠느냐는 뜻이다. 사람들이 말하기를, 이전에는 노비였지만 "지금은 비할 데 없이 존귀합니다[於今尊貴無比]."라고 했다. 이리하여 평양공주는 위황후(衛皇后)를 통해 무제에게 이 사실을 알렸으며, 무제는 명령을 내려 위청이 평양공주의 남편이 되도록 했다.[136] 이처럼 남북조 때에는 문벌 관념이 매우 견고하여 깨뜨릴 수 없었는데, 출신이 비천한 사람은 설령 나중에 대관(大官)이 되더라도 절대로 신분 높은 귀족 집안과는 혼인 관계를 맺을 수 없었으니, 이는 뚜렷이 다른 것이었다.

성제(成帝) 때, 조비연(趙飛燕)은 원래 가녀(歌女)였지만 나중에 황후(皇后)가 되었고, 그녀의 여동생도 또한 소의(昭儀)[137]가 되었다.[138]

---

136) 『한서』 권55 「위청곽거병전(衛青郭去病傳)」을 참조하라.

137) 역자주 : 한대(漢代)의 비빈(妃嬪)들 가운데 등급이 가장 높은 직위이다. 남북조 시대 이후에는 격하되었다.

『한서』에는 또한 몇몇 식견이 뛰어난 여인들의 사적(事迹)이 기재되어 있다. 예를 들면 다음과 같다.

문제(文帝) 때, 제(齊)나라의 태창령(太倉令) 순우공(淳于公)이 죄를 지어, 장안(長安)에 압송되어 형벌을 받게 되었다. 그의 집에는 다섯 명의 딸들이 있었는데, 파견된 관리들이 와서 순우공에게 형구(形具)를 씌울 때, 그가 딸들에게 큰 소리로 질책하기를, "자식을 낳았는데 아들을 못 낳으니, 위급할 때는 아무짝에도 쓸모가 없구나![生子不生男, 緩急非有益!]"라고 하여, 자기가 여러 딸들을 길렀는데, 지금 위급한 일을 당했지만 쓸모가 없음을 한탄했다. 그의 막내딸인 제영(緹縈)은 아버지의 이러한 처지를 매우 슬퍼하며, 장안에 와서 문제에게 다음과 같은 글을 올렸다. "저의 아버지는 관리인데, 제(齊) 지역 사람들 모두가 청렴함과 공평무사(公平無私)함을 칭찬했음에도, 지금 법에 저촉되어 형벌을 받고 있습니다. 저는, 형을 받아 죽은 자가 다시 살아 돌아올 수 없고, 육형(肉刑)을 당하여 코나 다리를 잘린 사람들이 다시 이어 붙여 온전한 몸이 되지 못하니, 비록 후에 개과천선(改過遷善)하여 새 사람이 되려고 해도, 그 길이 없음이 참으로 안타깝습니다. 저는 저를 관의 노비로 삼으시고, 아버지의 형벌을 면해 주셔서, 저의 아버지께서 개과천선할 수 있게 해주시기를 바랍니다.[妾父爲吏, 齊中皆稱其廉平, 今坐法當刑. 妾傷夫死者不可復生, 刑者不可復屬, 雖後欲改過自新, 其道亡由也. 妾願沒入爲官奴婢, 以贖父刑罪, 使得自新.]" 즉 죄를 지어 벌을 받은 사람에게 팔다리를 자르는 판결을 내리면, 잘린 팔다리가 다시 자라날 수 없으니, 이는 범인들을 교육하여 '개과천선'시킨다는

138) 『한서』 권97 「외척전·효성조황후전(孝成趙皇后傳)」을 참조하라.

뜻에 어긋난다고 지적했다. 그러면서 제영은 자신이 관의 노비가 되어 들어가, 아버지의 형벌을 대신 갚기를 원한다고 했다. 제영의 행위는 문제를 감동시켰으며, 따라서 문제는 죄인들의 얼굴에 글자를 새기거나 코를 베거나 다리를 자르는 것 등 세 가지의 육형(肉刑)을 금지하도록 명령을 내렸다.[139]

또한 승상(丞相)의 부인이 중요한 시점에 승상보다 한층 뛰어난 식견을 보였던 일도 기록되어 있다. 소제(昭帝) 때 양창(楊敞)은 승상이 되었는데, 이듬해에 소제가 세상을 떠나자, 곽광(霍光)은 먼저 창읍왕(昌邑王)을 황제로 맞이하여 옹립했다. 그런데 후에 그가 매우 음란하게 구는 모습을 보고는, 곧 거기장군(車騎將軍) 장안세(張安世)와 함께 상의하여 그를 폐위하기로 하고, 계획을 확정한 다음, 대사농(大司農) 전연년(田延年)을 승상의 집에 보내 양창에게 알렸다. 양창은 지나치게 소심하여, 이 사건에 대해 듣고는 놀라 온 몸을 떨면서 단지 '응, 응' 소리만 할 뿐, 감히 명확한 태도를 보이지 못했다. 이 때 전연년이 자리에서 일어나 옷을 갈아입으러 가자, 이 틈을 타 동쪽의 곁채에서 조용히 듣고 있던 승상 부인이 재빨리 대청으로 건너와 양창에게 다음과 같이 말했다. "이는 나라의 대사(大事)로, 지금 대장군이 상의하여 이미 결정한 뒤, 9경(九卿)을 시켜 승상에게 알리는 것인데, 승상께서 대장군과 뜻을 같이한다고 빨리 응하지 않고, 망설이면서 결정을 하지 못한다면, 거사에 앞서 승상이 먼저 죽임을 당할 것입니다.[此國大事, 今大將軍議已定, 使九卿來報君侯, 君侯不疾應, 與大將軍同心, 猶與無決, 先事誅矣.]" 즉 양창이 만약 대장군과 뜻을 같이하여 협력하지 않고, 망설이

139) 『한서』 권23 「형법지(刑法志)」를 참조하라.

면서 결정을 내리지 못한다면, 곧 가장 먼저 죽임을 당하게 될 것이라고 훈계했다. 전연년이 대청으로 돌아오기를 기다리면서, 양창은 부인의 격려와 재촉을 받고는, 마침내 용감하게 대장군의 결정에 대해 명백한 지지를 나타냈으며, 아울러 대장군의 지휘에 따르겠다고 동의했다. 이리하여 지나치게 소심하고 겁이 많은 승상인 양창도 창읍왕을 폐위하고 선제(宣帝)를 옹립하는 일에 참여하여, 공을 세우게 되었다.

또한 부인이 곤경에 처해 절망하는 남편을 격려하여 신념을 확고하게 한 일도 기록되어 있다. 왕장(王章)은 선제 때 산동(山東)을 떠나 장안(長安)의 태학(太學)에 와서 공부했는데, 매우 빈궁하여 처자(妻子)와 함께 허름한 단칸방에서 살았다. 어느 날 왕장이 병에 걸렸는데, 한겨울에 덮을 이불이 없어 몸에는 단지 헝클어진 마(麻)를 이용하여 짠 '우의(牛衣)'[140]만을 덮고 있었다. 왕장은 자신이 더 이상 살아갈 수 없게 되자, '우의' 속에 누워서 처자와 이별을 결심하고는, 절망하여 울음을 그치지 못했다. 아내는 그를 꾸짖으며 말하기를, "중경[仲卿 : 왕장의 자(字)]! 수도 장안에서 지체가 존귀하여 조정에서 벼슬하는 인물들 가운데 중경보다 뛰어난 사람이 누구란 말입니까? 지금 병에 걸려 어려움에 처해 있는데, 스스로 분발하지는 못할망정 도리어 눈물이나 흘리고 있으니, 어찌 이리도 못났습니까![仲卿! 京師尊貴在朝廷人誰逾仲卿者? 今疾病困厄, 不自激卬, 乃反涕泣, 何鄙也!]"라고 했다. 즉 수도 장안에서 높은 벼슬을 하는 존귀한 사람들 가운데 왕장보다 총명한 사람은 아무도 없다는 말로써, 왕장이 곤란을 극복하고 병을 이겨 내도록 격려하면서, 정신을 차리고 분발하게 했다.

140) 역자주 : 헝클어진 삼실로 짠 남루한 옷을 가리킨다.

부인의 책망과 꾸짖음은 과연 왕장으로 하여금 정신을 차리게 했다. 이로 인해 분발하여 노력함으로써, 그는 학문으로 출세하여, 간대부(諫大夫)에서 좌조중랑장(左曹中郎將)·경조윤(京兆尹)으로 승진을 거듭했으며, 서한 역사에서 가장 유명하고 정직한 관리가 되었다.[141)]

반고의 성공은 실천이 증명해 주고 있다. 즉 역사학은 마땅히 정치·경제·군사·사상·문화 등 여러 방면들에 관련된 중요한 사건들을 기록해야 하며, 또한 당연히 광범위한 사회생활들을 반영함으로써, 역사 서적이 무미건조한 사건들의 모음집이 되도록 해서는 안 되며, 마땅히 역사가 풍부하고 다채로운 본래의 모습을 되찾도록 해야 한다. 당연히 그는 광범위한 사회생활들을 반영했는데, 결코 아무런 기준도 없이 갖가지 자질구레하고 사소한 사건이나 현상들을 그대로 옮겨놓은 게 아니라, 응당 일정한 관점에 따라 논술해 갔다. 이렇게 함으로써 비로소 사람들에게 유익한 깨우침을 줄 수 있었다.

6. 정통[正宗] 사상의 흔적

반고가 『한서』를 집필하던 때는 바로 유가(儒家) 정통 사상의 신학화(神學化)가 왕성하게 이루어지던 시기였으므로, 반고의 사상도 또한 유가 정통 사상의 영향을 받지 않을 수 없었다.

한나라 무제가 오로지 유학(儒學)만을 존숭한 이후, 유학은 나날이 황제가 사상과 문화를 통제하는 수단이 되어 갔으며, 그 수법은 한층 직접 통치하는 추세로 나아갔다. 무제 시대에는 황제가 친히 '책문(策

141) 『한서』 권76 「왕장전(王章傳)」을 참조하라.

問 : 95쪽 참조-역자)'하던 것에서 선제(宣帝) 때에는 '석거각회의(石渠閣會議)'를 거행하는 것으로 발전하여, 황제가 직접 스스로 경전의 뜻이 같고 다름을 판정했다. 이어서 동한 시대에 장제(章帝)는 '백호관회의(白虎觀會議)'를 소집하여 오경(五經)의 같고 다름을 강론하고, 황제가 직접 결재했다. 아울러 『백호통의(白虎通義)』를 지어 체계화된 봉건 정통 사상과 신학적 관점을 만들어 냄으로써, 유가의 정통 사상은 한 걸음 더 정부 당국의 공식 지배 사상이 되었고, 더불어 한층 더 법전화(法典化)·신학화(神學化)해 갔다.

『백호통의』는 비록 반고가 지었지만, 책 속에 담겨 있는 관변 사상은 결코 반고의 사상을 완전히 대표하는 것은 아니다. 그는 신분이 사관(史官)이었으므로, 단지 명령을 받들어 회의에서 황제가 직접 결정한 경전의 의미를 정리했을 뿐, 감히 마음대로 내용을 고칠 수도 없었고, 또한 자신의 의견에 따라 평가하는 말을 삽입할 수도 없었다. 실제로 반고는 결코 당시의 정통 사상과 신학 사상에 완전히 속박당해 있지 않았는데, 우리는 앞에서 언급했던 『한서』의 다음과 같은 내용들로부터 이를 알 수 있다. 즉 『한서』는, 역사는 발전해 나아간다는 관점을 선양하고, '실록(實錄)'의 정신을 발양(發揚)하며, 역사의 비상시국을 관찰하고, 출세와 이익만을 추구하는 유생들을 비판하며, 백성들의 질고(疾苦)에도 관심을 갖고, 이민족들과 우호 관계를 주장하며, 봉건 통치의 어두운 면을 폭로하는 등의 방면들로부터 알 수 있듯이, 반고는 진보적인 역사 인식을 지니고 있었으며, 그의 사상은 관변 사상 체계와는 뚜렷이 달랐다. 이는 반고가 역사에 충실한 엄숙한 태도와 사회적 책임감을 갖고 있었으며, 중국 역사학의 진보적인 전통을 발양했다는 점을 증명해 준다. 이는 『한서』가 성공적인 위대한 저술이 될 수 있었던 근본적인 원인이다.

그러나 봉건적인 정통 사상의 법전화가 통치의 지위를 차지하고 있던 사회적 의식의 환경에서, 반고도 또한 정통 사상의 영향을 받지 않을 수 없었다. 따라서 그의 저작들에도 정도의 차이는 있지만 정통 사상의 흔적들이 남아 있다. 우리가 『사기』와 『한서』에서 서로 관련이 있는 논술들을 비교해 보면, 곧 반고의 글들에서 다음과 같은 정통 사상의 관점들을 볼 수 있다.

첫째는, 유교만을 존숭하고 있다는 점이다. 사마천(司馬遷)은 한나라 무제 시기에 살았는데, 이 때는 막 유교만을 존숭하기 시작하여, 사회적으로도 그다지 큰 영향을 미치지 못했고, 선진(先秦) 시대 학술의 자유로운 사조도 또한 일정한 영향을 미치고 있었다. 따라서 사마천은 유가와 도가 등 각 학파들의 사상을 함께 존숭할 수 있었으며, 비교적 개방적이었다. 그가 저술한 『사기』에서는, "벼슬을 하지 않은[布衣]" 공자의 전기를 세가(世家)[142]에 포함시켜, 매우 상세하게 기술했다. 또한 따로 「중니제자열전(仲尼弟子列傳)」과 「유림열전(儒林列傳)」 등도 기술하면서, 공자를 '부자(夫子 : 덕행이 높은 스승을 가리키는 말-역자)'·'지성(至聖 : 덕행이 지극히 뛰어난 성인이라는 뜻-역자)'이라고 불렀으며, 유학의 대사(大師)들인 공자와 맹자를 비교적 높이 평가했다. 동시에 사마천은 황로 사상도 중시했는데, 그는 「태사공자서(太史公自序)」에 사마담(司馬談)의 『논육가요지(論六家要指)』를 기재하면서, '도가'가 여러 학파들의 장점들을 취했고, "사물에 따라 변화한다[應物變

142) 역자주 : 『사기』에서 제후 등 고위 관료들의 전기를 기술한 편(篇)을 말한다.

化].”라는 요체를 얻었다고 여겼다. 또한 「공자세가(孔子世家)」·「노자열전(老子列傳)」에는 공자가 노자에게 예(禮)를 물어 본 일 등을 기재하고 있다. 이는 사마천이 도가 사상을 중시했음을 다시 말해 준다. 이 외에도 사마천은 또한 묵가(墨家)·법가(法家)·병가(兵家)·명가(名家)·음양가(陰陽家) 등 각 학파들의 장점을 흡수했으니, 그는 각 학파를 함께 취했다고 할 수 있다. 사마천은 비록 유교를 숭상했으나, 그것은 주로 선진(先秦) 시기의 유가였다.

그러나 반고는 달랐다. 그는 유학의 정통화가 왕성한 시대에 살았기에, "오로지 유가만을 존숭한다[獨尊儒術]."라는 생각이 그의 머릿속을 지배하고 있었으므로, 유가 사상에서 말하는 옳고 그름이 모든 옳고 그름의 기준이라는 관념을 형성했다. 그는 일찍이 사마천을 비판하면서 말하기를, "그 옳고 그름의 기준은 성인을 선택한 기준에서 매우 잘못되었으니, 대도(大道)를 논하면서 먼저 황로를 논하고 나중에 육경(六經)을 논한 것이 그것이다.[其是非頗繆於聖人, 論大道則先黃老而後六經.]"[143]라고 했다. 곧 사마천이 옳고 그름을 평가하여 판단하는 기준은 유가 사상에 완전히 부합하지는 않았다고 판단했다. 반고가 이와 같이 유교를 숭상하는 생각은 『한서』에서 매우 두드러지게 나타나 있다. 그는 일찍이 이렇게 말했다. "유가를 따르는 자들은 대개 사도(司徒)[144]의 관직에 있는 사람들로부터 배출되었으며, 임금을 돕고 음양(陰陽)을 따라 교화(敎化)를 밝힌 자들이다. 육경을 배우고 글을 쓰고, 인(仁)과 의(義)의 사이에 뜻을 두며, 요(堯)·순(舜)의 도(道)

143) 『한서』 권62 「사마천전(司馬遷傳)」의 찬(贊).

144) 역자주 : 원래 교육을 담당하는 관리였지만, 주(周)나라 이후에는 호구(戶口)·토지 등에 관련된 사무도 겸했다.

를 본받아 기록하고, 문왕(文王)·무왕(武王)을 본받아 밝히며, 공자를 스승으로 받들어 모시면서, 그들의 말을 소중하게 여기니, 도(道)들 중에서 가장 높은 위치에 있다.[儒家者流, 蓋出於司徒之官, 助人君順陰陽明教化者也. 遊文於六經之中, 留意於仁義之際, 祖述堯舜, 憲章文武, 宗師仲尼, 以重其言, 於道最爲高.]"[145] 또한 「유림전(儒林傳)」에서는 "육예(六藝)는 왕이 백성들을 교화했던 내용이 담긴 전적(典籍)으로, 옛날 성인들은 이를 가지고 천도(天道)를 밝히고 인륜(人倫)을 바로잡았으니, 지극히 훌륭한 다스림에 이르는 완성된 법이다.[六藝者, 王教之典籍, 先聖所以明天道, 正人倫, 致至治之成法也.]"[146]라고 했다. 이와 같은 말들은 모두 유학을 한층 높게 평가한 것들이다.

둘째는, "한나라는 요임금의 운(運)을 계승했음[漢承堯運]"을 선양(宣揚)하고, 한나라의 황권(皇權)은 하늘이 부여했다고 주장한 점이다. 사마천은 『사기』「고제본기(高帝本紀)」의 끝부분에서 다음과 같이 평론했다. "하(夏)나라의 정치는 정성스러웠다[忠]. 정성스러움이 약해지니, 소인(小人)들이 야만으로 다스렸으므로, 은(殷)나라 사람들은 그를 이어 공경[敬]으로 다스렸다. 공경이 약해지니, 소인들은 귀신으로 다스렸으므로, 주(周)나라 사람들은 그를 이어 문(文)으로써 다스렸다. 문이 약해지니, 소인들이 경박하고 비루하게 다스렸으므로, 경박하고 비루함을 구하는 데에 정성스러움[忠]만한 것이 없었다. 삼왕(三王)[147]의 도(道)는 마치 순환하는 듯하니, 끝나면 다시 처음으로 돌아

145) 『한서』 권30 「예문지(藝文志)」.

146) 『한서』 권88 「유림전(儒林傳)」의 서(序).

147) 역자주 : 삼왕이란, 하(夏)나라의 우왕(禹王), 은(殷)나라의 탕왕(湯王) 및 주(周)나라의 문왕(文王)·무왕(武王)을 가리키는데, 문왕과 무왕은 부자 관계이므로

간다. 주나라와 진(秦)나라 사이에는 문(文)이 약해졌다고 말할 수 있다. 진나라의 정치는 이를 고치기는커녕, 도리어 죄를 다스리는 법률을 가혹하게 했으니, 어찌 잘못이 아니겠는가? 따라서 한나라가 건국되어, 약해지진 것을 계승하여 바꾸자, 사람들이 게으르지 않게 되었고, 천자의 법통을 얻게 되었다.[夏之政忠. 忠之敝, 小人以野, 故殷人承之以敬. 敬之敝, 小人以鬼, 故周人承之以文. 文之敝, 小人以僿, 故救僿莫若以忠. 三王之道若循環, 終而復始. 周秦之間, 可謂文敝矣. 秦政不改, 反酷刑法, 豈不繆乎? 故漢興, 承敝易變, 使人不倦, 得天統矣.]" 반고는 『한서』「고제기(高帝紀)」의 찬어(贊語)에서 다음과 같이 고쳐 썼다. "『춘추』에는 진(晉)나라의 사관(史官) 채묵(蔡墨)이 한 말이 기록되어 있는데, 도당씨(陶唐氏)[148]가 이미 쇠약해진 다음, 그의 후손들 가운데 유루(劉累)라는 자가 있었는데, 그는 용을 길들이는 방법[149]을 배웠으며, 하(夏)나라의 왕인 공갑(孔甲)을 섬겼고, 범씨(范氏)가 그의 후손이다. 그리고 진(晉)나라의 대부 범선자(范宣子)가 또한 말하기를, '나의 조상들은 순(舜)임금 이전에는 도당씨였고, 하나라에 때에는 어룡씨(御龍氏)였으며, 은나라 때에는 시위씨(豕韋氏)였고, 주나라 때에는 당두씨(唐杜氏)였는데, 진(晉)나라가 중하(中夏)의 회맹(會盟)을 주도하는 지금은 범씨가

한 사람으로 간주한다.

148) 역자주 : 요(堯)임금을 가리킨다.

149) 역자주 : 용은 실존하지 않는 동물이므로 이에 대한 해석이 분분하다. 갑골문의 '龍'자는 뱀의 형상 위에 '辛'이 붙어 있는 모습으로 되어 있다. '辛'은 상서롭지 못한 것을 내쫓는다는 의미를 담고 있으며, 뱀은 고대 중국에서 강하고 신비롭지만 위험한 동물로 여겨졌다. 이를 근거로 미루어 볼 때 '용을 길들이는 방법을 배웠다'는 의미는, 수렵(狩獵)을 장기로 삼는 부족의 일원으로 각종 맹수들을 잘 사냥하고 길들이는 방법에 정통한 특정 인물의 행적을 가리키는 말이 아닌가 생각된다.

되었다.'라고 했다. 범씨는 진나라에서 사사(士師 : 각종 금령이나 형벌을 관장하던 관직-역자)가 되었는데, 노(魯)나라 문공(文公) 시기에 진(秦)나라로 달아났다. 나중에 진나라로 돌아왔으며, 그 곳에서 유씨(劉氏)가 되었다. 유향(劉向)이 이르기를, '전국 시대에 유씨는 진(秦)나라로부터 위(魏)나라 땅을 빼앗았다.'[150]라고 했다. 진나라가 위나라를 멸망시키자, 대량(大梁)으로 옮겨가 풍(豐)에 도읍을 정했으므로, 주불(周市)[151]이 옹치(雍齒)[152]에게 말하기를, '풍은 옛날에 양나라가 옮겨 온 곳이다.'라고 했다. 그리하여 유향이 고조(高祖)를 칭송하여 이르기를, '한나라 황제의 본래 혈통은 요임금으로부터 나왔다. 그 이래로 주나라 때까지 이어졌으며, 진(秦)나라에서 유씨가 되었다. 위나라를 지나 동쪽으로 이주했으며, 마침내 풍공(豐公)이 되었다.'라고 했다. 풍공은 고조의 조부(祖父)일 것이다. 위나라 땅에서 옮겨 간 지 얼마 되지 않아, (풍공의-역자) 분묘(墳墓)를 풍선(豐鮮)에 두었다. 이어서 고조가 황제에 즉위하자, 이 곳에 사사관(祠祀官 : 제사를 지내는 관리-역자)을 두었으며, 곧 진(秦)·진(晉)·양(梁)·형(荊) 지역 출신 무당들로 하여금 대대로 하늘과 땅에 제사를 지내게 했으며, 이를 계승하여 제사를 지내고 있으니, 어찌 믿지 못하겠는가! 이로부터 미루어 볼 때, 한나라는 요임금의 운(運)을 계승했으며, 덕(德)과 복(福)이 이미 융성하자,

---

150) 역자주 : 『한서』를 주석한 문영(文穎)은, "육국 시대에 진(秦)나라가 위(魏)나라를 공격했는데, 유씨(劉氏)는 진나라 군대로 참전했다가 위나라 군대의 포로가 되었기 때문에, 다시 위나라 땅에 거주하게 되었다.[六國時, 秦伐魏,劉氏隨軍爲魏所獲, 故得復居魏也.]"라고 했다.

151) 역자주 : ?~기원전 208년. 진(秦)나라 말기의 명장(名將)으로, 진승(陳勝)은 그를 보내 위나라의 옛 땅을 수복했다. 주불(周市)의 '市'은 '拂'과 발음이 같다.

152) 역자주 : ?~기원전 192년. 서한 초기의 무장(武將)이다.

고조는 백제(白帝)의 뱀을 베어 적제(赤帝)의 부명(符命)을 얻었으며, 깃발에 붉은색을 사용하니, 불의 덕에서 도움을 받았으며, 자연의 순리에 따라 응했으니, 천자(天子)의 법통을 얻게 되었다.[『春秋』晉史蔡墨有言, 陶唐氏旣衰, 其後有劉累, 學擾龍, 事孔甲, 范氏其後也. 而大夫范宣子亦曰, '祖自虞以上爲陶唐氏, 在夏爲御龍氏, 在商爲豕韋氏, 在周爲唐杜氏, 晉主夏盟爲范氏.' 范氏爲晉士師, 魯文公世奔秦. 後歸於晉, 其處者爲劉氏. 劉向云戰國時劉氏自秦獲於魏. 秦滅魏, 遷大梁, 都於豐, 故周市說雍齒曰'豐, 故梁徙也'. 是以頌高祖云, '漢帝本系, 出自唐帝. 降及於周, 在秦作劉. 涉魏而東, 遂爲豐公.' 豐公, 蓋太上皇父. 其遷日淺, 墳墓在豐鮮焉. 及高祖即位, 置祠祀官, 則有秦·晉·梁·荊之巫, 世祠天地, 綴之以祀, 豈不信哉! 由是推之, 漢承堯運, 德祚已盛, 斷蛇著符, 旗幟上赤, 協於火德, 自然之應, 得天統矣.]" 『사기』와 『한서』의 이 두 글들을 비교해 보면 알 수 있듯이, 사마천은 결코 "한나라는 요임금의 운을 계승했다[漢承堯運]."와 같은 말을 하지 않았지만, 반고는 유향의 "한나라 황제의 본래 혈통은, 요임금으로부터 나왔다.[漢帝本系, 出自唐帝.]"라는 주장을 채택하여, 요임금의 후손이 한나라 고조 유방의 혈통이라고 짜맞춤으로써, 한나라 황실의 통치를 신격화했다. 반고가 한나라 고조를 신격화한 주장은, 또한 『한서』「서전(敍傳)」에 있는 다음과 같은 말들에서도 볼 수 있다. 즉 "한나라는 요임금의 운을 이어받음으로써, 제업(帝業)을 계승했으며[漢承堯運, 以承帝業]", "훌륭하신 한나라 고조께서는, 요임금의 혈통을 이어받았다. 참으로 하늘의 덕성(德性)을 기르셨으며, 총명하고 뛰어나게 용맹하셨다.[皇矣漢祖, 纂堯之緖. 實生天德, 聰明神武.]"라고 했다. 또한 「전인편(典引編)」에서는, "밝게 빛나는구나, 훌륭한 한나라여! 높고도 높구나 요임금의 토대(土臺)는.[赫赫皇漢, 巍巍唐基.]"이라고 했다. 「서도부(西都賦)」에서는 고조를 가리켜, "몸소 처음으로 국가의 제도를 확립했는데, 이는 하늘의 뜻을 이어받아 그리 하였다.[體元立制, 繼天而作.]" 등등이라고 한 것들이 그러하다. 반고가 거듭해서 고조는 요임금의 운을 계승했으며, 천명(天命)이 그에게 귀속되었다고 강조한 것은, 겉으로 보기에는 서한 황실의 통치를 신격화한 것이지만, 실제로는 또한 동한 광무제(光武帝)의 통치가 하늘로부터 받은 것이라고 찬양하고, 성인(聖人)의 법통에 부합한다는 뜻도 담고 있다.

셋째는, 등급(等級) 제도를 널리 알리고 그를 벗어나는 것을 용인하지 않았으며, 백성들은 응당 통치에 복종하며, 의(義)를 중히 여기고 이익을 천하게 여겨야 한다고 주장한 점이다. 사마천은 『사기』 「화식열전(貨殖列傳)」에서 다음과 같이 말했다. "'창고가 가득해야 예절을 알며, 의식(衣食)이 풍족해야 영욕(榮辱)을 안다.' 예절은 재물이 있을 때 생겨나며, 재물이 없을 때 사라진다. 따라서 군자는 부유하면 그 덕(德)을 잘 실행하고, 소인(小人)은 부유하면 그 능력에 맞게 행동한다. 물이 깊어야 물고기가 살 수 있으며, 산이 깊어야 짐승들이 오며, 사람은 부유해야 인의(仁義)가 따른다. 부자가 세력을 얻으면 더욱 빛나게 되고, 세력을 잃으면 손님들이 갈 곳이 없어지니, 즐거움이 사라진다. 이러한 점은 이적(夷狄)들의 경우에 더욱 심하다. 속담에 '천금(千金)이 있는 집의 아들은 저잣거리에서 죽지 않는다.'라고 했다. 이는 빈말이 아니다. 때문에 '천하가 즐거워하는 것은 다 이익이 생겨서이고, 천하가 어지러워지는 것은 모두 이익이 없어져 버렸기 때문이다.'라고 한다. 수레 천 대를 거느린 왕(王)[153]이나, 만(萬) 호(戶)를 다스리는 제후나, 백(百) 호를 다스리는 군(君)들이 오히려 가난해질까 걱정하는데, 하물며 평범한 백성들은 오죽하겠는가![‘倉廩實而知禮節, 衣食足而知榮辱.’ 禮生於有而廢於無. 故君子富, 好行其德, 小人富, 以適其力. 淵深而魚生之, 山深而獸往之, 人富而仁義附焉. 富者得勢益彰, 失勢則客無所之, 以而不樂. 夷狄益甚. 諺曰, ‘千金之子, 不死於市.’ 此非空言也. 故曰, ‘天下熙熙, 皆爲利來, 天下攘攘, 皆爲利往.’ 夫千乘之王, 萬家之侯, 百室之君, 尙猶患貧, 而況匹夫編戶之民乎!]”[154] 반고는, 사마천이 “화식(貨殖)[155]을 서술하면서 곧 세력과 이익을 숭상하고 신분이 낮고 가난한 것을 부끄럽게 여겼다[述貨殖則崇勢利而羞賤貧].”[156]라고 비판했는데, 그가 쓴 『한서』 「화식전(貨殖傳)」에서 다음과 같이 한마디를 추가했다. “옛날 선왕(先王)의

153) 역자주 : 여기에서 수레란 네 마리의 말이 끄는 전차[駟馬戰車]이다. 즉 전쟁이 발발했을 때 전차 천 대 정도를 동원할 수 있는 권력자를 의미한다. 주로 어느 정도의 세력을 형성한 제후를 가리키며, 전국칠웅(戰國七雄)에 속하지 못한 송(宋)·중산(中山) 등이 이에 해당한다고 할 수 있다. 고대에는 말의 품종이 좋지 못하여 말의 앞쪽에 사람이 타면 말이 감당하지 못했다. 이후 말의 품종이 개량되기는 했지만, 등자(鐙子)가 발명되기 전까지는 유목민족이 아닌 이상 말을 제어하면서 전투를 하는 기술을 익히기 어려웠다. 이러한 이유로 인해, 고대의 전장에서는 전차가 주력이 될 수 있었다. 하지만 등자의 발명 이후 기병의 양성이 쉬워지고, 기마술 및 기병(騎兵)을 이용한 각종 전술 등이 발달하면서 전차의 역할을 기병이 대신하게 되었다. 반면 기병에 비해 단점이 두드러지는(지형의 제약을 많이 받는 다는 점, 비전투원인 마부가 반드시 있어야 한다는 점, 방향 전환이 쉽지 않다는 점, 전투에서 말 네 마리 중 한 마리만 죽거나 다쳐도 운용이 어려워지는 점, 유지비용이 많이 든다는 점 등) 전차는 더 이상 전쟁의 주력이 되지 못했다. 이후 천승(千乘)이라는 말은 점점 본래의 의미를 상실하게 되었고, 제후(諸侯)를 지칭하는 용어로 변화되었다.

154) 『사기』 권 129 「화식열전」.

155) 역자주 : ‘화식’이란 재물을 생산하여 이익을 추구하는 활동으로, 수공업 및 농업·광업·어업·목축업 등 광범위한 국가 산업 전반을 지칭하는 말이다.

156) 『한서』 권62 「사마천전(司馬遷傳)」의 찬(贊).

제도에서는, 천자(天子)·공경(公卿)·대부(大夫)·사(士)에서부터 하인과 문지기와 야경꾼에 이르기까지, 그 작위(爵位)·봉록(俸祿)·집·수레·의복·관곽(棺槨)·제사(祭祀) 등의 제도에서 각자 등급의 차이가 있어, 신분이 낮은 자는 분수에 넘치게 높은 자들을 본뜰 수 없었으며, 천한 자들은 귀한 자들을 뛰어넘을 수 없었다.[昔先王之制, 自天子公侯卿大夫士至于皁隸抱關擊㰓者, 其爵祿奉養宮室車服棺槨祭祀死生之制各有差品, 小不得僭大, 賤不得逾貴.]" 즉 천자와 공·경·대부에서부터 노복(奴僕)에 이르기까지, 작위와 봉록, 그리고 사람이 생전에 누리는 것뿐 아니라 죽었을 때의 장례 등 모든 것이 등급의 차이가 있으므로, 지위가 낮고 천한 사람들은 함부로 지위가 높은 사람들의 작위나 그들이 사용하는 기물 및 각종 예의 등을 뛰어넘어서는 안 되며, 그렇게 해야 비로소 위아래의 질서가 있게 되고, 백성들이 비로소 안정될 수 있다고 생각했다. 또 사농공상(士農工商)의 사민(四民)들은 사는 곳을 따로 구분하고, 각자 대를 이어 가도록 해야, 백성들이 비로소 다른 생각을 하지 않게 되고, 각자 평안히 살면서 즐겁게 생업에 종사하며, 분수에 만족하여 본분을 지키고, "부끄러워하는 마음도 있고 또 공경하는 마음도 있으며, 정의를 귀하게 여기고 이익을 천하게 여기게[有耻而且敬, 貴誼而賤利]" 된다고 생각했다. 반고는 또한 봉건 사회에서 부유한 자와 가난한 자가 첨예하게 대립하며, "부유한 자들은 집안에 흙과 나무가 드러나 보이는 부분을 무늬가 있는 비단으로 가리고, 개와 말에게도 남아도는 고기와 곡식을 먹이지만, 가난한 이들은 짧은 갈옷도 온전치 않으며, 콩이나 먹고 물이나 마시게 된[富者木土被文錦, 犬馬餘肉粟, 而貧者裋褐不完, 唅菽飲水]" 것은, 등급 제도가 파괴되어, "예와 정의가 크게 무너지고, 상하가 서로 시기하고 질투하며[禮誼大壞, 上下相冒]", "분수에 어긋남이 극심하기[僭差亡極]" 때문이라고 결론지었다. 이렇게 "백성들을 속이고 실질을 배격하면서 허명만을 좇고, 간사한 자들이 남을 해치면서 이익을 추구하는 것[僞民背實而要名, 奸夫犯害而求利]"[157]을 질책했지만, 신분 제도의 불합리성에 대해서는 인식하지 못했다. 『한서』「화식전」의 내용은 대부분 『사기』「화식열전」에서 취했지만, 사마천은 위에서 언급한 중요 의론(議論)들을 다룬 글들에서, 노자(老子)의 퇴보적인 역사관에 반대하고, 재부(財富)를 추구하는 것은 누구나 가지고 있는 소망이며, 각계각층 사람들이 활동하는 목적이라고 주장했다. 즉 "부(富)라는 것은 사람들의 본성으로서, 배우지 않아도 추구하는 것이며[富者, 人之情性, 所不學而俱欲也]", "천하가 즐거워하는 것은 다 이익이 생겨서이고, 천하가 어지러워지는 것은 모두 이익이 사라져 버렸기 때문[天下熙熙, 皆爲利來, 天下攘攘, 皆爲利往]"이라고 말했다. 그렇지만 반고는 이러한 말들을 모두 빼 버렸다. 반고의 "정의를 귀하게 여기고 이익을 천하게 여기는[貴誼賤利]" 관점은, 바로 동중서(董仲舒)에게서 직접적으로 계승한 것이다. 사마천이, "사람이 부유해야 인의(仁義)가 따른다[人富而仁義附焉]."라고 생각한 것은 분명히 편견에서 비롯된 것이지만, "식량이 풍족하고 재화가 유통되는[食足貨通]"[158] 기반 위에서, "정의를 귀하게 여기고 이익을 천하게 여겨야 한다."라고 제창한 것은 어느 정도 일리가 없지 않다. 그런데 중요한 것은, 반고는 이러한 모든 것들을 상하의 등급이 있고 귀천

157) 『한서』 권91 「화식전(貨殖傳)」.
158) 『한서』 권24 「식화지(食貨志)」.

의 서열이 있는 봉건 통치 질서 속에 두었으며, 이러한 질서에 위배되는 어떠한 현상도 일어나서는 안 된다고 했으니, 이는 바로 정확하지 못한 것이다.

넷째는, 유협(遊俠)들이 "필부(匹夫)의 하찮은 일로, 죽이고 살리는 권한을 훔친다.[以匹夫之細, 竊殺生之權.]"라고 질책한 점이다. 『사기』와 『한서』에는 모두 유협들을 위한 열전(列傳)을 두었다. 『사기』「유협열전(遊俠列傳)」에서는 이렇게 기록하고 있다. "지금의 유협들은 그 행위가 비록 정의(正義)에 합치되지는 않지만, 그들의 말은 반드시 믿음이 있고, 그들의 행동은 반드시 결과가 있으며, 이미 승낙한 것은 반드시 성실하게 이행하여, 자신의 몸을 아끼지 않고, 다른 사람들이 어려운 일을 당하는 곳으로 달려가서는, 이미 자신의 존망과 생사를 따지지 않는다. 그러면서도 자신의 능력을 자랑하지 않고, 공덕을 자랑하는 것을 부끄럽게 여기니, 그들 역시 충분히 칭찬받을 만하다.[今遊俠, 其行雖不軌於正義, 然其言必信, 其行必果, 已諾必誠, 不愛其軀, 赴士之厄困, 旣已存亡死生矣, 而不矜其能, 羞伐其德, 蓋亦有足多者焉.]" 여기에서 유협들이 "이미 승낙한 것은 반드시 성실하게 이행하며[已諾必誠]", 어려움에 처하고 곤란에 빠진 이들을 돕고, 위급한 곤란에 빠진 사람을 구하는 행위를 칭찬하면서, 그들이 고상한 절조(節操)를 지니고 있다고 여겼다. 사마천은 평민 계층의 인물들도 우수한 품격과 덕성을 갖추고 있다고 찬양하고, 권세 있는 인물들의 허위와 비열한 행동을 서로 대조하여 꾸짖으면서, 권세 있는 자들이 인의(仁義)를 내세우면서도 나라를 좀먹는 참으로 치욕스러운 행위를 질책했다. 사마천이 평민 출신 유협들의 개인적 인품과 덕성을 찬양한 것은 일리가 있다. 그러나 우리가 또한 놓치지 말아야 할 것은, 한 시대에 만약 거대한 세력을 지닌 '유협'들이 곳곳에서 자신들이 하고 싶은 대로 행동하는 것을 용인한다면, 반드시 사회를 불안하게 하는 요인이 될 것이라는 사실인데, 훗날 유협들이 죽임을 당한 것은, 이것이 중요한 원인이었다. 반고는 유협들의 활동에 대해 찬성하지 않았기에, 사마천이 "유협에 대해 서술함으로써, 곧 민간의 선비들을 낮추고 간웅(奸雄)들을 높였다[序遊俠則退處士而進奸雄]."[159]라고 비판했다. 그가 저술한 『한서』「유협전(遊俠傳)」에서, 유협들은 "닭 울음소리를 잘 내고 개의 흉내를 내면서 도둑질하는 좀도둑처럼 천한 재주를 가진 자들[鷄鳴狗盜]"이며, "목숨을 바쳐 이름을 남겨서[殺身成名]", "뭇 사람들이 그들의 명성과 업적을 높게 평가하여, 그들을 우러러보며 흠모[衆庶榮其名迹, 覬而慕之]"하지만, "애석하게도 도덕(道德)에 들어서지 못하고, 구차하게 말류(末流)에서 방자하게 굴었으니[惜乎不入於道德, 苟放縱於末流]", 비록 죽임을 당하는 화를 당했지만, "불행이 아니다[非不幸也]!"라고 생각했다. 즉 반고는 유협들을 찬성하지 않았는데, 만약 사회 안정을 유지해야 한다는 관점에서 말한다면, 그것은 일리 있다. 문제는 반고가 평민들은 윗사람에게 반항하여 혼란을 일으켜서는 안 된다는 봉건 윤리의 관념에서 출발하여, 유협들에 대해 극도로 미워하는 감정을 드러냈다는 점이다. 즉 전국 시대에 유협들의 풍조가 거세게 일어났으므로, "공익에 등을 돌리고 당파의 이익을 위해 사력을 다한다는 비난이 조성되었고, 직분을 지키고 윗사람을 받드는 의(義)가 쇠퇴했으며[於是背公死黨之議成, 守職奉上之義廢矣]", "하물며 곽해[郭解 : 무

159) 『한서』 권62 「사마천전(司馬遷傳)」의 찬(贊).

제(武帝) 시기의 대협(大俠[160])]의 무리들은, 필부들의 하찮은 일로 죽이고 살리는 권한을 훔쳤으니, 그 죄는 이미 목을 베는 것만으로는 모자란다.[況於郭解之倫, 以匹夫之細, 竊殺生之權, 其罪已不容於誅矣.]"라고 했다. 반고는 비록 유협들이 "가난한 이들을 구제하고 다급한 형편에 있는 사람을 구해 주는 것[振窮周急]"을 칭찬했지만, 또한 유협들이 봉건 도덕을 위반하고 등급 제도를 파괴한 것에 대해 매섭게 꾸짖으면서, 그가 봉건 통치 질서의 유지 보호를 출발점으로 삼는 농후한 정통 사상을 뚜렷하게 드러냈다.

역사가의 사상은 그가 속해 있는 시대를 초월할 수 없다. 반고는 동한 초기에 유학 사상이 정통화하는 사상적 침체기에 살면서 『한서』를 저술했으므로, 만약 이러한 정통 사상의 관점을 무시했다면, 오히려 그의 사상을 이해할 수 없다고 할 수 있다. 그러한즉 반고가 『한서』에서 선양한 정통 사상은 『한서』라는 책 전체의 뛰어난 성취와 비교한다면, 결코 주요한 지위를 차지하지는 못한다. 『사기』와 『한서』라는 두 가지 거대한 저작들은 서로 다른 시대에 저술되었으며, 각각 걸출한 성취와 함께 한계도 지니고 있다. 이에 대해 우리는 마땅히 시대적인 조건을 고려하여 합당한 평가와 설명을 해야만 한다.

160) 역자주 : 의협심이 강한 사람을 가리키는 말.

제7장 신학(神學)의 탁류(濁流)에 대항하다.

– 반고의 '천인(天人) 관계' 사상

1. '인간사[人事]'를 중시하는 '천인 관계' 사상

반고는 『한서』에서 항상 하늘[天]·신(神)·상제(上帝) 및 사람과의 관계 등에 대해서까지 논하면서, 이를 통해 자신의 '천인 관계' 사상을 구현해 냈다.

반고가 말한 '하늘'이란, 때로는 초자연적인 힘을 갖추고 있고, 의지(意志)를 가진 존재이며, 사람들의 상과 벌을 관장하는 인격신이고, 때로는 객관적으로 운행하는 자연계 및 역사 발전의 객관적인 추세를 가리키기도 한다. 그가 '하늘'은 의지를 가진 존재이고 인간의 상과 벌을 관장하는 인격신이라고 말할 때에는, 의심할 여지없이 그의 유심주의(唯心主義) 신학(神學) 우주관(宇宙觀)의 사상적 경향을 구체적으로 드러냈다. 반면 그가 '하늘'은 객관적으로 운행하는 자연계 및 역사 발전의 추세라고 말할 때는, 말할 필요도 없이 물질 세계의 역사 발전의 객관적 법칙을 중시하는 진보적 사상 경향을 구체적으로 드러냈다. 반고는, 사람은 역사 활동의 주체로서, '인간사[人事]'의 활동이 역사의 발전과 후퇴를 결정하는 것이지, 결코 '하늘'이 결정하는 것이 아니라고 생각했다. 그가 '하늘'을 객관적 자연계 및 역사 발전 추세라고 말할 때, 바로 이러한 생각을 구현해 냈다. 그가 '하늘'을 초자연적인 힘을 갖고 있으며, 인간의 상과 벌을 주관하는 존재라고 말할 때, 이러한 생각과 모순되는 것 같지만, 실제로는 이러한 생각과 여전히 매우 밀접한 관계를 맺고 있다. 때문에 그가 말한 '하늘'은 비록 초자연적이고, '사람'의 의지로써 변화시킬 수 없으며, 인간의 밖에 있는 자연의 존재이지만, 그는 오히려 '하늘'이 '사람'과 사물들에 대해 중대한 영향을 미친다고 강조했다. 그는, 인간의 황제는 '하늘'을 대표해서 인간을 통치하는 것이므로, 만약 '하늘'이 인간 군주(君主)를 승인하면 곧 몇몇 상서로운 징조들을 내려 그가 군주가 되는 것을 허락하고 찬양함을 나타낸다고 생각했다. 예를 들어, 고조(高祖)는 천하를 얻기 전에 그의 몸에 수많은 상서로운 일들이 나타났으며, 선제(宣帝)는 민간인의 신분에서 제위를 물려받기 전에, 죽은 버드나무가 다시 살아나고, 넘어져 있던 바위가 저절로 세워지는 등의 징조들이 있었다고 했는데, 바로 이것이 그러한 방면의 생각을 표현해 낸 것이다. 만약 인간 군주가 우매하고 포학하여, '하늘'의 뜻과 민심(民心)에 부합하지 않으면, '하늘'은 곧 갖가지 재이(災異)를 내려서 경고하는데, 만약 군주가 여전히 잘못을 고치지 않으면, '하늘'은 그에 대한 허락과 도움을 취소하고, 갖가지 재이를 내려서 그의 멸망을 예시한다는 것이다. 여기에서 반고는 인간 군주의 도덕이 좋고 나쁨 및 능력이 있고 없음의 문제를 강조했다. 즉 만약 인간 군주가 덕을 닦는 데 주의를 기울이고 좋은 정책을 실행하면, '하늘'은 곧 그를 승인하고, 만약 황제가 잘못을 하면, '하늘'은 경고를 보내며, 황제가 고쳐 바로잡으면, '하늘'은 다시 그를 지지한다는 것이다. 이는 또한 사람이 만약 덕을 닦는 데 주의를 기울이면, '하늘'이 곧 자신의 관점과 의지를 바꾼다는 것을 말한다. 여기에서 강조한 주요 내용은 인간 군주가 선(善)을 행하고 덕을 쌓도록 충고한 것인데, 사회와 민중들에게 이로운 정책을 실행하는 문제는, 실질적으로는 또한 '인간사' 문제를 중시한 것이다. 이러한 사상은, 동중서(董仲舒)가 '하늘'은 세상 만물의 창조자이자 우주 최고의 주재자(主宰者)라고 강조한 것과는 커다란 차이가 있다.

이러한 사상은 한대(漢代)의 신학(神學)과 미신 사상이 범람하던 시기에 생겨났으니, 실제로 소홀히 할 수 없는 진보적인 의의를 지니고 있다.

서한 이래로 권력을 장악한 자들은 갈수록 신학과 미신을 제창(提唱)하여, 미신이 만연하였다. 그 때 신학과 미신이 범람한 주요 특징은, 첫째는 방사(方士)들이 못된 짓을 하여 혼란을 불러일으키자, 귀신들에게 지내는 제사가 범람하여 재앙이 되었으며, 둘째는 양한(兩漢) 교체기와 동한 초기에는 곧 도참(圖讖)과 근거 없는 주장들이 성행했다는 것이다. 이 기간 동안에 서한의 무제(武帝)와 동한의 광무제(光武帝)·명제(明帝) 등은 모두 충분히 능력을 발휘할 수 있는 유명한 제왕들이었지만, 그들은 관념과 의식 면에서는 오히려 귀신과 근거 없는 주장들을 믿었다. 이러한 것들이 조금도 이상할 것이 없는 것은, 그들은 신령과 미신에 의지하여 그 통치 권력을 유지 보호하며 공고히 하고, 이를 대대손손 물려주며, 본인은 또한 이를 통해 불로장생하려고 했기 때문이었다.

반고는 '인간사'의 활동을 중시하는 사상의 지도하에, 『한서』에서 수많은 통치자들이 종교와 미신을 통해 하늘의 보호를 받거나, 혹은 도를 이루어 신선이 되려고 했던 활동들을 기록하고 있다. 동시에 그들이 인간사의 활동에는 신경을 쓰지 않고 단지 하늘에게 애걸하는 것만을 중시하여, 결과적으로 아무런 효험도 얻지 못했다고 지적하고 있다. 그리하여 이와 같은 미신을 믿는 자들의 어리석고 우스꽝스러움을 강력하게 비웃고 풍자했으며, 아울러 이처럼 인간사를 중시하는 인문주의(人文主義)의 관점으로써 현실 생활 속에서의 신학이라는 그릇된 풍조와 맞서 싸웠다.

2. 귀신에게 비는 것을 비웃고 풍자하다.

『한서』「교사지(郊祀志)」는 줄곧 제왕(帝王)들의 제사 활동을 기록한 글이라고 여겨져 왔는데, 그 안에 담겨 있는 사상 내용은 아직 제대로 드러나 있지 않다. 사실 「교사지」는 왕조들의 제사 예의 활동을 기록한 것 말고도, 또한 제왕들이 진저리가 날 만큼 방사(方士)들에게 기만당한 황당하고 우스꽝스러운 내용과 함께, 귀신에게 지내는 제사가 범람하고 백성들에게 피해를 준 정황을 명확하게 비판적인 태도로 서술하고 있다. 현대의 시각에서 꼼꼼히 살펴보면, 후자(後者)는 분명히 매우 귀중한 것이다.

반고는 『한서』에서 수많은 통치자들이 미신 활동을 한 정황을 기록하고 있으며, 또한 여러 차례에 걸쳐 이러한 신학과 미신 활동은 결코 효험이 없음을 지적하고 있어, 사실상 이러한 미신 활동에 대해 신랄하게 풍자하고 있다. 그는, 유방(劉邦)이 황제를 칭한 지 얼마 지나지 않아, 급히 천제(天帝)의 힘을 빌려서 자신을 신격화했다고 지적했다. 즉 고조 2년 (기원전 205년)에, 유방은 동쪽으로 진군하여 항우의 대군을 무찌른 다음, 다시 관중(關中)으로 돌아와서 신하들에게 묻기를, "옛날 진(秦)나라 때에는 상제(上帝)에게 올리는 제사가 있었다는데 어느 제(帝)에게 올렸는가[故秦時上帝祠何帝也]?"라고 했다. 그러자 신하들이 대답하기를, 진나라 때에는 4제(帝)에게 제사를 지냈으니, "백제(白帝)·청제(青帝)·황제(黃帝)·적제(赤帝)에게 올리는 제사가 있었습니다[有白·青·黃·赤帝之祠]."라고 했다. 이에 유방이 말하기를, "나는 하늘에 5제가 있다고 들었는데[吾聞天有五帝]", 진나라 때에는 단지 4제에게만 제사를 지냈으니, 이것이 어찌된 일이냐고 했다. 신하들은 서로를 망연하게 바라보면서, 그가 말하는 것이 도대체 무슨 의미인지 알지 못했다. 그러자 유방이 모두에게 말하기를, "내가 알고 있으니, 그대들은 나를 받들어 다섯이 되도록 하라.[吾知之矣, 乃待我而具五也.]"[1]라고 했다. 유방은 자신을 추가하려고 생각하여, 마침내 5제가 되었다. 이리하여 특별히 흑제(黑帝)를 모시는 사당을 세우고, 이를 '북치(北畤)'라고 불렀다. 당시는 초(楚)나라와 한(漢)나라 사이의 전쟁이 또한 격렬하게 진행되고 있었는데, 유방은 도리어 조금도 지체하지 않고서 원래 진나라 때 제사를 책임지고 있던 관리들을 모두 찾아내어, 그들로 하여금 옛날대로 원래의 직책을 맡도록 했다. 아울

1) 『한서』 권25 「교사지」.

러 이전의 예의(禮儀)를 갖추어 제사를 올리도록 했다. 이를 통해 한나라 고조가 신(神)의 보호를 구하는 것을 얼마나 중요하게 여겼는지 알 수 있다.

한나라 문제(文帝)는 원래 매우 신중하고 검소한 황제였지만, 끊임없는 방사들의 감언이설을 한번 겪고는, 곧 득의양양해져 갔다. 당시 신원평(新垣平)이라는 방사가 있었는데, 그는 스스로 망기[望氣 : 매우 먼 곳에서도 운기(雲氣)와 지기(地氣) 등을 본다는 미신의 속임수를 가리킨다.] 할 수 있다고 하면서, 문제에게 이렇게 말했다. "장안의 동북쪽에 신기(神氣)가 있는데, 다섯 가지 색으로 되어 있고, 마치 사람이 갓과 면류관을 쓴 것 같습니다. 사람들은 동북쪽 신명(神明)의 집이라고도 하고, 서방(西方) 신명의 무덤이라고도 합니다. 하늘에 나타나는 상서로운 징조가 내려왔으니, 마땅히 사당을 세워 상제(上帝)에게 제사를 지냄으로써, 하늘이 부명(符命)을 내린 것에 대해 반응해야 합니다.[長安東北有神氣, 成五采, 若人冠冕焉. 或日東北神明之舍, 西方神明之墓也. 天瑞下, 宜立祠上帝, 以合符應.]" 즉 장안의 동북쪽에 신령스러운 기운이 있는데, 이는 바로 하늘이 감응하여 나타난 상서로운 조짐이니, 빨리 서둘러 그 곳에 사당을 짓고 제사를 지내야 한다고 말했다. 문제는 그의 말을 곧이듣고, 과연 위양(渭陽)에 오제묘(五帝廟)를 세우도록 명령했다. 이듬해에 문제는 친히 그 곳에 나아가 제사를 올렸으며, 사당 밑에 연못을 만들고 물을 끌어들였는데, 위수(渭水)와 직접 통했으며, 제사를 올릴 때에는 사당 안에 불을 피우고, 강을 따라 등을 밝히자, 등불이 수면 위에 비치는 모습이 마치 하늘과 직접 통하는 것 같았다. 이리하여 문제는 신원평이 공을 세웠다고 여겨, 그에게 상대부(上

大夫) 벼슬을 제수하고, 천 금(金)에 달하는 상을 내렸다. 이후 신원평은 또 다음과 같은 새로운 술수를 생각해 냈다. 즉 어떤 사람을 시켜, 정해진 시간에 황궁 앞에 도착하여 옥배(玉杯)를 바치도록 지시하고서, 그는 아주 그럴듯하게 문제에게 말하기를, "궁궐 아래에 보옥(寶玉)의 기운이 와 있습니다[闕下有寶玉氣來者]."라고 했다. 이는 그가 궁궐 앞에서 보물이 출현할 기운을 멀리서 보고 있다는 말이었다. 사람을 보내 살펴보니, 과연 옥배 하나가 보였는데, 그 옥배 위에는 또한 "人主延壽[임금님 수명을 연장시킨다]"[2]라는 네 글자가 새겨져 있었다. 이후 신원평이 또다시 분음(汾陰)에서 귀중한 보물의 기운이 보인다고 하자, 문제는 다시 그 말을 믿고는, 사람을 보내서 강가에 사당을 짓고, 보정(寶鼎)[3]이 출현하게 해달라고 제사를 지냈다. 이 때 어떤 사람이 글을 올려, 신원평이 지금까지 한 것은 모두 거짓이었다고 폭로하자, 문제는 비로소 깨닫고는, 신원평이 황제를 속인 죄를 엄중히 다스려 그의 목을 벴다. 이후 문제는 귀신의 일에 대해 냉담해졌다.

무제(武帝)와 신선(神仙)을 맹목적으로 믿는 관계에 대해, 반고는 「교사지」에서 한 마디로 요약하여 평가하기를, "더욱 귀신의 제사에 정성을 기울였다[尤敬鬼神之祀]."라고 했다. 무제는 일생 동안 불노장생하기를 희구했는데, 즉위한 지 얼마 되지 않아서 곧 차례로 장릉(長陵)의 여자[4]·이소군(李少君)·제(齊)나라 사람 소옹(少翁) 등을 만

2) 『한서』 권25 「교사지」.

3) 역자주 : 옛날 중국에서 정(鼎 : 솥)은 권력을 상징하는 신성한 물건이었다. 따라서 한 나라가 다른 나라를 정복하면 그 궁궐에 있는 정을 빼앗아 자신의 소유로 했다. 그리고 정의 크기와 무게가 곧 권력의 크기를 상징했다. 따라서 청동기 시대의 각종 정들은 매우 중요한 의의를 갖는 유물이다.

4) 역자주 : 장릉의 여자는 자식이 요절하자 슬픔을 이기지 못하고 세상을 떠났는데,

났다. 이소군은 나이가 많은 방사였는데, 남의 환심을 사는 말을 잘 하고, 갖가지로 사람들을 현혹시키는 술수를 부릴 수 있었으며, 또한 노인들을 젊어지게 할 수 있다고 말했다. 그는 무제에게 말하기를, "조왕신(竈王神)에게 제사를 지내면 모두가 물질을 완전하게 만들 수 있고, 물질을 완전하게 하여 단사(丹沙)[5]를 황금으로 만들 수 있으니, 황금으로 음식기(飮食器)를 만들면 곧 장수할 수 있습니다. 장수하면 바다 가운데 있는 섬인 봉래(蓬萊)에 사는 신선이 그를 볼 수 있으니, 하늘에 제사를 지냄으로써 곧 죽지 않게 되는데, 황제(黃帝)가 그렇게 했습니다. 제가 일찍이 바다 위에서 노닐다가 안기생(安期生)[6]을 만나자, 안기생은 저에게 대추를 먹게 했는데, 마치 오이만큼이나 컸습니다. 안기생은 신선이어서, 봉래로 가는 도중에 뜻이 맞으면 곧 그 사람에게 모습을 드러내고, 맞지 않으면 숨어 버립니다.[祠竈皆可致物, 致物而丹沙可化爲黃金, 黃金成以爲飮食器則益壽, 益壽而海中蓬萊仙者乃可見之, 以封禪則不死, 黃帝是也. 臣嘗遊海上, 見安期生, 安期生食臣棗, 大如瓜. 安期生仙者, 通蓬萊中, 合則見人, 不合則隱.]"[7]라고 했다. 즉 조왕신에게 제사를 지내면 신선의 법술(法術)을 얻을 수 있는데, 그런 다음에야 단사를

그녀의 혼령이 그녀의 동서(同壻)인 완약(宛若)에게 내려왔다고 한다. 완약은 그 혼령이 말하는 것을 전했는데, 영험하다고 소문이 나자 백성들 가운데 장릉의 여자를 신처럼 모시고 제사를 지내는 경우가 많았으며, 신군(神君)이라는 별칭으로 불렀다. 여기에서 무제가 장릉의 여자를 만났다고 한 것은 아마도, 완약을 통해 장릉의 여자의 혼령을 만났다는 것을 의미하는 듯하다.

5) 역자주 : 수은이 주성분인 유황화합물이다. 고대 중국에서는 신령한 물질로 취급되어, 신선이 되기 위해 복용하는 경우가 많았다. 그러나 과도하게 복용할 경우 수은에 중독되어 사망에 이르는 부작용이 있었다.

6) 역자주 : 안기생은 진시황 시대에 생존했던 방사이다.

7) 이상의 인용문들은 모두 『한서』 권25 「교사지」를 보라.

황금으로 변화시킬 수 있으며, 이 황금으로 음식기를 만들면 곧 장수할 수 있다고 했다. 또한 곧 봉래에 사는 신선을 만나 불사장생을 누릴 수 있는데, 황제도 그와 같이 했다고 말했다. 이소군은 또한 말하기를, 그가 일찍이 봉래의 바다 위에서 신선인 안기생을 만났는데, 그에게 청하여 오이처럼 큰 대추를 먹었다고 했다. 신선 안기생은 바로 봉래의 바다 속에 살고 있는데, 기분이 좋을 때 비로소 사람들에게 모습을 드러내고, 기분이 좋지 않으면 숨어 버린다고 했다. 무제는 이러한 말들을 완전히 곧이듣고는, 친히 조왕신에게 제사를 지내고, 방사들을 봉래에 보내 신선을 찾도록 했으며, 또한 사람을 보내 단사를 황금으로 변화시키도록 했다. 반고는 이러한 내용에 이어서 다음과 같이 말했다. "그로부터 오랜 시간이 지나, 이소군이 병으로 죽었다. 그러나 천자(天子)는 그가 죽지 않고 신선으로 변했다고 여겼으므로, 황추(黃錘)와 사관서(史寬舒)[8]로 하여금 그 방법을 전수하게 하자, 해안가나 연(燕)나라·제(齊)나라 출신의 괴이하고 바르지 못한 방사들이 더욱 많이 귀신이나 신선에 관한 일들을 말해 왔다.[久之, 少君病死. 天子以爲化去不死也, 使黃錘史寬舒受其方, 而海上燕齊怪迂之方士多更來言神事矣.]" 이소군은 분명히 병으로 죽었지만, 무제는 오히려 굽히지 않고 그는 죽은 게 아니라 신선이 되었다고 말했다. 이로 인해 더욱 많은 방사들이 황제 앞에 와서 이목을 끄는 속임수를 쓰도록 조장했으니, 이는 바로 무제가 미신에 탐닉한 것을 강력하게 풍자한 것이다.

---

8) 역자주 : 황추와 사관서에 대해서는 세 가지 주장이 있다. 첫째는, 둘 다 인명(人名)이라는 주장이며, 둘째는, 황추는 지명인 황수(黃腄)를 가리키며, 사관서는 인명이라는 주장이다. 셋째는, 황추는 지명인 황수이며, 관서(寬舒)는 인명이고, '사(史)'는 진(秦)·한(漢) 시대에 속리(屬吏)들을 통칭하던 말로, 관직을 나타낸다는 주장이다.

소옹(少翁)은 제나라 지역에서 온 방사였는데, 그의 속임수는 더욱 독특하고 새로웠다. 당시 무제가 총애하던 이부인(李夫人)이 세상을 떠나자, 소옹은 무제의 마음을 꿰뚫어 보고는, 곧 죽은 "이부인이 영혼을 드러내는[李夫人顯靈]" 우스꽝스러운 짓을 한바탕 연출했다. 그는 이 연출을 통해서 무제에게 한밤중에 먼 곳의 장막 안에 있는 이부인처럼 생긴 형상을 보여 주었다. 그리하여 무제에게 인정받았으며, 무제는 그를 문성장군(文成將軍)에 임명했다. 소옹은 고무되어 더욱 대담해졌는데, 무제에게 말하기를, 폐하께서 신선들과 함께 교류하려 해도, 만약 궁실(宮室)에서 사용하는 물건들을 모두 신선들이 쓰는 물건과 같은 것으로 바꾸지 않으면, 신선들은 오지 않을 것이라고 했다. 무제는 소옹의 말을 믿고, 그에게 궁중을 신선들이 거주하는 곳에 따라 배치하도록 했다. 이리하여 소옹은 궁중의 도처에 구름으로 만든 수레를 그려 놓고, 수레가 악귀를 피할 수 있게 해준다고 했다. 또한 감천궁(甘泉宮) 안에 누대(樓臺)를 하나 세우고는 각종 귀신들의 모습을 그렸는데, 이는 천신(天神)을 맞이할 수 있도록 해준다고 말했다. 그러나 소옹이 이처럼 1년여 동안 소란을 피우면서 계책과 술수를 다 썼지만, 신선의 그림자 하나 보이지 않았다. 이미 허풍을 쳤으니, 이를 거둬들일 방도가 없게 되자, 한 가지 방법을 생각해 냈는데, 그것은 비단 위에 글씨를 잘 써서 소에게 먹여 뱃속에 집어넣는 것이었다. 그런 다음 이 소의 뱃속에 기이한 물건이 있다는 것을 발견한 것처럼 꾸미고는, 사람을 시켜 소를 죽여 꺼내 보았는데, 알고 보니 비단 위에 쓴 글이었으며, 그 위에 쓴 내용도 매우 기이했다. 그런데 뜻밖에도 무제에게 소옹의 필적임이 발각되어, 한 차례 심문을 하자,

소옹은 당황하면서 어쩔 수 없이 진상을 고백했다. 무제는 단번에 곧이 '문성장군'을 죽였지만, 또한 외부에 알리지 말도록 했다. 이후에 무제가 병이 나자, 또 전국 각지의 귀신들에게 빌고 무당들을 찾았는데, 이른바 신군(神君)[9]을 감천궁에 모시고, 무사(巫師)들로 하여금 왕래하면서 소식을 전하도록 했다.[10] 반고는 또한 다음과 같이 말했다. 즉, 천자(天子 : 무제-역자)는 궁궐 안에 신군을 위해 여러 가지 색깔의 깃발을 걸어 놓았으며, 소중히 여기는 용구들을 배치해 놓았다. 그리고 신군이 전해 주는 말은 모두 세속에서 흔히 들을 수 있는 것들로, 결코 특별한 것이 없었음에도, 오로지 무제만은 그 말을 듣고서 마음속으로 기뻐했다고 하였다.[11]

무제는 '문성장군'을 죽인 다음, 자신이 속임수에 걸려들었다는 사실을 깨닫기는커녕, 도리어 소옹이 어쩌면 아직 써먹지 않은 방술(方術)이 있을지 모른다고 생각하여 후회했다. 이 때, 어떤 사람이 교동(膠東) 사람인 난대(欒大)를 추천하자, 무제는 그를 한번 만나 보고는 매우 기뻐했다. 반고는 난대의 특징을 다음과 같이 정리했다. "키가 크고 외모가 수려했으며, 말에는 많은 방책들이 담겨 있었는데, 대담하게 과장된 말을 하고서도 뒷수습할 것들을 의심하지 않았다.[爲人長美, 言多方略, 而敢爲大言, 處之不疑.]" 갖가지 속임수들을 가지고 있었는데, 특히 감히 대담하게 거짓으로 말하고 꾸며서 행동하면서도, 오히려 조금도 얼굴이 붉어지지 않았다. 난대가 하는 몇 마디 말들은

9) 역자주 : 앞에서 언급한 장릉(長陵)의 여자를 가리킨다.

10) 역자주 : 『한서』 권25 「교사지」에 따르면, 신군을 감천궁에 모신 이후 무제의 병은 완쾌되었다고 한다.

11) 이상의 내용은 모두 『한서』 권25 「교사지」를 참조하라.

바로 무제의 신선을 희구하던 마음의 병과 딱 맞아떨어졌는데, 그는 말하기를, 봉래(蓬萊)는 자신이 늘 가는 곳이며, 신선인 안기생을 여러 차례 만나 보았다고 했다. 그러나 안기생은 자기(난대-역자)를 미천한 말단 신하로 여겼으며, 교동왕(膠東王)도 단지 일개 제후이기 때문에, 신선은 자신들을 만나려고 하지 않는다고 했다. 그는 또한 안기생이 자신의 스승이라고 하면서, 일찍이 말하기를, "황금은 만들 수 있고, 황하(黃河)가 범람하면 틀어막으며, 불사(不死)하는 약을 구할 수 있고, 선인을 불러 모을 수 있다.[黃金可成, 以河決可塞, 不死之藥可得, 仙人可致也.]"라고 했다. 즉 황금을 변화시켜 만들어 내고, 범람하는 황하를 틀어막고, 불사의 약을 구할 수 있고, 선인을 만나는 것 등은 모두 어렵지 않게 할 수 있는 것들이라고 여겼다. 난대는 또한 말하기를, 그렇지만 황제가 자신의 선배인 문성장군을 죽이면서부터, 방사들은 모두 말을 하지 않았으니, 또한 누가 황제인 당신에게 선인을 찾는 방술(方術)을 알려 줄 수 있겠느냐고 했다.

무제는 난대가 이렇게 큰 능력을 가지고 있다는 것을 알자, 매우 놀라고 기뻐했으며, 곧바로 위무(慰撫)하면서 말하기를, 문성장군은 황제인 자신이 죽인 것이 아니고, 그가 "말의 간(肝)을 먹고서 죽었을 뿐[食馬肝死耳]"이라고 했다. 그러면서 난대가 만약 방금 말한 것과 같은 큰일들을 해낼 수 있다면, 황제인 자신은 무엇이든 아낌없이 그에게 상을 내릴 수 있으며, 아까워하지 않을 것이라고 했다.

난대는 이 말을 듣고는 기회가 왔다고 여겨, 우선 무제에게 올가미를 씌우려고 이렇게 말했다. 즉 '결코 나의 스승은 사람들에게 요구하지 않는데, 사람들이 저의 스승님에게 요구합니다. 황제께서 만약 목적을 이루려면, 우선 한 가지 긴요한 일이 있는데, 그것은 바로 찾아온 신선의 사자(使者)에게 존귀한 지위를 향유하게 하고, 폐하의 친속이 되게 하여 그를 후하게 대접하고, 사자가 또한 응당 권위를 나타내주는 인장(印章)을 지니게 해야 합니다. 그렇게 해야만 비로소 폐하와 신선 사이에 말이 잘 통할 수 있습니다. 신선이 황제인 폐하의 요구에 응답할지 하지 않을지는 지금 아직 말하기 어려운데, 이렇게 사자를 후하게 대접하는 것이, 그 목적을 이루기 위해 가장 중요한 첫걸음입니다.'라는 내용이었다.

당시 한나라 무제가 가장 걱정하던 것은 바로 황하의 둑을 쌓는 것이 어렵고 황금(黃金)을 단련하여 만들지 못하는 것이었는데, 난대가 이러한 일들을 모두 해낼 수 있다는 것을 알고는, 곧 그를 가장 존귀하게 대우하였다. 그리하여 즉시 그를 오리장군(五利將軍)에 봉했으며, 한 달여 만에 연속으로 그를 '천사장군(天士將軍)'·'지사장군(地士將軍)'·'대통장군(大通將軍)'에 봉하자, 난대는 혼자서 네 개의 금인(金印)을 갖게 되었다. 무제는 또한 특별히 조령(詔令)을 내려 다음과 같이 말했다. "옛날의 우(禹)임금은 황하의 아홉 지류를 잘 흐르게 하고, 사독(四瀆)[12]이 넘쳐흐르게 했다. 요즘 들어 황하가 범람하여 강 주위의 땅이 잠기고, 제방을 쌓는 요역(徭役)이 끊이지 않았다. 짐이 천하를 다스린 지 28년이 되자, 하늘이 짐에게 선비를 내려 보내시어 하늘과 잘 통할 수 있게 되었다. 『주역』의 건괘(乾卦)에 '성인이 천자(天子)에 재위하고[飛龍]', '벼슬이 점차 올라간다[鴻漸于般]'[13]고 했는데, 짐

12) 역자주 : 장강(長江)·황하(黃河)·회수(淮水)·제수(濟水) 등 네 개의 강을 가리킨다.
13) 역자주 : 원래 『주역』「건괘」에는 "飛龍在天"으로 되어 있는데, 그 뜻은 '성인이나 영웅이 가장 높은 지위인 천자에 올라 있다.'라는 것이다. "鴻漸于般"은 '큰 기러기

은 이러한 것들이 함께 이루어지기를 바라노라. 그러므로 2천 호(戶)의 봉지(封地)를 지사장군 난대에게 내리고, 낙통후(樂通侯)에 임명하노라.[昔禹疏九河, 決四瀆. 間者, 河溢皋陸, 隄繇不息. 朕臨天下二十有八年, 天若遺朕士而大通焉. '乾'稱'飛龍', '鴻漸于般', 朕意庶幾與焉. 其以二千戶封地士將軍大爲樂通侯.]" 즉 무제는 자신이 제위에 오른 이후 가장 우려한 것이 황하의 범람으로 인한 수해(水害)였는데, 지금 천제(天帝)께서 마치 능력 있는 사람인 난대가 책임지고 소식을 전하라고 보내 주신 것 같으니, 응당 그는 만 리(里)를 날아올라 행운을 전할 것이라고 했다. 그리하여 난대를 낙통후에 봉하고, 식읍(食邑) 2천 호를 내렸으며, 또한 1급 제후들이 거주하는 호화스러운 주택과 노비 천 명과 수레와 휘장 등 각종 용구와 기물들을 무수히 하사했다. 무제는 또한 특별히 자신의 딸인 위장공주(衛長公主)를 난대에게 출가시켜, 난대가 천자의 친족이 되고 싶어 했던 소망을 만족시켜 주었으며, 10만 근의 금(金)을 결혼 예물로 주었다.[14] 무제는 친히 스스로 난대의 집에 가서 만나기도 했고, 조정에서 안부를 묻고 물건을 들고 가서 상을 내리도록 파견한 사자(使者)들이 도로 위에서 마주칠 만큼 왕래가 빈번하여 끊이지 않았다. 무제의 고모부터 문무 대신들과 고관대작들에 이르기까지 모두 다투어 자신의 집에서 난대를 대접하는 연회를 열었으니,

---

가 아래에서부터 빙빙 돌면서 올라간다.'라는 뜻으로, '벼슬이 점점 올라감'을 가리킨다.

14) 사적(史籍)에는 한나라의 역대 황제들이 하사한 금의 수량이 매우 많았다고 기록되어 있다. 근대 학자들의 연구에 따르면, 이 '금'은 '황금'·'백금' 그리고 '구리'를 모두 포함하고 있으며, 하사한 동전(銅錢) 또한 '금'으로 환산되었다고 한다. 이는 『廿二史札校正』 권2 「漢多黃金」조(條) 및 왕슈민(王樹民, 1911~2004년)이 지은 교정본을 참조하라.

난대는 가장 존귀한 인물이 되었다. 무제는 이미 그에게 내린 각종 작위와 하사품들이 여전히 부족하다고 느껴, 반드시 그에게 일반적인 군신(君臣) 관계를 뛰어넘는 예우를 나타내 보였다. 그래서 또한 오로지 그만을 위해 '천도장군(天道將軍)'이라는 옥인(玉印)을 새겨, 신선 세계에서 온 사자를 대하는 특수한 의식을 준비했다. 그리하여 몸에 새의 깃털로 만든 옷을 입은 사신으로 하여금 백모(白茅)[15] 풀 위에 서서, 똑같이 깃털로 만든 옷을 입고 백모 풀 위에 서 있는 난대에게 옥인을 수여하도록 했다. 이러한 의식은 난대의 신분이 일반 신하들과는 다르다는 것을 나타내 주었으며, '천도(天道)'라는 칭호는 곧 황제를 천신(天神)과 통하도록 인도한다는 것을 분명히 가리키는 것이었다. 난대는 무제가 밤낮으로 자신이 신선과 소통했다는 소식을 듣고 싶어 한다는 것을 알고 있었으므로, 곧 밤중에 허세를 부리면서 천신에게 제사를 지냈다. 하지만 줄곧 천신이 요구를 들어 주지 않자, 또한 짐을 꾸려 산동(山東)으로 돌아가면서 말하기를, 해변에 가서 그의 스승을 찾겠다고 했다. 이에 대해 반고는 풍자의 필치로 기록하기를, 난대와 무제는 서로 "몇 개월 동안 만나면서, 여섯 개의 인장(印章)을 착용하여, 그의 존귀함이 천하에 위세를 떨쳤으며[見數月, 佩六印, 貴震天下]", 동부 해안 지대에 큰 반향을 불러일으키자 "해안 지역인 연(燕)나라·제(齊)나라 지역에서는, 팔을 걷어붙이고 주먹을 불끈 쥐면서 스스로 비전(秘傳)의 신비한 방술로써 신선이 될 수 있다고 말하지 않는 이가 없었다.[而海上燕·齊之間, 莫不扼腕而自言有禁方能神仙矣.]"라고 했다. 즉 난대의 속임수가 큰 효과를 거두자, 각지에서 소문을 듣

15) 역자주 : 잎 모양이 창과 같이 생긴 벼과의 식물로, '띠'라고도 불린다.

고 흠모하여, 방사들이 허풍을 떨면서 귀신에게 제사지내고 신선에게 비는 풍조가 한때 세상을 떠들썩하게 했다.

난대는 바닷가에 가서 배회했는데, 그는 또한 어찌 신선의 종적을 찾을 수 있었겠는가? 곧 허풍이 드러나고 원래의 모습이 밝혀지자, 곧 또 한 가지 계책을 생각해 냈다. 즉 거짓으로 핑계를 꾸며대고 다시 얼버무리면서 말하기를, 봉래(蓬萊)의 신선 세계는 멀지 않지만, 여러 차례 시도해도 가지 못했는데, 그 원인은 운기(雲氣)가 보이지 않았기 때문이라고 했다.

이 때 제나라 지역에서 수도인 장안(長安)으로 몰려온 방사들 중에는, 또한 새로운 술책을 부리는 사람이 있었으니, 이 사람은 공손경(公孫卿)이라는 자였다. 그는 그 해 여름에 분음(汾陰)에서 고대의 보정(寶鼎 : 진귀한 정-역자)이 발견된 일을 구실로, 한 통의 편지를 써서 무제에게 제출하면서 말하기를, '올해 진귀한 정을 얻은 것은, 황제(黃帝) 시대에 정(鼎)을 얻었을 때와 서로 딱 맞아떨어지는데, 황제께서는 그 보정을 얻은 지 380년 후에 신선이 되어 하늘로 올라가셨습니다.'라고 했다. 공손경은 무제의 근신(近臣)인 소충(所忠)을 찾아가, 그가 대신 상주(上奏)하도록 했다. 그러자 소충은 이 글이 황당무계하다는 것을 알고는 말하기를, "보정의 일은 이미 다 끝난 일이오. 더 이상 무엇을 하려는 것이오.[寶鼎事已決矣. 尙何以爲.]"라고 하면서, 그가 지껄여대는 이러한 말들로 인해 자신이 화를 당하지나 않을까 두려워하여, 그를 위해 상주하는 것을 거절했다. 공손경은 자신이 무제의 마음을 움직일 수 있다고 자신하여, 다시 무제의 옆에서 심부름을 하는 사람을 찾아가 무제에게 편지를 올렸다. 무제는 그 글을 보더니 과연 크게 기뻐하면서, 급히 공손경을 찾아오게 하여 물었다. 공손경은 더욱 그럴듯하게 꾸며대며 말하기를, 자신은 신공(申公)[16]으로부터 그 글을 얻었는데, 신공은 신선인 안기생과 왕래했으며, 안기생으로부터 그 곳에서 황제에 대한 이야기를 들었다고 했다. 그러면서 황제는 보정을 얻고 난 다음에 신선이 되었는데, 그가 구리를 캐서 정을 주조하자, 신선이 용을 내려 보내 그를 하늘로 맞이했으며, 황제가 용에 올라타자, 뭇 신하들과 후궁들 중 그를 따라 올라간 사람이 70명이나 되었으며, 용은 곧 하늘로 올라갔다고 했다. 무제는 넋을 잃고 듣다가, 큰소리로 감탄하며 이렇게 말했다. "아아! 진실로 황제처럼 될 수 있다면, 나는 처자와 이별하는 것 보기를 신발 벗는 것과 같이 하겠노라.[嗟乎! 誠得如黃帝, 吾視去妻子如脫屣耳.]" 말하자면 무제는 만약 황제와 같이 신선이 되어 하늘로 오를 수만 있다면, 곧 처자식을 내팽개치기를 마치 신발을 벗어 던지듯이 하여 조금도 애석해하지 않겠다고 했다. 그리하여 공손경을 낭관(郎官)에 임명하고, 그를 태실[太室 : 오악(五嶽) 중 중악(中岳)인 숭산(嵩山)]에 보내 신선을 맞이하도록 했다.

이 때 무제는 이미 난대를 의심하고 있었기 때문에, 사람을 보내어 그의 뒤를 따르며 결과를 관찰하도록 했지만, 그는 원래 신선은커녕 신선의 그림자와도 통할 수 없다는 것을 알아냈다. 난대는 또한 거짓으로 스승인 안기생을 만났다고 했지만, 무제는 조금도 믿지 않았다. 그의 갖가지 수법들이 이미 바닥나고, 사기꾼 본래의 모습이 탄로되자, 무제는 곧 그 '오리장군'을 죽였다.

16) 역자주 : 서한 시대에 경학(經學) 대사(大師)로서, 금문시학(今文詩學)인 노시학(魯詩學)의 개창자이며, 『시경(詩經)』의 보존과 전래에 중요한 공헌을 한 인물이다.

무제가 난대에게 크게 속아 넘어간 사실에 대해, 반고는 이처럼 사실대로 기록했는데, 사실상 이미 풍자의 의미를 담고 있었다. 무제가 계속해서 속임을 당하고서도, 잘못을 뉘우치고 고치기는커녕, 여전히 귀신을 숭배하고 신선을 찾는 활동에 깊이 빠져들자, 반고는 이에 대해 더욱 강력하게 풍자하면서 이렇게 기록하고 있다.

"공손경이 하남(河南)에 신을 찾으러 갔다가, 신선의 흔적을 구씨[緱氏 : 지금의 하남성(河南省) 등봉(登封) 서북 지역]의 성(城) 위에서 보았는데, 마치 꿩과 같은 것이 있었으며, 성 위를 왕래했다고 했다. 무제가 직접 후씨성에 행차하여 그 흔적을 보고는 공손경에게 묻기를, '문성장군(소옹-역자)과 오리장군(난대-역자)을 본받지 말아야 한다는 것을 아는가?'라고 했다. 공손경이 말하기를, '신선들은 폐하께 요구하는 것이 없지만, 폐하는 신선에게 요구하는 것이 있습니다. 그 방법은 약간 느긋하지 않으면 신선은 오지 않습니다. 신선의 일에 대해 말하자면, 마치 거짓말 같지만, 세월이 지나면 곧 이룰 수 있습니다.'라고 했다. 그리하여 군국(郡國)들은 각자 도로를 정비하고, 사묘(祠廟)와 이름난 산들에 있는 신사(神祠)들을 수리하여, 신선을 만날 수 있는 행운을 기대했다.[公孫卿候神河南, 言見仙人跡緱氏城上, 有物如雉, 往來城上. 天子親幸緱氏視跡, 問卿 '得毋效文成·五利乎?' 卿曰 '仙者非有求人主, 人主者求之. 其道非少寬暇, 神不來. 言神事, 如迂誕, 積以歲, 乃可致.' 於是郡國各除道, 繕治宮館名山神祠所, 以望幸矣.]"[17]

반고는, 공손경이 하남에서 신을 기다리다가, 구씨에서 신선의 모습을 보았는데, 마치 꿩처럼 생긴 것이 성벽 위에서 달리면서 왔다갔

17) 이상의 글들은 모두 『한서』 권25 「교사지(郊祀志)」를 보라.

다 하는 것 같았다고 말했다. 무제는 그 말을 듣고는 친히 구씨에 가서 살펴보았으며, 아울러 공손경에게 소옹이나 난대처럼 속임수를 쓰지 말라고 경고했다. 공손경은 의도적으로 까마득하고 요원한 것을 말하여, 오랫동안 속여 먹으려고 무제에게 말하기를, 신선은 황제에게 요구하는 것이 없는데, 황제는 신선에게서 요구하는 것이 있다고 했다. 또 신선을 맞이하는 일은 서둘러서는 안 되며, 오랫동안 기다리지 않으면 신선을 만날 수 없다고 했다. 그리고 신선의 일을 말하면, 황당하고 믿기 어려운 것 같지만, 반드시 정성을 다해 1년 정도 노력을 해야 비로소 목적을 이룰 수 있다고 했다. 이는 분명히 또 다른 속임수였지만, 무제는 도리어 여전히 이를 진실이라고 믿었다. 그리하여 무제는 명령을 내려, 각 군국들이 도로를 정비하게 하고, 사묘와 이름난 산에 있는 신사들을 수리하여, 신선이 강림하기를 기다리도록 했다.

이후 무제는 연달아 동쪽으로 가서 이름난 산들에서 봉선(封禪)[18] 하여 신에게 빌었으며, 또한 발해(渤海) 해안가의 여덟 곳에서 신선에게 제사를 지냈다. 무제의 이와 같은 행위는 방사들이 속임수를 부리는 것을 또한 크게 고무시켰다. 그리하여 제(齊)나라 지역에서는 글을 올려, 신기한 방술로 귀신과 요괴를 만날 수 있게 해준다고 말하는 계책들을 무수히 많이 바쳤다. 그러자 무제는 명령을 내려, 그 곳에 대량의 배를 제공하고, 바다 가운데에서 신선들이 사는 산을 보았다는 사람들을 파견하여, 봉래에 가서 신선을 찾아보도록 했는데, 그 사람들의 수가 수천 명에 달했다.

---

18) 역자주 : 황제가 태산(泰山)에 가서 천지의 신들에게 제사를 지내는 의식을 말한다.

무제가 태산에 가서 봉선을 하니 날씨가 좋아지자, 방사들은 또한 무제를 부추기며 말하기를, '이렇게 날씨가 좋은데, 봉래의 신선들이 보이지 않을 리가 있겠습니까!'라고 했다. 그러자 무제도 흐뭇하게 요행이 일어나기를 바라면서, 곧 해변으로 돌아가 봉래 쪽을 바라보며 기다렸다.

이듬해 봄에 공손경이 보고하면서 말하기를, 자신이 동래(東萊)[19]에서 신선을 만났는데, 그가 마치 '천자(天子)를 만나고 싶다[欲見天子]'고 흥얼거리는 것 같았다고 했다. 그러자 무제는 다시 동쪽으로 가서, 먼저 공손경이 신선인 듯한 모습을 보았다는 구씨에서 잠시 머물렀으며, 또한 공손경을 중대부(中大夫)로 승진시켰다. 그리고 "마침내 동래에 도착하여, 숙박하면서 며칠 동안 묵었는데, 신선을 보지는 못하고, 커다란 사람의 발자국을 보았다고 했다.[遂至東萊, 宿, 留之數日, 毋所見, 見大人跡云.]"[20] 즉 신선의 자취는 보지 못했고, 단지 사람들이 말하기를 신선의 발자국이라고 하는 것만을 보았다고 했다. 그러자 무제는 다시 방사들을 바다 가운데로 보내 신선을 찾도록 하고, 수천 명의 사람들로 하여금 불로초를 채취하도록 했다. 그 해에 큰 가뭄이 들고, 무제가 동쪽으로 가서 아무런 소득도 없었으므로, 순행을 할 명분이 없어지자, 곧 바다의 만리사(萬里沙[21])에게 기도하고 태산에 제사를 올린다는 등등의 핑계를 둘러댔다.

---

19) 역자주 : 산동성(山東省) 용구시(龍口市) 황현(黃縣)의 옛 명칭이다. 지금의 연대시(烟臺市)의 옛 명칭이기도 하다.

20) 이상의 내용들은 모두 『한서』 권25 「교사지」 상(上)을 보라.

21) 역자주 : 응초(應劭, 153~196년)는, '만리사'가 동래 지역에 있다는 신(神)의 이름이라고 풀이했다.

원봉(元封) 6년(기원전 105년)에 무제는 또 한 번 태산에서 봉선을 행했다. "동쪽으로 바다에 가서, 바다를 샅샅이 뒤지고 방사들을 보내 신선을 찾았는데도 아무런 효과가 없었지만, 그럴수록 더욱 많은 사람들을 보내, 그를 만나기를 바랐다.[東至海上, 考入海及方士求神者, 莫驗, 然益遣, 幾遇之.]" 즉 무제는 신선을 찾기 위해 수십 년의 세월을 들여, 재물을 무수히 낭비해 가면서 계속해서 방사들에게 그 일을 맡겼지만, 이미 그 어떤 방사의 수단도 효과가 없다는 것을 분명히 알고 있었다. 그렇지만 또한 결코 포기하지 않고 오히려 더욱 많은 사람들을 보냄으로써 요행을 바랐다. 정화(征和) 4년(기원전 89년)에 무제는 이미 노쇠한 나이였지만, 또 다시 동쪽으로 태산에 가서 봉선 의식을 행한 다음, 바닷가에 가서 "방사들이 신선을 맞이하러 바다에 들어가 봉래를 찾는 것이 결국 아무 효험이 없었으나, 공손경은 여전히 거인의 발자국으로써 해결했다. 무제는 오히려 거기에 매달려 그만두지 못하고서, 정말로 그런 일이 일어나기를 기대했다.[而方士之候神入海求蓬萊者終無驗, 公孫卿猶以大人之跡爲解. 天子猶羈縻不絕, 幾遇其眞.]" 참으로 죽을 때까지 뉘우치지 못한 것이다.

반고는 진지하게 무제가 신선을 찾으려 했던 활동들을 기술했으며, 아울러 여러 차례 말하기를, "신선에 속하는 것들을 고찰해 보면, 증명된 것이 없었다.[考神仙之屬, 未有驗者.]"[22]라고 했는데, 이는 반고가 귀신이나 신선에 대한 사상을 반대했음을 분명하게 보여 준다.

이상의 내용은 반고가 사마천의 『사기』「봉선서(封禪書)」에 기술되어 있는 내용과 진보적 사상을 계승한 것들로, 서한이 건국된 이래

22) 이상의 내용들은 모두 『한서』 권25 「교사지」 하(下)를 보라.

제왕(帝王)들의 미신 행위들, 그 중에서도 특히 무제가 신선을 찾으려고 방사들의 요언(妖言)에 탐닉했던 것에 대해서 신랄하게 풍자한 것이다. 이는 유가(儒家)에서 말하는, "괴이한 일·폭력·혼란·귀신에 대해서 말하지 않는[不語怪·力·亂·神]" 소박한 이성(理性) 중시 사상의 경향을 발양한 것이다. 『한서』 속에 있는, 통치자들이 방사들을 임용하여 신선을 찾았지만 번번이 실패한 것에 대한 기록들은, 모두 신선에 관련된 미신의 본래 모습을 폭로하는 전형적인 의의를 지니고 있다.

3. 음사(淫祀)[23]를 비판하다.

서한 후기에는 미신 사상이 한층 더 만연했는데, 그것은 음사가 범람하여 재앙이 되었다는 것을 나타내 준다. 반고는 「교사지(郊祀志)」에서 음사의 심각한 상황을 종합적으로 기술하면서, 당시에 이러한 풍조에 용감하게 반대했던 유신(儒臣)들을 표창(表彰)함으로써, 더욱 강렬하게 비판적인 색채를 드러냈다.

소제(昭帝)가 즉위한 이후, 무제는 미신에 열중했지만 아무런 결과도 얻지 못했다는 교훈을 받아들여, 황제가 친히 귀신에게 제사를 지내는 일이 없었지만, 그리 오래가지는 못했다. 선제(宣帝) 때에 이르자, 제사가 다시 성행하기 시작했다. 선제는 또한 명령을 내려 강(江)·바다·낙수(洛水)에 제사를 지내도록 하자, 이 때부터 오악(五嶽)[24]과

23) 역자주 : 사신(邪神)에게 제사지내는 행위.

24) 역자주 : 중국의 5대 명산으로, 중악(中嶽)인 숭산(崇山)·동악(東嶽)인 태산(泰山)·서악(西嶽)인 화산(華山)·남악(南嶽)인 형산(衡山)·북악(北嶽)인 항산(恒山)을 가리킨다.

사독(四瀆 : 499쪽 참조-역자)에서 늘 제사를 올렸다. 그 외에도 잡다한 제사 명목들도 무수히 많아졌으니, 명산(名山)·일월성신(日月星辰)에 제사를 지냈고, 석고(石鼓)[25]와 석사(石社)[26]에게도 제사를 지냈으며, 치룡(蚩龍)[27]과 천신(天神) 등에도 제사를 올리는 등 일일이 다 거론할 수 없었다. 사냥꾼이 남군(南郡)에서 백호(白虎)를 사로잡자, 선제는 결국 백호의 가죽·이빨·발톱을 위해 사당을 세우기도 했다. 또한 방사들의 말에 따라, 미앙궁(未央宮)에서 수후보주(隨侯寶珠)[28]·보검(寶劍)·보옥(寶玉)·주대(周代)의 옛 정(鼎)을 위한 네 개의 사당을 세우기도 했다. 당시 수도인 장안(長安)과 여러 군국(郡國)들에는 또한 황실 선조들을 모신 종묘(宗廟)가 176곳이나 있었는데, 이를 지키는 병사들만 4만 5천 명이었고, 전문적으로 제사를 담당하는 축재(祝宰 : 제사장-역자)와 음악을 담당하는 악인(樂人)이 1만 3천여 명이나 되었다.

성제(成帝)가 즉위한 해(기원전 32년)에, 승상 광형(匡衡) 등이 글을 올려 말하기를, 제사들이 지나치게 많아 백성들을 힘들게 하고, 낭비가 너무 심하다고 하면서, 수도 장안과 기타 군현(郡縣)들에서 예제(禮制)

25) 역자주 : 고대 중국의 비석으로, 돌을 북 모양으로 만들어 거기에 글을 새긴 것이다.

26) 역자주 : '社'는 땅을 주관하는 귀신을 말하므로, 땅을 주관하는 귀신을 상징하는 돌을 가리킨다.

27) 역자주 : 상고 시대 구려족(九黎族) 부락의 추장(酋長)으로, 그의 신분에 관해서는 갖가지 다른 견해들이 있다. 약 4600여 년 전에 황제(黃帝)가 염제(炎帝)와 전쟁을 벌여 승리하였다. 지금의 하북성(河北省) 탁록현(涿鹿縣)에서 치우(蚩尤) 부락과 벌인 이 전투, 즉 탁록(涿鹿) 전투에서 치우가 전사하자, 동이(東夷)·구려 등의 부족들이 염황(炎黃)의 부족에 편입되었는데, 이들이 오늘날의 한족(漢族)의 모태를 이루었다.

28) 역자주 : '수(隨)'는 고대 주(周)나라 때의 나라 이름으로, '수후보주'는 수나라의 제후가 뱀을 구해 주자, 그 뱀이 제후에게 주었다고 전해지는 구슬을 가리킨다.

에 맞지 않거나 중복되는 사당들은 모두 폐기하도록 건의했다. 그리하여 모두 475개의 사당을 폐지했는데, 여전히 683개소나 남아 있었다. 다음해에 광형이 모종의 사건으로 인해 면직되자, 사람들은 그가 바꾸어 놓은 제사 방법을 분분히 반대했다. 반고가 존경하던 유학자인 유향(劉向)조차도 성제에게 말하기를, "예전부터 모셔 오던 천신(天神)과 지기(地祇)들은, 가벼이 움직여서는 안 됩니다![神祇舊位, 不可輕動!]"라고 했다. 그리하여 1년 전에 폐쇄했던 음사들 중 거의 절반 정도가 곧바로 다시 회복되었다. 성제 시기에는 또한 연달아 승상들이 미신 의식의 희생양이 되는 일들이 발생했다. 영시(永始) 2년(기원전 15년)에 운성(隕星)이 떨어지고 일식(日食)이 발생하자, 성제는 매우 당황하여 승상 설선(薛宣)의 직위를 파면하라고 명령을 내렸다. 수화(綏和) 2년(기원전 7년)에는 형혹성(熒惑星)[29]이 심성(心星)[30]에 멈춰 섰는데, 점성가(占星家)들의 주장에 따르면, 그것은 당연히 황제에게 불길한 것이라고 했다. 또한 어떤 사람은 글을 올려 말하기를, 대신(大臣)들이 대신 화를 입을 수 있다고 했다. 당시 극도로 공황 상태에 빠져 있던 성제는 이러한 요언(妖言)들을 듣고는 곧이곧대로 믿고서, 승상 적방진(翟方進)을 무겁게 처벌하도록 명령을 내리면서, 술 10석(石)과 소 한 마리를 하사하여, 죽기 전에 먹을 음식으로 삼게 했다. 적방진은 할 수 없이 그 날 스스로 목숨을 끊었다.

성제는 종일 방탕한 생활에 빠져 있었고, 대를 이을 아들을 얻지 못하자, 만년(晩年)에 더욱 귀신을 맹목적으로 믿었는데, 단지 제사나

---

29) 역자주 : 화성(火星)을 일컫는 다른 명칭이다.

30) 역자주 : 중국에서 옛날에 별자리를 28개로 구분했으며, 이를 28수(宿)이라고 하는데, 심성은 그 중 하나로, 심수(心宿)라고도 한다.

방술(方術)에 대해 글만 올려도 모두 벼슬을 할 수 있었다. 심지어 상림원(上林苑)[31] 안이나 장안의 길가에까지 귀신들에게 제사지내는 제단이 가득하지 않은 곳이 없었으니, 도처에서 향불이 피어오르고 깃발들이 펄럭여, 사람이 사는 세상 같지 않았다. 유학자인 곡영(穀永)은 곧 성제에게 글을 올려 미신의 오류들을 규탄했다. 그의 이러한 의론(議論)들은 날카로운 필치로 서한 이래의 갖가지 미신 활동들이 조성해 낸 해악들을 분석하고 있어, 반고에게 매우 중시되었으므로, 전문(全文)이 「교사지」에 인용되어 수록되었다. 곡영은 다음과 같이 말했다.

"신(臣)이 듣기로 천지의 성질에 밝은 사람은, 괴이한 것으로써 미혹할 수 없으며, 세상 만물의 이치를 아는 사람은, 그렇지 않은 무리들이 속일 수 없다고 합니다. 모두가 인의(仁義)의 정도(正道)를 어기고, '오경(五經)'의 법언(法言)은 지키지 않으면서, 온통 기괴한 귀신에 대해 이야기하고, 제사지내는 술법을 널리 숭상하여, 아무런 복(福)도 주지 않는 사당에 빌고 있습니다. 또한 세상에 선인(仙人)이 있는데, 불사(不死)의 약을 먹고, 먼 곳을 홍겹고 가뿐히 날아가며, 먼 하늘에 올라 거꾸로 그림자를 드리우고[32], 현포(縣圃)[33]를 구경하며, 봉래(蓬萊)를 유람하고, 다섯 가지 색의 벼[五德[34]]를 심어 가꾸며, 아침에 씨

31) 역자주 : 한나라 무제가 궁궐 안의 옛 진(秦)나라 때의 원림(苑林) 터에 확장하여 새로 건립한 궁중 정원이다.

32) 역자주 : 고대 중국인들은 하늘이 여러 개의 층으로 이루어져 있다고 보았는데, 신선은 태양이 있는 층보다 높은 곳에 산다고 믿었다. 그래서 신선이 사는 곳에 이르게 되면 그림자가 인간 세상과 달리 위쪽을 향한다고 생각했다.

33) 역자주 : 전설 속의 신선들이 산다는 곳으로, 곤륜산(崑崙山) 꼭대기에 있다고 한다.

34) 역자주 : 오덕(五德)이란 동·서·남·북·중앙에 심는 다섯 가지 곡물을 가리킨다.

를 뿌리면 저녁에 거두는데, 그 양이 산이나 돌처럼 한없이 많고, 단사(丹砂)를 황금으로 변화시키며, 단단한 얼음을 녹이고, 오장(五臟 : 간장·심장·비장·폐장·신장-역자)의 색을 변화시키는 기술이 있다고 말하는 것들은, 모두 간악한 사람들이 백성들을 미혹하고, 그릇된 도리에 의지하여, 속이려는 마음을 품고서 임금을 속이는 것입니다. 그 말을 들으면, 모두가 다 장차 이루어질 수 있을 것 같지만, 이를 구하는 것은 온통 마치 바람을 묶고 그림자를 잡는 것과 같으니, 결국 이룰 수 없습니다. 때문에 현명한 군주들은 거리를 두면서 이러한 말을 듣지 않았으며, 성인(聖人)들은 절대로 이러한 말들을 하지 않았습니다. 옛날 주(周)나라의 대신인 장홍(萇弘)이 귀신의 술법으로써 영왕(靈王)의 지위가 높아지도록 도우려고 제후들을 회맹(會盟)하게 했으나, 주나라 왕실은 더욱 쇠미해지고, 제후들은 더욱 모반을 자행했습니다. 초(楚)나라 회왕(懷王)은 성대하게 제사를 지내고, 귀신을 섬겨 복을 얻으려 했지만, 도리어 진(秦)나라 군대가 일어나 패배하고 영토를 빼앗겼으며, 초나라 회왕은 일신의 굴욕을 당하고 나라는 위기에 빠졌습니다. 진시황은 처음에 천하를 통일하고, 신선의 도(道)에 호감을 가져, 서복(徐福)·한종(韓終)과 같은 무리들로 하여금 많은 남녀 어린이들을 데리고 바다에 가서 신선을 찾고 불로초를 구해 오도록 했지만, 모두 도망쳐 돌아오지 않았으므로, 천하에 원한을 샀습니다. 한나라가 건국되고, 신원평(新垣平)과 제(齊)나라 사람들인 소옹(少

이에 대해 안사고(顔師古)는 진(晉)나라 때 진작(晉灼)이 지은 『한서음의(漢書音義)』를 인용하여, 다음과 같이 주를 달았다. "오덕은 동쪽의 갑(甲), 남쪽의 병(丙), 서쪽의 경(庚), 북쪽의 임(壬), 중앙의 무(戊)이다. 이 땅에 다섯 색깔의 벼를 심어 경작한다.[五德東方甲, 南方丙, 西方庚, 北方壬, 中央戊. 種五色禾於此地爲耕耘也.]"

翁)·공손경(公孫卿)·난대(欒大) 등은 모두 신선이라든가, 단사를 황금으로 변화시킨다든가, 제사를 지낸다든가, 귀신을 섬기고 사물을 부린다든가, 바다에 들어가 신선을 찾고 불로초를 구해 온다고 하여 총애를 받았으며, 수천 금의 상을 받았습니다. 대단히 크게 존중을 받았으며, 심지어는 공주를 아내로 맞이했고, 작위(爵位)는 거듭 높아져, 그 위세를 온 나라에 떨쳤습니다. 원정(元鼎)·원봉(元封) 시기에는 연(燕)나라와 제나라 지역의 방사들이 적극적으로 나서서, 신선에게 제사를 올려 복을 받을 수 있는 술법이 있다고 말하는 자들이 무수히 많았습니다. 그 후 그들은 모두 온갖 술수를 다부려 사람들을 속였는데, 전부 평정되어 죄를 자복하고 참형을 당했습니다. 초원(初元) 연간에 이르러, 천연옥녀(天淵玉女)·거록신인(巨鹿神人)·요양후사(轑陽侯師) 장종(張宗) 등과 같이 간악한 자들이 분분히 다시 일어났습니다. 무릇 주(周)나라와 진(秦)나라 말기와 삼황오제(三皇五帝)의 융성했던 시기에, 일찍이 늘 오로지 마음을 다하여 재물을 나누어 주고, 작위와 녹봉을 후하게 주었으며, 그 정신을 공경하면서, 온 천하에서 이들을 구했습니다. 그러나 허송세월만 보내고, 아무런 효험도 없었는데, 지금도 그런 길을 걷고 있습니다. 경서(經書)[35]에 이르기를, '선물을 주는 데에는 예절이 중요한데, 예절이 선물에 미치지 못하면, 선물을 준다고 말하지 않는다.'라고 했으며, 『논어』에서 말하기를, '공자께서는 요괴와 귀신을 말씀하지 않으셨다.'라고 했습니다. 폐하께서는 이러한 무리들을 멀리하셔서, 간악한 자들로 하여금 조정을 넘보지 못하도록 하셔야 합니다.[臣聞明於天地之性, 不可惑以神怪, 知萬物之情, 不

35) 역자주 : 『상서(尙書)』를 가리킨다.

可罔以非類. 諸背仁義之正道, 不遵'五經'之法言, 而盛稱奇怪鬼神, 廣崇祭祀之方, 求報無福之祠, 及言世有仙人, 服食不終之藥, 遙興輕擧, 登遐倒景, 覽觀縣圃, 浮游蓬萊, 耕耘五德, 朝種暮獲, 與山石無極, 黃冶變化, 堅冰淖溺, 化色五倉之術者, 皆奸人惑衆, 挾左道, 懷詐僞, 以欺罔世主. 聽其言, 洋洋滿耳, 若將可遇, 求之, 蕩蕩如繫風捕景, 終不可得. 是以明王距而不聽, 聖人絕而不語. 昔周史萇弘欲以鬼神之術輔尊靈王會朝諸侯, 而周室愈微, 諸侯愈叛. 楚懷王隆祭祀, 事鬼神, 欲以獲福助, 却秦師, 而兵挫地削, 身辱國危. 秦始皇初幷天下, 甘心於神仙之道, 遣徐福·韓終之屬多賫童男童女入海求神采藥, 因逃不還, 天下怨恨. 漢興, 新垣平·齊人少翁·公孫卿·欒大等, 皆以仙人·黃冶·祭祠·事鬼使物·入海求神采藥貴幸, 賞賜累千金. 大尤尊盛, 至妻公主, 爵位重絫, 震動海內. 元鼎·元封之際, 燕齊之間方士瞋目扼腕, 言有神仙祭祀致福之術者以萬數. 其後, 平等皆以術窮詐得, 誅夷伏辜. 至初元中, 有天淵玉女·巨鹿神人·轑陽侯師張宗之奸, 紛紛復起. 夫周秦之末, 三五之隆, 已嘗專意散財, 厚爵祿, 竦精神, 擧天下以求之矣. 曠日經年, 靡有毫厘之驗, 足以揆今. 經曰 '享多儀, 儀不及物, 惟曰不享.' 『論語』說曰, '子不語怪神.' 唯陛下距絕此類, 毋令奸人有以窺朝者.]"

곡영은 황제에게 상주(上奏)한 이 의론에서, 시의 적절하게 진술한 주요 논점은 세 가지이다. 첫째는, 인의(仁義)라는 근본 도리에 위배되고, '오경(五經)'의 유익한 가르침을 따르지 않으면서, 귀신과 요괴를 과장하고, 제사를 지내 기묘한 방술(方術)을 부린다고 마음대로 떠들어 대면서, 곳곳에 제단을 설치하여 간절히 기도하는 행위, 그리고 세상에 신선이 있다고 거짓말을 하며, 불로장생(不老長生)하는 약을 먹을 수 있다고 하는 것들과 같은 속임수에 대해, 현명한 군주는 마땅히 배척하고 듣지 말아야 하며, 성인(聖人)은 마땅히 언급하지 말아야 한다는 것이다. 둘째는, 서주(西周) 시대 이래로 역대 제왕들은 모두 미신이나 귀신이라는 것의 꾐수에 넘어가고, 속절없이 놀아난 사실들을 열거했다. 즉 주나라 여왕(厲王)·진시황·한나라 무제(武帝)와 원제(元帝) 등은 모두 미신과 귀신에 탐닉하여 깨어나지 못하고, 천하의 재부(財富)를 온통 귀신을 받들고 신선을 찾는 데 소모했지만, 결과는 오히려 허탕만 치고 아무런 효험이 없었다는 것이다. 이처럼 지난 일들을 돌이켜 보면서, 지금 귀신에게 제사를 지내면서 복을 구하는 것은 헛수고라는 것을 완전히 증명할 수 있었다. 셋째는, 『상서』와 『논어』의 구절들을 인용하여, 황제가 유교 경전의 가르침을 실행하고, 음사와 미신의 해로운 방법을 포기하여, 간사한 사람들이 개인의 이익을 위해 정치를 어지럽히려는 시도들을 철저히 차단하기를 간절히 바랐다.

곡영의 이 의론은, 귀신에게 빌거나 사신에게 제사지내는 것의 갖가지 폐해들을 비판하면서, 유가(儒家) 경전에서 귀신을 맹목적으로 믿는 것을 신중하게 대하는 소박한 이성 중시 사상을 밝히고 있는데, 이는 당시에 실현하기 어려웠다. 성제(成帝) 말년과 애제(哀帝) 때에는, 각종 신사(神祠) 7백여 곳이 복구되었으며, 1년에 지내는 제사만 해도 3만 7천여 회나 되었다. 서한 말년에는, 왕망(王莽)이 귀신에 대한 맹목적인 믿음이 한층 더 활개를 치도록 부채질했다. 평제(平帝) 원시(元始) 연간에, 왕망은 대사마(大司馬)가 되어 대권을 장악했다. 그가 평제에게 건의한 후에, 모든 신(神)들을 5부(部)로 나누고, 장안의 다섯 구역에 각각 '조거(兆居)'[36]를 설립했다. 왕망은 한(漢)나라를 대체하여

36) 조거란, 각지에 있는 천신지기(天神地祇)의 제사 장소를 상징한다. 장안에 설립

신(新)나라를 건립한 이후, 귀신에게 제사지내고 신선을 찾도록 제창하는 데 더욱 매진했는데, 방사인 소악(蘇樂)의 말에 따라, 궁중에 팔풍대(八風臺)를 세우면서, 1만 금(金)에 달하는 돈을 낭비했다. 또한 궁전에 다섯 가지 색깔의 벼를 심고, 학수(鶴髓)·대모(玳瑁)·옥(玉)과 같이 갖가지 진귀한 물건들로 치장했으며, 또한 이를 황제(黃帝)의 '선곡(仙谷)'이라고 일컫기도 했다. 그는 귀신과 음사를 크게 일으켜, 모두 1700여 곳에서 제사를 올렸으며, 삼생(三牲)[37]으로 쓰는 짐승들이 3천여 종에 달했는데, 앞뒤로 연달아 필요한 짐승들을 구하지 못하자 닭으로 기러기를 대신하고, 개로 노루나 사슴을 대신했다. 왕망은 또한 여러 차례 조서를 내려 스스로 마땅히 신선이 될 것이라고 했다. 동한 초기에도, 귀신에게 제사지내는 풍조가 여전히 크게 성행하자, 등태후(鄧太后)는 부득이 조서를 내려, 제사를 담당하는 관리들 중 전례

한 다섯 개의 조거 및 그 곳에서 제사지내는 신령들은 주로 다음과 같았다. 장안의 미지(未地)에서는, 중앙의 제(帝 : 하느님-역자)인 황령(黃靈) 후토(后土 : 토지의 신-역자)에게 제사지내는 터[畤]가 있었고, 일묘(日廟)·북신(北辰)·북두(北斗)·전성(塡星)·중수(中宿)·중궁(中宮)에게 제사지냈는데, 이들은 천지(天地)의 다른 신들이다. 동쪽 교외에는 동방의 제(帝)인 태호[太昊 : 복희(伏羲)를 가리킴-역자]와 청령(靑靈) 구망[句芒 : 오행(五行)의 목(木)에 해당하는 신-역자]에게 제사를 지내는 터가 있었고, 풍공(風功)·풍백묘(風伯廟)·세성(歲星)·동수(東宿)·동궁(東宮)에게 제사지냈다. 남쪽 교외에는 남방의 염제(炎帝)와 적령(赤靈) 축융(祝融 : 불과 여름을 담당하는 신-역자)에게 제사를 지내는 터가 있었고, 형혹성(熒惑星)·남수(南宿)·남궁(南宮)에게 제사지냈다. 서쪽 교외에는 서방의 제(帝)인 소호(少昊)와 백령(白靈) 욕수(蓐收 : 서쪽을 담당하는 가을의 신-역자)에게 제사를 지내는 터가 있었고, 태백성(太白星)·서수(西宿)·서궁(西宮)에게 제사지냈다. 북쪽 교외에는 북방의 제인 전욱(顓頊)과 흑령(黑靈) 현명(玄冥 : 물과 겨울 그리고 북방을 관장하는 신-역자)에게 제사를 지내는 터가 있었고, 월묘(月廟)·우사묘(雨師廟)·진성(辰星)·북수(北宿)·북궁(北宮)에게 제사지냈다.

37) 역자주 : 고대 중국에서는 신들에게 제사를 지낼 때, 살아 있는 동물 세 가지를 희생으로 바쳤는데, 이를 '삼생'이라고 불렀다. 원래는 소·돼지·양이 삼생이었다.

(典禮)에 맞지 않는 자들을 파면하도록 명령했다. 반고는 동한 초기에 이처럼 똑같이 미신이 창궐하던 상황에서, 곡영의 뛰어난 의론을 인용했으며, 아울러 「교사지」의 말미에서 다음과 같이 크게 찬양했다. "방사나 사관(祠官 : 제사를 담당하는 관리-역자)들이 일으킨 변고(變故)들을 모두 살펴보면, 곡영의 말이 역시 옳지 않았던가! 역시 옳지 않았던가![究觀方士祠官之變, 穀永之言, 不亦正乎! 不亦正乎!]"[38] 이 말은 곧, 곡영의 주장은 서한 이래로 신선을 찾는 것에 탐닉하다가, 나중에는 음사가 범람하게 된 사실에 대해 매우 적절하게 총괄하여 정리했음을 명확하게 인정한 것이다.

4. 역사적 사실을 이용하여 도참(圖讖)의 미신을 반박하다.

서한(西漢) 중기 이후, 방사들이 귀신에게 빌고 사신에게 제사지내는 일이 성행함과 동시에, 참위설(讖緯說)도 또한 점차 범람했다. 특히 동한(東漢) 의 광무제(光武帝) 유수(劉秀)가 "천하에 도참을 선포한[宣布圖讖於天下]" 이후, 이러한 미신 활동들이 한때 극도로 성행했다. 또한 경학(經學)과 대등한 지위로 격상되어, 당시 국가의 대사를 결정하는 데에 중요한 근거가 되었다.

서한 말기 이래로 방사들이 나쁜 짓을 자행하고, 미신에게 제사지내는 일을 답습했으며, 참위설이 성행하자, 이 세 가지가 서로 뒤섞여 귀신이 사람들의 의식을 지배하게 되었다. 통치자들은 곧 이러한 어리석고도 허무맹랑한 의식(意識)들을 제창하면서, 자신을 신격화하

38) 『한서』 권25 「교사지」의 찬(贊).

고 사람들을 속이는 도구로 삼았다. 참위설의 논리에 따르면, 국가의 안정과 혼란이나 역사의 진행은 정치의 흥망성쇠나 인심의 향배 등의 요소가 결정하는 것이 아니고, 이른바 신의 뜻에 따라 처리되며, 몇 마디 신비하고 난해한 요망스러운 말들에 의해 미리 운명으로 정해져 있다는 것이다. 만약 이와 같은 요망하기 짝이 없는 사설(邪說)들을 물리치지 않았다면, 장차 민족 문화 사상은 딱하게도 후퇴했을 것이다.

당시 용감하게 참위설을 비판하고 배척한 학자들로는 환담(桓譚)·왕충(王充)과 반고(班固) 등이 있었는데, 특히 환담의 비판이 가장 예리했다. 그는 일찍이 광무제에게 글을 올려 도참을 반박하며 말하기를, "지금 약삭빠른 꾀와 작은 재주와 술수를 부리는 사람들이, 도참과 관련된 글이나 책들을 더욱 늘려 가고, 참기(讖記)를 사칭하면서, 사람들을 속여 미혹하게 함으로써 부정하게 탐하고, 임금을 그릇된 방향으로 이끌고 있으니, 어찌 그들을 억누르고 멀리하지 않으시겠습니까.[今諸巧慧小才伎數之人, 增益圖書, 矯稱讖記, 以欺惑貪邪, 詿誤人主, 焉可不抑遠之哉.]"[39]라고 했다. 더불어 그들 가운데 설령 점을 치는 사람이 어떤 한 사건을 알아맞혔다 하더라도, 그것은 또한 우연의 일치일 뿐이라고 지적했다. 그래서 훗날 그는 광무제와 한바탕 충돌하게 된다.

반고는 역사적 사실들을 이용하여 도참을 반박했다. 그는 『한서』의 끝부분에서 전체의 내용을 개괄하면서, "무릇 『한서』는 황제들을 서술하고, 백관(百官)들을 열거하며, 제후왕들을 세웠다. 천지(天地)를 법도로 삼고, 음양(陰陽)을 거느리고, 우주의 근원을 밝히며, 해·달·별의 운행을 측량했다. 주(州)의 경계를 나누고, 땅의 경계를 살펴 판

39) 『후한서』 권28 「환담전(桓譚傳)」.

단했으며, 사람의 도리를 궁구하여, 모든 방면들을 갖추었다. '육경(六經)'을 두루 엮어 내고, 도리와 법령을 연결시켰으며, 온갖 사람들을 한데 묶었고, 뛰어난 저술들을 찬양했다. 바른 뜻을 담고 있으며, 과거와 현재를 꿰뚫어 알게 했고, 문자(文字)를 바르게 했으며, 모든 학문을 종합하려고 생각했다.[凡『漢書』, 敍帝皇, 列官司, 建侯王. 準天地, 統陰陽, 闡元極, 步三光. 分州域, 物土疆, 窮人理, 該萬方. 緯'六經', 綴道綱, 總百氏, 贊篇章. 函雅故, 通古今, 正文字, 惟學林.]"[40]라고 썼다. 여기에는 그가 역사 발전은 주로 걸출한 인물의 정치 활동과 인심의 향배(向背)에 따라 결정된다는 것을 강조하고 있음이 드러나 있는데, 당시 사람들이 높이 떠받들던 천지신명과 같은 참위설의 내용들은 근본적으로 제시하지 않았다. 『한서』「예문지(藝文志)」에는 천하의 도서들을 기록하고 있지만, 당시 매우 많았던 참위서들에 관한 내용은 수록하지 않았다. 『한서』 전체에 담겨 있는 풍부한 역사적 사실들은, 더욱 다양한 방면에서 인간사의 성패(成敗)를 기록하고 있어, 일종의 소박한 이성(理性) 중시의 특징을 지닌 진보적인 역사관을 대표하며, 참위설의 요망하고 그릇된 주장들과 서로 맞섰다. 이러한 방면에서 말하자면, 『사기』와 『한서』라는 이 두 저작은 한나라 때 나온 걸작들로, 문화사(文化史)적으로는 둘 다 귀신과 미신을 숭배하는 혼탁한 사상을 힘차게 일소하는 작용을 함으로써, 이성의 찬란한 빛을 발휘했다. 『한서』「예문지」에서 반고는 또한, 제자(諸子)들은 왕조의 관리(官吏)들로부터 나왔으며, 유가(儒家)는 제자들 가운데 하나이고, 공자(孔子)는 유가의 선사(先師)이자 학자(學者)이며, 유가의 경전은 문화 전적(典籍)으로, 이

40) 『한서』 권100 「서전(敍傳)」.

들은 모두 참위설과 서로 첨예하게 대립했다고 말하고 있다. 특히 『한서』 「왕망전(王莽傳)」이 그러한데, 참위와 미신 활동의 허상을 폭로한 것에서 더욱 전형적인 의의를 지니고 있다.

반고는 「왕망전」에서 당시 성행하던 참위와 미신 활동에 대해서 사실대로 기록하고 있는데, 그는 사실들을 이용하여, 왕망이 참위를 꾸며 내어 제위(帝位)를 탈취했을 뿐 아니라, 참위와 미신을 이용하여 사람들을 자기의 속임수로 마취시켜 속였다고 폭로했다.

서한 말기에, 계급 모순이 격화되고 사회의 위험한 증상들이 동시에 발생하여, 민심이 동요하는 상황이 나타나자, 일부 사람들이 곧 참언(讖言)들을 꾸며 내기 시작했다. "성제(成帝) 때, 제(齊)나라 사람 감충가(甘忠可)는 『천관력(天官曆)』과 『포원태평경(包元太平經)』 12권을 날조하여 말하기를, '한나라가 천지의 대종말을 맞이하자, 마땅히 하늘에서 다시 명(命)을 받았는데, 천제(天帝)께서 진인(眞人) 적정자(赤精子)를 시켜 나에게 이 도(道)를 알려 주셨다.'라고 했다.[成帝時, 齊人甘忠可詐造『天官曆』·『包元太平經』十二卷, 以言'漢家逢天地之大終, 當更受命於天, 天帝使眞人赤精子, 下敎我此道.]" 애제(哀帝) 때에는, 감충가의 제자인 하하량(夏賀良)이 계속해서, 그의 스승인 적정자가 속세에 내려오니, 한나라가 "당연히 다시 천명을 받게 될 것[當更受命]"이라는 참언으로 고취시키면서, 애제에게 "급히 연호를 고치고 황제의 칭호를 바꿔야 마땅하다[宜急改元易號]."라고 건의했다. 애제는 이 말의 진위 여부를 판별하지 못하고, 마침내 이 건의를 채택하고는 조서를 내려 말하기를, "한나라는 다시 천명을 받는 징표를 얻었으니[漢國再獲受命之符]", "건평(建平) 2년을 태초원장(太初元將) 원년으로 바꾸고, 황제의 호칭을 진성류태평황제(陳聖劉太平皇帝)로 한다.[以建平二年爲太初元將元年, 號曰陳聖劉太平皇帝.]"[41]라고 하여, 사람들이 울지도 웃지도 못할 촌극을 한바탕 연출했다. 왕망은 바로 이처럼 참위와 미신의 풍조가 점차 활개를 치기 시작한 기회를 이용하여, 참언들을 꾸며 내기 시작하면서, 정권을 탈취하기 위한 활동을 진행한 것이다.

왕망은 자신의 권세를 한층 더 확대하기 위해, 우선 "익주(益州)의 국경 밖 오랑캐들이 흰 꿩을 바쳤다고 넌지시 말하여[風益州令塞外蠻夷獻白雉]", 주공(周公)이 성왕(成王)을 보좌할 때에 있었던 "흰 꿩이 발견된 상서로운 조짐이, 천 년이 지나서 똑같이 맞아떨어졌다.[白雉之瑞, 千載同符.]"라고 서로 억지로 갖다 붙였으며, 이로 인해 안한공(安漢公)의 지위에 올랐다. 왕망은 안한공이 되는 것이 결코 목적이 아니었으며, 곧 이어 섭정을 하는 가황제(假皇帝)가 되려고 했다. 그는 평제(平帝)를 모살(謀殺)하고, 겨우 2세밖에 되지 않은 유영(劉嬰)이 제위를 잇도록 선택하여 내세웠다. 그런 다음, 곧바로 어떤 사람으로 하여금 무공현(武功縣)의 현장(縣長) 맹통(孟通)이 "우물을 파다가 흰 돌을 얻었는데, 위는 둥글고 아래는 모가 났으며, 붉은 글씨가 돌에 적혀 있었다. 그 글이 말하기를 '안한공 왕망이 황제가 될 것임을 알린다.'라고 되어 있었다[浚井得白石, 上圓下方, 有丹書著石, 文曰'告安漢公莽爲皇帝'.]"라고 상주하도록 했다. 이리하여 왕망은 또한 가황제가 되었으며, 신하들은 그를 '섭황제(攝皇帝)'라고 불렀다. 왕망은 가황제가 된 것에 결코 만족하지 못하고, 다시 진짜 황제가 되려고 했다. 거섭(居攝) 3년(서기 8년)에 제군(齊郡)의 임치현(臨淄縣)에 있는 창흥정(昌興

41) 『한서』 권75 「이심전(李尋傳)」.

亭)[42] 정장(亭長) 신당(辛當)이 다음과 같이 보고했다. 즉 어떤 신인(神人)이 꿈에 나타나 그에게 말하기를, "나는 하느님[天公]의 사자(使者)이다. 하느님은 나로 하여금 정장(亭長)에게 '섭황제가 마땅히 진짜 황제가 될 것이다.'라고 알리도록 하셨다. 나를 믿지 못할 것이니, 이 정(亭)의 한복판에 새로운 우물을 파 놓을 것이다.[吾, 天公使也. 天公使我告亭長曰'攝皇帝當爲眞'. 卽不信我, 此亭中當有新井.]"라고 했다는 것이다. 그 다음날 이른 아침, 과연 정의 한복판에 백 척 깊이의 새로운 우물이 갑자기 생겼다. 이 때 또한 파군(巴郡)에서는 석우(石牛)를 헌상해 왔으며, 부풍(扶風)에서는 석문(石文)을 헌상해 왔다. 왕망이 사람을 보내 이들을 살펴보고 있을 때, 한 차례 광풍(狂風)이 스쳐 지나간 다음에, 석우 앞에 동부(銅符)[43]가 그려진 비단 그림[帛圖] 한 폭이 놓여 있었고, 그 위에는 "하늘이 황제의 부명(符命)을 고했으니, 이를 바치는 자는 제후에 봉할 것이다. 하늘의 명을 받들어, 신령(神令)을 행하라.[天告帝符, 獻者封侯, 承天命, 用神令.]"라는 글씨가 있었다고 했다. 그리하여 왕망은 또한 어쩔 수 없이 천명에 순응하여, '섭황제(攝皇帝)'의 '섭(攝)'을 떼어 버렸으며, 신하들도 그를 '황제'라고 불렀다. 이렇게 왕망은 공개적으로 황제가 되기까지는 단지 마지막 하나의 절차만을 남겨 두게 되었다. 이 때 어떤 무뢰한(無賴漢)이 왕망의 이러한 마음을 꿰뚫어 보고는, 곧 참언(讖言)을 만들어 더욱 큰 속임수를 부렸으니, 그 사람은 광한군(廣漢郡) 사람인 애장(哀章)이었다. 당시 그는 장안에서 공부를 하고 있었는데, 미리 두 개의 구리 상자를 만들어 놓

42) 역자주 : 정(亭)은 고대 중국의 기초 행정 단위로서, 오늘날의 촌(村)에 해당한다.
43) 역자주 : 구리로 만든 일종의 임명장을 가리킨다.

고, 하나의 상자 위에는 '天帝行璽金匱圖(천제행새금궤도)'라고 썼고, 다른 상자 위에는 '赤帝行璽某傳予黃帝金策書(적제행새모전여황제금책서)'라고 썼는데, 여기에서 '某[어떤 사람]'는 한나라 고조(高祖) 유방(劉邦)을 가리켰다. 이는 상제(上帝)가 명령을 내려, 적제(赤帝)[44]인 유방이 마땅히 옥새를 황제에게서 전해 받아야 함을 나타낸 것이다. 또한 금책서(金策書)에서는 말하기를, "왕망은 진정한 천자(天子)가 될 것이며, 황태후(皇太后)는 천명(天命)에 따를 것이다.[王莽爲眞天子, 皇太后如天命.]"라고 하면서, 왕망이 가까이 두고 총애하는 8명의 대신(大臣)들 이름을 적어 두었다. 그리고 애장은 또한 그 자신의 이름 및 왕망과 성(姓)이 같은 두 명의 거짓으로 지어낸 이름인 왕흥(王興)·왕성(王盛)을 더했으므로, 모두 11명이었다. 그러면서 "이들 모두에게 관직과 작위를 주고, 보좌로 삼아라.[皆署官爵, 爲輔佐.]"라고 했다. 애장은 왕망이 태후(太后)에게, 제군(齊郡)의 새로 생겨난 우물과 파군(巴郡)의 석우(石牛) 등과 같은 부명이 나타난 일을 상주했다는 사실을 알고는, 기회가 왔다고 생각하여, "그 날 해가 질 무렵에, 노란색 옷을 입고, 구리 상자를 갖고 고조를 모시는 사당에 가서, 이것을 복야(僕射)[45]에게 주었다.[卽日昏時, 衣黃衣, 持匱至高廟, 以付僕射.]" 복야가 이 소식을 왕망에게 보고하자, 왕망은 졸지에 뜻밖의 기쁜 일을 만나 좋아서 어쩔 줄을 몰라 하면서, "고조를 모신 사당에 가서 절을 하고 구리 상

44) 역자주 : 음양오행에 따르면 한나라는 화덕(火德)에 해당했으므로, 적색(赤色)을 숭상하여, 황제인 유방을 '적제'라고 했다.

45) 역자주 : 복야는 관직명으로, 시대에 따라 약간 차이가 있었다. 한나라 때는 광범위한 관직을 일컫는 호칭으로 쓰였는데, 시중(侍中)·상서(尙書)·박사(博士)를 비롯하여 말단 관리까지 거의 모든 관직을 일컫는 말이었다. 수(隋)나라 때부터 송(宋)나라 때까지는 상서성(尙書省)의 장관을 가리켰다.

자를 받아 하늘에 뜻에 따라 제위를 물려받았다. 왕관을 받고, 태후를 알현했으며, 돌아와 미앙궁(未央宮) 대전에 앉았다.[至高廟拜受金匱神嬗[46]. 御王冠, 謁太后, 還坐未央宮前殿.]" 그리고 조서를 내려 이렇게 말했다. "부신(符信)에 있는 그림과 글, 금궤(金匱)에 담겨 있는 책서(策書)에서 신명(神明)이 명하기를, 천하의 만백성들을 나에게 맡기셨노라.[符契圖文, 金匱策書, 神明詔告, 屬予以天下兆民.]" 이리하여 왕망은 참언에 따라 정식으로 천자의 지위에 올랐고, 나라 이름을 '신(新)'으로 정했다. 애장이 금책서에 기록해 두었던 11명은 모두 작위와 벼슬을 받았는데, 애장 자신은 단번에 높은 지위에 올라, 국장(國將)이라는 관직과 미신공(美新公)이라는 작위를 받았다. 조정에는 왕흥(王興)과 왕성(王盛)이라는 사람이 없었으므로, 어쩔 수 없이 도처에 찾아 나섰는데, 나중에 성문을 지키는 하급 관리와 떡을 팔던 사람을 데려와 채워 넣었다.

반고는 왕망이 각종 도참의 부명(符命)들을 이용하여 제위(帝位)를 탈취한 활동을 기술하면서, 때때로 한두 구절의 평론들을 삽입하여, 자신의 저술 취지를 설명했다. 예를 들어, 그는 '흰 꿩[白雉]'이라는 상서로운 징조를 기술할 때, '風[넌지시 말하다는 뜻-역자]'[47]라는 하나의 글자를 추가하여, 독자들이 사건의 진상을 알 수 있도록 했다. 맹통이 우물을 파면서 흰 돌을 발견했다는 참언을 기록할 때에는, "부명이 등장한 것은 이 때부터 시작되었다.[符命之起, 自此始矣.]"라는 한 구절을 첨가했으며, 또한 왕태후(王太后)의 입을 빌려 "이것은 천하를 기만하는 것이니, 시행해서는 안 된다![此誣罔天下, 不可施行!]"라고 하여,

46) 역자주 : '神嬗'이란 하늘의 뜻에 따라 제위를 물려받는 것을 가리킨다. '嬗'은 '禪'의 고자(古字)이다.

47) 역자주 : 여기에서 '風'자는 '諷'자와 같은 의미이다.

이러한 참언들은 모두 왕망이 정권을 탈취하기 위해 꾸며 낸 것이라는 진상을 드러내 주었다.

반고의 기술(記述)은 또한 우리들에게, 처음에는 왕망이 황제의 자리를 탈취하기 위해 참언을 꾸며 냈으며, 후에는 다른 사람들이 참언을 꾸며 내면 이득을 얻을 수 있다는 것을 알고는 또한 분분히 참언들을 꾸며 냈다는 사실을 알려 주고 있다. 다른 사람들이 꾸며 낸 참언에 대해, 무릇 왕망이 통치하는 데 필요한 것이면 그는 곧 채택했으며, 만약 그렇지 않으면 그는 곧 그것을 다시 새롭게 해석하거나 혹은 그것이 거짓 참언이라고 판정하여, 세상에 전해지지 못하게 했다. 예를 들면, 왕망의 심복이자 대신(大臣)인 견풍(甄豐)의 아들 견심(甄尋)은 일찍이 왕망이 했던 것처럼 "부명을 만들어 말하기를, 신(新)나라는 마땅히 섬(陝) 지역을 나누어, 두 명의 백(伯)을 세워야 하는데, 견풍을 우백(右伯)으로 삼고, 태부(太傅)인 평연(平宴)을 좌백(左伯)으로 삼아, 주나라 소공(召公)의 고사[48]와 같이 해야 한다.[作符命, 言新室當分陝, 立二伯, 以豐爲右伯, 太傅平宴爲左伯, 如周召故事.]"라고 했다. 이렇게 그의 아버지를 위해 벼슬을 요구하자, "왕망은 곧 이에 따라 견풍을 우백에 임명했다.[莽卽從之, 拜豐爲右伯.]" 견심은 이처럼 꾸며 낸 참언으로 조금도 힘을 들이지 않고 이득을 얻을 수 있다는 것을 알고는, 곧 "다시 부명을 만들어 말하기를, 세상을 떠난 한나라 평제(平

48) 역자주 : 주나라 무왕(武王)이 죽고 어린 성왕(成王)이 즉위하자, 주공과 소공이 섬맥(陝陌)을 경계로 섬(陝) 지역을 나누어 다스린 고사를 가리킨다. 주공은 섬맥의 동쪽을 맡아 다스리면서, 주나라의 통치를 받아들이지 않는 지방 세력들을 소탕했으며, 소공은 섬맥의 서쪽 지역 경제를 발전시켜 나라를 뒷받침했다. 이후 주나라는 안정과 발전의 길로 접어들었다.

帝)의 황후인 황황실주(黃皇室主)를 견심의 아내로 삼으라고 하여[復作符命, 言故漢氏平帝后黃皇室主爲尋之妻]", 과부인 한나라 평제의 황후이자 왕망의 딸을 아내로 맞이하려고 허황된 생각을 했다. 하지만 왕망은 크게 노하여 말하기를, "황황실주는 천하의 어머니인데, 이게 무슨 말인가![黃皇室主天下母, 此何謂也!]"라고 하면서, 명령을 내려 "견심을 잡아들이도록 하자, 견심은 도망쳤으며, 견풍은 스스로 목숨을 끊었다.[收捕尋, 尋亡, 豐自殺.]" 나중에 견심을 체포했는데, 어떤 사람이 말하기를, 견심의 손금 안에 '天子'라는 두 글자의 문양이 있다고 하자, 왕망은 매우 놀라며 이상하게 여겼다. 급히 "그의 팔을 잘라오게 하여 이를 살펴보니[解其臂入視之]", 그 문양이 구불구불한 것이, 마치 '天子'라는 두 글자와 비슷했다. 하지만 왕망 자신이 천자인데, 어찌 다른 사람이 천자가 될 수 있으랴. 그래서 그 때 모두 세로로 씌어 있던 '天子'라는 글자를 분해하여 말하기를, "이것은 '一大子'이거나, 혹은 '一六子'이다.[此一大子也, 或曰一六子也.]"라고 했다. 또한 말하기를, "'六'은 '戮[찢어 죽이다는 뜻-역자]'이다.[49] 그러니 견심 부자는 마땅히 찢어 죽여야 함이 분명하다.[六者, 戮也. 明尋父子當戮死也.]"라고 말했다. 그리하여 견심 등의 사람들을 외지(外地)로 유배시켜 죽게 했다. 여기에서 참위와 부명은 왕망의 손에 들어가게 되면, 마음대로 날조될 수 있었고, 마음대로 해석될 수 있었으며, 그의 뜻에 맞으면 살고, 그의 뜻에 거슬리면 죽임을 당했다는 것을 알 수 있다. 참위와 미신의 기만적인 본질은 반고의 붓끝에서 남김없이 폭로되었다.

반고는 왕망의 권력이 상승하던 시기에 참위설과 미신을 이용해

49) 역자주 : '六'과 '戮'은 중국어 발음이 같다.

다른 사람들을 속였던 것을 기록했을 뿐만 아니라, 그의 세력이 쇠퇴하던 시기에 참위와 부명을 이용하여 스스로 도취되고 많은 사람들을 현혹시키는 황당하고 가소로운 짓을 벌인 것도 기록하고 있다. 왕망 말년에 이르자, 민심은 이반하고 가까운 사람들은 떠나갔으며, 농민들의 기의(起義)가 거세게 일어나, 왕망 정권은 곧 무너질 듯이 위태로웠다. 천봉(天鳳) 4년(기원 17년)에 왕망이 사자(使者)를 보내 농민들의 기의를 무마하는 데 실패하자, 더 이상 취할 수 있는 계책이 없게 되었다. 그러자 직접 장안(長安)의 남쪽 교외로 가서 북두칠성을 본떠 다섯 개의 돌과 구리를 사용하여 '위두(威斗)'[50]라는 물건을 주조하여, "반란군을 진압하려고[欲以厭勝衆兵]", 출입할 때는 모두 몸에 지녔으며, 부정한 것을 억누르는 보물로 여겼다. 천봉 6년(서기 19년)에 왕망은 "도적들이 많다는 것을 알고, 곧 태사(太史)에게 이후 3만 6천 년의 역기(歷紀)[51]를 궁구하게 하여, 6년마다 한 번씩 연호(年號)를 바꾼다고 천하에 선포했다.[見盜賊多, 乃令太史推三萬六千歲曆紀, 六歲一改元, 布天下.]" 그리하여 빈번하게 연호를 바꿈으로써, "백성들을 속이고 현혹시켜, 도적을 없애려고 했다. 그러나 모든 사람들은 이를 비웃었다.[誑耀百姓, 銷解盜賊. 衆皆笑之.]" 의심할 여지없이, 이러한 수법으로는 맹렬하게 일어나는 농민들의 기의를 진압할 수 없었다. 이후에 또한 매우 먼 곳에서도 운기(雲氣)와 지기(地氣) 등을 보아 미래를 예측

50) 역자주 : 왕망은 북두칠성의 힘을 빌려 농민군을 진압하기 위해, 2.5척(尺) 길이의 북두칠성 모형을 만들어 두고, 출입하는 사람들은 모두 이 물건을 지니도록 했다고 한다.

51) 역자주 : 각종 천체들이 천구(天球)를 공전하는 것의 주기를 추산하고, 책력(冊曆)을 확정하는 것을 의미한다.

한다는 것[望氣]을 술수로 삼는 자들이 "토목공사를 하는 방도가 있다고들 말하자[多言有土功象]", 왕망은 곧 풍수(風水)를 맹신하고는, 토목 공사를 크게 일으켜서 왕씨(王氏) 조상들을 위해 아홉 개의 사당을 건립하여, "자신이 만세(萬世)의 기초를 세운 사람으로 보이도록 하려 했다[欲視爲自安能建萬世之基者]." 그 결과 "공사 비용으로 수백만 금의 돈을 썼으며, 공사에 동원된 병졸들 중에 죽은 자가 만 명에 달했는데[功費數百鉅萬, 卒徒死者萬數]", 농민들의 기의는 여전히 늘어날 뿐 줄어들지 않았다. 바로 이렇게 왕망이 더 이상 취할 수 있는 계책이 없게 되었을 때, 또한 어떤 사람이 부명을 바쳤는데, "황제(黃帝) 시기에 화개(華蓋)[52]를 만들어 타고 신선이 되어 하늘로 올라갔다[黃帝時建華蓋以登仙]."라고 적혀 있었다. 그러자 왕망은 또한 속세를 초탈하여 "신선이 되어 하늘로 올라가려고[登仙]" 생각하고는, 특별히 "화개를 9층으로 만들었는데, 높이가 8장(丈) 1척(尺)이었으며, 금 구슬과 새의 깃털로 장식하여 신비하게 작동하는 네 개의 바퀴가 있는 수레 위에 얹었다. 이 수레는 여섯 마리의 말을 갖추었으며, 역사(力士) 3백 명은 노란 옷에 두건을 썼고, 수레 위의 사람은 북을 쳤으며, 수레를 끄는 사람들은 모두가 '신선이 되어 하늘로 올라간다.[登仙]'라고 외쳤다.[造華蓋九重, 高八丈一尺, 金瑵羽葆, 載以秘機四輪車, 駕六馬, 力士三百人黃衣幘, 車上人擊鼓, 輓者皆呼'登仙'.]" 반고는 이 우스꽝스러운 모습을 기술한 다음에, 당시 백관(百官)들이 이 모습을 보면서 소곤거리기를, "이것은 상여(喪輿)를 흉내낸 것이지, 신선의 물건이 아니다.[此似輭車, 非仙物也.]"라고 했다고 하여, 참위의 맹목적 신봉은 백성들을 우롱하

52) 역자주 : 천자나 고관들이 타는 수레를 덮는 우산 모양의 덮개를 가리킨다.

는 사기꾼의 속임수임을 분명하게 폭로했다. 곤양(昆陽)에서의 전투 이후, 왕망의 주력군은 궤멸되고, 농민 기의군(起義軍)이 장안의 남대문을 공격하자, 신망(新莽)[53] 정권은 풍전등화와 같은 위기에 처했고, 왕망은 속수무책이었다. 최발(崔發)이라는 사람은 이 기회를 틈타 『주례(周禮)』와 『춘추좌전(春秋左傳)』에 있는 말을 인용하여 주장하기를, "나라에 큰 재난이 있으면, 곧 곡(哭)으로써 이를 막아야 한다.[國有大災, 則哭以厭之.]"라고 했다. 그는, "『주역』에서 이르기를, '먼저 울부짖으면 나중에 웃는다'고 했다[『易』稱'先號咷而後笑']."라면서, "마땅히 한탄하는 소리를 하늘에 고하여 도움을 구해야 한다[宜呼嗟告天以求救]."라고 건의했다. 너무나도 가소로운 것은, 왕망이 뜻밖에도 최발의 이처럼 황당한 건의를 채택했다는 것이다. "이에 신하들을 거느리고 남쪽 교외로 가서, 그 부명을 처음부터 끝까지 밝히면서 하늘을 우러러 말하기를, '하느님께서 저 왕망에게 이미 명(命)을 내리셨는데, 어찌 뭇 도적떼들을 몰살시키지 않으시나이까? 만약 저 왕망이 틀렸다면, 원컨대 벼락을 내려 저 왕망을 죽여 주시옵소서!'라고 했다. 가슴을 치면서 대성통곡을 하다 기력이 다하자, 엎드려 머리를 조아렸다. 또한 하늘에게 요구하는 글을 지어 고하면서, 자신의 공로를 1천여 마디나 늘어 놓았다.[乃率群臣至南郊, 陳其符命本末, 仰天曰, '皇天旣命授臣莽, 何不殄滅衆賊? 即令臣莽非是, 願下雷霆誅臣莽!' 因搏心大哭, 氣盡, 伏而叩頭. 又作告天策, 自陳功勞千餘言.]" 왕망은 자신이 곡을 했을 뿐만 아니라, '여러 유생들과 일반 백성들[諸生小民]'에게도 밤낮으로 쉬지 않

53) 역자주 : 왕망이 한나라를 무너뜨리고 세운 나라의 국호가 신(新)이었는데, 이를 일컫는 또 다른 명칭이다.

고 곡을 하도록 시켰으며, 또한 관청에서는 죽(粥)을 먹도록 제공했다. 이와 동시에 왕망은, 만약 매우 비통하게 곡을 하고, 왕망이 쓴 책문(策文)을 외울 수 있으면, 곧 낭관(郎官)에 임명하겠다고 규정했다. 그리하여 궁궐의 안팎은 온통 큰소리로 울며 곡하는 소리로 가득했으며, 불과 며칠 만에 5천여 명이 "비통하게[悲哀]" 곡을 했다고 하여 낭관이 되었다. 왕망은 자신이 곧 멸망할 무렵에도 여전히 부명과 참언을 이용한 미신 활동을 크게 벌여, 자기 자신이 도취되었을 뿐만 아니라, 여러 사람들까지 미혹시켰다. 그 결과 사람들에게 황당하고 가소로운 웃음거리만 제공했을 뿐이다.

「왕망전」의 끝 부분에서, 반고는 왕망이 시대의 흐름에 역행하여 취한 조치들을 총결(總結)하면서, 참위설의 터무니없는 본질을 더욱 강력하게 폭로했다. 그는 진(秦)나라의 멸망과 왕망의 패망은 모두 시대의 흐름에 역행했기 때문이라고 결론짓고, 다음과 같이 말했다. "옛날에 진나라는 『시경(詩經)』과 『상서(尙書)』를 불태우고 사사로운 의론(議論)을 세웠고, 왕망은 육예(六藝)를 말하면서 간사한 말들로 꾸몄으니, 결과는 같고 경로는 달랐으며, 모두 멸망하고 말았다.[昔秦燔『詩』·『書』以立私議, 莽誦六藝以文奸言, 同歸殊塗, 俱用滅亡.]"[54] 여기에서 '간사한 말[奸言]'이란 바로 왕망이 도참을 이용하여 지어낸 요사스러운 말들을 가리킨다.

반고는 『한서』를 편찬한 것 말고도, 원래 또 다른 문집(文集) 17권이 있었는데, 후에 모두 유실되었다. 엄가균(嚴可均)[55]의 『전상고삼대

54) 이상의 인용문들은 모두 『한서』 권99 「왕망전」을 보라.

55) 역자주 : 엄가균(1762~1843년)은 청대의 문헌학자이자 장서가(藏書家)로, 자(字)는 경문(景文)이며, 호는 철교(鐵橋)이다. 오정(烏程 : 오늘날의 절강성 오흥) 사람이다.

진한삼국육조문(全上古三代秦漢三國六朝文)』에 수록된 반고의 저술들로는, 「종남산부(終南山賦)」·「양도부(兩都賦)」·「유통부(幽通賦)」·「답빈희(答賓戲)」·「전인(典引)」·「흉노화친의(匈奴和親議)」·「주기동평왕창(奏記東平王蒼)」·「진기론(秦紀論)」 등이 있다. 대다수 작품들의 주제는 정치의 잘잘못·인간사[人事]의 성패라는 각도에서 광무제(光武帝)의 중흥(中興)·명제(明帝)와 장제(章帝)의 치세(治世)를 찬양하고 있다. 「양도부」에서는 동도주인(東都主人)의 말을 빌려서, 왕망이 빚어 낸 "언덕과 들에는 사람의 시체가 쌓여 있고, 내와 골짜기에는 사람의 피가 흐르는[原野壓人之肉, 川谷流人之血]" 비참한 변란 중에, 광무제가 군웅(群雄)들을 무찔러 "수많은 사람들을 살리고, 강토를 회복한[茂育群生, 恢復疆宇]" 공훈(功勳)을 세웠다고 서술했다. 이는 모두 인간 세상의 공로나 과오 혹은 안정과 혼란으로부터 관찰하고 평가한 것이다. 당시 마치 신(神)처럼 떠받들던 참위를 그는 결코 선양하지 않았으며, 단지 「하도(河圖)」를 펼치고 도참과 위서를 논의했다.[披皇圖[56], 稽帝文[57].]"라는 모호한 화법으로 구색만 갖추고 있을 따름이다. 반고가 이렇게 한 것은 당시에는 부득이했는데, 광무제가 도참을 천하에 선포함에 따라 도참이 이미 권위 있는 지위를 얻게 되자, 도참에 의심을 품고 있던 진보적인 학자들은 거대한 사상적 압력을 받았으므로, 어쩔 수 없이 아마도 찬동하는 몇 마디 말로 얼버무린 것 같다. 반고뿐만 아니

56) 역자주 : '皇圖(황도)'는 '하도(河圖)'를 가리키는 말이다. 「하도」는 복희(伏羲)가 황하(黃河)에서 얻은 그림으로, 이것에 의해 복희는 『주역(周易)』의 팔괘(八卦)를 만들었다고 한다. 이 전설은 참위설 및 위서(緯書)의 신빙성을 더해 주는 근거가 되었다.

57) 역자주 : '帝文(제문)'은 '하늘이 내린 글'이라는 뜻으로, 도참과 위서를 지칭하는 말이다.

라 왕충(王充)과 장형(張衡)도 마찬가지였다. 왕충은 도참을 믿지 않았지만, 그도 다음과 같이 말했다. "괴이한 말들은 모두 참기(讖記 : 참언을 기록한 글-역자)에 있다. 도참에서 표현하고 있는 것들은 모두 「하도」와 「낙서」를 모방한 것들이다. '진(秦)나라를 망하게 한 것은 '호(胡)'이다.'[58]라는 말은 「하도」에 있는 글이다. 공자(孔子)는 더욱 유려하고 조리 있게 하여, 괴이함을 드러냈다. 간혹 후세 사람들이 속여서 기록하여, 효험을 밝혔다.[神怪之言, 皆在讖記. 所表皆效圖書. '亡秦者胡', 河圖之文也. 孔子條暢增益, 以表神怪. 或後人詐記, 以明效驗.]"[59] 장형은 도참에 대해 정곡을 찌르는 비판을 한 적이 있지만, 그도 또한 다음과 같이 말했다. "「하도」·「낙서」·육예(六藝)는 그 편수와 기록이 이미 정해져 있어, 후세 사람들이 천박한 말로 견강부회했지만, 강탈하는 것을 용납한 곳은 없다.[「河」·「洛」·六藝, 篇錄已定, 後人皮傳, 無所容篡.]"[60] 반고를 비롯한 이 사람들은 외부의 압력 때문에 아마 '찬동'했을 것이므로, 그들의 사상에서 결코 중요한 지위를 차지하지는 못했다. 심지어 삼국 시대부터 당(唐)나라 초기에 이르기까지, 81편의 참위에 대해 합법성을 부여한 글들도 여전히 정론(定論)으로 여겨졌다. 『삼국지(三國志)』 「선주전(先主傳)」에서는, "여러 신하들이 표(表 : 임금에게 자신의 생각을 적어 올리는 글-역자)를 올려 진언하기를, '「하도」와 「낙서」, 그리고 오경(五經)의 참위서들은, 공자가 살펴 판단해 본 바에 따르면,

58) 역자주 : '호(胡)'는 중국 북방의 유목민들을 지칭하는 말이었다. 그러나 진시황의 아들 호해(胡亥)가 제2대 황제가 된 이후, 진나라가 급격하게 멸망의 길로 접어들었으므로, '호'는 '호해'를 가리키는 것으로 여겨지게 되었다.

59) 왕충, 『논형(論衡)』 「실지편(實知篇)」.

60) 『후한서』 권59 「장형열전(張衡列傳)」.

조짐들이 먼 옛날부터 맞아떨어졌습니다.[群臣勸進表曰, 河圖·洛書·五經讖緯, 孔子所甄, 應驗自遠.]"라고 했다. 『수서(隋書)』「경적지(經籍志)」에서는 "「하도」 9편과 「낙서」 6편은, 황제(黃帝)부터 주(周)나라 문왕(文王)에 이르기까지 전수되어 내려온 글이라고 하며, 또 다른 30편이 더 있는데, 이것은 태초부터 공자에 이르기까지 전수되어 내려온 글들로, 아홉 명의 성현(聖賢)들이 보충하고 덧붙여서, 그 뜻을 넓혔다고 한다. 또한 칠경(七經)[61]의 위서 36편이 있는데, 모두들 공자가 지은 것이라고 하며, 앞에서 언급했던 것들과 합치면 81편이다.["「河圖」九篇, 「洛書」六篇, 云自黃帝至周文王所受本文, 又別有三十篇, 云自初起至於孔子, 九聖之所增演, 以廣其意. 又有七經緯三十六篇, 竝云孔子所作, 竝前合爲八十一篇.]"라고 했다. 이처럼 참위 신학(神學)이 오랜 기간 동안 신처럼 받들어지던 상황에서, 반고는 참위 신학을 믿지 않았을 뿐만 아니라, 뚜렷하게 비판적인 태도를 취하고 있었으니, 참으로 갸륵한 일이라 할 수 있다.

---

61) 역자주 : 예로부터 떠받들던 7가지 유가의 경전들로, 시대에 따라 일치하지 않았다. 동한 때의 『일자석경(一字石經)』에서는 『역경(易經)』·『시경(詩經)』·『서경(書經)』·『의례(儀禮)』·『춘추(春秋)』·『공양(公羊)』·『논어(論語)』라고 했으며, 『후한서』「장순전(張純傳)」에서는 『시경』·『서경』·『의례』·『악경(樂經)』·『역경』·『춘추』·『논어』라고 했고, 송나라 유창(劉敞)의 『칠경소전(七經小傳)』에서는 『서경』·『시경』·『주례(周禮)』·『의례』·『예기(禮記)』·『공양』·『논어』라고 했다. 또 청나라 강희(康熙)의 『어찬칠경(御纂七經)』에서는 『역경』·『서경』·『시경』·『춘추』·『주례』·『의례』·『예기』라고 했다.

제8장

“식량이 풍족하고 재화가 유통된 다음에야, 나라가 건실해지고 백성들이 부유해진다.[食足貨通, 然後國實民富.]”

– 반고의 경제 사상

반고는 사마천이 경제 활동을 중시한 우수한 전통을 이어받아, “식량이 풍족하고 재화가 유통된 다음에야, 나라가 건실해지고 백성들이 부유해진다.[食足貨通, 然後國實民富.]”라는 새로운 사상을 제시하여, 후세에 커다란 영향을 미쳤다.

1. “식량[食]과 재화[貨]의 두 가지가 근본이다[食貨二本].”라는 새로운 사고

반고는 경제 활동을 매우 중시했는데, 그가 저술한 『한서』에 전문적으로 경제 활동을 기록한 「식화지(食貨志)」와 「화식전(貨殖傳)」 등을 두어, 그의 경제 사상을 집중적으로 반영했다. 「식화지」에서 반고는 “식량과 재화의 두 가지가 근본이다.”라는 새로운 사상을 제기했다. 그는 말하기를, “「홍범(洪範)」[1]에는 나라를 다스리는 8가지 일을

1) 역자주 : 『서경(書經)』의 한 편(篇)이다.

언급하고 있는데, 첫째가 식량이고, 둘째가 재화이다. 식량이란 오곡을 농사지어 먹을 수 있는 것들을 만들어 내는 것이며, 재화란 베나 비단처럼 사람이 입을 수 있는 것, 또는 금도(金刀)[2]나 거북 등껍질이나 조개껍질과 같은 것으로서, 재물을 분배하고 이익을 안배하여 있는 것과 없는 것을 통하게 하는 것이다. 이 두 가지가 백성들을 살리는 근본이다.[「洪範」八政, 一曰食, 二曰貨. 食謂農殖嘉穀可食之物, 貨謂布帛可衣, 及金刀龜貝, 所以分財布利通有無者也. 二者, 生民之本.]"라고 말했다. 그의 해석에 따르면, '식량'이란 농업 생산이나 곡물의 생산이며, '재화'란 곧 공업 생산이나 상품 화폐 경제이다. 반고는 매우 진지한 태도로 농업과 상공업의 발전 상황을 기재하고 있는데, 이는 그가 경제를 매우 중요시했음을 말해 준다. 사실 역사학 저작들 안에 경제 문제를 전문적으로 다룬 내용을 둔 것은 결코 반고가 창조한 것이 아니고, 사마천이 『사기』에서 이미 「평준서(平準書)」를 두어 전문적으로 경제 문제를 기술한 적이 있다. 그러나 사마천이 「평준서」를 저술한 주요 취지는 다음과 같았다. 즉 "화폐의 유통으로써 농업과 상업이 통하게 되었는데, 그 극단에 이르면 곧 장난을 치며 교묘하게 재주를 부리는 자들이 겸병하여 재산을 늘리고, 기회와 이익을 다투게 되니, 농업을 버리고 상업을 좇았다. 이에 '평준서'를 지어 일의 변화를 살폈다.[維幣之行, 以通農商, 其極則玩巧, 竝兼茲殖, 爭於機利, 去本趨末. 作「平準書」以觀事變.]"[3] 말하자면 사마천이 「평준서」를 지어서 기술한 내용은 주로 '재화[貨]'에 관한 것이었다. 반고는 사마천의 「평준서」를 고

2) 역자주 : 안사고(顏師古)는 주석하기를, "금(金)은 다섯 가지 색의 쇠이다. ……도(刀)는 금전(金錢)을 말한다.[金謂五色之金也. ……刀謂錢幣也.]"라고 했다.

3) 『사기(史記)』 권130 「태사공자서(太史公自序)」.

쳐 「식화지」를 저술했는데, 내용뿐 아니라 인식면에서도 모두 「평준서」에 비해 중대한 발전을 이루었다. 내용에 대해서 말하자면, 반고는 선진(先秦) 시대부터 한(漢)나라 초기까지의 역사적 사실들을 추가하여 기술했으며, 계속하여 한나라 무제 말기부터 왕망이 멸망하기까지의 170년간의 경제 조치들과 경제 상황들도 서술했다. 『사기』는 통사(通史)지만, 「평준서」는 단지 서한 초기에서부터 무제 시기까지를 다룬 단대(斷代) 경제사(經濟史)이다. 『한서』는 본래 단대사지만, 반고의 「식화지」는 거꾸로 내용상 필요에 따라 일부러 위에서 서술한 「평준서」의 결함을 채워 넣어, 상고(上古) 시대부터 서한 말까지의 재정경제 통사로 서술했으므로, 단대사의 범위를 뛰어넘었다. 이는, 반고가 경제를 중시하는 탁월한 선견지명이 있었으며, 그가 기존의 관례에 얽매이지 않고 단대사 속에 "과거와 현재를 꿰뚫어 아는[通古今]" 통사 형식을 적절하게 운용한 탁월한 역사 인식을 반영하고 있다. 이 밖에도 반고는 「평준서」의 기초 위에서 「식화지」의 전체 내용을 '식량[食]'과 '재화[貨]'의 두 부분으로 나누어, '식량'에 관한 내용을 추가했으니, 이는 마땅히 새로운 창조라고 할 수 있다. 그리하여 후세의 역사가들은 이러한 형식을 잇달아 모방하여, 역사가들이 경제 활동을 기술한 것을 모두 「식화지」라고 명명했으니, '식화(食貨)'라는 명칭은 중국 고대 경제의 대명사가 되었다. 자오징(趙靖)이 주편(主編)한 『中國經濟思想通史(중국경제사상통사)』에서는, 반고가 "경제 문제 연구를 중시하여, 중국 봉건 경제 연구의 새로운 모델을 열었다."[4]라고 했는데,

4) 趙靖 主編·石世奇 副主編, 『中國經濟思想通史』 第2卷, 70쪽. 北京大學出版社, 1995년판.

이는 매우 정확한 표현이다.

반고의 또 한 가지 공헌은 '식량'과 '재화'를 같은 반열에 두고 논하여, 농업과 상공업 모두가 사람들이 생존하는 데 근본이라고 간주했다는 점이다. 그는 말하기를, "두 가지는 백성들을 살리는 근본이다.[二者, 生民之本.]"라고 했는데, 이와 같이 농업을 중시할 뿐만 아니라 상공업도 중시하는 '식량과 재화의 두 가지가 근본이다[食貨二本].'라는 사상은 전통적인 경제 사상의 인식을 한 걸음 더 심화시켰다. 오랜 기간 동안 중국은 농업 생산을 중시하는 전통이 있었으며, 농업 생산을 본업으로 여겨, 농업 생산의 발전을 북돋웠다. 의심할 여지없이 농업 생산의 발전을 중시하고 북돋운 것은 정확한 것이었지만, 그 당시 사람들은 항상 농업과 상공업을 대립시켜서, 농업을 중시함과 동시에, 곧 상공업을 말업(末業)으로 간주하여 제한을 가했다. 당시 서한과 동한이 바로 이렇게 인식하고 있었는데, 농업을 본업으로 여기고, 상공업을 말업으로 간주하여, 본업을 중시하고 말업을 억제하는 정책을 실행했다. 이와 같은 형세 하에서, 반고는 전통적인 사상에 속박당하지 않고, '식량과 재화의 두 가지가 근본이다.'라는 새로운 사상을 제시했으니, 참으로 대견한 일이었다. 반고가 생각하기에, '식량'과 '재화'는 인류 사회가 생존하는 데 반드시 필요한 것으로, 이 두 가지 모두 필수불가결한 것이었다. 그는, '식량'과 '재화'라는 이 두 가지는 "신농(神農)의 시대부터 시작되었다. '나무를 깎아 보습을 만들고, 나무를 불에 쬐어 쟁기를 만들었으며, 농기구의 이로움으로 천하를 교화하여', 식량이 풍족해지자, '한낮에 시장을 열고, 천하의 백성들과 천하의 재화가 모여들어, 서로 바꾸어 가니, 각자 필요한 것들을 얻게 되면서' 재화가 유통되었다. 식량이 풍족하고 재화가 유통된 다음에야 나라가 건실해지고 백성들이 부유해지며, 교화가 이루어진다.[興自神農之世. '斫木爲耜, 煣木爲耒, 耒耨之利以教天下', 而食足, '日中爲市, 致天下之民, 聚天下之貨, 交易而退, 各得其所', 而貨通. 食足貨通, 然後國實民富, 而教化成.]"[5]라고 생각했다. 이는 바로, 농업과 상공업이 발전해야 비로소 "나라가 튼튼해지고 백성들이 부유해지며[國實民富]", 나라가 튼튼해지고 백성들이 부유해져야만 비로소 백성들에 대한 교육이 효과를 거둘 수 있다는 것을 말하고 있다. 고대 중국은 소농(小農) 경제를 위주로 하는 국가였으므로, 농업 경제가 국민 경제에서 차지하는 비중이 매우 중요했기 때문에, 당연히 중시했다는 것은 의심의 여지가 없다. 그러나 전국 시대 이래로, 상품 화폐 경제도 비교적 크게 발전하여, 점차 인간 생활에 필수불가결한 산업이 되었다. 반씨(班氏) 가문은 바로 상공업을 통해 부(富)를 축적했다. 진(秦)나라 말기에, 반고의 조상인 "반일(班壹)은 누번(樓煩)으로 피신했는데, 말·소·양이 수천 마리나 되었다. 한나라가 초기에 안정을 찾아갈 무렵, 그는 백성들과 더불어 스스럼없이 지내면서, 혜제(惠帝)와 고후(高后) 시기에, 재산을 많이 모아 변방에서 큰 세력을 이루었다.[班壹避地於樓煩, 致馬牛羊數千群. 值漢初定, 與民無禁, 當孝惠·高后時, 以財雄邊.]"[6] "말·소·양이 수천 마리나 된" 것은 당연히 내다 팔기 위해서였을 것이므로, 의심의 여지 없이 반씨 가문은 상업을 통해 부(富)를 축적한 것이다. 이 때문에 반고는 상공업에 대해서도 어느 정도 알고 있었기에, 농업을

5) 『한서』 권24 「식화지」.
6) 『한서』 권100 「서전(敘傳)」.

중시함과 동시에 상공업도 당연히 중시해야 한다고 생각했다. 그래서 그는 '식량과 재화의 두 가지가 근본이다.'라는 사상을 제시했다. 반고가 제시한 '식량과 재화의 두 가지가 근본이다.'라는 사상은 그가 창조한 것으로, 그보다 앞서서 이러한 주장을 한 사람은 없었다. 사마천이 비록 비교적 상공업을 중시하기는 했지만, 그는 단지 농업과 상공업은 인간 생활에 필수적인 것으로, 하나라도 빠져서는 안 된다고 논증했을 뿐, 농업과 상공업이 모두 본업(本業)이라고 표현하지는 않았다. 따라서 경제에 대한 인식은 반고가 사마천보다 한층 더 진보적이었다. 동한 말기에 왕부(王符)는 『잠부론(潛夫論)』「무본(務本)」 편에서, 농업·공업·상업은 각각 본말(本末)이 있다는 주장을 제시했으며, 명(明)나라 말기부터 청(淸)나라 초기까지 활동했던 황종희(黃宗羲)는 곧 "공업과 상업은 모두 근본이다[工商皆本]."라는 사상을 명확히 제시했는데, 그들은 모두 반고의 인식 노선과 같은 방향으로 나아갔던 것이다.

반고는 "식량이 풍족하고 재화가 유통된 다음에야, 나라가 건실해지고 백성들이 부유해지며, 교화가 이루어진다.[食足貨通, 然後國實民富, 而敎化成.]"라는 사상에 관해, 『관자(管子)』와 『염철론(鹽鐵論)』의 인식을 계승함과 동시에 이를 더욱 발전시켰다. "식량이 풍족하고 재화가 유통된다[食足貨通]."라는 것은 곧 농업과 상공업이 발전한다는 것이고, 이것은 바로 경제를 발전시키는 것이다. 반고는, 경제가 발전해야만 백성들이 비로소 부유해질 수 있고, 국가가 비로소 강성해질 수 있으며, 정권이 비로소 공고해질 수 있다고 생각했다. 그는 『주역(周易)』에서 "천지의 큰 덕은 낳는 것[生]이라 하고, 성인의 큰 보배는 위(位 : 직위-역자)라고 하니, 무엇으로 직위를 지킬 것인가 하면 그것은 인(仁)이며, 무엇으로 사람을 모을 것인가 하면 그것은 재(財)이다.[天地之大德曰生, 聖人之大寶曰位, 何以守位曰仁, 何以聚人曰財.]"라는 말을 인용하여 말하기를, "재물이라는 것은, 제왕이 사람을 모아 직위를 지키며, 수많은 사람들을 양성하고, 하늘의 덕을 받들어 따르며, 나라를 다스리고 백성을 편안하게 하는 근본이다.[財者, 帝王所以聚人守位, 養成群生, 奉順天德, 治國安民之本也.]"[7]라고 하여, 경제 발전이 나라를 다스리고 백성들을 안정시키는 근본이라고 여겼다. 여기에서 알 수 있듯이, 반고는 국가 정치에서의 경제의 지위와 작용에 대해 명확하게 논술하면서, 경제가 국가 안정과 부강의 기초라고 지적하여, 경제 활동이 역사 발전에 미치는 작용을 심각하게 인식했다. 아울러 "식량이 풍족하고 재화가 유통된 다음에야, 나라가 건실해지고 백성들이 부유해진다."라고 명쾌하게 요약했다. 이처럼 간단명료한 요약은 새로운 표현법일 뿐만 아니라 또한 새로운 인식으로서, 이전 사람들을 능가했으며, 후세 사람들에게도 일정한 영향을 미쳤다. 반고는 경제 활동이 국가 정권의 안정과 역사 발전에 미치는 작용에 대해 매우 심각하게 인식했기 때문에, 그는 경제 활동을 매우 중시했으며, 매우 진지하게 「식화지」를 저술했다. 그는 『한서』 「서전(敍傳)」에서 「식화지」를 저술한 취지를 다음과 같이 말하고 있다. "그 처음에 백성들을 이루니, 식량과 재화가 오직 먼저였다. 땅을 쪼개어 여정(廬井)을 두고, 더불어 농지를 획정하여, 10분의 1을 바치게 하니, 아래의 백성들은 부유해지고 위의 왕과 귀족들은 존귀해졌다. 장사를 하여 씀씀이를 풍족하게 하고, 교역을 하여 없는 것을 있게 했다. 화폐는 거북 등껍질

7) 『한서』 권24 「식화지」.

과 조개껍질로부터 지금의 오수전(五銖錢)에 이르렀다. 고금의 일들을 대략적으로 요약하여 논술함으로써, 세상의 번영과 쇠퇴를 살펴보았다.[厥初生民, 食貨惟先. 割制廬井, 定爾土田, 什一供貢, 下富上尊. 商以足用, 茂遷有無, 貨自龜貝, 至此五銖. 揚搉古今, 監世盈虛.]" 이는, 그가 고찰하려고 한 범주가 호구(戶口)의 편제·토지와 조세 제도·상업 교환의 작용·화폐 제도의 변화 발전 등에 관한 것이었음을 말해 준다. 그는 경제생활 영역의 변화를 통해 국가의 흥망성쇠를 관찰하고, 더불어 역사적 경험과 교훈을 진지하게 총괄하여, 거울로 삼으려 했다. 그러므로 「식화지」는 중요한 제도들과 역사적으로 비교적 영향을 크게 미친 정책들에 대해서는, 반드시 기록이 명확한 것들을 구해야 하며, 사건들이 모호해서는 안 된다고 주장했다. 따라서, 고대 경제사(經濟史)·토지제도사(土地制度史)·상업사(商業史)·화폐사(貨幣史)를 연구하는 데 대단히 중요한 기본 사료(史料)를 제공하고 있다.

2. "식량이 풍족한 다음에야 재화가 유통될 수 있다 [惟食足而後貨可通.]."

반고는 비록 '식량[食]'과 '재화[貨]'를 모두 본업(本業)으로 인식했지만, 이 두 가지의 지위는 평등하지 않다고 여겼다. 만약 '식량'과 '재화'를 순서대로 말한다면, 반고는 당연히 '식량'이 첫 번째 자리를 차지하며, '재화'는 두 번째 자리를 차지해야 한다고 생각했다. 이는 그가 저술한 「식화지」에서 '식량'을 앞에 배치하고 '재화'를 뒤에 배치한 것에서 곧 알 수 있다.

중국 고대 사회는 전통적인 농업 사회였으므로, 농업을 우선적으로 발전시켜야 할 지위에 둔 것은 정확한 것이었다. '식량과 재화[食貨]'는 국가를 안정시키고 부강하게 하는 기초인데, '식량'은 또한 '재화'의 기초이다. 왜냐하면, 고대 사회는 자급자족의 자연 경제가 중요한 지위를 차지하고 있었기에, 모든 가호(家戶)마다 남자는 농사를 짓고 여자는 베를 짜는 소생산(小生産)이 주요 경제 특징이었으며, 수공업 생산은 주로 농업이 제공하는 원료에 의지했으므로, 만약 농업 생산의 발전이 없다면, 수공업 생산이 발전한다는 것은 상상하기 어려웠기 때문이다. 그리고 상업의 발전은 곧 농업과 수공업의 발전을 전제로 요구했으므로, 농업과 수공업이 생산품이나 상품을 제공해 주지 않는데 상품 경제가 발전하기를 바라는 것은 곧 공염불에 불과했다. 일찍이 2천여 년 전의 반고는 이미 이러한 문제점을 알고 있었던 것 같다. 따라서 그는 특히 농업 생산의 발전을 중시하여, "식량이 풍족한 것[食足]"을 "재화가 유통되는 것[貨通]"의 기초라고 보고, 우선적으로 발전해야 할 지위에 놓았다. 능치륭(凌稚隆)은 일찍이 지적하기를, "오직 식량이 풍족한 다음에야 재화가 유통될 수 있다[惟食足而後貨可通]."라는 것이 반고가 저술한 「식화지」가 "식량을 먼저 서술한[以食敍於先]" 주된 취지라고 지적했는데,[8] 이러한 관점은 당시 사회의 실제 상황과 부합하는 것이었다.

먼저 반고는, 우선적으로 농업을 발전시키려면 반드시 토지 문제를 해결해야 한다고 생각했다. 반고는 『맹자(孟子)』 「등문공(滕文公)」·『주례(周禮)』 「대사도(大司徒)·수인(遂人)」편과 『시경(詩經)』 「소아(小雅)·대

8) 능치륭(凌稚隆), 『한서평림(漢書評林)』 권24 「식화지」.

전(大田)」·『빈풍(豳風)』「칠월(七月)」의 내용을 종합하여, 고대의 정전제(井田制)에 대해 기록하고 있는데, 그 속에는 비록 후세 사람들이 정전제를 이상화(理想化)한 요소들도 담고는 있지만, 또한 고대 사회의 토지 공유제·정기적인 토지 분배·농촌 사회 구성원들이 생산 활동에서 상부상조하던 내용도 확실하게 보존되어 있다. 반고가 기술한 내용을 통해 알 수 있듯이, 반고는 고대의 정전제를 높게 평가했지만, 시대의 발전으로 인해 세상의 형세가 변화하여, 고대의 정전 제도를 완전하게 회복시키려는 것은 불가능했기 때문에, 반고가 고대의 정전 제도를 높이 평가한 것은 주로 정전 제도의 공평한 토지 분배 정신을 찬양한 것이다. 그는 "부족함을 걱정하지 말고 균등하지 못함을 걱정하며, 가난함을 걱정하지 말고 불안함을 걱정하라.[不患寡而患不均, 不患貧而患不安.]"[9]라는 관점에 동의하면서, "그 기준을 바로 잡아[正其經界]", 식구의 수에 따라 토지를 나누어 주고, 모든 농민들마다 마땅히 자기 몫의 토지를 갖게 함으로써, 농업 생산이 정상적으로 발전해 나갈 수 있도록 보장해야 한다고 주장했다. 그래서 그는 귀족과 권세가들이 토지를 겸병하는 것을 반대하고, "부자들의 밭은 밭두렁이 끝없이 이어져 있고, 가난한 자들의 송곳을 세울 땅도 없는[富者田連阡陌, 貧者亡立錐之地]"[10] 현상에 대해 매우 안타깝게 생각했다. 그리하여 토지의 겸병을 제한함으로써, 농민들이 정상적으로 생산하고 생활할 수 있도록 보장해야 한다고 주장했다. 그는 토지 문제를 해결하는 것은 농업을 발전시키는 중요한 전제 조건이라고 여겼다.

9) 『한서』 권24 「식화지」.
10) 『한서』 권24 「식화지」.

그 다음으로 반고는, 농업을 발전시키기 위해서 반드시 농민들의 생활과 생산의 기본 조건을 보장해야 할 뿐만 아니라, 농민들이 갖고 있는 생산의 적극성을 방해하지 말아야 한다고 생각했다. 그는 「식화지」에서 이회(李悝)의 말을 인용하여 말하기를, "나라를 잘 다스리는 자는, 백성들에게 피해를 입히지 않고 농사를 더욱 권장한다.[善爲國者, 使民毋傷而農益勸.]"[11]라고 하여, 농민들의 생활에 대해 깊은 관심과 동정을 나타냈다. 그는 또한 이회가 자영농의 생활에 대해 고찰한 내용을 「식화지」에 기록하면서 지적하기를, 다섯 식구가 있는 집의 농민은 100무(畝)의 토지를 경작하는데, 1무마다 1.5석(石)의 곡식을 수확하니, 모두 150석의 곡식을 수확할 수 있으며, 세금으로 납부하는 15석을 제외하면, 135석이 남는다고 했다. 만약 한 사람이 한 달에 1.5석의 식량을 소비한다면, 전 가족에게는 1년에 90석이 필요하여, 남는 것은 45석인데, 이를 돈으로 환산하면 1350전(錢)이라고 했다. 여기에서 다시 마을의 공동 제사 비용 300전과 전 가족 다섯 명의 의복비 1500전을 지출하고 나면, 온갖 고생을 하며 1년 내내 농사를 지어 봤자 남는 돈이 없을 뿐만 아니라, 오히려 450전의 빚을 지게 된다고 했다. 거기에다 불행하게도 병들어 죽어서 장례를 치르거나 과중하고 잡다한 세금을 내게 되면, 이 경우는 더욱 상상할 수 없었다. 그는 또한 조조(鼂錯)의 말을 인용하여 다음과 같이 말했다. "농부의 식구가 다섯 명인 가구는, 노역에 복무하는 사람이 두 명 아래로 내려가지 않아, 그들이 경작할 수 있는 것은 백(百) 무를 넘지 못하며, 백 무에서의 수확량은 백 석(石)을 넘지 못한다. 봄에는 밭을 갈

11) 『한서』 권24 「식화지」.

고 여름에는 김을 매며, 가을에는 수확하고 겨울에는 저장하며, 땔나무를 베어 오고, 관부(官府)를 수리하고, 요역(徭役)을 나간다. 그리하여 봄에는 바람과 먼지를 피할 수 없고, 여름에는 더위를 피할 수 없으며, 가을에는 비를 피할 수 없고, 겨울에는 추위를 피할 수 없으니, 사계절 내내 하루도 쉬지 못한다. 또한 자신이 스스로 손님을 맞이하고 전송하며, 조문을 하고 병문안도 하면서, 애비 없는 자식을 홀로 부양하고 어린 자식들을 기르는 일도 거기에 포함되어 있다. 애써 부지런히 일하는 것이 이와 같지만, 오히려 되풀이하여 홍수나 가뭄 같은 재난을 당하고, 폭정과 무거운 세금에 시달리며, 시도 때도 없이 세금을 거두어 가는 것이, 일관성 없이 수시로 바뀐다. 가진 자들은 반값에 사서 팔고, 가난한 자는 엄청나게 비싼 이자를 물고 돈을 쓰게 되자, 이에 밭과 집을 팔고 자식이나 손자를 팔아 빚을 갚는 자도 있게 되었다.[農夫五口之家, 其服役者不下二人, 其能耕者不過百畝, 百畝之收不過百石. 春耕夏耘, 秋獲冬臧, 伐薪樵, 治官府, 給徭役, 春不得避風塵, 夏不得避暑熱, 秋不得避陰雨, 冬不得避寒凍, 四時之間亡日休息, 又私自送往迎來, 弔死問疾, 養孤長幼在其中. 勤苦如此, 尙復被水旱之災, 急政暴賦, 賦斂不時, 朝令而暮改. 當具有者半賈而賣, 亡者取倍稱之息, 於是有賣田宅鬻子孫以償責者矣.]"[12] 반고는, 농민들의 생활이 이렇게 가난하고 힘든데, 어떻게 농업 생산을 발전시킬 수 있겠느냐고 생각했다. 그래서 그는 농민들의 부담을 줄여 주어, 요역과 세금을 가볍게 하자고 주장했다. 그는, 한나라 초기에는 수확물의 10분의 1이나 15분의 1을 세금으로 거두다가, 나중에는 다시 30분의 1로 줄여 거둔 것에 대해 매우 높이 평가

12) 『한서』 권24 「식화지」.

했다. 그는 농민들의 생활을 보장해야만, 비로소 농민들의 생산에 대한 적극성을 보호할 수 있어, 농업 생산의 발전을 촉진시킬 수 있다고 생각했다.

세 번째로, 반고는 끊임없이 생산 기술을 개선하는 것이 농업 생산을 발전시키는 데에도 중요한 작용을 한다고 생각했다. 그는 『한서』 「식화지」에서, 조과(趙過)가 대전법(代田法)을 확대 보급한 상황을 탁월한 식견으로 기재하고 있다. 그는 말하기를, 한나라 무제(武帝) 말년에 "정복전쟁을 벌였던 일을 후회하고[悔征伐之事]", 대신 경제 발전을 중시하는 쪽으로 전환했으며, 조서(詔書)를 내려 "이제 힘써야 할 일은 열심히 농사를 짓는 데에 있다.[方今之務, 在於力農.]"라고 하면서, 조과를 수속도위(搜粟都尉)에 임명하여 농업을 관리하게 했다고 하였다. 조과는 농업 생산의 경험을 총괄하여, 대전법을 확대 보급했다. 이른바 대전법이란, 밭을 갈아엎어 평평하고 고르게 한 다음, 밭고랑과 밭두둑을 만들고, 봄에 경작할 때 씨앗을 고랑에 뿌리고 어린 모종을 고랑 속에서 키우는 것으로, 이렇게 하면 어린 모종의 잎이 바람에 손상되는 것을 감소시킬 뿐 아니라, 또한 고랑 속의 수분이 손실되는 것도 줄여 주어, 벼의 모종이 건강하게 자라도록 촉진시킬 수 있다. 이후에 곧 김매기와 풀 뽑기를 결합하면서, 점차 밭두둑의 흙을 호미로 긁어내려 모종의 뿌리에 북을 돋우어 주어, 농작물이 성장함에 따라 두둑의 흙이 점차 평평해지고, 고랑의 흙은 점점 높아져, 농작물은 더욱 뿌리가 깊어지니, 바람과 가뭄에 견디는 능력을 강화시켜 준다. 이듬해에 파종할 때에는 고랑과 두둑의 위치를 서로 바꾸어, 지력(地力)을 회복시켜 줌으로써, 농작물의 성장에 유리하게 했다.

이러한 새로운 농사법에 적합하도록 하기 위해, 조과는 또한 매우 많은 농기구들을 개량했는데, 두 마리의 소와 세 명의 사람이 한 조가 되어 함께 밭을 가는 방법 등을 추진했다. 반고는 말하기를, 조과가 추진하여 시행한 선진적인 대전법은, "1년의 수확량이 상시적으로 만전(縵田)[13]보다 1무(畝)당 1곡(斛) 이상 더 많았으며, 농사를 잘 짓는 사람의 경우는 생산량이 그것의 두 배가 되어[一歲之收常過縵田畝一斛以上, 善者倍之]", "노동력을 적게 들이면서도 곡물 생산량이 더 많은[用力少而得穀多]" 좋은 결과를 거둠으로써, 무제 후기의 경제 위기를 매우 빠른 속도로 완화시켰다고 했다. 그래서 반고는, 농업 기술의 개혁을 매우 높게 평가하고, 농업 기술의 개혁이 농업 생산량을 높이는 데에 미치는 작용을 과소평가해서는 안 된다고 생각했다. 여기에서 우리는, 반고가 농업 발전은 또한 기술의 개선에 의지해야 한다는 생각을 갖고 있었다는 것을 알 수 있다.

네 번째로, 반고는 "사민(四民 : 士農工商, 즉 모든 백성을 의미함-역자)은 모두 각자의 직업이 있으며[四民有業]", 사농공상은 서로 협조하면서 발전해야 한다고 주장했다. 반고가 보기에, 가장 이상적인 사회는 사농공상의 백성들이 "각자가 거처하는 곳에 편안하게 살면서 자신의 업무를 즐기고, 밥을 맛있게 먹고 옷을 아름답게 입는[各安其居而樂其業, 甘其食而美其服]"[14] 사회였다. 그래서 그는 농업·공업·상업을 모두 거론하면서, 농업·공업·상업이 서로 협조하면서 발전하는 것을 강조했으며, 어느 특정 산업이 기형적으로 발전하여 농업·

13) 여기에서 만전이란, 대전(代田) 기술을 채용하지 않은 일반 경작지를 가리킨다.
14) 『한서』 권91 「화식전(貨殖傳)」.

공업·상업이 균형을 잃는 것을 반대했다. 서한 이후에 농업을 중시하고 상업을 억제하는 정책을 시행했는데, 결과적으로는 "법률에서는 상인을 천시했지만, 상인들은 이미 부유하고 귀하게 되었고, 법률에서는 농부를 존중했지만, 농부는 이미 가난하고 천하게 되었다.[法律賤商人, 商人已富貴矣, 尊農夫, 農夫已貧賤矣.]"[15]라고 했다. 이는 『한서』「식화지」에서 농업·공업·상업 가운데, "가난한 이가 부를 추구하기에, 농업은 공업만 못하고, 공업은 상업만 못하며, 자수 무늬를 수놓는 것이 시장에서 장사하는 것만 못하기[用貧求富, 農不如工, 工不如商, 刺繡文不如倚市門]"[16] 때문이라고 설명하고 있다. 즉 상업 활동의 이윤이 가장 커서, 돈을 벌기가 쉽다는 것이다. 그리하여 사람들은 상업 활동에 열중했으며, 분분히 "본업을 등지고 말업으로 옮겨갔다[背本趨末]."[17] 문제(文帝) 시기에는 "백성들 중에 말업에 종사하여 농업을 해치는 사람들이 많았다[百姓之從事於末以害農者蕃]."[18] 원제(元帝) 때에는 공우(貢禹)가 말했듯이, 백성들이 "본업을 버리고 말업을 좇았으며, 농사를 짓는 사람이 절반을 넘지 못했다.[棄本逐末, 耕者不能半.]"[19] 성제(成帝) 때에는 "본업에 종사하려는 자들은 적었고, 말업으로 옮겨가는 자들은 많았다.[向本者少, 趨末者衆.]"[20] "농사를 짓는 백성들은 줄어들고, 상업에 종사하는 백성들이 많아지니, 곡식은 부족하고 재화는 남아도는[稼穡之民少, 商旅之民多, 穀不足而貨有餘]"[21] 현상

15) 『한서』 권24 「식화지」.
16) 『한서』 권91 「화식전」.
17) 『한서』 권24 「식화지」.
18) 『한서』 권4 「문제기(文帝紀)」.
19) 『한서』 권24 「식화지」.
20) 『한서』 권10 「성제기(成帝紀)」.

이 나타나자, 농업에 종사하는 사람들이 점점 감소하고, 상업에 종사하는 사람들은 점점 증가되어, 농업과 상업 간에 균형이 깨지고, 농업·공업·상업이 조화롭게 발전하는 양상이 파괴되었다. 농업은 본래 경제의 기초인데, 상업이 기형적으로 발전하여 농업 생산의 발전에 상당한 영향을 미쳤다. 즉 상인들이 농민들을 겸병하여, 농민들은 정처 없이 떠도는 현상이 나타났다. 이러한 현상은 농업 생산의 발전에 이롭지 않았고, 상업이 한 걸음 더 발전하는 데에도 이롭지 못했다. 왜냐하면 농업이라는 경제적 기초의 지위가 파괴되자, 상업은 곧 근원이 없는 물이나 뿌리가 없는 나무와 같이 되었기 때문이다. 하물며 서한 사회의 생산력 수준이 비교적 낮았던 상황에서, 농산품과 수공업품이 상품(商品)으로 전환되기가 대단히 어려웠음에도, 상인들의 숫자가 늘어났으니, 정상적인 상업 활동은 상인들의 수요에 부응할 방법이 없었다. 그리하여 당시의 상업 활동은 주로 사치품의 판매로 방향을 바꾸어[22], "상인들은 구하기 어려운 재화들을 유통시키고, 아무 쓸모없는 기물들을 만들었으니[商通難得之貨, 工作亡用之器]"[23], 이는 경제 건설에 이롭지 못했다. 따라서 반고는, 농업과 상업이 이처럼 기형적으로 발전하는 현상을 반대하면서, 상업 활동은 농업 생산의 발전에 부응해야 하고, 상업 활동은 반드시 일정한 수량과 규모 내에서 유지되어야 하며, 당연히 농업 생산을 우선적으로 발전시켜야 한

---

21) 『한서』 권91 「화식전」.

22) 『한서』 권24 「식화지」에 기재된 내용이다. 조조(晁錯)가 일찍이, 구슬이나 금·은 같은 사치품들은 "가볍고 작아서 보관하기 쉬우므로 손에 지니고 천하 각지를 두루 다닐 수 있다.[其爲物輕微易臧, 在於把握, 可以周海內.]"라고 말한 적이 있었다. 그 결과 그것들은 당시 운송하고 판매되는 주요 물품이 되었다.

23) 『한서』 권91 「화식전」.

다고 주장했다. "본업이 서야 말업이 이루어지며[本立而末成]"[24], 농업이 발전해야 곧 상업 발전이 촉진된다는 것이다. 이러한 생각은 분명히 일리가 있는 견해라고 할 수 있다.

3. 화폐 제도 개혁 및 '재화 유통[貨通]'의 작용

반고는 비록 농업은 경제 발전과 사회 안정의 기초이며, 마땅히 우선적으로 발전시켜야 한다고 생각했지만, 동시에 그는 공업과 상업이 경제 발전에서 중요한 지위를 차지하고 있으며, 또한 사람들이 살아가는 데 없어서는 안 되는 것이라고 여겼다. 그래서 그는 '재화 유통[貨通]'의 작용을 매우 중시했다.

'재화 유통'은 화폐와 불가분의 관계에 있으므로, 반고는 화폐는 상업 발전에서 관건이 되는 역할을 한다고 생각했다. 그는 『한서』「식화지(食貨志)」에서 상당히 체계적으로 선진(先秦) 시대에서부터 왕망(王莽)의 신(新)나라까지의 화폐 제도의 연혁을 기술했다.

주(周)나라 때에는 교환 수단, 즉 초기의 화폐로 사용되던 세 종류의 물건들이 있었는데, 황금은 근(斤)을 단위로 삼았고, 동전(銅錢)은 수(銖)[25]를 단위로 삼았으며, 포백(布帛 : 직물-역자)은 필(匹)[26]을 단위로 삼았다.

진(秦)나라 때의 화폐 제도에는 두 등급이 있었는데, 즉 황금은 일

24) 『한서』 권72 「왕길전(王吉傳)」.

25) 수(銖) : 한대(漢代)에는 24수(銖)가 1냥(兩)이었다.

26) 필(匹) : 너비 2척(尺) 2촌(寸)에 길이가 4장(丈)인 것을 1필(匹)이라고 했다.

(溢)[27]을 단위로 삼았으며, 전(錢)은 반 냥(半兩)을 단위로 삼았다.

한나라 초기에 황금은 근(斤)을 단위로 삼았으며, 전(錢)은 무게가 3수(銖)였는데, 협전(莢錢)[28]이라고 불렀다. 문제(文帝) 때, 협전이 지나치게 가벼웠기 때문에 새로 사수전(四銖錢)을 주조했으며, 액면 가치는 "반 냥"이었다. 이와 더불어 개인적으로 돈을 주조하는 것을 금지했지만, 제후왕들의 나라에서 돈을 주조하는 것은 허락했다.

무제(武帝) 원수(元狩) 4년(기원전 119년)에 화폐 개혁을 실시하여, 전국의 화폐를 통일하고 개인적으로 돈을 주조하는 것을 금지했다. 그리고 다음과 같은 세 종류의 화폐를 사용하도록 규정했다. 첫째는 피폐(皮幣)로, 사슴 가죽 1평방척(平方尺)으로 만들었으며, 액면 가치가 40만(萬) 냥이었다. 둘째는 은과 주석의 합금인 백금(白金)으로 만들었는데, 반원형(액면 가치 3천 냥)·방형(方形 : 액면 가치 5백 냥)·타원형(액면 가치 3백 냥)의 세 종류가 있었다. 셋째는 삼수전(三銖錢)이었다. 그 다음해에는 삼수전의 가치가 낮아지자 오수전(五銖錢)을 주조하고, 상림삼관(上林三官)[29]이 이를 전담하여 주조하도록 했다. 그리고 제후국들이 화폐를 주조하는 것을 엄금하고, 각 군국(郡國)들에서 주조한 화폐는 모두 녹여 구리 재료를 상림삼관에게 보내도록 했다. 오수전의 중량과 성분별 함량은 모두 보증되어 있어, 개인이 화폐를 주조하여 이익을 도모할 수 없게 되자, 화폐 제도는 오랜 기간 동안 안정되었

27) 24냥(兩)이 1일(溢)이다.

28) 모양이 느릅나무 열매의 꼬투리[莢]와 비슷하기 때문에 '협전(莢錢)'이라고 불렸으며, 오분전(五分錢)이라고도 불렀다.

29) 수형도위(水衡都尉)에 소속된 종관(鍾官)·변동(辨銅)·균수(均輸) 등 세 관직(官職)을 가리킨다.

다. 반고는 또한 무제 초기부터 주조된 오수전이 평제(平帝) 원시(元始) 연간까지 주조된 액면 가치가 무려 280억 냥에 달한다고 기록했다.

왕망(王莽) 시기에 다시 한 번 화폐 제도를 바꿈으로써 큰 혼란을 조성했다. 왕망이 섭정을 시작한 지 2년째 되던 해(서기 7년)에 착도(錯刀)·계도(契刀)·대전(大錢)이라는 세 종류의 화폐를 발행하고, 각각의 액면 가치는 착도가 5000냥, 계도가 500냥, 대전이 50냥으로 정했으며, 원래 있던 오수전까지 포함해서 모두 4등급[品]이 되었고, 동시에 유통되었다. 시건국(始建國) 원년(서기 9년)에 왕망은 착도·계도·오수전을 폐지하고 액면 가치가 50냥인 대전만을 남겨두었다. 또한 따로 소전(小錢)을 주조하여 두 종류의 화폐가 유통되도록 했다. 그 다음해에 왕망은 다시 금·은·거북 등껍질·조개껍질·전(錢)·포(布)를 만들었으며, '보화(寶貨)'라고 불렀다. 황금 1근(斤)이 1만 전(錢)의 가치를 갖는 것을 표준으로 삼았다. 은화(銀貨)는 백은(白銀) 함량의 높고 낮음에 따라 2등급[品]으로 나누었다. 구화(龜貨 : 거북 등껍질 화폐-역자)는 크기에 따라 4등급으로 나누었다. 패화(貝貨 : 조개껍질 화폐-역자)는 5등급으로 나누었다. 포화(布貨)와 전화(錢貨)는 모두 구리로 주조했다. 포화는 대포(大布)·차포(次布)·제포(弟布)·장포(壯布)·중포(中布)·차포(差布)·후포(厚布)·유포(幼布)·요포(幺布)·소포(小布)라고 불렀으니, 모두 10등급이 있었다. 전화는 대전(大錢)·장전(壯錢)·중전(中錢)·유전(幼錢)·요전(幺錢)·소전(小錢)이라고 불렀으니, 모두 6등급이 있었다. 모두 합쳐 '보화'는 5가지 물질[五物]·6가지 명칭[六名]·28가지 등급[二十八品][30]이 있었다.

30) 역자주 : 이것들은 왕망이 시행한 화폐 제도가 매우 복잡하고 종류가 많았음을 나타내 주는 말이다. 오물(五物)이란 금·은·구리·거북 등껍질·조개껍질을 화폐의 재료로 사용하는 것을 말하며, 6명(六名)은 화폐를 부르는 이름이 금화(金貨)·

반고는 화폐 개혁의 성공과 실패는 '재화의 유통[貨通]' 및 사회 경제 발전에 큰 영향을 준다고 생각했다. 주(周)·진(秦)·한나라 초기·한나라 무제 시기에 있었던 화폐 개혁은 '재화의 유통'에 긍정적인 효과가 있었으며 사회 경제의 발전을 촉진시켰다. 그러나 왕망 시기의 화폐 개혁은 경제 발전의 법칙에 위배되어, '재화의 유통'에 큰 혼란을 불러일으키자, "농업과 상업에 종사하는 백성들이 직업을 잃었으며, 식량과 재화가 모두 사라지게 되어, 백성들이 저잣거리와 길가에서 눈물을 흘리게 하였으니[於是農商失業, 食貨俱廢, 民涕泣於市道]"[31], 사회 경제의 발전에 영향을 미쳤다.

반고는 '재화의 유통'이 사회 전체적으로 남는 것과 부족한 것을 조절할 수 있고, 서로 없는 물건들을 교류하게 해주며, 남는 것을 취하고 부족한 것을 보충해 준다고 생각했다. 그리고 이를 통해 상업의 발전을 촉진할 수 있을 뿐만 아니라, 또한 각 분야의 여러 산업의 발전을 촉진할 것이라고 생각했다. 그래서 그는 「식화지」에서, 관중(管仲)이 제(齊)나라 환공(桓公)의 재상이 되어 '경중지권(輕重之權 : 351쪽 참조-역자)'을 시행함으로써, 농업 생산 발전에 큰 도움이 되었던 사실을 다음과 같이 기록했다. "흉년과 풍년이 있기 때문에, 곡식은 귀해지기도 하고 흔해지기도 하며, (구하도록 내리는-역자) 명령에는 완급(緩急)이 있으므로, 물건에는 싼 것과 비싼 것이 있는데[歲有凶穰, 故穀有貴賤, 令有緩急, 故物有輕重.]", "백성들에게 남는 물건이 있으면 곧 가

은화(銀貨)·패화(貝貨)·전화(錢化)·포화(布貨) 등 6가지였음을 가리킨다. 28등급[二十八品]은 서로 다른 재질과 형태의 화폐들이 모두 28등급임을 나타내 주는 말이다.

31) 『한서』 권24 『식화지』.

격이 싸지기 때문에 임금은 그 물건을 싼 값에 거둬들인다. 백성들이 부족하면 곧 가격이 비싸지기 때문에 임금은 이를 비싼 값에 내놓는다. 무릇 쌀 때 거둬들이고 비쌀 때 풀어 놓는 것이 시기에 적절하게 이루어지니 물건의 가격은 평준(平準)함을 유지하게 되었다. 물건 가격의 평준함을 유지하기 위해 1만 호(戶)가 있는 고을에서는 반드시 1만 종(鍾)[32]의 식량을 보관할 수 있는 창고와 돈 천만 냥을 보유하도록 하고, 1천 호가 있는 고을에서는 반드시 1천 종의 식량을 보관할 수 있는 창고와 돈 백만 냥을 보유하도록 했다. 그 식량과 재물로 백성들이 봄에 씨를 뿌리고 여름에 김매는 것을 돕고, 농기구와 베를 짜는 베틀을 빌려 주며, 식량을 배급해 주어, 반드시 백성들이 평안하도록 했다. 때문에 돈 많은 상인들이 백성들을 수탈하지 못했다.[民有餘則輕之, 故人君斂之以輕, 民不足則重之, 故人君散之以重. 凡輕重斂散之以時, 則準平. 守準平, 使萬室之邑必有萬鍾之臧, 臧繈千萬, 千室之邑必有千鍾之臧, 臧繈百萬. 春以奉耕, 夏以奉耘, 耒耜器械, 種餉糧食, 必取澹焉. 故大賈畜家不得豪奪吾民矣.]" 즉 풍년이 들어 식량이 남아돌면 정부가 적시에 수매하고, 흉년이 들어 식량이 부족하면, 정부는 보관하고 있던 식량을 방출했다. 이렇게 시장에서의 곡물 가격을 통제하여 백성들이 큰 피해를 입지 않도록 한 결과, 농업 생산이 정상적으로 발전했을 뿐만 아니라 국력도 갈수록 강해지자, "환공은 마침내 보잘것없던 제(齊)나라를 이용하여 제후들을 통합하여, 명성을 떨침으로써[桓公遂用區區之齊合諸侯, 顯伯名]", 당시의 패주(霸主 : 맹주-역자)가 되었다.

32) 역자주 : 고대 중국의 용량 단위로, 1종(鍾)은 6곡(斛) 4두(斗)였다. 일설에 의하면 8곡 혹은 10곡이었다고도 한다.

반고는 또한 전국 시대에 이회(李悝)가 실시한 '진지력지교(盡地力之敎 : 토지의 생산성을 최대한 높이는 방안-역자)'라는 정책에 대해서도 논술했다. 그는 위(魏)나라 문후(文侯)의 대신(大臣)으로, 그의 목적은 농업 생산을 북돋우려는 것이었는데, 그가 사용한 수단은 '평적(平糴)'이었다. 즉 이것은 농산물의 수매 가격을 조절함으로써, 농산물 가격이 지나치게 낮아져 농민들이 농업 생산에 종사하려고 하지 않는 문제를 해결하려는 것이었다. 그는 "곡식을 사들일 때 너무 비싸면 백성들이 피해를 입고, 너무 싸면 농민들이 피해를 입는다. 백성들이 피해를 입으면 사는 곳을 떠나 흩어지게 되고, 농민들이 피해를 입으면 나라가 가난해진다.[糴甚貴傷民, 甚賤傷農, 民傷則離散, 農傷則國貧.]"라고 생각했다. 그는, 정부가 풍년인지 혹은 흉년인지 그 해의 구체적인 작황을 잘 파악하여, 크게 풍년이 들었을 때에는 농민들에게 남는 곡물을 대량으로 수매하고, 보통 풍년이나 작은 풍년일 때에는 적당히 적은 양만 수매하여, 식량이 남아돌아 곡물 가격이 급격히 하락하는 것을 막음으로써 농민들이 적극적으로 생산하려는 의욕을 잃지 않게 해야 한다고 주장했다. 그리고 흉년일 때에는, 정부가 풍년이 들었을 때 수매하여 보관하고 있던 곡물을 평년 가격이나 혹은 평년보다 약간 높은 가격으로 시장에 내놓음으로써, 곡물 가격의 폭등을 막아야 한다고 했다. 이회는 이러한 방법을 사용하여 "남는 것을 취하여 부족한 것을 보충함으로써[取有餘以補不足]", 농민들의 이익을 보호했는데, 이는 곧 적극적으로 농업 생산량을 증가시켰다.

이러한 것들이 바로 '재화의 유통[貨通]'을 이용하여 농업 발전을 촉진시킨 사례들이다. 이에 근거하여 반고는 '재화의 유통'이라는 수단을 적절하게 운용하면 모든 산업에서 좋은 결과를 얻을 수 있다고 생각했다. 이러한 점을 통해 살펴보면, 반고가 상공업에 대해서 탁월한 견해를 갖고 있었다고 평가할 수 있다.

4. 개입주의적 경중론(輕重論)

자오징(趙靖) 선생이 주편(主編)한 『중국경제사상통사(中國經濟思想通史)』에서는, 중국 고대의 서한(西漢) 중기에 두 종류의 국민경제 관리 양식이 형성되었다고 지적하고 있다. 그것은 바로 개입주의적 경중론(輕重論)과 방임주의적 선인론(善因論)[33]이었다. 봉건 국가는 상품 유통 및 일부 상품의 생산 주체가 되어 상품과 화폐에 관한 규칙들을 연구하고 이용하며, 직접 시장 활동에 참여하고, 상공업을 경영하면서 각종 경제 수단과 행정 수단을 결합하여 상공업을 통제하였다. 그와 더불어 국가가 전체 국민경제를 대상으로 조절하고 간섭하고 통제하여, 사회 경제 활동에서 일거수일투족이 전체 경제에 중대한 영향을 끼치는 지배적 지위를 누렸다. 그리하여 상인 자본을 억압하고, 지방 제후들에게 타격을 가하고, 재정 수입을 증가시켜, 중앙집권적 전제주의 봉건 정권을 공고히 했다. 이와 같은 새로운 경제학설이 바로 개입주의적 경중론이었다.

반고의 경제사상은 개입주의적 경중론에 속했다. 그는 경제 발전을

33) 역자주 : 생산하고 무역하는 활동을 개인에게 맡기고 간섭하거나 억제하지 않으면, 국가의 경제가 더욱 발전하게 된다는 주장이다. 이러한 주장을 하는 대표적인 인물로는 사마천(司馬遷)을 들 수 있다.

중시했으나 경제 영역에서 자유방임을 반대하고, 국가가 관리 기능을 발휘하여 경제에 대해 개입하고 일정하게 통제 작용을 해야 한다고 주장했다.

우선 반고는, 사농공상(士農工商)은 반드시 조화롭게 발전하고 질서 있게 운행되어야 한다고 주장했다. 그가 생각한 이상 사회는, "사농공상의 각 분야에 종사하는 백성들이 그 지위에 걸맞아서, 각자 지력(智力)에 따라 아침 일찍 일어나고 밤늦게까지 열심히 그 직업을 익힘으로써, 서로 직무와 일을 공유하고 교환하며, 이익을 교환하고 풍족함을 공유하며, 징발하지 않아도 스스로 모여져, 멀리 있는 사람이나 가까이 있는 사람들 모두가 풍족한[四民因其土宜, 各任智力, 夙興夜寐, 以治其業, 相與通功易事, 交利而俱贍, 非有徵發期會, 而遠近咸足]"[34] 사회였다. 이는 곧 사농공상의 모든 백성들이 조화롭게 발전하는 질서 속에서 부유해져야만, 한쪽이 기형적으로 발전하여 균형이 무너지는 현상이 나타나지 않을 수 있다는 것이다. 그는 국가 관리 수단을 통해 상공업의 수량을 통제해야, "농사를 짓는 백성들은 적어지고, 장사를 하는 백성들은 많아져, 곡식은 부족하고 재화는 남아도는[稼穡之民少, 商旅之民多, 穀不足而貨有餘]" 현상이 발생하지 않을 수 있다고 주장했다.

그 다음으로, 반고는 상공업을 전부 개방하여 백성들이 자유롭게 경영하는 것에 반대했다. 그리고 그는 토지·산천(山川)·화폐 주조·소금·제철 등과 같이 주요 산업은 개방하지 말고 국가가 경영해야 한다고 주장했다. 반고는, 이와 같은 주요 산업의 이익은 반드시 국가

34) 『한서』 권91 「화식전(貨殖傳)」.

에 귀속시켜야 하는 것이며, 개인 상공업자가 이를 통해 이익을 취하는 것은 국가의 이익을 침범하는 것이라고 보았다. 그래서 그는 한나라 무제 때 화폐 주조·소금·제철 등을 국가가 관리하게 했던 정책에 찬성했으며, 한나라 초기에 개인이 화폐를 주조하는 것을 허락했던 정책은 폐단이 매우 많았다고 생각했다. 그는 "군국(郡國)들이 화폐를 주조한데다, 백성들이 제멋대로 화폐를 주조하는 경우가 많아지자, 돈이 훨씬 가벼워졌다.[郡國鑄錢, 民多奸鑄, 錢多輕.]"[35]라고 했다. 즉 지방의 군국들과 일부 악덕 상인들이 이익을 얻기 위해, 규정된 재료들을 최대한 적게 사용했으므로, 시장에서 유통되는 동전은 갈수록 가벼워졌고, 품질은 갈수록 나빠졌다는 것이다. 어떤 사람은 화폐를 주조하면서 납과 철 등을 섞어 넣었는데, 비록 "매우 조금[甚微]"만 섞어 넣었지만 "얻는 이익은 매우 컸다[爲利甚厚]".[36] 또 다른 일부 사람들은 "몰래 동전을 갈아서 쇳가루를 취했는데[盜摩錢質而取鋊]"[37], 그들은 이익을 얻기 위해 온갖 방법들을 다 생각해 내어, 시장에서 유통되는 동전을 갈아서 얻은 가루를 모아 다시 화폐를 주조하기도 했다. 원래 화폐의 주조는 매우 큰 이익을 가져다 주었는데, "간전(奸錢 : 사적으로 주조한 화폐–역자)"을 만들어 얻는 이익은 훨씬 더 컸다. 그래서 사람들이 농업에는 힘쓰지 않고 구리를 캐서 동전을 주조하는 일로 돌아서기 시작했는데, 좀 더 정확히 말하자면 '간전'을 제조한 탓

35) 『한서』 권24 「식화지」.

36) 『한서』 권24 「식화지」.

37) 신찬(臣瓚)은 『한서』 권24 「식화지」의 주석에서, "허신(許愼)이 이르기를 '鋊은 구리를 갈아낸 것'이라고 했다. 동전을 문질러 그 표면을 희미하게 만들어서 가루를 얻고 난 다음, 바로 그 가루를 사용하여 돈을 주조했다.[許愼云'鋊, 銅屑也'. 摩錢漫面以取其屑, 更以鑄錢.]"라고 기록하고 있다.

에, 시장에서는 "간전이 나날이 많아졌다[奸錢日多]."[38] 화폐의 종류가 일정하지 않고, 품질과 무게가 일정하지 않자, 백성들은 이러한 상황에 적응하지 못하게 되었으며, 시장에 유통되는 화폐는 나날이 신용을 잃어 갔다. 심지어 어떤 사람들은 동전을 사용하는 거래를 거절하자, 다시 물물교환 현상이 나타나, 시장의 혼란을 조성하였다. 반고는 오직 국가가 화폐를 장악해야만 비로소 상품의 수요와 공급을 조절할 수 있고, 그래야만 비로소 물가를 안정시킬 수 있으며, 국가의 경제적 수입을 증가시킬 수 있다고 생각했다. 그래서 반고는 개인이 화폐를 주조하는 것에 대해 극력 반대하고, 화폐를 주조하는 권리는 중앙 정부에서 회수해야 한다고 주장했다. 그는 한나라 무제가 화폐를 주조하는 권한을 제후와 개인들로부터 회수한 이후에, 국가가 통일하여 화폐를 주조하자, 화폐가 통일되었을 뿐만 아니라 품질과 중량도 보증되었다고 생각했다. 그리하여 개인이 화폐를 주조하여 더 이상 이익을 도모할 수 없게 되자, "구리를 캐서 화폐를 주조하는 자들은 농사 짓는 일로 되돌아갔으며[采銅鑄作者反於耕田]"[39], '간전' 문제가 근본적으로 해결되어, 상품 교환 시장이 다시 정상적인 발전의 길로 나아갔다고 생각했다.

셋째, 개인의 상공업에 대해, 반고는 정상적으로 경영하는 것은 찬성했지만, 다른 사람의 이익이나 국가의 이익에 손해를 가하여 간교하게 이익을 취하는 것은 반대하면서, 상공업자의 불법행위에 대해 타격을 가해야 한다고 주장했다. 선곡(宣曲)의 임씨(任氏)는 진(秦)나라

38) 『한서』 권24 「식화지」.
39) 『한서』 권24 「식화지」.

말기에 "호걸들이 다투어 금(金)과 옥(玉)을 취하던[豪傑爭取金玉]" 형세 하에서도 "홀로 곳간에 곡식을 쌓아 놓았는데[獨窖倉粟]", 초(楚)나라와 한(漢)나라가 전쟁을 할 때 "백성들이 농사를 짓지 못하자, 쌀 한 석(石)에 1만 전(錢)이 되었고[民不得耕種, 米石至萬]", 임씨는 이로 인해 큰돈을 벌었다. 이후 "부자들이 사치를 일삼는데도 임씨는 절약하면서 농사일과 목축을 했으며[富人奢侈, 而任氏折節爲力田畜]", 다른 사람들은 다투어 싼 물건을 팔았지만, 그는 가격을 가리지 않고 오직 품질이 좋은 물건만을 팔았으므로, 고향에서 부자가 되었다. 임씨는 부자가 된 뒤, "직접 농사를 짓고 가축을 키운 것이 아니면 입거나 먹지 않고, 공사(公事)가 끝나지 않았으면 술을 마시거나 고기를 먹지 않는다.[非田畜所生不衣食, 公事不畢則不得飮酒食肉.]"[40]라는 집안의 규칙을 만들었다. 임씨가 이처럼 "절약하고 농사일에 힘쓰며 본업에 노력을 기울이며, 공적인 일을 먼저 하고 사적인 이익을 그 다음에 생각하면서, 마을에서 솔선수범하며[折節力田, 務於本業, 先公後私, 率道閭里]",[41] 부자가 된 것에 대해 반고는 크게 칭찬하기를, 임씨는 선한 부자였으므로 "더욱 부유해지고 천자(天子)도 그를 중히 여겼다[富而主上重之]."[42]라고 말했다. 이와는 반대로 국가의 위기를 틈타 재물을 모은 자들에 대해서 반고는 결단코 반대했다. 당시 조조(晁錯)는 지적하기를, "대상인들이 저축해 놓고 높은 이자를 받으며, 소상인들은 줄지어 앉아서 물건을 팔아 큰 이익만을 얻으려고 하는데, 날마다 도시를 돌아다니다가 가격이 급등하게 되면, 반드시 두 배 이상의 가격으

40) 『한서』 권91 「화식전」.

41) 『한서』 권91 「화식전」 안사고(顔師古) 주(注).

42) 『한서』 권24 「식화지」.

로 판다. 때문에 상업에 종사하는 남자는 농사를 짓지 않고, 여자는 누에치기와 베를 짜지 않으면서도, 옷은 반드시 화려한 무늬가 있는 것을 입고, 먹는 음식에는 반드시 곡식과 고기가 있다. 이들은 농부의 고생을 하지 않으면서도, 농토에서 난 산물들을 소유한다.[商賈大者積貯倍息, 小者坐列販賣, 操其奇贏, 日遊都市, 乘上之急, 所賣必倍. 故其男不耕耘, 女不蠶織, 衣必文采, 食必粱肉, 亡農夫之苦, 有仟伯之得.]"[43]라고 했다. "가격이 급등하게 되면, 반드시 두 배 이상의 가격으로 파는 것은[乘上之急, 所賣必倍]", 바로 국가가 어지러운 시기를 틈타 재물을 취하는 것이다. 이러한 수단에 의지하여 부를 축적한 자들에 대해 반고는 높게 평가하지 않았다. 그는 또한 "장사꾼들이 돈을 움직여, 많은 상품을 쌓아 놓고 이익을 추구하는[商賈以幣之變, 多積貨逐利]"[44] 것에 대해서도 찬성하지 않았는데, 이러한 수단을 사용하여 부를 추구하면 사회의 재부(財富)를 증가시키지 못하며, "나라가 튼실해지고 백성들이 부유해지는 데[國實民富]" 조금도 좋지 않다고 보았다. 서한 건국 초기에, 경제가 어려워지자, "정해진 규범을 따르지 않고 이익을 추구하는 백성들이 넘쳐나게 물건을 쌓아 놓고 판매하려 하여, 가격이 크게 오르자, 쌀 1석(石)이 1만 전(錢)이나 했고, 말 1필이 1백 금(金)이나 했던[不軌逐利之民畜積餘贏以稽市物, 痛騰躍, 米至石萬錢, 馬至匹百金]"[45] 경우가 여러 차례 있었다. 이처럼 부유한 상인들이 시장을 조종하여 물가를 올림으로써 시장에 혼란을 불러와 국가 경제를 매우 곤란하게 한 적이 있었다. 또한 일부 상공업자들은 "철을 제련하고 소금을

43) 『한서』 권24 「식화지」.
44) 『한서』 권24 「식화지」.
45) 『한서』 권24 「식화지」.

생산하여 재산이 엄청나게 많은데도, 조정(朝廷)의 위급함을 돕지 않은[冶鑄鬻鹽, 財或累萬金, 而不佐公家之急]"[46] 경우들이 있었다. 반고가 생각하기에, 사농공상(士農工商)에 종사하는 모든 백성들은 마땅히 국가의 이익을 중요하게 여기고, 나라가 위급한 상황이 되었을 때는 마땅히 국가를 도와야 하며, 나라가 곤란한 지경에 빠진 틈을 타서 의롭지 못하게 돈을 벌어서는 안 된다고 생각했다. 그래서 그는 국가가 위급한 시기에, "조정의 위급함을 돕지 않고[不佐公家之急]" 국가의 재난을 틈타 큰돈을 버는 상공업자들에 대해 극력 반대하면서, 국가는 관리와 교육의 기능을 통해 해결해야 한다고 주장했다.

반고는 또한 상공업자들이 왕후(王侯 : 제왕과 제후-역자)들과 소통하며 국가 권력을 이용하여 부를 추구하는 것을 반대했다. 조조(晁錯)는 당시에 일부 부유한 상인들이 "풍부한 재산을 이용하여 왕후들과 교류하자, 그들의 힘이 관리들보다 강해져, 이로움이 자신들에게 쏠리도록 함으로써[因其富厚, 交通王侯, 力過吏勢, 以利相傾]", 상품 경제 발전에 해를 끼쳤다고 지적했다. 반고는 조조의 관점에 찬성하여, 그의 말을 「식화지」에 기재했다. 「화식전(貨殖傳)」에서 그는, 성도(成都) 사람 나부(羅裒)가 "몇 년 사이에 천만 냥이 넘는 돈을 벌었는데[數年間致千餘萬]", "그 돈의 절반을 곡양후(曲陽侯)와 정릉후(定陵侯)에게 뇌물로 주고는 그 권력에 의지하여 군국(郡國)들에게 돈을 빌려주자, 사람들이 그를 감히 업신여기지 못했다. 또 염정(鹽井)의 이익을 독점하여, 1년의 소득이 두 배가 된 것[擧其半賂遺曲陽·定陵侯, 依其權力, 賒貸郡國, 人莫敢負. 擅鹽井之利, 期年所得自倍.]"에 불만을 표시하고, 정상적

46) 『한서』 권24 「식화지」.

인 상인은 마땅히 왕이나 제후 등 관리들과 교류하거나, 관리들의 권세에 의지하여 치부(致富)하지 말아야 한다고 생각했다. 반고는 만약 이와 같이 경제 외적인 수단에 의지하여 돈을 번다면, 그것이 바로 간교하게 이익을 취한 것이라고 생각했다.

반고는 또한, 상공업을 발전시키는 것은 응당 국가경제나 민생과 밀접한 관계를 맺고 있는 업종을 우선으로 발전시켜야 한다고 생각했으며, "상인들은 구하기 어려운 재화들을 유통시키고, 아무 쓸모없는 기물들을 만들어[商通難得之貨, 工作亡用之器]", "시대의 유행을 따라 돈을 벌며, 백성들을 속이고 실질을 등지면서 명성을 바라고, 간교한 사람이 해를 끼치면서 자신의 이익을 추구하는 것[追時好而取世資. 僞民背實而要名, 奸夫犯害而求利]"[47]을 반대했다. 즉 사치품을 생산하고 판매하는 것을 반대했다. 경제(景帝)는 일찍이 말하기를, "화려한 무늬를 조각하고 새기는 것은 농사를 해치는 것이며, 비단을 수놓고 화려한 색의 비단을 만드는 것은 길쌈을 해치는 것이다. 농사를 해치는 것은 백성들이 굶주리게 되는 일의 근본이며, 길쌈을 해치는 것은 백성들이 추위를 느끼게 되는 일의 근원이다.[雕文刻鏤, 傷農事者也, 錦繡纂組, 害女紅者也. 農事傷則飢之本也, 女紅害則寒之原也.]"[48]라고 했다. 반고는 경제의 이러한 관점에 크게 찬성하여, 화려한 무늬를 새겨 넣은 조각이나 비단에 수를 놓은 직물 등과 같은 사치품들은 세상에 아무런 도움이 되지 않으며, 백성들에게 해로움을 줄 뿐이라고 생각했다. 이러한 인식은, 당시 생산력 수준이 비교적 낮고 사람들의 먹고 입는

47) 『한서』 권91 「화식전」.
48) 『한서』 권5 「경제기(景帝紀)」.

것 이외에 잉여 생산물이 거의 없던 상황에서는 취할 만한 것이었다. 그러나 생산 수준이 어느 정도 발전한 이후, 사람들이 먹고 입는 것에 여유가 생기면 예술품을 생산하고 인생을 즐기려고 하는 것은 충분히 있을 수 있는 일이었다. 그래서 반고의 이러한 사상은 일정한 한계가 있었다고 할 수 있다. 당시에 일부 "권문세가의 자제들이나 부자들은 닭을 싸움시키고 개나 말을 경주시켰으며, 사냥을 하고 도박을 했는데[世家子弟富人或鬪鷄走狗馬, 弋獵博戲]"[49], 반고는 이러한 사람들을 위해서 도박장 등을 개설하는 것은 국민경제의 발전에 아무런 도움이 되지 않기 때문에 마땅히 반대해야 한다고 여겼다. 반고에게는 위에서 언급한 수단에 의지하여 치부(致富)하는 자들은 모두 정당하게 부를 축적하는 사람의 범주에 속할 수 없다고 보았다.

이 밖에 반고는 "남의 무덤을 도굴하여 재물을 취하여 감추고, 범죄를 저질러 부자가 되는[掘塚搏掩, 犯奸成富]" 자들은 더욱 비웃음을 당할 만한 자들로, 그런 수단을 통해 돈을 버는 것에 대해 "마치 치열(齒列)을 뒤집어 놓은 것과 같으니, 교화(敎化)를 상하게 하고 풍속을 망치는 대란(大亂)의 도(道)이다.[猶復齒列, 傷化敗俗, 大亂之道也.]"[50]라고 생각했다.

넷째, 반고는 빈부의 격차가 지나치게 커지는 것을 반대했다. 그는 당시에 "부자들은 나무나 흙에 화려한 무늬가 있는 비단을 씌우며, 그들의 개와 말은 남아도는 고기와 곡식을 먹지만, 가난한 자들은 짧은 갈옷마저도 온전치 못하고, 콩과 물을 먹는[富者木土被文錦, 犬馬餘

49) 『한서』 권24 「식화지」.
50) 『한서』 권91 「화식전」.

肉粟, 而貧者裋褐不完, 哈菽飲水.]"[51] 현상에 불만을 나타냈다. 특히 정당하지 못한 수단에 의지하여 치부하여 빈부의 격차가 커지는 것에 대해서는 더욱 통탄해마지 않았으며, "속임수로 꾸미고 법도를 어지럽히는 자들은 한 세상을 살면서 자족(自足)하는데, 도(道)를 지키고 옳은 이치를 따르는 자들은 배고프고 추위에 떠는 고통을 면하지 못하는[飾變詐爲奸軌者, 自足乎一世之間, 守道循理者, 不免於飢寒之患]"[52] 것은 매우 불공평한 것이라고 생각했다. 그래서 그는 나라에서 관리하고 통제하여 이와 같이 간악한 자들이 부자가 되는 문제를 해결해야 한다고 주장했다.

반고는 서주(西周) 시대 이래로 확립된 등급 사회를 높게 평가하여, 상하의 신분 등급이 있어야만 비로소 사회가 질서 있게 발전하고 국가의 안정을 보장할 수 있다고 생각했다. 그래서 그는 사람들이 재산을 소유하고 생활을 향유해 나가면서, '작은 것[小]'이 '큰 것[大]'을 분수에 넘치게 본뜨거나 '천한 것[賤]'이 '귀한 것[貴]'을 넘어서는 것과 같이 '법도를 뛰어넘는[越法]' 행위가 나타나서는 안 된다고 주장했다. 그는 한나라 초기에 지방 군국(郡國)들의 경제력이 중앙 정권보다 커지자, 마침내 오초(吳楚) 7국(國)의 난(亂)이 일어나고 사회가 요동치게 되었다고 생각했다. 이리하여 그는 중앙은 당연히 지방의 재정과 경제를 통제하여, 지방의 경제력이 중앙을 넘어서지 못하게 함으로써 사회 안정을 보장해야 한다고 주장했다. 그는 일반 백성들이 정상적인 수단으로 부를 축적하여 봉건 신분 제도의 한계를 넘어서는 것에

51)『한서』 권91「화식전」.
52)『한서』 권91「화식전」.

대해서도, 반고는 비록 "규정을 지키고 따르면서 사업을 하여, 이익을 축적하여 점차 일어나고 있다.[常循守事業, 積累贏利, 漸有所起.]"[53]라고 말했지만, 또한 그들이 "법도를 뛰어넘는[越法]" 짓을 한 것이라고 생각했다. 즉 그들이 소유한 재산과 향유하는 생활은 그들 평민 신분이 마땅히 지켜야 할 한도를 뛰어넘는 것이라고 생각했다. 반고의 이러한 인식은 주로 봉건 통치를 공고히 해야 한다는 필요에서 비롯된 사고방식으로, 시대적 한계를 벗어날 수는 없었다. 실제로는 그처럼 정당한 수단에 의지하여 부를 축적한 사람들에 대해서는, 마땅히 재산에 제한을 두어서는 안 되었다.

다섯째, 예제(禮制)와 도덕(道德)이 상공업에 대한 규범 작용을 해야 한다고 강조했다. 위에서 언급했던 것과 같은 '식량과 재화[食貨]'의 발전 과정에서 나타난 많은 문제들에 대해, 반고는 방임해서는 안 된다고 생각했다. 국가는 관리 기능을 발휘하고 행정적 수단에 의지하여 해결해야 하며, 또한 예제와 도덕의 확립을 강화함으로써 문제가 발생하지 않도록 해야 한다고 주장했다. 그는 예제와 도덕 확립의 강화는 마땅히 유가(儒家) 사상을 준칙으로 삼아야 한다고 생각하여, "덕으로써 인도하고, 예로써 다스리면[道之以德, 齊之以禮]", 백성들이 "의로움을 귀하게 여기고 이익을 천하게 여기게 된다[貴誼而賤利]."[54]라고 여겼다. 어떤 사람은 이런 말들에 근거하여, 반고가 "안빈낙도(安貧樂道)를 숭상하고 찬양했으며[崇安貧, 贊樂道]", "사람의 욕구를 배척하고, 상공업을 비난했다.[斥人欲, 罪工商.]"라고 하면서, 반고의 「화식전

53) 『한서』 권91 「화식전」.
54) 『한서』 권91 「화식전」.

(貨殖傳)」이 "'안빈낙도'의 교재(敎材)"라고 말했다. 사실 이것은 오해이다. 앞에서 서술했듯이, 반고는 경제가 국가 건설에서 차지하는 지위와 작용을 매우 중시했으며, 줄곧 물질의 이익은 예의와 도덕을 건설하는 기초가 된다고 생각해 왔다. 가의(賈誼)는, "『관자(管子)』에서 말하기를, '창고가 채워져야 예의를 안다'고 했습니다. 백성들을 만족시키지 못하면서 다스릴 수 있었다는 자는 예로부터 지금까지 아직 듣지 못했습니다.[『管子』曰, '倉廩實而知禮節'. 民不足而可治者, 自古及今, 未之嘗聞.]"[55]라고 했다. 또 한나라 성제(成帝)도 또한 조서(詔書)에서, "백성들이 굶주림과 추위에 힘들어 하고 있는데도, 예의가 행해지기를 기대하니, 어찌 어렵지 않겠는가.[黎民婁困於饑寒, 而望禮義之興, 豈不難哉.]"[56]라고 했다. 이러한 의론(議論)들에 대해 반고는 매우 진지한 태도로 『한서』에 기재했다. 이는 그가 "창고가 채워져야 예절을 안다[倉廩實而知禮節]."라는 말에 동의하고 있음을 나타내 주며, 더불어 "의식(衣食)이 충족되어야 영욕을 알고, 겸양이 생겨나야 다툼과 송사(訟事)가 사라지게 된다.[衣食足而知榮辱, 廉讓生而爭訟息.]"[57]라는 주장을 제기하기도 했다. 즉 그는 "나라가 튼실하고 백성들이 부유해야[國實民富]" 비로소 "교화가 이루어진다[敎化成]"고 생각했다. 그는 또한 가의가 말한, "진실로 곡식이 많고 재물이 여유가 있다면, 무슨 일을 이루지 못하겠습니까? 공격하면 곧 취하고, 지키면 곧 견고하고, 싸우면 곧 이깁니다. 적을 회유하여 소원한 자들을 가까이 했으니, 어찌 부르면 오지 않겠습니까.[苟粟多而財有餘, 何爲而不成? 以攻則取, 以

55) 『한서』 권24 「식화지」.
56) 『한서』 권10 「성제기(成帝紀)」.
57) 『한서』 권24 「식화지」.

守則固, 以戰則勝. 懷敵附遠, 何招而不至.]"[58]라는 관점에 동의하여, 경제가 발전해야만 각 방면의 사정들이 비로소 잘 될 수 있다고 생각했다. 이로써 알 수 있듯이, 반고는 경제 문제를 매우 중요시했으며, 더불어 그는 경제의 기초가 상부구조를 결정한다는 명제(命題)에도 도달하고 있어, 경제가 사상과 도덕에 대해 결정적인 작용을 한다는 것을 대단히 중요시했으며, 소박한 유물주의적 요소를 갖추고 있었다. 동시에 반고는 또한 경제적 이익이 사상과 도덕을 세우는 데 결정적인 작용을 한다고 여겼을 뿐만 아니라, 사상과 도덕이 경제의 정상적인 발전에 대해 제약 작용을 한다고 보기도 했다. 사마천은, "사람이 부유해야 인의(仁義)가 몸에 붙는다[人富而仁義附焉]."[59]라고 했는데, 그 뜻은 사람이 부유해야 예의를 알게 된다는 말이다. 그러나 반고는 사람이 부유해지기만 하면 반드시 '인의'를 알게 된다는 관점에는 동의하지 않았다. 즉 "부자가 교만하여 사악해지고[富者驕而爲邪]", 부유하면서 어질지 못한 이가 적지 않다고 생각했다. 그래서 그는 주장하기를, "부유해지면 가르쳐야 하는데[富而教之]"[60], "리(里)에는 서(序)가 있고, 향(鄕)에는 상(庠)이 있으니, 서(序)로서 가르침을 밝히고 상(庠)에서는 곧 예(禮)를 행하여 교화(教化)를 살펴야 한다.[里有序而鄕有庠, 序以明教, 庠則行禮而視化焉.]"[61]라고 하였다. 즉 중앙과 지방에 학교를 많이 설치하여 문화와 도덕 교육을 진행해야 한다고 주장했다. 그는 공자가 말한 바에 근거하여, "부유해지면 가르쳐야 한다."라고 주

58) 『한서』 권24 「식화지」.

59) 『사기』 권129 「화식열전(貨殖列傳)」.

60) 『한서』권24 「식화지」.

61) 『한서』권24 「식화지」.

장하면서, 교화의 전제 조건이 '부(富)'이며, 백성들이 부유해지면 사상 도덕 교육이 좋은 효과를 거둘 수 있다고 생각했다. 오직 부유해야만, 확실히 물질적 기초를 갖추게 되어, 비로소 학교를 많이 세울 수 있으며, 사람들에게 "의로움을 귀하게 여기고 이익을 천하게 여기는[貴誼賤利]" 사상을 교육할 수 있다고 생각했다. 이로써 알 수 있듯이, 반고가 제기한 "부유해지면 가르쳐야 하며", "의로움을 귀하게 여기고 이익을 천하게 여기는" 사상은 경제 문제를 언급하고 있을 뿐만 아니라, 경제 발전 중에 나타나는 "악덕 부자[奸富]"의 문제를 해결하는 해법을 제시하기도 했으니, 실제로 아무것도 틀린 것이 없다. 그리고 이 사상은 사람의 본질은 이기적이기 때문에 욕망이 있게 되는데, 이 욕망에는 한계가 없으므로 예의와 도덕을 사용하여 제한을 가하고, 사람들이 정당하지 못한 수단을 동원하여 치부하는 것을 막아, 경제를 정상적인 궤도에 올려 놓아야 한다는 생각을 담고 있다. 이와 같이 경제가 도덕에 대해 결정적인 작용을 하는 것을 중시할 뿐만 아니라, 또한 예의와 도덕이 경제에 대해 제약 작용을 한다는 것도 중시한 반고의 사상은, 당연히 단지 경제가 도덕에 대해 결정적인 작용을 한다고 보는 관점에 비해 한층 더 뛰어난 것이므로, 잘못된 관점이라고 비판해서는 안 된다.

5. 경제 정책과 국가의 흥망성쇠

반고는 국가가 경제적 수단과 행정적 수단을 이용하여 경제에 대해 조정하고 제어하는 작용 및 사상과 도덕이 경제에 대해 제약하는 작용을 중시했기 때문에, 그는 경제 정책의 성패로부터 국가의 성쇠(盛衰)를 고찰하는 것을 중요시했다. 그리하여 좋은 경제 정책은 경제 발전을 촉진하지만, 반대의 경우는 곧 경제 발전을 저해한다고 생각했다. 때문에 그는 가의(賈誼)의 "저축을 중시한[貴貯]" 주장·조조(晁錯)의 "곡식을 귀하게 여긴[貴粟]" 정책·상홍양(桑弘羊)의 "균수법(均輸法)"·경수창(耿壽昌)의 "상평법(常平法)" 등에 대해 모두 긍정적으로 평가했지만, 왕망(王莽)의 경제 법칙에 위배되는 경제 정책과 인재 등용이 잘못되어 조성된 실패에 대해서는 부정적으로 평가했다.

(1) 한나라 초기의 궁핍 상태에서 풍족한 국면의 출현까지

서한 초기에는 경제적으로 궁핍하여 "백성들이 저장하는 일을 잊어 버렸으며, 천자부터 순사(醇駟)[62]를 갖추지 못했고, 장상(將相)들도 소가 끄는 수레를 타기도 했다.[民亡蓋藏, 自天子不能具醇駟, 而將相或乘牛車.]" 그러나 한나라 무제(武帝) 시기에 이르러 "백성들의 먹고 사는 것이 넉넉해졌고, 수도와 지방의 모든 백성들의 곳간에는 곡식들로 가득 차게 되었으며, 나라의 창고에도 재물이 넘쳐났다. 수도에서 통용되는 돈은 수백만 냥이 넘어, 돈꿰미가 썩어도 바꿀 수가 없을 지경이었다. 태창(太倉)의 곡식은 케케묵었으며, 그래도 넘쳐나자 밖에 쌓아 놓으니, 부패하여 먹을 수가 없었다.[則民人給家足, 都鄙廩庾盡滿,

62) 역자주 : 중국의 천자는 네 마리의 말이 끄는 수레를 탔는데, 이 수레를 끄는 말을 사마(駟馬)라 했다. 안사고(顏師古)는 주(註)에서 말하기를, '醇'이란 '다른 색깔이 섞이지 않은 순수한 색'을 의미한다고 했다. 따라서 '순사(醇駟)'는 같은 색깔의 사마가 끄는 수레를 의미하며, 당시는 순사조차 구할 수 없을 만큼 궁색했다는 것을 나타내 준다.

而府庫餘財. 京師之錢累百鉅萬, 貫朽而不可校. 太倉之粟陳陳相因, 充溢露積於外, 腐敗不可食.]"[63] 겨우 60~70년에 이르는 기간 동안에 한나라는 거의 아무것도 갖지 못한 빈곤한 상태에서 재산이 넘쳐나게 되었고, 국가의 창고에는 식량을 더 이상 쌓을 수가 없었으며, 동전이 산처럼 쌓이게 되었다. 이처럼 궁핍하던 상태에서 부유해진 원인은 무엇이었을까? 일반적인 해석에 따르면, 한나라 초기의 궁핍함이 풍족함으로 바뀐 것은 주로 문제(文帝)와 경제(景帝) 시기에 완성된 것으로, 문제와 경제가 청정무위(淸靜無爲 : 마음을 비우고 자연의 순리에 따름-역자)를 앞세우는 정책을 실행했고, 특히 문제가 직접 절약을 실천하면서 국가의 재정을 축적했기 때문이라는 것이다. 그렇다면 당시에 국가는 정말로 '청정무위'하여, 경제에 대해 아무런 조치를 취하지 않았을까?' 사실은 결코 그렇지 않았다. 반고는 「식화지(食貨志)」에서 우리에게 말하기를, 한나라의 문제는 결코 경제 영역에서 방임하고 관리하지 않는 정책을 실행하지 않았으며, 중요한 경제 정책과 행정적 수단을 사용하고서야 비로소 커다란 효과를 거두게 되었다고 했다. 문제가 그와 같은 정책을 편 것은 가의(賈誼)와 조조(晁錯)가 건의하면서부터 시작되었다.

문제가 즉위한 초기에는 사회 경제가 비록 회복되기는 했지만, "백성들은 전국 시대와 비슷하게, 모두가 근본을 저버리고 말업을 좇아[民近戰國, 皆背本趨末]" 경제 발전을 결코 낙관할 수 없었다. 가의는 이에 「귀적저소(貴積貯疏)」를 문제에게 올려 아뢰기를, 당시의 "근본을 저버리고 말업을 좇는 것[背本而趨末]"과 "음란하고 사치스러운 풍속[淫侈之俗]"의 상황이 매우 심각하며, 많은 사람들이 농업을 중시하

63) 『한서』 권24 「식화지」.

지 않고 수공업과 상업 같은 '말업(末業)'에 종사하고 있어서, "한나라가 건국된 지 거의 40년이 되었는데, 공적(公的)·사적(私的)으로 축적된 것은 오히려 애통할 만합니다. 게다가 때에 맞추어 비도 오지 않아, 백성들이 또한 두려워하고 있으며, 흉년이 들어 수입이 없자, 자신의 작위와 자녀들을 팔기를 요청하고 있습니다.[漢之爲漢幾四十年矣, 公私之積猶可哀痛. 失時不雨, 民且狼顧, 歲惡不入, 請賣爵·子.]"[64]라고 했다. 즉 한나라가 건립된 지 곧 40년이 되지만, 국가나 백성들의 양식 창고들 모두에 쌓여 있는 것이 매우 적어서 가련할 정도였다. 만약 작황이 약간이라도 더 나빠지면, 백성들은 하루하루를 지내가가 매우 힘들며, 흉년을 만나면 심지어 백성들이 자신의 작위와 자녀를 팔아 약간의 식량을 얻어 목숨을 부지하려 했다. 이와 동시에 사회에서는 사치스러운 풍조도 유행하여, "음란하고 사치스러운 풍속이 나날이 심해져[淫侈之俗, 日日以長]", 엄청난 재산을 낭비하고 있었다. "재화를 생산하는 자는 매우 적고 낭비하는 자는 매우 많으니, 천하의 재산이 어찌 고갈되지 않을 수 있겠는가![生之者甚少而靡之者甚多, 天下財産何得不蹶!]" 때문에 그는 조정에 건의하기를, 마땅히 저축을 중시함으로써 이러한 상황을 바꾸어야 하며, "백성들이 다시 농사짓는 일로 돌아가, 모두 본업에 정착하도록 독려하여, 천하가 각자 자신의 노력에 의하여 먹고 살며, 변변치 않은 재주[末技 : 상업이나 수공업 등-역자]를 가지고 하는 일 없이 놀고먹던 백성들이 농지와 인연을 맺도록 하면, 곧 비축량이 풍족해져서 사람들은 자신이 맡은 바를 좋아할 것입니다.[毆民而歸之農, 皆著於本, 使天下各食其力, 末技遊食之民轉而緣南畝, 則畜

64) 『한서』 권24 「식화지」.

積足而人樂其所矣.]"라고 했다. 그는, 백성들을 채근하여 농업에 종사하도록 유도하여, 농업 생산에 힘쓰게 하면, 창고가 텅 비게 된 상황이 바뀔 수 있으며, "천하를 부유하고 편안하게 할 수 있을 것[可以爲富安天下]"이라고 했다. 가의가 올린 「귀적저소」는 문제의 관심을 끌었는데, 문제는 "처음으로 적전(籍田)[65]을 열고, 직접 농사를 지어 백성들에게 권했다.[始開籍田, 躬耕以勸百姓.]" 즉 매년 봄에 경작할 때가 되면 적전에서 친히 의식을 거행하여, 황제가 농업 생산을 중시한다는 것을 천하에 나타내 보였다.

이어서 조조도 또한 당시의 농업 문제를 해결하기 위해 「논귀속소(論貴粟疏)」를 문제에게 올렸다. 그는 "가난은 부족함에서 생겨나고, 부족함은 농사를 짓지 않는 데에서 생겨납니다. 농사를 짓지 않음은 곧 땅에 정주(定住)하지 않는 것이고, 땅에 정주하지 않는 것은 곧 고향을 떠나고 가정을 경시하는 것입니다. 백성들은 날짐승·들짐승과 같아서, 비록 높은 성(城)이나 깊은 연못 같은 엄격한 법과 무거운 형벌이라고 해도, 여전히 금지할 수 없습니다.[貧生於不足, 不足生於不農, 不農則不地著, 不地著則離鄉輕家, 民如鳥獸, 雖如高城深池, 嚴法重刑, 猶不能禁也.]"라고 생각했다. 그리하여 "바야흐로 지금 힘써야 할 것은 백성들로 하여금 농업에 힘쓰게 만드는 것만한 게 없습니다. 백성들이 농업에 힘쓰게 하는 것은 곡식을 귀하게 여기는 데에 있으며, 곡식을 귀하게 여기는 길은, 백성들로 하여금 곡식을 상벌(賞罰)로 여기게 하

65) 역자주 : '자전(藉田)'이라고도 한다. 고대에 천신(天神)·지기(地祇)·인귀(人鬼) 등에게 제사를 지내는 예의 활동인 길례(吉禮)의 일종으로, 음력 정월에 봄갈이를 하기에 앞서, 천자가 제후(諸侯)들을 이끌고 친히 밭갈이를 하는 전례(典禮)를 가리킨다.

는 데에 있습니다.[方今之務, 莫若使民務農而已矣. 欲民務農, 在於貴粟, 貴粟之道, 在於使民以粟爲賞罰.]"[66]라고 제안했다. 그는 국가는 마땅히 백성들이 농업을 중시하도록 인도하는 것을 가장 중요한 임무로 삼아야만, 백성들이 빈곤하고 나라가 부유하지 못한 문제를 해결할 수 있다고 생각했다. 그는 이러한 목적에 도달하는 길은 곡식의 가격을 올리는 것이며, 이 정책이 식량을 제공하는 사람들을 장려할 수 있다고 생각했다. 구체적인 방법에 대해 그가 주장하기를, "천하에서 현관(縣官 : 현령·현감 등 현의 우두머리 관리-역자)에게 곡식을 바치는 사람들을 모아서 작위를 주거나 죄를 면제해 주어야 합니다. 이와 같이 한다면, 부유한 사람들은 작위를 얻고, 농민들은 돈을 가지며, 곡식이 전국에 고루 퍼지게 될 것입니다.[募天下入粟縣官, 得以拜爵, 得以除罪. 如此, 富人有爵, 農民有錢, 粟有所渫.]"라고 했다. 즉 국가를 위해서 곡식을 바치면 작위나 관직을 얻게 하고, 죄를 면제받을 수 있게 하자는 것이다. 이렇게 "임금(나라-역자)은 씀씀이가 풍족해지고[主用足]"·"백성들은 세금을 적게 내고[民賦少]"·"농업을 권장하는[勸農功]" 등 세 가지 목적을 모두 이루어, 국가는 보유할 식량이 충분해지고, 백성들의 부담을 줄여 주며, 농업 생산을 중시하는 사회적 분위기를 조성하게 된다는 것이다. 문제는 조조의 건의를 채택하여, 백성들로 하여금 나라를 위해 곡식을 변경으로 보내도록 명령을 발표하고, 6백 석(石) 이상을 보내는 사람은 제2등의 작위[상조(上造)]를 하사하고, 더 나아가 4천 석을 보내는 사람에게는 제9등의 작위[오대부(五大夫)]를 하사하며, 1만 2천 석을 보내는 사람에게는 제18등의 작위[대서장(大庶長)]를 하

66) 이상은 모두 『한서』 권24 「식화지」를 보라.

사했다. 조조는 또한 건의하기를, 변경의 양식이 충분해지면 각 군현(郡縣)들에 곡식을 저장해야 하고, 군현들에 1년 동안 필요한 곡식이 충분하면, 백성들의 조세를 면제해 주어야 한다고 했다. 문제는 다시 한 번 조조의 건의를 받아들여, 문제 12년(기원전 168년)부터 천하의 전조(田租)[67]를 절반으로 줄였다(한나라 초기부터 실행하던, 수확량의 15분의 1을 세금으로 거두던 것을 30분의 1로 줄였다). 이러한 조치들은 한나라가 비교적 짧은 기간 동안에 상당량의 식량을 비축했음을 말해 준다. 이처럼 관부(官府)에 사용할 식량이 충분해지자, 문제 13년(기원전 167년)에는 천하의 전조를 면제해 주었다.

가의는 양식이 부족한 문제를 위해 고심하는 것에부터 시작하여, 국가가 전국의 전조를 절반으로 줄이게 하였는데, 이러한 역사적 사실은 탁월한 식견을 갖춘 건의와 국가가 경제적 수단을 사용하여 적절한 정책을 시행한다면, 신속하게 생산량을 크게 늘리는 성과를 거둘 수 있음을 증명해 주고 있다. 봉건 시대에는 국가가 보유하고 있는 식량의 상황과 국력의 관계가 훨씬 직접적이었다. 미루어 알 수 있는 것은, 문제가 법령을 반포하자, 곧 백성들이 보상을 바라고 경쟁적으로 양식을 보내고 구매함에 따라, 효과적으로 농민의 식량 생산에 대한 적극성을 자극하는 효과가 있었으리라는 것이다. 응당 우리가 한나라의 국력이 강성해지고 거대한 부를 축적했던 사실을 이야기할 때, 가의와 조조의 건의 및 문제가 실시한 경제 정책이 불러일으킨 효과는 결코 낮게 평가할 수 없다.

---

67) 역자주 : 전조란, 봉건 시대의 토지는 원칙적으로 모두 국가 소유였으므로, 국가는 이 토지에서 농사를 짓는 농민들에게 수확량의 일정 부분을 세금으로 거두었는데, 이것을 가리킨다.

(2) 한나라 무제 시기의 재정 위기와 그 완화

무제 시기에 심각한 재정 위기와 사회적 위기가 발생했지만, 이후 일련의 경제 정책과 조치들을 취함으로써 완화시킬 수 있었다.

무제가 막 즉위했을 때에는 재정이 넘쳐나고 국력이 강성했지만, 무제가 여러 해에 걸쳐서 원정을 감행하고, 온갖 제도들을 만들어 시행하고, 수많은 시설들을 설치하면서 재정 지출이 엄청나게 늘어나 재정 위기가 도래했다. 그는 우선 조선[朝鮮 : 즉 위만조선(衛滿朝鮮)-역자]·민월(閩越)·남월(南粤)에 원정군을 파견하고, 또한 서남이(西南夷)와 교류를 시작했으며, 이후에는 서역과도 왕래하였다. 특히 원광(元光) 2년(기원전 133년) 이후 약 30년 동안 흉노와 전쟁을 벌였는데, 전쟁을 벌일 때마다 동원된 군대가 많을 경우는 30만 명부터 적게는 몇만 명에 달했다. 대군을 전선(戰線)으로 이동시키고, 먼 거리를 운송하여 군대를 먹이기 위해서는 많은 돈이 소모되었으며, 단지 장령(將領)들에게 상으로 내린 돈만 해도 헤아릴 수 없었다. 원삭(元朔) 5년(기원전 124년)에는 위청(衛靑) 대장군에게 금 20여 만 근(斤)을 상으로 내렸고, 원수(元狩) 4년(기원전 119년)에는 위청과 곽거병(霍去病)에게 금 50만 근씩을 내렸다. 무제는 또한 원정에 백성들도 데려가서 변경에 성을 쌓게 하거나, 또는 내지(內地)의 주민들을 이주시켜 변경을 튼튼하게 했다. 예를 들어 원삭 원년(기원전 128년)에는 10만 명을 동원하여 삭방(朔方)에 성을 쌓고 지키도록 했으며, 원수 4년(기원전 119년)에는 산동(山東)의 빈민 70만 명을 삭방군(朔方郡) 남쪽의 신진중(新秦中)으로 이주시켰고, 또한 60만 명의 병사들을 변방 군(郡)들의 둔전으로 이주시켰다. 이와 같이 원정에 따라가게 하거나 이주시키려면 정부에서 의복과 식량을 지원해야 했기 때문에 엄청난 비용이 들었다. 무제 시기에는 황하(黃河)에 치수(治水) 사업을 하고, 무너진 둑을 막았으며, 조거(漕渠)를 뚫고 기타 수리 공사들을 했는데, 이 또한 엄청난 지출을 필요로 했다. 단지 삭방군에 물을 대는 수로를 만드는 데에만, 2~3년 동안에 "비용이 각각 엄청나게 많이 소모되었다[費用各以巨萬十數][68]". 무제는 언제나 순수(巡狩)를 나가 신들에게 제사를 지내고, 태산(泰山)에 가서 봉선(封禪)하고, 변경을 순행(巡行)하고, 미신에 탐닉하여 방사(方士)들에게 큰 상을 주거나 자신의 친인척들에게 큰 상을 주어, 또한 이미 엄청나게 많은 돈을 헤프게 써 버렸다. 무제 시기에 이처럼 엄청난 재정을 지출했다는 것은 두 가지 문제를 말해 준다. 첫째는 당시에 이렇게 많은 재화를 다른 곳에 제공할 수 있었던 것은, 한나라 초기 이후, 특히 문제(文帝)와 경제(景帝) 시기에 엄청나게 많은 재산을 축적했다는 것을 증명해 주며, 무제 시기에는 이에 근거하여 엄청난 대사업들을 벌일 수 있었다는 점이다. 둘째는 무제의 재정 지출은 놀라울 정도로 많았는데, 더욱 많은 축적에도 불구하고 또한 그의 장기간에 걸친 낭비를 견뎌 내지 못했으며, 그 결과 무제는 십수 년 동안에 문제 시기에 축적해 둔 거액의 돈을 탕진하고, 국고를 텅 비게 만들어, 심각한 재정 위기를 초래했다는 점이다.

어떻게 이 재정 위기를 극복할 것인가는 원수 연간 이후 조정의 긴급한 문제가 되었다. 무제는 처음에는 백성들을 더욱 착취하여 국가 재정의 위기를 해결하려고 했다. 예를 들면 구부전(口賦錢)을 올려 징수하고, 대규모의 무상 요역(徭役) 등을 시행했다. 그러나 재정 위기가

68) '巨萬'이란, 즉 억(億)인데, 여기에서는 수량이 엄청나게 크다는 것을 가리킨다.

해결되기는커녕 도리어 사회 모순이 격화되었다. 옛날의 역사가들은 무제 말년에 나타난 사회적 동요와 진(秦)나라 멸망 전의 모습이 매우 닮았다고 생각하여, "망한 진나라의 실책이 있다[有亡秦之失]."라고 무제를 비판했다. 그러나 이와 동시에 무제는 "망한 진나라의 화를 면할[免亡秦之禍]"[69] 수 있었다고 평가받기도 한다. 그 주요 원인은 무제 말년에 정책을 변경하고, 「윤대죄기조(輪臺罪己詔)」[70]를 발표하여 자신의 정책에 과실이 있었음을 인정하고, 명령을 내려 다시는 출병(出兵)하지 말도록 했으며, 군대를 해산하고 농업에 힘쓰는 정책 등을 실행했기 때문이다. 또한 무제는 상홍양(桑弘羊)·공근(孔僅)·동곽함양(東郭咸陽) 등 상인 출신의 관리들을 임용하여 일련의 응급조치들을 채용하고, 새로운 경제 정책을 시행한 결과 재정 위기가 마침내 완화될 수 있었기 때문이다.

원수 연간에 무제는 상인들이 정부의 직무를 담당할 수 없다는 금령(禁令)을 깨고, 대규모 염상(鹽商)인 동곽함양과 대규모 야철가(冶鐵家 : 철을 제련하여 파는 상인-역자)인 공근을 대농승령염철사(大農丞領鹽鐵事)[71]에 임명하고, 낙양(洛陽) 출신 상인의 아들인 상홍양을 임용하여 재정 관련 사무를 담당하게 했다. 이러한 인물들은 중앙집권적인

69) 『자치통감(資治通鑑)』 권22, 무제(武帝) 후원(後元) 2년을 참조하라.

70) 역자주 : 기원전 89년[정화(征和) 4년]에, 한나라 무제가 흉노를 방비하고 있던 윤대[輪臺 : 오늘날의 신강성(新疆省) 위구르자치구]에서 발표한, 일종의 자신의 과오를 반성하는 조서이다. 이는 또한 중국 역사상 가장 내용이 풍부하고 보존이 완전한 죄기조(罪己詔)이다. '죄기조'란 옛날에 제왕이 조정에 문제가 발생하거나, 국가가 천재지변을 당하거나, 정권이 위태로운 상황에 놓였을 때, 스스로 자신의 과오나 실수를 반성하고 검토하여 발표하는 일종의 구두 명령이나 문서를 가리킨다.

71) 대농승령염철사는 대농(大農)에 소속된 관리로, 소금과 철에 관련한 업무를 주관했다.

제도에 의지하여 새로운 오수전(五銖錢)을 주조하고, 염철관영(鹽鐵官營)을 세우고, 균수법(均輸法)·평준법(平準法)이라는 제도를 시행하여, 국가 재정의 수입을 확대하고 상인들의 겸병(兼倂)을 억제했다.

염철관영은 소금 생산지에 각각 별도로 염관(鹽官)을 두어, 소금을 끓이는 데 사용하는 '뇌분(牢盆)'을 설치하고, 기술자를 고용하여 소금을 끓여, 생산품을 국가가 수매하고 판매했다. 또 철을 생산하는 지역에는 철관(鐵官)을 두고, 철을 채취하여 제련하고 주조(鑄造)하는 것을 관리했으며, 철기 제품을 판매했다. 염관과 철관은 중앙의 대농령[大農令 : 진(秦)나라 때의 이름은 치속내사(治粟內史)였으며, 나중에 대사농(大司農)으로 이름을 바꾸었다.]에 소속되어 있었으며, 염철(鹽鐵) 관리들은 대부분 과거에 소금과 철을 판매하던 상인들로 충당되었다. 균수(均輸)란, 대농령이 소속 관리 수십 명을 각 군국(郡國)들에 파견하여, 각 지역들이 마땅히 수도(首都)인 장안(長安)에 올려 보내야 하지만 수도에서는 그다지 필요하지 않은 재화나 물건들에 대해서, 예전처럼 먼 거리를 수송하는 것이 아니라, 각지의 수요에 근거하여 중도에 판매한 다음, 수도와 가까운 곳에서 수도에서 필요로 하는 물건들을 구매하여 장안으로 돌아오는 것을 말한다. 평준(平準)이란, 즉 수도 장안에 평준관(平準官)을 두고, 전국 각지에서 장안으로 운송하던 화물들을 통일적으로 관리하여, 시장의 정보에 따라 판매하기도 하고 구입하기도 하면서, 수요와 공급을 조절함으로써, 시장을 통제하고, 물가를 비교적 안정시키려고 한 것이다. 이렇게 하여 대상인들이 매점매석하거나 물가를 조작할 수 없게 했으며, 또한 대상인들의 겸병 행위를 제한했다.

서한 시대는 전에 없던 통일을 이룬 시기여서, 각 지역별로 존재하던 관세 등이 사라지게 되었으므로, 상인들은 전국을 대상으로 물건을 사고팔고 화물을 운송함에 따라 상인 자본이 발달하게 되었다. 봉건 사회에서는 상인들이 부를 축적한 이후 언제나 토지를 경영했으므로, 경쟁적으로 토지를 겸병하는 풍조가 나타났다. 그 결과 농민들은 토지를 잃고 파산하여 유랑하게 되었다. 이는 봉건 국가에게는 중대한 문제였다. 무제가 균수·평준 및 염철관영을 실시하여 "부유한 대상인들이 폭리를 취하는 것이 사라지자, 곧 농민들도 자신의 본업으로 돌아갔으며, 온갖 물건들은 가격이 폭등할 수 없게 되었다.[富商大賈亡所牟大利, 則反本, 而萬物不得騰躍.]" 이는 곧 이러한 조치들이 대상인들의 매점매석과 투기를 어느 정도 억제하고, 물가가 갑자기 오르는 것을 방지하여, 농민들이 안심하고 생산 활동에 종사하게 했다는 것을 말해 준다. 동시에 상인 자본이 폭리를 취해서 봉건 국가 경제에 좋지 못한 영향을 미치는 것을 억제했으며, 또한 조정의 수입이 증가되었다는 것을 말해 준다. 그래서 「식화지(食貨志)」에서는, 무제가 변경을 순행(巡行)하고 봉선(封禪)을 하면서 가는 곳마다 상을 주어 엄청난 비용을 낭비했는데, 그것은 모두 대농(大農)들이 공급했다고 하였다.

무제는 또한 산민(算緡)과 고민(告緡)[72]을 시행하여, 상인이나 상인 겸 수공업자 및 고리대금업자들이 시적(市籍)[73]의 등록 유무와 상관없이 모두 관부에 자산을 신고해야 했으며, 2천 전(錢)마다 일률적으로

72) 민(緡)은 원래 돈을 꿰는 끈을 가리키는데, 여기에서는 돈이나 재화를 가리킨다.
73) 역자주 : 관부(官府)의 허가를 얻어 시내의 특정한 지역(이를 '見市'라고 함)에서 영업을 하는 상인의 특수한 호적(戶籍)을 가리킨다.

1산(算)[74]의 세금을 내도록 했는데, 재산을 은닉하고 신고를 하지 않은 자들은 모두 처벌했다. 더불어 다른 사람의 고발을 장려하기 위하여, 법률을 위반한 상인들로부터 몰수한 재산의 절반을 고발자에게 상금으로 주었다. 그리하여 일부 상인들은 고발로 인해 파산하기도 했다. 산민과 고민은 분명히 상인들의 이익을 침탈하는 성격을 띠고 있었지만, 정부는 "백성들로부터 얻은 재물이 엄청나게 많아[得民財以億計]", 전체적으로 본다면 조정의 재력이 더욱 강화되는 효과를 거두었다. 「식화지」를 통해서 알 수 있듯이, 반고는 사마천과 마찬가지로 상홍양이 계산에 매우 밝아서 상인과 비슷한 성격을 갖고 있는 것에 대해서는 비판했지만, 그들은 "사실대로 기록할 것[實錄]"을 주장하는 역사가들이었으므로, 상홍양이 취한 이러한 방법들은 "백성들이 세금을 더 부담하지 않아 천하의 씀씀이가 넉넉해지게[民不益賦而天下用饒]" 했다고 칭찬했다. 이외에 무제는 또한 조과(趙過)를 수속도위(搜粟都尉)에 임명하고, 대전법(代田法)을 추진하여 농업 생산을 힘써 발전시킴으로써, 수입을 증가시켰다. 그리하여 무제가 재정 위기를 완화시키려는 목적은 결국 실현될 수 있었다. 무제는 강대한 국가 권력을 이용하여 대상인들이 겸병과 투기를 일삼는 것을 억제했고, 또한 상인들을 이용하여 조정의 수입 증가에 기여했다. 그가 상인들에 대해 취한 정책들은 성공을 거두었다. 이러한 공적을 세운 상홍양은 결국 상인의 아들이었지만 어사대부(御史大夫)에 임명되어, '삼공(三公)'의 높은 지위에 올랐으니, 이러한 사실도 그러한 성공에 대한 한 가지 증거이다.

---

74) 당시의 규정에 따르며 1산(算)은 120전(錢)이었다.

(3) 경수창(耿壽昌)이 실시한 경제 조치들

무제는 만년(晩年)에 원정을 중단하고 농업에 힘쓰는 정책으로 전환했는데, 이 정책은 소제(昭帝) 시기에도 지속적으로 시행되었다. 선제(宣帝) 시기에 이르자 비교적 청렴하고 부지런한 관리들이 임용되어 백성들이 안심하고 생산 활동에 종사할 수 있게 되었다. 게다가 해마다 풍년이 들어 양식이 충족되자, 곡물 가격이 1석에 5전(錢)까지 떨어졌다. 당시 대사농중승(大司農中丞) 경수창은 계산에 밝고 술수가 뛰어난 사람이었기 때문에, 매우 빨리 선제의 마음을 사로잡았다. 그는, 지금까지 해마다 관동(關東)으로부터 4백만 곡(斛)의 곡물을 조운(漕運)하여 수도인 장안(長安)으로 운송해 왔고, 이 조운에 동원되는 인력이 6만 명이나 되어, 많은 인력과 재력을 낭비하고 있다고 지적했다. 지금 해마다 풍년이 들어, 수도 장안 부근의 양식이 풍부하기 때문에, 장안으로부터 가까운 삼보(三輔) 및 홍농(弘農)·하동(河東)·상당(上黨)·태원(太原)[75] 등의 지역들에서 구매하는 양식만으로도 장안에서 소용되는 양이 충분하니, 이렇게 해마다 조운하는 데 드는 인력을 절반 이상 줄일 것을 건의했다. 이 건의는 어사대부(御史大夫) 소망지(蕭望之)의 음양감응(陰陽感應) 논법을 이용한 반대에 직면했다. 하지만 선제는 소망지의 건의를 채택하지 않았고, 경수창의 조치는 성공을 거두었다. 그는 더 나아가 변경의 군(郡)들에 '상평창(常平倉)'을 지어, "곡물이 쌀 때는 시장의 가격보다 더 비싸게 곡물을 사들여 농민들에게 이익을 안겨 주고, 곡물이 비쌀 때는 시장의 가격보다 싸게

75) 태원(太原)은 지금의 섬서성(陝西省) 중부와 하남성(河南省) 서부 및 산서성(山西省) 중부와 남부를 포괄하는 지역이다.

팔 것[以穀賤時增其賈而糴, 以利農, 穀貴時減價而糶]"을 건의했다. 그리하여 풍년이 들어 곡물의 가격이 내려갈 때는 정부가 비싼 가격으로 농민들에게 곡물을 사들여 저장함으로써 농민들의 이익을 보호해 주고, 흉년이 들었을 때에는 정부가 낮은 가격으로 곡물을 팔아, 사장의 곡물 가격이 상대적으로 균형을 유지하게 했다. 이러한 제도를 시행한 결과 백성들에게 혜택을 줄 수 있었다. 경수창은 이러한 공을 인정받아 관내후(關內侯)에 봉해졌다.

(4) 왕망(王莽) 시기 경제 정책의 실패

반고는 「식화지」에서 왕망 시기의 경제 정책을 논술했는데, 왕망이 멸망하게 된 것을 근본적으로 말하자면, 그의 경제 정책이 경제 혼란을 야기하여, 백성들이 생존할 수 없었기 때문이라고 했다. 왕망은 오균(五均)·육관(六官)이라는 정책을 시행했는데, 그 형식은 무제가 실시했던 균수(均輸)·평준(平準)과 유사하다. 오균은 장안(長安) 및 낙양(洛陽)·한단(邯鄲)·임치(臨淄)·완(宛)·성도(成都) 등 대도시에 오균사시사(五均司市師)를 설치하여, 시장을 관리하고 정기적으로 해당 지역의 물가를 평가하여, 상인들이 농민들을 과도하게 수탈하고 고리대금업자가 창궐하여 활동하는 것을 억제하려고 시도한 것이다. 육관(六官)은 국가가 소금·철·술·화폐 주조·오균이 외상 판매하는 것 등을 장악한 것을 가리키는데, 마지막 한 항목이 "평준법에서 새로 발전했던 것임을 제외하고, 나머지 다섯 가지 항목들은 모두 한나라 무제가 실행했던 것들[是由平準法的新發展以外, 其餘五項都在漢武帝時實行過]"[76]이

76) 翦伯贊 主編, 『中國史綱要』 상책(上册), 170쪽, 人民出版社, 1983년판.

다. 왕망도 또한 여러 차례 일부 대상인(大商人)들을 동원하여 이러한 정책을 추진했는데, 이는 무제가 상인들을 염철관(鹽鐵官)에 임명했던 것과 같았다. 그러나 유사한 조치들이 실제 시행 과정에서는 또한 완전히 본래의 모습을 잃고, 완전히 다른 결과에 이르렀다. 무제 때에는 강대한 국가 권력에 의지하여, 기본적으로 이러한 관직을 맡고 있는 상인들을 황제의 정권에 복무하도록 제어할 수 있었지만, 왕망이 임명한 상인들은 자신들의 이익만을 추구하고 백성들을 착취했다. 반고는 「식화지」에서, 왕망이 임용한 대상인들은 "권력을 이용하여 자신의 이익을 추구하고, 천하를 혼란하게 했으며, 군(郡)과 현(縣)의 관리들과 부정하게 결탁하여, 허위 장부를 많이 만들어, 관청의 창고를 부실하게 함으로써, 백성들은 더욱 고통스러워했으며[乘傳求利, 交錯天下, 因與郡縣通奸, 多張空簿, 府藏不實, 百姓愈病]", "간교한 관리들이 백성들을 희롱하고 또한 재산을 침범하여, 수많은 백성들이 각자 평안하게 살 수 없었다.[奸吏猾民并侵, 衆庶各不安生.]"라고 지적했다. 그들은 항상 정부를 위해 일한다고 하면서 자신들의 이익을 추구했으며, 지방 관리들과 결탁하여 간교한 짓을 저질렀고, 법령을 악용하여 국가 재산을 훔쳤을 뿐만 아니라, 백성들에게도 해를 입혔다. 왕망은 또한 여러 차례 화폐를 개혁하여, 급하게 새로운 화폐를 만들었다가 급하게 폐기하자, 화폐 종류가 천태만상이었다. 이들은 오물(五物)·육명(六名)·이십팔품(二十八品)이라고 일컬어졌으며, 명목도 번잡하고 혼란도 극심했다. 사람들은 왕망이 새로 만든 화폐의 가치를 도무지 믿지 못하여, 모두 사적으로 한나라 시절에 사용하던 오수전(五銖錢)을 주조하여 사용하자, 왕망은 더욱 엄중하게 금지했으며, "왕망이

한 번 화폐를 바꿀 때마다, 백성들은 파산하여, 큰 죄를 범하게 되었다.[每一易錢, 民用破業, 而大陷刑.]" 그 결과 "농민과 상인들은 직업을 잃어, 식량과 재화가 모두 피폐해지자, 백성들은 저잣거리에서 눈물을 흘렸다. 밭·집·노비를 매매하거나[77] 화폐를 주조한 일에 연루되어 처벌받은 자들이, 공경대부에서부터 일반 백성에 이르기까지 헤아릴 수 없는[農商失業, 食貨俱廢, 民涕泣於市道. 坐買賣田宅·奴婢·鑄錢抵罪者, 自公卿大夫至庶民, 不可稱數]" 상황이 조성되었다. 유통수단에 혼란이 발생하자 상업 교역은 이루어질 수 없었으며, 농민들도 생산 활동에 종사할 수 없어 사회 경제 생활은 정체에 빠지고, 백성들은 그저 길가에 앉아 눈물만 흘릴 뿐이었다. 또한 피해자들은 밭·집·노비를 매매하고 사적으로 화폐를 주조하여, 범죄를 저지르고 감옥에 갇혔다. 수많은 죄인들이 족쇄와 수갑을 찬 채 죄수를 호송하는 수레에 태워져 장안(長安)으로 보내졌는데, 10명 중 6~7명은 학대를 당하며 죽어갔다. "백성들은 움직이기만 하면 법에 저촉되니, 농업과 잠업(蠶業)에 종사할 수 없었고, 요역(徭役)이 빈번하게 시행된데다, 가뭄과 황충(蝗蟲)과 같은 재난도 잇달아 발생했으며[民搖手觸禁, 不得耕桑, 徭役煩劇, 而枯旱蝗蟲相因]", "부자들은 스스로를 보호하지 못하게 되었고, 가난한 사람들은 스스로 살아갈 수 없게 되자 도적이 되었는데, 험준한 산림 의지하여 활동했으므로, 관리들은 잡아들일 수 없게 되자 이를 은폐하니, 날이 갈수록 확산되었다. 이에 도적들은 청주(靑州)·서주(徐州)·형초(荊楚) 지역에서 만 명을 헤아렸다. 백성들은 전투 중에 사망

77) 역자주 : 당시는 노비나 토지를 매매할 수 없도록 하여, 이를 위반하면 처벌을 받았다.

하고, 변경에서 이민족들에게 포로로 잡혀가고, 억울하게 죄를 지어 감옥에 갇히고, 기아와 질병에 시달리고, 사람들이 서로 잡아먹었으니, 왕망이 죽임을 당하기 전까지 천하의 호구(戸口)가 절반으로 줄어들었다.[富者不得自保, 貧者無以自存, 起爲盜賊, 依阻山澤, 吏不能禽而覆蔽之, 浸淫日廣, 於是青·徐·荊楚之地往往萬數. 戰鬪死亡, 緣邊四夷所繫虜, 陷罪, 飢疫, 人相食, 及莽未誅, 而天下戸口減半矣.]"[78] 왕망은 전국의 백성들에게 큰 재난과도 같은 존재였으므로, 백성들은 필연적으로 그의 악랄한 통치에 대항하여 기의(起義)하고 반항했다.

이상의 분석이 말해 주는 것은 다음과 같다. 즉 반고는 『한서』 「식화지(食貨志)」에서 그것을 상세하고 확실하게 기록함으로써, 고대 경제사·토지제도사·상업의 역사·화폐의 역사를 연구할 수 있는 귀한 자료를 제공해 주었다. 뿐만 아니라, 또한 상당히 날카롭게 경제 영역의 상황과 변화를 이용하여 사회의 발전 과정을 해석하여, 서로 다른 시기의 봉건 정권들의 경제적 조치들이 사회를 안정시키기도 하고 혼란을 불러일으키기도 했으며, 흥성하게 하기도 하고 쇠망하게 하기도 한 가장 근본적인 원인이었음을 증명했다. 그로 인해 우리들이 봉건 국가의 관리 기능을 인식하고 역사적 경험과 교훈을 받아들이는 데에 중요한 가치를 가지고 있다는 점이다. 우리가 조금도 과장하지 않고 말할 수 있는 것은, 반고가 저술한 「식화지」가 높은 문헌적 가치를 지니고 있을 뿐만 아니라, 높은 사상적 가치도 갖추고 있다는 점이다. 따라서 반고의 경제사상은 소홀히 받아들여서는 안 된다.

78) 이상의 내용은 모두 『한서』 권24 「식화지」를 보라.

6. 수리(水利) 공사와 국가 '이해(利害)'의 관계

반고는 수리 공사가 국가와 사회에 중대한 영향을 미친다고 생각하여 매우 중시했다. 그는 『사기』「하거서(河渠書)」에 기초하여 『한서』「구혁지(溝洫志)」를 저술했는데, 비록 한나라 무제 이전의 내용은 「하거서」의 것을 답습했지만, 무제 이후의 내용은 모두 반고가 직접 기술했다. 반고는 「구혁지」의 찬(贊)에서 『좌전(左傳)』에 있는 주(周)나라 대부(大夫) 유정공(劉定公)의 말을 인용하여, "우(禹)임금의 공로가 없었다면, 우리들은 물고기가 되었을 것이다.[微禹之功, 吾其魚乎.]"라고 했는데, 이 말의 의미는, 우임금이 홍수를 다스린 큰 공로가 없었다면, 중원(中原)의 백성들은 이미 홍수로 인해 모두 물에 빠져 죽었을 것이라는 말이다. 그래서 반고는 수리 공사를 일컬어, "나라의 이해(利害)가 달려 있다[國之利害]."[79]라고 했는데, 이는 수리 사업이 국가와 백성들의 이익과 밀접한 관련이 있는 대사업이라는 뜻이다. 능치륭(凌稚隆)은 『한서평림(漢書評林)』에서, "「구혁지」의 찬(贊)에는 '이해(利害)'라는 두 글자가 있었기 때문에, 이 편에서는 '이해'를 주안점으로 삼았으며[此志贊中有'利害'二字, 故篇中以'利害'爲眼目]", "'이해'라는 두 글자가 곧 「구혁지」의 핵심이다['利害'二字乃一志關鍵]."[80]라고 했다. 이 말은 대단히 정확한 것이다.

79) 『한서』 권29 「구혁지」의 찬(贊).
80) 능치륭, 『한서평림』 권29 「구혁지」.

(1) 수리와 '식화(食貨)'의 관계

반고는 '식화이본(食貨二本 : 식량과 재화의 두 가지가 근본이라는 뜻-역자)'이라는 사상을 제기하여, '재화[貨]'의 발전은 '식량[食]'을 기초로 삼아야 하며, 이 '식량' 생산의 발전은 수리 사업의 발전에 달려 있다고 생각했다. 당시 과학 기술의 수준이 그다지 높지 못한 상황이었으므로, 가뭄과 홍수는 농업 생산에 큰 영향을 미쳤다. 그러므로 수리 사업을 왕성하게 하여 가뭄과 홍수를 막는 것만이, 농업 생산의 풍성한 수확을 보장했다. 동시에 수리 사업을 활발히 하면 또한 교통을 편리하게 할 수 있어, '재화'의 발전을 촉진하는 데에도 중요한 작용을 했다. 수리 사업이 활발하려면 물질을 기초로 해야 하고, 수리를 활발히 한 다음에는 또한 경제 발전을 촉진할 수 있는데, 이렇게 '수리(水利)'와 '식화(食貨)'는 변증법적 관계에 있다. 반고는 비록 이러한 관점에 대한 명확한 문제 제기를 하지는 않았지만, 「구혁지」에는 이미 이러한 사상이 뚜렷이 포함되어 있다. 따라서 반고는 당시 중요한 수리 공사에 대해 이미 진지하게 기록했으며, 가능한 한 관련 자료를 최대한 많이 수집하려 노력했다. 또한 이러한 수리 공사가 농업의 관개(灌漑)와 조운(漕運)에 미치는 영향에 대해 특히 자세하게 서술했으며, 더불어 백성들이 수리 사업을 환영하고 칭송한 것에 대해서도 기술했다.

「구혁지」 전반부의 내용은 『사기』 「하거서」를 채용하여, 하(夏)나라 우임금이 치수 사업에서 세운 업적과 형양(滎陽)에서 황하(黃河)의 물을 끌어들여 동쪽에 물을 대는 수로인 홍구(鴻溝)를 만든 것, 촉군(蜀郡) 태수(太守) 이빙(李氷)이 도강언(都江堰)을 건설한 것 등과 같은 전국적 규모의 수리 관개 사업을 기술했다. 또한 반고는 위(魏)나라 양왕(襄王) 때 사기(史起)가 업현[鄴縣 : 지금의 하북성(河北省) 자현(磁縣) 남쪽] 현령(縣令)이 되어 장수(漳水)의 물을 끌어들여 관개함으로써, 위나라의 하내(河內)[81] 지역을 풍요롭게 만들었던 일을 보충했다. 이로 인해 백성들은 다음과 같은 노래를 만들어 그를 칭송했다. "업(鄴)에 어진 현령이 있으니 이름이 사공(史公)이라네. 장수를 막아서 업(鄴)에 두루 물을 끌어대니, 마침내 오래된 간석지[舃鹵]에서 곡식들이 자라네.[鄴有賢令兮爲史公, 決漳水兮灌鄴旁, 終古舃鹵兮稻粱.]"[82] 이 노래는 업현의 훌륭한 현령이었던 사기가 수리 사업을 크게 일으켜 장수 강가에서 토지에 물을 끌어들임으로써, 예로부터 소금기에 절어 있던 땅에서 무성한 곡식들이 자라게 했음을 칭송하고 있다.[83]

『한서』「구혁지」의 기록을 보면 무제 시기에 유명한 육보거(六輔渠)와 백거(白渠)를 만들기 시작했다는 내용이 담겨 있는데, 이는 반고가 새로 기재한 내용이다. 진(秦)나라 때, 한(韓)나라의 수리 기술자[水工]인 정국(鄭國)이 건설한 정국거(鄭國渠)는, "간석지 4만 경(頃)의 토지에 물을 대주어, 1무(畝)당 1종(鍾 : 555쪽 참조-역자)씩을 수확했다. 이에 관중(關中)은 비옥한 토지가 되어 흉년이 없어지자, 진나라는 부강해

81) 역자주 : 지금의 하남성(河南省)의 황하 이북(以北) 지역을 통틀어 일컫는 말이다.

82) 『한서』 권29 「구혁지」. 석로(舃鹵)란, 염분이 있는 토지를 의미한다.

83) 『사기』 권29 「하거서」의 기록에 따르면, "서문표(西門豹)가 장수의 물을 끌어와 업(鄴)에 물을 대니, 위(魏)나라의 하내 땅은 부유하게 되었다.[西門豹引漳水灌鄴, 以富魏之河內.]"라고 되어 있는데, 그 사료의 출처는 『여씨춘추(呂氏春秋)』「악성편(樂成篇)」이다. 후세 사람들이 장수의 물을 끌어들여 농사에 사용한 사실을 거론할 때는, 일반적으로 서문표와 사기 두 사람을 언급하고 있다. 예를 들어 좌사(左思)의 「위도부(魏都賦)」·장수절(張守節)의 『사기정의(史記正義)』는 『괄지지(括地志)』를 인용하고 있다. 왕선겸(王先謙)의 『한서보주(漢書補注)』 권29를 참조하라.

져 결국 제후국들을 모두 병합하였다.[溉舄鹵之地四萬餘頃, 收皆畝一鍾. 於是關中爲沃野, 無凶年, 秦以富强, 卒竝諸侯.]" 그로부터 130년이 지난 후, 한나라 무제 때에도 정국거는 관중 지역의 넓고 비옥한 토지에 물을 대주고 있었다. 무제 원광(元光) 연간(기원전 134~기원전 129년-역자)에 관동(關東)과 관서(關西) 지방으로부터 곡식을 조운(漕運)하기 위해 저명한 수리 기술자인 서백(徐伯)의 지도하에 수만 명의 백성을 징발하여 위수(渭水)와 대등한 수로 공사를 시작한 뒤 "3년 만에 개통했다. 그리하여 조운이 매우 편리해졌다. 그 후 조운은 조금밖에 늘지 않았지만, 수로 아래에 사는 백성들은 물을 경작지에 잘 댈 수 있었다.[三歲而通. 以漕, 大便利. 其後, 漕稍多, 而渠下之民頗得以溉矣.]" 그리고 "이 후부터 권세를 부리는 자들은 다투어 수리 사업을 해야 한다고 하여[自是之後, 用事者爭言水利]", "수로를 건설하여 경작지에 물을 대는 것이 모두 만 경(頃)이 넘었다. 작은 수로를 개통하고 산비탈에 수로를 뚫은 것은 다 말할 수 없을 정도로 많았다.[皆穿渠爲溉田, 各萬餘頃. 它小渠及陂山通道者, 不可勝言也.]" 원정(元鼎) 연간(기원전 116~기원전 111년-역자)에 아관(兒寬)은 정국거 부근에 육보거를 개설하여 농사를 제대로 지을 수 없었던 고지대에도 물을 댈 수 있도록 해야 한다고 주청(奏請)했다. 백거(白渠)도 관중에 있었는데, 이것은 무제 태시(太始) 2년(기원전 95년)에 조(趙)나라의 중대부(中大夫) 백공(白公)이 건설하도록 주청하여 만든 것으로, 경수(涇水)의 물을 끌어들였으며, 곡구[谷口 : 지금의 섬서성(陝西省) 순화(淳化) 남쪽]에서 시작하여 지양[池陽 : 지금의 경양(涇陽)]·역양[櫟陽 : 지금의 부평(富平) 남쪽]을 거쳐 하규[下邽 : 지금의 화현(華縣) 북쪽]에 이르러 위수(渭水)로 흘러들었는데, 이 수로에서 물을 공급받는 농경지가 2백 리(里)에 걸쳐 있었으며, 4500여 경(頃)의 광활한 경작지에 물을 공급했다. 그래서 백성들은 다음과 같은 노래를 만들어 칭송했다. "밭이 어디에 있는가? 지양과 곡구라네. 정국거가 먼저 있었고, 백거는 뒤에 만들었다네. 가래를 들어 올리니 구름이 되고, 수로에 물이 흐르게 하니 비가 되네. 경수(涇水)가 한 석(石)이면, 그 흙은 몇 두(斗)라네. 물도 대고 거름도 주며, 내 벼와 기장을 길러주네. 수도 장안(長安)을 먹이고 입힌다네, 억만 명이나 되는 사람들을.[田於何所? 池陽·谷口. 鄭國在前, 白渠起後. 擧鍤爲雲, 決渠爲雨. 涇水一石, 其泥數斗. 且漑且糞, 長我禾黍. 衣食京師, 億萬之口.]"[84] 관중 지역의 백성들은 진심으로 정국거와 백거라는 두 개의 유명한 수리 사업이 자신들을 더없이 행복하게 해주었다는 것을 칭송하고, 아울러 또한 수없이 많은 민중들이 힘들게 수로를 건설하는 장관을 생동감 있게 묘사해 내고 있다. 즉 수많은 사람들이 높이 들어 올린 가래는 마치 구름이 태양을 가리는 듯하고, 강물을 끌어다 물을 대니, 마치 빗물이 광활한 농지를 촉촉이 적시는 듯했다고 묘사했다. 그리고 경수의 물이 여러 곳을 돌아 지나가면서 진흙을 공급하여 옥토(沃土)가 되는 것은, 마치 농사짓는 집에서 논밭에 거름을 주는 것과 같으니 해마다 풍년이 들었고, 곧 수로를 통해 곡식들이 운반되니 장안(長安)과 수많은 사람들의 식량 문제를 해결할 수 있었다는 것이다. 반고는 또한 「서도부(西都賦)」를 지어서 "정국거와 백거 주변의 비옥함이 의식의 근원이다.[鄭白之沃, 衣食之源.]"[85]라고 하면서, 정국거와 백거가 사람들

84) 이상의 인용문들은 『한서』 권29 「구혁지」를 보라.
85) 『후한서』 권40 「반고전(班固傳)」.

이 옷을 입고 밥을 먹는 원천이라고 간주하여, 수리 사업과 '식화(食貨)'의 관계를 더욱 또렷하고 분명하게 밝혀 주었다.

(2) 황하의 치수를 중시하다.

나라 전체의 수리 사업들 중에서 반고는 특히 황하의 치수를 매우 중요시하여 이렇게 지적했다. "중국의 강은 백여 개나 되지만, 사독(四瀆)[86]이 특히 중요하며, 그 중에서도 황하가 으뜸이다.[中國川原以百數, 莫著於四瀆, 而河爲宗.]"[87]라고 말했다. 때문에 그는 서한 시대의 역사적 경험을 총결하면서, 『한서』「구혁지」에서 황하의 치수 사업에 대해 중점적으로 기술했다. 황하는 무제(武帝) 원광(元光) 연간에 호자[瓠子 : 지금의 하남성(河南省) 복양(濮陽) 서남쪽]에서 둑이 무너진 적이 있는데, 이후 평제(平帝) 시기에 이르기까지 일곱 번[88]이나 큰 재해가 발생하여, 그 피해가 막심했다. 호자에서 둑이 무너진 것은 원봉(元封) 2년(기원전 109년)이 되어서야 막을 수 있었으니, 홍수가 무려 20년 동안이나 지속된 셈이다. 그래서 무제는 동쪽 지방을 순행(巡行)할 때, 호

86) 역자주 : 사독이란 황하(黃河)·장강(長江)·회하(淮河)·제수(濟水)를 가리킨다.

87) 『한서』 권29 「구혁지」의 찬(贊).

88) 이 시기에 황하가 일곱 번이나 범람했다. 무제 원광 연간에 호자에서 황하의 둑이 터져 범람했다. 원봉(元封) 2년에 황하의 터진 둑을 막은 지 얼마 안 되어 북쪽의 관도(館陶)에서 황하의 둑이 터져 범람하여 둔씨하(屯氏河)가 나누어지게 되었다. 원제(元帝) 영원(永元) 5년에는 영현(靈縣)의 명독구(鳴犢口)에서 황하의 둑이 터져 범람했다. 성제(成帝) 시건(始建) 5년에 관도와 동군(東郡) 금제(金堤)에서 황하의 둑이 터져 15만 경(頃)이 물에 잠겼으며, 9만 7천여 명이 집을 잃었다. 하평(河平) 2년에는 평원(平原)에서 황하의 둑이 터졌으며, 홍가(洪嘉) 4년에는 발해(勃海)·청하(淸河)·신도(信都)에서 황하가 범람했다. 평제(平帝) 때에는 황하와 변수(汴水) 주변의 둑이 붕괴했다.

자의 둑이 무너진 곳을 방문하여, 뭇 신하들과 종관(從官)들에게 장군 이하 여러 신하들이 모두 발 벗고 나서 둑을 쌓는 데 전력투구하도록 명령했다. 둑을 막는 데 성공하기를 기다렸다가, 무제는 시(詩)를 지어 승리를 찬양했다. 이후 성제(成帝) 건시(建始) 5년(기원전 28년)부터 홍가(鴻嘉) 4년(기원전 17년)까지 11년 동안 황하는 또한 둑이 세 번이나 무너졌는데, 그 때 침수된 현(縣)만 해도 30개가 넘었다. 이러한 역사적 사실들은, 역사가들로 하여금 황하의 치수가 국가와 사회생활에 대해 중대한 관계가 있다는 것을 더욱 분명하게 인식하도록 해주었다.

후세 사람들에게 여러 차례의 황하 범람을 극복한 경험을 물려 주기 위해, 반고는 황하의 치수 사업을 성공시킨 방법과 가치 있는 건의들을 기록했는데, 그 중에서 가장 중요한 것은 성제 때 왕연세(王延世)의 황하 치수 사업과 애제(哀帝) 때 가양(賈讓)이 제시한 「치하삼책(治河三策)」이다.

왕연세는 당시 하제사자[河堤使者 : 황하의 수해 방지를 주관하는 관원(官員)] 관직을 맡고 있었는데, 황하가 관도(館陶) 및 동군(東郡) 금제(金堤)에서부터 둑이 무너져 격류가 범람하는 사태를 맞이하자, 사람들에게 길이가 약 4장(丈)에 이르는 대나무 광주리를 많이 만들게 하여, 그 안에 돌덩어리들을 채운 다음, 돌이 들어 있는 대나무 광주리를 두 척의 배들 사이에 실어 황하(黃河)의 급류에 투입했다. 연속으로 36일 동안 이렇게 분투하여 무너진 둑을 다시 막아, 성제로부터 칭찬을 받았다. 또한 성제는 특별히 연호를 '하평(河平) 원년'으로 고쳐 이 승리를 기념했다. 2년 후 평원(平原)에서 둑이 터져 황하가 범람하자, 왕연세와 승상부(丞相府) 소속의 관리 양언(楊焉)이 협력하여 터진 둑을 다시 한 번 막아 냈다.

애제 때 가양은 「치하삼책」을 제시했는데, 그는 황하를 다스리는 상책(上策)은 "기주(冀州)의 백성들 중 수해를 입을 자들을 이주시키고, 여양(黎陽)의 차해정(遮害亭)을 터서, 황하의 물을 북쪽 바다로 흘러 들어가도록 하는 것[徙冀州之民當水衝者, 決黎陽遮害亭, 放河使北入海]"이라고 했다. 중책(中策)은 "기주 땅에 많은 수로를 뚫어서, 백성들로 하여금 농지에 물을 댈 수 있도록 하고, 거센 황하의 물살을 분산시켜 약화하는 것[多穿漕渠於冀州地, 使民得以溉田, 分殺水怒]"인데, 이 대책은 "비록 성인(聖人)의 방법은 아니지만, 최악의 상황으로부터 백성들을 구제할 수 있다.[雖非聖人法, 然亦救敗術也.]"라고 했다. 하책(下策)은 "옛날의 제방을 수리하여 완전하게 복구하고, 낮은 곳을 높이며 둑의 얇은 부분을 보강하는 것[繕完古堤, 增卑倍薄]"이라고 했다. 가양은 하책을 실행하면, "노동력과 비용이 한없이 들어, 자주 그 피해를 입을 것[勞費無已, 數逢其害]"이라고 했다. 현대의 역사가들은 가양의 「치하삼책」은 "상고(上古 : 여기에서는 서한 이전 시기를 가리킴) 시대에 황하를 다스리는 가장 상세한 방안"[89]이라고 여긴다. 하지만 옛 사람들의 글은 매우 간략하여 때때로 말의 뜻이 명확하지 않기도 하기 때문에, 자세하게 살펴보아야만 그 안에 담긴 주장을 명확하게 이해할 수 있을 때도 있다. 가양의 주장이 높은 가치를 지니는 점은, 일반 유생들이 과거의 "경전(經典)의 뜻[經義]"을 적용하여 현실에 맞지 않는 공허한 주장을 한 것과는 달리, 그는 현지에서 조사한 기초 위에서 자신의 주장을 폈다는 것이다. 그는 제방이 유실되고 홍수가 일어났

89) 岑仲勉, 『黃河變遷史』 第8章, 人民出版社, 1957년판.

던 역사와 그 현상의 원인들에 대해 이미 비교적 정확하게 이해하고 있었는데, 다음과 같이 지적했다. 즉 전국 시대에 제(齊)·한(韓)·위(魏)의 세 나라들이 자국의 이익만을 생각하여, 전반적인 차원에서 홍수 대책을 세우지 않고, 제멋대로 제방을 쌓아서 물을 막았으므로, 제방 주변의 지대가 골짜기처럼 낮아졌다는 것이다. 그 후에 제방 외곽에 지속적으로 새로운 거주지가 생겨났으므로 겹겹으로 바깥쪽을 향해 제방을 쌓자, 원래의 물길이 넓어지게 되어, 큰물이 지는 시기에도 위험한 지경에까지는 이르지 않았다는 것이다. 그런데 지금은 겹겹이 제방으로 둘러 쌓았기 때문에 물길이 좁아졌으며, 또한 구불구불 우회하여 흐르기를, 백 리도 안 되는 거리에서 서쪽으로 세 번 동쪽으로 세 번 굽이치니, 큰물이 한 번 지면 반드시 둑이 쉽게 무너질 수밖에 없었다는 것이다. 게다가 뇌하(瀨河)[90] 부근에는 원래 일부 저지대들이 있어서, 홍수를 막을 수 있었다. 예를 들면 황현(黃縣)에는 원래 호수가 있으며, 둘레의 길이가 수십 리(里)여서, 큰물이 지는 시기에는 홍수를 분산시킬 수 있지만, 후세의 사람들은 오히려 제방을 쌓아, 고인 물을 퍼내고, 건물을 짓기 시작하니, 홍수를 분산시켜 내보낼 수 없게 되어, 황하에 큰물이 지는 때의 위험한 상황을 증가시켰으며, 주민들도 또한 위험한 제방 아래에 놓이게 되었다는 것이다. 그리고 동군(東郡)의 백마(白馬)와 위군(魏郡)의 황하 주변의 형편도 이와 비슷했다. 가양은 조사를 통해, 눈앞의 이익만을 좇아 하천을 막는 위험성을 잘 알고 있었기 때문에, 다음과 같이 심오한 이치가 담긴 한마디 말로 총괄했다. "무릇 땅에 하천이 있는 것은, 마치 사람

90) 역자주 : 강소성(江蘇省)에 있는 강의 이름이다.

에게 입이 있는 것과 같다. 땅을 다스리면서 그 하천을 막는 것은, 마치 어린아이의 울음을 멈추려고 입을 막아 버리는 것과 같으니, 어찌 그만두지 않는가. 그러면 그가 죽는 것은 시간문제일 것이다.[夫土之有川, 猶人之有口也. 治土而防其川, 猶止兒啼而塞其口, 豈不遽止, 然其死可立而待也.]" 그리고 "하천을 잘 다스리는 자는 물을 터서 순탄히 흐르게 하며, 백성을 잘 다스리는 자는 마땅히 그들이 말을 할 수 있도록 한다.[善爲川者, 決之使道, 善爲民者 宣之使言.]"[91]라고 하여, 하천을 다스리면서 물을 막으면 안 되는 것은, 바로 마치 나라를 다스리면서 백성들의 입을 막아서는 안 되는 것과 마찬가지라고 생각했다. 물과 더불어 땅과 다투지 않는 것, 그것은 바로 가양이 황하를 다스리기 위해 제시한 기본 주장으로, 고금의 수리 공사에서의 풍부한 긍정적·부정적 경험들을 통해 증명된 바에 따르면 정확한 것이다. 따라서 첸중몐(岑仲勉) 교수는 다음과 같이 높게 평가했다. "설령 과학이 크게 발달한 오늘날에 보더라도, 여전히 불멸의 진리이다."[92]

큰물이 지는 시기에 황하가 범람하여 둑을 무너뜨리는 위험을 방지하기 위해서 가양은 다음과 같은 방법을 제안했다. 여양(黎陽)의 차해정(遮害亭) 부근에 있는 제방을 자발적으로 헐어, 황하가 대략적으로 옛날의 물길을 따라 기주(冀州) 평원에서 한 줄기의 고정된 수로를 형성하도록 하거나, 혹은 약간 아래 지역, 즉 기구(淇口 : 기수의 관문-역자)에 수문(水門)을 세우고, 제방 위에 임시 수로[浮渠]를 만들어, 황하의 넘치는 물을 장수(漳水)로 끌어들인 다음, 장수가 기주 평원의

91) 『한서』 권29 「구혁지」.

92) 岑仲勉, 『黃河變遷史』 第8章, 人民出版社, 1957년판.

고지대에 있다는 점을 이용하여 여러 개의 수로를 만들고, 기주의 넓은 땅에 물을 댈 수 있도록 끌어들이자고 했다. 그러나 이 두 가지 방법은 모두 일찍이 시행된 적이 없어, 그것에 대한 실현 가능성은 아직 어렵다고 결론지었다. 우리가 주의해서 볼 만한 점은, 가양이 수문을 건설하고 임시 수로들을 설치해야 한다고 건의했는데, 그 의도는 큰물이 지는 시기에는 홍수를 분산시키는 작용을 하고, 가물 때는 물을 댈 수 있게 하는 작용을 한다는 것이었다. 인공 수로를 통해 물을 대는 것은 또한 토양에 있는 소금 성분을 씻어 내어, 토질이 나쁜 땅을 좋은 농토로 바꿔 주기도 한다. 뒤의 이 두 가지가 바로 가양의 주장 속에 담겨 있는 정확한 의도였다. 동한의 명제(明帝) 때 왕경(王景)이 황하의 치수 사업을 하면서, 수문을 만들어 큰물을 흘려보내는 방법을 채택했으니, 가양의 주장과 서로 통하는 점이 있었다.[93] 그리고 1950년대 초에 예북(豫北)[94] 지역에서 성공적으로 황하의 물을 끌어와 제하(濟河)와 위하(衛河)로 흐르게 하는 대규모 수리 사업이 완료되었는데, 이 또한 바로 "큰물이 질 때 홍수를 분산시키고, 가물 때 물을 끌어들여 관개(灌漑)하는" 이치를 실현한 것이며, 또한 가양이 주장했던 것과 같은 것으로, 물도 대고 염분도 씻어 내는 일거양득의 작용을 하고 있다.

반고가 가양의 「치하삼책」이라는 이 중요한 황하의 치수에 대한 문헌을 「구혁지」에 기록했기 때문에, 후세 사람들은 이를 긍정적으로 인용하기도 하고, 또는 부정적으로 인용하기도 했다. 이는 모두가 가

93) 왕경이 황하의 수리 사업을 한 것에 대해서는 『후한서』 권76 「순리전(循吏傳)」을 참조하라.

94) 역자주 : 하남성(河南省)의 황하 이북 지역을 가리킨다.

양의 주장에서 비롯된 것으로, 경험을 축적해 감에 따라, 황하의 치수를 각 시기 국가의 중대한 정책으로 인식하도록 추진시켰다.

반고는 수리 사업을 '국가의 이해(利害)'와 연관시켰다. 그는 수리 사업이 농업 수확량과 관계가 있으며, 또한 백성들의 생명 및 재산의 존망(存亡)과도 관련이 있다고 생각했을 뿐만 아니라, 더 나아가 국가의 흥망성쇠와도 관련이 있다고 생각했다. 따라서 그는 수리 사업과 건설 활동을 매우 중시했다. 이처럼 먼 앞날을 내다보는 뛰어난 식견은 그가 후세 사람들을 위해 남겨 준 지혜의 자산이다.

제9장

덕(德)이 주(主)이고 형벌은 보조 수단이며, 각각 그 쓰임이 있다.

– 반고의 형법(刑法) 사상

반고(班固)는 『한서(漢書)』에서 독창적인 방법을 창안하여, 중국 사학사(史學史)와 법률사(法律史)에서 처음으로 「형법지(刑法志)」를 창작함으로써, 중국 법제사(法制史)의 시작이 되었다. 『한서』 「형법지」는 상고 시대부터 서한(西漢) 말기까지의 형법 제도 및 그 변천 과정을 서술하고 있다. 이는 내용상의 필요에 따라, "한나라만을 잘라 내어 역사로 삼는[斷漢爲史]" 것과 "과거와 현재를 꿰뚫어 아는[通古今]" 것을 서로 결합하여 새로운 역사학 체제를 확립하는 문제를 매우 잘 해결했을 뿐만 아니라, 또한 저자만의 독자적인 식견을 지닌 형법 사상과 주장도 구체화해 냈다. 이리하여 후대의 '정사(正史)'에서 「형법지」의 저술 체제 및 형법 사상의 발전에 대해 모두 대단히 큰 영향을 미쳤다.

1. "무거운 형벌에는 무장한 군대[甲兵]를 쓴다[大刑用甲兵]."

『한서』에는 「병지(兵志)」를 두지 않았으므로, 그에 관련된 내용은

「형법지」의 앞부분에서 다루고 있다. 반고는 『국어(國語)』 「노어(魯語)」에 있는 "무거운 형벌에는 군대를 쓰고, 그 다음으로는 부월(斧鉞)을 쓰며, 중간 정도의 형벌에는 도거(刀鉅)를 사용하고, 그 다음으로는 찬(鑽)과 착(鑿)을 사용하며, 가벼운 형벌에는 채찍과 몽둥이를 쓴다.[大刑用甲兵, 其次用斧鉞, 中刑用刀鋸, 其次用鑽鑿, 薄刑用鞭扑.]"[1]라는 말을 인용하여, 명확하게 "무거운 형벌에는 군대를 쓴다[大刑用甲兵]"는 사상을 제기했다. 그리하여 독자적인 관점에서 '군대[兵]'에 관련한 내용을 '정사(正史)'의 「형법지」에 기술하여, 중국의 형법이 '군대'에서 기원(起源)했으며, 중국 초기의 형법사(刑法史)는 "군대와 형벌은 분리할 수 없다[兵刑不分]"는 특징을 보여 주었다.

씨족 사회 말기에 사유재산 제도가 출현함에 따라, 각 씨족과 부족들은 재물을 탈취하기 위해 전쟁이 나타나기 시작했다. 처음에는 생산력 수준이 낮았으므로 전쟁 포로들을 살려 둘 필요가 없었기 때문에, 전쟁 포로들의 대부분은 살해되거나 제사의 희생물로 사용되었다. 따라서 당연히 당시에는 그것이 가장 무거운 형벌이었다고 할 수 있다. 이후 생산력이 높아짐에 따라, 노동하는 자들이 잉여생산물을 제공할 수 있게 되자, 비로소 전쟁 포로들도 살려 두었다. 하지만

---

1) 갑병(甲兵) : 갑옷과 병기(兵器)를 일컫는 말인데, 일반적으로 군대를 가리킨다. 여기에서는 군대를 사용하여 반란을 일으킨 이들의 목을 베고 적대 세력을 진압하는 것을 의미한다. 부월(斧鉞) : 고대의 병기로, 여기에서는 참형(斬刑) 즉 사형(死刑)을 의미한다. 도거(刀鋸) : 칼과 톱처럼 생긴 형벌 기구인 도거를 사용하는 월형(刖刑)을 가리키는 것으로, 다른 말로는 비형(剕刑)이라고도 하며, 발을 자르는 형벌이다. 찬(鑽) : 빈형(髕刑)을 가리키며, 송곳을 형구(形具)로 사용하여 무릎 뼈를 제거하는 형벌이다. 착(鑿) : 경형(黥刑)을 가리키며, 묵형(墨刑)이라고도 하는데, 칼이나 끌을 이용하여 얼굴에 글자를 새기는 형벌이다. 편복(鞭扑) : 매로 때리는 편형(鞭刑)과 곤봉으로 볼기를 치는 장형(杖刑)을 의미한다.

어떻게든 피정복자와 전쟁 포로들을 순종하게 하려고, 전쟁에서 승리한 자들은 항상 '무거운 형벌[大刑]'을 수단으로 삼아 반항하는 자들을 위협하고 처벌하며 진압했다. 후에는 통치자들이 단지 이 '무거운 형벌'을 사용하여 피정복자를 진압하고 이민족들의 침범에 대항했을 뿐만 아니라, 또한 자신의 씨족 부락 내부 구성원들에게도 적용했다. 이리하여 형법(刑法)이 곧 시대의 요구에 따라 생겨나게 되었다.[2)]

이처럼 중국 형법이 군대에서 기원했으므로, 옛날 사람들은 항상 군대와 형벌을 같이 논했으며, 군대를 보내 전쟁을 하는 것을 가장 무거운 형벌의 하나로 여겼다. 『좌전(左傳)』「소공(昭公) 2년」에는 정(鄭)나라의 공손흑(公孫黑)이 막 반란을 일으키려 하자, 자산(子産)이 사람을 보내 그의 잘못을 질책하고 그에게 빨리 자살할 것을 명령했다고 하면서 말하기를, 만약 "그가 빨리 죽지 않았다면, '무거운 형벌[大刑]'이 장차 그에게 내려졌을 것이다.[不速死, 大刑將至.]"라고 언급했다. 여기에서 '무거운 형벌'이란 군대를 보내 진압하는 것을 의미한다. 『국어(國語)』「진어(晉語) 6」에서는 "무릇 전쟁은 형벌이다.[夫戰, 刑也.]"라고 하여, 전쟁을 일종의 가장 엄중한 형벌로 간주했다.

반고는 이러한 사상을 계승했으며, 또한 새롭게 발전된 인식을 지니고 있었다. 그는 전쟁을 가장 무거운 형벌이라고 생각했지만 그의 인식은 결코 거기에서 멈추지 않았다. 그는 이를 기초로 하여 더욱 뛰어난 견해를 제시했을 뿐만 아니라, 더 나아가 전쟁의 성격과 역할 및 한계를 지적했다. 그는 "무릇 군대가 존립하거나 망하고 유지되거나 없어지는 이유는, 어지러움에서 구하고 해로움을 제거하는 것에

2) 葉孝信 主編, 『中國法制史』, 北京大學出版社, 1996년.

달려 있다.[凡兵, 所以存亡繼絶, 救亂除害也.]"[3]라고 했는데, 이 말은 오직 "어지러움에서 구하고 해로움을 제거하는[救亂除害]" 전쟁만이 정의로운 전쟁이며, 그래야만 비로소 나라를 안정시키고 사회 질서를 유지하는 수단이 될 수 있다는 것을 의미한다. 하지만 군대는 "단지 속임수와 폭력만을 일삼으면서, 제멋대로 탐욕스럽고 잔인하게 굴어, 성(城)을 빼앗으려고 다투다가 죽인 사람들이 성에 넘쳐 나고, 땅을 빼앗기 위해 다투다가 죽인 사람들이 들판에 가득했는데[苟任詐力, 以快貪殘, 爭城殺人盈城, 爭地殺人滿野]"[4], 이처럼 땅을 빼앗거나 재산을 약탈하는 것을 목적으로 삼는 전쟁은 정의롭지 않은 전쟁이고, 무거운 형벌의 시행을 어지럽히는 것이어서, 결코 긍정할 수 없었다.

이러한 원칙에 따라 반고는 황제(黃帝)가 탁록(涿鹿) 전투에서 치우(蚩尤)를 물리친 것, 전욱(顓頊)이 공공(共工)을 무찌르고 "수해(水害)를 해결한 것[以定水害]"[5], 하계(夏啓)[6]가 감(甘) 전투에서 유호씨(有扈氏)를 무찌른 것[7], 이윤(伊尹)이 상(商)나라의 탕왕(湯王)을 도와 하(夏)나

3) 『한서』 권23 「형법지(刑法志)」.

4) 『한서』 권23 「형법지」.

5) 역자주 : 공공이 전욱과의 전쟁에서 지자, 하늘을 지탱하고 있던 기둥을 무너뜨려 큰 홍수를 일으켜서, 땅을 동남쪽으로 기울어지게 만들었다고 한다. 이는 고대 부족들 간에 있었던 대규모 전쟁이라는 역사적 사건에, 전 세계에 보편적으로 퍼져 있는 대홍수 전설 및 중국 대륙의 동남쪽이 서북쪽에 비해 평야가 많게 된 유래를 설명하는 설화(說話)가 결합된 것이라고 할 수 있다.

6) 하계(?~기원전 1963년)는 하(夏)나라의 제2대 임금으로, 우(禹)임금의 아들이다. 기원전 1978년부터 기원전 1963년까지 재위했으며, 제계(帝啓)·하후계(夏后啓)·하왕계(夏王啓) 등으로도 불린다.

7) 역자주 : 백계는 유호씨와의 첫 번째 전투에서 패배한 뒤, 그 패배의 원인을 자신에게서 찾고, 이를 고치기 위해 노력했다. 그리하여 결국 백계가 유호씨를 이겼는데, 이러한 백계의 고사에서 '반구저기(反求諸己)'라는 성어(成語)가 유래되었다.

라 걸왕(桀王)을 무찌른 것, 여상(呂尙)이 주(周)나라 무왕(武王)을 도와 주왕(紂王)을 정벌한 것, 관중(管仲)이 제(齊)나라 환공(桓公)을 도와 남쪽의 강대국인 초(楚)나라를 굴복시키고 북쪽의 산융(山戎)을 정벌하여, 천하를 구함으로써 주나라 왕실을 안정시킨 것, 한나라 고조(高祖) 유방(劉邦)이 군대를 일으켜 진(秦)나라를 치고, 항우(項羽)를 무찌른 뒤, 이어서 장차(臧荼)·한신(韓信)·진희(陳豨)·팽월(彭越)·영포(英布) 등의 반란을 무찌른 것, 경제(景帝)가 오초(吳楚) 7국(國)의 난을 평정한 것 등은 모두 '무거운 형벌'을 정확하게 사용한 것이며, "군대로써 천하를 안정시키고[以兵定天下]" 국가의 통일을 보증하는 작용을 한 것으로, 매우 칭찬할 만한 것이라고 생각했다. 그러나 진시황처럼 무력을 남용하여 전쟁을 일삼으면, 결국은 천하 백성들의 반항을 불러일으키게 되고, 마침내는 스스로 멸망하게 되니, 바로 마땅히 비판받아야 한다고 생각했다. 반고가 이처럼 전쟁의 역할에 대해 정의를 내린 것은, 오늘날에도 여전히 그 합리적인 핵심 내용은 유효하다고 여겨지고 있다.

이 때문에 반고는 '무거운 형벌'을 신중하게 사용할 것을 주장하면서, "그것을 사용함에는 본말(本末)이 있으며, 그것을 실행함에는 역순(逆順)이 있을 따름이다.[用之有本末, 行之有逆順耳.]"[8]라고 했다. 즉 제멋대로 '무거운 형벌'을 사용해서는 안 되며, '무거운 형벌'을 사용할 때에는 반드시 신중해야 하고, 병사는 가능한 한 적게 쓰며, 희생 또한 가능하면 적게 나도록 해야 한다는 것이다. 그리고 그는 "군대를 잘 다루는 이는 진(陳)을 치지 않으며, 진을 잘 치는 이는 싸우지 않으

8) 『한서』 권23 「형법지」.

며, 잘 싸우는 이는 싸움에서 지지 않으며, 피해가 적게 요령껏 잘 패하는 자는 망하지 않는다.[善師者不陳[9], 善陳者不戰, 善戰者不敗, 善敗者不亡.]"[10]라고 주장하여, 예(禮)를 사용하여 백성들을 복종시키고, 인의(仁義)로 군대를 사용하는 것에 주의를 기울였다. 주로 '무거운 형벌'을 이용하는 경우는 일종의 위협하는 작용을 했다.

군대라는 것은 흉기(凶器)이다. 그러나 "무거운 형벌[大刑]"이 "어지러움에서 구하고 해로움을 제거하며[救亂除害]", 국가의 통일과 안정을 보장하는 역할을 지니기 때문에, 반고는 군대를 없앨 수는 없다고 생각했다. 그는 『좌전(左傳)』「양공(襄公) 27년(年)」에 있는, 송(宋)나라 사람 자한(子罕)이 "하늘이 오재(五材)[11]를 낳자, 백성들이 함께 그것을 사용하였는데, 하나라도 없어서는 안 되거늘, 누가 군대를 없앨 수 있겠습니까.[天生五材, 民幷用之, 廢一不可, 誰能去兵.]"라고 한 말을 인용하면서, "회초리는 집에서 사용하지 않고 놀려서는 안 되며, 형벌은 나라에서 폐지해서는 안 되고, 정벌(征伐)은 세상에서 멈춰서는 안 된다.[鞭扑不可弛於家, 刑罰不可廢於國, 征伐不可偃於天下.]"[12]라고 말했다. '무거운 형벌[大刑]'은 폐지해서는 안 될 뿐만 아니라, 오히려 더욱 더 강화함으로써, 국가의 실력과 통일을 보증해야 한다는 것이다. 이 때문에 반고는 『한서』「형법지」에서 선진(先秦) 시대부터 한나라에 이르는 기간 동안에 있었던 군사 제도 변천의 큰 줄기를 정리해내면서, 군사력의 강약과 국가의 흥망성쇠의 관계를 논하였다. 더불어 역대(歷

9) '陳'자는 '陣'자와 같은 의미이다.
10) 『한서』 권23 「형법지」.
11) 역자주 : 오재(五材)란 금(金)·목(木)·수(水)·화(火)·토(土)를 가리킨다.
12) 『한서』 권23 「형법지」.

代) 군사 제도들의 확립 경험과 교훈을 총괄했다.

반고는, 서주(西周) 시대에는 "정전(井田)에 따라서 군사상의 세금이나 부역을 제정한[因井田而制軍賦]" 농병일치(農兵一致) 제도를 실행했다고 지적했다. 이 제도는 일반 백성들이 사는 64개의 정(井)들을 1전(甸)의 단위로 삼고, 1전마다 군마 4필·병거(兵車 : 전차-역자) 1대·소 12마리·무장한 병사 3명, 일반 병사 72명을 공출하도록 규정되어 있었으므로 '승마지법(乘馬之法)'이라고 불렀다. 경대부(卿大夫)는 1만(萬) 정(井)의 봉지(封地)를 하사하고, 군마 400필과 병거 100대를 공출하도록 규정했으므로 '백승지가(百乘之家)'라고 불렀다. 10만 정의 봉지를 하사받은 제후국에서는 군마 4천 필과 병거 1천 대를 공출하도록 규정했으므로 '천승지국(千乘之國)'이라고 불렀다. 주(周)나라의 천자는 100만 정의 봉지를 받으며, 군마(軍馬) 4만 필과 병거 1만 대를 보유하여, '만승지주(萬乘之主)'라고 불렀다. 전(甸)으로부터 주나라 왕이 직접 관할하는 도성 부근[王畿]까지는 농병일치 제도를 실행하여, "봄에는 군대를 정비하고 병사들을 훈련하여 선발하며, 여름에는 노숙을 하며 여름 사냥을 하고, 가을에는 군대를 훈련하여 가을 사냥을 하며, 겨울에는 천자 앞에서 검열을 받고 수렵을 하여[春振旅以搜, 夏拔舍以苗, 秋治兵以獮, 冬大閱以狩]"[13], 모두가 농사를 짓는 틈틈이 군사 훈련을 실시했다. 이러한 군사 제도로 인해 서주는 강대함을 유지할 수 있었다.

춘추 시대에는 제(齊)나라 환공(桓公)이 관중(管仲)을 임용하여 "내정(內政)을 꾸리면서 군령(軍令)을 맡겼으며[作內政而寓軍令]", 호구(戶口)

---

13) 『한서』 권23 「형법지」.

를 십(什 : 열 가구-역자)과 오(伍 : 다섯 가구-역자)로 편성하여, "밖으로는 이민족들을 물리치고, 안으로는 천자(天子)를 높임[外攘夷狄, 內尊天子]"으로써, 패업(霸業)을 이룩했다. 이후 또 진(晉)나라 문공(文公)은 육관지법(六官之法)을 시행했으며, 노(魯)나라에서는 "구갑제(丘甲制)를 만들고[作丘甲][14]" "전조(田租)를 실시하는[用田賦][15]" 등의 제도들을 실행했다.

전국(戰國) 시대가 되자 칠웅(七雄)이 전쟁을 벌였는데, 합종연횡(合縱聯橫)하여 서로를 공격했다. "제(齊)나라 민왕(愍王)은 검(劍)을 쓰는 기술[技擊]로 강해졌으며, 위(魏)나라 혜왕(惠王)은 용맹한 군대[武卒]로 떨쳐 일어났고, 진(秦)나라 소양왕(昭襄王)은 날래고 용맹한 병사[銳士]로 승리를 거두었으니[齊愍以技擊强, 魏惠以武卒奮, 秦昭以銳士勝]"[16], 모두 강한 군대를 건립했기 때문에 한때 흥성했다.

한나라 초기에는 진(秦)나라의 군사 제도를 그대로 답습하여, 각 군국(郡國)들에 재관(材官 : 보병)을 두었으며, 수도에는 남군(南軍)과 북군(北軍)을 두었다. 무제 시기에는 조정이 추가로 중루(中壘)·둔기(屯騎)·보병(步兵)·월기(越騎)·장수(長水)·사성(射聲)·호분(虎賁) 등 '칠교

14) 역자주 : '구갑제'는 노(魯)나라의 성공(成公)이 널리 시행한 제도로서, 구(丘)가 전(甸)의 수량을 부담해야 했으므로, 세금이 4배로 증가했다. 진(晉)나라의 학자 두예(杜預)는 『좌전(左傳)』의 주(注)에서, 『주례(周禮)』의 기록을 인용하여 말하기를, "아홉 명의 성인 남자[夫]가 정(井)이고, 네 개의 정이 읍(邑)이며, 네 개의 읍이 구(丘)이고, 네 개의 구가 전(甸)이다.[九夫爲井, 四井爲邑, 四邑爲丘, 四丘爲甸.]"라고 했다.

15) 역자주 : 군사와 관련된 인력과 물품의 공출 대상이 사람에서 토지로 옮겨 갔음을 의미한다. '用田賦'의 '전(田)'이 '전(甸 : 왕도를 중심으로 사방 500리 이내의 지역으로, 왕이 직접 관할하는 지역)'과 같은 의미라는 주장도 있다.

16) 『한서』 권23 『형법지』.

(七校)'를 두었으며, 별도로 수군(水軍)과 대형 함선[樓船]을 두고 계절별로 훈련을 하여, 군비(軍備)를 강화했으니, 또한 본받을 만한 점이 많았다.

반고는, 역대 왕조들이 군대를 육성하는 데 주의를 기울인 결과, 그들이 강대해지는 데 한때 확실하게 작용한 사실에 대해 긍정함과 동시에, 또한 어떤 정권들은 오로지 군대를 강화하는 데에만 힘을 쏟고, "군대를 자주 동원하여[師旅亟動]", "백성들의 생활이 피폐해지는[百姓罷弊]" 등의 폐단을 초래한 것은 본받지 않아야 한다고 지적했다. 그는 "병사를 훈련시켜 적국에 군대의 위세를 떨쳐야[治兵振旅]" 하지만, 백성들이 감당할 수 있는 능력에 따라 적절하게 확대해야 한다고 주장했다. 이러한 사상은 분명히 진보적인 것이었다.

반고의 "무거운 형벌에는 무장한 군대를 쓴다[大刑用甲兵]."라는 사상은, 중국 형법이 군대에서 기원(起源)했으며, 중국의 형법이 군대에서 실행된 형벌과 불가분의 관계에 있다는 사실을 나타내 주었을 뿐만 아니라, 또한 '군대[兵]'라는 그 '무거운 형벌[大刑]'이 중국 형법사(刑法史)에서 한 특수한 작용을 지적해 냈는데, 이것은 틀림없이 탁월한 식견을 가진 견해였다. 그는 창조적으로 '군대' 즉 '무거운 형벌'에 대한 내용을 '정사(正史)'의 「형법지」에 기록했는데, 이러한 역서 서술 체제는 비록 후세의 '정사'에 그대로 채용되지는 못했지만, 후세 사람들은 여전히 그 안에 담겨 있는 내용을 매우 중요하게 여겼다. 때문에 후세의 '정사'들은 마침내 '군대'에 관련된 이러한 내용을 단독으로 「병지(兵志)」에 포함시킬 것을 제기해 왔다.

2. 형벌의 경중(輕重)은 적절하도록 힘써야 한다.

국가가 법률을 제정할 때에는 가벼운 형벌[輕刑]을 채용하는 것을 좋아하기도 하고, 무거운 형벌[重刑]을 채용하기를 좋아하기도 하여, 옛 사람들의 인식은 매우 달랐다. 『한서』 「형법지(刑法志)」 및 그와 관련된 「기(紀)」와 「전(傳)」의 내용으로부터 알 수 있듯이, 반고는 가혹한 형벌을 시행하는 것을 극력 반대하고 가벼운 형벌을 시행하는 것에 찬성했음을 알 수 있다. 그러나 또한 그는 형벌이 지나치게 가벼운 것에는 반대했으며, 사실상 형벌의 경중(輕重)이 적절해야 한다고 주장했다.

반고는 『한서』 「형법지」에서 선진(先進) 시대부터 한대(漢代)에 이르는 시기까지 시행되었던 여러 형벌들에 대해 서술하고 있다. 그는 여기에서, 서주(西周) 시대에는 묵[墨 : 다른 말로 경형(黥刑)이라고 하며, 얼굴에 글자를 새기는 형벌]·비(鼻 : 코를 베는 형벌)·궁(宮 : 생식기를 못 쓰게 만드는 형벌)·월[刖 : 다른 말로 비형(剕刑)이라고 하며, 발목을 자르는 형벌]·살[殺 : 대벽(大辟)이라고 한다.] 등 다섯 가지 형벌이 있었다고 지적했다. 전국 시대에 한(韓)나라에서는 신불해(申不害)를 임용하고, 진(秦)나라에서는 상앙(商鞅)을 등용하여 연좌법(連坐法)과 '이삼족[夷三族 : 한 사람이 특별히 중대한 범죄를 저지르면 부족(父族)·모족(母族)·처족(妻族)을 함께 주살(誅殺)하는 것]'을 실행했으며, 또한 "육형(肉刑 : 신체에 고통을 가하는 형벌-역자)과 사형의 방법을 더 추가하여, 이마에 구멍을 뚫거나[鑿顚], 겨드랑이 아래의 갈비뼈를 뽑거나[抽脅], 끓는 기름에 사람을 집어넣는[鑊亨] 형벌이 있었으니[增加肉刑·大辟, 有鑿顚·抽脅·鑊亨之刑]",

형벌이 갈수록 엄중해졌다. 진시황 때에는 감옥의 일을 맡아보는 관리[獄吏]들이 많은 권한을 갖게 되면서 형벌이 더욱 잔혹해졌다. 그리하여 "수의(囚衣)를 입은 사람들이 길을 가득 메웠고, 감옥이 저잣거리처럼 붐비자, 온 나라 사람들이 걱정하고 원망하면서, 뿔뿔이 흩어져 그에 반항했다.[赭衣塞路, 囹圄成市, 天下愁怨, 潰而叛之]"[17] 반고는 이처럼 진나라에서 시행한 가혹한 형벌에 대해 냉혹하게 폭로하고 비판했다.

한나라가 건립된 이후에는 점차 형벌이 가벼워졌다. 유방(劉邦)이 함양(咸陽)에 입성하면서 진나라의 가혹한 법을 전부 폐지하고, 백성들에게 약법삼장(約法三章)을 반포한 사실에 대해, 반고는 매우 높이 평가하면서 "모든 백성들이 크게 기뻐했다[兆民大悅]."라고 기록했다. 그러나 동시에 또한 당시에 여전히 '이삼족'이라는 가혹한 형벌이 존재했는데, 무릇 이삼족에 해당하는 자는 "먼저 얼굴에 글자를 새기고, 코를 베고, 좌우 발목을 자르고, 매를 쳐서 그를 죽였으며, 머리를 잘라 거리에 내걸었고, 그 시신은 저잣거리에서 소금에 절여 육장을 만들었다.[先黥, 劓, 斬左右止[18], 笞殺之, 梟其首, 菹其骨肉於市.]"라고 지적했다. 만약 비방하거나 매도한 자는, "또한 먼저 혀를 자른 다음[又先斷舌]" "다섯 가지 형벌을 모두 가했다[具五刑]."[19]라고 하였다. 한나라 초기에 팽월(彭越)·한신(韓信) 등도 "모두 이렇게 죽임을 당했다[皆受此誅]".

혜제(惠帝)가 즉위한 이후에는 "협서율(挾書律)을 폐지했는데[除挾書

17) 『한서』 권23 「형법지」.

18) 역자주 : 여기에서 '止'는 '趾[발]'와 같은 의미이다.

19) 『한서』 권23 「형법지」.

律]"[20], 협서율이란 진(秦)나라 때 개인적으로 책을 소장하고 있는 사람을 사형에 처하던 법률이다. 여후(呂后)는 또한 "삼족죄(三族罪)와 요언령(妖言令)을 폐지했으며[除三族罪·妖言令]"[21], 지속적으로 무거운 형벌을 폐지했다. 여후는 이삼족이라는 혹형을 폐지하겠다고 선포했지만, 사실상 집행하지 않았던 것 같다. 문제(文帝)는 즉위한 이후에 관대한 정치를 했으며, 장석지(張釋之)를 정위(廷尉)에 임명하여 가벼운 형벌로 죄인들을 다스리게 했음에도, 죄를 범한 사람들이 크게 감소하고 전국적으로도 사형을 당하는 사람이 고작 수백 명에 불과하여, 후대(後代)의 모범이 되었다. 문제는 일찍이 대신(大臣)들과 여러 차례 이삼족 등의 연좌법(連坐法)을 폐지하는 것에 대해 논의했는데, 주발(周勃)과 진평(陳平)은 동의하지 않고, 연좌법이 사람들에게 두려움을 심어 주어 감히 법을 어기지 못하게 한다고 생각했다. 그러나 문제가 연좌법 폐지의 입장을 견지했으므로, "수율(收律)[22]과 연좌법을 모두 폐지했다[盡除收律·相坐法]". 하지만 오래지 않아 신원평(新垣平 : 492~495쪽 본문 내용 참조-역자)이 문제를 속였을 때, 다시 이삼족이라는 혹형을 부활시켰다.[23] 이에 반고는 매우 개탄하면서, "문제는 인자했고, 진평과 주발은 법률에 대해 잘 알고 있었음에도, 가히 과도한 형벌과 잘못된 논설(論說)들이 이처럼 심각했거늘, 하물며 어리석고 하찮은 재주를 갖고서 말류(末流)에 탐닉하는 무리들이야 어떠했겠는

---

20) 『한서』 권2 「혜제기(惠帝紀)」.

21) 『한서』 권3 「고후기(高后紀)」.

22) 역자주 : 중죄를 지은 죄인의 가족들을 관노(官奴)로 삼도록 규정하는 등, 기본적으로 죄인의 재산을 몰수하는 것을 규정한 법률 조항을 가리킨다.

23) 『한서』 권23 「형법지」.

가?[夫以孝文之仁, 平·勃之知, 猶有過刑謬論如此甚也, 而況庸材溺於末流者乎?]"[24]라고 말하여, 진평·주발이 연좌법을 폐지하는 것에 반대하고, 문제가 이삼족이라는 혹형을 부활한 것에 대해 유감을 표시했다.

그러나 문제는 분명히 현명한 군주였으므로, 순우공(淳于公)의 딸인 제영(緹縈)이 글을 올린 이후에는 얼굴에 글씨를 새기는 경형(黥刑)과 코를 베는 의형(劓刑) 및 좌우 발목을 자르는 월형(刖刑) 등 세 가지 육형(肉刑)을 폐지했다. 그리고 승상 장창(張蒼)과 어사대부(御史大夫) 풍경(馮敬)이 건의하여, 얼굴에 글씨를 새기는 형벌은 머리털을 깎는 형벌[髡]이나 목에다 칼을 씌우는 형벌[鉗]이나 성단용(城旦舂 : 남자는 만리장성을 쌓는 노역에 복무하고, 여자는 쌀을 찧는 노역에 복무하는 것으로, 형기는 5년이었다.)으로 대체했으며, 코를 자르는 형벌은 태형(笞刑 : 대나무나 혹은 가시나무로 때리는 형벌) 300대로 대체했고, 왼쪽 다리를 자르는 형벌은 태형 500대로 대체했으며, 오른쪽 다리를 자르는 형벌 등은 사형에 처했다. 그리고 대략 같은 시기에 문제는 '궁형(宮刑)'도 폐지했다.[25] 문제가 육형을 폐지한 것은 확실히 진보적인 것이었지만, 태형 300대나 500대에 처해지면 거의 죽음에 이르렀기 때문에, 실제로는 형벌이 전혀 경감되지 않았다. 때문에 반고는 문제를 비판하여 말하기를, "겉으로는 가벼운 형벌이라는 이름을 붙였지만, 실제로는 사람을 죽였다.[外有輕刑之名, 內實殺人.]"[26]라고 했다.

앞에서 언급했던 폐단들을 본보기로 삼아 경제(景帝)가 즉위한 이후에는 두 차례 '태형을 감하는 법[減笞法]'을 반포했는데, 첫 번째 명

24) 『한서』 권23 「형법지」.
25) 『한서』 권5 「경제기(景帝紀)」.
26) 『한서』 권23 「형법지」.

령에 따라 태형 500대는 300대로, 300대는 200대로 줄었으며, 두 번째 명령에 따라 태형 300대가 200대로, 200대가 100대로 줄어들었다. 동시에 '정추령(定箠令)'[27]을 발표하여, 태형에 사용되는 매는 모두 대나무로 만들고, 길이는 5장(丈)이 되도록 하며, 형을 집행하는 사람이 손으로 잡는 부분의 두께는 1치[寸]로 하고, 죄인을 때리는 부분의 두께는 반 치로 규정하여, 실질적으로 형량이 줄어들도록 했다. 또한 태형은 오직 둔부(臀部)만을 때리도록 규정하고, 형을 집행하는 사람을 중간에 바꿀 수 없도록 했다. 그 결과 "이러한 법이 실행되면서부터 태형을 받는 자가 온전할 수 있었다[自是笞者得全]."라고 하였다. 반고는 경제가 가벼운 형벌을 시행한 것에 대해 높게 평가했으며, 동시에 또한 오른쪽 다리를 자르는 형벌 등이 사형으로 바뀜으로써 사형이 늘어났지만, 사형 이외에 모든 형벌들이 가벼워짐으로써 여전히 "백성들이 쉽게 죄를 범하는[民易犯之]"[28] 폐단이 발생했다고 생각했다.

무제 시기에는 다시 가혹한 형벌을 실행했는데, 그는 장탕(張湯)·조우(趙禹)와 같은 혹리(酷吏)들을 임용하여, "고의로 죄인을 석방했는지를 실제 확인하여 담당 부서의 책임자를 감찰하는 법을 만들고, 고의로 과중하게 처벌한 관리들에 대한 처벌을 완화했으며, 고의로 죄인을 석방한 자를 엄격히 처벌하였다.[作見知故縱·監臨部主之法, 緩深故之罪, 急縱出之誅]"[29]. 실제로 또한 '연좌법(連坐法)'을 부활하여 중형(重

27) 『한서』 권5 「경제기」.

28) 『한서』 권23 「형법지」.

29) 『한서』 권23 「형법지」.

·고의로 죄인을 석방했는지를 실제 확인하여 담당 부서의 책임자를 감찰하는 법[見知故縱·監臨部主之法] : 다른 사람이 범법 행위를 한 것을 알고도 고발하지 않았을 경우, 고의로 범죄를 묵인한 것으로 판단하며, 범인이 소속된 부서의 주

刑)을 시행하는 것을 장려했으며, 죄인에게 가벼운 형벌을 실시한 관리들에 대한 처벌을 강화했다. 무제는 또한 '궁형(宮刑)' 등도 부활시켰다.[30] 게다가 당시의 관리들 사이에서는 교묘한 술책을 사용하여 죄명을 무겁게 가중시키는 것이 성행했다. 반고는 이처럼 무제가 가혹한 형벌을 시행한 것에 대해 부정적인 태도를 취했다. 선제(宣帝) 이후에는 다시 가벼운 형벌을 집행하는 정책이 부활했다.

서한 시대에 형벌을 가볍게 하는 과정에서, 특히 노인·어린이·장애인 그리고 임산부에 대한 처벌을 가볍게 하는 데에 주의를 기울였다. 혜제(惠帝)가 즉위했을 때, 일찍이 명령을 내려 "백성들 가운데 나이가 70세 이상이거나 10세가 되지 않은 이들이 죄를 지어 형벌을 받는 자가 있으면, 신체를 온전히 보전하도록(육형을 가하지 않고, 단지 턱수염이나 머리털을 깎는 것을 말한다.) 했다.[民年七十以上若不滿十歲有罪當刑者, 皆完之.]"[31] 경제(景帝) 때에는 또한 "나이가 80세 이상 혹은 8세 이하이거나, 임신한 자가 아직 분만하지 않았거나, 장님과 난쟁이로서 심문을 받는 자에게는, 구금을 관대히 하고 차꼬나 수갑 등의 형

관(主管) 관원과 그 상급 주관 관원 및 감찰 관원도 모두 연좌(連坐)하도록 한 것이다.

·고의로 과중하게 처벌한 관리들에 대한 처벌 완화[緩深故之罪] : 법을 적용함이 지나치게 과중했거나, 지은 죄보다 무겁게 사람들을 처벌한 관리들에 대한 처벌을 완화한 것이다.

·고의로 죄인을 석방한 자의 엄격한 처벌[急縱出之誅] : 범인을 석방한 관리가 고의로 석방한 의혹이 있으면, 그 관리를 엄격하게 처벌하는 것이다.

30) 무제가 '궁형'을 부활시킨 것을 명확하게 기록한 자료는 존재하지 않는다. 그러나 이연년(李延年)·사마천(司馬遷) 등이 모두 궁형을 당했다는 사실을 통해, 무제 때 궁형이 부활되었음을 알 수 있다. 무제 이후의 궁형은 실제로 사형(死刑)을 대체하는 형벌이었는데, 이러한 점은 서한 초기의 궁형과 명확하게 구별된다.

31) 『한서』 권2 「혜제기(惠帝紀)」.

구를 채우지 말도록[年八十以上, 八歲以下, 及孕者未乳, 師[32]·朱儒當鞠繫者, 頌繫之]"[33] 규정했다. 그리고 선제(宣帝) 때에는 또한 조서를 내려, "짐(朕)이 생각하기에 무릇 60세 이상의 노인들은, 머리카락과 치아가 빠지고, 혈기가 쇠약하며, 또한 난폭하고 도리에 어긋나는 마음이 없을 것인데, 지금 노인들이 법률에 규정된 조항에 위배되어 감옥에 갇힘으로써, 제 수명을 다 살지 못하는 것을 짐은 매우 불쌍히 여기노라. 지금부터 80세 이상의 노인들이 무고(誣告)나 사람을 살상한 죄를 범한 경우가 아니면, 모두 처벌하지 않도록 하라.[朕念夫耆老之人, 髮齒墮落, 血氣衰微, 亦無暴逆之心, 今或罹於文法, 執於囹圄, 不得終其年命, 朕甚憐之. 自今以來, 諸年八十非誣告殺傷人, 它皆勿坐.]"[34]라고 했다. 성제(成帝) 때에는 또 "만 7세가 되지 않은 자가 심하게 싸워 사람을 죽였거나 거의 죽게 한 자는, 정위(廷尉)가 들어 보도록 요청하여, 사형을 감해 주도록[年未滿七歲, 賊鬪殺人及犯殊死者, 上請廷尉以聞, 得減死]"[35] 규정했다. 이러한 규정들은 형벌을 집행하는 과정에서도 인도주의(人道主義) 정신을 구현한 것으로서, 후세의 여러 왕조들도 이러한 점들을 계승했다. 반고는 이러한 규정들에 대해서 매우 높게 평가했으며, "죄를 용서받을 수 있는 세 부류의 사람[三赦][36]에 해당하는 어린이·노인·

32) 악사(樂師) 중 두 눈이 먼 사람, 즉 장님을 가리킨다.

33) 『한서』 권23 「형법지」.

34) 『한서』 권8 「선제기(宣帝紀)」.

35) 『한서』 권23 「형법지」.

36) 『주관(周官)』에 기록하기를, "'죄를 용서받을 수 있는 세 부류의 사람[三赦]'이란, 첫째는 어리고 약한 자(만 7세 미만인 자를 가리킴), 둘째는 늙은이(80세 이상인 자를 가리킴), 셋째는 어리석은 자(태어나면서부터 지능이 낮아 세상물정을 잘 모르는 사람)를 가리킨다[三赦, 一曰幼弱, 二曰老耄, 三曰蠢愚]."라고 하였다.

정신지체장애인[合於三赦幼弱老眊之人]"들의 죄를 묻지 않도록 한 것은 "멀지 않은 과거에 백성들을 편하게 했던 것이다[近古而便民者也]."[37]라고 했다.

이상의 내용에서 알 수 있듯이, 반고는 가혹한 형벌을 집행하는 것에 반대하고, 가벼운 형벌을 시행하는 것을 찬성하면서 높게 평가했다. 그는 진시황과 한나라 무제가 가혹한 형벌을 시행한 것에 대해 긍정적으로 평가하지 않았다. 그리고 문제(文帝)가 육형(肉刑)을 폐지했지만 형벌이 여전히 매우 무거웠던 것에 대해서도 불만스러워 했다. 그는 말하기를, "육형을 폐지한 것은 본래 백성을 온전하게 하려는 것이었는데, 지금 머리털을 깎고 목에 항쇄(項鎖)를 씌우는 것 등으로 형벌을 한 등급 낮추었다가, 다시 바뀌어 사형에 포함되었다.[38] 이는 죽음으로 백성들을 속인 것이며, 백성들에게 은혜를 베풀려던 본래의 의도를 상실하였다.[除肉刑者, 本欲以全民也, 今去髡鉗一等, 轉而入於大辟. 以死罔民, 失本惠矣.]"라고 했다. 때문에 문제 때에도 "사형을 당한 자가 해마다 만 명을 헤아리게[死者歲以萬數]" 되었는데, 이는 "형벌이 무거웠기 때문이었다[刑重之所致也]."[39]

반고는 가벼운 형벌을 집행하는 것에 대해서는 찬성했지만, 지나치게 가벼운 형벌을 집행하는 것에는 반대했다. 그는, 서한 시기의 형벌들 가운데 사형은 엄중했지만, 사형 이외의 형벌들은 가벼웠다고 생

37) 『한서』 권23 「형법지」.

38) 오른쪽 발목을 잘리게 된 자·살인을 하고 먼저 스스로 자백한 자·관리의 신분으로 뇌물을 받고 법 집행을 왜곡한 자·현(縣)의 재물을 관리하면서 이를 훔친 자·이미 죄가 정해졌지만[定罪] 다시 태형(笞刑) 이상의 죄를 받게 된 자는 모두 사형에 처하도록 고쳤고, 또 태형을 선고받고 많은 사람들이 매를 맞아 죽었다.

39) 『한서』 권23 「형법지」.

각했는데, "벽을 뚫거나 담을 넘어 도둑질하거나, 화를 참지 못하여 사람을 해치거나, 남녀가 음탕하게 놀아나거나, 관리가 횡령을 저지르는[至乎穿窬之盜, 忿怒傷人, 男女淫佚, 吏爲奸臧]" 등의 범죄에 대해서는, 고작 "머리털을 깎고 목에 항쇄를 씌우는 벌[髡鉗之罰]"에 의지했으므로 "충분한 징벌이 되지 못했다[不足以懲也]."라고 생각했다. "그러므로 형벌을 받은 자가 해마다 10만 명을 헤아렸지만, 백성들은 이미 두려워하지 않았고, 또한 형벌을 받는 것을 부끄러워하지도 않았으니, 형벌이 가볍기 때문에 발생한 현상이다.[故刑者歲十萬數, 民旣不畏, 又曾不恥, 刑輕之所生也.]"[40]라고 생각했다. 그는 『순자(荀子)』의 말을 인용하여, "고대의 태평하던 시대에는 육형(肉刑)이 없었고, 상형(象刑)인 묵경(墨黥) 같은 것들이 있었으며, 비리(菲履)를 착용하게 하고 자의(赭衣)를 입혀 묶어 두지 않은 것[以爲治古者無肉刑, 有象刑墨黥之屬, 菲履赭衣而不純]"[41] 등은 정상적인 것이 아니라고 했다. 그래서 그는, "형벌 제정의 근본은, 장차 포악해지는 것을 금하고, 또한 그러한 일을 하지 말도록 응징하는 것이다. 남을 죽인 자가 죽임을 당하지 않고, 남을 해친 자가 형벌을 받지 않는 것은, 포악한 자에게 은혜를 베푸는 것이며, 악한 자에게 관대한 것[制刑之本, 將以禁暴惡, 且懲其未也. 殺人者不死, 傷人者不刑, 是惠暴而寬惡也]"[42]이니, 취할 바가 아니라고 생각

40) 『한서』 권23 「형법지」.

41) 상형(象刑) : 상징성 있는 형벌로, 다음과 같은 것들이 있었다. 묵경(墨黥) : 먹으로 얼굴을 칠하여 경형(黥刑)을 대신하게 하는 것. 비리(菲履) : 마로 만든 신발을 신겨서 형벌을 받은 것을 나타내게 하는 것. 자의(赭衣) : 옷깃이 없는 갈색 옷. "赭衣而不純" : 옷깃이 없는 갈색 옷을 입혀서 사형 집행을 대신하게 한 것을 가리킨다.

42) 『한서』 권23 「형법지」.

했다. 그는 주장하기를, 형벌의 경중은 시대의 상황에 따라 변화하면서 조정되기 마련이며, 전설의 요순(堯舜) 시대에는 "상형(象刑)"을 시행했지만, "우(禹)임금이 요·순의 뒤를 계승한 다음부터 덕(德)이 쇠하여 육형을 제정[禹承堯舜之後, 自以德衰而制肉刑]"[43]했는데, 이는 시대의 변화에 따른 산물이라고 했다. 그리고 "한나라가 쇠퇴한 주(周)나라와 포악한 진(秦)나라의 극단적인 폐단을 계승[漢承衰周暴秦極弊]"한 것도, 또한 형세의 변화에 따라 경중이 적절한 형벌을 제정하려는 것이었다고 여겼다. 그는 서주(西周) 시기의 "새로 건립된 방국(邦國)에서 형벌할 때는 형의 강도가 가벼운 법률[輕典]을 사용하고[刑新邦用輕典]", "평화로운 방국을 형벌할 때는 형의 강도가 중간 정도인 법률[中典]을 사용하며[刑平邦用中典]", "어지러운 방국을 형벌할 때는 형의 강도가 무거운 법률[重典]을 사용[刑亂邦用重典]"[44]한 정책을 매우 높게 평가하면서, 이러한 정신에 따라 형벌 제도를 개혁해 가야 한다고 주장했다. 이를 통해 알 수 있는 것은, 반고의 형벌 사상은 가벼운 형벌을 기초로 하면서, 비교적 적합하고 실제적이며 경중이 적절한 형벌 제도를 실행하는 데에 기울어져 있었다는 점이다. 이는 반고가 역사상 존재했던 각종 형벌 제도들의 교훈을 통해 얻어 낸 결론으로서, 틀림없이 정확한 것이었다.

43) 『한서』 권23 「형법지」.
44) 『한서』 권23 「형법지」.

3. 법률 조문의 복잡함과 간결함은 적절하도록 힘써야 한다.

나라에서 법률을 정할 때, 형벌의 경중(輕重) 이외에도 법률 조문(條文)의 복잡함과 간결함에도 주의를 기울여야 한다. 법률 조문이 복잡한 것이 좋은가, 아니면 간결한 것이 좋은가? 이 문제에 대해서는 옛 사람들의 생각이 완전히 일치하지는 않았다. 반고는 법률 조문이 복잡한 것도 반대했지만, 또한 지나치게 간결한 것도 반대하면서, 시대 형세에 따라, 형세 발전의 필요에 걸맞고 복잡함과 간결함이 적당한 법률을 제정해야 한다고 주장했다.

"옛날 주나라의 법은, 세 종류의 법률을 만들어서 방국(邦國)들의 죄를 다스렸는데[昔周之法, 建三典以刑邦國]", "얼굴에 글자를 새기는 형벌인 묵형(墨刑)을 가하는 죄가 5백 가지, 코를 베는 형벌인 의형(劓刑)을 가하는 죄가 5백 가지, 생식기를 제거하는 형벌인 궁형(宮刑)을 가하는 죄가 5백 가지, 발목을 자르는 형벌인 월형(刖刑)을 가하는 죄가 5백 가지, 사형으로 처벌하는 죄가 5백 가지였다.[墨罪五百, 劓刑五百, 宮罪五百, 刖罪五百, 殺罪五百.]" 주나라 목왕(穆王) 때는 사회가 점차 쇠락해 가고, 각종 모순들이 심화되자, 주나라 목왕은 보후[甫侯 : 여후(呂侯)라고도 함]에게 "시대에 맞는 형벌을 제정[度時作刑]"하도록 명령하여, "얼굴에 글자를 새겨 처벌하는 죄 1천 가지, 코를 자르는 처벌을 가하는 죄 1천 가지, 발목을 자르는 처벌을 가하는 죄 5백 가지, 생식기를 제거하여 처벌하는 죄 3백 가지, 사형으로 처벌하는 죄 2백 가지[墨罰之屬千, 劓罰之屬千, 髕罰之屬五百, 宮罰之屬三百, 大辟之罰其屬二百]",

즉 “다섯 가지 형벌을 가하는 죄가 3천 가지[五刑之屬三千]”[45]인 법률을 제정했는데, 이를 ‘여형(呂刑)’이라고 한다. 반고는, 이것이 시대 상황의 발전과 변화의 필요에 따라 제정한 비교적 적합하고 실제적인 법률이라고 생각했다.

진(秦)나라는 가혹한 법을 시행했으며, 법률 조문도 점차 복잡해졌다. 한나라 고조(高祖)는 함양(咸陽)을 점령하자, “번거롭고 까다로운 법률 조문을 간략하게 줄였으며[蠲削煩苛]”[46], “민심에 따라 3장(章)의 간략한 법을 만들어[順民心作三章之約]”[47], “사람을 죽인 자는 사형에 처하고, 사람에게 상해(傷害)를 가하거나 도둑질을 한 자는 처벌했다.[殺人者死, 傷人及盜抵罪.]” 반고는 고조가 이처럼 법률을 간략하게 줄이자, “많은 백성들이 크게 기뻐했다[兆民大悅].”라고 지적했다. 동시에 그는 또한 “이후 주변의 이민족들이 복속하지 않고, 전란이 끊이지 않자, 3장의 법은 간악한 자들을 다스리기에 부족했다.[其後四夷未附, 兵革未息, 三章之法不足以御姦.]”라고 지적했다. 즉 법률이 지나치게 간략해졌다고 생각했다. 그리하여 소하(蕭何)는 다시 “법률을 9장(章)으로 만들어[作律九章]”[48], 서한 초기 사회 변화의 필요에 걸맞게 했는데, 반고는 이를 매우 높이 평가했다.

한나라 무제 시기에 이르러, “법률 조문이 점점 세밀해져서[禁罔寖密]” 법령(法令)이 무려 359장(章)에 달했는데, 이 중에 대벽(大辟 : 사형)을 규정한 조문만도 409조(條) 1882관(款 : 항목-역자)이나 되었으며, 법

45) 『한서』 권23 「형법지」.
46) 『한서』 권23 「형법지」.
47) 『한서』 권1 「고제기(高帝紀)」.
48) 『한서』 권23 「형법지」.

률 조항을 억지로 적용할 수 있는 것과 더불어 황제가 최종적으로 비준하여 법률의 효력을 갖는 사형 조항들도 또한 1만 3472항목이 있었다. 반고는, 이처럼 법률이 지나치게 번거롭고 복잡해지자, 법률 조문을 기록한 문서가 몇 개의 방을 가득 채우게 되어, 형벌을 담당하는 관리가 법률 조문을 다 읽어 볼 수도 없는 폐단이 발생했다고 여겼다. 형벌을 담당하는 관리가 법률 조문을 파악하기 어려웠으므로, 판결도 정확할 수 없었다. 또 법률 조문이 지나치게 상세했기 때문에, 동일한 범죄에 대해 어떤 때는 이 조항을 적용하기도 하고 어떤 때는 다른 조항을 적용하기도 하여, 집행이 중구난방이 되자, 범죄는 같은데 판결은 다른 기인한 현상이 나타났다. 더욱 심각했던 것은, 일부 교활한 관리들이 법률 조문의 이와 같은 폐단을 이용하여 중간에서 농간을 부렸는데, 범인을 비호하려고 하면 일부러 가벼운 판결을 내리는 조문을 인용하고, 보복을 하고 싶은 범인에게는 일부러 무거운 처벌을 내리는 조문을 인용했으므로, 무수히 많은 잘못된 판결들이 내려졌다. "죄는 같은데 형벌이 달랐으니 곧 백성들은 혼란스러웠으며[罪鈞刑殊則百姓惑]"[49], 이렇게 범죄는 서로 같지만 처해지는 형벌이 달랐으므로, 사회에 대단히 큰 혼란을 조성했다.

무제 이후에 일부 관리들이 법률 조문이 지나치게 번잡한 폐단을 의식하기 시작했는데, 선제(宣帝) 때 정창(鄭昌)은 상소를 올려 거듭 "율령(律令)을 줄이고 고칠 것[刪定律令]"을 요청했다. 그러나 선제는 "수정하지 않았는데[未及修正]", 이에 대해 반고는 매우 유감스럽게 생각했다. 이후 원제(元帝)는 율령을 줄이고 정리하겠다고 했지만, 사실

49) 『한서』 권79 「풍봉세전(馮奉世傳)」.

상 율령은 줄어들지 않고 오히려 증가했다. 성제(成帝) 시기에는 사형에 해당하는 죄가 1000여 조(條)나 증가하여, "율령이 지나치게 많아 백만 자(字)가 넘었다.[律令煩多, 百有餘萬言.]"[50] 성제도 일찍이 명령을 내려 율령을 줄이도록 했다. 그런데 반고가 생각하기에는, 당시의 관리들이 능력이 부족했을 뿐만 아니라 황제의 의도를 제대로 이해하지 못해, 단지 "지나치게 미세한 것들을 자세히 조사하여, 털끝만한 작은 죄까지 들추어 내어 사사건건 일일이 처벌함[鉤摭微細, 毛擧數事]"으로써 사안에 대처했다고 여겼다. 당시 번잡한 법률 조문들을 오랫동안 고치지 못하여, 줄곧 동한(東漢) 시기까지 이어졌다. 당시 어떤 사람들은 "법은 여러 번 바꾸기가 어렵다[法難數變]"[51]는 것을 핑계로 다시 법률을 개정하는 데 반대했다. 반고는 생각하기를, 그것은 어리석고 진부한 견해이며, "나라를 다스리는 법도[治道]를 현혹시키고 막히게 하니, 현명한 성인(聖人)들께서 항상 근심하였던 바이다.[疑塞治道, 聖智之所常患者也.]"[52]라고 여겼다.

이상의 내용을 통해 알 수 있듯이, 반고는 법률 조문이 지나치게 복잡하고 세밀한 것에 대해서는 반대했는데, 법률이 복잡하고 세밀해지면 옥리(獄吏)들이 모두 파악하기 어려우므로, 공정하게 법을 집행하기 어렵다고 생각했다. 동시에 그는 또한 법률이 지나치게 간략한 것에도 반대했는데, 한나라 초기에 존재했던 '약법삼장(約法三章)'이 마치 "그물이 배를 삼킬 만큼 큰 물고기를 빠트리는 것[網漏呑舟之

50) 『한서』 권23 「형법지」.
51) 『한서』 권23 「형법지」.
52) 『한서』 권23 「형법지」.

魚]"[53] 같아서, 간악하고 도적질을 일삼는 사람들을 처벌하기에 적합하지 못했다고 생각했다. 실제로 그는 간략한 법률을 기초로 하여, 정세의 발전에 따른 요구에 적합하면서도 복잡함과 간략함이 적당한 법률을 제정해야 한다고 주장했다. 그는 서주(西周) 시대에 제정된 '여형(呂刑)'이 바로 복잡함과 간략함이 적절한 법률이라고 생각했다. 그리하여 '여형'을 본받아 "율령을 줄이고 정리하여, 2백 가지 조목만을 규정하여 사형을 허락해야 한다. 그 나머지 범죄는 그 다음 형벌로 처벌하여 옛날처럼 살려 두어야 마땅하다.[刪定律令, 簒二百章, 以應大辟. 其餘罪次, 於古當生.]"라고 주장했다. 그리하여 지금 사형을 받을 죄를 지은 자는, 재물이나 돈을 내고 속죄하여 육형(肉刑)으로 낮출 수 있도록 해야 하며, "사람을 해치거나 도둑질을 한 것, 관리가 뇌물을 받고 법 집행을 왜곡한 것, 남녀가 음란한 행위를 한 것은 모두 옛날의 형벌을 부활시켜, 3천 가지 조목을 갖추어야 한다.[及傷人與盜, 吏受賕枉法, 男女淫亂, 皆復古刑, 爲三千章.]"라고 주장했다. 비방하여 인격을 모독하고, 법조문을 왜곡하여 부정을 저지르고 사람을 범죄에 빠뜨리는 등의 미세한 법에 대해서는 전부 폐지해야 한다고 주장했다.[54] 반고가 이와 같이 3천 조(條) 정도로 법조문을 제정해야 한다고 주장한 법률 사상은 후세에 상당한 영향을 미쳤다.

53) 『한서』 권23 「형법지」.
54) 『한서』 권23 「형법지」.

4. 법률 집행은 공정해야 한다고 주장하고, 법률이 정한 것 이외의 형벌 사용을 반대하다.

법률이 제정된 다음에는, 단지 법률에 따라 엄격하게 처리해야만 비로소 좋은 효과를 거둔다. 만약 그러지 않고, 법률이 설령 잘 제정되었더라도, 집행하지 않으면, 단지 한 장의 유명무실한 규정을 적은 종이에 지나지 않아, 좋은 사회적 효과를 거두기 어렵다. 반고는 이러한 사실에 대해 분명히 인식하고 있었기에, 법률 집행이 공정할 것을 주장했고, 법률에서 정한 것 이외의 형벌을 사용하는 것에 반대했다.

반고는 형법의 변천 과정에 대해 기술한 기초 위에서, 또한 한 걸음 더 나아가, 여러 가지 "근본을 철저하게 바로잡는[正本淸源]" 작업을 하려고 했으며, 형법이 불공정하다는 것은 봉건 정치 전반에 관계된 엄중한 문제라고 강조했다. 반고의 의론(議論)은 진지하고 정확했으며, 글의 분량도 「형법지(刑法志)」 전체의 3분의 1을 차지하고 있다. 이것은 『한서』에서도 매우 독특한 것일 뿐 아니라, 또한 『사기(史記)』 이후에 저술된 '정사(正史)'들에서도 보기 드문 것이다. 이처럼 일반적인 관행을 뛰어넘는 서술 방식은 다음과 같은 사실을 말해 준다. 즉 반고는 단지 역사를 서술하는 데에만 그친 것이 아니고, 온 나라 민중들의 생명과 관계된 한 가지 중대한 문제를 다루고 있다는 것이다. 즉 그는 백성의 운명에 대한 관심에서 출발했으므로, 이렇게 직접적으로 장편의 의론을 발표하지 않을 수 없었다는 것이다.

반고는 직언하는 것을 꺼리지 않아, 『한서』에서 한나라 때 법률 집행이 불공정하여 많은 이들이 억울한 누명을 쓰게 되었으므로, 이러한 관행을 바꾸지 않으면 안 될 정도에 이르렀다는 사실을 폭로했다. 그는 서한 건국부터 동한 초기까지 200여 년 동안, 기록이 있어 조사가 가능한 소제(昭帝)·선제(宣帝)·원제(元帝)·성제(成帝)·애제(哀帝)·평제(平帝) 등 6대에는 평균적으로 매년 판결을 받아 사형에 처해진 사람들의 수가 전체 인구의 1천 분의 1에 달했으며, 기타 각종 형벌을 판결 받아 처벌된 사람들은 사형을 당한 사람 수의 세 배에 달하여, 전체 인구의 1천 분의 3 이상에 이르렀다고 지적했다. 동한 초기에 이르기까지 매년 사형을 판결 받아 처형된 사람들의 수는 여전히 만 명 가량이나 되었으며, 전국에 있는 감옥의 수도 2천여 곳에 달했다. 그 감옥에서 죽음을 맞이한 사람들이 매우 많아 서로 베개를 삼을 수 있을 정도였다고 하니, 그 숫자를 헤아릴 수 없었다. 이러한 상황에서 성제 본인조차도 "형벌이 공정하지 못하여, 많은 사람들이 억울하게 직책을 잃었으며, 궁궐에 찾아와 하소연하는 사람들이 끊이지 않았다.[刑罰不中, 衆冤失職, 趨闕告訴者不絕.]"[55]라고 인정했다.

어찌하여 이처럼 많은 사람들이 억울하게 감옥에 가고 처벌을 받게 되었을까? 반고는 이러한 현상의 주요 원인이 당시 존재하던 '오질(五疾)', 즉 다섯 가지 폐단 때문이라고 생각하여 다음과 같이 말했다. "원래 형벌이 이처럼 많았던 까닭은 예교(禮敎)가 바로 서지 못하고, 형법이 명확하지 않으며, 백성들 대부분이 빈곤하고, 호걸들은 개인의 이익을 추구하는 데만 힘썼으며, 간악한 짓을 해도 잡히지 않고, 재판이 공평하지 못하여 그리되었다. 『상서(尚書)』에서, '백이(伯夷)는 예전[典]을 내려, 백성들이 형벌을 받는 것을 끊었다.'라고 했는데,

55) 『한서』 권10 「성제기(成帝紀)」.

이는 예(禮)를 제정함으로써 형벌을 쓰지 않게 되었다는 것을 말하는 것이니, 마치 제방을 쌓아 물이 넘치는 것을 막는 것과 같다. 지금 제방은 곳곳에서 흘러 넘치고, 예제(禮制)는 아직 확립되지 않았으며, 사형(死刑)은 지나치게 많이 제정되고, 생형(生刑 : 사형을 제외하고, 살려 두고서 처벌하는 형벌-역자)은 쉽게 저촉되고 있다. 굶주림과 추위가 극심하여, 궁핍하고 비천한 이들이 넘쳐나고, 호걸들은 제멋대로 날뛰면서, 자신들의 이익을 챙기기 위해 간악하게 숨기고 감추니, 곧 사람들이 죄를 짓는 데 익숙해지고 광범위해졌는데, 이것이 형벌이 그처럼 많아진 까닭이다. 공자께서 말씀하시기를 '옛날의 법을 잘 아는 사람은 능히 형벌을 줄일 줄 알았는데, 이것이 근본[本]이다. 지금의 법을 잘 아는 사람은 죄가 있는 이를 놓치지 않는데, 이것은 말단[末]이다.'라고 하셨다. 또한 말씀하시기를 '지금 재판하는 이들은 죄인을 죽이려고 하지만, 옛날에 재판하던 이들은 죄인을 살리려고 했다.'라고 하셨다. 무고한 사람을 죽이는 것보다는 차라리 죄가 있는 자를 놓치는 편을 택했다. 지금의 옥리(獄吏)들은 상하가 모두 서로 부추기면서, 가혹하게 다스리는 것을 현명한 것으로 여기니, 매우 가혹한 자는 공명(功名)을 얻고, 공평한 재판을 하는 관리들은 후에 재앙을 당한다. 속담에 이르기를, '관(棺)을 판매하는 사람은 해마다 역병이 유행하기를 바란다.'라고 했다. 사람들이 미워서 죽기를 바라는 것이 아니라, 사람들이 죽어야 돈을 벌기 때문이다. 지금의 형벌을 담당하는 관리들은 다른 이들을 함정에 빠트리고 해를 입게 하니, 마치 관을 파는 사람과 비슷하다. 무릇 이 다섯 가지 병폐가, 형벌이 매우 많아진 까닭이다.[原獄刑所以蕃若此者, 禮教不立, 刑法不明, 民多貧窮, 豪桀

務私, 奸不輒得, 獄犴不平之所致也. 『書』云'伯夷降典, 折民惟刑', 言制禮以止刑, 猶堤之防溢水也. 今堤防凌遲, 禮制未立, 死刑過制, 生刑易犯, 饑寒并至, 窮斯濫溢, 豪桀擅私, 爲之囊橐, 奸有所隱, 則狃而浸廣, 此刑之所以蕃也. 孔子曰'古之知法者能省刑, 本也, 今之知法者不失有罪, 末矣.' 又曰'今之聽獄者, 求所以殺之, 古之聽獄者, 求所以生之.' 與其殺不辜, 寧失有罪. 今之獄吏, 上下相驅, 以刻爲明, 深者獲功名, 平者多後患. 諺曰, '鬻棺者欲歲之疫.' 非憎人欲殺之, 利在於人死也. 今治獄吏欲陷害人, 亦猶此矣. 凡此五疾, 獄刑所以尤多者也.]"[56]

반고는 당시 누명을 쓰거나 공정하지 못한 판결로 감옥에 가는 사람들이 많아진 것은, 예의 교육이 바로 서지 못하고, 형법이 명확하지 않으며, 백성들 대부분이 가난하고, 횡포한 권세가들은 개인의 이익을 챙기는 데에만 힘쓰며, 재판이 공평하지 못한 '다섯 가지 병폐[五疾]' 때문에 발생한 현상이라고 생각했다. 예의 제도가 확립되지 못하고, 법이 이러한 근본 문제의 교화를 중시하지 않아, 미리 방지하지 못하자, 사형을 판결 받아 처형된 사람들이 매우 많아졌으며, 다른 형벌을 판결 받아 처벌된 사람들도 넘쳐났다는 것이다. 또 백성들이 빈곤하여 살아갈 길이 막막해지자, 막다른 처지에 몰려 범죄를 저지르게 되었으며, 횡포한 권세가들은 세력에 의지하여 은밀하게 행동하면서, 범죄를 비호하고 종용했다는 것이다. 그리하여 범죄 사건들이 제때 드러나지 않으니, 범죄에 말려드는 사람들은 더욱 많아졌다고 했다. 이러한 '다섯 가지 병폐'들 중에 그 폐해가 가장 큰 문제는, 범죄를 다스리는 풍조가 크게 나빠져, 중죄(重罪)를 선고하고 많은 판결을 내리는 옥리(獄吏)들을 유능함의 기준으로 삼게 되자, 옥리

56) 『한서』 권23 「형법지」.

들은 위아래 가릴 것 없이 서로 부추기면서 무고한 사람들에게 해를 끼치게 되니, 공평하게 법을 집행하는 사람들이 오히려 해를 입게 되었다고 했다. 그는 속담을 인용하여 말하기를, '관(棺)을 파는 자가 역병이 유행하기를 기대하는 것은, 결코 주변 사람들에게 원한이 있어서가 아니라, 사람이 많이 죽을수록 더 많은 돈을 벌기 때문이다. 그 당시의 옥리들이 또한 무고한 사람들에게 죄를 씌우거나 사형이나 중형(重刑)을 판결하여 공명(功名)을 획득한 것도 이치는 같은 것이다. 그것이 바로 억울한 형벌이 널리 퍼진 원인'이라고 했다.

반고는 동한 시기의 형벌이 서한 후기에 비해서 크게 개선되었음을 인정했지만, 그는 여전히 현실을 회피하거나 미화하지 않고 '다섯 가지 병폐'가 완전히 사라지지 않았으며, 죄인에게 형벌을 내리는 것 또한 여전히 바로잡히지 않았음을 엄숙하게 지적했다. 그는, 역대의 훌륭한 임금과 신하들은 거듭 복잡하고 가혹한 형벌을 줄이고, 가벼운 형벌로 처벌하여, '백성들을 편안하게[便民]' 하라는 주장을 제시했으며, 당연히 실행했으리라고 생각했다. 그래서 그는 원제(元帝)가 조령(詔令)을 내려 말하기를, "법령이라는 것은 난폭한 이들을 억압하고 약한 이들을 돕는 것이기 때문에, 그것을 어기기는 어렵고 피하기는 쉽도록 해야 한다.[法令者, 所以抑暴扶弱, 欲其難犯而易避也.]"라고 한 것을 긍정적으로 평가했다. 신하들에게 형벌을 줄임으로써 "백성들을 편안하게 하도록[便安百姓]" 요구했다. 성제(成帝)는 조서에서, '법률이 매우 많아 백만 자(字)에 달하고, 또한 부가(附加) 조항들도 있어, 법을 다루는 관리들조차 모두 알 수 없는데, 도대체 어찌 백성들이 이해하고 처리할 수 있기를 바라겠는가!'라고 했다. 그래서 그는 신하들에게 사형에 해당하는 죄를 줄이고, 법률을 간략하게 할 것을 요구했다. 반고는 선제(宣帝) 때에 활동했던 두 사람의 주장을 매우 높게 평가했다. 한 사람은 정사[廷史 : 정위(廷尉)에 소속된 관직명-역자] 노온서(路溫舒)인데, 그는 상소를 통해 진(秦)나라를 멸망에 이르게 한 열 가지 폐정(廢政)들 가운데, 옥리들이 백성들에게 해를 끼치는 것이 지금까지 사라지지 않고 있다고 통렬하게 진술했다. 또 다른 사람은 탁군태수(涿郡太守)이던 곽창(郭昌)인데, 그는 상소를 통해서 법률을 줄이고 정리해야 하며, 또한 이를 반포하여 백성들이 법을 알고 어기지 않도록 해야 한다고 주장했다. 반고가 위에서 말한 일련의 억울한 판결들에 대한 문제는, 실제로는 주로 법 집행에서의 불공정에 대한 문제였다.

반고는 법 집행이 공정하지 못했던 것은, 법률 제정의 잘잘못 및 당시 추진되던 정책과 관련이 있다고 생각했다. 법률의 제정이 지나치게 복잡하거나 혹은 지나치게 간략하면, 어떤 경우든지 공정성을 확보하기가 어렵다는 것은 이미 위에서 서술했다. 당시 추진하던 정책의 잘잘못도 또한 법 집행의 공정함에 영향을 미쳤다. 반고는 지적하기를, 무제 시기에 "고의로 과중하게 처벌한 관리들에 대한 처벌은 완화하고, 고의로 죄인을 석방한 자는 엄격하게 처벌하여[緩深故之罪, 急縱出之誅]", 법을 과중하게 집행하거나 고의로 무죄인 사람을 유죄로 판결한 관리들에 대해 관대함을 베풀었으나, 범인을 석방하고 가벼운 처벌을 내린 관리들에 대해서는 곧 고의로 석방했다고 의심하여 더욱 엄중하게 처벌했다. 그리하여 무거운 형벌을 내리고 많은 죄를 판결한 것이 옥리들의 능력을 판단하는 기준이 되었으며, 공평하게 법을 집행하는 관리들은 도리어 화를 입게 되었다. 이와 같이 되자, 법 집행이 공평할 수 없었다.

비록 이와 같았지만, 반고는 여전히 법 집행이 공평할 수 있느냐 없느냐의 관건은 사람의 문제이므로, 동일한 법률과 동일한 정책이 시행되는 조건하에서도, 어떤 사람의 법 집행은 공평하지만 어떤 사람의 법 집행은 불공평한데, 이는 완전히 그 사람의 자질이 결정적인 요소이기 때문이라고 생각했다.

사람이라는 요소들 가운데, 고대 사회에서 가장 영향력이 컸던 것은 역시 황제였다. 황제는 최고의 권력을 갖고 있었으니, 법률이 제정된 다음에도 황제는 법률에 따라 일을 처리할 수도 있었고 그러지 않을 수도 있었으며, 혹은 자신의 마음대로 법을 폐기해 버리고, 법에 규정되지 않는 형벌을 적용하기도 했기 때문에, 황제는 법 집행이 공평할 수 있는가 없는가에 대한 가장 중요한 존재였다. 반고는 황제도 마땅히 법률에 따라 사건을 처리해야 하며, 법에 규정되지 않은 형구를 사용해서는 안 된다고 생각했다. 그는 문제(文帝)가 "이삼족(夷三族 : 610쪽 참조-역자)" 법률을 폐지한 후에도 죄인의 삼족을 처벌한 것에 대해 유감을 표시했지만, 무제가 사사로운 정에 얽매이지 않고, 법률의 규정에 따라 눈물을 머금고 자신의 친여동생의 아들(자신의 사위)[57]을 사형에 처한 것에 대해서는 매우 높게 평가했다. 그는 황제가 이처럼 앞장서서 법을 집행해야, 법 집행이 공평해질 수 있다고 생각했다.

반고는 또한 법을 집행하는 관리들의 선발과 임용에 대해서도 깊은 관심을 나타냈다. 법을 집행하는 관리들은 사실상 법률의 화신(化

57) 역자주 : 융려(隆慮)공주의 아들 소평군(昭平君)을 가리킨다.

身)이기 때문에, 이들을 잘 선발해야 곧 법 집행을 공정하게 할 수 있으며, 그러지 못하면 곧 법 집행을 공정하게 할 수 없다고 생각했다. 따라서 그는 「순리전(循吏傳)」과 「혹리전(酷吏傳)」 등에서 이처럼 성실하게 법을 집행하고 정치를 청렴하게 한 관리들에 대해서는 표창했지만, 반대로 불법을 저지른 혹리들에 대해서는 냉정한 비판을 가했다.

장석지(張釋之)가 정위(廷尉)로 있을 때, 문제(文帝)는 황제가 출행할 때 탄 말을 놀라게 한 사람과 종묘(宗廟)의 기물을 훔친 사람들을 엄중하게 처벌하도록 요구했지만, 장석지는 법률에 의거하여 공정한 재판을 받도록 힘썼다. 우정국(于定國)은 정위에 임명되어, "진상을 알 수 없는 사건을 판결할 때에는 법을 공정하게 집행했으며, 딱한 홀아비와 과부들에 대해 힘썼고, 죄에 의혹이 있을 경우에는 가벼운 형벌을 내려[決疑平法, 務在哀鰥寡, 罪疑從輕]", 또한 사람들로부터 칭송을 받았다. 당시 사람들이 말하기를, "장석지가 정위로 있을 때에는 천하에 억울한 백성이 없었으며, 우정국이 정위로 있을 때에는 백성들이 스스로 억울해 하지 않았다.[張釋之爲廷尉, 天下無冤民, 于定國爲廷尉, 民自以不冤.]"[58]라고 했다. 그러나 두주(杜周)는 정위가 되자 황제의 눈치를 살피면서 일을 처리했는데, 황제가 좋아하지 않는 사람일 때에는 온갖 방법으로 죄명을 꾸며 내어 모함하고, 황제가 풀어 주기를 원하는 범인일 때에는 갖가지 방법으로 무죄임을 증명했다. 어떤 사람이 두주에게, "군(君 : 높은 관직에 있는 사람을 일컫는 존칭-역자)께서는 천하의 판결을 하면서, 법률[三尺法][59]에 따라 사건을 처리하지

58) 『한서』 권71 「우정국전(于定國傳)」.

59) 역자주 : 한대(漢代)에는 법률을 기록한 죽간의 길이가 3척(尺)이었던 관계로, 법률을 삼척법(三尺法)이라고 불렀다.

않고, 오로지 임금의 뜻에 따라 판결을 하는데, 재판이라는 것이 본래 그와 같은 것입니까?[君爲天下決平, 不循三尺法, 專以人主意指爲獄, 獄者固如是乎?]"라고 묻자, 그가 대답하기를 "법률이 어디에서 나왔습니까? 전에 임금이 밝혀 표명한 것이 율(律)이고, 후에 임금이 조목을 나눈 것이 영(令)이 되었으니, 그 시대에 맞으면 되는 것이지, 어찌 옛날부터 똑같이 적용되는 법이 있단 말입니까![三尺安出哉? 前主所是著爲律, 後主所是疏爲令, 當時爲是, 何古之法乎!]"[60]라고 했다. 이 말은, 법률이라는 것이 모두 황제가 제정하여 나온 것이므로, 마땅히 황제의 뜻에 따라 일을 처리해야 한다는 의미이다. 혹리였던 영성(寧成)은 매우 잔인하고 포악하여 당시 사람들이 그를 두려워하며 말하기를, "차라리 젖먹이 새끼가 있는 호랑이[61]를 만날지언정, 영성의 노여움을 사지 마라.[寧見乳虎, 無直寧成之怒.]"[62]라고 했다. 선제(宣帝) 때에 정사인 노온서가 상소를 올려 말하기를, "진(秦)나라에는 열 가지 잘못이 있었는데, 그 중 한 가지가 아직도 존재하고 있으니, 송사를 담당하는 관리가 바로 그것입니다.[秦有十失, 其一尙存, 治獄之吏是也.]"라고 했으며, 또한 "법을 무너뜨리고 올바른 것을 어지럽히며, 친한 사람을 멀어지게 하고 도(道)를 가로막는 것으로는, 송사를 담당하는 관리보다 더 심한 것이 없습니다.[敗法亂正, 離親塞道, 莫甚乎治獄之吏.]"라고 생각했다.

반고는, 한대의 공정하지 못한 재판은 바로 이와 같이 사악하고 교활한 관리들이 만들어 낸 것이라고 생각했다. 이러한 혹리들로 하여

60) 『한서』 권60 「두주전(杜周傳)」.

61) 역자주 : 새끼가 딸린 호랑이는 매우 예민하여 사납기 그지없기 때문에, 매우 사나운 호랑이를 비유하여 표현한 말이다.

62) 『한서』 권90 「혹리전(酷吏傳)」.

금 법을 집행하게 했으므로, 원래 아무런 공정함도 찾아볼 수 없었다. 오로지 장석지나 우정국 같은 공정한 사람들을 선택하여 법을 집행해야만 비로소 법에 규정되지 않는 형벌을 적용하는 현상이 사라지고, 공평한 판결을 할 수 있어, 마침내 억울한 재판이 발생하는 것을 피할 수 있었다.

5. 예(禮)와 법(法)을 함께 사용하되, 예를 주(主)로 삼다.

반고는 나라를 다스리는 데에는 마땅히 예(禮)와 법(法)을 함께 사용하고, 부드러움과 강함을 함께 시행해야 한다고 생각했다. 그는 "예(禮)·악(樂)·정(政)·형(刑)의 네 가지가 모두 이루어져 도리에 어긋나지 않아야, 곧 왕도(王道)가 갖추어진다.[禮樂政刑四達而不悖, 則王道備矣.]"[63]라고 했는데, 그것은 예·악·정·형의 네 가지 모두 모자라서는 안 된다는 의미이다.

반고는, 나라를 다스리는 데에서 형법(刑法)은 절대로 없어서는 안 되는 것이라고 여겨, "회초리는 집안에서 사용하지 않고 놀려서는 안 되며, 형벌은 나라에서 폐지해서는 안 되고, 정벌(征伐)은 천하(天下)에서 멈춰서는 안 된다.[鞭扑不可弛於家, 刑罰不可廢其國, 征伐不可偃於天下.]"[64] 라고 말했다. 하지만 중요한 것은 형법을 어떤 위치에 두는가였다. 그는 "문(文)과 덕(德)이라는 것은 제왕(帝王)의 이기(利器)이며, 위세(威勢)와 무력(武力)은 문과 덕을 보조하는 것이다.[文德者, 帝王之利器, 威

63) 『한서』 권22 「예악지(禮樂志)」.
64) 『한서』 권23 「형법지」.

武者, 文德之輔助也.]"[65]라고 했는데, 이는 곧 예가 주(主)이어야 하고, 형법은 보조수단으로 삼아야 한다는 것이다. 그는 또한 유향(劉向)의 말을 인용하여, "교화(敎化)하는 것은, 믿음으로써 다스리는 것이며, 형법은 보조하여 다스리는 것이다.[敎化, 所恃以爲治也, 刑法所以助治也.]"[66]라고 하면서, 예를 주로 삼고 형벌을 보조수단으로 삼아야 한다는 관점을 한층 더 강조했다. 그는 오직 형법에만 의지하여 나라를 다스리게 되면 많은 폐단이 생겨나는데, 진(秦)나라가 "오로지 형벌에만 의지하여[傳任刑罰]" 나라가 급속히 멸망한 것이 바로 비통한 역사의 교훈이라고 생각했다.

반고는, 가의(賈誼)가 "무릇 예라는 것은 죄를 짓기 전에 금지하는 것이며, 법이라는 것은 이미 저질러진 다음에 금지하는 것[夫禮者禁於將然之前, 而法者禁於已然之後]"이므로, 마땅히 "아직 싹을 틔우기 전에 악(惡)을 근절하는 것을 귀하게 여기고, 아주 작고 사소한 것에서부터 교화를 시작한다.[貴絕惡於未萌, 而起敎於微眇.]"[67]라는 관점을 매우 높이 평가했다. 그는 바로, 나라를 다스리는 데에서는 사람들이 죄를 지은 다음에 처벌할 것이 아니라, 마땅히 온갖 방법을 다 동원하여 사람들이 죄를 짓지 않게 해야 한다고 말했는데, 그렇게 하면 나라가 안정될 것이라고 생각했다.

어떻게 해야 사람들이 죄를 짓지 않게 할 수 있는가? 그러려면 당연히 예(禮)와 악(樂)의 교화 작용을 발휘해야 한다. 그는 공자의 말을 인용하여 말하기를, "임금을 편안하게 하고 백성을 다스리는 데에 예

65) 『한서』 권23 「형법지」.
66) 『한서』 권22 「예악지」.
67) 『한서』 권48 「가의전(賈誼傳)」.

보다 더 좋은 것은 없으며, 나쁜 풍속을 좋게 바꾸는 데에는 악보다 더 좋은 것이 없다.[安上治民, 莫善於禮, 移風易俗, 莫善於樂.]"라고 했다. 또 예와 악은 "신명(神明)을 통하게 하고, 인륜(人倫)을 세우며, 성정(性情)을 바르게 하고, 만사(萬事)를 알맞게[通神明, 立人倫, 正情性, 節萬事]" 할 수 있으며, 마치 가의가 말한 것처럼, "임금과 신하 관계를 바로 세우고, 위아래의 신분을 구분하여, 나라를 다스리는 기강과 풍속을 질서 있게 하고, 육친(六親)[68]이 화목하도록[立君臣, 等上下, 使綱紀有序, 六親和睦]" 할 수 있으며, "제후들이 법도를 지키고, 백성들이 소박(素朴)해져, 송사가 사라지게[諸侯軌道, 百姓素朴, 獄訟衰息]" 할 수 있다고 여겼다. 따라서 "나라를 다스리는 법도는 예와 악이 아니면 이룰 수 없다[治道非禮樂不成]."[69]라고 생각했다.

반고가 강조한 예(禮)는, 서주(西周) 시대 이래로 "예는 서인(庶人 : 평민-역자)들에게 내려가지 않는다[禮不下庶人]."라는 통치계급 내부의 '예'뿐만 아니라, 전체 사회에 적용되어 사회 발전 및 신분 질서를 유지해 주는 사상 및 도덕을 가리키는 것이다. 그는 사회의 모든 사람들이 예를 알아야 하고, 예와 악의 교화를 받아야 한다고 생각했다. 동중서(董仲舒)는 이에 대해 일찍이 말하기를, "무릇 백성들은 이익을 따르니, 이는 마치 물이 아래로 가는 것과 같아, 교화(敎化)로써 제방을 쌓지 않으면 멈추게 할 수 없다.[夫萬民之從利也, 如水之走下, 不以敎化隄防之, 不能止也.]"[70]라고 했다. 반고도 또한 이 말에 찬성하여, 사회의 하층민과 가난한 사람들에게 교화가 필요하듯이, 상류층과 부유

68) 역자주 : '육친'이란 부·모·형·제·처·자 등 자신과 가장 가까운 여섯 혈육을 말한다.
69) 『한서』 권22 「예악지」.
70) 『한서』 권56 「동중서전(董仲舒傳)」.

한 사람들에게도 교화가 필요하다고 생각했다. 앞에서 언급했듯이, 관중(管仲)은 "창고가 가득 차야 예절을 알고, 의식이 풍족해야 영욕을 안다.[倉廩實而知禮節, 衣食足而知榮辱.]"라고 했으며, 사마천은 "사람이 부유해야 인의(仁義)가 붙는다[人富而仁義附焉]."[71]라고 하여, 사람은 부유해야 예의를 알게 된다고 생각했다. 반고는 "나라가 건실하고 백성들이 부유해야 교화가 이루어진다[國實民富而敎化成]."라는 사실을 인정했지만, 사람이 부유해지면 곧 반드시 '인의'를 알게 된다는 관점에는 동의하지 않고, "부유한 자가 교만하고 사악한[富者驕而爲邪]" 경우가 적지 않으므로, 여전히 "부유해지면 그들을 교화해야[富而敎之]"[72] 한다고 생각했다. 그래서 그는 동중서가 "대학(大學)을 세워 나라에서 교화하고, 상서(庠序)를 세워 지방[邑]에서 교화해야 합니다.[立大學以敎於國, 設庠序以化於邑.]"[73]라는 건의에 동의하여, 모든 백성들에게 광범위한 예악 교육을 펼쳐야 한다고 주장했다. 그리고 그렇게 해야 "백성들이 화목해지고[民和睦]", "풍속이 아름다워져[而習俗美也]"[74], 비로소 "겸손하고 예의가 갖추어지고 천하가 잘 다스려진다[揖讓而天下治]."[75]라고 생각했다.

반고는 예와 악으로 교화하는 것의 중요성을 강조했지만, 결코 예와 악의 교화가 만능이라고 생각하지는 않았다. 그는, 또한 교육을 통해서도 여전히 완고하게 교화되지 않는 사람들이 좀 있는데, 이러

71) 『사기』 권129 「화식열전(貨殖列傳)」.
72) 『한서』 권24 「식화지(食貨志)」.
73) 『한서』 권22 「예악지」.
74) 『한서』 권56 「동중서전」.
75) 『한서』 권22 「예악지」.

한 사람에게는 형벌을 시행해야 한다고 생각했다. 동중서는 "양(陽)은 덕이고, 음(陰)은 형벌이니[陽爲德, 陰爲刑]", "양이 음의 도움을 받지 못하면, 또한 혼자서 세공(歲功)[76]을 이룰 수 없다.[陽不得陰之助, 亦不能獨成歲功.]"[77]라고 했다. 반고는 동중서의 이러한 관점에 찬성하여, 예와 악의 교화에는 형벌의 도움이 있어야 하며, 나라를 다스리는 데에는 예와 법을 같이 사용해야 하는데, 예를 주(主)로 삼아야 한다고 생각했다. 이러한 생각은 정확한 것이라 할 수 있다.

이상의 내용을 종합해 보면, 반고는 덕(德)이 주이고 형벌은 보조수단이라고 주장했으며, 예가 나라를 다스리는 데에 근본이지만, 형법도 없어서는 안 된다고 생각했다. 그는 법을 만들 때에는 형벌을 가볍고 간략하게 해야 한다는 정신의 기초 위에서, 형량이 적당하도록 하는 데 힘써야 하며, 특히 법률 집행을 공정하게 하는 것을 중요시해야 비로소 형법이 나라를 다스리는 데에서 진정한 보조 작용을 발휘할 수 있다고 생각했다. 이처럼 형벌을 가볍고 간략하게 해야 한다는 생각은, 수(隋)·당(唐)·송(宋)·명(明) 시기에 법을 만드는 기본 원칙이 되었다. 반고가 새로 창안해 낸, 「형법지(刑法志)」가 포함된 역사학 저술 체제는, 또한 후세의 역사가들도 채용했다. 이로부터 반고의 형법 사상이 후세에 심대한 영향을 미쳤다는 사실을 충분히 알 수 있다.

76) 역자주 : 해마다 해야 하는 일, 즉 농사의 수확을 가리킨다. 여기에서는 나라를 성공적으로 다스리는 일을 가리킨다.

77) 『한서』 권22 「예악지」.

제10장

민족일통(民族一統)을 찬양하다.

– 반고의 민족 사상

반고의 민족 사상을 다룬 전문적인 논문이 학계(學界)에서 아직 나오지는 않았지만, 사마천과 반고의 사상을 비교한 여러 논저(論著)들에서는 언급되고 있다. 대다수의 논저들은, 사마천이 '민족일통'과 '민족 평등'을 주장하고 있어, 민족 사상 방면에서 '진보적인 경향'을 보이고 있는 반면, 반고는 "종족과 지역의 차이[種別域殊]"를 강조하고, "우리(한족–역자) 민족을 중심으로 하는 정치적 차별과 화하(華夏 : '중국'을 지칭하는 옛 명칭–역자)가 최고라는 문화적 우월감을 사서(史書)의 가치 질서로 전환시켜", 소수민족에 대한 증오감 등을 강화시켰다고 인식하고 있다.[1] 이러한 주장들은 대부분 합리적인 측면을 지니고 있지만, 필자가 느끼기에는 전반적으로 반고의 민족 사상에 대해 지나치게 낮게 평가한 것이라고 생각된다. 사실 반고는 사마천의 『사기(史記)』에 수록된 민족사전(民族史傳 : 각 민족들의 역사와 전기–역자)에 근거

1) 張新民, 「司馬遷·班固的民族觀及史學實證精神異同論—從『史記』·『漢書』'西南夷傳'談起」, 『民族硏究』 1993년 6기(期); 阿其圖, 「『漢書·匈奴傳』與『史記·匈奴列傳』對校芻議」, 『內蒙古師大學報』 1994년 3기(期)를 참조하라.

하여 「흉노전(匈奴傳)」·「서남이양월조선전(西南夷兩越朝鮮傳)」·「서역전(西域傳)」 등의 민족사전들을 저술했는데, 사마천의 『사기』에 수록된 민족사전을 많이 조정하고 보충했을 뿐만 아니라, 또한 민족 사상 방면에서도 기본적으로 사마천을 계승함과 더불어 여러 가지를 새롭게 발전시켰다. 반고는 주로 한(漢)나라 조정의 입장에 서서, 어떻게 소수 민족들을 다룰 것인가를 생각했으며, 어떤 민족 정책이 비로소 국가의 안정과 발전을 보증할 수 있는가 하는 것을 비교해 갔으니, 분명히 좀더 실제적이다.

1. 민족일통

사마천이 민족일통 사상을 갖고 있었다고 말한다면, 이는 정확한 것이다. 그러나 반고가 중화 민족의 통합을 지지하는 사상을 갖고 있지 않았었다고 말한다면, 그것은 서로 의견을 교환해 보아야 할 것이다. 사실 반고는 사마천의 민족일통 사상을 계승했는데, 그가 저술한 『한서』 등의 저작들을 보면, 구구절절 온통 민족일통 사상을 담고 있으며, 또한 그가 논술한 "천하일통(天下一統)" 사상 속에 구체적으로 표현되어 있다.

어떤 논자(論者)는, "사마천은 서로 다른 지역의 인물들과 민족들을 하나의 편(編) 속에 서로 섞어 넣어, 여타의 천하에 이름을 떨친 인물의 열전들과 뒤섞어 놓아, 매우 강한 민족 평등 가치를 담고 있는데", 이는 사마천의 민족일통사(民族一統史)의 의의가 구체적으로 나타나 있는 것이라고 생각했다. 그러나 반고의 『한서』는 구성과 배치에서, "민족사전과 「왕망전(王莽傳)」을 함께 전체 책[全書]의 끝부분으로 끌어내렸는데", "이는 '오랑캐와 중국은 다르다[夷夏大防]'는 관점에서 주변 민족들을 '교화가 미치지 못하는 곳의 백성[化外之民]'으로 간주한 결과이며", "이는 사마천의 진보적인 민족 평등 관점과 천하일통 관점에 대한 일종의 반동"[2]이라고 했다. 그렇지만 사실 이것은 오해이다. 반고는 『한서』를 저술할 때 민족사전들을 한데 모아, 모두 조정(朝廷) 신하들의 열전 뒤에 두었는데, 그 주된 이유는 편찬 형식상 정연하고 일목요연하게 하기 위한 것이지, 결코 소수민족들을 '교화가 미치지 못하는 곳'의 민족으로 간주한다는 의미는 없었다. 때문에 반고는 비록 민족사전을 전체 책의 끝부분에 배치했지만, 여전히 「외척전(外戚傳)」·「왕망전」·「서전(敍傳)」의 앞에 두었는데, 이는 마치 그가 외척·왕망 및 자기 자신의 가족을 '교화가 미치지 못하는 곳의 백성'으로 보지 않은 것과 마찬가지로 소수민족들도 그렇게 보지 않았다는 것을 의미한다. 사실 반고는 흉노(匈奴)·서남이양월조선(西南夷兩越朝鮮傳)·서역(西域) 등 각 민족들을 『한서』에 서술함으로써, 바로 민족 일통의 역사적 의의를 구체적으로 나타냈고, 자신의 천하일통 사상을 구체적으로 표현해 냈다.

페이샤오통(費孝通) 선생은 일찍이 다음과 같이 말했다. "중화 민족의 터전은 아시아 동부에 자리하고 있는바, 서쪽으로는 파미르 고원에서 시작하여, 동쪽으로는 태평양 서안(西岸)의 여러 섬들에까지 이른다. 또 북쪽에는 넓은 사막이 있고, 동남쪽은 바다이며, 서남쪽은 산으로 이루어져 있는 저 광활한 한 편의 대륙 위에 있다. 이 대륙의

---

2) 639쪽의 각주 1)과 동일.

사방 주변에는 자연 환경이 병풍처럼 둘러쳐져 있어, 내부는 구조가 완비된 체계를 갖추고 있고, 하나의 지리 단위를 형성하고 있다. 이 지역은 고대인들의 관념 속에서 인류가 살아가며 번성할 수 있는 유일한 땅덩어리였기 때문에, 이를 일컬어 '천하(天下)'라고 불렀고, 또한 사방이 바다로 둘러싸여 있기 때문에 '사해(四海)의 안쪽[四海之內]'이라고 불렀다."[3]

반고도 또한 당시에 이러한 생각을 갖고 있어서, 자신이 생각하기에 인류가 살아가며 번성할 수 있는 이 유일한 땅을 '천하'라고 불렀다. 그는 당시의 '천하'는 '한 몸[一體]'에 속한다고 여겼기에, 『한서』에서 여러 차례 조정의 신하들의 '천하일통'에 관한 논술들을 기록했다.[4]

반고는, 동중서(董仲舒)가 『춘추공양전(春秋公羊傳)』에 근거하여 제시한 "『춘추(春秋)』의 대일통(大一統)이라는 것은 하늘과 땅의 변하지 않는 법칙이며, 고금(古今)에 통하는 도리이다.[春秋大一統者, 天地之常經, 古今之通宜也.]"[5]라는 '대일통'의 이론을 매우 높게 평가했다. 『한서』를 전체적으로 보면, 반고가 '대일통' 이론을 높게 평가했다는 것을 발견할 수 있는데, 그것은 주로 다음과 같은 두 가지 의미를 내포하고 있다.

첫째, 왕조의 일통을 가리키는 것으로, 지방은 중앙 정부에 의해 통치되고, 신민(臣民)은 천자(天子)의 다스림을 받으며, 각 지방은 제멋대로 굴어서는 안 되고, 사상 및 언론 방면에서도 또한 하나로 통괄함으로써 중앙과 지방의 일치성을 보장하는 것이다. 따라서 그는 서

3) 費孝通(1910~2005년) 主編, 『中華民族多元一體格局』(修訂本), 제4쪽, 中央民族大學出版社, 1999년판.

4) 『한서』 권86 「사단전(師丹傳)」.

5) 『한서』 권56 「동중서전」.

한 초기에 지방의 제후국들이 모든 것을 자기 마음대로 한 것을 반대하여, 중앙집권을 강화해야 한다고 주장했다. 또 동중서가 제기한 "백가(百家)를 축출하고, 오직 유가(儒家)만을 숭상해야 한다.[罷黜百家, 獨尊儒術.]"라는 등의 주장을 높게 평가함으로써, 전국의 사상과 행동의 통일을 보장해야 한다고 주장했다.

둘째, 반고가 높이 평가한 '대일통' 이론은 또한 민족일통 사상도 포함하고 있다. 그는, 당시의 천하(天下)는 해내(海內)와 사해(四海)라는 두 부분을 포함하고 있다고 생각했는데, 해내는 '중국(中國)'[6]으로, '중원(中原)'이라고도 불리며, 주로 한인[漢人 : 화하(華夏)]들이 거주하는 지역이다. 그리고 사해는 변경인데, 주로 이적(夷狄 : 오랑캐-역자)들이 거주하는 지역으로, 사이(四夷)[7]라고 불렀다. '중국'과 '사해'는 '한 몸[一體]'이다. 다시 말하면 곧 한인(漢人 : 華夏)과 사이는 한 몸에 속한다는 것이다. 당시 수많은 정치가들과 학자들은 모두 이와 같은 생각을 가지고 있었다. 가의(賈誼)는 말하기를, "무릇 천자(天子)는 천하(天下)의 머리이니, 이것이 무엇이겠는가? 바로 위이다. 오랑캐는 천하의 다리이니, 이것이 무엇이겠는가? 바로 아래이다.[凡天子者, 天下之首, 何也? 上也. 蠻夷者, 天下之足, 何也? 下也.]"[8]라고 했다. 즉 중국과 사이를 하나의 완전한 인체에 비유했는데, 중국은 머리이고 사이는 다리인데,

6) 역자주 : 여기에서 '중국'은 황하(黃河) 유역 일대를 가리킨다. 현재의 국가 개념인 중국과는 좀 다르다. 따라서 이 책에서는 이러한 개념으로 사용될 때에 한정하여 '중국'으로 표기했다.

7) 역자주 : '사이'는 사방의 오랑캐라는 뜻으로, 동이(東夷)·서융(西戎)·남만(南蠻)·북적(北狄)을 가리키며, 중화 민족을 높이고 주변의 모든 이민족들을 낮춰 부르던 말이다.

8) 『한서』 권48 「가의전(賈誼傳)」.

머리는 물론이고 다리도 역시 모두 인체에서 떼려야 뗄 수 없는 부분이라고 했다. 두흠(杜欽)은 곧 '음양일체(陰陽一體)'라는 말을 사용하여, '민족은 한 몸[民族一體]'이라는 것을 표현했는데, 그는 아래와 같이 말했다. "신하는 임금의 음(陰)이고, 자식은 아버지의 음이며, 아내는 남편의 음이고, 오랑캐는 중국의 음이다.[臣者, 君之陰也, 子者, 父之陰也, 妻者, 夫之陰也, 夷狄者, 中國之陰也.]"[9] 여기에서 중국[中國 : 중원(中原)을 의미하는데, 여기에서는 주로 한인(漢人)을 가리킨다.]을 '양(陽)'에 비유를 하고, 오랑캐들을 음(陰)에 비유하였다. 양이 없으면 음을 이야기할 수 없으며, 음이 없어도 양을 말할 수 없다. 따라서 음과 양은 대립되는 통일체로서, 어느 것 하나라도 없어서는 안 된다. 이러한 관점에 따르면, 한족(漢族)과 흉노(匈奴)는 모두 한 몸이다. 그래서 한나라 문제(文帝)는 말하기를, "선제(先帝)께서는 장성(長城) 이북의 활을 쓰는 나라들은 선우(單于)가 다스리도록 하고, 장성 안쪽의 의관을 정제한 나라들은 짐(朕)이 또한 다스리도록 명령하셨으며[先帝制, 長城以北引弓之國受令單于, 長城以內冠帶之室朕亦制之]", "두 나라의 백성들을 마치 한 집안의 자식과 같이 대하도록[使兩國之民若一家子] 하셨다."[10]라고 했다. 반고는 이러한 관점에 대해 매우 높게 평가하면서, 가의·두흠·문제가 했던 말들을 『한서』에 기록하여, 『사기』의 내용 중 부족한 부분들을 보충했다.

당시의 대신들은 '군신일체(君臣一體)'라는 개념을 사용하여 '민족은 한 몸[民族一體]'이라는 개념을 설명했다. 그들은 그 때까지 아무도 주변의 이민족들[四夷]이 중국과 평등하다고 생각하지 않았으며, 모두

9) 『한서』 권60 「두주전(杜周傳)」.
10) 『한서』 권94 「흉노전(匈奴傳)」.

가 중국은 군주의 나라[君主之國]이고, 여타 이민족들은 신하의 나라[臣下之邦]라고 생각했다. 특히 한나라 무제(武帝)는 "북쪽 흉노를 정벌하여, 선우(單于)를 멀리 몰아냈으며, 남쪽의 저강(氐羌)[11]·곤명(昆明)·월(越) 계열의 두 소수민족인 구월(甌駱)[12]을 평정했고, 동쪽의 예(濊)·맥(貊)·조선(朝鮮)을 평정하여, 영토를 넓히고, 군현(郡縣)을 설치하니, 남쪽의 소수민족들이 복종했으며[北征匈奴, 單于遠遁, 南平氐羌·昆明·甌駱兩越, 東定濊·貉·朝鮮, 廓地斥境, 立郡縣, 百蠻率服]"[13], 동쪽의 소수민족들[夷狄]은 "머리를 조아리며 번국(藩國)을 자칭하여[稽首稱藩]"[14], 중국[즉 중원(中原)]의 신민(臣民)이 되거나 중국(즉 중원)에 예속된 정권이 되었다. 『한서』의 기록에 따르면, 흉노의 호한야선우(好韓邪單于)가 한나라에 복속하고, 진귀한 보물들을 바치면서 한나라 조정에 가서 황제를 접견할 준비를 했다. 그리하여 감로(甘露) 2년(기원전 52년)에 한나라의 황제와 신하들은 호한야선우가 한나라 조정에 와서 의례를 진행할 때 어떻게 해야 하는지에 대해 토론했다. 이 때 어떤 사람들은 호한야선우가 조정에 와서 황제를 알현할 때, "의례는 마땅히 제후왕들이 하듯이, '신매사(臣昧死)'[15]라고 하면서 거듭 절하고, 제후왕들의 아래 자리에 위치해야 한다.[禮儀宜如諸侯王, 稱臣昧死再拜, 位次諸侯王下.]"라고 주장했으며, 어떤 사람들은 마땅히 "제후왕들의 위 자

11) 역자주 : 저족(氐族)과 강족(羌族)을 함께 일컫는 말이다.

12) 역자주 : 낙월(洛越)이라고도 하며, 서구(西甌)와 낙월(洛越)을 함께 일컫는 말이다.

13) 『한서』 권75 「하후승전(夏侯勝傳)」.

14) 『한서』 권78 「소망지전(蕭望之傳)」.

15) 역자주 : '신매사(臣昧死)'란 '신이 하는 말이 부당하면 죽음도 감수하겠다.'라는 뜻으로, 신하가 임금에게 말할 때 극도의 경외심을 표시하기 위해 사용하는 일종의 관용어구이다.

리에 위치해야 한다[位在諸侯王上]."[16]라고 주장했는데, "제후왕들의 아래에 위치하든" 혹은 "제후왕들의 위에 위치하든" 간에 어쨌든 모두 신하의 예를 갖춘 것이다. 즉 다시 말하자면, 흉노의 호한야선우가 한나라 천자의 신하가 되었으니, 한나라 천자와는 군신 관계였다. 곡영(穀永)도 "사방의 오랑캐들이 복종하여, 모두 신하가 되었다.[四夷賓服, 皆爲臣妾.]"[17]라고 말했는데, 이를 통해 한나라 조정의 대신들은 중국과 이민족들[四夷]의 관계를 일종의 군신(君臣) 관계로 여겼음을 알 수 있다. 임금과 신하는 한 몸에 속하는 것으로, 임금이 없으면 신하를 말할 수 없으며, 신하가 없어도 임금을 말할 수 없다. 말하자면 한나라와 이민족들의 관계는 군신일체(君臣一體)의 관계에 속하는 것으로, 밀접하여 뗄 수 없는 관계라는 것이다.

반고는 또한 종족들 간의 관계 측면에서도 '민족일체'를 논술하고 있다. 사마천은 『사기』에서 종족들 간의 관계에 관해 논술하면서, 사이(四夷) 등 소수민족들은 모두 황제(黃帝)의 부족에 근원을 두고 있으므로, 한족(漢族)의 조상과 근원이 일치한다고 생각했다. 반고도 이러한 관점을 견지했다. 그는 "흉노는, 그들의 선조가 하후씨[夏后氏 : 우(禹)임금의 별칭-역자]의 먼 후예이다.[匈奴, 其先夏后氏之苗裔.]"[18]라고 했는데, 『사기』에서는 하후씨인 우임금이 "황제의 현손(玄孫)[19]이며, 전욱(顓頊)의 손자이다[黃帝之玄孫而顓頊之孫也]."[20]라고 했다. 이러

16) 『한서』 권8 「선제기(宣帝紀)」.
17) 『한서』 권85 「곡영전(穀永傳)」.
18) 『한서』 권94 「흉노전」.
19) 역자주 : 손자의 손자를 가리킨다.
20) 『사기』 권2 「하본기(夏本紀)」.

한 관점에서 보면 흉노족도 황제의 후손이다. 반고는 또한 「서남이양월조선전(西南夷兩越朝鮮傳)」에서 "민월왕(閩越王) 무제(無諸)와 월(越)나라의 동해왕(東海王) 추요(騶搖)는 모두 그 선조가 월나라 구천(句踐)의 후손이다.[閩粤王無諸及粤東海王搖, 其先皆粤王句踐之後也.]"라고 했다. 또한 「지리지(地理志)」에서는 양월(兩越 : 남월과 동월-역자)의 땅은 "그 임금이 우임금의 후손이자, 하나라 황제인 소강(少康)의 서자(庶子 : 제후의 맏아들 이외의 아들들을 일컫는 말-역자)라고 하며, 회계(會稽)의 제후에 봉해졌는데, 몸에 문신을 하고, 머리를 짧게 잘라서, 교룡(蛟龍)의 해를 피했다.[其君禹後, 帝少康之庶子云, 封於會稽, 文身斷髮, 以避蛟龍之害.]"라고 지적했다. 또한 말하기를 양월 등 소수민족들도 황제의 후예들에서 나왔다고 하였다. 최근 수십 년 동안 고고학 전문가들의 연구 결과에 따르면, 중화 민족은 다양한 기원을 갖고 있다고 여겨지는 바,[21] 의심할 여지없이 반고와 사마천이 제시했던, 중화 민족의 기원이 하나라는 주장은 정확한 것이 아니다. 하지만 그들이 주변의 소수민족들을 모두 염제와 황제의 자손[炎黃子孫 : 즉 한(漢)민족을 일컫는 말-역자]이라고 한 것은, 그들이 화하족(華夏族 : 즉 한족-역자)과 각 소수민족들을 뗄 수 없는 온전한 통일체로 간주했다는 인식을 충분히 반영해 주고 있다.

이상의 내용으로부터 알 수 있듯이, 반고는 '『춘추(春秋)』의 대일통'

21) 역자주 : 2007년 2월 14일 중국 CCTV는 중국 내에 거주하는 각 민족들의 DNA를 조사한 결과, 혈통으로 볼 때 '중원인(中原人)' 즉 순수한 한족(漢族)은 존재하지 않는다는 연구 결과를 보도했다. 심지어 중국인들은 스스로를 '炎黃子孫[염제(炎帝)와 황제(黃帝)의 후손]'이라고 하지만, 염제와 황제의 기원은 중국 서북쪽에 위치한 감숙성(甘肅省)과 섬서성(陝西省) 일대로 추정된다고 보도했다.

사상을 매우 높게 평가하면서, 민족 사상 방면에서 '민족일통(民族一統)'을 주장하여, 한족과 소수민족들을 "머리와 발은 한 몸[頭足一體]"이라고 비유한 것은 물론이고, 또한 "음과 양은 한 몸[陰陽一體]"이라고 비유한 것도 그는 모두 찬성했다. 또한 "사방의 오랑캐들이 복종하여, 모두 신하가 되었다.[四夷賓服, 皆爲臣妾.]"라는 등의 역사적 사실에 근거하고, '군신일체'라는 사상을 사용하여 민족 관계를 논술함으로써, '민족일통'이라는 생각을 충분히 반영해 냈다. 이는 또한 반고가 소수민족들을 '교화가 미치지 못하는 곳의 백성[化外之民]'이라고 생각하지 않았다는 것을 말해 주는 것으로, '민족일통' 사상 방면에서 반고의 인식과 사마천의 인식은 일치했다는 것을 알 수 있다.

2. 오랑캐와 한족(漢族)은 다르다[夷夏有別].

반고는 비록 화하(華夏)와 주변의 오랑캐들[四夷]이 한 몸에 속하지만, 양자의 지위는 평등하지 않으며, 마땅히 주종(主從) 관계로 나뉜다고 생각했다. 반고는 『한서』「서전(敍傳)」에서 말하기를, "서남쪽 바깥의 오랑캐들은, 인종도 다르고 거주하는 지역도 다르다.[西南外夷, 種別域殊.]"라고 했다. 어떤 논자(論者)는 다음과 같이 생각했다. 즉 "'중국[夏]'과 '오랑캐[夷]'이라는 두 가지 개념이 반고의 마음속에서는 이미 종족의 측면에서는 '종족이 다르고[種別]', 또한 지리적 측면에서는 '거주하는 지역이 다르며[域殊]', 더 나아가 문화적으로는 '문명과 야만[文野]'으로 구분하고 있는데, 분명히 중국은 존귀하고 오랑캐는 비천하며, 중국은 안쪽이고 오랑캐는 바깥쪽이라는 가치를 내포하고 있다. 또한 공자의 『춘추』가 '중국과 오랑캐를 구분한[華夷大防]' 역사적 의의 및 동중서(董仲舒)의 '안쪽에는 중화의 여러 제후의 나라들[諸夏 : 중국 본토, 즉 중원을 가리킨다-역자]이 있고 바깥쪽에는 오랑캐들[夷狄]이 있다[內諸夏而外夷狄].'라는 사상을 근본으로 하여 서술하고 있을 뿐 아니라, 이것이 오랜 세월 동안 후세에 중국이 가장 존귀한 문화의 중심이라는 고루하고 폐쇄적인 심리 상태를 켜켜이 쌓아 형성했으니", "반고의 편향된 견해로 인한 나쁜 영향은 실로 짐작할 수 없다."라는 것이다.[22] 반고가 "중국과 오랑캐는 다르고[華夷有別]", "중국은 존귀하며 오랑캐는 비천하다[夏尊夷卑]."라는 생각을 갖고 있었다고 말한다면 이는 정확한 것이지만, 반고의 영향이 이와 같이 나빴다고 말한다면, 이는 약간 지나친 평가이다.

반고는 한족과 주변 이민족들은 '종족이 다르며' '거주하는 지역이 다르고' '문명과 야만'의 차이가 있음을 강조했는데, 이는 확실히 "중국과 오랑캐는 다르고", "중국은 존귀하며 오랑캐는 비천하다"는 사상을 담고 있으며, 민족 차별적인 경향을 띠고 있다. 그러나 또한 이것이 완전한 민족 차별이라고 할 수는 없는데, 반고가 민족들 간에 차이와 다른 점이 있다고 보았던 것은 당시의 역사적 사실에 부합될 뿐만 아니라, 또한 민족 형성의 이론과 역사 발전 과정에도 부합하는 것이었다.

스탈린(Joseph Stalin)은 일찍이 지적하기를, "민족이란 사람들이 역사적으로 형성된 하나의 공통 언어·공통 지역·공통 경제생활을 가지며, 공통된 문화에서 공통의 심리적 소양을 나타내는 안정적인 사

22) 張新民, 「司馬遷·班固的民族觀及史學實證精神異同論—從『史記』·『漢書』'西南夷傳'談起」, 『民族研究』 1993년 6기(期)를 참조하라.

람들의 공동체이다."[23]라고 했다. 스탈린의 민족에 대한 정의는 민족의 네 가지 기본 특징을 지적해 내고 있다. 반고는 비록 한족과 주변의 이민족들이 모두 황제(黃帝)로부터 나왔지만, 민족의 발전 과정에서 또한 '종족이 구별되는' 문제가 생겨났다고 여겼는데, 이는 단지 민족과 민족이 서로 구별되는 종족 혈통의 문제이다. 스탈린의 민족에 대한 정의에 따르면, 종족의 혈통은 결코 민족의 기본 특징 중 하나가 아니지만, 쑨원(孫文)을 포함한 스탈린 이전의 많은 학자들과 정치인들은 혈통이 민족의 중요한 특징이라고 생각했다. 의심할 여지없이, 동한 시대에 살았던 반고도 2천 년의 시간을 뛰어넘어 사람들을 놀라게 할 만한 인식을 갖출 수는 없었고, 그는 단지 당시의 역사 조건에서 당시의 객관적인 상황에 근거하여 당시의 민족 문제를 인식했을 뿐이다. 그는 당시의 상황에서 '종족의 다름[種別]'을 강조했는데, 이는 바로 '종족'과 '혈통'의 문제를 강조한 것이다. 응당 이 말은 하나의 민족과 다른 민족을 구별하는 중요한 문제라는 것이다. 다시 말하자면, 만약 '종족의 다름'이라는 문제가 없다면, 곧 민족도 없다는 것이다. 이와 같은 관점에서 본다면 반고가 '종족의 다름'이라는 문제를 강조한 것은, 단지 하나의 민족과 다른 민족을 구별하는 문제였는데, 혹자는 말하기를, 그도 또한 한 민족의 기본 특징이라는 문제를 말한 것이라고 했다. 때문에 우리는, 반고가 '종족의 다름'을 강조했지만, 이는 결코 민족에 대한 편견이 아니며, 또한 민족 차별과 관련된 것이 아니었다고 말할 수 있다. 사실 '오랑캐와 중국[夷夏]' 사이에는 확실히 '차이가 있으며[有別]', 그렇지 않다면 '오랑캐[夷]'라는 말도 없

23) 『스탈린 전집(全集)』 제2권 『마르크스주의와 민족 문제』.

고, '중국[夏]'이라는 말도 없었다.

반고가 '지역의 다름[域殊]'을 말한 것은, 바로 거주하는 지역이 다른 것을 가리킨다. 스탈린의 관점에 따르면, 공통 지역은 민족의 중요한 특징들 중 하나이다. 다시 말하자면, 만약 공통 지역에서 거주하는 집단이 없으면 민족은 발생하지 않았다는 것이다. 이와 같은 관점에서 본다면, 반고가 '지역의 다름'을 강조한 것은 아무런 착오도 없으며, 도리어 민족의 한 가지 기본 특징을 지적한 것이다. 민족은, 형성 과정에서는 공통 지역이라는 문제가 있지만, 발전 과정에서는 공통 지역이라는 문제가 점차 해소되고, 민족이 끊임없이 유동함으로써 서로 뒤섞여 사는 현상이 출현하기 시작하며, 또한 서로 혼인과 공동 생산과 공동 생활을 통해, 점차 민족 간의 융합을 실현해 간다. 그러나 이러한 민족 융합은 하나의 과정이 필요한데, 따라서 반고는 민족과 관계된 문제를 언급할 때, '지역의 다름'을 강조했다. 바로 이것은 민족이 형성되는 초기의 기본적 특징을 강조한 것으로, 당시의 역사적 사실에도 부합되는 것이었으며, 결코 민족 차별의 표현은 아니었다.

'문명과 야만'을 나눈 것은, 바로 문화 발전 과정에서 '문명'의 정도와 '야만'의 정도를 구분한 것이다. 반고는 당시의 한나라는 예의(禮義)에 맞게 '관대(冠帶)'를 갖출 줄 아는 문명의 나라였지만, 주변의 이민족들은 예의를 알지 못하는 야만인이라 여기고, 한족과 주변 이민족들을 '문명과 야만'으로 구분했다. 반고의 이와 같은 구분은 주로 한나라와 주변 이민족들의 경제와 문화의 발전 정도에 근거한 것이었다. 반고는 확실히 한나라의 경제와 문화는 비교적 선진적이고, 소수민족들의 경제와 문화는 상대적으로 낙후되었다고 생각했다. 그는 『한서』에서 말하기를, 흉노는 "북쪽 변방에 거주하며, 풀을 따라 가축을 놓아기르면서 옮겨 다니고[居於北邊, 隨草畜牧而轉移]", 주로 목축업을 하므로, "성곽을 쌓아 항상 한 곳에 일정하게 거주하며 농사짓는 일이 없다[無城郭常居耕田之業]."라고 했다. 즉 농업에 종사하는 사람이 매우 적어, "문서가 없고, 말로써 약속을 한다.[無文書, 以言語爲約束.]"라고 기록했다. "아이들은 양을 탈 줄 알고, 활을 당겨 쏘아 새나 쥐를 잡으며, 아이들이 자라면 여우나 토끼를 사냥하여 고기를 먹는다.[兒能騎羊, 引弓射鳥鼠, 少長則射狐兎, 肉食.]" "그들의 풍속은, 여유가 있으면 곧 유목을 하거나 짐승을 사냥하는 것을 생업으로 삼고, 급하면 곧 사람들이 전쟁에 익숙하니 남을 침범하여 공격하며[其俗, 寬則隨畜田獵禽獸爲生業, 急則人習戰攻以侵伐]", "조금이라도 이익이 있으면, 예의를 알지 못한다.[苟利所在, 不知禮義.]"라고 했다. 즉 단지 재물을 취할 줄만 알고 인의도덕(仁義道德)을 알지 못한다고 했다. 또 "임금 이하 모두 가축의 고기를 먹으며, 옷은 그 가죽으로 만들어 털옷을 입는다. 힘이 센 사람은 살지고 맛있는 부분을 먹으며, 늙은이는 그 나머지 것을 먹는다. 힘이 세고 건강한 것을 귀하게 여기며, 늙고 약한 것을 천하게 여긴다. 아버지가 죽으면 아버지의 후실(後室)을 아내로 삼으며, 형이나 동생이 죽으면 그 부인을 자신의 아내로 삼는다.[自君王以下咸食畜肉, 衣其皮革, 被旃裘. 壯者食肥美, 老者飮食其餘. 貴壯健, 賤老弱. 父死, 妻其後母, 兄弟死, 皆取其妻妻之.]"[24]라고 했다. 또한 서남이(西南夷) 등 소수민족들에 대해서는, "머리를 땋으며, 가축을 따라 옮

24) 『한서』 권94 「흉노전」.

겨 다니므로, 정해진 거처가 없고, 우두머리도 없다.[編髮, 隨畜移徙, 亡常處, 亡君長.]"[25]라고 했다. 서역의 각 민족들도 또한, "가축을 따라 물과 풀을 구해 다녔으며, 농사를 짓지 않는다.[隨畜逐水草, 不田作.]"[26] 라고 했다. 여기에서 반고는, 각 소수민족들의 목축업을 위주로 하는 그 경제적 기초 및 그들이 그러한 경제적 기초 위에서 형성한 문화 풍속과 관습 등을 지적하고, 소수민족의 경제 문화를 한나라의 농경(農耕) 경제를 위주로 하는 "관대를 갖추고 예의를 지키는[冠帶禮義]" 문명의 나라와 비교해 가면서, 확실히 낙후되었다고 생각했다. 문명과 야만의 발전 정도는 주로 경제와 문화의 발전 정도에 따라 제약을 받는다. 따라서 반고는 당시 사방 주변의 이민족들은 아직 야만의 단계에 처해 있었으며, 문명 발전의 단계에 진입하지 못했다고 여겼다.

한인(漢人)들의 경제와 문화가 선진적이고, 소수민족들의 경제와 문화가 낙후했다고 말하는 것은, 당시의 역사 발전의 실제 상황과 부합하며, 또한 민족이 형성하는 공통의 경제생활과 공통의 문화에서 공통의 심리적 요소를 나타내는 민족의 특징에도 부합한다. 때문에 경제생활과 심리적 요소의 차이가 없으면, 곧 민족의 구분이 있을 리 없으며, 민족도 있을 리 없다. 의심할 여지없이, 민족들 간에 경제·문화적인 차이가 있다고 말한 것은 정확하다. 그러나 문제의 핵심은, 반고가 한인과 소수민족들 간의 차이를 과장하여, 소수민족들의 낙후된 정도를 지나치게 심각한 것으로 말했다는 점이다. 그는 『한서』「흉노전」의 찬(贊)에서 말하기를, 흉노를 비롯한 "오랑캐[夷狄] 사람들은

25) 『한서』 권95 「서남이양월조선전(西南夷兩越朝鮮傳)」.
26) 『한서』 권96 「서역전(西域傳)」.

탐욕스럽고 이익을 좋아하며, 머리를 풀어헤치고 옷깃을 왼쪽으로 여미며,[27] 사람의 모습을 하고 있지만 마음은 짐승과 같다. 중국 사람들과는 장복(章服)[28]이 다르고, 습속이 다르며, 음식도 다르고, 언어가 통하지 않는다. 궁벽하게 북쪽 끝의 찬이슬이 내리는 들판에 거처하며, 풀을 찾아 목축을 하고, 사냥으로 살아가며, 산과 골짜기로 떨어져 있고, 사막으로 막혀 있는데, 천지가 밖(오랑캐의 땅-역자)과 안(중국-역자)으로 끊어져 있는 까닭이다.[29] 때문에 성왕(聖王)은 금수(禽獸)와 같이 그들을 길렀다.[夷狄之人貪而好利, 被髮左衽, 人面獸心. 其與中國殊章服, 異習俗, 飮食不同, 言語不通, 辟居北垂寒露之野, 逐草隨畜, 射獵爲生, 隔以山谷, 雍以沙幕, 天地所以絕外內也. 是故聖王禽獸畜之.]"[30]라고 했다. 한인과 소수민족들 사이에 경제와 문화적으로 차이가 있다고 했으면, 그것은 옳다고 할 수 있지만, 그는 소수민족들을 금수(禽獸)라고 하여, 그야말로 소수민족들을 함부로 매도했다. 의심의 여지없이 이 안에는 "중국은 존귀하고 오랑캐는 비천하다[夏尊夷卑]."라는 민족 차별 사상이 뚜렷이 담겨 있다. 응당 한인들의 경제와 문화는 확실히 선진적이고, 문명 수준이 높지만, 소수민족들의 경제와 문화는 상대적으로 낙후되었고, 문명 수준이 낮거나, 어쩌면 또한 일부 소수민족들은 문명의 단계에 진입조차 하지 못하고 여전히 야만 상태에 머물러 있다고 말했어야 할 것이다. 그러나 한인은 물론이고 소수민족들도, 그

27) 역자주 : 머리를 묶지 않고 풀어헤치며, 옷깃을 왼쪽으로 여미는 것은, 한족의 풍습과 반대되는 것으로, 야만인의 풍습을 가리킨다.

28) 역자주 : 문식(紋飾)으로 등급을 나타내는 예복(禮服), 즉 관대(冠帶)를 가리킨다.

29) 역자주 : 고대 중국인들은 자신들이 사는 땅이 천지의 안쪽 중심(세상의 중심)이라고 여겼다. 따라서 흉노가 사는 곳은 천지 안쪽의 가장 바깥이라는 의미이다.

30) 『한서』 권94 「흉노전」.

들의 발전은 모두 하나의 역사적 과정이라는 것을 보았어야 했다. 시간의 흐름을 따라 종적(縱的)으로 보면, 한인들도 또한 발전 과정에서, 원숭이[짐승]로부터 인간으로 변했고, 또 야만으로부터 문명에 이르는 역사 발전 단계를 거쳤다. 시간상 횡적(橫的)으로 보면, 소수민족들이 비록 발전이 비교적 늦고, 또한 그들이 처해 있는 지리적인 조건의 제약으로 인해 경제와 문화의 발전이 상대적으로 다소 낙후되어 있지만, 그들도 중원 문화의 영향 아래에서 경제와 문화가 비약적으로 발전하여, 한나라 시기에 이르면 대부분의 소수민족들도 야만의 단계를 벗어나 문명의 단계로 진입해 있었다. 한인들은 선진적이었지만, 일부 낙후된 부분들도 있었을 것이고, 소수민족들이 낙후되어 있었지만, 또한 일부 선진적인 부분들도 있었을 것이다. 따라서 소수민족들의 낙후된 면들만을 보고, 구분하지 않고 덮어놓고 비난만 해서는 안 되며, 마땅히 소수민족들의 선진적인 부분들도 보았어야 했다.

실제로 반고는 결코 일률적으로 소수민족들이 야만스럽고 낙후되었다고 생각하지 않았으며, 소수민족들의 어떤 면은 자신의 민족인 한인들보다 우수하다는 것을 간파했다. 그는 『한서』에서 많은 소수민족들의 우수한 점들을 기재해 놓고 있다. 예를 들어 조조(鼂錯)는 일찍이 지적하기를, 흉노는 한인들과 비교할 수 없는 여러 가지 장기(長技)가 있다고 하면서, "산비탈을 오르내리고 시냇물을 드나들지만, 중국[31]의 말들은 그러지 못한다. 흉노의 기병(騎兵)들은 험하거나 비탈진 길을 갈 수 있으며, 말을 달리면서 활을 쏠 수 있지만, 중국의 기병들은 그러지 못한다. 흉노 사람들은 비바람에도 힘들어하지 않고,

31) 여기에서 중국이란, 주로 한(漢)나라를 가리킨다.

굶주림과 갈증에도 곤란을 겪지 않지만, 중국 사람들은 그렇지 않다.[上下山阪, 出入溪澗, 中國之馬弗與也. 險道傾仄, 且馳且射, 中國之騎弗與也. 風雨罷勞·飢渴不困, 中國之人弗與也.]"[32]라고 했다. 즉 흉노 사람들의 말 기르기·말을 달리면서 활쏘기, 그리고 고통을 견뎌 내는 정신이 한인들보다 우수하다고 생각한 것이다. 한안국(韓安國)은 지적하기를, 흉노는 "날쌔고 빠르며 매우 용맹한 병사들이어서[輕疾悍亟之兵]", "회오리바람처럼 왔다가, 번개처럼 사라진다.[至如猋風, 去如收電.]"[33]라고 하여, 또한 흉노의 기병이 한인들의 기병과 비교할 수 없다고 생각했다. 조충국(趙充國)도 지적하기를, "오랑캐의 습속은 비록 예의를 지키는 나라와는 다르지만, 해로움을 피하고 이익을 추구하려 하며, 친척 간에 우애 있고, 죽음을 두려워하는 것은 매한가지다.[蠻夷習俗雖殊於禮義之國, 然其欲避害就利, 愛親戚, 畏死亡, 一也.]"[34]라고 했다. 이렇게 중국[華夏]과 주변의 이민족들[四夷]이 비록 선진적이고 후진적인 차이는 있지만, 또한 일정하게 동일성도 가지고 있다고 생각했다. 우리들은 단지 민족들 간의 차이만을 보아서는 안 되고, 마땅히 민족들 간에 동일한 점이 있다는 것도 보아야 하며, 또한 소수민족들이 자신들의 풍속과 관습이 다름으로 인해 갖게 되는 합리적인 것들도 보아야 한다. 우리들은 한인들의 가치관을 가지고 이민족들의 가치관을 평가해서는 안 된다. 『한서』에는 다음과 같은 하나의 사건이 기록되어 있다. 한나라 문제(文帝)와 흉노 사이에 화친을 맺게 되어, 환관(宦官) 중항열(中行說)이 한나라 황실의 딸을 수행하여 흉노에 파견되

32) 『한서』 권49 「조조전(晁錯傳)」.
33) 『한서』 권52 「한안국전(韓安國傳)」.
34) 『한서』 권69 「조충국전(趙充國傳)」.

었는데, 중항열은 흉노에 도착한 후에 흉노에 투항하여 흉노를 위해 일했다.[35] 후에 한나라에서 사신이 와서, "흉노의 풍속에서는 노인들을 천하게 여긴다[匈奴俗賤老]."라고 비웃었다. 그러자 중항열은 한나라 사신을 질책하며 말하기를, "한나라의 풍습에 둔수(屯戍)[36]하거나 종군(從軍)하도록 징발된 자는, 그의 부모가 자진하여 따뜻하고 두꺼운 옷을 벗어 입히고, 살지고 맛있는 음식들을 먹이지 않소이까?[而漢俗屯戍從軍當發者, 其親豈不自奪溫厚肥美齎送飮食行者乎?]"라고 했다. 사신이 "그렇소."라고 대답하자, 중항열은 다음과 같이 말했다. "흉노는 분명히 공격하고 싸우는 것을 일로 삼는데, 늙고 약한 이들은 싸울 수가 없소이다. 때문에 살지고 맛있는 음식은 힘이 세고 건장한 이들에게 주어 스스로를 지키도록 하여, 이처럼 부자(父子)가 각자 서로 보호할 수 있도록 하거늘, 어찌 흉노가 늙은이를 가볍게 여긴다고 합니까?[匈奴明以攻戰爲事, 老弱不能鬪, 故以其肥美飮食壯健以自衛, 如此父子各得相保, 何以言匈奴輕老也?]" 이에 한나라 사신이 말을 하지 못하자, 그는 이어서 "흉노는 부자(父子)가 같은 천막에서 잠을 잡니다. 아버지가 죽으면, 아들은 그 후모(後母 : 친어머니가 아닌, 아버지의 후처-역자)를 아내로 삼고, 형제가 죽으면 그의 부인들을 모두 아내로 거둡니다. 관

---

35) 역자주 : 중항열이 흉노에 투항하고 흉노를 위해 일한 것은 자신이 원치 않았음에도 자신을 흉노 땅으로 보낸 한나라 조정에 반감을 가졌기 때문이었다. 그래서 그는 흉노로 떠나기 전, 자신이 흉노에 가게 되면 반드시 한나라에 우환이 될 것이라고 말했다. 그는 흉노에 투항한 이후, 선우(單于-흉노의 왕을 일컫는 말)에게 흉노의 강인한 정신을 유지하면서 한나라의 유용한 기술들을 적극적으로 활용하도록 건의했다. 그 결과 흉노는 적은 수의 군대로도 효율적으로 한나라 군대를 무찌를 수 있었다. 그리하여 그는 선우의 총애를 받게 되었으며, 흉노는 무제가 대규모로 흉노 원정을 벌이기 전까지 한나라에 대한 우위를 유지해 나갈 수 있었다.

36) 역자주 : 군영(軍營)을 지키는 일.

대(冠帶)의 예절이나 조정에서 지켜야 할 예절은 없습니다.[匈奴父子同穹廬臥. 父死, 妻其後母, 兄弟死, 盡妻其妻. 無冠帶之節, 闕庭之禮.]”라고 말했다. 한나라의 사신은 한인들의 풍속 습관 및 가치관을 기준으로 흉노의 풍속 습관 및 가치관을 평가하여, 흉노인의 주거와 결혼 풍속 등의 풍속 습관이 매우 낙후되었다고 여겼으며, 심지어 어떤 사람은 짐승의 행위라고까지 말했다. 중항열은 반대로 그렇게 보지 않았는데, 다음과 같이 말했다. “흉노의 풍속은 가축을 길러 고기를 먹고, 가축의 피를 마시며, 그 가죽으로 옷을 만들어 입고, 가축에게 풀과 물을 먹이기 위해 때에 따라 옮겨 다닙니다. 때문에 그들이 급박할 때 사람들이 말 타고 활 쏘는 법을 익히며, 여유가 있을 때는 사람들이 걱정 없이 즐겁게 지냅니다. 약속한 내용이 쉬우니 쉽게 행할 수 있고, 군신(君臣)의 관계가 간결하니 오랫동안 유지될 수 있습니다. 온 나라의 정치가 한 몸과 같습니다. 부형(父兄)이 죽으면 곧 그의 아내를 자신의 아내로 삼으니, 종족(宗族)의 대가 끊어지는 것을 싫어해서입니다. 때문에 흉노는 비록 난리가 일어나도 반드시 종족을 보존하여 세웁니다. 지금 중국에서는 비록 겉으로 부형의 부인을 아내로 삼지 않지만, 친속(親屬) 간에 더욱 멀어져 서로 죽이거나, 왕조가 바뀌기[易姓]까지 하니, 모두 이런 것들에서 비롯된 것입니다. 또한 예의의 폐단은 상하 간에 서로 원한을 사게 만들고, 궁전 건물을 지나치게 화려하게 지어 민력(民力)이 쇠약해질 따름입니다. 무릇 농사 짓고 뽕나무를 길러서 의식(衣食)을 구하며, 성곽을 쌓아 스스로 전쟁에 대비하는 데 힘쓰기 때문에, 그 백성들은 급할 때 싸우는 것을 익히지 못하며, 여유가 있을 때는 일을 많이 하여 피곤해져 있습니다. 아! 토실(土室)에 사는 사람[37]이여, 여러 말 마시오. 재잘거리고 소곤거리면서 자신의 사리사욕을 채우는 데 온 정신을 쏟고 있으니, 관(冠)을 쓰고 다닌들 무슨 쓸모가 있겠소.[匈奴之俗, 食畜肉, 飮其汁, 衣其皮, 畜食草飮水, 隨時轉移. 故其急則人習騎射, 寬則人樂無事. 約束徑, 易行, 君臣簡, 可久. 一國之政猶一體也. 父兄死, 則妻其妻, 惡種姓之失也. 故匈奴雖亂, 必立宗種. 今中國雖陽不取其父兄之妻, 親屬益疏則相殺, 至到易姓, 皆從此類也. 且禮義之敝, 上下交怨, 而室屋之極, 生力屈焉. 夫力耕桑以求衣食, 築城郭以自備, 故其民急則不習戰攻, 緩則罷於作業. 嗟土室之人, 顧無喋喋佔佔, 冠固何當!]"[38]
이로써 알 수 있듯이, 한나라에서 흉노에 온 중항열은 흉노의 문화를 잘 이해하고 있었으며, 한인의 가치관으로 흉노의 풍속과 습관을 평가하지 않았을 뿐만 아니라, 흉노의 결혼 풍습 등의 풍속과 습관이 비문명적이거나 야만적임을 나타내 주는 것이 아니고, 도리어 상당히 합리성을 지니고 있으며, 마땅히 별도의 한 가지 문명에 속하기 때문에, 한인들의 기준에 따라 비난해서는 안 된다고 생각했다. 반고는 위의 대화를 객관적으로 기술하여, 『한서』가 더욱 '실록(實錄 : 사실 그대로 적은 기록-역자)'의 귀한 가치를 갖도록 했다. 반고는 또한 『한서』「흉노전」에서, 흉노의 저제후선우(且鞮侯單于)가 장자(長子)를 좌현왕(左賢王)[39]으로 삼고, 둘째 아들을 좌대장(左大將)으로 삼았다는 사실을 기록했다. 저제후선우는 병으로 세상을 떠났는데, 일찍이 장자인 좌현왕을 선우로 삼으라는 유언을 남겼지만, 일부 귀족들은 좌현

37) 역자주 : 벼슬을 하는 사람을 가리키는 말이다. 여기에서는 한나라에 온 사신을 지칭한다.
38) 『한서』 권94 「흉노전」.
39) 역자주 : 흉노에서 가장 높은 제후의 호칭이다.

왕의 신체가 건강하지 않다고 여겨, 대신 좌대장을 선우에 옹립했다. 좌현왕은 그 사실을 듣고 선우가 되려는 생각을 접었다. 그런데 좌대장도 또한 매우 도량이 넓고 큰 사람이었으므로, 급히 심부름꾼을 보내 좌현왕을 불러오게 하여 제위를 양위하겠다는 뜻을 표시했다. 그러나 좌현왕은 완강하게 사양하며 받아들이지 않았는데, 좌대장이 갖가지 이유로 허락하지 않자, 좌현왕은 어쩔 수 없이 즉위했다. 명나라 사람인 왕유정(王維楨)은 책을 읽다가 이 부분에 이르자 감탄하면서 말하기를, "오랑캐지만 형제가 제위를 양보했으니, 역시 현명하구나.[以夷狄而兄弟讓位焉, 亦賢矣.]"[40]라고 했다.

호한야선우(呼韓邪單于)에게는 전거연지(顓渠閼氏)[41]와 대연지(大閼氏)라는 부인들이 있었는데, 이들을 모두 총애했다. 전거연지는 두 명의 아들을 낳았는데, 그 첫째의 이름은 저막차(且莫車)였으며, 대연지는 네 명의 아들을 낳았는데 그 첫째의 이름은 조도막고(雕陶莫皐)였으며, 나이는 저막차보다 많았다. 호한야선우는 전거연지를 무척 총애했으므로, 그가 병들어 죽기 전에 저막차를 다음 선우로 삼으려 하자, 그의 어머니인 전거연지는 동의하지 않으면서 다음과 같이 말했다. "흉노가 전란을 겪은 10여 년 동안 위태롭기 그지없었는데, 한나라의 힘을 빌었던 까닭에 다시 안정을 되찾을 수 있었습니다. 지금의 평온함이 오래가지 못하여, 백성들은 전쟁이 나지 않을까 경계하고 있는데, 저막차는 나이가 어려 백성들이 따르지 않아, 다시 나라가 위태로워질까 두렵습니다. 저와 대연지는 한 집안으로 같은 아들

40) 능치룡(凌稚隆), 『한서평림(漢書評林)』 권94 상(上).

41) 역자주 : 연지(閼氏)는 흉노족 왕비를 일컫는 호칭이다.

을 두고 있으니, 조도막고를 선우로 세우는 것만 못합니다.[匈奴亂十餘年, 不絕如髮, 賴蒙漢力, 故得復安. 今平定未久, 人民創艾戰鬪, 且莫車年少, 百姓未附, 恐復危國. 我與大閼氏一家共子, 不如立雕陶莫皐.]"[42] 이에 대연지도 또한 사양하며 말하기를, "저막차가 비록 나이는 어리지만, 대신(大臣)들과 함께 국사(國事)를 돌보고 있으니, 지금 존귀한 이를 버리고 미천한 이를 선우로 세운다면, 후세에 반드시 혼란이 일어날 것입니다.[且莫車雖少, 大臣共持國事, 今捨貴立賤, 後世必亂.]"[43]라고 했다. 이처럼 두 연지는 모두 국사를 가장 중요하게 생각하면서 서로 양보했다. 나중에 호한야선우는 전거연지의 건의를 받아들여 조도막고를 선우로 삼았다. 명(明)나라 사람 호찬종(胡纘宗)은 크게 칭찬하면서 이렇게 말했다. "두 연지는 아녀자였지만 대의(大義)를 지킬 줄 알았으며, 주장이 강개(慷慨)했으니, 이와 같을진대 누가 흉노에 제대로 된 사람이 없다고 말하겠는가.[兩閼氏以婦人而能持大義, 立論慷慨, 若此孰謂匈奴無人哉.]"[44] 이로써 알 수 있듯이, 흉노는 결코 전반적으로 야만적이고 후진적이지 않았으며, 선진적이고 문명적인 부분들도 많이 갖추고 있었다. 반고는 비교적 낙후된 소수민족들에게도 선진적인 면들이 있다고 생각했을 뿐만 아니라, 또한 소수민족들도 완전히 똑같지 않으므로, 선진적인 민족과 낙후된 민족들로 구분해야 한다고 생각했다. 그는 『한서』「지리지(地理志)」에서, 은(殷)나라가 멸망하고, 은나라의 대신(大臣)인 기자(箕子)가 조선[朝鮮 : 지금의 요동(遼東) 지역][45]의 예맥족(濊貊

42) 『한서』 권94 「흉노전」.

43) 『한서』 권94 「흉노전」.

44) 능치륭, 『한서평림』 권94 하(下).

45) 역자주 : 최근의 고고학 연구 성과에 따르면, 기자가 은나라 멸망 이후에 간 곳은

族)들이 살고 있는 지역에 가서, "그 백성들에게 예의(禮義)와 농사와 누에치기와 베 짜는 법을 가르쳤다.[教其民以禮義, 田蠶織作.]"라고 기록했다. 그 결과 그 곳의 경제와 문화가 매우 빠르게 발전했으며, "그리하여 백성들이 서로 도둑질하는 것을 멈추자, 문을 닫고 사는 집이 없었으며, 여자들도 정절과 믿음을 지켜 음란하지 않았다.[是以其民終不相盜, 無門戶之閉, 女人貞信不淫辟.]"이라고 했다. 이에 반고는 매우 감탄하여 말하기를, "참으로 귀하구나, 인자(仁者)와 현인(賢人)의 가르침은![可貴哉, 仁賢之化也!]"라고 했으며, 또한 "동이(東夷)는 천성이 유순(柔順)하여, 다른 지역의 이민족들과는 달랐기 때문에, 공자는 도(道)가 행해지지 않음을 슬퍼하면서, 뗏목을 만들어 바다에 띄워, 구이(九夷)[46]에 가서 살고 싶어 했다는데, 이래서였구나![東夷天性柔順, 異於三方之外, 故孔子悼道不行, 設浮於海, 欲居九夷, 有以也夫!]"라고 했다. 이처럼 그는 요동 지역의 동이족에 대해 매우 높게 평가했다. 반고는 소수민족들에게도 우수한 점이 있다고 보았기 때문에, 추양(鄒陽)이 "진(秦)나라는 이민족인 융(戎) 출신의 유여(由餘)를 채용하여 중국을 제패했으며, 제(齊)나라는 월(越)나라 사람 자장(子臧)을 채용하여 위왕(威王)·선왕(宣王) 때에 강성해졌다.[秦用戎人由餘而伯(霸와 같음-인용자)中國, 齊用越人子臧而强威·宣]"[47]라고 말한 것을 매우 높이 평가했다. 당시에는 한나라의 많은 사람들이 흉노에 가서 흉노의 발전에 공헌했으

지금의 요동 지역이라고 한다. 이 책에서는 이 학설을 따르고 있다.

46) 역자주 : 고대 중국인들이 동쪽에 거주하는 아홉 오랑캐들[견이(畎夷)·우이(于夷)·방이(方夷)·황이(黃夷)·백이(白夷)·적이(赤夷)·현이(玄夷)·풍이(風夷)·양이(陽夷)]을 일컫던 말.

47) 『한서』 권51 「추양전(鄒陽傳)」.

며, 흉노에서도 많은 사람들이 한나라에 와서 한나라 조정에 중용(重用)됨으로써, 한나라의 경제와 문화 발전에 공헌하기도 했다.

이상의 내용을 요약하자면, 반고는 "중국과 오랑캐는 다르다[華夷有別]."라는 생각을 갖고 있었으나, 당시의 역사적 상황을 감안한다면 그것은 결코 잘못된 것이 아니었다는 것을 알 수 있다. 왜냐하면 민족들 간의 다른 점들을 보지 못했다면, 민족들을 구분할 방법이 없었을 것이기 때문이다. 핵심은 반고가 민족들 사이의 차이를 너무 과장했으며, 민족 차별적인 경향을 드러냈다는 바로 그 점이 옳지 않았다는 것이다. 반고가 소수민족들에게 낙후된 면이 있다고 생각함과 동시에, 또한 일부 소수민족들의 선진적인 면을 볼 수 있었다는 것은 바로 대단히 소중한 사상적 경향이었다.

3. 은혜와 위엄을 함께 사용하다.

반고는, 중국과 이민족은 비록 한 몸이지만, 서로 다르기 때문에 여전히 주종(主從)의 구분이 있다고 보았다. 따라서 이민족과의 관계를 어떻게 잘 처리할 것인지가 대단히 중요한 문제라고 생각했다. 도대체 민족 관계를 어떻게 처리할 것인가에 대해 반고는 또한 자신의 폭넓은 식견을 가지고 있었는데, 얼핏 보기에 반고의 관점에는 몇 가지 모순이 있는 것 같지만, 자세히 분석해 보면 일리가 있다는 것을 알 수 있다.

동한 초기에 흉노는 이미 남흉노와 북흉노로 분열되었다. 남흉노는 한나라에 귀속되었지만, 북흉노는 여전히 막북(漠北)에 거주하고 있었다. 장제(章帝) 건초(建初) 연간(서기 76~84년-역자)에 북흉노는 사자(使者)를 보내 동한 조정에 조공과 예물을 바쳤으며, 또한 화친(和親)을 요구했다. 장제는 여러 신하들을 불러 이를 어떻게 처리할 것인지에 대해 토론하도록 했다. 많은 신료(臣僚)들은, 흉노는 말을 자주 바꾸고 속이기를 좋아하니, 결코 진심으로 화친하려 하는 것이 아니라, 단지 한나라의 군사력에 두려워 떨고, 또 남흉노가 두렵기 때문에, 마침내 한나라가 막북에 사신을 파견하여 답방하고, 위무(慰撫)를 나타내 주도록 제안한 것이라고 생각했다. 지금 만약 사신을 파견하게 되면, 이미 중원을 따르고 있는 남흉노의 불만을 사게 될까 염려되며, 북흉노의 교활한 계책에 빠져들 수도 있으니, 그들을 상대하지 않는 편이 낫다고 주장했다. 그러나 오로지 반고는 그들과 다른 주장을 하면서 이렇게 말했다. "제가 혼자서 생각해 보니, 한나라가 세워진 이래로 지금까지 오랜 세월 동안 늘 오랑캐들과 전쟁을 하고 다투었는데, 특히 흉노에 대해 힘썼습니다. 그들을 다스리는 방법은 그 길이 한 가지가 아니었으니, 문도(文道)로써 그들과 화친하기도 했고, 무력을 써서 정벌하기도 했으며, 겸손한 태도로 그들과 타협하기도 했고, 신하로 받아들여 불러들이기도 했습니다. 비록 다양한 방법을 사용하여 일정하지 않았으므로 때때로 달랐지만, 관계를 거절하여 방치해 두고 접촉하지 않았던 적은 없었습니다. 때문에 건무(建武 : 25~56년의 연호-역자) 시대부터 다시 옛날의 법식을 정비하여, 여러 차례에 걸쳐 거듭 사신을 보냈는데, 앞뒤로 계속 이어지다가, 건무 말엽에 처음으로 잠시 교류가 중단되었습니다. 영평(永平) 8년에 다시 이들과 소통할 것을 논의했습니다. 그리하여 조정에서는 연일 논쟁이 계속되자 이견(異見)이 분분했는데, 대다수는 소통하기가 어렵다고 주장했고, 그것이 쉽다고 말하는 사람은 적었습니다. 선제(先帝)의 성덕(聖德)을 깊이 받아들이고, 이전 시대와 이후 시대를 모두 살피고 고려하여, 마침내 다시 사신을 보내, 이전 시대와 마찬가지로 힘썼습니다. 이렇게 추진했기에, 한 세대에 교류가 중단되었다가 다시 복구하지 않은 적이 없었습니다. 지금 오환족(烏桓族)이 궁궐에 찾아와 역관(譯官)을 통해 머리를 조아리고, 강거(康居)와 월지(月氐)도 멀리에서부터 찾아왔으며, 흉노는 지금 분열되어 있고 명왕(名王)[48]이 항복해 왔습니다. 이렇게 세 방면의 오랑캐들이 복속해 온 것은 군대의 위엄을 사용한 것이 아니고, 이는 진실로 나라가 신명(神明)에 통하여 자연스럽게 정복한 것입니다. 제가 생각하기로는, 옛날의 일들에 근거하여 다시 사신을 파견하여, 위로는 오봉(五鳳 : 기원전 57~기원전 54년-역자)·감로(甘露 : 기원전 53~기원전 50년-역자) 연간에 먼 나라에서 온 사람들을 불러 만났던 일을 계승하고, 아래로는 건무(建武)·영평(永平) 시기에 있었던 기미(羈縻)[49]의 뜻을 잃지 않는 것이 마땅합니다. 흉노의 사신이 두 번 온 다음에 사신을 한 번 보내어, 중국의 군주가 충(忠)과 신(信)이 있음을 밝히고, 또한 우리 조정의 예(禮)와 의(義)가 변함이 없음을 알리면, 어찌 그들이 우리를 거스르거나 속이면서 의구심을 드러낼 것이며, 어찌 그 선의(善意)를 저버리겠습니까! 그들과 교류를 끊었을 때의 이로움을 알지 못하며, 그들과 소통했을 때의 해로움을 듣지 못했습니다. 만약 나중에 그들이 점점 강해져서 능히 전

48) 역자주 : 명왕은 흉노의 제후들 중에서 가장 세력이 큰 이를 가리키는 고유명사이다.

49) 역자주 : 기미란, 굴레와 고삐라는 뜻으로, 속박(束縛)하거나 견제(牽制)함을 비유적으로 이르는 말이다. 즉 잘 달래면서 통제한다는 의미로 사용된다.

쟁을 일으킬 수 있게 되었을 때, 바야흐로 다시 그들과 교류하려 한다면, 장차 어찌 이룰 수 있겠습니까? 이번 기회에 그들에게 은혜를 베푸는 것만 못하니, 이것이야말로 가까운 앞날이나 먼 장래의 계책입니다.[竊自惟思, 漢興已來, 曠世歷年, 兵纏夷狄, 尤事匈奴. 綏御之方, 其途不一, 或修文以和之, 或用武以征之, 或卑下以就之, 或臣服而致之. 雖屈伸無常, 所因時異, 然未有拒絕弃放, 不與交接者也. 故自建武之世, 復修舊典, 數出重使, 前後相繼, 至於其末, 始乃暫絕. 永平八年, 復議通之. 而廷爭連日, 異同紛回, 多執其難, 少言其易. 先帝聖德遠覽, 瞻前顧後, 遂復出使, 事同前世. 以此而推, 未有一世闕而不修者也. 今烏桓就闕, 稽首譯官, 康居·月氏, 自遠而至, 匈奴離析, 名王來降, 三方歸服, 不以兵威, 此誠國家通於神明自然之征也. 臣愚以爲宜依故事, 復遣使者, 上可繼五鳳·甘露致遠人之會, 下不失建武·永平羈縻之義. 虜使再來, 然後一往, 既明中國主在忠信, 且知聖朝禮義有常, 豈可逆詐示猜, 孤其善意乎! 絕之未知其利, 通之不聞其害. 設後北虜稍强, 能爲風塵, 方復求爲交通, 將何所及! 不若因今施惠, 爲策近長.]"[50]

반고의 이 의론(議論)은 「흉노화친의(匈奴和親議)」라고 불린다. 이 의론에서 제시한 "오봉(五鳳)·감로(甘露) 시기"의 일이란, 서한 오봉 연간에 흉노 내부에서 권력 쟁탈전이 발생하여 다섯 선우(單于)들이 다투어 일어나자, 서한 조정의 일부 대신들은 흉노에서 내란이 일어난 틈을 타서 군대를 일으켜 흉노를 멸망시켜야 한다고 주장했다. 그러나 당시 소망지(蕭望之)는 흉노에 내란이 일어난 틈을 타서 흉노를 공격하는 것은 옳지 않다고 생각했다. 그러면서 그는 다음과 같이 말했다. "이전의 선우는 한나라에 귀속되기를 바랐으며, 본성이 선량하고

50) 『후한서』 권40 「반고전」, 또는 『반맹견집(班孟堅集)』 권2를 보라.

공손했습니다. 그가 조정에 사신을 보내 화친하기를 청하니, 온 나라가 이를 흔쾌히 받아들였으며, 주변 오랑캐들 중 그 소식을 듣지 못한 민족이 없었습니다. 이러한 약속을 다 지키지 못하고, 불행히도 흉노의 난신적자(亂臣賊子)들이 선우를 죽였는데, 지금 우리가 흉노를 정벌한다면, 이것은 상대의 어지러움에 편승하여 재난이 있기를 바라는 것이니, 그들은 반드시 멀리 달아날 것입니다. 의롭지 못하게 군대를 움직인다면, 아마도 수고는 하지만 효과를 거두지는 못할 것입니다. 마땅히 사자(使者)를 보내 조문을 하고, 그 힘없고 약함을 도와 재난에서 구해 주면, 사방의 오랑캐들이 이 소식을 듣게 되어, 모두 중국의 인의(仁義)를 귀하게 여길 것입니다. 만약 마침내 은혜를 입어 그 지위를 되찾을 수 있게 되면, 반드시 신하로 칭하고 복종할 것이니, 이는 덕이 성대하게 베풀어짐입니다.[前單于慕化鄉善稱弟, 遣使請求和親, 海內欣然, 夷狄莫不聞. 未終奉約, 不幸爲賊臣所殺, 今而伐之, 是乘亂而幸災也, 彼必奔走遠遁. 不以義動兵, 恐勞而無功. 宜遣使者弔問, 輔其微弱, 救其災患, 四夷聞之, 咸貴中國之仁義. 如遂蒙恩得復其位, 必稱臣服從, 此德之盛也.]"[51] 한나라 선제(宣帝)는 소망지의 이러한 의견을 받아들여, 군대를 보내 흉노를 치지 않고 흉노에 사신을 파견했으며, 호한야선우를 도와 그가 흉노를 안정시키도록 했다. 이후 호한야선우는 5천여 명의 사람들을 이끌고 한나라 조정에 복속해 왔으며, 감로 원년(기원전 53년)에 아들 우현왕(右賢王) 수루거당(銖婁渠堂)을 입시(入侍)하게 했다. 또한 감로 3년(기원전 51년)에는 직접 한나라 조정에 와서 선제를 알현하기도 했다. 이후 한나라와 흉노는 화친하여, 다시 친밀하고 평화로

51) 『한서』 권78 「소망지전(蕭望之傳)」.

운 관계를 수립했다.

「흉노화친의」에서 제시한 '건무·영평 시기에 있었던 기미(羈縻)의 뜻[建武·永平羈縻之義]'이 가리키는 것은 다음과 같은 내용이다. 즉 왕망(王莽)이 정권을 탈취한 후 민족에 대해 차별과 압박 정책을 실행하여, 중원 정권과 소수민족들 간의 모순이 격화되었으나, 유수(劉秀)가 동한을 세운 이후에는 서한과 소수민족들이 우호 관계를 회복했으며, 소수민족들을 복속시키는 데 주의를 기울이자, 남흉노가 건무 연간에 신하가 되겠다는 의사를 표시해 왔다. 그러자 광무제(光武帝) 유수는 두 번에 걸쳐 중랑장(中郎將)을 흉노에 사신으로 보내, 흉노와 평화롭게 왕래했지만, 이후 사신을 파견하는 일을 잠시 중단했다. 명제(明帝) 영평 7년(서기 64년)에 북흉노가 또한 사신을 보내와 통상(通商)을 요구하자, 한나라 조정에서는 흉노와의 우호 관계를 맺는 데 대해 토론했다. 그 결과 의견이 분분했지만, 많은 대신(大臣)들은 하나같이 흉노와 교류하는 것은 대단히 어렵다고 강조했다. 하지만 명제는 오히려 멀리 바라보고, 흉노와 우호 관계를 맺을 것을 결정했으며, 마침내 영평 8년(서기 65년)에 월기사마(越騎司馬) 정중(鄭衆) 등을 북흉노에 사신으로 보내, 계속하여 흉노와 평화로운 교류 관계를 유지했다.

「흉노화친의」에서 알 수 있듯이, 반고는 서한의 선제 시기 이래 동한의 광무제와 명제 시기까지 시행된 흉노와의 평화적 교류 정책을 높이 평가했다. 그러면서 장제(章帝)가 어명을 내려 어떻게 흉노를 대한 것인가 하는 문제를 토론하게 했을 때, 한나라 선제 이래 우호적인 전통을 이어받고, 광무제와 명제가 흉노를 견제하던 정책을 계속 시행하여, 사신을 파견하면서 흉노와 우호 관계를 유지하는 책략을 계속할 것을 주장했다. 또한 중국이 성실하고 믿을 수 있는[忠信] 방침을 실행한다는 것을 표명하고, 흉노로 하여금 한나라 조정이 예절을 중시한다는 사실을 알게 하자고 제시하면서, 한나라와 흉노의 관계 발전을 촉진하는 것이 이롭고, 흉노와 관계를 단절하는 것은 곧 좋을 게 없다고 주장했다. 여기에서 알 수 있듯이, 이 글에서 드러나는 것은, 반고는 화친하자는 입장을 견지했으며, 무력으로 정복하자는 사상적 경향에 반대했다는 것이다.

그러나 다른 한편 반고는 또한 이와 서로 반대되는 주장을 담은 글을 쓰기도 했다. 동한 화제(和帝) 영원(永元) 원년(기원전 89년)에, 한나라는 두헌(竇憲)으로 하여금 군대를 이끌고 북흉노를 공격하게 하자, 반고는 이 원정에 종군(從軍)했는데, 중호군(中護軍)에 임명되어 군사 작전을 수립하는 데 참여했다. 두헌의 군대가 계락산[稽落山 : 지금의 몽골(Mongol) 달랑자드가드(Dalanjadgad) 서북 지역]에서 북흉노의 군대를 무찌른 다음, 반고는 두헌 등과 연연산[燕然山 : 현재 몽골 캉아이(Khangai) 산맥]에 올라 비석에 두헌의 공(功)을 기록했다. 바로 유명한 「봉연연산명(封燕然山銘)」이 그것이며, 그 글의 전문(全文)은 다음과 같다.

"영원 원년 가을 7월, 한나라 황제의 외숙부인 거기장군(車騎將軍) 두헌은 황제의 영명함을 공경하고 받들었으며, 황실을 보좌하고 국사의 중요한 일을 담당했으니, 오로지 맑고 밝게 빛났다. 이에 집금오(執金吾 : 벼슬 이름-역자) 경병(耿秉)과 더불어 국사를 황제에게 보고하고 전국을 순시(巡視)하며, 북쪽에서 군대의 일을 관장했다. 사기충천한 장교와 용맹한 사병이 있었으니, 이에 육군(六軍)[52]을 다 갖추었으

52) 역자주 : 주대(周代)의 군대 편제가 오(伍)·양(兩)·졸(卒)·여(旅)·사(師)·군(軍)

며, 그 밖에 남흉노의 선우(單于), 동쪽 오랑캐[東胡] 오환(烏桓), 서쪽 오랑캐[西戎]인 저족(氐族)과 강족(羌族), 제후왕과 우두머리들이 있고, 날래고 용감한 기병 3만 명이 있었다. 원융(元戎 : 10명이 타는 전차-역자)은 쏜살같이 내달리고, 장곡[長轂 : 병거(兵車)의 일종-역자]은 사방으로 나뉘어, 수많은 병거(兵車)들이 길을 가득 덮었는데, 동원된 수레가 모두 1만 3천여 대에 달했다. 팔진(八陣)[53]을 펼쳐 위엄 있게 임했으며, 검은 갑옷은 햇빛에 반짝였고, 붉은 깃발은 하늘을 덮었다. 마침내 고궐(高闕)[54]을 넘어, 계록(鷄鹿)[55]을 함락시키고, 황야를 지나 큰 사막을 가로질렀으며, 온우(溫禺)[56]의 목을 베어, 그의 피를 북에 발라 제사를 지냈고[釁鼓][57], 피투성이 주검들이 차례로 칼날을 피로 물들였다. 그 다음에 사방의 부대들이 거침없이 나아가니, 별이 날아가고 혜성이 쓸고 지나간 듯이, 1만 리(里)에는 정적이 감돌고, 들판에는 원수들이 남아 있지 않았다. 이리하여 변경의 오랑캐들을 멸망시키고, 군대를 돌려 개선하였으며, 여러 사람들이 하는 말을 곰곰이 되새겨 보고 겪은 일들을 헤아려 보면서 그 산천들을 모두 살펴보았다. 마침

의 여섯 종류였던 데에서 유래했으며, 천자의 군대를 가리키는 말로 쓰인다.

53) 역자주 : 군대가 전투에서 펼치는 열덟 가지 진(陣)을 가리킨다. 가장 오래된 형태는 옛날 풍후(風后)가 고안한 천(天)·지(地)·풍(風)·운(雲)·용(龍)·호(虎)·조(鳥)·사(蛇)이고, 제갈량이 운용했던 동당(洞當)·중황(中黃)·용등(龍騰)·조상(鳥翔)·연횡(連衡)·악기(握機)·호익(虎翼)·절충(折衝)이 가장 잘 알려져 있다.

54) 역자주 : 음산산맥(陰山山脈)의 내몽고 바옌나오얼멍(巴彦淖爾盟) 항진호우키(杭錦後旗)에 갈라진 틈새가 하나 있었는데, 그 모양이 마치 궐문(闕門)처럼 생겼기 때문에 붙여진 이름이다.

55) 역자주 : 한나라와 흉노 사이에 있던 주요 군사 요충지이다.

56) 역자주 : 흉노의 귀족을 지칭하는 호칭.

57) 역자주 : '흔고(釁鼓)'는 전쟁이 발생했을 때 동물의 피를 적셔 제사지내는 의식을 가리킨다.

내는 탁야산(涿邪山)[58]을 넘고, 안후(安侯)를 건너, 연연산(燕然山)에 올랐으며, 묵돌선우(冒頓單于)가 다스리던 지역에 이르러, 옛 선우들이 대대로 하늘에 제사지내던 용정(龍庭)을 불태웠다. 이리하여 위로는 고조(高祖)와 문제(文帝)의 해묵은 분노를 풀어 드리고, 조종(祖宗 : 임금의 선조-역자)의 신령(神靈)들을 빛냈으며, 아래로는 후사를 안전하고 공고히 했으며, 영토를 넓혀, 위대한 한나라의 명성을 천하에 떨쳤다. 이 때 한 번의 힘씀으로써 오랫동안 편안하게 된 것은, 잠깐 힘을 들여 영원히 평안해진 것이라고 할 수 있다. 이에 마침내 산을 쌓아 올리고 돌을 깎아, 크고 훌륭한 덕[盛德]을 밝혀 새긴다. 그 글에서 말하기를, '위엄 있는 왕의 군대가 변방을 정벌하고, 흉악한 적을 절멸시키고 사해(四海)의 밖으로 몰아내어, 아득히 먼 곳의 땅을 구하고 땅의 경계를 넓혔으니, 신에게 제사지낼 언덕을 쌓고 성대한 비석을 세워, 황제의 업적을 빛내고 자손만대에 떨치노라.'라고 했다.[惟永元元年秋七月, 有漢元舅, 曰車騎將軍竇憲, 寅亮聖明, 登翼王室, 納於大麓, 惟淸緝熙. 乃與執金吾耿秉, 述職巡御, 理兵於朔方. 鷹揚之校, 螭虎之士, 爰該六師, 暨南單于, 東胡烏桓·西戎氐羌侯王君長之群, 驍騎三萬. 元戎輕武, 長轂四分, 雲輜蔽路, 萬有三千餘乘. 勒以八陣, 莅以威神. 玄甲耀日, 朱旗絳天. 遂陵高闕, 下鷄鹿, 經磧鹵, 絶大漠, 斬溫禺以釁鼓, 血尸逐以染鍔. 然後四校橫徂, 星流彗掃, 蕭條萬里, 野無遺寇. 於是域滅區殫, 反旆而旋. 考傳驗圖, 窮覽其山川. 遂逾涿邪, 跨安侯, 乘燕然. 躡冒頓之區落, 焚老上之龍庭. 上以攄高·文之宿憤, 光祖宗之玄靈, 下以安固後嗣, 恢拓境宇, 振大漢之天聲. 玆可謂一勞而久逸, 暫費而永寧也. 乃遂封山刊石, 昭銘盛德. 其辭曰, '鑠王師兮征荒裔, 剿凶虐兮截海外, 夐

58) 역자주 : 오늘날 몽골의 알타이(Altai) 산맥 동남쪽에 있는 지역이다.

其邈兮亘地界, 封神丘兮建隆嶱, 熙帝載兮振萬世.']"[59]

이외에도 반고는 또한 「두장군북정송(竇將軍北征頌)」[60]을 지었는데, 이 글의 주제는 「봉연연산명」과 같다. 반고의 「봉연연산명」과 「두장군북정송」은 그가 지은 「흉노화친의」의 주제와는 전혀 다른 관점을 나타냈다. 즉 한나라는 흉노와의 관계에서 무력을 써서 정복하는 것을 중심으로 삼아야 한다고 생각하여, 화친에 반대했다. 그는 이 글들에서 두헌이 북벌에 나서 흉노에게 승리를 거둔 것을 열렬히 찬양했으며, 그의 승리가 바로 "위로는 고조와 문제의 해묵은 분노를 풀어 드리고, 조종(祖宗)의 신령(神靈)들을 빛냈으며, 아래로는 후사를 안전하고 공고히 하고, 영토를 넓혀 위대한 한나라의 명성을 천하에 떨친[上以攄高·文之宿憤, 光祖宗之玄靈, 下以安固後嗣, 恢拓境宇, 振大漢之天聲]" 위대한 업적이라고 했다. 이러한 글들은 비록 반고가 당시 맡고 있던 직책과 주변의 상황에 얽매여 쓴 것이고, 심지어 "권력자에 빌붙어 아부한 것[趨炎附勢]"이거나 두헌에 대해 "은혜에 감사하여 했던 일[感恩戴德]"이라는 혐의를 받기도 하지만, 또한 반고가 무력을 사용해서 흉노가 북쪽 변경을 위협하는 문제를 해결해야 한다는 생각을 지니고 있었음을 반영하고 있다.

이상에서 알 수 있듯이, 반고는 민족 관계의 문제를 처리하는 데에서, 한편으로는 흉노와 화친하고 우호적인 교류를 해야 한다고 주장했을 뿐만 아니라, 다른 한편으로는 무력으로 정복할 것을 주장했다. 얼핏 보기에는 마치 서로 모순되는 듯하다. 그렇지만 사실은 결코 모

59) 『후한서』 권23 「두융열전(竇融列傳)」. 또한 『반맹견집(班孟堅集)』 권3을 보라.
60) 『반맹견집』 권3을 보라. 또한 『예문유취(藝文類聚)』 권69를 보라.

순되는 게 아니다. 만일 반고가 「흉노전(匈奴傳)」에 쓴 찬어(贊語)들을 보면, 그가 갖고 있던 민족 사상의 진정한 요지가 곧 분명해진다.

반고는 『한서』 「흉노전」의 찬(贊)에서, 한나라 조정이 흉노와의 관계 문제를 처리해 온 복잡한 발전 과정을 회고하면서 다음과 같이 지적했다. 한나라 왕조가 건립된 이래, "충언(忠言)과 계책이 뛰어난 신하들이 어찌 항상 조정의 높은 곳에서 서로 다투어 계책을 운용하지 않았겠는가? 고조(高祖) 때에는 유경(劉敬)이, 여후(呂后) 때에는 번쾌(樊噲)·계포(季布)가, 문제(文帝) 때에는 가의(賈誼)·조조(晁錯)가, 무제(武帝) 때에는 왕회(王恢)·한안국(韓安國)·주매신(朱買臣)·공손홍(公孫弘)·동중서(董仲舒)가 그들인데, 사람들마다 가진 견해가 각각 차이가 있었으나, 그 요지들을 종합해 보면 두 가지 부류로 귀속될 따름이다. 바로 고위 관료들 중 선비 출신들은 화친을 고수했으며, 무사 출신 인사들은 정벌할 것을 주장했다.[忠言嘉謀之臣曷嘗不運籌策相與爭於廟堂之上乎? 高祖時則劉敬, 呂后時樊噲·季布, 孝文時賈誼·晁錯, 孝武時王恢·韓安國·朱買臣·公孫弘·董仲舒, 人持所見, 各有同異, 然總其要, 歸兩科而已. 縉紳之儒則守和親, 介胄之士則言征伐.]" 즉 한나라와 흉노의 관계를 어떻게 처리할 것인지에 대해 여러 대신들이 계책을 낸 적이 있는데, 비록 그 의견들이 천차만별이었지만 그 주장들을 종합해 보면, '화친'을 하자는 주장과 '정벌'을 실행하자는 두 가지 의견뿐이었다. 반고는 오로지 '화친'만을 주장하는 것과 혹은 오로지 '정벌'만을 주장하는 것은 "모두 일시적인 이해(利害)에만 치우친 생각으로, 흉노의 처음부터 끝까지를 모두 헤아리지 못한 것[皆偏見一時之利害, 而未究匈奴之終始也]"이라고 생각했다. 그는 "한나라가 건국된 이래 지금까지, 더

없이 많은 해가 바뀌고 오랜 세월이 흐르는 동안, 흉노와 더불어 문(文)을 닦고 화친을 했고, 무력을 사용하여 정벌하기도 했으며, 스스로를 낮추어 흉노와의 문제를 해결하기도 했고, 위력(威力)으로써 굴복시켜 신하로 삼기도 했다.[自漢興以至於今, 曠世歷年, 多於春秋, 其與匈奴, 有修文而和親之矣, 有用武而克伐之矣, 有卑下而承事之矣, 有威服而臣畜之矣.]"라고 생각했다. 즉 한나라가 건국된 이래로 한나라의 흉노에 대한 정책은, 문서를 왕래하여 화친을 맺거나 혹은 군대를 일으켜 무력으로 정복하기도 했으며, 재물을 주어 변경을 안정시키기도 했고, 혹은 그와는 반대로 흉노로 하여금 신하로 칭하게 하여 통제하기도 했었다는 것이다. 어떤 책략을 썼던 간에, 한 가지 방법에만 치우칠 수 없었다. 그는 한나라 초기에는 한결같이 '화친'만을 주장했지만, 흉노는 여전히 수시로 국경을 침범하여, 무제 때 "비록 정벌하여 물리쳤지만, 병사·군마 및 물자의 손실도 또한 상당했다. 비록 하남(河南)의 넓은 들판을 개척하고, 북쪽의 여러 군(郡)들을 건설하기는 했지만, 또한 조양(造陽)의 북쪽 9백여 리[61]를 포기했다.[雖征伐克獲, 而士馬物故亦略相當, 雖開河南之野, 建朔方之郡, 亦棄造陽之北九百餘里.]"라고 지적했다. 그러나 선제(宣帝) 시기에 '화친'을 실행하여, "높은 위엄과 덕행으로 감화시켜 승복하게 한 다음에는, 선우(單于)가 머리를 조아리고 신하로서 복종했으며, 아들을 보내 입시(入侍)하게 하고, 3세(三世)[62] 동

61) 역자주 : 전국 시대의 연(燕)나라가 북쪽 국경 부근에 장성(長城)을 쌓았던 곳을 가리킨다. 이는 북쪽의 흉노를 공략하는 데 치중하여 국경의 동북쪽은 거의 신경 쓰지 못했음을 의미한다.

62) 역자주 : 조부(祖父)부터 손자에 이르는 3대를 가리킨다. 실제로 서한과 흉노의 우호 관계(사실상 한나라가 우위인 관계)는 대략 50년 이상 지속되었다.

안 번국(藩國)이라 칭하면서, 한나라 조정에 조공을 바쳤다. 이 때는 변방의 성들은 편안하게 성문을 닫게 되었고, 소와 말을 들판에 풀어 놓았으며, 3세 동안 개가 짖으며 위험을 알리는 일이 없었고, 백성들이 전쟁에 동원되는 일도 없었다.[覆以威德, 然後單于稽首臣服, 遣子入侍, 三世稱藩, 賓於漢廷. 是時邊城晏閉, 牛馬布野, 三世無犬吠之警, 黎庶無干戈之役.]"라고 했다. 그러나 왕망(王莽) 시기에 이르러, 이러한 우호적인 민족 관계는 무너졌다. 따라서 반고는, 흉노를 대하면서 한 가지 방법에만 치우쳐서는 안 되며, 응당 시기와 사안과 지역에 따라 각각 다른 정책을 취해야 한다면서 이렇게 주장했다. "그들과 더불어 서약을 맺지 말아야 하며, 공격하여 정벌해서는 안 된다. 서약을 맺는 것은 그들에게 많은 재물을 주고도 속임을 당하게 되며, 공격하면 군대를 피로하게 하여 침략을 초래하게 된다. 그들의 땅은 농사를 지어 식량을 얻을 수 없으며, 그 백성들을 신하로 삼아 받아들일 수 없으니, 그들은 밖에 두어야지 안으로 불러들여서는 안 되고, 멀리해야지 친하게 지내서는 안 되며, 그들에게 정교(政敎 : 정치와 교화-역자)를 미치게 할 수 없으니, 북쪽으로 나라의 영토를 확대하지 말고, 그들이 쳐들어오면 무찔러서 막아 내고, 물러가면 방비하여 지켜야 한다. 그들이 의로움을 숭상하고 공물(貢物)을 바치면, 예(禮)와 겸양(謙讓)으로 대하면서 속국의 관계가 끊어지지 않게 하고, 서로의 관계에서 잘못이 그들에게 책임이 있도록 했으니,[63] 어찌 성왕(聖王)께서 오랑캐들을 다

---

63) 역자주 : 『춘추좌씨전(春秋左氏傳)』「희공(僖公) 28년」에 있는 "우리 군대가 물러가고 초(楚)나라 군대가 물러난다면, 우리가 더 이상 무엇을 구하겠소? 만약 초나라 군대가 돌아가지 않는다면, 그것은 임금이 물러갔는데도 신하가 쳐들어오는 것이니, 잘못은 초나라에게 있게 되는 것입니다.[我退而楚還, 我將何求? 若其不還,

스리던 변치 않는 바른 이치가 아니겠는가.[不與約誓, 不就攻伐, 約之則費賂而見欺, 攻之則勞師而招寇. 其地不可耕而食也, 其民不可臣而畜也, 是以外而不內, 疏而不戚, 政教不及其人, 正朔不加其國, 來則懲而御之, 去則備而守之. 其慕義而貢獻, 則接之以禮讓, 羈縻不絕, 使曲在彼, 蓋聖王制御蠻夷之常道也.]" 즉 소수민족과 서로 평화롭게 지내고, 무력으로 정복하지 말 것이며, 자국의 문명과 예교(禮教) 및 각종 제도와 역법 등을 강요하지 않아야 한다는 것이다. 하지만 소수민족들이 침범해 올 때는 맞서 싸워 물리치고, 침범자들이 물러나면 엄정하게 진을 쳐 대처해야 한다. 또 그들이 우호 관계를 맺고 싶어 하면 예(禮)로써 대하여, 서로 사절을 파견하면서 평화롭게 왕래하게 해야 한다는 것이다. 반고는 이것이야말로 "성왕이 오랑캐들을 다스리던 변치 않는 바른 이치이다."라고 생각했다.

이로써 알 수 있듯이, 반고는 소수민족들에 대해 마땅히 은혜와 위엄[恩威]을 함께 사용하여, 때로는 은혜를 베풀고, 때로는 위엄으로써 두려움을 느끼게 하며, 심지어는 무력으로써 정벌해야 한다고 주장했다. 이러한 소수민족들에 대한 "은혜와 위엄을 함께 사용해야[恩威竝用]" 한다는 사상과 정책은 그 당시에 시행할 만한 것이었다.

반고는 비록 소수민족들에 대해서 "은혜와 위엄을 함께 사용해야" 한다고 주장했지만, '은혜[恩]'와 '위엄[威]'의 두 방면에 대해서는 오히려 동등하게 간주하지 않았다. 그는 소수민족들에게 은혜와 신의를 베풀 것, 즉 소수민족들과 함께 '화친'을 실행하여 우호적으로 왕래

君退臣犯, 曲在彼矣.]"라는 글에서 유래한 것이다. 즉 지속적으로 우호적인 정책을 펴서 전쟁을 초래할 만한 원인을 만들어서는 안 된다는 의미를 담고 있다.

해야 한다고 주장했던 적이 훨씬 더 많았다. 그는 "천하가 화평함[天下和平]"[64]을 높이 평가했으며, 또한 『좌전(左傳)』에서 "떨어져 있는 자를 예(禮)로써 부르고, 멀리 있는 자를 덕으로 감싼다.[招攜以禮, 懷遠以德]"[65]라고 한 말을 매우 높게 평가했다. 급암(汲黯)[66]은 "북쪽 오랑캐들과 화친하고, 군대를 일으키지 말아야 한다고 항상 말했는데[常言與胡和親, 毋起兵]"[67], 반고도 이에 동의했다. 그는 또한 『한서』「문제기(文帝紀)」의 찬(贊)에서 지적하기를, "남월위(南越尉) 조타(趙佗)가 스스로 독립하여 제왕이 되자[南越尉佗自立爲帝]", 문제는 "조타의 형제들을 불러 귀하게 대접하고, 덕(德)으로써 그들을 달래면서 편하게 대하니, 조타가 마침내 신하가 되었다.[召貴佗兄弟, 以德懷之, 佗遂稱臣.]"라고 했다. 또 "흉노와 화친을 맺었지만, 나중에 흉노가 약조를 어기고 국경을 침입하여 들어와 노략질을 하자, 변경에 수비 태세를 갖추도록 명령하기를, 군대를 일으켜 흉노 진영에 깊이 쳐들어가지 말도록 했는데, 이는 백성들이 수고로울까 염려해서였다.[與匈奴結和親, 後而背約入盜, 令邊備守, 不發兵深入, 恐煩百姓.]"라고 했다. 이는 문제가 덕으로써 남월을 투항시키고, 흉노와도 '화친'을 유지하여 함부로 전쟁을 일으키지 않은 것을 매우 높게 평가한 것이다. 이를 통해 알 수 있듯이,

64) 『한서』 권86 「하무전(何武傳)」.

65) 『한서』 권95 「서남이양월조선전(西南夷兩越朝鮮傳)」.

66) 역자주 : ?~기원전 112년. 서한의 명신(名臣)으로, 복양(濮陽) 출신이며, 자는 장유(長孺)이다. 경제(景帝) 때 아버지가 태자세마(太子洗馬)에 임명되었다. 급암은 무제 초기에 알자(謁者)가 되었고, 동해태수(東海太守)로 나가 업적을 쌓았다. 다시 주작도위(主爵都尉)에 임명되어 구경(九卿)의 반열에 올랐다. 직언을 서슴지 않고 조정에서 언쟁을 자주하여, 무제는 그를 '사직지신(社稷之臣)'이라고 불렀다.

67) 『한서』 권50 「급암전(汲黯傳)」.

반고는 소수민족과의 관계에서 주로 평화롭게 함께 지내면서 우호적으로 왕래할 것을 주장했다. 이것이 바로 반고의 민족 사상에서 주된 측면이었다.

위에서 서술한 내용을 종합해 보면 알 수 있듯이, 반고는 사마천과 마찬가지로 '민족일통(民族一統)'의 생각을 갖고 있었으며, 소수민족들은 '천하라는 한 몸[天下一體]' 안에 있어서 분리할 수 없는 관계라고 생각했다. 동시에 그는 또한 중국과 오랑캐는 다른 민족이며, 종족·지역은 물론이고 경제·문화 등 여러 방면에서 모두 상당한 차이가 있다고 생각했다. 즉 그는 "중국과 오랑캐는 다르다[華夷有別]."라는 민족 차별 사상과 화하(華夏 : 중국-역자)가 주체(主體) 민족이라는 "민족 주종(主從)" 사상을 갖고 있었다. 민족 정책 방면에서 그는 소수민족들에게 '은혜와 위엄을 함께 사용[恩威竝用]'할 것을 주장했고, 중국과 소수민족 중 어느 한쪽이 다른 한쪽을 침략하는 것에 반대하면서, 서로 평화롭게 지내고 우호적으로 왕래해야 한다고 주장했다. 그의 이러한 민족 사상은 오늘날에도 취할 만한 것이라고 할 수 있다. 그러나 반고가 민족들 사이의 차이를 과장하여, "중국은 존귀하고 오랑캐는 비천하다[夏尊夷卑]."라는 생각을 지나치게 강조한 점은 취해서는 안 되는 것이다.

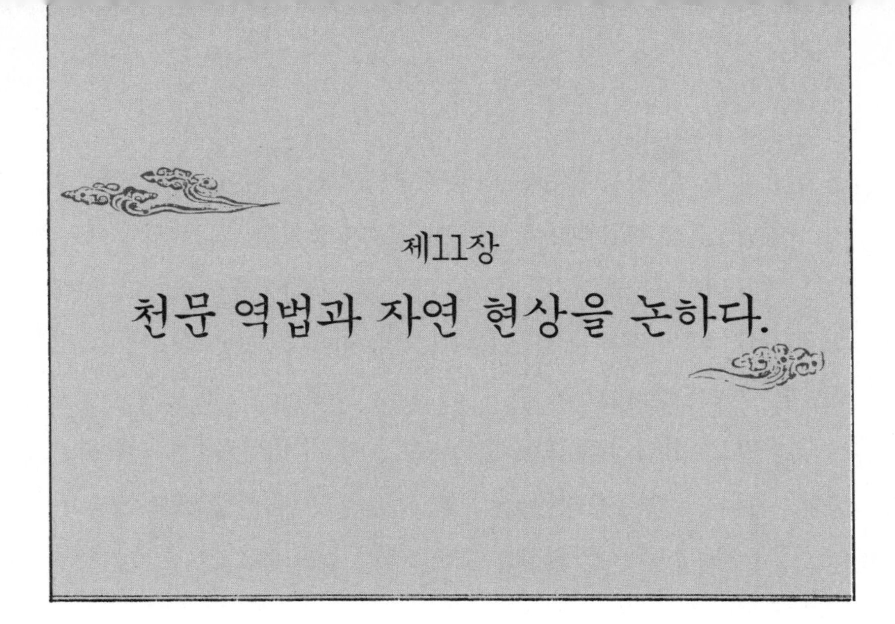

반고(班固)는 『한서(漢書)』의 「천문지(天文志)」·「율력지(律曆志)」, 그리고 「오행지(五行志)」에 고대의 천문(天文)·역법(曆法)·수학(數學) 및 기타 자연 현상 등에 관한 귀중한 사료(史料)들을 기재했는데, 이러한 기록들은 한대(漢代)의 천문 관측과 역법 계산이 이미 높은 수준에 도달해 있었음을 증명해 주며, 또한 반고가 자연과학 현상을 중시하는 생각을 갖고 있었음을 보여 준다.

1. 천문 현상을 논하다.

반고는 『한서』 「천문지」에 매우 많은 고대 천문학 자료들을 기재하면서, 한대 이전의 천문학자들이 천문 현상을 관측했던 성취에 대해 체계적으로 종합했으며, 「율력지」와 「오행지」에도 또한 천문학에 관한 진귀한 내용들을 수록했다. 반고의 기록·고증 및 분석을 살펴보면, 그가 천문 현상에 대해 과학적인 태도를 취했을 뿐 아니라, 이를 매우 신중하게 처리하는 학문 정신을 갖고 있었음을 알 수 있다. 그리고 여기에는 반고가 자연과학을 대하는 사상이 충분히 반영되어 있다.

『한서』「천문지」는 『사기』「천관서(天官書)」의 전통을 계승하여 한대 및 그 이전 시대의 천문학 성취들을 기록하고 있는데, 그와 관련된 내용은 주로 다음과 같다.

「천문지」는 한대에 관측된 항성(恒星)들에 대해 상세하게 기록하고 있다. 고대 중국인들은 천구(天球)를 자궁(紫宮)·동궁창룡(東宮蒼龍)·남궁주조(南宮朱鳥)·서궁함지(西宮咸池)·북궁현무(北宮玄武) 등 다섯 구역으로 나누었다. 그 중 자궁은 천극(天極 : 북극성-역자)·천일(天一)[1]·천창(天槍)[2]·천봉(天棓)[3]·북두칠성(北斗七星) 등을 포함하고 있다. 동·서·남·북의 4궁(宮)은 각각 28수(宿)[4] 가운데 7수씩을 포괄하고 있는데, 예를 들면 동궁창룡은 방(房)·심(心)·각(角)·항(亢)·저(氐)·미(尾)·기(箕) 등 7수를, 남궁주조는 정(井)·귀(鬼)·유(柳)·성(星)·장(張)·익(翼)·진(軫) 등 7수를, 서궁함지는 규(奎)·루(婁)·위(胃)·묘(昴)·필(畢)·삼(參)·자(觜) 등 7수를, 북궁현무는 허(虛)·위(危)·실(室)·벽(壁)·두(斗)·우(牛)·여(女) 등 7수를 포괄한다. 『사기』「천관서」에는 91개의 성조(星組)[5]와 500여 개의 항성들이 기재되어 있다. 『한서』「천문지」에는

---

1) 역자주 : 지금의 용자리(Draco) 일부에 해당.

2) 역자주 : 지금의 목동자리(Boötes) 일부에 해당.

3) 역자주 : 지금의 용자리 일부에 해당.

4) 역자주 : 서양 천문학의 황도(黃道) 12궁(宮)처럼 중요한 기준이 되는 별자리들의 모임이다. 황도 12궁은 춘분점을 기준으로 황도를 12등분하여, 분할한 곳에 있는 별들을 별자리로 정리한 것이며, 28수(宿)는 천구(天球)의 적도(赤道) 주변에 있는 별들을 28개로 묶은 것이다.

5) 역자주 : '성관(星官)'을 가리킨다. 성관이란, 고대 중국에서 항성(恒星)을 묶던 기본 단위이다. 고대 중국인들은 하나의 항성 또는 몇 개의 항성들을 하나의 '성관(星官)'

『사기』「천관서」에 없는 17개의 성조와 200여 개의 항성들이 추가되어 있는데, 이는 한대의 천문 관측 기술이 진보한 결과이자, 반고가 천문학 등 과학 기술을 중시한 결과이다.

「천문지」는 비교적 상세하게 한대와 그 이전 시대의 5대 행성(行星)[6]의 운행에 대한 관측이 기재되어 있다. 『한서』에 기록된 5대 행성이란, 세성(歲星)·형혹(熒惑)·태백(太白)·진성(辰星)·전성(塡星)을 가리킨다. 반고는 이 5대 행성의 동·남·서·북·중앙의 방위에 근거하여 '오행(五行)'과 결합한 뒤, 각각 목(木)·화(火)·금(金)·수(水)·토(土)의 오성(五星)이라고 불렀으며, 또한 그것들을 인(仁)·의(義)·예(禮)·지(知)·신(信)이라는 유교 덕목들에 무리하게 연관시켰다. 즉 세성은 동쪽을 대표하고, 목(木)이며, 인(仁)이다. 형혹은 남쪽을 대표하고, 화(火)이며, 예(禮)이다. 태백은 서쪽을 대표하고, 금(金)이며, 의(義)이다. 진성은 북쪽을 대표하고, 수(水)이며, 지(知)이다. 전성은 중앙을 대표하고, 토(土)이며, 신(信)이다.

「천문지」의 기록에는 또한 28수를 각 지상(地上)의 영역들에 대응시켜 나누었으며,[7] 또한 세성(歲星 : 목성)이 천구(天球)를 12년에 한 번

으로 규정했다. 현대의 별자리와 거의 같은 개념이지만, 하나의 별도 하나의 성관이 될 수도 있다는 점이 다르다.

6) 역자주 : 5대 행성은 오늘날의 수성(水星)·금성(金星)·화성(火星)·목성(木星)·토성(土星)을 가리킨다.

7) 역자주 : 『한서』「천문지」에서는 다음과 같이 28수 및 각 별자리들을 중국의 각 지역들과 연관시켰는데, 중원(中原)을 중심으로 삼았으며, 각 지방의 방위 및 면적과 일치하지 않는 것이 많아 억지로 결부시킨 것임을 알 수 있다. "각(角)·항(亢)·저(氐)는 연주(沇州 또는 兗州로 표기)이다. 방(房)·심(心)은 예주(豫州)이다. 미(尾)·기(箕)는 유주(幽州)이다. 두(斗)는 강주(江州)와 호주(湖州)이다. 견우(牽牛)·무녀(婺女)는 양주(揚州)이다. 허(虛)·위(危)는 청주(靑州)이다. 영실(營室)·동벽(東壁)은

일주(一周)하는[8] 동안 1년마다 지나가는 12궁(宮)의 이름을 섭제격(攝提格)·단알(單閼)·집서(執徐)·대황락(大荒落)·돈장(敦牂)·협흡(協洽)·군탄(涒灘)·작액(作詻)[9]·엄무(閹茂)·대연헌(大淵獻)·곤돈(困敦)·적분약(赤奮若)이라고 명명했다.[10]

「천문지」에서는 성운(星雲)·은하(銀河)·혜성(彗星)·유성(流星)·운석(隕石) 등의 천문 현상 및 해와 달의 운행에 대한 내용도 기재하고 있다. 더불어 고대인들이 사용했던 후(候)·망(望) 논법을 소개하고 있다. '후·망'이란 즉 구름의 모양 및 천문 현상을 관측하여 길흉(吉凶)을 예측하는 것을 말하는데, 이러한 기록은 한대에 천인감응설(天人感應說)이 유행했음을 반영하고 있다.

「천문지」는 마지막 부분에서 춘추 시대부터 서한 말엽까지 관측되

병주(并州)이다. 규(奎)·루(婁)·위(胃)는 서주(徐州)이다. 묘(昴)·필(畢)은 기주(冀州)이다. 자휴(觜觿)·삼(參)은 익주(益州)이다. 동정(東井)·여귀(輿鬼)는 옹주(雍州)이다. 유(柳)·칠성(七星)·장(張)은 삼하[三河 : 지금의 북경(北京)과 천진(天津) 일대를 가리킴]이다. 익(翼)·진(軫)은 형주(荊州)이다.[角·亢·氐, 沇州. 房·心, 豫州. 尾·箕, 幽州. 斗, 江·湖. 牽牛·婺女, 揚州. 虛·危, 青州. 營室·東壁, 并州. 奎·婁·胃, 徐州. 昴·畢, 冀州. 觜觿·參, 益州. 東井·輿鬼, 雍州. 柳·七星·張, 三河. 翼·軫, 荊州.]"

8) 역자주 : 이는 목성(木星)의 공전주기(公轉週期 : period of revolution)를 가리킨다. 목성의 공전 주기는 정확히 11.86년이다.

9) 역자주 : '작악(作噩)'이라고도 한다.

10) 역자주 : 『한서』 「천문지」에서는 목성이 지지(地支)에서 인(寅)에 해당하는 해에 천구(天球) 상에서 지나가는 구역을 섭제격(攝提格)이라고 불렀는데, 섭제격은 사실 지지에서 인(寅)에 해당하는 고갑자(古甲子 : 고대 중국에서 사용하던 간지)의 명칭이다. 이처럼 『한서』에서는 목성의 12년 공전 주기와 12지지를 관련시켜, 목성이 1년 중에 지나가는 구역마다 고갑자의 명칭을 부여했다. 다음은 고갑자의 지지와 현재 사용하고 있는 지지 간의 대응 관계를 정리한 표이다. 그런데 목성의 공전 방향은 12지지의 순서와는 반대이다. 이는 고대 중국인들이 목성의 공전 방향을 불길하다고 여겼으므로 지지의 순서를 의도적으로 이렇게 반대로 설정했기 때문이다.

었던 일식(日食)·월식(月食)·혜성·운석 등의 특이한 천문 현상들을 기재하고 있다. 그에 따르면 "춘추 시대 242년간 일식은 36차례 있었으며, 혜성은 세 번 나타났고, 밤에 별이 관측되지 않거나 밤에 운석이 비처럼 내린 경우는 각각 한 번씩 있었다.[春秋二百四十二年間, 日食三十六, 彗星三見, 夜常星不見, 夜中星隕如雨者各一.]"라고 한다. 그리고 진(秦)나라 "시황제 때에는 15년 동안 혜성이 네 번 나타났는데, 그 중 오랫동안 관측된 혜성은 80일 동안이나 보였으며, 그 길이가 하늘을 온통 덮을 정도였다.[始皇之時, 十五年間彗星四見, 久者八十日, 長或竟天.]"[11] 라고 한다. 또한 5대 행성이 운행하면서 나타난 '수(守)'[12]·'패(孛)'[13]·'유(逾)'[14]·'역(逆)'[15]에 대해 기록하고 있으며, 유성(流星)과 객성(客星)[16]

고갑자(古甲子)의 지지(地支)	12지지
곤돈(困敦)	子
적분약(赤奮若)	丑
섭제격(攝提格)	寅
단알(單閼)	卯
집서(執徐)	辰
대황락(大荒落)	巳
돈장(敦牂)	午
협흡(協洽)	未
군탄(涒灘)	申
작액(作諮 : 즉 作噩)	酉
엄무(閹茂)	戌
대연헌(大淵獻)	亥

11) 이상의 인용문들은 모두 『한서』 권26 「천문지」를 보라.
12) 역자주 : 정해진 궤도에 따라 다른 별들처럼 정상적으로 운행하는 것.
13) 역자주 : 다른 별에 근접하여 겹치는 것처럼 보이는 것.
14) 역자주 : 정해진 궤도를 운행하면서, 다른 별을 뛰어넘는 것처럼 보이는 것.
15) 역자주 : 일반적인 운행을 하지 않고 역행하는 것을 가리킨다. 지구에서 관측하

등도 기록하고 있다. 그 중에는 매우 가치 있는 자료들이 적지 않고, 「율력지」·「오행지」에 기록된 내용과 상호 검증이 가능하다. 때문에 「천문지」의 기록은 과학사(科學史)를 연구하는 사람들이 매우 중요하게 여기고 있다.

2. 음률(音律)·도량형(度量衡) 및 역법(曆法)을 논하다.

『사기』에는 「율서(律書)」와 「역서(曆書)」가 있는데, 『한서』에서는 이들을 통합하여 「율력지(律曆志)」로 편성했다. 『한서』 「율력지」는 비록 『사기』의 「율서」와 「역서」의 이름을 답습했지만, 내용은 완전히 새로 저술했다. 왕망(王莽)은 원시(元始) 연간(서기 1~5년-역자)에 음률(音律)과 역법 등에 정통한 자들 100여 명을 불러들여 토론하게 하고, 유흠(劉歆)에게 그 내용을 정리하여 상주(上奏)하도록 명령했다. 반고는 이 회의의 기록을 요약하고 정리하여 『한서』 「율력지」를 저술했다. 「율력지」는 크게 전후(前後) 두 부분으로 나뉘는데, 전반부는 음률 및 도(度)·량(量)·형(衡)[17] 제도를 서술하고 있으며, 다음과 같은 내용들이 포함되어 있다.

- 산술(算術)의 단위는 개(個)·십(十)·백(百)·천(千)·만(萬)으로 확정했다.

면, 외행성(外行星)들은 일반적으로 순행과 역행을 반복하는 것처럼 보인다.

16) 역자주 : 초신성(超新星)을 가리킨다.

17) 역자주 : 도(度)는 길이를, 양(量)은 양을, 형(衡)은 무게를 재는 단위나 기구를 가리킨다.

– 음률을 확정했다. 즉 오성(五聲)을 궁(宮)·상(商)·각(角)·치(徵)·우(羽)로, 육률(六律)을 황종(黃鐘)·태주(太族)[18]·고선(姑洗)·유빈(蕤賓)·이칙(夷則)·무역(亡射)[19]으로, 육려(六呂)를 임종(林鐘)·남려(南呂)·응종(應鐘)·대려(大呂)·협종(夾鐘)·중려(中呂)로 확정했다.[20]
– 도·량·형 제도는 다음과 같다. 길이의 단위는 분(分)·촌(寸)·척(尺)·장(丈)·인(引)으로, 용량(容量)의 단위는 약(龠)·합(合)·승(升)·두(斗)·곡(斛)으로, 저울(중량)의 단위는 수(銖)·냥(兩)·근(斤)·균(鈞)·석(石)으로 정했다.

「율력지」의 뒤쪽 일부분은 역법(曆法)에 대해 구체적으로 언급하고 있는데, 주로 역법의 기원과 변화 과정 및 한대(漢代)에 사용된 「삼통력(三統曆)」 등에 대해 개략적으로 서술하고 있다.

역법의 기원에 대해, 반고는 고대에 천체 현상을 관측하여 정부에서 역서(曆書)를 반포하는 것[授時] 등 천문 현상에 대한 탐색 활동에 대해 술회하고, 고대에 존재했던 여러 역법들에 대해서도 고증하여,

---

18) 역자주 : '대주(大族)'라고도 한다.
19) 역자주 : '무역(無射)'이라고도 한다.
20) 역자주 : 중국인들은 육률은 양(陽)의 성격을 갖고 있다 하여 양성(陽聲)이라고 불렀고, 육려는 음(陰)의 성격을 갖고 있다 하여 음성(陰聲)이라 불렀다. 육률과 육려를 총칭하여 12율(律)이라고 하는데, 이는 1옥타브의 음역을 12개의 음정으로 구분하여, 각 음들 사이를 반음 정도의 음정 차로 율을 정한 것이다. 각 율들은 황종을 기본음으로 하여, 삼분손익법(三分損益法)이라는 방법을 통해 구해졌다. 삼분손익법은 삼분손일법(三分損一法)과 삼분익일법(三分益一法)을 함께 일컫는 말이다. 삼분손익법은 일정한 율관(律管)의 길이를 3등분한 뒤, 그 3분의 1을 제거하고 남은 3분의 2만으로 다음의 음률을 구하는 것이며, 삼분익일법은 3등분한 관장(管長)의 3분의 1을 본래의 관장에 더하여 3분의 4의 길이를 만들고, 또 다른 음률을 구하는 방법이다.

「황제력(黃帝曆)」·「전욱력(顓頊曆)」·「하력(夏曆)」·「은력(殷曆)」·「주력(周曆)」·「노력(魯曆)」 등 '고대의 여섯 가지 역법[古六曆]'[21]이 존재했으며, 진(秦)나라는 10월을 1년의 첫 달로 사용하는 역법을 사용했다는 사실들을 밝혀 냈다.

반고는 역법의 기원을 고증한 다음에는 한나라 때 사용한 역법의 변천 과정을 중점적으로 서술했다. 그는 한나라 초기에는, 진나라 때 사용하던 역법을 답습하여 「전욱력」을 사용했다고 밝혔다. 무제 원봉(元封) 7년(기원전 106년)에 대중대부(大中大夫) 공손경(公孫卿)·호수(壺遂)·태사령(太史令) 사마천(司馬遷)과 시랑(侍郎) 존(尊)·대전성(大典星) 사씨(射氏)[22] 등에게 한나라의 역법을 논의하여 만들도록 명령했다. 그리하여 무제는 「태초력(太初曆)」을 반포하고 시행했다. 또한 시간이 지나 원봉(元鳳) 3년(기원전 78년)에는 태사령 장수(張壽)가 역법의 개정 여부에 대한 변론(辯論)을 이끌어 냄으로써, 마침내 「태초력」이 "시비(是非)가 분명히 가려졌으며[是非堅定]", 「태초력」이 이전의 역법들보다 발전된 것임을 사람들이 확인하게 되었다.

---

21) 역자주 : '고대의 여섯 가지 역법[古六曆]'이란, 춘추전국 시기와 진(秦)나라 때 제정된 황제(黃帝)·전욱(顓頊)·하(夏)·은(殷)·주(周)·노(魯) 등 여섯 가지 역법(曆法)을 가리킨다. 그 특징은, 365+1/4일[분모에 4가 있기 때문에 4분력(四分曆)이라고도 한다.]을 1년으로 삼고, 29+499/940일(29.530851일)을 한 달로 삼으며, 19년에 7달의 윤달이 있다. 육력의 차이점은 주로 '역원(曆元)'(한 해의 기산점)과 시행 지역 및 그 역법에서 사용하는 새해의 첫날이다. 옛 육력이 사용된 것은 주로 전국 시기이며, 오직 '전욱력(顓頊曆)'만이 줄곧 한나라 이후에도 사용되다가, 한나라 무제 때(104년) 역법을 바꾸면서 중단되었다.

22) 역자주 : '대전성'은 아마도 별을 관측하는 일을 담당하는 역관(曆官)의 관직명인 듯하다. 그리고 그 역관의 성(姓)만 밝히고 이름을 밝히지 않은 이유는, 역관은 매우 낮은 관직에 속했으므로, 문헌에 이름이 기록되어 있지 않기 때문일 것이다. 이런 예는 우리의 옛 문헌들에서도 흔히 볼 수 있다.

『한서』는 유흠의 「삼통력」에 대해 상세하게 기록하고 있다. 반고는 기록하기를, '삼통(三統)'이라는 이름은 유흠이 말한 "삼대(三代 : 하·은·주나라를 가리킴-역자)는 각각 일통에 의거했다[三代各據一統]."라는 말에서 비롯되었다고 했다. 유흠은 또한 말하기를, "'삼통'이라는 것은, 하늘이 베푸는 것[天施]과 땅이 변화하는 것[地化]과 인간사[人事]에서의 준칙(準則)이다.[三統者, 天施·地化·人事之紀也.]"[23]라고 했다. 유흠은 하(夏)·은(殷)·주(周) 삼대가 천명(天命)을 받은 것이 다르기 때문에, 각각 정월(正月)을 다르게 정하고, 다른 역법을 사용했다고 생각했다. 「삼통력」은 미신 등이 범람하던 양한(兩漢)의 교체기에 만들어졌기 때문에, 현대의 우리들은 반드시 그 안에 담겨 있는 미신적인 요소를 제거하고 과학적인 가치가 있는 것들만을 취해야 한다.

역법의 제정은 천문 현상의 관측 및 수학적인 계산과 밀접한 관계가 있으니, 「율력지」에서는 「삼통력」의 근간이 되는 기본적인 수치들을 기록하고 있는데, 이는 귀중한 천문학 자료일 뿐만 아니라, 한나라 시대에 이루어진 해·달·행성 운행의 관측에 대한 성과와 수학의 발전도 마찬가지로 반영하고 있다. 그 예로 다음과 같은 것들을 들 수 있다.

– 하루를 81분(分)으로 나누고, 이를 가리켜 '일법(日法)'이라고 했다.[24]

---

23) 『한서』 권21 「율력지」.

24) 한나라 초기에 사용된 사분력[四分曆 : 「전욱력(顓頊曆)」의 다른 이름-역자]은 1년을 $365\frac{1}{4}$일로 정했으며, 1삭망월(朔望月)을 $29\frac{499}{940}$일로 정했다. 「태초력」은 1삭망월의 일 수를 $29\frac{43}{81}$일로 간략화했으며, 1년을 $365\frac{385}{1539}$일로 정했다. 그리하여 1

– 19년마다 7개의 윤달을 두고, 이를 가리켜 '장세(章歲)'라고 했다. 19년마다 235개의 완전한 달[月]이 있으며, 이를 '장월(章月)'[25]이라고 불렀다.

– 1달을 2392분(分)으로 하고, 이를 '월법(月法)'이라고 불렀다.[26]

– 해와 달의 교식주기(交食週期 : 해와 달이 교차하여 가려지는 주기–역자)[27]는 135개월이며, 이를 '삭망지회(朔望之會)'라고 했다.

이 수치들은 실제 관측과 주도면밀한 계산을 통해 얻어진 것이지만, 이 수치들과 근대 과학의 방법에 따라 계산한 결과는 차이가 있다. 예를 들면, 해와 달의 교식주기 135개월은 실제의 교식주기인 235개월과는 큰 차이를 보인다. 그러나 『삼통력』의 이러한 측정 방식은

일을 81분(分)으로 정했는데, 그 때문에 또한 '81분력(分曆)'이라고도 불리게 되었다. 「율력지」에서는 「태초력」이 "1월(月)의 날짜는 29일과 $\frac{43}{81}$분이다.[一月之日, 二十九日八十一分之四十三分.]"라고 기재했다. 「삼통력」은 「태초력」에서 규정한 이 수치를 그대로 받아들였다.

25) 역자주 : 이 235개월은 태음력과 태양력이 완전하게 일치하는 주기를 의미한다. 태음력은 한 달이 29일 또는 30일이고, 태양력은 한 달이 30일 또는 31일이다. 태음력은 태양력에 비해 1년의 날짜 수가 부족하기 때문에, 특정한 기간에 윤달을 두어 부족한 1년의 날짜 수를 조정하는데, 이렇게 235개월이 되면 태음력의 날짜 수와 태양력의 날짜 수가 일치하게 된다.

26) 「삼통력」의 월법은 계산을 통해 얻어진 것이다. 1삭망월이 29일이고, 1일이 81분으로 나뉘므로, 1개월은 29×81+43=2392분이다.

27) 역자주 : 교식주기란 삭망월과 교점월(交點月)의 주기가 정확하게 일치하는 시점을 말한다. 삭망월은 달이 지구를 공전하는 주기를 말하는데, 약 29.53059일이다. 교점월이란 달이 지구를 중심으로 공전하면서 승교점(昇交點 : 남과 북으로 향하는 천체의 궤도가 황도와 만나는 점)을 지나 다시 승교점을 통과할 때까지의 주기인데, 약 27.21222일이다. 현대 과학에서는 이 교식주기를 사로스 주기(Saros cycle)이라고 하는데, 223삭망월 또는 242교점월인 약 6585.32일에 해당한다. 본문에서는 235개월이라고 했는데, 이는 저자의 착오인 것으로 추측된다.

천문 현상에 대한 탐색 작업이 한 걸음 발전했음을 상징적으로 보여주는 것이다.

하지만 「율력지」를 읽을 때 응당 주의해야 할 것은, 「삼통력」은 과학적인 가치를 갖는 수치들에 일부러 신비적인 외피를 한 꺼풀 씌웠기 때문에, 반드시 이러한 억지스럽고 신비한 표현법을 꿰뚫어 보아야만 비로소 그 과학적으로 가치가 있는 내용을 파악할 수 있다는 점이다. 예를 들어 삭망지회 135개월의 경우, 원래는 관측과 계산을 통해 얻어진 수치이지만, 「삼통력」을 만든 사람들은 그 숫자에 다음과 같은 의미를 끌어들였다. "해와 달이 교차하여 가려지는 주기는 135개월이다. 하늘의 수[天數] 25를 3배 하고, 땅의 수[地數] 30을 2배 한 것을 더하면, 삭망지회가 나온다.[朔望之會百三十五. 參天數二十五, 兩地數三十, 得朔望之會.]" 여기에서 '하늘의 수'와 '땅의 수'란 『주역(周易)』의 「계사(繫辭)」에서 말한 "하늘이 1이고 땅은 2이며, 하늘이 3이고 땅은 4이며, 하늘이 5이고 땅은 6이며, 하늘이 7이고 땅은 8이며, 하늘이 9이고 땅은 10이다.[天一地二, 天三地四, 天五地六, 天七地八, 天九地十.]"에 근거하고 있다. 그래서 억지로 짜 맞추어 말하기를, "하늘의 수가 다섯 개이고, 땅의 수가 다섯 개인데, 다섯 개의 숫자들을 서로 합친다. 그러면 하늘의 수는 25(1+3+5+7+9=25)이고, 땅의 수는 30(2+4+6+8+10)이다.[天數五, 地數五, 五位相得而各有合. 天數二十有五, 地數三十.]"[28] 이를 현대적인 말로 알기 쉽게 바꾸어 보면, 10 이하의 숫자에서 홀수(1·3·5·7·9)의 합인 25가 하늘의 수이고, 짝수(2·4·6·8·10)의 합인 30이 땅의 수이다. 그리하여 하늘의 수의 세 배인 75(3×

28) 『한서』 권21 「율력지」.

25=75)에 땅의 수의 두 배인 60(2×30=60)을 더한다는 구실을 만들어, 135(75+60=135)라는 숫자를 얻었다. '장월(章月)'의 숫자에 대해서도, 「삼통력」은 또한 고의로 견강부회적인 논법을 사용했다.[29]

이렇게 일부러 억지로 꿰어 맞춘 논법은 당시 미신 신앙의 성행을 반영하고 있다. 근대의 천문학자인 주원신(朱文鑫 : 1883~1939년-역자)은 이에 대해 다음과 같이 매우 적절하게 말했다. 즉 「삼통력」의 현묘(玄妙)한 해설은 「역상(易象)」[30]을 억지로 끌어들여 월법(月法)으로 삼고, 종률(鍾律)[31]을 구실로 삼아 '일법(日法)'으로 삼았으며, 또한 의도적으로 역법(曆法)을 설명하면서 '대연술(大衍術)'[32]로 추산하여, 도리어 사람들이 이해하지 못하게 했다는 것이다. 그리고 "후한(後漢)·진

29) 장월에 대해 「삼통력」은 다음과 같이 말하고 있다. "회수(會數)는 47이다. 천수(天數) 9를 세 배로 하고, 지수(地數) 10을 2배로 하면, 회수를 얻을 수 있다. 장월의 수는 235이다. 회수에 5배를 하면 장월을 얻을 수 있다.[會數四十七. 參天九, 兩地十, 得會數. 章月二百三十五. 五位乘會數, 得章月.]" 실제로 장월의 수 235는 1장(章)인 19년에 7개의 윤(閏)달을 두었으므로, 달[月] 수를 곧바로 얻을 수 있으니, 즉 19×12+7=235(月)가 그것이다. 그러나 「삼통력」에서는 오묘하게 느껴지도록 하기 위해 고의로 위장했으니, 먼저 235라는 숫자를 47과 기(氣)의 두 요소로 변화시키고, 다시 두 단계의 숫자로 나누어 가탁한다. 즉 47을 '회수'라고 부르는데, 이는 바로 "하늘의 수 9를 3배 하고, 땅의 수 10을 2배 하여 얻은 수[參天九, 兩地十, 得會數.]"(3×9+2×10=47)이다. 그런 다음에 또한 말하기를, "회수에 5배를 하면, 장월을 얻을 수 있다.[五位乘會數, 得章月.]"(5×47=235)라고 했다.

30) 역자주 : 음양오행설(陰陽五行說)에 근거하여 역(易)의 괘(卦)에 나타난 현상을 해석한 것을 의미한다.

31) 역자주 : 음률(音律)을 의미한다.

32) 역자주 : 『주역』「계사 상(上)」에서는 " '대연(大衍)'의 수(數)는 50이다[大衍之數五十]."라고 했다. 이에 대해 한강백(韓康伯)은 왕필(王弼)의 주석을 인용하여 말하기를, "하늘과 땅을 설명하는 숫자로 믿을 만한 것은 50이다.[演天地之數, 所賴者五十也.]"라고 했다. 이 해석에 근거하여 숫자 50으로 자연의 이치를 설명하려는 다양한 시도가 생겨났고, 또한 이에 대한 매우 다양하고 복잡한 해설들이 생겨나게 되었는데, 이를 대연술이라고 한다.

(晉)·수(隋)나라가 모두 이러한 역법을 답습했다. 당(唐)나라 개원(開元) 연간에는 아예 '대연(大衍)'이라고 이름 붙인 역법이 등장했는데, 이는 천문학을 잘못된 길로 들어서게 했지만, 서양인의 천문학은 이전보다 더욱 완벽해졌다."[33]라고 했다. 본래 한나라의 천문 관측과 역법은 이미 높은 성취를 거두었지만, 미신의 논법을 사용함으로써 과학의 발전을 가로막았는데, 이는 과학사(科學史)에서 매우 중요한 교훈이다.

「율력지」에는 5대 행성(수성·금성·화성·목성·토성-역자)이 운행하는 궤도 위에서 순행(順行)·멈춤[留]·역행(逆行)·다시 멈춤[復留]·빠른 운행[疾行] 및 관측된 겉보기 각도의 값을 상세하게 기록해 놓았는데, 그 기록된 자료가 빠짐없이 모두 갖추어져 있기 때문에 역대의 역법가(曆法家)들이 받들어 지키고 또 계승했다. 목성이 태양과 합(合)이 되는 33일 동안[34]은 태양 근처에 놓이므로 관측할 수 없으며, 이 기간이 지나면 목성이 일출 전 동쪽 하늘에서 나타나는데, 이를 가리켜 '신시현(晨始見)'이라고 했다. 이 현상은 대략 399일 후에 다시 한 달 정도 발생한다.[35] 「율력지」는 이 주기를 기재하고 있으며, 동시에 금성이 두 번의 '신시현'을 하는 주기가 약 584일이라고 했다. 토성이 두 번의 '신

33) 朱文鑫, 『曆法通志』, 71~72쪽, 常務印書館, 1934, 上海.

34) 역자주 : 태양과 목성 사이의 각도가 0°가 되는 것을 합(合)이라고 하는데, 이는 목성-태양-지구 순서로 일직선에 놓이는 상황을 말한다. 태양과 목성 사이의 각도가 180°가 되는 것을 충(衝)이라고 하는데, 이는 태양-지구-목성 순서로 일직선에 놓이는 상황을 말한다.

35) 역자주 : 이를 회합주기(會合週期 : conjunction cycle)라고 하며, 태양 및 지구와 어느 특정한 행성의 상대적 위치가 처음의 자리로 돌아가기까지 걸리는 시간을 의미한다.

시현'을 하는 주기는 약 378일이고, 화성이 두 번의 '신시현'을 하는 주기는 약 781일이며, 수성이 두 번의 '신시현'을 하는 주기는 약 116일이 된다.[36)]

「율력지」는 또한 현대의 우리들에게 한대(漢代)의 천문학자들이, 5대 행성이 천구(天球)를 공전하는 주기에 대해서 상당히 정확하게 알고 있었다는 사실을 알려 준다. 예를 들어 목성(木星)은 11.92년의 주기로 천구를 공전한다고 했고[37)], 이를 기반으로 『후한서』 「율력지」에서는 목성의 공전 주기를 11.89년이라고 했다. 이는 현대에 과학적인 방법으로 측정한 수치인 11.86년과 매우 가깝다. 또 토성의 공전 주기

---

36) 주원신은 「율력지」에서 다섯 행성의 운행 규칙을 기록한 의의에 대해서 매우 높이 평가했다. "다섯 행성을 관측한 것은 『사기』의 「천관서(天官書)」에 처음 보이며, 「삼통력」에 이르러 크게 갖추어졌다. 다섯 행성이 이동하는 법칙은 후세의 역법가들이 근본으로 삼았다. 다섯 행성이 '나타나고(見)' '돌아오는(復)' 주기에 대한 기록은 지금의 관측과 큰 차이가 없으니, 옛날 사람들이 했던 관측의 정밀함을 알 수 있다. 「삼통력」은 토성·목성·화성의 주기를 '한 번 나타나는 것[一見]'이라고 했고, 금성·수성의 주기를 '한 번 돌아오는 것[一復]'이라고 했다. 토성·목성·화성의 궤도는 지구 궤도의 바깥쪽에 있어 지금은 외행성이라고 부른다. 지구가 이 외행성과 태양 사이에 있는 것을 '충(衝)'이라고 한다. 이 현상은 외행성이 태양과 서로 상충(相衝)되어 마치 보름달과 같다고 할 수 있으므로, 「삼통력」에서는 '한 번 나타나는 것'이라고 했다. 금성과 수성의 궤도는 지구 궤도의 안쪽에 있어서 내행성이라고 부르는데, 내행성이 지구와 태양 사이에 나란히 있게 되거나[내합(內合)이라고 함-역자] 또는 태양이 내행성과 지구 사이에 나란히 있게 되는 것[외합(外合)이라고 함-역자]을 '합(合)'이라고 한다. 이 현상은 내행성이 태양에 숨는 것과 같기 때문에 「삼통력」에서는 '한 번 돌아오는 것'이라고 했다. 이러한 구별은 매우 명확한 것이다."[『曆法通志』 47쪽].

37) 목성은 5대 행성 중에서 육안으로 관측할 수 있는 시간이 특별히 길고 상당히 밝으며, 12년을 주기로 천구를 공전한다. 고대 중국인들은 이를 이용하여 햇수를 계산했기 때문에, 목성을 '세성(歲星)'이라고 불렀다. 또한 고대 중국인들은 12차(次)를 만들었는데, 이는 세성이 천구상에서 1년 동안 머무는 구역이 천구상의 1/12인 것에 착안하여 천구를 12등분한 것이다.

를 29.5년[38]이라고 했고, 화성(火星)의 공전 주기는 584일[39]이라고 했다.

「삼통력」은 미신 등이 범람하던 양한(兩漢) 교체기에 만들어졌기 때문에, 현대의 우리들은 반드시 그 안에 담겨 있는 미신적인 요소를 제거하고 과학적인 가치가 있는 것들만 취해야 할 것이다.

「율력지」가 '차도(次度)'[40]와 유흠(劉歆)이 저술한 『세경(世經)』의 내용을 기재하고 있다는 것도 매우 중요한 의의가 있다. 현대의 천문학자들은 「율력지」와 『사기』 「역서(曆書)」의 '역술갑자편(曆術甲子篇)'을 "중국 고대 천문 역법의 쌍벽(雙璧)이라 할 만하다."라고 평가하는데, 이는 「율력지」가 고대 중국의 천문학과 역법이 서로 밀접하게 조화를 이루고 있는 "귀중한 전적[寶典]"[41]이라는 것을 말해 준다. 「율력지」에서는 28수(宿)를 장기간 관측한 결과에 근거하여 24절기(節氣)에 해당하는 황도(黃道)상의 지점과 28수와의 거리(겉보기 각도)에 대해 상세히 주석을 달아 설명하고 있다. 고대의 천문학자들은 황도를 30도(度)[42]씩 12등분했으며,[43] 이를 '12궁(宮)' 또는 '12차(次)'라고 불렀다. 두병(斗

38) 역자주 : 현대에 측정한 값은 29.45년이다.

39) 역자주 : 현대에 측정한 값은 686.96일이다.

40) 역자주 : 천구를 12차(次)로 나누고, 12차의 위치를 도수(度數)로 나눈 것을 말하는데, 1도(度)는 오늘날과 마찬가지로 전체 원의 360분의 1을 가리킨다.

41) 張汝舟, 『二毋室古代天文曆法論叢』 제33, 31쪽, 浙江古籍出版社 1987년판.

42) 역자주 : 1도(度)는 황도 상에서 태양이 1일 동안 움직이는 겉보기 거리이다.

43) 역자주 : 황도상에서 태양이 하루 동안 이동한 겉보기 각도를 1도(度)로 정했다. 1년은 약 365.25일이므로 1도는 정확히 황도의 365.25분의 1 정도가 되어야 하지만, 편의상 1도를 황도의 360분의 1로 정했다. 이러한 사실은 『주례(周禮)』 「천관(天官)·소재(小宰)」에 있는, "그에 소속된 관원(官員)의 숫자를 60으로 정했다.[其屬六十.]"라는 말에 대한 정현(鄭玄)의 주(注)[6관(官)에 소속된 관원의 숫자는 360명이다. 이는 천지의 4계절과 해와 달 및 여러 별들의 도수(度數)를 상징한다.(六官之屬, 三百六十, 象天地四時·日月星辰之度數)]와 가공언(賈公彥)의 소(疏)[태양은 천

柄)[44]이 가리키는 바에 따라[45], 순서는 다음과 같다. 즉 성기(星紀)·현효(玄枵)·추자(諏訾)·강루(降婁)·대량(大梁)·실침(實沈)·순수(鶉首)·순화(鶉火)·순미(鶉尾)·수성(壽星)·대화(大火)·석목(析木)이다. 이 12차에서 각각의 1차들은 음력 1달[月]에 해당하며, 1달마다 2개의 절기(節氣)가 있다. 예를 들면 다음과 같다.

"星紀, 初, 斗十二度, 大雪. 中牽牛初, 冬至. 於夏爲十一月, 商爲十二月, 周爲正月, 於婺女七度."

이 말의 의미는 다음과 같다. 즉 북두칠성의 국자 자루인 두병이 12차 중의 하나인 성기를 가리키는데, 가리키는 지점이 황도 상에서 두수(斗宿) 12도인 지점에 이르면 절기상으로는 대설이고, 견우(牽牛)의

구 상에서 황도를 따라 하루에 365.25분의 1을 공전한다. 전체 관원의 숫자는 이에 근거하여 360명이라고 했다.(周天三百六十五度四分度之一, 擧全數亦得云三百六十也.)]에서 확인할 수 있다. 이에 따라 12차(次)는 정확히 30도씩 나누어지게 되었다.

44) 두병이란, 북두칠성의 일곱 개 별들 가운데, 옥형(玉衡)·개양(開陽)·요광(搖光)의 세 별들을 가리킨다. 옥형은 북두칠성의 다섯 번째 별로, 손잡이 모양의 첫 번째 별에 해당한다. 요광은 북두칠성의 손잡이 모양에서 맨 끝부분에 해당하는 일곱 번째 별이며, 개양은 이 두 별들의 중간에 있는 별로, 북두칠성의 여섯 번째 별을 가리킨다.

45) 역자주 : 『관자(冠子)』「환류편(環流篇)」에는 "두병이 동쪽을 가리키면 천하는 봄이 된다. 두병이 남쪽을 가리키면 천하는 여름이 된다. 두병이 서쪽을 가리키면 천하는 가을이 된다. 두병이 북쪽을 가리키면 천하는 겨울이 된다.[斗柄東指, 天下皆春, 斗柄南指, 天下皆夏, 斗柄西指, 天下皆秋, 斗柄北指, 天下皆冬.]"라고 하였다. 즉 두병이 북쪽을 가리키는 시점은 대략 동지가 되는데, 주(周)나라에서는 이 때를 정월로 삼았다. 이 때가 12차 중 성기(星紀)에 해당하므로 성기가 12차의 첫 번째가 되었다.

첫 부분에 해당하는 지점에 도달하면 절기상으로 동지(冬至)[46]가 된다. 동지는 하나라의 역법으로 11월이었으며, 은나라의 역법으로는 12월이었고, 주나라의 역법으로 정월(正月)이었다. 두병이 여수(女宿 : '婺女'를 의미함-역자) 7도 되는 지점을 가리키는 데에서 성기는 끝난다[47]는 것이다. 각 12차의 '처음 부분[初]'은 '절(節)'을 가리키고, '중간 부분[中]'은 '중기(中氣)'를 가리키는데,[48] 한나라 때 정한 절기의 명칭과 순서는 다음과 같다. 즉 정월의 입춘(立春)·우수(雨水), 2월의 경칩(驚蟄)·춘분(春分), 3월의 청명(淸明)·곡우(穀雨), 4월의 입하(立夏)·소만(小滿), 5월의 망종(芒種)·하지(夏至), 6월의 소서(小暑)·대서(大暑), 7월의 입추(立秋)·처서(處暑), 8월의 백로(白露)·추분(秋分), 9월의 한로(寒露)·상강(霜降), 10월의 입동(立冬)·소설(小雪), 11월의 대설(大雪)·동지(冬至), 12월의 소한(小寒)·대한(大寒)이다. 한나라 때 정한 24절기의 명칭과 순서는 합당하게 규정되었기 때문에 이후 지금까지도 사용되고 있다.

「율력지」는 또한 유흠이 지은 『세경(世經)』의 내용도 담고 있다.

『세경』은 전설 속의 태호[太昊 : 복희씨(伏羲氏)-역자]부터 동한의 광무제(光武帝) 유수(劉秀) 때까지의 연대(年代)를 오덕시종(五德始終)[49] 학설에 따라 추산해 낸 정통표(正統表 : 역대 왕조들의 연대표-역자)인데,

---

46) 역자주 : 약 2500년 전의 동지점(冬至點)은 지금의 염소자리(Capricornus)에 있었다[현재는 궁수자리(Sagittarius)에 있다]. 고대 중국의 견우성(牽牛星)은 지금의 독수리자리의 알타이르(Altair)와 염소자리 일부를 포함하는 별자리였다. 따라서 동지에 견우성의 첫 부분을 지난다고 말한 것이다.

47) 역자주 : 이 곳이 바로 12차의 두 번째인 현효(玄枵)의 시작이 된다.

48) 후대(後代)에는 '절'과 '중기'를 더하여 '절기(節氣)'라고 불렀다.('절'과 '중기'는 황도상에서 서로 15°씩 떨어져 있다.-역자)

49) 역자주 : 오행설(五行說)에서 말하는 토(土)·목(木)·금(金)·화(火)·수(水)가 왕조의 흥망성쇠를 결정한다는 이론.

정확성은 그다지 크지 않고, 상고 시대에 대한 연대는 추측해 낸 것이다. 그러나 이 『세경』은 역사학에서 또한 중요한 문헌으로, 이는 유흠이 『삼통력』을 이용하여 경서(經書)와 그 해설서[傳]들에 기록되어 있는 고대 역사의 큰 사건들이 발생한 연·월·일을 하나하나 추산해 낸 성과물이다. 반고가 이 『세경』을 보충함으로써, 고대 역사의 연대를 총정리해 냈다. 때문에 판원란(范文瀾) 선생은, 『세경』이 "고대 역사의 연대에 대해 탐구한 것은 역사학 발전에 공헌한 것이다."라고 했으며, 동중서(董仲舒)의 금문경학·사마천의 『사기』·등평(鄧平) 등이 만든 「태초력(太初曆)」과 유흠의 고문경학 및 연대학(年代學)을 같이 거론하면서, 이것들은 모두 서한 시대에 이룩된 문화사에 길이 남을 걸출한 성취이며, "서한 시대의 위대한 기상(氣象)을 잘 표현해 냈다."[50]라고 평가했다.

3. 일식(日食)·태양의 흑점(黑點)·핼리 혜성에 관하여

반고는 『한서』의 「오행지(五行志)」·「천문지(天文志)」 및 기타 본기(本紀)와 열전(列傳)들에서 일식·태양의 흑점과 핼리 혜성 등에 대해 상세하게 기록했다.

중국에는 세계에서 가장 오래되고 또한 가장 완벽한, 일식에 관한 기록이 있다. 『춘추(春秋)』에서는 일식에 대해 36차례 기록하고 있는데, 이들 대부분은 현대 과학을 통해서 증명되었다. 『한서』는 이러한 전통을 계승하여 서한 왕조 212년 동안에 발생한 53번의 일식을 상세

50) 范文瀾, 『中國通史簡編』 第2册, 128쪽.

하게 기록하고 있는데, 이들 대부분은 『한서』「오행지」에서 볼 수 있다. 이는 반고가 자연과학사(自然科學史)에서 이룩한 또 하나의 중대한 공헌이다. 현대의 학자들은 근대 천문학 지식을 이용하여 역사적으로 발생했던 일식을 추산해 냈는데, 『한서』의 기록이 이것과 완벽하게 부합되는 것으로 보아, 『한서』에 기재된 내용의 완정성(完整性)을 알 수 있다.[51] 이후 편찬된 24사(史) 등 역대의 역사서들은 이를 계승했는데, 비록 일부 잘못된 기록들이 있기는 하지만 기본적으로 정확하여 믿을 만하다. 선진(先秦) 시대부터 청(淸)나라 말기까지 중국의 각종 전적(典籍)들에 기록된 일식은 모두 1124차례이다.

중국의 고대 문헌들에는 세계에서 가장 오래되고 또한 가장 풍부한 태양의 흑점(黑點)에 관한 기록들이 존재한다. 대략 기원전 140년경에 편찬된 『회남자(淮南子)』에는, "태양 가운데에 준오(踆烏 : 즉 삼족오-역자)가 있다[日中有踆烏]."라는 기록이 있는데, '준오'는 바로 흑점의 형상이다. 『회남자』는 태양의 흑점에 대한 기록들 중에서 가장 오래된 것이기는 하지만, 구체적이거나 명확하지는 않았기 때문에 세계 각국으로부터 인정받지 못했다. 태양의 흑점 활동에 관한 가장 자세

51) 陳遵嬀(1901~1991년), 『中國天文學史』 第3册 「日蝕表」, 上海人民出版社, 1984을 참조하라. 이 책에서는, 세계에서 가장 오래된 일식에 대한 기록은 『상서(尙書)』「윤정(胤征)」에 있는, "음력 9월 첫날에 해와 달과 별이 마땅히 있어야 할 곳에서 모이지 않으니[예측하지 못한 일식이 발생하니-역자] 악관(樂官)들이 제사에 사용하는 북을 연주하고, 천신(天神)에게 지내는 제사를 담당하는 관리들이 급히 제사를 지냈으며, 뭇 백성들은 놀라서 뛰어다녔다.[乃季秋月朔, 辰弗集於房, 瞽奏鼓, 嗇夫馳, 庶人走.]"라는 기록이라고 인정한다. 위 책 第5編 第2章 「『書經』日食」을 보라.[미국항공우주국(NASA)에서는 바로 이 기록을 세계에서 가장 오래된 일식 기록이라고 인정했으며, 이 때 발생한 일식은 금환일식이었다고 했다. 그리고 이 일식이 발생한 정확한 날짜가 기원전 2136년 10월 22일이었다고 추산했다.-역자]

하고 구체적이면서도 세계적으로 공인된 최초의 기록도 『한서』「오행지」에서 볼 수 있다.

성제(成帝) 하평(河平) 원년(기원전 28년) “3월 을미(乙未)일에 태양이 떴는데 노란색이었다. 이 날 태양에 검은 기색이 있었는데, 크기는 동전만하고, 태양의 중앙에 있었다.[三月乙未, 日出黃, 有黑氣大如錢, 居日中央.]”라고 하여, 흑점이 출현한 시간과 위치를 상세히 기록했다. 이것은 현재 세계에서 공인된 가장 오래된 태양 흑점에 관한 기록으로, 외국의 태양 흑점에 관한 기록보다 대략 1900년 정도 앞선다. 세계적으로(중국을 제외하고-역자) 태양 흑점에 관한 기록은 한갓 1749년 이후부터인데, 천문망원경을 이용한 관측 방법이 생겨난 다음에야 비교적 상세한 기록을 할 수 있었다.[52] 1607년 5월에 행성 운동의 3대 법칙을 발견한 저명한 독일의 천문학자 케플러(Johannes Kepler, 1571~1630년)가 태양의 흑점을 보았을 때도, 그는 수성(水星)이 태양의 안쪽 면으로 진입한 것으로 여겼다. 그러다가 갈릴레이(Galileo Galilei, 1564~1642년)가 망원경을 사용하여 태양을 관찰한 다음에야 비로소 과학적인 의미에서 흑점의 발견을 선포했다. 전문가들의 통계에 따르면, 중국의 역대 태양 흑점에 관한 기록은 모두 234차례라고 하는데, 이것에 근거하여 태양의 흑점 주기가 10.6(±0.43)[53]년이라는 것을 추산해 냈다.

이 밖에도 반고는 『한서』에 태양의 흑점에 대해 다음과 같은 기록

52) 역자주 : 한국의 경우 고려 시대와 조선 시대에 지속적인 흑점 관측 기록을 남겼다. 저자가 중국 외의 태양 흑점 관측 사례를 살피면서 이를 고려하지 않았던 것으로 생각된다. 자세한 내용은 박창범, 『천문학』, 이화여자대학교출판부, 2007, 88~92쪽을 참조하라.

53) 역자주 : 현대 천문학자들의 추산에 따르면, 태양의 흑점 주기는 대략 11.2년이라고 한다.

들을 남겼다.

문제(文帝) 때, 태양의 속에 '王'자 모양이 있었다.

원제(元帝) 영광(永光) 원년(기원전 43년) 9월에, "태양에서 검은 것이 한쪽 구석에 생겼는데, 크기가 탄환(彈丸)만했다.[日黑居仄, 大如彈丸.]"[54)]

성제(成帝) 건시(建始) 원년(기원전 32년)에, "낮인데도 어스름해지고, 태양 속에 검은 기운이 있었다.[晝昏, 日中有黑氣.]"[55)]

천봉(天鳳) 2년(기원전 15년) 2월에, "이 때 태양 속에서 별이 보였다.[是時, 日中見星.]"[56)]

반고의 『한서』 등 중국의 고문헌들 속에 있는 태양의 흑점과 관련된 기록들은 오늘날의 천문학 연구에 중요한 가치를 지니고 있다. 독일의 천문학자 헤르만 프리츠(Hermann Fritz, 1830~1883년)는 중국 고문헌의 기록들을 이용하여 태양의 흑점과 지구 자기장의 주기성(週期性)을 연구했으며, 영국의 과학자 쇼브(Derek Justin Schove, 1913~1986년)는 중국의 고문헌 자료들을 인용하여 태양의 흑점과 오로라[極光] 현상의 관계를 연구했다. 또한 일본의 천문학자 간다 시게루(神田 茂, 1894~1974년)는 중국 고문헌의 기록들을 종합하여 태양의 흑점에 관

54) 『한서』 권27 「오행지」.

55) 『한서』 권77 「개제갈유정손무장하전(蓋諸葛劉鄭孫毋將何傳)」의 기록에 따르면, 정숭(鄭崇)이 간(諫)하여 말하기를, "효성황제(孝成皇帝)께서 친히 장인을 제후에 봉하자, 하늘이 울긋불긋해지고, 낮인데도 어스름해졌는데, 해 속에 검은 기운이 있었습니다.[孝成皇帝時親封舅五侯, 天爲赤黃, 晝昏, 日中有黑氣.]"라고 했다.

56) 『한서』 권99 「왕망전(王莽傳)」.

한 표를 만들었다. 조지프 니덤(Joseph Terence Montgomery Needham, 1900~1995년)은 "중국의 태양 흑점 기록은 우리들이 소유하고 있는 가장 완벽한 자료이다."라고 했으며, 미국의 천문학자 헤일(George Ellery Hale, 1868~1938년 : 이상과 이하의 영문명과 생몰년은 옮긴이가 넣었음-역자)은, "중국의 고대인들이 천체를 관측한 정밀함과 성실함은 매우 놀랍다. 중국인들의 흑점에 대한 관측은 서양인들보다 대략 2천 년 정도 오래되었고, 역사 기록들도 끊임없이 이어져 왔으며, 또한 당연히 매우 확실하여 믿을 만하다고 전해진다."라고 했다. 이와 같은 사실들을 통해, 반고가 남긴 태양의 흑점에 대한 기록들은, 세계 천문학사의 발전에 불멸의 공헌을 했다는 것을 알 수 있다.

세계적으로 유명한 핼리 혜성(Halley's Comet)은 춘추 시대부터 청(淸)나라 말기까지 2천여 년 동안 중국에서 관측될 때마다 빼놓지 않고 역사에 기록되었다. 혜성(彗星)은 고대 역사서에서는 패성(孛星)·성패(星孛)·봉성(蓬星)·장성(長星) 등으로 불렀다. 고대 중국인들은 혜성을 중시하여, 혜성의 출현을 곧 자연 재해나 기이한 자연 현상의 출현으로 여겼지만, 관측을 게을리 하지 않고 끊임없이 기록하여, 후세에 대조해 보는 근거가 되었다. 서양의 학자들은 언제나 중국 고문헌들의 기록에 근거하여 혜성의 궤도와 주기를 추산해 내어, 그것이 언제 다시 나타날 것이라고 단언했는데, 핼리 혜성은 그 가운데 가장 유명한 것이다.

핼리 혜성은 약 76년의 주기를 갖는다. 그러나 행성(行星)의 인력 때문에 그 주기에 약간의 변화가 생겨, 가장 짧을 때는 73년이고, 가장 길 때는 79년이다. 이 혜성은 출현할 때 지구에서 관측할 수 있는 기간이 비교적 길다는 특징을 갖고 있다. 예를 들어 핼리 혜성이 1980년대에 출현했을 때에는 1982년부터 관측이 가능했으며, 1985년 11월 18일부터 밤낮을 가리지 않고 볼 수 있을 정도였다. 1986년 2월에 근일점(近日點)[57]에 도달한 이후 지구로부터 멀어져 갔지만, 1989년까지도 관측이 가능했다. 따라서 관측이 가능한 기간은 약 8년이었다. 『한서』에 기재된 핼리 혜성에 관한 기록들에도 핼리 혜성의 이러한 특징들이 그대로 기재되어 있어 검증이 가능하다. 그러므로 『한서』와 기타 고문헌들에 남아 있는, 세계에서 가장 오래되고도 가장 자주 기록된 핼리 혜성에 관한 기록들은, 또한 중국의 고대 천문 관측과 기록의 신뢰성을 증명해 주고 있다.

『한서』는 춘추 시대부터 서한 말기까지 출현한 핼리 혜성에 대한 완정한 기록을 제공해 주고 있다.

춘추 시대에는 "일식이 36번 있었고, 혜성이 세 번 나타났으며[日食三十六, 彗星三見]", "진시황 때에는 15년 동안에 혜성이 네 번 나타났다.[始皇之時, 十五年間彗星四見.]"[58] 「오행지(五行志)」는 『춘추경(春秋經)』에 근거하여 춘추 시대에 혜성이 세 번 나타난 역사적 사실을 기록하고 있다. 그 첫 번째는, 노(魯)나라 문공(文公) 14년(기원전 613년)에 "혜성이 북두성으로 들어갔다[有星孛入於北斗]."라는 기록이다. 천문학자 윌리엄 허긴스(William Huggins, 1824~1910년)가 저술한 『중국혜성고(中國彗星考)』에서는, 이것이 세계에서 가장 오래된 핼리 혜성에 관한 기록이라고 했다.[59] 이 기록은 외국에서 가장 오래된 서기 66년의 핼리

57) 역자주 : 태양의 주변을 도는 천체가 태양과 가장 가까워지는 지점이다.

58) 『한서』 권26 「천문지」.

59) 본 절(節)의 핼리 혜성에 관한 내용은 陳遵嬀, 『中國天文學史』 第3册 第5編 第5章

혜성에 관한 기록보다 무려 670여 년이나 앞선다. 두 번째는 노나라 소공(昭公) 17년(기원전 525년) 겨울에 "28수(宿)의 하나인 심수(心宿)에서 혜성이 나타났다[有星孛於大辰]."라고 한 것이고, 세 번째는 노나라 애공(哀公) 13년(기원전 482년) 11월에 "동쪽에서 혜성이 나타났다[有星孛於東方]."[60]라는 것이다.

진시황 때에는 "혜성이 네 번 나타났다[彗星四見]."라고 한 것은, 『사기』「진시황본기(秦始皇本紀)」의 기록을 가리키는 것이다. 『사기』에 따르면, 진시황 7년(기원전 240년)에 "혜성이 먼저 동쪽에서 나타났으며, 북쪽에서 보였다. 5월에는 서쪽에서 보였다. ……혜성이 다시 서쪽에서 16일 동안 보였다.[彗星先出東方, 見北方, 五月見西方. …… 彗星復見西方十六日.]" 진시황 9년(기원전 238년)에는 "혜성이 나타났는데, 때로는 하늘을 온통 뒤덮기도 했다. ……혜성이 서쪽에서 보이다가 다시 북쪽에서 보였는데, 두수(斗宿)의 이남에서 80일 동안 보였다.[彗星見, 或竟天. ……彗星見西方, 又見北方, 從斗以南八十日.]" 그리고 진시황 13년(기원전 234년) 정월(正月)에 "혜성이 동쪽에서 관측되었다[彗星見東方]."[61]

고제(高帝) 3년(기원전 204년) 7월에 "대각성(大角星)[62]에서 혜성이 나타나 10여 일 정도 그 안에 있었다.[有星孛於大角, 旬餘內入.]"[63]

한나라 문제(文帝) 후원(後元) 2년(기원전 162년) 정월 임인(壬寅)일에,

과·『中國天文學年鑑』 1986년 '핼리 혜성' 및 『中國大百科全書』·「天文學」을 참고했다.

60) 『한서』 권27 「오행지」.

61) 『사기』 권6 「진시황본기」.

62) 역자주 : 항수(亢宿)에 속하는 별로서, 지금의 목동자리(Boötes) 제1성 아르크투루스(Arcturus)를 가리킨다.

63) 『한서』 권27 「오행지」.

"혜성이 저녁에 서남쪽에서 출현했다[天欃夕出西南]."[64]

문제 후원 7년(기원전 157년) 9월에, "서쪽에서 혜성이 나타났다[有星孛於西方]."[65]

경제(景帝) 전원(前元) 원년(기원전 156년) 9월에, "혜성이 서쪽에서 나타났다[有星孛於西方]."[66]

경제 전원 2년(기원전 155년)에, "올해 혜성이 서남쪽에서 출현했다[是歲彗星出西南]."[67]

경제 중원(中元) 2년(기원전 148년)에, "혜성이 밤에 서북쪽에 나타났는데, 흰색이었고, 길이가 1장(丈)이나 되었다. 자휴성(觜觿星)에 있다가, 다시 그 곳을 떠나면서 점점 작아져, 15일이 지나자 보이지 않았다.[彗星夜見西北, 色白, 長丈, 在觜觿, 且去益小, 十五日不見.]"[68]

무제(武帝) 건원(建元) 3년(기원전 138년) 3월에, "주성(注星)과 장성(張星)에서 혜성이 나타났는데, 혜성은 태미원(太微垣)[69]을 지나 자궁(紫宮)을 침범했고, 은하수[天漢]에 이르렀으며[有星孛於注·張, 歷太微, 干紫

---

64) 『한서』 권26 「천문지」· 권21 「율력지」를 보라. 프랑스의 천문학자 팽그르(Alexandre Guy Pingré, 1711~1796년)는 기원전 163년에 이탈리아 반도의 카푸아(Capua)와 라피토스(Lapithos)에서 해가 밤에 나타났었다는 기록을 분석한 적이 있다. 천쥔궤이(陳遵嬀)는 그 내용을 인용하여, 바로 이 혜성에 대한 기록과 일치한다고 밝혔다.

65) 『한서』 권27 「오행지」.

66) 『한서』 권5 「경제기(景帝紀)」.

67) 『한서』 권26 「천문지」.

68) 『한서』 권26 「천문지」.

69) 역자주 : 고대 중국인들은 별자리를 태미원·자미원(紫微垣)·천시원(天市垣)이라는 세 개의 큰 묶음으로 나누어 분류했고, 이들을 총칭하여 '삼원(三垣)'이라고 했다. 태미원은 은하의 북극과 그 근처 구역을 말하는데, 황도의 일부도 포함한다. 자미원은 주로 천구(天球)의 북극 부근을 가리킨다. 천시원은 주로 은하수가 관통하는 구역을 가리킨다.

宮, 至於天漢]", "천기성(天紀星)에서 혜성이 나타나서 직녀성(織女星)에 이르렀다.[有星孛於天紀, 至織女.]"[70]

武帝 건원 6년(기원전 135년) 6월에, "혜성이 북쪽에 있었으며[有星孛於北方]", 8월에는 "혜성이 동쪽에 나타났는데, 온 하늘에 걸쳐 있었으며, 30일 후에 사라졌다.[長星出於東方, 長終天, 三十日去.]"[71]

원수(元狩) 4년(기원전 119년) 4월에, "혜성이 또 서북쪽에서 출현했다[長星又出西北]."[72]

원봉(元封) 원년(기원전 110년) 5월에, "혜성이 동정(東井)[73]에 나타났으며, 또한 삼태성(三台星)에도 혜성이 나타났다.[有星孛於東井, 又孛於三台.]"[74]

"원봉(元封) 연간(기원전 110~기원전 105년)에 혜성이 하수성(河戍星)에 나타났다.[元封中, 星孛於河戍.]"[75]

"태초(太初) 연간(기원전 104~기원전 101년)에, 혜성이 초요성(招搖星)에 나타났다.[太初中, 星孛於招搖.]"[76]

武帝 후원(後元) 2년(기원전 87년) 가을 7월에, "혜성이 동쪽에 나타났다[星孛於東方]."[77]

소제(昭帝) "시원(始元) 연간(기원전 86~기원전 80년)에 조정의 성관(星

---

70) 『한서』 권26 「천문지」.

71) 『한서』 권27 「오행지」.

72) 『한서』 권27 「오행지」.

73) 역자주 : 정수(井宿)라고도 하며, 28수(宿) 중 22번째 별자리이다.

74) 『한서』 권27 「오행지」.

75) 『한서』 권26 「천문지」.

76) 『한서』 권26 「천문지」.

77) 『한서』 권7 「소제기(昭帝紀)」.

官)인 양성회(梁成恢)와 연(燕)나라의 성관 오막여(吳莫如)가 서쪽 하늘의 천시원(天市垣) 동쪽에서 혜성을 발견했다. 혜성은 하고성(河鼓星)을 지나 영실성(營室星) 가운데로 들어갔다.[始元中, 漢宦者梁成恢及燕王候星者吳莫如見蓬星出西方天市東門, 行過河鼓, 入營室中.]"[78]

선제(宣帝) 지절(地節) 원년(기원전 69년) 정월에, "혜성이 서쪽에서 나타났다가, 태백성(太白星)에서 2장(丈)쯤 떨어진 곳으로 갔다.[有星孛於西方, 去太白二丈所.]"[79]

원제(元帝) 초원(初元) 5년(기원전 44년) 4월에, "혜성이 서북쪽에서 나타났는데, 적황색이었고, 길이가 8척(尺)쯤 되었다. 며칠 후에는 길이가 1장(丈) 남짓으로 되었다가, 북동쪽으로 향해 가서 삼성(參星)을 둘로 나누었다.[彗星出西北, 赤黃色, 長八尺所, 後數日長丈餘, 東北指, 在參分.]"[80]

성제(成帝) 건시(建始) 원년(기원전 32년) 정월에, "영실성(營室星)에 혜성이 나타났는데, 청백색이었다. 길이는 6~7장(丈) 정도였고, 너비는 1척(尺) 남짓이었다.[有星孛於營室, 靑白色, 長六七丈, 廣尺餘.]"[81]

성제(成帝) 원연(元延) 원년(기원전 12년) 7월 신미(辛未)일에, 정수(井宿)에서 혜성이 나타나 정수의 다섯 별들을 덮어 버리고, 하수성(河戍星)으로 나와 북쪽 헌원성(軒轅星)과 태미원(太微垣) 쪽으로 따라갔다. 다

78) 『한서』 권26 「천문지」. 천쥔궤이는 『中國天文學史』에서, 코웰(Philip Herbert Cowell, 1870~1949년)과 크로멜린(Andrew Claude de la Cherois Crommelin, 1865~1939년)이 계산한 것을 근거로 하여, 기원전 87년 8월 15일에 핼리 혜성이 근일점을 통과했을 것이라고 밝혔다. 『한서』 「천문지」에는 단지 "시원 연간[始元中]"이라고만 기록되어 있으나, 이 기록으로부터 핼리 혜성이 시원 2~3년 사이에 있었음을 알 수 있다. 무제 후원 2년(기원전 87년)의 혜성은 아마도 이 혜성이었을 것이다.

79) 『한서』 권27 「오행지」.

80) 『한서』 권26 「천문지」.

81) 『한서』 권27 「오행지」.

음날은 6도(度) 남짓 진로를 바꾸어 새벽에 동쪽에서 출현했다. 13일 후에는 저녁에 서쪽에서 발견되었으며, 차비성(次妃星)·장추성(長秋星)·두수(斗宿)·전성(塡星)을 범했고, 혜성의 꼬리가 다시 자궁(紫宮)의 가운데를 관통했다. 혜성이 심수(心宿)에 도착한 다음 은하수에 이르렀으나, 미수(尾宿)의 9별인 비후(妃后)의 영역은 혜성이 지나가지 않았다. 이후 혜성은 남쪽으로 가서 대각성(大角星)과 섭제(攝提)[82]를 침범했는데, 천시원(天市垣)에 이르러서는 운행이 느려졌다. 혜성이 천시원으로 들어갔으며, 중순 이후에 서쪽으로 갔는데, 혜성은 등장한 이래 56일 동안 동궁창룡(東宮蒼龍)에서 머물렀다.[有星孛於東井, 踐五諸侯, 出河戍北率行軒轅·太微, 後日六度有餘, 晨出東方. 十三日夕見西方, 犯次妃·長秋·斗·塡, 蠭炎再貫紫宮中. 大火當後, 達天河, 除於妃后之域. 南逝度犯大角·攝提, 至天市而按節徐行, 炎入市, 中旬而後西去, 五十六日與蒼龍俱伏.]"[83]

애제(哀帝) 건평(建平) 2년(기원전 5년) 2월에, "혜성이 견우성(牽牛星)에서 출현하여 70여 일 동안 있었다[彗星出牽牛七十餘日]."[84]

반고는 일식·태양 흑점·핼리 혜성에 대해 체계적이고 완벽한 기록을 남겼는데, 이들은 오늘날 세계 천문학 연구와 발전에 기여한 중요

82) 역자주 : 28수(宿)의 하나인 항수(亢宿)를 의미한다.

83) 『한서』 권27 「오행지」. 천쥔궤이는 다음과 같이 주장했다. 즉 '크로멜린이 『한서』의 기록에 근거하여, 중국의 역사 기록들 가운데 이 기록이 매우 상세하고 분명하다며 칭찬했다. 이 해 10월 8일에 혜성이 근일점을 통과했으므로 운행이 매우 빨라졌다. 하인드(John Russell Hind)는 『한서』에 있는 혜성에 대한 상세한 기록을 근거로 하여 새로운 법칙을 발견했다. 그는 핼리 혜성의 궤도를 계산하여, 당시의 궤도와 황도(黃道)의 교차 각도가 10도지만, 지금은 약 18도라는 사실을 알게 되었다.' 그리하여 그는 "핼리 혜성의 궤도는 황도와 기울어진 각도가 옛날에는 작았지만, 지금은 커졌다."라는 가설을 세웠다.

84) 『한서』 권26 「천문지」.

한 자료들이 되었다.

4. 「오행지(五行志)」의 과학 관련 기록과 미신의 결합

「오행지」는 『한서』 가운데에서 후세 사람들에게 가장 비판을 받는 부분이다. 유지기(劉知幾)는 『사통(史通)』을 저술했는데, 그 안에는 「오행지착오(五行志錯誤)」·「오행지잡박(五行志雜駁)」이라는 두 편의 글이 있다. 청대(淸代)의 저명한 사상가였던 공자진(龔自珍)도 또한 "「오행지』는 저술하지 않았어야 했다[「五行志」不作可也]."[85]라고 말했다. 하지만 현대의 우리들은 「오행지」의 내용에 대한 분석을 가볍게 여기거나 부정해서는 안 될 것이다. 「오행지」 중에는 확실히 미신이나 억지로 끼워 맞춘 내용들이 많이 포함되어 있지만, 이것도 또한 한대(漢代)의 학문 사조와 사회 각 방면들을 반영하고 있는 '지(志)'이다. 오늘날의 관점에서 보면, 「오행지」는 적지 않은 과학 기술의 역사·자연사(自然史) 및 재난의 역사에 대한 사료들을 포함하고 있어, 이 분야들에 대한 연구에 매우 유용한 점들이 있다. 아래에서 이에 대해 간략하게 서술하려고 한다.

(1) 「오행지」의 성격

'오행(五行)'은 목(木)·화(火)·토(土)·금(金)·수(水)라는 다섯 가지 물질들을 지칭한다. 고대의 사상가들은 일상생활에서 익숙하게 접할 수 있는 이 다섯 가지 물질들을 가지고 세계의 기원과 각종 자연현

85) 『龔自珍全集』 第5輯 「與陳博士箋」, 上海人民出版社, 1975年 新一版.

상들을 설명해 보려고 시도했다. 전국 시대에는 '오행'에 관한 학설이 성행했고, 그와 더불어 "다섯 가지의 덕(德)이 상생(相生)하기도 하고 상극(相剋)하기도 한다[五德相生相勝]."라는 주장도 나타났다. 음양가(陰陽家)였던 추연(鄒衍)은 이를 바탕으로 사회와 역사를 해석한 '오덕종시설(五德終始說)'을 제기했는데, 이는 오행은 상생하면서 상극하고, 끝나면 다시 시작된다는 순환 변화론을 빌려다 억지로 꿰어 맞춰, 국가 정권의 교체와 조대(朝代)의 바뀜을 설명했다. 서한 시대에는 음양오행설(陰陽五行說)이 날이 갈수록 성행했다. 동중서(董仲舒)부터 하후시창(夏侯始昌)·계맹(眭孟)·곡영(穀永)·경방(京房)·유향(劉向)·유흠(劉歆) 등과 같은 사람들에 이르기까지, 모두가 오행과 관련된 말들을 대량으로 인용하면서 국가의 정치 및 사회 현상들을 여기에 억지로 끼워 맞춰 해석했다. 그리하여 이는 서한 시대의 '천인감응(天人感應)'이나 음양재이(陰陽災異) 학설[86]의 매우 중요한 부분을 구성했다. 그 때문에 이러한 음양오행설이 유심론(唯心論)적인 미신 사상으로 가득 채워지는 것은 필연적인 결과였다. 그렇지만 또한 알아 두어야 할 것은, 오행설의 기원은 물질 현상을 이용하여 세계를 해석하는 것이기 때문에, 그와 같이 미신으로 가득 찬 주장들 속에도 가치 있는 자료와 예증(例證)들이 적지 않게 보존되어 있다는 사실이다.

그렇다면 「오행지」는 미신 사상을 집중적으로 선양(宣揚)하기 위해 쓴 것인가? 이 문제는 세 가지 측면에서 분석해 볼 필요가 있다.

첫 번째로, 역사서 편찬학(編撰學)이라는 측면에서 '지(志)'가 갖는

86) 역자주 : 음양오행의 상생상극 원리를 천지의 모든 사물이나 인간의 길흉화복 및 자연의 재난이나 기이한 현상들에 억지로 끼워 맞춰 해석하는 학설.

작용을 분석해야 한다.

기전체(紀傳體) 역사서에서 '전지(典志)[87]'는 『사기』에서 처음으로 시작되었으며, 『한서』에서 완성되었다. 이러한 기전체 역사서는 왜 '본기(本紀)'와 '열전(列傳)'[어떤 것은 또한 '표(表)'·'세가(世家)'로 된 것도 있다.] 외에도 '전지'를 모두 두려고 했을까? 그 이유는 그것들 모두 각자의 역할과 기능이 있어, 서로 맞물리기 때문이었다. '본기'는 왕조의 정치·군사·경제·이민족과의 관계 등 국가 대사에 대한 강목(綱目 : 대강과 세부 항목-역자)들을 기록하고 있다.[당연히 '본기'는 또한 황제의 지위가 가장 존귀하다는 것을 나타내 준다.] '열전'은 대표성을 갖는 인물들의 활동을 기록하고 있으며, '본기'에 기록된 국가 대사들을 구체적으로 설명해 준다. '본기'와 '열전'에서 이미 언급했던 연대(年代)·사건(事件)·인물들 이외에, 각 시대의 전장 제도·사회생활·학문과 문화 등도 기록해야 할 필요가 있었는데, 이러한 내용들이 바로 '전지' 속에 포함되며, '본기'나 '열전'과 서로 맞물려 한 시대의 전체 역사를 구성하였다. 서한 시대에는 음양오행 사상이 유행했는데, 동중서가 '천인감응'이라는 학설을 제창함에 따라, 곧 유학과 음양오행 학설이 결합하게 되었다. 이후 선제(宣帝)·원제(元帝) 시기부터 성제(成帝)·애제(哀帝) 시기에 이르기까지, 황제의 조령(詔令)·대신(大臣)들의 교체·다른 정치 집단들 사이의 상호 공격에서는 모두 음양재이를 인용하려고 했으며, 수많은 유학자들은 또한 음양오행에 관한 대량의 저작들을 저술했다. 이미 음양오행 학설이 일종의 사회적 사조(思潮)가 되고, 학문 및 문화에서 특수한 현상이 되었으므로, 역사가들은 이를 회피할 수 없었

87) 역자주 : 각종 전장(典章) 제도 등에 관한 내용을 전문적으로 기재하는 지(志).

고, 사회생활의 각 분야를 광범위하게 반영하는 '지(志)'는 당연히 이를 기록해야만 했다. 따라서 전지가 갖는 성격이나 기능의 측면에서 말한다면, 「오행지」를 둔 것은 이치에 맞는 것이었으므로, 그 자체를 두었다는 사실만 가지고 반고가 의식적으로 미신 사상을 제창(提唱)했음을 보여 주는 것이라고 할 수는 없다.

두 번째로, 「오행지」는 또한 관련 자료들을 집성하여 편집한 성격을 갖는데, 이에 대해서는 반고가 「오행지」 속에서 분명하게 밝히고 있다.

반고는 다음과 같이 정리했다. “한나라는 건국할 때, 진(秦)나라가 학문을 멸(滅)한 뒤를 이어받았는데, 동중서는 『춘추공양전(春秋公羊傳)』을 연구하고, 음양에 관한 사상을 처음으로 받들어, 유학자들의 종사(宗師)가 되었다. 선제와 원제 이후에는 유향(劉向)이 『춘추곡량전(春秋穀梁傳)』을 연구하여, 재난과 복을 예측하여 살피고, 「홍범(洪範)」[88]을 세상에 전파했는데, 그의 학설은 동중서의 것과 같지 않았다. 유향의 아들 유흠은 『춘추좌씨전(春秋左氏傳)』을 연구했는데, 그 『춘추』의 의미는 이미 크게 어긋나 있었고, 「오행전(五行傳)」을 언급하고 있지만, 또한 사뭇 달랐다. 때문에 「오행지」에서는 동중서의 학설을 수집하여 취하고, 유향 및 유흠의 학설을 구별하였으며, 계맹·하후승(夏侯勝)·경방·곡영·이심(李尋) 등과 같은 사람들의 말과 행적들도 기재하였다. 그리하여 (한나라의 건국에서부터-역자) 왕망(王莽)에 이르기까지, 모두 열두 임금 시대에 걸쳐, 『춘추』에 대한 것들을 이 글 속에 적어 넣었다.[漢興, 承秦滅學之後, 景·武之世, 董仲舒治『公羊春秋』, 始

88) 역자주 : 『상서(尚書)』의 한 편명(編名).

推陰陽, 爲儒者宗. 宣·元之後, 劉向治『穀梁春秋』, 數其禍福, 傳以『洪範』, 與仲舒錯. 至向子歆治『左氏傳』, 其『春秋』意亦已乖矣, 言『五行傳』, 又頗不同. 是以擥仲舒, 別向·歆, 傳載眭孟·夏侯勝·京房·穀永·李尋之徒所陳行事, 訖於王莽, 擧十二世, 以傳『春秋』, 著於篇.]"[89] 이 부분에서 서한 시대의 주요 음양재이가(陰陽災異家)들 중 주요 인물들을 개괄적으로 언급하고 있으며, 아울러 그들이 말했던 재이(災異 : 이상한 자연 재해나 자연 현상-역자)의 특징을 지적하고 있다. 즉 각자의 방법으로 견강부회하여 추론하고, 각자의 논리가 있어서, 서로 같지 않다고 지적하고 있다. 위의 인용문(원문-역자)에서 '擥'은 '攬'과 같은 자이니, 이는 곧 '그러모으다'·'수집하다'라는 뜻이며, '別'은 '구분하다'·'분리하여 배치하다'라는 의미이고, '傳載'는 곧 '기재하다'라는 뜻이다. 반고는 이와 같은 몇 가지 표현법을 잇달아 사용하여, 「오행지」는 동중서·유향·유흠 등 여러 사람들의 '재이'에 대한 각자의 서로 다른 주장들을 한데 그러모아 편찬한 것이라는 점을 강조했다. 이러하기 때문에, 「오행지」 속에 인용되어 있는 재이를 견강부회하여 해석한 말들이 곧 모두 반고 자신의 사상을 대표한다고 여겨서는 안 된다.

세 번째로, 또한 『한서』의 여타 편장(篇章)들에 관해서도, 반고가 음양오행설에 대해 어떠한 태도를 보였는지를 분석해 보아야 한다.

앞에서 이미 설명했듯이, 「오행지」를 둔 것 자체는 결코 잘못이 아니었지만, 문제는 반고가 어떤 태도로 미신과 비과학적인 주장들을 대했는가 하는 점이다. 반고의 태도는, 한편으로 '천인감응'이라는 신비적인 관점을 지니고 있었는데, 『한서』 「천문지」의 서문(序文)에서 이

89) 『한서』 권27 「오행지」.

렇게 말하고 있다. "여기에서 정치가 잘못되면, 변고는 곧 저기에서 나타나는데, 이는 마치 그림자의 형상이나 소리의 울림과도 같다. 때문에 현명한 군주는 이를 파악하고 깨달아, 자신의 행동거지를 삼가고 하는 일을 바르게 하며, 자신의 허물을 반성하면, 곧 화(禍)가 사라지고 복(福)이 이르게 되는데, 이것이 자연의 법칙이다.[政失於此, 則變見於彼, 猶景('影'과 동일-인용자)之象形, 鄕('響'과 동일-인용자)之應聲. 是以明君睹之而寤, 飭身正事, 思其咎謝, 則禍除而福至, 自然之符也.]" 다른 한편으로, 그는 또한 음양재이가들이 마음대로 견강부회한 것을 명확히 비판하기도 했다. 『한서』에는 음양재이가들의 합전(合傳)인 「계양하후경익이전(眭兩夏侯京翼李傳)」이 있는데, 이 열전의 맨 뒤에 있는 찬어(贊語)에서 그는 다음과 같이 정곡을 찔러 마무리하면서, 그들 모두가 황제에게 잘 보이려고 아첨했음을 날카롭게 비판했다. "한나라가 건국된 이래 음양설을 추종하고 재이를 말하는 자들로는, 효무제(孝武帝) 때에 동중서·하후시창이 있었고, 소제(昭帝)와 선제(宣帝) 때는 계맹·하후승이 있었으며, 원제(元帝)와 성제(成帝) 때는 경방·익봉(翼奉)·유향·곡영이 있었고, 애제(哀帝)·평제(平帝) 때에는 곧 이심·전종술(田終術)이 있었다. 이들은 당시의 황제에게 자신의 글을 올려 유명하게 된 자들이다. 그들이 말한 것들을 살펴보면, 대략적으로 하나의 실마리일 뿐이었다. 그들은 경전을 가장하여 자신의 주장을 세웠고, 서로의 유사한 점들을 의탁했지만, '억측한 것이 곧 번번이 들어맞았다'[90]라는 평가를 면치 못했다.[漢興推陰陽言災異者, 孝武時有董仲舒·夏

90) 역자주 : 『논어』 「선진(先進)」편에 있는, "사[賜 : 자공(子貢)]는 귀한 신분으로 태어나지 않았음에도 재화를 늘렸으며, 억측은 번번이 들어맞았다.[賜不受命, 而貨殖焉, 億則屢中.]"에서 비롯된 말이다.

侯始昌, 昭·宣則眭孟·夏侯勝, 元·成則京房·翼奉·劉向·穀永, 哀·平則李尋·田終術. 此其納說時君著明者也. 察其所言, 仿佛一端. 假經設誼, 依托象類, 或不免乎'億('臆'과 같음-인용자)則屢中'.]" 즉 동중서 이하 여러 음양재이가들의 공통점은, 견강부회하고 제멋대로 억측했지만 한두 차례 적중했으며, 또한 단지 요행에 의한 것이라고 날카롭게 지적했다. 이 말은 확실히 음양을 추종하고 재이를 말하는 자들의 정곡을 찌른 것이다.

(2) 「오행지」의 문헌적 가치

서한 중·후기에 음양오행설이 크게 유행하자, 재이가(災異家)들은 나라의 정치와 사회의 현상들을 견강부회하여 해석했는데, 이러한 주장들은 필연적으로 유심론적인 미신사상으로 충만할 수밖에 없었다. 그러나 또한 알아 두어야 할 점은, 오행설의 기원이 물질 현상을 이용하여 세계를 해석하는 것이기 때문에, 「오행지」 속에는 가치 있는 자료와 예증이 적지 않게 포함되어 있으며, 따라서 근대의 천문학사(天文學史)·자연사(自然史)·재해의 역사 등의 분야를 연구하는 사람들은 중시하고 있다. 이것이 바로 「오행지」가 갖고 있는 문헌적 가치이다.

앞에서 서술했듯이 「오행지」는 많은 양의 천문학사에 관한 자료들을 보존하고 있다. 한대 이전의 완전한 일식 기록뿐만 아니라, 세계에서 가장 이른 태양 흑점과 핼리 혜성에 대한 기록도 있는데, 이는 자연과학사에서 대단히 가치 있는 자료들이다. 이 밖에도 「오행지」는 또한 많은 양의 특이한 현상들과 각종 재해의 역사 및 기상학(氣象學) 관련 자료들도 보존하고 있다.

먼저 「오행지」에는 각종 특이한 현상들이 기록되어 있다.

최근 몇 년 사이에 뉴스 매체들에서는 때때로 국내외의 여러 가지 '기이한 이야기[奇聞]'들을 보도했다. 이러한 보도는 대중들의 견문을 증대시켜 주기도 하지만, 전문 연구 인력들의 입장에서 말하자면, 유용한 과학 자료들을 전달해 주는 것이자, 정보 가치를 지니고 있는 것들이다. 예컨대 1989년 초에 하남(河南) 낙녕현(洛寧縣)에서는 한 마리의 특이한 송아지가 발견되었는데, 몸에 일곱 개의 다리가 달려 있었으며, 그 중 하나는 등 위에 돋아 있었다. 이 송아지는 태어난 뒤에도 정상적으로 활동했으며, 방송국에서 그 송아지가 뛰어다니는 장면을 방영했다. 또 1990년 초에는 운남(雲南)의 한 농촌에서 다리가 세 개 달린 송아지가 태어났는데, 태어난 지 4개월이 되자 정상적으로 걸어 다녔다. 방송국에서 이 송아지가 어미 소를 따라 산에 오르는 장면을 방영했다. 또 『북경청년보(北京青年報)』 1999년 2월 23일자 제10판(版)은 한 컷의 사진을 게재하고, 이렇게 보도했다. 즉 다리가 여섯 개 달린 한 마리의 소가 대만(臺灣)의 타이중(臺中)에서 열린 기이한 동물 박람회[動物奇觀]에 전시되었는데, 이 다리가 여섯 개 달린 암소는 2개월 남짓 전에 금문도(金門島)의 금사진(金沙鎮)에서 태어났다. 사진에 또렷하게 보이기를, 송아지 등의 앞부분 양쪽에는 위를 향해 돋아난 두 개의 불필요한 다리가 보였다. 1989년 초에는, 가뭄을 겪고 있던 아프리카 케냐의 서부 지역에 며칠 동안 '검은 비[黑雨]'가 내렸는데, 이 지역 주민이 알루미늄 냄비에 빗물을 받아 끓였더니, 냄비 속이 새까맣게 변했다. 또한 빗물을 받아 두었던 그릇에는 한 층의 검은색 물질이 두툼하게 침전되었다. 이 지역에는 공업 시설이 거의 없고 온통 목초지뿐이어서, 검은 비가 어디에서 왔는지는 관련 업무에 종사하는 사람들조차 도무지 알 수가 없었다. 이 밖에도 털이 난 아기·샴쌍둥이·노인의 머리에 돋아난 살[肉]로 된 '뿔'·남자가 여자로 변한 일 등을 보도했다.

오늘날에는 사람들은 이처럼 '기이한 이야기[奇聞]'를 들어도 크게 놀라지 않고, 오히려 이러한 일들은 연구할 가치가 있다고 여긴다. 그러나 고대에는 과학이 발달하지 않았기 때문에, 사람들이 이러한 일들이 발생하는 이치를 분명히 알지 못한데다, 교통이 불편하여 새로운 소식들이 전달되기 어려웠다. 따라서 사람들이 일단 이처럼 기이한 사실들을 알게 되면, 곧 '재이(災異)'라고 여기게 되었으며, 결국 특별히 중요하다고 여겨지는 것들만을 기록으로 남겼다. 「오행지」에 기재된 '재이'들 가운데 상당수는 바로 이와 같은 '기이한 이야기'에 속하는 것들이며, 오늘날의 시각으로 본다면 바로 과학사 자료의 가치를 지니고 있다. 예를 들면 다음과 같은 것들이다.

– 암탉이 수탉으로 변했다. : 선제(宣帝) 황룡(黃龍) 원년(元年 : 기원전 49년)에, "미앙전(未央殿)의 마구간에 있는 암탉이 수탉으로 변했는데, 털은 변했지만 울음소리를 내지는 못했고, 무리를 거느리지 못했으며, 며느리발톱도 없었다.[未央殿輅軨中雌鷄化爲雄, 毛衣變化而不鳴, 不將, 無距.]" 또한 "원제(元帝) 초원(初元) 연간(기원전 48~기원전 44년)에, 승상부사(丞相府史)의 집에서 암탉이 부화했는데, 차츰차츰 수탉으로 변하여, 볏도 생기고 며느리발톱도 났으며, 수탉처럼 울 줄도 알고, 무리를 거느렸다.[元帝初元中, 丞相府史家雌鷄伏子, 漸化爲雄, 冠距鳴將.]"

– 수탉에 뿔이 났다. : 원제 때인 "영광(永光) 연간(기원전 43~기원전 39년)에, 수탉을 바쳤는데 뿔이 나 있었다.[永光中, 有獻雄生角者.]"

– 개에 뿔이 났다. : 문제(文帝) 후원(後元) 5년(기원전 159년) 6월에, "제(齊)나라 땅의 옹성문(雍城門) 밖에 뿔이 난 개가 있었다[齊雍城門外有狗生角]."[91]

– 몸에 털이 난 아기를 발견했다. : "노(魯)나라 양공(襄公) 때에, 송(宋)나라에서 몸이 붉고 털로 뒤덮인 여자아이가 태어나자, 그를 제방 아래에 버렸다.[魯襄公時, 宋有生女子赤而毛, 棄之提下.]"[92]

– 몸이 한데 붙은 쌍둥이(샴쌍둥이-역자) : 한나라 평제(平帝) 원시(元始) 원년(元年)에, "장안(長安)의 어떤 여자가 아이를 낳았는데, 머리가 둘이고 목도 둘인데다, 얼굴은 서로 마주보고 있었으며, 네 개의 팔은 모두 하나의 가슴에 붙은 채 앞쪽을 향해 있었다. 엉덩이 부위에는 눈이 있었는데, 길이가 2치[寸] 정도였다.[長安女子有生兒, 兩頭異頸面相鄉('向'과 같음-인용자), 四臂共胸俱前緆, 尻(엉덩이 부위-인용자)有目長二寸所.]"

– 남녀의 성별이 바뀌다. : 위(魏)나라 양왕(襄王) 13년(기원전 306년)에, "위나라에서 어떤 여자가 남자로 변했다[魏有女子化爲丈夫]." 또 서한 애제(哀帝) 건평(建平) 연간(기원전 6~기원전 5년)에, "예장(豫章)에서 남자가 여자로 변했는데, 시집가서 어떤 사람의 아내가 되었으며, 아들 하나를 낳았다.[豫章有男子化爲女子, 嫁爲人婦, 生一子.]"

91) 이상의 인용문들은 모두 『한서』 권27 「오행지」를 보라.

92) 『한서』 권27 「오행지」.

– 노인의 머리에 '뿔'이 났다. : 경제(景帝) 2년(기원전 155년) 9월에, "교동(膠東) 하밀(下密)에 사는 사람은 나이가 70살 남짓 되자, 뿔이 났는데, 뿔에는 털이 있었다.[膠東下密人年七十餘, 生角, 角有毛.]"[93]

– 소의 변이(變異)가 나타났다. : 진(秦)나라 효문왕(孝文王) 5년(기원전 246년)에, "구연족(朐衍族)이 살고 있는 지역을 순유(巡遊)했는데, 어떤 사람이 다리가 다섯 개 달린 소를 바쳤다.[遊朐衍, 有獻五足牛者.]" 또 경제 중원(中元) 6년(기원전 144년)에, "양효왕(梁孝王)[94]이 북쪽 산에 사냥을 갔을 때, 소를 바쳤는데, 다리가 등 위에 달려 있었다.[梁孝王田北山, 有獻牛, 足上出背上.]"

– 말에 뿔이 났다. : 문제 12년(기원전 168년)에, "오(吳) 지역에서 어떤 말에 뿔이 났는데, 뿔은 귀 앞에 있었고, 위쪽을 향해 있었다. 오른쪽 뿔은 길이가 3치[寸]이고, 왼쪽 뿔은 길이가 2치였으며, 너비는 모두 2치였다.[有馬生角於吳, 角在耳前, 上鄕('向'과 같음-인용자), 右角長三寸, 左角長二寸, 皆大二寸.]" 성제(成帝) 수화(綏和) 2년(기원전 7년) 2월에, "궁중 마구간에 있는 말에 뿔이 났는데, 왼쪽 귀 앞에 있었으며, 둘레와 길이는 각 2치였다.[大廏馬生角, 在左耳前, 圍長各二寸.]"[95]

– 하늘에서 피비[雨血]와 물고기비[雨魚]가 내렸다. : 혜제(惠帝) 2년

93) 이상의 인용문들은 모두 『한서』 권27 「오행지」를 보라. 사람의 몸에서 '뿔'이 나는 현상은, 현대 의학에서는 이를 '피골(皮骨 : dermal bone-역자)'이라 부른다.

94) 역자주 : 양효왕(기원전 184~기원전 144)의 이름은 유무(劉武)인데, 문제(文帝)의 둘째아들이자 경제(景帝)의 동생이다. 두태후(竇太后)가 그를 매우 총애했다고 한다.

95) 이상의 인용문들은 모두 『한서』 권27 「오행지」를 보라.

(기원전 193년)에, "의양(宜陽)에는 하늘에서 피비가 내렸는데, 비가 내린 지역은 1경(頃)[96] 정도였다.[天雨血於宜陽, 一頃所.]" 또 애제 건평(建平) 4년(기원전 3년) 4월에, "산양(山陽)의 호릉(湖陵)에 물고기비가 내렸는데, 너비는 3척(尺)이고, 길이는 5척에 해당했으며, 큰 것은 동전만했고, 작은 것은 삼[麻]의 씨앗만했다.[山陽湖陵雨血, 廣三尺, 長五尺, 大者如錢, 小者如麻子.]"[97] 또 "성제 홍가(鴻嘉) 4년(기원전 17년) 가을에, 신도(信都)에 물고기비가 내렸는데, 길이는 5촌(寸) 이하였다.[成帝鴻嘉四年秋, 雨魚於信都, 長五寸以下.]"[98]

그 다음으로 「오행지」는 재해와 기상학(氣象學) 자료들도 담고 있다. 「오행지」에는 또한 다음과 같은 기록들이 있다.

- 지진 : 한나라 시기에 발생한 지진을 보면, 혜제 2년(기원전 193년)·무제 정화(征和) 2년(기원전 91년)·선제 본시(本始) 4년(기원전 72년)·원제 영광(永光) 3년(기원전 41년)·성제 수화(綏和) 2년(기원전 7년) 등 여러 차례 있었다.

---

96) 역자주 : 옛날 토지의 면적을 측정하는 단위로, 1경은 100무(畝)이며, 1무는 100보(步)인데, 1보는 사방 6척(尺) 즉 1평의 넓이를 가리킨다. 따라서 1경은 약 1만 평 정도의 면적에 해당한다.

97) 이상의 인용문들은 모두 『한서』 권27 「오행지」를 보라. '피비[雨血]'는 태풍이나 회오리바람에 의해 바다에 사는 생물들이 공중으로 휘말려 올라간 다음, 공중에서 다시 바람에 날려가 다른 지방에서 비가 되어 내리는 것이다.

98) 『한서』 권27 「오행지」. '물고기 비[雨魚]'는 그 이치가 위의 '피비[雨血]'와 비슷하다. 이상의 세 지역들을 보면, 신도는 지금의 하북(河北) 기현(冀縣)에 있으며, 산양은 지금의 하남(河南) 초작(焦作)에 있고, 의양은 지금의 하남 의양현(宜陽縣) 부근에 있어, 모두 바다와 그다지 멀지 않다.

– 황충(蝗蟲 : 메뚜기-역자) : 황충으로 인한 재해에 관한 기록은 춘추 시대에 모두 12번 나오는데, 서한 시기에 7번 있었다.
– 가뭄 : 춘추 시대에는 노(魯)나라 희공(僖公) 때부터 노나라 정공(定公) 때까지만 하더라도 14차례 있었으며, 서한 시대에는 혜제 때부터 성제 때까지 13차례 발생했다.

이것들은 재해사(災害史) 자료들이며, 또한 천문과 기상학에 관한 자료들도 있는데, 예를 들면 다음과 같다. 춘추 시대 노나라 장공(莊公) 7년(기원전 687년)과 서한 영시(永始) 2년(기원전 15년)에 운석우(隕石雨)가 내렸다. 또 춘추 시대 노나라 환공(桓公) 15년(기원전 697년)·양공(襄公) 28년(기원전 545년)·서한 무제 원수(元狩) 6년(기원전 117년)·소제(昭帝) 시원(始元) 2년(기원전 85년) 겨울에 '얼음이 얼지 않는 현상[無氷]'이 있었다는 자료도 기록되어 있다.

「오행지」에는 또한 황당하고 터무니없는 일들도 기록되어 있는데, 예를 들면 다음과 같은 것들이다. 진(秦)나라 효공(孝公) 21년(기원전 340년)에, "말이 사람을 낳았다[馬生人]."라는 기록이 있다. 진시황 26년(기원전 221년)에는, "거인의 키가 5장(丈)이었으며, 신발이 6척이었다.[大人長五丈, 足履六尺.]"[99]라는 기록도 있다. 이러한 기록들은 곧 지어낸 일들이라고 할 수 있다.

「오행지」에는 비록 일부 허황되고 터무니없는 일들도 기록되어 있지만, 주로 천문 기상·자연 재해 및 특이한 자연 현상 등이 기록되어 있어,

99) 이상의 인용문들은 모두 『한서』 권27 「오행지」를 보라.[역자주 : 서한 시대의 1척(尺)은 약 23.1cm였다. 따라서 이 기록에 등장하는 거인은 키가 무려 11m 55cm이며, 발의 크기는 약 1m 40cm 정도가 된다.]

후세에 자연 현상을 연구하는 데 매우 귀중한 자료들을 남겨 놓았다.

(3) 외국 학자들의 「오행지」에 대한 높은 평가

『한서』 「오행지」는 천문 현상·자연과학 및 자연 재해 등 여러 방면의 자료들을 매우 많이 기록하고 있어, 중국의 학자들에게 중요시되고 있을 뿐만 아니라, 외국의 학자들도 매우 중요시하고 있다.

영국의 저명한 학자인 조지프 니덤(Joseph Terence Montgomery Needham) 박사의 대작인 『중국 과학기술사(中國科學技術史 : *Science and Civilization in China*)』[100]의 제4권에서는 중국 고대 천문학의 성취를 전문적으로 논술하고 있는데, 중국 고대의 우주관, 그리고 중국 천문학의 천극(天極)과 적도(赤道)의 특징, 항성(恒星)의 명칭·편차(偏差)와 제도(製圖), 각종 천문 관측기구의 발전, 역법 천문학과 행성 천문학, 천문 관측 기록 등에 대해서 상세하게 소개하면서, 매우 높은 평가를

---

100) 역자주 : 조지프 니덤의 *Science and Civilisation in China*(중국에서는 『中國科學技術史』라는 제목으로 번역 출판됨)는 관련 학자들의 도움을 받아 저술되었다고 하는데, 모두 7권으로 이루어져 있다. 니덤이 세상을 떠난 지금까지도 저술이 끝나지 않았으며, 현재도 관련 학자들이 모여서 저술하고 있다고 한다. 이 책의 각 권들은 다음과 같다. 제1권 *Introductory Orientations*(서론), 제2권 *History of Scientific Thought*(과학사상사), 제3권 *Mathematics and the Sciences of the Heavens and Earth*(수학 그리고 하늘과 땅의 과학), 제4권 *Physics*(물리학), 제5권 *Chemistry and Chemical Technology*(화학과 화학 기술), 제6권 *Biology and Biological Technology*(생물학과 생물학 기술), 제7권 *The Social Background*(사회적 배경)이다. 이 책은 출간 이후 중국의 전통 과학을 이해하기 위해서는 반드시 읽어야 하는 필독서가 되었으며, 중국의 과학에 대해 전면적으로 분석하고 그 가치를 평가했다는 점에서 높은 평가를 받았다. 하지만 지나치게 현대 과학의 관점에서 바라보고, 당시의 현실을 등한시한 부분이 있다는 비판을 받기도 한다. 한국에는 1985년에 니덤이 감수한 이 책의 요약본이 『중국의 과학과 문명』이라는 제목으로 번역 출간되었다.

내리고 있다. 그는 이 책의 서문에서 다음과 같이 말했다. "매우 오랜 기간 동안(약 기원전 5세기부터 서기 10세기까지)은, 거의 중국의 기록만을 이용할 수 있었는데, 현대의 천문학자들은 수많은 경우(예를 들어 혜성, 특히 핼리 혜성이 여러 번 출현한 기록)들에서, 모두 일찍이 중국의 천문 기상 관련 기록들의 도움을 받아서 좋은 결과를 얻을 수 있었다. ……그 밖의 방면들에서, 예를 들어 태양 흑점(태양의 반점)의 경우, 중국인들은 일찍이 수세기 동안 대단히 규칙적으로 관측해 왔지만, 유럽인들은 그에 대에 거의 알지 못했을 뿐만 아니라, 또한 그들의 우주론에서의 편견으로 인해 그러한 현상이 존재한다는 것을 인정할 수도 없었다. 이러한 모든 것들은 인류가 천체 현상을 인식해 온 역사에서 적지 않은 공헌을 했다."

니덤은 선진(先秦)·한대(漢代)의 천문 관측 수준에 대해 격찬했는데, 특히 사마천의 『사기』「천관서(天官書)」·반고의 『한서』「오행지」 및 장형(張衡)과 왕충(王充)의 천문학 지식에 대해 매우 높이 평가했다. 그는 사마천이 저술한 『사기』「천관서」의 서술법에 대해 이렇게 생각했다. "매우 체계적이다[사마천 본인은 국가의 천문 점성(占星) 방면의 가장 높은 관직을 역임했다]. 우선 하늘의 중앙·동·서·남·북인 '오궁(五宮)'에 있는 항성(恒性)과 성좌(星座 : 별자리-역자)들을 관찰한 다음, 오성(五星)[101]의 운행(역행을 포함하여)에 대해 상세히 논의하고, 이어서 하늘의 각 별자리들에 관해 같은 지역 지상(地上)의 각 분야들을 연관시키는 점성술(占星術)의 논법에 따라, 해와 달의 이상(異常) 현상 및 혜성(彗

---

101) 역자주 : 수성(水星)·금성(金星)·화성(火星)·목성(木星)·토성(土星) 등 다섯 개의 행성을 가리키는데, 최초에는 진성(辰星)·태백(太白)·형혹(熒惑)·세성(歲星)·진성(鎭星)이라고 불렀다.

星)·유성(流星)·구름·여러 가지 자연계의 현상들(오로라·지진 및 풍작과 흉작의 징조 등 각종 이상 현상들을 포함하여)에 대해 해석했다. ……그런 다음, 그는 각 시기마다의 기록들에서 보이는 일식과 월식의 횟수와 예사롭지 않은 유성우(流星雨) 및 그것들이 미리 조짐을 나타내 주었거나 혹은 그것으로 인해 발생했던 큰 사건들을 언급했다. 중국 고대 천문학에 대해 말하자면, 「천관서」가 가장 중요한 자료이다."

『한서』「오행지」에 대해 니덤은, 그것이 "서방(西方)의 역사적인 통계 수치들을 이미 동한 시대의 비교적 발달한 천문학 지식과 결합했다. 이 많은 자료들은 합삭(合朔)[102] 주기의 계산과 일식과 월식의 예보에 대해 자세하게 서술하고 있어서, 사람들은 이미 분명하게 이해할 수 있었다."라고 생각했다. 그는 특히 『한서』「오행지」에 기록된 핼리 혜성과 태양 흑점 등 천문 기상 방면의 정확한 기록에 대해 언급하고 있다. 예를 들면 "기원전 467년의 혜성 관측은, 아마도 중국 최초의 핼리 혜성 관측일 것이다. ……기원전 240년(진시황 10년)에 나타난 혜성이 바로 핼리 혜성이라는 사실은 의심할 여지가 없다. ……기원전 87년과 기원전 11년에 나타났던 두 차례의 혜성도 모두 매우 확실하다." 유구한 역사를 살펴보면, 중국의 흑점 기록은 우리가 보유하고 있는 가장 완벽한 자료이다. 흑점에 관한 기록은 기원전 28년, 즉 유향(劉向) 시대에 시작되었으니, 서양의 가장 이른 기록보다 거의 천 년이나 이르다. ……중국의 기록들에서 태양 흑점은 '검은 기운[黑氣]'·'검은 점[黑子]' 혹은 '까마귀[烏]'라고 불리며, 그 크기에 대해 '크기가

---

102) 역자주 : 해와 지구가 달을 가운데에 두고 일직선을 이룸으로써, 달이 전혀 보이지 않을 때, 즉 그믐을 가리킨다. 상대적 개념은 만월(滿月)이다. 일식도 이러한 상태에서 일어난다.

동전만하다[大如錢]', '크기가 알과 같다[大如卵]', '복숭아만하다[如桃]', '오얏만하다[如李]' 등으로 묘사되어 있다."[103] 그런데 유럽에서 태양 흑점을 발견한 것은 갈릴레오 갈릴레이(Galileo Galilei, 1564~1642년)가 망원경을 사용하여 완성한 천문학 발전의 하나였지만, 1613년에야 겨우 공개하여 발표했다.

이 밖에 니덤은 또 별도의 「중국 고대와 중세기의 천문학」이라는 강연에서, "태양의 흑점은 기원전 28년에 처음 기록되었는데, 만약 갈릴레이와 크리스토퍼 샤이너(Christopher Scheiner, 1575~1650년)가 그 당시에 이러한 사실을 알았더라면 매우 놀랐을 것이다"라고 다시 한 번 강조했다. 혜성의 기록에 대해, "이미 기원전 467년에 중국인들은 벌써 핼리 혜성에 대한 최초의 기록을 남겼는데, 이 혜성이 여러 차례 다시 나타났을 때의 기록들은 현대의 천문학자들이 그것의 근사치 궤도를 계산하는 데 도움을 주었다."[104]라고 기록했다. 『한서』 「오행지」는 핼리 혜성과 태양의 흑점을 최초로 기록한 문헌으로, 그 가치는 두말할 나위도 없다.

(4) 유지기(劉知幾)의 「오행지」 비판에 관해

유지기는 「오행지착오(五行志錯誤)」·「오행지잡박(五行志雜駁)」이라는 두 편의 글을 써서, 음양재이(陰陽災異)의 견강부회적인 논법에 대해 의문을 제기하고 비판을 가했는데, 이는 매우 가치 있는 것이다. 그러나 이 두 편의 글들에서 지적하고 있는 착오나 문제점들에 대해,

103) 이상의 인용문들은 모두 조지프 니덤 저(著), 허짜오우(何兆武) 등 역(譯), 『中國科學技術史』 제4권, 科學出版社, 1979년판에 따랐다.

104) 『李約瑟文集』, 遼寧大學出版社, 1988년판을 보라.

응당 한 번 진지하게 분석해 보아야 하는데, 그 결과를 판단해 보지도 않고서 모두 반고의 탓으로 돌려서는 안 된다.

「오행지착오」라는 글은 주로 편성의 기술적 측면과 지식의 측면에서 「오행지」를 평론한 것이지, 반고의 역사관·문화관과는 그다지 큰 관계가 없다. 이러한 방면에 속하는 사례로는 두 가지를 들 수 있다. 첫째는 반고가 다른 책을 인용한 것이 부적당하다는 비판인데, 어떤 것은 『사기』와 『좌전(左傳)』의 자료들을 뒤섞어 인용했고, 어떤 자료는 『주례(周禮)』에서 인용했지만, 그 사실을 밝히지 않았다는 것이다. 둘째는 반고의 서술이 적절하지 않고, 단지 기이한 현상이 발생한 시점과 그에 대해서 어떤 사람이 했던 평론만 실었을 뿐, 사건 이후의 증명과 검증을 마치지 않았다는 비판이다. 이러한 것들은, 만약 어찌하여 명확하고 엄밀하게 기록했다 하더라도 여전히 또한 문제이긴 하지만, 오늘날 반고의 사학(史學) 사상의 측면에서 평가해 본다면, 오히려 큰 문제가 되지 못한다. 유지기의 이 글에서 정곡을 찌르는 부분은, 바로 반고가 재난에 대한 해석을 남발하고, 억지로 짜 맞추어 증명했다고 그가 비판한 점이다. 예를 들면 다음과 같다. 「오행지」에서 『춘추(春秋)』에 기록되어 있는 "겨울에 얼음이 얼지 않았다.[冬, 無氷.]"라는 문장을 해석하면서 말하기를, 임금이 정사(政事)를 게을리 하여, 형벌을 내리고 상을 주는 일을 하지 않으니, 기강이 문란해져 대부(大夫)들이 권력을 농단하였으므로, "얼음이 얼지 않게[無氷]" 함으로써, 경고를 나타낸 것이라고 했다. 그러나 「오행지」에는 또한 무제(武帝) 원수(元狩) 6년(기원전 117년) 겨울에도 얼음이 얼지 않았다고 기록되어 있다. 반고는 이에 대해 해석하기를, '먼저 해마다 위청(衛靑)과 곽거병

(霍去病) 두 장군을 파견하여 흉노의 선우(單于 : 흉노의 왕-역자)를 끝까지 추격한 뒤 10여만 명의 목을 베고 돌아오자, 큰 상을 내렸다. 그런 다음 무제는 또한 해마다 원정을 벌여 백성들을 힘들게 한 것을 후회하고, 사자(使者)를 파견하여 천하를 순행하면서 홀아비와 과부들을 위로하게 하니, 천하의 모든 백성들이 모두 기뻐했다고 기록했다. 유지기는 이에 대해 비판하기를, 만약 한나라 무제처럼 이렇게 혁혁한 전공을 세운 다음에 또한 신하와 백성들을 위로했다면, 설마 유약하여 감히 형벌과 상을 주는 것도 제대로 하지 못하는 것으로 간주하여 경고와 훈계를 내렸겠느냐고 했다. 반고는 춘추 시대의 '얼음이 얼지 않은 일'과 무제 때의 '얼음이 얼지 않은 일'이 같은 성격을 가진 경고와 훈계로 간주했으니, 이는 서로 모순된다는 것이다.

유지기는 위에서 서술한 「오행지」의 서로 모순되는 부분을 근거로 하여, 반고가 재이(災異)에 대해 견강부회하는 해석을 하는 잘못을 범했다고 비판했는데, 이는 진보적인 의의가 있는 것이다. 그러나 유지기는 또한 타당하지 않은 비난을 한 부분도 있다. 예를 들면, 그는 "춘추 시대 이래 오대(五代) 시기까지, 그 기간에 있었던 일식·지진·운석(隕石)·산사태·우박·물고기비[雨魚]·큰 가뭄·홍수·가축들의 떼죽음·복숭아나무와 오얏나무가 겨울에 꽃을 피운 일들은, 대부분 그러한 재난들을 직접 서술했다. 그러나 그에 따른 대응은 말하지 않았다.[春秋以下至五代, 其間日蝕·地震·石隕·山崩·雨雹·雨魚·大旱·大水·犬豕爲禍·桃李冬花, 多直敍其災. 而不言其應.]"[105]라고 했다. 『한서』「오행지」는 한나라 때에 있었던 일식 등을 기재하고 있으면서, 더불어서 그에 따

105) 유지기, 『사통(史通)』「오행지착오」.

른 대응은 언급하지 않았다고 지적했다. 그러나 "그러한 재난들을 직접 서술하기만 하고, 그에 따른 대응은 말하지 않은" 것이 반고의 잘못이란 말인가? 그렇지 않다. 반고가 그렇게 했던 것은 견강부회하는 말이나 비합리적인 언급을 가능한 적게 하려는 실사구시(實事求是)의 태도 때문이었으니, 이는 발전적인 것으로, 마땅히 긍정해야 한다. 만약 유지기의 말대로 모든 일식·지진·운석·우박 등 모든 사건들마다 정치·인사(人事)상의 결과 등을 모두 언급하려 했으면, 견강부회하는 말들이 많이 늘어났을 것이다.

유지기의 이와 같은 비판은, 결국 그가 『한서』「오행지」의 내용이 음양재이에 대해 말하고 있을 뿐만 아니라, 또한 천문 기상과 자연 재해의 역사 등을 제공해 준다는 이중적 성격을 이해하지 못했기 때문이다. 이 밖에도 「오행지착오」와 「오행지잡박」이라는 두 문헌에서 비난하는 항목들이 비록 많지만, 직접적으로 반고를 비난하는 항목에 속하는 것은 오히려 소수에 불과하다. 「오행지착오」에서 반고의 「오행지」가 지나치게 재난의 해석을 남발했다고 비판한 것은 모두 9항목인데, 그 중 2항목은 반고를 비판하는 것이며, 3항목은 별도로 동중서(董仲舒)·유향(劉向)·계맹(眭孟)·경방(京房)을 비판하는 것이고, 나머지 4항목은 유지기 본인의 논법을 보충하는 것이다. 「오행지잡박」에서 유지기가, 반고가 견강부회했다고 논박한 것은, 고작 노(魯)나라 문공(文公) 2년(기원전 625년)에 "비가 오지 않았다[不雨]."라는 1항목에 불과하며, 나머지 10항목은 동중서·경방·유향 등 세 사람의 주장을 비판한 것이고, 그 밖에 1항목은 문구(文句)에 오류가 있음을 지적하는 것이다. 오래 전부터 사람들은, 『사통(史通)』에서 『한서』「오행지」를 비판하는 것과 관련된 두 편의 글들(「오행지착오」와 「오행지잡박」-역자)이 질책하고 있는 것은, 모두 반고 본인이 재이(災異)의 설을 견강부회하여 해석하고 있는 것이라고 생각해 왔다. 하지만 이는 자세히 사실을 조사하고 확인하지 못하여 발생한 오해 때문이므로, 이에 대해서는 반드시 명확하게 밝혀 두어야 한다.

5. 반고의 자연 재이(災異)에 대한 관점

「천문지(天文志)」·「오행지(五行志)」·「율력지(律曆志)」를 보면, 반고가 이전 시대 사람들의 자연과 천문 현상에 대한 인식을 계승하여, 우주에 초자연적인 '하늘[天]'이 존재한다고 생각했다는 사실을 알 수 있다. 그는 이 '하늘'이 의지를 가진 존재이며, 인간에게 상과 벌을 줄 수 있다고 생각했으니, 실제로는 '하늘'이라는 것은 초자연적이고 신비한 능력을 지닌 '인격신(人格神)'으로 간주했다. 여기에서, 반고는 이미 '하늘'과 '상제(上帝)'를 같은 개념으로 확정해 놓고 있었던 것이다. 따라서 반고는 하늘의 여러 별들을 똑같이 지상(地上)에 있는 봉건 왕조의 제왕과 후비(后妃)·장상대신(將相大臣)들과 인간사[人事]의 관계나 정치적 잘잘못을 서로 대응시켰으며, 28수(宿)를 12주(州)와 서로 대응시켰다. 그리하여 성상(星象)[106]의 변화·음양재이에 대해 이야기하면서, 자연 재해와 변이 현상들은 '하늘[上天]'의 의지의 표현이 아

106) 역자주 : 별에 그림자가 생기는 식(蝕) 등의 현상과 명암(明暗)·위치의 변화로 인해 나타나는 다양한 별의 모양을 가리키는데, 점성술에서는 이것을 관찰함으로써 길흉을 점친다.

닌 것이 없다고 여겨, 각각의 '재난'과 '기이한 현상'들을 모두 사회·정치·인간사에 억지로 연결시켰다. 의심할 여지도 없이, 그의 학문이 유심론적인 본질에 가까웠음은 매우 분명하며, 이는 반고가 '천인감응(天人感應)' 사상을 갖고 있었다는 사실을 말해 준다.

동중서가 '천인감응' 사상을 강력하게 제창하면서부터 '천인감응' 사상의 영향은 날이 갈수록 커졌으며, 특히 서한(西漢)과 동한(東漢)의 교체기에 크게 유행했다. 반고는 '천인감응' 사상이 유행하던 동한 초기에 살았으므로 그 영향을 받지 않을 수 없었고, 또한 '천인감응' 사상을 갖고 있었다. 그러나 반고의 '천인감응' 사상은, 동중서를 비롯한 여러 사람들처럼 '하늘[天]'을 주체로 삼는 '천인감응' 사상과는 또한 다른 점이 있다. 반고는, 비록 '하늘'이 일종의 초자연적이고 신비한 능력을 가지고 있으며, 사람들에게 상과 벌을 줄 수 있는 일종의 인격신이라고 생각했지만, 그가 생각했던 이러한 하늘과 사람의 관계라는 체계 속에서 곧 '인간사[人事]'의 작용을 더욱 중시하고 있다. 실제로 그는 '하늘'의 작용에 대해 결코 완전히 믿지는 않았으며, 특히 '인간사'의 활동이 '하늘'에 대해 미치는 영향을 두드러지게 강조했다.

앞에서 이미 언급했듯이, 유지기는 「오행지」에 대해 비판하면서, 반고가 춘추 시대의 '얼음이 얼지 않은 일'과 서한 무제 때의 '얼음이 얼지 않은 일'을 해석한 데에는 서로 모순이 있다고 생각했다. 이는 역사서의 편찬 및 그 사상의 일치성이라는 측면에서 보면, 확실히 문제가 있다. 그러나 다른 각도에서 생각해 보면, 반고는 '하늘'의 의지를 해석할 때 결코 통일된 기준을 제시하지 않았으며, 실제로 반고라는 바로 그 '사람'의 의지에 따라 해석해 갔다는 것을 알 수 있다. 이는 반고가 결코 '하늘'을 완전히 믿지는 않았다는 것을 말해 준다. 반고가 쓴 글들에 있는, 하늘에서 나타나는 변화[天變]나 재이(災異)들은 모두 필요에 따라 지나치게 마음대로 해석되고 있는데, 이것은 완전히 '하늘'로 하여금 '인간사'를 위해 복무하게 하는 사상이다. 그러므로 반고의 '천인감응' 사상은, 겉으로는 매우 황당하고 터무니없는 유심론 사상 체계처럼 보인다. 그러나 역사상 특정한 상황에서는, 비록 유심론에 기반을 둔 주장이라 하더라도, 오히려 진보적인 성격을 가질 수도 있다. 반고가 갖고 있던 재이에 대한 관점이 바로 이러한 부류에 속하는 것이었다.

봉건 전제 제도 하에서 황제는 최고의 권위를 가지며, 그는 모든 법률을 무시하고, 백성들의 의지도 무시한다. 황제의 말은 곧 법률이다. 심지어 그 신분이 "일인지하 만인지상[一人之下, 萬人之上]"의 승상이라 할지라도, 일단 황제의 뜻을 거스르면, 언제라도 '사약을 받고 죽임을 당할[賜死]' 수 있었다. 전제 폭군에 대해 말하자면, 세상의 그 어떤 세력도 그로 하여금 위축되고 두려워하게 할 수 있는 것이 없었는데, 유일하게 그로 하여금 두려워하도록 할 수 있는 것은 곧 '하늘의 의지[上天之意志]'를 빌리는 것뿐이었다. 재이의 주장들은, 바로 유학자들이 재이를 해석하는 방식을 이용하는 것으로, 재난을 빌려서 통치자에게 경고함으로써, 그가 방탕하고 포학하거나 가혹하게 착취하거나 백성들의 노동력을 함부로 동원하거나 형벌을 공평하지 않게 집행하는 것을 제한하였다. 반고는 곧 오행(五行)의 비정상적인 현상들은 전제 황제에 대해 경고를 보내는 것이라고 여겨, 다음과 같이 말했다. "따라서 걸어 다닐 때 착용하는 패옥(佩玉)은 한도를 두어야 하고, 타고 다니는 수레를 장식하는 방울[和鸞]은 절제해야 하며, 사냥을 할 때에는 삼구(三驅)[107]의 법도가 있어야 하고, 음식에는 다른 이들도 먹을 수 있게 나누어 주는[享獻] 예(禮)가 있어야 하며, 들어가고 나갈 때에는 명분이 있어야 하고, 백성을 부릴 때는 시기를 정하여 백성들에게 농업과 잠업에 힘쓰게 해야 하며, 어느 곳에 있더라도 백성들을 편안하게 해야 하거늘, 이와 같이 하면, 곧 '목(木 : 오행 중 첫째에 해당함-역자)'이 갖추어야 할 본성을 얻게 된다. 만약 사냥을 지나치게 즐겨하여 궁실(宮室)을 되돌아보지 않고, 각종 산해진미에 탐닉하여 법도를 뒤돌아보지 않고, 망령되이 요역(徭役)을 일으켜 백성들이 농사짓는 때를 놓치게 하고, 속여서 백성들의 재산을 해치면, 곧 '목'이 갖추어야 할 본성을 잃게 된다.[故行步有佩玉之度, 登車有和鸞之節, 田狩有三驅之制, 飮食有享獻之禮, 出入有名, 使民以時, 務在勸農桑, 謀在安百姓, 如此, 則木得其性矣. 若乃田獵馳騁不反宮室, 飮食沈湎不顧法度, 妄興徭役以奪民時, 作爲奸詐以傷民財, 則木失其性矣.]" 이것은 매우 전형적인 한 단락인데, '목(木)'의 속성이 변한다는 것을 이용하여 전제 황제에게 다음과 같이 경고하고 있다. 즉 행위와 정책은 모두 일정한 한도를 위반해서는 안 되며, 잔혹하게 백성들을 착취하지 말아야 하고, 요역을 빈번히 일으켜 농민들의 노동시간을 빼앗지 말아야 한다

107) 역자주 : 임금이 사냥을 할 때 한쪽 방향은 터놓고, 나머지 세 방향에서만 동물들을 몰게 하여, 터진 곳으로 달아나는 것은 잡지 않고 살려 두었으며, 포위망으로 향해 오는 것만을 잡았는데, 이를 가리키는 말이다. 이는 임금이 생명을 존중하는 덕을 갖추고 있어, 차마 짐승마저도 다 잡아 죽이지 않는 성인의 덕을 갖추었다는 것을 백성들에게 보여 주기 위함이었다.

는 것이다. 반고는 또한 "불이 위쪽으로 타오르지 않은 일[火不炎上]"을 다음과 같이 해석했다. "믿음이 돈독하지 못하거나, 혹은 거짓이 훤히 드러나며, 남을 헐뜯는 사람이 창궐하고, 사악함이 올바른 것을 이기게 되면, 곧 화(火 : 즉 '불'이다–역자)가 갖추어야 할 본성을 잃게 된다. 불이 위쪽으로 타지 않고 아래로 내려오게 되면, 넘쳐나는 불꽃이 망령되이 일어나 종묘(宗廟)를 불태우고, 궁궐과 관청을 태우게 되니, 비록 많은 군대를 일으키더라도 구할 수가 없음이니, 이것이 바로 불이 위쪽으로 타오르지 않는 것이다.[信道不篤, 或燿虛僞, 讒夫昌, 邪勝正, 則火失其性矣. 自上而降, 及濫炎妄起, 災宗廟, 燒宮館, 雖興師衆, 弗能救也, 是爲火不炎上.]"[108] 이것은 화재에 대한 해석을 이용하여, 전제 황제가 간신들을 임용하지 않아야 하고, 남을 중상 모략하는 말을 들어도 믿지 않아야 하며, 좋지 않은 기풍이 증가하는데도 방치해서는 안 된다고 경고하는 말이다. 여기에서 반고가 화재를 말한 것은 수단에 불과하고, 그 본질은 유가(儒家)에서는 통치자의 행위가 응당 제약받아야 한다는 것을 요구하며, 더불어 백성들은 살아갈 권리를 가진다고 인정한다는 사상을 분명히 밝힌 것임을 알 수 있다. 따라서 이는 상당히 진보적인 성격을 갖고 있다. 능치륭(凌稚隆)은 일찍이 말하기를, "정치가 잘못되면 곧 변고(變故)가 나타난다[政失則變見]."라는 것은 반고가 쓴 「천문지」에 담겨 있는 "일관되고 중심적인 주장[一志主意]"[109]이며, "하늘에 징조를 나타내면, 길한 일이나 흉한 일이 나타난다.[天垂象, 見吉凶.]"라는 것은 바로 「오행지」의 "일관되고 중심적인

108) 이상의 인용문들은 모두 『한서』 권27 「오행지」를 보라.
109) 능치륭, 『한서평림(漢書評林)』 권26 「천문지」.

내용[一志柱子]"[110]라고 했다. 이는 반고가 「천문지」와 「오행지」를 쓴 주된 취지는, 최고 통치자에게 경고를 보냄으로써, 그들이 역사를 귀감으로 삼게 하여, 사회를 깨끗하고 투명하도록 보장하는 효과를 갖게 하기 위함이었다는 것을 말해 준다.

반고의 글들을 보면, 또한 반고의 '천인감응' 사상 체계 속에는 '인간사[人事]'가 '하늘의 뜻[天意]'에 영향을 미칠 수 있다는 사상도 담겨 있음을 알 수 있다. 반고는 모든 재이(災異)를 이용하여 통치자에게 경고를 보냈는데, 그 목적은 통치자가 힘써 나라를 잘 다스리고, 민생(民生)에 도움이 되는 정책을 실행하게 하여, 진정으로 사회의 발전을 촉진시키려는 것이었다. 동시에 그는 또한 지적하기를, 만약 통치자가 좋은 정책을 실행하고, 아무런 실언을 하지 않는다면, 천재지변과 재이를 당하지 않을 것이고, 비바람이 적당하고 순조로운 자연 현상이 나타나게 될 것이라고 했다. 그것은 사실은 '인간사'가 '하늘'에 영향을 준다는 것을 강조한 것이다. 이처럼 반고의 '천인감응' 사상 체계 속에서, 반고는 더욱 '인간사'의 작용을 중시하고 있다고 할 수 있다. 이 사상은 상당히 진보적인 성격을 지니고 있었던 것이다.

110) 능치륭, 『한서평림』 권27 「오행지」.

제12장

지리 연혁(沿革)과 학술의 원류를 논하다.

반고는 『한서』 「지리지(地理志)」에서 황제(黃帝) 이후 주(周)나라와 진(秦)나라에 이르기까지의 영토 및 한대(漢代)의 지리 구획·역사 유적(遺迹)·각 지역의 특산물과 습속 등을 상세하게 기술하여, 지리적 조건이 역사 발전 과정에서 어떤 지위를 차지하고 어떤 작용을 하는지에 대한 반고의 사상을 집중적으로 체현해 냈다. 「예문지(藝文志)」는 한대 이전의 학문에 대해 전면적이고 체계적으로 종합했는데, 중국 전통 학문 분류의 기본 체제를 확고히 다졌을 뿐만 아니라, 중국의 학문과 사상이 유가(儒家)의 『역(易)』[즉 『주역(周易)』-역자]을 본체로 삼고, 기타 경사(經史 : 경서와 역사서-역자)들을 응용으로 삼는 구조의 사상적 기초를 확립하여, 후세에 심대한 영향을 미쳤다.

1. 지리 환경과 역사 발전을 논하다.

『한서』 「지리지」는 반고가 새로 창안한 것이다. 「지리지」는 한대 이전의 지리 연혁(沿革 : 변화와 발전 과정-역자)을 돌이켜 보며 이야기하고, 한대의 지리 구획과 물산(物產) 및 습속 등을 상세하게 서술하고 있다. 그리하여 반고가 "한대만을 잘라 내어 역사로 삼은 것[斷漢爲史]"을 "과거와 현재를 꿰뚫어 아는 것[通古今]"과 서로 결합시키는 역사 저술 정신을 구현했을 뿐만 아니라, 역사 발전에서 지리적 조건이 차지하는 역할을 중시하는 그의 사상을 구현해 냈다.

(1) 지리 연혁과 역사 유적

『한서』「지리지」는 역대 정사(正史)들 중 지리 방면의 명저(名著)로서, 중국의 역사지리학 연구에서 매우 중요한 위치를 차지하고 있다. 『한서』에 「지리지」를 둔 것은 봉건 국가의 행정 관리 방면의 기능을 구체적으로 드러냈기 때문에, 역사의 발전이라는 측면에서 본다면, 국가의 특징들 중의 하나인 "지역에 따라 그 국민들을 획정하여 구분한[按地區來劃分它的國民.]"[1] 것이다. 「지리지」는 내용에 따라 크게 세 부분으로 나눌 수 있다. 첫머리에서는 전국의 지리 개요를 총괄적으로 서술하고 있는데, 중국의 가장 오래된 두 편의 지리 관련 저작들인 『상서(尙書)』「우공(禹公)」과 『주례(周禮)』「직방(職方)」의 내용을 전체적으로 수록한 것 이외에도, 「우공」 앞에 황제(黃帝) 때부터 우(禹)임금 때까지의 중국의 영토 범위를 덧붙였으며, 「직방」 뒤에는 주나라부터 진(秦)나라까지의 영토를 이어서 서술하고 있다.

중간의 본론 부분은 서한 시기의 행정구역에 대해 서술하고 있다.

---

1) 프리드리히 엥겔스(Friedrich Engels), 「家庭·私有制和國家的起源」, 『馬克思·恩格斯選集』 第4卷, 166쪽, 人民出版社, 1972년판.

군(郡)을 대강(大綱)으로 삼고, 현(縣)을 세목(細目)으로 삼아, 성제(成帝) 원연(元延)·수화(綏和) 연간의 전국의 영토와 행정구역을 구체적으로 기록하고 있다. 여기에 기록된 호구(戶口)의 수는 평제(平帝) 원시(元始) 2년(서기 2년)의 수치이다.[2] 이는 바로 서한이라는 봉건 국가가 전국을 실질적으로 통치하고 관리했음을 반영하고 있다. 「지리지」의 기록 방식은, 먼저 각 군들이 설치된 연혁과 호구 통계를 서술하고, 그 다음에 각 현들이 어디에 소속되는지를 일일이 나열했으며, 그 지역 내에 있는 산·강·호수·창고·수리 시설·유명한 역사 유적·주요 도시와 관문들부터 물산·광공업·경작지의 면적 등에 이르기까지 명확히 기록했다. 그리고 합계하여 "군국(郡國)이 103개, 현읍(縣邑)이 1314개, 도(道)가 32개, 후국(侯國)이 241개이다.[郡國一百三, 縣邑千三百一十四, 道三十二, 侯國二百四十一.]"[3]라고 기록했다. 그 중에서 하남군(河南郡)을 예로 들어 간략히 설명해 보면 다음과 같다.

서한 시대에 하남군이 관할한 면적은 그다지 크지 않았고, 단지 지금의 하남성(河南省)에 속한 낙양(洛陽)·정주(鄭州)·개봉(開封) 등 세 개의 시(市)가 관할하고 있는 면적보다 약간 컸을 뿐이다. 하지만 당시에 이미 24개의 현이 설치되어 있었으며, 인구는 170여만 명에 달해, 서한 전체의 호적에 등록된 인구의 거의 3분의 1을 차지했다. 이 협소한 지역은 매우 일찍부터 개발되었고, 토양과 기후가 농업 발전에 적

---

2) 전대흔(錢大昕), 『廿二史考異·侯國考』, 潛研堂 刻本. 주진학(周振鶴), 『西漢政區地理』, 人民出版社, 1987년판을 참조하라.

3) 『한서』 권28 「지리지」. 진성허(靳生禾)는, 『한서』 「지리지」에서 모두 103개의 군국(郡國)들을 기재하고 있는데, 이들이 1378개의 현으로 나뉜다고 보았다.[그 중 현은 1356개이며, 현에 해당하는 도(道)가 29개, 후국(侯國)이 193개이다.] 靳生禾, 『中國歷史地理文獻概論』, 山西人民出版社, 1987년판을 참조하라.

합했기 때문에, 비록 역사상 여러 차례에 걸쳐 대규모 전란으로 인한 파괴를 겪었지만, 서한 중·후기에는 다시 인구가 가장 조밀한 국면을 형성했다. 낙양성(洛陽城) 한 곳의 호구 수는 또한 군 전체의 거의 5분의 1을 차지했다. 낙양은 서한 시기 동부 지역 통치의 중심이었으므로, 낙양을 따로 분류하여 설명하고 있다. 이 지역 내에 풍지(馮池)·봉지(逢池)·포전택(圃田澤)이라는 호수가 있었는데, 그 중 봉지와 포전택은 옛날에는 유명한 큰 호수였으나, 훗날 모두 평지가 되어 존재하지 않는다. 하지만 「지리지」의 기록을 빌리면, 옛날 호수의 분포와 기후 특징을 고찰하는 데 도움이 된다. 중원(中原)은 또한 고대 중국인들이 활동하던 중심 지역으로, 이 곳에는 주나라의 주공(周公)이 은(殷)나라 백성들을 이주시켰고, 무왕(武王)이 왕성(王城)을 세웠던 유적이 있을 뿐만 아니라, 상(商)나라 탕왕(湯王)의 옛 도읍[故都]·정(鄭)나라의 옛 영토와 한(韓)나라의 도성(都城)이 있었다. 또한 고대의 겹(郟)·욕(鄏)·밀(密)·만(蠻) 등과 같은 소국(小國)의 유적들도 찾아볼 수 있다. 이를 통해 알 수 있듯이, 「지리지」에 기록되어 있는 각 항목들은 시간상 횡적(橫的)으로는 서한 시대 당시의 지리 구획을 서술하고 있고, 종적(縱的)으로 역사 유적을 기록하고 있다. 이렇게 이 두 가지를 결합시킴으로써, 풍부한 내용을 갖춤에 따라, 서한의 역사를 이해하기 위해서 뿐 아니라, 선진(先秦) 시대의 전적(典籍)들을 열람하고, 상고 시기의 역사와 문화 유적들을 이해하기 위해서도 마찬가지로 소중하다고 할 수 있다. 역사지리학의 측면에서 말하자면, 무릇 마주치게 되는 많은 문제들에 대해, 그 본질과 근원을 거슬러 올라가 밝혀내고, 그 내력(來歷)을 탐구하여 구성해 내려면, 이 「지리지」에 의지하지 않을 수 없다. 따라서 "『한서』를 읽지 않으면, 연혁(沿革)과 지리에 관한 연구를 전혀 진행할 수 없다."[4)]

한 걸음 더 나아가 말하자면, 서한은 강성했던 조대(朝代)여서, 영토가 광활했기 때문에, 『한서』「지리지」에 망라되어 있는 변경 지역들에 대한 지리 자료들도 또한 후세의 「지리지」들이 미치지 못할 정도로 방대하다. 「지리지」의 기록에 따르면, 동북쪽에는 요동군(遼東郡)·현토군(玄菟郡)·낙랑군(樂浪郡)이 있었고, 북쪽에는 운중군(雲中郡)·오원군(五原郡)·삭방군(朔方郡)이 있었으며, 서북쪽에는 하서(河西) 4군(郡), 서남쪽에는 익주군(益州郡), 동남쪽에는 교지군(交趾郡)·합포군(合浦郡)·구진군(九眞郡)·일남군(日南郡) 등이 있었다. 따라서 그것은 변경 지역의 역사 지리 연구에도 진귀한 자료를 제공해 주고 있다. 예를 들어 「지리지」에 기재되어 있는, 무제가 설치한 하서 4군[무위(武威)·장액(張掖)·주천(酒泉)·돈황(敦煌)][5)]에 관한 자료를 통해, 우리는 서한 시기의 하서주랑(河西走廊 : 248쪽 참조-역자)은 양호한 수리(水利) 조건을 갖추고 있었음을 알 수 있다. 「지리지」에는 다음과 같이 기록되어 있다. 즉 무위에서부터 서쪽으로 가면서 곡수(谷水)·천금거(千金渠)·강곡수(羌谷水)·약수(弱水)·호잠수(呼蠶水)·적단수(籍端水) 등 여덟 개의 강들이 있는데, 기련산(祁連山) 밑에서 발원하여 하서의 비옥한 경작지에 물을 공급한다. 그 가운데 강곡수는 두 개의 군(郡)을

4) 靳生禾, 『中國歷史地理文獻槪論』, 山西人民出版社, 1987년판.

5) 역자주 : 서한 초기에 장성(長城) 이북과 이서 지역에서 유목 생활을 하던 이민족인 흉노(匈奴)와 서강(西羌)의 침입을 저지하기 위해 설치했는데, 『한서』「지리지」에서는, 기원전 104년에 주천군과 장액군을 설치했고, 기원전 101년에 무위군을 설치했으며, 기원전 88년에 돈황군을 설치했다고 기록되어 있다.

거쳐 거연해(居延海)로 흘러 들어가는데, 길이가 2100리(里)에 달한다는 것이다. 또한 건조한 서북 지역에는 거연해·포창해(蒲昌海)·명택(冥澤) 등 내륙의 큰 호수들이 있다고 기록되어 있다. 기련산의 눈 녹은 물은 하서 지역의 목축업과 농업이 발전할 수 있는 조건을 제공해 주었기 때문에, 「지리지」에서는 다음과 같이 기록하고 있다. "땅은 넓고 백성들은 적으며, 물과 풀이 목축업에 적합하기 때문에, 양주(涼州)의 가축이 천하를 풍요롭게 해주며[地廣民稀, 水草宜畜牧, 故涼州之畜爲天下饒]", "비와 바람이 때에 맞추어 적절하게 내리니, 곡식의 가격은 언제나 쌌다.[風雨時節, 穀糴常賤.]" 서한의 조정에서는 이 지역을 중시하여 둔전(屯田)을 시행했는데, 장액의 번화(番和)에는 농도위(農都尉)를 두고, 돈황의 광지(廣至)에는 의화도위(宜禾都尉)를 두었으니, 이들은 모두 둔전의 개간을 관리하는 기구였다. 서북의 변경과 서역으로 통하는 교통을 보호하기 위해, 하서 4군에는 모두 아홉 개의 도위(都尉)를 두었는데, 그 중 유명한 것들로는 북부도위[北部都尉 : 휴도성(休屠城)]·거연도위(居延都尉)·양관도위(陽關都尉)·옥문도위(玉門都尉) 등이 있었으며, 서한의 조정에서 심혈을 기울여 운영했기 때문에, 비로소 사주지로(絲綢之路 : 실크로드-역자)가 아무 지장 없는 통행될 수 있었다.

「지리지」에는 또한 수많은 역사 유적들도 기재되어 있다. 예를 들면, 호현(湖縣)에는 "주(周)나라 천자(天子)의 사당 두 곳이 있고[有周天子祠二所]", 두릉(杜陵)에는 "주나라 우장군(右將軍) 두주(杜主)의 사당 네 곳이 있으며[有周右將軍杜主祠四所]", 곡구(谷口)에는 "제공(齊公)·옥상산(玉牀山)·선인(仙人)·오제(五帝)의 사당 네 곳이 있고[有齊公·玉牀山·仙人·五帝祠四所]", 운양(雲陽)에는 "휴도(休屠)·금인(金人)과 경로신사

(徑路神祠)[6]의 세 곳이 있으며[有休屠·金人及徑路神祠三所]", 주질(盩厔)에는 "장양궁(長楊宮)과 사웅관(射熊館)[7]이 있고[有長楊宮, 有射熊館]", 옹현(雍縣)에는 "오치(五畤)[8]가 있으며, 태호(太昊)[9]와 황제(黃帝) 이하 여러 제왕들의 사당 303곳이 있고[有五畤, 太昊·黃帝以下祠三百三所]" 또한 "탁천궁(槖泉宮)"·"기년궁(祈年宮)"[10] 등이 있다고 했다. 호치(好畤)에는 진시황(秦始皇) 때 지어진 "양산궁(梁山宮)"이 있으며, 괵(虢)에는 "황제와 주(周)나라 문왕(文王)·무왕(武王)의 사당[有黃帝子·周文武祠]"과 "괵궁(虢宮)"[11]이 있으며, 섭현(葉縣)에는 "장성(長城)이 있는데, 방성(方城)이라고 불렀고[有長城, 號曰方城.]", 낭야군(琅邪郡)의 불기(不其)에는 "태일(太一)[12]과 신선의 사당 아홉 곳[太一·仙人祠九所]" 및 한나라 무제 때 지어진 "명당(明堂)"[13]이 있으며, 회계군(會稽郡)의 산음(山陰)에는 "우(禹)임금의 무덤과 우정(禹井)[14][有禹冢·禹井]"·"영문원(靈文園)"[15] 등이 있었다. 이외에 상군(上郡)의 양주(陽周)에는 "황제의 무덤

---

6) 역자주 : 휴도(休都)는 부처(Buddha)의 음역(音譯) 중 하나였다. 그로 인해서 금인(金人)은 불상(佛像)을 의미하며, 경로신사(徑路神祠)는 불교 사찰을 의미한다는 설이 존재한다. 『한서』 「교사지(郊祀志)」에는 "운양에는 경로신사가 있는데, 휴도왕을 제사지낸다.[雲陽有徑路神祠, 祭休屠王也.]"라는 구절이 있다.

7) 역자주 : 장양궁과 사웅관은 모두 진(秦)나라 때의 궁전 이름이다.

8) 역자주 : 천제에게 제사를 올리던 곳이다.

9) 역자주 : 복희(伏羲)를 의미한다.

10) 역자주 : 탁천궁과 기년궁은 진(秦)나라 때의 궁전 이름이다.

11) 역자주 : 진나라 선왕(宣王)의 태후(太后)가 세운 궁전이다.

12) 역자주 : 천제를 가리킨다.

13) 역자주 : 고대에 제왕이 정교(政教 : 정치와 교화)를 밝혀 선포하고, 대전(大典 : 큰 제전)을 거행하던 장소를 가리킨다.

14) 역자주 : 우임금의 사당에서 7리(里) 떨어진 곳에 위치한 우물로, 깊어서 바닥이 보이지 않는다고 한다.

15) 역자주: 문제(文帝)의 외조부 무덤이다.

이 있으며[有黃帝冢]", 상곡군(上谷郡)의 거용(居庸)에는 "관문(關門)이 있다[有關]"[16]는 것 등등 일일이 다 나열할 수 없다.

「지리지」의 말미에는 각 지역의 물산(物産)과 습속을 종합하여 서술하고 있는데, 각 지역의 지리 조건이 경제·문화와 민속(民俗)에 미친 영향을 분석한 데에는 매우 특색이 있다. 그래서 현대의 지리학자들은 「지리지」를 가리켜, "오늘날의 지리 구획의 초기 형태를 볼 수 있다."[17]라고 칭찬한다. 반고의 『한서』 「지리지」는 서한 시대 당시의 행정구역에 대한 서술·역사 유적 및 각 지역의 경제·문화·풍속 등에 대한 기록을 유기적으로 결합하여, 당시의 행정 지리 구획과 영토의 연혁 등을 명확하게 보여 주고 있을 뿐만 아니라, 당시 사람들이 역사의 발전 과정에서 지리적 조건이 미친 작용에 대한 어떻게 생각하고 있었는지도 반영해 냈다. 따라서 『한서』 「지리지」는 서한 시대의 역사를 연구하는 데에 없어서는 안 될 자료일 뿐만 아니라, 선진(先秦) 시대의 전적(典籍)들을 읽거나 상고 시대의 역사 및 문화 유적을 이해하는 데에도 매우 소중한 자료이다.

(2) 지리 환경과 경제 발전의 관계

『한서』 「지리지」에는 각 지역의 물산들을 기록하고 있으며, 반고가 지리 조건 및 지리 조건이 경제에 끼치는 영향을 중요시했던 생각이 집중적으로 반영되어 있다.

『사기』 「화식열전(貨殖列傳)」은 각 지역의 물산을 언급할 때, 이미

16) 이상의 인용문들은 모두 『한서』 권28 「지리지」를 보라.

17) 陳正祥, 『中國文化地理』 中 「方志的地理學價値」 1篇, 三聯書店, 1983년판을 보라.

각 지역의 환경과 경제 발전의 관계에 대해 언급하고 있다. 성제(成帝) 때에는 유향(劉向)이 각 지역들에 대해 개괄적으로 서술했으며, 같은 시기에 승상 장우(張禹)는 속관(屬官)인 주공(朱贛)에게 각 지역들의 풍속을 모아서 정리하는 일을 맡겼다. 반고는 유향과 주공이 정리한 이러한 자료들에 근거하여 보충을 가한 다음, 정리하여 글을 썼다. 「지리지」는 한대(漢代)의 지리 구획과 역사 연혁을 기록할 때, 각 군(郡)과 현(縣)들에서 가장 뛰어난 특산품도 함께 기록했다. 예를 들어, 남전(藍田)에서는 "아름다운 옥(玉)이 나며[出美玉]", 예장군(豫章郡) 파양현(鄱陽縣)의 "무양향(武陽鄕)에서 서쪽으로 십여 리(里) 떨어진 곳에서는 황금이 채취되고[武陽鄕右十餘里有黃金采]", 월전군(越巂郡)의 청령(青嶺)에는 "우동산(禺同山)이 있는데, 그 곳에는 금마(金馬)와 벽계(碧鷄)가 있다.[有禺同山, 有金馬·碧鷄.]"[18] 그리고 익주군(益州郡) 율고(律高)의 "서쪽에 있는 석공산(石空山)에서는 주석(朱錫)이 나며, 동남쪽 견정산(䀏町山)에서는 은과 납이 나오고[西石空山出錫, 東南䀏町出銀·鉛]", 분고(賁古)의 "북채산(北采山)에서는 주석(朱錫)이 나며, 서양산(西羊山)에서는 은과 납이 나고, 남오산(南烏山)에서는 주석이 나며[北采山出錫, 西羊山出銀·鉛, 南烏山出錫]", 일남군(日南郡)에는 "대나무가 있는데, 지팡이로 쓸 수 있다.[有竹, 可爲杖.]"[19]라고 한 것 등이다. 이는, 반고가 이미 지리 환경의 차이에 따라 생산되는 물품들도 다르다는 역

18) 역자주 : 금마와 벽계에 관한 전설은 원래 지금의 운남성(雲南省) 일대에서 전해지던 전설이다. 우동산은 지금의 운남성 대요현(大姚縣) 일대라고 한다. 진(晉)나라의 상거(常璩)가 저술한 『화양국지(華陽國志)』에서는 금마와 벽계에 관한 전설의 기원을 자세히 다루고 있다.

19) 이상의 인용문들은 모두 『한서』 권28 「지리지」를 보라.

사적 사실에까지 주의를 기울이고 있었으며, 지리 환경이 경제 발전에 상당한 영향을 미친다는 사실까지도 이미 인식하고 있었다는 것을 말해 준다.

반고는 또한 춘추·전국 시대에 존재했던 각 나라들의 옛 이름들을 참조하여, 진(秦)·위(魏)·주(周)·한(韓)·정(鄭)·진(陳)·조(趙)·연(燕)·제(齊)·노(魯)·송(宋)·위(衛)·초(楚)·오(吳)·월(粤 : 越) 등 각 지역의 정치·경제·문화 및 민속 등의 개황(槪況)을 나누어 서술했는데, 이는 중국 지역사(地域史) 연구의 효시가 되었다. 경제사의 연구 방면에서 생각해 보면, 「지리지」는 각 지역들의 경제 상황을 종합적으로 서술하고 있어, 또한 지역 경제사 연구의 효시가 되었다.

「지리지」에서 서술하고 있는 '진(秦)' 지역은, 수도인 장안(長安)·부풍(扶風)·북지(北地)·서하(西河)·천수(天水)·농서(隴西)·파촉(巴蜀)·광한(廣漢)·무위(武威)·장액(張掖) 등의 지역들을 포함하고 있는데, 이는 진나라가 처음 세워질 때 근거가 되었던 지역들로, 진나라는 하(夏)나라·은(殷)나라의 제후국이었다가, 서주(西周) 시대 이후 목축업을 통해 큰 발전을 이루었다. 춘추 시대 때에는 관중(關中) 지역을 차지하고, 영토가 점차 확대되었으며, 전국 시대에 이르러서는 진나라의 "효공(孝公)이 상군(商君)[20]을 임용하여, 토지 분배 방법을 고쳐 제정하고, 농경지 사이의 경계에 길을 냈으며, 동쪽의 여러 제후들을 무찔렀고[孝公用商君, 制轅田, 開仟伯[21], 東雄諸侯]", 후에 결국 전국을 통일했다.

---

20) 역자주 : 상앙(商鞅)을 가리킨다.

21) 안사고(顔師古)는 여기에 다음과 같이 주(注)를 달았다. "천백(仟伯)은 밭 사이의 길이다. 남북으로 난 것을 천(仟)이라 하고, 동서로 난 것을 백(伯)이라 한다. '伯'의 발음은 '莫'과 '白'의 반절(反切)이다.[仟伯, 田間之道也. 南北曰仟, 東西曰伯. 伯音

진나라의 통치 중심이었던 관중 지역은, 그 곳의 백성들이 주나라의 문왕(文王)과 무왕(武王) 등 "선왕(先王)들의 유풍(遺風)을 지니고 있어서, 농사 짓기를 좋아하여, 본업(本業)에 힘썼으며[先王遺風, 好稼穡, 務本業]", "정국(鄭國 : 591쪽 참조-역자)이 수로를 뚫어, 경수(涇水)의 물을 끌어와 경작지에 물을 대니, 비옥한 들판이 천 리에 달했으며, 백성들이 풍요로웠다.[鄭國穿渠, 引涇水漑田, 沃野千里, 民以富饒.]" 한나라가 세워진 이후에도 여전히 장안에 도읍을 정하고, 계속 나라를 다스려, 마침내 관중 지역은 당시 경제가 가장 발전한 지역이 되었다. 파촉 지역은 "토지가 비옥하고, 강물이 풍부하여 비옥한 들판이 있으며, 산림·대나무와 나무·각종 채소 및 과실들이 풍부했다.[土地肥美, 有江水沃野, 山林·竹木·疏食·果實之饒.]" 반고가 생각하기에, 진나라의 경제 발전은 그 지역의 지리 환경과 관계가 있었으며, 또한 그 지역의 역사적 토대 및 통치계급이 실행한 정책과도 관계가 있었다.

위(魏)·주(周)·한(韓)·정(鄭)·진(陳) 등의 지역들은 개봉(開封)·낙양(洛陽)·남양(南陽)·영천(潁川)·신정(新鄭)·회양(淮陽) 등지를 포함하고 있는데, 이 지역은 원래 요(堯)임금과 은(殷)나라가 차지하고 있던 지역으로, 중원(中原)에 위치하고 있어, "토지가 평탄하고, 소금과 철이 풍부하며[土地平易, 有鹽鐵之饒]", 그 곳 백성들은 "장사하기를 좋아하여[好商賈]", 상품경제가 상당히 발전되어 있었다.

연(燕)·조(趙) 지역은, 한단(邯鄲)·진정(眞正)·중산(中山)·탁군(涿郡)·상곡(上谷)·어양(漁陽)·요서(遼西)·요동(遼東) 및 낙랑(樂浪)·현토(玄菟) 등지를 포함하고 있는데, 그 가운데 조 지역은 "땅이 넓고, 여러 민족

莫白反.]"

의 풍습이 섞여 있으며, 사람들은 대체로 성격이 급하고, 기세가 높아, 간악한 이들을 경멸한다.[土廣俗雜, 大率精急, 高氣勢, 輕爲奸.]" 연 지역은 "사람들이 우매하고 흉포하며 생각이 깊지 못하고, 경박하며 위엄이 없지만, 또한 장점도 있으니, 위급한 사람을 보면 위험을 무릅쓰는데[其俗愚悍少慮, 輕薄無威, 亦有所長, 敢於急人]", 이는 "연단[燕丹 : 연나라 태자 '단(丹)'을 가리킴][22]의 풍도가 남아 있음이다[有燕丹遺風]." 그리고 "상곡에서 요동에 이르는 지역은 땅은 넓고 인구가 적으며[上谷至遼東, 地廣民稀]", "물고기·소금·대추·밤이 풍부하다[有魚鹽棗栗之饒]."

제(齊) 지역은 "바다를 등지고 있는 간석지여서, 각종 곡식이 많지 않고, 백성들의 숫자가 적었는데[負海舄鹵, 少五穀而人民寡]", 강태공(姜太公) 여상(呂尙)이 "이에 여자들이 할 수 있는 일(양잠업과 베 짜기를 가리킴-역자)을 장려하고, 물고기와 소금을 팔아 이익을 취하니[乃勸以女工之業, 通魚鹽之利]", 매우 빠르게 "인구와 물자가 모여드는[人物輻湊]" 국면이 출현했다. 춘추 시대에는 제나라 환공(桓公)이 관중(管仲)을 임용하여 "경중(輕重)[23]을 둠으로써 나라를 부유하게 만들었으며, 제후들을 모아 패자(覇者)가 되어[設輕重以富國, 合諸侯成伯功]", 경제가 신속하게 발전했다. 노(魯) 지역은, "땅이 좁고 백성들은 많았으며[地陿民

---

22) 전국 시대 연왕(燕王) 희(喜)의 태자였다. 진왕(秦王)에게 원한이 있어 형가(荊軻)를 시켜 진왕을 살해하려 했으나 실패했다. 그 후 진나라가 침공하자 연나라 임금이 태자인 그의 목을 베어 바쳤다.

23) 역자주 : 경중(輕重)이란 일종의 국가가 시행하는 가격 조절 정책이다. 즉 국가도 하나의 경제 주체로 간주하여, 각종 재화에 대해 가격이 쌀 때 구입하여 비축해 두었다가, 가격이 오르면 이를 방출하여 가격의 폭등을 방지하는 것을 말한다(351쪽 참조).

衆]", 비록 "양잠과 베 짜기가 상당히 발달했지만[頗有桑麻之業]", "숲과 호수가 풍부하지 못해[亡林澤之饒]", 경제 발전의 속도에 영향을 미쳤다.

초(楚)·오(吳)·월(粤) 지역은 남쪽에 위치하고 있다. 반고는 말하기를, "강남(江南 : 장강의 중·하류 이남 지역-역자) 지역은 땅이 넓어, 화전(火田)을 일구기도 하고 수경(水耕)을 하기도 하는데[江南地廣, 或火耕水耨]", 농업경제가 그다지 발달하지 못했다. 그러나 초 지역은 "강·호수·산림이 풍부하고[江漢·川澤·山林之饒]", "백성들은 물고기와 쌀을 먹으며, 어업·수렵·벌목 등을 생업으로 삼으니, 온갖 과일과 소라·대합 등 먹을 것이 항상 풍족하다.[民食魚稻, 以漁獵山伐爲業, 果蓏蠃蛤, 食物常足.]" 오 지역은, "동쪽의 바다에서는 소금이 나고, 장산(章山)에서는 구리가 생산되며, 삼강오호(三江五湖)[24]의 혜택을 입고 있고[東有海鹽章山之銅, 三江五湖之利]", 예장(豫章)[25] 지역은 또한 "황금이 생산되기[出黃金]" 때문에 비교적 부유했다. 또한 월 지역은 "바다 가까이에 자리하고 있으며, 코뿔소·코끼리·대모(玳瑁 : 바다거북-역자)·주옥(珠玉)·은·구리·과일·직물이 모여드니, 중국(중원-역자)의 상인들이 가서 많은 부(富)를 얻었다.[處近海, 多犀·象·毒冒·珠璣·銀·銅·果·布之湊, 中國往商賈者多取富焉.]"[26]

위의 내용들에서 알 수 있듯이, 「지리지」는 비록 춘추·전국 시대의 옛 이름을 사용하여 진(秦)·위(魏)·주(周)·한(韓)·정(鄭)·진(陳)·조

24) 역자주 : 중국 동남부 지역을 흐르는 세 개의 강과 태호(太湖) 유역에 산재해 있는 다섯 개의 호수를 가리킨다.

25) 역자주 : 지금의 강서성(江西省) 지역이다.

26) 이상의 인용문들은 모두 『한서』 권28 「지리지」를 보라.

(趙)·연(燕)·제(齊)·노(魯)·송(宋)·위(衛)·초(楚)·오(吳)·월(粵) 등 각 지역들의 경제 상황을 구분하여 서술하고 있지만, 실제로는 이미 관중(關中) 지역·중원(中原) 지역·제노(齊魯 : 옛날 제나라와 노나라가 있던 지역–역자) 지역·연조(燕趙 : 조나라와 연나라가 있던 지역–역자) 지역·초오월(楚吳粵 : 초나라와 오나라와 월나라가 있던 지역–역자) 지역 등 몇 개의 큰 경제 구역들로 구분해 냄으로써, 훗날 중국의 경제구역 의식이 확립되고 발전하는 데 기초를 다졌다.

(3) 지리 환경과 풍속 문화의 관계

『사기』「화식열전(貨殖列傳)」은 각 지역의 물산을 기록할 때, 이미 각 지역의 환경과 민속의 관계에 대해 언급했다. 반고는 사마천의 사상을 계승하고 발전시켜, 『한서』「지리지」의 후반부에서 각 지역의 풍속을 중점적으로 논술했다. 그렇다면 '풍속(風俗)'이란 무엇일까? 반고는 다음과 같이 풀어서 설명하고 있다. "무릇 백성들은 오상(五常)[27]의 품성을 지니고 있는데, 그것이 강하기도 하고 부드럽기도 하며 느긋하기도 하고 급하기도 하며, 목소리가 다르기도 한 것은, 자연 환경의 기풍과 관계가 있기 때문에, 이를 '풍(風)'이라고 한다. 또한 좋아하기도 하고 싫어하기도 하며 취하기도 하고 버리기도 하며, 인심이 항상 일정하지 않은 것은, 임금의 정욕(情欲 : 마음속의 욕망–역자)에 따라 변하기 때문에, 이를 '속(俗)'이라고 한다.[凡民函五常之性, 而其剛柔緩急, 音聲不同, 系水土之風氣, 故謂之風, 好惡取舍, 動靜亡常, 隨君上之情欲, 故謂

27) 역자주 : 인(仁)·의(義)·예(禮)·지(智)·신(信)을 가리키며, 인간이 지녀야 하는 다섯 가지 기본 덕목이다.

之俗.]” 반고는 이러한 기준에 따라 각 지역의 풍속 상황을 진지하게 고찰했다.

반고는 풍속의 형성과 발전은 지리 환경과 크게 관계가 있어서, 지역이 다르면 각 지역의 풍속도 또한 크게 다르다고 생각했다. 그는 말하기를, 옛날 진(秦)나라 지역은 통치자들이 이민 정책을 실행하고 백성들이 자유롭게 이주할 수 있도록 했기 때문에, “중국과 사방의 이적(夷狄)들이 뒤섞이는[五方雜厝]” 국면이 조성되었으며, 이로 인해 “풍속이 순수하지 못하다. 이 지역의 세가(世家 : 제후나 왕족 및 고위 관료-역자)들은 예(禮)와 문(文)을 좋아하고, 부자들은 장사를 하여 이익을 취하며, 호걸들은 무뢰배처럼 행동하면서 간통(姦通)을 저지르기도 한다.[風俗不純. 其世家則好禮文, 富人則商賈爲利, 豪傑則遊俠通奸.]”라고 했다. 그리고 정(鄭)나라가 있던 지역은, “땅이 좁고 험해서, 사람들이 산에 살면서 골짜기에서 물을 긷고, 남녀들이 자주 모이기 때문에, 그곳의 풍속이 음란하며[土陿而險, 山居谷汲, 男女亟聚會, 故其俗淫]”, 위(衛)나라가 있던 지역도 “상간복상(桑間濮上)[28]의 외딴 곳이 있어, 남녀가 자주 모이게 되니, 가무(歌舞)와 여색(女色)이 생겨나게 되었으므로, 사람들은 이를 정위지음(鄭衛之音)[29]이라고 일컫는다.[有桑間濮上之阻, 男女亟聚會, 聲色生焉, 故俗稱鄭衛之音.]”라고 했다. 월(粵)나라가 있던 지역

28) 역자주 : 상간(桑間)은 원래 복수(濮水)의 위쪽에 있는 지방인데, 복수 가에 있는 많은 뽕나무밭 사이에서 남녀가 자주 만나 음란한 소리가 많이 들렸기 때문에 유래되었으며, 음란하고 사치스러운 풍습이 성행하는 지역을 일컫는 말이 되었다. 즉 남녀가 은밀하게 만나는 곳을 가리킨다.

29) 역자주 : 춘추전국 시대의 정(鄭)나라와 위(衛)나라에서 유행하던 음악을 일컬어 세상을 어지럽히는 난세(亂世)의 음악이라고 했던 데서 유래했으며, 음란한 노래와 나라를 망하게 하는 음악을 지칭하는 말이 되었다.

은 "문신을 하고 머리를 자르는[文身斷髮]" 풍속이 있었으니, 이는 그 곳에 교룡(蛟龍) 등 각종 야수들이 출몰하여 백성들의 생명을 해쳤기 때문에, "교룡의 해를 피하기[避蛟龍之害]" 위해서였다. 이러한 것들은 모두 지리 환경이 달라서 서로 다른 풍속과 습관이 형성된 것이다.

반고는 비록 지리 환경의 차이가 다른 풍속과 습관을 만들어 낸다고 생각했지만, 동시에 그는 또한 이처럼 서로 다른 풍속과 관습은 바뀔 수 있다고 생각했다. 그는 남양(南陽) 지역을 예로 들어 말하기를, 진시황이 한(韓)나라를 멸망시켰을 때, "천하에 법을 어긴 백성들을 남양에 이주시켰으므로[徙天下不軌之民於南陽]", 그 지역의 민속이 변했는데, "그 곳의 풍속이 사치스러워졌으며, 기력(氣力)을 숭상하고, 장사와 어렵(漁獵)을 좋아하니, 감추고 숨겨 다스리기 어려운[其俗誇奢, 上氣力, 好商賈漁獵, 臧匿難制御]" 풍조가 나타났다. 그런데 훗날 정홍(鄭弘)·소신신(召信臣)·한연수(韓延壽)·황패(黃覇)가 잇달아 남양의 태수(太守)가 되어, "백성들에게 농업과 잠업(蠶業)을 권하는[勸民農桑]" 데에 신경을 쓰고, "공경하고 겸손하도록[以敬讓]" 교화하여, 이 지역의 풍속을 크게 좋아지게 하였다. 이후에 "교화가 크게 행해지자, 감옥에 가거나 8년 이상의 형을 받는 중죄인들이 사라졌으며[教化大行, 獄或八年亡重罪囚]", 백성들의 풍속이 "돈독하고 온후해졌다[化以篤厚]." 이는 곧 적절한 정책을 실행하고, 교육을 강화하여 그 지역의 풍속을 변화시킨 것이다. 다른 예를 들자면, 위(衛) 지역은 땅은 좁고 인구는 많았으므로, 이른바 '음란한 풍속[淫俗]'이 생겨났지만, 훗날 자로(子路)·하육(夏育) 등과 같은 사람들이 새로운 기풍을 제창함에 따라, "백성들이 이를 받들고 본받자[民人慕之]", 그 풍속도 또한 "굳세고 당당하며, 기력(氣力)을 숭상하는 것으로[剛武, 上氣力]" 변화했다. 한나라 선제(宣帝) 때에는, 또한 한연수를 동군(東郡)의 태수(太守)로 삼았는데, 그가 "성은(聖恩)을 받들고, 예의를 숭상하며, 간쟁(諫爭)을 존중하자[承聖恩, 崇禮義, 尊諫爭]", 위 지역의 풍속에 새로운 변화가 나타나게 되었으며, "지금까지 동군은 관리 노릇하기가 좋다고 일컬어지고 있다[至今東郡號善爲吏]."라고 했다. 그러면서 반고는 말하기를, 그것은 "한연수가 만든 것으로[延壽之化也]", 한연수가 교육을 강화한 결과라고 했다. 동시에 반고는 또한 지적하기를, 위 지역의 풍속이 비록 크게 변화했지만, 여전히 "사치와 낭비가 매우 심하고, 결혼과 장례가 지나치게 호화로운[頗奢靡, 嫁取送死過度]" 폐단이 있다고 했다. 송(宋) 지역의 풍속과 습관의 형성에는 지역 조건 외에, 또한 요(堯)임금과 순(舜)임금이라는 "선왕(先王)의 유풍[先王遺風]"도 영향을 미쳤으니, 점차 "점잖고 너그러운 수많은 군자(君子)들이, 농사 짓기를 좋아하며, 거친 옷을 입고 거친 음식을 먹으면서, 재물을 축적하는[重厚多君子, 好稼穡, 惡衣食, 以致蓄藏]" 풍속을 형성해 갔다.

제(齊) 지역은, 처음에 비록 "바다를 등진 간석지여서, 각종 곡식이 많지 않고, 백성들의 숫자가 적었는데", 훗날 태공 여상(呂尙)이 정사를 돌보면서, "도덕과 학술을 정비하고, 현명하고 지혜로운 자들을 존중하며, 공이 있는 사람에게 상을 주자[修道術, 尊賢智, 賞有功]", 점차 "그 곳의 많은 사람들이 경학(經學)을 좋아하고, 공명(功名) 얻는 것을 자랑스러워하며, 느긋하고 도량이 넓으면서도 매우 지혜로운[其士多好經術, 矜功名, 舒緩闊達而足智]" 풍속이 형성되었다. 또한 관중(管仲)이 제나라를 다스린 이후, 제나라 백성들이 부유해져 가자, "그 곳 풍속[其俗]"에 "더욱 사치스러운[彌侈]" 요소들이 증가되어, "새하얀 비단을 짜고 정교하고 화려하게 수놓은 물건을 만들었으며, 관대(冠帶)·의복[衣]·신발[履]의 천하라고 일컬어졌다.[織作冰紈綺繡純麗之物, 號爲冠帶衣履天下.]" 노(魯) 지역은, "그 백성들이 성인(聖人)의 교화를 받았는데[其民有聖人之教化]", 이 곳은 공자가 창시한 유가(儒家) 사상의 발상지로, 공자의 창도에 따라 유가 사상이 이 지역에서 널리 유행했다. 노 지역의 유가 사상의 영향을 받아, 제 지역의 풍속도 크게 변화하자, 공자는 말하기를, "제나라가 한 번 바뀌면 노나라의 경지에 이르게 될 것이며, 노나라가 한 번 바뀌면 도(道)에 이를 것[齊一變至於魯, 魯一變至於道]"이라고 했는데, 제 지역과 노 지역은 점차 "백성들이 학문을 좋아하고, 예(禮)와 의(義)를 숭상하며, 염치를 중히 여기는[其民好學, 上禮義, 重廉恥]" 풍조가 형성되었다. 이처럼 제 지역과 노 지역은 유학의 고장이어서, 백성들이 예의를 중시하고, 배우고 익히기를 좋아하니, 문화가 크게 발전하여 적지 않은 인재들이 배출되었다. 한대(漢代)는 유학 사상을 통치 사상으로 삼았던 때이므로, 수많은 대유학자들이 중용되었다. 반고는 「조충국·신경기전(趙充國·辛慶忌傳)」의 찬어(贊語)에서 지적하기를, 한대에 "산동(山東) 지역에서 재상을 배출했는데[山東出相]", 이는 곧 위에서 서술한 지리나 문화 환경과 서로 연관이 있다는 것이다.

반고는 또한 지적하기를, 풍속은 통치자의 기호와도 매우 관계가 깊다고 했다. 그는 "오(吳)나라와 월(粵)나라의 임금들은 모두 용맹함을 좋아했기 때문에, 그 곳의 백성들은 지금도 칼 쓰기를 좋아하며, 죽음을 가벼이 여겨 쉽게 칼을 뽑는다.[吳粵之君皆好勇, 故其民至今好用

劍, 輕死易發.]"라고 말했다. 또한 연(燕) 지역에서는, "처음에 태자(太子) 단(丹)이 용맹한 무사들을 초대하고 양성했으며, 후궁과 미녀들을 좋아하지 않았으니, 백성들도 동화되어 풍속이 되었으며, 지금까지도 여전히 그러한 풍속이 유지되고 있다. 손님이 서로 가게 되면, 아내에게 잠자리를 같이하게 했는데, 아내가 손님의 잠자리에 들어 시중을 든 날 밤에는, 남녀 구별 없이 모두 도리어 이것을 영광으로 여겼다. 이후 이러한 풍습은 점점 사라지게 되었지만, 끝내 고쳐지지 않았다.[初太子丹賓養勇士, 不愛後宮美女, 民化以爲俗, 至今猶然. 賓客相過, 以婦侍宿, 嫁取之夕, 男女無別, 反以爲榮. 後稍頗止, 然終未改.]"[30] 즉 이는 연 지역 풍속의 형성은 연나라 태자 단의 취향과도 깊은 관계가 있다는 것을 말해 준다.

이상의 내용을 총괄하자면, 반고는 풍속 문화의 형성 및 발전은 지리 조건과 관계가 있다고 여겼으며, 동시에 그는 또한 여러 가지 많은 요소들이 풍속 문화의 형성과 발전에 영향을 미친다고 보았다는 것이다.

(4) 지리 환경과 군사의 관계

『한서』의 기록을 보면, 또한 지리 환경과 군사(軍事)의 관계에 대한 반고의 생각을 알 수 있는데, 예를 들면 아래와 같다.

반고는 「지리지」에서 천수(天水)·농서(隴西)·안정(安定)·북지(北地)·상군(上郡)·서하(西河) 등 여섯 개의 군(郡)들에 대해 논술하고 있는데, 이 지역의 형세는 사나운 이민족들과 가까이 있기 때문에, 백성

30) 이상의 인용문들은 모두 『한서』 권28 「지리지」를 보라.

들이 “전쟁 준비를 닦고 익히며, 기력(氣力)을 높이 받들고, 활을 쏘아 사냥하는 것을 우선으로 여기는[修習戰備, 高上氣力, 以射獵爲先]” 용맹스러운 습성이 형성되었다. 한나라 이래로 이들 여섯 개 군 출신의 자제(子弟)들 중에서 장정들을 선출하여 황제의 호위대[우림병(羽林兵)과 기문병(期門兵)]에 충원했는데, 그들은 전쟁에 공을 세움에 따라 적지 않은 사람들이 명장(名將)으로 승진했다. 반고는 또한 하서(河西) 4군(郡)에 대해 언급하고 있는데, 변경의 요새를 보위해야 할 필요 때문에, 이 곳 지방 장관(長官)들은 병사를 훈련시키고 전쟁을 연습하는 것을 가장 중요한 대사(大事)로 여겼으며, “함께 술을 마시며 예의를 갖춘 모임을 가지니, 윗사람과 아랫사람들이 서로 마음이 통하고, 관리들과 백성들이 서로 친근했으며[酒禮之會, 上下通焉, 吏民相親]”, “화목한 분위기로 응대하니, 내지(內地)에 있는 군(郡)들보다 어질었다.[有和氣之應, 賢於內郡.]” 이는 변경 방어라는 긴박한 형세로 인해, 그 지역의 관리들과 백성들이 함께 술을 마시고 예의를 갖추는 기회를 가지니, 혹독한 환경이 도리어 그 곳의 관리들과 백성들로 하여금 훨씬 더 많이 교류하도록 했기 때문에, 그 분위기가 내륙 지역보다도 더 좋았다는 것을 말하는 것이다. 반고의 이와 같은 주장은 모두 『한서』의 다른 편장(篇章)들에서 서로 검증되고, 더불어 더욱 심화시켜 서술하고 있으므로, 긴긴 세월을 거치면서도 그 찬란한 빛을 잃지 않고 있다. 그 예로 반고는 「조충국·신경기전」의 찬(贊)에서 “산서 지역에서 장수들을 배출했다[山西出將].”라는 생각을 제기했는데, 진(秦)나라의 장수 백기(白起)·왕전(王翦), 서한의 왕위(王圍)·감연수(甘延壽)·공손하(公孫賀)·부개자(傅介子)·이광(李廣)·소건(蘇建)·소무(蘇武)·조충국(趙充國)·신무현(辛武賢)·신경기(辛慶忌) 등은 모두 서북 지역 출신의 용감하고 전쟁에 능한 명장들이라고 밝혔으며, 아울러 조충국과 신경기 등의 사적(事迹)들을 구체적으로 논술하고 있다. 즉 그들은 용맹함으로 이름을 떨쳤고, 진나라와 한나라의 발전을 위해 공헌했음을 설명하고 있을 뿐만 아니라, 또한 그들의 성장과 지역이 일정한 관계를 가지고 있다고 설명했다. 반고의 이러한 주장은, 응당 실제와 비교적 부합한다고 할 수 있다.

반고는 단지 지리 환경이 무예를 익히는 풍속의 형성과 관계가 있음을 명백히 밝혔을 뿐만 아니라, 지리 조건이 군사적 전쟁에서 어떤 지위를 차지하고 어떤 작용을 하는가 하는 문제까지도 언급했다. 우리는 다음과 같은 한 가지 사례를 들어, 반고가 기록한 내용 중 지리적 상황이 전쟁 과정에서 일으키는 중요한 작용에 대해 살펴볼 수 있다.

『위서(魏書)』[31] 권35 「최호전(崔浩傳)」에는 『한서』 「지리지」에 나오는 지식을 이용하여 전쟁에서 큰 승리로 거둔 사례를 기록하고 있다.

그것은 북위(北魏)의 태무제(太武帝) 탁발도(拓跋燾) 때의 일인데, 북위는 하서주랑(河西走廊) 일대에 할거하던 하서왕(河西王) 저거목건(沮渠牧犍)을 공격하려고 계획했다. 태무제가 공경대신(公卿大臣)들에게 논의하도록 명령을 내리자, 홍농왕(弘農王) 해근(奚斤) 등 30여 명이 반대했는데, 그 이유는 이러했다. 즉 하서 일대는 "그 지역은 염분이 있고 척박하며, 물과 풀이 거의 없어서, 대군(大軍)이 그 곳에 갔을 때 오랫동안 머물 수가 없다. 또 그들이 군대가 공격해 온다는 소

31) 역자주 : 남북조 시대에 북제(北齊)의 위수(魏收)가 편찬한 역사서로, 북위(北魏)의 역사를 서술하고 있다.

식을 들으면, 반드시 성을 쌓고 백성들이 모여 지킬 것이므로, 공격을 해도 점령하기가 어려우며, 성 밖에는 빼앗을 곳이 없기[其地鹵斥, 略無水草, 大軍旣到, 不得久停. 彼聞軍來, 必完聚城守, 攻則難拔, 野無所掠]" 때문에, 만약 출병(出兵)을 하면 반드시 패한다는 것은 의심할 여지가 없다는 것이었다. 상서(尙書) 고필(古弼)과 이순(李順) 같은 사람들도 이렇게 말했다. "온어하(溫圉河)의 서쪽부터 고장성(姑臧城) 남쪽에 이르는, 천제산(天梯山) 위에는 겨울에 눈이 쌓이는데, 그 깊이가 1장(丈)이 넘으며, 봄과 여름이 되어야 녹아 흘러내려 냇물을 이루게 되니, 이것을 끌어다 논에 물을 대고 있습니다. 그들이 우리 군대가 도착했다는 소식을 들으면, 이 수로(水路)의 입구를 막아 버려, 물이 흐르지 못하면, 곧 메말라 버릴 것입니다. 성(城)에서 100리 이내의 지역은 황무지로 풀이 없으니, 또한 오랫동안 군마(軍馬)를 머물게 할 수 없습니다.[自溫圉河以西, 至於姑臧城南, 天梯山上冬有積雪, 深一丈餘, 至春夏消液, 下流成川, 引以溉灌. 彼聞軍至, 決此渠口, 水不通流, 則致渴乏. 去城百里之內, 赤地無草, 又不任久停軍馬.]" 그러면서 역시 출병에 반대했다. 많은 사람들이 한 목소리로 모두 "그 곳에는 물과 풀이 없다[彼無水草]."라고 했다. 그런데 태무제의 모사(謀士)였던 최호(崔浩)는 매우 박식했으며, 특히 『한서』에 밝았는데, 그는 반박하면서 말하기를, 『한서』「지리지」에는 분명히 "양주[涼州 : 지금의 감숙성(甘肅省) 및 청해(淸海)·섬서(陝西)·영하회족자치구(寧夏回族自治區) 인근의 일부분]의 가축은 천하를 풍요롭게 한다.[涼州之畜, 爲天下饒.]"라고 기록되어 있다고 했다. 만약 하서 일대에 물과 풀이 부족하다면, 어떻게 이처럼 목축업이 발달할 수 있었겠는가? 또한 말하기를, "한나라 사람들이 거처를 정할 때, 결코 물과 풀이 없는 곳에 성곽을 쌓거나 군(郡)·현(縣)을 설치하지 않았다.[漢人爲居, 終不於無水草之地築城郭·立郡縣也.]"라고 했다. 태무제는 그 말을 듣고서 『한서』의 기록이 상당히 믿을 만하다고 여겨, 해근과 이순이 하는 말을 따르지 않고 과감하게 출병을 결정했다. 마침내 태무제가 그 곳에 도착해서 직접 보니 과연 "물과 풀이 많은 것이, 최호가 말한 바와 같아[多饒水草, 如浩所言]", 출병이 순조롭게 이루어졌으며, 이로 인해 큰 승리를 거두었다.

이러한 역사적인 사실들은 『한서』「지리지」가 군사 행동을 지휘하는 데에도 중요한 의의를 가지고 있으며, 매우 높은 문헌 가치를 지니고 있다는 것을 생생하게 반영하고 있다.

전체적으로 말하자면, 「지리지」는 폭넓은 시야를 드러내 보여 주고 있으며, 매우 상세하고 확실하며 믿을 만한 기록을 제공해 주고 있는데, 단지 국력이 강성한 시대에만 비로소 그처럼 훌륭한 저작을 만들어 낼 수 있기 때문에, "당시의 전국적인 지리 관련 저작들을 집대성하여, 더욱 크게 빛나도록 발양했다."[32]라고 칭송을 받았다. 「지리지」 기록의 특징과 방법은, 후대의 '정사(正史)'에 포함되는 「지리지」를 저술하는 데 본보기로 여겨졌으므로, 이후에 나온 지리지들은 지명과 숫자를 첨가한 것 말고는, 형식과 체제(體制) 면에서 이것을 뛰어넘는 것은 거의 없었다. 『수서(隋書)』「경적지(經籍志)」는 바로 그러한 평가를 하면서, 『한서』「지리지」의 가치는 「우공(禹貢)」·「직방(職方)」과 서로 비교할 만하며, "후대의 역사를 기록하는 사람들은 식견이 좁고 학문이 천박하여, 턱없이 미칠 수 없었으며, 단지 주(州)와 군(郡)의 이

32) 陳正祥, 『中國文化地理』 中 「方志的地理學價値」, 三聯書店, 1983년판.

름이나 기록했을 따름이다.[是後載筆之士, 管窺末學, 不能及遠, 但記州郡之名而已.]"[33]라고 했다. 후대의 많은 기록들은, 시야와 학식 또는 기록된 내용의 측면에서 말하자면, 모두 『한서』「지리지」와 비교할 수 없다고 여긴 것이다.

2. 학술의 원류를 논하다.

『한서』「예문지(藝文志)」는 한대 이전의 학술에 대해 전체적으로 총괄하고, 학술의 원류와 체계를 논술한 주요 저작이다. 「예문지」의 '예(藝)'는 유가(儒家)의 경전을 가리키는데, 당시에는 '육경(六經)' 또는 '육예(六藝)'라고 불렀다. 이 '예'를 앞에 둔 것은 바로 유학의 지위가 숭고함을 나타내고 있다. '문(文)'은 곧 유가를 제외한 제자(諸子)·시부(詩賦) 및 기타 저작들을 포괄한다. 이 두 가지를 합쳐서 일컬으니, 이는 곧 유가를 중심으로 하여 당시 존재하던 모든 경적(經籍)들을 총괄하여 기록한 것이다.

(1) 국가 문헌(文獻)을 크게 통합하여 총정리하다.

「예문지」는 고대의 전적(典籍)들을 전면적으로 총정리하여 기록하고 있는데, 거기에는 또한 매우 뛰어난 학술적 안목이 일관되게 관통하고 있다. 즉 서로 다른 부문과 학파에 따라 모든 전적들을 체계적으로 구분하고, 그 학술의 원류를 분류하여 논술하면서, 그 뛰어난 점과 부족한 점들을 총정리했다. 「예문지」의 저술은, 그 자체가 바로

33) 『수서』 권33 「경적지·지리기(地理記)」.

한나라가 전에 없던 통일을 이룩한 상황에서, 여러 차례에 걸쳐 힘껏 문헌들을 수집하고 정리한 첫 번째 총정리였다. 중국의 고대 문헌들은 진시황(秦始皇)의 분서갱유(焚書坑儒)로 인해 막대한 피해를 입어, 중앙에 있던 박사(博士)[34]들이 관장하여 비부(秘府)[35]에 보관하던 일부 서적들 외에는, 단지 민간에 흩어져 소장되어 있던 약간의 서적들만이 겨우 요행히 일부분만 보전되어 올 수 있었을 뿐이다. 한나라 건국 이후, 진(秦)나라의 교훈을 받아들여, 여러 차례에 걸쳐 대규모로 문헌과 전적들을 수집했다. 서한 건국 초기에, 조정은 아직 문화 사업에 많은 역량을 기울이지 못했다. 당시에는 바로 장량(張良)과 한신(韓信)이 병서(兵書)를 정리하는 책임을 지고 있었는데, 182가(家)의 병서를 수집하여, 35가로 줄여서 정리했다. 혜제(惠帝) 4년(기원전 191년)에, 진나라 조정이 민간인은 책을 소장하지 못하도록 금지했던 법률을 정식으로 명령을 내려 폐지했다. 이후부터 "대대적으로 서적들을 수집했으며, 책을 헌상하는 길을 넓게 열었다.[大收篇籍, 廣開獻書之路.]" 문제(文帝)와 경제(景帝) 때에는, 조정에서 이미 『상서[書]』 박사[장생(張生)과 조조(晁錯)]·『시경[詩]』 박사[신공(申公)·원고생(轅固生)·한영(韓嬰)]·『춘추(春秋)』 박사[호무생(胡毋生)·동중서(董仲舒)]를 설립하여[36], 문장이 흥성하고 학문이 강의되기 시작했는데, 이는 전적들을 수집한 것이 이미 초보적인 성과를 거두기 시작했다는 사실을 반영해 주고 있다. 무제(武帝)가 즉위하자, 그는 유학과 문학을 좋아하여, 문헌

---

34) 역자주 : 경학(經學)의 전수(傳授)를 담당하던 학관(學官).

35) 역자주 : 고대의 궁궐에 설치했던 관서로, 도서나 비밀문서를 보관하는 업무를 관장했다.

36) 王國維, 『觀堂集林』 권4 「漢魏博士考」를 참조하라.

의 수집이 아직도 턱없이 부족하다고 여겼으므로, "책은 부족하고 죽간(竹簡)은 빠진 것이 많으며, 예(禮)와 악(樂)은 무너졌다.[書缺簡脫, 禮壞樂崩.]"라고 탄식했다. 그리하여 강력한 조치를 취했는데, "서적들을 보관할 대책을 세우고, 서적들을 베끼는 일을 할 관직을 두었으며, 아래로 제자(諸子)[37]의 전해오는 이야기까지, 모두 비부를 가득 채웠다.[建藏書之策, 置寫書之官, 下及諸子傳說, 皆充秘府.]" 그리고 수집된 전적들을 잘 편성하고 배열하여, 순서에 따라 특별히 설치한 서가(書架)에 진열했으며, 전문적으로 책을 베껴 쓰는 일을 하는 사람을 두고, 유가의 경전부터 제자백가(諸子百家)들의 저작들에 이르기까지, 모두 황실의 도서관에 두고 소중히 보관했다.[38]

한나라 성제(成帝)는 독서를 좋아하는 고상한 취미를 가지고 있었기에, 그가 재위하는 동안에 전에 없이 큰 규모로 전적들을 수집하고 정리하는 사업을 벌였다. 당시에 전적들이 또 유실된 것이 있다는 사실을 발견하자, 알자(謁者)[39] 진농(陳農)을 전국 각지에 파견하여 민간이 소장하고 있는 책들을 구해 오게 했다. 또한 일군(一群)의 학식이 뛰어난 전문적인 관리들이 전적들을 정리하고 교감(校勘)하는 작업을 맡도록 조령(詔令)을 내렸는데, 광록대부(光祿大夫) 유향(劉向)은

37) 역자주 : 선진(先秦)·한나라 초기의 여러 학파와 그들의 저서를 가리키는 말이다.

38) 여순(如淳)이 『한서』를 주석하면서 유흠(劉歆)의 『칠략(七略)』을 인용하여 말하기를, "궁궐 밖에서는 곧 태상(太常)·태사(太史)·박사(博士)들이 보관했으며, 궁궐 안에서는 연각(延閣)·광내(廣內)·비실(秘室)이라는 부서에서 전적들을 보관했다.[外則有太常·太史·博士之藏, 內則有延閣·廣內·秘室之府.]"라고 했다. 이는 수집한 전적들이 아주 많아서, 여섯 곳의 정부기관들에 나누어 소장했다는 것을 말해 준다.

39) 역자주 : 중국의 역사에서 시대에 따라 여러 가지 역할을 맡았던 관직으로, 한나라 때에는 지방에 파견하는 사자(使者)를 가리키는 별칭으로 사용되었다.

유가(儒家)의 전적(典籍)·제자(諸子)·시부(詩賦)를 정리했으며, 보병교위(步兵校尉) 임굉(任宏)은 병서(兵書)들을 정리했고, 태사령(太史令) 윤함(尹咸)은 술수[術數 : 천문(天文)·역법(曆法)·오행(五行)·점복(占卜) 등을 포함하는 책]를 정리했으며, 시의(侍醫) 이주국(李柱國)은 방기[方技 : 의서(醫書)·신선술(神仙術) 등을 포함]를 정리했다. 유향이 그 완성을 총괄하고, 전체 전적들을 분류하여 등록하는 책임을 맡았으며, 더불어 각 저작들을 위한 제요(提要 : 개요-역자)를 쓰고, 다시 각각 한 부류의 저작들을 위해 학술의 근원을 종합적으로 서술했다. 애제(哀帝) 때 유향이 세상을 떠나자, 애제는 그의 아들 유흠(劉歆)에게 명하여 모든 전적들을 집대성하여 상주(上奏)하도록 했다. 이 때의 대규모 교서(校書) 작업은 도합 20여 년의 시간이 걸렸다. 반고는 바로 유향 부자(父子)가 편찬한 편목(篇目)·제요 및 종합 서술[綜述]을 기초로 하여 「예문지」를 저술한 것이다. 이상에서 서술한, 한나라 초기부터 성제 때까지 3단계에 걸친 전적의 수집·정리 과정은 다음의 사실을 말해 준다. 즉 「예문지」처럼 학술을 총정리하는 성격의 저작을 완성하는 것은, 오직 봉건 국가가 전에 없던 통일을 이룩하고, 사회가 오랜 기간 동안 상대적으로 안정을 이룬 역사적 조건이 있었기에 비로소 가능했다는 것이다.

(2) 중국 고대 학술 분류의 기본 체계를 확립하다.

「예문지」는 중국 목록학(目錄學)의 역사에서 본보기가 되는 작품으로서, 중국 학술 분류의 기본 체계를 확립했다.

「예문지」는 유향 부자가 교서한 성과에 근거하여, 서한 시기에 수집할 수 있었던 모든 전적들을 596가(家)·1만 3269권(卷)으로 정리했다. 아울러 이들을 육예(六藝)·제자(諸子)·시부(詩賦)·병서(兵書)·술수(術數)·방기(方技)라는 여섯 가지 큰 분야로 분류하고, 각각의 분야마다 몇 개의 종(種)으로 구분했는데, 모두 38종이다. 이러한 학술 분류 관점은 이전 시대 사람들의 성과를 계승한 기초 위에서 발전한 것이다.

선진(先秦) 시기에 『장자(莊子)』「천하편(天下篇)」·『순자(荀子)』「비십이자편(非十二子篇)」·『한비자(韓非子)』「현학편(顯學篇)」은 모두 학술에 대해 분류를 시도했지만, 아직 비교적 전면적인 인식과 합리적인 해결책을 얻지는 못했었다. 이후에 사마담(司馬談)이 『논육가요지(論六家要旨)』를 저술하여, 학술 분류에서 중대한 진전을 이루었는데, 즉 선진 시기의 제자(諸子)들을 음양가(陰陽家)·유가(儒家)·묵가(墨家)·명가(名家)·법가(法家)·도가(道家) 등 6가(家)로 나누었다. 유향·유흠 부자는 한 걸음 더 발전된 분류를 했는데, 그들의 원래 저술들은 이미 유실되었고, 그들의 학술적 성과는 『한서』「예문지」 속에 남아 있다. 「예문지」에서는 제자들을 10가(家)로 분류하는데, 앞의 6가는 사마담의 것과 같지만, 순서는 약간 조정했고, 여기에 종횡가(縱橫家)·잡가(雜家)·농가(農家)·소설가(小說家)를 더하여 10가로 삼았으니, 선진 시대의 학술에 대한 분류는 이 때에 비로소 완성되었다. 그리고 이들 10가를 모두 합한 것이 '제자류(諸子類)'이다. 「예문지」는 또한 그 나머지 전적들을 육예·시부·병서·술수·방기 등 다섯 가지의 큰 분야로 나누었다. 이러한 '육분법(六分法)'은 후세의 학술 분류에 대단히 큰 영향을 미쳐, 삼국(三國)·양진(兩晉 : 동진과 서진-역자)·남북조 시대에는 기본적으로 이러한 학술 분류 방법을 따랐다. 후에 사람들은 역사서(歷史書)를 경서(經書)에서 분리해 내고, 병서·술수·방기를 제자에 포함시켰으며, 시부를 확대하여 '집(集)'으로 삼았다. 당나라 때 위징(魏徵)이 주관하여 『수서(隋書)』「경적지(經籍志)」를 편찬할 때, 정식으로 경(經)·사(史)·자(子)·집(集)의 4부(部)로 분류했으니, 이는 또한 명(明)·청(淸) 시기 이후까지 줄곧 영향을 미쳤다. 실제로 이 4부의 분류법은 직접적으로 반고의 '육분법'을 계승한 기초 위에서 형성된 것이기 때문에, 우리가 반고의 「예문지」에 있는 '육분법'이 중국 학술 분류의 기본 구조를 확립했다고 말하더라도 조금도 지나치지 않다.

「예문지」는 목록학의 본보기가 되는 저작이며, 또한 거기에 있는 각각의 '유(類)'와 '종(種)'의 저작들에 대해, 모두 총론(總論)을 써 놓아, 학술의 근원을 개략적으로 서술하고, 우수한 점과 부족한 점에 대해 평가하고 있다. 이러한 방법은 훗날 또한 『수서』「경적지」에도 계승되었으며, 아울러 청대(淸代) 학자들의 목록학 저작들에까지 줄곧 영향을 미쳤다.

(3) 「예문지(藝文志)」와 『칠략(七略)』의 관계

유향은 20년에 걸쳐서 대규모 교서(校書) 작업을 진행했는데, 그가 한 권의 책을 교감할 때마다 제요(提要)를 썼으며, 그것을 '서록(書錄)'이라고 했다. 그리고 이 '서록'을 한데 모은 것을 「별록(別錄)」이라고 했다. 유흠은 「별록」을 기초로 하여 『칠략』을 저술했는데, 「집략(輯略)」·「육예략(六藝略)」·「제자략(諸子略)」·「시부략(詩賦略)」·「병서략(兵書略)」·「술수략(術數略)」·「방기략(方技略)」 등 모두 7편(篇)으로 나뉜다. 제1편은 총론(總論)이며, 그 나머지는 여섯 가지의 큰 분야별 저작들에 대해 나누어 서술하였다. 『칠략』은 유향과 유흠이 여러 책들을 교열한 성과들을 구체적으로 담고 있는데, 반고는 그것을 기초로 하여 첨삭하여 고쳤다. 그것이 바로 「예문지」와 『칠략』의 관계이다.

반고가 첨삭하여 고친 것들 중 어떤 것은 편목(篇目)과 분류(分類)를 조정한 것도 있다. 예를 들어 제자류(諸子類)의 '유가(儒家)'에 "양웅(揚雄)을 일가(一家)로 편입시켰고[入揚雄一家]", 병서류(兵書類)의 '병권모가(兵權謀家)'에 "이윤(伊尹)·태공(太公)·『관자(管子)』·『손경자(孫卿子)』·『갈관자(鶡冠子)』·『소자(蘇子)』·괴통(蒯通)·육가(陸賈)·회남왕(淮南王) 등 259종(種)을 삭제했으며, 『사마법(司馬法)』을 빼내어 '예(禮)'에 편입시켰다.[省伊尹·太公·『管子』·『孫卿子』·『鶡冠子』·『蘇子』·蒯通·陸賈·淮南王二百五十九種, 出『司馬法』入禮也.]" 이처럼 어떤 것은 추가하고, 어떤 것은 삭제했으며, 어떤 것은 조정하여 다른 유(類)에 넣기도 했다. 만약 변동이 있는 부분에는, 반고는 모두 몇몇 편(篇) 등을 "뺐다[出]", "삭제했다[省]", "넣었다[入]"라는 용어를 사용하여 주를 달아 자세히 밝히고 있어, 그 태도가 매우 엄격하고 신중했다.

반고는 또한 『칠략』의 원문을 고쳐 쓰기도 했다. 『칠략』은 이미 유실되었으므로, 후세 사람들은 대조를 통해 반고가 고쳐 쓴 상황을 정확하고 분명히 알 방도가 없다. 그러나 만약 오늘날에도 여전히 볼 수 있는 『칠략』의 단편적인 문장들을 「예문지」와 비교해 보면, 여전히 반고가 첨삭하고 수정하는 데에 많은 노력을 기울였음을 알 수 있다.[40] 어떤 논자(論者)는 반고가 "독자적인 학문이 없이, 오직 다른 사

40) 曾貽芬·崔文印, 「兩漢時期歷史文獻學的初步形成」, 『史學史研究』, 1988年 第2期를 참조하라.

람들에 의지하여 한 문파(門派)를 이루었다."라고 평가하기도 하는데, 이는 역사적 사실에 부합하지 않는다.

(4) 학술을 이치에 맞게 분별하고, 그 원류를 탐구하다.

「예문지」의 가치는 또한 그것이 학술을 이치에 맞게 분별하고, 그 원류를 탐구한 데에 있는데, 대규모로 학술을 분류하는 작업을 했을 뿐만 아니라, 학술의 변화와 사승(師承)·전수(傳授) 관계를 총정리함으로써, 중국 학술사의 발전을 위한 새로운 길을 개척했다. 반고는 각 가(家)와 각 파(派)의 학술 전수에 대해 명확하게 기록했다. 예를 들어 『상서(尙書)』학(學)의 원류에 대해 그는 다음과 같이 명확하게 기록하고 있다. 즉 『상서』는 처음에 공자가 엮어서 만들었으며, 이후 진(秦)나라 때에 분서갱유로 전수(傳授)를 금지했기 때문에, 제남(濟南)의 복생(伏生)이라는 사람이 벽 속에 넣어 숨겨 왔다. 한나라 조정이 각종 전적들을 수집할 때, 복생은 이미 『상서』의 완전한 판본을 찾을 수 없었고, 단지 29편(篇)만이 남아 있었는데, 이를 제(齊)나라와 노(魯)나라 일대에서 제자들에게 가르쳐 전수했다. 선제(宣帝) 때에는 구양(歐陽)·대하후(大夏侯)·소하후(小夏侯)의 세 학파가 생겨났는데, 이들은 모두 조정의 관학(官學)이 되었다. 한대에는 또 다른 판본인 『고문상서(古文尙書)』[41]가 있었는데, 이것은 무제(武帝) 때 노공왕(魯恭王)이 공자의 옛 집을 헐다가 발견한 것으로, 『예기(禮記)』·『논어(論語)』·『효경(孝經)』도 함께 발견되었다. 이 전적들은 모두 공자의 후손인 공안

41) 이 판본은 전국(戰國) 시대의 문자를 이용하여 씌어져, 한대에 통용되던 예서(隸書)와 달랐기 때문에, '고문(古文)'이라고 불린다.

국(孔安國)의 것이 되었는데, 그가 한대에 읽히던 29편(篇)짜리 판본과 대조하여 읽어 보니 16편이 더 많았다. 후에 공안국의 집안사람이 이를 조정에 바쳤지만, 무제 말년에 무고(巫蠱)의 화(禍 : 278쪽 참조-역자)를 당했기 때문에 관학에 포함되지 못했다. 반고가 위에 서술한 간결한 기록은, 바로 후세의 사람들이 『상서』의 금문학파(今文學派)와 고문학파(古文學派)의 전수 관계를 연구하는 근거가 되고 있다. 여타의 유가 경전들에 대해서도 「예문지」는 일일이 그 전수의 원류를 분명하게 기록하고 있다.

더욱 의의가 있는 것은, 반고가 또한 비교적 객관적인 태도로 각 학파들의 장점과 단점에 대해 분별하여 밝혀 줌으로써, 후세 사람들이 학문을 하기 위한 단서를 일깨워 주었다는 점이다. 유가에 대해 어떤 태도를 취할 것인가는 곧 반고에게 커다란 시험이었는데, 그 이유는 유학은 한대의 통치자들에게 매우 존숭(尊崇)되어, 절대적 권위를 누리고 있었기 때문이다. 반고는 유학을 숭상하여, 그것이 "도(道)에서 가장 높은 자리에 있으며[於道爲最高]", 가장 뛰어난 지도 사상이라고 했는데, 이는 당시에 필연적인 것이었다. 그러나 반고는 결코 맹목적으로 유학을 추종하지는 않았다. 그는 한대에 매우 높은 지위를 차지하고 있던 유학자들 가운데 두 부류의 사람들은 쓸모가 없다고 지적했다. 하나는 '미혹한 자[惑者]' 즉 어리석은 사람이며, 다른 하나는 '편벽한 자[辟者]' 즉 성실하지 못한 사람이다. 그는 이렇게 말했다. "미혹한 자는 이미 정미(精微)함을 잃어 버렸으며, 편벽한 자는 또한 시세에 따라 행동을 달리 하고, 도의 근본을 멀리 벗어나 있으며, 구차하게 말이나 행동으로 군중심리에 영합하여 환심을 사고 있다. 후학(後學)들이 이들을 따르게 되면, '오경(五經)'이 지리멸렬해지고, 유학이 쇠퇴할 것인데, 이는 유학을 편벽되게 하는 우환이다.[惑者旣失精微, 而辟者又隨時抑揚, 違離道本, 苟以譁衆取寵. 後進循之, 是以『五經』乖析, 儒學寖衰, 此辟儒之患.]" 그가 생각하기에, 어리석은 자들은 유학의 정수를 이해하지 못하며, 성실하지 못한 자들은 단지 시류에 영합하여, 교묘하게 사리사욕을 취하려고만 할 뿐, 유학의 원칙을 위배하고, 대중의 취향에 영합하여 그들의 환심이나 사고 있다는 것이다. 또한 후배들이 이러한 무리들을 따라 배운 결과, 유가 경전들이 지리멸렬해졌으며, 이로 인해 유학이 쇠퇴했는데, 그것은 바로 심술이 나쁜 유학자들이 만들어 낸 폐해라고 여겼다. 이는 반고가 '제자류(諸子類)'에서 '유가'를 총평할 때 한 말이다. '육예류(六藝類)'의 총론(總論)에서, 반고는 먼저 유가의 6부(六部) 경전들이 나라를 다스리고, 사회 윤리를 유지하며, 개인의 수양을 강화하는 등의 방면들에서 각각 중요한 작용을 한다고 논술했다. 그런 다음 속유(俗儒)들이 실속 없는 주장들만 장황하게 늘어 놓는 나쁜 경향을 날카롭게 비판했다. 그는 다음과 같이 지적했다. "후세에 경서와 이를 주석한 책[經傳]들은 이미 서로 어긋나고, 박학(博學)하다는 자들은 많이 생각해 보지도 않고 의심스러운 것은 잠시 제쳐둔 채, 뜻을 잘게 쪼개어 책망을 피하는 데에나 힘쓰고 있고, 남의 비위나 맞추는 언사와 그럴듯한 말로, 본래의 형체를 파괴하고 있다. 그리하여 경문의 다섯 글자로 된 문장을 해설하는 데, 2~3만 자(字)씩이나 동원했다. 후학(後學)들은 더욱더 이러한 경향을 좇았다.[後世經傳旣已乖離, 博學者又不思多聞闕疑之義, 而務碎義逃難, 便辭巧說, 破壞形體. 說五字之文, 至於二三萬言. 後進彌以馳

逐.]" 즉 유학이 이익과 벼슬을 추구하는 방도가 되어, 속유들이 다투어 번잡한 주석을 달아 자신이 박학하다는 것을 과시하게 되자, 유학의 원래 내용이 심각하게 파괴되었다. 그래서 경문에 있는 다섯 글자를 해석하기 위해, 심지어 2~3만 자(字)씩이나 사용하게 되니, 이들에게 배우는 사람들도 모두 지리멸렬한 해설을 하는 것을 능사로 삼았다는 것이다. 우리가 이러한 주장을 『한서』 「광장공마전(匡張孔馬傳)」의 찬어(贊語)와 연계시켜 보면, 반고가 역사를 저술할 때, 이와 같이 사람들에게 해를 끼치는 번쇄철학(煩瑣哲學)[42]을 바로잡아 제거하는 것을 의식적으로 자신의 임무로 삼았다는 것을 더욱 분명하게 알 수 있다.

동중서가 무제에게 오로지 유학을 숭상할 것을 건의할 때, 제자백가는 사람들에게 해를 끼치는 그릇된 학설이므로 마땅히 제거해야 한다고 주장했다. 이 때문에 제자백가들의 학설을 어떻게 평가할 것인가는, 반고에게는 또 하나의 시험이었다. 반고의 기본 태도는 유학을 존중한다는 대전제 하에, 제자백가들의 학설들에 대해서도 또한 적절하게 긍정했다. 이는 그가 확실히 동중서의 심각한 편견과 문화에 대한 독단적 태도와는 달리, 더욱 역사를 존중하고 소박한 이성적 관점을 지니고 있었다는 사실을 말해 준다. '제자류'의 맨 마지막 부분에 그가 쓴 총평에서, 제자의 학설은 각 나라들이 서로 전쟁을 벌이던 전국 시대에 생겨난 것이라고 여겼다. 그들은 각자 자신의 주장과 의견을 조금도 양보하거나 타협하지 않았지만, 그들은 "서로 대

42) 역자주 : 번쇄철학이란, 문제에 대한 해결책이나 대안을 제시하지는 않고, 단지 장황한 말로 현상만을 나열하는 실속 없는 철학을 가리킨다.

립하면서도 서로를 이루어 주는[相反相成]" 관계여서, 비록 각자의 폐단이 있었다고 하더라도, 학자들은 마땅히 그들의 장점을 잘 찾아내고, 그 중에서 유가 사상과 서로 통하는 점을 찾아야 한다. 반고가 내린 결론은 다음과 같았다. "이 9가(家)[43]의 말을 살펴서, 단점을 버리고 장점을 취하면, 곧 만방(萬方)의 대강(大綱)과 통할 수 있을 것이다.[觀此九家之言, 舍短取長, 則可以通萬方之略矣.]"[44] 즉 제자의 학설에서 단점을 버리고 장점을 흡수할 것을 명확하게 주장했는데, 그렇게 하는 것이 곧 나라를 다스리고 학문을 발전시키는 데 크게 유리했을 것이다. 유학이 '국교(國教)'가 되었던 시기에, 반고는 오히려 제자의 학설들을 구체적으로 분석하여, 그 장점을 찾아냈는데, 이는 참으로 어려운 일이었다. 황종희(黃宗羲)의 『명유학안(名儒學案)』과 같이 후대의 훌륭한 학술 저작들은 바로 이러한 우수한 전통을 발양(發揚)했다.

(5) 심오한 학술 체계 사상[45]

반고는 비록 각 가(家)의 사상 및 그 전수 과정은 모두 각자의 장·단점이 있다고 생각했으나, 그와 동시에 또한 그들의 사상적 지위와 그것이 미친 작용은 서로 다르다고 생각했다.

반고는 유가(儒家) 사상을 중시했지만, 동시에 유가의 전적(典籍)들

43) 제자류는 유가(儒家)·도가(道家)·음양가(陰陽家)·법가(法家)·명가(名家)·묵가(墨家)·종횡가(縱橫家)·잡가(雜家)·농가(農家)·소설가(小說家) 등 모두 10가(家)로 분류되지만, 이 가운데 소설가(小說家)를 제외한 나머지를 '9가(家)' 혹은 '9류(流)'라고 부른다.

44) 이상의 인용문들은 모두 『한서』 권30 「예문지」를 보라.

45) 이 절(節)의 내용은 蔣廣學, 「論中國思想史的研究對象」을 참고했으며, 『江蘇社會科學』 2000年 第3期에 수록되어 있다.

은 또한 경중(輕重)의 차이가 있다고 생각했다. 그 중 육예(六藝)는 유가 사상에서 가장 대표적인 경전이기 때문에, 그는 제자류(諸子類)에 유가류(儒家類)를 두어 일반 유가의 전적들을 저술한 것 말고, 따로 '육예류(六藝類)'를 두어 육예에 대해 특별히 존숭한다는 것을 나타냈다. 「예문지(藝文志)」에서의 '육예류'는 주로 『주역(周易)』·『상서(尙書)』·『시경(詩經)』·『예기(禮記)』·『악경(樂經)』·『춘추(春秋)』·『논어(論語)』·『효경(孝經)』·『소학(小學)』 등 아홉 가지 경전들을 포괄하고 있다. 반고는, 이 아홉 가지 경전들의 지위는 동등하지 않고, 또한 경중의 차이가 있는데, 그 가운데 『주역』·『상서』·『시경』·『예기』·『악경』·『춘추』 등 여섯 가지 경전들이 가장 중요하며, 이것들은 유가의 경전 중의 경전이라고 생각했다. 그러나 그 지위도 또한 동등하지는 않아, '육예' 중에는 또한 '체(體 : 본체-역자)'와 '용(用 : 응용-역자)'의 문제가 존재한다고 생각했다. 그는 다음과 같이 말했다. "육예의 글들을 보면, 『악경』은 신(神 : 정신-역자)을 평안하게 하게 하니 인(仁)이 나타난 것이며, 『시경』은 말을 바로잡으니 의(義)가 쓰이게 된 것이요, 『예기』는 '체(體)'를 밝히는 것으로, 밝은 것은 뚜렷이 보이기 때문에 따로 해설할 게 없다. 『상서』는 넓게 듣는 것이니 지(知)의 수단이며, 『춘추』는 일을 재단하는 것이니 신(信)의 증표이다. 이 다섯 가지는 모두 오상(五常)의 도(道)이며, 반드시 갖추어야 하는 것인데, 『주역』은 이것들의 근본이다. 때문에 말하기를 '『역(易)』을 볼 수 없다면, 곧 건곤(乾坤)이 아마도 거의 끝나게 된 것이리라.'[46]라고 했는데, 이는 하늘과 땅과 더불어 처음과 끝이 된다는 것을 말함이다. 『주역』을 제외한 다섯 가지의 학문들

46) 역자주 : 『주역(周易)』「계사(繫辭)」에 있는 말이다.

은 시간이 흐름에 따라 바뀜이 있는데, 이는 오행(五行)이 용사(用事)를 갱신(更新)함과 같은 것이다.[六藝之文, 『樂』以和神, 仁之表也, 『詩』以正言, 義之用也, 『禮』以明體, 明者著見, 故無訓也, 『書』以廣德, 知之術也, 『春秋』以斷事, 信之符也. 五者, 蓋五常之道, 相須而備, 而『易』爲之原. 故曰 '『易』不可見, 則乾坤或幾乎息矣', 言與天地爲終始也. 至於五學, 世有變改, 猶五行之更用事焉.]"

반고는 이 논술에서, '육예' 가운데 『주역』이 근본이고, 다른 경전들을 '응용[用]'으로 삼는다는 사상을 제시했다. 그리고 『주역』은 천지(天地)와 함께 처음이자 끝이며, 『악경』·『시경』·『예기』·『상서』·『춘추』는 각각 따로 인(仁)·의(義)·예(禮)·지(智)·신(信)이라는 오상(五常)의 덕(德)을 대표한다고 생각했다. 반고가 제시한, 『주역』을 '본체[體]'로 삼고, 다른 경전들을 '응용[用]'으로 삼는 학술 사상 체계는 우리가 깊게 생각해 볼 가치가 있다.

'육예' 안에 '본체'와 '응용'의 관계가 존재한다면, '육예'와 제자백가들 사이에는 어떤 관계가 있을까? 반고는, "제자들은 고대 국가의 각 부문들로부터 나왔으며[諸子出於王官]"[47], 유학을 포함하여 각 학파들의 근원은 모두 당연히 고대 국가가 사회생활을 관리하던 여러 다른 부문들에서 찾을 수 있다고 생각했다. 그의 견해에 따르면, 유가는 사도(司徒 : 서주 때 국가의 토지와 백성들을 관장하던 관직)의 관직에서 나왔고, 도가(道家)는 사관(史官)에서 나왔으며, 음양가(陰陽家)는 희화(羲和 : 천문 현상을 관측하고 역법의 제정을 담당하던 관직)의 관직에서 나왔고, 법가(法家)는 이관(理官 : 형벌과 감옥을 관장하던 관직)에서 나왔으

47) 『한서』 권30 「예문지」. '왕관(王官)'이란 고대 국가의 각 부문(部門)들을 가리킨다.

며, 명가(名家)는 예관(禮官 : 예의를 관장하던 관직)에서 나왔고, 묵가(墨家)는 청묘지수(淸廟之守 : 종묘와 제사를 주관하는 관직)에서 나왔으며, 종횡가(縱橫家)는 행인(行人 : 사신들을 초빙하거나 방문하는 일을 책임지던 관직)의 관직에서 나왔고, 잡가(雜家)는 의관(議官 : 임금에게 간언하는 일을 맡은 관리)에서 나왔으며, 농가(農家)는 농직(農稷 : 농사일을 주관하던 관직)의 관직에서 나왔고, 소설가(小說家)는 패관(稗官 : 맡은 직무가 낮았기 때문에, 하층민들의 의견까지 접할 수 있던 관직)에서 나왔다고 한다. 반고는 다음과 같이 말했다. "제자 10가(家 : 유가·도가·음양가·법가·명가·묵가·종횡가·잡가·농가·소설가를 가리킨다.)들 가운데 볼 만한 것은 9가(10가에서 소설가를 제외한 것)뿐이다. 이들은 모두 왕도(王道)가 미약해지고, 제후들은 무력으로 정복하자, 수시로 군주가 바뀌어, 좋아하는 것과 싫어하는 것이 다른 상황에서 일어났기 때문에, 9가의 술법(術法)이 벌떼처럼 일어나 함께 만들어졌다. 그리하여 각자 자신들의 주장을 양보 없이 내세우고, 그것의 우수한 점을 숭상하여, 이것으로써 주장들을 쏟아 내면서, 제후들을 그러모았다. 그들의 말은 비록 달라, 마치 물과 불처럼 배척했지만, 상멸(相滅)하면서도 또한 상생(相生)했다. 어진 마음으로 대하고 의로움을 함께하며, 서로 존중하고 공경하여 함께 조화를 이루어, 서로 대립하면서도 서로를 이루어 주었다. 『주역』에서 말하기를, '천하가 돌아가는 곳은 같아도 가는 길은 다르니, 이르는 것은 하나이지만 생각은 백 가지나 된다.'라고 했다. 지금 다른 학파들에서 각자의 뛰어난 점을 높이 받들고, 그 지식과 생각을 다하여 궁구함으로써, 그 뜻을 명확히 밝혀 보면, 비록 폐단이 있지만, 그 요지를 모아 보면, 역시 '육경(六經)'의 갈래이고 자락이다. 그 사람들로 하여금 현명한 군주를 만나, 치우치지 않고 골고루 알맞은 것을 얻을 수 있도록 하면, 모두 임금이 믿고 맡길 수 있는 훌륭한 인재가 될 것이다. 공자께서 말씀하시기를, '예(禮)가 사라지면 민간[野]에서 찾아야 한다.'라고 하셨다. 바야흐로 지금은 성인들이 살던 시대로부터 오랜 시간이 지나 버려, 도술(道術)이 사라졌으니, 그것을 찾을 수 없게 되었지만, 그들 9가는 민간보다 더 낫지 않은가? 만약 육예의 술법을 익힐 수 있고, 이들 9가들의 말을 살펴서, 단점을 버리고 장점을 취한다면, 곧 만방(萬方)의 대강(大綱)과 통할 수 있을 것이다.[諸子十家, 其可觀者九家而已. 皆起於王道既微, 諸侯力政, 時君世主, 好惡殊方, 是以九家之術蜂出竝作, 各引一端, 崇其所善, 以此馳說, 取合諸侯. 其言雖殊, 辟猶水火, 相滅亦相生也. 仁之與義, 敬之與和, 相反而皆相成也. 『易』曰, '天下同歸而殊途, 一致而百慮.' 今異家者各推所長, 窮知究慮, 以明其指, 雖有蔽短, 合其要歸, 亦'六經'之支與流裔. 使其人遭明王聖主, 得其所折中, 皆股肱之材已. 仲尼有言, '禮失而求諸野.' 方今去聖久遠, 道術缺廢, 無所更索, 彼九家者, 不猶愈於野乎? 若能修六藝之術, 而觀此九家之言, 舍短取長, 則可以通萬方之略矣.]"

반고는, 제자백가의 학설들은 모두 고대 국가의 각 부문들에서 나왔으며, 또한 춘추전국 시기에 왕실이 쇠미해지고, 제후들이 강대해져 서로 다투는 상황에서 나온 것이라고 생각했다. 당시 각 제후국의 군주들은 좋아하는 것과 싫어하는 것이 달랐지만, 그들은 모두 사회가 크게 변화하는 시대에 자기의 주장에 따라서 자연과 사회를 해석하기를 희망했다. 그래서 각 제후국 군주들의 요구에 부응하기 위하여 각종 다른 사상들이 시대적 요구에 의해 생겨났으며, 또한 점차 수많은 학파들로 구분되어 형성되었다. 백가(百家)의 사상은, "그 주장이 비록 다르고", "각자 양보 없이 주장하여", 각 학파[家]의 사상들 간에는 마치 물과 불처럼 서로를 받아들일 수 없었지만, 사실은 "상멸(相滅)하면서 또한 상생(相生)했다." 바로 "어진 마음으로 대하며 의로움을 함께하며, 서로 존중하고 공경하여 함께 조화를 이루어, 서로 대립하면서도 서로를 이루어 준 것"처럼, 각 학파의 사상들에는 단지 각자의 장점만 있는 것이 아니라, 서로 통하는 부분도 매우 많았다. 그렇다면 각 학파의 사상에서 주도적인 방면들은 모두 '육경(六經)'과 서로 위배되는 것이 아니라, "길은 다르지만 귀착되는 곳은 같으니", 사실상 모두 '육경'의 지류(支流)였다. 이것은 바로 학술 사상이 각기 다른 제자백가를 '육경'의 체계 속에 통일하여 편입시켜 넣은 것이다.

반고가 각 학파의 학설들이 모두 고대 국가의 각 부문들에서 나왔다고 본 관점이 정확한지 아닌지의 여부는, 여기에서 더 깊게 살펴보지 않겠다. 이 관점의 의의(意義)는 주로 다음과 같은 점에 있다. 즉 그가 생각하기에, 각 학설들의 근원이 국가와 백성들을 다스리는 공공의 직무나 사회생활과 서로 연관이 있으며, 제자백가들은 비록 시조(始祖)가 다르고, 학술 취지가 다르긴 했지만, 학문을 하는 목적은 서로 같았으니, 그 목적은 바로 나라를 잘 다스리고 사회를 잘 관리하는 데 있었다. 바로 그와 같이 학문을 하는 공통된 목적이 있었기 때문에, 각 학파들의 학술 사상은 비로소 서로 통하는 점들이 많이 있게 되었으며, 결국 모두 유가 사상의 울타리를 벗어나지 않을 수 있었다는 것이다.

반고는, 제자백가가 '육경'의 지류(支流)이며, 또한 '육경'은 『주역』을 "본체[體]"로 삼고, 나머지 경서들을 "응용[用]"으로 삼는다고 했다. 이것이 바로 『주역』을 '본체'로 삼고, 여타 경서들을 '응용'으로 삼으며, 제자백가를 지류로 삼는 학술 사상 체계를 구축했다.

이 학술 사상 체계에서, 반고는 특히 『주역』의 그 "본체"로서의 작용을 중시했는데, 그는 『주역』이 "천지(天地)와 더불어 처음이자 끝이다[與天地爲終始]."라고 강조하여, "『역』을 볼 수 없다면, 곧 건곤(乾坤)이 아마도 거의 끝난 것이리라.[『易』不可見, 則乾坤或幾乎息矣.]"라고 생각했다. 그는 또한 『주역』「계사(繫辭)」에 나오는 말을 인용하여, "복희씨(伏羲氏)는 고개를 들어 하늘의 상(象)을 관찰하고, 고개를 숙여 땅의 법칙을 관찰했으며, 짐승들의 문채(文彩)와 땅의 적절함[48]을 관찰했고, 가까이에서는 몸에서 취하고[49], 멀리는 사물에서 취하여[50], 처음으로 8괘(卦)를 만들었으니, 이것으로써 신명(神明)의 덕(德)을 통하게 하고, 만물(萬物)의 정(情)을 분류했다.[宓戲氏(伏羲氏-인용자)仰觀象於天, 俯觀法於地, 觀鳥獸之文, 與地之宜, 近取諸身, 遠取諸物, 於是始作八卦, 以通神明之德, 以類萬物之情.]"라고 하였다. 원래 반고는, 『주역』의 사물에 대한 관점은 하늘과 사람을 동일한 계통 속에 두고 있으며, 하늘과 사람의 관계라는 이 계통 속에서, 하늘은 신비한 것이고 사람은 중요한 것이라고 생각했다. 그리고 천지만물과 사람 사이에는 일종의

48) 역자주 : 돼지는 어두우니 감(坎)으로, 꿩은 화려하고 아름다우니 이(離)로 삼은 것 등과, 땅의 높은 곳은 양, 낮은 곳은 음으로 삼은 것 등을 가리킨다.

49) 역자주 : 머리는 건(乾), 배[腹]는 곤(坤), 눈은 이(離), 귀는 감(坎)으로 삼았다.

50) 역자주 : 땅에 사는 짐승은 음(陰)으로, 하늘에 사는 짐승은 양(陽)으로 삼은 것 등을 가리킨다.

통일적인 신비한 힘이 작용하고 있다고 여겼다. 그리하여 『주역』의 64괘(卦)와 386효(爻)[51]로써 천지와 인간사[人事]를 혼합하여 사물이 발전하는 64종류의 기본 형태와 군자(君子)가 사람들을 위하여 일을 처리할 때 마주치게 되는 386가지의 상황들을 추단하여 연역해 냈다. 『주역』은 '인간사'의 발전을 중시할 줄 알 뿐만 아니라, '하늘(天)'의 의도도 구현해 낼 수 있으므로, 천도(天道)의 도움을 받아 인간사를 처리하여, '하늘'과 '사람'을 한데 잘 결합할 수 있었으니, "신명의 덕을 통하게 하고, 만물의 정을 분류했다.[以通神明之德, 以類萬物之情]"[52]라고 여겼다. 반고는, 『주역』이 천도에 따라 인간사를 추단하는 것이며, 천인(天人) 관계 사상을 가장 잘 구현할 수 있는 중요한 전적(典籍)이므로, 그것이 당시 학문 사상 발전의 '근본[本]'이라고 생각했다. 이것은 또한 『주역』을 '본체[體]'로 삼고, 여타 경서들을 '응용[用]'으로 삼으며, 제자백가를 '지류(支流)'로 삼는 학문 사상 체계를 '천인합일(天人合一)'이라는 사상 체계 속에 통일시켜 넣었다.

장광쉐(蔣廣學 : 남경대학 교수-역자) 선생은 다음과 같이 말했다. "중국 사상사(思想史)는 중국인의 사상 관념과 그 존재 구조의 변화 발전 과정을 연구하는 학문 분야이다. 그 과정, 즉 그 사상 관념의 변화 발전 과정을 말하자면, 그것은 천인합일을 주체(主體)로 삼는 정치 관념과 인생 관념이 형성·발전·쇠락을 거쳐, 최종적으로는 현대의 과학과 민주(民主) 관념 속에 융합되는 역사를 나타내 준다. 그리고 또한 그 존재 구조의 변화 발전에 대해 말하자면, 『주역』을 본체로 삼

51) 각각의 괘(卦)마다 6개의 효(爻)가 있는데, 건괘(乾卦)와 곤괘(坤卦)는 여기에 하나의 효(爻)가 더 추가된다.

52) 이상의 인용문들은 모두 『한서』 권30 「예문지」를 보라.

고 여타 경서와 사서[經史]를 응용으로 삼은 것과, 유학을 근본[本]으로 삼고 기타 제자백가의 학문[子學]을 말단으로 삼는 구조 형식이 형성·발전·쇠락하고, 마침내는 해체되어 각 학문 분야들이 평등하게 발전하는 것으로 대체되는 역사를 나타내 준다. 천인합일이라는 '사상 관념'은, 『주역』이 본체를 이루고 유학이 근본을 이루는 존재 구조와 더불어 생성되고, 더불어 발전하고, 더불어 쇠락하며, 더불어 새로운 사상과 새로운 과학에 융합된다. 이 두 가지를 합한 것이 바로 중국 사상사이다." 그는 또한 생각하기를, 중국의 학문 사상이 이와 같이 "『역경(易經)』을 본체로 삼고, 여타 오경(五經)을 응용으로 삼으며, 유가(儒家)와 제자백가의 학문을 지류(支流)로 삼는 구조"는, 바로 반고가 『한서』 「예문지」에서 제시한 것이라고 여겼다. 그가 생각하기에, 반고가 제기한, "『역경』을 본체로 삼는다는 것은 바로 '천도에 따라 인간사를 추단하는[因天道而推人事]' 천인합일 관념을 본체로 삼은 것이며, 여타 오경을 응용으로 삼는다는 것은 바로 유가에서 말하는 '인의예지신(仁義禮智信)'이라는 오상(五常)의 덕(德)을 응용으로 삼는 것"이라고 여겼다. 그리고 "이와 같이 육경(六經)은 바로 현실 생활 속에서 내성외왕(內聖外王)[53]이라는 사상 체계를 형성했는데, 그 체계는 형이상(形而上)의 천도인륜(天道人倫) 사상을 포함하고 있을 뿐 아니라, 형이하(形而下)의 의의(意義)도 포함하고 있어, 문학·과학 기술에 대한 각 학파의 학설들은 모두 경(經)에 예속되고, 모두 왕도(王道)의 실현[外王]을 위해 복무(服務)한다."[54]라고 생각했다. 이러한 주장

53) 역자주 : 안으로는 성인(聖人)이고 밖으로는 임금의 덕을 갖춘 사람, 즉 학식(學識)과 덕행(德行)을 겸비함을 이르는 말이다.

54) 蔣廣學, 「論中國思想史的研究對象」, 『江蘇社會科學』 2000年 第3期를 보라.

은 매우 탁월한 식견을 갖춘 것이다. 반고가 제기한, 『주역』을 본체로 삼고, 여타 경서들을 응용으로 삼으며, 제자백가를 지류로 삼는다는 "본체와 응용[體用]"이라는 구조의 사고는, 후세에 미친 영향이 대단히 컸으니, 명(明)·청(淸) 시대 이후까지도 줄곧 이러한 구도를 벗어나지 못했다.

이상의 내용을 종합해 보면 알 수 있듯이, 『한서』「예문지」는 중요한 목록학(目錄學) 저작일 뿐만 아니라, 이전 시대 학술의 진행에 대해 총정리하고, 학술의 원류를 논술하고, 중국의 학술 사상인 "본체와 응용[體用]" 구조를 제시한 중요 저작이다.

「예문지」는 합리적인 분류에 따라, 한대(漢代) 이전의 모든 전적들을 수록하여, 그것들의 권수(卷數)·저자를 밝히고 있으며, 더불어 또한 학술의 원류를 논술하면서 그 장점과 단점을 평가하고 있다. 그리하여 그것은 바로 후대 학자들이 목록 작업·위서(僞書) 판별·고증(考證)과 고대 학술사를 연구하는 기본적인 근거가 되었다. 청대(淸代)의 학자인 금방(金榜)은 다음과 같이 말했다. "『한서』「예문지」를 훤히 알지 못하면 천하의 책을 읽을 수 없으니, 「예문지」는 학문의 실마리이며, 저술(著述)의 시작[門戶]이다.[不通漢「藝文志」, 不可讀天下書, 「藝文志」者, 學問之眉目, 著述之門戶也.]" 왕명성(王鳴盛)[55]도 다음과 같이 생각했다. "이 『한서』「예문지」는 경전을 요체로 삼아, 한나라 사람들이 경학을 전수한 원류와 경전 해설가들이 분석했던 것을 상고하여 살펴

---

55) 역자주 : 왕명성(1722~1797년)은 청대(淸代)의 역사학자·경학가(經學家)·고증학자이다. 자(字)는 봉개(鳳喈), 호는 서강(西江)이다. 저서인 『십칠사상각(十七史商榷)』 100권 전해지고 있으며, 그 밖에도 『경양재시문집(耕養齋詩文集)』·『서지거사집(西沚居士集)』 등이 있다.

볼 수 있으며, 또한 그 옳고 그름과 좋고 나쁨을 분별하여, 후학(後學)들로 하여금 그 방도를 알 수 있도록 했다.[此志以經爲要, 考得漢人傳經源流·說經家法明析, 且分別其是非美惡, 俾後學識取途徑.]"[56] 량치차오(梁啓超)는 「예문지」가 선진(先秦) 시대 고서(古書)들의 진위를 판별하는 근본적인 기준이 된다고 주장하면서 다음과 같이 말했다. "우리들이 삼대(三代)와 선진 시대의 책들을 보려고 한다면, 믿을 만한 『한서』 「예문지」에 있는 것 외에, 다른 것들은 신뢰할 수 없다.[我們想找三代·先秦的書看, 除了信『漢志』以外, 別無可信.]" 또 "이 대원칙에서 유일한 예외는, 바로 진(晉)나라 때 급군(汲郡)에 있는 위양왕(魏襄王)의 무덤에서 발견된 책들인데, ……우리는 급군의 무덤에서 발견한 책들 이외에 어떠한 고서를 막론하고 서한 시대 이전의 것이라면, 마땅히 『한서』 「예문지」에 그 책의 이름이 있는지 없는지를 첫 번째 기준으로 삼아야 한다. 만약 『한서』 「예문지」에 책의 이름이 없으면 곧 위서(僞書)이거나 아니면 의심스러운 책일 것이다.[這個大原則的惟一的例外, 便是晉朝在汲郡魏襄王冢所發現的書, ……我們除汲冢書以外, 無論拿着一部什麽古書, 只要是在西漢以前的, 應該以『漢志』有沒有這部書名, 做第一個標準. 若是沒有, 便是僞書, 或可疑之書.]"[57] 이들 세 명의 학자들은 자신들이 학문을 하면서 몸소 체험한 것들을 근거로 「예문지」의 소중한 가치를 말하고 있는데, 서로 다른 각도에서 우리들에게 유익한 시사점을 던져 주고 있다.

56) 왕명성, 『십칠사상각(十七史商榷)』 권22 「한예문지고증(漢藝文志考證)」 조목[條].
57) 梁啓超, 「古書眞僞及其年」, 『飮氷室合集』 第24册 특집의 140, 40쪽.

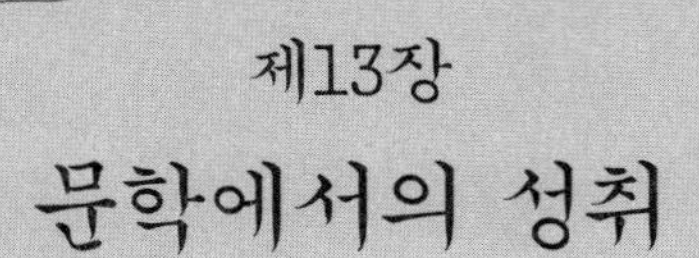

제13장

문학에서의 성취

반고는 저명한 역사학자일 뿐만 아니라, 역사 서술의 체제와 격식 및 역사학 사상 등의 방면에서 두루 큰 업적을 쌓아, 중국의 역사학이 발전하는 데 중대한 공헌을 했다. 동시에 그는 또한 저명한 문학가로서, 문학 사상 방면에서 후세 사람들이 중요하게 여길 만한 새로운 견해들을 제기하기도 했다. 그가 저술한 『한서(漢書)』는 뛰어난 산문 작품으로 평가되고 있으며, 그가 쓴 사부(辭賦)들은 한나라 때의 부(賦) 작품들 중 훌륭한 작품으로 여겨지고 있어, 중국 고대 문학사에서도 매우 중요한 지위를 차지하고 있다. 과장하여 말하지 않더라도, 반고가 문학 방면에서 거둔 중요한 성취들은 그의 역사학 방면의 성취들과 함께 서로를 찬란하게 비추어 더욱 빛나게 해준다고 할 수 있다.

1. 역사학계의 이백(李白)과 두보(杜甫)

『후한서(後漢書)』의 저자인 범엽(范曄)은 『사기』와 『한서』의 저술 풍격에 대해 논술하면서 일찍이 다음과 같이 말했다. "사마천의 글은 직설적이어서 역사적 사실들이 숨김없이 드러나며, 반고의 글은 풍부한 내용을 담고 있어서 역사적 사실들을 상세하게 서술하고 있다.[遷文直而事露, 固文贍而事詳.]"[1] 송대(宋代)의 문학가인 양만리(楊萬里)는 한 걸음 더 나아가 매우 구체적으로 비유하면서, 다음과 같이 말했다. "이백의 시(詩)는 신선과 검객들의 말이며, 두보(杜甫)의 시는 전아(典雅)한 선비와 문사(文士)의 말이라고 할 수 있다. 이들을 문장에 비유하자면, 이백은 곧 『사기』이며, 두보는 곧 『한서』이다.[太白(李白-인용자)詩, 仙翁劍客之語, 少陵(杜甫-인용자)詩, 雅士騷人之詞. 比之文, 太白則『史記』, 少陵則『漢書』也.]"

양만리는 중국 역사상 걸출한 작품들을 두 가지 풍격으로 구분했는데, 하나는 자유분방한 감정의 추구를 특색으로 하는 것이며, 다른 하나는 정제되고 엄격한 격식의 추구를 특색으로 하는 것이다. 그가 생각하기에, 이백의 시 작품과 사마천의 『사기』는 전자에 속하며, 두보의 시와 반고의 『한서』는 후자에 속한다고 보았다. 양만리의 이러한 견해는 확실히 일리가 있다.

『사기』와 『한서』의 풍격에 대해 논하기를, 사마천은 자신의 감정을 표현해 내는 것을 중시하고, 문장(文章)이 '기이한 기운[奇氣]'을 담고 있는 반면, 반고는 엄밀한 체제와 합리적인 짜임새를 뚜렷한 특징으로 한다. 사마천은 한층 뛰어난 재기(才氣)를 갖고 있으며, 필치는 자유분방하고, 문장은 사람들의 마음을 감동시키는 힘이 있다. 반고는 역사를 명확하게 서술하는 데 더욱 많은 주의를 기울였으며, 풍부한

1) 『후한서』 권40 「반고전(班固傳)」.

자료들을 매우 적절하게 조직하고 있어, 역사학의 관점에서 말하자면 이는 또한 뛰어난 장점이라고 할 수 있다. 이것은 마치 이백과 두보 두 사람이 각각 대표하는 풍격과 마찬가지로, 사마천과 반고 두 사람도 모두 각자의 풍채를 지니고 있어서, 함부로 우열을 논할 수 없다.

청대(淸代)의 저명한 역사 평론가인 장학성(章學誠)이 개괄하여 한 말은 우리들에게 큰 시사점을 준다. 그는 예로부터 전해 내려오는 역사서들을 크게 두 종류로 나누어, 『주역』에 있는 "원만하고 신묘하며[圓而神]" "반듯하고 지혜롭다[方以智]"라는 표현을 사용하여, 그 특징들을 개괄적으로 구분하면서, 다음과 같이 말했다. "지난 일을 온축하여 있는 그대로 기록하는 것은 지혜로운 것에 가까우며, 미래에 일어날 일을 알고 글을 쓰는 것은 신묘한 것에 가깝다. 지난 일을 온축하는 것은 충분하고 남김없이 모두 기록하려 하기 때문에, 체제가 일정(一定)함을 갖추게 되니 그 품성이 반듯하게 된다. 미래에 일어날 일을 알면 버릴 것과 취할 것을 골라 내려 하기 때문에, 체제가 일정할 것에 얽매이지 않으니 그 품성이 원만하게 된다.[記注藏往似智, 撰述知來似神. 藏往欲其賅備無遺, 故體有一定而其德爲方, 知來欲其抉擇去取, 故例不拘常而其德爲圓.]" 이른바 "지난 일을 온축하여 있는 그대로 기록하는 것은 지혜로운 것에 가깝다[藏往似智]"라는 것은, 방대한 역사서를 있는 그대로 기록하는 것[記注]을 가리키는데, 그 역할은 역사 지식들을 기록하는 데 있으므로, 그것은 바로 작자가 당연히 상당한 지식 수준을 갖출 것을 요구한다. 내용이 풍부해지고 많은 것을 담아 내기 위해서는, 반드시 일정한 체제를 강구하여, 규칙이 있고 질서정연하며, 일목요연하고 합리적이어야 한다. 그래서 그는 "지난 일을 온축하는 것은 충분하고 남김없이 모두 기록하려 하기 때문에, 체제가 일정함을 갖추게 되니 그 품성이 반듯하게 된다."라고 했다. 이른바 "미래에 일어날 일을 아는 것은 신묘한 것에 가깝다[知來似神]."라는 것은, 방대한 역사서를 저술하는 것을 가리키는 것이며, 그 목적은 미래의 추세를 펼쳐 보여주는 데 있다. 그러므로 이는 곧 작자가 탁월한 식견을 갖추고, 자신의 견해에 따라 중요한 것과 중요하지 않은 것을 취사선택하는 바가 있게 되며, 체제도 융통성 있게 운용하는 데 주의를 기울이니, 여러 가지 도리와 사리에 정통하며, 서로 배합된다. 그래서 "미래에 일어날 일을 알게 되면 버릴 것과 취할 것을 골라 내려 하기 때문에, 체제가 일정할 것에 얽매이지 않으니, 그 품성이 원만하게 된다."라고 했다.

그렇다면 『사기』와 『한서』는 각각 어떤 특징을 지니고 있을까? 장학성은 다음과 같이 생각했다. "역사가들이 『춘추(春秋)』를 계승하여 역사서를 저술했으나, 사마천과 반고에 비길 만한 이는 없었다. 사마천은 원만하고 신묘한 것에 가까우며, 반고는 반듯하고 지혜로운 것에 가깝다.[史氏繼『春秋』而作, 莫如馬班, 馬則近於圓而神, 班則近於方以智.]" 또 이렇게 말했다. "사마천의 『사기』는 법식을 확정할 수 없으나, 반고의 『한서』는 사마천의 체제로 말미암아 책의 범례(凡例)의 하나를 이루었으며, 마침내 후세의 부조지종(不祧之宗)[2]이 되었다.[遷史不可爲定

2) 역자주 : '부조지조(不祧之祖)'라고도 한다. 고대 종법(宗法)에서는 사당을 지어 조상들에게 제사를 지냈는데, 세수(世數)가 오래되어 사당에서 위패가 옮겨지는 것을 '조(祧)'라고 한다. 그러나 오직 시조(始祖)만은 사당에서 영원히 옮기지 않았는데, 이를 '부조(不祧)'라고 한다. 즉 '부조지종'이란 영구히 폐기할 수 없는 사람이나 사물을 형용하는 말로 사용된다.

法, 固書因遷之體而爲一成之義例, 遂爲後世不祧之宗焉.]" "그러나 반고의 『한서』는 저술을 한 것이지 사실을 기록한 것이 아니니, 곧 반듯함에 가까운 것과 지혜로움에 가까운 것의 중간에 위치하면서, 여전히 원만하고 신령스러운 것으로써 저술의 체제를 삼았다. 그리하여 일가(一家)를 이루고 세상에 전해져 먼 훗날까지 행해질 수 있었다.[然而固書本撰述而非記注, 則於近方近智之中, 仍有圓且神者以爲之裁制, 是以能成家而傳世行遠也.]"[3)]

장학성의 생각을 정리하면 이렇다. 즉 『춘추』 이후 가장 우수한 역사서는 『사기』와 『한서』라고 할 수 있다. 『사기』는 "원만하고 신묘한[圓而神]" 특색을 비교적 많이 지니고 있으며, 『한서』는 "반듯하고 지혜로운[方以智]" 특색을 비교적 많이 지니고 있다. 그러나 사마천과 같은 영민함과 대범함은 후세 사람들이 쉽게 배울 수 없는 것이었다. 그래서 반고는 사마천의 역사 서술 체제를 계승한 기초 위에서, 규칙이 있고 질서정연하며, 일목요연하고 합리적인 체제를 만들어 내어, 후세의 역사 편찬자들은 모두 그를 모방하게 되었으며, 아무도 그가 만든 체제를 바꿀 수 없었다는 것이다. 그는 특히 다음과 같이 강조했다. 즉 비록 질서정연한 체제를 강구한 것이 반고의 가장 큰 특징이기는 하지만, 또한 반드시 밝혀 두어야 할 것은, 『한서』는 또한 한 편의 저술이지, 단순히 역사적 사건들을 사실대로 기록한 책이 아니기 때문에, 그것은 체제를 중요시함과 동시에 여전히 탁월한 식견도 갖추고 있으며, 체제를 융통성 있게 운용하고, 사료(史料)를 적절하게 취사선택하여 처리했다. 이것이 바로 『한서』가 일가를 이루고, 오래도

3) 장학성, 『문사통의(文史通義)』.

록 생명력을 갖게 된 근본 원인이었다는 것이다.

양만리와 장학성은 모두 상당히 정확하게 『사기』와 『한서』의 각각의 저술 특징을 지적했다. 우리는 여기에서 중국 문학이 발전해 온 과정을 알 수 있을 뿐만 아니라, 또한 중국의 문학과 역사학이 "별도의 학문 영역으로 분리되지 못한[不分家]" 상태에서 "별도의 학문 영역으로 분리되기[分家]"까지의 변화 과정을 알 수 있다.

중국의 문학은 선진(先秦) 시대에는 역사학·경학(經學)과 별도의 학문 영역으로 분리되지 못했었다. 처음에 문학은 경학의 부속물로서 출현했는데, 『시경(詩經)』 같은 중요한 문학 작품들도 경학으로 간주했을 뿐 문학 저작으로 간주하지 않았었다. 훗날 사람들은, 문학의 탄생과 발전은 모두 자신만의 몇 가지 특징을 갖추고 있으며, 이는 경학과 역사학이 대체할 수 없다는 사실을 발견했다. 그리하여 문학을 역사학과 경학으로부터 분리해 내기 시작했다. 반고는 『한서』 「예문지」에 '시부략(詩賦略)'류를 특별히 배치하고, 「제자략(諸子略)」 안에 '소설가(小說家)'류를 따로 두었는데, 이는 그러한 학술 사상의 발전과 변화를 반영한 것이다. 반고는 생각하기를, 시(詩)나 부(賦) 같은 문학 작품들은 사람들이 "슬픔과 즐거움에서 느끼고, 사물로 말미암아 발생한[感於哀樂, 緣事而發]"[4] 산물(產物)이라고 여겼다. 그는 말하기를, "사람은 천지(天地)와 음양(陰陽)의 기운을 담고 있고, 희로애락(喜怒哀樂)의 정(情)을 지니고 있으며[人函天地陰陽之氣, 有喜怒哀樂之情]", "슬픔에는 곡(哭)을 하고 발을 구르는 절주(節奏)가 있고, 즐거움에는 노래를 부르고 춤을 추는 모양이 있다.[哀有哭踊之節, 樂有歌舞之容.]"라

4) 『한서』 권30 「예문지」.

고 말했다. 또한 "비록 사람들은 모두 성격이나 기질 혹은 마음의 지혜와 같은 본성을 가지고 있지만, 희로애락 등 감정의 변화에는 결코 일정한 법칙이 있는 것이 아니다. 사람의 마음은 외부의 어떤 사물로부터 자극을 받아 반응을 하는데, 그런 다음에야 비로소 마음이 형태를 갖추게 된다.[夫民有血氣心知之性, 而無哀樂喜怒之常, 應感而動, 然後心術形焉.]"[5]라고 말했다. 즉 사람들이 갖고 있는 희로애락이라는 감정의 표현에 따라, 시(詩)나 부(賦) 등과 같은 문학 작품들이 생겨났다는 것이다. 그 말은 곧, 시나 부 등의 문학 작품들은 사람들의 감정 표현을 중시하여, 개인의 정감을 적극적으로 드러내도록 장려하기도 하고 억누르기도 하면서 어떤 생각을 표현하는데, 이처럼 작자 개인의 선호 및 자기의 감정을 문장 속에 투영해 넣는 것은 이치상 당연한 것이라는 뜻이다. 반고는 또한, "소설가(小說家)라는 무리들은 대개 패관(稗官)[6]에서 나왔다. 길거리나 항간에 떠도는 소문[街談巷語]과 길거리에서 들은 이야기들은 지어낸 것들이다.[小說家者流, 蓋出於稗官. 街談巷語, 道聽途說者之所造也.]"[7]라고 말했다. 이는 즉 소설이란 허구일 수 있고, 과장한 것일 수 있으며, 일부 각색한 것일 수도 있고, 길거리에 떠도는 소문을 근거로 삼아 문장으로 만든 것일 수 있다는 말이다. 이 외에도 시와 부 등의 문학 작품들은, "시는 뜻을 말한다[詩言志]."라는 말이 갖고 있듯이 어떤 생각과 감정을 표현하는 기능 말고도, 또한 어느 정도 오락의 기능도 갖고 있다. 이러한 점들은 모두 문

5) 『한서』 권22 「예악지(禮樂志)」.

6) 역자주 : 패관은 임금이 민간의 풍속을 살펴 정사에 참조하도록 백성들 사이에 떠도는 말을 수집하고 기록한 관리이다.

7) 『한서』권30 「예문지」.

학 작품이 일반 학술 저작들과 서로 뚜렷이 구별되는 중요한 특징들이다.

반고는 비록 문학 저작들과 학술 저작들을 구분했지만, 역사학 저작들은 경학(經學) 저작들 속에서 아직 분리해 내지 않았고, 여전히 역사학 저작들을 『춘추』의 뒤에 덧붙여 놓았다. 이는 반고가 역사학과 경학이 서로 통하는 점이 있다고 보았다는 사실을 말해 준다. 실제로 반고는 경학은 모두 역사학이라는 생각을 갖고 있었는데, 그의 이러한 생각은 후세에 상당한 영향을 미쳤으니, 청나라의 장학성이 "육경(六經)은 모두 역사이다[六經皆史]."라는 주장을 제기한 것은, 사실은 바로 이러한 생각을 계승하고 발전시킨 것이다.

반고는 비록 역사학을 경학 속에서 분리해 내지는 않았지만, 문학은 경학에서 분리해 냄으로써, 그의 문학 사상의 진보성을 구체적으로 드러내 보였다.

사마천의 『사기』는 바로 중국의 문학과 역사학이 "별도의 학문 영역으로 분리되지 못한[不分家]" 상태에서 "별도로 학문 영역으로 분리되기[分家]"까지의 과도기적 산물이다. 따라서 사마천의 『사기』는 바로 문학의 색채를 띠고 있어, 사마천의 감정이 비교적 짙게 스며들어 있으므로, 문장에는 열정이 솟구치며, 그 기세가 범상치 않다. 그러나 반고의 『한서』는 바로 문학과 역사학의 분리가 완성된 시기의 산물이므로, 역사학 저작의 특징을 더욱 많이 지니고 있어, 전체적으로 체제가 엄격하고 질서정연하며 합리적인 것을 중시함과 동시에, 이성적 사유(思維)와 객관적 서술에도 주의를 기울였다. 그리하여 최대한 개인의 감정이 역사적 사실을 서술하는 데에 미치는 영향을 줄이고, 과장하거나 각색하지 않았으며, 또한 거리에 떠도는 근거 없는 소문에 의거하여 쓰지 않음으로써, 역사적 사실의 정확성을 담보하여, 『한서』가 진정으로 한 시대를 대표하는 믿을 만한 역사서가 될 수 있도록 했다. 『한서』의 완성은 문학과 역사학이 "두 가지 학문 영역으로 분리된[分爲兩家]" 하나의 상징이라고 할 수 있다. 『한서』의 편찬 체제와 서술 풍격은 역사학의 발전에 더욱 적합했으므로, 『한서』는 후세에 역사서 저술의 본보기가 되었으며, 역사가들의 폭넓은 찬양을 받게 되었다.

2. 위대한 문장과 탁월한 이론으로, 후세에 도움을 주다.

서한 시기는 중국의 학문과 문화가 크게 발전한 중요한 시기로, 천자(天子)부터 일반 백성에 이르기까지 많은 작가들이 등장하고, 저술이 왕성했으며, 눈부신 성취를 이루었다. 당나라의 유종원(柳宗元)은 『서한문류(西漢文類)』「서(序)」에서 말하기를, "문장이 고대(古代)의 풍격에 가까우면서 한층 더 장대하고 화려한 것은 서한 시대만한 것이 없다. 은(殷)나라 이전에는 문장이 간결하면서 조야(粗野)했고, 위(魏)·진(晉) 이후로는 방탕하고 퇴폐했다. 그 중간의 성격을 갖고 있는 것은 바로 서한 시대의 작품들이다.[文之近古而尤壯麗, 莫若漢之西京. 殷商以前, 其文簡而野. 魏晉以降, 則蕩而靡. 得其中者漢氏.]"라고 했다. 이처럼 한나라 시대의 중요한 저술들은, 만약 아무도 이를 보존해 오지 않았다면, 지금의 우리들도 그것만의 독특한 특색을 가진 문학 풍격을 감상하기 어려웠을 것이다. 반고는 뛰어난 통찰력을 갖고 있었으므로,『한서』에서 당시의 조령(詔令)·주의(奏議)[8]·시가(詩歌)·서신[書牘]·사부(辭賦) 등 각종 문체(文體)들에 대해 대단히 큰 관심을 나타냈으며, 아울러 대량으로 인용하고 있다. 그 중에서도 특히 조령이나 주의 부류의 빼어난 문장과 뛰어난 이론을 더욱 중시했다.

중국의 역사에서, 한나라 무제(武帝)가 오로지 유교만을 숭상한 것은 후세에 대단히 큰 영향을 끼친 사건이었다. 무제가 이러한 정책을 결정한 것은, 바로 동중서(董仲舒)가 세 번에 걸친 대책(對策 : 95쪽 각주 10) 참조-역자)에서 유학의 중요성과 천인감응(天人感應)의 도리를 반복하여 주장한 것이 무제로부터 높은 평가를 받았기 때문이었다. 역사의 진행 과정에 대단히 큰 영향을 미친 그 세 편의 의론(議論)들은,『사기(史記)』「유림전(儒林傳)」에서는 볼 수 없으며, 또한 동중서가 지은『춘추번로(春秋繁露)』에서도 볼 수 없지만, 반고가『한서』「동중서전(董仲舒傳)」에 수록해 넣어 지금까지 전해오고 있다. 만약 반고가 그렇게 하지 않았더라면, 후세 사람들은 동중서의「천인삼책(天人三策)」을 볼 수 없었을 것이니, 그것은 역사와 사상사 연구에 얼마나 큰 결함이 되었겠는가! 이와 같이 한 시대에 큰 영향을 주었던 중대한 의론들이『한서』에는 대단히 많이 수록되어 있다. 예를 들면 가의(賈誼)의「치안책(治安策)」·「상소청봉건자제(上疏請封建子弟)」·「상소간왕회남제자(上疏諫王淮南諸子)」·「간제도주전령사민방주(諫除盜鑄錢令使民放鑄)」·「귀적저소(貴積貯疏)」[9], 가산(賈山)의「지언(至言)」[10], 조조(晁錯)의「교태자소(教

8) 역자주 : 어떤 사안에 대해 옳고 그름을 따져 임금에서 올리는 상주문(上奏文)

9) 앞의 세 편은『한서』권48「가의전(賈誼傳)」을, 뒤의 두 편은『한서』권24「식화지(食貨志)」를 보라.

10)『한서』권51「가산전(賈山傳)」을 보라.

太子疏)」·「언병사소(言兵事疏)」·「현량책(賢良策)」·「모민사새하소(募民徙塞下疏)」·「논귀속소(論貴粟疏)」[11] 등을 들 수 있다. 그 밖에도 중요한 의론들로는 또한 공손홍(公孫弘)의 「현량책(賢良策)」[12], 곡영(穀永)의 「간폐음사(諫廢淫祀)」[13], 사단(師丹)의 「한전의(限田議)」[14] 등이 있다. 이러한 의론들은 그 자체가 이미 역사적 사건의 한 부분을 구성하고 있을 뿐만 아니라, 그 안에는 또한 한 시대의 정치와 사상의 특징을 반영하고 있어서, 특정한 사회 단계를 비춰 주는 거울이 되고 있다. 이러한 저술들은 반고가 수집하여 역사에 편입시킨 덕분에, 후세의 사람들이 대단히 큰 혜택을 누리고 있다. 그리하여 루쉰(魯迅)은 『한서』 속에 기록되어 있는 가의와 조조의 문장과 의론들을 다음과 같이 높이 평가하였다. "이것들은 모두 서한 시대의 위대한 문장들로서, 후세 사람들에게 골고루 그 도움을 주었으며, 그 혜택이 대단히 컸다."[15]

서한 말년의 학술에서, 금문경학파(今文經學派)는 이미 그 전성기가 지나고, 원래 오랜 기간 동안 주목을 받지 못하고 있던 고문경학파(古文經學派)[16]가 일어나 자신의 지위를 쟁취했는데, 유흠(劉歆)이 그 시

11) 앞의 네 편은 『한서』 권49 「조조전(晁錯傳)」을, 뒤의 한 편은 『한서』 권24 「식화지」를 보라.

12) 『한서』 권58 「공손홍전(公孫弘傳)」을 보라.

13) 『한서』 권25 「교사지(郊祀志)」를 보라.

14) 『한서』 권24 「식화지」를 보라.

15) 『魯迅全集』 제9권 『漢文學史綱要』, 391쪽, 人民文學出版社, 1981년.

16) 역자주 : 금문경학파와 고문경학파에 대해서는 이 책 제1장을 참조하라. 다시 정리하자면, 금문경학파와 고문경학파는 경전(經傳) 연구에서의 양대 학파로, 금문가(今文家)와 고문가(古文家)라고도 한다. 서한 시기의 경학(經學)은, 처음에는 고문과 금문의 구분이 없었다. 그런데 후에 노공왕(魯恭王)이 궁궐을 확장하기 위해 공자의 구택(舊宅)을 헐었을 때, 벽 속에서 『예기(禮記)』·『상서(尙書)』·『춘추(春秋)』·『논어(論語)』·『효경(孝經)』이 나왔는데, 모두 고주문(古籒文)으로 씌어 있어, 이를

대를 대표하는 인물이었다. 당시 왕망(王莽)은 한나라를 대신해서 새로운 나라를 세우려고 획책했으며, 그는 또한 사상 관념에서도 급격한 변화를 불러일으켜, 자신이 정권을 잡는 데 유리한 사회 심리와 분위기를 만들려고 기도했으므로, 고문경학파를 지지했다. 이러한 학술 논쟁은 정치적인 배경이 있었으므로, 우리는 이를 충분히 감안해야 한다. 그러나 학술 사상의 발전이라는 시각에서 말한다면, 유흠이 제창한 이러한 '고문 운동'은 확실히, 금문경학파가 음양재이(陰陽災異)를 널리 알리는 데 열중하여, 유학을 철저히 음양오행화(陰陽五行化)하고 미신화(迷信化)한 것을 타파한 진보적 의의를 갖고 있다. 유흠은 그의 아버지인 유향(劉向)을 따라 오랜 기간 동안 대규모의 황실 장서(藏書)를 교열하는 작업에 종사하면서, 심오한 학문적 바탕을 갖추고 있었는데, 당시의 금문경학파 박사들은 자신들이 학문에서의 독점적 지위를 잃을 것을 두려워하여, 권세로써 다른 사람들을 압박하고 토론을 거부하는 태도를 취했다. 사실상 이는 자신들이 허약하다는 것을 드러내는 것이었으므로, 결국 고문경학파가 들고 일어나는 것을 막을 방도가 없었다. 『한서』 「초원왕전(楚元王傳)」에 딸린

고문(古文)이라고 불렀다. 또한 하간헌왕(河間獻王)도 역시 고문 경전의 연구와 수집으로 명성을 얻었다. 그 때 경사(經師)들은 대부분 고문을 믿지 않았다. 왕망(王莽) 때 고문이 비록 학관(學官)에 편입되었으나, 광무제(光武帝) 때 곧 폐지되었다. 동한 말기에 복건(服虔)·마융(馬融)·정현(鄭玄)은 모두 고문을 받들어 익히자, 고문경학도 따라서 활발해졌다. 후에 진(晉)나라의 왕숙(王肅)이 『시경』을 해석하고, 왕필(王弼)이 『주역』에 주를 달고, 두예(杜預)가 『춘추좌씨경전집해(春秋左氏經傳集解)』를 더하자, 고문경학이 독자적으로 하나의 학파를 형성하여, 세상에 왕성하게 전해졌으며, 금문경학파는 곧 크게 쇠퇴했다. 오늘날 전해지고 있는 『십삼경주소(十三經注疏)』는 대부분 고문경학파의 학설을 담고 있으며, 서한 시기의 금문경학파의 학설은 고작 『공양전(公羊傳)』에 대한 하휴(何休) 주(注)만이 남아 있다.

「유흠전(劉歆傳)」에는 유흠이 저술한 「이양태상박사서(移讓太常博士書)」가 수록되어 있는데, 이는 바로 당시 금문경학파와 고문경학파 사이에 있었던 논쟁의 복잡한 배경을 반영하고 있는 귀중한 자료이다.[17)]『한서』에 수록되어 있는 이러한 문장들과 의론들은, 대부분 당시의 시의(時宜)를 잘 통찰하여 알고 있고, 맥락을 밝혀 오류를 제거하고, 이로움과 해로움[利害]을 분석하고, 충분히 그 이치를 따지는 것들이다. 그 내용은 학문과 관련된 것들 외에도 서한 조정과 번국(藩國)들의 관계·군사·국방·둔전(屯田)·치수(治水) 등도 다루고 있는데, 유명한 것들로는 추양(鄒陽)의 「상오왕서(上吳王書)」, 매승(枚乘)의 「주서간오왕비(奏書諫吳王濞)」·「중간거병(重諫擧兵)」[18)], 한안국(韓安國)과 왕회(王恢)의 흉노에 대한 책략 논쟁[19)], 위상(魏相)이 흉노를 무찌르고 농업에 힘쓰며 재난에 대비할 것을 간언한 내용[20)], 조충국(趙充國)이 둔전(屯田)을 건의하고[21)], 후응(侯應)이 장성(長城)과 변방의 방위에 대해 논하고, 엄우(嚴尤)가 흉노를 토벌할 것을 간언한 내용[22)], 가양(賈讓)의 「치하삼책(治河三策)」[23)] 등이 있다.

『한서』에는 또한 바르고 곧은 인물이 충심(忠心)으로 나라를 걱정하고, 정치의 폐단을 지적하고, 백성들을 위해 임금에게 하명해 주도

17) 유흠이 제창한 고문경학 운동에 대한 학술적 평가는, 勞幹, 「秦漢史」 第12章, 『兩漢學術』, 제97~102쪽, 中國文化書院出版部 刊行, 1980年 新一版, 臺北을 참조하라.
18) 이상은 모두 『한서』 권51 「가추매로전(賈鄒枚路傳)」을 보라.
19) 『한서』 권52 「한안국전(韓安國傳)」을 보라.
20) 『한서』 권74 「위상전(魏相傳)」을 보라.
21) 『한서』 권69 「조충국전(趙充國傳)」을 보라.
22) 『한서』 권94 「흉노전(匈奴傳)」을 보라.
23) 『한서』 권29 「구혁지(溝洫志)」를 보라.

록 청원한 내용들도 수록하고 있다. 예를 들면 동방삭(東方朔)의 「비유선생론(非有先生論)」[24], 노온서(路溫舒)의 「상덕완형소(尙德緩刑疏)」[25], 매복(梅福)이 누구나가 말할 수 있도록 언로(言路)를 널리 열어 줄 것을 간언한 내용[26], 포선(鮑宣)의 「진정사적폐(陳政事積弊)」[27] 등이다. 이 중에서 특히 언급할 만한 것은, 동방삭이 익살스럽고 매우 현명하기로 유명하여, 후세의 사람들 중에는 그가 단지 사람들을 잘 웃기는 익살스러운 인물이라고만 알고 있는 사람들도 있지만, 이 「비유선생론」은 비유(非有) 선생과 오(吳)나라 왕이 대화하는 것을 허구로 구성하여 다음과 같이 말하고 있다는 점이다. 즉 현명한 군주는 귀에 거슬리지만 신변에는 이로운 말을 들으려 하며, 현명한 인재를 등용하고, 사치를 멀리하며, 세금을 적게 거두고, 형벌을 줄이려 하는데, 이것이 국가가 유지되느냐 멸망하느냐의 관건이라고 했다. 이것들은 모두 무제가 사치스럽고 욕심이 많은 악폐를 겨냥하여 쓴 것인데, 이로부터 동방삭이 매우 생각이 깊은 인물이었음을 알 수 있다.

마지막으로 『한서』에는 또 한 부류의 문장들이 수록되어 있는데, 그것은 역사적 인물들이 뜻을 이루지 못하거나, 고심하고 번민하거나, 뜻밖의 기회를 만나 친구에게 숨김없이 털어 놓음으로써, 진심으로 정을 우러나오게 하는 글들이다. 그 가운데 가장 유명한 것은 사마천의 「보임안서(報任安書)」와 이릉(李陵)의 「치소무서(致蘇武書)」이다. 이 두 편의 문장들은 감정이 침울하고, 자유분방하게 써 내려가, 읽

---

24) 『한서』 권65 「동방삭전(東方朔傳)」을 보라.
25) 『한서』 권51 「노온서전(路溫舒傳)」을 보라.
26) 『한서』 권67 「매복전(梅福傳)」을 보라.
27) 『한서』 권72 「포선전(鮑宣傳)」을 보라.

는 이들의 심금을 울리고, 강렬한 공감을 자아낸다. 그리하여 오랜 세월 동안 입에서 입으로 전해지면서 시들지 않고, 줄곧 훌륭한 문장을 쓰는 본보기로 여겨지고 있다.

우푸조(吳福助) 선생의 통계에 따르면, 『한서』에는 조령(詔令)·주의(奏議)·시가(詩歌)·서독(書牘 : 편지-역자)·사부(辭賦) 등과 같은 분야의 문장들이 모두 1170편 수록되어 있어,[28] 그 공헌과 영향은 참으로 심원하고 영원하다고 할 수 있다. 특히 반고의 서한 시대 문학에 대한 인식도 또한 다른 사람들이 미치지 못할 만큼 뛰어났다. 일반적으로 서한의 문학을 논할 때, 고작 '시가'와 '사부'만을 알고 있었을 뿐, 거의 아무도 '조령'이나 '주의' 등과 같은 부류의 문학을 다룬 사람은 없었다. 반고는 그렇지 않았으니, 그는 '시가'나 '사부'와 같은 문장을 중시했을 뿐만 아니라, '조령'과 '주의' 부류의 정론(政論) 문장들도 중시하고, '사전문학(史傳文學)'[29]도 중시했는데, 이러한 문학 사상은 매우 귀중한 것으로, 후세에 끼친 영향도 대단히 컸다. 반고가 '사전문학' 및 '조령'·'주의' 부류의 문장들을 중시했다는 것은, 그가 중국의 문학과 역사학이 같은 근원을 갖고 있는 밀접한 관계라는 사실을 매우 분명하게 인식하고 있었으며, 더 나아가 중국 문학의 본질을 밝혀 주

28) 吳福助, 『漢書采錄西漢文章探討』, (臺灣)文津出版社, 1989년판을 참조하라.

29) 역자주 : 사전문학이란 역사문학(歷史文學)의 일부분으로, 역사문학의 일반적 특징을 지니고 있으면서, 동시에 역사과학(歷史科學)과 문학예술(文學藝術)이라는 두 가지 요소도 지니고 있다. 문학의 측면에서 보자면, 그것은 역사적 사건을 제재(題材)로 하여, 역사적 인물의 형상을 묘사하는 데 중점을 두는 문학 작품이다. 또한 역사학의 측면에서 보자면, 그것은 문학예술이라는 수단을 통해, 역사적 사건과 역사적 인물을 묘사하는 형태를 빌려, 일정한 역사관(歷史觀)을 표현해 내는 역사 저작물이다.

었다는 사실을 말해 준다.

3. 인물을 형상화하는 뛰어난 기법

앞에서 언급했듯이, 『한서』는 '반듯하고 지혜로운[方以智]' 문체의 특색을 비교적 많이 지니고 있고, 체제를 엄밀하게 하는 데 주의를 기울였으며, 선진(先秦) 시대 이래로 이어져 온 중국 역사학의 '직필(直筆)'·'실록(實錄)'이라는 우수한 전통을 계승하여, 객관적인 사실을 존중하고, 헛되이 미화하지 않았으며, 나쁜 점을 감추지 않고, 거짓으로 꾸미지 않았다. 이 때문에 비교적 전면적이고 깊이 있게 당시 사회의 진실한 모습을 반영하고 있다. 그러나 『한서』가 역사학 저작이라고 해서 "사실대로 기록만 한[記注]" 부류의 자료서가 아니며, 이 때문에 『한서』는 '반듯하고 지혜로운' 가운데 '원만하고 신묘한[圓而神]' 정신을 담고 있다. 반고는 한대(漢代)의 저명한 사부(辭賦)의 대가이자 시인이었으므로, 그는 『한서』를 저술할 때 언어의 운용에 주의를 기울였으니, 산문(散文) 속에 시(詩)나 부(賦)에 사용되는 언어들이 녹아들어 있다. 그리하여 우아하고 아름다움이 풍부할 뿐만 아니라, 엄정하고 간결하며, 우아한 정취를 추구하여, 역사적인 사건과 인물 형상에 대한 서술과 묘사가 섬세하고 생동감 넘친다. 따라서 『한서』는 『사기』의 뒤를 이어, 중국 고대 사전문학(史傳文學)의 빛나는 본보기가 되었으며[30], 후세를 위하여 기나긴 생명력을 가진 생동적인 필치를 남겨 주

30) 史仲文·胡曉林 等 主編, 『中國全史』「中國秦漢文學史」, 人民出版社, 1994년판을 참조하라.

었다.

『한서』는 인물을 형상화하는 방면에서, 대단히 뛰어난 기법을 드러내고 있는데, 특히 사건과 장면 속의 인물을 묘사하는 데에서, 또한 인물의 형상화를 통해 시대의 특징을 반영하는 데에서 뛰어나다. 『한서』에는 그러한 특징을 갖춘 '원만하고 신묘한' 인물 전기들이 매우 많다. 예를 들면 「주매신전(朱買臣傳)」·「진만년전(陳萬年傳)」·「개관요전(蓋寬饒傳)」·「장우전(張禹傳)」·「동방삭전(東方朔傳)」·「곽광전(霍光傳)」·「왕망전(王莽傳)」·「이릉전(李陵傳)」·「소무전(蘇武傳)」·「외척전(外戚傳)」 등은 모두 공인(公認)된 명편(名篇)들로서, '반듯하고 지혜로운' 문장의 특색은 물론이고 '원만하고 신묘한' 문장의 특색 방면에서도, 모두 『사기』와 서로 필적할 만하다.

(1) 사건과 장면 속에서의 인물 묘사

「주매신전(朱買臣傳)」에서 '주매신이 벼슬을 하게 되는' 이야기는 관리들이 권세를 가진 자에게 빌붙어 아부하고 백성들을 기만하는 추태를 생생하게 묘사해 내고 있다.

주매신은 무제(武帝) 때 회계군(會稽郡) 오현[吳縣 : 지금의 강소(江蘇) 소주시(蘇州市)] 사람으로, 일찍이 『춘추(春秋)』에 밝았기 때문에 중대부(中大夫)에 임명되었으나, 후에 면직되자 다른 직위를 구하면서 기다리는 처지가 되었다. 그래서 먹고 살 방도가 없게 되어, 할 수 없이 회계 군수(郡守)의 저사(邸舍 : 관저-역사)를 지키는 저자(邸者 : 저사의 관리인-역자)가 되어 기식하게 되었다. 그런데 당시 동월왕(東越王)이 군사를 동원하여 반란을 일으키자, 주매신은 평소에 동월왕이 주둔하고 있던 장소의 지리 형세를 잘 알고 있었으므로, 무제에게 바다를 통해 공격하는 것이 좋다는 계책을 올렸고, 이 계책이 무제에 의해 채택됨과 더불어 회계 태수(太守)에 임명되었다. 태수에 임명되던 그 날, 그는 태수의 인수(印綬 : 관인을 묶는 끈-역자)를 수령했으나, 일부러 이 사실을 사람들에게 알리지 않고 인수를 품안에 감춘 채, 평소에 입던 옷을 입고 예전처럼 저사로 돌아갔다. 이 때, 회계군에서 도성인 장안의 승상부(丞相府)에 전량(錢糧 : 돈과 곡식-역자)의 수량과 지방의 형편을 보고하러 갈 관리들이 마침 함께 모여서 술을 마시고 있었는데, 주매신이 들어가려 하자, 그들은 못 본 척하면서 거들떠보지도 않았다. 그러자 주매신은 실내에 들어가서 평소처럼 다른 간수(看守)와 함께 식사를 했다. 얼른 식사를 마치고 났을 때, 저사의 간수는 주매신의 품안에 있는 인수가 끄트머리를 드러내 보이자, 이상하다고 느끼고는 가까이 다가가서 인수를 확인하고서야 비로소 그가 품안에 감추고 있는 큰 관인(官印)이 원래 '회계 태수'의 인장이라는 것을 알았다. 저사의 간수는 깜짝 놀라, 신속히 달려가 바로 술을 마시고 있던 그 관리들에게 알렸지만, 그들은 오히려 고주망태가 되도록 취하여 큰소리로 떠들어 댔다. "허튼소리 하지 마!"라고 하면서, 그 말이 공연히 쓸데없는 소리를 하여 사람을 놀리려는 속임수라고 여겼다. 저사의 간수는 다급하게 말기를, "한번 와서 이걸 보세요."라고 했지만, 그를 믿지 않았다. 그런데 평소에 주매신을 매우 업신여기던 어떤 사람이 가서 보고는, 곧장 돌아와서는 큰 소리로 외쳤다. "정말이다!" 라고 하면서 진짜 회계 태수의 관인이라고 소리쳤다. 그러자 저사 안에서 술을 마시던 그 관리들은 순식간에 취기가 완전히 달아났으며,

각자 전전긍긍하다가, 서로 밀치면서 마당에 안에 나란히 줄을 서서 새로운 태수를 배알하려고 했다. 그리고 얼마 지나지 않아서 관부(官府)에서 네 필의 말이 끄는 큰 수레가 태수를 맞이하러 왔다.

반고는 관리들이 매우 오만방자하게 굴다가 갑자기 아연실색하는 분명한 변화를 매우 심혈을 기울여 교묘하게 묘사함으로써, 그들이 아랫사람들에게는 위압적으로 대하면서, 윗사람에게는 아부하여 비위를 맞추는 저열한 심리를 형상화했다. 그리하여 이 이야기를 빌려서 모든 관청의 저속함과 허위의식을 반영해 냄으로써, 평론은 한 마디도 사용하지 않았지만, 풍자하는 의미는 오히려 더욱 깊고 날카로웠다.[31]

「진만년전(陳萬年傳)」에서도 역시 사건과 장면 속에서 인물을 묘사하는 데 주의를 기울이고 있다. 이 전기에서는 선제(宣帝) 시기의 인물인 진만년에 대해 이야기하고 있는데, 그는 비록 "청렴하고 공정했으며[廉平]", "행실은 훌륭했지만[內行修]", "다른 사람 섬기기를 잘하는[善事人]" 특성을 가지고 있었으므로, 윗사람에게 아첨하고 외척들과 승상 병길(丙吉)에게 뇌물을 주어 어사대부(御史大夫)라는 높은 지위에 올랐다. 그런데 그의 아들 진함(陳咸)은 "남다른 재주가 있었으며, 성품이 바르고 곧아서, 여러 차례 말과 행동으로 근신(近臣)들을 비판하고 나무라는[有異材, 抗直, 數言事, 刺譏近臣]" 등 기개와 품격이 그의 아버지와는 달랐다. 나중에 진만년이 병이 나자 자신의 아들 진함을 병상(病床)으로 불러서 가르쳐 훈계했는데, "말이 한밤중까지 계속되자, 진함이 졸다가 머리가 병풍에 닿았다. 그러자 진만년은 크게 노

31) 이상의 내용들은 모두 『한서』 권64 상(上) 「주매신전」을 참조하라.

하여 매를 들고 때리려 하면서 말하기를, '내가 너를 훈계하는데 너는 도리어 졸면서 내 말을 듣지 않으니, 어찌된 것이냐?'[語至夜半, 咸睡, 頭觸屛風. 萬年大怒, 欲杖之, 曰'乃公敎戒汝, 汝反睡, 不聽吾言, 何也?']라고 했다." 진함은 재빨리 바닥에 무릎을 꿇고 머리를 조아리며 말하기를, "아버지께서 말씀하신 바를 잘 알고 있사온데, 그 요지는 온갖 아첨들을 가르치신 것입니다.[具曉所言, 大要敎咸諂也.]"라고 했다. 진만년은 그 말을 듣고는 한참 동안 아무 말도 할 수 없었다. 반고는 단지 이처럼 희극적 성격이 대단히 풍부한 세부적인 묘사를 통해, 단지 몇 마디 말로써, 진만년이 윗사람에게 아첨을 잘하는 특징을 더없이 통쾌하게 묘사했다.[32]

「장우전(張禹傳)」에서도 마찬가지로, 장우의 위선적이고 간사하며 아첨을 잘하여 윗사람의 총애를 얻음으로써 권력을 유지했던 특징을 묘사하고 있는데, 감정을 직접적으로 드러내지 않으면서도 오히려 날카롭고 강렬하게 표현해 냈다.[33]

『한서』에서 가장 많이 사람들의 입을 통해 전해지는 것은, 「이광소건전(李廣蘇建傳)」에 있는 「이릉전(李陵傳)」과 「소무전(蘇武傳)」인데, 사람들은 이 두 편의 전기(傳記)는 『사기』에 실려 있는 어떤 뛰어난 전기와도 서로 필적할 만하다고 공인하고 있다.

이릉(李陵)은 서한의 명장인 이광(李廣)의 손자로서, "말 타기와 활쏘기에 뛰어났으며, 사람들을 소중히 여기고, 신분이 낮은 병사들에게도 겸손하여 매우 유명했다.[善騎射, 愛人, 謙讓下士, 甚得名譽.]" 그의

32) 이상의 내용들은 『한서』 권66 「진만년전」을 참조하라.
33) 『한서』 권81 「장우전」을 참조하라.

할아버지인 이광의 풍모를 다분히 지니고 있었다. 무제 천한(天漢) 2년(기원전 99년)에, 이릉은 자청하여 직접 군대를 이끌고 흉노 원정에 나섰다. 그는 보병 5천 명을 이끌고 흉노의 오지에 깊숙이 들어가, 곳곳에서 전투를 거듭하며 수천 리를 진군했는데, 후에 밖에서는 지원 병력이 오지 않고, 안으로는 식량이 바닥난데다, 부상까지 입어 항복했다. 결국 본국에 남아 있던 그의 가족들은 모두 처형당했다. 이처럼 그는 전형적인 비극의 주인공이었다. 그 해에, 사마천은 이릉의 처지를 동정했기 때문에, 일부 관료들이 그의 어려운 처지를 틈타 해를 가하는 수작에 불만을 갖고, 용감하게 이릉을 변호했다. 이로 인해 그는 결국 무제의 분노를 사 참혹한 궁형(宮刑) 처벌을 당하게 된다. 사마천은 『사기』「이장군열전(李將軍列傳)」에서 비록 이릉의 행적에 대해서 기록해 놓기는 했지만, 당시에는 사정을 낱낱이 알지 못했고, 또한 쓸 형편도 좋지 않아, 겨우 몇 줄밖에 쓰지 않았으므로, 3백자도 채 되지 않는다. 반고는 『한서』에서 어떤 사람에 대해서도 꺼리지 않고, '직필(直筆)'과 '실록(實錄)'의 정신에 따라, 이릉을 위해 무려 2천여 자에 달하는 긴 전기를 썼다. 그는 말하기를, 이릉이 오랜 기간 동안 변방 지역에서 흉노를 방어하는 임무를 띠고 있으면서, 여러 차례 전공을 세웠는데, 천한 2년에는 자발적으로 "적은 수의 군대로 많은 적을 무찌르고 싶다고[願以少擊衆]." 요청하여, "보병 5천 명을 이끌고 선우(單于)의 본거지까지 갔다[步兵五千人涉單于庭]."라고 했다. 이릉은 군대를 이끌고 거연(居延)[34]을 떠나, "북쪽으로 30일 동안 행군하여, 준계산(浚稽山)에 이르자[北行三十日, 至浚稽山]", 흉노의 선우는 직

34) 역자주 : 오늘날의 내몽골 지역에 있으며, 옛날 중국 서북 지역의 군사 요충지였다.

접 3만의 대군을 이끌고 이릉의 군대를 포위했는데, 이릉은 5천 명의 군대를 통솔하여 일제히 화살을 쏘아 흉노의 군대 수천 명을 살상했다. 이에 흉노의 선우가 크게 놀라서 급히 8만 명의 군대를 모아 다시 공격해 오자, 이릉은 "전투를 벌이면서 유인하여[且戰且引]", 흉노의 군대를 작전에 유리한 산골짜기로 끌어들인 다음, "3천 명의 목을 베고[斬首三千餘級]", "다시 수천 명을 죽였다[復殺數千人]." 또한 "선우에게 연노(連弩 : 한 번에 많은 화살을 발사할 수 있는 활-역자)를 발사하니[發連弩射單于]", 흉노의 선우는 황급히 도망치기에 급급했다. 당시 사로잡힌 흉노 포로의 말에 따르면, "선우가 말하기를, '이 한나라의 정예 부대는 공격하여 무찌를 수 없는데, 밤낮으로 우리를 남쪽의 변방 가까이로 유인했으니, 혹시 복병이 있지는 않은가?'라고 했다.[單于曰, '此漢精兵, 擊之不能下, 日夜引吾南近塞, 得毋有伏兵乎?']"는 것이다. 또한 몇몇 흉노의 장수들도 말하기를, "선우께서 수만 명의 기병으로도 한나라의 군대 수천 명을 무찌르지 못하면, 나중에는 변방의 신하들을 통제할 수 없게 될 것이며, 한나라가 더욱 흉노를 업신여기게 될 것입니다.[單于自將數萬騎擊漢數千人不能滅, 後無以復使邊臣, 令漢益輕匈奴.]"라고 했다. 그리하여 흉노는 다시 군대를 강화하여 공격해 왔으나, 이릉은 군대를 이끌고 힘을 다해 싸워, "다시 흉노의 군사 2천여 명을 살상하거나 사로잡았다. 사로잡히면 이로울 것이 없자, (흉노는-역자) 떠나려고 했다.[復殺傷虜二千餘人. 虜不利, 欲去.]" 바로 이 때 이릉의 군대 중에 아마 틀림없이 흉노에 투항한 자가 있어서, 이릉의 군대는 고립되어 너무 깊숙이 들어왔으며, 지원병도 없고, 무기와 군수품도 또한 소진된 것 등의 상황을 흉노에게 알렸을 것이다. 이 말을 듣고 흉노의 선우는 크게 기뻐하면서, 다시 군대를 정비하여 공격하니, 이릉은 비록 군대를 이끌고 힘을 다해 싸웠지만, 결국 화살과 식량이 바닥났기 때문에 패배하고 말았다. 이릉은 "폐하(陛下)에게 알릴 면목이 없음[無面目報陛下]"을 느끼고는, 어쩔 수 없는 형세에 놓이자 흉노에게 투항했다. 이릉이 흉노에게 투항한 것에 대해, 반고는 특별히 그 해에 사마천이 이릉을 변호하면서 했던, 다음과 같은 한 단락의 말을 의미심장하게 덧붙이고 있다.

"이릉은 부모를 잘 섬기며 효도했고, 선비들과는 믿음으로 교류했으며, 항상 자신의 몸을 아끼지 않고 분전하여 국가의 위기에 목숨을 바치려 했다. 그러한 본성이 본래 축적되어 있었으니, 국사(國士)의 풍모를 지니고 있었다. 지금 한 가지 불행한 일을 들어, 오로지 일신을 보전하고 처자만을 보호하려는 신하들이 제멋대로 있지도 않은 과오를 꾸며 내어 모함하고 있으니 참으로 가슴 아픈 일이다! 또한 이릉은 5천 명이 되지 않는 보병을 거느리고 전장 깊숙이 들어가 수만 명의 적군을 제압하니, 오랑캐들은 죽어 가는 자를 구하고 부상자를 돌보며 쉴 틈이 없었으며, 누구나 활을 들어 쏠 줄 아는 백성들이 모두 이들을 포위하여 공격했다. 전투를 거듭하며 천 리(里)나 되는 거리를 갔으니, 화살은 바닥나고 계책은 다했다. 그러자 병사들은 맨주먹으로 적의 날카로운 칼날을 무릅쓴 채, 북쪽을 향해 결사적으로 적과 싸웠으며, 사람들이 사력(死力)을 다할 수 있었으니, 비록 옛날의 명장이라 할지라도 이보다 더하지는 못했다. 그는 비록 적에게 패했지만, 그도 적들을 무찔러 패배시켰으니, 역시 천하에 충분히 위용을 떨쳤다. 그가 적에게 패하고도 죽지 않은 것은, 틀림없이 한(漢)나라에게 보답하고자 함이었을 것이다.[陵事親孝, 與士信, 常奮不顧身以殉國家之急. 其素所蓄積也, 有國士之風. 今擧事一不幸, 全軀保妻子之臣隨而媒蘖其短, 誠可痛也! 且陵提步卒不滿五千, 深輮戎馬之地, 抑數萬之師, 虜救死扶傷不暇, 悉擧引弓之民共攻圍之. 轉鬪千里, 矢盡道窮, 士張空拳, 冒白刃, 北首爭死敵, 得人之死力, 雖古名將不過也. 身雖陷敗, 然其所摧敗亦足暴於天下. 彼之不死, 宜欲得當以報漢也.]"

반고는 사마천의 말을 빌려, 이릉이 흉노에게 투항한 것은 당시 상황에서 어쩔 수 없었던 일이지, 결코 진심으로 흉노에 투항한 것은 아니며, 이후 다시 "한나라에 보답할[報漢]" 것이라고 지적했다. 다만 한나라의 장령(將領)들이, 후에 흉노에 투항한 이서(李緖)가 "선우로 하여금 병력으로써 한나라 군대를 대비하도록 알려 주었다[敎單于爲兵以備漢軍]."라고 오해한 사건이 이릉의 바로 앞 시기에 있었으므로, 무제는 명령을 내려 이릉의 가족들을 모두 살해했다. 그래서 이릉은 이러지도 저러지도 못하는 처지가 되었다. 그리하여 사실 그가 흉노에 항복한 것은 본래의 뜻이 아니었지만, 기회를 보아 한나라에 귀순한다 해도 또한 "다시 욕을 보게 될까 두려웠으니[恐再辱]", 이릉은 매우 모순된 상태에 빠져들었다. 이후 이릉은 생각을 거듭한 끝에, "장부는 두 번 욕을 당할 수 없다[丈夫不能再辱]."라는 이유로 한나라에 돌아오지 않았다. 반고는 대단히 정연하고 응축된 언어로 이릉의 모순된 심리를 표현해 내어, 이릉이 흉노에 항복한 것에 대해서는 찬성하지 않았으면서도, 또한 그가 어쩔 수 없는 상황에서 흉노에게 항복한 것에 대해서는 동정을 나타냈다. 동시에 반역자가 밀고한 것과 변방을 지키는 장수들이 정보를 잘못 전한 것에 대해 불만을 나타냈으며, 무제가 오해하여 이릉의 가족을 모두 살해한 사실을 폭로했다. 전체 사건이 매우 복잡하게 뒤얽혀 있고, 모순이 동시다발로 발생하지만, 반고는 오히려 조리 있게 서술하면서, 당시 이릉의 모순된 심리 상태를 독자들 앞에 분명하게 펼쳐내 보임으로써, 반고의 뛰어난 인물 묘사 솜씨를 잘 드러내 보였다.[35)]

「소무전(蘇武傳)」은 사건과 장면 속의 인물 묘사가 더욱 뛰어나다.

소무는 서한의 대신(大臣)인 소건(蘇建)의 아들로, 무제 천한(天漢) 원년(기원전 100년)에 중랑장(中郎將)의 신분으로 흉노에 사신으로 갔다. 당시 흉노의 구왕(緱王)이 선우의 어머니인 연지(閼氏)를 납치하여 한나라로 귀순하려고 획책했는데, 부사(副使) 장승(張勝)이 이 일에 말려들었다. 사건이 발생한 후, 소무는 사건에 연루되어 억류당하게 되었다. 「소무전」에서 반고는 소무의 이와 같이 불후의 영웅적인 면모를 묘사해 내는 데 심혈을 기울였다. 생동감 넘치고 구체적인 수많은 세부 묘사를 통해, 소무가 흉노에 억류된 이후 19년 동안 처음부터 끝까지 회유와 협박에 굴하지 않고, 손에는 한나라의 부절(符節)을 움켜쥐고서, 죽음을 두려워하지 않았던 감동적인 행적을 두드러지게 재현해 냄으로써, 소무의 지조가 굳어 굴하지 않은 민족 절개와 충성심에 불타는 고상한 인품과 덕성을 열정적으로 찬양했다. 글 전체의 서술이 분명하고 유창하며, 자신만의 독특한 양식과 격조를 갖추고 있다. 예를 들면 흉노가 한나라에서 투항해 온 위율(衛律)을 보내 소무에게도 투항할 것을 권했지만, 소무는 죽어도 굴하지 않은 다음과 같은 장면이다.

35) 이상의 내용은 모두 『한서』 권54 「이릉전」을 참조하라.

"선우(單于)는 사자를 보내 소무를 타이르도록 했다. 때마침 우상(虞常)[36]에 대해 논하고 있었는데, 이 기회에 소무를 항복시키려 했다. 우상을 칼로 베어 죽인 다음 위율이 말하기를, '한나라의 사자 장승은 선우의 가까운 신하를 죽이려 했으므로 죽어 마땅하지만, 선우께서는 항복하는 자들을 불러 모아 죄를 사해 주실 것이다.'라고 했다. 그리고 검을 들어 장승을 치려 하자, 장승은 항복할 것을 청했다. 위율은 소무에게 말하기를, '부사(副使)에게 죄가 있으니, 마땅히 연좌(連坐)하여 처벌할 것이다.'라고 했다. 이에 소무가 말하기를, '본래 음모에 가담하지도 않았고, 또 그의 친속도 아닌데, 어찌 연좌한단 말인가.'라고 했다. 위율이 다시 검을 들어 소무를 겨누었지만, 그는 꿈쩍도 하지 않았다. 그러자 위율이 말했다. '소군(蘇君), 나 위율은 예전에 한나라를 버리고 흉노에 귀순했는데, 황공하게도 선우의 큰 은혜를 입어 왕(王)의 칭호를 받고, 지금 수만 명의 무리를 거느리고 있으며, 말과 가축들은 산에 가득하여, 누리고 있는 부귀가 이와 같소이다. 소군께서 오늘 항복한다면, 내일부터는 또한 그렇게 될 것이오. 헛되이 몸을 던져 초야를 기름지게 한들, 그 누가 알아주겠소이까!' 소무는 이에 아무런 대응도 하지 않았다. 위율이 다시 말했다. '군(君)께서 나의 권유를 받아들인다면, 군과 나는 형제가 되겠지만, 지금 내 말을 듣지 않는다면, 후일에 나를 다시 보려고 해도 다시 볼

---

36) 역자주 : 우상은 위율이 흉노에 사신으로 파견될 때 함께 간 부사(副使)이다. 그는 위율이 흉노에 투항한 것에 불만을 갖고 있었으므로, 그와 절친한 사이였던 장승이 소무의 부사로 흉노에 왔을 때, 장승에게 권유하여 자신과 함께 위율을 살해하고 선우의 어머니인 연지를 사로잡아 한나라로 돌아가려고 했으나, 사전에 발각되어 살해당한 인물이다.

수 없을 것이오.' 이에 소무가 위율에게 욕설을 퍼부으며 말했다. '네놈은 신하이자 자식 된 몸으로, 은혜와 의리를 돌아보지 않고, 주인을 배반하고 부모를 등지면서, 오랑캐에게 항복하여 종놈이 되었거늘, 어찌 내가 네놈을 볼 일이 있겠는가? 또 선우가 네놈을 믿어, 네놈에게 사람의 생사를 결정하게 했지만, 네놈은 마음을 바르게 쓰지 못하고, 도리어 두 나라의 임금이 서로 싸우게 하여 재앙과 패배를 눈으로 보려 하는구나. 남월(南越)은 한나라의 사신을 죽였기 때문에, 나라가 멸망하여 한나라의 아홉 개 군(郡)이 되었으며, 대완국(大宛國)의 왕은 한나라의 사신을 죽였기 때문에, 그 머리가 장안(長安)의 대궐 북쪽의 문루(門樓)에 걸렸으며, 조선[朝鮮 : 이하에서 조선이라 함은 위만조선(衛滿朝鮮)을 가리킴-역자]은 한나라의 사신을 죽이자, 즉시 임금이 주살되어 멸망했도다. 오로지 흉노만이 아직 남았을 뿐이다. 네놈은 내가 항복하지 않으리라는 것을 분명히 알면서, 두 나라로 하여금 서로 전쟁을 하게 하니, 흉노의 재앙은 바로 나로 인해 비롯될 것이니라.'[單于使使曉武. 會論虞常, 欲因此時降武. 劍斬虞常已, 律曰'漢使張勝謀殺單于近臣, 當死, 單于募降者赦罪.' 舉劍欲擊之, 勝請降. 律謂武曰'副有罪, 當相坐.' 武曰'本無謀, 又非親屬, 何謂相坐?' 復舉劍擬之, 武不動. 律曰'蘇君, 律前負漢歸匈奴, 幸蒙大恩, 賜號稱王, 擁衆數萬, 馬畜彌山, 富貴如此. 蘇君今日降, 明日復然. 空以身膏草野, 誰復知之!' 武不應. 律曰'君因我降, 與君爲兄弟, 今不聽吾計, 後雖欲復見我, 尙可得乎?' 武罵律曰'女爲人臣子, 不顧恩義, 畔主背親, 爲降虜於蠻夷, 何以女爲見? 且單于信女, 使決人死生, 不平心持正, 反欲鬪兩主, 觀禍敗. 南越殺漢使者, 屠爲九郡, 宛王殺漢使者, 頭縣(懸-인용자)北闕, 朝鮮殺漢使者, 即時誅滅. 獨匈奴未耳. 若知我不降明, 欲令兩國相攻, 匈奴之禍

從我始矣.']"

소무는, 먼저 (위율이-역자) "우상을 칼로 베어 죽이고[劍斬虞常]", 칼을 들어 장승을 치려 하자 장승은 항복했고, 또 "칼을 들어 자신을 겨누면서[擧劍擬之]" 거칠게 협박했지만, "꿈쩍도 하지 않았다[不動]." 이어서 흉노의 선우가 '왕(王)의 칭호를 하사하는[賜號稱王]' 등 부귀를 안겨 줄 수 있다고 하면서 회유함에도 불구하고, 이에 "응하지 않았다[不應]." 마지막으로 위율이 부드러운 듯하면서도 강경한 내용으로 말하기를, 기회는 단지 이번뿐이라고 하자, 소무는 곧 불같이 화를 내면서, 위율이 변절하여 적에게 투항한 나쁜 행적과 그가 "두 나라의 임금으로 하여금 싸우게 하여, 재앙과 패배를 눈으로 보려 하는[欲鬪兩主, 觀禍敗]" 못된 속셈에 대해 호되게 야단쳤다. 그러면서 남월은 한나라의 사신을 죽였기 때문에 무제가 군대를 보내 멸망시켰고, 더불어 그 땅에 9군(郡)을 설치했으며, 대완국의 왕은 한나라의 사신을 죽였기 때문에 그의 머리가 베어져 궁궐의 북문에 걸리게 되었으며, 위씨조선(衛氏朝鮮)은 한나라의 사신인 섭하(涉何)를 죽였기 때문에 한나라 무제가 출병하여 멸망시키고, 그 곳에 4군(郡)을 설치했다고 지적했다. 그러면서 흉노도 만약 한나라의 사신을 죽인다면, 절대로 순순히 물러나지 않을 것이라고 엄중한 말로 경고했다. 이처럼 위율을 꾸짖는 말들을 연달아 함으로써, 한나라 사신의 정의롭고 늠름하며, 절대로 무시할 수 없는 기백을 충분히 드러내 주었으니, 인물의 형상(形象)과 성격이 바로 눈앞에서 살아 펼쳐지는 듯이 생생하다.

흉노는 소무를 항복시키지 못하자 갖가지 핍박을 가하기 시작했는데, 『한서』는 소무가 갖은 핍박을 당했음에도 불구하고 의연하게 굴복하지 않았던 모습을 다음과 같이 감동적으로 묘사하고 있다.

"위율은 끝내 소무를 협박할 수 없음을 알고, 이를 선우에게 보고했다. 그러자 선우는 더욱 그의 항복을 받아 내고 싶어졌다. 그래서 소무를 땅광 속에 가두고, 음식을 전혀 주지 않았다. 소무는 하늘에서 눈이 내리면 드러누워서 눈을 털옷과 함께 씹어 먹었다. 그리하여 며칠이 지나도 소무가 죽지 않자, 흉노 사람들은 그를 신(神)이라고 여겼다. 이에 그를 북해(北海 : 지금의 바이칼 호수–인용자) 위쪽의 사람이 살지 않는 곳으로 옮기고, 그에게 숫양을 기르게 하고는, 숫양이 새끼를 낳아야 다시 돌아올 수 있다고 했다. 그리고 따로 그의 관속(官屬)인 상혜(常惠) 등을 각기 다른 곳으로 보냈다. 소무는 곧 북해 위쪽에 도착했으나, 식량을 보내주지 않자, 땅을 파서 들쥐를 잡아먹고 열매를 따먹었다. 그는 한나라 조정이 내린 부절(符節)을 지팡이 삼아 양을 길렀는데, 누우나 서나 부절을 항상 손에 쥐고 있었기 때문에[37], 부절의 털들이 모두 떨어져 나갔다.[律知武終不可脅, 白單于. 單于愈益欲降之, 乃幽武置大窖中, 絕不飮食. 天雨雪, 武臥嚙雪與旃毛竝咽之, 數日不死, 匈奴以爲神, 乃徙武北海上無人處, 使牧羝, 羝乳乃得歸. 別其官屬常惠等, 各置他所. 武旣至海上, 廩食不至, 掘野鼠去中實而食之. 杖漢節牧羊, 臥起操持, 節旄盡落.]"

조건이 참으로 어려웠음에도 불구하고, 소무는 온갖 방법을 동원하여 모두 극복해 내면서, 한나라에 대해 충성하는 마음이 조금도 흔들리지 않았고, 한나라의 부절에 의지하여 죽음도 두려워하지 않는 영웅의 형상이 마치 살아 있는 것처럼 생생하게 그려져 있다.

한나라에서 소제(昭帝)가 즉위한 이후, 다시 흉노와 화친하게 되자,

37) 역자주 : 지조가 변치 않음을 표현하는 의미로 쓰인다.

흉노에 소무 등 한나라 사신들을 돌려보내 주도록 요구했다. 하지만 선우는 소무를 돌려보낼 마음이 없었기 때문에, 그가 이미 죽었다고 거짓말을 했다. 이후 한나라의 사신이 다시 흉노에 왔는데, 소무의 행방을 알아내고는, 곧 '한나라의 황제가 상림원(上林苑)[38]에서 화살을 쏘아 큰 기러기 한 마리를 잡았는데, 그 기러기의 발에는 백서(帛書)가 묶여 있었으며, 그 편지에는 소무 등이 어디에 있는지 적혀 있었다'고 큰소리치면서, 흉노의 선우에게 이들을 풀어 주도록 요구했다. 그러자 선우는 어쩔 수 없이 소무 등 아홉 명을 한나라에 돌려주었다. 소무가 머지않아 한나라로 돌아가게 되었을 때, 흉노에 투항한 이릉이 술자리를 마련하여 전송했다. 반고는 이 사건과 장면을 묘사하면서, 이릉이 당시 느꼈던 복잡한 심정을 다음과 같이 대단히 뛰어나게 표현해 냈다.

"이에 이릉은 술자리를 마련해 소무를 위로하면서 말했다. '이제 곧 당신은 다시 돌아가게 되었는데, 흉노에서는 이름을 떨치고, 한나라 황실을 위해서 빛나는 공을 세웠으니, 비록 옛날 죽백(竹帛)[39]에 기록되어 있고, 초상화가 그려진 공신인들 어찌 자경[子卿 : 소무의 자(字)]보다 낫다 하겠소이까. 저 이릉은 비록 둔하고 겁이 많으나, 한나라가 이릉의 죄를 너그러이 용서해 주고, 노모(老母)를 온전히 보호하여, 큰 수치를 떨쳐 버릴 수 있는 뜻을 갖도록 해줌으로써, 조가지맹(曹

38) 역자주 : 한나라의 무제가 건원(建元) 3년(기원전 138년)에 진(秦)나라의 옛 원유(苑囿) 터에 확장하여 지은 궁원(宮苑)으로, 규모가 매우 크고, 궁실(宮室)이 매우 많았다. 여기에 각종 동물들을 기르면서, 황제가 사냥을 즐길 수 있도록 했다.

39) 역자주 : 종이가 발명되기 전의 옛날에는 대나무 조각이나 비단에 기록했는데, 이를 가리키며, 책을 일컫는 말로 쓰인다.

柯之盟)[40]처럼 해주는 것, 이것이 바로 이 이릉이 옛날부터 항상 잊지 않고 있던 바였습니다. 하지만 한나라는 이 이릉의 가족들을 모두 멸족시켰으니, 내가 어찌 다시 돌아갈 것을 생각이나 할 수 있겠습니까? 이미 지나간 일입니다. 단지 자경만은 내 마음을 알아 주었으면 해서 한 말입니다. 이젠 서로 이역 땅의 사람이 될 터이니, 한 번 이별하면 오랫동안 볼 수 없을 것입니다.' 그리고 이릉은 일어나 춤을 추면서 다음과 같은 노래를 불렀다. '만 리를 지나고 사막을 건너, 임금의 장수가 되어 흉노와 목숨을 걸고 싸웠네. 길은 막히고 화살과 칼은 부러지니, 군사들은 죽고 명예는 땅에 떨어졌네. 늙으신 어머님은 이미 돌아가셨으니, 은혜를 갚고자 하나 장차 어디로 돌아갈거나.' 이릉은 눈물을 뚝뚝 흘리면서 소무와 이별했다.[於是李陵置酒賀武曰, '今足下還歸, 揚名於匈奴, 功顯於漢室, 雖古竹帛所載, 丹青[41]所畫, 何以過子卿! 陵雖駑怯, 令漢且寬陵罪, 全其老母, 使得奮大辱之積志, 庶幾乎曹柯之盟, 此陵

40) 역자주 : 제나라 환공(桓公) 5년에 노(魯)나라를 정벌했다. 노나라는 전쟁에서 패하자 땅을 할양해 주기로 하고 조약을 맺을 것을 요청하였다. 제나라 환공은 이 제안에 동의하고, 제나라 땅인 가(柯)에서 노나라의 항복을 받아들이는 의식을 거행하기로 결정하였다. 두 나라의 임금들이 막 조약에 서명하려던 차에 조귀[조매(曹沫)라고도 함]는 비수를 꺼내어 제나라 환공을 위협하면서, 제나라가 이전에 빼앗아 갔던 노나라 땅을 돌려줄 것을 요구하였다. 제나라 환공은 협박에 못 이겨 허락할 수밖에 없었다. 그러자 조귀는 제나라 환공을 풀어 주었다. 이 때, 제나라 환공은 후회하여 약속을 번복하려 했다. 그러자 관중(管仲)은 임금에게는 신용이 가장 중요하다고 생각하여, 제나라 환공에게 조귀에게 한 약속을 준수할 것을 권했다. 관중의 그 계책은 정확한 것이었다. 왜냐하면 많은 제후들이 이 소문을 듣고, 모두 제나라를 믿을 수 있다고 여겨 귀부(歸附)해 왔으므로 제나라 환공은 최초의 패자(霸者)가 될 수 있었기 때문이다. 이 사건은 우리에게 일시적인 작은 이익을 탐하여 다른 사람과의 약속을 저버리는 일을 하지 말아야 한다는 교훈을 준다.

41) 역자주 : '丹青'은 '그림' 혹은 '초상화'를 뜻하는 말로, 옛날에 큰 공신들은 궁궐 내의 공신각에 초상화를 그려 그 공적을 기렸는데, 이를 가리킨다.

宿昔之所不忘也. 收族陵家, 爲世大戮, 陵尙復何顧乎? 已矣! 令子卿知吾心耳. 異域之人, 壹別長絕!' 陵起舞, 歌曰, '徑萬里兮度沙幕, 爲君將兮奮匈奴. 路窮絕兮矢刃摧, 士衆滅兮名已隤. 老母已死, 雖欲報恩將安歸!' 陵泣下數行, 因與武決.]"[42]

이렇게 단지 몇 마디 말로써, 이릉이 죽을지언정 굽히지 않는 소무의 정신을 매우 높이 평가했음을 묘사해 냈다. 또한 이릉 자신의 고백을 통해, 이릉이 처음에는 흉노의 선우를 겁박하여, 마치 춘추 시대에 조귀(曹劌)가 제(齊)나라 환공(桓公)을 가(柯)에서 맹약할 때 위협했던 것과 같이 하려고 했지만, 고향의 가족들이 모두 죽임을 당하자 할 수 없이 흉노에 투항하여, 다시는 돌아갈 나라도 돌아갈 집도 없게 되었다고 설명하고 있다. 마음속으로는 한나라를 그리워하면서도, 한나라에 돌아갈 수 없는 모순되고도 복잡한 심정을 남김없이 모두 표현해 냄으로써, 독자들로 하여금 읽고 난 후에 마음속에서 뭔가 딱히 알 수는 없는 감정을 느끼게 한다. 즉 이릉이 흉노에게 항복한 행위에 대해서는 찬성하지 않으면서도, 또한 이릉에 대해 일종의 동정심을 나타냄과 동시에, 한나라 무제가 경솔하게 이릉의 모든 가족을 살해한 잘못을 저지른 데 대해서는 안타까워하게 한다. 이와 같은 효과와 의경(意境)의 묘사는, 대단히 뛰어난 수준에 도달했다고 말할 수 있다.

이상의 내용을 통해 알 수 있듯이, 「소무전」과 「이릉전」은 영웅적인 인물인 소무를 서술하면서, 생동적이고 강렬하게 그의 자기 민족에 대한 깊고 도타운 감정을 나타내 주고 있다. 또 적에게 항복한 인물인 이릉을 묘사하면서는, 그의 비극적인 운명과 복잡한 심정을 나

42) 이상의 인용문들은 모두 『한서』 권54 「소무전」을 보라.

타내 주고 있는데, 둘 다 형식화나 도식화에 빠지지 않았다. 특히 반고는 소무라는 그 영웅적인 인물에 대해 매우 심혈을 기울여 묘사해 냄으로써, 비로소 소무라는 정의롭고 늠름한 민족의 영웅으로 하여금 2천 년 동안이나 모르는 사람이 없는 인물이 되게 했으니, 지금도 여전히 각종 예술 무대에서 활약하는 주인공이 되고 있다.

중국의 고대 역사가들은 문학적인 기법을 운용함으로써 역사를 생동감 넘치게 기록하는 전통을 중요시했다. 옛날 사람들은 "말에 아름다운 수식이 없으면, 멀리 전해지지 못한다.[言之無文, 行之不遠.]"[43] 라는 이론을 도출해 냈다. 이는 글을 쓸 때 기교를 중요시하지 않으면 사람들을 끌어들일 수 없고, 사람들이 즐겨 읽지 않으면 멀리 전파하려는 목적을 이룰 수 없다는 사실을 예리하게 설명해 주고 있다. 『좌전(左傳)』과 『사기』는 모두 이 방면에서 모두 뛰어난 성취를 이루었다. 『한서』는 이러한 전통을 크게 발양(發揚)했는데, 반고는 다양한 수법들을 운용하여 이러한 목적을 달성했다. 예를 들면, 대화를 이용하여 인물의 성격을 형상화하거나, 세부적인 묘사를 빌려 인물의 심리를 반영하거나, 대비의 수법으로 장면이나 배경을 묘사하는 방법 등등인데, 이로 인해 그가 묘사해 낸 수많은 인물과 장면들은 모두 마치 살아 있는 것처럼 생동감이 넘쳐난다.

(2) 인물의 묘사를 통해 시대의 특징을 반영해 내다.

반고는 사건과 장면 속에서 인물을 묘사하는 것을 중요시했을 뿐만 아니라, 또한 평소에 흔히 있을 법한 소소한 사건들의 도움을 빌

43) 『좌전(左傳)』 양공(襄公) 5년과 『사통(史通)』 권6 「언어(言語)」를 보라

려서, 서로 다른 시기의 조정의 특수한 분위기를 묘사하고, 인물의 세심한 묘사를 통해서 당시의 시대적 특징을 반영해 내는 데 뛰어났다. 이러한 생생한 필치는 글의 어디를 보더라도 마찬가지임을 알 수 있다. 예를 들면, 「곽광전(霍光傳)」에는 곽광의 복잡한 경력을 매우 길게 기술한 다음, 바쁜 가운데 잠시 짬을 내어 쉬듯이 한 토막을 보완하여 이렇게 쓰고 있다. "선제(宣帝)가 막 즉위했을 때, 고조(高祖)의 사당을 참배했는데, 대장군 곽광이 참승(驂乘)[44]하여 따르자, 황제는 내심 이를 경계하고 꺼려하여, 마치 등에 가시가 박힌 것처럼 불안해했다. 나중에 거기장군(車騎將軍) 장안세(張安世)가 곽광을 대신해서 참승하자, 선제는 여유를 찾고 몸을 편히 했으며, 매우 편안해하고 가까이했다.[宣帝始立, 謁見高廟, 大將軍光從驂乘, 上內嚴憚之, 若有芒刺在背. 後車騎將軍張安世代光驂乘, 天子從容肆體, 甚安近焉.]"[45]

창읍왕(昌邑王)이 폐위되고 선제가 즉위하게 된 것은 모두 곽광이 혼자서 처리한 일이었기 때문에, 선제가 즉위한 초기에는 곽광이 여전히 중요한 권력을 쥐고 있었으니, 선제는 내심 곽광을 두려워하고 있었다. 여기에서 선제가 종묘(宗廟)를 참배하러 가기 전후의 마차에 타고 있을 때의 상반된 감정을 통해, 곽광이 권력을 남용하며 오만방자했음을 교묘하게 묘사해 내고 있는데, 그가 죽은 후에 곽씨(霍氏) 가문이 멸족당한 것은, 바로 그의 이처럼 교만하고 무절제함에서 비롯된 재앙이었다. 이 이야기는 표면상으로는 마치 한가하게 구색을 맞

44) 역자주 : 옛날에 높은 지위의 사람이 수레를 타고 출행할 때, 주인공이 가운데 자리에 타고, 좌우에 호위하는 책임자가 동승하여 수레가 한쪽으로 기울어지지 않도록 했는데, 이 때 오른쪽에 타는 호위 책임자를 가리킨다.

45) 『한서』 권68 「곽광전」.

추기 위해 쓴 것 같지만, 사실은 사소한 것을 통해 큰 것을 보여 준 것이다. 즉 선제가 등극한 초기의 조정 분위기의 특징을 깊이 있게 묘사해 냄으로써, 독자들의 뇌리에 모습이 선명한 장면을 남겨 주고 있다.

성제(成帝) 때에는 대장군 왕봉(王鳳)이 권력을 농단하여, 사람들을 마음대로 마구 부렸다. 반고는 「원후전(元后傳)」에서 그러한 모습이 담긴 한 가지 사건을 기록하고 있다. 유흠(劉歆)은 한나라 종실(宗室)의 후손으로[초(楚)나라 원왕(元王) 유교(劉交)의 후손], 학식이 뛰어나고 총명하여, 성제는 그를 매우 좋아했다. 그래서 그를 '중상시(中常侍)'에 봉하여, 항상 함께 학문을 연구하게 하려고 했다. 성제가 중상시의 의관을 가져오도록 하여, 유흠이 막 옷을 갈아입고 관을 쓰려고 할 때, 성제 좌우의 대신들이 일제히 저지하면서 말하기를, 이 일을 아직 대장군에게 보고하지 않았다고 했다. 그러자 성제가 말하기를, "이런 사소한 일에, 어찌 대장군이 꼭 관여해야 한단 말인가?[此小事, 何須關大將軍?]"라고 했다. 그의 생각은, 이런 작은 일까지 대장군에 보고할 필요가 뭐 있겠느냐는 것이었다. 좌우 대신들은 이 말을 듣고는, 모두 무릎을 꿇으면서 결연히 막으려고 했다. 성제는 할 수 없이 중단하고, 정식으로 왕봉에게 알렸다. 하지만 왕봉은 생각했던 대로 거부하여, 이 일은 성사되지 못했다.[46] 반고는 이처럼 사소한 일을 빌려서 다음의 사실을 생동감 있게 설명했다. 즉 이 때 유씨(劉氏) 성을 가진 황제들은 이미 완전히 꼭두각시가 되었으며, 왕씨(王氏)가 결국 한나라를 찬탈하기로 이미 결정되어 있었다는 사실을! 반고는 문학적인 수법을 운용하여 역사를 서술하는 데 뛰어났기 때문에, 『한서』의

46) 『한서』 권98 「원후전」을 참조하라.

많은 편장(篇章)들을 정취가 넘쳐 나도록 서술하여, 독자들로 하여금 잊을 수 없게 만든다.

『한서』는 또한 종종 민간에서 불리는 노래나 속담 등을 채집하여 역사 서술에 끼워 넣음으로써, 또한 역사서의 사실성과 구체성을 크게 증대시켰다. 예를 들면 「적방진전(翟方進傳)」에는 다음과 같은 내용이 있다. 즉 적방진은 황제의 속마음을 잘 읽고, 아부하여 비위를 잘 맞추었으며, 동료들에 대해서는 온갖 방법을 동원하여 배척하여, 결국 관운(官運)이 트이면서 승상사직(丞相司直)·어사대부(御史大夫)를 거쳐 승상이 되었다. 그는 제방(堤防)의 관리 비용을 줄이기 위해서, 황제에게 주청하여 여남[汝南 : 지금의 하남(河南) 상채(上蔡)]에 있는 홍극피(鴻隙陂)라는 큰 방죽을 허물었다. 그리하여 이후 그 지역의 광활한 농경지는 가뭄이 들어도 물을 댈 수 없게 되었다. 이 사건은 그 지역 민중들의 분노를 불러일으켰으며, 이로 인해 여남에는 다음과 같은 동요가 유행했다. "방죽을 허문 게 누구인가? 적자위(翟子威 : 적방진의 자)라네. 나에게 콩밥과 토란국을 먹이는구나. 변화무쌍한 인생사, 방죽은 마땅히 회복되어야지. 누구에게 하소연할까? 두 마리 황곡(黃鵠 : 고니-역자)에게 해야겠지.[47][壞陂誰? 翟子威. 飯我豆食羹芋魁. 反乎覆[48], 陂當復. 誰云者? 兩黃鵠.]" 이 동요는 적방진이 홍극피를 무너뜨린 주모자로, 논밭에 물을 댈 수 없게 만들어 놓아 식량이 부족해지자, 백성들

47) 역자주 : 고대 중국에서 황곡은 신선이 타고 다니는 새라고 여겨졌다. 따라서 이 말은 신선과 같이 초월적인 존재에게 하소연하겠다는 의미를 담고 있다.

48) 역자주 : 안사고(顔師古)는 "일이 자주 변화하고 일정하지 않은 것은 재앙과 복이 서로 의지하고 있음을 말한 것이다.[事之反覆無常, 言禍兮福所倚.]"라고 주석했다. 즉 방죽이 무너지면서 순식간에 재앙이 왔음을 말하고 있다.

은 먹을 것이 없어 단지 콩밥이나 먹고 토란국만 끓여 먹게 된 것을 질책하고 있다. 그리하여 민중들은 방죽을 다시 복구하기를 간절히 바라고 있으며, 골짜기에 있는 두 마리의 황곡에게 이러한 백성들의 소망을 전했다는 것이다. 반고는 이 동요를 인용하여, 관리들이 행한 잘잘못이 민중들의 시야에서 벗어날 수 없으니, 적방진은 오로지 악명만을 남겼다는 것을 말해 주고 있다. 이 동요는 곧장 동한 시기까지 전해졌는데, 『후한서』에는 홍극피가 남양(南陽)에 복구되었을 때에도, 또한 동요가 방죽이 복구될 것을 이미 예언하고 있었다고들 말했다는 기록이 있다.[49)]

반고는 또한 자료들을 적절하게 취사선택하여 안배하고 세밀하게 구성하여, 복잡한 사건이나 방대한 자료들을 일목요연하게 정리해 내고, 군더더기 없이 글을 완성함으로써, 작품이 치밀하고 생동감 있게 만드는 데에도 뛰어났다. 「왕망전(王莽傳)」이 바로 이러한 특징이 잘 드러나 있는 부분이다. 「왕망전」의 특징은, 한 사람의 음모가가 권력을 탈취하기 위해 어떻게 각종 비열한 방법과 위선적인 모습들을 보였는지를 묘사하면서, 여기에 왕망의 신(新)나라가 시행한 정치·경제·군사 등 중요한 정책들을 총괄하여, 양자를 긴밀하게 결합해 내고 있다는 점이다. 기전체(紀傳體) 역사서에게 요구되는 것의 측면에서 말하자면, 신나라도 마땅히 '본기(本紀)'에 기록해야 할 대사건이지만, 동한 초기에 왕망은 황제의 자리를 "찬탈했다[簒竊]"고 여겨져, 본기에 포함될 수 없었다. 그래서 이 「왕망전」은 사실상 인물의 전기(傳記)이자 역사적인 대사건을 기록한 본기가 서로 결합된 두 가지 역할

49) 『후한서』 권82 「방술열전(方術列傳)」을 참조하라.

을 하고 있다. 전에 어떤 학자는 「왕망전」의 이러한 특징을 이해하지 못하여 잘못된 평가를 하기도 했는데, 예를 들어 장형(張衡)은 이렇게 말했다. "왕망의 본전(本傳)에는 단지 권력을 찬탈한 사건만 실어야 하는데, 연월별로 사건들을 나열하고 재앙과 상서로운 일까지 기록했으니, 제왕(帝王)의 본기(本紀)로 보아야 마땅하다.[王莽本傳但應載簒事而已, 至於編年月, 紀災祥, 宜爲元后本紀.]"[50] 사실, 이러한 비판은 옳지 않다. 반고가 왕망 본인의 '전기(傳記)'와 신(新)나라의 '본기'를 한데 결합하여 「왕망전」을 성공적으로 기술한 것은 마땅히 새로운 창조라고 할 수 있다. 즉 진정으로 사건의 시작과 끝을 명확하게 기록해 냈을 뿐만 아니라, 풍부한 내용과 파란만장한 변화를 망라하여, 권모술수를 부리는 데 뛰어난 한 음모가의 전형을 정말로 잘 묘사해 냈다. 또한 왕망 주위의 수많은 사람들의 서로 다른 태도와 운명을 그려 냈을 뿐만 아니라, 왕망이 행한 갖가지 도리에 어긋나는 행위들은 반드시 멸망할 수밖에 없다는 준엄한 이치도 드러내 보여 주고 있다. 청(淸)나라의 학자 방포(方苞)는 「왕망전」의 서술 기교에 대해 매우 높이 평가하면서 말하기를, "가려져 있는 진실을 밝혀 내고, 수많은 인물들의 형상을 묘사해 냈으니, 참으로 자장(子長 : 사마천의 자)과 견줄 만하다.[鉤抉幽隱, 雕繪衆形, 信可肩隨子長.]"[51]라고 했다. 즉 왕망의 내면세계를 드러내 보여주고 수많은 인물들의 성격을 표현해 낸 수법이 사마천의 명저인 『사기』와 마찬가지로 매우 뛰어나다고 생각했다.

---

50) 『후한서』 권59 「장형열전(張衡列傳)」.

51) 『망계선생문집(望溪先生文集)』 권2 『서왕망전후(書王莽傳後)』, 상해집성도서공사(上海集成圖書公司) 간행본.

4. 뛰어난 한부(漢賦) 작품들

『후한서』「반고전(班固傳)」의 기록에 따르면, 반고는 『한서』 이외에도 또한 시(詩)와 부(賦) 등 여러 장르의 문학 작품 41편을 창작했다고 하는데, 후에 대부분 유실되었다. 명(明)나라 사람 장부(張溥)가 이 작품들을 수집하여 『반란대집(班蘭臺集)』 1권으로 엮어, 『한위육조백삼명가집(漢魏六朝百三名家集)』에 포함시켰으며, 근대의 학자인 딩푸바오(丁福保 : 1874~1952년-역자)는 『반맹견집(班孟堅集)』 3권으로 편집하여, 선통(宣統) 3년(1911년)에 발간된 『한위육조명가집(漢魏六朝名家集)』 초각본(初刻本)에 포함시켰다.

반고가 지은 「영사(詠史)」라는 시는 중국에 현존하는 첫 번째의 완전히 문인이 창작한 오언시(五言詩)이다. 장페이헝(章培恒 : 1934년생-역자) 등의 학자들은, 반고의 「영사」라는 시는 "오언시라는 시체(詩體)가 정식으로 문인의 시단(詩壇)에 올라, 초가(楚歌)[52]의 지위를 전면적으로 대신하기 시작했음을 상징하는 것으로, 문학사(文學史)에서 중요한 의의(意義)를 갖는다. 그 외에도 후대(後代)에 대단히 성행한 '영시(詠詩)[53]'

---

52) 역자주 : 중국 고대의 초(楚) 지역에서 불렸던 토착 가요를 가리킨다. 선명한 초나라 문화의 색채를 띠고 있으며, 옛 초나라의 영토에 속했던 광대한 지역에 걸쳐, 진(秦)나라 말기와 한나라 초기에 가장 성행했다. 형식상으로는 『시경』의 사언체(四言體)에 속하는데, 대부분이 구절을 구분하는 말미에 '思'자나 '兮'자로 연결했으며, 매우 규칙적이고, 형식상에서 분명한 특색을 드러냈다. 후에 굴원(屈原)이 흡수하여, 들쑥날쑥한 소체시(騷體詩)로 발전했다.

53) 역자주 : '영시'는 대부분이 옛 사람들이나 사건에 대해 추모하거나, 혹은 선현(先賢)들을 회고하거나, 혹은 자기가 공훈이나 업적을 세우고 싶어 하는 바람을 표현하고, 서로 자기가 좋은 때를 타고나지 못한 회한을 하소연하거나, 혹은 예전에는 창성했으나 지금은 쇠락한 것을 한탄하고, 옛 인물이나 사건을 평론한다는 명분

의 제재(題材)도 또한 반고의 「영사」를 기점으로 삼는다."[54]라고 평가했다. 이를 통해 반고의 시 작품이 매우 유명했음을 알 수 있다.

실제로 문학 창작 방면에서 산문(散文)의 명편(名篇)인 『한서』 이외에도, 반고는 사부(辭賦)의 창작으로 매우 유명했는데, 사마상여(司馬相如)·양웅(揚雄)·장형(張衡)과 함께 한대의 4대 부(賦) 작가로 일컬어진다.

한부(漢賦)는 한대 문학의 주류이며, 한대 문학의 발전 방향을 대표했다. 당시에 사부가 매우 흥성했던 형세 하에서, 반고는 『한서』를 저술하는 것 외에도 틈틈이 시간을 내어 사부를 창작했다. 그는 일생 동안 많은 사부들을 창작했는데, 지금까지 전해지는 것들로는 「양도부(兩都賦)」·「유통부(幽通賦)」·「종남산부(終南山賦)」·「남해부(覽海賦)」·「유거부(遊居賦)」·「경공수소륵성부(耿恭守疏勒城賦)」·「죽선부(竹扇賦)」·「백기선부(白綺扇賦)」·「답빈희(答賓戲)」·「고조송(高祖頌)」·「동순송(東巡頌)」·「남순송(南巡頌)」·「두장군북정송(竇將軍北征頌)」·「안풍대후송(安豐戴侯頌)」·「신작송(神雀頌)」 등이 있으며, 그 가운데 「양도부」·「유통부」 등은 모두 한대 사부의 명작들이다.

'부(賦)'란 무엇인가에 대한 반고의 인식도 또한 성숙되어 나아갔다. 차오다오헝(曹道衡, 1928~2005년-역자)의 설명에 따르면, 문학계(文學界)에는 '부'에 관해 서로 다른 인식이 공존하고 있었다고 하면서, 다음과 같이 말했다. "한 가지는 오직 송독(誦讀 : 소리 내어 읽음-역자)하기 위한 것으로 가창(歌唱)하지는 않는 문체(文體)라고 여기는 것인데, 그 근거는 『한서』「예문지」에서 말하고 있는, '노래하는 것이 아니라 읊

을 빌려 현실을 풍자한 것이다.

54) 章培恒·駱玉明 主編, 『中國文學史』 上卷, 224쪽, 復旦大學出版社, 1997년판.

는 것을 부라 한다[不歌而誦謂之賦].'에 두고 있다. 다른 한 가지는 '부'가 시(詩)의 일종이라는 것인데, 그 근거는 반고가 「양도부서(兩都賦序)」에서 말하기를, '혹은, 부라는 것은 고시(古詩)의 한 갈래라고 한다.[或曰, 賦者, 古詩之流也.]'라는 구절에 두고 있다."[55] 이를 통해 부가 무엇인가에 관한 두 가지 관점들은 모두 반고의 인식에서 비롯되었다는 것을 알 수 있다. 그러나 실은 반고의 인식은 결코 모순되지 않는다. 한부는 초사(楚辭)의 기초 위에서, 선진(先秦) 시대의 여타 문학적 요소들을 흡수하여 점차 형성된 하나의 새로운 문학 장르이다. 그러므로 고대의 시가들 가운데 하나인 초사에서 발전되어 나온 것이면서도, 또한 노래하지 않고 읊기만 할 수도 있는 것이다. 반고의 이와 같은 인식은 명확하게 한부의 주요 특징을 개괄해 내고 있다. 즉 전형적인 한부는 이미 시(詩)와 문(文)의 중간에 놓여 있으며, 과장하여 상세히 서술하는 것을 특징으로 하고, 물체나 경치의 묘사를 주요 기능으로 삼는 특수한 문체로 변했다는 것이다. 이것이 말해 주는 것은, 서한 시기에 '부'는 비록 문학의 정통과 주류가 되었지만, '부'에 대한 인식은 동한의 반고 때에 와서야 비로소 성숙되었다는 사실이다.

반고는 문학 사상에서 '부'라는 문체에 대한 새로운 인식을 갖고 있었을 뿐만 아니라, 실제 창작에서도 부 체제의 문학을 새롭게 최고 수준으로 발전시켰다. 그 중에 「양도부」는 바로 천고(千古)의 세월 동안 전해지며 읊어지는 대작(大作)으로, 한대(漢代) 대부(大賦)[56]의 전형

---

55) 曹道衡 主編, 『漢魏六朝辭賦與駢文精品·導論』, 9쪽, 時代文藝出版社, 1995년판.

56) 역자주 : 한부(漢賦)는 사물을 상세히 서술하는 방법을 발전시키고, 초사의 여러 가지 형식적 특징들을 계승하면서, 산문(散文)의 수법들을 더욱 많이 채용함으로써, 그 편장(篇章)들이 방대했으므로, 후에 이를 '대부(大賦)'라고 불렀다. '대부'라

적인 작품들 중의 하나로 여겨지고 있다.

「양도부」는 「양도부서(兩都賦序)」·「서도부(西都賦)」·「동도부(東都賦)」 등 세 부분으로 나뉜다.

「양도부서」는 작자의 사부에 대한 인식을 밝혀 서술하고 있는데, 사부의 연원(淵源)·한부(漢賦)의 흥성 및 당시의 저명한 작가 등을 논술하고 있다. 그러면서 한나라 무제(武帝)와 선제(宣帝) 시대에 "예관(禮官)[57]을 숭상하고, 예악과 제도 등을 완성했으며[崇禮官, 考文章]", "폐(廢)한 것을 흥하게 하고, 끊어진 것을 계승하며, 큰 업적을 더욱 빛나게 하여[興廢繼絕, 潤色鴻業]", 한부의 발전과 흥성에 매우 중대한 촉진 작용을 했다고 생각했다. 동시에 반고는 또한 한부에 대해 매우 높이 평가하고 있는데, 한부가 "뭇 백성들이 처한 상황이나 염원을 표출시켜 완곡하게 권유하는 말들을 진술(陳述)하고[抒下情而通諷諭]", "임금의 덕을 선양하고 충효(忠孝)를 다하도록[宣上德而盡忠孝]" 하는 기능을 갖추고 있어서, "온화함과 관대함이 널리 떨쳐, 후사(後嗣 : 후손-역자)에 드러나니, 이 또한 아송(雅頌[58])에 버금가는 것[雍容揄揚, 著於後嗣, 抑亦雅頌之亞也]"이라고 여겼다. 이어서 반고는 또한 그가 「양도부」를 창작한 의도를 설명했는데, 그 주된 이유는 당시 일부 "장안(長安)의 원로[西土耆老]"들이 옛것만을 숭상하고 지금의 것을 비하하

는 명칭은, 동한 이후의 서정(抒情)을 위주로 서술한 '소부(小賦)'에 대해 대비시켜 부르는 말이다. 대표적인 작품들로는 사마상여(司馬相如)의 「상림부(上林賦)」·양웅(揚雄)의 「장양부(長楊賦)」·반고의 「서도부(西都賦)」·장형(張衡)의 「이경부(二京賦)」 등이 있다.

57) 역자주 : 국가의 각종 의례를 관장하던 관리.

58) 『시경』에 나오는 아(雅)와 송(頌)을 가리키는 것으로, '아'는 속된 음악이 아닌 정통 음악을 가리키며, '송'은 조상들의 공덕을 칭송하는 노래를 가리킨다.

면서, "장안의 옛 법을 높게 평가하고, 낙양(洛陽)에서 나온 의견이나 관점들을 낮게 평가하여[盛稱長安舊制, 有陋洛邑之議]", 동한 조정이 낙양에 수도를 정한 것에 반대하고, 장안으로 천도해야 한다고 주장했기 때문이라고 했다. 이러한 관점을 반박하기 위해, 작자는 붓을 들어 「양도부」를 창작했으며, "수많은 사람들이 미혹되었던 바를 깊게 탐구함으로써, 지금의 법도를 설복시키려고[以極衆人之所眩曜, 折以今之法度]" 했으며, 낙양과 장안이 수도가 된 것의 우열을 비교함으로써, 동한이 낙양에 수도를 정한 것이 옳은 결정이었음을 설명했다.

「서도부」에서는 '장안에서 온 손님[西都賓]'의 입을 빌려, 서한의 수도였던 장안의 풍요로움과 번성함을 묘사하고 있는데, 서한 시대의 사부(辭賦)보다 더욱 광범위하게 당시 사람들이 생활하던 지리적 환경과 장면들을 반영해 냈다. 예를 들면 장안의 산수(山水)·초목(草木)·조수(鳥獸)·진귀한 보물·성시(城市)·궁전·거리·상업·복식(服飾)·인물 등등 포함되지 않은 것이 없었으며, 그 기백(氣魄)이 웅대하고 광경이 장엄하며 화려하다.

먼저 서한의 수도인 장안의 지리 환경을 다음과 같이 소개하고 있다. "한나라의 서쪽 수도는 옹주(雍州)에 있는데, 이를 장안이라고 부른다. 동쪽으로는 함곡관(函谷關)과 두 효산(崤山)[59]의 험준함에 의지

59) 역자주 : 효산(崤山)은 지금의 하남성(河南省) 서부, 영보시(靈寶市)·섬현(陝縣)의 남부에 있다. 효산은 진령산맥(秦嶺山脈)의 동쪽 끝자락으로, 황하를 사이에 두고 산서성(山西省)의 중조산(中條山)과 마주보고 있어, 함께 하나의 암석 협곡을 이루고 있으며, 유명한 삼문협(三門陝)이 있다. 효산은 삼효산(三崤山)이나 이효산(二崤山)이라고도 불린다. 『수경주(水經注)』에는, "효산은 반효산·석효산·천효산이 있기 때문에 '삼효산'이라고도 하며, 또한 동효산과 서효산으로 나뉘기 때문에 '이효산'이라고도 한다.[崤有盤崤石崤千崤之山, 故名'三崤', 又分東崤山西崤山, 故名

하며, 태화산(太華山)과 종남산(終南山)으로 둘러싸여 있다. 서쪽으로는 포사도(褒斜道)[60]와 농수(隴首)의 험준함이 경계를 이루고 있으며, 홍하(洪河)·경수(涇水)·위수(渭水)가 휘감아 흐르고 있다. 오곡이 잘 자라니 9주(州)에서도 가장 풍부하며, 방어하기 좋은 험준함이 있어, 천하의 중심이 되는 곳이다.[漢之西都, 在於雍州, 寔曰長安. 左據函谷·二崤之阻, 表以太華·終南之山. 右界褒斜·隴首之險, 帶以洪河·涇·渭之川. 華實之毛, 則九州之上腴焉, 防御之阻, 則天下之奧區焉.]" 즉 장안은 전체적으로 지세가 뛰어난 매우 중요한 땅이기 때문에, 서주(西周)·진(秦)과 서한이 모두 여기에 도읍을 정했다는 점을 설명하고 있다. 이어서 반고는 더욱 드넓은 기세로 서한의 장안성(長安城) 및 교외(郊外) 들판의 웅대하고 아름다우며, 인구가 많고 물자가 풍성하며 번성하고 있음을 다음과 같이 묘사했다.

"견고한 성(城)을 쌓아 왕성(王城)으로 삼고, 성 주위에 해자(垓字)를 파서 깊은 연못을 이루었으며, 세 개의 넓은 길을 닦고, 사방팔방으로 통하는 열두 개의 문을 세웠다.[61] 성 안에는 거리가 사방으로 통하며, 마을들도 또한 천여 곳에 이르고, 아홉 개의 시장이 열리는데, 상품들은 거리마다 다르며, 사람들은 돌아볼 수도 없고, 수레는 돌릴 수도 없이 성 안에 가득차고 넘치며, 길 옆으로는 수많은 가게들이 늘어서니, 뿌연 먼지가 사방에서 모여들고, 피어오르는 연기는 서

'二崤'.]"라고 기록되어 있다.

60) 역자주 : 포사도는 고대 중국의 관중(關中)으로 통하는 파촉(巴蜀)의 주요 도로로서, 험준하기로 유명하다. 남쪽으로는 포곡(褒谷)의 입구에서 시작하여 북쪽으로는 사곡(斜谷)의 입구까지 이어진 길이어서 붙여진 이름이다.

61) 역자주 : 주례(周禮)에 따르면, 천자(天子)가 거처하는 성(城)은 12개의 문을 두었다고 한다.

로 줄줄이 이어진다. 이 곳의 백성들은 많으면서 부유하고,[62] 즐거움은 끝이 없으며, 도성에 살고 있는 사람들은 남녀 모두 다른 지역과 달라, 유식(遊食)하는 선비들이 공후(公侯)에 비길 만하고, 저잣거리는 희씨(姬氏)나 강씨(姜氏)[63]보다 호사스럽다. 또 향곡(鄕曲 : 시골-역자)의 재덕(才德)이 뛰어난 인물[豪俊]들과 협객들은 지조가 있어 평원군(平原君)과 맹상군(孟嘗君)을 우러러 받들고 본받으며, 명성이 춘신군(春申君)과 신릉군(信陵君)에 버금가니, 많은 사람들과 교류하며, 그들 중 우수한 이들을 초빙하기 위해 힘쓰고 있다.

만약 사방 교외를 살펴보고 근처 고을들을 돌아다녀 보면, 남쪽으로는 두릉(杜陵)과 패릉(覇陵)이 보이고, 북쪽으로는 오릉(五陵)[64]을 볼 수 있다. 또 이름난 도회지들이 성곽을 마주하고 있고, 주위의 고을들은 서로 이어져 있으며, 영재(英才)와 준재(俊才)의 지역이어서, 높은 벼슬아치들이 많이 배출했으니, 네 마리의 말이 끄는 수레[冠蓋]가 구름처럼 많으며, 일곱 명의 상(相)과 다섯 명의 공(公)[65]들을 배출했다.

---

62) 역자주 : 『논어』 「자로편(子路篇)」의 내용에 근거를 두고 있다. 공자가 위(衛)나라에 갈 때 염유(冉有)는 공자가 탄 수레를 몰았다. 공자가 (주위를 보고) "백성이 많구나."라고 말했다. 이에 수레를 몰던 염유가 "이미 백성이 많은 데 또 무엇을 더해야 합니까?" 하고 묻자, 공자는 "백성들을 부유하게 해야 한다."라고 말했다. 염유는 이 말을 듣고, "이미 부유해졌다면, 또 무엇을 더해야 합니까?" 하고 묻자, 공자는 "백성들을 교화시켜야 한다."라고 대답했다.[子適衛, 冉有僕. 子曰, "庶矣哉!" 冉有曰, "旣庶矣, 又何加焉?" 曰, "富之." 曰, "旣富矣 又何加焉?" 曰, "敎之."]

63) 역자주 : 희(姬)는 주(周)나라 때의 성씨이고, 강(姜)은 제(齊)나라 때의 성씨로, 두 나라 모두 매우 세력이 큰 나라였기 때문에, 크고 부강한 나라의 공주(公主)라는 뜻으로 쓰인다.

64) 역자주 : 장릉(長陵)·안릉(安陵)·양릉(陽陵)·무릉(茂陵)·평릉(平陵)을 말한다.

65) 역자주 : '相'과 '公'은 모두 재상(宰相)을 일컫는 말로, 일곱 명의 상과 다섯 명의 공이란, 차천추(車千秋)·황패(黃霸)·왕상(王商)·위현(韋賢)·평당(平當)·위상(魏相)·

주(州)·군(郡)의 호걸들을 불러들이고, 다섯 도회지[五都][66]들의 온갖 재화들이 모여들며, 삼선(三選 : 고위 관리·부자·호족—역자)을 일곱 황제의 능(陵)이 있는 곳으로 이주시켜, 능읍(陵邑)[67]을 받들게 하니, 대체로 중앙이 강해지고 지방의 세력이 약해지게 되었으며, 장안을 융성하게 하여 모든 제후국들을 주의하여 살피고 있다. 왕도(王都 : 장안—역자) 안으로는 그 땅이 천 리(里)에 달하며, ……교외의 들판은 풍부하여, 촉(蜀)나라와 비슷하다고 일컬어진다. ……아래로는 정국거(鄭國渠)와 백거(白渠)가 관통하는 비옥한 땅이 있어, 의식(衣食)의 근원이 되며, 제방은 5만 개를 쌓으니, 이것들이 논밭의 경계가 되어 교묘하게 나누고 있으며, 봇도랑과 밭두둑이 새겨져 있어, 논과 밭이 마치 용의 비늘 같다. 도랑에 물이 넘쳐흐르고 비가 내리면, 가래를 메고 일을 하는 농부들이 구름 같으니, 오곡(五穀)은 이삭을 늘어뜨리고, 뽕나무와 마(麻)는 무성해진다. 동쪽 교외에는 큰 배가 다닐 수 있는 구거(溝渠)가 있고, 위수를 뚫어 황하와 통하게 하니, 배를 산동(山東)으로 띄우고, 회수(淮水)와 호수(湖水)를 끌어들여 바다와도 통하게 되었다. 서쪽 교외에는 황제의 원유(園囿)[68]와 금원(禁苑)이 있고, 숲과 습지가 있으며, 연못들은 촉(蜀)과 한수(漢水)까지 이어져, 주위를 담

왕가(王嘉)·전분(田蚡)·장안세(張安世)·주박(朱博)·평안(平晏)·위상(韋賞) 등이다.

66) 역자주 : 낙양(洛陽)·한단(邯鄲)·임치(臨淄)·완(宛)·성도(成都)를 가리킨다.

67) 역자주 : 황제의 능이 있는 지역에는 능읍(陵邑)이라는 행정구역을 설치했다. 황제의 능이 세워질 때마다 지방에서 세력을 형성하고 있는 이들을 이주시켰는데, 이러한 조치는 원제(元帝) 때 폐지되었다. 원제 이전의 서한 황제들은 모두 7명이었으므로, 이 글의 원문에서는 '七遷'이라고 했다.

68) 역자주 : 황제가 사냥을 할 수 있도록 각종 동물들을 놓아 기르던 일종의 자연동물원이다.

장처럼 둘러싸면서 4백여 리에 이르며, 이궁(離宮)과 별관(別館)이 36곳이고, 신령스러운 연못들도 곳곳에 있다. 그 안에는 구진군(九眞郡)의 기린(麒麟)·대완국(大宛國)의 준마(駿馬)·황지국(黃支國)의 코뿔소·조지국(條支國)의 새들이 있는데, 이것들은 곤륜산(昆侖山)을 넘고 큰 바다를 건너온 외국의 기이한 종류들로, 3만 리 밖 먼 나라들에서 온 것들이다.[建金城其萬雉[69], 呀周池而成淵, 披三條之廣路, 立十二之通門. 內則街衢洞達, 閭閻且千, 九市開場, 貨別隧分, 人不得顧, 車不得旋, 闐城溢郭, 傍流百廛, 紅塵四合, 烟雲相連. 於是旣庶且富, 娛樂無疆, 都人士女, 殊異乎五方, 遊士擬於公侯, 列肆侈於姬·姜. 鄕曲豪俊遊俠之雄, 節慕原·嘗, 名亞春·陵, 連交合衆, 聘騖乎其中.

若乃觀其四郊, 浮遊近縣, 則南望杜·霸, 北眺五陵, 名都對郭, 邑居相承, 英俊之域, 黻冕所興, 冠蓋如雲[70], 七相五公. 與乎州郡之豪杰, 五都之貨殖, 三選七遷, 充奉陵邑, 蓋以强幹弱枝, 隆上都而觀萬國. 封畿之內, 厥土千里, ……郊野之富, 號曰近蜀. ……下有鄭·白之沃, 衣食之源, 隄封五萬, 疆埸綺分, 溝塍刻鏤, 原隰龍鱗, 決渠降雨, 荷鍤成雲, 五穀垂穎, 桑麻敷棻. 東郊則有通溝大漕, 潰渭洞河, 泛舟山東, 控引淮·湖, 與海通波. 西郊則有上囿禁苑, 林麓藪澤, 陂池連乎蜀·漢, 繚以周墻, 四百餘里, 離宮別館, 三十六所, 神池靈沼, 往往而在. 其中乃有九眞之麟, 大宛之馬, 黃支之犀, 條支之鳥, 逾昆侖, 越巨海, 殊方異類, 至三萬里.]”

여기에서 반고는 소박하고 화려하지 않아 보이는 언어를 사용하여,

---

69) 역자주 : ‘萬’이란 길이가 3장(丈), 높이가 1장인 담을 가리킨다. 따라서 ‘萬雉’는 매우 길고 높은 담장을 가리키며, 곧 왕성(王城)을 일컫는 말로 쓰인다.

70) 역자주 : ‘冠蓋’는 네 마리의 말이 끄는 수레를 가리키는데, 높은 벼슬아치들만이 탈 수 있었다. 따라서 “冠蓋如雲”이란, 높은 벼슬아치들을 많이 배출했음을 비유적으로 표현한 말이다.

도성(都城)의 분위기·거리의 번화함·근교 들판의 풍요로움·농업과 잠업의 성황에 대해 구체적이고 생동감 있게 묘사하고 있다. 음조(音調)가 조화롭고 말에 조리가 있으며, 재치 있는 말들을 자주 사용하여, 높은 수준의 언어 활용 능력을 표현해 냄으로써, 예술적 감화력을 극대화했다.

이어서 반고는 '장안에서 온 손님[西都賓]'의 입을 빌려, 장안 궁성(宮城)의 궁실(宮室)·후궁(後宮)들의 생활 및 백관(百官)들의 조회(朝會) 등을 열정적으로 묘사했다. 그리고 미앙궁(未央宮)·소양전(昭陽殿)·신명대(神明臺)·정간루(井幹樓)·태액지(太液池) 등 각종 건축물들의 경관(景觀) 및 그 곳에서 생활하는 황제·후비(后妃)·백관·명유(名儒)·환관·궁녀·호위 무사 등 각계각층 인물들의 활동을 중점적으로 묘사했다. 더불어 진귀한 보석·기이한 화초·희귀한 짐승들을 돋보이게 함으로써, 한 폭의 그림 같이 운치가 가득하면서도 경물의 묘사와 감정의 표현을 잘 융합시켜, 어느 것 하나 포함되지 않은 것 없이 전면적이고 입체적으로 장안의 생활 모습들을 펼쳐 냈다.

반고는 '장안에서 온 손님'의 입을 빌려, 옛날의 장안에 대해 열정적으로 찬양했는데, 이는 겉으로는 장안의 과거 흥성했던 모습을 회고하는 것으로 보이지만, 실제로는 동한 왕조의 중흥과 아울러 서한 왕조를 뛰어넘기를 바라는 간절한 염원이 담겨 있는 것이다. 그는 '동도주인(東都主人)'의 말을 빌려, 장안에서 온 손님이 "옛날의 쌓아 두었던 생각들을 털어놓고 이야기하고, 옛적의 마음속 깊이 담아 두었던 정감들을 생각해 내는 것[攄懷舊之蓄念, 發思古之幽情]"을 말하고 있다. 더불어 "나로 인해서 황도(皇道)가 넓어지고, 나로 인해서 한나라의 수도가 선양(宣揚)되는 것[博我以皇道, 弘我以漢京]"을 바란다고 했는데, 이것은 바로 「서도부(西都賦)」의 요지를 말한 것이다.

「동도부」는 동도주인의 말을 빌려, 서한 후기에 예의와 법도가 사리지게 된 것을 탄식하면서, "낙양(洛陽)의 제도의 훌륭함을 크게 칭찬하고[盛稱洛邑制度之美]", 인의(仁義)와 위덕(威德)의 폭넓음을 칭찬하고 있다. 이는 동한이 낙양에 도읍을 정한 것은 영명하고 정확한 것이었으며, 동한 왕조가 교화와 덕행 방면에서 결코 서한 왕조의 도리에 뒤지지 않다는 것을 말해 주는 것이다.

반고는 동도주인의 말을 빌려, 서한 후기에 "왕망(王莽)이 반역을 하여, 한나라의 제위가 끊어지고, 도(道)가 있는 사람이 죽임을 당하게 되어, 천지와 동서남북[六合]이 서로 멸망하였다. 이에 나라에 난리가 일어나고, 백성들도 무수히 죽임을 당했으며, 귀신은 절멸하고, 골짜기에는 제대로 장례도 치루지 못한 시체들이 가득했으며[王莽作逆, 漢祚中缺, 天人致誅, 六合相滅. 於時之亂, 生民幾亡, 鬼神泯絕, 壑無完柩]", "풍속과 세태가 사람의 정신과 태도를 바꾸어 버린 것을 비통하게 여겼다[痛乎風俗之移人也]."라는 등등의 역사적 사실들을 서술했다. 그리고 동한의 광무제(光武帝) 유수(劉秀)가 "건부(乾符)를 차지하고, 곤진(坤珍)[71]을 밝혀 내어, 천자가 될 계책을 펼치고, 제왕의 문장을 상고하여, 크게 떨쳐 일어나니, 응당 마치 구름이 일어나는 듯했으며[握乾符, 闡坤珍, 披皇圖, 稽帝文, 赫爾發憤, 應若興雲]", 수많은 영웅들을 쓸어 버리고 동한 정권을 수립한 것은 시세에 순응하는 영명한 행위였다고 지적했다.

---

71) 역자주 : 건부와 곤진은 천자가 될 상서로운 징표를 가리키는데, 각각 천신(天神)과 지기(地祇)가 수여하므로 부르는 이름이다.

이어서 반고는 동한 정권이 세워진 이후, 광무제와 명제(明帝)가 진행했던 "천지가 뒤바뀌는[天地革命]" 식의 중대한 개혁을 중점적으로 기술했는데, 그는 이렇게 말하고 있다.

"건무(建武) 원년에, 천지(天地)가 뒤바뀌니(이 때가 후한 정권이 수립된 해임-역자), 온 세상[四海] 안에서는 부부(夫婦)를 새로 시작하듯이 하고, 부자(父子)가 바로잡혔으며, 군신(君臣) 관계가 처음으로 세워지면서, 인륜(人倫)이 진실로 시작되었다. 이는 바로 복희씨(伏羲氏)씨가 황덕(皇德)의 기반을 닦았던 까닭이다. 행정구역을 나누고, 시가지와 조정을 세우고, 배·수레·기계를 만들었으니, 이는 황제(黃帝) 헌원씨(軒轅氏)가 황제의 공업(功業)을 열었던 까닭이다. 하늘의 벌[天罰]을 받들어 실행하고, 하늘의 법도에 따르고 민심에 순종했으니, 이는 탕왕(湯王)과 무왕(武王)이 왕업(王業)을 밝혔던 까닭이다. 도읍을 옮겨 바꾼 것은 은(殷)나라의 반경(盤庚)이 나라를 중흥시킨 방도였으니, 즉 땅의 중심[土之中]에 자리 잡은 것은 주(周)나라 성왕(成王)이 나라를 융성하고 태평하게 다스린 법도였다. 한 척(尺)의 봉토(封土)와 한 사람의 권세가에도 의지하지 않았으니 고조(高祖)와 똑같았다. 극기복례(克己復禮)하여 처음부터 끝까지 받들면서 진실로 공손하셨도다, 문제(文帝)이시여.[72] 법률을 제정하고 옛날을 상고(詳考)하였으며 태산(泰山)에 봉선(封禪)하고 비석을 세웠으니, 위의(威儀)가 빛나도다, 무제(武帝)이시여. '육경(六經)'에 따라 덕행(德行)을 평가하고, 먼 옛일을 상고하여 공(功)을 논하였으며, 성현의 일들을 이미 갖추었으니, 제왕(帝王)의 도

72) 역자주 : 『상서(尙書)』「요전(堯典)」에 있는 말로, "(요임금께서는) 진실로 공손하시고 능히 사양하셨다[允恭克讓]."에서 비롯된 말이다.

(道)가 완비되었도다.[建武之元, 天地革命, 四海之內, 更造夫婦, 肇有父子, 君臣初建, 人倫寔始, 斯乃虙羲氏之所以基皇德也. 分州土, 立市朝, 作舟車, 造器械, 斯軒轅氏之所以開帝功也. 龔行天罰, 應天順人, 斯乃湯·武之所以昭王業也. 遷都改邑, 有殷宗中興之則焉, 卽土之中, 有周成隆平之制焉. 不階尺土一人之柄, 同符乎高祖. 克己復禮, 以奉終始, 允恭乎孝文. 憲章稽古, 封岱勒成, 儀炳乎世宗. 案'六經'而校德, 妙古昔而論功, 仁聖之事旣該, 帝王之道備矣.]"

동한의 명제 시기에는 한 걸음 더 발전했는데, 다음과 같이 기록하고 있다. "주(周)나라 때의 옛 도읍을 넓혀, 낙읍(洛邑)을 세우자, 으리으리하고 아름다웠으니, 한나라의 수도 낙양(洛陽)은 중원 여러 지역들보다 빛났고, 세상의 모든 곳들 중 최고였다. 그리하여 황성(皇城) 내부의 궁실(宮室)은 빛나고, 궐정(闕廷)은 신령하며 아름다웠지만, 호사하기가 지나치지 않았고, 검소했지만 능히 호사스러웠다. 황성 밖은 언덕과 들판을 동산으로 꾸미고, 흐르는 샘물을 채워 연못을 만들었으므로, 물풀이 자라고 물고기가 살았으며, 동산에는 풀이 잘 자라 동물들이 살았으니, 그 모양은 양추(梁騶)[73]와 같고, 그 뜻은 영유(靈囿)[74]와 같았다.[增周舊, 修洛邑, 翩翩巍巍, 顯顯翼翼, 光漢京於諸夏, 總八方而爲之極. 是以皇城之內, 宮室光明, 闕庭神麗, 奢不可逾, 儉不能侈. 外則因原野以作苑, 塡流泉而爲沼, 發蘋藻以潛魚, 豐圃草以毓獸, 制同乎梁騶, 義合乎靈囿.]"

광무제와 명제가 진심을 다해 나라를 다스린 결과, 동한 정권은 큰 발전을 이루어, "무제도 정복하지 못한 지역과 선제(宣帝)가 신하로 삼지 못한 이민족들도 두려워하여 떨지 않는 곳이 없었으니, 한나라를

73) 역자주 : 고대에 천자(天子)가 사냥하던 사냥터를 가리킨다.
74) 역자주 : 주(周)나라 문왕(文王)이 사냥하던 동산의 이름이다.

피해 도망갔다가도 돌아와 복속되었다.[自孝武所不能征, 孝宣所能臣, 莫不陸讋水慄, 奔走而來賓.]" 당시의 동한 정권은, "정월(正月) 초사흗날 아침에, 한나라의 수도에서 여러 제후들이 모였다. 이 날 천자(天子)는 천하[四海]의 도서들을 받고, 여러 나라들이 바치는 진귀한 보물들을 받아들였으며, 안으로는 중원의 여러 제후들을 위무(慰撫)하고, 밖으로는 모든 이민족의 사신들을 맞이했다. 이에 예(禮)와 악(樂)을 성대히 하여 천막을 치고, 조정에서 연회를 베푸는데, 수많은 신료(臣僚)들을 늘어서게 하고 수많은 제후와 공경들을 예식에 참가하게 하니, 황제의 위엄을 모두 드러내고 황제의 위용을 천하에 펼쳐보였다.[春王三朝, 會同漢京. 是日也, 天子受四海之圖籍, 膺萬國之貢珍, 內撫諸夏, 外接百蠻. 乃盛禮樂供帳, 置乎雲龍之庭, 陳百僚而贊群后, 究皇儀而展帝容.]" 이렇듯 동한 정권은 전에 없던 전성기를 누렸다.

반고는 동한 조정이 궁궐을 늘려 새로 짓고, 원유(苑囿)를 새로 만들고, 황제가 사냥을 나가고, 사방의 이민족들을 위무하고, 예절과 의식을 정비한 것 등 여러 가지 개혁 및 동한에 가져다 준 번영과 흥성을 격정에 넘치도록 서술한 다음, 또한 이를 절약과 검소함 덕분으로 돌리면서 다음과 같이 기록하고 있다.

"이와 같이 황제가 직접 조정에서 여러 제후들과 사신들을 맞이하여 개최하는 연회를 관람한 다음, 땅을 촉촉하게 적시는 빗물에 오랫동안 목욕을 하는데, 이는 사치를 좋아하는 마음이 생겨나서 친경(親耕)하기를 게을리 할까 염려해서였다. 이에 옛날의 전장(典章)을 펼쳐 조서(詔書)를 내리며, 관리들을 임명하고, 법을 반포하며, 절약하고 검소할 것을 밝히고, 크게 소박함을 백성들에게 보였다. 또 후궁들의 화려한 장식을 거두게 하고, 수레의 장식을 줄이며, 부정한 직업[淫業]인 공업과 상업을 억제하고, 존귀한 일[上務]인 농업과 잠업(蠶業)을 흥성하게 했다. 그리하여 천하가 말업(末業)[75]을 버리고 본업(本業)으로 돌아가며, 거짓을 등지고 참된 것으로 돌아가니, 여자들은 베를 짜는 기술을 배워 익히며, 남자들을 농사에 힘쓰고, 그릇은 질그릇과 바가지를 사용하며, 옷은 흰색이나 검정색을 좋아하고, 화려한 비단옷을 부끄럽게 여겨 입지 않으며, 지나치게 아름다운 것을 천하게 여길지언정 진귀하게 여기지 않아, 금을 산에 버리고, 진귀한 구슬을 연못에 빠뜨리도록 했다. 이리하여 백성들이 흠을 씻어 내고 잡스러운 것을 제거하여 거울처럼 맑아지고, 몸과 마음[76]이 화합하고 순종하여 조용해졌으며[77], 귀와 눈으로 어지러운 것을 듣고 보지 않아 현혹되지 않으니, 즐기고자 하는 욕심이 근본적으로 사라지고, 곧고 올바른 마음이 생겨났으며, 마음이 여유롭지 않을 수 없어 자득(自得)하게 되니, 옥(玉)과 같이 어질고[78], 쇠의 소리와 같이 지혜로웠다[79]. 이

75) 역자주 : 공업과 상업을 가리킨다.

76) 역자주 : 원문에 있는 "形神"이라는 말을 풀이한 것이다. 이 말은 『회남자(淮南子)』에서는 "'形'은 살아 있는 것의 집이며, '神'은 살아 있는 것을 제어하는 것이다.[形者生之舍, 神者生之制也.]"라고 한 것에서 비롯되었다. 이를 편의상 '몸과 마음'이라고 번역했다.

77) 역자주 : 원문에 있는 "寂漠"이라는 말을 풀이한 것이다. 이 말은 『회남자(淮南子)』에 있는 "화합하고 순종하니 조용해졌다[和顺以寂寞]."라는 말에서 비롯되었다. 따라서 이 말의 원뜻을 살려 번역했다.

78) 역자주 : 『예기(禮記)』에는 "군자가 덕을 옥(玉)에 비유했으니, 온순하고 윤택한 것은 인(仁)이다.[君子比德於玉焉, 溫潤而澤, 仁也.]"라는 말에서 비롯되었다.

79) 역자주 : 『맹자(孟子)』「만장(萬章) 하(下)」에 있는, "쇠로 만든 악기로 소리를 늘어뜨리는 것은 가락을 시작하는 것이고, 옥으로 만든 악기로 거둬들이는 것은 가락을 조리 있게 끝내는 것이다. 가락을 시작하는 것은 지혜로움을 가지고 하는 것이

리하여 천하에 학교(學校)가 숲처럼 많아지고, 상서(庠序)의 문에 사람이 가득하게 되었으며[80], 예(禮)를 갖추어 술잔을 주고받고, 그릇에 음식을 가득 담아 손님을 대접했으며, 아랫사람은 춤을 추고 윗사람은 노래를 부르면서, 덕(德)을 실천하고 인(仁)을 읊었다.[於是聖上睹萬方之歡娛, 久沐浴乎膏澤, 懼其侈心之將萌, 而怠於東作也, 乃申舊章, 下明詔, 命有司, 班憲度, 昭節儉, 示太素. 去後宮之麗飾, 損乘輿之服御, 除工商之淫業, 興農桑之上務. 遂令海內棄末而反本, 背僞而歸眞, 女修織紝, 男務耕耘, 器用陶匏, 服尚素玄, 恥纖靡而不服, 賤奇麗而不珍, 捐金於山, 沈珠於淵. 於是百姓滌瑕蕩穢而鏡至淸, 形神寂漠, 耳目不營, 嗜欲之原滅, 廉正之心生, 莫不優遊而自得, 玉潤而金聲. 是以四海之內, 學校如林, 庠序盈門, 獻酬交錯, 俎豆莘莘, 下舞上歌, 蹈德咏仁.]”

이처럼 동한 정권의 번성하는 모습을 펼쳐 보여 주었을 뿐 아니라, 또한 동한 정권은 결코 ‘번성’하는 중에도 판단력을 잃지 않았으며, 사치와 낭비를 반대하고 절약을 제창하는 통치 정책을 실행했다고 설명하고 있다.

반고는 동한에 대해 열정적으로 칭송한 다음, 또한 말끝마다 ‘오경(五經)’을 들먹이면서 옛것만을 숭상하고 지금의 것을 비하하는 무리

고, 가락을 마무리하는 것은 성(聖)스러움을 가지고 하는 일이다.[金聲也者, 始條理也. 玉振之也者, 終條理也. 始條理者, 智之事也. 終條理者, 聖之事也.]”라는 말에서 비롯되었다.

80) 역자주 : 군국(郡國)의 교육기관을 ‘학(學)’이라 하고, 현(縣)이나 후국(侯國)의 교육기관을 ‘교(校)’라고 했는데, 이후 나라에서 세운 공식적인 교육기관을 가리켜 ‘학교(學校)’라고 했다. 은(殷)나라의 교육기관을 상(庠)이라 했고, 주(周)나라의 교육기관을 서(序)라 했는데, 이를 총칭하여 상서(庠序)라 했다. 이후 상서는 지방 고을의 교육기관을 가리키는 말이 되었다.

들에 대해 비웃으며 풍자하고 질책했는데, 다음과 같이 말했다.

"지금의 논자(論者)들은 단지 우(虞)나라와 하(夏)나라의 일을 기록한 『상서(尙書)』를 외우고, 은(殷)나라와 주(周)나라의 노래인 『시경(詩經)』을 읊으며, 복희(伏羲)와 문왕(文王)의 『주역(周易)』을 강의하며, 공자의 『춘추(春秋)』를 논할 줄만 알 뿐, 옛날과 지금의 옳고 그름[淸濁]에 정통하거나 한나라의 공덕(功德)이 말미암은 바를 궁구할 줄 아는 사람은 드물다. 오직 그대들이 옛날의 전적(典籍)들은 제법 안다고는 하지만, 또한 말류(末流)를 좇기에 급급하여, 옛것을 익혀 그것으로 미루어 새것을 아는 것은 이미 어려운 일이 되어 버렸으며, 지금 왕조의 은덕을 아는 자는 드물어졌도다! 그리고 또한 (서도는-역자) 한쪽으로 치우쳐 서융(西戎 : 서쪽 오랑캐-역자)과 경계하고 있으며, 험준하고 사방이 막혀 있어, 방어하기에는 좋지만, 어찌 (동도가-역자) 천하의 중심에 위치하고 평탄하면서 사방으로 통하여 만방(萬方)의 사람들과 물자들이 많이 모여드는 것보다 낫겠는가? (서도에는-역자) 진령(秦嶺)·구종산(九嵕山)과 경수(涇水)·위수(渭水)가 있다고는 하지만, 어찌 (동도에-역자) 사독(四瀆 : 499쪽 참조-역자)과 오악(五嶽 : 508쪽 참조-역자)이 있고, 황하가 휘감고 있고 낙수(洛水)가 흐르며, 도서(圖書)의 근원[81]인 것만하겠는가? (서도는-역자) 건장(建章)과 감천(甘泉)의 관대(館臺)에서 여러 신선들을 영접한다고 하지만, 어찌 영대(靈臺)[82]나 명당(明

81) 역자주 : '하도낙서(河圖洛書)'를 가리킨다. 「하도(河圖)」는 복희(伏羲)가 황하(黃河)에서 얻은 그림인데, 이것에 근거하여 복희가 『주역(周易)』의 팔괘(八卦)를 만들었다고 한다. 「낙서(洛書)」는 우(禹)임금이 낙수(洛水)에서 얻은 글인데, 이것에 근거하여 우임금은 천하를 다스리는 홍범구주(洪範九疇)를 만들었다고 한다.

82) 역자주 : 고대에 천자가 기상을 관측하는 건물을 가리킨다.

堂)[83]과 더불어, 하늘과 사람들을 한데 조화시키는 것만하겠는가? (서도에는-역자) 태액지(太液池)나 곤명호(昆明湖)가 있고, 날짐승과 들짐승을 기르는 원유(苑囿)가 있기는 하지만, (동도는-역자) 벽옹(辟雍)에서 백성들을 덕으로 교화함을 널리 행하여, 천하에 도(道)와 덕(德)이 충만한 것[84]과 어찌 같을 수 있겠는가? (서도에는-역자) 유협(遊俠)이 매우 많아 의(義)가 무시되고 예(禮)가 지켜지지 않는 것이, 어찌 (동도에서는-역자) 법도를 함께 잘 지키고, 더욱 공손하며 질서가 갖추어진 것만하겠는가? 그들은 진(秦)나라에서 아방궁(阿房宮)을 만들었음을 잘 알고 있지만, 낙양의 제도가 잘 갖추어져 있음을 알지 못한다. 또한 함곡(函谷)의 관문을 걸어 닫을 수 있다는 것은 알지만, 천자께서는 천하를 한 집안처럼 여기고 관문 바깥의 것을 배척하지 않는다는 사실을 알지 못한다.[今論者但知誦虞·夏之『書』, 咏殷·周之『詩』, 講羲·文之『易』, 論孔氏之『春秋』, 罕能精古今之淸濁, 究漢德之所由. 唯子頗識舊典, 又徒馳騁乎末流, 溫故知新已難, 而知德者鮮矣! 且夫辟界西戎, 險阻四塞, 修其防禦, 孰與處乎土中, 平夷洞達, 萬方輻湊? 秦領·九嵕, 涇·渭之川, 曷若四瀆·五嶽, 帶河溯洛, 圖書之淵? 建章·甘泉, 館御列仙, 孰與靈臺·明堂, 統和天人? 太液·昆明, 鳥獸之囿, 曷若辟雍海流, 道德之富? 遊俠逾侈, 犯義侵禮, 孰與同履

83) 역자주 : 천자가 제후들을 접견하고, 하늘에 제사지내는 곳을 가리킨다.

84) 역자주 : 원래 벽옹은 서주(西周) 시대에 천자가 귀족의 자제들을 교육하기 위해 설립한 대학이다. 벽옹(辟雍)의 '벽(辟)'은 '벽(璧)'의 뜻으로, 원형(圓形)의 옥을 가리킨다. '원(圓)'은 하늘을 상징하므로, 결국 '벽(辟)'은 하늘을 본받는다는 의미를 담고 있다. '옹(雍)'은 물을 막아서 저수지를 만든다는 뜻으로, 저수지의 혜택이 여러 백성들에게 돌아가듯이 교화가 천하에 널리 퍼지게 됨을 상징한다. 그러므로 이 글은 벽옹이 있음으로써 물이 흘러가듯이 백성들에 대한 교화가 널리 퍼지게 된다는 뜻을 담고 있다.

法度, 翼翼濟濟也? 子徒習秦阿房之造天, 而不知京洛之有制也. 識函谷之可關, 而不知王者之無外也.]"[85]

여기에서 반고는 대비(對比) 기법을 사용하여, 동한이 낙양에 수도를 정한 것이 정확한 것이었음을 설명하면서, 당시의 복고(復古)를 주장하던 사조(思潮)를 비판하고 동한의 위대함을 찬양하고 있다. 그리하여 옛것을 숭상하고 지금의 것을 천하게 여기는 것에 반대하고, 한나라의 덕을 선양해야 한다는 일관적인 사상과 주장을 완벽하게 구현해 냈다.

「동도부」의 끝부분에는, 「명당(明堂)」·「벽옹(辟雍)」·「영대(靈臺)」·「보정(寶鼎)」·「백치(白雉)」 등 몇 편의 시(詩)들이 있는데, 이 작품들은 한 걸음 더 나아가 낙양의 번성함을 칭송하고, 동한이 낙양에 수도를 정한 것이 정확했다는 것을 설명하는 내용이다.

「양도부」의 구성 형식과 서술 기법은 사마상여(司馬相如)의 「자허부(子虛賦)」를 모방했다. 「자허부」는 장편 대부(大賦)의 전형적인 작품인데, 반고의 「양도부」는 소부(小賦)가 유행하기 시작하던 형세 하에서도 여전히 사마상여를 모방하여 대부를 지었을 뿐만 아니라, 또한 글자 수도 「자허부」를 뛰어넘어 거의 1,200자나 되며, 편폭은 물론 묘사하는 장면도 모두 더욱 전아하고 웅장하다. 「자허부」는 「자허(子虛)」와 「상림(上林)」의 두 부분으로 나뉘며, 「양도부」는 곧 「서도부」와 「동도부」의 두 편으로 나뉜다. 「자허부」는 가상의 인물인 '무시공(亡是公)'이 초(楚)나라의 '자허'와 제(齊)나라의 '오유선생(烏有先生)'이 서로 사냥터

85) 이상의 「양도부(兩都賦)」를 인용한 것들을 모두 『후한서』 권40 「반고전(班固傳)」을 보라.

의 호화스러움을 자랑하는 것에 대해 꾸짖으면서,[86] "천자가 해야 할 옳은 방도를 밝히는[明天子之義]" 내용이다. 「양도부」는 바로 가상의 인물인 '동도주인(東都主人)'이, '장안에서 온 손님[西都賓]'이 장안을 찬양하면서 "조정이 장안으로 천도하기를 바라는 것[望朝庭西顧]"에 대해 비판하고, "낙양 제도(制度)의 훌륭함 찬양함으로써, 서쪽 관중(關中) 인사들의 옳지 않은 주장을 비난하는[盛稱洛邑制度, 以折西賓淫侈之論]" 내용이다. 또한 「자허부」의 앞부분과 뒷부분은, "무시공이 입이 찢어져라 웃으면서 말하기를[亡是公聽然而笑曰]"이라는 말을 이용하여 이어 갔으며, 「양도부」에서는 "동도주인이 탄식하면서 말하기를[東都主人喟然而嘆曰]"이라는 말을 이용한 것 등등 많은 점들을 모방했다.

어떤 사람은 이 때문에 반고의 「양도부」는 가치는 높지 않다고 평가하기도 한다. 그러나 사실은 반고가 단지 형식에서만 사마상여의 작품을 모방했을 뿐, 실제 내용은 매우 다르다. 먼저 반고의 「양도부」는 한부(漢賦) 작품들 가운데 처음으로 도시를 대상으로 삼아 지은 대부(大賦)로서, 사마상여와 양웅(揚雄) 등이 궁전이나 사냥을 묘사하는 부를 창작한 것과 근본적으로 다르다. 다음으로 반고의 「양도부」는 비록 과장된 부분이 있기는 하지만, 기본적으로 사실대로 기록하는 것을 중시했으며, 부에서 서술하고 있는 내용도 거의 실제 사실을 기록했다고 할 수 있다. 그래서 사람들이 이 작품을 읽고 난 다음에, 문학 예술 방면의 즐거움을 얻을 수 있을 뿐만 아니라, 당시의 역사적 사실도 이해할 수 있으며, 심지어 역사 자료로 인용할 수도 있다. 이는 사마상여

86) 역자주 : 무시공(亡是公)과 '자허(子虛)'는 '존재하지 않는 사람'이라는 뜻이며, '오유선생(烏有先生)'은 '어찌 존재할 수 있는가'라는 뜻을 담고 있다.

의 방식이 상상과 허구적 과장에 치중했던 것과는 서로 다른 점이다. 셋째, 반고의 「양도부」는 장안과 낙양 및 그 부근 지역들의 자연 경관과 인문 경관들의 묘사를 중시하면서, 문장의 구성과 배치에도 주의를 기울이고 있다는 점이다. 가령 그는 먼저 장안과 낙양의 지형 및 사회의 번영하고 풍요로운 상황을 서술한 다음에, 다시 구체적인 궁전 등의 경관 및 그 곳에 거처하는 제왕(帝王)·후비(后妃)·백관(百官)·명유(名儒)·환관·궁정의 근위병 등 각계각층 인물들의 활동을 상세하게 묘사했으며, 심지어 유협(遊俠) 등과 같은 사람들의 활동도 표현했다. 동시에 아름다운 보석·기이한 화초·진기하고 보기 드문 짐승들로 돋보이게 하는 데 주의를 기울임으로써, 한 폭의 다양한 정취가 가득하고 경치가 잘 어우러지는 다면적이고 입체적인 도읍의 모습을 펼쳐 냈다. 그리하여 장면들이 또한 기백이 넘칠 뿐만 아니라, 심지어 사마상여 등과 같은 사람들의 작품들보다도 더욱 웅장하고 아름답다. 넷째, 언어의 운용과 어휘의 선택과 문장의 구성 방면에서, 반고는 비록 사실 그대로 묘사하는 데 중점을 두었지만, 또한 곱고 아름다운 리듬감과 크고 우렁찬 음색도 추구했으며, 대구(對句) 속에서 음조(音調)가 잘 어우러지도록 했고, 잘 사용하지 않는 생소한 이체자(異體字)의 사용을 최소화하여, 스스로 일가(一家)를 이룬 전아(典雅)함과 변려(騈儷)[87]가

---

87) 역자주 : '변(騈)'은 두 마리의 말을 나란히 마차에 이은 것을 말하고, '여(儷)'는 두 사람이 나란히 밭을 간다는 뜻이다. 여기에서 '騈儷'는 '하나의 대(對)를 이루는 문장'이라는 뜻으로 사용되고 있다. 이러한 문장을 주로 쓰는 문체를 변려문이라고 한다. 변려문에서는 문장의 리듬감과 아름다운 느낌을 강조하기 위해, 주로 4자와 6자로 이루어진 대구를 많이 사용했기 때문에 '사륙문(四六文)'이라는 별칭으로 불리기도 했다. 게다가 변려문은 음의 평측(平仄)을 지키고 전거(典據)와 문식(文飾)을 중요시하여 화려하게 한 특징을 지녔다.

결합된 문장의 풍격을 표현했다는 점이다. 이는 사마상여 같은 사람들이 구사했던 거침없고 대범한 언어 운용 풍격과 또한 다른 점이다.

바로 「양도부」에서 반고 자신의 저술 특색을 구현해 냄에 따라, 또한 경도대부(京都大賦)[88] 장르를 처음으로 창조했으며, 이로 인해 후세에 상당한 영향을 미쳤다. 장형(張衡)의 「양경부(兩京賦)」 및 "낙양의 종이 가격을 비싸게 만든[洛陽紙貴]"[89] 서진(西晉) 좌사(左思)의 「삼도부(三都賦)」는 모두 반고의 「양도부」에서 영감을 얻고 영향을 받아 창작된 것들이다. 훗날 소통(蕭統)이 편찬한 『문선(文選)』에서는 반고의 「양도부」를 '경도(京都)' 부(賦) 작품들의 제1편에 배치했는데, 이는 「양도부」가 후세에 광범위하게 찬사를 받았음을 충분히 설명해 준다.

이 밖에도 반고의 「유통부(幽通賦)」도 뛰어난 한부(漢賦) 작품인데, 반고가 청년 시절에 자신의 뜻을 서술한 작품이다. 이 작품은 작자의 가족 계보부터 쓰기 시작하여, 자신이 꿈속에서 신인(神人)과 서로 만나고, 이어서 자신의 꿈을 해몽하고 길(吉)함을 얻었다는 내용이 전편(全篇)을 이루고 있다. 그는 역사적으로 몇몇 유명한 인물들의 운명을 되새겨 봄으로써, 자신의 심정을 토로하고 있는데, 자신은 비록 뜻을 아직 이루지 못했지만, 여전히 성현(聖賢)의 도(道)와 자신이 평생 추구하는 목표로서의 원대한 포부는 굳건히 지키고 있다고 말한다. 요컨대, 『한서』 및 「양도부」·「유통부」 등 그의 유명한 한부 작품들이 이룩한 성취로 인해, 곧 반고는 중국 문학사에서 가볍게 여길 수 없는 지위를 확립했다.

88) 역자주 : 나라의 수도를 제재(題材)로 삼는 대부(大賦)를 가리킨다.

89) 역자주 : 매우 많이 보급되었으므로, 낙양에 종이가 부족해져 값이 오를 정도로 인기가 있었다는 의미이다.

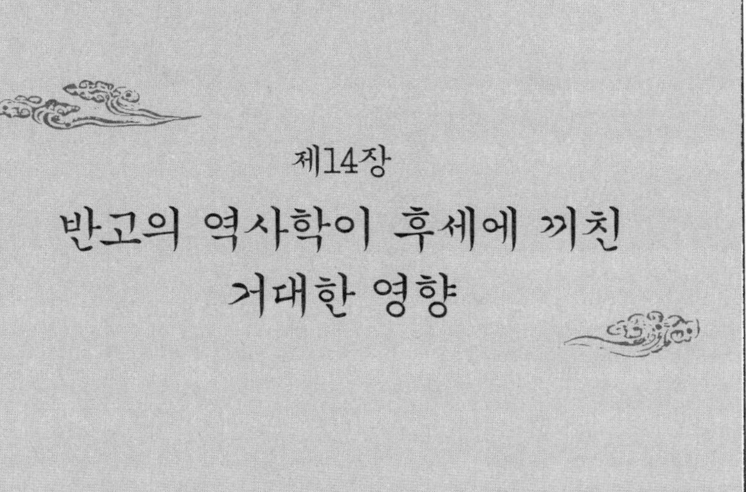

"구름을 뚫고 오를 듯이 뛰어난 필치에 뜻은 자유자재로 거침없이 펼쳐진다[凌雲健筆意縱橫]." 이 말처럼 반고는 거대한 기백과 웅건한 필력으로, 서한(西漢) 시대의 흥망성쇠(興亡盛衰)를 반영해 내고, 광범위한 사회생활과 각종 전장(典章) 제도를 포괄해 낸 『한서』라는 저 위대한 작품을 저술하여, 전통 역사학이 확립한 상징이 되었으며, 후세에 매우 거대한 영향을 미쳤다.

1. 반드시 읽어야 할 책

『한서』가 완성된 다음, 동한(東漢)의 조정에 상주(上奏)하자, 조야(朝野)의 폭넓은 관심을 끌었고, 매우 빠른 속도로 전파되기 시작했으며, 아울러 대단히 높은 명성을 누렸다. 『후한서』「반소전(班昭傳)」의 기록에 따르면, 『한서』에는 많은 고자(古字)들이 수록되어 있고, 또한 수많은 전문적 학문들을 포괄하고 있기 때문에, 그 책이 막 세상에 전파되던 시기에는 대다수의 사람들이 완전히 이해할 수 없었다고 한다. 그래서 한나라의 화제(和帝)는 유교 경전과 다양한 전적들에 정통했던 저명한 학자인 마융[馬融 : 반소(班昭)를 도와 『한서』 「천문지(天文志)」를 완성한 마속(馬續)의 동생]으로 하여금 반고의 누이동생인 반소를 스승으로 모시고, 『한서』를 전문적으로 배운 다음, 다시 마융이 세상에 그 내용을 전수하라고 명령했다. 동한의 화제가 깊은 관심을 기울이는 상황에서, 『한서』를 읽고 연구하는 것은 급속하게 하나의 풍조를 이루었다. 그래서 범엽(范曄)은 『후한서』 「반고전(班固傳)」에서 말하기를, "당시에 그 책을 매우 중시하여, 학자들 중에서 읊고 암송하지 않는 이가 없었다.[當世甚重其書, 學者莫不諷誦焉.]"라고 했다. 이를 통해 『한서』는 동한 시기에 조정 당국과 학자들 사이에서 매우 높은 지위를 차지하고 있었음을 알 수 있다. 이후 반고를 추종하고 『한서』에 주석을 다는 사람들이 끊임없이 증가하여, 『한서』의 지위가 계속 높아지자, "전문적으로 『한서』를 가르치고 배우는 데에까지 이르렀으며, 마침내 '오경(五經)'에 버금가게 되었다.[至於專門受業, 遂與'五經'相亞.]"[1] 삼국(三國)·양진(兩晉)·남북조(南北朝) 시기에 『한서』는 조정 귀족과 일반 사대부들이 반드시 읽어야 하는 책으로 발전하여, 그 지위는 이미 『사기』를 뛰어넘게 되었다. 아래에서 우리는 여러 가지 흥미 있는 사례들을 들 것이며, 이로부터 『한서』가 사람들이 반드시 읽어야 할 필독서가 된 정황을 알 수 있을 것이다.

『삼국지(三國志)』 권59 「오서·손등전(吳書·孫登傳)」의 기록에 따르면, "손권(孫權)은 손등이 『한서』를 읽어, 근대(近代)에 있었던 일들을 익

1) 유지기(劉知幾), 『사통(史通)』 「고금정사(古今正史)」.

혀 잘 알게 하려고 장소(張昭)에게 『한서』를 배우게 했으나, 장소가 하는 일이 지나치게 많다. 이에 장휴(張休)에게 장소를 따라다니면서 『한서』를 전수받고, 돌아와서 손등에게 배운 내용을 전해 주도록 명령했다.[權欲登讀『漢書』, 習知近代之事, 以張昭有師法, 重煩勞之, 乃命(張)休從昭受讀, 還以受登.]" 삼국 시대에 손권은 강동(江東)의 패주(覇主)였는데, 그는 일심으로 자신의 후계자가 강동의 제업(帝業)을 유지할 수 있도록 하려고, 손등을 태자로 삼았으며, 아울러 친히 그의 교육 과정에도 관여하여, 그가 『한서』를 배우게 함으로써, "근대에 있었던 일들을 익혀 잘 알도록[習知近代之事]" 했다. 당시 『한서』를 배우는 데에서 사승(師承) 관계를 매우 중요시했는데, 강동에서 『한서』를 잘 아는 권위자는 바로 손권의 수석 모사(謀士)이자 대신이던 장소였다. 그러나 장소는 처리해야 할 일이 매우 많아 바빴기 때문에, 그 자신이 직접 태자를 가르칠 수 없었으므로, 손권은 태자의 사부(師傅)인 장휴(張休 : 장소의 아들)가 매번 먼저 장소가 있는 곳에 가서 강의를 들은 다음, 다시 태자부(太子府)에 돌아와서 손등에게 강의하도록 했다. 이렇게 하는 것은 비록 매우 불편하고 번거로웠지만, 손권은 『한서』 공부를 각별히 중요시했기 때문에, 태자 손등과 대신인 장소를 비롯하여 그 아래 사람들도 모두 그와 같이 하고 싶어했다.

동진(東晉) 이후에 중원 지역이 분열과 전쟁에 빠져들었지만, 혼란 속에서도 일부 나라들은 군주부터 일반 사대부에 이르기까지, 여전히 『한서』를 깊이 연구하는 것을 대단히 긴요한 일로 여겼다. 십육국(十六國) 시기에 갈족(羯族) 부락의 수령이던 석륵(石勒)이 후조(後趙)를 세웠다. 석륵은 성격이 흉포했지만, 그는 고난과 곡절이 많은 삶을 살아오면서 또한 비범한 군사적 재능도 갖추었다. 그는 글을 읽을 줄 몰랐으나, 언제나 사람들을 시켜서 자신을 위해 『한서』를 읽도록 하여, 그는 책의 대의(大義)를 알고 있었을 뿐만 아니라, 자신의 견해를 밝히기도 했다. 역이기(酈食其)가 한나라 고조(高祖)에게 옛날 전국 시대 육국(六國)의 옛 귀족의 후예들에게 분봉(分封)할 것을 권한 내용을 들었을 때, 석륵은 크게 놀라면서 이렇게 말했다. "이 방법은 당연히 실패할 것인데, 어찌 천하를 얻을 수 있었단 말인가![此法當失, 何得遂成天下!]" 이 말의 뜻은, 그와 같은 방법은 이미 시대에 맞지 않았는데, 고조가 어떻게 하여 천하를 얻을 수 있었는지 모르겠다는 것이다. 그 다음에 장량(張良)이 간언한 말을 읽고는, 석륵은 또한 말하기를 "다행히도 이것이 있었구나[賴有此耳]."라고 했다. 즉 다행히도 장량이 정확한 건의를 했기에, 고조가 승리를 거둘 수 있었다는 말이다.[2] 이 이야기는, 당시 중원 지역에 들어왔던 이민족들이 점차 한화(漢化 : 중국에 동화됨-역자)되어 가는 과정에서, 『한서』는 중요시되던 하나의 역사 교재였다는 것을 말해 준다.

남북조 시기에 진(陳)나라는 북주(北周)와 대치하고 있었다. 진나라 선제(宣帝) 때, 사관(史館)[3]에 파견되어 근무하던 요찰(姚察)은 통직산기상시(通直散騎常侍)[4]의 신분이었는데, 북주에 사신으로 갔다. 요찰은 『한서』를 깊이 연구했으며, 많은 책들을 저술하여 남조(南朝)에서 존경을 받았을 뿐만 아니라, 북주의 사대부들 중에도 그의 학문을 흠모하는 사람들이 있었다. 당시 북주에는 『한서』를 연구하는 전문가

2) 『진서(晉書)』 권105 「석륵재기(石勒載記)」를 참조하라.
3) 역자주 : 역사 편찬을 담당하던 부서.
4) 역자주 : 황제의 명령을 출납하던 관직.

가 한 사람 있었으니, 그가 바로 당시 이름을 떨치던 패국(沛國)의 사대부 유진(劉臻)으로, '노문학사(露門學士)'[5]였으며, 『한서』를 매우 좋아했다. 나중에 그는 북주에서 수(隋)나라로 들어갔는데, 『수서(隋書)』 「문학전(文學傳)」에서는 그를 첫 번째로 거론하면서, 그가 "『한서』와 『후한서』에 정통하여 당시 사람들이 '한성(漢聖)'이라고 불렀다.[精於『兩漢書』, 時人稱爲'漢聖'.]"라고 했다. 남북조 시기에 북주와 진나라는 대립하고 있던 정권이었으므로, 관리들끼리의 사적인 접촉은 몹시 기피되었다. 그러나 유진은 그 때 요찰이 사신으로 온 것은, 바로 서로 학문을 연구하고 토론할 수 있는 더없이 좋은 기회라고 여겼다. 그리하여 사람들이 부주의한 틈을 타, 몰래 그가 머무는 공관으로 가서 요찰에게 가르침을 청하면서, 숨 돌릴 틈도 없이 10가지의 의문 사항들에 대해 물었다. 요찰은 이러한 모습을 보고 매우 감동하여, 유진이 제기한 문제들에 대해서 하나하나 상세하게 답을 해주자, 유진은 그의 이야기를 듣고 연신 고개를 끄덕이면서 매우 기쁘게 그의 가르침을 받아들였다.[6] 유진은 『한서』를 깊이 연구하기 위해 위험을 무릅쓰고, 일반인들이 보기에 '적국(敵國)'에서 온 사신에게도 가르침을 구해 찾아간 것이다. 이는 바로 반고의 역사학이 당시 사대부들에 대해 매우 큰 흡인력을 갖고 있었다는 사실을 잘 말해 주며, 또한 남북조 시기에 남조와 북조 간의 문화 교류에서 미담이 되었다.

이로써 알 수 있듯이, 삼국 시대·오호십육국 시대·남북조 시대에는 군주부터 일반 사대부들에 이르기까지, 확실히 『한서』를 반드시

5) 역자주 : 노문(露門)은 북주 시대의 학교 명칭이다. 여기에서는 황태자나 귀족의 자제들을 선발하여 교육하였는데, 이 곳의 교육을 담당하던 학자들을 노문학사라 했다.
6) 이상의 내용은 『진서(陳書)』 권27 「요찰전(姚察傳)」을 참조하라.

읽어야 할 역사 교재로 삼고 있었으며, 반고도 또한 『한서』의 지위가 끊임없이 높아짐에 따라 남과 북 모두에서 이름을 떨쳤다.

이러한 분위기에 편승하여 삼국·양진(兩晉)·남북조 시대에는 많은 학자들이 전문적으로 『한서』에 대해 주석을 달아 전수(傳授)하는 작업을 진행하기 시작하여, 적지 않은 명가(名家)들이 배출되었다. 그들 중 주요 인물들로는 응소(應劭)·복건(服虔)·위소(韋昭)·유현(劉顯)·하후영(夏侯詠)·진작(晉灼)·육징(陸澄)·위릉(韋稜)·요찰·항대(項岱) 등이 있었다. 처음에는 글자의 음과 뜻을 해석하는 사람들이 다수를 차지했는데, 주요한 것들로는 응소의 『한서집해(漢書集解)』 115권·『한서집해음의(漢書集解音義)』 24권[7], 복건의 『한서음훈(漢書音訓)』 1권, 위소의 『한서음의(漢書音義)』 7권, 유현의 『한서음(漢書音)』 2권, 하후영의 『한서음』 2권, 맹강(孟康)의 『한서음』 9권 등이 있다. 그 후에 한 걸음 더 발전하여 전고(典故)와 지리(地理)에 대한 주석을 중시했는데, 주요한 것들로는 진작의 『한서집수(漢書集注)』 13권, 육징의 『한서주(漢書注)』 102권(당나라 초기까지는 단지 한 권만이 남아 있었으며, 그 나머지는 모두 유실되었다.), 위릉의 『한서속훈(漢書續訓)』 3권, 요찰의 『한서훈찬(漢書訓纂)』 30권·『한서집해(漢書集解)』 1권·『정한서의(定漢書疑)』 2권 등이 있다.

이 시기에는 『한서』에 대해 주석하여 전수하는 것이나 반고에 대한 평가가, 모두 『사기』와 사마천을 뛰어넘었다. 당나라 초기에 위징(魏徵) 등이 주도하여, 당나라 초기 이전의 전적들에 대해 한 차례 대규모 정리 작업을 시행했으며, 이에 근거하여 『수서(隋書)』「경적지(經

7) 안사고(顔師古)의 『한서서례(漢書敍例)』에서는 『한서집해음의』를 신찬(臣瓚)이 지었을 것이라고 했다.

籍志)」를 편찬했다. 『수서』「경적지」는 한나라 때부터 당나라 때까지(주로 삼국·양진·남북조 시기)의 문헌과 전적들을 수록하고 있는데, 그 가운데 『사기』를 주석한 저작은 단지 배인(裵駰)·서야민(徐野民)·추탄생(鄒誕生)이 지은 세 가지에 불과하지만, 『한서』를 주석한 저작은 20여 종에 달하며, 만약 수나라와 당나라 시기 사람들의 저작을 제외하더라도 17종 정도나 된다. 당나라 안사고(顔師古)의 『한서서례(漢書敍例)』에서는 삼국·양진·남북조 시기까지 『한서』를 주석한 사람들로, 복건·응소·진작·신찬(臣瓚)·채모(蔡謨) 등 23명의 학자들을 열거하고 있다. 유지기(劉知幾)는 『사통(史通)』에서, 『한서』는 이미 역사를 편찬하는 기본적인 양식을 제시했다고 높게 평가했는데, 그는 삼국·양진·남북조 시대에 『한서』가 존중받던 상황을 총괄하면서 말하기를, "한나라 말기부터 진나라에 이르기까지, 그것(『한서』-인용자)을 주석한 사람은 모두 25명이었다.[始自漢末, 迄乎陳世, 爲其注解者凡二十五家.]"라고 했다. 그의 통계에 따르면, 삼국·양진·남북조 시기에 『한서』를 주석한 사람은 모두 25명인데, 이는 『한서서례』의 통계보다 두 사람이 더 많다. 이러한 기록들로부터 『한서』는 『사기』보다 세상 사람들로부터 더 중시되었다는 것을 알 수 있다. 당연하지만, 위(魏)·진(晉)·남북조(南北朝) 시기에 『한서』에 대한 주해(注解)가 『사기』보다 훨씬 많았던 것은 다음과 같은 상황과 관계가 있다. 즉 반고는 유명한 고문(古文) 경학가(經學家)여서, 『한서』에는 수많은 고문자(古文字)를 사용했으나 『사기』에는 고문자를 조금밖에 사용하지 않았으며, 심지어 인용된 고문자마저도 당시에 사용되던 문자로 번역했기 때문에, 『사기』는 『한서』보다 읽기 쉽고 이해하기도 쉬웠으므로 많은 주석이 필요하지 않았다는 점이다. 『한서』의 주해(注解)들 중 대다수가 음운(音韻)이나 글자의 뜻을 해석하는 데에 편중되어 있음을 비추어 보더라도, 이 점을 설명할 수 있다. 당나라의 안사고가 『한서』에 대해 비교적 전면적으로 주석한 이후로, 『한서』는 더 이상 배우기 어려운 책이 아니었으며, 그 책에 대한 주석도 현저하게 감소했다.

당시의 학자들은 반고와 『한서』에 대해 매우 높게 평가했는데, 서진(西晉)의 부현(傅玄)은 말하기를, "맹견(반고의 자-역자)의 『한서』를 보았는데, 진실로 한 시대의 뛰어난 저작이다.[觀孟堅『漢書』, 實命世之奇作.]"[8]라고 했다. 당대(唐代)의 유지기는 『한서』가 이미 역사를 기술하는 기본적인 법식으로 여겨지게 되었다고 높게 평가하면서, "그 때부터 지금까지 이 방법이 바뀌지 않았다.[自爾迄今, 無改斯道.]"라고 하여, 삼국·양진·남북조 시기의 기전체(紀傳體) 역사서의 편찬은 기본적으로 모두 반고가 창시한 단대사(斷代史) 체제를 모방하고 있다고 생각했다. 또한 말하기를, 삼국·양진·남북조 시기에는 『한서』를 높이 받들어, "전문적으로 『한서』를 배우게 되었으며, 마침내 '오경(五經)'과 버금가는 지위가 되었다.[至於專門受業, 遂與'五經'相亞.]"[9]라고 하여, 당시 『한서』의 지위가 유가(儒家)의 경전인 오경의 바로 다음이었다고 생각했다. 당나라 때 『사기』를 연구한 또 한 사람의 전문가인 사마정(司馬貞)은 그가 지은 『사기색은(史記索隱)』에서 말하기를, 『사기』는 "반고의 『한서』에 비해 예스럽고 질박한 느낌이 적기 때문에, 한(漢)나라와 진(晉)나라의 명현(名賢)들은 『사기』를 중요시하지 않았

8) 유지기, 『사통(史通)』에서 인용.
9) 유지기, 『사통』 「고금정사(古今正史)」.

다.[比於班書, 微爲古質, 故漢晉名賢未知見重.]"라고 하여, "한나라와 진나라의 명현들[漢晉名賢]"은 『한서』를 『사기』보다 더 중시했다고 말했다. 명대(明代)의 학자인 호응린(胡應麟)도 또한 말하기를, "『사기』와 『한서』라는 두 저작은, 위(魏)·진(晉) 시대에도 여전히 논의가 분분하여 정설(定說)은 없었지만, 반고를 높게 평가하는 사람이 대략 열에 일곱은 되었다.[『史』·『漢』二書, 魏晉以還紛無定說, 爲班左袒蓋十七焉.]"[10]라고 했다. 이처럼 삼국·양진·남북조 시기에 『한서』는 『사기』보다 훨씬 더 높이 평가되었음을 알 수 있다.

당연히 이 시기에도 반고의 『한서』가 사마천의 『사기』보다 못하다고 생각하는 사람들이 있었으니, 그들 중 가장 저명한 사람은 진(晉)나라의 장보(張輔)인데, 그는 반고와 사마천의 우열을 논하면서 다음과 같이 말했다. "세상 사람들이 사마천과 반고의 재능의 우열을 논하면서 대부분 반고가 뛰어나다고 말한다. 하지만 나는 이것이 잘못이라고 생각한다. 사마천의 저술은 말을 아껴 역사적 사실들을 거론하여, 3천 년 동안에 있었던 일을 서술하면서 단지 50만 자(字)로 표현해 냈다. 그러나 반고는 200년 동안에 있었던 일을 80만 자로 서술했으니, 말의 번거로움과 간략함이 같지 않은데, 이것이 반고가 사마천보다 못한 첫 번째이다. 훌륭한 역사가는 역사적 사실을 서술하면서, 선한 일은 족히 장려하고 권하며, 악한 일은 족히 살피고 경계해야 하며, 변치 않는 사람의 도리나 그다지 중요하지 않은 일들은 또한 취하지 않지만, 반고는 이러한 것들까지 모두 기록했으니, 이것이 반고가 사마천보다 못한 두 번째이다. 조조(鼂錯)를 폄훼하여, 충신의

10) 호응린, 『소실산방필총(少室山房筆叢)』 권13.

도(道)를 손상했으니, 이것이 반고가 사마천에 미치지 못하는 세 번째이다. 사마천은 역사서를 기술하는 새로운 방법을 창조했지만, 반고는 그저 구태의연한 방식을 답습했으니, 그 어렵고 쉬움은 더욱 같지 않다.[世人論司馬遷·班固才之優劣, 多以固爲勝. 余以爲失. 遷之著述, 辭約而事擧, 敍三千年事惟五十萬言, 固敍二百年事乃八十萬言, 煩省不同, 固之不如遷一也. 良史述事, 善足以獎勸, 惡足以監誡, 人道之常, 中流小事, 亦無取焉, 而班皆書之, 不如二也. 毁貶晁錯, 傷忠臣之道, 不如三也. 遷旣造創, 固又因循, 難易益不同矣.]"[11] 장보는 주로 글자 수의 많고 적음·소재 선택의 좋고 나쁨·포폄(褒貶 : 칭찬과 비판-역자)이 적합한지 그렇지 않은지·서술 체제의 창조성과 구태의연함이라는 점들을 기준으로 평가하면서, "반고는 열등하며 사마천이 뛰어나다[劣固而優遷]."라는 관점을 제기했다. 장보는 비록 반고와 『한서』가 사마천과 『사기』에 미치지 못한다고 생각했지만, 그의 글에서 "세상 사람들은 사마천과 반고의 재능의 우열을 논하면서 대부분 반고가 뛰어나다고 말한다."라고 한 것을 보면, 여전히 당시 사람들이 일반적으로 『한서』를 『사기』보다 더 높이 평가했다는 것을 알 수 있다. 우리는 또한 남조(南朝) 양(梁)나라의 소명태자(昭明太子)인 소통(蕭統)이 편찬한 『문선(文選)』의 「사론(史論)」과 「사술찬(史述贊)」에서 선별하여 수록하고 있는 대표적인 작품들로부터도 이러한 점을 알 수 있다. 이 책은 『한서』에서 「공손홍전찬(公孫弘傳贊)」·「고제기찬(高帝紀贊)」·「성제기찬(成帝紀贊)」·「한팽영노전찬(韓彭英盧傳贊)」 등 네 편의 글을 선별하여 수록하고 있지만, 『사기』에서는 한 편도 수록하지 않았다. 이것도 또한 당시 사람들이 얼마나 『한서』를

11) 엄가균(嚴可均) 편집[輯], 『전진문(全晉文)』 권105.

받들어 숭상했는지를 반영해 주고 있다.

2. '한서학(漢書學)'의 흥성

수(隋)·당(唐) 시기에는 계속하여 『한서』를 숭상했으며, 또한 그 기반 위에서 정식으로 '한서학'이 형성되었다. 『신당서(新唐書)』 「유학전(儒學傳)」에서는 이러한 현상을 개괄하여, "이 때에 '한서학'이 크게 흥성했다[是時『漢書』學大興]."[12]라고 기술하고 있다. 청(淸)나라 사람인 조익(趙翼)은 또한 말하기를, 당나라 초기에는 "삼례(三禮)[13]의 학문이 가장 중요시되었으며[最重三禮之學]", "그 다음이 『한서』에 관한 학문이었다[次則『漢書』之學]."라고 했듯이, "당시에 『한서』에 관한 학문이 크게 유행하여[當時『漢書』之學大行]"[14], 『한서』를 연구하는 것이 '삼례'를 연구하는 것 바로 다음으로 저명한 학파를 이루었다.

앞에서 서술했듯이, 진나라에서 수나라로 들어온 요찰(姚察)과 북주(北周)에서 수나라로 들어온 유진(劉臻)은 모두 수나라 초기의 저명한 『한서』학의 명가(名家)들이었다. 요찰은 『한서훈찬(漢書訓纂)』·『한서집해(漢書集解)』·『정한서의(定漢書疑)』 등의 저작들을 저술했으며, 유진은 『한서』에 정통했으므로 '한성(漢聖)'이라고 칭송되었다.

이 밖에도 수나라 초기에 일개 망국(亡國)의 귀족 신분이었지만, 『한서』와 다른 전적(典籍)들에 정통하여, 수나라의 상층 사회 사람들

---

12) 『신당서』 권198 「유학전(儒學傳) 上·경파전(敬播傳)」.

13) 역자주 : 삼례는 옛날의 예절에 대해 다룬 경서인 『예기(禮記)』·『의례(儀禮)』·『주례(周禮)』를 가리킨다.

14) 『입이사찰기(廿二史札記)』 권20 「당초삼례한서문선지학(唐初三禮漢書文選之學)」.

이 중요시했고, 또한 작위(爵位)까지 받은 이가 있었으니, 이 사람이 바로 소해(蕭該)였다. 그는 원래 양(梁)나라 파양왕(鄱陽王)인 소회(蕭恢)의 손자로, 일찍이 유후(攸侯)에 봉해졌었다. 양나라가 멸망한 다음, 그는 대학자인 하타(何妥)와 함께 수나라의 수도 장안(長安)으로 갔다. 소해는 『한서』에 정통했으므로, "『한서음의(漢書音義)』를 지었는데, 당시 매우 귀하게 여겨졌으며[嘗撰『漢書音義』, 爲當時所貴]", 관가(官家)와 선비들에게 매우 중시되었다. 또한 산음현공(山陰縣公)이라는 작위를 받았으며, 국자박사(國子博士)에 임명되었다. 국자감(國子監)의 또 다른 교사(教師)였던 포개(包愷)도, "또한 『한서』에 정통했는데[亦精『漢書』]", 『한서음(漢書音)』 12권을 지었다. 이들 두 사람은 당시 『한서』 연구의 명가들이었다. "세상에서 『한서』를 배우는 자들은 소해와 포개를 근본으로 삼았다.[世之爲『漢書』學者, 以蕭·包兩家爲宗.]" 이들 두 사람은 제자들을 모아 가르쳤는데, 제자의 명부에 이름이 올라 있는 선비들이 많아 수천 명에 달했다.[15] 이로부터 우리는 '『한서』학'이 전에 없던 성황(盛況)을 누렸음을 상상할 수 있다.

당대(唐代)에 이르러 『한서』학은 계속 발전하여 '크게 번성하는[大興]' 추세에 있었으며, 아울러 『한서』를 깊이 연구한 총괄적인 저작들이 출현했다. 먼저 안유진(顔遊秦)이 지은 『한서결의(漢書決疑)』 12권이 있는데, 그 내용이 정확하고 타당하여, "학자들이 말하기를, 훗날 안사고(顔師古)가 『한서』를 주석하면서, 상당히 많이 이 책의 해석을 채용했다고 했다.[爲學者所稱, 後顔師古注『漢書』, 竝多取其義耳.]"[16] 안유진

15) 이상의 내용은 『수서(隋書)』 권75 「유림전(儒林傳)」·조익(趙翼) 『입이사찰기』 권20 「당초삼례한서문선지학」을 참조하라.

16) 『구당서(舊唐書)』 권73 「안사고전(顔師古傳)」.

을 포함하여 역대 학자들이 『한서』를 주석하여 이룩해 낸 기초 위에서, 안사고가 『한서주(漢書注)』를 편찬함으로써, 하나의 집대성을 이루었다. 그는 방대한 자료를 수집하고 판별해 냈으며, 글자 음(音)의 표기·글자의 뜻·제도·역사적 사실·오류의 지적 등 모든 방면들에서 대단한 성취를 거두어, 역대의 학자들이 『한서』를 연구하는 데에 빼놓을 수 없는 참고 저작이 되었다. 안사고는 특별히 「한서서례(漢書敍例)」라는 글을 써, 다음과 같은 세 가지 문제들을 집중적으로 논술했다. 첫째는 동한 이래 주요한 주석들이 이룬 성과를 총괄하여, 그 장점과 단점을 평론했고, 둘째는 자신이 한 주석의 요구와 의도를 논술했으며, 셋째는 『한서』에 주석을 다는 데 공헌했던 학자들을 모두 열거하고, 그들의 이름과 작위 및 간략한 생애를 밝혀 기록함으로써, 그들의 업적을 표창(表彰)했다.

안사고의 이 작업은 매우 뛰어났으므로, 당시 태자(太子) 이승건(李承乾)은 정식으로 이 『한서주』를 당나라 태종(太宗)에게 바쳤는데, 태종은 매우 높이 평가하면서 안사고에게 비단 200단(段)·명마 한 필(匹)을 하사하여 그 공을 치하했다. 당시의 학자들은 두예(杜預)가 주석한 『좌전(左傳)』과 안사고가 주석한 『한서』를 같이 거론하면서, 이들 두 사람은 원저작을 더욱 빛나게 한 공신들이라고 칭찬했다. 송(宋)나라 사람 조보지(晁補之)는 칭찬하면서 이렇게 말했다. "안사고는 『한서』를 풀이했기 때문에 충신(忠臣)이라는 이름을 얻었으며, 그 일에 온 힘을 다했다. 『한서』는 안사고의 연구를 거치기 이전에는 대략 몇 명의 명가들이 있었지만, 안사고의 연구를 한 번 거친 다음에는, 사람들이 그 설을 바꿀 수 없었다. 가령 단어나 사구(辭句)의 배치 정도만 바꿀 수 있었으니, 마치 그의 업적은 달이나 별처럼 밝고 빛났으니, 그보다 더 뛰어날 수는 없었다.[顔師古解『漢書』, 所以得忠臣之名者, 以其盡之矣. 『漢書』未經顔氏之前, 凡幾家, 一經顔氏之後, 人不能易其說. 縱有措辭易之者, 如明月曉星, 不能有其明也.]"[17]

조정에서 중시한 것과 안사고의 주석이 성공한 것은, 의심할 여지없이 『한서』학을 한층 더 촉진시켰다. 『신당서(新唐書)』「유학전(儒學傳)」의 기록에 따르면, 당시 『한서』를 연구하던 수많은 학자들 가운데 가장 유명한 이는 유백장(劉伯莊)·진경통(秦景通) 형제·유눌언(劉訥言) 등이었는데, 모두 '명가(名家)'로 불렸다. 유백장은 『한서음의(漢書音義)』 20권을 지었으며, 진경통과 그의 동생 진경위(秦景暐)는 모두 『한서』에 정통했기 때문에 '대진군(大秦君)'과 '소진군(小秦君)'으로 불렸다. 이 밖에 『신당서』「경파전(敬播傳)」의 기록에 따르면, 요사렴(姚思廉)은 어려서부터 아버지 요찰(姚察)로부터 『한서』를 배웠으며, 요사렴의 손자 요정(姚珽)은, "요찰이 쓴 『한서훈찬(漢書訓纂)』을, 나중에 『한서』를 주석했던 많은 사람들이 (원저자의-역자) 이름을 숨긴 채, 훔쳐다 자신의 주장으로 삼자[以(姚)察所撰寫『漢書訓纂』, 多爲後之注『漢書』者隱其姓氏, 攘爲己說]", "『한서소훈(漢書紹訓)』 40권을 저술하여, 자신의 가학(家學)임을 드러내어 밝혔다.[撰『漢書紹訓』四十卷, 以發明其家學.]"[18] 이처럼 수나라 초기 이래로 『한서』에 정통했던 사람들은 이미 4대(代)에 걸친 명가들이 있었으니, 즉 제1대는 요찰, 제2대는 소해와 포개, 제3대는 안사고, 제4대는 유백장·진경통과 진경위 형제·유눌언이었다.

---

17) 능치륭(凌稚隆), 『한서평림(漢書評林)』을 인용.
18) 『입이사찰기』 권20 「당초삼례한서문선지학」.

유지기(劉知幾)는 『한서』를 존숭한 대표적인 인물들 중 한 사람인데, 그는 역사적으로 역사서들의 저술 체제 및 그 저자의 식견 등을 총괄해 냈으며, 『사기』와 『한서』에 대해 평론했다. 그는 이렇게 말했다. "『사기』와 『한서』를 좇아 계속 저술하여, 끊이지 않고 이어졌다. 왕충(王充)은 첫째가 반고이고 둘째가 사마천이라고 썼으며, 장보(張輔)는 반고는 열등하며 사마천이 뛰어나다고 주장했다. 그러나 이 두 역사서는 비록 서로 장점과 단점이 있고, 성공과 실패에 대한 평가가 엇갈리지만, 대체로 같은 풍격(風格)을 갖고 있으니, 동류(同類)라고 할 수 있다.[逮『史』·『漢』繼作, 踵武相承. 王充著書, 旣甲班而乙馬, 張輔持論, 又劣固而優遷. 然此二書, 雖互有修短, 遞聞得失, 而大抵同風, 可爲連類.]"[19] 그는 "첫째가 반고이고 둘째가 사마천[甲班乙馬]"이라거나, "반고는 열등하고 사마천이 우수하다[劣固優遷]."라는 등의 평가는 잘못된 것이라고 생각했으며, 『사기』와 『한서』에 대해서 각각 따로 긍정적인 평가를 했다. 그리고 사마천과 반고는 "같은 풍격[同風]"이라고 했는데, 즉 이 두 역사가가 서로 같은 격조(格調)와 수준(水準)을 갖고 있다고 보았다. 그러나 유지기는 한 조대만을 떼어 내어[斷代] 역사로 삼는 것을 높게 평가했기 때문에, 그는 『한서』를 매우 높이 평가했다. 그는 생각하기를, 『한서』가 "서도(西都 : 장안-역자)의 처음과 끝을 탐구하고, 유씨(劉氏) 왕조의 흥망을 깊이 연구했으며, 한 시대를 빠짐없이 다 취하여, 한 권의 책을 저술했다. 그 언어는 모두 잘 정련되었으며, 기록된 사건들은 모두 매우 상세하기 때문에, 학자들이 깊이 탐구하려고 할 때, 그 일을 쉽게 해준다.[究西都之首末, 窮劉氏之廢興, 包擧

19) 유지기, 『사통(史通)』「감식(鑑識)」.

一代, 撰成一書. 言皆精煉, 事甚該密, 故學者尋討, 易爲其功.]"[20]라고 하여, 반고가 "식견이 뛰어나고 박학다식하다[俊識通才]."[21]라고 여겼다. 그는 또한 말하기를, 반고는 또 폭넓게 자료를 취하는 것을 중요시하여, 『한서』를 저술하면서 『사기』 및 『신서(新書)』·『설원(說苑)』·『칠략(七略)』에 수록된 내용들을 채용했는데, "그 때문에 당시에 믿음을 얻을 수 있었으며, 천 년의 세월 동안 이름을 떨치게 되었다.[故能取信一時, 擅名千載.]"[22]라고 했다. 그리고 『한서』는 "구사한 언어가 유독 온아(溫雅)하고, 기록된 내용이 매우 이치에 합당하다. 그것이 더욱 뛰어난 것은, 『요전(堯典)』·『탕고(湯誥)』의 풍격을 갖추고 있어, 문채가 매우 아름다워, 진실로 읊을 만하다는 것이다.[辭惟溫雅, 理多愜當. 其尤美者, 有典誥之風, 翩翩奕奕, 良可詠也.]"[23]라고 높이 평가했다. 유지기는 반고 역사학의 각 방면들에 대해 이처럼 높이 평가했으므로, 후세 사람들에게 "첫째가 반고이고 둘째가 사마천"이라고 평가한 전형적인 대표 인물로 여겨지게 되었다.

『수서(隋書)』「경적지(經籍志)」에서는 다음과 같이 개괄적으로 기술하고 있다. "『사기』와 『한서』는 후세 사람들이 본받고 계승하여, 모두 주석이 있게 되었다. 양(梁)나라 때에는 『한서』의 내용을 명확하게 설명한 사람들로 유현(劉顯)과 위릉(韋稜)이 있었으며, 진(陳)나라 때에는 요찰이 있었고, 수(隋)나라 때에는 포개와 소해가 있었는데, 모두 명가가 되었다. 『사기』를 전수하는 사람은 매우 적었다.[『史記』·『漢書』, 師

20) 유지기, 『사통』「육가(六家)」.
21) 유지기, 『사통』「사관건치(史官建置)」.
22) 유지기, 『사통』「채찬(采撰)」.
23) 유지기, 『사통』「논찬(論贊)」.

法相承, 竝有注釋. 梁時, 明『漢書』有劉顯·韋棱, 陳時有姚察, 隋代有包愷·蕭該, 竝爲名家. 『史記』傳者甚微.]" 『구당서(舊唐書)』 「경적지(經籍志)」에는, 『사기』를 주석한 것과 관련이 있는 저서는 5부(部)이며, 『한서』를 주석한 저서는 24부가 있다고 기록되어 있다. 『신당서(新唐書)』 「예문지(藝文志)」에 기록되어 있는, 『사기』를 주석한 것과 관련이 있는 저작은 『구당서』 「경적지」의 기록과 같은데, 『한서』를 주석한 것과 관련된 저작은 1부가 더 많아서 25부라고 기록되어 있다. 따라서 『한서』를 주석한 저작은 『사기』를 주석한 저작의 5배에 달했다. 당시에는 『사기』를 연구하는 학자들도 또한 『한서』가 보편적으로 숭앙받는 사실에 대해 감탄했다. 『사기색은(史記索隱)』의 저자이자 당대(唐代)의 학자인 사마정(司馬貞)은 매우 감탄하며 이렇게 말했다. "『한서』는 사마천의 『사기』보다 나중에 저술되었으므로, 강목(綱目) 분류가 더욱 명확하다. 또 많은 현인들의 주장을 두루 채집했고, 다양한 이치들이 모두 갖추어져 있기 때문에, 그 내용이 풍부하고, 문장은 아름다우니, 근래의 여러 뛰어난 학자들은 모두 칭송하며 우러러 받들고 있다.[『漢書』後遷而述,[24] 所以條流更明, 是兼采衆賢, 群理皆備, 故其旨富, 其詞文, 是以近代諸賢共行鑽仰.]"[25] 이로부터 수·당 시기에도 사람들이 여전히 『한서』를 『사기』보다 더 중시했다는 것을 알 수 있다.

---

24) 역자주 : 원래의 문장은 "其班氏之書, 成於後漢, 彪即後遷而述[반고의 그 책은, 후한 시대에 완성되었는데, 반표가 사마천 이후에 저술했으므로]"인데, 이 책의 저자가 축약하여 지금의 문장으로 표현한 듯하다.

25) 사마정, 「사기색은후서(史記索隱後序)」.

3. "『한서』를 읽지 않으면 곧 범속한 사람이다[不讀『漢書』則俗]."

요(遼)·송(宋)·금(金)·원(元) 시기에도 『한서』를 존숭하는 풍조가 여전히 감소되지 않았는데, 명대(明代)의 학자 서중행(徐中行)은 일찍이 이렇게 말했다. "역대(歷代)로 『한서』를 숭상하는 기풍은 송나라 때에 이르러 더욱 성행했다[歷代之宗『漢書』至宋尤爲盛]."[26] 이는 정확한 지적으로, 송대의 학자들은 진(晉)·당(唐)의 학자들이 『한서』를 "모두 칭송하며 우러러 받들던[共行鑽仰]" 기풍을 이어받아, 계속하여 『한서』를 높이 받들었으며, 아울러 더욱 새로운 수준으로 발전시켰다.

송대의 학자들은 『한서』를 크게 존숭했는데, 그들 중 소식(蘇軾)·황정견(黃庭堅)·홍매(洪邁)가 주요 대표자들이라고 할 수 있다.

소식은 송대의 저명한 문학가로, 『한서』의 내용이 풍부한 것에 대해 매우 높게 평가했다. 소식의 재능은 매우 뛰어나서 시(詩)·사(詞)·산문(散文)뿐만 아니라 서예·회화(繪畵)에 이르기까지 탁월한 성취를 이루었다. 사람들은 그의 학문이 매우 깊고 넓은 데 대해 탄복하면서, 그 안에 담겨 있는 심오한 뜻을 찾으려고 했다. 역사서의 기록에 따르면, 사람들이 그에게 찾아와서 가르침을 청하면서 묻기를, '선생께서는 학식이 이처럼 깊고 넓으신데, 어떻게 그렇게 많은 것들을 배울 수 있었습니까?'라고 물었다. 소식은 '할 수 있지요.'라고 대답하고는, 이어서 자신의 경험을 바탕으로 『한서』에서 도움을 얻은 이야기를 다음과 같이 들려주었다. 즉 '나의 학문이 깊고 넓다고 한다면 그것은 『한서』학에서 유래된 것이다. 『한서』에는 정사(政事)의 처리·인

26) 『사기평림(史記評林)』 권수(卷首) 「각사기평림서(刻史記評林序)」를 보라.

물의 성패·지리 지식·천문 역법·관제(官制)·군사와 국방·경제와 생산 등 여러 방면의 내용들이 포함되어 있는데, 나는 의식적으로 여러 차례에 걸쳐 『한서』를 통독했다. 매번 읽을 때마다 한 가지 방면의 문제를 깊게 탐구했는데, 이런 식으로 똑같이 여러 번 통독하고 나니, 곧 각 방면에 대해서 모두 정통하게 되었다. 이러한 상태에 도달한 다음에는, 복잡하게 뒤얽힌 각종 학문과 지식들에 대해 어떤 각도에서 시험을 당하더라도, 나는 모두 자유자재로 대응할 수 있게 되었으며, 밑바탕 지식이 풍부함을 느꼈고, 막힘없는 호탕한 기개를 갖추게 되었다.' 소식의 『한서』에 대한 이처럼 깊은 체득은 명대의 학자인 양신(楊愼)·우순치(虞舜治)에게 깊은 감명을 주었으니, 그들은 항상 사람들에게 독서를 가르칠 때마다 이 내용을 인용하면서, 이것이 바로 "좋은 독서의 방법[讀書之良法]"[27]라고 칭찬했다.

또 한 명의 저명한 문학가인 황정견은, 『한서』가 정신력의 원천이라고 강조했다. 그는 『한서』에 대해 다음과 같은 훌륭한 평론을 했다. "서로 모여서 『전한서(前漢書)』(『한서』를 일컫는 다른 말-역자) 몇 쪽을 읽을 때마다 언제나 마치 뭔가 마음속에 가인(佳人)이 있는 것 같다. 오랫동안 옛 사람들의 행적과 언행을 이용하여 마음을 적셔 주지 않으면, 곧 그 사이에 세상의 때 묻고 속된 기운이 생겨난다. 그 때 거울을 보면 얼굴이 추하고, 사람을 대하면 곧 말이 무미건조해진다.[每相聚輒讀『前漢書』數頁, 甚佳人胸中. 久不用古人澆灌之, 則塵俗生其間. 照鏡, 則面目可憎, 對人, 則語言無味.]"[28] 즉 오랫동안 『한서』를 읽지 않으면, 사

27) 이상은 능치륭의 『한서평림』에 수록되어 있는 양신(楊愼)의 『한서』에 대한 평론을 참조하라.
28) 능치륭, 『한서평림』 「한서총평(漢書總評)」.

람에게 속된 기운이 생겨날 수 있다고 생각했는데, 이러한 관점은 후세에 적지 않은 영향을 미쳤다. 그 가운데에서 우리가 또한 알 수 있는 것은, 황정견과 그의 친구들이 언제나 함께 모여서 송독(誦讀)하는 방식으로 『한서』를 연구했다는 것인데, 대가(大家)들이 서로 경쟁하며 그 속에서 문화적 자양분을 섭취했으니, 송대 학자들이 『한서』를 찬양하는 기풍이 얼마나 왕성했는지 잘 알 수 있다.

홍매는 송대의 박학다식한 학자였는데, 그는 다음과 같은 우아하고 아름다운 말로써, 『한서』가 저술의 본보기라고 크게 칭송했다. "반고는 『한서』를 저술했는데, 그 글을 쓴 재주가 마치 〈영(英)〉·〈경(莖)〉·〈함(咸)〉·〈소(韶)〉의 고대 음악과 같아서, 음절이 탈속(脫俗)하면서도 현묘(玄妙)한 경지에 이르렀다. 후세의 역사를 쓰는 이들은 그 수준에 미칠 수 없었다.[班固著『漢書』, 製作之工, 如英莖咸韶, 音節超詣. 後之爲史者, 莫能及其仿佛.]"[29] "〈영〉·〈경〉·〈함〉·〈소〉"는 전체 책의 내용이 매우 훌륭하다는 것을 개괄한 것이고, "음절이 탈속하면서도 현묘한 경지에 이르렀다[音節超詣]."라는 것은, 그 형식이 매우 훌륭하고 격조가 고상하면서 우아하다는 것이니, 총체적으로 볼 때, 『한서』는 남이 따라잡을 수 없는 걸작이라고 여겼다.

객관적으로 논하자면, 『사기』는 진(晉)나라와 당(唐)나라 무렵에는 아직 중요하게 여겨지지 못했지만, 송대 이후에는 뚜렷한 변화가 나타났다. 명나라의 학자인 호응린(胡應麟)은 일찍이 지적하기를, 학자들의 『사기』와 『한서』에 대한 평가는 위(魏)·진(晉)·남북조(南北朝) 시기에는 기본적으로 '첫째가 반고이며 둘째가 사마천[甲班乙馬]'이었는

29) 능치륭, 『한서평림』「한서총평」.

데, 이러한 상황은 당나라 때부터 점차 변화하기 시작하여, "당나라의 한유(韓愈)와 유종원(柳宗元)부터 한결같이 자장(子長 : 사마천의 자)을 칭송했으며, 맹견(孟堅 : 반고의 자)은 그보다 못하다고 여겼다.[唐自韓·柳始一頌子長, 孟堅少詘.]"[30]라고 했다. 송대에 이르자, 많은 학자들은 사마천과 반고를 동등하게 거론하는 관점을 갖거나, 혹은 『사기』와 『한서』는 서로가 모두 천 년의 시간 동안 전해 오고 있으므로, 하나를 높이고 하나를 낮추어 평가해서는 안 된다고 생각했다. 이러한 생각을 갖고 있던 주요한 인물들로는 범조우(范祖禹)·나벽(羅璧)·양만리(楊萬里)와 금(金)나라의 왕약허(王若虛) 등이 있었다.

범조우는 사마광(司馬光)이 『자치통감(資治通鑑)』을 저술할 때 유능한 조수였는데, 그는 칭찬하면서 말하기를 "사마천과 반고는 뛰어난 역사가의 인재로서, 박학다식하고 사건 서술에 능하여, 근거 없이 찬미하거나 나쁜 점을 감추지 않았다. 그러므로 그들의 저서는 천 년 이상을 전해 오면서 사라지지 않았다.[司馬遷·班固以良史之才, 博學善敍事, 不虛美隱惡, 故傳之簡牘千餘年而不磨滅.]"[31]라고 했다. 나벽도 또한 말하기를, "반고의 『한서』는 전아(典雅)하고 상세하며 잘 정리되어 있으니, 사마천의 글에 비해도 부끄러울 게 없다. 후세의 역사가들이 반고처럼 하려고 함이 있었지만, 그에 미치지 못했으니, 진실로 뛰어난 역사가의 인재로다![班固『西漢書』典雅詳整, 無愧馬遷. 後世有作, 莫能及矣, 固其良史之才乎!]"[32]라고 했다. 그들은 모두 사마천과 반고가 둘 다 뛰어난 역사가의 인재들이므로, 그들의 위대한 두 저서는 기나긴 세월

30) 호응린, 『소실산방필총(少室山房筆叢)』 권13.
31) 능치륭, 『한서평림』 「한서총평」.
32) 능치륭, 『한서평림』 「한서총평」.

을 전해 오면서도 사라지지 않을 수 있었다고 여겼다.

금나라 사람인 왕약허는 "사마천과 반고의 역사 기록은 둘 다 장단점이 있다.[遷固記事, 互有得失.]"라고 평가했으나, 『사기』에 대한 비판이 비교적 많았다. 그는 진(晉)나라의 장보(張輔)가 "반고는 열등하며 사마천이 뛰어나다[劣固而優遷]."라고 말한 관점을 겨냥하여 평론하기를, "내가 일찍이 살펴보니, 사마천의 역사 기록은 소략(疏略)하면서도 쓸데없는 말이 너무 많다. 반고의 역사 기록은 상세하고 잘 갖추어져 있으면서 불필요한 말은 생략되어 정교하고 적당하다. 그런즉 사마천은 간략한 듯하지만 실은 번잡하고, 반고는 번잡한 듯하지만 실은 간략하니, 어찌 이것을 가지고 우열을 가리겠는가![予嘗考之, 遷記事疏略而剩語甚多. 固記事詳備而删削精當, 然則遷似簡而實繁, 固似繁而實簡也, 安得以是爲優劣哉!]"라고 했다. 또한 말하기를, "반고의 『한서』는 사마천의 『사기』를 다듬고 손질한 것인데, 때때로 『사기』보다 뛰어나기도 하지만, 도리어 또한 그에 미치지 못하는 것도 있다.[班固『漢書』删潤遷『史』, 往往勝之, 然亦有反不及者.]"[33]라고 했다. 왕약허는 비록 반고와 『한서』를 높게 평가하는 경향이었지만, 총체적으로 보면 『사기』와 『한서』가 모두 길이 전해 오는 뛰어난 저서이며, 어느 하나를 높이거나 낮추어서는 안 된다고 생각했다.

송대의 학자들은 『한서』의 판본을 고증하여 바로잡고, 교감(校勘)하여 비평하고 권점(圈點)[34]을 붙이며, 번역을 고치는 등의 작업에 매우 큰 공헌을 했다. 왕선겸(王先謙)은 일찍이 지적하기를, "송나라와 명

33) 왕약허, 『호남유로집(滹南遺老集)』 권11 『「사기(史記)」 변혹(辨惑)』.

34) 역자주 : 문장이 끝났음을 표시하는 동그라미 모양의 마침표.

나라 이래 판본을 교정하는 작업이 많이 이루어져[宋明以來校正版本之功爲多]"[35], 여정(余靖)의 『한서간오(漢書刊誤)』·유반(劉攽)의 『한서간오(漢書刊誤)』·조변(趙抃)의 『신교전한서(新校前漢書)』 등의 저작이 나왔는데, 여정과 왕수(王洙) 등이 정리한 북송(北宋) 경물본(景屻本)[36]은 인쇄술이 널리 보급된 이후에 처음으로 『한서』의 각종 판본들에 대해 정리한 뛰어난 판본이라고 했다. 이 밖에도 예사(倪思)의 『반마이동(班馬異同)』·누기(婁機)의 『반마자류(班馬字類)』·왕응린(王應麟)의 『「한서」 '예문지'고증(「漢書」藝文志考證)』 등도 모두 『한서』를 연구한 중요한 저작들이다. 장여우(章如愚)의 『군서고색(群書考索)』[37]·왕무(王楙)의 『야객총서(野客叢書)』·홍매(洪邁)의 『용재수필(容齋隨筆)』·소박(邵博)의 『소씨문견후록(邵氏聞見後錄)』·주희(朱熹)의 『주자어류(朱子語類)』·섭대경(葉大慶)의 『고고질의(考古質疑)』·여조겸(呂祖謙)의 『대사기(大事記)』 등과 같은 책들은 모두 『한서』를 연구한 내용을 담고 있다. 이도 또한 송나라 유학자들이 『한서』를 존숭했던 정황을 반영하고 있다.

송대에는 또한 반고와 『한서』를 낮게 평가한 사람들도 있었는데, 가장 전형적인 대표 인물이 정초(鄭樵)이다. 그는 통사(通史)를 숭상하고 단대사(斷代史)를 반대하여, "『춘추(春秋)』 이후부터 오직 『사기』만

35) 왕선겸, 『한서보주(漢書補注)』「서례(敍例)」

36) 역자주 : 경물(景屻)은 송나라 때의 연호인데, 정확히 어느 시기의 연호인지는 파악하지 못했다. 원래 연호는 같은 시기에 두 가지 이상이 사용되는 경우도 있었는데, 예를 들면 원(元)나라 인종(仁宗) 때의 연호가 연우(延祐)인데, 연물(延屻)이라는 연호도 함께 사용되었다고 한다. 남송(南宋)과 북송(北宋)을 통틀어 '屻'자가 들어가는 연호는 모두 8개가 있었다고 하는데, 경물(景屻)·황물(皇屻)·가물(嘉屻)·원물(元屻)·순물(淳屻)·보물(寶屻)·덕물(德屻) 등이 그것이다. 이 중 가물·원물·순물 등 3개만이 8년을 넘게 사용되었다고 한다.

37) 역자주 : 이 책의 원제목은 『山堂先生群書考索』이며, 『山堂考索』이라고도 한다.

이 저술 규모 면에서 뛰어났는데, 불행히도 반고라는 그 변변찮은 사람은, 결국 잘 이해하여 막힘이 없게 한다는 취지를 상실했으니, 사마천의 문호(門戶)는 이로부터 쇠퇴했다.[自『春秋』之後, 惟『史記』擅制作之規模, 不幸班固非其人, 遂失會通之旨, 司馬氏之門戶自此衰矣.]"라고 했다. 또한 "반고라는 자는 겉만 화려한 것을 좇는 선비이며, 학술(學術)이 전혀 없어서, 오로지 남이 쓴 역사 기록을 훔쳤는데[班固者浮華之士也, 全無學術, 專事剽竊]", "반고가 하는 일이라는 것이 이와 같았으나, 후세의 역사가들이 분주히 반고를 좇기에 바빠 짬을 낼 수 없을 지경이니, 어찌 그 깊고 얕음을 헤아릴 수 있겠는가? 사마천과 반고의 관계는 마치 용(龍)과 돼지의 관계와도 같은데, 어찌 많은 역사가들이 사마천을 버리고 반고의 방법을 사용한단 말인가![固之事業如此, 後來史家奔走班固之不暇, 何能測其淺深? 遷之於固, 如龍之於猪, 奈何諸史棄遷而用固!]"[38] 라고 하여, 학자들이 사마천을 버리고 반고를 좇는 것을 도저히 이해할 수 없다고 했다. 사실 정초는 단지 "이해하여 막힘이 없는 것[會通]"만을 강조하여 한 조대만을 역사로 삼는 단대사(斷代史)를 반대하면서, 편파적으로 논지를 전개했다. 특히 그는 자신의 분노와 증오를 표현하기 위해 반고에 대해 인신 공격을 가했으니, 이는 정확한 것이 아니었다. 당시의 전체적인 상황을 보면, 정초처럼 "반고를 배척하고 사마천을 높게 평가하는[斥班揚馬論]" 자들은 매우 특별한 경우였다. 예사의 『반마이동』과 유진옹(劉辰翁)의 『반마이동평(班馬異同評)』은 비록 "첫째가 사마천이고 그 다음이 반고[甲馬乙班]"라는 관점에 치우쳐 있지만, 그것은 그들이 사마천의 『사기』와 반고의 『한서』를 모두 긍정

38) 정초, 『통지(通志)』「총서(總序)」.

하면서도 또한 두 저서는 모두 장단점이 있다고 인정하는 기초 위에서 제기한 논점이지, 결코 반고와 그의 저서인 『한서』를 완전히 부정하지는 않았다. 사실 반고의 『한서』는 당시에도 여전히 높게 평가되었으며, 정초가 말했듯이 "사마천의 문호는 이로부터 쇠퇴했다[司馬氏之門戶自此衰矣]."라거나, "어찌 많은 역사가들이 사마천을 버리고 반고의 방법을 사용한단 말인가[奈何諸史棄遷而用固]!" 등의 주장으로부터도 또한 당시의 '한서학(漢書學)'이 흥성했음을 알 수 있다.

4. "후세에 영원하다[後世不祧之宗[39]]."

명(明)나라의 학자 서중행(徐中行)은 일찍이 다음과 같이 『사기』와 『한서』가 역대 문인들의 심중에서 어떻게 그 지위가 변해 왔는지를 정리했다. "역대에 『한서』를 존숭한 것은 송(宋)나라에 이르러서 가장 왕성했으며, 『사기』를 존숭하는 것은 오늘날의 여러 학파들 사이에서 비로소 왕성해졌다. 그러나 이 두 사람은 모두 훌륭한 역사가의 인재들이며, 그 장단점은 정할 수 없다.[歷代之宗『漢書』, 至宋優爲盛, 其宗『史記』者, 乃始盛於今日之百家. 然二氏皆良史之才, 而其得失靡定.]"[40] 서중행의 논술에서 알 수 있듯이, 역대로 『한서』를 존숭하여 받들던 상황은 명대에 이르러 새롭게 변화하기 시작하여, 곧 『사기』의 지위가 뚜렷하게 높아졌지만, 평론가들의 견해는 대부분이 『사기』와 『한서』를 같이 거론하거나, 혹은 모두 장단점이 있다고 여겼다.

39) 역자주 : '不祧之宗'에 대해서는 782쪽을 참조하라.
40) 『사기평림(史記評林)』 권수(卷首) 「각사기평림서(刻史記評林序)」

명(明)·청(淸) 시기에는 『한서』를 연구한 성과가 더욱 증가했는데, 주요한 것들로는 능치륭(凌稚隆)의 『한서평림(漢書評林)』·서중행의 『한서평초(漢書評抄)』·학경(郝敬)의 『전한서쇄쇄(前漢書瑣瑣)』·왕준(王峻)의 『한서정오(漢書正誤)』·항세준(杭世駿)의 『한서몽습(漢書蒙拾)』·유대공(劉臺拱)의 『한서습유(漢書拾遺)』·석온옥(石韞玉)의 『한서간와(漢書刊訛)』·전대소(錢大昭)의 『한서변의(漢書辨疑)』·심흠한(沈欽韓)의 『한서소증(漢書疏證)』·제소남(齊召南)의 『한서고증(漢書考證)』·이자명(李慈銘)의 『한서찰기(漢書札記)』·주일신(朱一新)의 『한서관견(漢書管見)』·하약요(何若瑤)의 『한서주고증(漢書注考證)』·서송(徐松)의 『한서서역전보주(漢書西域傳補注)』 등이 있으며, 이 밖에도 전대흔(錢大昕)의 『입이사고이(卄二史考異)』·조익(趙翼)의 『입이사찰기(卄二史札記)』·왕명성(王鳴盛)의 『십칠사상각(十七史商榷)』 등의 책들 중에도 『한서』를 연구한 것과 관련된 내용이 매우 큰 편폭을 차지하고 있다. 『한서』의 연구는 이 시기에 큰 진전을 이루었는데, 단지 『한서평림』에서 인용한 책만 해도 147종(種)이 넘는 것을 보아도 잘 알 수 있다. 왕선겸(王先謙)은 일찍이 지적하기를, 청대에만 "반고가 지은 『한서』의 의미를 연구하고, 주석을 고증하여, 저술들이 아주 많아지자, 이전 시대보다 숫자가 크게 증가했다.[硏究班義, 考證注文, 著述美富, 曠隆往代.]"[41]라고 하였다.

명·청 시기의 『한서』 연구는 한 가지 중요한 특징이 있는데, 그것은 바로 학자들이 특히 반고의 『한서』와 사마천의 『사기』를 비교 연구하는 데 특별한 주의를 기울이기 시작했다는 점이다. 그리하여 "어떤 이는 사마천이 뛰어나고 반고는 그렇지 않다고 했으며, 또 어떤 이

41) 왕선겸, 『한서보주(漢書補注)』「서례(敍例)」.

는 사마천과 반고가 모두 뛰어나다고 했는가 하면, 어떤 이는 사마천은 부족하며 반고가 뛰어나다고 했다.[有馬得而班失者, 亦有馬班同得者, 且有馬失而班得者.]" 그런데 대부분의 학자들은 "사마천과 반고는 모두 뛰어난 점과 부족한 점이 있다[馬班互有得失]."[42]라고 생각하여, 사마천과 반고를 동등하게 평가하는 태도를 견지했다. 이러한 방면의 대표적인 인물들 중 주요한 사람들로는 방효유(方孝孺)·왕완(王峘)·양사기(楊士奇)·이몽양(李夢陽)·하량준(何良俊)·능약언(凌約言)·노순치(盧舜治)·전겸익(錢謙益) 등이 있다.

왕완과 송렴(宋濂)은 함께 『원사(元史)』를 편찬했으므로, 그들은 역사서를 저술했던 직접적인 경험을 결합하여 평가하기를, 『사기』와 『한서』는 둘 다 체제와 역사 서술의 방법 면에서, 강령(綱領)이 뚜렷하고 조리가 명확하여, 대단히 탁월하고 뛰어난 저술이라 할 만하다고 생각했다. 서중행은 사마천과 반고가 모두 "좋은 역사가의 재목[良史之才]"이라고 생각하여, 『사기』를 중시함과 동시에 『한서』도 그에 못지않게 중시했는데, 그는 『한서』에 대해 이렇게 평가했다. "옛날에 하늘과 땅과 사람에 대해 모두 통달한 사람을 일컬어 '유(儒)'라고 했는데, 『한서』에는 「천문지(天文志)」와 「오행지(五行志)」가 있으니 하늘을 설명하기로는 이보다 더 분명하게 밝힌 것이 없고, 「지리지(地理志)」와 「구혁지(溝洫志)」 및 여러 이민족들의 열전(列傳)이 있으니 땅을 설명하기로는 이보다 더 분명하게 밝힌 것이 없으며, 「고금인물표(古今人物表)」가 있으니 사람에 대해 설명하기를 이보다 더 분명하게 밝힌 것이 없

42) 邱逢年, 「『史記』闡要·班馬優劣」, 이 글은 楊燕起 등의 『歷代名家評「史記」』, 275쪽, 北京師範大學出版社, 1986년판을 보라.

다.[古稱通天·地·人曰儒, 『漢書』有天文·五行志, 說天莫辨乎此矣, 有地理志·溝洫志·諸蠻夷列傳, 說地莫辨乎此矣, 有古今人物表, 說人莫辨乎此矣.]" 즉 『한서』가 하늘·땅·사람 등 여러 방면들에 대한 내용과 특징을 두루 잘 갖추고 있다고 여겨, 『한서』를 매우 높이 평가했다.

또한 어떤 학자들은 『사기』와 『한서』가 체제와 문장의 풍격면에서 서로 다른 특색이 있어 서로를 잘 보충해 준다고 생각했다. 송대의 양만리(楊萬里)는 탁월하고 특별한 식견을 갖고 있었는데, 사마천과 반고 두 사람을 역사학계의 이백(李白)과 두보(杜甫)에 비유했다. 명·청 시기에 양만리와 유사한 견해를 가졌던 사람들로는 능약언(凌約言 : 능치릉의 아버지-역자)·모곤(茅坤)·왕유정(王維楨) 등과 같은 사람들이 있었다.

능약언은 풍격이 판이하게 다른 명장(名將)들을 이용하여 사마천과 반고의 서로 다른 특색을 다음과 같이 비유했다. "반고와 사마천 두 사람은 고금(古今)의 뛰어난 명필[絕筆]들이다. 명장에 비유하자면, 사마천의 재주는 호탕하고 얽매임이 없으니, 이광(李廣)의 기마사수(騎馬射手)와 같으며, 반고의 재주는 풍부하고 체계가 있으니, 정불식(程不識)이 이끄는 보병의 대오(隊伍)와 같다.[班馬兩家, 古今絕筆. 譬之名將, 子長之才豪而不羈, 李廣之騎射也, 班孟堅才贍而有體, 程不識之部伍也.]" 그는 사마천과 반고 두 사람 모두에 대해서 매우 흠모하는 마음을 나타냈는데, 사마천은 기세가 호탕하고 얽매이지 않는 자유분방함을 대표한다고 여겼으며, 반고는 학식이 깊고 풍부하며 정연하고 엄밀한 전형(典型)이라고 여겼다.

왕유정은, "옛날부터 지금까지 문장이 뛰어나서 대단한 영향을 준이가 여섯 분인데, 좌구명(左丘明)의 문장은 화려함이 뛰어나고, 장자(莊子)의 문장은 현묘함이 뛰어나며, 굴원(屈原)의 문장은 조용하고 고요함이 뛰어나고, 『전국책(戰國策)』의 문장은 웅장함이 뛰어나며, 사마천의 글은 마음속의 울분을 표현함이 뛰어나고, 반고의 글은 가지런하게 잘 정돈됨이 뛰어나다.[古今文章擅奇響者六家, 左氏之文以葩而奇, 莊生之文以玄而奇, 屈原之文以幽而奇, 『戰國策』之文以雄而奇, 太史公之文以憤而奇, 孟堅之文以整而奇.]"[43]라고 여겼다. 그도 또한 반고의 『한서』가 정연하고 엄밀함을 특색으로 한다고 강조하고 있다.

모곤은, 풍격이 다르게 군대를 운용하여 진을 치는 것을 이용하여, 사마천과 반고 문장의 풍격이 다른 특색을 비유하면서 이렇게 말했다. "태사공(太史公 : 사마천-역자)과 반연(班掾)[44]의 재주는 진실로 각각 하늘이 전수해 준 것이긴 하지만, 『사기』는 풍채가 뛰어나고, 『한서』는 질서정연한 규율이 뛰어나다. 생각건대 『사기』는 풍채가 뛰어나기 때문에, 그 이치가 강건하고 표일(飄逸)하며 틀에 얽매이지 않으니, 마치 노을을 삼키는 것 같기도 하고, 눈을 씹는 것 같기도 하며, 왕왕 설령 눈썹과 속눈썹처럼 아주 가까운 것인데도, 뒤따라 생각이 도달하지 못한 바를 가리키곤 한다. 사람들로 하여금 그것을 읽으면, 입을 다물지 못하게 한다. 사람들로 하여금 이것을 읽고서 감탄하여 벌어진 입을 다물지 못하게 한다. 생각건대 『한서』는 질서정연한 규율이 뛰어나기 때문에, 그 법도에 맞는 분류와 배치가 마치 줄이 당겨지는 듯하고, 마치 도끼로 찍어 잘라 낸 것 같다. 또한 왕

43) 이상의 인용문들은 모두 능치륭(凌稚隆)의 『한서평림』「한서총평」을 보라.
44) 역자주 : 반고를 가리키는데, '掾'은 관직명이다.

왕 매우 복잡하고 어지러운 가운데에서도, 그 본말[首尾]과 절주(節奏)의 치밀함을 극에 달하게 할 수 있었으니, 사람들로 하여금 그것을 읽고서 큰 힘을 들이지 않고도 핵심을 꿰뚫어 알 수 있게 해준다. 나는 일찍이 이것을 군대의 운용에 비유한 적이 있는데, 사마천의 글은 한신(韓信)이나 백기(白起)의 군대와 같아서, 적의 급소를 눌러 허를 찌르며, 머물지 않고 나아가니, 많은 진지를 구축하지 않고, 진격과 정지를 알리는 신호가 들리면, 강물이 끓어오르고 골짜기가 평평해지듯이 질풍노도 같고 변화무쌍하다. 반고의 글에 대해 말하자면, 곧 조충국(趙充國)이 강족(羌族) 선령부(先零部)를 곤궁에 빠뜨리고, 제갈량(諸葛亮)이 기산(岐山)으로 출병한 듯하며, 편제가 엄격하고, 군량은 충분하며, 적의 첩자를 조심하고, 나아가는 방향을 잘 살피니, 선제 공격으로는 승리를 얻을 수 없고 적을 기다려야 이길 수 있다. 때문에 그 움직임은 마치 산과 같고, 고요함은 암흑과도 같으며, 포위하여 공격하면, 백 번 중 한 번도 실패하지 않는다. 그러므로 이 두 대가(大家)들의 글은 모두 천고(千古)에 뛰어난 명문들이다.[太史公與班掾之材, 固各天授, 然『史記』以風神勝, 而『漢書』以矩矱勝. 惟其以風神勝, 故其遒逸疏宕, 如餐霞, 如嚙雪, 往往自眉睫之所及, 而指次心思之所不及, 令人讀之, 解頤不已. 惟其以矩矱勝, 故其規劃布置, 如繩引, 如斧斵, 亦往往於其複亂龐雜之間, 而有以極其首尾節奏之密, 令人讀之, 鮮不擢筋而洞髓者. 予嘗譬之治兵者, 太史公則韓·白之兵也, 批亢擣虛, 無留行, 無列壘, 鼓鉦[45]所響, 川沸谷平. 乃若班掾則趙充國之困先零·諸葛武侯之出岐山也, 嚴什伍, 飽糇粮, 謹間諜, 審向

45) 역자주 : 고정(鼓鉦)이란, 가죽으로 만든 북과 쇠로 만든 징을 가리키는 말이다. 고대 중국의 군대에서는 북을 치면 전진하고 징을 치면 정지했다.

導, 先爲不可勝以待敵之可勝, 故其動如山, 其靜如陰, 攻圍擊刺百不失一, 兩家之文, 竝千古絕調也.]”[46]

사마천과 반고의 문장 특징을 설명하기 위해 양만리는 유명한 시(詩)에 비유했으며, 능약언은 용맹한 장수에 비유했고, 모곤은 군대의 운용에 서로 비유했으니, 실로 이곡동공(異曲同工)[47]이라 할 수 있다.

노순치와 장학성(章學誠)은 다음과 같이 생각했다. 즉 개척 정신과 역사에 대한 안목 면에서 사마천의 성취는 매우 탁월하지만, 반고는 역사에 대한 식견과 저술 내용·역사서 서술 체제·문장의 풍격 등의 방면들에서 또한 모두 뛰어난 공헌을 했기 때문에, 사마천을 높게 평가할 수는 있지만 반고를 낮게 평가해서는 안 된다는 것이다.

노순치는 "겉만 화려한 것을 숭상하고 표절(剽竊)을 일삼는다고 반고를 비방하는 역사학자들[或有尙浮華事剽竊以謗誹班氏之史者]"을 겨냥하여 말하기를, "반고의 글은 12황제의 본기(本紀)로써 연대에 따라 체계적으로 기록했고, 8개의 표(表)로써 역법을 바로 세웠으며, 10개의 지(志)로써 여러 일들을 분류하고, 70개의 열전으로써 인물들에 대해 기록했는데, 백대(百代)를 내려오도록 사관(史官)들은 그 방법을 바꿀 수가 없었으며, 학자들은 그 책을 버릴 수 없었다. 육경(六經) 다음으로 다행히 사관 한 사람의 말이 있었으니, 마치 의복에 관면(冠冕)[48]이 있는 것과 같고, 물과 나무에 근원(根源)이 있는 것과 같다. 그렇지만 대개 겉만 화려하고 표절을 일삼는다고 그를 비방하고 있으

46) 모곤, 『모록문집(茅鹿門集)』 권1 『각「한서평림」서(刻「漢書評林」序)』.

47) 역자주 : 연주하는 곡은 다르지만 그 절묘함은 거의 같다는 뜻으로, 방법은 다르나 결과는 같음을 일컫는 말이다.

48) 역자주 : '관면'이란 갓과 면류관을 뜻하며, '으뜸'을 비유하는 말로 쓰인다.

니, 심하도다, 반고에 대한 이해의 천박함이여![孟堅之文, 十二帝紀以紀年, 八表以正曆, 十志以類事, 七十列傳以著人, 使百代而下史官不能易其法, 學者不能舍其書, 六經之後, 賴有史官一家言, 猶衣裳之有冠冕, 水木之有本源. 而概以浮華剽竊訾之, 甚哉, 知班氏之淺也!]"[49]라고 했다. 즉 반고가 『한서』를 저술함으로써, 한 조대(朝代)만을 떼어 내어 역사로 삼는 역사 저술의 새로운 격식을 창립한 이후, "백대(百代)를 내려오도록 사관(史官)들은 그 방법을 바꿀 수 없었으며, 학자들은 그 책을 버릴 수 없었고", 『한서』는 육경의 바로 다음으로 중요한 저작으로 간주되었다고 지적함으로써, "겉만 화려한 것을 숭상하고 표절을 일삼았다."라는 인식을 부정하면서, 이는 매우 잘못된 인식이자 또한 매우 공정하지 못한 것이라고 비판했다.

주목할 만한 것은, 비록 장학성이 『사기』의 통사(通史) 체제를 숭상했지만, 그는 또한 말하기를 "사마천의 글은 확정된 본보기로 삼을 수 없으나, 반고의 글은 사마천 글의 체제로 말미암아 누구나 따라야 할 규범적인 형식을 이루었으니, 마침내 반고는 후세의 부조지종(不祧之宗)이 되었으며[遷書不可爲定法, 固書因遷之體而爲一成之義例, 遂爲後世不祧之宗焉]", "하(夏)·은(殷)·주(周) 삼대(三代) 이래로 뛰어난 역사가의 재목이 세상에 나오지 않아서, 이전의 법도만을 지키고 있었는데, 재능이 뛰어난 사람이 나오기를 기다렸다가 나온 후에 새로운 법도를 행하니, 형세가 그렇게 되지 않을 수 없었다.[三代以下, 史才不世出, 而謹守繩墨, 待其人而後行, 勢之不得不然也.]"[50]라고 했다. 즉 『한서』의 체제가

49) 능치륭, 『한서평림』「한서총평」이 인용했다.
50) 장학성(章學誠), 『문사통의(文史通義)』「내편(內篇) 1·서교(書教) 하(下)」.

엄밀하면서도, 또한 탁월한 식견과 구상·과감한 창의성을 갖추었기 때문에, 후대 역사 편찬의 '부조지종'이 되었다고 찬양했다. 이 평가는 참으로 적절하다고 할 수 있다.

5. 『한서』 연구의 침체기를 벗어나다.

근대에 진입한 이후에도 여전히 많은 학자들이 "사마천과 반고를 모두 높게 평가하거나[馬班竝擧]", 또는 "각각의 특색이 있다[各有特色]."라고 보았는데, 대표적인 사람들로는 장지동(張之洞)과 장병린(章炳麟)을 들 수 있다. 장지동은, 역대의 전적(典籍)들은 수없이 많은데, 그 중에서도 '4사(史)'[51]가 가장 중요하다고 생각했다. 그 넷 중에서도 특히 『사기』와 『한서』를 더욱 중요하게 생각했다. 왜냐하면 이것들은 똑같이 경서(經書)들과 가장 밀접한 관계를 맺고 있으며, 그 속에는 고대의 전고(典故) 및 고음(古音)·고자(古字)들이 많이 포함되어 있고, 또한 역대 역사 서술 체제의 요지와 격식의 근거가 되기 때문이라고 했다. 또한 문장의 기교라는 측면에서 말하자면, "예로부터 내려오는 문장과 시가(詩歌)들은 변문(駢文)과 산문(散文)을 막론하고, 모든 전아(典雅)하고 화려한 문장들은 대부분이 『사기』와 『한서』 가운데에서 나왔는데, 이 저서들의 문장의 아름다움은 다시 언급할 것도 없기[古來詞章, 無論駢散, 凡雅詞麗藻, 大半皆出其中, 文章之美, 無待於言]"[52] 때문

51) 역자주 : 『사기』·『한서』·『후한서』·『삼국지』를 가리킨다.

52) 『장문양공전집(張文襄公全集)』 권204 「유헌평어(輶軒評語)·어학(語學) 第2」, 북평문화재(北平文華齋) 간행본.

이라고 했다. 장병린은 곧 생각하기를, 사마천과 반고는 모두 역사를 다루는 데에 탁월한 식견을 갖추고 있었지만, 『사기』와 『한서』는 각각 우열(優劣)이 있으며, 또한 이 둘의 우열은 가볍게 단언할 수 없다고 여겼다. 예를 들면, "사마천의 글은 유협(遊俠)을 중시하여, 그것이 묘사한 것은 모두 활기차고 생기가 넘친다. 반고는 이와 반대로 유협을 난세(亂世)의 간웅(奸雄)이라고 했으며, 그의 말은 진실하고 충실하면서도 이치를 담고 있다.[史公重視遊俠, 其所描寫, 皆虎虎有生氣. 班氏反之, 謂之亂世之奸雄, 其言實也有理.]"[53]라고 했다. 장지동과 장병린의 관점은 모두 매우 탁월한 식견을 갖추고 있었다.

역사적으로 사마천과 반고를 동시에 높이 평가하던 상황은, 최근 몇 십 년 사이에 형편이 급변하여, 사마천은 적극적으로 표창(表彰)되었지만, 반고는 오히려 오랫동안 푸대접을 받고 있다. 중국사회과학원 역사연구소 자료실에서 편찬한 『중국사학논문색인(中國史學論文索引)』과 요녕(遼寧)대학 역사학과에서 편찬한 『중국사학논문색인』의 통계에 따르면, 1950년부터 1981년까지 사마천을 연구한 논문은 모두 212편이 발표되었는데, 같은 기간에 반고를 연구한 논문은 겨우 31편만 발표되었다. 두 사람에 관한 연구 논문을 비교해 보면, 사마천에 관한 연구는 매우 다채롭고 성황을 이룬 반면, 반고에 대한 연구는 매우 적었음을 알 수 있다. 이처럼 『한서』 연구가 오랜 기간 동안 침체에 빠져 있던 현상은 크게 반성해야 할 일이다. 문화유산을 정리하는 것에 대해 매우 소홀하게 생각했던 것이 물론 이러한 현상이 발생한 일반적인 원인이지만, 이 외에도 사상적으로 특정한 '틀'에 갇혀

53) 『制言』 第53期 「略論讀書之法」.

있었던 것 또한 『한서』 연구를 깊이 있게 진행하는 데 장애가 되었다. 사마천과 반고의 저작은 모두 기전체(紀傳體) 역사서의 대표작들이며, 이들 두 사람 모두 한나라 때의 사람인데다, 기재되어 있는 내용들도 또한 일부는 중첩되기 때문에, 연구자들은 줄곧 이들의 저작을 비교하기를 좋아했는데, 이는 매우 자연스러운 일이었다. 그러나 어떤 사람들은 일종의 틀에 박힌 사고에 따르는 데 길들여져서, 사마천의 진보적인 사상과 업적을 긍정하기 위해서는 그 반대되는 입장을 묘사해 낼 필요가 있었는데, 불행히도 반고가 바로 오랜 기간 동안 그러한 반대되는 입장을 묘사해 내는 대상이 되어 왔다. 게다가 낱낱이 사마천의 우수한 점들을 반고의 결점들과 대비해 왔지만, 이와는 반대로 만약 반고가 사마천의 성과를 발전시키거나 향상시킨 예증(例證)들을 발견하면, 설사 그것이 매우 분명하더라도, 연구자들의 주목을 받지 못했다. 두 가지 예를 들 수 있을 것이다. 조조(晁錯)는 서한 전기의 중요한 정치가였는데, 사마천의 그에 대한 평가는 편파적인 부분이 있다. 즉 사마천은 조조가 "개인의 사사로운 원수를 갚으려고 했다[欲報私仇]."라고 말하면서, "옛날의 법을 바꾸어 상리(常理)를 어지럽혔다[變古亂常]."라고 질책했지만, 반고는 이러한 평가를 바로잡아, 그가 "나라를 위해 먼 앞날을 바라보며 깊이 헤아렸으며[爲國遠慮]", "세상이 그의 충정(忠情)을 애석해 했다[世哀其忠]."라고 하여 긍정적으로 평가했다. 여기에서 확실히 반고의 식견이 더욱 뛰어났다는 것을 알 수 있다. 또 다른 예를 들면, 반고가 (『사기』의-역자) 「화식전(貨殖傳)」 가운데 사마천이 본래 가지고 있던 사상적 색채가 매우 뚜렷한 일부 문자들을 삭제하여, 보수적인 관점을 드러내 보인 것은 당연히 지적해야 한다. 그러나 사마천이 점성가(占星家)들의 견해를 이용하여, 음양오행(陰陽五行)의 관점에 따라 농산물 수확의 많고 적음을 해석했지만, 반고는 이러한 부분들을 삭제하여, 그 진보적인 관점을 나타냈는데, 이러한 점을 거론한 사람은 거의 아무도 없었다. 사마천을 표창하고 높게 평가하는 것은 옳지만, 그렇다고 해서 반고를 폄하함으로써 사마천을 돋보이게 하거나, 사마천을 추켜세우려고 반고를 깎아내려서는 안 될 것이다. 중국 문화사에 탁월한 공헌을 한 이들 두 인물들에 대해서는, 마치 이백(李白)과 두보(杜甫), 한유(韓愈)와 유종원(柳宗元), 소식(蘇軾)과 신기질(辛棄疾)의 경우와 마찬가지로, 모두 한쪽을 추켜세우기 위해 다른 한쪽을 깎아내려서는 안 된다. 더욱 심각한 것은, 1960년대에 란자오더(冉昭德) 교수가 쓴 글에서 논술하기를, 『한서』는 "위대한 역사 저작이며", "진실로 단대사(斷代史)의 본보기라고 할 수 있다."라고 했으며, 또한 반고의 역사 저술은 창조성을 지녔고, 역사관도 또한 진보적인 측면이 있다고 제시했으나,[54] 결국은 사람들로부터 반고와 같은 "봉건 황제의 충실한 노예"를 미화했다고 호되게 비난받았다. 반고처럼 중국의 학술 문화에 큰 공헌을 한 인물이, 도리어 이와 같은 악명을 얻게 되었으니, 이는 민족 문화 유산에 대한 매우 심각한 교훈이라 할 수 있을 것이다.

오늘날 『한서』 연구는 마침내 침체기를 벗어나, 새로운 시기에 진입했다. 1979년 바이서우이(白壽彝) 교수는 북경(北京) 소재 여섯 개 고등교육기관의 역사학과들이 연합하여 주최한 학술 강좌에서, 『한서』에

54) 冉昭德, 「班固與漢書」와 「班固的首創精神和進步思想」을 참조하라. 이 논문들은 각각 『歷史教學』 1962년 제4기와 『西北大學20屆校慶學術論文集』에 실려 있다.

있는 열 개의 지(志)들이 수많은 학문 분야의 연구를 위해 최초의 단초를 제공한 저작이라고 매우 높이 평가하면서, 반고는 이 방면의 공헌에서 사마천을 뛰어넘는다고 밝혔다. 이후 그는 또 다른 장소에서 한 번에 그치지 않고 반고의 역사적 지위를 제고(提高)해야 마땅하다고 말했다. 어떤 한대(漢代) 역사의 연구자도 신문에 기고한 글에서, 반고와 사마천은 다 같이 저명한 역사학자들로, 그들은 중국 고대 역사학의 체계를 최초로 세우는 데 모두 탁월한 공헌을 했다고 지적했다. 그러면서 과거의 역사가들은 사마천을 높게 평가하고 반고를 깎아내리거나, 또는 반고를 높게 평가하고 사마천을 깎아내리기도 하여, 모두가 표준으로 삼기에는 부족하므로, 마땅히 각자가 지니고 있는 장점들을 말해야 한다고 지적했다.[55]

『한서』가 문화사에 남긴 공헌을 전면적으로 평가하는 것은, 참으로 매우 절실한 역사적 필연성이 있다. 시대는 이미 우리들에게 전에 없던 좋은 분위기를 만들어 주었으며, 더불어 우리들에게 깨어 있는 두뇌와 폭넓은 시야를 갖추도록 해주었다. 미래를 더욱 잘 파악하기 위해 현대인들은 반드시 옛 사람들의 문화적 성취를 이해해야 하며, 그 속에서 유익한 경험과 지혜를 흡수해야 한다. 바이서우이 선생의 뒤를 이어, 1980년대 이래로 지속적으로 많은 논저(論著)들이 출간되었는데, 이들은 『한서』의 연구를 전면적으로 추진하고 반고가 마땅히 누려야 할 역사적 지위를 회복시키는 것을 취지로 삼고 있으며, 또한 예전의 틀에 박힌 사고를 버리고 실사구시(實事求是)의 원칙을 철저히 실행하여, 새로운 시각을 골라 취하면서 주도면밀한 연구를 진행

55) 安作璋, 「談班固在史學上的重要貢獻」, 『光明日報』, 1983년 3월 23일자를 보라.

했다.

종적(縱的)으로는, 『한서』를 사마천이 세운 우수한 전통과 연계시킴으로써, 충분한 사실을 논증하고 있다. 즉 반고는 『사기』의 창조 정신을 계승하여, 사마천 이후 100여 년 동안 학자들이 줄곧 (『사기』를-역자) 적당히 보완하는 데에만 국한되었던 구태의연한 습성을 극복하여, 역사 저술이라는 난제(難題)를 해결하고, 한 조대만을 역사로 삼는 새로운 역사 저술의 체제를 창립함으로써, 다시 한 번 중국 역사학의 웅장한 기백과 창조적인 활력을 드러내 보여주었다. 횡적(橫的)으로는, 진지하게 『한서』의 저술을 양한(兩漢) 시기의 사회 사조(思潮) 속에 놓고 고찰했으며, 아울러 당시의 또 다른 명저(名著)인 『논형(論衡)』과 비교함으로써, 반고와 왕충(王充)이 똑같이 선진(先秦) 시대 유학(儒學)의 소박한 이성(理性) 정신을 발양(發揚)했음을 논증하여, 각자가 역사 저술과 정론(政論)의 형식으로 '한나라를 선양하는[宣漢]' 주제를 구현해 냈음을 논증했다. 이처럼 『한서』의 시대적 방향을 확정하기 위해 각각 따로 종적·횡적 좌표를 구하여, 『한서』에 대한 총체적 평가를 참신하고 충분한 근거가 있는 수준에 올려 놓았다. 또한 더 나아가 다양한 방면과 영역들을 깊이 탐색하여 충분히 표현해 냈다. 즉 반고의 역사 저술에 대해, 시대의 흥망성쇠와 인물의 활동을 기록했다는 측면에서, 또한 실록의 정신을 확대 발전시키고 민생(民生)의 질고에 관심을 기울인 것 등과 같은 진보적인 역사 인식의 측면에서, 그리고 폭넓은 사회생활 및 전장 제도를 망라하여 여러 가지 전문 역사의 시작을 여는 거대한 성취를 거두었다는 측면에서 깊이 있게 탐구하였다. 이로부터 논리적으로 다음과 같은 결론을 내릴 수 있었다. 즉 반고는 확실히 중국 문화사(文化史)에서 걸출한 공헌을 한 인물이며, 그의 역사에서의 지위는 의심할 여지없이 충분히 긍정되어야 마땅하다는 것이다.

사회와 학문이 모두 발전해 가고, 연구가 더욱 심화됨에 따라, 우리는 『한서』라는 이 우수한 전적(典籍) 및 반고가 문화사적으로 다방면에서 이룬 성취들에 대해, 일정하게 끊임없이 새로운 인식을 획득할 수 있었으며, 아울러 그 안에서 사람들에게 깨우침을 주는 철리(哲理)들을 지속적으로 총괄해 낼 수 있었다.

후기(後記)

1994년에 나는 『再建豊碑—班固和漢書[금자탑(金字塔)을 다시 세우다—반고와 『한서』]』[1]의 집필을 마치고, 이 책을 베이징 산롄서점(北京三聯書店)에서 출판했다. 난징대학(南京大學) 중국사상가연구중심(中國思想家硏究中心)의 장광쉐(蔣廣學) 교수께서 이 책을 보시고는 필자에게 심심한 격려를 해주셨고, 더불어 필자가 『반고평전(班固評傳)』을 집필한다면, 이 연구중심이 조직적으로 계획한 대규모 사업인 〈중국사상가평전총서(中國思想家評傳叢書)〉의 하나로 삼게 할 것이라고 약속하였다. 연구중심의 소장과 장광쉐 교수의 이와 같은 정성어린 우의(友誼)에 필자는 매우 감격했다. 그러나 필자가 맡고 있는 강의와 학과 연구의 일이 매우 많고 버거웠기 때문에, 시간만 끌면서 완성이 늦어졌다. 마침 스핑사범학원(四平師範學院) 역사학과 자오용춘(趙永春) 교수께서 베이징에 방문학자(訪問學者)로 와 계셨는데, 그 분께서도 필자가 하고 있던 반고 연구에 대해 깊은 관심을 보여 주었다. 필자는 마침내 자오(趙) 교수와 상의하여 『再建豊碑—班固和漢書』의 기본 관점과 자료를 기초로 삼아, 함께 초안을 다시 짜고 제요(提要)를 작성했으며, 자오용춘 교수께서 고쳐 쓰고 확충했다. 자오용춘 교수께서는 이 일을 위해 대단히 큰 노력을 기울였는데, 책의 원고 중에서 반고의 민

1) 역자주 : 풍비(豊碑)는 매우 큰 비석을 가리키는 것으로, 불후(不朽)의 업적을 비유할 때 사용된다.

족 사상·경제 사상·형법 사상 등을 다룬 장(章)들과 『한서(漢書)』「예문지(藝文志)」의 가치를 논술한 절(節)을 거의 대부분 다시 썼으며, 기타 장들과 절들도 많이 고치고 보충하였다. 그리고 마지막으로 필자는 본서 전반에 걸친 원고를 확정하는 일을 책임졌다. 그리하여 마침내 이 책의 원고는 출간에 이르게 되었는데, 필자는 자오용춘 교수와 더불어 전문가들과 여러 독자들께서 비평과 질정(叱正)을 보내주실 것을 진심으로 기원한다.

원고를 집필하는 과정에서 중국사상가연구중심의 주임이신 펑즈광(馮致光) 교수와 연구중심의 천샤오홍(陳效鴻) 교수·장광쉐 교수 등 여러 선생님들께서 줄곧 관심과 지지를 보내 주었다. 교사 연수 과정 중이었던 궈빙졔(郭炳潔) 강사는 앞쪽 7장의 수정을 도와 주었으며, 더불어 제4장의 1절부터 3절까지의 내용을 집필하였다. 강소성(江蘇省) 사회과학원 부(副)연구원 지펑(季鵬) 선생께서는 이 책의 편집을 담당하였는데, 책임감 있는 태도로 원고를 검토하여 많은 수정안들을 제시해 주고 많은 착오와 누락을 개정하여, 적지 않게 이 책을 빛나게 해주셨다. 삼가 이 모든 분들의 노고에 대해 마음에서 우러나는 사의(謝意)를 표하고 싶다.

천치타이(陳其泰)
베이징사범대학(北京師範大學) 역사연구소(歷史研究所)에서.
2002년 1월 30일

〈부록 1〉 반고(班固)의 생애 및 주요 연표

- 건무(建武) 8년(서기 32년) 1세

반고[자(字)는 맹견(孟堅)]가 섬서(陝西)의 부풍군(扶風郡) 안릉[安陵 : 지금의 섬서(陝西) 함양(咸陽) 동북 방면]에 있는 명문가에서 태어났다[또 다른 설에 의하면, 반고는 건무 11년(서기 35년)에 태어났다고 한다].

반고의 조상은 초(楚)나라의 약오(若敖)에까지 거슬러 올라간다. 『한서』의 「서전(叙傳)」·『후한서』의 「반표전(班彪傳)」·『춘추좌씨전(春秋左氏傳)』 등의 기록에 따르면, 초나라의 약오는 투백비(鬭伯比)를 낳았고, 투백비는 영윤(令尹) 자문(子文)·사마(司馬) 자량(子良)을 낳았는데, 자문은 벼슬이 영윤[재상(宰相)에 해당하는 벼슬]에 이르렀으며, 공자(孔子)로부터 "충성스러운 사람[忠]"이라고 칭송을 받았다. 영윤 자문은 투반[鬭班 : 자양(子良)이라고도 하며, 두반(鬥般)이라고도 함]을 낳았는데, 그 또한 벼슬이 영윤에 이르렀다. 투반은 극황(克黃)을 낳았는데, 극황은 벼슬이 잠윤(箴尹)에 이르렀다. 진시황(秦始皇)이 초나라를 멸하자 반씨(班氏) 일족은 진(晉)과 대(代) 지역 사이로 이주하였고, 정식으로 '반(班)'을 성씨로 삼았다. 진시황 말년에 천하가 크게 어지러워지자, 반고의 선조 반일(班壹)은 누번[樓煩 : 지금의 산서(山西) 안문(雁門)]으로 피신하여, 목축을 통해 부를 쌓았다. 반일은 반유(班孺)를 낳았는데, 반유는 "임협(任俠)"[1]이라고 불렸다. 반유는 반장(班長)을 낳았는데, 반장은 벼슬이 상곡[上谷 : 지금의 하북(河北) 회래(懷來) 동남 지역] 군

1) 역자주 : 의협심이 강하여 약자들을 돕는 사람이라는 의미.

수에 이르렀다. 반장은 반회(班回)를 낳았는데, 반회는 "무재(茂才)"[2]로 천거되어 벼슬이 장자[長子 : 지금의 산서(山西) 장자(長子)] 현령(縣令)에 이르렀다. 반회는 반황(班況 : 반고의 증조부)을 낳았는데, 반황은 "효렴(孝廉)"으로 천거되어 낭관(郎官)이 되었으며, 서한 성제(成帝) 때에 좌조월기교위(左曹越騎校尉)로 승진했다. 반황은 반백(班伯)·반유(班斿)·반치(班穉)를 낳았으며, 딸은 성제의 첩여(婕妤)가 되었다. 반황은 수도 근교의 창릉(昌陵)으로 거처를 옮겼으며, 호적을 장안성(長安城)으로 기재했다. 반백은 어려서 사단(師丹)에게 『시경(詩經)』을 배웠으며, 대장군 왕봉(王鳳)의 추천을 받아 중상시(中常侍)가 되었고, 후에 벼슬이 수형도위(水衡都尉)·시중(侍中)에 이르렀다. 반유는 박학하고 걸출한 재능이 있어서 벼슬이 간대부(諫大夫)·우조중랑장(右曹中郎將)에 이르렀다. 그는 또한 유향(劉向) 등과 더불어 황가(皇家)의 비서(秘書)를 열람하고 교정하는 일을 맡아, 황가 장서(藏書)의 부본(副本)을 하사받기도 했다. 반유는 반사(班嗣)를 낳았는데, 반사는 "비록 유학을 배우기는 했지만, 노자와 장자의 학문을 존숭했다.[雖修儒學, 然貴老莊之述.]" 반치(반고의 조부)는 어려서 황문랑중상시(黃門郎中常侍)가 되었는데, 성품이 방정하고 곧으며 절개가 굳었으므로, 서한 애제(哀帝) 때 벼슬이 광평상[廣平相 : 『후한서』에는 '광평태수(廣平太守)'라고 되어 있음]으로 승진했다. 반치는 반표(班彪 : 반고의 부친)를 낳았다. 반표는 부풍(扶風)에 대대로 살았다. 반표는 "오직 성인의 도(道 : 유학-역자)인 다음에야, 마음과 정성을 다했으며[唯聖人之道, 然後盡心]", 학문이 넓고도 심오하여 당시의 저명한 학자였던 양웅(揚雄) 등과 친분이 있어 그와 빈번하게 왕래하

---

2) 역자주 : 수재(秀才)라는 뜻.

기도 했다. 또한 저명한 학자인 왕충(王充)을 문하생으로 두기도 했다.

이 해에 반고의 아버지 반표는 29세였으며, 하서대장군(河西大將軍) 두융(竇融)의 밑에 있었다. 외효(隗囂)는 서한 말년의 천하가 어지러운 틈을 타서, "천수(天水)에서 많은 병력을 모아[擁衆天水]" 천수를 근거지로 하여 한 지역에 할거(割據)하고 있었다. 반표는 일찍이 외효에게 투항했는데, 「왕명론(王命論)」을 지어 외효에게 광무제(光武帝) 유수(劉秀)를 받들고 할거하지 말 것을 힘써 권했다. 그러나 외효는 이를 받아들이지 않았으며, 도리어 반표는 외효에게 축출되었다. 그리하여 반표는 하서대장군 두융에게 투항하자, 두융은 그를 자신의 밑에서 일하게 했다. 반표는 두융에게 하서 지방에서 외효에게 대항하도록 했다. 이후 두융은 반표의 권계(勸誡)로 광무제 유수에게 투항하기로 결심했다.

이 해 윤(閏)4월에, 동한의 광무제 유수는 두융 등과 회합하여 천수에 할거하던 외효를 패배시켰으며, 외효는 서역으로 도피했다.

- 건무 9년(서기 33년) 2세

반고는 부친을 따라 하서대장군 두융의 군영(軍營)에 있었다.

이 해 정월에, 외효는 병사(病死)하고, 그의 장수인 왕원(王元)·주종(周宗) 등은 외효의 아들 외순(隗純)을 왕으로 삼았다.

- 건무 10년(서기 34년) 3세

부친을 따라 하서대장군 두융의 군영에 있었다.

이 해 10월에, 내흡(來歙) 등이 외순을 크게 무찌르자, 외순이 투항했다. 외순의 장수 왕원은 촉(蜀)으로 도망가, 공손술(公孫述)에게 몸을 의탁했다. 이리하여 농우(隴右)[3] 지방은 평정되었다.

- 건무 11년(서기 35년) 4세

부친을 따라 하서대장군 두융의 군영에 있었다.

이 해 6월에, 내흡이 공손술 휘하의 대장 왕원을 하지(河池)에서 무찔렀으나, 자객에게 암살당했다.

- 건무 12년(서기 36년) 5세

부친 반표를 따라 낙양으로 돌아왔다. 두융이 광무제 유수를 도와 외효를 무찔렀기 때문에, 광무제 유수는 그를 수도 낙양으로 불러들여 기주목(冀州牧)에 임명했다. 광무제가 일찍이 두융에게 "장주(章奏 : 신하가 임금에게 올리는 글-역자)를 올렸는데, 누가 함께 그 일에 참여했는가?[所上章奏, 誰與參之?]" 하고 묻자, 두융은 "모두 저의 종사(從事)인 반표(班彪)가 한 일입니다[皆從事班彪所爲]."라고 대답했다. 그리하여 반표는 낙양으로 부름을 받았다. 이 해 11월에, 오한(吾漢)·장궁(臧宮) 등이 공손술을 성도(成都)에서 무찌르고, 공손술을 살해했다.

- 건무 13년(서기 37년) 6세

부친을 따라 도성인 낙양에 있었다.

이 해 4월에, 기주목 두융은 대사공(大司空)이 되었다. 부친 반표는

3) 섬서(陝西)와 감숙(甘肅)의 경계에 있는 농산(隴山)에서 유래한 말이다. 옛날 사람들은 '西'를 '右'라고 했기 때문에, 농산의 서쪽을 '농우'라고 불렀다. 옛날에는 농서(隴西)라고도 불렀다.

사예무재(司隸茂才)에 천거되어 서령(徐令)의 관직에 임명되었다. 반고는 부친을 따라 서(徐) 지방[지금은 강소(江蘇) 서주(徐州)]으로 갔다.

이 해에, 부친 반표는 「남해부(覽海賦)」를 지었다.

- 건무 14년(서기 38년) 7세

가학(家學)을 계승하기 위해 집에서 송독(誦讀)하였다.

부친인 반표는 병으로 인해 서령의 벼슬에서 면직되었다.

- 건무 15년(서기 39년) 8세

집에서 송독하였다.

이 해에, 부친 반표는 북쪽으로 원정을 떠났다. 정허성(鄭鶴聲)[4]의 『반고연보(班固年譜)』에서는 『반숙피집(班叔皮集)』의 「남해부(覽海賦)」 뒤에 「북정기주(北征冀州)」라는 2편의 부(賦)가 있다고 하면서, 이 해에 「북정기주」가 지어졌다고 여겼는데, 여기에서는 이 설을 따른다.

- 건무 16년(서기 40년) 9세

집에서 송독하였다. 『후한서』 「반고전(班固傳)」에는 "나이 9세에 글을 짓고 시(詩)와 부(賦)를 암송할 줄 알았다.[年九歲, 能屬文誦詩賦.]"라고 기재되어 있다.

- 건무 17년(서기 41년) 10세

집에서 송독하였다.

---

4) 역자주 : 정허성(1901~1989년)은 중국의 역사학자·문헌학자이다.

이 해 10월에, 광무제는 장릉(章陵)에 행차하여 "내가 천하를 다스림에는, 모두 '유도(柔道 : 부드럽고 온건한 정책-역자)'로써 행할 것이다.[吾理天下, 亦欲以柔道行之.]"라고 말했다. 용릉(舂陵)의 종실들을 위해 사당을 세웠다.

- 건무 18년(서기 42년) 11세

집에서 송독하였다.

- 건무 19년(서기 43년) 12세

집에서 송독하였다.

6월에 조정에서는 태자 유강(劉强)을 동해왕(東海王)에 봉하고, 동해왕 유양(劉陽)을 태자로 삼았으며, 유양의 이름을 유장(劉莊)으로 개명했다.

이 해에, 반표는 "동궁(東宮)이 처음 세워지고, 제후왕의 나라들이 함께 세워졌는데, 관리들은 모두 갖추어지지 않았으며, 태자를 보필하고 가르치는 기관[師保]은 많이 부족합니다.[東宮初建, 諸王國幷開, 而官屬未備, 師保多缺.]"라는 글을 상주(上奏)하여, 동궁 제도를 완비하고 사보(師保)[5]를 설치할 것을 건의했다. 반표가 글을 상주하자, 황제는 그것을 받아들였다.

- 건무 20년(서기 44년) 13세

집에서 송독하였다.

---

5) 역자주 : 태자를 가르치고 보필하는 기관.

왕충(王充)이 낙양에 와서 반고를 만나고, 그를 크게 칭찬했다. 『후한서』 「반고전」의 주(注)를 인용하여, 사승(謝承)은 『후한서』에서 "반고의 나이 13세가 되었을 때, 왕충이 그를 만나 보고는, 그의 등을 가볍게 어루만지면서 반표에게 말하기를, '이 아이는 반드시 한(漢)나라에서 있었던 일들을 기록하게 될 것입니다'.[固年十三, 王充見之, 拊其背謂彪曰, '此兒必記漢事'.]"라고 했다.

- 건무 21년(서기 45년) 14세

집에서 송독하였다.

여동생 반소(班昭)가 태어났다.

이 해에 부친 반표는 "여러 차례 삼공(三公)의 명을 따라, 늘 떠났다.[數應三公之命, 輒去.]"

- 건무 22년(서기 46년) 15세

집에서 송독하였다.

부친 반표는 사적(史籍) 연구에 몰입하고, 『사기후전(史記後傳)』을 집필하기 시작했다. 『후한서』 「반표전(班彪傳)」의 기록에는, 반표가 『사기후전』을 집필한 것은 "여러 차례 삼공(三公)의 명을 따른[數應三公之命]" 이후 옥황(玉況)의 막부(幕府)에 들어가기 전이므로, 이 해의 일에 해당한다.

- 건무 23년(서기 47년) 16세

반고가 낙양의 태학(太學)에 들어갔다. 태학에서 최인(崔駰)·이육(李

育)·부의(傅毅)·공희(孔僖) 등과 동학(同學)이 되었다.

이 해에 진류태수(陳留太守) 옥황이 대사도(大司徒)가 되면서, 부친 반표는 옥황의 막부에 들어갔다.

- 건무 24년(서기 48년) 17세

낙양의 태학에서 공부했다.

- 건무 25년(서기 49년) 18세

낙양의 태학에서 공부했다.

이 해에, 요서(遼西)의 오환대인(烏桓大人) 학단(郝旦) 등이 많은 무리를 거느리고 한나라에 복속해 오자 황제는 그 우두머리들 중에서 81명을 제후·왕·군장(君長)에 봉했다. 반고의 부친인 사도연(司徒掾)[6] 반표는, 오환교위(烏桓校尉)를 다시 설치할 것을 건의했다. 황제는 그 안(案)을 따라 곡녕성(谷寧城)에 오환교위를 설치하고, 일 년 중 특정한 날을 정하여 교역을 하게 했다.

- 건무 26년(서기 50년) 19세

낙양의 태학에서 공부했다.

- 건무 27년(서기 51년) 20세

낙양의 태학에서 공부했다.

---

6) 역자주 : 사도(司徒)의 부관(副官).

- 건무 28년(서기 52년) 21세

낙양의 태학에서 공부했다. 부친 반표는 사도(司徒) 풍근(馮勤)의 막부에 들어갔다.

10월 북흉노(北匈奴)가 사신을 보내 조공을 바치고 화친을 청했다. 부친 반표는 황제에게 북흉노와 화친해야 한다고 말했다. 흉노에 사신을 보내고 무역을 하며, 더욱 예를 갖추어 왕래해야 한다고 주장했다. 황제는 그 말을 모두 받아들이고, 그대로 따랐다.

- 건무 29년(서기 53년) 22세

낙양의 태학에서 공부했다.

부친 반표가 망도장[望都長 : 망도(望都)[7] 지방의 최고 지방관-역자]이 되었다. 정허성(鄭鶴聲)의 『반고연보』에서는, "『후한서』「반표전(班彪傳)」에서, '후에 사도(司徒)가 청렴하다[廉]는 명목으로 추천하여 망도장이 되었는데, 관리들과 백성들이 좋아했다.[後察司徒廉, 爲望都長, 吏民愛之.]'라고 했는데, 그 전 해에 반표는 삼부(三府)에서 정사를 의논했고, 그 이듬해에 관직에 있으면서 세상을 떠났으므로, 망도장이 된 것은 이 해일 것이다."라고 했다. 정허성의 이 견해는 상당히 타당하므로, 여기서는 그대로 따랐다.

- 건무 30년(서기 54년) 23세

부친 반표가 관직에 있으면서 사망했는데, 이 때 나이 52세였다. 『후한서』「반표전」에서는, "그가 저술한 부(賦)·논(論)·서(書)·기(記)·

7) 역자주 : 망도는 지금의 하북성(河北省) 중부 평원 지역이다.

주사(奏事)가 모두 합하여 9편[所著賦·論·書·記·奏事·合九篇]"이라고 했다. 또한 『사기후전(史記後傳)』 수십 편을 지었다.

반고는 낙양의 태학에서 부풍군(扶風郡)의 안릉(安陵)으로 돌아왔다.

- 건무 31년(서기 55년) 24세

반고가 부친상 중이어서 집에서 거우(居憂)했다.

「유통부(幽通賦)」를 지어서, 목숨을 걸고 의지를 관철할 것을 다짐했다.

- 중원(中元) 원년(서기 56년) 25세

집에서 거우했다.

이 해에 광무제(光武帝)는 명당(明堂)·영대(靈臺)·벽옹(辟雍)을 짓고, 북쪽 교외에 왕릉을 정했다. 광무제는 천하에 도참을 선포했다.

- 중원 2년(서기 57년) 26세

집에서 거우했다.

이 해 2월에, 광무제 유수(劉秀)가 세상을 떠났다. 태자 유장(劉莊)이 즉위하여 명제(明帝)가 되었다.

-영평(永平) 원년(서기 58년) 27세

처음으로 부친의 업(業)을 계승하여, 집에서 『한서』를 저술하기 시작했다.

이 해에 동평왕(東平王) 유창(劉蒼)이 황제의 동생이라는 신분으로 표기장군(驃騎將軍)이 되어 정사를 보필했으며, 동각(東閣)을 열어 영웅들을 불러 모았다.

반고는 동평왕 유창에게 글을 상주(上奏)하여, 환량(桓梁)·진풍(晉馮)·이육(李育)·곽기(郭基)·왕옹(王雍)·은숙(殷肅) 등을 추천했다.

- 영평 2년(서기 59년) 28세

집에서 『한서』를 저술했다.

- 영평 3년(서기 60년) 29세

집에서 『한서』를 저술했다.

- 영평 4년(서기 61년) 30세

집에서 『한서』를 저술했다.

- 영평 5년(서기 62년) 31세

반고가 『한서』를 저술하고 있다는 사실이 다른 사람에 의해 고발당했다. 그 후 체포되어 수도에 있는 감옥에 갇혔다. 동생 반초(班超)가 낙양으로 달려가 황제에게 상주하여, 반고를 위해 변명했다. 반고가 출옥하자, 교서랑(校書郎)에게 불려가 만난 뒤 난대영사(蘭臺令史)가 되었다. 전(前) 수양령(睢陽令) 진종(陳宗)·장릉령(長陵令) 윤민(尹敏)·사예종사(司隷從事) 맹이(孟異) 등과 함께 『세조본기(世祖本紀)』를 편찬했다.

동생 반초는 모친과 함께 낙양에 온 후, 관리들을 위해 책을 베끼는 일을 하여 모친을 봉양했다.

- 영평 6년(서기 63년) 32세

반고는 '낭관(郎官)'으로 승진하여, 부의(傅毅)·가규(賈逵) 등과 함께 황실의 비서(秘書)를 교감했다. "또한 동한의 건국 공신(功臣)·평림병(平林兵)·신시병(新市兵)·공손술(公孫述)의 일들을 기록하고, 열전(列傳)·재기(載記) 28편(篇)을 지었다.

명제(明帝)는 반고에게, 이전에 저술하던 『한서』를 계속해서 완성하도록 명령했다.

- 영평 7년(서기 64년) 33세

처음으로 난대(蘭臺)에서 어명을 받들어 『한서』를 저술하기 시작했다.

「양도부(兩都賦)」를 지었다. 『후한서』「반고전」에서 이르기를, "이 때 수도에서 궁실(宮室)을 짓기 시작했으며, 성과 해자(垓字)를 준설하고 수리했는데, 관중(關中)의 노인들은 조정을 서쪽의 장안으로 옮길 것을 바랐다.[時京師修起宮室, 浚繕城隍, 而關中耆老猶望朝廷西顧.]"라고 했다. 이에 반고는 특별히 「양도부」를 지어, "낙양의 제도(制度)가 뛰어남을 찬양하여, 서쪽 관중 인사들의 옳지 않은 주장을 물리쳤다.[盛稱洛邑制度之美, 以折西賓淫侈之論.]"라고 했다. 즉 반고는 「양도부」에서 우아하고 아름다운 언어로 동한이 낙양에 도읍을 세운 것이 옳았다는 것을 진술하고, 장안으로 천도하는 것을 반대했다. 반고가 「양도부」를 지었지만, 역사에서는 그 정확한 연도를 밝히지 않았다. 정허성(鄭鶴聲)은 『반고연보』에서 이르기를, "반고는 「양도부」를 영평(永平) 연간에 지었다. 비록 그 정확한 연도는 알 수 없지만, 낭관이 된 이후의 작품이라는 것은 아주 분명하다. 그래서 이 해의 일이라고 확정했다." 라고 했다. 정허성의 이 가설은 타당하므로, 여기에서는 이를 따랐다.

- 영평 8년(서기 65년) 34세

어명을 받들어 『한서』를 저술했다.

-영평 9년(서기 66년) 35세

계속하여 『한서』를 저술했다.

동생 반초가 난대영사가 되었다. 『후한서』 「반초전(班超傳)」에는, "그로부터 상당한 시간이 지난 후에, 명제는 반고에게 '경(卿)의 동생은 어찌 지내는가?' 하고 묻자, 반고가 '관리들을 위해 책을 베끼는 일을 하고 있으며, 봉급을 받아 노모를 봉양하고 있습니다.'라고 대답했다. 명제는 이에 반초에게 벼슬을 주어 난대영사로 삼았다.[久之, 顯宗問固'卿弟安在', 固對'爲官寫書, 受直以養老母'. 帝乃除超爲蘭臺令史.]"라고 기재되어 있다.

- 영평 10년(서기 67년) 36세

계속하여 『한서』를 저술했다.

- 영평 11년(서기 68년) 37세

계속하여 『한서』를 저술했다.

- 영평 12년(서기 69년) 38세

계속하여 『한서』를 저술했다.

- 영평 13년(서기 70년) 39세

계속하여 『한서』를 저술했다.

- 영평 14년(서기 71년) 40세

계속하여 『한서』를 저술했다.

양송(梁竦)이 지은 『칠서(七序)』를 칭찬했다. 『후한서』 「양통전부양송전(梁統傳附梁竦傳)」에, "명제가 그 후에 조칙을 내려 양송을 부친과 형이 살던 원래의 군(郡)으로 돌아가게 했다. 양송은 문을 닫고 스스로 끼니를 해결하면서, 경적(經籍)을 즐거움으로 삼아, 책 여러 편을 지었는데, 이름하여 『칠서』라고 했다. 반고가 이를 보고 칭찬하여 말하기를, '공자께서 『춘추』를 짓자 난신적자(亂臣賊子)들이 두려워했는데, 양송이 『칠서』를 짓자, 하는 일 없이 벼슬을 차지하고 있으면서 녹봉만 탐내는 자들이 부끄러워했다.'라고 말했다.[顯宗後詔聽還本郡. 竦閉門自養, 以經籍爲娛, 著書數篇, 名曰『七序』, 班固見而稱曰, "孔子著『春秋』而亂臣賊子懼, 梁竦作『七序』而竊位素餐者慙.]"라고 기재되어 있다. 비록 정확한 연도를 알 수는 없지만, 말의 뜻을 분석해 보면 아마도 명제가 통치하던 시기의 중·후기일 것이다. 그러므로 이에 해당한다.

- 영평 15년(서기 72년) 41세

계속하여 『한서』를 저술했다.

반고는 마엄(馬嚴)·두무(杜撫) 등과 함께 『건무주기(建武注紀)』를 공동으로 심정(審定)했다. 『후한서』 「마원전부형자마엄전(馬援傳附兄子馬嚴傳)」에는, "영평 15년에 황후가 조칙을 내려 (마엄을-역자) 낙양으로 옮겨와 살게 했다. 명제가 그를 불러서 만나 보았는데, 마엄은 얌전하고 우아하게 나아가 대했으며, 의기(意氣)가 매우 비범했다. 황제는 마엄에게 인수달(仁壽闥)에 머물면서 두무·반고 등과 『건무주기』를 공동으로 주관하여 교감하도록 명령했다.[永平十五年, 皇后敕使移居洛陽. 顯宗召見, 嚴進對閑雅, 意甚異之, 有詔留仁壽闥, 與校書郎杜撫·班固等雜定『建武注紀』.]"라고 기재되어 있다.

이 해 3월에, 한나라 명제는 동쪽으로 순행하여 노(魯)나라 땅에 도착했다. 노나라 땅에서 공자의 옛 집에 행차하여, 공자와 72명의 제자들에게 춘제(春際)를 지냈다. 명제는 친히 유학을 강의하는 교당(敎堂)에 들렀으며, 황태자와 각 제후왕들에게 유교 경전을 해설하라고 명령했다.

- 영평 16년(서기 73년) 42세

계속하여 『한서』를 저술했다.

이 해에 반고의 동생 반초는 가사마(假司馬 : 사마를 보좌 또는 대리하는 직책-역자)가 되어 곽순(郭恂)과 함께 서역 원정에 나서, 서역의 여러 나라들을 평정하자, 서역 각국들은 다시 한나라와 통하게 되었다.

- 영평 17(서기 74년) 43세

계속하여 『한서』를 저술했다.

가규(賈逵) 등과 더불어 「신작송(新雀頌)」을 지어 황제에게 바쳤다.

가규 등과 운룡문(雲龍門)에 소집되어, 『사기(史記)』 「진시황본기(秦始皇本紀)」에 있는 '찬어(贊語)'의 장·단점에 대해 평론했다.

이 해에 동생 반초가 구자국(龜玆國)의 원래 왕의 조카인 충(忠)을 왕으로 삼자, 나라의 모든 사람들이 기뻐했다. 두고(竇固) 등은 돈황(敦煌)·곤륜(昆侖)의 요새에서 흉노를 격파했다. 이 무렵에 차사국(車師國)이 항복해 오자, 그 곳에 서역도호(西域都護)·무기교위(戊己校尉)를 설치했다.

- 영평 18년(서기 75년) 44세

계속하여 『한서』를 저술했다.

「마중도애사(馬仲都哀辭)」를 지었다. 『태평어람(太平御覽)』에서는 반고가 지은 「마중도애사 서(序)」를 인용하여, "거기장군(車騎將軍) 순문후(順文侯) 마중도(馬仲都)는 명제의 장인이다. 낙수(洛水)의 부교(浮橋)에서 황제의 수레를 따르다가 말이 놀라자, 물에 빠져 익사했다. 명제가 시어사(侍御史) 반고를 돌아보며 이르자, 말을 타고 30보를 나아가 애사(哀辭)[8]를 지었다.[車騎將軍順文侯馬仲都, 明帝舅也. 從車駕於洛水浮橋, 馬驚, 入水溺死. 帝顧謂侍御史班固, 於馬上三十步遂爲哀辭.]"라고 했다. 이 서문(序文)은 어느 해에 지어졌는지 알 수 없지만, 정허성(鄭鶴聲)의 『반고연보』의 가설을 채택하여, 여기에 결부시켰다.

이 해에 명제가 세상을 떠났다. 태자 유달(劉炟)이 즉위하여 장제(章帝)가 되었다. 언기(焉耆) 등의 소수민족들이 동한에 국상(國喪)이 나자

8) 역자주 : 죽은 사람을 추도(追悼)하는 문장.

출병하여 서역도호 진목(陳睦)을 공격하여 죽이고, 북흉노는 유중성(柳中城)에서 기교위(己校尉) 관총(關寵)을 공격하여 포위하였다. 차사국(車師國)의 후왕(後王)은 흉노와 함께 금포성(金蒲城)에서 무교위(戊校尉) 경공(耿恭)을 공격하였다. 반초는 그 해의 남은 기간 동안 반탁성(盤槖城)을 방어하였다.

- 건초(建初) 원년(서기 76년) 45세

계속하여 『한서』를 저술했다.

장제는 평소에 문장(文章)을 좋아했는데, 반고는 황제의 총애를 입어 여러 번 황제가 거주하는 곳까지 들어가 독서를 할 수 있었으며, 간혹 며칠 동안 연속으로 출입하기도 하다.

환담(桓譚)의 『신론(新論)』「금도(琴道)」를 이어서 완성하였다. 『후한서』「환담전(桓譚傳)」에서는 기재하기를, "환담의 저서와 말, 그리고 생전에 일을 했던 기록 등이 29편으로, 이를 『신론』이라고 불렀으며, 이를 황제에게 바치자, 세조 광무제가 좋다고 했다. 「금도」 한 편은 아직 완성하지 못했는데, 장제는 반고에게 이어서 완성하라고 했다.[譚著書言當世行事二十九篇, 號曰『新論』, 上書獻之, 世祖善焉. 『琴道』一篇未成, 肅宗使班固續成之.]"라고 되어 있다. 그 정확한 연도는 알 수 없으나, 다만 장제의 재위 기간 중임은 확실하므로, 여기에 결부시켰다.

「답빈희(答賓戲)」를 지었다. 정허성의 『반고연보』에서는 「답빈희」가 영평(永平) 연간의 작품이라고 했다. 그러나 『후한서』「반고전」에는, "반고는 스스로 2대(부친 반표와 반고 자신-역자)에 걸쳐 재술(才術)이 있다고 여겼는데, 지위는 낭관(郎官)에 불과했지만, 동방삭(東方朔)이나 양웅(揚雄)에 견줄 만하다고 생각했다. 그러나 자신은 소진(蘇秦)·장의(張儀)·범휴(范睢)·채택(蔡澤) 같은 사람들이 살았던 때를 만나지 못했으므로, 「빈희(賓戲)」를 지어 스스로 그들과 소통하였다.[固自以二世才術, 位不過郎, 感東方朔·揚雄自論, 以不遭蘇·張·范·蔡之時, 作『賓戲』以自通焉.]"라고 기재되어 있다. 그러므로 위에서 언급한 장제의 총애를 받기 시작한 다음의 일이라는 것을 알 수 있다. 따라서 여기에 결부시켰다.

이 해에 동생 반초는 소륵국(疏勒國)에 주둔하고 있었다. 조정은 서역에 변란이 일어나 서역도호 진목이 피살되자, 무기교위(戊己校尉)와 도호관(都護官)을 파면했다. 또한 잘못되면 반초가 "홀로 위기에 처해 자립하지 못할 것을 염려하여 조정은 명령을 내려 반초가 떠나도록 하였다. 반초가 본국으로 돌아가려고 출발하자, 온 나라에서 걱정하고 두려워했다.[單危不能自立, 下詔徵超. 超發還, 疏勒擧國憂恐.]" "(그리하여 소륵국 사람들이-역자) 서로 반초가 탄 말의 다리를 껴안자, 반초는 나아갈 수 없었다. 반초는 우전국(于闐國)이 한나라의 명령을 듣지 않을 것을 염려한데다, 또한 본래 뜻한 바를 이루려고 하여, 다시 소륵국으로 돌아왔다.[互抱超馬脚, 不得行. 超恐于闐終不聽其東, 又欲遂本志, 乃更還疏勒.]" 그리고 "반란을 일으킨 자를 사로잡아 목을 베자[捕斬反者], 소륵국이 다시 안정을 되찾았다[疏勒復安]."

- 건초 2년(서기 77년) 46세

계속하여 『한서』를 저술했다.

제오륜(第五倫)[9]을 위하여 「천사이오표(薦謝夷吾表)」[10]를 지었다. 『후

9) 역자주 : 성(姓)이 '제오(第五)' 임.

한서』「사이오전(謝夷吾傳)」에는 "제오륜이 사도(司徒)가 되자마자, 반고로 하여금 글을 지어 사이오(謝夷吾)를 추천하게 했다.[及(第五-인용자)倫作司徒, 令班固为文薦夷吾.]"라고 기재되어 있다. 정허성(鄭鶴聲)은, "『후한서』「제오륜전(第五倫傳)」에는 '장제가 처음 즉위했을 때 멀리 있는 군에서 발탁하여 모융(牟融) 대신 사공(司空)으로 삼았다.[肅宗初立, 擢自遠郡, 代牟融爲司空.]"라고 기재되어 있다. 반고가 사이오를 추천하는 표(表)를 쓴 것은 바로 이 해(건초 원년을 가리킴)이다."라고 했다. 그러나 제오륜이 사이오를 추천한 것은, 그가 사도가 된 다음이므로, 아마도 장제가 즉위한 바로 그 해에 있었던 일이 아닐 것 같으므로, 여기에 결부시켰다.

- 건초 3년(서기 78년) 47세

계속하여 『한서』를 저술했다.

현무사마(玄武司馬)의 벼슬을 받아 현무문(玄武門)을 지키는 낭관 중의 하급 관리가 되었다. 정허성은, "『후한서』「반고전」에는 '그 다음에 현무사마로 직책이 바뀌었다[後遷玄武司馬].'라고 기재되어 있다. 그 다음에 백호관(白虎觀)에 선비들이 모였던 일이 이어지는데, 이는 그 다음해의 일이다. 따라서 현무사마로 직책이 바뀐 것은 늦어도 이 해의 일이거나 혹은 이보다 더 앞의 일일 수도 있다."라고 했다. 이 분석은 합당하므로, 여기에 결부시켰다.

이 해에 동생인 가사마(假司馬) 반초는 소륵국과 그 주변 나라들의 병사를 이끌고 고묵국(姑默國)을 공격했다. 더불어 상소를 올려 서역

10) 역자주 : 사이오(謝夷吾)를 추천하는 글.

을 공격할 군대를 청했다. 이에 평릉(平陵) 사람 서간(徐幹) 등이 온 힘을 다해 반초를 보좌했다.

- 건초 4년(서기 79년) 48세

계속하여 『한서』를 저술했다.

11월에 장제는 조서에서, "삼대(三代)[11]의 다스리는 이는 교학(教學)을 근본으로 삼았다. 한나라는 폭정을 일삼았던 진(秦)나라를 이어받았는데, 유학을 찬양하고 '오경(五經)'을 세웠으며, 박사(博士)를 설치했다. 그 후에 학자들이 정진(精進)하여 비록 스승으로부터 전수받았다고는 했지만, '오경'을 다르게 주석하는 학파들이 생겨났다. 선제(宣帝)께서는 성인(聖人)이 떠난 지 오래되었다고 여기고, 배움에서 잡다한 것들을 싫어하지 않았다. 그리하여 대하후(大夏侯)·소하후(小夏候)의 『상서(尙書)』 박사를 세웠으며, 다음에는 경씨(京氏)의 『역경(易經)』 박사를 세웠다. 건무(建武) 연간에는 다시 안씨(顏氏)·엄씨(嚴氏)의 『춘추(春秋)』 박사를 세웠으며, 대대(大戴)·소대(小戴)의 『예기(禮記)』 박사를 세웠다. 이는 모두 쇠미해져 가는 경학(經學)을 진흥(振興)하고, 도예(道藝)를 높이고 널리 전파하려는 것이었다. 중원(中元) 원년에는 조서를 내려 '오경'의 장구(章句)가 번잡하고 너무 많아 의논하여 줄이고자 했다. 영평(永平) 원년(元年)에 장수교위(長水校尉) 첨(儋)[12]이 '선제(先帝)의 대업은 마땅히 이 기회에 시행해야 한다.'라고 상주(上奏)했다. 여러 유학자들로 하여금 함께 경전의 뜻을 바로잡고자 하니, 이

---

11) 역자주 : 하(夏)·은(殷)·주(周)

12) 역자주 : 다른 문헌들에는 '樊儵(번숙)' 혹은 '儵樊(숙번)'이나 '儵(숙)' 등으로 되어 있는데, 어느 것이 정확한지 확인할 수 없다.

는 자못 학문하는 이들로 하여금 스스로를 도울 수 있게 하려 함이었다. 공자께서 말씀하시기를, '학문이 강론되지 못하는 것이 나의 근심이다.'라고 하셨으며, 또한 '배우기를 널리 하고, 뜻을 독실하게 하며, 절실하게 묻고, 현실의 가까운 일들을 생각하면, 인(仁)이 그 가운데에 있다.'라고 말씀하셨다. 아아! 공자(孔子)의 근면하심이여![蓋三代導人, 教學爲本. 漢承暴秦, 褒顯儒術, 建立'五經', 爲置博士. 其後學者精進, 雖曰承師, 亦別名家. 孝宣皇帝以爲去聖久遠, 學不厭博, 故遂立大·小夏候『尙書』, 後又立京氏『易』. 至建武中, 復置顏氏·嚴氏『春秋』, 大·小載『禮』博士. 此皆所以扶進微學, 尊廣道藝也. 中元元年詔書, '五經'章句煩多, 議欲減省. 至永平元年, 長水校尉鯈奏言, 先帝大業, 當以時施行. 欲使諸儒共正經義, 頗令學者得以自助. 孔子曰, '學之不講, 是吾憂也.' 又曰, '博學而篤志, 切問而近思, 仁在其中矣.' 於戲, 其勉之哉!]"라고 했다. 그리하여 태상(太常)에게 어명을 내려, 장(將)·대부(大夫)·박사(博士)에 속해 있는 선비·의랑(議郎)·낭관(郎官) 및 유생(儒生)들을 백호관에 모이게 하고, '오경'의 같고 다름을 서로 토론하게 했다. 오관중랑장(五官中郎將) 위응(魏應)을 시켜 토론할 문제를 만들게 하고, 시중(侍中) 순우공(淳于恭)을 시켜 황제에게 보고하게 했으며, 장제도 직접 참가하여 황제의 권한으로 판결을 내리기도 했다. 서한 선제(宣帝) 감로(甘露) 3년에 있었던 석거각(石渠閣) 회의와 마찬가지로 『백호의주(白虎議奏)』를 지었다. 반고는 사관(史官)의 신분으로 백호관 회의에 참가했으며, 나중에 『백호통의(白虎通義)』를 지었다.

- 건초 5년(서기 80년) 49세

계속하여 『한서』를 저술했다.

이 해에 조정은 서간(徐幹)을 가사마(假司馬)로 삼아, 이형(弛刑)[13]의 처분을 받은 죄수들 및 지원자 천여 명을 데리고 반초를 도우러 가게 하다. 반초와 서간은 같이 반란을 일으킨 소륵도위(疏勒都尉) 번진(番辰)을 공격하여 크게 무찔렀다.

- 건초 6년(서기 81년) 50세

계속하여 『한서』를 저술했다.

- 건초 7년(서기 82년) 51세

『한서』를 완성했다. 정허성은 『철학당초고(綴學堂初稿)』 권2 「마반작사년세고(馬班作史年歲考)」를 인용하여, "반고는 『한서』를 25년 동안 썼는데, 영평(永平) 원년 무오년(戊午年)에 시작하여 건초(建初) 7년 임오년(壬午年)에 마쳤다. 반고는 영평 5년에 교서(校書 : 고대 중국의, 전적들을 교정하고 정리하던 관직-역자)에 들어갔으나, 『한서』를 쓰는 작업은 이 해에 시작하지 않았다. 『후한서』 「반고전(班固傳)」에서 이르기를, '낭관(郎官)으로 직책이 바뀌어 황실의 비서(秘書)를 주관하여 교감하게 되자, 황제는 이에 다시 그로 하여금 예전에 쓰던 『한서』를 완성하게 했다'고 한다. 「가규전(賈逵傳)」에 따르면, 영평 중(中)에 낭관이 되어 반고와 함께 황실의 비서를 주관하여 교감하였다. 『한서』 「서전(序傳)」에는, 영평 중(中)에 낭관이 되어 황실의 비서를 주관하여 교감했다고 되어 있다. 『한서』 「본전(本傳)」에서도 이르기를, '반고는 영평 중(中)에 어명을 받았으며, 그로부터 20여 년이 지나 건초(建初) 중(中)에

13) 역자주 : '이형'이란 각종 형구(刑具)의 구속에서 벗어난 죄인들을 가리키는 말이다.

완성했다.'라고 했다. 영평 5년부터 건초 6년까지 20년이며, 건초를 연호로 쓴 것은 8년 동안이다. 『사통(史通)』 「정사편(正史篇)」에는, 20여(餘) 년 동안 저술하여 건초 중에 이르러서 완성했다고 되어 있다. 만약 건초 6년에 완성했다면, 20년이기 때문에 '여(餘)'자가 있는 것은 옳지 않으며, 건초 8년에 완성했다면, 이 해는 건초 말년(末年)이므로, '중(中)'자를 쓴 것이 옳지 않다. 따라서 『한서』는 건초 7년에 완성되었다고 한 것이다."라고 했다. 여기에서는 이를 따랐다.

후에 반고가 두헌(竇憲)의 사건에 연루되어 낙양의 감옥에서 세상을 떠나자, 반고가 쓴 글의 원고들은 매우 어지럽게 흩어졌는데, 그것을 반초의 누이동생 반소(班昭)가 다시 새로 정리했으며, 더불어 기존 『한서』에 수록된 8편(篇)의 표(表)에서 누락된 부분을 보충했다. 또한 반소는 마속(馬續)의 도움을 받아 『한서』의 「천문지(天文志)」를 지었는데, 이리하여 『한서』는 최종적으로 전체가 완성되었다.

- 건초 8년(서기 83년) 52세

「흉노화친의(匈奴和親議)」를 황제에게 올려 북흉노(北匈奴)에 대한 대책을 제출했다. 『후한서』 「남흉노전(南匈奴傳)」에는, "건무(建武) 8년에 북흉노 삼목루자(三木樓訾) 부족의 대인(大人) 계류사(稽留斯) 등이 부족 3만 8천 명·말 2만 필·소와 양 약 10만 마리를 이끌고 오원새(五原塞)에 이르러 항복했다.[八年, 北匈奴三木樓訾大人稽留斯等率三萬八千人·馬二萬匹·牛羊十餘萬, 款五原塞降.]"라고 기재되어 있다. 『후한서』 「반고전」에는, "이 때 북흉노의 선우(單于)가 사신을 보내 조공을 바치고 화친하기를 원했다. 황제는 여러 신하들에게 의견을 물었다.[時北單于

遣使貢獻, 求欲和親, 詔問群僚.]"라고 기재되어 있다. 어떤 사람은 흉노가 거짓으로 잘 속이는 나라라고 하면서 사신을 보내는 것에 반대했다. 반고는 "흉노와의 교류를 끊었을 때 그 이로움을 알지 못하며, 서로 통했을 때 그 해로움이 무엇인지 듣지 못했다.[絕之未知其利, 通之不聞其害.]"라고 생각하여, 사신을 보내 흉노와 우호 관계를 맺어야 한다고 주장했는데, 장제는 이 의견을 받아들였다.

이 해에 반초는 장병장사(將兵長史)가 되었다.

- 원화(元和) 원년(서기 84년) 53세

「남순송(南巡頌)」을 지어서 황제에게 바쳤다. 『반난대집(班蘭臺集)』에는 「남순송」이 수록되어 있으나, 어느 해에 지었는지는 기록되어 있지 않다. 정허성의 『반고연보』에서는, "『후한서』 「장제기(章帝紀)」에, 이 해 겨울 10월에 남쪽으로 순수(巡狩)를 갔다고 기재되어 있다. 『후한서』 「반고전」에 나오는 '매번 황제가 순수를 갈 때마다 항상 '송(訟)'을 지었다.[每行巡狩, 輒獻上賦頌.]'라는 기록을 근거로 하여, 이 해에 결부시켰다."라고 했다. 장제는 '남방 순수[南巡狩]'를 8월 정유(丁酉)일에 시작하여 11월 기축(己丑)일에 궁(宮)으로 돌아오면서 끝났다. 따라서 이 해 11월에 지었을 것으로 추측된다.

동생 반초는 출병하여 사차국(莎車國)을 격파했다.

- 원화 2년(서기 85년) 54세

「동순송(東巡頌)」을 지어서 황제에게 바쳤다. 『반난대집』에는 「동순송」이 수록되어 있으나, 어느 해에 지었는지는 기록되어 있지 않다.

장제는 2월에 동쪽으로 순수를 가서 4월에 궁궐로 돌아왔기 때문에, 이 해에 결부시켰다.

- 원화 3년(서기 86년) 55세

어명을 받아, 예악(禮樂) 등을 개혁하는 것 등이 도리에 맞는지에 대해 고찰하고 평론하였다. 『후한서』「반고전(班固傳)」에는, "원화 2년에 장제가 예악을 제정하고자 한다고 조서를 내렸는데, 조포(曹褒)가 상소를 올려 이를 찬성했다. 원화 3년에 다시 조서를 내려 "현무사마(玄武司馬) 반고를 소환하여 예제(禮制)를 개정하는 것이 도리에 맞는지에 대해 물어 보라고 명령했다. 반고는 '수도의 여러 유생들 중에는 예(禮)에 대해 논할 수 있는 이들이 많습니다. 마땅히 널리 소집하여 모두 장·단점을 의논해야 할 것입니다.'라고 말했다.[詔召玄武司馬班固, 問改定禮制之宜. 固曰, 京師諸儒, 多能說禮, 宜廣招集, 共議得失.]"라고 기재되어 있다.

이 해에 동생인 반초는 소륵국(疏勒國)의 왕인 충(忠)의 목을 베고, 그 무리들을 격파했다.

- 장화(章和) 원년(서기 87년) 56세

어명을 받들어 숙손통(叔孫通)의 『한의(漢儀)』를 바쳤다. 『후한서』「조포전(曹褒傳)」에는, "장화 원년 정월에 조포를 불러 가덕문(嘉德門)에 오게 하고, 소황문(小黃門 : 환관-역자)으로 하여금 반고가 바친 숙손통의 『한의』 12편을 지니도록 하고는, 조포에게 칙명을 내려 말하기를, '여기에 제정된 것들은 소략(疏略)하며, 대개 경전에 부합하지 않는 것들이니, 지금 마땅히 예(禮)와 법규에 따라 바르게 하여 시행할 수 있도록 하라. 남궁(南宮)과 동관(東觀)에서는 마음을 다하여 모두 함께 이 일을 행하라.'라고 했다.[章和元年正月, 乃詔褒詣嘉德門, 令小黃門持班固所上叔孫通『漢儀』十二篇, 敕褒曰, '此制散略, 多不合經, 今宜依禮條正, 使可施行. 於南宮·東觀盡心集作'.]"라고 기재되어 있다. 이에 장제가 조포를 시켜 나라의 예를 제정하게 할 때에, 먼저 반고로 하여금 숙손통의 『한의』를 정리하여 바치게 했음을 알 수 있다. 조포는 『한의』를 참고하여 『한례(漢禮)』 150편을 제정했다.

「전인편(典引篇)」을 지어 한나라의 덕을 서술하였다.

이 해에 동생 반초는 우전국(于闐國)에서 출병하여 사차국을 무찌르고, 그 위세를 서역에 떨쳤다.

- 장화 2년(서기 88년) 57세

반고가 모친상을 당하여 관직을 떠났다. 정허성은 『반고연보』에서 범엽(范曄)의 『후한서』를 근거로 하여, "이 일에 대한 서술 바로 앞에 「전인편」이 있는데, 「전인편」을 어느 해에 지었는지 알 수 없으며, 지금까지 확인할 수 없다. 「전인편」의 위에는 북흉노에 대한 대책을 건의한 일이 기록되어 있는데, 장제 건초(建初) 8년의 일이다. 아래에는 영원(永元) 원년에 두헌(竇憲)이 흉노로 원정을 떠난 일이 이어서 기록되어 있는데, 그 이듬해의 일이다. 건초 8년과 영원 원년 사이에는 5년의 간격이 있는데, 반고의 모친이 세상을 떠난 것은 마땅히 이 시기일 것이다. 정확한 연도는 알 수 없지만, 당연히 이 해에 결부될 것이다."라고 했다. 여기에서는 이를 따랐다.

이 해 2월에는, 장제가 세상을 떠나고 태자 유조(劉肇)가 즉위하여 화제(和帝)가 되었다.

3월에는, 두태후(竇太后)가 조정에 임하여 두헌을 시중(侍中)으로 삼고, 그의 동생 두독(竇篤)·두경(竇景)·두괴(竇瓌)를 요직에 등용하였다.

7월에는, 두헌이 자객을 보내 도향후(都鄕侯) 유창(劉暢)을 살해했는데, 이 일이 세상에 알려지자, 두헌은 죽임을 당할까 두려워하여, 흉노를 정벌하는 것으로 사형을 면하게 해달라고 빌었다.

- 영원(永元) 원년(서기 89년) 58세

두헌을 따라서 북흉노로 원정을 떠났는데, 중호군(中護軍)이 되어 작전회의에 참여했다.

6월에는, 두헌과 함께 계락산(稽落山)에서 북흉노를 크게 무찔렀으며, 요새를 떠나 3천 리를 진군했다.

7월에는, 두헌과 함께 연연산(燕然山)에 올라 돌에 공적을 새겼는데, 반고는 「봉연연산명(封燕然山銘)」의 글을 지었다. 『반맹견집(班孟堅集)』「봉연연산명병서(封燕然山銘幷序)」에는 "영원원년추칠월(永元元年秋七月)"이라는 말이 있으므로, 이 해와 결부시켰다.

또한 「두장군북정송(竇將軍北征頌)」을 지었다. 이 글 안에 "연연산에 제사를 지내고 그 일대 지역을 한나라에 복속시켰다[封燕然以降高]."라는 말이 있는데, 이는 「봉연연산명」을 지은 다음에 이 글을 지었다는 것을 말해 준다.

9월에는, 조정에서 두헌을 대장군(大將軍)으로 승진시켰는데, 이로써 두씨(竇氏)의 권세가 더욱 강성해졌다.

- **영원 2년(서기 90년) 59세**

5월에, 두헌은 병사를 파견하여 이오려(伊吾廬) 지역을 되찾도록 하였다.

7월에는, 반고가 대장군 두헌의 명을 받아 양주(涼州)에 나가 주둔하였다.

9월에는, 북흉노가 사신을 보내와 신하를 칭하고, 더불어 대사(大使)를 보내줄 것을 청하였다.

10월에는, 반고가 중랑장(中郎將)의 직무를 수행하여, 수백 명의 기병을 이끌고 흉노의 사신과 함께 거연새(居延塞)를 떠나, 흉노에 답례 방문을 하였다. 이 때 남흉노가 북흉노를 습격하여 격파하는 일이 발생하자, 반고는 사거해(私渠海)에 이르렀다가, 흉노에 전쟁이 났다는 소식을 듣고 기병을 인솔하여 돌아왔다.

이 해에, 동생인 반초가 월지(月氏)를 격파하자, 월지는 한나라에 매년 조공을 바쳤다.

- **영원 3년(서기 91년) 60세**

부의(傅毅) 등과 함께 두헌의 막부에 있으면서 문서와 관련된 일을 주관하였다.

2월에는, 대장군 두헌이 좌교위(左校尉) 경기(耿夔) 등을 거연새로부터 출병하게 하여, 북흉노의 선우(單于)를 금미산(金微山)에서 무찌르고, 그의 어머니 연지(閼氏)를 포로로 잡다. 북흉노의 선우는 도망쳤다.

12월에는, 동생 반초가 서역을 평정하였다. 조정은 다시 서역도위(西域都尉)·기도위(騎都尉)·무기교위(戊己校尉) 등의 관직을 설치하였다.

반초는 서역도위에 임명되어 구자국(龜玆國)에 머물렀다.

- 영원 4년(서기 92년) 61세

4월에, 두헌이 수도로 돌아왔다. 두헌이 흉노를 평정하여 그의 위세가 대단해지자, 측근들을 관직에 임명하고 붕당(朋黨)을 결성하여, 조정에서도 권세를 떨쳤다.

6월에는, 화제(和帝)와 중상시(中常侍) 정중(鄭衆)이, 두헌이 반란을 일으키고 시해할 계획을 세웠다는 것을 알고, 두헌의 목을 벨 것을 모의했다. 두헌은 대장군의 인수(印綬)를 받고 관군후(冠軍侯)에 봉해졌으며, 동생 두독(竇篤)·두경(竇景) 등과 함께 그 나라에서 쫓겨나자 자살하지 않을 수 없었다.

이 해에 낙양령(洛陽令) 종긍(種兢)은 일찍이 반고의 가노(家奴)에게 모욕을 당한 일이 있었는데, 두헌이 세력을 잃고 자살하자, 그 빈객(賓客)들도 압송되어 심문당하는 기회를 이용하여, 반고를 체포하여 옥에 가두었다. 그로부터 얼마 후, 반고는 낙양의 옥중에서 억울한 죽음을 맞이했다.

반고는 『한서』 외에도 「전인(典引)」·「빈희(賓戲)」·「응기(應譏)」 등의 작품들과 시(詩)·부(賦)·명(銘)·뇌(誄)·송(訟)·문(文)·기(記)·논(論)·의(議)·육언(六言) 등 40여 편(篇)을 남겼다. 명나라 때 사람 장부(張溥)는 이 작품들을 모아 『반난대집(班蘭臺集)』 1권을 펴냈으며, 20세기 초에 딩푸바오(丁福保, 1874~1952년-역자) 또한 반고의 작품들을 모아 『반맹견집(班孟堅集)』 3권을 펴냈다.

반고가 세상을 떠난 후 부풍(扶風)에 매장했다. 건륭(乾隆) 연간의

『봉상부지(鳳翔府志)』에는 "난대영사 반고의 묘는 부풍현 동쪽 18리에 있다.[蘭臺令史班固墓, 在扶風縣東十八里.]"라고 기재되어 있다. 진천(秦川)의 「한반고묘기(漢班固墓記)」[『文博』 1993년 제3기]의 고증에 따르면, 반고의 묘에는 세 개의 비석이 차례로 세워졌다고 한다. 첫 번째는 강희(康熙) 연간에 순무(巡撫)였던 백산악해(白山鄂海)가 반고의 묘에 세운 갈석(碣石)[14]으로, "漢班固墓[한나라 반고의 묘]"라는 제(題)가 새겨져 있다. 두 번째는 건륭 연간에 지현(知縣) 웅가진(熊家振)이 세운 비석으로, 순무 필원(畢沅)이 "漢蘭臺令史班公固墓[한나라 난대영사 반고의 묘]"라고 썼다. 세 번째는 광서(光緒) 연간에 독학(督學) 한림원편수(翰林院編修) 남풍(南豊) 조경희(趙經熙)가 고(故) 한나라 행중서랑장(行中書郎將) 대장군중호군(大將軍中護軍) 반고의 비문을 쓰고, 비석에 "扶風知縣李嘉績分書立石[부풍(扶風) 지현(知縣) 이가적(李嘉績)이 팔분서(八分書)로 글을 쓰고 비석을 세우다.]"이라고 글자를 새겼다. 이 비석은 1960년대에 한 차례 훼손당했으며, 지금은 다시 복원되어 중점문물보호단위(重點文物保護單位)가 되었다.

14) 역자주 : 비석 중에 위가 둥근 것은 갈(碣), 네모난 것은 비(碑)라고 한다.

〈부록 2〉 주요 참고 문헌

班 固『漢書』, 中華書局標點本, 1962年版.

司馬遷『史記』, 中華書局標點本, 1959年版.

范 曄『後漢書』, 中華書局標點本, 1965年版.

陳 壽『三國志』, 中華書局標點本, 1992年版.

房玄齡 等『晉書』, 中華書局標點本, 1974年版.

魏 收『魏書』, 中華書局標點本, 1974年版.

令狐德棻『周書』, 中華書局標點本, 1971年版.

姚思廉『陳書』, 中華書局標點本, 1972年版.

魏 徵 等『隋書』, 中華書局標點本, 1973年版.

荀 悅『漢紀』, 四部叢刊本.

袁 宏『後漢紀』, 四部叢刊本.

班 固『白虎通義』, 四部叢刊本.

陳 立『白虎通義疏證』, 中華書局, 1994年版.

班 固『漢武帝內傳』, 四庫全書本.

班 固『漢武故事』, 四庫全書本.

班 固 撰, 張 溥 輯『班蘭臺集』, 漢魏六朝百三名家集本.

班 固 撰, 丁福保 輯『班孟堅集』, 漢魏六朝名家集初刻本.

『論語』十三經注疏本, 中華書局, 1980年版.

『左傳』四部叢刊本.

『春秋公羊傳』, 四部叢刊本.

董仲舒『春秋繁露』, 四部叢刊本.

王 充『論衡』, 諸子集成本, 中華書局, 1954年版.

蕭 統『文選』, 中華書局影印胡克家重刻本, 1977年版.

劉知幾『史通』, 四部叢刊本.

趙呂甫『史通新校注』, 重慶出版社, 1990年版

司馬光『自治通鑑』, 中華書局標點本.

鄭　樵『通志』, 武英殿本.
凌稚隆『漢書評林』, 同治甲戌仲冬長沙魏氏養翮書屋校刻本.
王鳴盛『十七史商榷』, 上海文瑞樓本.
錢大昕『廿二史考異』, 潛研堂本.
趙　翼『廿二史札記』, 王樹民校證本, 中華書局, 1984年版.
方　苞『望溪先生文集』, 上海集成圖書公司宣統間刊本.
嚴可均『全上古三代秦漢三國六朝文』, 中華書局影印本, 1981年.
章學誠『文史通義』, 嘉業堂刊『章氏遺書』本.
葉　瑛『文史通義校注』, 中華書局, 1985年版.
王先謙『漢書補注』, 中華書局影印虛受堂刊本, 1983年.
劉　珍 等 撰, 吳樹平 校注『東觀漢記校注』, 中州古籍出版社, 1978年版.
王利器·王貞珉 等『漢書古今人表疏證』, 齊魯書社, 1988年版
楊侃 撰, 車承瑞 點校『兩漢博聞』, 黑龍江人民出版社, 1990年版.
『龔自珍全集』, 上海人民出版社, 1975年版.
張之洞『張文襄公全集』, 北平文華齋刊本.
梁啓超『飮氷室合集』, 中華書局, 1936年版, 上海.
王國維『觀堂集林』, 中華書局影印商務印書館版本, 1959년, 北京.
陳漢章『綴學堂初稿』, 光緖間自刻本.
『魯迅全集』第九卷 , 人民文學出版社, 1981年版, 北京.
劉咸炘『漢書知意』,『推十書』, 1937年 成都尙友書塾本을 보라.
鄭鶴聲『史漢研究』, 商務印書館, 1930年版, 上海.
陳　直『漢書新證』, 天津人民出版社, 1979年版.
楊樹達『漢書窺管』, 上海古籍出版社, 1984年版.
徐朔方『史漢論稿』, 江蘇古籍出版社, 1984年版, 南京.
梁玉繩『史記志疑』, 中華書局, 1981年版, 北京.
白壽彝『史記新論』, 求實出版社, 1981年版.
『白壽彝史學論集』(上, 下), 北京師範大學出版社, 1994年版.
施丁·陳可靑 編著『司馬遷研究新論』, 河南人民出版社, 1982年版, 鄭州.
朴宰雨「『史記』·『漢書』比較研究」, 中國文學出版社, 1994年版.

安作璋『班固與漢書』, 山東人民出版社, 1979年版.
王錦貴『漢書和後漢書』, 人民出版社, 1987年版, 北京.
祝瑞開『兩漢思想史』, 上海古籍出版社, 1989年版.
金春峰『漢代思想史』, 中國社會科學出版社, 1987年版.
徐復觀『兩漢思想史』, 香港中文大學, 1975年版.
周桂鈿『秦漢思想史』, 河北人民出版社, 2000年版.
侯外廬 主編『中國思想通史』, 人民出版社, 1957年版.
張豈之 主編『中國思想史』, 西北大學出版社, 1993年版.
胡寄窓『中國經濟思想史』, 上海人民出版社, 1963年版.
趙 靖 主編『中國經濟思想通史』(1~2卷), 北京大學出版社, 1995年版.
費孝通 主編『中華民族多元一體格局』, 中央民族大學出版社, 1999年版, 北京.
張博泉『中華一體的歷史軌迹』, 遼寧人民出版社, 1995年版, 沈陽.
池萬興『司馬遷民族思想闡釋』, 陝西人民教育出版社, 1995年版.
王 鐵『漢代學術史』, 華中師範大學出版社, 1995年版.
于首奎『兩漢哲學新探』, 四川人民出版社, 1988年版.
翦伯贊『秦漢史』, 北京大學出版社, 1983年版.
林劍鳴『秦漢史』, 上海人民出版社, 1988年版.
田昌武·安作璋『秦漢史』, 人民出版社, 1993年版.
呂思勉『秦漢史』, 上海古籍出版社, 1983年版.
勞 榦『秦漢史』, 中國文化書院出版部印行, 1980年新一版, 臺北.
(英) Twitchett Denis, Loewe Michael 編, 楊品泉 等 譯『劍橋中國秦漢史』, 中國社會科學出版社, 1992年版.
范文瀾『中國通史』(1~4册), 人民出版社, 1978年版, 北京.
翦伯贊『中國史綱要』, 人民出版社, 1983年版, 北京.
白壽彝 主編『中國通史』(第4卷), 上海人民出版社, 1995年版.
白壽彝『中國通史綱要』, 上海人民出版社, 1980年版, 上海.
白壽彝『中國史學史』(第1册), 上海人民出版社, 1986년.
金毓黻『中國史學史』, 商務印書館重印本, 1957年版, 北京.
劉 節『中國史學史稿』, 中州書畵社, 1982年版, 鄭州.

吳 澤 主編『中國史學史論集』(第一册), 上海人民出版社, 1980年版.
陳清泉 等『中國史學家評傳』, 中州古籍出版社, 1985年版, 鄭州.
倉修良 等『中國古代史學史簡編』, 黑龍江人民出版社, 1983年版.
李宗侗『中國史學史』, 中國友誼出版公司, 1984年版.
尹 達 主編『中國史學發展史』, 中州古籍出版社, 1985年版.
陳光崇『中國史學史論叢』, 遼寧人民出版社, 1985年版.
陳其泰『再建豐碑』一班固和『漢書』, 生活·讀書·新知三聯書店, 1994年版.
陳其泰『史學與中國文化傳統』, 學苑出版社, 1999年版, 北京.
陳其泰『史學與民族精神』, 學苑出版社, 1999年版, 北京.
王鍾翰 主編『中國民族史』, 中國社會科學出版社, 1994年版, 北京.
安作璋『兩漢與西域關係史』, 齊魯書社, 1979年版, 濟南.
岑仲勉『漢書西域傳地理校釋』, 中華書局, 1981年版.
佘太山『兩漢魏晉南北朝與西域關係史研究』, 中國社會科學出版社, 1995年版, 北京.
崔明德『漢唐和親史稿』, 青島海洋大學出版社, 1992年版.
林海村『漢唐西域與中國文明』, 文物出版社, 1998年版, 北京.
葉孝信 主編『中國法制史』, 北京大學出版社, 1989年版.
朱文鑫『曆法通志』, 商務印書館, 1934年版, 上海.
張汝舟『二毋室古代天文曆法論叢』, 浙江古籍出版社, 1987年版, 杭州.
陳遵嬀『中國天文學史』(第3册), 上海人民出版社, 1984年版.
陳正祥『中國文化地理』, 三聯書店, 1983年版, 北京.
周振鶴『西漢政區地理』, 人民出版社, 1987年版, 北京.
靳生禾『中國歷史地理文獻概論』, 山西人民出版社, 1987年版, 太原.
岑仲勉『黃河變遷史』, 人民出版社, 1957年版, 北京.
顧易生·蔣凡『先秦兩漢文學批評史』, 上海古籍出版社, 1990年版.
游國恩 等 主編『中國文學史』, 人民文學出版社, 1963年版, 北京.
章培恒·駱玉明 主編『中國文學史』, 復旦大學出版社, 1996年版.
曹道衡 主編『漢魏六朝辭賦與駢文精品』, 時代文藝出版社, 1996年版, 長春.
『四庫全書總目』, 中華書局影印本, 1965年版.

余嘉錫『四庫提要辯證』, 中華書局, 1980年版.
『中國叢書綜錄』, 上海古籍出版社, 1982年版.
鄭鶴聲『班固年譜』, 商務印書館, 1933年版, 上海.
『中國大百科全書·中國歷史·秦漢史』, 中國大百科全書出版社, 1986年版.
中國孔子基金會 編『中國儒學百科全書』, 中國大百科全書出版社, 1997年版.
馮君實 主編『中國歷史大事年表』, 遼寧人民出版社, 1984年版, 沈陽.

〈부록 3〉 찾아보기 1(인명)

ㅅ

ㅇ

ㅈ

〈부록 4〉 찾아보기 2(용어)

ㄱ

ㄴ

ㄷ

ㅁ

ㅂ

ㅅ

ㅇ

ㅊ

〈부록 5〉 찾아보기 3(문헌 및 작품)

ㄱ

ㅅ

ㅇ

지은이_ 천치타이(陳其泰)

1939년에 광둥(廣東) 펑순(豊順)에서 출생했으며, 중산대학(中山大學) 역사학과를 졸업했다(1973년).
현재 베이징사범대학(北京師範大學) 사학연구소(史學研究所) 교수로서, 박사 과정을 지도하고 있다.
오랜 기간 동안 중국사학사(中國史學史), 한대(漢代)와 근대 학술사상사(學術思想史) 연구에 종사하였다. 국가 및 교육부의 사회과학 프로젝트인 〈전통 역사학의 확립 및 그것의 근대 역사학으로 전환(傳統史學的確立及其向近代史學的轉變)〉, 〈판원란과 중국 마르크스주의 역사학(範文瀾與中國馬克思主義史學)〉, 〈20세기 중국 역사고증학 연구(二十世紀中國歷史考證學研究)〉를 차례로 담당하였다. 주요 저서로는 『역사학과 중국 문화 전통(史學與中國文化傳統)』(1992년), 『중국 근대 사학의 역정(中國近代史學的歷程)』(1994년), 『금자탑(金字塔)을 다시 세우다—반고(班固)와 『한서』(再建豊碑－班固和『漢書』)』(1994년), 『량치차오 평전(梁啓超評傳)』(1996년), 『청대 공양학(淸代公羊學)』(1997년), 『역사학과 민족정신(史學與民族精神)』(1999년), 『판원란 학술 사상 평전(範文瀾學術思想評傳)』(2000년)이 있으며, 공저(共著)로는 『량치차오 논저 선집(梁啓超論著選萃)』(1994년), 『20세기 중국 예학(禮學) 연구 문집(二十世紀中國禮學硏究文集)』(1998년), 『고사변(古史辨) 학설 평가 토론집(古史辨學說評價討論集)』(2001년, 이상 모두 제1 저자로 참여함)이 있다. 그 밖에 백여 편의 역사학 논문과 글들을 발표하였다.

지은이_ 자오용춘(趙永春)

1953년에 지린성(吉林省) 위수시(楡樹市)에서 출생했으며, 둥베이사범대학(東北師範大學) 역사학과를 졸업했다(1977년).
현재 스핑사범학원(四平師範學院) 역사학과 주임과 교수로 재직 중이며, 북방민족연구소 소장, 중국요금사학회(中國遼金史學會) 이사, 지린성(吉林省) 역사학회 부비서장(副秘書長), 지린성 민족학회 이사를 겸임하고 있다. 오랜 기간 동안 중국 고대사 연구에 종사했으며, 저서로는 『금송 관계사 연구(金宋關係史研究)』, 『원 세조 쿠빌라이(元世祖忽必烈)』, 『봉사요금행정록(奉使遼金行程錄)』 등이 있다. 그 밖에 『중국 통사(中國通史)』 등 20여 편의 저작에 편집 혹은 공동 저자로 참여하였고, 「송(宋)과 금(金)의 '수서례(受書禮)'에 관한 분쟁(宋金關於"受書禮"的鬪爭)」 등 논문 70여 편을 발표하였다.

옮긴이_ 정명기

1980년에 광주에서 출생했으며, 고려대학교 중어중문학과를 졸업했다.
고려대학교 대학원 중어중문학과를 졸업했고(2008년, 석사 학위 논문은 「溫庭筠 詞의 娛樂文學的 性格 研究」), 현재 고려대학교 중일어문학과 박사과정(중국 문학 전공)에 재학 중이다. 「北宋代 詞의 位相 提高에 관한 小考」(2011년, 『중국학논총』 33집) 등의 논문을 발표했으며, 여러 가지 번역 작업에 참여하였다.